2021 河南统计年鉴

HENAN STATISTICAL YEARBOOK

河南 2021 HENAN

统计年鉴

STATISTICAL YEARBOOK

河 南 省 统 计 局
国家统计局河南调查总队 编

Compiled by Henan Province Bureau of Statistics
Survey Office of the National Bureau of Statistics in Henan

总第38期 NO.38

图书在版编目（CIP）数据

河南统计年鉴2021 = Henan Statistical Yearbook 2021：汉英对照 / 河南省统计局，国家统计局河南调查总队编. -- 北京：中国统计出版社，2021.10

ISBN 978-7-5037-9596-1

Ⅰ.①河… Ⅱ.①河… ②国… Ⅲ.①统计资料－河南－2021－年鉴－汉、英 Ⅳ.①C832.61-54

中国版本图书馆CIP数据核字(2021)第158381号

河南统计年鉴—2021

作　　者/ 河南省统计局　国家统计局河南调查总队
责任编辑/ 钟　钰
装帧设计/ 李瑞扬
出版发行/ 中国统计出版社有限公司
地　　址/ 北京市丰台区西三环南路甲6号
邮政编码/ 100073
电　　话/ 邮购（010）63376909　书店（010）68783171
网　　址/ http://www.zgtjcbs.com
印　　刷/ 河南豫统印刷有限公司
经　　销/ 新华书店
开　　本/ 890mm × 1240mm　1/16
字　　数/ 1600千字
印　　张/ 47　彩页 0.75
版　　别/ 2021年10月第1版
版　　次/ 2021年10月第1次印刷
定　　价/ 398.00元　Price: 398.00yuan(RMB)

本书附同版本CD-ROM一张，光盘内容以书面文字为准。
如有印装差错，由本社发行部调换。

《河南统计年鉴—2021》
编委会和编辑部工作人员名单

编 委 会

主　　　编：陈红瑜　崔　刚

副　主　编：冯文元　赵德友　袁祖霞　王贵斌　冯建中　朱怀安　罗勤礼　季红梅　王宪彬　司曼珈　朱启明　郭学来　郑泽香　吴小武　王传健　陈建设

编　　　委：(按处室顺序排序)

赵　杨　张　静　朱　涛　乔西宏　李　鑫　张喜峥　李跃苏　王予荷　常冬梅　顾俊龙　赵清贤　陈向真　王梦轩　孙　磊　王　茜　徐　良　王有社　冯保安　张旭建　张　龙　梁修群　赵祖亮　杨冠军　王　超　梁文海　王一嫔　郝　兵　孟凡玲　张　杰　张乾林　黄党恩　安巧枝　刘朝阳　温素清　田晓更　海向阳　刘录林　梁景予　王松林　李泽鑫　李先锋　陆　军　齐红卫

编辑部工作人员

总　编　辑：李　鑫

副 总 编 辑：徐委乔　李　丽　韩军平　杨　屹

编辑部主任：李　丽

编辑部副主任：李　湛

责 任 编 辑：钟　钰

编　　　辑：(按处室顺序排序)

张　旭　郭婷婷　蒋文琪　胡昶昶　赵国顺　郑宝卫　郑　洁　张　静　刘　佳　冀寒阳　杨　琳　秦红涛　高　彦　呼晓飞　贾云静　周文瑞　宋谊晴　陈　琛　杜晓宁　马　召　谷永翔　王韶光　贾　梁　孔令惠　赵　霞　郑文革　徐　慧　朱　娜　靳伟莉　杨　争　常伟杰　乔旭明　吕少辉　彭　敏　樊福顺　李永强　韩　超　朱毓瑞　拓福星　赵晨夕

英 文 校 订：李　湛

Editorial Board and Staff

编辑说明

一、《河南统计年鉴—2021》是一部全面反映河南省经济和社会发展情况的资料性年刊。本书收录了全省和各市(县)2020年以及重要历史年份的经济和社会各方面大量的统计数据，并收录了全国及各省市区2020年的主要统计数据。

二、全书内容分为27个部分，即，1.综合；2.国民经济核算；3.人口；4.就业人员与职工工资；5.固定资产投资；6.对外贸易；7.能源；8.财政；9.物价；10.人民生活；11.城市概况；12.农业；13.工业；14.建筑业；15.房地产业；16.批发和零售业、住宿和餐饮业；17.金融业；18.其他服务业；19.运输和邮电；20.资源和环境；21.科技；22.教育；23.卫生和社会工作；24.文化和体育；25.公共管理、社会保障和社会组织；26.各县（市、区）主要统计指标；27.全国及各省、区、市主要统计指标。

三、为方便读者使用，各篇章前设有《简要说明》，对本篇章的主要内容、资料来源、统计范围、统计方法以及历史变动情况予以简要概述。篇末附有《主要统计指标解释》。

四、资料中所使用的度量衡单位均采用国际统一标准计量单位。

五、本年鉴部分数据合计数或相对数由于单位取舍不同而产生的计算误差均未作机械调整。

六、本年鉴各表中，有关对全表的注解均在该表上方，对表中部分指标的注解则在该表下方。凡带续表的资料，对部分指标的注解一律在最后一张续表的下方。

七、本年鉴表中的符号使用说明："空格"表示该项统计指标数据不详或无该项数据；"#"表示其中的主要项。

2021 河南统计年鉴

Editor's Notes

I. Henan Statistical Yearbook 2021 is an annual statistical publication, which reflects comprehensively the economy and society development of Henan. It covers data for 2020 and key statistical data in some historically important years at the provincial level and city(couty) level of Henan. It also covers data for 2020 and key statistical data at the national level and the local level of other provinces.

II. The yearbook contains the following 27 parts, l. General Survey; 2.National Accounts; 3.Population; 4.Employment and Wages; 5.Investment in Fixed Assets, 6. Foreign Trade; 7. Energy; 8.Government Finance; 9.Prices; 10.People's Living Conditions; 11.General Survey of Cities; 12.Agriculture; 13.Industry; 14.Construction; 15. Real Estate; 16. Wholesale and Retail Sale Trades, Hotels and Catering Services; 17. Financial Intermediation; 18.Other Services; 19. Transport, Postal and Telecommunication Services; 20. Resources and Environment; 21.Science and Technology; 22.Education; 23.Public Health and Social Work; 24.Culture and Sports; 25. Public Management, Social Security and Social Organizations;26.Main Indicators of County （City, municipal districts）; 27.Main Indicators of the Whole Nation and 31 Provinces (Municipality, Autonomous Regions).

Ⅲ.To facilitate readers, the Brief Introduction at the beginning of each chapter provides a summary of the main contents of the chapter, data sources, statistical scope, statistical methods and historical changes. At the end of each chapter, Explanatory Notes on Main Statistical Indicators are included.

Ⅳ. The units of measurement used in this yearbook are internationally standard measurement units.

V. Statistical discrepancies on totals and relative figures due to rounding are not adjusted in this yearbook.

VI. The notes concerning the whole table are placed at the upper part of the table, while the notes concerning individual indicators are placed at the lower part of the table. If the table occupied more than one page, the notes of the individual indicators are placed at the end of the last page.

VII. Notations used in this yearbook: “(Blank)” indicates that the data are unknown or are not available; “#” Indicates a major breakdown of the total.

目录索引

目　　录

CONTENTS

一、综合

General Survey

二、国民经济核算

National Accounts

四、就业人员与职工工资

Employment and Wages

五、固定资产投资
Investment in Fixed Assets

六、对外经济贸易
Foreign Trade

七、能源
Energy

八、财政
Government Finance

九、物价
Prices

十、人民生活

People's Living Conditions

十三、工业
Industry

十四、建筑业

Construction

十六、批发和零售业、住宿和餐饮业
Wholesale and Retail Sale trades, Hotels and Catering Services

十七、金融业
Financial Intermediation

十八、其他服务业
Other Services

十九、运输和邮电
Transport, Postal and Telecommunication Services

二十、资源和环境

Resources and Environment

二十一、科学技术

Science and Technology

二十二、教育
Education

二十三、卫生和社会工作
Public Health and Social Work

二十四、文化和体育

Culture and Sports

二十五、公共管理、社会保障和社会组织
Public Management, Social Security and Social Organizations

二十七、全国及各省、区、市主要统计指标

Main Indicators of the whole Nation and 31 Provinces (Municipality, Autonomous, Regions)

综合

General Survey

1

◎ 资料整理：赵霞　常伟杰　乔旭明　李湛

简要说明

一、主要内容

本篇包括行政区划资料，国民经济综合资料，基本单位资料，航空港区资料。

二、资料来源

行政区划资料，是截止上年末经国务院批准的行政区划变更情况，由河南省民政厅提供。

国民经济综合资料是通过对各篇章主要统计指标及其速度、结构和效益等加工计算的，由河南省统计局综合处编辑整理。

基本单位资料主要包括所有法人单位和产业活动单位数，是根据名录库中各部门的单位审批登记资料和经常性统计调查中查到的新增、变动和消亡单位情况，本部分由河南省统计局普查中心编辑整理。

航空港区资料由河南省统计局地方经济调查队编辑整理。

Brief Introduction

I. Main Contents

Data on Zhengzhou Airport areas is prrovided by economic and social survey office of Henan Province Bureau of Statistics.

II. Sources of Data

Data on divisions of administrative areas in Henan are prepared and provided by the Henan Province Bureau of Civil Affairs on the basis of the changes in the divisions of administrative areas as approved by the State Council at the end of the previous year.

The summary data on the national economy and social development reflect the overall situation by presenting further processed statistics including growth, structure, ratio, and efficiency data derived from other chapters. Data in this part are prepared by Comprehensive Department of Henan provincial Bureau of statistics.

Data on institutional unit include legal and establishment units, which are calculated on directory library and increase, change and reduce unit in regular surreys. Data in this part are prepared by Census Center of Henan provincial Bureau of statistics.

Data on industry gathering area, zhengzhou Airport and two business areas is prepared by Assessment of monitoring and evaluation of Henan provincial Bureau of Statistics.

Data on Zhengzhou Airport areas is prrovided by economic and social survey office of Henan Province Bureau of Statistics.

1-1　全省行政区划(2020年底)

Administrative Divisions of Henan Province (End of 2020)

单位：个 (unit)

市	City	市 City	省辖市 Cities Under the Jurisdi-cation of Province	县级市 Cities at County Level	县 Counties	市辖区 Districts Under the Juris-dication of City	镇 Town-ships	乡 Town-ships	街道办事处 Urban Subdi-strict Offices	居民委员会 Neighbo-urhood Commi-ttees	村民委员会 Village Commi-ttees
全　　省	**Total**	**39**	**17**	**22**	**83**	**53**	**1181**	**610**	**662**	**6814**	**45148**
郑　州　市	Zhengzhou	6	1	5	1	6	73	13	91	847	2211
开　封　市	Kaifeng	1	1		4	5	35	44	38	421	2136
洛　阳　市	Luoyang	2	1	1	8	6	107	23	58	822	2377
平顶山市	Pingdingshan	3	1	2	4	4	53	33	57	259	2547
安　阳　市	Anyang	2	1	1	4	4	66	23	46	268	3258
鹤　壁　市	Hebi	1	1		2	3	15	4	25	219	779
新　乡　市	Xinxiang	4	1	3	5	4	77	41	36	245	3561
焦　作　市	Jiaozuo	3	1	2	4	4	35	17	56	168	1826
濮　阳　市	Puyang	1	1		5	1	44	31	14	295	2867
许　昌　市	Xuchang	3	1	2	2	2	61	15	27	895	1600
漯　河　市	Luohe	1	1		2	3	37	9	8	76	1269
三门峡市	Sanmenxia	3	1	2	2	2	29	33	12	158	1264
南　阳　市	Nanyang	2	1	1	10	2	159	45	39	375	4528
商　丘　市	Shangqiu	2	1	1	6	2	97	70	30	235	4567
信　阳　市	Xinyang	1	1		8	2	83	86	40	539	2862
周　口　市	Zhoukou	2	1	1	7	2	102	66	38	443	4602
驻马店市	Zhumadian	1	1		9	1	97	57	42	452	2442
济　源　市	Jiyuan	1		1			11		5	97	452

1-2 各市、县(市、区)名称(2020年底)

Names of Administrative Areas (End of 2020)

市 Cities	县(市、区)数(个) Counties (unit)	市辖县 Counties Under the Jurisdiction of Cities	市辖区 Districts Under the Jurisdiction of Cities	县级市 Cities at County Level
郑州市 Zhengzhou	12	中牟 Zhongmou	中原区、二七区、管城回族区、金水区、上街区、惠济区 Zhongyuan,Erqi,Guancheng Huizu, Jinshui,Shangjie,Huiji	巩义市 Gongyi 荥阳市 Xingyang 新郑市 Xinzheng 登封市 Dengfeng 新密市 Xinmi
开封市 Kaifeng	9	杞县、通许、尉氏、兰考 Qixian,Tongxu,Weishi,Lankao	龙亭区、顺河回族区、鼓楼区、禹王台区、祥符区 Longting,Shunhe Huizu,Gulou,Yuwangtai,Xiangfu	
洛阳市 Luoyang	15	孟津、新安、栾川、嵩县、汝阳、宜阳、洛宁、伊川 Mengjin,Xin'an,Luanchuan,Songxian, Ruyang,Yiyang,Luoning,Yichuan	老城区、西工区、瀍河回族区、涧西区、吉利区、洛龙区 Laocheng,Xigong,Chanhe Huizu, Jianxi,Jili,Luolong	偃师市 Yanshi
平顶山市 Pingdingshan	10	宝丰、叶县、鲁山、郏县 Baofeng,Yexian,Lushan,Jiaxian	新华区、卫东区、湛河区、石龙区 Xinhua,Weidong,Zhanhe,Shilong	汝州市 Ruzhou 舞钢市 Wugang
安阳市 Anyang	9	安阳、汤阴、滑县、内黄 Anyang,Tangyin,Huaxian,Neihuang	文峰区、北关区、殷都区、龙安区 Wenfeng,Beiguan,Yindu,Longan	林州市 Linzhou
鹤壁市 Hebi	5	浚县、淇县 Xunxian,Qixian	鹤山区、山城区、淇滨区 Heshan,Shancheng,Qibin	
新乡市 Xinxiang	12	新乡、获嘉、原阳、延津、封丘 Xinxiang,Huojia,Yuanyang, Yanjin,Fengqiu,Changyuan	红旗区、卫滨区、凤泉区、牧野区 Hongqi,WeiBin,Fengquan,Muye	卫辉市Weihui 辉县市Huixian 长垣市Changyuan
焦作市 Jiaozuo	10	修武、博爱、武陟、温县 Xiuwu,Boai,Wuzhi,Wenxian	解放区、中站区、马村区、山阳区 Jiefang,Zhongzhan,Macun,Shanyang	沁阳市Qinyang 孟州市Mengzhou
濮阳市 Puyang	6	清丰、南乐、范县、台前、濮阳 Qingfeng,Nanle,Fanxian,Taiqian,Puyang	华龙区 Hualong	
许昌市 Xuchang	6	鄢陵、襄城 Yanling,Xiangcheng	魏都区、建安区 Weidu,Jianan	禹州市Yuzhou 长葛市Changge
漯河市 Luohe	5	舞阳、临颍、 Wuyang,Linying	源汇区、郾城区、召陵区 Yuanhui , Yancheng, Zhaoling	
三门峡市 Sanmenxia	6	渑池、卢氏 Mianchi,Lushi	湖滨区、陕州区 Hubin, Shanzhou	义马市Yima 灵宝市Lingbao
南阳市 Nanyang	13	南召、方城、西峡、镇平、内乡、淅川、社旗、唐河、新野、桐柏 Nanzhao,Fangcheng,Xixia,Zhenping,Neixiang Xichuan,Sheqi,Tanghe,Xinye,Tongbai	卧龙区、宛城区 Wolong,Wancheng	邓州市 Dengzhou
商丘市 Shangqiu	9	虞城、民权、宁陵、睢县、夏邑、柘城 Yucheng,Minquan,Ningling,Suixian,Xiayi, Zhecheng	梁园区、睢阳区 LiangYuan,Suiyang	永城市 Yongcheng
信阳市 Xinyang	10	息县、淮滨、潢川、光山、固始、商城、罗山、新县 Xixian,Huaibin,Huangchuan,Guangshan,Gushi, Shangcheng,Luoshan,Xinxian	浉河区、平桥区 Shihe,Pingqiao	
周口市 Zhoukou	10	扶沟、西华、商水、太康、鹿邑、郸城、沈丘 Fugou,Xihua,Shangshui,Taikang,Luyi, Dancheng,Huaiyang,Shenqiu	川汇区、淮阳区 Chuanhui,Huaiyang	项城市 XiangCheng
驻马店市 Zhumadian	10	确山、泌阳、遂平、西平、上蔡、汝南、平舆、新蔡、正阳 Queshan,Biyang,Suiping,Xiping,Shangcai Runan,Pingyu,Xincai,Zhengyang	驿城区 Yicheng	
济源市 Jiyuan	1			济源市 Jiyuan

1-3 河南省主要统计指标居全国位次
The Rank of Main Indicators of Henan in Nation

指　　标	Indicator	2000	2010	2015	2018	2019	2020
生产总值	Gross Domestic Product	5	5	5	5	5	5
生产总值增速	Growth of Gross Domestic Product	14	21	13	11	10	26
居民消费价格指数	General Consumer Price Index	26	13	20	11	8	4
一般公共预算收入	General Public Budget Revenue of the Local Government	9	9	8	8	8	8
一般公共预算支出	General Public Budget Expenditure of the Local Government	7	5	5	5	5	5
规模以上工业增加值增速	Growth Rate of Industrial Enterprises above Designated Size	17	14	7	14	7	28
社会消费品零售总额	Total Retail Sales of Consumer Goods	5	5	5	5	5	5
进出口总额	Total Exports and Imports	18	16	11	11	12	10
出口	Exports	14	17	11	8	9	10
居民可支配收入	Disposable Income			24	24	23	24
城镇	Disposable Income of Urban Households			24	25	26	28
农村	Disposable Income of Rural Households			17	15	16	19

1-4 河南省主要统计指标占全国比重
The Poroportion of Main Indicators of Henan in Nation

单位：%　　　　(%)

指　　标	Indicator	1952	1978	1990	2000	2010	2015	2018	2019	2020
生产总值	Gross Domestic Product	5.3	4.4	5.0	5.0	5.6	5.4	5.3	5.5	5.4
第一产业	Primary Industry	6.6	6.4	6.5	7.9	8.1	6.9	6.6	6.6	6.9
第二产业	Secondary Industry	5.8	4.0	4.3	5.0	6.7	6.4	6.0	6.1	6.0
第三产业	Tertiary Industry	2.8	3.2	4.5	4.0	3.9	4.3	4.6	4.9	4.8
人均生产总值	Per Capita GDP		60.3	65.6	68.6	79.6	78.4	77.6	79.5	77.0
一般公共预算收入	General Public Budget Revenue of the Local Government	2.5	3.5	4.3	3.8	3.4	3.6	3.8	4.0	4.2
一般公共预算支出	General Public Budget Expenditure of the Local Government	1.0	4.7	4.3	4.3	4.6	4.5	4.9	5.0	4.9
粮食产量	Output of Grain	6.3	6.9	7.4	8.9	9.9	9.8	10.1	10.1	10.2
社会消费品零售总额	Total Retail Sales of Consumer Goods	3.9	4.6	3.8	4.8	5.1	5.2	5.4	5.5	5.7
进出口总额	Total Exports and Imports	0.1(1957年)	0.6	0.9	0.5	0.6	1.9	1.8	1.8	2.1
#出口	Exports	0.3(1957年)	1.0	1.4	0.6	0.7	1.9	2.2	2.2	2.3
居民可支配收入	Disposable Income						78.0	77.8	77.8	77.1
城镇	Disposable Income of Urban Households						82.0	81.2	80.7	79.3
农村	Disposable Income of Rural Households						95.0	94.6	94.7	94.0

1-5 国民经济和社会发展总量和速度指标

指　标	Item	1978	2000	2005	2010
人口与就业	**Population and Employment**				
人口(万人)	**Population (10 000 persons)**				
常住人口	Residents popolation			9380	9405
#城镇人口	Urban			2875	3651
就业(万人)	**Employment (10 000 persons)**				
年底就业人员	Employment (year-end)	2807	5572	5662	5156
城镇登记失业人数	Registered Unemployed Persons in Urban Areas	15.74	21.40	33.02	38.20
宏观经济	**Macroeconomy**				
国民核算	**National Accounts**				
生产总值(亿元)	Gross Domestic Product (100 million yuan)	162.92	5052.99	10243.47	22655.02
第一产业	Primary Industry	64.86	1124.93	1844.04	3127.14
第二产业	Secondary Industry	69.45	2282.48	5202.27	12173.51
第三产业	Tertiary Industry	28.61	1645.59	3197.16	7354.38
人均生产总值(元)	Per Capita GDP (yuan)	232	5450	10978	23984
固定资产投资	**Investment in Fixed Assets**				
固定资产投资增速（%）	Growth Rate of Investment in Fixed Assets (%)		9.6	42.8	22.2
房地产开发投资（亿元）	Investment in Real Estate Development (100 million yuan)		77.87	388.52	2114.08
对外贸易	**Foreign Trade**				
进出口总额(亿元)	Total Exports and Imports (100 million yuan)	1.99	188.36	626.54	1204.40
进口额	Imports	0.27	64.71	213.42	491.27
出口额	Exports	1.72	123.65	413.12	713.13
利用外资(万美元)	**Utilization of Foreign Capital (USD 10 000)**				
实际利用外商直接投资	Actually Utilized Foreign Direct Investments	0.06(1985年)	5.40	12.30	62.47
能源(万吨标准煤)	**Energy (10 000 tons of SCE)**				
能源生产总量	Total Energy Production	4434	6591	14522	17438
能源消费总量	Total Energy Consumption	3353	7919	14625	18964
财政(亿元)	**Public Finance (100 million yuan)**				
一般公共预算收入	General Public Budget Revenue of the Local Government	33.73	246.47	537.65	1381.32
一般公共预算支出	General Public Budget Expenditure of the Local Government	27.67	445.53	1116.04	3416.14
物价总指数(以上年为100)	**Price Indices (preceding year=100)**				
居民消费价格总指数	General Consumer Price Index	100.1	99.2	102.1	103.5
商品零售价格总指数	Producer Price Indices for Industrial Products	100.1	98.5	101.7	103.7
农业生产资料价格总指数	Purchasing Price Indices for Industrial Producers	97.9	99.6	107.9	103.1
人民生活	**People's Living Conditions**				
居民可支配收入(元)	Disposable Income (yuan)				9520
城镇	Urban Households	315	4766	8668	15930
农村	Rural Households	105	1986	2871	5524
居民消费支出(元)	Living Expenditure (yuan)				
城镇	Urban Households	274	3831	6038	10838
农村	Rural Households	82	1316	1892	3682

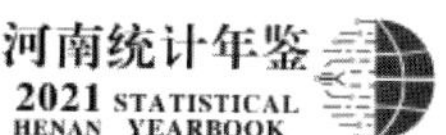

Principal Aggregate Indicators and Growth Rates of National Economic and Social Development

2015	2019	2020	2020年为以下各年% 2020as % of the Following years				年均增长速度(%) Average Annual Growth Rate		
			1978	2000	2010	2019	1979-2020	2001-2020	2011-2020
9701	9901	9941			105.7	100.4			0.6
4561	5348	5510			150.9	103.0			4.2
5075	4934	4884	174.0	87.7	94.7	99.0	1.3	-0.7	-0.5
42.46	49.43	62.15	394.9	290.4	162.7	125.7	3.3	5.5	5.0
37084.10	53717.75	54997.07	6383.9	670.3	215.6	101.3	10.4	10.0	8.0
4015.56	4635.70	5353.74	888.4	240.8	144.0	102.2	5.3	4.5	3.7
17947.86	23035.56	22875.33	12188.0	856.4	214.9	100.7	12.1	11.3	8.0
15120.68	26046.49	26768.01	12608.7	708.3	242.8	101.6	12.2	10.3	9.3
38338	54356	55435	4518.0	627.2	205.5	100.9	9.5	9.6	7.5
16.5	8.0	4.3							
4818.93	7464.59	7782.29		9994.0	368.1	104.3		25.9	13.9
4600.19	5711.63	6654.80	334412.1	3533.0	552.5	116.5	21.3	19.5	18.6
1916.16	1956.99	2579.90	955518.5	3986.9	525.1	131.8	24.4	20.2	18.0
2684.03	3754.64	4075.00	236918.6	3295.6	571.4	108.5	20.3	19.1	19.0
160.86	187.27	200.65		3715.8	321.2	107.1		19.8	12.4
11173	10304	10403	234.6	157.8	59.7	101.0	2.1	2.3	-5.0
22343	22300	22752	678.6	287.3	120.0	102.0	4.7	5.4	1.8
3016.05	4041.89	4168.84	12359.5	1691.4	301.8	103.1	12.2	15.2	11.7
6799.35	10163.93	10372.67	37487.1	2328.2	303.6	102.1	15.2	17.0	11.7
101.3	103.0	102.8	102.7	103.6	99.3	99.8	0.1	0.2	-0.1
99.8	102.4	100.9	100.8	102.4	97.3	98.5	0.0	0.1	-0.3
100.3	103.8	103.6	105.8	104.0	100.5	99.8	0.1	0.2	0.0
17125	23903	24810			260.6	103.8			10.1
25576	34201	34750	11031.9	729.1	218.1	101.6	11.8	10.4	8.1
10853	15164	16108	15340.9	811.1	291.6	106.2	12.7	11.0	11.3
11835	16332	16143				98.8			
17154	21972	20645	7534.6	538.9	190.5	94.0	10.8	8.8	6.7
7887	11546	12201	14879.4	927.1	331.4	105.7	12.6	11.8	12.7

1-5 续表 1

指　　标	Item	1978	2000	2005	2010
城市概况	**General Conditions of Cities**				
供水总量(万立方米)	Water Supply (10 000 cu.m)		191706	183436	179122
排水管道长度(公里)	Length of Sewer Pipelines (km)		6070	10201	14733
城市煤气、天然气家庭用量（万立方米)	Consumption of Coal Gas and Natural Gas for Residential Use (10 000 cu.m)		30100	31384	63663
公共汽(电)车总数(标台)	Total Number of Public Buses and Trolley Buses (unit)		12514	12514	18912
道路长度(公里)	Length of Roads (km)		4920	7090	9413
公园绿地面积(公顷)	Areas of Green Land (hectare)		6286	12644	18361
产　　业	**Industry**				
农林牧渔业	**Farming, Forestry, Animal Husbandry and Fishery**				
主要农产品产量	Output of Major Farm Products				
粮食(万吨)	Grain (10 000 tons)	2097.40	4101.50	4582.00	5581.82
棉花(万吨)	Cotton (10 000 tons)	22.42	70.38	67.70	33.89
油料(万吨)	Oil-bearing Crops (10 000 tons)	24.16	392.55	449.60	515.66
烟叶(万吨)	Tobacco (10 000 tons)	29.95	27.60	28.84	28.75
园林水果(万吨)	Fruits (10 000 tons)	47.11	364.73	555.69	797.50
年底大牲畜存栏头数(万头)	Large Animals (year-end) (10 000 heads)	515.03	1445.73	1508.80	719.19
年底生猪存栏头数(万头)	Hogs (year-end) (10 000 heads)	1724.90	3787.69	4439.00	4540.55
年底羊存栏只数(万只)	Sheep and goats (year-end) (10 000 heads)	989.70	2961.40	3988.00	1895.40
肉类(万吨)	Meat (10 000 tons)	45.64	517.00	689.00	608.96
工业	**Industry**				
规模以上工业增加值增速(%)	Growth Rate of Value-added of Industrial Above Designated Size (%)		11.6	23.3	19.0
建筑业	**Construction**				
建筑业总产值（亿元）	Gross Output Value of Construction (100 million yuan)		357.34	1066.15	4400.61
施工房屋面积(万平方米)	Floor Space of Buildings Under Construction (10 000 sq.m)		5308.29	10813.15	28677.13
竣工房屋面积(万平方米)	Floor Space of Buildings Completed (10 000 sq.m)		2629.33	4787.12	13156.03
交通运输、仓储	**Transport and Storage**				
客运量(万人)	Passengers (10 000 persons)	11177	83912	98099	167804
#铁路	Railways	4319	4727	5842	8399
公路	Highways	6781	79017	91920	158630
货运量(万吨)	Freight (10 000 tons)	18206	60678	78827	202470
#铁路	Railways	6722	10172	14806	14224
公路	Highways	11321	50133	62684	183291

continued

2015	2019	2020	2020年为以下各年% 2020as % of the Following years				年均增长速度(%) Average Annual Growth Rate		
			1978	2000	2010	2019	1979-2020	2001-2020	2011-2020
196709	221104	217730		113.6	121.6	98.5		0.6	2.0
20467	27932	29222		481.4	198.3	104.6		8.2	7.1
110929	216839	225650		749.7	354.4	104.1		10.6	13.5
27355	39149	42290		337.9	223.6	108.0		6.3	8.4
12318	15766	16295		331.2	173.1	103.4		6.2	5.6
25201	35361	38664		615.1	210.6	109.3		9.5	7.7
6470.22	6698.36	6825.80	325.4	166.4	122.3	101.9	2.8	2.6	2.0
6.77	2.71	1.77	7.9	2.5	5.2	65.3	-5.9	-16.8	-25.6
538.99	645.45	672.57	2783.8	171.3	130.4	104.2	8.2	2.7	2.7
28.85	22.76	21.02	70.2	76.2	73.1	92.3	-0.8	-1.4	-3.1
919.68	950.74	1001.82	2126.6	274.7	125.6	105.4	7.6	5.2	2.3
411.70	388.27	394.88	76.7	27.3	54.9	101.7	-0.6	-6.3	-5.8
4361.95	3170.76	3886.98	225.3	102.6	85.6	122.6	2.0	0.1	-1.5
1926.00	1898.81	1965.12	198.6	66.4	103.7	103.5	1.6	-2.0	0.4
647.22	560.06	544.05	1192.0	105.2	89.3	97.1	6.1	0.3	-1.1
8.6	7.8	0.4							
8047.65	12701.68	13122.55		3672.3	298.2	103.3		19.7	11.5
53132.48	64256.07	65956.92		1242.5	230.0	102.6		13.4	8.7
18026.91	20736.33	19412.39		738.3	147.6	93.6		10.5	4.0
126812	111458	58873	526.7	70.2	35.1	52.8	4.0	-1.8	-9.9
13068	18278	11176	258.8	236.4	133.1	61.1	2.3	4.4	2.9
112535	91281	46322	683.1	58.6	29.2	50.7	4.7	-2.6	-11.6
192715	218647	219072	1203.3	361.0	108.2	100.2	6.1	6.6	0.8
9802	10502	10259	152.6	100.9	72.1	97.7	1.0	0.0	-3.2
172431	190883	193631	1710.4	386.2	105.6	101.4	7.0	7.0	0.6

1-5 续表 2

指 标	Item	1978	2000	2005	2010
批发、零售业	**Wholesale and Retail Trades、Hotels and Catering Services**				
社会消费品零售总额(亿元)	Total Retail Sales of Consumer Goods (100 million yuan)	71.79	1858.46	3362.58	7922.66
金融业(亿元)	**Finance (100 million yuan)**				
金融机构人民币年底存款余额	Deposits of Financial Institutions	45.71	4753.41	10003.96	23148.83
金融机构人民币年底贷款余额	Loans of Financial Institutions	99.99	4356.94	7434.53	15871.32
科学研究、技术服务和地质勘查业	**Scientific Research, Technical Services and Geologic Prospecting**				
R&D经费内部支出(亿元)	Internal Expenditures on R&D (100 million yuan)		24.80	55.61	211.38
技术市场成交额(亿元)	Volume of Transaction in Technical Markets (100 million yuan)		21.16	26.37	27.69
三种专利授权量(项)	Three Types of Patent Application Granted (item)		2766	3748	16539
教育	**Education**				
专任教师数(万人)	Number of Full-time Teachers (10 000 persons)				
普通高等学校	Regular Institutions of Higher Education	0.54	2.02	4.63	7.75
普通中学	Regular Secondary School	29.34	30.86	37.30	38.10
小学	Primary Schools	42.88	45.93	47.55	49.04
在校学生数(万人)	Students Enrollment (10 000 persons)				
普通高等学校	Regular Institutions of Higher Education	2.73	26.24	85.19	145.67
普通中学	Regular Secondary School	521.62	638.14	758.22	661.56
小学	Primary Schools	1140.26	1130.63	986.84	1070.53
卫生、社会保障和社会福利业	**Health, Social Security and Social Welfare**				
卫生机构床位数(万张)	Number of Beds in Health Institutions (10 000 units)	10.20	19.86	21.40	32.76
#医院、卫生院	Hospitals	9.73	18.34	20.23	30.44
卫生技术人员数(万人)	Number of Medical Technical Personnel (10 000 persons)	11.44	26.84	28.92	37.28
#执业（助理）医师	Doctors	4.38	11.11	11.11	15.48
文化、体育和娱乐业	**Culture**				
图书出版总印数(万册)	Number of Books Published (10 000 copies)		35077	27260	20150
期刊出版总印数(万册)	Number of Magazines Issued (10 000 copies)		10721	9323	8524
报纸出版总印数(万份)	Number of Newspapers Issued (10 000 copies)		129104	197896	214158

注：1. 本表价值量指标按当年价格计算。生产总值、工业增加值发展(增长)速度均按可比价格计算(下同)。
2. 1992年以后生产总值相关数据已按新的行业划分办法和第四次经济普查、第七次人口普查数据调整(下同)。
3. 2000年以后财政收入为分税制后新口径数据，发展(增长)速度按可比口径计算。
4. 进出口总额2000年及以后年度为海关数，1978年为有关部门数。
5. 2010年客货运输量为公路水路运输量专项调查数据，2015年、2019年、2020年客货运输量按交通部新统计方法测算(下同)。
6. 从2013年起，国家统计局开展了城乡一体化住户收支与生活状况调查，2015年以后数据来源于此调查，与以前年份的调查范围、方法和口径有所不同。

continued

2015	2019	2020	2020年为以下各年% 2020 as % of the Following years				年均增长速度(%) Average Annual Growth Rate		
			1978	2000	2010	2019	1979-2020	2001-2020	2011-2020
15475.80	23476.13	22502.77	31345.3	1210.8	284.0	95.9	14.7	13.3	11.0
47629.91	69508.66	76446.19	167252.0	1608.2	330.2	110.0	19.3	14.9	12.7
31432.62	55659.00	62866.68	62870.3	1442.9	396.1	112.9	16.6	14.3	14.8
435.04	793.04	901.27		3633.8	426.4	113.6		19.7	15.6
45.56	234.07	384.50		1816.9	1388.6	164.3		15.6	30.1
47766	86247	122809		4439.9	742.5	142.4		20.9	22.2
9.80	12.40	13.34	2469.8	660.2	172.1	107.6	7.9	9.9	5.6
42.87	52.04	55.13	187.9	178.7	144.7	105.9	1.5	2.9	3.8
47.21	51.03	52.39	122.2	114.1	106.8	102.7	0.5	0.7	0.7
176.69	231.97	249.22	9128.9	949.8	171.1	107.4	11.3	11.9	5.5
599.12	684.36	697.00	133.6	109.2	105.4	101.8	0.7	0.4	0.5
937.05	1012.48	1021.59	89.6	90.4	95.4	100.9	-0.3	-0.5	-0.5
48.96	64.00	66.72	654.1	336.0	203.7	104.3	4.6	6.2	7.4
45.65	60.05	62.55	642.9	341.1	205.5	104.2	4.5	6.3	7.5
51.96	65.39	70.69	617.9	263.4	189.6	108.1	4.4	5.0	6.6
19.86	25.14	27.64	631.1	248.8	178.6	109.9	4.5	4.7	6.0
23224	37473	41155		117.3	204.2	109.8		0.8	7.4
8602	7752	6799		63.4	79.8	87.7		-2.3	-2.2
204783	157481	132314		102.5	61.8	84.0		0.1	-4.7

a) Figures in value terms in this table are Calculated at current prices. The indices and growth rates of the follow indicators are calculated at comparable prices: GDP, value added of industry (the same as following tables).

b) Since 1992,the data of GDP were adjusted by new industry classification method, the fourth economic census and the seventh population census

c) Total financial revenue since tax reform began to be implemented since 2000. The indices in this table are calculated at comparable prices.

d) Since 2000, the data of imports and exports in foreign trade begin to be obtained from custom statistics (the same as following tables).

e) Data on passenger and freight Volume in 2010 were calculated on basis of Highway and waterway traffic special investigation, Data on passenger and freight Volume in 2015 and 2019 were calculated on new statistical methods of Ministry of Communications, and data in the brakfets are original data.

f) Since 2013, the national bureau of statistics (NBS) caries out the integration of urban and rural residents income and expenditure survey and living conditions survey. After 2015, the data comes from this survey, which is different from the survey scope, method and caliber of previous years.

1-6　国民经济和社会发展结构指标

Structural Indicators on National Economic and Social Development

单位：%　　(%)

指　标	Item	2000	2005	2010	2015	2019	2020
人口	**Population**						
城乡结构	Urban and Rural Structure						
市镇	Urban	23.2	30.7	38.8	47.0	54.0	55.4
乡村	Rural	76.8	69.3	61.2	53.0	46.0	44.6
性别结构	Sexual Structure						
男	Male	51.6	51.6	51.8	51.8	51.6	51.6
女	Female	48.4	48.4	48.2	48.2	48.4	48.4
就业	**Employment**						
就业人员产业结构	Industrial Structure						
第一产业	Primary Industry	64.0	55.4	44.9	33.9	25.4	25.0
第二产业	Secondary Industry	17.5	22.1	29.0	29.9	29.8	29.5
第三产业	Tertiary Industry	18.5	22.5	26.1	36.2	44.9	45.4
国民核算	**National Accounts**						
生产总值产业结构	Industrial Structure						
第一产业	Primary Industry	22.3	18.0	13.8	10.8	8.5	9.7
第二产业	Secondary Industry	45.2	50.8	53.7	48.4	43.5	41.6
第三产业	Tertiary Industry	32.6	31.2	32.5	40.8	48.0	48.7
固定资产投资	**Investment**						
固定资产投资产业结构	Structure of Investment in Fixed Assets						
第一产业	Primary Industry			4.4	4.2	3.7	4.0
第二产业	Secondary Industry			51.1	48.6	28.9	28.4
第三产业	Tertiary Industry			44.5	47.1	67.4	67.6
重点行业占工业投资比重	Structure of Industry Investment						
#五大主导产业	Five-Leading Industry				48.7	37.0	38.6
#传统产业	Traditional Pillar Industry				35.1	42.9	44.6
#高耗能工业	High Energy Consumable Industry				25.8	32.2	34.3
能源	**Energy Sources**						
能源消费总量结构	Structure of Energy Sources Composition						
原煤	Coal	87.6	87.2	82.8	76.4	67.4	67.6
原油	Base oil	9.6	8.7	9.3	13.3	15.7	15.3
天然气	Gas	1.7	2.2	3.4	5.2	6.1	5.9
一次电力及其他能源	Primary Electricity	1.1	1.9	4.5	5.1	10.7	11.2
财政	**Government Finance**						
一般公共预算收入结构	Structure of General Public Budget Revenue						
#各项税收	Taxes	79.1	68.0	73.6	69.7	70.3	66.3
一般公共预算支出结构	Structure of General Public Budget Expenditure						
#农林水事务	Supporting Agricultural Production and Agricultural Operating Expenses	7.7	7.4	11.7	11.6	10.4	11.0
教科文卫	Culture Education Science and Health Care	24.3	24.2	28.7	32.0	30.9	32.4
#科学技术	Science	1.5	1.2	1.3	1.2	2.1	2.5

1-6 续表 continued

单位：% (%)

指 标	Item	2000	2005	2010	2015	2019	2020
生活	**People's Living Conditions**						
城镇居民消费结构	Consumption Structure of Urban Residents						
食品烟酒	Food, Alcohol and tobacco				28.1	25.3	28.9
衣着	Clothing				10.5	7.8	8.2
居住	Residence				19.8	23.6	25.7
生活用品及服务	Articles for Daily Use and Others				8.1	7.0	6.5
交通通信	Traffic Communication				10.9	12.2	9.1
教育文化娱乐	Education, Culture and Entertainment				11.6	12.2	12.2
医疗保健	Health Care				8.0	9.5	7.6
其他用品和服务	Others				3.1	2.5	1.8
农村居民消费结构	Consumption Structure of Rural Residents						
食品烟酒	Food, Alcohol and tobacco				29.2	26.2	27.4
衣着	Clothing				8.3	7.1	7.3
居住	Residence				20.8	21.5	24.1
生活用品及服务	Articles for Daily Use and Others				7.1	6.4	6.3
交通通信	Traffic Communication				12.3	11.9	11.4
教育文化娱乐	Education, Culture and Entertainment				10.8	12.6	11.8
医疗保健	Health Care				9.7	12.7	10.2
其他用品和服务	Others				1.7	1.6	1.5
工业	**Industry**						
重点行业增加值比重	Structure of Value-added of the Industry						
#五大主导产业	Five-Leading Industry				44.0	45.5	46.8
#传统产业	Traditional Pillar Industry				45.3	46.7	46.2
#高技术产业	High-technology Industry				8.8	9.9	11.1
运输业	**Transportation**						
货运量运输方式结构	Structure of Freight Traffic						
#铁 路	Railways	16.8	18.8	7.0	5.1	4.8	4.7
公 路	Highways	82.6	79.5	90.5	89.5	87.3	88.4
水 运	Waterways	0.6	1.7	2.4	5.4	7.9	6.9
客运量运输方式结构	Structure of Passenger Traffic						
#铁 路	Railways	5.6	6.0	5.0	10.3	16.4	19.0
公 路	Highways	94.2	93.7	94.5	88.7	81.9	78.7
水 运	Waterways	0.1	0.1	0.2	0.2	0.3	0.3
批发零售贸易、住宿和餐饮业	**Wholesale and Retail Trades, Hotels and Catering Services**						
社会消费品零售总额结构	Structure of Retail Sales of Consumer Goods						
批发零售和贸易业	Wholesale and Retail Trade	90.8	89.6	88.0	88.3	88.2	89.8
住宿和餐饮业	Hotels and Catering Services	9.2	10.4	12.0	11.7	11.8	10.2

1－7 国民经济和社会发展比例和效益指标

Indicators on Proportions and Efficiency in National Economic and Social Development

本表价值量指标均按当年价格计算。
The data in value terms in the table are calculated at current prices.

指 标	Item	2000	2010	2015	2019	2020
人口	**Population**					
出生率(‰)	Birth Rate (‰)	13.07	11.52	12.70	11.02	9.24
死亡率(‰)	Death Rate (‰)	5.93	6.57	7.05	6.84	7.15
自然增长率(‰)	Natural Growth Rate (‰)	7.14	4.95	5.65	4.18	2.09
就业	**Employment**					
城镇户均就业人口(人)	Number of Dependents per Urban Employee (person)	1.94	1.95	1.76	1.64	1.49
城镇登记失业率(%)	Registered Unemployment Rate in Urban Areas (%)	2.60	3.38	3.00	3.17	3.24
国民核算	**National Accounting**					
经济增长贡献率(%)	Contribution Rate to GDP (%)					
第一产业	Primary Industry	9.7	4.9	5.8	3.3	16.6
第二产业	Secondary Industry	61.2	65.3	50.0	47.2	27.4
第三产业	Tertiary Industry	29.1	29.7	44.2	49.5	56.1
全社会劳动生产率(元/人.年)	Overall Labor Productivity (yuan/person.year)	9377	40801	73022	108236	112033
第一产业	Primary Industry	3275	12313	22213	36302	43275
第二产业	Secondary Industry	24153	76782	118247	155075	157119
第三产业	Tertiary Industry	16309	51524	86259	118363	120797
对外经济贸易	**Foreign Trade and International Tourism**					
进出口总额相当于生产总值比例(%)	Proportion of Total Imports & Exports to GDP (%)	3.7	5.3	12.4	10.6	12.1
能源	**Energy**					
能源生产弹性系数	Elasticity Ratio of Energy Production		0.21		0.84	0.74
能源消费弹性系数	Elasticity Ratio of Energy Consumption	0.77	0.69	0.14		1.56
单位GDP能耗降低率(%)	Reduction Rate of Energy Consumption per 10 000 yuan GDP (%)		-3.53	-6.57	-7.98	0.76
单位GDP电耗降低率(%)	Reduction Rate of Electricity Consumption per 10 000 yuan GDP (%)		0.80	-8.98	-7.96	-0.43
单位工业增加值能耗降低率(%)	Reduction Rate of Energy Consumption per 10 000 yuan Add-value Industry (%)		-10.75	-11.54	-14.13	0.47
财政	**Finance**					
一般公共预算收入占GDP比重(%)	Proportion of General Public Budget Revenue to GDP (%)	4.9	6.1	8.1	7.5	7.6
家庭	**Family**					
少儿抚养系数(%)	Dependency Ratio of Children (%)		29.7	30.7	31.5	36.5
老年抚养系数(%)	Dependency Ratio of the Aged (%)		11.8	13.9	16.5	21.3
生活	**Family**					
城乡居民收入比例(农民人均可支配收入为1)	Proportion of Per Capita Annual Disposable Income of Urban Residents to Rural Residents (Rural Residents=1)	2.40	2.88	2.36	2.26	2.16

1−7 续表 continued

指　标	Item	2000	2010	2015	2019	2020
农业	**Agriculture**					
主要农产品单产(千克/亩)	Per Unit Yield of Main Agricultural Products (kg/mu)					
粮食	Grain	303	372	394	416	424
棉花	Cotton	60	64	70	53	73
油料	Oil-bearing Crops	175	230	250	281	281
工业	**Industry**					
成本费用利润率(%)	Ratio of Profits to Industrial Cost (%)	4.5	10.2	7.2	7.7	6.2
资产负债率(%)	Assets Liability Ratio (%)	66.4	55.2	47.0	55.8	56.5
总资产贡献率(%)	Ratio of Total Assets to Industrial Output Value (%)	8.6	22.4	13.9	11.0	8.6
产品销售率(%)	Proportion of Products Sold (%)	98.0	98.7	98.2	98.2	98.3
建筑业	**Construction**					
劳动生产率(元/人)	Overall Labor Productivity (yuan/person)		183639	287604	403962	423340
技术装备率(元/人)	Value of Machinery per Laborer (yuan/person)	5302	10173	13294	10328	10624
金融	**Financial**					
金融机构存款相当于	Bank Deposits as Percentage of					
生产总值比例（%）	GDP (%)	94.1	102.2	128.4	129.4	139.0
金融机构存贷比	Bank Loans as Percentage of Deposits					
（存款=100）	(Deposits=100)	91.7	68.6	66.0	80.1	82.2
科技	**Science and Technology**					
R&D经费投入强度（%）	Proportion of R&D Expenditure to GDP (%)	0.5	0.93	1.17	1.48	1.64
教育	**Education**					
九年义务教育巩固率	Percentage of Student Enrollment Consolidated					
	of Nine-year Compulsory Education			94.0	95.5	96.0
高中阶段毛入学率	The Gross enrollment rate of higher stage			90.3	91.6	92.0
高等教育毛入学率	The Gross enrollment rate of higher education			36.5	49.3	51.9
每万人拥有在校大学生	Number of University Students per 10 000 Persons					
(含研究生)(人)	(Include Postgraduates) (person)	28	198	234	296	323
卫生	**Health Care**					
每万人拥有卫生机构	Number of Hospital Beds per 10 000					
院床位(张)	Persons (unit)	20.9	34.8	51.6	66.4	67.1
每万人拥有执业医师(人)	Number of Doctors per 10 000 Persons (person)	11.7	16.5	21.0	26.1	27.8

1-8 按三次产业分的基本单位数及构成

Institutional Units and Composition By Industry

年 份 Year	单位数(个) Number of Enteprised (unit)	第一产业 Primary Industry		第二产业 Secondary Industry		第三产业 Tertiary Industry	
		绝对数 Value	构成(%) Composition (%)	绝对数 Value	构成(%) Composition (%)	绝对数 Value	构成(%) Composition (%)
法人单位 Institutional Units							
2000	225806	5035	2.2	90865	40.3	129906	57.5
2001	267883	4782	1.8	88965	33.2	174136	65.0
2002	266230	4604	1.7	87495	32.9	174131	65.4
2003	272024	10803	4.0	89839	33.0	171382	63.0
2004	277950	8660	3.1	91370	32.9	177920	64.0
2005	286207	8334	2.9	97446	34.1	180427	63.0
2006	305722	8600	2.8	106732	34.9	190390	62.3
2007	322828	9570	3.0	114560	35.5	198698	61.5
2008	362427	11406	3.1	123219	34.0	227802	62.9
2009	379992	13022	3.4	128949	33.9	238021	62.6
2010	400767	14317	3.6	136646	34.1	249804	62.3
2011	412772	15179	3.7	139539	33.8	258054	62.5
2012	426534	15923	3.7	142556	33.4	268055	62.9
2013	511887	10713	2.1	121078	23.7	380096	74.2
2014	623773	34473	5.5	139985	22.4	449315	72.1
2015	763212	45042	5.9	158963	20.8	559207	73.3
2016	816779	46778	5.7	149863	18.4	620138	75.9
2017	964946	76844	8.0	174156	18.0	713946	74.0
2018	1360376	81169	6.0	223621	16.4	1055586	77.6
2019	1418827	122389	8.6	231248	16.3	1065190	75.1
2020	1652264	136573	8.3	281552	17.0	1234139	74.7
产业活动单位 Establishments Units							
2000	336330	5755	1.7	97001	28.8	233574	69.5
2001	374810	5386	1.5	94602	25.2	274822	73.3
2002	371791	5159	1.4	92909	25.0	273723	73.6
2003	374699	13518	3.6	94607	25.3	266574	71.1
2004	383093	10811	2.8	96284	25.1	275998	72.1
2005	387463	9924	2.6	101636	26.2	275903	71.2
2006	403819	10054	2.5	110784	27.4	282981	70.1
2007	421567	10957	2.6	118568	28.1	292042	69.3
2008	453789	12071	2.7	126048	27.8	315670	69.6
2009	471512	13655	2.9	131829	28.0	326028	69.1
2010	492300	14941	3.1	139509	28.3	337850	68.6
2011	503248	15806	3.1	142386	28.3	345056	68.6
2012	517217	16540	3.2	145425	28.1	355252	68.7
2013	587177	10922	1.9	123681	21.1	452574	77.0
2014	724050	34770	4.8	144347	19.9	544933	75.3
2015	861422	45342	5.3	163283	18.9	652797	75.8
2016	912907	47073	5.2	153299	16.8	712535	78.0
2017	1074783	77231	7.2	180181	16.8	817371	76.0
2018	1504762	81443	5.4	235057	15.6	1188262	79.0
2019	1544165	122776	8.0	240381	15.6	1181008	76.5
2020	1790914	137105	7.7	296025	16.5	1357784	75.8

1－9　分行业法人单位数

Number of Institutional Unit by Sector

单位：个　　(unit)

年份 Year	合计 Total	农林牧渔业 Agriculture, Forestry, Animal Husbandry and Fishery	采矿业 Mining	制造业 Manufacturing	电力、燃气及水的生产和供应业 Production and Supply of Electricity,Gas and Water	建筑业 Construction	交通运输仓储及邮政业 Transport, Storage and Post	信息传输、软件和信息技术服务业 Information Transmission, Software and Information Technology	批发和零售业 Wholesale and Retail Trade	住宿和餐饮业 Hotels and Catering Services
2003	272024	10803	5893	77783	794	5369	2471	1486	26052	4666
2004	277950	8660	6853	77694	938	5885	2462	1699	27384	4402
2005	286207	8334	7482	82822	946	6196	2430	1704	28669	4546
2006	305722	8600	7800	90965	1025	6942	2652	2156	33862	5181
2007	322828	9570	7893	97862	1090	7715	2882	2497	37450	5882
2008	362427	11406	7454	105315	1367	9083	4885	4631	47472	8809
2009	379992	13022	7774	109908	1450	9817	5300	4892	52698	9092
2010	400767	14317	7955	115652	1556	11483	5787	5267	58780	8240
2011	412772	15179	7951	117629	1605	12354	6112	5564	63176	8411
2012	426534	15923	7882	119770	1629	13275	6319	6451	67778	8688
2013	511887	10713	5741	100313	2181	12843	9409	4809	99916	11136
2014	623773	45427	6353	116185	2402	15511	11185	6306	118451	12223
2015	763212	57525	6487	127692	2892	22490	14401	11964	172393	14547
2016	816779	58830	4761	110992	2778	32006	16364	18203	206121	12911
2017	964946	90759	4746	124077	3753	42317	18979	25564	257404	15029
2018	1360376	116564	3588	138461	4971	78034	26433	56112	408979	21284
2019	1418827	156665	3314	140759	4965	83586	26724	56385	415432	21297
2020	1652264	171732	3435	159715	5337	114702	31923	66983	500883	24403

1-7 续表 continued

单位：个 (unit)

年份 Year	金融业 Finance	房地产业 Real estate	租赁和商务服务业 Leasing and Business Services	科学研究和技术服务业 Scientific Research and Technical Service	水利、环境和公共设施管理业 Management of Water Conservancy, Environment and Public Facilities	居民服务、修理和其他服务业 Resident Services, Repair and Other Services	教育 Education	卫生和社会工作 Health and Social Work	文化、体育和娱乐业 Culture, Sports and Entertainment	公共管理、社会保障和社会组织 Public Management, Social Security and Social Organization
2003	3248	2455	4952	4366	2193	1370	14180	25428	3445	75070
2004	1907	3467	5759	4038	1913	1813	16623	29686	2542	74225
2005	1679	3610	6468	4189	1942	1920	16705	29715	2599	74251
2006	1755	4210	7820	4341	1915	2298	16917	29660	2685	74938
2007	1796	5111	8620	4527	1979	2556	17127	30031	2814	75426
2008	1076	6765	9821	5266	2206	3700	22536	26057	3492	81086
2009	1368	7464	11318	5577	2323	4173	22751	26114	3607	81344
2010	1695	9328	13304	6221	2418	4448	22900	26174	3751	81491
2011	1983	10550	15093	6574	2510	4568	22940	25221	3876	81476
2012	2034	11420	16400	7053	2604	4814	23074	25239	4608	81573
2013	1369	14387	22923	24110	4033	6898	40079	34020	13048	93959
2014	3226	17160	29737	27150	4614	8029	42309	37933	15757	103815
2015	4159	22377	45465	36962	6094	11089	44940	38881	17609	105245
2016	4891	27501	57916	39894	7072	13368	45623	36862	15552	105134
2017	4921	31673	71012	47284	7865	15432	46326	36494	18163	103148
2018	3001	46303	126282	75709	9631	25048	60451	20369	34229	104927
2019	2727	47075	129596	77074	11121	24305	60178	20560	33538	103526
2020	2920	54504	158736	92406	14625	27288	62366	19422	36426	104458

1-10 各市按三次产业和机构类型分法人单位数(2020年)

Number of Institutional Unit by orgniztion type and City (2020)

单位：个 (unit)

市(县) City(County)	合 计 Total	第一产业 Primary Industry	第二产业 Secondary Industry	第三产业 Tertiary Industry	企业法人 Business Entity	事业法人 Institution Entity	机关法人 Government Entity	社会团体 Social Organization	其 他 Others
全　省 Total	**1652264**	**136573**	**281552**	**1234139**	**1324372**	**70427**	**13874**	**11363**	**232228**
省辖市 City									
郑州市 Zhengzhou	433939	5384	58825	369730	414379	5775	1156	1287	11342
开封市 Kaifeng	81013	12667	14862	53484	61010	2765	745	413	16080
洛阳市 Luoyang	103202	8987	20243	73972	82074	5780	1159	1267	12922
平顶山市 Pingdingshan	65230	5566	10401	49263	51221	3391	844	558	9216
安阳市 Anyang	66113	5006	13262	47845	50083	3534	871	349	11276
鹤壁市 Hebi	29436	2805	6478	20153	24322	1009	388	268	3449
新乡市 Xinxiang	106285	8076	25427	72782	81944	4674	1003	662	18002
焦作市 Jiaozuo	44715	4803	10194	29718	32875	3062	748	428	7602
濮阳市 Puyang	64865	4409	13590	46866	52229	3325	575	365	8371
许昌市 Xuchang	79058	4601	17422	57035	66193	2238	536	504	9587
漯河市 Luohe	21364	1357	3801	16206	15915	1579	362	175	3333
三门峡市 Sanmenxia	32688	3406	4529	24753	23658	2355	554	471	5650
南阳市 Nanyang	161426	20424	22567	118435	120062	7614	1064	1174	31512
商丘市 Shangqiu	87915	6807	14911	66197	63152	5339	965	666	17793
信阳市 Xinyang	77087	8184	12991	55912	53506	4945	1028	972	16636
周口市 Zhoukou	90961	14262	15952	60747	60410	6469	879	552	22651
驻马店市 Zhumadian	88790	18768	13057	56965	56127	6139	904	796	24824
济源市 Jiyuan	18177	1061	3040	14076	15212	434	93	456	1982
省直管县 County Directly Administrated by Province									
巩义市 Gongyi	14298	654	4730	8914	12500	512	87	81	1118
兰考县 Lankao	16070	2598	3782	9690	12508	482	85	71	2924
汝州市 Ruzhou	17909	2138	3046	12725	14255	802	93	130	2629
滑县 Huaxian	17720	1911	3772	12037	12808	636	82	75	4119
长垣市 Changyuan	18806	570	5631	12605	15870	771	99	102	1964
邓州市 Dengzhou	15368	4008	2004	9356	8762	1079	83	149	5295
永城市 Yongcheng	13121	905	1896	10320	9562	256	81	76	3146
固始县 Gushi	13104	3134	2703	7267	10103	579	110	118	2194
鹿邑县 Luyi	9783	2370	1663	5750	5057	821	125	44	3736
新蔡县 Xincai	8419	1621	1627	5171	5269	283	88	58	2721

1-11 各市分行业法人单位数(2020年)

单位：个

市(县)	City(County)	合 计 Total	农林牧渔业 Agriculture Forestry, Animal Husbandry and Fishery	采矿业 Mining	制造业 Manufacturing	电力、燃气及水的生产和供应业 Production and Supply of Electricity,Gas and Water	建筑业 Construction	交通运输仓储及邮政业 Transport, Storage and Post	信息传输、软件和信息技术服务业 Information Transmission, Software and Information Technology Services
全 省	**Total**	**1652264**	**171732**	**3435**	**159715**	**5337**	**114702**	**31923**	**66983**
省 辖 市	**City**								
郑 州 市	Zhengzhou	433939	6488	370	21205	470	37164	7163	33060
开 封 市	Kaifeng	81013	14204	6	8890	207	5818	1201	2600
洛 阳 市	Luoyang	103202	10003	676	12202	466	7045	1902	3914
平 顶 山 市	Pingdingshan	65230	6526	351	6072	303	3777	1193	1776
安 阳 市	Anyang	66113	6627	83	7470	400	5379	1304	1602
鹤 壁 市	Hebi	29436	3122	56	3928	169	2383	656	1094
新 乡 市	Xinxiang	106285	10996	87	17560	362	7546	1982	3112
焦 作 市	Jiaozuo	44715	5358	122	7750	208	2166	1416	1326
濮 阳 市	Puyang	64865	5265	73	7201	243	6202	1841	1832
许 昌 市	Xuchang	79058	6134	190	12552	215	4593	1420	2292
漯 河 市	Luohe	21364	1676	2	2736	70	1004	707	606
三 门 峡 市	Sanmenxia	32688	3735	341	1972	234	2027	922	805
南 阳 市	Nanyang	161426	25459	536	14523	518	7105	2758	4625
商 丘 市	Shangqiu	87915	9317	17	10104	382	4456	1942	2863
信 阳 市	Xinyang	77087	14347	282	6412	371	5975	1467	1593
周 口 市	Zhoukou	90961	18027	5	10311	365	5306	2034	1572
驻 马 店 市	Zhumadian	88790	23042	159	7130	277	5537	1477	1398
济 源 市	Jiyuan	18177	1406	79	1697	77	1219	538	913
省 直 管 县	**County Directly Administrated by Province**								
巩 义 市	Gongyi	14298	704	31	3974	53	685	296	276
兰 考 县	Lankao	16070	2859	1	2363	63	1367	247	359
汝 州 市	Ruzhou	17909	2454	139	1940	62	929	280	431
滑 县	Huaxian	17720	2650	2	2657	47	1081	189	205
长 垣 市	Changyuan	18806	711	3	3889	50	1726	225	233
邓 州 市	Dengzhou	15368	4712	7	1130	55	821	166	211
永 城 市	Yongcheng	13121	1611	9	1305	48	546	294	389
固 始 县	Gushi	13104	3257	85	1560	61	1007	257	177
鹿 邑 县	Luyi	9783	2628		1171	33	461	196	101
新 蔡 县	Xincai	8419	2272	3	806	23	801	98	85

Number of Institutional Unit by Sector and City (2020)

(unit)

批发和零售业 Whole-sale and Retail Trade	住宿和餐饮业 Hotels and Catering Services	金融业 Fina-nce	房地产业 Real Estate	租赁和商务服务业 Leasing and Business Services	科学研究和技术服务业 Scientific Research, and Technical Service	水利、环境和公共设施管理业 Management of Water Conservancy, Environment and Public Facilities	居民服务、修理和其他服务业 Resident Services, Repair and Other Services	教育 Education	卫生和社会工作 Health and Social Work	文化、体育和娱乐业 Culture, Sports and Enterta-inment	公共管理、社会保障和社会组织 Public Management, Social Security and Social Organization
500883	**24403**	**2920**	**54504**	**158736**	**92406**	**14625**	**27288**	**62366**	**19422**	**36426**	**104458**
160108	6939	749	17702	69422	35803	2437	8230	7476	1817	9136	8200
21549	1444	151	2463	7003	3449	593	1255	3019	751	1769	4641
28444	1743	191	3338	7977	5681	1134	1693	4149	1953	2932	7759
22106	1093	125	2345	4289	2361	853	1031	3160	972	1386	5511
19548	807	134	1690	5412	2322	673	1159	3316	597	1342	6248
7264	425	58	1097	2472	1477	438	474	1213	246	755	2109
30552	1042	166	3151	7720	3697	900	1525	4465	2383	1751	7288
11402	493	122	1143	2332	1362	331	627	2111	580	1182	4684
18224	593	140	2014	5753	3627	694	1195	2943	576	1230	5219
25693	1132	118	2151	5501	4276	1272	1068	2913	1395	1677	4466
6260	411	59	866	1796	836	209	339	1093	272	308	2114
10465	516	60	1005	2271	1137	458	567	1127	424	898	3724
52660	2408	237	4167	12864	8200	1533	2404	6639	1948	2698	10144
20748	1051	146	3065	6799	6194	656	1576	4956	1701	3588	8354
16535	1375	185	2847	5847	4159	896	1229	2511	1199	1846	8011
22711	1414	111	2069	4546	3323	583	1323	6083	1380	1875	7923
20847	1321	125	2896	4996	3615	651	1317	4587	1064	1615	6736
5767	196	43	495	1736	887	314	276	605	164	438	1327
5289	118	9	299	560	259	138	142	372	120	227	746
3975	244	20	455	1414	601	141	293	600	90	248	730
6088	326	9	402	1240	508	289	248	908	360	343	953
6089	139	11	275	1054	406	126	169	873	130	228	1389
7090	145	17	389	1090	480	145	199	728	449	234	1003
2916	277	8	473	923	301	135	181	994	645	308	1105
2866	150	10	349	961	498	113	271	443	589	1600	1069
2713	208	12	340	753	326	146	208	441	228	225	1100
1569	127	2	217	439	231	55	141	766	494	235	917
1867	125	14	302	353	297	54	135	221	114	187	662

1-12 各市按登记注册类型分企业法人单位数(2020年)

单位：个

市(县) City(County)	企业单位数 Number of Enterprises	内资企业 Domestic Funded Enterprises	#国有企业 State-owned Enterprises	#集体企业 Collective-owned Enterprises	#股份合作企业 Cooperative Enterprises
全省 Total	**1324372**	**1321847**	**3982**	**6248**	**520**
省辖市 City					
郑州市 Zhengzhou	414379	413455	584	647	79
开封市 Kaifeng	61010	60872	188	377	21
洛阳市 Luoyang	82074	81846	319	391	14
平顶山市 Pingdingshan	51221	51121	262	262	20
安阳市 Anyang	50083	50013	156	410	10
鹤壁市 Hebi	24322	24281	52	142	26
新乡市 Xinxiang	81944	81784	254	533	53
焦作市 Jiaozuo	32875	32792	117	244	9
濮阳市 Puyang	52229	52158	163	184	39
许昌市 Xuchang	66193	66107	116	413	6
漯河市 Luohe	15915	15852	81	111	5
三门峡市 Sanmenxia	23658	23600	155	201	2
南阳市 Nanyang	120062	119914	540	578	166
商丘市 Shangqiu	63152	63062	184	479	11
信阳市 Xinyang	53506	53445	280	265	12
周口市 Zhoukou	60410	60329	274	671	40
驻马店市 Zhumadian	56127	56033	217	285	7
济源市 Jiyuan	15212	15183	40	55	
省直管县 County Directly Administrated by Province					
巩义市 Gongyi	12500	12483	26	104	5
兰考县 Lankao	12508	12492	20	14	2
汝州市 Ruzhou	14255	14244	34	35	
滑县 Huaxian	12808	12795	15	92	4
长垣市 Changyuan	15870	15843	17	38	4
邓州市 Dengzhou	8762	8749	42	48	4
永城市 Yongcheng	9562	9552	32	34	3
固始县 Gushi	10103	10094	26	46	3
鹿邑县 Luyi	5057	5051	13	49	35
新蔡县 Xincai	5269	5265	33	23	1

Number of Business Entities by City and Status of Registration (2020)

(unit)

#联 营 Joint Ownership	#有限责任公司 Limited Liability Corporations	#股份有限公司 Share-holding Corporations Ltd.	#私 营 Private	#其他内资 Others	港、澳、台商投资企业 Enterprises with Funds from Hong Kong, Macao and Taiwan	外商投资企业 Enterprises with Foreign Investment
113	**58904**	**3180**	**1247318**	**1582**	**1070**	**1455**
10	22041	648	388797	649	437	487
4	2457	239	57431	155	52	86
11	3793	183	77061	74	79	149
5	2995	209	47321	47	38	62
3	2535	126	46689	84	26	44
1	1018	69	22952	21	20	21
8	3314	206	77338	78	58	102
4	1578	120	30697	23	30	53
7	2061	131	49455	118	29	42
5	2276	139	63128	24	40	46
4	1129	104	14411	7	26	37
3	1033	92	22111	3	25	33
24	3308	209	114969	120	63	85
5	2217	160	59984	22	37	53
5	2046	166	50641	30	25	36
7	1881	164	57235	57	26	55
6	2390	182	52890	56	50	44
1	832	33	14208	14	9	20
2	504	19	11819	4	3	14
	432	14	11990	20	8	8
	423	17	13724	11	5	6
1	223	10	12394	56	6	7
2	780	14	14965	23	7	20
3	257	8	8380	7	7	6
	151	4	9327	1	7	3
2	257	17	9739	4	3	6
	265	22	4660	7	4	2
	292	24	4892		2	2

1-13 “四上”法人单位数(2020年底)

Number of Institutional Unit of industry, construction, wholesale and retail trades, hotels and catering enterprises above designated size (End of 2020)

单位：个 (unit)

市(县) City(County)	合计 Total	工业 Industry	建筑业 Construction	批发和零售业 Wholesale and retail trade	住宿和餐饮业 Hotels and Catering Services	房地产业 Real estate	重点服务业 Key Services
全省 Total	**58869**	**19450**	**7950**	**12016**	**2592**	**8052**	**8809**
省辖市 City							
郑州市 Zhengzhou	11279	2273	1958	2698	544	1505	2301
开封市 Kaifeng	2649	1055	369	497	124	288	316
洛阳市 Luoyang	4812	1754	669	1008	222	583	576
平顶山市 Pingdingshan	2735	861	362	442	120	542	408
安阳市 Anyang	2263	774	504	393	73	340	179
鹤壁市 Hebi	1063	397	191	170	40	148	117
新乡市 Xinxiang	3862	1492	754	632	93	582	309
焦作市 Jiaozuo	2292	840	264	543	50	250	345
濮阳市 Puyang	1613	614	279	271	46	207	196
许昌市 Xuchang	3284	1487	219	467	145	429	537
漯河市 Luohe	1300	550	98	266	49	211	126
三门峡市 Sanmenxia	1411	393	185	388	75	199	171
南阳市 Nanyang	4328	1458	469	1040	252	525	584
商丘市 Shangqiu	3910	1525	276	804	137	582	586
信阳市 Xinyang	3908	1232	338	866	244	631	597
周口市 Zhoukou	3901	1374	401	760	179	402	785
驻马店市 Zhumadian	3625	1144	523	642	190	554	572
济源市 Jiyuan	634	227	91	129	9	74	104
省直管县 County Directly Administrated by Province							
巩义市 Gongyi	799	418	53	127	15	74	112
兰考县 Lankao	598	236	75	130	34	37	86
汝州市 Ruzhou	506	175	47	110	8	36	130
滑县 Huaxian	528	227	129	72	11	42	47
长垣市 Changyuan	881	271	316	144	33	47	70
邓州市 Dengzhou	519	146	60	142	51	63	57
永城市 Yongcheng	590	299	48	73	27	47	96
固始县 Gushi	688	221	29	215	45	60	118
鹿邑县 Luyi	679	269	47	98	40	40	185
新蔡县 Xincai	515	134	51	159	35	60	76

1−14 航空港主要经济指标

Main Economic Indicators of Zhengzhou Airport

指 标	Item	2019		2020	
		绝对数 Absolute value	增长速度(%) Growth Rate (%)	绝对数 Absolute value	增长速度(%) Growth Rate (%)
生产总值(亿元)	Gross Domestic Product (100 million yuan)	963.36	9.8	1041.18	7.8
第一产业	Primary Industry	9.04	-6.7	8.83	-9.3
第二产业	Secondary Industry	682.15	9.1	749.49	9.8
第三产业	Tertiary Industry	272.16	13.0	282.86	2.0
规模以上工业增加值(亿元)	value-added of Industrial Above Designated Size (100 million yuan)		10.1		10.7
固定资产投资(亿元)	Investment in Fixed Assets		1.4		8.5
#民间投资	Civilian		172.8		25.6
#工业	Industry		53.7		81.1
#房地产业	Real Estate		-26.6		-9.1
社会消费品零售总额(亿元)	Total Retail Sales of Consumer Goods (100 million yuan)	142.49	12.2	133.04	-6.6
#限上企业(单位)消费品零售额	above Designated Size	8.01	-4.0	8.32	-3.4
外商实际投资额(亿美元)	Actually Amount of Foreign Investment (USD 100 million)	5.84	3.1	6.13	5.1
引进省外境内资金(亿元)	Domestic Capital from other Provinces (100 million yuan)	46.60	3.3	48.10	3.2
一般公共预算收入(亿元)	General Public Budget Revenue of the Local Government (100 million yuan)	46.72	10.0	65.37	4.1
#税收收入	Tax Revenue	38.88	26.9	57.43	7.8
一般公共预算支出(亿元)	Genenral Public Budget Expenditure of the Local Government (100 million yuan)	88.69	-12.5	91.99	3.7
民航旅客吞吐量(万人次)	Passenger Throughput of Civil Aviation (10 000 person-time)	2912.93	6.6	2140.67	-26.5
民航货邮吞吐量(万吨)	Freight Throughput of Civil Aviation (10 000 tons)	52.20	1.4	63.94	22.5
航空运输飞行架次(万架次)	Air Transport Flight Vehicles (10 000 vehicles)	21.57	3.3	17.78	-17.6

主要统计指标解释

行政区划 指国家对行政区域的划分。根据有关法规规定，我国的行政区域划分如下：(1)全国分为省、自治区、直辖市；(2)省、自治区分为自治州、县、自治县、市；(3)自治州分为县、自治县、市；(4) 自治区、自治州、自治县都是民族自治的地方；县、自治县分为乡、民族乡、镇；(5)直辖市和较大的市分为区、县；(6)国家在必要时设立的特别行政区。

可比价格 指计算各种总量指标所采用的扣除了价格变动因素的价格，可进行不同时期总量指标的对比。按可比价格计算总量指标有两种方法：一种是直接用产品产量乘某一年的不变价格计算；另一种是用价格指数进行缩减。

不变价格 指以同类产品某年的平均价格作为固定价格，用于计算各年的产品价值。按不变价格计算的产品价值消除了价格变动因素，不同时期对比可以反映生产的发展速度。新中国成立后，随着工农业产品价格水平的变化，国家统计局先后五次制定了全国统一的工业产品不变价格和农业产品不变价格。从 1952 年到 1957 年使用 1952 年工（农）业产品不变价格，从 1957 年到 1970 年使用 1957 年不变价格，从 1971 年到 1980 年使用 1970 年不变价格，从 1981 年到 1990 年使用 1980 年不变价格，从 1991 年开始使用 1990 年不变价格。

平均增长速度 平均增长速度表明社会经济现象在一个较长的时期内逐期平均增长变化的程度，它不能根据各个环比增长速度直接求得，但与平均发展速度之间存在着一定的数量关系：平均增长速度＝平均发展速度－1。

平均发展速度是一种根据环比发展速度计算的序时平均数，由于各时期对比的基础不同，所以计算平均发展速度不能采用一般的序时平均数的计算方法，计算方法分为水平法和累计法。水平法，又称几何平均法，即将环比发展速度按连乘法用几何平均数公式计算。累计法，也称方程法，根据一段时期内各年发展水平总和与基期水平的关系，列出方程式计算平均发展速度。水平法着重考虑最后一年所达到的发展水平；累计法着重考虑整个时期累计发展水平的总量。

本年鉴内所列的平均增长速度，除固定资产投资用“累计法”计算外，其余均用“水平法”计算。从某年到某年平均增长速度的年份，均不包括基期年在内。如建国四十三年以来的平均增长速度是以 1949 年为基期计算的，则写为 1950-1992 年平均增长速度，其余类推。

国民经济行业分类 自 2012 年定期报表开始使用新的《国民经济行业分类》(GB/T4754-2011)。该分类是由国家统计局组织修订，国家质量监督检验检疫总局和中国国家标准化管理委员会于 2011 年 4 月 29 日发布。这次修订是在 2002 年分类标准的基础上，参照联合国《全部经济活动的国际标准产业分类》(ISIC/Rev.4) 进行的。修订后的《国民经济行业分类》(GB/T4754-2012) 共有门类 20 个，大类 96 个，中类 432 个，小类 1094 个。

企业（单位）登记注册类型 是以在工商行政管理机关登记注册的各类企业为划分对象，以工商行政管理部门对企业登记注册的类型为依据，将企业登记注册类型分为内资企业、港澳台商投资企业和外商投资企业三大类。内资企业包括国有企业、集体企业、股份合作企业、联营企业、有限责任公司、股份有限公司、私营公司和其他企业；港澳台商投资企业和外商投资企业分别包括合资经营企业、合作经营企业、独资经营企业和股份有限公司。对不在工商行政管理部门进行登记注册的行政机关、事业单位和社会团体，主要按其经费来源和管理方式进行划分。

国有企业 指企业全部资产归国家所有，并按《中华人民共和国企业法人登记管理条例》规定登记注册的非公司制的经济组织。不包括有限责任公司中的国有独资公司。

集体企业 指企业资产归集体所有，并按《中华人民共和国企业法人登记管理条例》规定登记注册的经济组织。

股份合作企业 指以合作制为基础，由企业职工共同出资入股，吸收一定比例的社会资产投资组建，实行自主经营，自负盈亏，共同劳动，民主管理，按劳分配与按股分红相结合的一种集体经济组织。

联营企业 指两个及两个以上相同或不同所有制性质的企业法人或事业单位法人，按自愿、平等、互利的原则，共同投资组成的经济组织。联营企业包括国有联营企业、集体联营企业、国有与集体联营企业和其他联营企业。

有限责任公司 指根据《中华人民共和国公司登记管理条例》规定登记注册，由两个以上、五十个以下的股东共同出资，每个股东以其所认缴的出资额对公司承担有限责任，公司以其全部资产对其债务承担责任的经济组织。有限责任公司包括国有独资公司以及其他有限责任公司。

股份有限公司　指根据《中华人民共和国公司登记管理条例》规定登记注册，其全部注册资本由等额股份构成并通过发行股票筹集资本，股东以其认购的股份对公司承担有限责任，公司以其全部资产对其债务承担责任的经济组织。

私营企业　指由自然人投资设立或由自然人控股，以雇佣劳动为基础的营利性经济组织。包括按照《公司法》《合伙企业法》《私营企业暂行条例》规定登记注册的私营有限责任公司、私营股份有限公司、私营合伙企业和私营独资企业。

其他内资企业　指上述企业之外的其他内资经济组织。

合资经营企业（港或澳、台资）　指港澳台地区投资者与内地企业依照《中华人民共和国中外合资经营企业法》及有关法律的规定，按合同规定的比例投资设立、分享利润和分担风险的企业。

合作经营企业（港或澳、台资）　指港澳台地区投资者与内地企业依照《中华人民共和国中外合作经营企业法》及有关法律的规定，依照合作合同的约定进行投资或提供条件设立、分配利润和分担风险的企业。

港澳台商独资经营企业　指依照《中华人民共和国外资企业法》及有关法律的规定，在内地由港澳台地区投资者全额投资设立的企业。

港澳台商投资股份有限公司　指根据国家有关规定，经外经贸部依法批准设立，其中港、澳、台商的股本占公司注册资本的比例达 25%以上的股份有限公司。凡其中港、澳、台商的股本占公司注册资本的比例小于 25%的，属于内资企业中的股份有限公司。

中外合资经营企业　指外国企业或外国人与中国内地企业依照《中华人民共和国中外合资经营企业法》及有关法律的规定，按合同规定的比例投资设立、分享利润和分担风险的企业。

中外合作经营企业　指外国企业或外国人与中国内地企业依照《中华人民共和国中外合作经营企业法》及有关法律的规定，依照合作合同的约定进行投资或提供条件设立、分配利润和分担风险的企业。

外资企业　指依照《中华人民共和国外资企业法》及有关法律的规定，在中国内地由外国投资者全额投资设立的企业。

外商投资股份有限公司　指根据国家有关规定，经外经贸部依法批准设立，其中外资的股本占公司注册资本的比例达 25%以上的股份有限公司。凡其中外资股本占公司注册资本的比例小于 25%的，属于内资企业中的股份有限公司。

行政机关、事业单位和社会团体　参照企业登记注册类型，主要按其经费来源和管理方式划分。具体规定如下：

⑴行政机关：包括国家机关和政党机关，原则上均列为“国有”。但有特殊规定的，如供销社等，则列为“集体”。

⑵事业单位：包括经国家机构编制部门和有关业务主管部门批准成立的各类事业单位，不包括实行企业化管理的事业单位。事业单位的划分办法如下.

①由国家财政预算拨款或列入财政预算外资金管理以及经费主要来源于国有主管部门或国有上级单位的事业单位，列为“国有”。

②经费主要来源于集体单位的事业单位，列为“集体”。

③公民个人（或个人合伙）开办的事业单位，列为“私营”。

④上述以外的其他事业单位，如果其经费来源不明确，按管理方式进行归类。

⑶社会团体：包括经民政部门批准成立以及未纳入社会团体管理条例范围的工会、妇联等各类社会团体。社会团体的划分办法如下：

①未纳入民政部社会团体管理条例范围的工会、妇联、共青团、青联、工商联、科协、侨联等社会团体，国家拨款设立的基金会或基金管理组织以及经费主要来源于国有业务主管部门或国有上级单位的社会团体，列为“国有”。

②经费主要来源于集体单位的社会团体，列为“集体”。

③公民个人（或个人合伙）开办的社会团体，划为“私营”。

④上述以外的其他社会团体，如果其经费来源不明确，改按管理方式进行归类。

法人单位　指具备：

⑴依法成立、有自己的名称、组织机构和场所、能够独立承担民事责任；

⑵独立拥有和使用（或授权使用）资产、承担负债、有权与其它单位签订合同；

⑶会计上独立核算、能够编制资产负债表。法人单位包括企业法人、事业单位法人、机关法人、会团体法人和其他法人。

产业活动单位　是法人单位的附属单位。产业活动单位应具备下列条件：

⑴在一个场所从事一种或主要从事一种社会经济活动；

⑵相对独立组织生产经营和业务活动；

⑶能够掌握收入和支出等业务核算资料。

Explanatory Notes on Main Statistical Indicators

Divisions of Administrative Areas refers to the division of administrative areas by the State. The relative laws stipulate that 1) the whole country is divided into provinces, autonomous regions and municipalities directly under the Central Government; 2) provinces and autonomous regions are further divided into autonomous prefectures, counties, autonomous counties and cities; 3) autonomous prefectures are further divided into counties, autonomous counties and cities; 4) counties and autonomous counties are further divided into townships, ethnic townships and towns; 5) municipalities directly under the Central Government and large cities are divided into districts and counties, 6) the State shall, when necessary, establish special administrative regions.

Comparable Prices refer to prices that are used to remove the factors of price change in calculating economic aggregates, so as to facilitate comparison of aggregates over time. Two methods are used for calculating economic aggregates at comparable prices:

One is Multiplying the output of products by their constant prices of certain year, and other is Deflation of data at current prices by relevant price index.

Constant Price refers to the average price of a given product in certain year, which is used for comparison of over output value time. As the output value at constant prices removes the factor of price changes, it reflects the trend of production development over time. Since 1949,with the changes in general price level, the State Statistical Bureau has issued nationally unified constant prices five times: the 1952 constant prices for 1949-1957;the 1957 constant prices for 1957-1971; the 1970 constant prices for 1971-1981; the 1980 constant prices for 1981-1990;and the 1990 constant prices have been used since 1991.

Average Annual Growth Rate shows the average growth rate of social and economic development during a longer period. It can not be directly calculated by chain based growth rate. The relation is:

Average Annual Growth Rate = Average Speed of Development – 1

Average speed of development is the time series average of speed which calculated by chain based. Because the reference bases during the different periods are not same, average speed of development can not be calculated by the general method. Level approach and accumulative approach for calculating average speed of development rate are applied. The “level approach”, or the method of calculating the geometric average, is derived by the formula of geometric average of the chain-based speeds of development, or comparing the level of the last year of the interval with that of the beginning year; the other is called the “accumulative approach” or the “algebraic average”, “equation” method, which is derived by the summation of the actual figure of each year in the interval divided by the figure in the base year. The level approach focuses on the level of the last year, while the accumulative approach emphasizes the aggregate development in the duration.

The average annual growth rates listed in the Yearbook are calculated by the level approach except for the growth rate of investment in fixed assets. The base year is not listed in the duration for which average annual growth rates are computed. For instance, the average annual growth rate of the 43 years since 1949 is shown as the average annual growth rate of 1950-1992 without showing the base year 1949.

Industrial Classification of the National Economy The new Industrial Classification of the National Economy (GB/T 4754-2011) is introduced starting from the compilation of 2012 annual statistics. The revision, based on the 2002 classification, was organized by the National Bureau of Statistics taking into consideration of the International Standards of the Industrial Classification of All Economic Activities (ISIC/Rev.4) of the United Nations. The new Classification was promulgated by the National Administration of Quality Supervision, Inspection and Quarantine and the Standardization Administration of the People's Republic of China on April 29, 2011. The revised version of the Industrial Classification of the National Economy (GB/T 4754-2012) is composed of 20 sections, 96 divisions, 432 groups and 1094 classes.

Registration Status of Enterprises Enterprises are classified into 3 categories, namely domestic-funded enterprises, enterprises with investment from Hong Kong, Macau and Taiwan, and enterprises with foreign investment, in the light of the registration status of an enterprise in industrial and commercial administration agencies. Domestic-funded enterprises include state-owned enterprises, collective-owned enterprises, cooperative enterprises, joint ownership enterprises, limited liability corporations, share-holding corporations Ltd., private enterprises and other enterprises. Included in the enterprises with investment from Hong Kong, Macau and Taiwan and enterprises with foreign investment are joint-venture enterprises, cooperative enterprises, sole investment enterprises and share-holding corporations Ltd. For government agencies, institutions and social organizations which are not requested to be registered in industrial and commercial administration agencies, they are classified mainly by their sources of funds and way of management.

State-owned Enterprises refer to non-corporation economic units where the entire assets are owned by the state and which have registered in accordance with the Regulation of the People's Republic of China on the Management of Registration of Corporate Enterprises. Excluded from this category are sole state-funded corporations in the limited liability corporations.

Collective-owned Enterprises refer to economic units where the assets are owned collectively and which have registered in accordance with the Regulation of the People's Republic of China on the Management of Registration of Corporate Enterprises.

Cooperative Enterprises refer to a form of collective economic units (enterprises) where capitals come mainly from employees as their shares, with certain proportion of capital from the outside, where production is organized on the basis of independent operation, independent accounting for profits and losses, joint work, democratic management, and a distribution system that integrates remuneration according to work with dividend according to capital share.

Joint Ownership Enterprises refer to economic units established by two or more corporate enterprises or corporate institutions of the same or different ownership, through joint investment on the basis of equality, voluntary participation and mutual benefits. They include state joint ownership enterprises, collective joint ownership enterprises, joint state-collective enterprises, and other joint ownership enterprises.

Limited Liability Corporations refer to economic units established with investment from 2-50 investors and registered in accordance with the Regulation of the People's Republic of China on the Management of Registration of Corporations, each investor bearing limited liability to the corporation depending on its share of investment, and the corporation bearing liability to its debt to the maximum of its total assets. Limited liability corporations include exclusive state-funded limited liability corporations and other limited liability corporations.

Share-holding Corporations Ltd. refer to economic units registered in accordance with the Regulation of the People's Republic of China on the Management of Registration of Corporations, with total registered capitals divided into equal shares and raised through issuing stocks. Each investor bears limited liability to the corporation depending on the holding of shares, and the corporation bears liability to its debt to the maximum of its total assets.

Private Enterprises refer to profit-making economic units invested and established by natural persons, or controlled by natural persons using employed labor. Included in this category are private limited liability corporations, private share-holding corporations Ltd, private partnership enterprises and private-funded enterprises registered in accordance with the Corporation Law, Partnership Enterprises Law and Interim Regulations on Private Enterprises.

Other Domestic-funded Enterprises refer to domestic-funded economic units other than those mentioned above.

Joint Venture Enterprises (Funds are from Hong Kong, Macau or Taiwan) refer to enterprises jointly established by investors from Hong Kong, Macau and Taiwan with enterprises in the mainland of China in accordance with the Law of the People's Republic of China on Sino-foreign Joint Venture Enterprises and other relevant laws, where the share of investment, profits and risks is stipulated in the contract.

Cooperative Enterprises(Funds are from Hong Kong Macao or Taiwan) established by investors from Hong Kong, Macao and Taiwan with enterprises in the mainland of China in accordance with the Law of the People's Republic of China on Sino-foreign Cooperative Enterprises and other relevant laws, where the investment or provision of facilities, and the share of profits and risks is stipulated in the cooperative contract.

Enterprises with Sole (exclusive) Investment from Hong Kong, Macao and Taiwan refer to enterprises established in the mainland of China with exclusive investment from investors from Hong Kong, Macao and Taiwan in accordance with the Law of the People's Republic of China on Foreign-Funded Enterprises and other relevant laws.

Share-holding Corporations Ltd. with Investment from Hong Kong, Macao and Taiwan refer to share-holding corporations Ltd. established with the approval from the Ministry of Foreign Trade and Economic Relations in line with relevant state regulations, where the share of investment from Hong Kong, Macau or Taiwan businessmen exceeds 25% of the total registered capital of the corporation. In case the share of investment from Hong Kong, Macao or Taiwan is less than 25% of the total registered capital, the enterprise is to be classified as domestic-funded share-holding corporation Ltd.

Joint-venture Enterprises with Foreign Investment refer to enterprises jointly established by foreign enterprises or foreigners with enterprises in the mainland of China in accordance with the Law of the People's Republic of China on Sino-foreign Joint Venture Enterprises and other relevant laws, where the share of investment, profits and risks is stipulated in the contract.

Cooperation Enterprises with Foreign Investment refer to enterprises jointly established by foreign enterprises or foreigners with enterprises in the mainland of China in accordance with the Law of the People's Republic of China on Sino-foreign Cooperative Enterprises and other relevant laws, where the investment or provision of facilities, and the share of profits and risks is stipulated in the cooperative contract.

Enterprises with Sole (exclusive) Foreign Investment refer to enterprises established in the mainland of China with exclusive investment from foreign investors in accordance with the Law of the People's Republic of China on Foreign-Funded Enterprises and other relevant laws.

Share-holding Corporations Ltd. with Foreign Investment refer to share-holding corporations Ltd. Established with the approval from the Ministry of Foreign Trade and Economic Relations in line with relevant state regulations, where the share of investment from foreign investors exceeds 25% of the total registered capital of the corporation. In case the share of foreign investment is less than 25% of the total registered capital, the enterprise is to be classified as domestic-funded share-holding corporation Ltd.

Government Agencies, Institutions and Social Organizations are classified into following categories by source of funds and way of management taking reference of the registration status of enterprises:

(1) Government agencies: include state and party agencies, classified in principle as “state-owned”. There are exceptions, such as supply and marketing cooperatives, which are classified, as “collective”.

(2) Institutions: include institutions of various types established with the approval by organization and staffing departments of the government, but exclude institutions where enterprise management system is introduced. Institutions are further classified as follows:

(a) Institutions whose main budget is listed in the government budget appropriations or extra-budget funds, or allocated from the budget of their competent government agencies. Such institutions are classified as “state-owned”.

(b) Institutions whose budget mainly comes from collective units. Such institutions are classified as “collective”.

(c) Institutions other than those mentioned above whose source of budget is not clear. Such institutions are classified by way of management.

(3) Social organizations: include social organizations established with the approval from the Ministry of Civil Affairs, and organizations that are not covered by social organization management regulations such as trade unions, women’s federations etc. Social organizations are further classified as follows:

(a) Social organizations that are not covered by social organization management regulations of the Ministry of Civil Affairs such as trade unions, women's federations, communist youth leagues, youth associations, industrial and commerce associations, scientists associations, overseas Chinese associations, etc., foundations and fund management organizations established with funds from the state, and social organizations whose funds mainly come from the budget of their competent government agencies. Such institutions are classified as "state-owned".

(b) Social organizations whose budget mainly comes from collective units. Such institutions are classified as "collective".

(c) Social organizations established by individual or a group of citizens, which are classified as "private".

(d) Social organizations other than those mentioned above whose source of budget is not clear. Such organizations are classified by way of management.

Artificial person Refer to unit that have following conditions:

(1) legally Established, have own name, organization ,location and can undertake a civil case responsibility independently by law.

(2) independently Own and use(or authorizable usage) a property, undertake liabilities and can make a bargain with other units.

(3) can independently account and workout balance sheet. artificial person unit includes business artificial person, artificial person, organization artificial person, meeting group artificial person and other.

Establishments unit Refer to the subsidiary unit of artificial person unit. it should have following conditions:

(1) Be engaged in only one kind of social economic activities in exclusive condition.

(2) Opposite independently organize management and business activity.

(3) predominate data of businesses, such as income and expenditure...etc.

国民经济核算
National Accounts

2

资料整理：胡昶昶

简要说明

一、主要内容

本篇包括生产总值资料和资金流量表。

二、资料来源

生产总值资料是根据不同产业部门、不同支出构成的特点和资料来源情况而采用不同方法计算的。本年鉴公布的地区生产总值以及与之有关的指标数据，如果遇到普查，在能够获得更详细的基础资料的情况下，地区生产总值历史数据还会发生变动。根据第三次经济普查资料，重新修订了2004年以来的地区生产总值数据。2017年国家统计局在实施研发支出核算方法改革，讲研发支出计入地区GDP核算中，研发支出核算改革后，对以前年度GDP历史数据进行了系统修订。根据第三次农业普查资料，对以前年度GDP历史数据进行了系统修订。本年鉴中的数据是修订以后的数据。本年鉴所列分省辖市、省直管县数据来自各省辖市、省直管县统计局的国民经济核算资料。由于采取分级核算，各省辖市数据相加不等于全省数据。由河南省统计局国民经济核算处编辑整理。

资产负债表采用国际上通用的矩阵结构。主栏为资产和负债项目，包括三个部分：非金融资产项目、金融资产与负债项目和资产负债差额项目。宾栏为机构部门和经济总体，并下设使用项和来源项，其中使用项目记录资产，来源项目记录负债和资产负债差额。由河南省统计局国民经济核算处编制。

资金流量表表式与国际上通用的表式相似，是机构部门与交易项目的矩阵表式。主栏为交易项目，主要反映分配方式和融资工具；宾栏按机构部门分类。机构部门分类是根据机构单位具有的基本特征所进行的部门分类。资金流量表把参与资金活动的主体分为非金融企业、金融机构、政府、住户、国内省外和国外六个部门。每一部门下设资金来源与资金运用两栏。现行的资金流量表分为两大部分，一部分为实物交易，另一部分为金融交易，本年鉴登录的为实物交易部分。由河南省统计局国民经济核算处编制。

本篇中当年数据均为初步核算结果。

Brief Introduction

I. Main Contents

Statistics on national accounts include mainly four parts: gross domestic product, balance sheet, Flow of Funds Table and Input-output table.

II. Sources of Data

Data on GDP are computed by the Department of National Accounts of the Henan provincial Bureau of Statistics based on different approaches in the light of the different features of various sectors, various expenditure structures and different data sources. Data on GDP and related indicators of the most recent year published in the Yearbook are not final, Where a census has been conducted, historical data of GDP of the previous years may also undergo change. GDP since 2004 is adjusted on the basis of the Third Economic Census. In 2007, the National Bureau of Statistics carried out the reform of the research and development expenditure accounting method, and the research and development expenditure is included in the regional GDP calculation. After the reform, the historical data on GDP has been revised. According to the third agricultural census data, the historical data of GDP in previous years were systematically revised. Data in this yearbook has been revised.Regional data in this Yearbook are prepared from the national accounts data provided by the statistical bureaus of the 18 cities and province administrating county. The sum of the regional data is not equal to the provincial total due to the decentralized accounting approach. Municipal data of Statistics on national accounts are computed by the Department of National Accounts of the Henan provincial Bureau of Statistics.

Similar to internationally accepted format, the Balance Sheet of Henan constitutes a matrix. Items of transactions are expressed as assets and liabilities, including three parts: non-financial assets, financial assets and liabilities, the difference between assets and liabilities. Institutional sectors are column headings and macroeconomic, grouped by utilization and source, utilization record the item of project assets , and source record the item of liabilities and difference between assets and liabilities. Balance Sheet of Henan province is compiled by the Department of National Accounts of the Henan provincial Bureau of Statistics.

Similar to internationally accepted format, the Flow of Funds table of China constitutes a matrix of institutional sectors by transaction items. Items of transactions are expressed as row headings representing forms of distribution and methods of financing. Institutional sectors are shown as column headings, grouped by the characteristics of the transactions. There are 6 groups of institutional sectors in the flow of funds table, namely, non-financial corporations, financial institutions, general governments, households, other provinces and the rest of the world. Under each sector there are 2 headings: sources of funds and uses of funds. The current flow of funds table is composed of two parts: the first part, comprising the physical (real) transactions, and the second part, refers to comprising financial transactions, and data in this yearbook is the physical (real) transactions, which compiled by the Department of National Accounts of the Henan provincial Bureau of Statistics.

The data of the current year are preliminary accounting results.

2-1 生产总值

Gross Domestic Product

本表按当年价格计算。

Data in this table are calculated at current prices.

单位：亿元 (100 million yuan)

年 份 Year	生产总值 Gross Domestic Product	第一产业 Primary Industry	第二产业 Secondary Industry	第三产业 Tertiary Industry	人均生产总值（元） Per Capita GDP (yuan)
1978	162.92	64.86	69.45	28.61	232
1979	190.09	77.30	80.52	32.27	267
1980	229.16	93.23	94.44	41.49	317
1981	249.69	106.04	95.79	47.86	340
1982	263.30	108.18	102.76	52.36	353
1983	327.95	143.49	116.36	68.10	433
1984	370.04	155.28	136.29	78.47	482
1985	451.74	173.43	170.07	108.24	580
1986	502.91	179.02	202.15	121.74	635
1987	609.60	220.22	230.25	159.13	756
1988	749.09	240.72	299.83	208.54	910
1989	850.71	289.95	317.13	243.63	1012
1990	934.65	325.77	331.85	277.03	1091
1991	1045.73	334.61	388.09	323.03	1201
1992	1279.75	342.75	542.40	394.60	1452
1993	1660.18	397.50	760.24	502.44	1865
1994	2216.83	529.43	1053.35	634.05	2467
1995	2988.37	738.91	1387.65	861.81	3297
1996	3634.69	908.05	1668.88	1057.75	3978
1997	4041.09	976.73	1851.70	1212.66	4389
1998	4308.24	1037.58	1927.95	1342.70	4643
1999	4517.94	1087.70	1970.98	1459.26	4832
2000	5052.99	1124.93	2282.48	1645.59	5450
2001	5533.01	1195.39	2497.71	1839.91	5959
2002	6035.48	1207.11	2881.60	1946.77	6487
2003	6942.41	1198.70	3348.63	2395.08	7376
2004	8411.19	1647.57	4080.74	2682.88	9047
2005	10243.47	1844.04	5202.27	3197.16	10978
2006	11977.87	1869.82	6316.19	3791.86	12761
2007	14824.49	2156.69	7904.01	4763.80	15811
2008	17735.93	2575.81	9713.40	5446.72	18879
2009	19181.00	2665.66	10324.57	6190.77	20280
2010	22655.02	3127.14	12173.51	7354.38	23984
2011	26318.68	3349.25	14021.59	8947.84	27901
2012	28961.92	3577.15	15042.55	10342.21	30497
2013	31632.50	3827.20	15995.37	11809.92	33114
2014	34574.76	3988.22	17139.61	13446.93	35982
2015	37084.10	4015.56	17947.86	15120.68	38338
2016	40249.34	4063.64	18986.89	17198.81	41326
2017	44824.92	4139.29	20940.33	19745.30	45723
2018	49935.90	4311.12	22038.56	23586.21	50714
2019	53717.75	4635.70	23035.56	26046.49	54356
2020	54997.07	5353.74	22875.33	26768.01	55435

注：1. 三次产业结构已执行《国民经济行业分类》(GB/T4754-2017) 行业分类标准；2000年以来人均GDP按常住人口计算(以下相关表格同)。

2. 根据第四次经济普查和第七次人口普查结果，对1992年以来的GDP及人均GDP进行了调整(以下相关表格同)。

a) The industrial structure has been executed the industry classification standard of the "national economy industry classification "(GB/T4754-2017). The data on Per capita GDP since 2000 are calculated at resident population.(the same as the following related tables).

b) According to the results of the fourth economic census and the seventh population census, the data of GDP and per capita GDP have been adjusted since 1992 (the same as the following related tables).

2-2 生产总值指数(上年=100)

Indices of Gross Domestic Product (Preceding year=100)

本表按可比价格计算。

The indices in this table are calculated at comparable prices.

(上年=100) (preceding year=100)

年 份 Year	生产总值 Gross Domestic Product	第一产业 Primary Industry	第二产业 Secondary Industry	第三产业 Tertiary Industry	人 均 生产总值 Per Capita GDP
1978	111.3	110.6	112.1	111.3	109.5
1979	108.7	101.7	112.6	119.7	106.9
1980	115.4	109.2	117.2	126.9	113.7
1981	107.8	111.7	101.3	113.7	106.3
1982	104.3	100.5	106.1	109.0	102.7
1983	123.8	130.2	113.5	131.3	121.9
1984	110.1	105.5	115.0	110.7	108.5
1985	113.5	100.8	117.0	131.9	111.9
1986	104.6	92.1	114.0	108.6	103.0
1987	115.0	116.9	108.6	123.5	112.9
1988	109.8	97.4	120.1	109.4	107.6
1989	107.0	109.2	103.5	110.3	104.8
1990	104.5	105.4	102.3	106.8	102.5
1991	106.9	97.4	113.3	110.4	105.2
1992	113.7	101.5	125.4	111.1	112.3
1993	115.6	110.4	122.0	111.7	114.3
1994	113.5	101.3	121.5	112.6	112.5
1995	114.7	111.9	117.1	113.2	113.8
1996	113.9	111.3	116.1	112.5	113.0
1997	110.5	107.6	111.0	111.8	109.7
1998	108.8	107.0	109.2	109.3	107.9
1999	108.1	107.2	107.8	109.2	107.3
2000	109.1	104.2	111.5	108.8	110.1
2001	108.7	104.9	109.5	110.1	108.5
2002	109.1	104.8	116.6	101.6	108.9
2003	110.9	97.2	115.7	112.5	109.6
2004	112.8	113.6	113.3	111.6	114.2
2005	114.3	107.6	117.1	113.7	113.9
2006	114.5	107.4	117.8	113.3	113.8
2007	114.6	103.7	117.9	115.0	114.7
2008	112.0	105.5	114.2	111.5	111.8
2009	111.0	104.1	111.9	112.4	110.2
2010	112.4	104.5	114.7	111.8	112.5
2011	112.0	103.6	113.9	112.4	112.2
2012	110.1	104.4	111.2	110.6	109.4
2013	109.0	104.2	109.5	109.9	108.4
2014	108.9	104.0	109.3	110.0	108.2
2015	108.4	104.4	107.6	111.1	107.7
2016	108.2	104.3	107.1	110.6	107.5
2017	107.8	104.3	107.0	109.7	107.1
2018	107.6	103.4	106.9	109.5	107.2
2019	106.8	102.3	106.7	107.8	106.4
2020	101.3	102.2	100.7	101.6	100.9

2–3 生产总值指数(1978=100)

Indices of Gross Domestic Product (1978=100)

本表按可比价格计算。

The indices in this table are calculated at comparable prices.

年份 Year	生产总值 Gross Domestic Product	第一产业 Primary Industry	第二产业 Secondary Industry	第三产业 Tertiary Industry	人均 生产总值 Per Capita GDP
1978	100.0	100.0	100.0	100.0	100.0
1979	108.7	101.7	112.6	119.7	106.9
1980	125.4	111.1	132.0	151.9	121.5
1981	135.2	124.0	133.7	172.7	129.2
1982	141.0	124.7	141.8	188.3	132.7
1983	174.6	162.3	161.0	247.2	161.8
1984	192.2	171.2	185.1	273.6	175.5
1985	218.2	172.6	216.6	360.9	196.4
1986	228.2	159.0	246.9	391.9	202.3
1987	262.5	185.8	268.2	484.1	228.4
1988	288.2	181.0	322.1	529.6	245.7
1989	308.4	197.7	333.3	584.1	257.5
1990	322.2	208.3	341.0	623.8	264.0
1991	344.5	202.9	386.4	688.7	277.7
1992	391.7	206.0	484.5	765.1	311.8
1993	452.6	227.4	590.9	854.3	356.5
1994	513.9	230.3	718.1	962.3	401.0
1995	589.6	257.8	841.2	1089.3	456.2
1996	671.8	286.9	976.4	1225.6	515.6
1997	742.4	308.7	1084.3	1370.6	565.4
1998	807.5	330.3	1184.5	1497.9	610.2
1999	872.8	354.1	1276.9	1635.8	654.5
2000	952.5	369.0	1423.1	1780.1	720.3
2001	1035.0	387.2	1558.5	1959.1	781.7
2002	1129.2	405.8	1816.5	1990.7	851.1
2003	1252.5	394.4	2102.3	2240.0	933.1
2004	1412.8	447.9	2381.0	2500.0	1065.6
2005	1615.0	481.7	2788.0	2842.8	1213.7
2006	1849.4	517.4	3283.3	3221.0	1381.6
2007	2119.7	536.8	3870.2	3705.7	1585.3
2008	2374.6	566.5	4418.3	4132.8	1772.4
2009	2634.8	590.0	4945.3	4646.0	1953.5
2010	2961.5	616.7	5670.9	5193.6	2198.4
2011	3316.7	639.1	6459.3	5837.4	2466.6
2012	3653.4	667.4	7183.7	6456.9	2698.5
2013	3982.9	695.4	7869.1	7097.8	2925.2
2014	4336.7	723.5	8597.1	7804.4	3165.0
2015	4700.9	755.5	9246.4	8673.3	3408.8
2016	5087.9	787.6	9906.9	9591.2	3664.4
2017	5486.7	821.6	10600.0	10520.2	3924.6
2018	5905.9	849.3	11334.7	11514.5	4208.3
2019	6304.5	868.8	12099.7	12407.2	4477.7
2020	6383.9	888.4	12188.0	12608.7	4518.0

2-4 生产总值分产业构成

Industrial Composition of Gross Domestic Product

本表按当年价格计算。

Data in this table are calculated at current prices.

单位：%　　(%)

年 份 Year	生产总值 Gross Domestic Product	第一产业 Primary Industry	第二产业 Secondary Industry	第三产业 Tertiary Industry
1978	100.0	39.8	42.6	17.6
1979	100.0	40.7	42.3	17.0
1980	100.0	40.7	41.2	18.1
1981	100.0	42.5	38.3	19.2
1982	100.0	41.1	39.0	19.9
1983	100.0	43.7	35.5	20.8
1984	100.0	42.0	36.8	21.2
1985	100.0	38.4	37.6	24.0
1986	100.0	35.6	40.2	24.2
1987	100.0	36.1	37.8	26.1
1988	100.0	32.1	40.0	27.9
1989	100.0	34.1	37.3	28.6
1990	100.0	34.9	35.5	29.6
1991	100.0	32.0	37.1	30.9
1992	100.0	26.8	42.4	30.8
1993	100.0	23.9	45.8	30.3
1994	100.0	23.9	47.5	28.6
1995	100.0	24.7	46.4	28.8
1996	100.0	25.0	45.9	29.1
1997	100.0	24.2	45.8	30.0
1998	100.0	24.1	44.8	31.2
1999	100.0	24.1	43.6	32.3
2000	100.0	22.3	45.2	32.6
2001	100.0	21.6	45.1	33.3
2002	100.0	20.0	47.7	32.3
2003	100.0	17.3	48.2	34.5
2004	100.0	19.6	48.5	31.9
2005	100.0	18.0	50.8	31.2
2006	100.0	15.6	52.7	31.7
2007	100.0	14.5	53.3	32.1
2008	100.0	14.5	54.8	30.7
2009	100.0	13.9	53.8	32.3
2010	100.0	13.8	53.7	32.5
2011	100.0	12.7	53.3	34.0
2012	100.0	12.4	51.9	35.7
2013	100.0	12.1	50.6	37.3
2014	100.0	11.5	49.6	38.9
2015	100.0	10.8	48.4	40.8
2016	100.0	10.1	47.2	42.7
2017	100.0	9.2	46.7	44.0
2018	100.0	8.6	44.1	47.2
2019	100.0	8.6	42.9	48.5
2020	100.0	9.7	41.6	48.7

2-5 三次产业贡献率

Share of the Contributions of Three Strata of Industry to the Increase of the GDP

本表按可比价格计算。

Data in this table are calculated at constant prices.

单位：% (%)

年 份 Year	生产总值 Gross Domestic Product	第一产业 Primary Industry	第二产业 Secondary Industry	第三产业 Tertiary Industry
1981	100.0	61.5	6.9	31.6
1982	100.0	4.9	55.3	39.8
1983	100.0	51.7	22.4	26.0
1984	100.0	23.5	54.1	22.4
1985	100.0	2.6	47.6	49.9
1986	100.0	-62.4	117.2	45.2
1987	100.0	36.0	24.2	39.8
1988	100.0	-8.8	82.4	26.4
1989	100.0	37.8	22.0	40.2
1990	100.0	35.5	21.8	42.7
1991	100.0	-13.0	69.8	43.2
1992	100.0	3.4	72.2	24.3
1993	100.0	18.3	58.2	23.4
1994	100.0	2.5	69.2	28.3
1995	100.0	18.9	54.2	26.9
1996	100.0	18.5	54.9	26.6
1997	100.0	16.1	51.0	32.9
1998	100.0	17.3	51.3	31.4
1999	100.0	19.0	47.2	33.8
2000	100.0	9.7	61.2	29.1
2001	100.0	12.7	49.6	37.8
2002	100.0	11.4	82.8	5.9
2003	100.0	-5.3	70.1	35.2
2004	100.0	19.2	52.6	28.3
2005	100.0	9.6	60.8	29.5
2006	100.0	9.2	62.2	28.6
2007	100.0	4.3	63.9	31.8
2008	100.0	7.0	63.3	29.7
2009	100.0	5.5	59.6	35.0
2010	100.0	4.9	65.3	29.7
2011	100.0	4.2	62.3	33.5
2012	100.0	5.6	60.4	34.1
2013	100.0	5.6	58.4	36.0
2014	100.0	5.3	57.8	37.0
2015	100.0	5.8	50.0	44.2
2016	100.0	5.6	42.0	52.4
2017	100.0	5.7	42.8	51.5
2018	100.0	4.5	43.1	52.4
2019	100.0	3.3	47.2	49.5
2020	100.0	16.6	27.4	56.1

注：产业贡献率指各产业增加值增量与GDP增量之比。

a) Share of the contributions of three strata of industry refers to the proportion of the increment of value-addede of each industry to the increment of GDP.

2–6 三次产业对生产总值增长的拉动

Contribution of the Three Strata of Industry to GDP Growth

本表按可比价格计算。

Data in this table are calculated at current prices.

单位：百分点 (percent)

年 份 Year	生产总值 Gross Domestic Product	第一产业 Primary Industry	第二产业 Secondary Industry	第三产业 Tertiary Industry
1981	7.8	4.8	0.5	2.5
1982	4.3	0.2	2.4	1.7
1983	23.8	12.3	5.3	6.2
1984	10.1	2.4	5.5	2.3
1985	13.5	0.3	6.4	6.7
1986	4.6	-2.9	5.4	2.1
1987	15.0	5.4	3.6	6.0
1988	9.8	-0.9	8.1	2.6
1989	7.0	2.6	1.5	2.8
1990	4.5	1.6	1.0	1.9
1991	6.9	-0.9	4.8	3.0
1992	13.7	0.5	9.9	3.3
1993	15.6	2.8	9.1	3.7
1994	13.5	0.4	9.3	3.8
1995	14.7	2.7	8.0	4.0
1996	13.9	2.6	7.6	3.7
1997	10.5	1.6	5.4	3.5
1998	8.8	1.5	4.5	2.8
1999	8.1	1.5	3.8	2.8
2000	9.1	0.9	5.6	2.6
2001	8.7	1.1	4.3	3.3
2002	9.1	1.0	7.5	0.6
2003	10.9	-0.5	7.6	3.8
2004	12.8	2.5	6.7	3.6
2005	14.3	1.4	8.7	4.2
2006	14.5	1.3	9.0	4.2
2007	14.6	0.7	9.3	4.6
2008	12.0	0.8	7.6	3.6
2009	11.0	0.6	6.6	3.8
2010	12.4	0.6	8.1	3.7
2011	12.0	0.5	7.5	4.0
2012	10.1	0.6	6.1	3.4
2013	9.0	0.5	5.3	3.2
2014	8.9	0.5	5.1	3.3
2015	8.4	0.5	4.2	3.7
2016	8.2	0.5	3.4	4.3
2017	7.8	0.4	3.3	4.1
2018	7.6	0.3	3.3	4.0
2019	6.8	0.2	3.2	3.4
2020	1.3	0.2	0.3	0.7

注：产业拉动指GDP增长速度与各产业贡献率之乘积。

a) Contribution of the three strata of industry to GDP growth refers to the growth rate of GDP multiplied by the contribution share of every industry.

2-7 全员劳动生产率

Overall Labor Productivity

单位：元/人.年 (yuan/person.year)

年 份 Year	全员劳动生产率 Over all Labor Productivity	第一产业 Primary Industry	第二产业 Secondary Industry	第三产业 Tertiary Industry
1979	669	334	2748	1385
1980	790	393	3180	1788
1981	837	437	3120	1892
1982	851	433	3288	1870
1983	1019	560	3548	2092
1984	1115	600	3802	2115
1985	1316	674	3784	2646
1986	1413	696	3706	2761
1987	1652	852	3889	3102
1988	1946	918	4703	3538
1989	2165	1080	4812	4150
1990	2328	1174	4990	4831
1991	2519	1163	5707	5438
1992	2994	1167	7677	6268
1993	3803	1355	9925	7527
1994	5011	1834	12600	9051
1995	6673	2602	15478	11607
1996	7947	3222	17411	13272
1997	8545	3409	18526	14035
1998	8774	3544	19543	13488
1999	8854	3480	21024	14045
2000	9377	3275	24153	16309
2001	9979	3395	25306	17751
2002	10935	3511	28320	18297
2003	12556	3562	31561	21714
2004	15124	5009	36664	23128
2005	18212	5776	43479	25867
2006	21049	6042	48549	29281
2007	25800	7225	55701	35498
2008	30558	8933	63674	39045
2009	32554	9500	63752	42215
2010	40801	12313	76782	51524
2011	51179	14806	92584	65507
2012	56572	16463	97273	73862
2013	62000	18313	100503	83135
2014	67954	20242	109120	86921
2015	73022	22213	118247	86259
2016	79489	24894	125347	89748
2017	88930	28341	138756	95350
2018	99663	32198	146520	108821
2019	108236	36302	155075	118363
2020	112033	43275	157119	120797

注：2010-2019年全员劳动生产率依据就业人员数据调整进行相应修订。

a) From 2010 to 2019, the overalll labor productivity was adjusted according to the result of the employment.

2-8　分行业增加值及指数

Value-added and Indices by Sector

本表增加值按当年价格计算，指数按可比价格计算。

The value-added in this table are calculated at current prices. The indices in this table are calculated at comparable prices.

单位：亿元　　(100 million yuan)

行　业	Sector	2018		2019		2020	
		增加值 Value-added	指　数 (上年=100) Index (preceding year=100)	增加值 Value-added	指　数 (上年=100) Index (preceding year=100)	增加值 Value-added	指　数 (上年=100) Index (preceding year=100)
生产总值	**Gross Domestic Product**	**49935.90**	**107.6**	**53717.75**	**106.8**	**54997.07**	**101.3**
农、林、牧、渔业	Agriculture, Forestry, Animal Husbandry and Fishery	4501.23	103.8	4860.69	102.7	5600.17	102.5
工业	Industry	17323.41	106.9	17938.20	106.3	17771.96	100.8
建筑业	Construction	4790.75	107.8	5174.81	108.8	5183.01	100.2
批发和零售业	Wholesale and Retail Trade	3697.95	104.9	4043.41	106.3	4106.25	101.5
交通运输、仓储和邮政业	Transport, Storage and Post	2834.06	107.1	3037.95	107.1	3052.62	101.9
住宿和餐饮业	Hotels and Catering Services	1037.90	104.0	1157.64	108.5	1068.89	89.6
信息传输、软件和信息技术服务业	Information Transmission, Software and Information Technology Services	964.00	112.1	1050.07	118.5	1260.12	122.3
金融业	Finance	2529.20	109.5	2773.21	108.6	2955.87	104.9
房地产业	Real Estate	3079.89	106.6	3352.31	107.0	3532.67	101.0
租赁和商务服务业	Leasing and Business Services	1610.36	119.1	1868.44	112.1	1812.46	98.4
科学研究和技术服务业	Scientific Research and Technical Service	999.96	117.2	1082.73	103.7	1130.70	99.3
水利、环境和公共设施管理业	Management of Water Conservancy, Environment and Public Establishment	263.50	108.1	272.22	108.4	293.87	101.7
居民服务、修理和其他服务业	Resident Services, Repair and Other Services	1158.83	117.6	1327.20	110.8	1357.64	98.8
教育	Education	1848.47	107.2	2064.10	105.6	2160.65	102.2
卫生和社会工作	Sanitation and Social Security	1159.58	109.5	1297.56	104.1	1343.93	101.3
文化、体育和娱乐业	Culture, Sports and Entertainment	538.06	116.8	629.41	109.7	614.67	96.8
公共管理、社会保障和社会组织	Public Management, Social Welfare and Social Organization	1598.74	112.0	1787.81	105.5	1751.60	99.7

2-9 各市生产总值(2019年)

Gross Domestic Product by City (2019)

本表按当年价格计算。

Data in this table are calculated at current prices.

市(县)	City(County)	生产总值(亿元) Gross Domestic Product (100 million yuan)	第一产业 Primary Industry	第二产业 Secondary Industry	第三产业 Tertiary Industry	人均生产总值(元) Per Capita GDP (yuan)
省辖市	**City**					
郑州市	Zhengzhou	11586.42	141.17	4540.82	6904.43	94944
开封市	Kaifeng	2299.71	318.24	899.40	1082.06	47931
洛阳市	Luoyang	5000.56	245.13	2276.35	2479.09	71633
平顶山市	Pingdingshan	2365.23	173.66	1084.02	1107.55	47956
安阳市	Anyang	2193.04	198.00	986.30	1008.75	40606
鹤壁市	Hebi	966.85	63.83	562.16	340.87	62525
新乡市	Xinxiang	2903.91	253.62	1325.64	1324.65	46570
焦作市	Jiaozuo	2615.74	149.78	1359.35	1106.61	74711
濮阳市	Puyang	1578.66	193.12	567.64	817.90	42146
许昌市	Xuchang	3373.50	162.27	1798.16	1413.06	77382
漯河市	Luohe	1549.77	137.80	688.70	723.27	65123
三门峡市	Sanmenxia	1406.61	136.18	677.36	593.07	69400
南阳市	Nanyang	3794.99	569.46	1273.48	1952.05	38710
商丘市	Shangqiu	2882.09	428.92	1176.28	1276.89	36933
信阳市	Xinyang	2720.96	497.71	996.80	1226.45	43448
周口市	Zhoukou	3166.51	474.53	1371.38	1320.60	34961
驻马店市	Zhumadian	2715.56	467.91	1086.78	1160.87	38447
济源市	Jiyuan	683.30	24.36	412.81	246.13	94365
省直管县	**County Directly Administrated by Province**					
巩义市	Gongyi	795.96	11.91	460.58	323.46	99969
兰考县	Lankao	381.10	58.21	166.03	156.86	49898
汝州市	Ruzhou	474.23	39.80	198.65	235.78	49276
滑县	Huaxian	367.51	67.40	139.68	160.43	31428
长垣县	Changyuan	468.21	49.14	250.87	168.20	52066
邓州市	Dengzhou	447.23	94.62	143.49	209.12	34967
永城市	Yongcheng	612.66	77.95	260.64	274.07	49121
固始县	Gushi	408.35	85.80	129.24	193.31	39327
鹿邑县	Luyi	396.55	57.30	164.15	175.10	41951
新蔡县	Xincai	269.78	50.81	80.99	137.98	32256

2-10 各市生产总值(2020年)

Gross Domestic Product by City (2020)

本表按当年价格计算。

Data in this table are calculated at current prices.

市(县)	City(County)	生产总值(亿元) Gross Domestic Product (100 million yuan)	第一产业 Primary Industry	第二产业 Secondary Industry	第三产业 Tertiary Industry	人均生产总值(元) Per Capita GDP (yuan)
省辖市	City					
郑州市	Zhengzhou	12003.04	156.87	4759.54	7086.64	96134
开封市	Kaifeng	2371.83	363.62	897.27	1110.94	49166
洛阳市	Luoyang	5128.36	254.13	2312.17	2562.07	72872
平顶山市	Pingdingshan	2455.84	204.64	1108.03	1143.18	49379
安阳市	Anyang	2300.48	239.28	1008.28	1052.91	42185
鹤壁市	Hebi	980.97	78.01	553.88	349.08	62736
新乡市	Xinxiang	3014.51	293.36	1352.45	1368.70	48229
焦作市	Jiaozuo	2123.60	157.74	891.65	1074.21	60384
濮阳市	Puyang	1649.99	240.02	583.25	826.72	43908
许昌市	Xuchang	3449.23	183.55	1818.86	1446.82	78875
漯河市	Luohe	1573.88	149.97	674.05	749.85	66239
三门峡市	Sanmenxia	1450.71	146.94	687.25	616.51	71541
南阳市	Nanyang	3925.86	652.46	1260.81	2012.58	40315
商丘市	Shangqiu	2925.33	515.56	1106.87	1302.90	37439
信阳市	Xinyang	2805.68	536.95	999.30	1269.43	44922
周口市	Zhoukou	3267.19	562.02	1343.01	1362.17	36214
驻马店市	Zhumadian	2859.27	547.95	1100.42	1210.91	40710
济源市	Jiyuan	703.16	29.24	422.15	251.78	96674
省直管县	County Directly Administrated by Province					
巩义市	Gongyi	826.57	12.66	479.98	333.93	103574
兰考县	Lankao	383.24	51.47	168.95	162.82	49600
汝州市	Ruzhou	485.50	40.05	204.60	240.86	49951
滑县	Huaxian	391.70	77.26	145.14	169.29	33491
长垣县	Changyuan	490.17	52.01	261.65	176.51	54239
邓州市	Dengzhou	429.56	93.54	122.23	213.80	34094
永城市	Yongcheng	637.04	82.74	273.01	281.29	50798
固始县	Gushi	415.51	83.83	131.56	200.12	39936
鹿邑县	Luyi	420.77	71.95	167.31	181.52	44143
新蔡县	Xincai	276.28	54.43	83.35	138.50	33349

2-11 各市生产总值指数(2019年)

Indices of Gross Domestic Product by City (2019)

本表按可比价格计算。

The indices in this table are calculated at comparable prices.

(上年=100) (preceding year=100)

市(县) City(County)	生产总值 Gross Domestic Product	第一产业 Primary Industry	第二产业 Secondary Industry	第三产业 Tertiary Industry	人均生产总值 Per Capita GDP
省辖市 City					
郑州市 Zhengzhou	106.5	95.1	106.0	107.3	103.4
开封市 Kaifeng	106.7	103.6	108.0	106.5	106.2
洛阳市 Luoyang	107.5	103.7	107.4	108.1	106.8
平顶山市 Pingdingshan	107.4	102.3	108.3	107.5	106.7
安阳市 Anyang	102.6	97.7	101.2	105.5	101.6
鹤壁市 Hebi	106.7	103.1	106.4	108.3	105.8
新乡市 Xinxiang	106.9	103.1	108.3	106.1	106.5
焦作市 Jiaozuo	105.0	104.2	105.2	104.9	104.9
濮阳市 Puyang	106.8	103.5	105.8	108.4	107.4
许昌市 Xuchang	107.0	102.0	106.6	108.5	106.3
漯河市 Luohe	107.1	102.6	104.8	111.5	107.2
三门峡市 Sanmenxia	107.0	103.8	107.8	106.7	107.9
南阳市 Nanyang	106.9	103.2	107.8	107.5	107.9
商丘市 Shangqiu	107.2	102.4	108.2	108.2	106.9
信阳市 Xinyang	106.0	102.2	106.3	107.7	105.9
周口市 Zhoukou	107.3	102.4	108.1	108.9	108.3
驻马店市 Zhumadian	107.2	102.5	108.8	107.9	107.8
济源市 Jiyuan	107.7	103.6	108.0	107.5	107.1
省直管县 County Directly Administrated by Province					
巩义市 Gongyi	105.6	96.8	106.2	105.0	106.2
兰考县 Lankao	107.6	102.8	106.4	111.0	106.1
汝州市 Ruzhou	107.5	102.2	108.3	107.9	106.9
滑县 Huaxian	105.5	102.3	106.9	106.0	105.6
长垣县 Changyuan	108.1	103.1	110.3	105.9	107.5
邓州市 Dengzhou	105.5	101.3	106.9	106.9	107.6
永城市 Yongcheng	108.3	103.8	109.4	108.5	107.4
固始县 Gushi	107.6	103.1	109.5	108.7	107.0
鹿邑县 Luyi	108.4	103.0	109.4	109.4	107.0
新蔡县 Xincai	107.9	103.4	109.3	109.3	108.5

2-12 各市生产总值指数(2020年)

Indices of Gross Domestic Product by City (2020)

本表按可比价格计算。

The indices in this table are calculated at comparable prices.

(上年=100) (preceding year=100)

市(县) City(County)	生产总值 Gross Domestic Product	第一产业 Primary Industry	第二产业 Secondary Industry	第三产业 Tertiary Industry	人均生产总值 Per Capita GDP
省辖市 City					
郑州市 Zhengzhou	103.0	100.9	104.5	101.7	100.6
开封市 Kaifeng	102.0	102.5	102.1	101.6	101.4
洛阳市 Luoyang	103.0	102.7	103.6	102.3	102.1
平顶山市 Pingdingshan	103.2	102.7	104.2	101.9	102.3
安阳市 Anyang	103.3	101.9	104.0	102.8	102.3
鹤壁市 Hebi	102.0	102.6	101.9	102.0	100.8
新乡市 Xinxiang	103.2	101.8	104.2	102.2	103.0
焦作市 Jiaozuo	79.4	101.4	66.0	97.1	79.0
濮阳市 Puyang	103.0	102.7	104.5	101.8	102.6
许昌市 Xuchang	102.7	102.4	103.6	101.2	102.3
漯河市 Luohe	101.5	102.3	100.1	103.2	101.6
三门峡市 Sanmenxia	103.1	102.8	103.4	102.7	103.0
南阳市 Nanyang	102.2	102.4	102.0	102.3	102.9
商丘市 Shangqiu	99.2	103.0	96.0	101.2	99.1
信阳市 Xinyang	102.1	102.1	102.7	101.5	102.4
周口市 Zhoukou	101.7	102.4	100.7	102.5	102.1
驻马店市 Zhumadian	103.6	102.5	103.8	103.8	104.1
济源市 Jiyuan	103.4	101.0	104.3	101.7	102.9
省直管县 County Directly Administrated by Province					
巩义市 Gongyi	104.3	100.3	106.3	101.0	104.1
兰考县 Lankao	101.6	102.3	102.6	100.0	100.4
汝州市 Ruzhou	103.2	102.6	104.9	101.4	102.2
滑县 Huaxian	102.6	101.3	103.0	102.9	102.5
长垣县 Changyuan	104.9	102.2	106.2	103.5	104.4
邓州市 Dengzhou	99.1	102.1	94.7	101.5	100.6
永城市 Yongcheng	104.3	102.2	107.1	101.4	103.8
固始县 Gushi	102.4	100.9	103.6	102.2	102.2
鹿邑县 Luyi	102.9	102.1	103.7	102.2	102.0
新蔡县 Xincai	102.1	102.7	105.3	99.3	103.1

2−13 各市分行业增加值(2018年)

Value-added by Sector and City (2018)

本表按当年价格计算。

Data in this table are calculated at current prices.

单位：亿元 (100 million yuan)

市(县)	City(County)	合计 Total	农林牧渔业 Agriculture Forestry, Animal Husbandry and Fishery	工业 Industry	建筑业 Construction	批发和零售业 Wholesale and Retail Trade	交通运输仓储及邮政业 Transport, Storage and Post	住宿和餐饮业 Hotels and Catering Services	金融业 Finance	房地产业 Real Estate	其他服务业 Other Services
省辖市	**City**										
郑州市	Zhengzhou	10670.14	156.13	2894.47	1453.32	955.95	639.74	198.06	1106.85	973.11	2292.50
开封市	Kaifeng	2157.70	290.26	722.68	159.45	151.18	77.27	55.57	79.51	126.91	494.88
洛阳市	Luoyang	4613.49	266.08	1768.89	390.90	372.13	230.33	96.14	258.76	241.67	988.59
平顶山市	Pingdingshan	2170.86	171.34	857.68	160.42	190.88	101.42	52.35	98.37	102.13	436.29
安阳市	Anyang	2141.87	209.38	691.98	293.16	147.36	118.00	33.46	71.05	113.90	463.59
鹤壁市	Hebi	921.18	64.75	497.39	55.17	44.36	65.32	19.76	18.99	32.21	123.23
新乡市	Xinxiang	2671.60	236.86	954.67	282.69	178.81	191.28	39.86	92.75	180.84	513.85
焦作市	Jiaozuo	2501.76	143.59	1236.60	114.81	155.42	191.14	51.36	72.49	90.46	445.88
濮阳市	Puyang	1442.65	181.34	427.44	153.20	113.47	105.88	38.80	59.86	72.91	289.75
许昌市	Xuchang	3140.93	159.04	1522.47	203.78	208.10	148.34	50.84	84.38	146.24	617.75
漯河市	Luohe	1435.90	115.77	594.95	81.84	158.40	98.64	35.04	39.16	76.10	235.98
三门峡市	Sanmenxia	1319.01	122.77	507.08	147.28	91.91	102.55	25.21	40.23	49.50	232.47
南阳市	Nanyang	3500.56	545.98	879.12	300.27	301.75	250.54	110.09	140.21	222.76	749.84
商丘市	Shangqiu	2659.52	400.64	901.66	214.06	154.53	126.74	77.83	83.83	172.27	527.96
信阳市	Xinyang	2534.47	486.48	718.63	233.85	121.00	83.98	57.78	105.84	162.18	564.71
周口市	Zhoukou	2939.59	489.11	1058.67	246.58	166.75	137.34	73.61	72.87	172.89	521.77
驻马店市	Zhumadian	2485.26	442.00	759.70	251.86	166.09	89.75	54.17	92.32	112.47	516.90
济源市	Jiyuan	630.46	19.70	360.63	33.12	40.48	37.09	11.48	11.73	21.06	95.17
省直管县	**County Directly Administrated by Province**										
巩义市	Gongyi	753.61	14.20	410.43	35.40	58.95	42.66	21.04	17.97	40.66	112.31
兰考县	Lankao	343.06	42.70	132.07	29.89	24.49	12.84	6.98	8.81	20.18	65.09
汝州市	Ruzhou	432.90	37.38	143.56	37.26	41.95	22.99	15.67	12.25	21.90	99.95
滑县	Huaxian	343.00	65.33	97.80	37.09	34.35	7.97	9.22	7.97	13.44	69.81
长垣县	Changyuan	425.93	43.77	158.76	70.18	28.74	26.65	8.55	11.85	14.25	63.16
邓州市	Dengzhou	418.00	95.01	97.66	38.19	27.05	19.34	12.58	12.72	21.35	94.10
永城市	Yongcheng	548.89	63.64	204.98	38.49	26.51	24.90	11.66	13.53	40.50	124.69
固始县	Gushi	365.58	76.31	84.76	30.98	25.70	21.30	11.46	13.40	27.92	73.75
鹿邑县	Luyi	360.50	55.91	126.53	28.82	24.38	18.44	13.16	6.47	21.33	65.44
新蔡县	Xincai	247.08	50.43	50.85	26.04	21.43	11.48	7.22	7.14	22.75	49.74

2-14 各市分行业增加值(2019年)

Value-added by Sector and City (2019)

本表按当年价格计算。

Data in this table are calculated at current prices.

单位：亿元 (100 million yuan)

市(县) City(County)	合计 Total	农林牧渔业 Agriculture Forestry, Animal Husbandry and Fishery	工业 Industry	建筑业 Construction	批发和零售业 Wholesale and Retail Trade	交通运输仓储及邮政业 Transport, Storage and Post	住宿和餐饮业 Hotels and Catering Services	金融业 Finance	房地产业 Real Estate	其他服务业 Other Services
省辖市 City										
郑州市 Zhengzhou	11586.42	148.18	2963.56	1589.59	1031.21	695.29	216.51	1225.81	1024.77	2691.48
开封市 Kaifeng	2299.71	329.35	743.22	158.72	154.23	85.67	53.22	87.66	133.65	553.99
洛阳市 Luoyang	5000.56	269.72	1839.46	444.47	437.36	261.62	100.84	285.88	255.51	1105.71
平顶山市 Pingdingshan	2365.23	181.43	914.12	173.93	210.09	110.50	57.32	107.18	114.87	495.80
安阳市 Anyang	2193.04	207.99	687.32	300.86	152.59	124.47	35.11	72.27	124.06	488.37
鹤壁市 Hebi	966.85	67.62	500.16	63.41	48.75	69.94	21.90	20.19	35.76	139.12
新乡市 Xinxiang	2903.91	259.89	1010.25	317.62	195.61	205.16	43.43	103.17	186.75	582.03
焦作市 Jiaozuo	2615.74	155.34	1232.29	129.47	169.10	207.54	56.00	77.91	103.37	484.71
濮阳市 Puyang	1578.66	207.03	461.19	156.36	124.16	117.08	41.93	63.44	83.90	323.57
许昌市 Xuchang	3373.50	170.92	1591.44	213.65	225.22	160.77	54.76	92.13	161.25	703.37
漯河市 Luohe	1549.77	140.23	599.64	89.79	172.90	108.06	38.73	43.08	73.99	283.35
三门峡市 Sanmenxia	1406.61	137.88	527.42	153.95	95.32	105.44	26.22	42.79	53.62	263.97
南阳市 Nanyang	3794.99	580.93	937.32	338.43	326.50	273.26	120.36	159.03	239.82	819.33
商丘市 Shangqiu	2882.09	441.01	949.94	228.23	166.63	137.71	84.69	96.83	205.10	571.95
信阳市 Xinyang	2720.96	540.00	744.03	254.29	134.32	92.21	63.40	113.87	192.39	586.46
周口市 Zhoukou	3166.51	507.28	1106.26	268.05	181.20	146.15	79.91	80.51	203.19	593.96
驻马店市 Zhumadian	2715.56	491.05	795.33	294.42	179.72	94.09	57.28	104.84	123.87	574.96
济源市 Jiyuan	683.30	24.84	375.49	37.73	46.14	42.58	13.46	13.22	21.36	108.48
省直管县 County Directly Administrated by Province										
巩义市 Gongyi	795.96	13.89	421.74	39.92	62.77	44.80	22.68	19.02	43.25	127.89
兰考县 Lankao	381.10	59.64	135.54	30.92	27.99	14.25	7.87	9.89	21.03	73.96
汝州市 Ruzhou	474.23	41.78	157.96	41.23	45.17	25.24	17.15	12.34	23.98	109.39
滑县 Huaxian	367.51	72.54	107.69	32.09	37.10	8.77	10.14	8.91	16.09	74.17
长垣县 Changyuan	468.21	50.49	172.25	79.29	31.20	23.16	9.42	14.07	16.34	71.98
邓州市 Dengzhou	447.23	99.13	99.97	43.73	29.80	20.02	13.75	13.51	25.24	102.08
永城市 Yongcheng	612.66	80.07	216.52	44.37	29.66	27.72	12.91	14.82	41.61	144.99
固始县 Gushi	408.35	86.64	98.19	31.36	28.66	23.71	12.55	13.83	32.58	80.84
鹿邑县 Luyi	396.55	62.20	131.39	33.66	27.25	20.52	14.74	7.30	24.37	75.12
新蔡县 Xincai	269.78	52.30	51.37	29.81	24.33	12.64	8.26	7.68	26.89	56.49

2−15 各市分行业增加值(2020年)

Value-added by Sector and City (2020)

本表按当年价格计算。

Data in this table are calculated at current prices.

单位：亿元 (100 million yuan)

市(县)	City(County)	合计 Total	农林牧渔业 Agriculture Forestry, Animal Husbandry and Fishery	工业 Industry	建筑业 Construction	批发和零售业 Wholesale and Retail Trade	交通运输仓储及邮政业 Transport, Storage and Post	住宿和餐饮业 Hotels and Catering Services	金融业 Finance	房地产业 Real Estate	其他服务业 Other Services
省辖市	**City**										
郑州市	Zhengzhou	12003.04	164.71	3145.69	1627.73	1058.55	684.15	202.48	1302.91	1045.46	2771.35
开封市	Kaifeng	2371.83	375.51	744.10	155.90	158.43	88.22	49.87	91.63	139.10	569.09
洛阳市	Luoyang	5128.36	279.95	1854.85	465.21	451.65	256.33	95.46	305.16	280.69	1139.07
平顶山市	Pingdingshan	2455.84	213.11	933.95	177.64	214.31	109.60	54.90	113.59	123.28	515.48
安阳市	Anyang	2300.48	249.97	703.26	307.06	157.46	125.59	31.87	76.76	141.97	506.54
鹤壁市	Hebi	980.97	82.30	491.43	63.68	50.26	69.30	20.63	21.34	38.81	143.21
新乡市	Xinxiang	3014.51	300.36	1033.98	320.75	202.97	202.53	40.36	113.23	200.41	599.91
焦作市	Jiaozuo	2123.60	163.69	766.08	127.04	159.93	207.35	47.35	82.63	105.27	464.27
濮阳市	Puyang	1649.99	254.40	468.46	159.30	124.49	120.83	38.35	67.64	89.80	326.72
许昌市	Xuchang	3449.23	193.31	1616.93	209.01	234.69	161.86	51.32	97.74	173.35	711.01
漯河市	Luohe	1573.88	152.44	587.41	87.41	174.28	108.33	35.48	48.15	82.27	298.10
三门峡市	Sanmenxia	1450.71	148.79	534.51	157.28	97.67	104.02	24.43	45.27	59.04	279.67
南阳市	Nanyang	3925.86	664.61	953.31	310.01	334.31	272.58	112.42	170.58	257.11	850.93
商丘市	Shangqiu	2925.33	529.08	898.50	209.80	164.19	139.26	77.18	103.92	210.88	592.51
信阳市	Xinyang	2805.68	587.78	757.78	243.23	135.91	90.93	58.88	118.74	206.93	605.51
周口市	Zhoukou	3267.19	596.63	1114.33	231.07	191.45	145.89	76.20	87.13	219.49	605.00
驻马店市	Zhumadian	2859.27	573.80	801.11	302.67	185.05	93.74	53.88	110.71	132.95	605.38
济源市	Jiyuan	703.16	29.78	384.34	38.22	48.80	43.07	12.70	13.38	21.84	111.03
省直管县	**County Directly Administrated by Province**										
巩义市	Gongyi	826.57	14.86	440.64	40.47	64.76	43.05	21.45	20.55	54.60	126.19
兰考县	Lankao	383.24	53.10	140.23	29.18	29.35	13.59	7.55	10.81	21.87	77.56
汝州市	Ruzhou	485.50	42.11	162.93	42.24	47.63	25.08	16.54	12.84	23.29	112.85
滑县	Huaxian	391.70	82.56	111.96	33.29	39.14	9.06	9.46	10.05	18.55	77.63
长垣县	Changyuan	490.17	53.53	181.30	81.00	32.89	23.48	9.00	16.81	18.50	73.65
邓州市	Dengzhou	429.56	97.80	99.68	22.76	31.16	19.34	13.20	14.43	26.29	104.89
永城市	Yongcheng	637.04	85.13	228.38	44.90	31.41	27.71	12.20	15.66	43.67	147.98
固始县	Gushi	415.51	84.80	100.20	31.67	30.14	22.99	11.74	14.61	35.71	83.66
鹿邑县	Luyi	420.77	77.39	134.25	34.00	28.47	20.67	14.69	7.83	26.67	76.81
新蔡县	Xincai	276.28	56.11	52.91	30.66	25.40	12.64	7.90	8.12	24.68	57.88

2-16 各市分行业增加值指数(2018年)

Indices of Value-added by Sector and City (2018)

本表按可比价格计算。

The indices in this table are calculated at comparable prices.

(上年=100) (preceding year=100)

市(县) City(County)	合计 Total	农林牧渔业 Agriculture Forestry, Animal Husbandry and Fishery	工业 Industry	建筑业 Construction	批发和零售业 Wholesale and Retail Trade	交通运输仓储及邮政业 Transport, Storage and Post	住宿和餐饮业 Hotels and Catering Services	金融业 Finance	房地产业 Real Estate	其他服务业 Other Services
省辖市 City										
郑州市 Zhengzhou	108.1	102.2	105.2	109.7	113.0	113.9	98.8	108.7	106.1	110.1
开封市 Kaifeng	107.0	103.9	108.1	100.2	113.8	113.2	103.2	112.9	99.7	108.4
洛阳市 Luoyang	107.9	103.9	108.5	99.7	112.5	114.0	102.5	108.7	91.4	112.9
平顶山市 Pingdingshan	107.5	103.6	107.5	109.9	112.9	115.7	100.6	104.1	100.2	107.9
安阳市 Anyang	106.7	103.4	105.8	102.6	111.3	114.3	102.8	108.6	87.4	115.4
鹤壁市 Hebi	105.9	104.0	106.8	93.3	111.8	111.7	103.1	103.0	99.7	106.5
新乡市 Xinxiang	107.1	103.7	107.9	110.6	112.1	113.6	99.2	105.1	97.5	105.9
焦作市 Jiaozuo	106.3	103.7	106.8	95.4	104.5	112.9	100.7	103.4	88.0	112.2
濮阳市 Puyang	105.8	103.4	106.1	100.4	104.6	108.3	105.7	106.9	102.1	110.6
许昌市 Xuchang	108.6	103.8	108.5	106.6	111.8	112.5	103.2	105.7	101.4	112.2
漯河市 Luohe	107.7	104.1	106.0	119.1	110.2	103.8	102.5	110.3	119.9	107.0
三门峡市 Sanmenxia	108.0	104.2	107.9	111.4	112.6	113.2	103.4	104.3	99.0	107.9
南阳市 Nanyang	107.2	104.0	107.1	102.2	112.1	114.1	103.2	108.3	98.5	111.4
商丘市 Shangqiu	108.7	104.1	107.4	104.6	114.2	119.3	105.1	122.3	102.3	114.3
信阳市 Xinyang	108.3	103.8	107.4	103.9	112.1	113.7	103.5	106.8	102.9	118.0
周口市 Zhoukou	108.2	103.9	107.3	110.8	110.4	118.6	108.2	110.6	102.8	113.5
驻马店市 Zhumadian	108.5	104.0	108.4	113.2	109.4	115.5	102.5	111.4	100.7	112.1
济源市 Jiyuan	108.3	104.0	108.4	112.1	112.3	112.9	103.1	107.0	103.3	106.4
省直管县 County Directly Administrated by Province										
巩义市 Gongyi	108.1	103.5	107.9	111.4	112.6	113.7	103.4	102.7	100.0	109.7
兰考县 Lankao	108.1	104.1	108.6	111.6	113.3	114.0	103.5	109.0	91.9	111.3
汝州市 Ruzhou	108.5	104.0	107.2	117.4	113.1	113.1	101.7	106.3	102.6	110.2
滑县 Huaxian	107.0	103.7	108.0	112.3	112.3	113.3	103.2	111.3	81.1	111.7
长垣县 Changyuan	107.4	103.9	108.5	112.1	113.0	112.2	104.3	108.9	74.8	106.5
邓州市 Dengzhou	108.1	103.8	107.9	112.0	112.1	113.8	103.5	107.3	102.1	114.7
永城市 Yongcheng	109.6	103.8	109.0	111.8	112.5	115.3	103.4	105.3	102.8	116.4
固始县 Gushi	109.1	104.1	108.4	108.2	114.3	126.5	103.6	106.4	103.4	114.5
鹿邑县 Luyi	109.2	103.6	108.3	113.7	112.6	116.2	106.4	109.9	108.3	113.8
新蔡县 Xincai	109.1	104.0	108.7	114.6	113.1	113.4	103.6	110.1	107.0	112.8

2−17 各市分行业增加值指数(2019年)

Indices of Value-added by Sector and City (2019)

本表按可比价格计算。

The indices in this table are calculated at comparable prices.

(上年=100) (preceding year=100)

市(县)	City(County)	合计 Total	农林牧渔业 Agriculture Forestry, Animal Husbandry and Fishery	工业 Industry	建筑业 Construction	批发和零售业 Wholesale and Retail Trade	交通运输仓储及邮政业 Transport, Storage and Post	住宿和餐饮业 Hotels and Catering Services	金融业 Finance	房地产业 Real Estate	其他服务业 Other Services
省辖市	**City**										
郑州市	Zhengzhou	106.5	95.7	105.8	106.2	106.0	104.8	107.6	109.0	106.9	108.0
开封市	Kaifeng	106.7	103.6	108.2	106.8	108.7	104.1	99.9	111.1	94.1	109.3
洛阳市	Luoyang	107.5	104.0	106.6	111.5	111.4	106.6	105.4	111.3	108.4	106.7
平顶山市	Pingdingshan	107.4	102.5	108.4	107.7	107.2	105.3	108.6	106.9	106.8	108.3
安阳市	Anyang	102.6	98.1	100.9	102.2	106.0	107.1	107.5	106.3	98.9	106.2
鹤壁市	Hebi	106.7	103.7	106.0	110.8	107.3	104.9	108.1	104.5	105.2	112.0
新乡市	Xinxiang	106.9	103.4	107.9	110.1	107.2	105.3	108.1	109.1	99.1	107.4
焦作市	Jiaozuo	105.0	104.2	105.0	106.8	105.0	104.7	105.3	106.2	104.3	104.8
濮阳市	Puyang	106.8	103.8	108.3	99.1	105.9	107.4	107.5	108.6	103.4	110.8
许昌市	Xuchang	107.0	102.5	107.0	103.2	110.7	107.1	108.7	106.9	104.3	109.0
漯河市	Luohe	107.1	102.7	103.7	112.5	94.9	112.3	113.8	111.1	114.2	121.8
三门峡市	Sanmenxia	107.0	104.0	107.1	111.1	106.9	102.4	106.4	103.2	105.8	109.6
南阳市	Nanyang	106.9	103.5	107.8	107.6	107.1	106.2	107.9	109.9	104.1	108.4
商丘市	Shangqiu	107.2	102.7	108.8	104.3	106.6	107.6	108.4	111.9	109.7	108.0
信阳市	Xinyang	106.0	103.2	107.7	101.2	106.6	104.8	107.6	105.8	105.5	108.5
周口市	Zhoukou	107.3	103.1	108.1	108.1	107.0	105.0	108.6	110.6	110.5	109.4
驻马店市	Zhumadian	107.2	103.0	107.9	112.2	106.1	101.9	104.9	123.0	72.4	113.3
济源市	Jiyuan	107.7	104.2	108.1	107.5	108.5	106.0	108.5	108.9	105.0	107.8
省直管县	**County Directly Administrated by Province**										
巩义市	Gongyi	105.6	98.3	105.8	111.1	106.4	104.5	108.3	105.4	94.5	107.8
兰考县	Lankao	107.6	103.0	106.5	105.8	134.4	102.2	104.6	120.3	100.1	108.6
汝州市	Ruzhou	107.5	102.5	108.2	108.7	108.2	104.6	108.9	103.2	102.7	110.3
滑县	Huaxian	105.5	102.5	108.7	100.4	107.0	102.3	107.9	109.5	105.6	105.4
长垣县	Changyuan	108.1	103.4	109.5	112.6	107.1	96.3	108.9	109.7	105.4	107.9
邓州市	Dengzhou	105.5	102.1	106.5	109.1	107.0	104.2	107.4	110.6	102.4	107.1
永城市	Yongcheng	108.3	104.0	108.8	113.7	108.5	106.7	108.8	112.5	108.1	108.1
固始县	Gushi	107.6	103.2	108.8	112.2	107.6	105.6	107.7	104.7	108.4	111.0
鹿邑县	Luyi	108.4	103.9	108.2	115.4	108.3	110.5	110.8	106.2	107.7	110.3
新蔡县	Xincai	107.9	103.8	108.5	111.5	108.1	106.7	108.6	110.0	110.5	109.7

2-18 各市分行业增加值指数(2020年)

Indices of Value-added by Sector and City (2020)

本表按可比价格计算。

The indices in this table are calculated at comparable prices.

(上年=100) (preceding year=100)

市(县) City(County)	合计 Total	农林牧渔业 Agriculture Forestry, Animal Husbandry and Fishery	工业 Industry	建筑业 Construction	批发和零售业 Wholesale and Retail Trade	交通运输仓储及邮政业 Transport, Storage and Post	住宿和餐饮业 Hotels and Catering Services	金融业 Finance	房地产业 Real Estate	其他服务业 Other Services
省辖市 City										
郑州市 Zhengzhou	103.0	101.2	105.7	101.6	102.3	100.5	90.8	104.1	98.1	102.8
开封市 Kaifeng	102.0	102.6	102.6	98.9	101.6	106.4	90.6	103.1	98.4	102.3
洛阳市 Luoyang	103.0	102.8	103.3	105.4	102.2	100.1	91.7	105.2	105.4	102.3
平顶山市 Pingdingshan	103.2	103.0	104.4	102.9	101.1	101.6	92.5	104.7	101.3	103.1
安阳市 Anyang	103.3	102.0	104.4	102.8	102.3	103.8	87.8	104.8	107.2	102.5
鹤壁市 Hebi	102.0	103.0	101.9	101.2	102.4	102.2	90.7	104.4	102.2	102.9
新乡市 Xinxiang	103.2	101.9	104.8	101.7	102.8	101.1	89.7	108.4	102.0	102.2
焦作市 Jiaozuo	79.4	101.5	63.5	98.8	94.1	102.7	81.5	104.8	97.0	96.4
濮阳市 Puyang	103.0	102.7	104.6	102.6	99.2	106.6	88.1	107.0	106.0	101.0
许昌市 Xuchang	102.7	102.7	104.1	98.5	102.7	103.8	90.5	104.8	102.2	100.1
漯河市 Luohe	101.5	102.2	100.4	98.1	100.5	103.5	88.3	110.4	106.7	104.2
三门峡市 Sanmenxia	103.1	102.8	103.6	102.9	101.6	101.1	90.4	102.2	103.6	105.0
南阳市 Nanyang	102.2	102.5	104.1	92.3	101.1	102.4	90.4	106.0	102.7	103.6
商丘市 Shangqiu	99.2	103.1	96.7	92.6	97.8	103.2	87.9	106.1	96.8	103.6
信阳市 Xinyang	102.1	102.4	104.3	96.3	100.1	100.6	89.9	102.9	103.1	102.5
周口市 Zhoukou	101.7	102.7	103.5	86.1	104.0	102.8	92.0	107.0	102.5	102.5
驻马店市 Zhumadian	103.6	102.9	103.7	104.2	102.5	102.2	90.8	106.3	99.0	105.4
济源市 Jiyuan	103.4	101.2	104.4	102.0	105.0	103.1	91.4	99.9	91.8	103.2
省直管县 County Directly Administrated by Province										
巩义市 Gongyi	104.3	101.1	106.6	101.8	102.4	97.9	91.5	106.8	116.2	97.2
兰考县 Lankao	101.6	102.5	104.0	92.9	103.3	96.7	92.7	106.3	88.8	101.6
汝州市 Ruzhou	103.2	102.9	105.3	102.9	104.8	102.2	92.9	102.9	94.6	102.1
滑县 Huaxian	102.6	101.4	102.8	103.8	103.7	105.1	89.9	110.2	107.1	102.1
长垣县 Changyuan	104.9	102.4	107.4	102.6	104.6	104.1	92.0	118.0	107.0	101.1
邓州市 Dengzhou	99.1	102.5	101.8	52.3	103.8	98.8	92.6	105.8	96.9	103.0
永城市 Yongcheng	104.3	102.4	107.9	101.6	104.7	103.5	91.0	104.5	100.1	101.4
固始县 Gushi	102.4	101.0	104.2	101.5	103.9	100.0	90.5	104.5	105.9	102.3
鹿邑县 Luyi	102.9	102.8	104.3	101.5	103.3	104.1	95.9	106.3	103.2	100.7
新蔡县 Xincai	102.1	103.1	106.0	103.3	103.2	103.4	92.4	104.6	84.3	101.6

2-19 非公有制经济增加值(2018年)

Value-added of Non-Public-Owned (2018)

行业	Sector	增加值(亿元) Value-added of Non-Public-Owned (100 million yuan)	指数(%) Index of Value-added of Non-Public-Owned (%)	占全行业增加值比重(%) as Percentage of Value-added of Whole Industry (%)
总计	**Total**	**32321.84**	**107.6**	**64.7**
#第一产业	Value-added of the Primary Industry	1500.74	95.9	34.8
第二产业	Value-added of the Secondary Industry	17734.99	107.1	80.5
第三产业	Value-added of the Tertiary Industry	13086.11	109.9	55.5
#农林牧渔业	Agriculture, Forestry, Animal Husbandry and Fishery	1562.49	96.2	34.7
工业	Industry	13799.83	107.0	79.7
建筑业	Construction	3973.40	108.1	82.9
批发和零售业	Wholesale and Retail Trade	2714.09	104.8	73.4
交通运输、仓储和邮电业	Transport, Storage and Post	1756.85	106.8	62.0
住宿和餐饮业	Hotels and Catering Services	1020.14	104.0	98.3
金融业	Finance	539.10	109.8	21.3
房地产业	Real estate	2948.87	106.7	95.7
其他服务业	Others	4007.06	119.4	39.5

2-20 各市非公有制经济增加值(2018年)

Value-added of Non-Public-Owned by City (2018)

本表按当年价格计算。

Data in this table are calculated at current prices.

市	City	增加值(亿元) Value-added of Non-Public-Owned (100 million yuan)	占GDP比重(%) Value-added of Non-Public-Owned as Percentage of GDP (%)
郑州市	Zhengzhou	6757.26	63.3
开封市	Kaifeng	1380.02	64.0
洛阳市	Luoyang	2850.21	61.8
平顶山市	Pingdingshan	1259.10	58.0
安阳市	Anyang	1364.03	63.7
鹤壁市	Hebi	601.12	65.3
新乡市	Xinxiang	1816.31	68.0
焦作市	Jiaozuo	1754.80	70.1
濮阳市	Puyang	970.44	67.3
许昌市	Xuchang	2297.62	73.2
漯河市	Luohe	1003.50	69.9
三门峡市	Sanmenxia	720.41	54.6
南阳市	Nanyang	2211.43	63.2
商丘市	Shangqiu	1743.08	65.5
信阳市	Xinyang	1585.03	62.5
周口市	Zhoukou	1887.00	64.2
驻马店市	Zhumadian	1602.94	64.5
济源市	Jiyuan	440.12	69.8

2-21 非公有制经济增加值(2019年)

Value-added of Non-Public-Owned (2019)

行业	Sector	增加值(亿元) Value-added of Non-Public-Owned (100 million yuan)	指数(%) Index of Value-added of Non-Public-Owned (%)	占全行业增加值比重(%) as Percentage of Value-added of Whole Industry (%)
总计	**Total**	**34954.97**	**107.2**	**65.1**
#第一产业	Value-added of the Primary Industry	1676.12	103.1	36.2
第二产业	Value-added of the Secondary Industry	18470.28	106.5	80.2
第三产业	Value-added of the Tertiary Industry	14808.57	108.7	56.9
#农林牧渔业	Agriculture, Forestry, Animal Husbandry and Fishery	1751.08	104.1	36.0
工业	Industry	14366.89	106.9	80.1
建筑业	Construction	4140.49	104.9	80.0
批发和零售业	Wholesale and Retail Trade	2976.84	106.6	73.6
交通运输、仓储和邮电业	Transport, Storage and Post	1888.33	107.3	62.2
住宿和餐饮业	Hotels and Catering Services	1144.51	109.2	98.9
金融业	Finance	573.81	105.4	20.7
房地产业	Real estate	3194.28	106.5	95.3
其他服务业	Others	4918.75	112.4	43.2

2-22 各市非公有制经济增加值(2019年)

Value-added of Non-Public-Owned by City (2019)

本表按当年价格计算。
Data in this table are calculated at current prices.

市	City	增加值(亿元) Value-added of Non-Public-Owned (100 million yuan)	占GDP比重(%) Value-added of Non-Public-Owned as Percentage of GDP (%)
郑州市	Zhengzhou	7265.28	62.7
开封市	Kaifeng	1461.13	63.5
洛阳市	Luoyang	3091.31	61.8
平顶山市	Pingdingshan	1386.02	58.6
安阳市	Anyang	1420.02	64.8
鹤壁市	Hebi	632.26	65.4
新乡市	Xinxiang	1979.21	68.2
焦作市	Jiaozuo	1842.60	70.4
濮阳市	Puyang	1064.93	67.5
许昌市	Xuchang	2457.16	72.8
漯河市	Luohe	1090.23	70.3
三门峡市	Sanmenxia	778.93	55.4
南阳市	Nanyang	2404.41	63.4
商丘市	Shangqiu	1892.48	65.7
信阳市	Xinyang	1727.96	63.5
周口市	Zhoukou	2028.85	64.1
驻马店市	Zhumadian	1757.70	64.7
济源市	Jiyuan	479.13	70.1

2−23 生产总值构成项目

Structure of Gross Domestic Product

本表按当年价格计算。

Data in this table are calculated at current prices.

单位：亿元 (100 million yuan)

年份 Year	生产总值 Gross Domestic Product	劳动者报酬 Compensation of Laborers	生产税净额 Net Taxes on Production	固定资产折旧 Depreciation of Fixed Assets	营业盈余 Operating Surplus
1992	1279.75	733.49	186.24	183.36	176.66
1993	1660.18	902.85	221.30	232.82	303.21
1994	2216.83	1312.68	251.78	296.03	356.34
1995	2988.37	1822.82	344.76	333.82	486.97
1996	3634.69	2136.19	430.47	465.52	602.51
1997	4041.09	2264.52	477.78	530.06	768.73
1998	4308.24	2279.50	419.50	563.32	1045.92
1999	4517.94	2319.04	509.06	577.36	1112.48
2000	5052.99	2498.84	582.76	654.29	1317.10
2001	5533.01	2703.99	628.58	726.80	1473.64
2002	6035.48	2822.40	718.35	776.89	1717.85
2003	6942.41	3090.15	831.54	897.64	2123.07
2004	8411.19	3832.57	1005.67	926.35	2646.60
2005	10243.47	4589.88	1211.30	1181.60	3260.69
2006	11977.87	5020.41	1428.84	1304.82	4223.80
2007	14824.49	6201.85	1973.37	1589.36	5059.91
2008	17735.93	7583.84	2320.11	2039.65	5792.34
2009	19181.00	8885.76	3087.67	2183.38	5024.18
2010	22655.02	10901.56	2871.33	2928.99	5953.13
2011	26318.68	12741.39	3153.73	3312.89	7110.68
2012	28961.92	14225.60	4227.78	3517.63	6990.90
2013	31632.50	15653.62	4414.90	3546.05	8017.94
2014	34574.76	17074.81	3887.67	4237.19	9375.09
2015	37084.10	18477.96	4315.24	4537.34	9753.56
2016	40249.34	20061.67	4475.45	5083.50	10628.72
2017	44824.92	22068.59	4907.81	5505.50	12343.02
2018	49935.90	23710.03	6268.27	6359.47	13598.12
2019	53717.75	26054.70	6624.61	6988.93	14049.50

主要统计指标解释

国内生产总值（GDP） 指按市场价格计算的一个国家(或地区)所有常住单位在一定时期内生产活动的最终成果。国内生产总值有三种表现形态，即价值形态、收入形态和产品形态。从价值形态看，它是所有常住单位在一定时期内生产的全部货物和服务价值超过同期投入的全部非固定资产货物和服务价值的差额，即所有常住单位的增加值之和；从收入形态看，它是所有常住单位在一定时期内创造并分配给常住单位和非常住单位的初次收入之和；从产品形态看，它是所有常住单位在一定时期内最终使用的货物和服务价值减去货物和服务进口价值。在实际核算中，国内生产总值有三种计算方法，即生产法、收入法和支出法。三种方法分别从不同的方面反映国内生产总值及其构成。

三次产业 三次产业的划分是世界上较为常用的产业结构分类，但各国的划分不尽一致。根据《国民经济行业分类》(GB/T 4754-2011）和《三次产业划分规定》，我国的三次产业划分是：

第一产业是指农、林、牧、渔业（不含农、林、牧、渔服务业）。

第二产业是指采矿业（不含开采辅助活动），制造业（不含金属制品、机械和设备修理业），电力、热力、燃气及水生产和供应业，建筑业。

第三产业即服务业，是指除第一产业、第二产业以外的其他行业。

支出法国内生产总值 是从最终使用的角度反映一个国家（或地区）一定时期内生产活动最终成果的一种方法，包括最终消费支出、资本形成总额及货物和服务净出口三部分。计算公式为：

支出法国内生产总值=最终消费支出+资本形成总额+货物和服务净出口

最终消费支出 指常住单位为满足物质、文化和精神生活的需要，从本国经济领土和国外购买的货物和服务的支出。它不包括非常住单位在本国经济领土内的消费支出。最终消费支出分为居民消费支出和政府消费支出。

居民消费支出 指常住住户在一定时期内对于货物和服务的全部最终消费支出。居民消费支出除了直接以货币形式购买的货物和服务的消费支出外，还包括以其他方式获得的货物和服务的消费支出，即所谓的虚拟消费支出。居民虚拟消费支出包括如下几种类型：单位以实物报酬及实物转移的形式提供给劳动者的货物和服务；住户生产并由本住户消费了的货物和服务，其中的服务仅指住户的自有住房服务；金融机构提供的金融媒介服务；保险公司提供的保险服务。

政府消费支出 指政府部门为全社会提供的公共服务的消费支出和免费或以较低的价格向居民住户提供的货物和服务的净支出，前者等于政府服务的产出价值减去政府单位所获得的经营收入的价值，后者等于政府部门免费或以较低价格向居民住户提供的货物和服务的市场价值减去向住户收取的价值。

资本形成总额 指常住单位在一定时期内获得减去处置的固定资产和存货的净额，包括固定资本形成总额和存货变动两部分。

固定资本形成总额 指常住单位在一定时期内获得的固定资产减处置的固定资产的价值总额。固定资产是通过生产活动生产出来的，且其使用年限在一年以上、单位价值在规定标准以上的资产，不包括自然资产、耐用消费品、小型工器具。固定资本形成总额包括住宅、其他建筑和构筑物、机器和设备、培育性生物资源、知识产权产品（研发支出、矿藏的勘探、计算机软件）的价值获得减处置。

存货变动 指常住单位在一定时期内存货实物量变动的市场价值，即期末价值减期初价值的差额，再扣除当期由于价格变动而产生的持有收益。存货变动可以是正值，也可以是负值，正值表示存货上升，负值表示存货下降。存货包括生产单位购进的原材料、燃料和储备物资等存货，以及生产单位生产的产成品、在制品和半成品等存货。

货物和服务净出口 指货物和服务出口减货物和服务进口的差额。出口包括常住单位向非常住单位出售或无偿转让的各种货物和服务的价值；进口包括常住单位从非常住单位购买或无偿得到的各种货物和服务的价值。由于服务活动的提供与使用同时发生，一般把常住单位从非常住单位得到的服务作为进口，非常住单位从常住单位得到的服务作为出口。货物的出口和进口都按离岸价格计算。

劳动者报酬 指劳动者因从事生产活动所获得的全部报酬。包括劳动者获得的各种形式的工资、奖金和津贴，既包括货币形式的，也包括实物形式的，还包括劳动者所享受的公费医疗和医药卫生费、上下班交通补贴、单位支付的社会保险费、住房公积金等。

生产税净额 指生产税减生产补贴后的差额。其中，生产税指政府对生产单位从事生产、销售和经营活动，以及因从事生产活动使用某些生产要素（如固定资产和土地等）所征收的各种税收、附加费和其他规费。生产税分为产品税和其他生产税，产品税主要有：增值税、消费税、进口关税、出口税等；其他生产税主要有：房产税、车船使用税、城镇土地使用税等。生产补贴则相反，它是政府为影响生产单位的生产、销售及定价等生产活动而对其提供的无偿支付，包括农业生产补贴、政策亏损补贴、进口补贴等。生产补贴作为负生产税处理。

固定资产折旧 指由于自然退化、正常淘汰或损耗而导致的固定资产价值下降，用以代表固定资产通过生产过程被转移到其产出中的价值。原则上，固定资产折旧应按照固定资产的重置价值计算。

营业盈余 指常住单位创造的增加值扣除劳动者报酬、生产税净额和固定资产折旧后的余额。

机构单位 指能够以自己的名义拥有资产和承担负债，能够独立地从事经济活动并与其他主体进行交易的经济主体。

机构部门 将相同性质的机构单位归并在一起，就形成机构部门。资金流量核算将常住机构单位划分为以下四个机构部门：非金融企业部门、金融机构部门、政府部门、住户部门。与常住单位发生经济往来关系的非常住单位组成国外部门，在资金流量核算中也视同机构部门。

非金融企业与非金融企业部门 非金融企业指主要从事市场货物生产和提供非金融市场服务的常住企业，它主要包括从事上述活动的各类法人企业。所有非金融企业归并在一起，就形成非金融企业部门。

金融机构与金融机构部门 金融机构指主要从事金融媒介以及与金融媒介密切相关的辅助金融活动的常住单位，它主要包括中央银行、商业银行和政策性银行、非银行信贷机构和保险公司。所有金融机构组成金融机构部门。

政府机构与政府部门 政府机构指在设定区域内对其他机构单位拥有立法、司法或行政权的法律实体及其附属单位。政府机构的主要职能是利用征税和其他方式获得的资金向社会和公众提供货物和服务；通过转移支付，对社会收入和财产进行再分配；从事非市场性生产。它主要包括各级党政机关、群众团体、事业单位、基层群众的自治组织等。所有政府机构组成政府部门。

住户与住户部门 住户指共享同一生活设施、部分或全部收入和财产集中使用、共同消费住房、食品和其他消费品与消费服务的常住个人或个人群体。所有住户组成住户部门。

非常住单位与国外部门 所有不具有常住性的机构单位都是非常住单位。与我国常住单位发生交易的所有非常住单位称为国外部门。

初次分配总收入 收入初次分配是生产活动创造的价值在参与生产活动的生产要素所有者及政府之间的分配。生产活动的最终成果是增加值。生产要素主要包括劳动力、资本、自然资源。劳动力所有者因提供劳动而获得劳动报酬；资本的所有者因提供资本而获得不同形式的收入，如借贷资本所有者获得利息收入；股权所有者获得红利或参与利润分配；自然资源所有者因出让自然资源使用权而获得地租；政府因国家管理需要对生产活动或生产要素征收生产税同时也因扶持有关生产活动而支付生产补贴。初次分配的结果形成各个机构部门的初次分配总收入。各部门的初次分配总收入之和就等于国民总收入，亦即国民生产总值。

经常转移 转移是一个机构单位向另一个机构单位提供货物、服务或资产，而同时并没有从后一机构单位获得任何货物、服务或资产作为回报的一种交易。经常转移指交易的一方或双方都不涉及获得或处置资产（除存货和现金外）的转移。其形式有所得税、财产税等经常税、社会保险缴款、社会保险福利、社会补助和其他经常转移。

可支配总收入 在初次分配总收入的基础上，通过经常转移的形式对初次分配总收入进行再次分配。再分配的结果形成各个机构部门的可支配总收入。各部门的可支配总收入之和称为国民可支配总收入。

总储蓄 指可支配总收入用于最终消费后的余额。各部门的总储蓄之和称为国民总储蓄。

资本转移 指交易的一方或双方涉及获得或处置资产（除存货和现金外）的转移。资本转移包括资本税、投资性补助和其他资本转移。

净金融投资 它反映各机构部门或经济总体非金融投资过程中资金富余或短缺的状况。从非金融交易角度看，它是指总储蓄加资本转移收入减资本转移支出减非金融投资后的差额。从金融交易角度看，它是金融资产的增加额减金融负债的增加额之后的差额。

通货 指以现金形式存在于市场流通中的货币，包括纸币和硬币。

存款 以各种形式存在存款类金融机构的存款，包括活期存款、定期存款、财政存款、外汇存款和其他存款等。

贷款 指金融机构发放的各类贷款，包括短期贷款、票据融资、中长期贷款、外汇贷款、委托贷款和其他贷款等。

证券 包括债券和股票。由债券购买者承购的或因销售产品而拥有的，可在金融市场上交易并代表一定债权的书面证明。包括政府债券、金融债券、企业债券、商业票据、支付固定收入但不提供法人企业残余价值分享权的优先股等。股票购买者及直接投资者对其投资企业净资产所拥有的权益。股票是股份公司签发的证明股东投资并按其所持股份享有权益和承担义务的权益性证券。其他股权是机构单位以直接投资的方式用除股票、债权性证券以外的土地、房屋及建筑物、机器设备、存货、资源资产等实物资产，商标、专利权、土地使用权、特许使用权、商誉等无形资产及货币资金直接向其他单位进行的投资。通常以股权证、出资证明书、参与证或类似的单据为凭证。

保险准备金 指社会保险和商业保险基金的净权益、保险费预付款和未结索赔准备金。

结算资金 指金融机构用于结算目的汇兑在途的资金。

金融机构往来 指金融机构部门子部门之间发生的同业存放、同业拆借和债券回购等。

准备金 指各金融机构在中央银行的存款及缴存中央银行的法定准备金。

中央银行贷款 指中央银行向各金融机构的贷款。

经常项目 包括货物、服务、收益及经常性转移。

货物进出口 指通过我国海关进出口的货物。货物的进出口值都按离岸价格估价。离岸价格可视为进口商在出口商边境领取货物时支付的购买者价格。当进口商领取该货物时，该货物已装载到进口商自己的运载工具或其他运载工具，出口商已为该货物支付了出口税或获得了出口退税。

服务进出口 指常住单位与非常住单位之间相互提供的服务。包括运输服务、旅游服务、通讯服务、建筑服务、保险服务、金融服务、计算机和信息服务、咨询服务、广告、宣传服务、电影音像服务、专有权力使用费和特许费、其他商务服务、政府服务。

收益 指常住单位与非常住单位之间因相互提供生产要素而产生的收入，包括劳动者报酬和投资收益。其中投资收益包括直接投资、证券投资和其他投资的收益和支出，以及直接投资收益的再投资。

资本项目 包括移民转移、债务减免等资本性转移。

金融项目 包括直接投资、证券投资和其它投资。

直接投资 以投资者寻求在本国以外运行企业获取有效发言权为目的的投资，包括直接投资资产和直接投资负债两部分。相关投资工具可划分为股权和关联企业债务。股权包括股权和投资基金份额，以及再投资收益。关联企业债务包括关联企业间可流通和不可流通的债权和债务。

证券投资 包括证券投资资产和证券投资负债，相关投资工具可划分为股权和债券。股权包括股权和投资基金份额，记录在证券投资项下的股权和投资基金份额均应可流通（可交易）。股权通常以股份、股票、参股、存托凭证或类似单据作为凭证。投资基金份额指投资者持有的共同基金等集合投资产品的份额。债券指可流通的债务工具，是证明其持有人（债权人）有权在未来某个（些）时点向其发行人（债务人）收回本金或收取利息的凭证，包括可转让存单、商业票据、公司债券、有资产担保的证券、货币市场工具以及通常在金融市场上交易的类似工具。

其它投资 除直接投资、证券投资、金融衍生工具和储备资产外，居民与非居民之间的其他金融交易。包括其他股权、货币和存款、贷款、保险和养老金、贸易信贷和其他。

储备资产增减额 指我国在黄金储备、外汇储备、在国际货币基金组织的储备头寸、特别提款权、使用基金信贷等方面本年末与上年末余额之间的差额。负号表示储备资产增加，正号表示储备资产减少。

Explanatory Notes on Main Statistical Indicators

Gross Domestic Product (GDP) refers to the final products at market prices produced by all resident units in a country (or a region) during a certain period of time. Gross domestic product is expressed in three different perspectives, namely value, income, and products respectively. GDP in its value perspective refers to the total value of all goods and services produced by all resident units during a certain period of time, minus the total value of input of goods and services of the nature of non-fixed assets; in other words, it is the sum of the value-added of all resident units. GDP from the perspective of income includes the primary income created by all resident units and distributed to resident and non-resident units. GDP from the perspective of products refers to the value of all goods and services for final consumption by all resident units minus the net exports of goods and services during a given period of time. In the practice of national accounting, gross domestic product is calculated from three approaches, namely production approach, income approach and expenditure approach, which reflect gross domestic product and its composition from different angles.

Three Industries Classification of economic activities into three strata of industry is a common practice in the world, although the grouping varies to some extent form country to country. In China economic activities are categorized into the following three strata of industry:

Primary industry refers to agriculture, forestry, animal husbandry and fishery and services in support of these industries.

Secondary industry refers to mining and quarrying, manufacturing, production and supply of electricity, water and gas, and construction.

Tertiary industry refers to all other economic activities not included in the primary or secondary industries.

GDP by Expenditure Approach refers to the method of measuring the final results of production activities of a country (region) during a given period from the perspective of final uses. It includes final consumption expenditure, gross capital formation and net export of goods and services. The formula for computation is

GDP by expenditure approach = final consumption expenditure + gross capital formation + net export of goods and services

Final Consumption Expenditure refers to the total expenditure of resident units for purchases of goods and services from both the domestic economic territory and abroad to meet the needs of material, cultural and spiritual life. It does not include the expenditure of non-resident units on consumption in the economic territory of the country. The final consumption expenditure is broken down into household consumption expenditure and government consumption expenditure.

Household Consumption Expenditure refers to the total expenditure of resident households on the final consumption of goods and services. In addition to the consumption of goods and services bought by the households directly with money, the household consumption expenditure also includes expenditure on goods and services obtained by the households in other ways, i.e. the so-called imputed consumption expenditure, which includes the following: (a) the goods and services provided to households by employers in the form of payment in kind and transfer in kind; (b) goods and services produced and consumed by the households themselves, in which the services refer only to the owner-occupied housing; (c) financial intermediate services provided by financial institutions; (d) insurance services provided by insurance companies.

Government Consumption Expenditure refers to the consumption expenditure spent for the provision of public services provided by the government to the whole country and the net expenditure on the goods and services provided by the government to households free of charge or at reduced prices. The former equals to the output value of the government services minus the value of operating income obtained by the government departments. The latter equals to the market value of the goods and services provided by the government free of charge or at reduced prices to the households minus the value received by the government from the households.

Gross Capital Formation refers to the fixed assets acquired less disposals and the net value of inventory, thus including gross fixed capital formation and changes in inventories.

Gross Fixed Capital Formation refers to the value of acquisitions less those disposals of fixed assets during a given period. Fixed assets are the assets produced through production activities with unit value above a specified amount and which could be used for over one year. Natural assets, consumer durables, small instruments are not included. Gross Fixed Capital Formation includes the value of housing, other buildings and structure, equipment and machinery, breeding biological resources, intellectual property right product (expenditure for R&D, the prospecting of minerals and the acquisition of computer software) minus the disposal of them.

Changes in Inventories refers to the market value of the change in the physical volume of inventory of resident units during a given period, i.e. the difference between the values at the beginning and at the end of the period minus the gains due to the change in prices. The changes in inventories can have a positive or a negative value. A positive value indicates an increase in inventory while a negative value indicates a decrease in inventory. The inventory includes raw materials, fuels and reserve materials purchased by the production units as well as the inventory of finished products, semi-finished products and work-in-progress.

Net Export of Goods and Services refers to the exports of goods and services subtracting the imports of goods and services. Exports include the value of various goods and services sold or gratuitously transferred by resident units to non-resident units. Imports include the value of various goods and services purchased or gratuitously acquired resident units from non-resident units. Because the provision of services and the use of them happen simultaneously, the acquisition of services by resident units from abroad is usually treated as import while the acquisition of services by non-resident units in this country is usually treated as export. The exports and imports of goods are calculated at FOB.

Laborers Remuneration refers to the total payment of various forms to labourers for the productive activities they are engaged in. It includes wages, bonuses and allowances, which the labourers earn in cash and in kind. It also includes the free medical services provided to the labourers and the medicine expenses, transport subsidies and social insurance, and housing fund paid by the employers.

Net Taxes on Production refers to taxes on production less subsidies on production. The taxes on production refers to the various taxes, extra charges and fees levied on the production units on their production, sale and business activities as well as on the use of some factors of production, such as fixed assets, land etc. in the production activities they are engaged in. Taxes on production are divided into product tax and other kinds of taxes on production, product tax mainly includes: value-added tax, consumption tax, import duty, export duty; other taxes on production mainly include: House Property Tax, Tax on Vehicles and Boat Operation, Urban Land Use Tax, etc. In contrast to taxes on production, subsidies on production refer to the payment by the government for free to the production units to influence production activities of production units such as production, sales and pricing, which include agricultural production subsidies, subsidies for policy losses, import subsidies, etc. Subsidies on production are therefore regarded as negative taxes on production.

Depreciation of Fixed Assets refers to the decline of the value of fixed assets due to natural deterioration, normal elimination or loss, it reflects the value of transfer of the fixed assets in the production of the current period. In principle, the depreciation of fixed assets should be calculated on the basis of the re-purchased value of the fixed assets.

Operating Surplus refers to the balance of the value added created by the resident units after deducting the labourers remuneration, net taxes on production and the depreciation of fixed assets.

Institutional Units refer to economic subjects that can be in a position to own assets and incur liabilities in one's own name; to engage independently in economic activities; and to conduct transactions with other subjects.

Institutional Sectors refer to groups of institutional units that are homogenous in nature and have been grouped together. The following 4 institutional sectors are identified in the flow of funds accounts: non-financial corporations, financial institutions, general government and households. and also treated as an institutional sector is the rest of the world, which is composed of non-resident units that have economic relations with resident units.

Non-Financial Corporations and the Sector of Non-Financial Corporations refer to resident corporations that are engaged in the production of goods and the provision of non financial services in the market, mainly covering corporate enterprises of various types engaged in the above-mentioned activities. All non-financial corporations make up the sector of non-financial corporations.

Financial Institutions and the Sector of Financial Institutions refer to resident institutions that are engaged in the financial intermediary services or auxiliary financial activities that are closely related with financial intermediary services, mainly covering the Central Bank, commercial banks, policy banks, non-banking credit institutions and insurance companies. All financial institutions together make up the sector of financial institutions.

Government and the Sector of Governments Government refer to legal entities and their auxiliary units that are established through the political process and are empowered with legislative, administrative or judicial rights over other institutional within specific regions. The main function of government is to acquire funds through taxation or other means in order to provide goods and services to society and households; and to conduct redistribution of income and properties of society through transfer payment; and engaged in non-market production. Government cover mainly: Party and government organizations at all levels, mass organizations, institutional units, grass roots self-governing organizations, etc. All governments together make up the sector of governments.

Households and the Sector of Households refer to resident individuals or groups of resident individuals who share common living facilities, pool together entire or part of their income and properties for their common disposal, and share their housing, food and other consumer goods and services. All households together make up the sector of households.

Non-resident Units and the Rest of the World Non-resident units refer to units that are of a non-resident nature. All non-resident units that have transactions with resident units together make up the rest of the world.

Total Income from Primary Distribution Primary distribution of income refers to the distribution of the value created from production activities among the owners of factors of production and the governments. The final result from production activities is the value-added. Factors of production mainly include labour force, capital, natural resources. Owners of labour force gain remuneration by providing labour. Owners of capitals get income of various forms by providing capital: owners of loan capital receive income from interests. Share holders receive dividends or participation in profit distribution. Owners of natural resources obtains rents for assign the use right of natural resources. Government levies production tax on production activities or factors of production for state administration needs and pay production subsidies for supporting related production activities. Results of primary distribution generate the total income from primary distribution of each sector, and the sum of the total income of primary distribution of all sectors make up the Gross National Income, or the Gross National Product. Owners of land receive rents from leasing of land.

Current Transfers to the transaction in the form of provision of goods, services or assets by an institutional unit to another institutional unit without receiving any goods, services or assets in return from the recipient. Current transfers that don't involve obtaining or disposing property (except inventory and cash) of one side or both sides. They include regular tax such as income tax and property tax, payment to social securities, social security benefits, social allowances and other current transfers.

Total Disposable Income Total income from primary distribution is re-distributed through current transfer, resulting in the total disposable income of various institutional sectors. The sum of total disposable income of all institutional sectors makes up the total national disposable income.

Total Savings refer to total disposable income subtracting final consumption. Total savings of all sectors make up the total national savings.

Capital Transfer refers to the transfer that don't involve obtaining or disposing property (except inventory and cash) of one side or both sides. Capital transfer includes: capital tax, investment subsidy and other capital transfer.

Net Financial Investment reflects the surplus or shortage of capitals of institutional sectors or of the economy in general in the process of non-finanical investment. It refers to total savings plus the income from capital transfer minus payment for capital transfer and minus non-financial investment from the point of view of non-financial transaction. In terms of monetary transaction, it is the difference between the increase in financial assets minus the increase of the financial liabilities.

Currency refers to currency that is in circulation in the market, including paper money and coin.

Deposits refer to deposits in depository financial institutions in various forms, which mainly include demand deposit, time deposit, fiscal deposit, foreign exchange deposit and other deposit, etc.

Loans refer to various types of loans granted by financial institutions, which mainly include short-term loan and bill finacing, medium- and long-term loan, foreign exchange loan, entrusted loans and other loans.

Securities Include Shares and bond. refer to written certificates representing creditors' rights as purchased by bond holders or as acquired by selling products, which can be transacted at the financial markets. They include government bonds, financial bonds, corporation bonds, commercial drafts, preferential stocks that provide fixed income without the right to share the residual value of corporations, and so on. the rights of stockholders and direct investors on the net assets of corporations they have invested in. Shares refer to negotiable securities on creditor's rights, issued by share companies certifying the investment by stockholders and their rights and duties in accordance with the amount of stocks that they hold. Other holding rights refer to the direct investment by institutional units in other units with currency capital or with assets, in forms other than shares and negotiable securities on creditor's rights, including such tangible assets such as land, buildings, machines and equipment, inventory, resources, etc., and such intangible assets as trade marks, patents, monopolies, rights on land use, licenses, commercial reputation, etc.. Documents of proof of holding rights usually include certificates on creditor's right, certificates on investment or on participation, etc.

Insurance Reserve Funds consists of net equity of social insurance and commercial insurance, prepayments of insurance premiums, and reserves for outstanding claims, and bond repurchase.

Settlement Fund refers to fund in float of financial institutions for settlement.

Inter- financial Institutions Accounts refer to flow of capital between financial institutions, consisting of nostro & vostro accounts, inter-bank lending.

Required and Excessive Reserves refer to financial institutions' deposits with the People's Bank of China.

Central Bank Lending refer to lending to financial institutions by the People's Bank of China

Current Account includes goods, services, income and current transfers.

Import and Export of Goods refer to imported or exported goods through Chinese customs. Both import and export of goods are valued at free on board (f.o.b.) prices. Free on board prices can be regarded as the purchaser's prices paid by importers when claiming goods at the border of the exporters. When the importer claim the imported goods, the goods have been loaded in importer's carriers or other carriers, and the exporter has paid export duty or received export redeem.

Import and Export of Services refer to services provided between resident and non-resident units, including services on transportation, tourism, communications, construction, insurance, finance, computer and information, consultancy, advertising and publicity, as well as film, audio and video services, royalty for patents, trademarks and other special rights, other commercial services, and government services.

Income refers income from provision of factors of production between resident and non-resident units, including compensation of labour and earnings from investment. Earnings from investment include earnings from and expenses on direct investment, security investment and other investment, as well as reinvestment of earnings from direct investment.

Capital Account includes capital transfers such as immigration transfer, reduction or exemption of debts, etc.

Financial Account includes direct investment, security investment and other investments.

Direct Investment is an investment aimed at investors seeking effective voice for enterprises operating outside their own country. It includes two parts: direct investment assets and direct investment liabilities. Related investment instruments can be divided into equity and related enterprise debt. Equity includes equity and investment fund shares, as well as reinvestment returns. The liabilities of affiliated enterprises include negotiable and non-negotiable creditor's rights and liabilities among affiliated enterprises.

Security Investment includes securities investment assets and securities investment liabilities, and related investment instruments can be divided into equity and bonds. Equity rights include share rights and investment fund shares. Shares recorded under securities investment and investment fund shares should be negotiable (tradable). Equity rights are usually evidenced by shares, stocks, shares, depository receipts or similar documents. Investment fund share refers to the share of collective investment products such as mutual funds held by investors. A bond is a negotiable debt instrument, which is a certificate proving that its holder (creditor) has the right to recover principal or interest from its issuer (debtor) at some point in the future, including negotiable deposits, commercial instruments, corporate bonds, asset-backed securities, money market instruments, and a similar tool for usually trading on the financial market.

Other Investment refer to other financial transactions between residents and non-residents except direct investment, securities investment, financial derivatives and reserve assets. They include other equity, currency and deposits, loans, insurance and pensions, trade credit and others.

Reserve Assets, Net Increase refers to the difference between the end of the reference year and the end of the previous year, in gold reserve, foreign exchange reserve, special drawing rights in the International Monetary Fund, and the use of the Fund's credits. An increase in reserve assets is expressed in a negative figure and a decrease in the reserve assets is expressed in a positive figure.

人口

Population

3

◉ 资料整理：谷永翔

简要说明

一、主要内容

本篇包括历年人口及自然变动资料，城镇化资料、人口结构主要分类资料，历次人口普查主要指标。

二、资料来源

1971—1981年、1983—1989年、2000年和2010年总人口数是根据1982年、1990年、2000年和2010年人口普查数据调整推算的；1990—1999、2001—2009年数据是人口变动抽样调查调整数；市镇、乡村人口1953、1964、1982、1990、1995、2000、2005、2010年数据是根据当年人口普查（或抽样调查）数据调整推算的，普查年度之间年份是根据两次普查间平均每年增幅调整的；2004年后非普查年份是根据当年人口抽样调查推算的。由河南省统计局人口和就业统计处编辑整理。

三、统计调查方法

在逢"0"的年份进行全国人口普查；在逢"5"的年份进行全国1%人口抽样调查；其余年份进行全国人口变动情况抽样调查。人口抽样调查是以全国为总体，各省为次总体，采用分层、多阶段、整群概率比例抽样方法抽取样本。

Brief Introduction

I. Main Contents

This chapter include the size of Henan population and natural change, urban proportion, classification of the population structure, data of All previous National Population Census, marriage registration.

II. Sources of Data

Figures for 1971-1981, 1983-1989, 2000,2010 have been adjusted on the basis of the 1982, 1990, 2000,2010 National Population Census. Figures for 1990-1999, 2001-2009 are estimated from the National Sample Survey on Population Changes. Figures of Urban and rural population in 1953,1964,1982,1990,1995,2000,2005,2010 are adjusted on the basis of the current year National Population Census or National Sample Survey, Figures for the years between National Population Census are adjusted on the basis of the growth rate of two National Population Census. Data of years without Population Census since 2014 were calculated on the basis of the Spot Check of population in the current year. Tables in this part are compiled by the Department of Population and Employment Statistics of the Henan provincial Bureau of Statistics.

III. Sampling Methodology

The national population census is conducted in the year ending with 0; the national 1 percent population sample survey is conducted in the year ending with 5; sample surveys on population changes are conducted in the rest of the years. The sample survey on population change takes the whole nation as the population and each province, autonomous region or municipality as sub-populations, and the stratified multi-stage systematic PPS cluster sampling scheme is used.

3-1 总 人 口(年底数)

Total Population (Year-end)

单位：万人 (10 000 persons)

年 份 Year	户籍人口 Registered Residence Population	按性别分 By Sex 男 Male	 女 Female	性别比 (女=100) Sex Ratio (Female=100)	城镇化率 (%) Urbanization Rate (%)	人口密度 (人/平方公里) Population Density (person/sq.km)	常住人口 Resident Population
1978	7067	3599	3468	103.8	13.6	423	
1979	7189	3662	3527	103.8	13.8	431	
1980	7285	3710	3575	103.8	14.0	436	
1981	7397	3768	3629	103.8	14.2	443	
1982	7519	3835	3684	104.1	14.4	450	
1983	7632	3902	3730	104.6	14.6	457	
1984	7737	3960	3777	104.9	14.7	463	
1985	7847	4022	3825	105.2	14.8	470	
1986	7985	4097	3888	105.4	15.0	478	
1987	8148	4184	3964	105.5	15.1	488	
1988	8317	4272	4045	105.6	15.3	498	
1989	8491	4366	4125	105.9	15.4	508	
1990	8649	4440	4209	105.5	15.5	518	
1991	8763	4501	4262	105.6	15.9	525	
1992	8861	4554	4307	105.7	16.2	531	
1993	8946	4602	4344	105.9	16.5	536	
1994	9027	4643	4384	105.9	16.8	541	
1995	9100	4651	4449	104.5	17.2	545	
1996	9172	4715	4457	105.8	18.4	549	
1997	9243	4751	4492	105.8	19.6	553	
1998	9315	4787	4528	105.7	20.79	558	
1999	9387	4825	4562	105.8	21.99	562	
2000	9488	4895	4593	106.6	23.20	568	
2001	9555	4915	4640	105.9	24.43	572	
2002	9613	4946	4667	105.9	25.80	576	
2003	9667	4980	4687	106.3	27.20	579	
2004	9717	5000	4717	106.0	28.90	582	
2005	9768	5045	4723	106.8	30.65	585	9380
2006	9820	5074	4746	106.9	32.50	588	9392
2007	9869	5100	4769	106.9	34.34	591	9360
2008	9918	5125	4793	106.9	36.03	594	9429
2009	9967	5150	4817	106.9	37.70	597	9487
2010	10800	5576	5224	106.7	38.82	563	9405
2011	10922	5641	5281	106.8	40.47	567	9461
2012	10932	5657	5275	107.2	41.99	571	9532
2013	11039	5714	5325	107.3	43.60	573	9573
2014	11102	5751	5351	107.5	45.05	578	9645
2015	11217	5810	5407	107.4	47.02	581	9701
2016	11370	5877	5493	107.0	48.78	586	9778
2017	11377	5878	5499	106.9	50.56	589	9829
2018	11444	5911	5533	106.8	52.24	591	9864
2019	11486	5930	5556	106.7	54.01	593	9901
2020	11526	5947	5579	106.6	55.43	595	9941

注：1. 1982、1990、2000年户籍人口数为当年人口普查推算数；2009年之前其余年份数据为年度人口抽样调查推算数据；2010年及以后为公安户籍年报数据(下同).

2. 依据2020年第七次全国人口普查结果，对2011年以来的常住人口和城镇化率进行了修正（下同）.

3. 2010年及以后人口密度为常住人口口径。

a) The number of registered residence households in 1982, 1990 and 2000 was the number of projections for the current population census; The data of other years before 2009 are calculated from the annual population sampling survey. The data since 2010 are from the annual report of Public Security Department (the same as the following tables).

b) According to the results of the seventh national census in 2020, the resident population and urbanization rate since 2011 have been revised (same as the following tables).

c) The population density since 2010 are calculated as the caliber of resident population.

3-2 人口自然变动情况

Natural Changes of Population

单位：万人 (10 000 persons)

年 份 Year	出生人口数 Number of Birth	出生率(‰) Birth Rate (‰)	死亡人口数 Number of Death	死亡率(‰) Death Rate (‰)	自然增加人口数 Number of Natural Growth	自然增长率(‰) Natural Growth Rate (‰)
1978	154	21.92	44	6.30	110	15.62
1979	153	21.51	45	6.35	108	15.16
1980	145	20.00	46	6.32	99	13.68
1981	151	20.64	48	6.57	103	14.07
1982	153	20.62	46	6.21	107	14.41
1983	154	20.38	48	6.30	106	14.08
1984	145	18.89	48	6.26	97	12.63
1985	157	20.09	48	6.13	109	13.96
1986	187	23.65	51	6.44	136	17.21
1987	212	26.22	51	6.32	161	19.90
1988	214	25.95	48	5.83	166	20.12
1989	223	26.51	48	5.76	175	20.75
1990	214	24.92	56	6.52	158	18.40
1991	172	19.78	58	6.63	114	13.15
1992	159	18.13	61	6.99	98	11.14
1993	141	15.87	56	6.35	85	9.52
1994	138	15.36	57	6.34	81	9.02
1995	130	14.41	57	6.28	73	8.13
1996	130	14.28	58	6.44	72	7.84
1997	129	13.97	58	6.30	71	7.67
1998	131	14.17	59	6.37	72	7.80
1999	132	14.07	60	6.35	72	7.72
2000	123	13.07	56	5.93	67	7.14
2001	126	13.20	59	6.26	67	6.94
2002	119	12.41	61	6.38	58	6.03
2003	116	12.10	62	6.46	54	5.64
2004	113	11.67	63	6.47	50	5.20
2005	112	11.55	61	6.30	51	5.25
2006	113	11.59	61	6.27	52	5.32
2007	111	11.30	62	6.30	49	4.90
2008	113	11.42	64	6.45	49	4.97
2009	113	11.45	64	6.46	49	4.99
2010	117	11.52	67	6.57	50	4.95
2011	121	11.56	69	6.62	52	4.94
2012	125	11.87	71	6.71	54	5.16
2013	130	12.27	72	6.76	58	5.51
2014	136	12.80	75	7.02	61	5.78
2015	136	12.70	75	7.05	60	5.65
2016	143	13.26	77	7.11	66	6.15
2017	140	12.95	75	6.97	65	5.98
2018	127	11.72	74	6.80	53	4.92
2019	120	11.02	75	6.84	46	4.18
2020	92	9.24	71	7.15	21	2.09

3-3 各市常住人口数

Resident Population by City

单位：万人 (10 000 persons)

市(县)	City(County)	2005	2006	2007	2008	2009	2010	2011	2012	2013	2014	2015	2016	2017	2018	2019	2020
全省	**Total**	**9380**	**9392**	**9360**	**9429**	**9487**	**9405**	**9461**	**9532**	**9573**	**9645**	**9701**	**9778**	**9829**	**9864**	**9901**	**9941**
省辖市	**City**																
郑州市	Zhengzhou	716	724	736	744	752	866	909	948	987	1030	1069	1119	1164	1205	1235	1262
开封市	Kaifeng	471	469	468	469	471	468	470	474	476	478	475	476	477	478	481	483
洛阳市	Luoyang	635	636	634	642	642	655	660	664	666	674	683	688	692	695	702	706
平顶山市	Pingdingshan	484	484	484	487	490	491	488	486	486	489	487	489	489	491	496	499
安阳市	Anyang	521	522	519	521	522	517	521	524	523	524	526	530	533	537	543	548
鹤壁市	Hebi	146	144	142	143	144	157	156	154	155	153	154	153	153	153	156	157
新乡市	Xinxiang	557	555	552	551	552	571	580	589	597	605	610	616	620	623	625	626
焦作市	Jiaozuo	340	340	339	341	342	354	352	350	348	350	350	351	350	349	351	352
濮阳市	Puyang	355	353	349	350	352	360	362	366	370	372	375	377	378	375	374	377
许昌市	Xuchang	425	428	429	431	431	431	429	428	429	429	428	429	430	436	436	438
漯河市	Luohe	249	250	247	248	250	255	251	248	245	242	241	239	238	238	238	237
三门峡市	Sanmenxia	228	226	221	222	223	223	222	219	216	215	211	208	205	203	202	204
南阳市	Nanyang	996	997	995	1004	1013	1027	1026	1027	1019	1013	1007	1001	994	985	976	972
商丘市	Shangqiu	761	765	764	777	781	735	741	749	753	760	766	772	777	780	781	782
信阳市	Xinyang	663	663	663	669	679	610	613	617	618	621	622	624	624	627	625	624
周口市	Zhoukou	994	994	990	996	1004	894	899	906	908	913	918	922	919	909	902	902
驻马店市	Zhumadian	777	777	764	768	770	723	716	716	708	707	709	711	712	709	704	701
济源市	Jiyuan	66	67	68	68	68	68	68	69	69	70	70	71	72	72	73	73
省直管县	**County Directly Administrated by Province**																
巩义市	Gongyi	80	80	81	81	81	81	81	81	81	81	81	81	80	80	79	80
兰考县	Lankao	73	73	75	75	76	68	69	70	70	71	73	74	75	76	77	78
汝州市	Ruzhou	93	93	93	93	93	93	94	96	97	99	97	97	96	96	97	97
滑县	Huaxian	115	114	113	114	114	126	125	124	122	121	120	120	117	117	117	117
长垣市	Changyuan	80	80	79	79	78	81	82	84	85	86	87	88	89	90	90	91
邓州市	Dengzhou	132	133	131	133	137	147	145	144	142	139	138	136	132	129	127	125
永城市	Yongcheng	127	126	122	127	127	124	124	124	124	124	124	124	123	124	125	126
固始县	Gushi	124	128	128	129	131	102	102	102	102	101	102	103	103	103	104	104
鹿邑县	Luyi	107	107	106	107	108	91	91	90	90	92	93	94	93	94	95	96
新蔡县	Xincai	94	95	92	93	93	85	84	83	83	83	83	83	84	84	83	82

3-4 各市城镇常住人口数

Urban Resident Population by City

单位：万人 (10 000 persons)

市(县) City(County)	2005	2006	2007	2008	2009	2010	2011	2012	2013	2014	2015	2016	2017	2018	2019	2020
全 省 Total	**2875**	**3050**	**3214**	**3397**	**3577**	**3651**	**3829**	**4002**	**4174**	**4345**	**4561**	**4770**	**4970**	**5153**	**5348**	**5510**
省 辖 市 City																
郑 州 市 Zhengzhou	424	436	451	463	477	551	589	627	665	708	755	811	862	911	955	989
开 封 市 Kaifeng	154	160	168	177	187	168	177	186	194	202	210	218	226	234	243	251
洛 阳 市 Luoyang	242	252	261	273	284	291	303	316	330	347	366	384	401	420	442	459
平 顶 山 市 Pingdingshan	169	179	187	196	205	203	208	213	219	226	231	239	245	251	260	266
安 阳 市 Anyang	169	179	185	195	203	200	209	218	225	232	241	251	261	270	280	290
鹤 壁 市 Hebi	62	64	65	68	71	75	77	79	81	82	84	86	88	90	93	96
新 乡 市 Xinxiang	187	197	206	216	226	235	248	261	275	288	303	315	328	339	350	360
焦 作 市 Jiaozuo	136	142	148	154	161	167	171	176	181	186	193	199	204	209	216	222
濮 阳 市 Puyang	102	107	112	118	125	113	120	128	136	143	152	161	169	174	181	189
许 昌 市 Xuchang	136	145	153	162	169	169	175	180	186	191	199	206	214	222	228	235
漯 河 市 Luohe	79	83	88	93	98	100	103	105	107	109	113	117	120	123	128	130
三 门 峡 市 Sanmenxia	89	92	94	97	101	99	102	103	104	106	107	108	110	111	113	117
南 阳 市 Nanyang	299	315	331	351	371	339	354	371	386	398	416	434	451	464	479	491
商 丘 市 Shangqiu	199	215	230	245	261	219	233	247	261	274	291	307	323	337	351	361
信 阳 市 Xinyang	182	195	207	218	232	210	221	232	242	252	265	275	286	296	306	313
周 口 市 Zhoukou	189	208	258	275	296	266	280	291	303	314	330	343	355	363	371	384
驻 马 店 市 Zhumadian	145	160	198	213	227	215	223	233	241	249	262	274	285	293	302	309
济 源 市 Jiyuan	26	28	30	32	34	33	35	37	38	40	42	43	45	46	48	49
省 直 管 县 County Directly Administrated by Province																
巩 义 市 Gongyi	29	32	33	34	36	37	37	39	40	42	44	46	47	48	50	52
兰 考 县 Lankao	14	16	19	20	21	18	19	21	22	24	26	28	30	32	34	36
汝 州 市 Ruzhou	21	26	28	30	31	30	32	34	36	38	39	40	41	43	45	47
滑 县 Huaxian	17	22	25	27	29	23	25	27	28	30	32	34	36	38	40	43
长 垣 市 Changyuan	17	19	20	21	23	26	28	31	34	36	39	42	45	47	50	52
邓 州 市 Dengzhou	34	38	40	43	47	42	43	45	46	47	49	50	51	51	53	54
永 城 市 Yongcheng	36	37	39	43	46	42	44	46	48	50	52	55	57	59	62	64
固 始 县 Gushi	30	34	37	38	39	29	31	33	34	35	37	39	41	43	45	46
鹿 邑 县 Luyi	14	19	28	31	33	26	27	28	29	30	31	32	33	34	36	37
新 蔡 县 Xincai	17	19	22	24	26	19	19	20	21	22	23	24	25	26	27	28

3-5 各市户数、人口数(2020年底)

Number of Households and Population by City (End of 2020)

分市数据是根据全省2020年人口普查数据及公安年报数据推算。

Data in this table are calculated based on the 2020 census data and the annual report data of public security deparment.

市(县) City(County)	总户数(万户) Total Number of Households (10 000 households)	户籍人口(万人) Total Population (10 000 persons)	常住人口(万人) Resident Population (10 000 persons)	男 Male	女 Female	城镇化率(%) Urbanization Rate (%)
全　省 Total	**3311**	**11526**	**9941**	**4985**	**4956**	**55.43**
省辖市 City						
郑州市 Zhengzhou	242	899	1262	647	614	78.40
开封市 Kaifeng	168	564	483	245	238	51.83
洛阳市 Luoyang	222	749	706	355	351	64.98
平顶山市 Pingdingshan	162	571	499	252	247	53.42
安阳市 Anyang	186	631	548	269	279	53.04
鹤壁市 Hebi	50	171	157	79	77	60.98
新乡市 Xinxiang	185	667	626	314	311	57.58
焦作市 Jiaozuo	103	373	352	178	175	63.03
濮阳市 Puyang	121	435	377	187	190	49.97
许昌市 Xuchang	138	512	438	221	217	53.55
漯河市 Luohe	75	268	237	119	118	54.84
三门峡市 Sanmenxia	74	226	204	103	101	57.26
南阳市 Nanyang	368	1238	972	488	484	50.59
商丘市 Shangqiu	309	1010	782	389	393	46.19
信阳市 Xinyang	282	913	624	310	314	50.12
周口市 Zhoukou	339	1259	902	445	457	42.58
驻马店市 Zhumadian	269	967	701	347	353	44.14
济源市 Jiyuan	21	73	73	37	36	67.47
省直管县 County Directly Administrated by Province						
巩义市 Gongyi	21	85	80	41	39	65.11
兰考县 Lankao	30	95	78	39	39	46.88
汝州市 Ruzhou	31	118	97	49	48	47.86
滑县 Huaxian	48	150	117	57	60	36.38
长垣市 Changyuan	29	103	91	45	46	57.62
邓州市 Dengzhou	50	186	125	61	64	42.87
永城市 Yongcheng	47	165	126	63	63	51.31
固始县 Gushi	55	179	104	52	52	44.74
鹿邑县 Luyi	41	138	96	46	49	38.46
新蔡县 Xincai	33	126	82	41	42	33.82

3-6 河南省人口预期寿命

Life Expectancy of Henan

单位：岁 (age)

年龄 Age	1990			2000			2010			2020		
	合计 Total	男 Male	女 Female	合计 Total	男 Male	女 Female	合计 Total	男 Male	女 Female	合计 Total	男 Male	女 Female
	70.0	**68.1**	**72.0**	**72.8**	**71.0**	**74.7**	**74.6**	**71.8**	**77.6**	**77.6**	**74.6**	**80.8**
1	70.5	68.4	72.8	73.5	71.2	75.9	74.3	71.6	77.4	77.1	74.1	80.3
5	67.1	64.9	69.4	69.7	67.4	72.2	70.5	67.7	73.5	73.2	70.2	76.3
10	62.3	60.1	64.6	64.9	62.6	67.3	65.5	62.8	68.6	68.2	65.3	71.4
15	57.4	55.3	59.7	60.0	57.7	62.4	60.6	57.9	63.6	63.3	60.3	66.5
20	52.7	50.6	54.9	55.2	52.9	57.5	55.7	53.0	58.7	58.4	55.5	61.5
25	48.0	45.9	50.2	50.4	48.2	52.7	50.9	48.3	53.8	53.5	50.7	56.6
30	43.3	41.2	45.5	45.7	43.5	47.9	46.1	43.5	48.9	48.7	45.9	51.7
35	38.6	36.5	40.8	40.9	38.8	43.1	41.3	38.8	44.0	43.9	41.2	46.8
40	33.9	31.9	36.1	36.2	34.2	38.3	36.6	34.2	39.2	39.1	36.5	41.9
45	29.3	27.3	31.4	31.6	29.7	33.6	32.0	29.7	34.4	34.5	32.0	37.1
50	24.9	23.0	26.9	27.1	25.2	29.0	27.5	25.4	29.8	30.0	27.7	32.4
55	20.7	18.9	22.6	22.8	21.0	24.6	23.2	21.3	25.4	25.6	23.5	27.8
60	16.8	15.2	18.4	18.7	17.0	20.3	19.1	17.3	21.1	21.4	19.5	23.4
65	13.4	11.9	14.7	15.0	13.4	16.4	15.4	13.7	17.1	17.4	15.7	19.1
70	10.3	9.1	11.3	11.7	10.3	12.8	12.0	10.6	13.5	13.7	12.3	15.1
75	7.8	6.8	8.5	9.1	7.9	9.9	9.4	8.1	10.6	10.5	9.3	11.6
80	5.5	4.8	6.0	6.9	5.9	7.4	7.2	6.0	8.1	7.7	6.8	8.5
85	3.6	3.2	3.8	5.4	4.6	5.7	5.8	4.8	6.5	5.6	5.0	6.0
90	1.5	1.4	1.6	3.9	3.6	4.0	4.8	3.9	5.3	4.0	3.7	4.2
95	1.3	1.1	1.3	2.8	3.0	2.8						
100	1.1	1.0	1.2	0.5	0.5	0.5						

注：本表数据是根据普查数据计算。
a) Data in this table are calculated on the basis of the National Population Census.

3-7 各市常住人口年龄结构(2020年底)

Age Composition of Population by City (End of 2020)

根据2020年人口普查数据推算(下表同)。

Data in this table are calculated according to the results pf the census in 2020 (the same as the following table).

市 City	常住人口数(万人) Resident Population (10 000 persons)	0-14岁 Age 0-14	15-64岁 Age 15-64	65岁及以上 Age 65+	比重(%) Proportion (%) 0-14岁 Age 0-14	15-64岁 Age 15-64	65岁及以上 Age 65+
全　省 Total	**9941**	**2300**	**6300**	**1341**	**23.1**	**63.4**	**13.5**
省辖市 City							
郑州市 Zhengzhou	1262	240	908	113	19.1	72.0	9.0
开封市 Kaifeng	483	114	301	69	23.6	62.2	14.2
洛阳市 Luoyang	706	147	467	92	20.9	66.2	13.0
平顶山市 Pingdingshan	499	124	308	67	24.8	61.7	13.5
安阳市 Anyang	548	134	341	73	24.4	62.3	13.3
鹤壁市 Hebi	157	34	104	19	21.7	66.4	12.0
新乡市 Xinxiang	626	145	399	82	23.2	63.8	13.0
焦作市 Jiaozuo	352	66	240	47	18.7	68.0	13.3
濮阳市 Puyang	377	97	231	50	25.7	61.2	13.2
许昌市 Xuchang	438	98	275	66	22.3	62.7	15.0
漯河市 Luohe	237	48	151	38	20.3	63.7	16.0
三门峡市 Sanmenxia	204	37	138	28	18.3	68.0	13.7
南阳市 Nanyang	972	255	579	138	26.2	59.6	14.2
商丘市 Shangqiu	782	199	473	110	25.4	60.6	14.0
信阳市 Xinyang	624	148	381	95	23.7	61.1	15.2
周口市 Zhoukou	902	225	540	137	24.9	59.9	15.2
驻马店市 Zhumadian	701	176	415	110	25.1	59.2	15.7
济源市 Jiyuan	73	14	49	9	19.5	67.5	13.0
省直管县 County Directly Administrated by Province							
巩义市 Gongyi	80	15	54	12	18.1	67.5	14.4
兰考县 Lankao	78	21	46	11	26.9	59.6	13.6
汝州市 Ruzhou	97	28	58	12	28.3	59.6	12.1
滑县 Huaxian	117	34	66	17	28.7	56.6	14.7
长垣市 Changyuan	91	24	55	12	25.9	60.6	13.4
邓州市 Dengzhou	125	36	71	18	28.7	56.7	14.5
永城市 Yongcheng	126	34	74	18	27.2	58.7	14.1
固始县 Gushi	104	25	60	19	24.3	57.7	18.0
鹿邑县 Luyi	96	24	57	15	25.6	59.3	15.2
新蔡县 Xincai	82	22	47	13	26.6	57.5	15.9

3-8 各市常住人口抚养系数(2020年底)

Dependency Ratio of Population by City (End of 2020)

单位：%　　　　(%)

市 City	少儿系数 Ratio of Children	老年系数 Ratio of the aged	老少比 Ratio of the aged to Children	少儿抚养系数 Children Dependency Ratio	老年抚养系数 The Aged Dependency Ratio	总抚养系数 Gross Dependency Ratio
全　　省 Total	**23.1**	**13.5**	**58.3**	**36.5**	**21.3**	**57.8**
省　辖　市 City						
郑　州　市 Zhengzhou	19.1	9.0	47.1	26.5	12.5	38.9
开　封　市 Kaifeng	23.6	14.2	60.2	37.9	22.8	60.7
洛　阳　市 Luoyang	20.9	13.0	62.2	31.5	19.6	51.1
平顶山市 Pingdingshan	24.8	13.5	54.6	40.2	21.9	62.1
安　阳　市 Anyang	24.4	13.3	54.4	39.2	21.3	60.5
鹤　壁　市 Hebi	21.7	12.0	55.2	32.6	18.0	50.6
新　乡　市 Xinxiang	23.2	13.0	56.3	36.3	20.4	56.8
焦　作　市 Jiaozuo	18.7	13.3	71.0	27.5	19.5	47.0
濮　阳　市 Puyang	25.7	13.2	51.2	42.0	21.5	63.5
许　昌　市 Xuchang	22.3	15.0	67.1	35.5	23.8	59.4
漯　河　市 Luohe	20.3	16.0	78.7	32.0	25.1	57.1
三门峡市 Sanmenxia	18.3	13.7	74.6	27.0	20.1	47.1
南　阳　市 Nanyang	26.2	14.2	54.2	44.0	23.9	67.9
商　丘　市 Shangqiu	25.4	14.0	55.2	42.0	23.2	65.1
信　阳　市 Xinyang	23.7	15.2	64.2	38.7	24.9	63.6
周　口　市 Zhoukou	24.9	15.2	60.9	41.6	25.3	66.9
驻马店市 Zhumadian	25.1	15.7	62.6	42.4	26.6	69.0
济　源　市 Jiyuan	19.5	13.0	66.7	28.8	19.2	48.1
省直管县 County Directly Administrated by Province						
巩　义　市 Gongyi	18.1	14.4	79.4	26.8	21.3	48.1
兰　考　县 Lankao	26.9	13.6	50.5	45.1	22.7	67.8
汝　州　市 Ruzhou	28.3	12.1	42.8	47.4	20.3	67.8
滑　　县 Huaxian	28.7	14.7	51.4	50.7	26.1	76.8
长　垣　市 Changyuan	25.9	13.4	51.8	42.8	22.2	65.0
邓　州　市 Dengzhou	28.7	14.5	50.6	50.6	25.6	76.3
永　城　市 Yongcheng	27.2	14.1	51.7	46.3	24.0	70.2
固　始　县 Gushi	24.3	18.0	74.1	42.2	31.2	73.4
鹿　邑　县 Luyi	25.6	15.2	59.4	43.1	25.6	68.8
新　蔡　县 Xincai	26.6	15.9	60.0	46.2	27.7	73.9

3-9 分年龄、性别的人口结构(2020年)

Population Construction by Age and Sex (2020)

本表数据为2020年人口普查数据。
The data in this table are the data of 2020 census.

年龄	Age	占常住人口比重 (%) Percentage to Resident Population (%)	男 Male	女 Female	性别比 (女=100) Sex Ratio (Female=100)
合 计	**Total**	**100.0**	**50.2**	**49.9**	**100.6**
0-4岁	0-4 Age	6.3	3.3	3.0	108.6
5-9岁	5-9 Age	8.4	4.5	3.9	113.5
10-14岁	10-14 Age	8.5	4.6	3.9	118.9
15-19岁	15-19 Age	6.4	3.5	2.9	121.3
20-24岁	20-24 Age	4.9	2.6	2.4	108.3
25-29岁	25-29 Age	5.5	2.7	2.8	99.2
30-34岁	30-34 Age	8.6	4.2	4.4	94.9
35-39岁	35-39 Age	5.8	2.8	3.0	95.7
40-44岁	40-44 Age	5.7	2.8	2.9	96.8
45-49岁	45-49 Age	7.1	3.5	3.6	98.8
50-54岁	50-54 Age	8.1	3.9	4.2	93.0
55-59岁	55-59 Age	6.6	3.2	3.5	91.8
60-64岁	60-64 Age	4.6	2.3	2.3	97.4
65-69岁	65-69 Age	5.3	2.6	2.7	95.0
70-74岁	70-74 Age	3.6	1.7	1.8	95.0
75-79岁	75-79 Age	2.2	1.0	1.2	86.6
80-84岁	80-84 Age	1.3	0.6	0.8	76.5
85-89岁	85-89 Age	0.8	0.3	0.5	60.0
90-94岁	90-94 Age	0.3	0.1	0.2	47.8
95岁及以上	Above 95 Age	0.1	0.0	0.1	33.6

3-10　七次人口普查主要指标

Main Indicators of National Population Censuses in 1953, 1964, 1982, 1990, 2000, 2010，2020

单位：万人　　(10 000 persons)

项　目	Item	1953	1964	1982	1990	2000	2010	2020
全省总人口	**Total Population**	**4379**	**5033**	**7442**	**8553**	**9256**	**9403**	**9937**
按性别分的人口	**Population By Sex**							
男　性	Male	2232	2549	3795	4380	4775	4749	4983
女　性	Female	2147	2484	3647	4173	4481	4654	4953
按年龄分的人口	**Population By Age**							
0岁-6岁	Age 0-6	914	920	1027	1269	765	981	938
7岁-12岁	Age 7-12	511	846	1165	943	1211	760	1041
育龄妇女(15-49岁)	Women at Childbearing Age (Age 15-49)	1017	1109	1781	2279	2496	2623	2172
劳动年龄人口	Working Age Population							
(男16-59　女16-54)	(Male Age 16-59 and Female Age 16-54)	2290	2482	3927	4985	5601	5819	5356
男60岁女55岁以上人口	Males Aged 60 and over and Females Aged 55 and Over	458	449	739	899	1105	1483	2140
按民族分的人口	**Population By Nationality**							
汉　族	Han Nationality	4338	4981	7362	8453	9143	9291	9821
各少数民族	Minority Nationality	41	52	80	101	113	112	116
按城乡分的人口	**Population By Residence**							
城镇总人口	Urban Population	311	552	1173	1303	2145	3622	5508
乡村总人口	Rural Population	4068	4481	6270	7251	7111	5781	4429
按文化程度分的人口	**Population By Educational Level**							
#大学和相当于大学	University and Equivalent		9	25	73	248	602	1167
高中	Senior Secondary School		44	470	606	928	1242	1514
初中	Junior Secondary School		209	1427	2270	3646	3993	3728
小学	Primary School		1230	2322	2972	3073	2267	2440
文盲和半文盲(12周岁以上)	Illiterate and Semi-literate (Age 12 and Over)		2147	2015	1396	543	399	223

注：1. 第五次人口普查数据为快速汇总数据，其中文盲和半文盲人口是指15岁及以上。
2. 第五次人口普查总人口指根据《第五次人口普查办法》规定的常住人口。
3. 第六、七次人口普查数据为常住人口，其中文盲和半文盲人口是指15岁及以上。

a) Data of the fifth Population Census were fast collected results,and illiterate and semi-literate were age 15 and over.
b) Total population of the fifth Population Census refers to population of resident according to "Way of the fifth National Population Census".
c) Data of the sixth and seventh Population Census are resident population, and illiterate and semi-literate were age 15 and over.

主要统计指标解释

人口数 指一定时点、一定地区范围内的有生命的个人总和。

年度统计的年末人口数指每年 12 月 31 日 24 时的人口数。

常住人口 指实际经常居住在某地区一定时间（指半年以上）的人口。按人口普查和抽样调查规定，主要包括：1、在本地居住，户口也在本地的人口；2、户口在外地，但在本地居住半年以上者，或离开户口地半年以上而调查时在本地居住的人口；3、调查时居住在本地，但在任何地方都没有登记常住户口，如手持户口迁移证、出生证、退伍证、劳改劳教释放证等尚未办理常住户口的人，即所谓“口袋户口”的人。

出生率（又称粗出生率） 指在一定时期内(通常为一年)一定地区的出生人数与同期内平均人数(或期中人数)之比，用千分率表示。本资料中的出生率指年出生率，其计算公式为：

出生率＝年出生人数／年平均人数×1000‰

式中：出生人数指活产婴儿，即胎儿脱离母体时(不管怀孕月数)，有过呼吸或其他生命现象。年平均人数指年初、年底人口数的平均数，也可用年中人口数代替。

死亡率（又称粗死亡率） 指在一定时期内（通常为一年）一定地区的死亡人数与同期平均人数（或期中人数）之比，一般用千分率表示。计算公式为：

死亡率＝年死亡人数／年平均人数×1000‰

人口自然增长率 指在一定时期内（通常为一年）人口自然增加数（出生人数减死亡人数）与该时期内平均人数（或期中人数）之比，一般用千分率表示。计算公式为：

人口自然增长率＝（本年出生人数－本年死亡人数）／年平均人数×1000‰＝人口出生率－人口死亡率

性别比 总人口中男性人数与女性人数之比。通常用每 100 个女性人口相应有多少男性人口表示。其计算公式为：

性别比＝男性人口数/女性人口数×100%

总抚养系数 指被抚养人口（0-14岁和65岁或60岁以上人口）与15-64岁或15-59岁人口的比例。计算公式为:

总抚养系数＝被抚养人口/15-64岁或15-59岁人口×100

老年抚养系数 指老年人口（65岁或60岁以上人口）与15-64岁或15-59岁人口的比例。计算公式为:

老年抚养系数＝老年人口/15-64岁或15-59岁人口×100

少年抚养系数 指少年儿童与 15-64 岁或 15-59 岁人口的比例。计算公式为:

少年抚养系数＝少年儿童人口/15-64 岁或 15-59 岁人口×100（修改）

Explanatory Notes on Main Statistical Indicators

Total Population refers to the total number of people alive at a certain point of time within a given area.

The annual statistics on total population is taken at midnight, the 3lst of December.

Resident Population refers to the population actual living in a certain area for six months or more. According to the census and sample surveys, it includes the following main items : 1, Population live in this area, with the local resident registered; 2, Population with the resident registered of other area, live this area over half a year or Less than half a year but Leaving the area where they resident registered over half a year; 3, Population live in the local area, but have no resident registered, only have Migration Certificate、Birth certificate、Legionnaires card、Release card from Re-education through labor or haven not yet requisition the resident registered ,so-called "pocket-registered "population.

Birth Rate (or Crude Birth Rate) refers to the ratio of the number of births to the average population (or mid-period population) during a certain period of time (usually a year), expressed in ‰. Birth rate in the chapter refers to annual birth rate. The following formula is used:

Birth Rate=Number of Births/Average Number of Population×1000‰

Number of births refers to live births i.e. the births when babies had showed any vital phenomena regardless of the length of pregnancy.

Annual Average Number of Population is the average of the number of population at the beginning of the year and that at the end of the year. Sometimes it is substituted for with the mid year population.

Death Rate (or Crude Death Rate) refers to the ratio of the number of deaths to the average population (or mid year population) during a certain period of time (usually a year), which is often expressed in‰. The following formula is used:

Death Rate umber of Deaths=Number of Deaths/Annual Average Number of Population×1000‰

Natural Growth Rate of Population refers to the ratio of natural increase in population (number of births minus number of deaths) in a certain period of time (usually a year) to the average population (or mid year population) of the same period, which is often expressed in‰. The following formulas are applied:

Natural Growth of Population= (Number of Births－Number of Deaths) /Average Number of Population×1000‰

Natural Growth Rate of Population=Birth Rate－Death Rate

Sex Ratio Refers to the Proportion of Male to Female Among the Total Population Which is often described as the proportion of 100 females to males. the following formula is used:

Sex Ratio = Number of Males/Number of Females×100％

Total Dependency Ratio refers to the ratio of number of dependents to the total population aged 15-64, the number of dependents being population aged 0-14 and population aged 65 and over. The total dependency ratio is calculated as follows:

Total Dependency Ratio = Number of Dependents/Population Aged 15-64×100%

The Aged Dependency Ratio refers to the ratio of the number of the aged population to the total population aged 15-64, the aged being population aged 65 and over. The aged dependency ratio is calculated as follows:

The Aged Dependency Ratio = Number of the Aged Population/ Population Aged 15-64×100%

The Juvenile and Children Dependency Ratio refers to the ratio of the number of the juvenile and children to the total population aged 15-64, the juvenile and children being population aged 0-14. The juvenile and children dependency ratio is calculated as follows:

The Juvenile and Children Dependency Ratio = Number of Juvenile and Children/ Population Aged 15-64 or 15-59×100%

就业人员与职工工资

Employment and Wages

4

资料整理：马召　王韶光

简要说明

一、主要内容

本篇资料反映就业人员就业情况、城镇登记失业情况，平均工资及指数变化情况等。

二、统计范围

《劳动统计报表制度》的调查范围为法人单位（不包括乡镇企业和个体工商户）；私营企业及个体工商业统计范围为城镇。1998年及以后城镇单位就业人员、平均工资等指标中不再包括离开本单位仍保留劳动关系职工及其生活费。

本篇“城镇单位”均指“城镇非私营单位”。

三、资料来源

就业基本情况及分组、工资总额和平均工资等资料，由河南省统计局人口和就业统计处根据《劳动统计报表制度》编辑整理。城镇私营企业及个体工商业就业人员，由河南省市场监督管理局提供。城镇登记失业人数，由河南省人力资源和社会保障厅提供。

四、调查方法

劳动统计报表采用全面调查方法，由各级统计部门逐级上报。培训、就业统计及私营企业和个体工商业统计利用行政登记资料加工整理。

Brief Introduction

I. Main Contents

Data in this chapter include employment situation, the registered urban unemployment situation, average wages and index change situation, etc.

II. Scope of Statistics

Statistics Scope of "Labor statistics system" is investigation units (not including township enterprises and individual); Statistics Scope of private enterprises and individual industrial refers town. Data on employment personnel, total wages, average wage of town unit no-include leaving this unit but still keep working relationship worker and the cost of living since 1998.

"Urban units" in this chapter refer to "Urban Non-private units".

III. Sources of Data

Data on employment, Earnings and wages of staff and workers is used in the labor statistics, are compiled by the Department of population and employment of the Henan provincial Bureau of Statistics. Data on the number of employed persons in private enterprises and self-employed individuals are provided by the Administration for market regulation of Henan province. Data on the number of registered unemployed persons in urban areas are collected provided by the Henan provincial Bureau of Human Resources and Social Security.

IV. Sampling Methodology

Labor statistics using comprehensive investigation method, statistical departments at various levels shall report to higher level. Training, employment statistics, private enterprises, individual industrial and commercial statistics are collected through administrative registration data.

4-1 按城乡分的就业人员数

Number of Employed Persons in Urban and Rural Areas

单位：万人 (10 000 persons)

年 份 Year	合 计 Total	城 镇 Urban Areas	#国有经济 State-owned Units	#集体经济 Collective-owned Units	#有限责任公司 Limited Liability Corporations	#港澳台投资经济 Units with Funds from Hong Kong, Macao and Taiwan	#外商投资经济 Foreign Funded Units	乡 村 Rural Areas
1978	2807	423	346	74				2384
1979	2873	444	363	78				2429
1980	2929	469	379	83				2460
1981	3039	508	407	90				2531
1982	3146	516	407	95				2630
1983	3289	542	425	99				2747
1984	3346	574	419	129				2772
1985	3520	627	454	139				2893
1986	3598	649	469	149				2949
1987	3782	686	488	156				3096
1988	3916	704	508	161				3212
1989	3943	717	512	168				3226
1990	4086	727	521	171				3359
1991	4216	774	544	177				3442
1992	4332	811	571	172				3521
1993	4400	865	599	162				3535
1994	4448	890	604	158				3558
1995	4509	931	617	162				3578
1996	4638	981	640	161				3657
1997	4820	1002	603	177				3818
1998	5000	933	485	149				4067
1999	5205	894	475	146	66	9	6	4311
2000	5572	860	464	143	69	10	6	4712
2001	5517	829	448	134	69	8	5	4688
2002	5522	831	417	123	99	8	5	4691
2003	5536	841	399	117	121	8	6	4695
2004	5587	869	409	96	121	8	7	4718
2005	5662	910	405	91	132	7	8	4752
2006	5719	942	402	86	147	8	10	4777
2007	5773	958	397	83	154	10	11	4815
2008	5835	976	391	68	160	10	10	4859
2009	5949	1067	381	49	192	10	11	4882
2010	5156	1736	389	50	192	11	12	3420
2011	5129	1820	400	52	238	28	16	3309
2012	5110	1902	409	51	287	19	17	3208
2013	5094	1983	370	46	435	53	20	3111
2014	5082	2064	368	43	450	55	18	3018
2015	5075	2167	366	39	493	57	19	2908
2016	5052	2264	367	34	520	52	19	2788
2017	5029	2357	362	28	526	52	17	2672
2018	4992	2442	354	21	416	35	13	2550
2019	4934	2532	324	19	429	32	16	2402
2020	4884	2591	349	20	432	32	22	2293

注：2010-2020年就业人员按照2010年、2020年人口普查数据和劳动力调查数据进行修订，城镇、乡村就业人员同时按新统计口径进行修订；2010年之前就业人员数据是按城镇非私营单位、城镇私营单位、城镇个体就业人员加乡村就业人员的统计口径测算。4-3表相同。

a) The employed persons in 2010-2020 are revised according to the census data and labor force survey data in 2010 and 2020, and the employed persons in urban and rural areas are revised according to the new statistical caliber at the same time; Before 2010, the employment data were calculated according to the statistical caliber of urban non-private units, urban private units, urban individual employees and rural employees. Table 4-3 is the same.

4-2 各市分城乡的就业人员数(2020年底)

Number of Employed Persons in Urban and Rural Areas by City (End of 2020)

单位：万人 (10 000 persons)

市(县)	City(County)	合计 Total	城镇 Urban Areas	乡村 Rural Areas
省辖市	**City**			
郑州市	Zhengzhou	669.95	514.74	155.21
开封市	Kaifeng	238.00	119.11	118.89
洛阳市	Luoyang	316.46	189.68	126.78
平顶山市	Pingdingshan	221.61	114.98	106.63
安阳市	Anyang	250.35	123.23	127.12
鹤壁市	Hebi	81.12	47.44	33.68
新乡市	Xinxiang	305.22	166.67	138.55
焦作市	Jiaozuo	160.92	92.18	68.74
濮阳市	Puyang	178.59	80.39	98.20
许昌市	Xuchang	212.91	106.83	106.08
漯河市	Luohe	127.57	66.53	61.04
三门峡市	Sanmenxia	109.78	53.31	56.47
南阳市	Nanyang	480.45	234.69	245.76
商丘市	Shangqiu	390.43	181.20	209.23
信阳市	Xinyang	311.65	146.27	165.38
周口市	Zhoukou	438.73	176.76	261.97
驻马店市	Zhumadian	354.39	154.15	200.24
济源市	Jiyuan	35.87	22.84	13.03

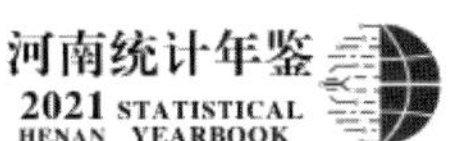

4-3 分三次产业的就业人员数

Number of Employed Persons by Three Strata of Industry

年 份 Year	就业人员 (万人) Number of Employed Persons (10 000 persons)				就业人员构成(以就业人员为100) Composition in Percentage (Total=100)		
		第一产业 Primary Industry	第二产业 Secondary Industry	第三产业 Tretiary Industry	第一产业 Primary Industry	第二产业 Secondary Industry	第三产业 Tretiary Industry
1952	1683	1511	74	98	89.8	4.4	5.8
1957	1829	1577	111	141	86.2	6.1	7.7
1962	2021	1698	82	241	84.0	4.1	11.9
1965	2172	1796	91	285	82.7	4.2	13.1
1970	2481	2037	150	294	82.1	6.0	11.9
1975	2689	2279	230	180	84.8	8.6	6.7
1978	2807	2262	296	249	80.6	10.5	8.9
1979	2873	2366	290	217	82.4	10.1	7.6
1980	2929	2378	304	247	81.2	10.4	8.4
1981	3039	2470	310	259	81.3	10.2	8.5
1982	3146	2530	315	301	80.4	10.0	9.6
1983	3289	2598	341	350	79.0	10.4	10.6
1984	3346	2578	376	392	77.0	11.2	11.7
1985	3520	2571	523	426	73.0	14.9	12.1
1986	3598	2574	568	456	71.5	15.8	12.7
1987	3782	2596	616	570	68.6	16.3	15.1
1988	3916	2648	659	609	67.6	16.8	15.6
1989	3943	2719	659	565	69.0	16.7	14.3
1990	4086	2833	671	582	69.3	16.4	14.2
1991	4216	2921	689	606	69.3	16.3	14.4
1992	4332	2955	724	653	68.2	16.7	15.1
1993	4400	2910	808	682	66.1	18.4	15.5
1994	4448	2865	864	719	64.4	19.4	16.2
1995	4509	2814	929	766	62.4	20.6	17.0
1996	4638	2822	988	828	60.8	21.3	17.9
1997	4820	2909	1011	900	60.4	21.0	18.7
1998	5000	2947	962	1091	58.9	19.2	21.8
1999	5205	3305	913	987	63.5	17.5	19.0
2000	5572	3564	977	1031	64.0	17.5	18.5
2001	5517	3478	997	1042	63.0	18.1	18.9
2002	5522	3398	1038	1086	61.5	18.8	19.7
2003	5536	3332	1084	1120	60.2	19.6	20.2
2004	5587	3246	1142	1200	58.1	20.4	21.5
2005	5662	3139	1251	1272	55.4	22.1	22.5
2006	5719	3050	1351	1318	53.3	23.6	23.0
2007	5773	2920	1487	1366	50.6	25.8	23.7
2008	5835	2847	1564	1424	48.8	26.8	24.4
2009	5949	2765	1675	1509	46.5	28.2	25.4
2010	5156	2314	1496	1346	44.9	29.0	26.1
2011	5129	2210	1533	1386	43.1	29.9	27.0
2012	5110	2136	1560	1414	41.8	30.5	27.7
2013	5094	2044	1623	1427	40.1	31.9	28.0
2014	5082	1897	1518	1667	37.3	29.9	32.8
2015	5075	1719	1517	1839	33.9	29.9	36.2
2016	5052	1546	1512	1994	30.6	29.9	39.5
2017	5029	1375	1506	2148	27.3	30.0	42.7
2018	4992	1303	1502	2187	26.1	30.1	43.8
2019	4934	1251	1469	2214	25.4	29.8	44.9
2020	4884	1223	1443	2218	25.0	29.5	45.4

4-4 各市分三次产业的就业人员数(2020年底)

Number of Employed Persons by Three Strata of Industry and City (End of 2020)

市(县) City(County)	就业人员(万人) Number of Employed Persons (10 000 persons)				就业人员构成(以从业人员为100) Composition in Percentage (Total=100)		
		第一产业 Primary Industry	第二产业 Secondary Industry	第三产业 Tretiary Industry	第一产业 Primary Industry	第二产业 Secondary Industry	第三产业 Tretiary Industry
省辖市 City							
郑州市 Zhengzhou	669.95	66.27	189.75	413.93	9.9	28.3	61.8
开封市 Kaifeng	238.00	78.59	66.23	93.18	33.0	27.8	39.2
洛阳市 Luoyang	316.46	66.89	99.44	150.13	21.1	31.4	47.4
平顶山市 Pingdingshan	221.61	62.40	66.09	93.12	28.2	29.8	42.0
安阳市 Anyang	250.35	58.52	86.32	105.51	23.4	34.5	42.1
鹤壁市 Hebi	81.12	14.04	28.76	38.32	17.3	35.5	47.2
新乡市 Xinxiang	305.22	67.17	102.12	135.93	22.0	33.5	44.5
焦作市 Jiaozuo	160.92	23.96	57.46	79.50	14.9	35.7	49.4
濮阳市 Puyang	178.59	43.96	64.20	70.43	24.6	35.9	39.4
许昌市 Xuchang	212.91	56.47	62.63	93.81	26.5	29.4	44.1
漯河市 Luohe	127.57	33.25	38.97	55.35	26.1	30.5	43.4
三门峡市 Sanmenxia	109.78	34.74	25.96	49.08	31.6	23.6	44.7
南阳市 Nanyang	480.45	158.17	113.06	209.22	32.9	23.5	43.5
商丘市 Shangqiu	390.43	106.61	123.49	160.33	27.3	31.6	41.1
信阳市 Xinyang	311.65	105.46	74.28	131.91	33.8	23.8	42.3
周口市 Zhoukou	438.73	137.84	137.55	163.34	31.4	31.4	37.2
驻马店市 Zhumadian	354.39	103.74	91.72	158.93	29.3	25.9	44.8
济源市 Jiyuan	35.87	4.92	14.97	15.98	13.7	41.7	44.5

4-5 城镇非私营单位就业人员数(2020年底)

Number of Employed Persons in Urban Non-private Units by City (End of 2020)

单位：万人 (10 000 persons)

市(县) City(County)	合计 Total	在岗职工 Staff and Workers	#劳务派遣 Labor Dispatching	其他就业人员 Others
全　省 Total	**964.89**	**921.92**	**59.68**	**42.97**
省辖市 City				
郑州市 Zhengzhou	213.99	201.46	24.87	12.53
开封市 Kaifeng	37.35	34.96	1.68	2.40
洛阳市 Luoyang	69.73	67.18	7.36	2.55
平顶山市 Pingdingshan	47.84	46.02	2.56	1.82
安阳市 Anyang	47.63	44.03	3.31	3.60
鹤壁市 Hebi	15.46	14.94	0.91	0.52
新乡市 Xinxiang	46.27	43.33	2.29	2.94
焦作市 Jiaozuo	33.66	32.35	1.79	1.31
濮阳市 Puyang	31.72	29.26	3.34	2.46
许昌市 Xuchang	40.48	38.74	1.18	1.74
漯河市 Luohe	24.36	24.04	0.92	0.33
三门峡市 Sanmenxia	19.66	18.70	0.78	0.96
南阳市 Nanyang	67.47	65.09	2.43	2.39
商丘市 Shangqiu	65.90	64.23	1.50	1.66
信阳市 Xinyang	52.88	50.61	1.38	2.27
周口市 Zhoukou	62.42	61.12	1.01	1.31
驻马店市 Zhumadian	57.89	56.45	1.42	1.44
济源市 Jiyuan	7.93	7.37	0.70	0.56

4-6 分行业城镇非私营单位就业人员数(2020年底)

单位：万人

市(县) City(County)	合 计 Total	农 林 牧渔业 Agriculture Forestry, Animal Husbandry and Fishery	采矿业 Mining	制造业 Manufac-turing	电力、燃气及水的生产和供应业 Production and Supply of Electri-city,Gas and Water	建筑业 Constru-ction	批发和零售业 Whole-sale and Retail Trade	交通运输仓储及邮政业 Transport, Storage and Post	住宿和餐饮业 Hotels and Catering Services
全 省 Total	**964.89**	**2.18**	**27.54**	**215.64**	**23.84**	**148.33**	**35.21**	**42.14**	**7.71**
省 辖 市 City									
郑 州 市 Zhengzhou	213.99	0.12	2.92	46.28	2.03	36.54	10.29	9.48	3.27
开 封 市 Kaifeng	37.35	0.04		10.00	0.33	6.42	1.02	0.80	0.28
洛 阳 市 Luoyang	69.73	0.14	0.94	18.44	1.21	9.09	1.99	1.77	0.55
平 顶 山 市 Pingdingshan	47.84	0.06	9.13	9.66	1.84	3.60	1.17	1.16	0.33
安 阳 市 Anyang	47.63	0.05	0.15	6.16	0.70	16.97	0.89	1.01	0.15
鹤 壁 市 Hebi	15.46	0.02	2.35	5.14	0.26	1.23	0.46	0.28	0.08
新 乡 市 Xinxiang	46.27	0.12		9.46	0.69	11.02	1.56	0.89	0.26
焦 作 市 Jiaozuo	33.66	0.02	2.35	9.39	0.42	1.69	1.05	1.18	0.14
濮 阳 市 Puyang	31.72	0.04	3.39	3.23	1.34	6.50	0.66	0.87	0.13
许 昌 市 Xuchang	40.48	0.04	0.81	13.83	0.52	2.27	1.51	1.13	0.26
漯 河 市 Luohe	24.36	0.05		9.54	0.26	1.84	1.45	0.58	0.15
三 门 峡 市 Sanmenxia	19.66	0.06	1.87	3.97	0.60	2.29	0.54	0.44	0.21
南 阳 市 Nanyang	67.47	0.21	1.03	12.40	0.68	9.87	2.02	1.99	0.49
商 丘 市 Shangqiu	65.90	0.11	2.13	16.35	0.40	8.17	3.92	3.24	0.32
信 阳 市 Xinyang	52.88	0.17	0.16	9.47	0.69	9.51	2.14	1.80	0.40
周 口 市 Zhoukou	62.42	0.62		18.08	0.35	9.08	2.63	2.32	0.24
驻 马 店 市 Zhumadian	57.89	0.30	0.01	10.42	0.79	11.15	1.78	2.21	0.39
济 源 市 Jiyuan	7.93		0.32	2.69	0.11	1.09	0.13	0.49	0.04

Number of Employed Persons in Urban Non-private Units by Sector (End of 2020)

(10 000 persons)

信息传输、软件和信息技术服务业 Information Transmission, Software and Information Technology	金融业 Financial Intermediation	房地产业 Real Estate	租赁和商务服务业 Leasing and Business Services	科学研究和技术服务业 Scientific Research, and Technical Services	水利、环境和公共设施管理业 Management of Water Conservancy, Environment and Public Facilities	居民服务、修理和其他服务业 Services to Households, Repair and Other Services	教育 Education	卫生和社会工作 Health and Social Service	文化、体育和娱乐业 Culture, Sports and Entertainment	公共管理、社会保障和社会组织 Public Management, Social Security and Social Organization
18.28	**26.98**	**29.29**	**23.94**	**18.36**	**15.19**	**2.92**	**129.57**	**69.03**	**7.55**	**121.21**
9.21	7.89	8.87	9.79	8.80	3.50	0.76	20.35	13.19	2.59	18.11
0.35	0.85	0.95	0.50	0.31	0.77	0.13	5.01	3.74	0.25	5.60
1.94	2.07	2.69	1.02	1.65	0.85	0.07	8.84	5.51	0.64	10.33
0.37	1.58	1.27	0.74	0.54	0.94	0.21	5.87	2.93	0.25	6.19
0.48	1.00	0.75	0.71	0.72	1.14	0.06	6.39	3.83	0.23	6.23
0.20	0.29	0.27	0.24	0.10	0.17	0.01	2.21	0.91	0.11	1.13
0.52	1.08	0.90	1.17	0.43	0.54	0.16	7.38	3.84	0.23	6.01
0.39	1.12	0.58	0.51	0.34	0.63	0.08	4.90	2.58	0.20	6.07
0.20	0.42	0.68	2.24	0.41	0.63	0.06	4.30	2.23	0.21	4.16
1.04	1.09	1.11	0.62	0.63	0.70	0.15	5.60	2.84	0.35	5.98
0.20	0.61	0.53	0.78	0.38	0.47	0.03	3.10	2.05	0.15	2.18
0.27	0.93	0.33	0.18	0.24	0.42	0.06	2.35	1.36	0.16	3.37
0.52	1.97	0.99	1.15	1.11	0.90	0.24	12.41	7.00	0.54	11.95
0.72	0.65	4.01	1.72	0.79	0.96	0.32	8.69	4.66	0.32	8.42
0.53	0.76	1.50	0.82	0.55	0.92	0.15	11.17	3.41	0.35	8.40
0.78	1.04	1.42	0.45	0.59	0.88	0.15	10.98	4.65	0.40	7.76
0.50	3.34	2.31	1.14	0.71	0.55	0.22	9.34	3.97	0.55	8.22
0.07	0.27	0.14	0.17	0.07	0.22	0.02	0.68	0.31	0.02	1.09

4-7 各种分组的城镇非私营单位就业人员数(2020年底)

Number of Employed Persons in Urban Non-private Units by Groups (End of 2020)

单位：万人 (10 000 persons)

类别	Type	合计 Total	在岗职工 Staff and Workers	#劳务派遣 Labor Dispatching	其他就业人员 Others	国有单位 State-owned Units	城镇集体单位 Urban Collective-owned Units	其他单位 Units of Other Types of Ownership
总计	**Total**	**964.89**	**921.92**	**59.68**	**42.97**	**349.43**	**19.95**	**595.51**
按执行会计标准类别分组	**by Performing Accounting Standard Category**							
企业	Enterprises	644.42	611.66	48.87	32.76	48.62	11.35	584.45
政府	Government	306.76	296.93	10.60	9.83	297.24	7.94	1.58
按国民经济行业分组	**by Sector**							
农、林、牧、渔业	Agriculture, Forestry, animal Husbandry and Fishery	2.18	2.09	0.01	0.10	1.52	0.20	0.46
采矿业	Mining	27.54	27.14	0.89	0.40	0.39	0.00	27.14
制造业	Manufacturing	215.64	213.08	9.88	2.57	2.82	1.86	210.96
电力、热力、燃气及水生产和供应业	Production and Distribution of Electricity, Gas and Water	23.84	23.51	0.71	0.33	14.00	0.08	9.75
建筑业	Construction	148.33	131.61	23.25	16.72	4.10	4.88	139.34
批发和零售业	Wholesale and Retail Trade	35.21	34.50	0.95	0.70	3.87	0.81	30.53
交通运输、仓储和邮政业	Transport, Storage and Post	42.14	41.17	2.65	0.97	8.67	0.88	32.59
住宿和餐饮业	Hotels and Catering Services	7.71	7.48	0.23	0.23	1.05	0.21	6.44
信息传输、软件和信息技术服务业	Information Transmission and Information Technology services	18.28	14.43	1.35	3.84	1.51	0.09	16.68
金融业	Finance	26.98	24.63	0.49	2.35	0.68	0.45	25.85
房地产业	Real estate	29.29	28.27	1.89	1.02	0.73	0.22	28.34
租赁和商务服务业	Leasing and Business Services	23.94	23.06	5.02	0.88	4.27	0.44	19.23
科学研究和技术服务业	Scientific Research and Technical Service	18.36	17.64	0.97	0.72	7.98	0.43	9.95
水利、环境和公共设施管理业	Management of Water Conservancy, Environment	15.19	12.66	0.87	2.53	6.83	0.15	8.21
居民服务、修理和其他服务业	Service to Households, Repair and other Services	2.92	2.74	0.08	0.17	0.60	0.36	1.96
教育	Education	129.57	126.47	1.19	3.10	105.82	5.61	18.14
卫生和社会工作	Health and Social Work	69.03	66.60	1.48	2.43	59.16	2.61	7.25
文化、体育和娱乐业	Culture, Sports and Entertainment	7.55	7.18	0.18	0.36	4.87	0.10	2.57
公共管理、社会保障和社会组织	Public Management, Social Security and Social Organization	121.21	117.66	7.57	3.55	120.55	0.55	0.11

4-8 各种分组的城镇非私营单位女性就业人员数(年底数)

Number of Female Employed Persons in Urban Non-private Units by Groups (Year-end)

单位：万人

项　目	Item	2019	2020
合　计	**Total**	**371.16**	**376.76**
按国民经济行业分	**by Sector**		
农、林、牧、渔业	Agriculture, Forestry, animal Husbandry and Fishery	0.74	0.70
采矿业	Mining	5.04	4.69
制造业	Manufacturing	85.76	83.04
电力、燃气及水的生产和供应业	Production and Distribution of Electricity, Gas and Water	6.89	7.12
建筑业	Construction	19.93	19.21
批发和零售业	Wholesale and Retail Trade	18.57	17.81
交通运输、仓储和邮政业	Transport, Storage and Post	11.78	11.42
住宿和餐饮业	Hotels and Catering Services	4.65	4.61
信息传输、软件和信息技术服务业	Information Transmission and Information Technology services	6.01	6.57
金融业	Finance	16.19	14.66
房地产业	Real estate	10.86	11.71
租赁和商务服务业	Leasing and Business Services	7.81	6.74
科学研究和技术服务业	Scientific Research and Technical Service	5.55	6.24
水利、环境和公共设施管理业	Management of Water Conservancy, Environment	5.77	6.23
居民服务、修理和其他服务业	Service to Households, Repair and other Services	1.34	1.47
教育	Education	76.51	85.79
卫生和社会工作	Health and Social Work	43.66	45.54
文化、体育和娱乐业	Culture, Sports and Entertainment	3.14	3.58
公共管理、社会保障和社会组织	Public Management, Social Security and Social Organization	40.96	39.62
按三次产业分	**by Three Strata of Industry**		
第一产业	Primary Industry	0.74	0.70
第二产业	Secondary Industry	117.62	114.07
第三产业	Tertiary Industry	252.81	261.99
按注册类型分	**by Status of Registration**		
#国有单位	State-owned Units	149.77	168.73
城镇集体单位	Urban Collective Owned Units	7.56	8.66
股份合作单位	Cooperative Units	1.82	1.50
联营单位	Joint Ownership Units	0.85	0.61
有限责任公司	Limited Liability Corporations	126.69	128.03
股份有限公司	Share-holding Corporations Ltd.	34.40	29.86
港澳台商投资单位	Units with Funds from Hong Kong, Macao & Taiwan	15.55	14.46
外商投资单位	Foreign Funded Units	6.67	10.14

4-9 城镇非私营单位就业人员平均工资

Average Wage of Employed Persons in Urban Non-private Units

单位：元 (yuan)

年 份 Year	合 计 Total	国有单位 State-owned Units	城镇集体单位 Urban Collective-owned Units	股份合作单位 Cooperative Units	联营单位 Joint Ownership Units	有限责任公司 Limited Liability Corporations Units	股份有限公司 Share Holding Corporations	港、澳、台商投资单位 Units with Funds from Hong Kong, Macao and Taiwan	外商投资单位 Foreign Funded Units	其 他 Others
1998	5641	6103	4050	4026	5270	6201	5342	6009	8503	2213
1999	6136	6562	4524	5201	3897	6637	5895	6997	7502	4017
2000	6877	7408	4840	5640	5084	6910	7515	9267	7997	5521
2001	7868	8518	5669	5685	5661	7811	8077	9596	9070	5512
2002	9714	9791	6607	7208	6370	9148	10003	10482	9992	7507
2003	10639	11280	7828	9285	8482	10789	11862	12091	13363	8718
2004	11970	12562	8582	9586	9211	12150	13629	14278	14045	9864
2005	14119	14740	10248	11722	10386	14796	14986	14937	15437	10886
2006	16791	17702	12377	13075	12247	17051	17034	17710	17452	14811
2007	20639	22044	15674	17581	13370	19728	21771	20133	21371	17488
2008	24438	26222	16873	21493	17581	24012	24740	23315	25237	18435
2009	26906	28503	18006	26731	20665	25701	29628	25153	27120	22135
2010	29819	31470	20385	29928	25245	28775	32377	27257	29620	25087
2011	33634	35386	24220	32982	32881	33136	34884	31948	32674	28909
2012	37338	39344	27682	36536	33885	36386	38581	36814	36053	31329
2013	38301	42270	33135	41673	34299	34323	41388	42801	36985	32572
2014	42179	46604	37601	49356	38770	38334	44432	46005	39721	37188
2015	45403	49978	41511	52724	46112	41188	47676	50235	42546	45290
2016	49505	56609	45608	60727	53879	43560	53519	52300	46116	45946
2017	55495	65958	51882	69275	59803	47586	59685	55195	49448	52433
2018	63174	73330	57617	77381	96181	53626	69184	57775	61550	58620
2019	67268	76547	57405	88113	58858	58283	78759	60664	63728	68555
2020	70239	80077	59875	84376	64253	61636	81492	62046	70804	54409

注：2013年后工资数据为联网直报平台汇总(下同)。

a) Data in 2013 are collected from network platform (the same as following tables).

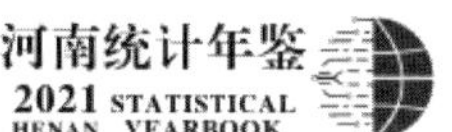

4-10 城镇非私营单位职工工资及指数

Wages and Related Indices of Staff and Workers in Urban Non-private Units

年 份 Year	工资总额 (亿元) Total Wages (100 million yuan)	国有单位 State-owned Units	城镇集体单位 Urban Collectiveowned Units	其他单位 Units of Other Types of Ownership	平均工资 (元) Average Wage (yuan)	国有单位 State-owned Units	城镇集体单位 Urban Collectiveowned Units	其他单位 Units of Other Types of Ownership	平均工资指数(以上年为100) Index of Average Wage (Preceding year=100) 全部职工 Total Staff and Workers	国有单位 State-owned Units	城镇集体单位 Urban Collectiveowned Units	其他单位 Units of Other Types of Ownership
1978	24.30	20.65	3.64		590	609	496		104.8	105.4	99.8	
1979	27.63	23.60	4.03		644	668	533		108.8	109.4	107.1	
1980	32.93	28.14	4.79		730	759	597		106.9	107.2	105.7	
1981	35.43	30.33	5.09		742	772	604		99.3	99.3	98.8	
1982	37.40	31.82	5.59		754	789	604		99.8	100.4	98.2	
1983	39.19	33.36	5.82		767	805	606		98.9	99.2	97.5	
1984	46.24	37.76	8.47	0.01	866	921	686	809	110.5	111.9	110.8	
1985	57.85	47.06	10.76	0.02	1015	1080	804	1014	110.1	110.1	110.0	117.7
1986	69.57	56.97	12.57	0.03	1159	1245	882	1079	106.9	107.9	102.7	99.6
1987	78.98	64.34	14.58	0.06	1258	1347	974	1559	100.7	100.4	102.4	134.0
1988	95.90	78.66	17.18	0.07	1470	1582	1110	1520	96.2	96.7	93.8	80.2
1989	108.70	89.48	19.12	0.09	1628	1767	1191	1724	96.4	97.2	93.4	98.7
1990	123.86	102.52	21.19	0.15	1825	1997	1288	2128	111.5	112.5	107.6	122.8
1991	138.18	113.58	24.33	0.27	1964	2132	1433	2477	102.4	101.6	105.9	110.8
1992	165.51	138.38	26.51	0.62	2269	2473	1583	2544	107.3	107.7	102.6	95.4
1993	200.82	168.89	28.90	3.03	2646	2860	1821	3097	105.4	104.6	104.0	110.1
1994	275.18	229.87	35.66	9.66	3545	3851	2295	4038	105.2	105.7	98.9	102.3
1995	347.70	284.17	47.79	15.75	4344	4677	3007	4644	104.8	103.9	112.1	98.4
1996	407.43	332.03	54.77	20.63	4924	5265	3485	5197	103.5	102.8	105.8	102.2
1997	434.08	336.34	66.05	31.69	5225	5643	3797	5209	103.6	104.7	106.4	97.9
1998	431.01	299.76	63.36	67.88	5781	6204	4258	5976	119.9	120.4	117.5	117.2
1999	445.61	307.17	62.31	76.13	6194	6594	4639	6384	110.9	110.0	112.8	110.6
2000	495.66	338.39	66.44	90.84	6930	7453	4913	7212	112.9	114.1	106.9	114.0
2001	553.40	381.92	75.73	95.75	7916	8573	5726	7889	113.4	114.2	115.7	108.6
2002	622.42	400.42	80.84	141.15	9174	9864	6664	9335	116.1	115.3	116.6	118.5
2003	720.52	436.31	88.51	195.69	10749	11397	7894	11160	115.2	113.6	116.5	117.5
2004	801.95	497.47	79.62	224.86	12114	12701	8686	12588	106.9	105.7	104.4	107.0
2005	949.97	575.63	90.29	284.05	14282	14877	10383	14852	115.5	114.7	117.1	115.6
2006	1152.05	690.58	103.21	358.26	16981	17886	12483	17088	117.5	118.8	118.8	113.7
2007	1431.35	849.87	125.01	456.48	20935	22345	15850	20333	117.0	118.5	120.5	112.9
2008	1702.22	1008.08	111.75	582.39	24816	26536	17118	24189	110.8	111.0	100.9	111.2
2009	1918.14	1066.34	85.52	766.28	27357	28914	18352	26817	110.9	109.6	107.9	111.5
2010	2171.69	1200.07	98.62	873.00	30303	31924	20769	29770	107.1	106.8	109.5	107.4
2011	2721.42	1390.91	119.85	1210.66	34203	35894	24397	33719	107.1	106.6	111.3	107.5
2012	3146.25	1575.98	134.27	1436.00	37958	39948	28103	37145	111.0	111.3	115.2	110.2
2013	4048.73	1556.02	149.02	2343.68	38804	42831	33954	36765	102.2	107.2	120.8	99.0
2014	4432.94	1667.53	152.34	2613.08	42670	47258	38288	40435	108.2	110.6	107.8	103.7
2015	4862.54	1786.62	151.60	2924.32	45920	50662	42058	43633	107.6	107.2	109.8	107.9
2016	5365.62	2026.18	144.86	3194.58	50028	57333	46168	46451	108.9	113.2	109.8	106.5
2017	5903.60	2313.85	136.91	3452.84	55997	66685	52788	50676	111.9	116.3	114.3	109.1
2018	5972.87	2566.64	121.64	3284.59	64148	74649	58339	57824	114.6	111.9	110.5	114.1
2019	6189.46	2406.07	103.48	3679.90	68305	78036	58287	63439	106.5	104.5	99.9	109.7
2020	6446.97	2709.12	112.96	3624.89	71351	81430	60748	65636	104.5	104.3	104.2	103.5

注：1998年及以后年度工资总额为在岗职工口径，与以前年度不可比。

a) Total wages funds since 1998 were totalized by all employed staff and workers, the data are not comparable with previous years.

4-11 各种分组的城镇非私营单位就业人员平均工资(2020年)

Average Wage of Employed Persons in Urban Npn-private Units by Groups (2020)

单位：元 (yuan)

类别	Type	平均工资 Average Wage	在岗职工 Staff and Workers	#劳务派遣 Labor Dispatching	其他就业人员 Others	国有单位 State-owned Units	集体单位 Collectiveowned Units	其他单位 Units of Other Types of Ownership
总 计	**Total**	70239	71351	54491	45746	80077	59875	64765
按执行会计标准类别分组	**by Performing Accounting Standard Category**							
企业	Enterprises	65923	66840	57464	48167	80592	51267	64967
政府	Government	79954	81347	41245	38118	80111	73096	84861
按国民经济行业分组	**by Sector**							
农、林、牧、渔业	Agriculture, Forestry, animal Husbandry and Fishery	50282	50995	66767	35083	51451	44137	49122
采矿业	Mining	76348	76917	65262	35230	67876	33406	76481
制造业	Manufacturing	58982	59072	50238	50925	58042	53350	59043
电力、热力、燃气及水生产和供应业	Production and Distribution of Electricity, Gas and Water	94755	95245	52272	59151	104883	41534	80312
建筑业	Construction	58683	59336	61498	53645	56924	48928	59090
批发和零售业	Wholesale and Retail Trade	59403	59802	52013	40035	101333	39678	54474
交通运输、仓储和邮政业	Transport, Storage and Post	78218	78850	59573	50579	64147	45890	82816
住宿和餐饮业	Hotels and Catering Services	43675	43753	47146	41067	42194	38946	44082
信息传输、软件和信息技术服务业	Information Transmission and Information Technology services	83900	94566	69944	38002	76423	119909	84441
金融业	Finance	122314	130834	71015	39762	132722	87703	122647
房地产业	Real estate	64168	65155	46800	37815	65471	47021	64276
租赁和商务服务业	Leasing and Business Services	53357	53854	51744	36511	60446	47746	51883
科学研究和技术服务业	Scientific Research and Technical Service	86681	87595	69667	63134	84667	60761	89298
水利、环境和公共设施管理业	Management of Water Conservancy, Environment	49218	53479	35511	26826	62223	66567	37509
居民服务、修理和其他服务业	Service to Households, Repair and other Services	49073	50087	33404	33567	60039	56273	44232
教育	Education	76442	77398	40298	36225	80656	75248	51842
卫生和社会工作	Health and Social Work	82555	83689	56056	52663	85651	62167	64589
文化、体育和娱乐业	Culture, Sports and Entertainment	74843	76647	42492	38560	72216	43545	81052
公共管理、社会保障和社会组织	Public Management, Social Security and Social Organization	77985	79298	38678	35570	78049	66184	67779

4-12 各市城镇非私营单位就业人员平均工资(2020年)

Average Wage of Employed Persons in Urban Non-private Units by City (2020)

单位：元 (yuan)

市(县) City(County)	平均工资 Average Wages	在岗职工 Staff and Workers	#劳务派遣 Labor Dispatching	其他就业人员 Others
省辖市 City				
郑州市 Zhengzhou	87001	89464	57954	45403
开封市 Kaifeng	60034	60758	50540	50025
洛阳市 Luoyang	75588	77000	61195	38724
平顶山市 Pingdingshan	64247	65272	50294	38766
安阳市 Anyang	65472	67048	38673	44938
鹤壁市 Hebi	57515	58297	39655	36703
新乡市 Xinxiang	63305	63509	57177	60211
焦作市 Jiaozuo	63587	64602	46889	38124
濮阳市 Puyang	71233	73100	63849	48533
许昌市 Xuchang	66404	67237	55179	43947
漯河市 Luohe	63673	63931	43301	42449
三门峡市 Sanmenxia	67907	69767	46191	33675
南阳市 Nanyang	60328	61104	46489	38887
商丘市 Shangqiu	60247	60509	50890	49534
信阳市 Xinyang	61513	62036	55781	50084
周口市 Zhoukou	57395	57587	45981	48073
驻马店市 Zhumadian	60136	60574	45602	43661
济源市 Jiyuan	65789	66706	40143	53837

4-13 分行业城镇非私营单位就业人员平均工资(2020年)

单位：元

市(县) City(County)	合计 Total	农林牧渔业 Agriculture Forestry, Animal Husbandry and Fishery	采矿业 Mining	制造业 Manufacturing	电力、燃气及水的生产和供应业 Production and Supply of Electricity,Gas and Water	建筑业 Construction	批发和零售业 Wholesale and Retail Trade	交通运输仓储及邮政业 Transport, Storage and Post	住宿和餐饮业 Hotels and Catering Services
全　省 Total	**70239**	**50282**	**76348**	**58982**	**94755**	**58683**	**59403**	**78218**	**43675**
省辖市 City									
郑州市 Zhengzhou	87001	58212	61487	67850	103749	75217	67921	82224	49982
开封市 Kaifeng	60034	63945		48394	83024	53830	60931	47916	43103
洛阳市 Luoyang	75588	58751	61307	66833	80019	71839	60217	49889	39567
平顶山市 Pingdingshan	64247	52129	73542	53179	90464	52265	68655	42022	36361
安阳市 Anyang	65472	58998	64507	68489	94603	51962	61994	62966	31393
鹤壁市 Hebi	57515	56294	65580	44957	58687	43065	44340	49820	35913
新乡市 Xinxiang	63305	61848		54601	65850	57382	57846	56424	37241
焦作市 Jiaozuo	63587	41576	83545	55463	72419	51861	43515	46911	36034
濮阳市 Puyang	71233	49946	112336	60434	89709	54499	55170	61094	40345
许昌市 Xuchang	66404	49639	90169	62550	47339	53506	60142	54377	42386
漯河市 Luohe	63673	51634		58179	60451	45611	60674	62621	35916
三门峡市 Sanmenxia	67907	61148	56397	50207	88250	63670	66814	73728	36889
南阳市 Nanyang	60328	44310	115113	49152	57724	46741	61683	51746	36325
商丘市 Shangqiu	60247	60613	61616	52762	58781	54651	47506	56629	41722
信阳市 Xinyang	61513	47868	51518	58301	64212	51676	46208	57269	38823
周口市 Zhoukou	57395	44025		46712	52490	52184	55141	54773	42484
驻马店市 Zhumadian	60136	47986	26761	55376	63474	48331	58206	46207	41730
济源市 Jiyuan	65789		43205	56563	73473	46714	53787	58411	35619

Average Wage of Employed Persons in Urban Non-private Units by Sector and City (2020)

(yuan)

信息传输、软件和信息技术服务业 Information Transmission, Software and Information Technology Services	金融业 Financial Intermediation	房地产业 Real Estate	租赁和商务服务业 Leasing and Business Services	科学研究和技术服务业 Scientific Research, and Technical Services	水利、环境和公共设施管理业 Management of Water Conservancy, Environment and Public Facilities	居民服务、修理和其他服务业 Services to Households, Repair and Other Services	教育 Education	卫生和社会工作 Health and Social Work	文化、体育和娱乐业 Culture, Sports and Entertainment	公共管理、社会保障和社会组织 Public Management, Social Security and Social Organization
83900	**122314**	**64168**	**53357**	**86681**	**49218**	**49073**	**76442**	**82555**	**74843**	**77985**
74645	200535	79712	55471	106189	60496	52343	106963	115201	105433	108681
70219	97881	63912	40336	58683	30863	51658	74062	76064	56922	65602
120340	97356	51664	54378	91007	50285	52201	83458	83023	55084	92266
73727	88064	46635	41433	68381	46025	32198	65680	71801	54967	69324
94441	81820	58511	44092	65274	48215	48455	76328	74435	63835	84469
78479	86840	50551	44230	51428	38961	35212	71057	73022	50823	76619
110010	101706	60490	61318	65792	54242	41064	72261	78187	52560	61929
63714	97084	50190	43916	70189	36716	43732	71921	59212	52219	73260
100909	84114	56604	72315	80066	49398	60547	68167	72725	72849	73738
80684	88220	62846	59292	56189	44692	54784	70065	73954	68641	75270
77492	80208	75198	43034	65339	50502	47018	76859	79818	69977	75888
77809	78556	51357	67740	75437	43736	63979	77193	81325	59192	83406
95536	93001	46498	38107	58969	43893	51578	66154	74465	51852	64005
84965	82509	65448	51176	63955	45670	49727	68754	74505	54872	68721
95466	106465	55572	42547	62056	44319	41888	68587	72315	51842	67537
81596	84641	52209	45587	55491	47865	40425	67307	75343	63406	63799
91354	81593	56160	46936	57741	56611	59550	63514	70254	60459	71065
87840	89096	55538	32328	71879	44280	31322	106824	85858	60135	93114

4-14 城镇私营单位就业人员平均工资

Average Wage of Employed Persons in Urban Non-private Units

单位：元 (yuan)

项　目	Item	2015	2016	2017	2018	2019	2020
从业人员总计	**Total Employed persons**	**30546**	**33312**	**36730**	**40209**	**43194**	**46733**
按国民经济行业分	**By Sector**						
农、林、牧、渔业	Agriculture, Forestry, Animal Husbandry and Fishery	25526	27450	28690	29889	35305	38624
采矿业	Mining	29201	33175	34662	36853	39199	41712
制造业	Manufacturing	30554	33157	36479	39704	42325	46774
电力、燃气及水的生产和供应业	Production and Supply of Electricity, Gas and Water	25060	30413	34239	38131	42889	47071
建筑业	Construction	34154	36021	40547	43665	47650	49583
批发和零售业	Wholesale and Retail Trade	27570	30965	34855	40076	41171	44361
交通运输、仓储和邮政业	Transport, Storage and Post	29940	35533	38041	40226	43009	47500
住宿和餐饮业	Hotels and Catering Services	28682	33817	33425	34371	37370	38195
信息传输、软件和信息服务业	Information Transmission, Software and Information Technology	30674	31976	37911	42472	46679	50772
金融业	Financial Intermediation	28828	30091	33822	39414	37287	68899
房地产业	Real Estate	32428	38208	40484	43995	47397	48095
租赁和商务服务业	Leasing and Business Services	28815	32661	37514	42797	45119	50193
科学研究、技术服务业	Scientific Research and Technical Services	31556	33106	39085	46650	48029	52670
水利、环境和公共设施管理业	Management of Water Conservancy, Environment and Public Facilities	29130	33090	34878	37145	39829	39196
居民服务、修理和其他服务业	Services to Households, Repair and Other Services	26621	30215	32040	35164	39395	39463
教育	Education	29957	32784	36190	39035	41339	41801
卫生和社会工作	Health and Social Work	30145	34318	39014	40083	44777	47810
文化、体育和娱乐业	Culture, Sports and Entertainment	26439	30192	30962	34377	39115	41995

4-15 各市城镇私营单位就业人员平均工资

Average Wage of Empleyed Persons in Urban Non-private Units by City

单位：元 (yuan)

市	City	2010	2011	2012	2013	2014	2015	2016	2017	2018	2019	2020
郑州市	Zhengzhou	18832	22326	24686	27533	30853	33495	37998	43085	49488	51357	56062
开封市	Kaifeng	16049	19153	21609	24902	28671	32628	35249	38030	41226	43304	49046
洛阳市	Luoyang	16363	20583	23271	25208	29500	31613	34139	36510	37282	41828	46186
平顶山市	Pingdingshan	17091	19374	21514	23807	25853	27980	29925	32821	35797	37563	40560
安阳市	Anyang	16226	18477	20324	23003	26824	28357	31081	33038	36369	38297	44978
鹤壁市	Hebi	13023	16635	18662	20581	24440	31292	34392	37548	39529	42646	44135
新乡市	Xinxiang	16014	18852	21116	23552	26455	28837	30935	34669	38784	41373	46784
焦作市	Jiaozuo	14171	16736	19511	22369	24714	31142	31837	33968	33975	37475	40340
濮阳市	Puyang	13536	16222	18807	20489	22789	25077	27898	30357	34668	33664	38337
许昌市	Xuchang	17407	20224	22378	27662	30760	37665	39601	41790	43502	43509	45029
漯河市	Luohe	13692	16244	19022	23882	30471	30565	32859	35228	37919	40562	43152
三门峡市	Sanmenxia	15659	17296	21909	23899	28835	29296	30764	32933	34115	37136	40881
南阳市	Nanyang	14379	15880	18115	20263	23325	27095	30955	34106	37162	39616	40860
商丘市	Shangqiu	13101	15265	18338	21696	26111	31229	35401	38705	41681	44176	49209
信阳市	Xinyang	16510	18750	20649	22838	27972	29744	32190	35658	39406	43135	45391
周口市	Zhoukou	14525	16912	19033	21881	25159	28005	29690	32311	35461	38958	44805
驻马店市	Zhumadian	13968	16192	18847	22500	26155	29342	31679	34240	36947	39150	44535
济源市	Jiyuan	15379	19733	25678	29938	30082	30603	33539	37216	41038	45630	48493

4-16 各市城镇登记失业人数及失业率

Registered Unemployed Persons and Unemployment Rate in Urban Area by City

市(县) City(County)	年底登记失业人数(万人) Unemployed Persons at year-end (10 0000 person)					登记失业率(%) Registered Unemployment Rate (%)				
	2005	2010	2015	2019	2020	2005	2010	2015	2019	2020
全 省 Total	**33.02**	**38.20**	**42.46**	**49.43**	**62.15**	**3.45**	**3.38**	**3.00**	**3.17**	**3.24**
省 辖 市 City										
郑 州 市 Zhengzhou	4.64	2.95	4.92	5.56	7.58	3.45	2.76	1.61	1.83	2.00
开 封 市 Kaifeng	2.15	2.54	1.85	3.07	2.72	2.96	3.92	2.92	2.97	2.56
洛 阳 市 Luoyang	2.53	2.80	4.60	8.44	7.56	3.94	3.31	3.90	3.81	3.67
平 顶 山 市 Pingdingshan	1.93	2.01	2.82	1.21	1.86	3.60	3.23	3.30	2.24	3.67
安 阳 市 Anyang	1.96	2.09	2.99	2.96	2.69	3.34	3.34	3.27	3.40	2.97
鹤 壁 市 Hebi	0.47	0.70	0.42	0.42	1.33	3.97	3.72	1.69	1.82	2.52
新 乡 市 Xinxiang	2.07	2.45	4.32	3.21	6.76	2.85	3.86	3.98	3.71	4.26
焦 作 市 Jiaozuo	1.36	2.17	3.15	1.77	3.93	3.31	3.86	3.97	2.87	4.49
濮 阳 市 Puyang	1.28	0.94	1.53	1.62	2.79	3.75	2.59	2.59	3.00	3.75
许 昌 市 Xuchang	0.95	0.99	0.81	2.74	3.04	4.14	3.32	2.85	2.97	3.52
漯 河 市 Luohe	0.60	0.62	0.78	0.37	1.00	3.10	2.54	1.96	1.26	3.48
三 门 峡 市 Sanmenxia	1.07	0.90	0.80	0.88	2.22	3.07	3.25	2.84	2.57	3.50
南 阳 市 Nanyang	3.31	3.70	4.02	4.10	4.58	3.75	3.34	2.76	2.78	3.19
商 丘 市 Shangqiu	2.42	2.52	2.70	2.26	4.06	3.39	3.58	3.71	2.29	4.23
信 阳 市 Xinyang	1.75	1.19	0.87	1.80	2.39	3.78	2.85	2.79	2.46	2.56
周 口 市 Zhoukou	2.64	3.17	3.61	2.92	3.08	3.44	4.00	2.89	3.48	3.84
驻 马 店 市 Zhumadian	1.56	1.50	1.51	1.83	2.74	3.69	3.44	3.12	2.00	2.91
济 源 市 Jiyuan	0.33	0.69	0.77	0.95	0.92	3.30	3.29	2.85	2.99	3.49
省 直 管 县 County Directly Administrated by Province										
巩 义 市 Gongyi	0.19	0.47	0.58	0.26	0.38	0.81	2.00	2.71	2.34	3.42
兰 考 县 Lankao	0.48	0.10	0.02	0.14	0.17	4.40	3.20	0.56	1.45	1.90
汝 州 市 Ruzhou	0.16	0.21	0.28	0.31	0.24	3.40	3.80	3.15	2.95	3.04
滑 县 Huaxian	0.19	0.13	0.25	0.24	0.35	3.90	3.70	4.00	2.24	3.43
长 垣 市 Changyuan	0.14	0.23	0.21	0.44	0.50	4.20	3.80	3.31	2.66	3.07
邓 州 市 Dengzhou	0.18	0.14	0.87	0.18	0.23	3.40	2.40	3.61	0.96	1.69
永 城 市 Yongcheng	0.14	0.27	0.27	0.34	0.47	3.90	4.00	3.93	2.34	3.44
固 始 县 Gushi	0.16	0.17	0.07	0.48	0.46	3.20	3.20	1.28	3.89	3.81
鹿 邑 县 Luyi	0.21	0.15	0.35	0.22	0.12	4.10	3.80	3.90	3.80	2.13
新 蔡 县 Xincai	0.15	0.08	0.21	0.16	0.24	3.10	2.80	2.93	3.02	3.64

注：本表数据来源于河南省人力资源和社会保障厅。

a) Data in this table are from the Department of Human Resources and Social Security of Henan Province.

主要统计指标解释

就业人员 指在一定年龄以上，有劳动能力，为取得劳动报酬或经营收入而从事一定社会劳动的人员。具体指年满16周岁，为取得报酬或经营利润，在调查周内从事了1小时（含1小时）以上劳动的人员；或由于学习、休假等原因在调查周内暂时处于未工作状态，但有工作单位或场所的人员；或由于临时停工放假、单位不景气放假等原因在调查周内暂时处于未工作状态，但不满三个月的人员。

单位就业人员 指报告期末最后一日24时在本单位工作，并取得工资或其他形式劳动报酬的人员数。该指标为时点指标，不包括最后一日当天及以前已经与单位解除劳动合同关系的人员，是在岗职工、劳务派遣人员及其他就业人员之和。就业人员不包括：

(1)离开本单位仍保留劳动关系，并定期领取生活费的人员；

(2)利用课余时间打工的学生及在本单位实习的各类在校学生；

(3)本单位因劳务外包而使用的人员。

城镇私营和个体就业人员 城镇私营就业人员指在工商管理部门注册登记，其经营地址设在县城关镇(含县城关镇)以上的私营企业就业人员，包括私营企业投资者和雇工。城镇个体就业人员指在工商管理部门注册登记，并持有城镇户口或在城镇长期居住，经批准从事个体工商经营的就业人员，包括个体经营者和在个体工商户劳动的家庭帮工和雇工。

在岗职工 指在本单位工作且与本单位签订劳动合同，并由单位支付各项工资和社会保险、住房公积金的人员，以及上述人员中由于学习、病伤、产假等原因暂未工作仍由单位支付工资的人员。在岗职工还包括：

(1)应订立劳动合同而未订立劳动合同人员(如使用的农村户籍人员)；

(2)处于试用期人员；

(3)编制外招用的人员；

(4)派往外单位工作，但工资仍由本单位发放的人员(如挂职锻炼、外派工作等情况)。

工资总额 指根据《关于工资总额组成的规定》(1990年1月1日国家统计局发布的一号令)进行修订，本单位在报告期内(季度或年度)直接支付给本单位全部就业人员的劳动报酬总额。包括计时工资、计件工资、奖金、津贴和补贴、加班加点工资、特殊情况下支付的工资，是在岗职工工资总额、劳务派遣人员工资总额和其他就业人员工资总额之和。

工资总额是税前工资，包括单位从个人工资中直接为其代扣或代缴的房费、水费、电费、住房公积金和社会保险基金个人缴纳部分等。

工资总额不论是计入成本的还是不计入成本的，不论是以货币形式支付的还是以实物形式支付的，均应列入工资总额的计算范围。

平均工资 指单位就业人员在一定时期内平均每人所得的货币工资额。它表明一定时期职工工资收入的高低程度，是反映就业人员工资水平的主要指标。计算公式为：

$$\text{平均工资}=\frac{\text{报告期实际支付的全部就业人员工资总额}}{\text{报告期全部就业人员平均人数}}$$

平均工资指数 指报告期就业人员平均工资与基期就业人员平均工资的比率，是反映不同时期就业人员货币工资水平变动情况的相对数。计算公式为：

$$\text{平均工资指数}=\frac{\text{报告期就业人员平均工资}}{\text{基期就业人员平均工资}}\times 100\%$$

平均实际工资指数 就业人员平均实际工资指扣除物价变动因素后的就业人员平均工资。就业人员平均实际工资指数是反映实际工资变动情况的相对数，表明就业人员实际工资水平提高或降低的程度。计算公式为：

$$\text{平均实际工资指数} = \frac{\text{报告期就业人员平均工资指数}}{\text{报告期城镇居民消费价格指数}} \times 100\%$$

城镇登记失业人员　指有非农业户口，在一定的劳动年龄内(16 周岁至退休年龄)，有劳动能力，无业而要求就业，并在当地劳动保障部门进行失业登记的人员。

城镇登记失业率　城镇登记失业人员与城镇单位就业人员(扣除使用的农村劳动力、聘用的离退休人员、港澳台及外方人员)、城镇单位中的不在岗职工、城镇私营业主、个体户主、城镇私营企业和个体就业人员、城镇登记失业人员之和的比。

城镇单位为城镇非私营单位，由于城镇非私营单位数调整，有不可比因素。

由于各级各类行政事业单位执行《政府会计准则制度》，自2020年起，在执行会计标准类别分组中，机关和事业合并为政府。

Explanatory Notes on Main Statistical Indicators

Employed Persons refers to persons above a specified age who had labour capacity and performed some social work for compensation or business gains. Specifically, it refers to persons, aged 16 and over, who performed some work for compensation or business gains for one hour or more during the reference period; or persons who do not work for the reasons of study or on holiday, but had work units or sites during the reference period; or persons temporary absence from a job for disorganization or suspension of work, recession, etc, but not exceeding three months during the reference period.

Persons Employed in Various Units refer to the total number of employees who work at his unit and obtain wages or other forms of payment at the end of the reporting period. This indicator is a kind of time point index and it equals to the sum of the number of employed staff and workers, labor dispatch personnel and other employed persons. Employed persons do not include:

1) persons who have left their working units while keeping their labour contract (employment relation) unchanged and receiving regular alimony;

2) students who do part-time jobs in spare time and all kinds of enrolled students who do internship in various units;

3) persons employed due to labor outsourcing;

4) persons who dissolve labor contracts with their units on the last day of reporting period or before.

Persons Employed in Private Enterprises and Self-Employed Individuals in Urban Areas Persons employed in private enterprises refer to the persons employed in the private enterprises which have been registered at the departments of industrial and commercial administration for which the business operation are situated at a county town (i.e. a town where the county government is located), or at urban areas with administrative hierarchy higher than a county town. The self-employed individuals in urban areas refer to persons who hold the certificates of residence in urban areas or have resided in the urban areas for a long time and have been registered at the departments of industrial and commercial administration and approved to be engaged in individual industrial or commercial business, including self-employed persons as well as helpers and hired laborers who work in individual households.

Employed Staff and Workers refer to persons who signed labor contracts with working units and working units would pay wages, social insurance and housing funds for them. Persons who have their work posts but are temporarily absent from work for reasons of study or on sick, injury or maternal leave and still receive wages from their working units are also included. Employed staff and workers also include:

1) Persons who should have signed the labor contracts but not (like people with rural household registration);

2) Employees on probation;

3) Employees beyond the staffing quota;

4) Employees who are sent to other working units but still obtain wages from their original units (situations like on-the-job placement, expatriated assignment, etc.)

1) Employed Staff and Workers do not include: Dispatched personnel who work and are paid directly by the working units; they shall be counted into “labour dispatch personnel” of the working units;

2) Personnel through labor outsourcing, they shall be counted into “employed staff and workers” of the units which contracted them.

Total Wage Bill It is revised according to the “Provision of Composition of Total Wages” (Order No.1 by National Bureau of Statistics on January, 1st, ,1990), total wage bill refers to the total remuneration payment to all employed persons in various units during the reporting period (by quarter or by year), including hourly-paid wages, piece-rate wages, bonuses, allowance and subsidies, overtime wages and wages paid under special circumstances. It equals to the sum of total wages of employed staff and workers, dispatch labors and other employed persons.

Total wage bill is pre-tax wages, including the room charges, utility bills, housing funds and social insurance paid or withheld by employee's units.

Total wage bill, whether or not included in cost, whether or not paid in money or in kind, shall be included in the calculation of total wage.

Average Wage refers to the average per capita wage in money terms during a certain period of time for employed persons. It shows the general level of wage income of staff and worker during a certain period of time, one major indicator to reflect the wage level. It is calculated as follows:

$$\text{Average Wage} = \frac{\text{Total Wage Bill of Employed Persons at Reference Time}}{\text{Average Number of Persons Employed at Reference Time}}$$

Average Wage Indices refers to the ratio of average wage of employed persons the reporting period to that at the base period, which reflects the change of wage of employed persons at the different period. It is calculated as follows:

$$\text{Average Wage Indices} = \frac{\text{Average Wage of Employed Persons at Reference Time}}{\text{Average Wage of Persons Employeds at Base Period}} \times 100\%$$

Average Real Wage Indices average real wage of employed persons refers to the average wage of employed persons after removing the effects of the price changes and average real wage indices of employed persons refers to the change of real wage, which reflects the relative increasing or decreasing level of real wage of employed persons ,which is calculated as follows:

$$\text{Average Real Wage Indices} = \frac{\text{Average Wage Indices of Employed Persons at the Reference Time}}{\text{Urban Consumer Price Indices at Reference Time}} \times 100\%$$

Registered Unemployed Persons in Urban Areas refer to the persons with non-agricultural household registration at certain working ages (16 years old to retirement age), who are capable of working, unemployed and willing to work, and have been registered at the local employment service agencies to apply for a job.

Registered Unemployment Rate in Urban Areas refers to the ratio of the number of the registered unemployed persons to the sum of the number of persons employed in various units (minus the employed rural labour force, re-employed retirees, and Hong Kong, Macao, Taiwan or foreign employees), laid-off staff and workers in urban units, owners of private enterprises in urban areas, owners of self-employed individuals in urban areas, employees of private enterprises in urban areas, employee of self-employed individuals in urban areas, and the registered unemployed persons in urban areas.

Urban units are non-private units in urban area, and due to the adjustment of the number of non-private units in urban area,there are non-comparable factors.

Due to various administrative institutions at all levels implement the government accounting standards system, since 2020 in the category grouping of implementing accounting standards, organs and institutions have been merged into the government.

固定资产投资
Investment in Fixed Assets

5

资料整理：呼晓飞

简要说明

一、主要内容

本篇包括固定资产投资的规模、结构和比例关系、资金来源、投资效果及大型项目等资料。

二、统计范围

固定资产投资统计范围包括：城乡计划总投资500万元及500万元以上建设项目投资，房地产开发投资,不包括农户投资。

三、统计口径的变化

自1997年起，除房地产开发投资、农村非农户投资、个人投资及城镇和工矿区私人建房投资外，固定资产投资的统计起点由5万元提高到50万元。自2006年起，非农户固定资产投资统计改为按项目统计，调查方法由抽样调查改为全面统计报表，起点提高到50万元。城镇和工矿区私人建房投资改为按项目统计，起点为50万元。自2011年起，固定资产投资的统计起点由50万元提高到500万元,2010年新口径数据与2011年标准一致；取消“城镇固定资产投资”指标。

四、资料来源

农村农户投资数据来源于农村住户抽样调查，除此以外的固定资产投资统计资料均为全面统计报表，由河南省统计局固定资产投资统计处编辑整理。

Brief Introduction

I. Main Contents

Statistics in this chapter include the size, growth, structure, ratio, financing and results of the investment in fixed assets and major projects.

II. Scope of Statistics

Statistics on the investment in fixed assets cover investments in capital construction projects investment 5 million yuan and over , investments in real estate development. Farm household investment are not included.

III. Changes in Statistical Scope

Since 1997, the cut-off point of projects covered by statistics of investment in fixed assets are raised from an investment of 50,000 yuan to 500,000 yuan, except investment in real estate development, farm household investment, non-farm household investment and private investment in housing construction in urban areas and industrial and mining areas. Since 2006, statistics on investments in fixed assets of rural non-farm households are changed to project-based, the sample survey method changed from Sampling survey to comprehensive statistics, investments in private investment in housing construction in urban areas and industrial and mining areas The cut-off point has been raised to 500,000 yuan. Since 2011, the cut-off point of projects covered by statistics of investment in fixed assets are raised from an investment of 500,000 yuan to 5 million yuan, and the same as New caliber data on 2010Index of investment in fixed assets in unban areas was canceled.

IV. Sources of Data

Data on individual investments in fixed assets in rural areas are collected through sample surveys, Other data on investment in fixed assets are collected by the system of reporting form with complete enumeration, which are provided by the Department of investment in fixed assets of the Henan provincial Bureau of Statistics.

5-1 固定资产投资增速

Growth Rate of Investment in Fixed Assets in the whole Province

单位：%　　　　(%)

年　份 Year	固定资产投　资 Investment	#工业投资 Industry Investment	#民间投资 Private Investment	#基础设施投资 Infrastructure Investment
1986	11.4		8.4	
1987	12.1		6.4	
1988	30.2		37.7	
1989	-7.3		-13.2	
1990	11.9		24.8	21.6
1991	25.9	31.5		29.6
1992	42.6	15.9	95.9	44.4
1993	58.0	35.9	64.8	95.4
1994	41.8	31.1	47.3	51.8
1995	27.4	26.5	43.9	37.3
1996	23.5	18.7	43.8	29.7
1997	11.1	2.1	26.7	12.9
1998	6.9	-7.6	3.9	16.3
1999	2.5	19.8	6.4	10.1
2000	9.6	10.4	3.6	21.0
2001	11.0	7.5	14.0	14.2
2002	13.6	9.3	21.8	8.1
2003	33.7	58.8	47.1	31.9
2004	38.7	54.5	29.9	27.0
2005	42.8	50.6	68.5	26.5
2006	37.4	39.5	55.8	22.7
2007	37.4	50.9	61.1	3.7
2008	32.4	32.0	40.3	16.4
2009	31.6	29.1	39.9	36.2
2010	22.2	18.2	25.1	19.4
2011	27.0	34.0	29.0	18.1
2012	21.4	21.0	24.8	16.2
2013	22.5	19.1	24.2	18.3
2014	19.2	17.1	23.2	19.1
2015	16.5	10.7	16.6	35.1
2016	13.7	8.9	5.9	29.0
2017	10.4	3.5	9.1	30.4
2018	8.1	2.0	2.9	18.5
2019	8.0	9.7	6.7	16.1
2020	4.3	2.7	2.5	2.2

5-2 固定资产投资结构

Structure of Investment in Fixed Assets in the whole Province

单位：% (%)

年 份 Year	固定资产投 资 Investment	#工业投资 Industry Investment	#民间投资 Private Investment	#基础设施投资 Infrastructure Investment
1985	100.0		21.9	
1986	100.0		21.3	
1987	100.0		20.2	
1988	100.0		21.4	
1989	100.0		20.0	
1990	100.0	63.0	22.3	21.1
1991	100.0	65.8	17.7	21.7
1992	100.0	53.5	24.4	22.0
1993	100.0	46.0	25.4	27.2
1994	100.0	42.6	26.4	29.1
1995	100.0	42.3	29.8	31.4
1996	100.0	40.6	34.7	33.0
1997	100.0	37.3	39.6	33.5
1998	100.0	32.3	38.4	36.5
1999	100.0	37.7	39.9	39.2
2000	100.0	38.0	37.7	43.3
2001	100.0	36.8	38.7	44.5
2002	100.0	35.4	41.5	42.4
2003	100.0	42.0	45.7	41.8
2004	100.0	46.8	42.8	38.3
2005	100.0	49.3	50.5	33.9
2006	100.0	50.1	57.3	30.3
2007	100.0	55.0	67.2	22.8
2008	100.0	54.8	71.2	20.1
2009	100.0	53.8	75.7	20.8
2010	100.0	52.1	77.4	20.3
2011	100.0	53.8	78.6	14.0
2012	100.0	53.6	80.9	13.4
2013	100.0	52.1	81.9	12.9
2014	100.0	51.2	84.7	12.9
2015	100.0	48.7	84.9	15.0
2016	100.0	46.6	79.0	17.0
2017	100.0	43.7	78.1	20.1
2018	100.0	28.5	71.2	22.5
2019	100.0	28.9	70.3	19.8
2020	100.0	28.5	69.0	19.4

5-3 按行业分固定资产投资增速及比重(2020年)

Growth Rate and Proportion of Investment in Fixed Assets by Registration Status and Sector (2020)

单位：% (%)

指 标	Item	增速 Growth Rate	比重 Proportion
总 计	**Total**	**4.3**	**100.0**
农、林、牧、渔业	**Agriculture, Forestry, animal Husbandry and Fishery**	**12.1**	**4.3**
农业	Agriculture	-3.2	2.0
林业	Forestry	23.3	0.6
畜牧业	Animal Husbandry	45.6	1.3
渔业	Fishery	-46.1	0.1
农、林、牧、渔服务业	Services in Support of Agriculture, Forestry, Animal Husbandry and Fishery	28.0	0.3
工业	**Industry**	**2.7**	**28.5**
采矿业	Mining	20.9	1.1
煤炭开采和洗选业	Mining and Washing of Coal	78.2	0.3
石油和天然气开采业	Extraction of Petroleum and Natural Gas	-11.4	0.1
黑色金属矿采选业	Mining of Ferrous Metal Ores	-3.6	0.0
有色金属矿采选业	Mining of Non-ferrous Metal Ores	-1.6	0.3
非金属矿采选业	Mining and Processing of Nonmetal Ores	16.0	0.3
开采辅助活动	Support Activities for Mining	48.0	0.1
其他采矿业	Mining of Other Ores		
制造业	Manufacturing	0.8	23.0
农副食品加工业	Processing of Food from Agricultural Products	7.1	1.4
食品制造业	Manufacture of Foods	3.4	1.0
酒、饮料和精制茶制造业	Manufacture of Liquor, Beverevges and Refined Tea	-22.0	0.5
烟草制造业	Manufacture of Tobacco	176.7	0.0
纺织业	Manufacture of Textile	-0.3	0.7
纺织服装、服饰业	Manufacture of Textile, Wearing Apparel and Accessories	-33.1	0.6
皮革、毛皮、羽毛及其制品和制鞋业	Manufacture of Leather, Fur, Feather and Its Products, Footwear	-17.9	0.5
木材加工及木、竹、藤、棕、草制品业	Processing of Timbers, Manufacture of Wood, Bamboo, Rattan, Palm, and Straw Products	-18.2	0.3
家具制造业	Manufacture of Furniture	-27.9	0.5
造纸及纸制品业	Manufacture of Paper and Paper Products	1.0	0.3
印刷和记录媒介复制业	Printing,Reproduction of Recording Media	3.4	0.1
文教、工美、体育和娱乐用品制造业	Manufacture of Articles for Culture, Arts and Crafts, Sport and Entertainment Activities	-15.3	0.2
石油、煤炭及其他燃料加工业	Petroleum, Coal and other Fuel Processing Industries	-1.6	0.3

5-3 续表 1 continued

单位：% (%)

指 标	Item	增速 Growth Rate	比重 Proportion
化学原料及化学制品制造业	Manufacture of Raw Chemical Material and Chemical Products	3.2	1.5
医药制造业	Manufacture of Medicines	36.5	0.9
化学纤维制造业	Manufacture of Chemical Fiber	-12.3	0.2
橡胶和塑料制品业	Manufacture of Rubber and Plastic Products	-1.8	0.7
非金属矿物制品业	Manufacture of Non-metallic Mineral Products	2..3	3.3
黑色金属冶炼和压延加工业	Smering and pressing of Ferrous Metals	141.7	0.4
有色金属冶炼及压延加工业	Smelting and Pressing of Non-ferrous Metals	13.3	1.0
金属制品业	Manufacture of Metal Products	-6.0	1.2
通用设备制造业	Manufacture of General Purpose Machinery	7.8	1.5
专用设备制造业	Manufacture of Special Purpose Machinery	26.2	1.5
汽车制造业	Manufacture of Automobile	-9.3	1.0
铁路、船舶、航空航天和其他运输设备制造业	Manufacture of Railway, Ship, Aerospace, and other Transport Equipment	-13.2	0.2
电气机械及器材制造业	Manufacture of Electrical Machinery and Equipment	-2.1	1.3
计算机、通信和其他电子设备制造业	Manufacture of Computer, Communication and Other Electronic Equipment	18.4	1.2
仪器仪表制造业	Manufacture of Measuring Instrument and Machinery	-43.6	0.1
其他制造业	Manufacture of Others	-2.3	0.2
废弃资源综合利用业	Comprehensive Utilization of Waste Resources	-19.4	0.4
金属制品、机械和设备修理业	Repairing of Metal Products, Machinery and Equipment	59.1	0.0
电力、热力、燃气及水的生产和供应业	Production and Distribution of Electricity, Heat, Gas and Water	8.9	4.4
电力、热力生产和供应业	Production and Supply of Electric Power and Heat Power	6.6	3.2
燃气生产和供应业	Production and Supply of Gas	23.1	0.6
水的生产和供应业	Production and Supply of Water	8.3	0.6
建筑业	**Construction**	**-76.0**	**0.0**
#房屋建筑业	Building Construction	-27.5	0.0
批发和零售业	**Wholesale and Retail Trade**	**-2.9**	**1.3**
#批发业	Wholesale	37.1	0.7
交通运输、仓储和邮政业	**Transport, Storage and Post**	**16.8**	**6.8**
#铁路运输	Transport via Railway	-25.8	0.3
道路运输业	Transport via road	22.8	5.3
装卸搬运和仓储业	Loading, Unloading and Storage	4.9	0.9
邮政业	Post	-56.4	0.0

5-3 续表 2 continued

单位：% (%)

指　　标	Item	增速 Growth Rate	比重 Proportion
住宿和餐饮业	**Hotels and Catering Services**	**7.3**	**0.5**
#住宿业	Hotels	12.9	0.4
信息传输、软件和信息技术服务业	**Information Transmission and Information Technology services**	**115.9**	**0.9**
#电信、广播电视和卫星传输服务业	Telecom, Radio,Television and Satellite Transmission Service	109.3	0.2
互联网和相关服务	Internet and Related Services	59.0	0.2
金融业	**Finance**	**-7.8**	**0.1**
#货币金融服务	Monetary and Financial Services	-46.5	0.0
保险业	Insurance	-100.0	0.0
房地产业	**Real Estate**	**3.8**	**35.7**
租赁和商务服务业	**Leasing and Business Services**	**14.7**	**1.8**
#商务服务业	Business Service	16.9	1.8
科学研究和技术服务业	**Scientific Research and Technical Service**	**-5.5**	**0.6**
#研究和试验发展	Research and Experimental Development	13.7	0.2
专业技术服务业	Professional Technique Services	0.0	0.2
水利、环境和公共设施管理业	**Management of Water Conservancy, Environment and Public Facilities**	**-5.2**	**13.1**
水利管理业	Management of Water Conservancy	2.0	1.2
生态保护和环境治理业	Ecological Protection and Environmental Management	13.9	1.1
公共设施管理业	Management of Public Facilities	-7.2	10.7
居民服务、修理和其他服务业	**Service to Households, Repair and other Services**	**23.7**	**0.2**
#居民服务业	Service to Households	30.2	0.2
教育	**Education**	**5.8**	**2.3**
卫生和社会工作	**Health and Social Work**	**13.9**	**1.5**
#卫生	Health	18.0	1.1
文化、体育和娱乐业	**Culture, Sports and Entertainment**	**25.8**	**2.1**
#广播、电视、电影和影视录音制作业	Broadcasting,Movies, Television and Audiovisual Activities	7.5	0.1
文化艺术业	Culture and Art	25.5	0.8
公共管理、社会保障和社会组织	**Public Management,Social welfare and Social Organization**	**-29.2**	**0.2**
国家机构	Organ of State	-29.2	0.2
社会保障	Social welfare	12.4	0.0

5–4 各市分行业固定资产投资增速(2020年)

单位：%

市(县) City(County)	合计 Total	农林牧渔业 Agriculture Forestry, Animal Husbandry and Fishery	工业 Industry	建筑业 Constru-ction	批发和零售业 Whole-sale and Retail Trade	交通运输仓储及邮政业 Transport, Storage and Post	住宿和餐饮业 Hotels and Catering Services	信息传输、软件和信息技术服务业 Information Transmission, Software and Information Technology Services
全省 Total	**4.3**	**12.1**	**2.7**	**-76.0**	**-2.9**	**16.8**	**7.3**	**115.9**
省辖市 City								
郑州市 Zhengzhou	3.6	-6.8	20.9		-37.6	30.7	-49.7	260.6
开封市 Kaifeng	5.4	55.5	-17.1		28.5	78.5	13.2	
洛阳市 Luoyang	5.9	39.7	-3.4		-22.6	25.4	18.7	4.1
平顶山市 Pingdingshan	5.6	72.7	15.7		32.6	-19.7	30.7	1.3
安阳市 Anyang	6.4	4.1	-5.8		-9.1	-38.3		-19.5
鹤壁市 Hebi	6.3	69.7	-4.7		17.1	-21.8	78.1	-24.0
新乡市 Xinxiang	6.4	-20.5	6.5		-50.5	23.7	-64.5	
焦作市 Jiaozuo	-12.4	15.2	-18.6		-23.0	-16.3	-56.4	17.0
濮阳市 Puyang	5.4	14.5	0.8		4.0	16.7		
许昌市 Xuchang	1.7	3.3	7.3		75.7	9.8	-23.9	5.5
漯河市 Luohe	5.3	101.5	1.4		-36.6	-7.1	14.0	130.7
三门峡市 Sanmenxia	5.5	-11.4	-4.1		57.5	60.7	-6.0	29.9
南阳市 Nanyang	5.5	22.4	5.7		12.1	12.7	-8.1	32.9
商丘市 Shangqiu	6.0	42.7	4.3		-29.1	37.1	-26.6	
信阳市 Xinyang	5.8	-15.3	9.0		43.6	16.4	105.5	-36.2
周口市 Zhoukou	5.7	-28.2	-1.2		7.6	7.5	60.4	-55.4
驻马店市 Zhumadian	6.5	27.6	19.1		-39.0	-21.2	-17.3	284.5
济源市 Jiyuan	-19.1	30.5	-23.6		-59.6	-55.6	-81.1	
省直管县 County Directly Administrated by Province								
巩义市 Gongyi	6.3	39.0	9.8		-2.9	-26.2	-62.2	
兰考县 Lankao	6.3	-23.3	13.0		-69.1			
汝州市 Ruzhou	-6.4	294.7	68.9		-74.5	-98.2		
滑县 Huaxian	5.0	-0.2	-11.1		-28.3	147.4	-69.7	
长垣市 Changyuan	6.2	-38.7	20.2		305.8	308.5	-95.6	
邓州市 Dengzhou	-15.8	-8.0	-40.3		-84.3	-64.6		178.8
永城市 Yongcheng	6.3	12.8	17.9		-9.9	-45.7		
固始县 Gushi	3.7	13.1	37.9		-24.0	-79.0	44.8	
鹿邑县 Luyi	4.3	66.0	-3.5			-26.0		
新蔡县 Xincai	6.0	43.6	3.8		0.1	-38.8		-75.6

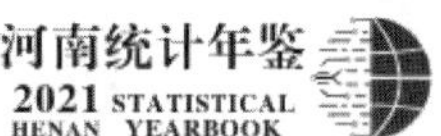

Growth Rate of Investment in Fixed Assets by Sector and City (2020)

(%)

金融业 Finance	房地产业 Real Estate	租赁和商务服务业 Leasing and Business Services	科学研究和技术服务业 Scientific Research, and Technical Service	水利、环境和公共设施管理业 Management of Water Conservancy, Environment and Public Facilities	居民服务、修理和其他服务业 Service to Households, Repair and other Services	教育 Education	卫生和社会工作 Health and Social work	文化、体育和娱乐业 Culture, Sports and Entertainment	公共管理、社会保障和社会组织 Public Management, Social Security and Social Organization
-7.8	**3.8**	**14.7**	**-5.5**	**-5.2**	**23.7**	**5.8**	**13.9**	**25.8**	**-29.2**
-9.6	2.1	-13.6	25.9	-33.0	42.2	29.6	111.1	44.7	-27.1
-52.7	3.5	43.9	-79.9	29.9		146.1	103.6	-10.6	-83.3
-65.7	18.2	66.1	-24.5	-2.8	-64.1	17.6	4.0	3.7	-73.9
	-4.6	-29.8	-37.0	0.2	-46.8	-43.4	15.0	39.4	-11.7
	17.4	-70.4	-31.9	16.7		-23.3	-6.2	44.3	
	-6.9	-14.0	85.5	76.9	-1.3	12.8	-0.2	-7.1	-19.2
-87.9	5.8	-8.0	-22.2	39.7	-77.4	4.1	-55.2	-14.9	-75.1
103.6	-7.3	21.6	3.7	0.6	-47.6	-35.5	20.0	2.9	95.1
	10.1	-31.7	-65.3	14.1	295.8	-22.0	27.9	-67.1	-4.3
	-11.6	28.3	11.3	1.0	111.5	59.2	31.8	12.8	-79.1
-41.8	12.0	43.8	60.0	13.1		40.5	-33.0	-14.6	
	-14.8	50.5	-10.0	23.8	-54.4	41.4	47.6	76.2	17.8
51.9	-3.3	32.6	74.9	-10.1	173.3	21.0	1.0	34.2	-23.6
	6.9	73.7	-23.9	-0.1	176.2	-42.0	-16.4	73.7	-89.0
-41.8	1.8	104.3	90.0	-5.7	-24.9	-8.9	38.8	56.5	123.2
	28.1	91.2	-19.4	-14.9	43.4	-4.8	-32.1	0.1	36.8
	2.4	59.0	-39.9	3.1	100.0	-19.8	-25.7	100.9	-73.0
	29.1	-18.8	107.6	-19.7	-98.8	-76.3		229.1	
	2.6	77.3	-92.1	-8.6	-62.4	349.5	473.1	313.1	94.0
	10.6	-45.6		-32.6		205.1	-48.4	454.6	
	-9.5	-81.9	-88.9	-61.8		-75.7	-54.0	66.2	
	32.6	-54.8		16.1		3.5	73.3	-57.9	
	-17.2	-16.1	-71.5	72.1		-57.4	-96.2	-45.6	
	5.8	138.0		-13.1		29.8	467.3	-66.3	-19.3
	-9.5	-36.8	255.9	6.9		-59.5	74.1	-50.9	-84.8
-41.8	-4.2	103.3	-72.8	-12.7		5.8	-3.0	-78.4	292.3
	36.7	-68.1	30.3	1.3		1.7	-62.5		-96.1
	9.6	86.7	22.1	2.9	100.0	-22.2	29.9	80.1	

5-5 各市分行业固定资产投资比重(2020年)

单位：%

市(县) City(County)	合计 Total	农林牧渔业 Agriculture Forestry, Animal Husbandry and Fishery	工业 Industry	建筑业 Construction	批发和零售业 Wholesale and Retail Trade	交通运输仓储及邮政业 Transport, Storage and Post	住宿和餐饮业 Hotels and Catering Services	信息传输、软件和信息技术服务业 Information Transmission, Software and Information Technology Services
全省 Total	**100.0**	**4.3**	**28.5**	**0.0**	**1.3**	**6.8**	**0.5**	**0.9**
省辖市 City								
郑州市 Zhengzhou	100.0	0.4	12.4		0.3	8.1	0.1	2.4
开封市 Kaifeng	100.0	5.4	26.2		0.9	2.2	1.1	
洛阳市 Luoyang	100.0	7.2	31.5		0.8	9.4	1.1	0.3
平顶山市 Pingdingshan	100.0	7.7	35.7		2.7	4.9	0.9	0.2
安阳市 Anyang	100.0	2.9	27.2		0.5	2.9	0.8	0.1
鹤壁市 Hebi	100.0	4.4	37.1	0.1	2.4	3.6	1.4	0.6
新乡市 Xinxiang	100.0	1.3	33.4		0.8	4.7	0.2	0.5
焦作市 Jiaozuo	100.0	1.8	41.9		2.5	6.4	0.6	1.7
濮阳市 Puyang	100.0	3.9	29.7		1.8	7.5		0.2
许昌市 Xuchang	100.0	2.7	34.7		1.4	5.5	0.3	0.5
漯河市 Luohe	100.0	0.9	40.9		2.6	5.8	0.6	0.9
三门峡市 Sanmenxia	100.0	14.0	36.0		3.0	10.3	0.5	0.3
南阳市 Nanyang	100.0	9.3	37.7		3.0	7.8	0.6	0.5
商丘市 Shangqiu	100.0	1.6	38.7		1.2	4.4	0.2	0.3
信阳市 Xinyang	100.0	5.8	24.8		1.2	8.3	1.3	0.4
周口市 Zhoukou	100.0	3.8	34.4		1.9	4.4	0.8	0.1
驻马店市 Zhumadian	100.0	4.9	34.4		0.6	4.1	0.3	0.2
济源市 Jiyuan	100.0	5.0	43.8		0.9	6.5	0.3	
省直管县 County Directly Administrated by Province								
巩义市 Gongyi	100.0	2.1	43.2		1.0	3.0	0.5	0.2
兰考县 Lankao	100.0	9.8	28.6		0.4	1.2	3.7	
汝州市 Ruzhou	100.0	8.1	42.6		0.9	0.1	2.4	
滑县 Huaxian	100.0	6.8	38.4		0.7	6.2	0.1	0.0
长垣市 Changyuan	100.0	2.0	38.9		0.6	0.7	0.1	
邓州市 Dengzhou	100.0	11.8	22.5		0.2	2.1	0.0	0.1
永城市 Yongcheng	100.0	1.1	70.3		0.7	3.7		0.5
固始县 Gushi	100.0	5.0	36.4		1.5	0.4	0.5	
鹿邑县 Luyi	100.0	6.0	48.8			5.8	0.7	
新蔡县 Xincai	100.0	6.0	28.7		1.4	4.0		0.1

Proportion of Investment in Fixed Assets by Sector and City (2020)

(%)

金融业 Finance	房地产业 Real Estate	租赁和商务服务业 Leasing and Business Services	科学研究和技术服务业 Scientific Research, and Technical Service	水利、环境和公共设施管理业 Management of Water Conservancy, Environment and Public Facilities	居民服务、修理和其他服务业 Service to Households, Repair and other Services	教育 Education	卫生和社会工作 Health and Social work	文化、体育和娱乐业 Culture, Sports and Entertainment	公共管理、社会保障和社会组织 Public Management, Social Security and Social Organization
0.1	**35.7**	**1.8**	**0.6**	**13.1**	**0.2**	**2.3**	**1.5**	**2.1**	**0.2**
0.2	59.8	1.6	0.8	9.1	0.4	2.1	0.8	1.3	0.2
0.2	39.6	4.0	0.2	12.6	0.4	2.2	3.1	1.9	0.0
0.0	17.5	2.8	1.0	21.2	0.1	1.8	1.5	3.7	0.1
	22.2	1.9	0.5	14.8	0.1	2.0	2.4	3.8	0.1
0.0	44.8	0.2	0.2	11.0	0.1	3.7	1.1	3.2	1.4
	22.0	1.1	1.3	17.3	0.5	2.5	1.2	4.0	0.6
0.0	34.1	4.6	0.5	15.6	0.0	2.5	0.7	1.0	0.2
0.1	23.3	3.0	0.8	10.7	0.2	2.6	2.1	2.2	0.1
	43.3	0.5	0.4	9.2	0.1	1.4	1.3	0.5	0.2
	31.6	1.8	0.5	13.4	0.2	2.7	2.8	1.9	0.1
0.1	31.9	2.3	0.3	9.3	0.1	3.1	1.0	0.3	
	11.6	0.8	0.6	16.8	0.0	2.0	1.4	2.5	0.1
0.2	15.9	1.7	1.0	13.1	0.4	4.7	2.5	1.4	0.3
0.2	35.7	1.8	0.6	11.5	0.3	1.1	0.9	1.3	0.0
0.0	32.0	0.5	0.4	14.3	0.1	3.0	2.6	5.0	0.4
	38.3	1.5	0.2	9.1	0.3	2.2	1.7	1.1	0.4
	36.8	0.7	0.4	13.2	0.0	1.0	1.0	2.0	0.3
	12.1	1.8	0.2	20.4	0.0	0.7	0.9	5.3	2.1
	23.1	4.3	0.1	16.4	0.4	2.9	1.1	1.1	0.5
	31.7	1.4		10.8	2.5	6.3	1.3	2.3	
	30.2	0.7	0.1	8.0		1.0	1.4	4.6	
	32.9	0.8		7.2		5.0	0.4	1.4	0.1
	14.1	11.8	0.4	28.3		1.9	0.0	1.4	
	32.1	1.8		20.1		4.9	2.9	0.2	1.2
	13.5	0.0	0.3	6.3		0.6	2.3	0.7	0.1
0.4	28.8	0.5	0.1	17.7		4.1	3.9	0.5	0.4
	29.0	0.7	0.3	6.9		1.1	0.8		0.0
	30.1	1.0	1.9	16.2	0.1	3.9	3.4	2.1	1.1

5-6 各市固定资产投资增速(2020年)

Growth Rate of Investment in Fixed Assets by City (2020)

单位：%　　　　(%)

市(县) City(County)	固定资产投资 Investment in Fixed Assets	第一产业 Primary Industry	第二产业 Secondary Industry	第三产业 Tertiary Industry
全　　省 Total	**4.3**	**11.2**	**2.5**	**4.7**
省　辖　市 City				
郑　州　市 Zhengzhou	3.6	-15.7	20.8	1.6
开　封　市 Kaifeng	5.4	46.7	-17.2	15.0
洛　阳　市 Luoyang	5.9	42.0	-3.3	8.1
平 顶 山 市 Pingdingshan	5.6	70.5	13.1	-2.9
安　阳　市 Anyang	6.4	31.7	-5.8	11.2
鹤　壁　市 Hebi	6.3	46.1	-4.4	12.3
新　乡　市 Xinxiang	6.4	-35.4	6.3	7.6
焦　作　市 Jiaozuo	-12.4	12.3	-18.7	-7.7
濮　阳　市 Puyang	5.4	4.6	0.2	7.9
许　昌　市 Xuchang	1.7	-2.6	7.2	-1.0
漯　河　市 Luohe	5.3	62.2	1.4	7.8
三 门 峡 市 Sanmenxia	5.5	-10.8	-3.7	19.3
南　阳　市 Nanyang	5.5	20.9	5.8	3.3
商　丘　市 Shangqiu	6.0	20.9	4.0	7.1
信　阳　市 Xinyang	5.8	-15.6	9.0	6.8
周　口　市 Zhoukou	5.7	-27.1	-1.2	13.1
驻 马 店 市 Zhumadian	6.5	32.1	19.1	-0.9
济　源　市 Jiyuan	-19.1	44.4	-23.5	-18.2
省 直 管 县 County Directly Administrated by Province				
巩　义　市 Gongyi	6.3	39.0	9.5	3.0
兰　考　县 Lankao	6.3	-22.6	11.4	10.6
汝　州　市 Ruzhou	-6.4		68.9	-38.0
滑　　县 Huaxian	5.0	7.3	-11.1	19.9
长　垣　市 Changyuan	6.2	-38.7	20.2	0.9
邓　州　市 Dengzhou	-15.8	-12.5	-40.2	-3.1
永　城　市 Yongcheng	6.3	-31.9	16.8	-11.3
固　始　县 Gushi	3.7	-0.1	37.9	-9.8
鹿　邑　县 Luyi	4.3	66.0	-3.5	8.3
新　蔡　县 Xincai	6.0	40.9	3.8	4.9

5-7 各市固定资产投资比重(2020年)

Proportion of Investment in Fixed Assets by City (2020)

单位：% (%)

市(县)	City(County)	固定资产投资 Investment in Fixed Assets	第一产业 Primary Industry	第二产业 Secondary Industry	第三产业 Tertiary Industry
全省	**Total**	**100.0**	**4.0**	**28.4**	**67.6**
省辖市	**City**				
郑州市	Zhengzhou	100.0	0.3	12.4	87.3
开封市	Kaifeng	100.0	5.0	26.2	68.8
洛阳市	Luoyang	100.0	7.0	31.5	61.6
平顶山市	Pingdingshan	100.0	7.6	33.8	58.6
安阳市	Anyang	100.0	2.8	27.2	70.1
鹤壁市	Hebi	100.0	3.8	37.2	59.0
新乡市	Xinxiang	100.0	1.0	33.4	65.6
焦作市	Jiaozuo	100.0	1.3	41.9	56.8
濮阳市	Puyang	100.0	3.5	29.5	67.0
许昌市	Xuchang	100.0	2.3	34.4	63.3
漯河市	Luohe	100.0	0.7	40.9	58.4
三门峡市	Sanmenxia	100.0	13.3	35.9	50.8
南阳市	Nanyang	100.0	8.5	37.7	53.8
商丘市	Shangqiu	100.0	1.2	38.6	60.3
信阳市	Xinyang	100.0	5.5	24.8	69.7
周口市	Zhoukou	100.0	3.7	34.4	61.9
驻马店市	Zhumadian	100.0	4.7	34.4	60.9
济源市	Jiyuan	100.0	4.4	43.8	51.8
省直管县	**County Directly Administrated by Province**				
巩义市	Gongyi	100.0	2.1	43.1	54.8
兰考县	Lankao	100.0	9.8	28.6	61.6
汝州市	Ruzhou	100.0	8.1	42.6	49.3
滑县	Huaxian	100.0	6.8	38.5	54.8
长垣市	Changyuan	100.0	2.0	38.9	59.1
邓州市	Dengzhou	100.0	10.7	22.5	66.8
永城市	Yongcheng	100.0	0.6	69.7	29.7
固始县	Gushi	100.0	4.4	36.4	59.3
鹿邑县	Luyi	100.0	6.0	48.8	45.2
新蔡县	Xincai	100.0	5.4	28.7	65.8

5-8 各市固定资产投资增速(2020年)
Growth Rate of Investment in Fixed Assets by City(2020)

单位：% (%)

市(县) City(County)	固定资产投资 Investment in Fixed Assets	建筑安装工程 Construction and Installation	设备、工器具购置 Purchase of Equipments and Tools	其他费用 Others
全　省 Total	**4.3**	**7.7**	**-18.8**	**7.8**
省辖市 City				
郑州市 Zhengzhou	3.6	2.9	9.6	4.0
开封市 Kaifeng	5.4	6.1	-12.2	23.7
洛阳市 Luoyang	5.9	5.4	-13.6	52.8
平顶山市 Pingdingshan	5.6	12.8	-21.0	-8.7
安阳市 Anyang	6.4	1.7	6.4	27.6
鹤壁市 Hebi	6.3	15.3	-66.1	46.6
新乡市 Xinxiang	6.4	8.4	-21.4	62.4
焦作市 Jiaozuo	-12.4	1.6	-46.3	4.5
濮阳市 Puyang	5.4	7.6	-20.4	33.1
许昌市 Xuchang	1.7	13.9	-33.9	-28.1
漯河市 Luohe	5.3	19.6	-33.5	20.1
三门峡市 Sanmenxia	5.5	23.0	-42.2	-34.9
南阳市 Nanyang	5.5	6.8	11.7	-31.1
商丘市 Shangqiu	6.0	8.1	-15.7	31.5
信阳市 Xinyang	5.8	6.2	-13.4	20.5
周口市 Zhoukou	5.7	10.0	-19.4	-11.6
驻马店市 Zhumadian	6.5	13.1	-26.0	40.2
济源市 Jiyuan	-19.1	-18.7	-25.5	-3.1
省直管县 County Directly Administrated by Province				
巩义市 Gongyi	6.3	21.0	-43.3	16.1
兰考县 Lankao	6.3	-0.6	340.8	120.8
汝州市 Ruzhou	-6.4	-19.9	103.1	344.9
滑县 Huaxian	5.0	-4.4	21.9	89.4
长垣市 Changyuan	6.2	19.4	-51.5	-22.8
邓州市 Dengzhou	-15.8	-18.6	5.1	-3.0
永城市 Yongcheng	6.3	11.3	-19.9	42.6
固始县 Gushi	3.7	-10.9	200.6	236.3
鹿邑县 Luyi	4.3	1.2	101.7	
新蔡县 Xincai	6.0	7.4	5.6	-40.9

5–9 固定资产投资增速及结构

Growth Rate and Structure of Investment in Fixed Assets

单位：% (%)

项 目	Item	2019 增 速 Growth Rate	2019 比 重 Proportion	2020 增 速 Growth Rate	2020 比 重 Proportion
总 计	**Total**	**8.0**	**100.0**	**4.3**	**100.0**
#工业投资	Industry Investment	9.7	28.9	2.7	28.5
#基础设施投资	Infrastructure Investment	16.1	19.8	2.2	19.4
#民间投资	Private Investment	6.7	70.3	2.5	69.0
按产业分	by Sector				
第一产业	Primary Industry	-12.1	3.7	11.2	4.0
第二产业	Secondary Industry	9.0	28.9	2.5	28.4
第三产业	Teriary Industry	9.0	67.4	4.7	67.6
按隶属关系分	by Administrative Relationship				
中央项目	Central	75.9	1.9	-1.9	1.8
地方项目	Local	7.2	98.1	4.4	98.2
按建设性质分	by Type of Construction				
#新 建	New Construction	6.0	59.1	1.5	57.5
扩 建	Expansion	24.8	5.7	-4.1	5.3
改建与技术改造	Reconstruction	51.6	3.5	58.1	5.3
按构成分	by Composition				
建筑安装工程	Construction and Installation	9.6	75.2	7.7	77.7
设备工器具购置	Purchase of Equipments and Tools	-5.5	12.8	-18.8	10.0
其他费用	Others	15.2	11.9	7.8	12.3
本年实际到位资金	Actual Funds	8.7	100.0	6.5	100.0
国家预算资金	State Budgetary	17.3	4.7	16.0	5.1
国内贷款	Domestic Loans	-3.4	8.1	-8.2	7.0
债 券	Bond				
利用外资	Foreign Investment	55.1	0.3	-63.1	0.1
自筹资金	Self-raised Funds	6.4	72.0	6.6	72.0
其他资金来源	Others	27.3	14.9	12.5	15.8

5-10 工业主要产业投资增速及结构

Growth Rate and Structure of Investment in Fixed Assets in Major Industries

单位：% (%)

行业	Sector	2019		2020	
		增速 Growth Rate	占工业投资比重 Percentage of Industry Investment	增速 Growth Rate	占工业投资比重 Percentage of Industry Investment
五大主导产业	**High-growth industries**	**6.2**	**37.0**	**7.2**	**38.6**
装备制造	Electronic Information Industry	2.1	17.4	9.4	18.5
食品制造	Equipment Manufacturing Industry	5.2	10.1	0.1	9.9
新型材料制造	Automobile and Parts Industry	43.9	1.7	45.0	2.4
电子制造	Food Industry	15.2	3.6	18.4	4.2
汽车制造	Modern Furniture Industry	7.8	4.2	-9.3	3.7
传统产业	**Traditional Pillar Industries**	**16.9**	**42.9**	**6.7**	**44.6**
冶金工业	Metallurgical Industry	19.9	3.8	35.4	5.0
建材工业	Building Materials Industry	30.5	11.3	3.0	11.3
化学工业	Chemical Industry	10.1	6.8	1.1	6.7
轻纺工业	Textile Industry	4.6	7.5	-6.4	6.9
能源工业	Energy Industry	17.1	13.6	11.7	14.8
高技术产业(制造业)	**High-tech Industries(Manufacturing)**	**-2.0**	**8.3**	**24.3**	**10.1**
高载能工业	**Six Carrying Energy Industrial**	**18.0**	**32.2**	**9.3**	**34.3**
煤炭开采和洗选业	Mining and Washing of Coal	31.9	0.6	78.2	1.1
化学原料及化学制品制造业	Manufacture of Raw Chemical Material and Chemical Products	9.1	5.4	3.2	5.4
非金属矿物制品业	Manufacture of Non-metallic Mineral Products	29.7	11.6	2.3	11.6
黑色金属冶炼及压延加工业	Smelting and Pressing of Ferrous Metals	7.2	0.7	141.7	1.5
有色金属冶炼及压延加工业	Smelting and Pressing of Non-ferrous Metals	23.0	3.1	13.3	3.5
电力、热力的生产和供应业	Production and Supply of Electric Power and Heat Power	10.3	10.8	6.6	11.2
工业技术改造投资	**Investment in Industrial Technological Transformation**	**55.0**	**29.9**	**-25.0**	**21.8**

5-11 能源原材料工业投资增速及结构

Growth Rate and Structure of Energy Raw Material Industry

单位：% (%)

行 业	Sector	2019 增 速 Growth Rate	2019 占工业投资比重 Percentage of Industry Investment	2020 增 速 Growth Rate	2020 占工业投资比重 Percentage of Industry Investment
能源原材料工业	**Energy and raw material industrial**	**19.0**	**43.5**	**7.4**	**45.6**
煤炭开采和洗选业	Mining and Washing of Coal	31.9	0.6	78.2	1.1
石油和天然气开采业	Extraction of Petroleum and Natural Gas	60.8	0.3	-11.4	0.3
黑色金属矿采选业	Mining of Ferrous Metal Ores	840.9	0.1	-3.6	0.1
有色金属矿采选业	Mining of Non-ferrous Metal Ores	22.8	1.0	-1.6	0.9
非金属矿采选业	Mining of Nonmetal Ores	76.5	0.9	16.0	1.0
石油、煤炭及其他燃料加工业	Petroleum, Coal and other Fuel Processing Industries	24.1	1.0	-1.6	1.0
化学原料和化学制品制造业	Manufacture of Raw Chemical Material and Chemical Products	9.1	5.4	3.2	5.4
橡胶和塑料制品业	Manufacture of Rubber and Plastic		2.5	-1.8	2.4
非金属矿物制品业	Manufacture of Non-metallic Mineral Products	29.7	11.6	2.3	11.6
黑色金属冶炼和压延加工业	Smelting and Pressing of Ferrous Metals	7.2	0.7	141.7	1.5
有色金属冶炼和压延加工业	Smelting and Pressing of Non-ferrous Metals	23.0	3.1	13.3	3.5
废弃资源综合利用业	Comprehensive Utilization of Waste Resources	45.8	1.7	-19.4	1.3
电力、热力生产和供应业	Production and Supply of Electric Power and Heat Power	10.3	10.8	6.6	11.2
燃气生产和供应业	Production and Distribution of Gas	62.7	1.8	23.1	2.1
水的生产和供应业	Production and Distribution of Water	-5.7	2.1	8.3	2.2

5-12 各市工业固定资产投资增速及比重(2020年)

Growth Rate and Proportion of Investment in Fixed Assets of Industry by City (2020)

单位：% (%)

年 份 市(县)	Year City(County)	工业投资比上年同期增长 Growth Rate	采矿业 Mining	制造业 Manufacturing	电力、热力、燃气及水生产和供应业 Electricity, Heat, Gas and Water Production and Supply	工业投资结构 Structure	采矿业 Mining	制造业 Manufacturing	电力、热力、燃气及水生产和供应业 Electricity, Heat, Gas and Water Production and Supply
全 省	**Total**	**2.7**	**20.9**	**0.8**	**8.9**	**100.0**	**3.8**	**80.7**	**15.5**
省 辖 市	**City**								
郑 州 市	Zhengzhou	20.9	99.7	16.8	30.8	100.0	2.9	76.2	20.9
开 封 市	Kaifeng	-17.1		-21.1	17.8	100.0		85.4	14.6
洛 阳 市	Luoyang	-3.4	16.6	-3.2	-12.6	100.0	6.5	81.6	11.8
平 顶 山 市	Pingdingshan	15.7	81.3	12.1	3.6	100.0	12.4	67.5	20.0
安 阳 市	Anyang	-5.8	-83.7	-15.8	19.6	100.0	0.4	58.5	41.2
鹤 壁 市	Hebi	-4.7	-49.1	-0.4	-25.1	100.0	1.9	90.0	8.0
新 乡 市	Xinxiang	6.5	-43.1	3.5	35.0	100.0	1.2	82.7	16.1
焦 作 市	Jiaozuo	-18.6	-7.8	-21.3	2.8	100.0	0.5	85.9	13.7
濮 阳 市	Puyang	0.8	-25.4	-38.4	163.8	100.0	4.3	46.0	49.7
许 昌 市	Xuchang	7.3	91.8	8.1	-24.3	100.0	6.3	85.6	8.1
漯 河 市	Luohe	1.4		-4.0	59.2	100.0		86.5	13.5
三 门 峡 市	Sanmenxia	-4.1	2.8	-1.3	-31.4	100.0	9.9	82.4	7.7
南 阳 市	Nanyang	5.7	-2.8	12.9	-20.4	100.0	3.6	81.5	14.9
商 丘 市	Shangqiu	4.3	-41.8	8.7	-22.4	100.0	0.7	90.2	9.2
信 阳 市	Xinyang	9.0	87.7	-3.2	72.1	100.0	3.4	74.6	22.0
周 口 市	Zhoukou	-1.2		2.9	-25.2	100.0		89.0	11.0
驻 马 店 市	Zhumadian	19.1	191.9	17.8	21.1	100.0	1.3	87.1	11.6
济 源 市	Jiyuan	-23.6	-61.2	-18.9	-42.7	100.0	1.1	87.0	11.9
省 直 管 县	**County Directly Administrated by Province**					100.0			
巩 义 市	Gongyi	9.8	-33.4	11.2	1.7	100.0	0.9	91.8	7.3
兰 考 县	Lankao	13.0		-7.6	59.3	100.0		56.7	43.3
汝 州 市	Ruzhou	68.9		16.9	93.0	100.0	26.9	61.5	11.6
滑 县	Huaxian	-11.1		-55.4	52.1	100.0		29.4	70.6
长 垣 市	Changyuan	20.2		18.2	30.8	100.0		82.8	17.2
邓 州 市	Dengzhou	-40.3		-31.7	-74.1	100.0	0.2	90.9	9.0
永 城 市	Yongcheng	17.9	-41.8	28.1	-24.2	100.0	2.1	89.0	8.9
固 始 县	Gushi	37.9		4.1	133.1	100.0	6.8	58.9	34.3
鹿 邑 县	Luyi	-3.5		-11.6	41.6	100.0		77.6	22.4
新 蔡 县	Xincai	3.8		-8.6	57.2	100.0		71.6	28.4

5-13 分行业农村农户固定资产投资增速及结构(2020年)

Investment in Fixed Assets of Households in Rural Area by Sector (2020)

单位：% (%)

产　　业	Sector	增　速 Growth Rate	结　构 Structure
总　　计	**Total**	**-9.3**	**100.0**
农、林、牧、渔业	Agriculture, Forestry, Animal Husbandry and Fishery	37.1	22.4
工业	Industry	-45.5	0.5
采矿业	Mining		
制造业	Manufacturing	-27.9	0.6
电力、热力、燃气及水的生产和供应业	Production and Distribution of Electricity, Gas and Water	-12.6	0.6
建筑业	Construction	-51.4	0.5
交通运输、仓储和邮政业	Transport, Storage and Post	-68.4	3.4
批发和零售业	Wholesale and Retail Trade		
住宿和餐饮业	Hotels and Catering Services	113.7	2.6
房地产业	Real estate	-15.0	69.1
居民服务和其他服务业	Service to Households and Other Services	22.4	0.8

主要统计指标解释

固定资产投资（不含农户） 指城镇和农村各种登记注册类型的企业、事业、行政单位及城镇个体户进行的计划总投资500万元及以上的建设项目投资和房地产开发投资，包括原口径的城镇固定资产投资加上农村企事业组织项目投资，该口径自2011年起开始使用。

民间固定资产投资 指具有集体、私营、个人性质的内资企事业单位以及由其控股（包括绝对控股和相对控股）的企业单位在中华人民共和国境内建造或购置固定资产的投资。

基础设施投资 指为社会生产和生活提供基础性、大众性服务的工程和设施，是社会赖以生存和发展的基本条件。包括以下行业投资：铁路运输业、道路运输业、水上运输业、航空运输业、管道运输业、多式联运和运输代理业、装卸搬运业、邮政业、电信广播电视和卫星传输服务业、互联网和相关服务业、水利管理业、生态保护和环境治理业、公共设施管理业。

实际到位资金 指用于固定资产投资的各种货币资金。包括国家预算资金、国内贷款、利用外资、自筹资金和其他资金。

国家预算资金 国家预算包括一般预算、政府性基金预算、国有资本经营预算和社保基金预算。各类预算中用于固定资产投资的资金全部作为国家预算资金填报，其中一般预算中用于固定资产投资的部分包括基建投资、车购税、灾后恢复重建基金和其他财政投资。各级政府债券也应归入国家预算资金。

国内贷款 指报告期固定资产投资项目单位向银行及非银行金融机构借入用于固定资产投资的各种国内借款，包括银行利用自有资金及吸收存款发放的贷款、上级拨入的国内贷款、国家专项贷款（包括煤代油贷款、劳改煤矿专项贷款等），地方财政专项资金安排的贷款、国内储备贷款、周转贷款等。

利用外资 指报告期收到的境外（包括外国及港澳台地区）资金(包括设备、材料、技术在内)。包括对外借款(外国政府贷款、国际金融组织贷款、出口信贷、外国银行商业贷款、对外发行债券和股票)、外商直接投资、外商其他投资(包括利用外商投资收益在国内进行固定资产再投资活动的资金)。不包括我国自有外汇资金(国家外汇、地方外汇、留成外汇、调济外汇和国内银行自有资金发放的外汇贷款等)。各类外资按报告期的外汇牌价（中间价）折成人民币计算。

自筹资金 指固定资产投资单位在报告期收到的，由各企、事业单位筹集用于固定资产投资的资金，包括各类企事业单位的自有资金和从其他单位筹集的用于固定资产投资的资金，但不包括各类财政性资金、从各类金融机构借入资金和国外资金。

其他资金来源 指在报告期收到的除以上各种资金之外的用于固定资产投资的资金。包括社会集资、个人资金、无偿捐赠的资金及其他单位拨入的资金等。

固定资产投资按国民经济行业分 指根据其从事的社会经济活动性质对各类单位进行的分类。应根据建设项目建成投产后的主要产品种类或主要用途及社会经济活动种类来划分，不能根据项目单位本身的行业类别来划分。如果项目投产后有几种产品，应根据主要产品来确定行业类别。一般情况下，一个建设项目只能属于一种国民经济行业。

固定资产投资按隶属关系分 是按建设单位或企业、事业、行政单位的主管上级机关确定的。

（1）中央 是指中共中央、人大常委会和国务院各部、委、局、总公司以及直属机构直接领导的建设项目和企业、事业、行政单位。这些单位的固定资产投资计划由国务院各部门直接编制和下达，统一组织或委托下级实施。包括有中央垂直管理的部门（如国家统计局各级调查队）和中央直属企业、事业单位（如工商银行、中国电信、中国石油）等。

（2）地方 是由省（自治区、直辖市）、地（区、市、州、盟）、县（区、市、旗）三级政府及业务主管部门直接领导和管理的建设项目、企业、事业、行政单位。地方项目还包括不隶属以上各级政府及主管部门的建设项目和企业、事业单位，如外商投资企业和无主管部门的企业等。

固定资产投资按建设性质分 按整个建设项目情况来确定。建设项目的性质一般分为新建、扩建、改建和技术改造、单纯建造生活设施、迁建、恢复、单纯购置。农户投资不划分建设性质。

（1）新建　指从无到有“平地起家”开始建设的项目。现有企业、事业、行政单位投资的项目一般不属于新建。但如有的单位原有基础很小，经过建设后新增的固定资产价值超过该企业、事业、行政单位原有固定资产价值（原值）三倍以上的，也应作为新建。

（2）扩建　指在厂内或其他地点，为扩大原有产品的生产能力（或效益）或增加新的产品生产能力，而增建的生产车间（或主要工程）、分厂、独立的生产线等项目。行政、事业单位在原单位增建业务性用房（如学校增建教学用房、医院增建门诊部、病房等）也作为扩建。

现有企、事业单位为扩大原有主要产品生产能力或增加新的产品生产能力，增建一个或几个主要生产车间（或主要工程）、分厂，同时进行一些更新改造工程的，也应作为扩建。

（3）改建和技术改造　指现有企业、事业单位对原有设施进行技术改造或更新（包括相应配套的辅助性生产、生活福利设施）的建设项目。改建项目包括企业、事业单位为适应市场变化的需要，而改变企业的主要产品种类（如军工企业转民用产品等）的建设项目；原有产品生产作业线由于各工序（车间）之间能力不平衡，为填平补齐充分发挥原有生产能力而增建但不增加主要产品生产能力的建设项目。技术改造是指企业、事业单位在现有基础上用先进的技术代替落后的技术，用先进的工艺和装备代替落后的工艺和装备，以改变企业落后的技术经济面貌，实现以内涵为主的扩大再生产，达到提高产品质量、促进产品更新换代、节约能源、降低消耗、扩大生产规模、全面提高社会经济效益的目的。技术改造具体包括以下内容：机器设备和工具的更新改造；生产工艺改革、节约能源和原材料的改造；厂房建筑和公共设施的改造；保护环境进行的“三废”治理改造；劳动条件和生产环境的改造等。

固定资产投资按构成分

（1）建筑工程　指各种房屋、建筑物的建造工程。这部分投资额必须兴工动料，通过施工活动才能实现，是固定资产投资额的重要组成部分。

（2）安装工程　指各种设备、装置的安装工程。

在安装工程中，不包括被安装设备本身价值。

（3）设备工器具购置　指报告期内购置或自制的，达到固定资产标准的设备、工具、器具的价值。新建单位及扩建单位的新建车间，按照设计或计划要求购置或自制的全部设备、工具、器具，不论是否达到固定资产标准均计入“设备工器具购置”中。

（4）其他费用　指在固定资产建造和购置过程中发生的，除建筑安装工程和设备、工器具购置投资完成额以外的应当分摊计入固定资产投资的费用，不指经营中财务上的其他费用。

Explanatory Notes on Main Statistical Indicators

Investment in Fixed Assets (Excluding Rural Households) refers to the investment in construction projects with a total planned investment of 5 million yuan and over by enterprises of various ownerships, institutions, administrative units and urban self-employed individuals, and the investment in real estate development in both urban and rural areas. Since 2011, it covers the urban investment in fixed assets under the previous statistical coverage plus project investments by rural enterprises and institutions.

Non-governmental Investment in Fixed Assets refers to the investment in the construction or purchase of fixed assets in the territory of the People's Republic of China by domestic-funded enterprises and institutions with collective, private and personal nature and by enterprises and institutions controlled by them (including absolute and relative holding).

Infrastructure Investment refers to projects and facilities that provide basic and popular services for social production and life. It is the basic condition for the survival and development of society. It includes: railway transport, road transport, water transport, air transport, pipeline transport, multimodal transport and transport agent Intermodality and Forwarding Agency, loading and unloading, posts, telecommunications, radio and television and satellite transmission services, Internet and related services, water management industry, ecological protection and environmental governance, public facilities management.

Actual Funds for Investment refer to all kinds of monetary funds used for fixed assets investment. It includes state budget funds, domestic loans, foreign capital utilization, self-raising funds and other funds.

Fund from the State Budget State budget consists of general budget, government fund budget, operation budget of state-owned assets and social security fund budget. Funds for investment in fixed assets from various budgets are reported as fund from the state budget, of which, the general budget utilized on fixed assets investment includes investment on infrastructure construction, vehicle purchase tax, post-disaster restoration and reconstruction funds and other financial investment. Government bonds at all levels should also be included.

Domestic Loans refer to loans of various forms borrowed by investing units from banks and non-bank financial institutions during the reference period for the purpose of investment in fixed assets, including loans issued by banks from their self-owned funds and deposit, loans appropriated by higher responsible authorities, special loans by government (including loan for substituting petroleum with coal, special loans for reform-through-labour coal mines), loans arranged by local government from special funds, domestic reserve loan, and revolving loan, etc.

Foreign Investment refers to overseas (including foreign countries, Hongkong, Macao and Taiwan) funds received during the reference period (covering equipment, materials and technology), including foreign borrowings (loans from foreign governments and international financial institutions, export credit, commercial loans from foreign banks, issue of bonds and stocks overseas), foreign direct investment and other foreign investments (including funds from foreign direct investment income that are reinvested in fixed assets domestically). Excluded from this category is capital in foreign exchanges owned by China (foreign exchanges owned by the central and local governments, foreign exchanges retained by enterprises, foreign exchanges by enterprises through the regulating mechanism, loans in foreign exchanges issued by the Bank of China with its own fund, etc.). In calculating the utilization of foreign capital, foreign currencies are converted into Chinese Renminbi applying the exchange rate (central parity rate) at the end of the reference period.

Self-raised Funds refer to funds for investment in fixed assets received during the reference period by investing units, including investment in fixed assets using own funds of various enterprises and institutions or funds raised from other units other than financial funds, funds borrowed from financial institutions and overseas funds.

Other Funds refer to funds for investment in fixed assets received from sources other than those listed above, including funds raised from individuals and through donations, and funds transferred from other units.

Investment in Fixed Assets by Sector refers to the classification of investment by the nature of social economic activities the investing units are engaged in. The classification of construction projects by sector is determined by the major products or the purpose of the projects when they are put into production or use, and by the nature of their social economic activities, instead of being determined by industrial classification of the project enterprises. The project will be classified according to major product if there are several kinds of products yielded. In general, one project can only be classified into one sector.

Investment in Fixed Assets by Jurisdiction of Management refers to the classification of investment by the competent authorities under which investment is made by construction units, enterprises, institutions or administrative units.

(1) Central investment refers to the investment in projects or by enterprises, institutions or administrative units which are under the direct leadership and management of the State Council and of the national commissions, ministries, agencies and State-owned large corporations. Various ministries and departments of the State Council prepare and implement plans through unified organization or lower-level commissions, which include departments direct under central government (i.e. survey offices at all level of the National Bureau of Statistics) and enterprises and institutions directly under central government (like the Industrial and Commercial Bank of China, China Telecom and China National Petroleum Corporation).

(2) Local investment refers to the investment in projects or by enterprises, institutions or administrative units which are under the direct leadership and management of competent departments and governments at the level of province (autonomous regions and municipalities directly under the Central Government), prefecture （prefectures, cities and leagues） and county (districts, cities and banners). Also included are projects by foreign-invested enterprises and enterprises without competent managing authorities.

Investment in Fixed Assets by Type of Construction Construction projects in general can be classified, by the type of construction, into new construction, expansion, reconstruction and technical transformation, purely construction of living facilities, moving, restoration and purely purchasing. However, investment by type of construction is not applied to investment by real-estate development units and investment by rural households.

(1) New construction in general refers to construction projects, which start from scratch. The existing projects invested by enterprises, institutions and administrative agencies cannot be classified as new construction. In case the size of the existing unit is quite small, and the value of newly added fixed assets is more than three times of the original value, the expansion will be considered as new construction.

(2) Expansion refers to projects of construction of new production workshop, branch factory or independent production line within a factory or in other locations, for the purpose of increasing the production capacity (or improving efficiency) or adding new production capacity. Newly constructed accommodation for the operation of institutions and administrative organizations (such as newly constructed buildings for teaching in schools, buildings for clinics or wards in hospitals, etc.) are also classified as expansion.

Also included in expansion are investments by existing enterprises or institutions in building major production line(s) or branch factory (ies) along with some work on innovation, for the purpose of expanding the production capacity of original products or producing new products.

(3) Reconstruction and technical transformation refers to construction projects by existing enterprises or institutions in innovation or technical transformation of the old facilities (including auxiliary production equipment and welfare facilities). Also considered as reconstruction is the construction of new workshops by the existing enterprises or institutions to change the variety of products to meet the market demand (such as the production of civil products by defence industries), or to bring the designed production capacity into full play through a more balanced production process on production lines. Technical transformation refers to replacement of old technology or equipment by new technology or equipment, in order to expand the reproduction through improvement of technology contents in production, to improve product quality, to promote new products, to save energy, to reduce

consumption, to expand the production scale and to improve overall social-economic efficiency. Contents of technical transformation include: updating of machinery, equipment and tools; reforming production process by using energy or materials saving technology; construction of factory workshops and transformation of public facilities; treatment transformation of "three wastes" (waste gas, waste water and industrial residue) aiming at environmental protection; improvement of working conditions and environment, etc.

Investment in Fixed Assets by Structure

(1) Construction refers to the construction of houses and buildings, also known as work volume of construction. This part of investment can only be achieved through construction activities, it is the major component of the total investment in fixed assets.

(2) Installation refers to the installation of various kinds of equipment and instruments, also known as work volume of installation.

The value of equipment installed itself is not included in the value of installation projects.

(3) Purchase of equipment and instruments refers to the total value of equipment, tools, and instruments purchased or self-produced which come up to the cut-off point for fixed assets during the reference period. Equipment, tools and instruments purchased or self-produced for new workshops by newly established or expanded units are categorized as "purchase of equipment and instruments" no matter whether they come up to the cut-off point for fixed assets.

(4) Other expenses refer to expenses arising during the construction or purchase of fixed assets other than those expenses on construction, installation and purchase of equipment and instruments. Other financial expenses arising in operation are not included.

对外经济贸易

Foreign Trade

6

资料整理：周文瑞

简要说明

一、主要内容

本篇包括河南对外贸易资料，利用外资资料，对外经济合作等资料。

二、统计范围

对外贸易统计的范围是全省各进、出口贸易公司和有进出口经营权的生产企业、外商及港澳台商投资企业、科研机构等辖区内全部有进出口经营权的企业；利用外资统计的范围是辖区内全部外商投资企业、港澳台商投资企业和有外商其他投资的单位；对外经济合作统计范围是经各级商务部门批准的从事对外承包和劳务合作业务并具有法人地位的对外承包劳务企业。对外直接投资统计范围是境内投资主体通过直接投资在境外设立的各类公司型企业和非公司型企业。

三、资料来源

对外贸易、外商投资企业的登记注册情况、对外经济合作和对外直接投资资料采用全面调查方法。对外贸易资料1992年及以后为海关进出口统计数字，由郑州海关提供；利用外资资料中外商投资企业的登记注册情况资料由河南省市场监督管理局提供,其他由河南省商务厅提供；对外经济合作资料和对外直接投资资料由河南省商务厅提供。本篇资料由河南省统计局贸易外经处编辑整理。

Brief Introduction

I. Main Contents

Data in this chapter provide summary data of Henan provincial foreign trade, utilization of foreign capital, economic cooperation with foreign countries.

II. Statistical Scopes

The statistics of foreign trade cover the Henan provincial import and export corporation, the manufacturing enterprises that have right to operate import and export, foreign and Hong Kong, Macao and Taiwan-invested enterprises and scientific research institutions. The statistics of utilization of foreign capital cover the foreign direct investments and other foreign investments, and the basic condition of registration of foreign funded enterprises. The statistics of economic cooperation with foreign countries or territories cover the corporate enterprise engaged in contracted projects and labour services cooperation with foreign countries and has been approved by the department of commerce at various levels. The statistics of foreign direct investment cover overseas corporate and non-corporate enterprises of various forms established by domestic investors through their investment operation.

III. Data Sources

Data on foreign trade, utilization of foreign capital, economic cooperation with foreign countries or territories are calculated through a comprehensive reporting system. Data on foreign trade since 1992 and later are calculated by Zhengzhou Customs. Data on utilization of foreign capital are calculated by the Henan provincial bureau of Commerce, data on registered cases of foreign-invested enterprises are calculated by the administration for market regulation of Henan Province. Data on overseas direct investment and economic cooperation with foreign countries or territories are calculated by the Henan provincial bureau of Commerce. Data in this chapter are provided by the Department of Trade and External Economic Relations of the Henan provincial bureau of Statistics.

6-1 对外经济贸易基本情况

Foreign Trade and Economic Cooperation

指　标	Item	2005	2010	2015	2018	2019	2020
货物进出口总值(亿元)	**Total Value of Imports and Exports (RMB 100 million)**	**626.54**	**1204.40**	**4600.19**	**5512.71**	**5711.63**	**6654.80**
出口总额	Total Exports	413.12	713.13	2684.03	3578.99	3754.64	4075.00
进口总额	Total Imports	213.42	491.27	1916.16	1933.73	1956.99	2579.90
进出口差额	Balance	199.71	221.86	767.86	1645.26	1797.65	1495.10
货物进出口总额(亿美元)	**Total Value of Imports and Exports (USD 100 million)**	**77.36**	**177.92**	**737.81**	**828.19**	**824.45**	**972.05**
出口总额	Total Exports	51.01	105.34	430.61	537.67	541.93	592.96
进口总额	Total Imports	26.35	72.57	307.19	290.52	282.52	379.08
进出口差额	Balance	24.66	32.77	123.42	247.16	259.41	213.88
外商直接投资合同项目(个)	**Number of Projects for Contracted Foreign Direct Investment (unit)**	**472**	**362**	**272**	**217**	**214**	**266**
实际使用外资额(亿美元)	**Total Amount of Foreign Investment Actually Utilized (USD 100 million)**	**23.52**	**62.47**	**160.86**	**179.02**	**187.27**	**200.65**
#外商直接投资	Foreign Direct Investments	12.30	62.47	160.86	179.02	187.27	200.65
外资企业基本情况	**Registered Foreign-funded Enterprises**						
年末实有企业数(户)	Number of Registered Enterprise in the Year-end (unit)	2877	2459	2154	2466	2629	2415
投资总额(亿美元)	Total Investment (USD 100 million)	206.41	378.66	687.10	1106.28	1163.07	1114.18
注册资本(亿美元)	Registered Capital (USD 100 million)	112.29	205.35	348.16	593.98	713.09	779.44
#外方	Capital from Foreign Investors	75.34	148.66	248.44	446.98	507.86	584.08
对外经济合作(亿美元)	**Economic Cooperation with Foreign Countries & Regions (USD 100 million)**						
合同金额	Contracted Value	6.29	25.26	43.35	37.44	44.27	49.65
完成营业额	Value of Turnover Fulfilled	4.99	23.23	48.32	34.48	41.63	34.64

6-2 进出口总额
Total Value of Imports and Exports

年份 Year	美元(亿美元) (USD 100 million)				人民币(亿元) (RMB 100 million)			
	进出口总额 Total Imports & Exports	出口总额 Total Exports	进口总额 Total Imports	顺差 Balance	进出口总额 Total Imports & Exports	出口总额 Total Exports	进口总额 Total Imports	顺差 Balance
1978	1.18	1.02	0.16	0.86	1.99	1.72	0.27	1.45
1979	1.54	1.34	0.20	1.14	2.39	2.08	0.31	1.77
1980	2.26	2.04	0.22	1.83	3.40	3.07	0.33	2.74
1981	2.85	2.49	0.35	2.14	4.29	3.75	0.53	3.22
1982	2.88	2.55	0.33	2.22	5.44	4.81	0.62	4.19
1983	3.04	2.80	0.25	2.55	6.02	5.54	0.49	5.05
1984	3.82	3.42	0.40	3.01	8.90	7.96	0.94	7.02
1985	4.50	3.67	0.83	2.84	16.74	13.66	3.08	10.58
1986	5.07	4.53	0.54	3.99	18.85	16.84	2.01	14.83
1987	7.47	6.54	0.93	5.61	27.80	24.34	3.46	20.88
1988	8.50	7.51	0.99	6.51	31.61	27.92	3.69	24.23
1989	9.85	8.19	1.66	6.53	33.52	30.47	3.05	27.42
1990	10.04	8.67	1.37	7.30	48.18	41.61	6.57	35.04
1991	12.15	10.43	1.72	8.71	64.39	55.28	9.11	46.17
1992	11.62	8.16	3.46	4.71	63.33	44.49	18.84	25.65
1993	13.14	7.55	5.59	1.97	75.70	43.51	32.19	11.33
1994	16.32	10.22	6.10	4.13	139.86	87.62	52.24	35.39
1995	22.29	13.58	8.72	4.86	186.14	113.36	72.78	40.58
1996	19.69	12.40	7.29	5.11	163.19	102.80	60.40	42.40
1997	18.97	12.87	6.10	6.76	157.26	106.66	50.60	56.06
1998	17.32	11.87	5.45	6.42	143.58	98.38	45.20	53.18
1999	17.50	11.29	6.22	5.07	144.94	93.47	51.46	42.01
2000	22.75	14.93	7.81	7.12	188.36	123.65	64.71	58.95
2001	27.93	17.15	10.77	6.38	231.13	141.99	89.15	52.84
2002	32.04	21.19	10.85	10.34	265.25	175.43	89.82	85.62
2003	47.16	29.80	17.36	12.44	390.52	246.78	143.74	103.04
2004	66.13	41.76	24.37	17.39	547.59	345.78	201.81	143.97
2005	77.36	51.01	26.35	24.66	626.54	413.12	213.42	199.71
2006	97.96	66.35	31.61	34.74	780.91	528.92	251.99	276.94
2007	128.05	83.91	44.13	39.78	980.39	642.48	337.91	304.57
2008	174.79	107.19	67.60	39.58	1223.80	750.47	473.33	277.15
2009	134.38	73.46	60.92	12.55	917.98	501.84	416.14	85.70
2010	177.92	105.34	72.57	32.77	1204.40	713.13	491.27	221.86
2011	326.42	192.40	134.02	58.39	2071.20	1220.83	850.36	370.47
2012	517.50	296.78	220.72	76.05	3260.27	1869.71	1390.56	479.15
2013	599.57	359.87	239.70	120.17	3716.51	2231.21	1485.30	745.91
2014	650.33	393.84	256.49	137.35	3994.36	2418.81	1575.55	843.25
2015	737.81	430.61	307.19	123.42	4600.19	2684.03	1916.16	767.86
2016	712.26	428.34	283.92	144.42	4714.70	2835.34	1879.35	955.99
2017	776.13	470.29	305.84	164.45	5232.79	3171.81	2060.98	1110.84
2018	828.19	537.67	290.52	247.16	5512.71	3578.99	1933.73	1645.26
2019	824.45	541.93	282.52	259.41	5711.63	3754.64	1956.99	1797.65
2020	972.05	592.96	379.08	213.88	6654.80	4075.00	2579.90	1495.10

注：本表1991年及以前年度为有关部门统计数据，从1992年开始为海关进出口数据。
a) Data before 1991 are obtained from the related Department, and the data since 1992 are obtained from the customs statistics.

6-3 各种分组的进出口总值

Total Value of Imports and Exports by Group

单位：亿元 (RMB 100 million)

项　目	Item	进出口总值 Total Value of Imports and Exports		#出口总值 Exports Trade	
		2019	2020	2019	2020
合　计	**Total**	**5711.63**	**6654.80**	**3754.64**	**4075.00**
按贸易方式分	**By trade system**				
一般贸易	General Trade	2005.53	2190.90	1358.35	1517.00
援助物资	Aid Material	0.05			
加工贸易	Processing Trade	3587.55	4195.60	2341.95	2493.30
#来料加工贸易	Processing Trade with Customer's Materials	10.01	16.30	6.35	10.20
进料加工贸易	Processing Trade with Imported Materials	3577.54	4179.30	2335.60	2483.10
对外承包工程出口	Export of Contracted Projects	14.51	11.00	14.51	11.00
三资企业投资设备进口	Import of Machines Invested by Equrty Joint Venture, Contractual Joint Venture, Wholly Foreign-owned Enterprise	1.09	0.20		
保税监管场所进出境货物	Inbound and Outbound Goods in Bounded Areas	22.61	61.20	4.42	22.30
其他贸易方式	Other Trade System	80.33	195.90	35.40	31.40
按注册类型分	**By Registration**				
国有企业	State-owned Enterprises	452.88	478.40	179.18	161.70
外商投资企业	Foreign Investment	3543.22	4100.70	2322.09	2437.30
合作	Cooperative Operation	2.16	0.90	0.73	0.40
合资	Equity Joint Ventures	3466.98	4019.60	2268.69	2395.80
独资	Sole Proprietorship	74.09	80.20	52.67	41.10
民营企业	Private Enterprise	1696.36	2020.70	1236.25	1422.40
其他企业	Others	19.16	55.00	17.11	53.60

6-4 河南向一些国家(地区)进出口总值

Total Value of Imports and Exports To Related Countries and Regions

单位：亿元 (RMB 100 million)

国家(地区)名称	Country (Region)	进出口总值 Total Imports & Exports		#出口 Exports	
		2019	2020	2019	2020
合　计	**Total**	**5711.63**	**6654.80**	**3754.64**	**4075.00**
亚洲	**Asia**	**2678.72**	**3203.70**	**1283.62**	**1264.50**
韩国	South Korea	373.41	481.90	133.35	121.30
日本	Japan	293.61	331.50	199.94	213.60
中国	China	177.97	203.20		
台湾省	Taiwan	457.52	693.30	34.07	38.10
越南	Vietnam	337.10	465.80	67.62	59.20
中国香港	Hong Kong, China	210.61	208.60	210.31	208.30
非洲	**Africa**	**210.14**	**182.70**	**160.85**	**133.60**
南非	South Africa	33.02	24.80	27.25	19.70
贝宁	Benin	16.98	1.40	16.54	1.40
欧洲	**Europe**	**861.80**	**1188.30**	**735.60**	**1033.10**
荷兰	Holland	222.84	312.40	218.32	306.60
德国	Germany	109.99	185.50	81.71	152.90
英国	United Kingdom	144.74	187.00	135.67	178.20
俄罗斯联邦	Russia	96.20	128.10	74.65	91.20
意大利	Italy	56.26	65.00	49.90	56.40
拉丁美洲	**Latin America**	**393.23**	**445.50**	**167.14**	**179.00**
巴西	Brazil	103.85	121.00	57.76	70.50
墨西哥	Mexico	120.84	151.00	41.71	39.80
智利	Chile	55.61	70.30	16.08	15.90
北美洲	**North America**	**1375.61**	**1434.40**	**1325.68**	**1368.90**
美国	United States	1271.29	1334.50	1235.54	1284.00
加拿大	Canada	104.32	99.90	90.13	84.80
大洋洲	**Oceania**	**189.60**	**198.40**	**81.76**	**95.90**
澳大利亚	Australia	175.73	187.20	76.47	89.30
新西兰	New Zealand	8.67	9.50	4.17	5.50

6-5 人民币汇率(年平均价)

Exchange Rate of Renminbi (Annual Average)

单位：元 (yuan)

年 份 Year	100美元 100 US Dollars	100日元 100 Japanese Yen	100港元 100 Hong Kong Dollars	100欧元 100 Euros
1985	293.66	1.2457	37.57	
1986	345.28	2.0694	44.22	
1987	372.21	2.5799	47.74	
1988	372.21	2.9082	47.70	
1989	376.51	2.7360	48.28	
1990	478.32	3.3233	61.39	
1991	532.33	3.9602	68.45	
1992	551.46	4.3608	71.24	
1993	576.20	5.2020	74.41	
1994	861.87	8.4370	111.53	
1995	835.10	8.9225	107.96	
1996	831.42	7.6352	107.51	
1997	828.98	6.8600	107.09	
1998	827.91	6.3488	106.88	
1999	827.83	7.2932	106.66	
2000	827.84	7.6864	106.18	
2001	827.70	6.8075	106.08	
2002	827.70	6.6237	106.07	800.58
2003	827.70	7.1466	106.24	936.13
2004	827.68	7.6552	106.23	1029.00
2005	819.17	7.4484	105.30	1019.53
2006	797.18	6.8570	102.62	1001.90
2007	760.40	6.4632	97.46	1041.75
2008	694.51	6.7427	89.19	1022.27
2009	683.10	7.2986	88.12	952.70
2010	676.95	7.7279	87.13	897.25
2011	645.88	8.1050	82.97	900.11
2012	631.25	7.9037	81.38	810.67
2013	619.32	6.3323	79.85	822.19
2014	614.28	5.8196	79.22	816.51
2015	622.84	5.1543	80.34	691.41
2016	664.23	6.1243	85.58	734.26
2017	675.18	6.0200	88.64	763.03
2018	661.74	5.9890	84.43	780.16
2019	689.85	6.3347	88.05	772.55
2020	689.76	6.4626	88.93	787.55

注：数据来源于国家外汇管理局。

a) Data are from State Administration of Foreign Exchange.

6-6 外商和港澳台商直接投资情况

Foreign, Hong Kong, Macao and Taiwan's Direct Investments

单位：万美元 (USD 10 000)

年 份 Year	签订协议(合同) New Signed Agreement		实际利用外资额			
	个 数 Number of Projects(unit)	金 额 Value	Actually Utilized Foreign Value	#独资经营 Foreign Investment Enterprises	#合资经营 Equity Joint Venture	#合作经营 Contractual Joint Venture
1985	29	6870	565		541	24
1986	14	2724	605		542	63
1987	31	12562	467	31	244	192
1988	38	1986	6436		6268	168
1989	36	1681	4266	37	4199	30
1990	50	2107	1049	75	708	266
1991	154	12716	3791	294	3214	283
1992	1053	88327	10691	717	9655	319
1993	1727	157768	34197	5190	27338	1669
1994	1011	79168	42488	7168	32008	3312
1995	815	86748	47981	5064	42121	796
1996	478	92166	52566	7543	36831	8192
1997	423	86799	64735	14096	30159	20480
1998	353	57333	61794	6198	36356	19240
1999	264	61832	49527	8185	32317	9025
2000	237	69921	53999	4459	27292	6248
2001	224	62188	35861	9510	20685	5666
2002	290	101964	45165	9860	29592	5713
2003	324	182560	56149	16628	32970	5911
2004	478	205383	87367	39866	36071	11430
2005	472	235176	122960	48312	54698	10267
2006	497	336788	184526	89313	81926	8702
2007	516	483538	306162	150935	97847	18572
2008	364	604146	403266	203739	94822	14715
2009	274	492055	479858	284554	163957	27023
2010	362	578385	624670	366770	191196	58545
2011	355	767752	1008209	593537	322191	84563
2012	363	1172936	1211777	766291	368604	76373
2013	344	1154233	1345659	888056	411544	28321
2014	328	1183590	1492688	893738	537869	25846
2015	272	737323	1608637	963356	536546	33182
2016	196	875349	1699312	989249	628254	10981
2017	210	864691	1722428	1056063	575019	8140
2018	217	682233	1790214	1089743	630272	733
2019	214	413554	1872727	1117947	687365	16375
2020	266	272853	2006476	1084571	754526	12565

6-7 外商和港澳台商在豫直接投资(2020年)

Direct Investment From Foreign, Hong Kong, Macao and Taiwan Businessmen in Henan (2020)

项 目	Item	新签协议 New Signed Agreement		实际投资(万美元)
		合同个数(个) Number of Contracts (unit)	投资额(万美元) Investments Value (USD 10 000)	Actually Investments (USD 10 000)
总 计	**Total**	**266**	**272853**	**2006476**
按登记注册类型分	**By Registration**			
#合资经营	Equity Joint Venture	83	140852	754526
合作经营	Contractual Joivt Venture		2088	12565
独资	Foreign Investment Enterprises	178	129567	1084571
股份有限公司	FDI Shareholding Inc		193	93607
按国民经济行业分	**By Sector**			
#农、林、牧、渔业	Agriculture, Forestry, Animal Husbandry and Fishery	9	11136	59591
采矿业	Mining	1	170	51514
制造业	Manufacturing	38	33472	936552
电力、燃气及水的生产和供应业	Production and Supply of Electricity,Gas and Water	11	38545	281928
建筑业	Construction	6	2952	34649
交通运输、仓储及邮政业	Transport, Storage and Post	6	7043	63634
信息传输、计算机服务和软件业	Information Transimission, Computer Services and Software	7	1769	6799
批发和零售业	Wholesale and Retail Trade	59	23600	57089
住宿和餐饮业	Hotels and Catering Sevrices	3	45	14815
金融业	Financial Intermediation	2	13165	15087
房地产业	Real Estate	14	73172	273603
租赁和商务服务业	Leasing and Business Services	40	24734	96197
科学研究、技术服务和地质勘查业	Scientific Research, Technical Service and Geologic Perambulation	56	14605	28318
水利、环境和公共设施管理业	Management of Water Conservancy, Environment and Public Facilities	4	900	8775
居民服务和其他服务业	Services to Households and Other Services	1	238	18968
教育	Education			1930
卫生、社会保障和社会福利业	Health, Social Security and Social Welfare	3	19552	19579
文化、体育和娱乐业	Culture, Sports and Entertainment	6	7754	37448
按地区、国别分	**By Country or Region**			
香港	Hong Kong, China	107	144685	1335583
台湾	Taiwan	34	4779	115024
加拿大	Canada	11	1399	10789
日本	Japan	2	623	45810
英国	United Kingdom	3	1198	78842
美国	America	11	4894	68235
新加坡	Singapore	14	28693	76547
德国	Germany	6	1017	24820
韩国	South Korea	8	1448	17122

6-8 各市外商和港澳台商在豫直接投资金额

Direct Investment from Foreign, Hong Kong, Macao and Taiwan in Henan by City

单位：万美元 (USD 10 000)

市 City	新签协议(合同)金额 Value of New Signed Agreement (Contract)		实际利用外资 Actually Utilized Foreign Capital	
	2019	2020	2019	2020
全省 Total	**413554**	**272853**	**1872727**	**2006476**
省辖市 City				
郑州市 Zhengzhou	239298	115032	440542	465851
开封市 Kaifeng	17955	4376	71810	77930
洛阳市 Luoyang	12011	5996	290822	309483
平顶山市 Pingdingshan	7786	5598	50488	54997
安阳市 Anyang	692	98	55175	58511
鹤壁市 Hebi	4746	7272	87812	93696
新乡市 Xinxiang	10488	17901	121560	131875
焦作市 Jiaozuo	1533	16828	88414	95175
濮阳市 Puyang	2730	10580	69031	73189
许昌市 Xuchang	10905	9514	79165	84467
漯河市 Luohe	53940	19392	97880	112441
三门峡市 Sanmenxia	1192	4209	115904	123674
南阳市 Nanyang	4651	16359	65302	68814
商丘市 Shangqiu	11757	4368	42108	45318
信阳市 Xinyang	2830	7778	57480	61963
周口市 Zhoukou	9434	20150	58604	63061
驻马店市 Zhumadian	20350	5718	44024	46973
济源市 Jiyuan	1256	1684	36606	39056
省直管县 County Directly Administrated by Province				
巩义市 Gongyi	822		34350	35400
兰考县 Lankao		1458	8065	8884
汝州市 Ruzhou	3020		7664	8183
滑县 Huaxian		15	1250	1907
长垣市 Changyuan	2530	6929	20680	27527
邓州市 Dengzhou	20	6081	1800	236
永城市 Yongcheng	11520	46	4796	5248
固始县 Gushi		2675	3098	4078
鹿邑县 Luyi		578	746	885
新蔡县 Xincai	2973		554	1325

6-9 外商和港澳台商投资企业(单位)注册登记情况

Registration Status of Foreign, Hong Kong, Macao and Taiwan Funded Enterprises

指　标	Item	2005	2010	2015	2018	2019	2020
年末实有企业数(户)	**Number of Registered Enterprise in the Year-end (unit)**	**2877**	**2459**	**2154**	**2466**	**2629**	**2415**
与外商和港澳台商合资经营	Equity Joint Venture	1717	1251	974	1082	1151	1041
与外商和港澳台商合作经营	Contractual Joint Venture	292	181	118	108	108	96
外商和港澳台商独资	Wholly owned Enterprise	860	1006	1027	1231	1325	1270
外商和港澳台商投资股份有限公司	FDI Shareholding Inc	8	21	35	45	45	8
年末实有企业投资总额(亿美元)	**Total Investments (100 million USD)**	**206.41**	**378.66**	**687.10**	**1106.28**	**1163.07**	**1114.18**
注册资本(亿美元)	**Registered Capital (100 million USD)**	**112.29**	**205.35**	**348.16**	**593.98**	**713.09**	**779.44**
#外方	Capital Invested by Foreign Partner	75.34	148.66	248.44	446.98	507.86	584.08
本年登记企业数(户)	**Number of Registered Enterprise in the Year (unit)**	**420**	**252**	**154**	**226**	**244**	**115**
中外合资	Joint-venture Enterprises	212	91	52	96	97	2
中外合作	Cooperation Enterprises	39	19	3	1	1	
外商独资	Wholly Foreign-owned Enterprise	169	142	98	129	145	111
中外股份公司	Share-holding Corporations			1		1	2
本年注册企业投资总额(亿美元)	**Total Investments of Registered Enterprise in the Year (100 million USD)**	**40.10**	**50.75**	**41.21**	**125.99**	**80.34**	**7.97**
本年注册资本(亿美元)	**Registered Capital ih the Year (100 million USD)**	**20.18**	**27.00**	**21.62**	**97.12**	**55.71**	**7.52**
#外方	Capital Invested by Foreign Partner	15.28	22.55	18.64	67.33	48.86	7.17

注：2020年国家市场监管总局统计报表制度改版，口径与原来不一致。

a) The statistical statement system of the state administration for market regulation has been revised, and the caliber is inconsistent with the original. Data on the total investments of registered enterprise and the registered capital in the year are not comparable with the previous years in 2020.

6-10 各市外商和港澳台商投资企业登记注册情况(2020年)

Registration Status of Foreign, Hong Kong, Macao and Taiwan Funded Enterprises by City (2020)

市	City	年末实有企业数(个，含分公司) Real Number of Enterprises by the end of the year (unit, including branch company)	年末实有企业投资总额(万美元) Realized Investment by the end of the year (USD 10 000)	本年登记企业数(个，含分公司) Registered Enterprises in the year (unit, including branch company)	本年注册企业投资总额(万美元) Total Value of Investment by Registered Enterprises This Year (USD 10 000)	累计注销企业数(个) Accumulative Number of Deregistered Enterprises (unit)
全省	**Total**	**2415**	**11141757**	**115**	**79743**	**1380**
河南省(省级)	**Provincial**	**139**	**1003265**			**120**
郑州市	Zhengzhou	815	4123717	49	18015	563
开封市	Kaifeng	121	163930	3	4653	48
洛阳市	Luoyang	202	910026	9		117
平顶山市	Pingdingshan	77	429582	4	3517	19
安阳市	Anyang	56	244140			49
鹤壁市	Hebi	42	124919	3	1100	23
新乡市	Xinxiang	115	917797	9	2000	56
焦作市	Jiaozuo	81	293868	2	289	63
濮阳市	Puyang	55	108179	3		52
许昌市	Xuchang	89	241497	7	5316	29
漯河市	Luohe	64	193518	4	2991	58
三门峡市	Sanmenxia	46	339065			24
南阳市	Nanyang	126	460691	8	3680	46
商丘市	Shangqiu	67	235203	1	70	20
信阳市	Xinyang	46	376677	3	745	27
周口市	Zhoukou	57	185233	3	143	21
驻马店市	Zhumadian	84	261703	1	15000	24
济源市	Jiyuan	24	48919	1		6
省直管县	**County Directly Administrated by Province**					
巩义市	Gongyi	18	27883			
兰考县	Lankao	14	113718			3
汝州市	Ruzhou	7	91205			
滑县	Huaxian	10	66209	2		
长垣市	Changyuan	12	21663			7
邓州市	Dengzhou	13	42946	1	2	3
永城市	Yongcheng	15	79161	1	0	
固始县	Gushi	9	11759	1	1	2
鹿邑县	Luyi	5	18077			
新蔡县	Xincai	6	7204			

6-11 对外国和港澳台地区投资
Investment to Foreign, Hong Kong, Macao and Taiwan

项　目	Item	2010	2015	2018	2019	2020
对外投资项目备案个数	Number of Foreign Investment Projects on Record	62	92	126	110	92
中方新签协议(合同)	Investments of New Agreement (Contract)					
投资额(万美元)	Signed by China (USD 10 000)	53132	232461	223682	143358	123186
年末已建成投产(开业)	Number of Business Completed and					
企业数(个)	Put into Use in the Year-end (unit)	288	561	827	638	569

6-12 对外承包工程和劳务合作
Contracted Projects and Labor Cooperation with Foreign Countries or Regions

指　标	Item	2010	2015	2018	2019	2020
签订合同数(个)	Number of Contracts Signed (unit)	860	151	231	258	239
签订合同金额(亿美元)	Contracted Value (USD 100 million)	25.26	43.35	37.44	44.27	49.65
营业额(亿美元)	Value of Business (USD 100 million)	23.23	48.32	34.48	41.63	34.64
派出人员(人次)	Person Send Abroad (person-time)	32350	70243	31761	28580	9466
年底在外人员(人)	Number of Abroad Person at Year-end (person)	56251	101289	63336	56608	25113

6-13 各市利用省外资金情况

Direct Investment by Other Provinces in Henan by City

单位：亿元 (100 million yuan)

市 City	新签协议(合同)金额 Value of New Signed Agreement (Contract)		实际利用省外资金 Actually utilized Foreign Capital	
	2019	2020	2019	2020
全 省 Total	**24136.1**	**23711.0**	**9993.8**	**10327.3**
省辖市 City				
郑州市 Zhengzhou	3421.7	1851.7	1175.9	1214.9
开封市 Kaifeng	1219.8	1088.3	638.1	659.3
洛阳市 Luoyang	1228.7	1257.9	838.4	866.0
平顶山市 Pingdingshan	2290.4	1772.3	599.1	619.2
安阳市 Anyang	1142.4	1387.7	744.9	770.4
鹤壁市 Hebi	1169.4	1516.8	342.9	354.8
新乡市 Xinxiang	1511.2	1365.3	700.4	724.0
焦作市 Jiaozuo	1362.9	1746.6	679.9	702.4
濮阳市 Puyang	634.0	536.7	254.3	263.1
许昌市 Xuchang	1296.5	1202.1	528.5	546.2
漯河市 Luohe	687.6	1019.8	265.1	274.2
三门峡市 Sanmenxia	791.0	717.0	417.9	432.2
南阳市 Nanyang	932.1	1210.4	609.6	629.4
商丘市 Shangqiu	2362.4	2260.6	759.2	783.6
信阳市 Xinyang	884.0	1009.0	293.2	303.3
周口市 Zhoukou	1148.7	1433.7	606.4	626.0
驻马店市 Zhumadian	1664.4	1739.6	315.9	326.9
济源市 Jiyuan	388.9	595.5	224.1	231.4
省直管县 County Directly Administrated by Province				
巩义市 Gongyi	79.2	86.9	85.1	88.3
兰考县 Lankao	182.2	116.9	74.1	76.7
汝州市 Ruzhou	164.5	158.0	81.4	84.0
滑县 Huaxian	83.3	174.8	74.0	76.5
长垣市 Changyuan	403.3	209.8	57.0	59.1
邓州市 Dengzhou	37.9	87.1	57.7	59.5
永城市 Yongcheng	113.8	202.3	72.2	74.6
固始县 Gushi	46.1	62.2	37.4	38.5
鹿邑县 Luyi	129.0	102.3	74.9	77.5
新蔡县 Xincai	76.7	108.5	23.5	24.2

主要统计指标解释

货物进出口总额 指实际进出我国国境的货物总金额。包括对外贸易实际进出口货物，来料加工装配进出口货物，国家间、联合国及国际组织无偿援助物资和赠送品，华侨、港澳台同胞和外籍华人捐赠品，租赁期满归承租人所有的租赁货物，进料加工进出口货物，边境地方贸易及边境地区小额贸易进出口货物(边民互市贸易除外)，中外合资企业、中外合作经营企业、外商独资经营企业进出口货物和公用物品，到、离岸价格在规定限额以上的进出口货样和广告品(无商业价值、无使用价值和免费提供出口的除外)，从保税仓库提取在中国境内销售的进口货物，以及其他进出口货物。进出口总额用以观察一个国家在对外贸易方面的总规模。我国规定出口货物按离岸价格统计，进口货物按到岸价格统计。

利用外资 指我国各级政府、部门、企业和其他经济组织通过对外借款、吸收外商直接投资以及用其他方式筹措的境外现汇、设备、技术等。

外商直接投资 是指外国投资者在我国境内通过设立外商投资企业、合伙企业、与中方投资者共同进行石油资源的合作勘探开发以及设立外国公司分支机构等方式进行投资。外国投资者可以用现金、实物、无形资产、股权等投资，还可以用从外商投资企业获得的利润进行再投资。

外商其他投资 指除对外借款和外商直接投资以外的各种利用外资的形式。包括企业在境内外股票市场公开发行的以外币计价的股票（目前主要是在香港证券市场发行的H股和在境内证券市场发行的B股）发行价总额，国际租赁进口设备的应付款，补偿贸易中外商提供的进口设备、技术、物料的价款，加工装配贸易中外商提供的进口设备、物料的价款。

对外承包工程 指各对外承包公司以招标议标承包方式承揽的下列业务：⑴承包国外工程建设项目，⑵承包我国对外经援项目，⑶承包我国驻外机构的工程建设项目，⑷承包我国境内利用外资进行建设的工程项目，⑸与外国承包公司合营或联合承包工程项目时我国公司分包部分，⑹对外承包兼营的房屋开发业务。对外承包工程的营业额是以货币表现的本期内完成的对外承包工程的工作量，包括以前年度签订的合同和本年度新签订的合同在报告期内完成的工作量。

对外劳务合作 指以收取工资的形式向业主或承包商提供技术和劳动服务的活动。我国对外承包公司在境外开办的合营企业，中国公司同时又提供劳务的，其劳务部分也纳入劳务合作统计。劳务合作营业额按报告期内向雇主提交的结算数(包括工资、加班费和奖金等)统计。

旅游人数

(1)入境旅游人数：指报告期内来我国观光、度假、探亲访友、就医疗养、购物、参加会议或从事经济、文化、体育、宗教活动的外国人、港澳台同胞等入境游客。统计时，外国人、港澳台同胞每入境一次统计1人次。

(2)出境人数：指中国（大陆）居民因公或因私出境前往其他国家、中国香港特别行政区、澳门特别行政区和台湾省观光、度假、探亲访友、就医疗养、购物、参加会议或从事经济、文化、体育、宗教活动的人数，即出境游客。统计时，按每出境一次统计1人次。

(3)国内旅游人数：指在报告期内在中国（大陆）观光游览、度假、探亲访友、就医疗养、购物、参加会议或从事经济、文化、体育、宗教活动的中国（大陆）居民人数，其出游的目的不是通过所从事的活动谋取报酬。统计时，国内游客按每出游一次统计1人次。

国际旅游(外汇)收入 指入境游客在中国（大陆）境内旅行、游览过程中用于交通、参观游览、住宿、餐饮、购物、娱乐等全部花费。

国内旅游收入 指国内游客在国内旅行、游览过程中用于交通、参观游览、住宿、餐饮、购物、娱乐等全部花费。

星级饭店 指设备、设施、服务符合《旅游饭店星级的划分与评定》(GB/T14308—2010)，通过相关旅游管理部门评定，并取得星级饭店称号的饭店。

Explanatory Notes on Main Statistical Indicators

Total Imports and Exports of Goods refer to the real value of commodities imported into and exported from the boundary of China. They include the actual imports and exports through foreign trade, imported and exported goods under the processing and assembling trades and materials, supplies and gifts as aid given gratis between governments and by the United Nations and other international organizations, and contributions donated by overseas Chinese, compatriots in Hong Kong and Macao and Chinese with foreign citizenship, leasing commodities owned by tenant at the expiration of leasing period, the imported and exported commodities processed with imported materials, commodities trading in border areas(excluding mutual exchange goods), the imported and exported commodities and articles for public use of the Sino-foreign joint ventures, cooperative enterprises and ventures exclusively with foreign own investment. Also included are import or export of samples and advertising goods for whose CIF or FOB value are beyond the permitted ceiling (excluding goods of no trading or use value and free commodities for export), imported goods sold in China from bonded warehouses and other imported or exported goods. The indicator of the total imports and exports at customs can be used to observe the total size of external trade in a country. In accordance with the stipulation of the Chinese government, imports are calculated at CIF, while exports are calculated at FOB.

Utilization of Foreign Capital refers to remittance, equipment and technology financed from abroad, by loans, foreign direct investment and other forms undertaken by the Chinese governments at all levels, by various departments, enterprises and other economic units.

Direct Investment by Foreign Entrepreneurs refers to foreign investment in China through the establishment of foreign invested enterprises, cooperative exploration and development of petroleum resources with domestic investors and the establishment of branch organizations of foreign enterprises. Foreign investment can be made in forms of cash, physical investment, intangible assets and equity, in addition with reinvestment of the foreign enterprises with the profits gained from the investment.

Other Investment by Foreign Entrepreneurs refers to all forms of utilization of foreign capitals other than foreign borrowings and foreign direct investment. It includes the total value of stock shares in foreign currencies issued by enterprises at domestic or foreign stock exchanges (now mainly consisting of H shares issued at Hong Kong Security Market and B shares issued at domestic security markets), rent payable for the imported equipment through international leasing arrangement, cost of imported equipment, technology and materials provided by foreign counterparts in compensation trade and processing and assembly trade.

Contracted Projects with Foreign Countries refer to projects undertaken by Chinese contractors (project contracting companies) through bidding process. They include: (1) overseas civil engineering construction projects financed by foreign investors; (2) overseas projects financed by the Chinese government through its foreign aid programs; (3) construction projects of Chinese diplomatic missions, trade offices and other institutions stationed abroad; (4) construction projects in China financed by foreign investment; (5)sub-contracted projects to be taken by Chinese contractors through a joint umbrella project with foreign contractor's); (6)housing development projects. The business income from international contracted projects is the work volume of contracted projects completed during the reference period, expressed in monetary terms, including completed work on projects signed in previous years.

Service Cooperation with Foreign Countries refers to the activities of providing technology and labor services to employers or contractors in the forms of receiving salaries and wages. Labor services providing by contractual joint ventures of Chinese international contracting corporations should be included in the statistics of service co-operation with foreign countries. The business income of labor service co-operation is the income in the form of wages and salaries, overtime pay, bonuses and other remuneration received from the employers during the reference period.

Number of Tourists

(1) Visitor arrivals refer to the number of foreigners, Chinese compatriots from Hong Kong, Macao and Taiwan Chinese (mainland) who come to China (mainland) for sight-seeing, vacation, visiting relatives, medical treatment, shopping, attending conference, or to engage in economic, cultural, sports and religious activities. In compiling statistics, each time of entering China is counted as one person-time.

(2) Number of Chinese residents going abroad refer to the number of Chinese (mainland) residents going to other countries, Hong Kong Special Administrative region, Macao Special Administrative region and Taiwan for on official or private purposes, for sight-seeing, vacation, visiting relatives, medical treatment, shopping, attending conference, or to engage in economic, cultural, sports and religious activities. In compiling statistics, each time of leaving is counted as one person-time.

(3) Number of domestic tourists refers to the number Of Chinese (mainland) residents who travel within China (mainland) for sight-seeing, vacation, visiting relatives, medical treatment, shopping, attending conference, or to engage in economic, cultural, sports and religious activities. In compiling statistics, each time of traveling is counted as one person-time.

Foreign Exchange Earnings from International Tourism refer to the total expenditure of foreigners, overseas Chinese, Chinese compatriots from Hong Kong, Macao and Taiwan during their stay in the mainland of China on transportation, sighting, accommodation, food, shopping and entertainment.

Income from Domestic Tourism refer to expenditure of domestic tourists on transportation, sighting, accommodation, food, shopping and entertainment while they travel.

Star-rated Hotels refer to hotels rated with stars as assessed by the relevant tourism authorities according to GB/T14308-2010 standard with reference to their infrastructure, facilities and service levels.

能源
Energy

7

◉ 资料整理：杨琳

简要说明

一、主要内容

本篇包括能源生产、消费及品种构成，能源生产和消费弹性系数、能源加工转换效率、单位能耗、规模以上工业分行业主要能源品种的购进、消费及库存，主要耗能工业企业单位产品能源消耗，水资源消耗和电力消耗等资料。

二、统计范围

本篇统计范围为全社会或规模以上工业法人企业(年主营业收入达到2000万元及以上)。

三、资料来源

本篇数据来自能源平衡表以及规模以上工业企业能源购进、消费、库存统计年报、主要耗能工业企业单位产品能源消费情况表、工业企业用水情况年报。7-19表数据来自省电力公司。

四、关于计算方法与数据修订的说明

1.能源生产与消费弹性系数分别以能源生产、消费增长速度与国内生产总值增长速度相比求得。

2.能源平衡表中，电力折算标准煤系数按平均发电煤耗计算。

3.能源加工转换效率表中，电力折算标准煤系数采用当量值计算，每千瓦小时折0.1229千克标准煤。

4.GDP按可比价格计算。

5.2010年、2015年以来相关数据根据第三、第四次经济普查结果进行修订。

Brief Introduction

I. Main Contents

Data in this chapter cover mainly energy production, consumption, and composition; elasticity ratio of energy production and consumption; efficiency of energy processing and conversion; energy consumption per unit; Purchase, consumption and Stock of enterprises above designated size by sector, Energy consumption per unit of product, consumption of water and electric.

II. Scope of Statistics

The scope of data in this chapter is the whole province, and Industrial enterprises above designated size (annual main business income reaches 20 million yuan and above)).

III. Sources of Data

Data in this part comes from the energy balance sheets and annual report on energy purchase, consumption and Stock by industrial enterprises above designated size, energy consumption per unit product of major energy consuming industrial enterprises, and annual report of water consumption of industrial enterprises. The data in table 7-19 are from the electric power of HeNan.

IV. Notes on Coverage and Compilation of Data

(1) The elasticity ratio of energy production is calculated as the quotient of the growth rate of energy production divided by the growth rate of GDP; and the elasticity ratio of energy consumption is calculated as the quotient of the growth rate of energy consumption divided by the growth rate of GDP.

(2) In the energy balance sheet, the coefficient for conversion of electric power into the standard coal equivalent is calculated according to the average consumption of coal for generating electricity.

(3) In the table on the efficiency of energy conversion, the coefficient for the conversion of electric power into the standard coal equivalent is calculated on the basis of the heat value equivalent. One kilowatt is equal to 0.1229 kg SCE.

(4) Gross domestic product are calculated at constant prices.

(5) Data on 2010 and 2015 have been revised according to the results of the third and fourth national economic census.

7-1 一次能源生产总量及构成

Total Production of Primary Energy and Its Composition

年份 Year	一次能源生产总量 (万吨标准煤) Total Primary Energy Production (10 000 tons of SCE)	占能源生产总量的比重 (%) As Percentage of Total Energy Production (%)			
		原煤 Coal	原油 Crude Oil	天然气 Natural Gas	一次电力及其他能源 Primary Electricity and Other Energy
1978	4434	93.7	5.4		0.9
1979	4536	91.9	7.1		1.0
1980	4402	91.3	7.5	0.1	1.1
1981	4760	87.4	11.1	0.5	1.0
1982	4998	85.3	12.8	0.7	1.2
1983	5456	83.8	14.1	0.9	1.2
1984	5981	82.8	15.3	0.9	1.0
1985	6909	81.5	16.4	1.2	0.9
1986	7261	80.3	17.3	1.6	0.8
1987	7361	79.3	18.1	1.9	0.7
1988	7624	78.6	18.3	2.3	0.8
1989	8031	80.0	17.0	2.2	0.8
1990	8071	81.3	15.6	2.3	0.8
1991	7999	81.9	15.2	2.2	0.7
1992	8058	82.8	14.4	2.1	0.7
1993	8037	83.7	13.6	1.9	0.8
1994	8085	85.0	12.1	2.0	0.9
1995	8454	87.5	10.2	1.6	0.7
1996	8757	88.1	9.6	1.6	0.7
1997	8558	87.9	9.8	1.7	0.6
1998	8080	87.4	10.4	2.0	0.2
1999	6947	85.6	11.6	2.5	0.3
2000	6591	83.7	12.2	2.8	1.4
2001	7238	84.0	11.2	2.9	1.9
2002	8321	85.2	9.8	2.8	2.3
2003	10634	88.3	7.4	2.3	2.0
2004	13079	90.4	5.7	1.7	2.2
2005	14522	91.3	5.0	1.8	1.9
2006	15002	91.7	4.7	1.7	2.0
2007	14604	91.8	4.8	1.4	2.0
2008	15487	92.6	4.4	1.2	1.8
2009	17002	93.4	4.0	0.8	1.8
2010	17438	92.4	4.1	0.5	3.0
2011	15786	91.3	4.4	0.4	3.9
2012	12224	90.2	5.6	0.5	3.7
2013	13133	90.6	5.2	0.5	3.7
2014	11796	89.8	5.7	0.6	3.9
2015	11173	89.3	5.3	0.5	4.9
2016	9695	89.0	4.7	0.5	5.9
2017	10254	87.2	3.9	0.4	8.5
2018	9731	84.8	3.8	0.4	11.0
2019	10304	82.3	3.5	0.4	13.8
2020	10403	80.0	3.3	0.4	16.4

注：电力折算标准煤数根据当年平均发电煤耗计算。

a) The coefficient for conversion of electric power into SCE is calculated on the basis of the data on average coal consunption in generating electric power in the same year.

7-2 能源消费总量及构成

Total Consumption of Energy and Its Composition

年 份 Year	能源消费总量 (万吨标准煤) Total Energy Consumption (10 000 tons of SCE)	占能源消费总量的比重 (%) As Percentage of Total Energy Consumption (%)			
		煤 炭 Coal	石 油 Crude Oil	天然气 Natural Gas	一次电力及其他能源 Primary Electricity and Other Energy
1978	3353	92.3	6.8		0.9
1979	3228	92.1	6.9		1.0
1980	3389	91.6	7.0	0.2	1.2
1981	3612	91.3	6.9	0.6	1.2
1982	3560	91.1	6.5	0.9	1.5
1983	4035	90.9	6.5	1.1	1.5
1984	4474	91.0	6.5	1.2	1.3
1985	4618	89.9	7.0	1.8	1.3
1986	4709	88.3	8.4	2.2	1.1
1987	5006	88.4	8.4	2.2	1.0
1988	5292	87.7	8.8	2.5	1.0
1989	5112	87.7	8.7	2.3	1.3
1990	5206	87.8	8.4	2.6	1.2
1991	5363	88.3	8.5	2.2	1.0
1992	5583	88.4	8.4	2.3	0.9
1993	5862	88.2	8.8	2.0	1.0
1994	6225	87.7	9.0	2.2	1.1
1995	6473	87.6	9.6	1.8	1.0
1996	6654	87.5	9.8	1.7	1.0
1997	6711	87.8	9.6	1.7	0.9
1998	7244	87.6	9.8	1.6	1.0
1999	7380	87.5	9.8	1.7	1.0
2000	7919	87.6	9.6	1.7	1.1
2001	8367	87.0	9.5	1.9	1.6
2002	9005	86.6	9.3	2.0	2.1
2003	10595	86.7	9.4	1.9	2.0
2004	13074	86.6	9.2	2.0	2.2
2005	14625	87.2	8.7	2.2	1.9
2006	16234	87.4	8.0	2.5	2.1
2007	17838	87.7	7.9	2.5	1.9
2008	18976	87.2	8.0	2.6	2.2
2009	19751	87.0	7.9	2.8	2.3
2010	18964	82.8	9.3	3.4	4.5
2011	20462	81.6	10.4	3.6	4.4
2012	20920	80.0	11.5	4.7	3.8
2013	21909	77.2	12.9	4.8	5.2
2014	22890	77.7	12.6	4.5	5.3
2015	22343	76.4	13.3	5.2	5.1
2016	22323	75.4	14.3	5.2	5.0
2017	22162	71.6	14.6	5.8	8.0
2018	22659	69.9	15.3	5.8	9.0
2019	22300	67.4	15.7	6.1	10.7
2020	22752	67.6	15.3	5.9	11.2

7—3 能源生产弹性系数

Elasticity Ratio of Energy Production

年 份 Year	能源生产比上年增长（%） Growth Rate of Energy Production over Preceding Year (%)	电力生产比上年增长（%） Growth Rate of Electricity Production over Preceding Year (%)	生产总值比上年增长（%） Growth Rate of Gross Domestic Product(GDP) over Preceding Year (%)	能源生产弹性系数 Elasticity Ratio of Energy Production	电力生产弹性系数 Elasticity Ratio of Electricity Production
1980	-3.0		15.4		
1981	8.1	13.6	7.8	1.04	1.74
1982	5.0	4.1	4.3	1.16	0.95
1983	9.2	5.6	23.8	0.39	0.24
1984	9.6	5.8	10.1	0.95	0.57
1985	15.5	5.3	13.5	1.15	0.39
1986	5.1	12.3	4.6	1.11	2.67
1987	1.4	12.0	15.0	0.09	0.80
1988	3.6	0.1	9.8	0.37	0.01
1989	5.3	5.6	7.0	0.76	0.80
1990	0.5	5.4	4.5	0.11	1.20
1991	-0.9	11.3	6.9		1.64
1992	0.7	16.2	13.7	0.05	1.18
1993	-0.3	8.8	15.6		0.56
1994	0.6	10.3	13.5	0.04	0.76
1995	4.6	12.8	14.7	0.31	0.87
1996	3.6	8.5	13.9	0.26	0.61
1997	-2.3	6.2	10.5		0.59
1998	-5.6	0.0	8.8		
1999	-14.0	4.4	8.1		0.55
2000	-5.1	6.6	9.1		0.73
2001	9.8	12.8	8.7	1.13	1.47
2002	15.0	14.4	9.1	1.64	1.59
2003	27.8	12.7	10.9	2.55	1.17
2004	23.0	24.2	12.8	1.80	1.89
2005	11.0	11.3	14.3	0.77	0.79
2006	3.3	12.6	14.5	0.23	0.87
2007	-2.7	19.9	14.6		1.36
2008	6.1	2.2	12.0	0.50	0.18
2009	9.8	4.9	11.0	0.89	0.45
2010	2.6	10.4	12.4	0.21	0.84
2011	-9.5	13.8	12.0		1.15
2012	-22.6	1.9	10.1		0.18
2013	7.4	8.3	9.0	0.83	0.90
2014	-10.2	-4.9	8.9		
2015	-5.3	-4.3	8.4		
2016	-13.2	1.5	8.2		0.18
2017	5.8	4.1	7.8	0.74	0.53
2018	-5.1	10.0	7.6		1.32
2019	5.9	-5.3	6.8	0.87	
2020	1.0	-0.9	1.3	0.74	

7–4 能源消费弹性系数

Elasticity Ratio of Energy Consumption

年 份 Year	能源消费比上年增长（%） Growth Rate of Energy Consumption over Preceding Year (%)	电力消费比上年增长（%） Growth Rate of Electricity Consumption over Preceding Year (%)	生产总值比上年增长（%） Growth Rate of Gross Domestic Product(GDP)over Preceding Year (%)	能源消费弹性系数 Elasticity Ratio of Energy Consumption	电力消费弹性系数 Elasticity Ratio of Electricity Consumption
1980	5.0		15.4	0.32	
1981	6.6	5.6	7.8	0.85	0.72
1982	-1.4	32.3	4.3		7.51
1983	13.3	-3.2	23.8	0.56	
1984	10.9	6.5	10.1	1.08	0.64
1985	3.2	5.6	13.5	0.24	0.41
1986	2.0	7.0	4.6	0.43	1.52
1987	6.3	10.6	15.0	0.42	0.71
1988	5.7	12.1	9.8	0.58	1.23
1989	-3.4	9.8	7.0		1.40
1990	1.8	2.2	4.5	0.40	0.49
1991	3.0	9.3	6.9	0.43	1.35
1992	4.1	15.7	13.7	0.30	1.15
1993	5.0	7.5	15.6	0.32	0.48
1994	6.2	8.8	13.5	0.46	0.65
1995	4.0	13.2	14.7	0.27	0.90
1996	2.8	8.3	13.9	0.20	0.60
1997	0.9	6.5	10.5	0.09	0.62
1998	7.9	-0.5	8.8	0.90	
1999	1.9	3.4	8.1	0.23	0.42
2000	7.3	6.8	9.1	0.80	0.74
2001	5.7	12.7	8.7	0.65	1.45
2002	7.6	14.7	9.1	0.84	1.62
2003	17.7	13.7	10.9	1.62	1.26
2004	23.4	22.3	12.8	1.83	1.74
2005	11.9	7.6	14.3	0.83	0.53
2006	11.0	10.6	14.5	0.76	0.73
2007	9.9	21.5	14.6	0.68	1.47
2008	6.4	12.0	12.0	0.53	1.00
2009	4.1	5.6	11.0	0.37	0.51
2010	8.5	13.1	12.4	0.69	1.06
2011	7.9	13.0	12.0	0.66	1.08
2012	2.2	3.3	10.1	0.22	0.33
2013	4.7	5.5	9.0	0.53	0.61
2014	4.5	0.7	8.9	0.50	0.08
2015	1.2	-1.4	8.4	0.14	
2016	-0.1	3.8	8.2		0.46
2017	-0.7	5.9	7.8		0.76
2018	2.2	7.9	7.6	0.29	1.04
2019	-1.6	-1.6	6.8		
2020	2.0	0.8	1.3	1.56	0.63

7-5 能源加工转换效率

Efficiency of Energy Conversion

单位：%　　　　(%)

年　份 Year	总效率 Total Efficiency	发电及供热 Electricity Generation and Heating by Power Stations	炼　焦 Coking	炼　油 Petroleum Refining
1995	59.73	33.58	93.35	96.93
1996	61.21	35.64	91.90	97.71
1997	61.61	36.27	94.79	95.69
1998	67.84	35.41	99.40	99.40
1999	63.57	36.54	95.44	95.44
2000	61.78	36.03	96.71	96.71
2001	61.26	35.49	96.06	96.06
2002	59.47	36.36	98.31	98.31
2003	58.34	34.34	97.90	97.90
2004	58.36	33.45	94.38	94.38
2005	60.97	34.18	96.81	96.81
2006	64.94	36.10	99.08	99.08
2007	66.22	38.10	89.43	99.67
2008	65.96	39.49	91.89	95.43
2009	70.15	39.62	91.97	99.16
2010	72.64	40.85	93.24	87.14
2011	73.74	41.96	91.22	97.01
2012	72.24	41.99	91.62	97.66
2013	73.09	42.61	97.40	96.25
2014	74.30	43.51	96.33	97.88
2015	73.46	43.84	94.32	98.18
2016	75.03	44.60	94.11	98.92
2017	73.79	44.94	93.90	98.80
2018	68.95	45.58	94.62	98.62
2019	69.75	46.33	95.77	98.55
2020	69.59	46.78	95.74	98.41

7-6 综合平衡表

Overall Energy Balance Sheet

单位：万吨标准煤 (10 000 tons of SCE)

项 目	Item	2015	2018	2019	2020
可供量	**Total Energy Available for Consumption**	**22416**	**22603**	**22123**	**22610**
一次能源生产量	Primary Energy Output	11173	9731	10304	10403
外省(区、市)调入量	Transfer from Other Provinces (Districts, Cities)	18146	19007	20004	22063
进口量	Imports				
本省(区、市)调出量(－)	Transfer to Other Provinces (Districts, Cities)	6288	5366	8201	9659
出口量(－)	Exports (-)				
年初年末库存差额	Stock Changes in the Year	-613	-769	16	-197
年初库存量	Stock at the beginning of the year	578	855	1624	1608
年末库存量(－)	Stock at the end of the year	1192	1624	1608	1805
消费量	**Total Energy Consumption**	**22343**	**22659**	**22300**	**22752**
在总量中：	Consumption by Sector				
农、林、牧、渔业	Agriculture, Forestry, Animal Husbandry, Fishery	472	557	572	599
工 业	Industry	15757	14691	13931	14135
建筑业	Construction	348	387	451	461
交通运输、仓储和邮政业	Transport, Storage and Post	1577	1801	1806	1841
批发、零售业和住宿、餐饮业	Wholesale and Retail Trades, Hotels and Catering Services	789	1042	1196	1185
其他	Other Sectors	727	869	893	961
生活消费	Household Consumption	2673	3311	3451	3568
在总量中：	Consumption by Usage				
终端消费	End-use Consumption	21387	21701	21369	21942
#工业	Industry	14814	13760	13027	13351
加工转换损失	Losses During the Process of Energy Conversion	289	205	181	146
#火力发电损失	Power Generation	0		0	
供热损失	Heating	227	292	325	419
洗选煤损失	Coal Cleaning	296	335	340	307
炼焦损失	Coking	198	149	106	97
炼油及煤制油损失	Petroleum Refining	17	18	18	22
制气损失	Gas Production	53	42	52	40
天然气液化损失	Gas Liquidation	0	7	10	8
煤制品加工损失	Coal Products Processing	4	0	2	2
回收能	Recovery of Energy	-505	-637	-672	-749
损失量	**Energy Losses**	**667**	**752**	**750**	**664**
平衡差额	**Balance**	**73**	**-55**	**-176**	**-142**

7-7 平均每天能源消费量

Average Daily Energy Consumption by Type of Energy

能源品种	Item	1995	2000	2005	2010	2015	2018	2019	2020
合计 （万吨标准煤）	**Total (10 000 tons of SCE)**	**17.73**	**21.70**	**40.07**	**50.94**	**61.21**	**62.08**	**61.10**	**62.33**
原煤 （万吨）	Coal (10 000 tons)	23.33	26.58	55.38	73.33	77.96	66.11	60.91	60.94
焦炭 （万吨）	Coke (10 000 tons)	1.08	1.17	2.72	4.78	3.87	3.90	3.92	4.06
原油 （万吨）	Crude Oil (10 000 tons)	1.10	1.67	1.83	2.29	1.66	2.27	2.19	2.44
汽油 （万吨）	Gasoline (10 000 tons)	0.39	0.33	0.64	0.81	1.87	2.09	2.11	2.09
煤油 （万吨）	Kerosene (10 000 tons)	0.04	0.04	0.04	0.08	0.19	0.22	0.25	0.26
柴油 （万吨）	Diesel Oil (10 000 tons)	0.37	0.42	0.90	1.54	2.36	2.72	2.76	2.81
燃料油 （万吨）	Fuel Oil (10 000 tons)	0.14	0.16	0.21	0.05	0.11	0.09	0.03	0.01
天然气 （亿立方米）	Natural Gas (100 million cu.m)	0.03	0.03	0.06	0.13	0.24	0.29	0.29	0.29
电力 （亿千瓦小时）	Electricity (100 million kwh)	1.57	1.97	3.80	7.00	9.22	10.03	9.88	9.87

7-8 人均生活能源消费量
Average Per Capita Energy Consumption of Households

能源品种	Item	1995	2000	2005	2010	2015	2018	2019	2020
平均每人生活消费	**Annual Per Capita Consumption**								
能源（千克标准煤）	**for Households (kg of SCE)**	**112.97**	**121.27**	**161.29**	**179.79**	**276.33**	**336.23**	**349.17**	**359.68**
煤炭 （千克）	Coal (kg)	119.76	95.36	112.90	53.89	40.00	34.03	33.55	32.27
液化石油气 （千克）	Liquefied Petroleum gas (kg)	0.91	2.18	2.62	3.40	8.19	12.84	13.53	13.08
天然气 （立方米）	Natural Gas (cu.m)	2.63	2.00	5.49	6.45	22.93	32.60	34.33	35.71
热力 （百万千焦）	Heat (million kJ)	0.02	0.09	0.17	0.24	0.59	0.66	0.86	0.88
电力 （千瓦小时）	Electricity (kwh)	46.28	80.05	128.91	288.20	462.40	612.71	617.86	653.75

注：2010年以后使用常住人口计算人均生活能源消费量。
a) Per capita energy consumption is calculated on resident population since 2010.

7-9 规模以上工业企业分品种能源购进、消费及库存(2020年)

Purchase, Consumption, and Stock of Energy in above Designated Size Industrial Enterprises by Catalog (2020)

项　目	Item	年初库存 Stock of Year Beginning	购进量 Purchase Capacity	工业生产消费量 Consump-toin of Industrial Production	年末库存 Stock at Year-end
原煤(万吨)	Coal (10 000tons)	1189.05	20202.87	21349.37	1023.24
洗精煤(用于炼焦，万吨)	Clean Coal (for Coking, 10 000tons)	125.37	2336.11	2480.83	114.86
其他洗煤(万吨)	Other Clean Coal (10 000tons)	10.57	447.36	470.54	10.32
煤制品(万吨)	Coal Products (10 000tons)		4.40	4.40	0.05
焦炭(万吨)	Coke (10 000tons)	39.34	1230.89	1481.24	29.89
其他焦化产品(万吨)	Other Coking Products (10 000 tons)	0.43	14.52	19.84	0.06
焦炉煤气(亿立方米)	Coking Gas (100 million cu.m)		15.87	45.85	
高炉煤气(亿立方米)	Blast furnace Gas (100 million cu.m)		26.45	397.78	
其他煤气(亿立方米)	Other Gas (100 million cu.m)		14.41	35.07	
天然气(亿立方米)	Natural Gas (100 million cu.m)	1.59	81.86	54.13	1.08
液化天然气(万吨)	Liquefied Gas (10 000 tons)	0.18	14.52	13.83	1.08
原油(万吨)	Crude Oil (10 000 tons)	20.04	882.90	890.73	20.23
汽油(万吨)	Gasoline (10 000 tons)	0.08	6.03	6.08	0.30
煤油(万吨)	Kerosene (ton)	0.02	0.30	0.32	0.01
柴油(万吨)	Diesel Fuel Oil (10 000 tons)	3.78	35.02	36.46	2.59
燃料油(万吨)	Fucl Oil (10 000 tons)	0.35	1.17	1.49	0.23
液化石油气(万吨)	Liquefied Petroleum Gas (10 000 tons)	1.24	41.94	42.82	0.53
炼厂干气(万吨)	Net Gas of Plant (10 000 tons)		1.77	28.99	
其他石油制品(万吨)	Other Petroleum Products (10 000 tons)	0.19	101.92	111.15	0.15
热力(万百万千焦)	Heat (10 billion kilo-joule)		10375.48	17888.50	
电力(亿千瓦时)	Power (100 million kwh)		1531.97	1845.20	
其他燃料(万吨标准煤)	Other Fuel (10 000 tons of SCE)	0.08	2.39	2.32	0.00

7-10 规模以上工业企业分行业主要能源消费量(2020年)

行 业	Sector	综合能源消费量(万吨标准煤) Total Energy Consumption (10 000 tons of SCE)
总 计	**Total**	**13165.16**
采矿业	**Mining**	**687.14**
煤炭开采和洗选业	Mining and Washing of Coal	560.05
石油和天然气开采业	Extraction of Petroleum and Natural Gas	61.38
黑色金属矿采选业	Mining and Processing of Ferrous Metal Ores	6.89
有色金属矿采选业	Mining and Processing of Non-ferrous Metal Ores	19.47
非金属矿采选业	Mining and Processing of Nonmetal Ores	5.63
开采辅助活动	Support Activities for Mining	33.73
其他采矿业	Mining of Other Ores	
制造业	**Manufacturing**	**8292.82**
农副食品加工业	Processing of Food from Agricultural Products	113.63
食品制造业	Manufacture of Foods	105.60
酒、饮料和精制茶制造业	Manufacture of Liquor, Beverages and Refined Tea	58.26
烟草制造业	Manufacture of Tobacco	5.59
纺织业	Manufacture of Textile	73.96
纺织服装、服饰业	Manufacture of Textile, Wearing, Apparel and Accessories	10.39
皮革、毛皮、羽毛及其制品和制鞋业	Manufacture of Leather, Fur, Feather and Related Products and Footwear	12.85
木材加工及木、竹、藤、棕、草制品业	Processing of Timbers, Manufacture of Wood, Bamboo, Rattan, Palm, and Straw Products	22.26
家具制造业	Manufacture of Furniture	5.75
造纸及纸制品业	Manufacture of Paper and Paper Products	170.89
印刷和记录媒介复制业	Printing,Reproduction of Recording Media	7.35
文教、工美、体育和娱乐用品制造业	Manufacture for Culture, Education, Arts and Crafts Sport and Entertainment Activities	8.53
石油加工、炼焦及核燃料加工业	Processing of Petroleum, Coking, and Processing of Nucleus Fuel	454.45
化学原料及化学制品制造业	Manufacture of Raw Chemical Materials and Chemical Products	2202.63
医药制造业	Manufacture of Medicines	55.39
化学纤维制造业	Manufacture of Chemical Fibers	55.40
橡胶和塑料制品业	Manufacture of Rubber and Plastics Products	42.24
非金属矿物制品业	Manufacture of Non-metallic Mineral Products	1210.23
黑色金属冶炼和压延加工业	Smelting and Pressing of Ferrous Metals	1924.29
有色金属冶炼及压延加工业	Smelting and Pressing of Non-ferrous Metals	1405.64
金属制品业	Manufacture of Metal Products	100.73
通用设备制造业	Manufacture of General Purpose Machinery	30.91
专业设备制造业	Manufacture of Special Purpose Machinery	44.19
汽车制造业	Manufacture of Automobiles	48.49
铁路、船舶、航空航天和其他运输设备制造业	Manufacture of Railway, Ship, Aerospace, and other Transport Equipments	8.44
电气机械及器材制造业	Manufacture of Electrical Machinery and Apparatus	47.43
计算机、通信和其他电子设备制造业	Manufacture of Computer, Communication and Other Electronic Equipment	46.20
仪器仪表制造业	Manufacture of Measuring Instrument and Machinery	3.24
其他制造业	Others Mannfacture	2.11
废弃资源综合利用业	Utilization of Waste Resources	15.31
金属制品、机械和设备修理业	Repairing Services of Metal Products, Machinery and Equipment	0.43
电力、燃气及水的生产和供应业	**Production and Supply of Electric Pouver Gas and Water**	**4185.20**
电力、热力生产和供应业	Production and Supply of Electric Power and Heat Power	4158.84
燃气生产和供应业	Production and Distribution of Gas	11.31
水的生产和供应业	Production and Distribution of Water	15.05

Consumption of Main Energy in above Designated Size Industrial Enterprises by Sector (2020)

原煤 (万吨) Coal (10 000tons)	焦炭 (万吨) Coke (10 000tons)	原油 (万吨) Crude Oil (10 000tons)	柴油 (万吨) Diesel Fuel Oil (10 000tons)	燃料油 (万吨) Fuel Oil (10 000tons)	热力 (万百万千焦) Heat (10 billion Kilo Joule)	电力 (亿千瓦时) Electricity (100 million kwh)
21349.37	**1481.24**	**890.73**	**36.46**	**1.49**	**17888.50**	**1845.20**
5864.11	**0.00**	**8.13**	**20.94**	**0.19**	**646.77**	**107.91**
5840.70			1.17	0.10	113.04	69.40
6.00		8.05	1.52	0.09	516.48	13.22
			0.15			3.89
			0.83			14.12
0.00	0.00		0.99			3.09
17.41		0.09	16.28		17.25	4.19
6046.33	**1481.24**	**882.59**	**11.26**	**1.01**	**17083.77**	**1427.17**
61.07			0.18	0.02	494.66	37.81
28.39			0.17		1001.20	23.60
32.87			0.09		337.69	11.41
			0.00		26.71	1.60
9.94			0.01	0.03	226.66	47.48
			0.03	0.00	13.59	5.94
6.73			0.01		13.58	4.91
0.04			0.12	0.01	53.67	10.49
			0.02			3.08
124.19	0.13		0.23	0.01	1800.15	33.07
			0.08		10.71	4.68
			0.02		42.88	4.89
443.28	1.65	882.59	0.36	0.16	960.64	36.65
2251.39	50.93		0.48	0.09	6503.01	226.16
10.94			0.60	0.03	359.42	19.17
52.83			0.01	0.08	799.94	11.09
13.02			0.06	0.03	261.12	19.54
901.87	13.84		3.61	0.52	101.21	187.20
369.73	1354.74		0.77			185.42
1736.07	22.18		2.10	0.04	3777.42	371.83
3.67	30.82		0.66	0.00	5.76	35.28
			0.15		10.49	21.80
0.01	0.06		0.42		62.98	21.26
	0.00		0.58		8.02	29.29
			0.01		6.58	4.40
			0.22		58.39	30.27
			0.00		141.58	31.38
			0.00		1.54	2.42
			0.05			0.81
0.26	6.88		0.17			4.10
			0.03		4.16	0.14
9438.93			**4.25**	**0.28**	**157.96**	**310.11**
9438.93			4.19	0.28	134.92	295.71
			0.02			2.92
			0.05		23.04	11.48

7-11 规模以上工业分部门主要能源消费量(2020年)

Consumption of Main Energy in above Designated Size Industrial Enterprises by Sector (2020)

部门	Sector	综合能源消费量(万吨标准煤) Total Energy Consumption (10 000 (tons of SCE)	原煤(万吨) Coal (10 000 tons)	焦炭(万吨) Coke (10 000 tons)	原油(万吨) Crude Oil (10 000 tons)	柴油(万吨) Diesel Fuel Oil (10 000 tons)	燃料油(万吨) Fuel Oil (10 000 tons)	热力(万百万千焦) Heat (10 billion Kilo Joule)	电力(亿千瓦时) Electricity (100 million kwh)
全省总计	**Total**	**13165.16**	**21349.37**	**1481.24**	**890.73**	**36.46**	**1.49**	**17888.50**	**1845.20**
煤炭	Coal	562.82	5858.11			1.17	0.10	113.04	69.41
石油石化	Petroleum	256.29	69.94		890.73	17.89	0.25	1441.33	33.71
冶金	Metallurgy	2242.42	749.07	1356.39		1.22		57.25	218.54
有色	coloured Coherer	1425.11	1736.07	22.18		2.93	0.04	3777.42	385.96
建材	Construction Material	1184.17	901.41	13.84		4.53	0.52	101.21	183.47
化工	Chymic Industry	2222.40	2264.41	50.93		0.52	0.12	6739.35	232.19
轻工	Light Industry	570.88	253.73	0.13		0.98	0.03	3761.24	165.25
烟草	Tobacco	5.59				0.00		26.71	1.60
纺织	Textile	139.75	62.78			0.05	0.11	1040.19	64.52
医药	Medication	58.02	10.94			0.61	0.03	359.42	20.92
机械	Machinery	165.08	0.01	0.06		1.37	0.00	117.48	96.12
电子	Electron	46.20				0.00		141.58	31.38
电力	Electric Power	4052.94	9196.86			2.75	0.28	60.27	288.44
其他	Other	233.48	246.05	37.70		2.43	0.01	152.01	53.69

7-12 各市规模以上工业企业分品种主要能源消费量(2020年)

Consumption of Main Energy Sources in above Designated Size Industrial Enterprises by Industrial Sector and City (2020)

市(县) City(County)	综合能源消费量(万吨标准煤) Total Energy Consumption (10 000 tons of SCE)	原煤(万吨) Coal (10 000 tons)	焦炭(万吨) Coke (10 000 tons)	原油(万吨) Crude Oil (10 000 tons)	柴油(万吨) Diesel Fuel Oil (10 000 tons)	燃料油(万吨) Fuel Oil (10 000 tons)	热力(万百万千焦) Heat (10 billion Kilo Joule)	电力(亿千瓦时) Electricity (100 million kwh)
全省 Total	**13165.16**	**21349.37**	**1481.24**	**890.73**	**36.46**	**1.49**	**17888.50**	**1845.20**
省辖市 City								
郑州市 Zhengzhou	1344.09	2056.37	3.69		3.25	0.45	1451.96	230.34
开封市 Kaifeng	419.16	551.36	0.42		0.60		358.06	36.13
洛阳市 Luoyang	1300.17	1815.97		627.95	3.14	0.10	1497.85	299.95
平顶山市 Pingdingshan	1002.25	4287.06	111.22		2.06	0.03	2568.65	145.58
安阳市 Anyang	1565.91	1034.92	733.63		0.74	0.00	580.01	173.37
鹤壁市 Hebi	452.28	1116.31			0.52	0.09	270.30	32.59
新乡市 Xinxiang	952.39	1262.82	19.07		0.65	0.09	1932.39	121.37
焦作市 Jiaozuo	1051.06	1459.95	0.27		0.91	0.00	2518.09	179.24
濮阳市 Puyang	551.88	450.93		232.82	17.15		560.40	51.07
许昌市 Xuchang	428.37	1069.72			0.52	0.10	372.41	76.24
漯河市 Luohe	304.40	430.85			1.68	0.04	483.86	39.05
三门峡市 Sanmenxia	607.21	1108.31	0.22		1.51	0.07	1684.28	66.59
南阳市 Nanyang	735.80	778.21	127.04	29.95	1.33	0.29	2177.80	113.94
商丘市 Shangqiu	722.01	2023.26	146.97		0.22	0.11	553.82	61.03
信阳市 Xinyang	424.41	378.81	140.19		0.61		2.18	48.21
周口市 Zhoukou	178.20	196.95	0.00		0.75		157.36	42.35
驻马店市 Zhumadian	413.43	550.76	5.88		0.19	0.09	416.22	45.90
济源市 Jiyuan	712.12	776.82	192.63		0.63	0.03	302.86	82.25
省直管县 County Directly Administrated by Province								
巩义市 Gongyi	313.19	409.00	1.18		0.23	0.05	35.40	63.04
兰考县 Lankao	22.13				0.08		10.26	4.81
汝州市 Ruzhou	201.72	748.22	26.23		0.36	0.00	39.08	28.60
滑县 Huaxian	62.62	75.70			0.03			12.25
长垣市 Changyuan	93.68	198.91			0.10		4.86	6.41
邓州市 Dengzhou	20.13	11.72			0.02			4.72
永城市 Yongcheng	558.06	1731.26	146.97		0.19	0.10	506.46	34.31
固始县 Gushi	3.60	0.12			0.21			1.79
鹿邑县 Luyi	10.70	0.52			0.00		34.84	2.60
新蔡县 Xincai	1.66							1.17

7-13 规模以上工业企业分行业水消费总量(2020年)

单位：万立方米

行 业	Sector	取水总量 Water consumption
总 计	**Total**	**355261**
轻工业	Light Industry	27466
重工业	Heavy Industry	327795
采矿业	**Mining**	**20512**
煤炭开采和洗选业	Mining and Washing of Coal	18056
石油和天然气开采业	Extraction of Petroleum and Natural Gas	1086
黑色金属矿采选业	Mining and Processing of Ferrous Metal Ores	245
有色金属矿采选业	Mining and Processing of Non-ferrous Metal Ores	975
非金属矿采选业	Mining and Processing of Nonmetal Ores	125
开采辅助活动	Support Activities for Mining	25
其他采矿业	Mining of Other Ores	
制造业	**Manufacturing**	**84382**
农副食品加工业	Processing of Food from Agricultural Products	4181
食品制造业	Manufacture of Foods	3785
酒、饮料和精制茶制造业	Manufacture of Liquor Beverages and Refined Tea	3294
烟草制造业	Manufacture of Tobacco	194
纺织业	Manufacture of Textile	2220
纺织服装、服饰业	Manufacture of Textile, Wearing, Apparel and Accessories	617
皮革、毛皮、羽毛及其制品和制鞋业	Manufacture of Leather, Fur, Feather and Related Products and Footwear	859
木材加工及木、竹、藤、棕、草制品业	Processing of Timbers, Manufacture of Wood, Bamboo, Rattan, Palm, and Straw Products	260
家具制造业	Manufacture of Furniture	130
造纸及纸制品业	Manufacture of Paper and Paper Products	4607
印刷和记录媒介复制业	Printing,Reproduction of Recording Media	184
文教、工美、体育和娱乐用品制造业	Manufacture for Culture, Education, Arts and Crafts, Sport and entertainment Activities	375
石油加工、炼焦及核燃料加工业	Processing of Petroleum ,Coking, and Processing of Nucleus Fuel	3372
化学原料及化学制品制造业	Manufacture of Raw Chemical Material and Chemical Products	20225
医药制造业	Manufacture of Medicines	2442
化学纤维制造业	Manufacture of Chemical Fibers	2561
橡胶和塑料制品业	Manufacture of Rubber and Plastics Products	853
非金属矿物制品业	Manufacture of Non-metallic Mineral Products	7718
黑色金属冶炼和压延加工业	Smelting and Pressing of Ferrous Metals	7969
有色金属冶炼及压延加工业	Smelting and Pressing of Non-ferrous Metals	9683
金属制品业	Manufacture of Metal Products	953
通用设备制造业	Manufacture of General Purpose Machinery	1079
专业设备制造业	Manufacture of Special Purpose Machinery	1300
汽车制造业	Manufacture of Automobiles	1115
铁路、船舶、航空航天和其他运输设备制造业	Manufacture of Railway, Ship, Aerospace, and other Transport Equipment	130
电气机械及器材制造业	Manufacture of Electrical Machinery and Apparatus	1241
计算机、通信和其他电子设备制造业	Manufacture of Computer Communication and Other Electronic Equipment	2538
仪器仪表制造业	Manufacture of Measuring Instrument and Machinery	220
其他制造业	Others Manufacture	164
废弃资源综合利用业	Utilization of Waste Resources	88
金属制品、机械和设备修理业	Repair Services of Metal Products, Machinery and Equipment	27
电力、燃气及水的生产和供应业	**Production and Supply of Electric Power Gas and Water**	**250367**
电力、热力生产和供应业	Production and Supply of Electric Power and Heat Power	44470
燃气生产和供应业	Production and Distribution of Gas	206
水的生产和供应业	Production and Distribution of Water	205690

Computation of Water in above Designated Size Industrial Enterprises by Sector (2020)

(10 000 cubic meters)

地表水 Surface Water	地下水 Ground-water	自来水 Tap water	其它水 Others	重复用水 Volume of Repeated Consumption
200301	**70210**	**51470**	**33280**	**2531374**
2262	12889	12086	229	21036
198039	57320	39384	33051	2510338
1582	**9083**	**3541**	**6306**	**24632**
388	8048	3348	6273	15251
34	895	157	0	
237	7	0	0	1202
847	91	5	32	8138
75	42	6	1	40
	0	24	0	**0**
24173	**27166**	**25578**	**7464**	**1050676**
221	2194	1742	24	268
24	1852	1909	0	258
225	1366	1687	15	498
	1	193	0	37
12	1521	685	1	5193
28	273	315		87
373	421	65	0	21
37	196	27	0	14
0	86	45		0
1204	2225	1101	77	2467
2	121	61	0	2
40	215	120	0	1
1444	610	1027	291	76659
7718	3723	3425	5359	511452
108	862	1378	94	3796
3	503	2040	15	8213
5	519	166	163	5241
1695	4036	1940	47	13556
5477	532	1426	534	280883
5322	3041	621	698	123909
37	431	441	44	92
28	567	482	1	152
99	530	654	17	5657
29	270	734	82	9236
14	31	85		2
11	392	837	0	190
2	410	2126	0	2371
8	39	173		381
3	155	6	0	0
3	46	39	0	19
	0	27		22
174546	**33960**	**22352**	**19509**	**1456065**
21305	1457	3147	18561	1454840
0	107	99	0	86
153241	32396	19105	949	1138

7-14 各市规模以上工业企业水消费量(2020年)

Computation of Water in above Designated Size Industrial Enterprises by City (2020)

单位：万立方米 (10 000 cubic meters)

市(县) City(County)	取水总量 Water consumption	地表水 Surface Water	地下水 Ground-water	自来水 Tap Water	其它水 Others	重复用水 Volume of Repeated Consumption
全　　省 Total	**355261**	**200301**	**70210**	**51470**	**33280**	**2531374**
省 辖 市 City						
郑　州　市 Zhengzhou	86008	62298	5146	10670	7893	225551
开　封　市 Kaifeng	13755	11626	1076	700	353	155288
洛　阳　市 Luoyang	28986	11084	11430	3875	2597	175109
平 顶 山 市 Pingdingshan	26950	13474	1425	7297	4754	212755
安　阳　市 Anyang	18567	12077	1640	3515	1335	235044
鹤　壁　市 Hebi	6232	1375	764	2724	1369	127874
新　乡　市 Xinxiang	21275	13708	2751	3142	1673	141058
焦　作　市 Jiaozuo	26233	9416	11069	3376	2372	213906
濮　阳　市 Puyang	13172	9775	1368	1397	632	144268
许　昌　市 Xuchang	9577	6238	1221	317	1801	131063
漯　河　市 Luohe	10018	5797	1441	2415	366	39488
三 门 峡 市 Sanmenxia	16821	6341	7200	1034	2246	120934
南　阳　市 Nanyang	15954	6683	4502	4368	401	20195
商　丘　市 Shangqiu	11601	3520	4148	1770	2164	153863
信　阳　市 Xinyang	24976	17671	3221	2600	1484	52004
周　口　市 Zhoukou	11676	4419	6192	241	824	18583
驻 马 店 市 Zhumadian	3858	736	1373	1492	257	106544
济　源　市 Jiyuan	9601	4063	4242	538	758	257847
省 直 管 县 County Directly Administrated by Province						
巩　义　市 Gongyi	4172	1601	269	2234	68	46241
兰　考　县 Lankao	194	2	40	127	24	1
汝　州　市 Ruzhou	1019	501	450	35	32	3000
滑　　县 Huaxian	2083		78	1979	27	1072
长　垣　市 Changyuan	906	429	102	61	314	11537
邓　州　市 Dengzhou	1510	68	74	1343	24	51
永　城　市 Yongcheng	4293	245	2450	27	1571	117149
固　始　县 Gushi	1203	1102	80	21	0	117
鹿　邑　县 Luyi	1146		1137	9	0	4
新　蔡　县 Xincai	225	2	185	38		1

7-15 各市年耗能万吨标准煤以上工业企业个数

Number of Industrial Enterprises of Consumption of Energy Above 10 000 tons by City

单位：个 (unit)

市(县)	City(County)	2005	2010	2015	2016	2017	2018	2019	2020
全省	**Total**	**849**	**1071**	**907**	**857**	**751**	**673**	**648**	**670**
省辖市	**City**								
郑州市	Zhengzhou	165	212	165	145	133	105	87	95
开封市	Kaifeng	21	36	24	22	15	13	10	11
洛阳市	Luoyang	64	76	72	68	65	58	60	57
平顶山市	Pingdingshan	49	79	81	75	78	75	69	70
安阳市	Anyang	64	72	82	86	72	66	70	65
鹤壁市	Hebi	42	41	22	24	17	20	17	19
新乡市	Xinxiang	63	62	63	61	50	44	45	48
焦作市	Jiaozuo	106	113	70	62	62	60	59	56
濮阳市	Puyang	23	54	30	28	23	22	21	26
许昌市	Xuchang	38	92	82	71	49	40	34	43
漯河市	Luohe	23	28	21	20	18	17	20	19
三门峡市	Sanmenxia	36	46	53	53	44	33	33	35
南阳市	Nanyang	59	46	53	56	47	43	44	45
商丘市	Shangqiu	11	22	12	10	8	12	13	13
信阳市	Xinyang	21	22	19	19	16	12	12	14
周口市	Zhoukou	13	21	16	16	14	10	11	11
驻马店市	Zhumadian	27	22	21	20	16	12	14	13
济源市	Jiyuan	24	27	21	21	24	31	27	30
省直管县	**County Directly Administrated by Province**								
巩义市	Gongyi	38	36	30	30	24	25	20	20
兰考县	Lankao		1		1	1	2	2	3
汝州市	Ruzhou	12	26	29	26	24	25	22	24
滑县	Huaxian	3	3	1	2	2	2	2	2
长垣市	Changyuan	1	1	3	2	1	1	1	2
邓州市	Dengzhou	10	2	4	4	3	4	4	3
永城市	Yongcheng	6	4	3	3	3	4	5	6
固始县	Gushi			3	2	1			
鹿邑县	Luyi	1	5	3	4	4	3	3	3
新蔡县	Xincai								

注：2019年全省合计数包含2家省直管企业。

a) The total number of 2019 includes 2 enterprises directly under the jurisdiction of the province.

7-16 各行业年耗能万吨标准煤以上工业企业单位数

Number of Industrial Enterprises of Consumption of Energy Above 10 000 tons by Sector

单位：个 (unit)

行 业	Sector	2019	2020
总 计	**Total**	**648**	**670**
采矿业	**Mining**	**61**	**62**
煤炭开采和洗选业	Mining and Washing of Coal	50	52
石油和天然气开采业	Extraction of Petroleum and Natural Gas	2	2
黑色金属矿采选业	Mining and Processing of Ferrous Metal Ores	3	3
有色金属矿采选业	Mining and Processing of Non-ferrous Metal Ores	4	3
非金属矿采选业	Mining and Processing of Nonmetal Ores		
开采辅助活动	Support Activities for Mining	2	2
其他采矿业	Mining of Other Ores		
制造业	**Manufacturing**	**475**	**485**
农副食品加工业	Processing of Food from Agricultural Products	18	14
食品制造业	Manufacture of Foods	20	18
酒、饮料和精制茶制造业	Manufacture of Liquor, Beverages and Refined Tea	13	12
烟草制造业	Manufacture of Tobacco	1	1
纺织业	Manufacture of Textile	8	9
纺织服装、服饰业	Manufacture of Textile, Wearing Apparel and Accessories	1	
皮革、毛皮、羽毛及其制品和制鞋业	Manufacture of Leather, Fur, Feather and Related Products and Footwear	1	1
木材加工及木、竹、藤、棕、草制品业	Processing of Timbers, Manufacture of Wood, Bamboo, Rattan, Palm, and Straw Products	2	2
家具制造业	Manufacture of Furniture		
造纸及纸制品业	Manufacture of Paper and Paper Products	28	24
印刷和记录媒介复制业	Printing,Reproduction of Recording Media	1	
文教、工美、体育和娱乐用品制造业	Manufacture of Articles for Culture, Education, Arts and Crafts, Sport and entertainment Activities		
石油加工、炼焦及核燃料加工业	Processing of Petroleum, Coking, Processing of Nucleus Fuel	27	28
化学原料及化学制品制造业	Manufacture of Raw Chemical Material and Chemical Products	75	84
医药制造业	Manufacture of Medicines	11	11
化学纤维制造业	Manufacture of Chemical Fiber	2	2
橡胶和塑料制品业	Manufacture of Rubber and Plastics Products	3	3
非金属矿物制品业	Manufacture of Non-metallic Mineral Products	137	145
黑色金属冶炼和压延加工业	Smelting and Pressing of Ferrous Metals	40	37
有色金属冶炼及压延加工业	Smelting and Pressing of Non-ferrous Metals	43	47
金属制品业	Manufacture of Metal Products	9	9
通用设备制造业	Manufacture of General Purpose Machinery	4	3
专业设备制造业	Manufacture of Special Purpose Machinery	3	4
汽车制造业	Manufacture of Automobile	8	9
铁路、船舶、航空航天和其他运输设备制造业	Manufacture of Railway, Ship, Aerospace, and other Transport Equipment	2	2
电气机械及器材制造业	Manufacture of Electrical Machinery and Spparatus	10	9
计算机、通信和其他电子设备制造业	Manufacture of Computer, Communication and Other Electronic Equipment	7	8
仪器仪表制造业	Manufacture of Measuring Instrument		
其他制造业	Others Manafacture		1
废弃资源综合利用业	Utilization of Waste Resaurces	1	2
金属制品、机械和设备修理业	Repairing of Metal Products, Machinery and Equipment		
电力、燃气及水的生产和供应业	**Production and Distribution of Electricity, Gas and Water**	**112**	**123**
电力、热力生产和供应业	Production and Supply of Electric Power and Heat Power	107	120
燃气生产和供应业	Production and Supply of Gas	3	1
水的生产和供应业	Production and Supply of Water	2	2

7-17 主要耗能工业企业单位产品能源消耗情况

Energy Consumption per Unit of Product in Major Energy Consuming Industrial Enterprises

单位：千克标准煤/吨 (kg SEC/ton)

指标名称	Item	2015	2018	2019	2020
吨原煤生产综合能耗	Overall Energy Consumption per ton of Machining Coal	6.75	6.22	7.25	7.54
单位油气产量综合能耗	Overall Energy Consumption of Manufacturing Oil and Gas	186.87	226.77	233.44	229.21
铁矿采矿工序单位能耗	Energy Consumption per Uint of Mining of Iron ore	4.62	4.01	3.98	3.97
铁矿选矿工序单位能耗	Energy Consumption per Uint of Milling run Iron ore	4.48	4.16	4.32	4.81
每吨涤纶综合能耗(短纤)	Overall Energy Consumption per ton of Terylene (short fibre)	129.97	146.03	147.40	128.89
每吨纱(线)混合数综合能耗	Overall Energy Consumption per ton of Mixed Yarn (Cotton)	376.62	384.49	374.04	341.41
机制纸及纸板综合能耗	Overall Energy Consumption of Machinemade Paper and Paperboard	325.06	376.05	377.07	358.97
炼焦工序单位能耗	Energy Consumption per Unit of Coking plant	132.04	117.50	123.26	121.10
原油加工单位综合能耗	Overall Energy Consumption of Machining Base oil	70.24	59.28	56.23	56.87
单位烧碱生产综合能耗	Overall Energy Consumption of Manufacturing Caustic Soda	326.20	340.34	326.44	324.13
单位烧碱生产综合能耗（离子膜法30%）	Overall Energy Consumption per Unit of Manufacturing Caustic Soda (Ion Film 30%)	326.20	340.34	326.44	324.13
单位纯碱生产能耗	Overall Energy Consumption per Unit of Manufacturing Sodium carbonate	281.27	337.27	315.37	328.30
联碱法纯碱双吨产品生产综合能耗	Overall Energy Consumption per Unit of Sodium carbonate in Joint Alkali	249.59	292.44	255.39	287.94
天然碱法单位纯碱生产综合能耗	Overall Energy Consumption per Unit of Sodium carbonate in Natural Law	319.97	393.63	392.69	405.90
单位电石生产综合能耗	Overall Energy Consumption per Unit of Manufacturing Calcium carbide	989.45	929.04	938.47	958.16
单位乙烯生产综合能耗	Overall Energy Consumption per Unit of Manufacturing Ethylene	1047.85	838.90	885.42	913.23
单位合成氨生产综合能耗	Overall Energy Consumption per Unit of Manufacturing Compound Ammonia	1227.06	1171.67	1120.43	1179.28
吨水泥熟料综合能耗	Energy Consumption per ton of Cement Ripe-material	105.56	105.06	102.83	102.99
吨水泥综合能耗	Energy Consumption per ton of Cement	74.48	76.37	69.21	76.81
每重量箱平板玻璃综合能耗（千克标准煤/重量箱）	Energy Consumption per weight case of Plate Glass (Kg SEC/weight Case)	17.67	14.41	14.43	12.54
吨钢综合能耗	Energy Consumption per ton of Steel	496.80	506.42	480.18	475.40
吨钢耗新水(吨/吨)	Fresh Water Consumption per ton of Steel (ton/ton)	3.02	2.47	2.21	1.83
单位氧化铝综合能耗	Energy Consumption per Unit of Coking Alumina	463.64	451.78	410.40	390.95
单位电解铝综合能耗	Energy Consumption per Unit of Coking Aluminum	1649.35	1594.81	1576.31	1565.15
单位粗铅综合能耗	Energy Consumption per Unit of Coking Lead	325.44	284.46	265.20	258.53
单位铅冶炼综合能耗	Energy Consumption per Unit of Lead smelting	381.80	364.26	341.28	320.76
吨铝加工材消耗能源量	Energy Consumption per ton of Machining Aluminium	132.39	117.16	104.48	87.85
电厂火力发电标准煤耗（克标准煤/千瓦时）	SEC Consumption of Firepower Generate Electricity (g SEC/kwh)	300.76	294.39	294.14	292.91

7-18 主要耗能工业企业单位产品电力消耗情况

Electric Power Consumption per Unit of Product in Major Energy Consuming Industrial Enterprises

单位：千瓦时/吨 (kwh/ton)

指标名称	Item	2015	2018	2019	2020
吨原煤生产耗电	Electric Power Consumption per ton of Machining Coal	38.03	39.70	41.78	43.20
选煤电力单耗	Electric Power Consumption per ton of Milling run Coal	8.85	8.68	6.97	7.85
单位油气产量耗电	Electric Power Consumption per ton of Manufacturing Oil and Gas	360.27	497.01	502.56	488.71
每吨粘胶纤维用电量(长丝)	Electric Power Consumption per ton of Pectic-fibre (long silk)	7207.63	7265.68	6601.90	6718.87
每吨涤纶用电量(短纤)	Electric Power Consumption per ton of Terylene (short fibre)	222.47	169.33	166.39	163.32
每吨纱(线)混合数生产用电量	Electric Power Consumption per ton of Gauze and Line	2641.64	2294.29	2340.39	2542.74
机制纸及纸板耗电	Electric Power Consumption per ton of Machinemade Paper and Paperboard	523.10	654.29	703.22	653.59
原油加工单位耗电	Electric Power Consumption per ton of Machining Base oil	73.59	73.99	70.46	70.91
单位烧碱耗电	Electric Power Consumption per unit of Manufacturing Caustic Soda	2297.69	2316.93	2255.56	2277.85
单位烧碱生产耗交流电(离子膜法30%)	Electric Power Consumption per ton of Manufacturing Caustic Soda (Ion Film 30%)	2297.69	2316.93	2255.56	2277.85
单位纯碱耗电	Electric Power Consumption per ton of Manufacturing Sodium carbonate	303.70	285.32	289.97	306.29
联碱法纯碱双吨产品生产耗电	Electric Power Consumption per Unit of Sodium carbonate in Joint Alkali	299.52	315.77	317.16	313.19
天然碱法单位纯碱生产耗电	Electric Power Consumption per Unit of Sodium carbonate in Natural Law	308.79	247.03	254.91	293.04
单位电石生产电力消耗	Electric Power Consumption per ton of Manufacturing Calcium carbide	3381.20	3090.98	3062.91	3091.28
单位乙烯生产耗电	Electric Power Consumption per ton of Manufacturing Ethylene	94.65	142.29	150.87	181.21
单位合成氨耗电	Electric Power Consumption per ton of Manufacturing Compound ammonia	1023.10	864.03	897.21	743.36
吨水泥熟料综合电耗	Overall Electric Power Consumption per ton of Cement Ripe-material	66.49	63.45	60.42	61.03
吨水泥综合电耗	Overall Electric Power Consumption per ton of Cement	76.38	76.91	73.28	72.68
每重量箱平板玻璃耗电(千瓦时/重量箱)	Electric Power Consumption per ton of Plate Glass (kwh/weight case)	11.61	7.60	8.65	7.88
吨钢耗电	Electric Power Consumption per ton of Steel	357.52	417.29	413.14	409.64
电炉炼钢综合电力消耗	Electric Power Consumption per ton of Electric Cooker Ferroalloy-making	325.80	232.07	336.86	358.72
轧钢工序单位电力消耗	Electric Power Consumption per ton of Steel rolling	129.91	104.30	107.42	100.76
铜电解直流电单耗	Unit Consumption of Direct Current in Copper Electrolysis	0.0	340.83	318.50	318.27
单位铝锭综合交流电耗	Overall Alternating Current Electric Power Consumption per ton of Aluminium	13740.03	13669.01	13701.18	13656.13
析出铅直流电单耗	DC Electric Power Consumption per ton of Separate out Aluminium	108.76	108.91	107.38	114.53
析出锌(湿法)直流电单耗	DC Electric Power Consumption per ton of Separate out Zn	2920.92	2907.97	2896.30	2925.10
发电厂用电率(%)	Electro-rate of Power plant (%)	6.05	6.01	5.81	5.80

7−19 各市全社会用电量

Electricity Consumption by City

单位：亿千瓦时 (100 million kwh)

市(县) City(County)	2010	2011	2012	2013	2014	2015	2016	2017	2018	2019	2020
省辖市 City											
郑州市 Zhengzhou	410.09	455.99	479.52	504.92	496.85	500.65	502.89	543.22	560.32	564.63	554.11
开封市 Kaifeng	59.71	68.00	75.13	85.64	95.47	95.59	99.01	104.48	114.93	119.76	112.36
洛阳市 Luoyang	349.42	408.29	392.98	390.33	395.13	382.44	397.00	418.10	435.43	442.23	422.09
平顶山市 Pingdingshan	131.70	149.98	159.11	161.32	161.05	157.17	159.24	170.72	193.87	202.22	204.21
安阳市 Anyang	164.93	193.84	179.44	196.57	216.17	214.53	215.74	211.03	222.88	210.52	215.10
鹤壁市 Hebi	38.93	41.82	43.80	49.56	52.58	52.40	50.31	52.17	55.99	59.81	61.76
新乡市 Xinxiang	144.02	162.23	173.70	186.07	196.41	196.32	206.32	225.87	250.81	261.02	257.40
焦作市 Jiaozuo	186.31	207.59	197.91	210.90	213.96	215.23	205.87	226.63	238.73	243.65	246.39
濮阳市 Puyang	56.85	60.03	73.84	83.92	89.85	90.37	94.22	88.89	102.28	111.60	118.47
许昌市 Xuchang	76.16	84.11	93.70	103.57	109.13	104.53	107.15	121.39	137.43	145.11	151.68
漯河市 Luohe	41.17	46.92	50.59	53.62	58.21	57.87	59.37	63.49	69.93	76.68	77.09
三门峡市 Sanmenxia	141.72	140.91	133.97	130.90	127.36	114.68	99.69	112.73	114.12	116.66	104.49
南阳市 Nanyang	160.69	190.25	203.87	215.92	211.69	180.13	188.23	204.57	231.47	242.98	251.84
商丘市 Shangqiu	134.34	152.56	156.04	173.92	170.95	158.02	167.82	180.44	193.76	177.74	170.01
信阳市 Xinyang	69.22	78.24	87.59	95.77	95.25	95.86	103.36	109.66	120.47	136.21	137.65
周口市 Zhoukou	53.92	59.88	70.54	81.94	83.82	86.56	94.45	99.16	114.33	125.42	135.23
驻马店市 Zhumadian	66.32	80.10	91.77	100.48	108.68	111.44	114.60	124.41	140.10	151.08	149.71
济源市 Jiyuan	59.68	67.61	75.10	80.30	82.97	82.12	81.27	86.82	84.97	91.08	95.20
省直管县 County Directly Administrated by Province											
巩义市 Gongyi	94.79	105.07	103.67	100.72	100.66	94.17	86.54	80.33	83.77	78.98	81.17
兰考县 Lankao	5.07	5.85	7.18	9.59	11.11	10.34	11.03	12.05	14.61	16.46	16.59
汝州市 Ruzhou	13.47	16.43	19.60	20.07	19.41	19.63	21.98	25.01	28.34	29.96	28.35
滑县 Huaxian	7.52	10.22	11.07	13.29	14.92	16.30	18.81	25.59	26.52	30.40	32.30
长垣市 Changyuan	7.50	8.90	9.76	10.58	11.34	13.48	15.16	16.59	19.35	21.48	23.84
邓州市 Dengzhou	7.58	8.34	10.81	12.11	12.76	13.32	15.56	16.34	18.36	19.35	19.51
永城市 Yongcheng	52.54	55.23	61.34	74.71	74.51	72.42	74.09	81.07	82.63	55.50	41.57
固始县 Gushi	5.96	6.94	8.31	9.43	9.76	10.21	11.74	12.28	14.26	16.72	17.88
鹿邑县 Luyi	4.12	4.92	5.87	7.09	7.58	7.80	8.89	9.24	10.25	11.39	12.78
新蔡县 Xincai	2.48	2.95	3.75	4.27	4.37	4.64	5.72	6.31	8.38	9.50	10.67

7-20 平均每万元地区生产总值能耗情况

Basic Imformation of Energy Consumption

市(县) City(County)	万元地区生产总值能耗上升或下降(%) Change of Energy Consumption for GDP (%)	能源消费总量增速(%) Growth Rate of Total Consumption (%)	万元地区生产总值电耗上升或下降(%) Change of Energy Consumption for GDP (%)	万元工业增加值能耗上升或降低(%) Change of Energy Consumption for Value-added of Industry (%)
2006	-2.98	10.99	-1.58	-5.93
2007	-4.11	9.89	3.55	-7.08
2008	-5.10	6.38	-2.77	-10.83
2009	-6.16	4.10	-4.79	-11.56
2010	-3.53	8.50	0.80	-10.75
2011	-3.57	7.91	1.27	-8.60
2012	-7.14	2.24	-6.42	-14.75
2013	-3.92	4.73	-3.16	-8.32
2014	-4.06	4.48	-7.53	-11.29
2015	-6.57	1.20	-8.98	-11.54
2016	-7.69	-0.09	-3.95	-10.98
2017	-7.94	-0.72	-1.72	-9.10
2018	-5.02	2.24	0.29	-7.97
2019	-7.98	-1.58	-7.96	-14.13
2020	0.76	2.03	-0.43	0.47
省辖市 City				
郑州市 Zhengzhou	-2.88	-0.13	-5.30	-6.13
开封市 Kaifeng	20.94	23.41	-9.13	30.80
洛阳市 Luoyang	-2.52	0.36	-7.29	-6.29
平顶山市 Pingdingshan	-1.59	1.54	-1.06	-8.10
安阳市 Anyang	-0.13	3.25	-1.84	-3.20
鹤壁市 Hebi	1.03	3.00	1.28	-4.10
新乡市 Xinxiang	1.60	4.52	-5.23	-1.49
焦作市 Jiaozuo	24.60	-1.10	27.41	76.33
濮阳市 Puyang	-3.88	-1.03	3.10	-7.96
许昌市 Xuchang	-0.60	2.04	1.83	-3.74
漯河市 Luohe	17.49	19.21	-0.92	36.39
三门峡市 Sanmenxia	-3.69	-0.71	-13.12	-11.75
南阳市 Nanyang	1.19	3.84	1.24	5.68
商丘市 Shangqiu	2.90	0.55	7.53	-4.85
信阳市 Xinyang	0.39	2.44	-1.78	-5.78
周口市 Zhoukou	0.75	2.25	5.80	3.21
驻马店市 Zhumadian	-2.88	0.74	-5.32	-6.91
济源市 Jiyuan	-3.04	0.21	1.13	-6.77
省直管县 County Directly Administrated by Province				
巩义市 Gongyi	-8.49	-4.51	-1.51	-8.42
兰考县 Lankao	4.54	6.16	-0.78	1.63
汝州市 Ruzhou	-7.93	-5.01	-8.26	-12.82
滑县 Huaxian	1.72	4.32	3.61	-2.88
长垣市 Changyuan	-2.02	2.83	5.77	-8.32
邓州市 Dengzhou	-2.20	-3.08	1.73	-21.89
永城市 Yongcheng	-1.18	3.11	-28.22	-0.71
固始县 Gushi	-2.06	0.24	4.52	-6.88
鹿邑县 Luyi	1.21	4.14	9.10	0.21
新蔡县 Xincai	-1.25	0.78	10.04	-2.13

注：本表中，省辖市数据不包含直管县(市)。

a) In this table, the data of cities do not include the data of counties directly administrated by province.

主要统计指标解释

能源生产总量 指一定时期内全国(地区)一次能源生产量的总和。该指标是观察全国(地区)能源生产水平、规模、构成和发展速度的总量指标。一次能源生产量包括原煤、原油、天然气、水电、核能及其他动力能(如风能、地热能等)发电量，不包括低热值燃料生产量、生物质能、太阳能等的利用和由一次能源加工转换而成的二次能源产量。

能源消费总量 是指一定地域内，国民经济各行业和居民家庭在一定时间消费的各种能源的总和。包括：原煤、原油、天然气、水能、核能、风能、太阳能、地热能、生物质能等一次能源；一次能源通过加工转换产生的洗煤、焦炭、煤气、电力、热力、成品油等二次能源和同时产生的其他产品；其他化石能源、可再生能源和新能源。其中水能、风能、太阳能、地热能、生物质能等可再生能源，是指人们通过一定技术手段获得的，并作为商品能源使用的部分。在核算过程中，一次能源、二次能源消费不能重复计算。能源消费总量分为终端能源消费量、能源加工转换损失量和能源损失量三部分。

（1）终端能源消费量：指一定时期内，生产和生活消费的各种能源在扣除了用于加工转换二次能源消费量和损失量以后的数量。

（2）能源加工转换损失量：指一定时期内，投入加工转换的各种能源数量之和与产出各种能源产品之和的差额。该指标是观察能源在加工转换过程中损失量变化的指标。

（3）能源损失量：指一定时期内，能源在输送、分配、储存过程中发生的损失和由客观原因造成的各种损失量，不包括各种气体能源放空、放散量。

能源生产弹性系数 研究能源生产增长速度与国民经济增长速度之间关系的指标。计算公式为：

能源生产弹性系数=能源生产总量年平均增长速度/国民经济年平均增长速度

国民经济年平均增长速度，可根据不同的目的或需要，用国民生产总值、国内生产总值等指标来计算，本年鉴是采用国内生产总值指标计算的。

电力生产弹性系数 是研究电力生产增长速度与国民经济增长速度之间关系的指标。一般来说，电力的发展应当快于国民经济的发展，也就是说电力应超前发展。计算公式为：

电力生产弹性系数=电力生产量年平均增长速度/国民经济年平均增长速度

能源消费弹性系数 反映能源消费增长速度与国民经济增长速度之间比例关系的指标。计算公式为：

能源消费弹性系数=能源消费量年平均增长速度/国民经济年平均增长速度

电力消费弹性系数 反映电力消费增长速度与国民经济增长速度之间比例关系的指标。计算公式为：

电力消费弹性系数=电力消费量年平均增长速度/国民经济年平均增长速度

能源加工转换效率 指一定时期内能源经过加工、转换后，产出的各种能源产品的数量与同期内投入加工转换的各种能源数量的比率。该指标是观察能源加工转换装置和生产工艺先进与落后、管理水平高低等的重要指标。计算公式为：

能源加工转换效率=能源加工转换产出量/能源加工转换投入量×100%

单位 GDP 能耗 指一定时期内，一个国家或地区每生产一个单位的生产总值所消耗的能源。计算公式为：

单位 GDP 能耗=能源消费总量/GDP（可比价）

单位 GDP 电耗 指一定时期内，一个国家或地区每生产一个单位的国内生产总值所消耗的电力。计算公式为：

单位 GDP 电耗=全社会用电量/GDP（可比价）

单位工业增加值能耗 指一定时期内，一个国家或地区每生产一个单位的工业增加值所消耗的能源。计算公式为：

单位工业增加值能耗=工业能源消耗量/工业增加值

Explanatory Notes on Main Statistical Indicators

Total Energy Production refers to the total production of primary energy by all energy producing enterprises in the country in a given period of time. It is a comprehensive indicator to show the capacity, scale, composition and development of energy production of the country. The production of primary energy includes that of coal, crude oil, natural gas, hydro-power and electricity generated by nuclear energy and other means such as wind power and geothermal power. However, it excludes the production of fuels of low calorific value, bio-energy, solar energy and the secondary energy converted from the primary energy.

Total Energy Consumption refers to the total consumption of energy of various kinds by the production sectors of the economy and the households in a given period of time. It includes the primary kinds of energy such as coal, crude oil, natural gas, hydro-power, nuclear power, wind power, solar power, geothermal power and bio-energy; the secondary kinds of energy and their products which are transformed from the primary energy such as washed coal, coke, coal gas, electricity, heating, and petroleum products; and other kinds of fossil energy, renewable energy and new energy. The renewable energy, including hydro-power, wind power, solar power, geothermal power and bio-energy, refers to the part attained with some given technical means and used for commercial purpose. Total energy consumption can be divided into three parts: end-use energy consumption, loss during the process of energy conversion, and energy loss.

(1) End-use Energy Consumption: It refers to the total energy consumption by the production sectors and the households in the country (region) in a given period of time. It does not include the consumption during the conversion of primary energy into secondary energy and the loss in the process of energy conversion.

(2) Loss During the Process of Energy Conversion: It refers to the total input of various kinds of energy for conversion, minus the total output of various kinds of energy in the country in a given period of time. It is an indicator to show the loss that occurs during the process of energy conversion.

(3) Energy Loss: It refers to the total of the loss of energy during the course of energy transport, distribution and storage and the loss caused by any objective reason in a given period of time. The loss of various kinds of gas due to gas discharges and stocktaking is not included.

Elasticity Ratio of Energy Production the indicator to show the relationship between the growth rate of energy production and the growth rate of the national economy. The formula is:

Elasticity Ratio of Energy Production = Average Annual Growth Rate of Energy Production / Average Annual Growth Rate of National Economy

The average annual growth rate of the national economy can be shown by the gross national product, gross domestic product and other indicators, depending upon the purposes or needs. The gross domestic product is used in calculation of the ratio in this chapter.

Elasticity Ratio of Electricity Production is an indicator to show the relationship between the growth rate of electricity production and the growth rate of the national economy. Generally speaking, the growth rate of electricity production should be higher than that of the national economy.

Its formula is:

$$\text{Elasticity Ratio of Electricity Production} = \frac{\text{Average Annual Growth Rate of Electricity Production}}{\text{Average Annual Growth Rate of National Economy}}$$

Elasticity Ratio of Energy Consumption the indicator to show the relationship between the growth rate of energy consumption and the growth rate of the national economy. The formula is:

Elasticity Ratio of Energy Consumption = Average Annual Growth Rate of Energy Consumption / Average Annual Growth Rate of National Economy

Elasticity Ratio of Electricity Consumption is an indicator to show the relationship between the growth rate of electricity consumption and the growth rate of the national economy. The formula is:

$$\text{Elasticity Ratio of Electricity Consumption} = \frac{\text{Average Annual Growth Rate of Electricity Consumption}}{\text{Average Annual Growth Rate of National Economy}}$$

Efficiency of Energy Processing and Conversion refers to the ratio of the total output of energy products of various kinds after processing and conversion and the total input of energy of various kinds for processing and conversion in the same reference period. It is an important indicator to show the current conditions of energy processing and conversion equipment, production technique and management. The formula is:

Efficiency of Energy Processing & Conversion = (Output of Energy After Processing & Conversion / Input of Energy for Processing & Conversion)×100%

Energy Consumption per Unit of GDP refers to the energy consumption per unit of gross domestic production in a country or the gross region production in a region in the same reference period.

The formula is:

Energy Consumption per Unit of GDP = Total Energy Consumption / Gross Domestic Production

Electricity Consumption per Unit of GDP refers to the electricity consumption per unit of gross domestic production in a country or the gross region production in a region in the same reference period. The formula is:

Electricity Consumption per Unit of GDP = Total Electricity Consumption / Gross Domestic Production

Energy Consumption per Unit of Industrial Value-added refers to the energy consumption per unit of industrial value-added in a country or region in the same reference period. The formula is:

Energy Consumption per Unit of Industrial Value-added = Total Energy Consumption / Industrial Value-added

财政

Government Finance

8

◎ 资料整理：赵国顺

简要说明

一、主要内容

本篇包括地方财政收支和预算外资金收支资料。

二、统计口径

2007年起，财政收支科目实施了较大改革，特别是财政支出项目口径变化很大，与往年数据不可比，2015年开始，财政收支指标改为财政一般公共预算收支，财政部门对指标口径进行相应调整。

三、资料来源

资料来源于河南省财政厅的财政总决算，由河南省统计局国民经济核算处编辑整理。

Brief Introduction

I. Main Contents

The data in this chapter present the government revenue and expenditure situation, the extra-budgetary revenue and expenditure.

II. Scope of Statistics

Because of the classifications of revenue and expenditure accounts have been adjusted largely since 2007, especially the government expenditure, the relative data are not compared with data in preceding years.

III. Sources of Data

The data are based on final Henan provincial financial accounts, which are provided by the Department of National Accounts of the Henan provincial Bureau of Statistics.

8-1 一般公共预算收支额

General Public Budget Revenue and Expenditure of the Local Government

单位：亿元 (100 million yuan)

年 份 Year	财 政 总收入 Total Revenue	一般公共 预算收入 General Public Budget Revenue of Local Government	#税收收入 Taxes	一般公共 预算支出 General Public Budget Expenditure of Local Government	#农林水事务 Agriauture Forestry Water Conservancy Operating	#社会保障和就业 Social Security and Employment	#教科文卫 Culture, Education, Science & Health Care	#科学技术 Technology	#教育 Education	#医疗卫生 Medical Treatment and Public Health
1978		33.73	23.04	27.67	4.20		5.77	0.43		
1979		33.68	23.62	29.86	5.28		7.05	0.53		
1980		31.86	24.86	26.74	4.66		8.31	0.59		
1981		34.23	29.73	25.84	4.25		8.84	0.61		
1982		33.49	30.96	29.81	4.57		9.83	0.67		
1983		36.49	30.69	30.06	4.73		10.45	0.91		
1984		39.26	34.54	36.79	4.86		11.83	1.08		
1985		48.93	44.57	49.51	5.01		13.93	1.16		
1986		54.92	49.71	69.20	5.92		15.78	1.31		
1987		63.15	56.10	65.26	6.90		16.67	1.18		
1988		70.98	65.09	76.22	8.64		19.47	1.35		
1989		80.97	75.50	87.67	10.85		22.76	1.49		
1990		83.59	78.85	89.53	10.74		24.54	1.53		
1991		91.36	84.61	97.88	12.18		26.99	1.70		
1992		104.03	95.41	116.49	13.29		33.22	1.93		
1993		139.20	126.36	147.73	14.34		39.28	2.01		
1994		(171.38)								
		93.35	81.77	169.62	15.09		50.64	2.54		
1995		124.63	103.45	207.28	17.59		58.30	3.24		
1996		162.06	126.63	255.29	21.12		69.49	3.75		
1997		192.63	152.09	290.84	23.47		75.43	4.52		
1998		208.20	160.60	323.63	25.71		82.89	5.05		
1999		223.35	176.12	384.32	28.39		95.57	6.01		
2000		246.47	195.04	445.53	34.19		108.46	6.86		
2001		267.75	226.70	508.58	36.94		131.35	7.25		
2002		296.72	242.24	629.18	44.77		166.56	7.95		
2003		338.05	264.40	716.60	47.92		188.27	9.06		
2004	789.05	428.78	307.12	879.96	65.99		220.81	10.40		
2005	967.16	537.65	365.67	1116.04	82.28		270.22	13.85		
2006	1202.96	679.17	471.80	1440.09	(99.12)		(344.21)	(18.84)		
					111.34		362.82	17.37		
2007	1530.48	862.08	625.02	1870.61	152.51	281.22	523.51	25.23	366.12	98.78
2008	1781.89	1008.90	742.27	2281.61	209.59	330.23	661.40	30.44	444.03	145.47
2009	1921.80	1126.06	821.50	2905.76	361.60	403.62	843.47	35.52	526.14	223.15
2010	2293.70	1381.32	1016.55	3416.14	399.19	461.22	979.24	44.67	609.37	270.21
2011	2851.91	1721.76	1263.10	4248.82	480.48	547.96	1332.75	56.59	857.14	361.48
2012	3282.48	2040.33	1469.57	5006.40	551.73	631.61	1671.77	69.64	1106.51	425.99
2013	3686.81	2415.45	1764.71	5582.31	629.85	731.41	1824.78	80.00	1171.52	492.48
2014	4094.78	2739.26	1951.46	6028.69	661.94	790.87	1976.74	81.25	1201.38	602.95
2015	4426.96	3016.05	2101.17	6799.35	791.63	945.83	2177.38	83.25	1270.99	717.74
2016	4706.96	3153.48	2158.45	7453.74	807.06	1067.40	2315.19	96.10	1343.76	778.01
2017	5238.35	3407.22	2329.31	8215.52	916.81	1160.23	2565.23	137.94	1493.11	836.66
2018	5875.82	3766.02	2656.65	9217.73	1001.08	1298.45	2852.33	155.67	1664.67	928.95
2019	6187.23	4041.89	2841.34	10163.93	1059.70	1457.14	3136.43	211.07	1810.71	986.78
2020	6267.39	4168.84	2764.73	10372.67	1145.40	1575.03	3363.16	254.28	1882.56	1085.39

注：1. 财政收入1993年以前为分税制前老口径，1994年以后为分税制后新口径，括号内为分税制前老口径。

2. 1994-2006年，财政收支均为地方财政一般预算收支。2007年以后，财政收支项目按新科目列支。2011-2014年财政一般预算收支改称公共财政预算收支，2015年以后为一般公共预算收支口径（括号里为老口径）。

a) Before 1993, government revenue are calculated on old caliber. Data on 1994 and after are calculated on new caliber, and the data in parentheses are calculated on old caliber.

b) From1994 to 2006, financial revenue and expenditure refer to generalpublic budget revenue and expenditure of local government.Data of revenue and expenditure based on new system since 2007.Data of financial general budget revenue and expenditure changed to public financial revenue and expenditure from 2011 to 2014,and changed to general public budget revenue and expenditure since 2015.Data in parentheses are calculated on old caliber.

8-2 各项税收
Taxes

单位：亿元 (100 million yuan)

年份 Year	一般公共预算收入 General Public Budget Revenue of Local Government	#增值税 Value-added Tax	#企业所得税 Corporate Income Tax	#个人所得税 Individual Income Tax	#城市维护建设税 City Maintenance and Construction Tax
1995	124.63	25.57	18.64	3.44	8.39
1996	162.06	30.00	19.83	4.92	10.13
1997	192.63	32.80	28.43	6.38	11.18
1998	208.20	36.07	22.68	8.84	12.28
1999	223.35	36.72	29.47	10.83	12.69
2000	246.47	42.24	39.60	12.88	13.64
2001	267.75	44.35	60.85	19.25	13.73
2002	296.72	49.25	31.97	17.82	17.24
2003	338.05	57.95	29.14	15.60	20.54
2004	428.78	65.78	38.43	19.32	24.60
2005	537.65	87.97	51.56	22.05	29.18
2006	679.17	105.84	70.21	24.05	35.02
2007	862.08	129.96	103.06	30.26	42.87
2008	1008.90	153.89	116.76	32.30	49.06
2009	1126.06	140.82	114.81	33.33	51.93
2010	1381.32	155.79	136.63	40.29	61.35
2011	1721.76	181.38	185.21	48.38	80.22
2012	2040.33	187.79	209.13	41.41	89.77
2013	2415.45	202.66	235.60	47.63	98.57
2014	2739.26	256.47	261.00	58.01	106.67
2015	3016.05	263.73	281.41	62.03	112.72
2016	3153.48	550.61	297.31	71.75	117.09
2017	3407.22	888.93	332.02	86.31	131.43
2018	3766.02	1007.46	370.23	102.74	152.50
2019	4041.89	1076.10	382.13	77.15	158.92
2020	4168.84	980.69	362.63	82.32	156.69

8-3 一般公共预算收入
General Public Budget Revenue of the Local Government

单位：亿元 (100 million yuan)

项目	Item	2019 绝对数 Absolute Value	2019 比重(%) Proportion (%)	2020 绝对数 Absolute Value	2020 比重(%) Proportion (%)
收入合计	**Total Revenue**	**4041.89**	**100.0**	**4168.84**	**100.0**
税收收入	Tax Revenue	2841.34	70.3	2764.73	66.3
增值税	Value-added Tax	1076.10	26.6	980.69	23.5
企业所得税	Corporate Income Tax	382.13	9.5	362.63	8.7
个人所得税	Individual Income Tax	77.15	1.9	82.32	2.0
资源税	Resources Tax	68.88	1.7	67.06	1.6
城市维护建设税	City Maintenance and Construction Tax	158.92	3.9	156.69	3.8
房产税	House Property Tax	76.17	1.9	82.25	2.0
印花税	Stamp Tax	43.52	1.1	45.98	1.1
城镇土地使用税	Urban Land Use Tax	153.83	3.8	155.12	3.7
土地增值税	Land Appreciation Tax	295.81	7.3	268.61	6.4
车船税	Tax on Vehicles and Boat Operation	48.29	1.2	54.97	1.3
耕地占用税	Farm Land Occupation Tax	166.87	4.1	176.38	4.2
契税	Deed Tax	274.94	6.8	316.86	7.6
烟叶税	Tobacco Leaf Tax	7.54	0.2	5.76	0.1
环境保护税	Environment Protection Tax	10.67	0.3	9.04	0.2
其他税收收入	Other Tax Revenue	0.53	0.0	0.37	0.0
非税收入	Non-Tax Revenue	1200.54	29.7	1404.11	33.7
专项收入	Special Program Receipts	373.49	9.2	409.89	9.8
行政事业性收费收入	Charge of Adiministrative and Institutional Units	225.41	5.6	216.18	5.2
罚没收入	Penalty Receipts	159.50	3.9	167.69	4.0
国有资本经营收入	Operating Income from Goverment Capital	66.91	1.7	77.52	1.9
国有资源(资产)有偿使用收入	Income from Use of Stated-owned Resources(Assets)	247.63	6.1	359.90	8.6
其他收入	Other Revenue	127.60	3.2	172.93	4.1

8-4 一般公共预算支出

General Public Budget Expenditure of the Local Government

单位：亿元 (100 million yuan)

项　目	Item	2019 绝对数 Absolute Value	2019 比重(%) Proportion (%)	2020 绝对数 Absolute Value	2020 比重(%) Proportion (%)
本年支出合计	**Total Expenditure**	**10163.93**	**100.0**	**10372.67**	**100.0**
一般公共服务	General Public Service	1097.40	10.8	1061.53	10.2
国防	National Defense	9.26	0.1	7.87	0.1
公共安全	Public Security	496.79	4.9	488.26	4.7
教育	Education	1810.71	17.8	1882.56	18.1
科学技术	Science and Technology	211.07	2.1	254.28	2.5
文化旅游体育与传媒	Culture, Tourism, Sport and Media	127.87	1.3	140.93	1.4
社会保障和就业	Social Security and Employment	1457.14	14.3	1575.03	15.2
卫生健康	Health	986.78	9.7	1085.39	10.5
节能环保	Energy Conservation and Environment Protection	352.29	3.5	272.63	2.6
城乡社区事务	Urban and Rural Community Affairs	1381.48	13.6	1063.83	10.3
农林水事务	Agriculture, Forestry and Water Conservancy Operating	1059.70	10.4	1145.40	11.0
交通运输	Transportation	383.82	3.8	437.31	4.2
资源勘探信息等事务	Affairs of Resource Exploration and Information	106.40	1.0	110.95	1.1
商业服务业等事务	Affairs of Commerce and Services	30.14	0.3	38.07	0.4
金融支出	Financial Affairs	12.99	0.1	32.38	0.3
援助其它地区支出	Other Regional Assistance	4.03	0.0	4.29	0.0
自然资源海洋气象等支出	Natural Resources, Marine Meteorology	82.92	0.8	99.43	1.0
住房保障支出	Housing Security	284.71	2.8	349.43	3.4
粮油物资储备支出	Grain and Oil Reserves Management	42.01	0.4	63.65	0.6
灾害防治及应急管理支出	Disaster Prevention and Emergency Management	34.04	0.3	42.42	0.4
债务付息支出	Interest Payment on Debts	144.15	1.4	166.50	1.6
债务发行费用支出	Issuing Debts	0.76	0.0	1.05	0.0
其他支出	Others	47.47	0.5	49.49	0.5

8-5 各级一般公共预算收入(2020年)

General Public Budget Revenue of the Local Government by Rank (2020)

单位：亿元 (100 million yuan)

项目	Item	合计 Total	省级 Province	市级 City	县市级 County	乡镇级 Town & Township
收入合计	**Total Revenue**	**4168.84**	**184.52**	**1392.42**	**1808.80**	**783.10**
税收收入	Tax Revenue	2764.73	57.78	883.13	1101.95	721.87
增值税	Value-added Tax	980.69	3.11	320.56	341.37	315.66
企业所得税	Corporate Income Tax	362.63	46.77	120.82	121.25	73.78
个人所得税	Individual Income Tax	82.32		34.80	34.18	13.35
资源税	Resources Tax	67.06	5.38	11.12	29.69	20.86
城市维护建设税	City Maintenance and Construction Tax	156.69	0.71	74.78	51.61	29.59
房产税	House Property Tax	82.25		26.54	37.98	17.73
印花税	Stamp Tax	45.98		16.07	17.24	12.67
城镇土地使用税	Urban Land Use Tax	155.12		31.49	66.84	56.79
土地增值税	Land Appreciation Tax	268.61		83.97	111.26	73.39
车船税	Tax on Vehicles and Boat Operation	54.97		14.01	27.39	13.58
耕地占用税	Farm Land Occupation Tax	176.38		31.23	103.09	42.06
契税	Deed Tax	316.86		116.50	154.18	46.17
烟叶税	Tobacco Leaf Tax	5.76		0.03	1.32	4.41
环境保护税	Environment Protection Tax	9.04	1.81	1.18	4.30	1.76
其他税收收入	Other Tax Revenue	0.37	0.00	0.03	0.25	0.09
非税收入	Non-Tax Revenue	1404.11	126.74	509.29	706.85	61.23
专项收入	Special Program Receipts	409.89	62.17	202.81	139.63	5.28
行政事业性收费收入	Charge of Adiministrative and Institutional Units	216.18	17.92	57.61	134.50	6.16
罚没收入	Penalty Receipts	167.69	2.24	52.72	112.36	0.37
国有资本经营收入	Operating Income from Goverment Capital	77.52		32.56	33.09	11.87
国有资源(资产)有偿使用收入	Income from Use of Stated-owned Resources (Assets)	359.90	38.62	74.85	222.45	23.98
其他收入	Other Revenue	172.93	5.79	88.73	64.84	13.58

8−6 各级一般公共预算支出(2020年)
General Public Budget Expenditure of the Local Government by Rank (2020)

单位：亿元 (100 million yuan)

项　目	Item	合　计 Total	省 级 Province	市 级 City	县市级 County	乡镇级 Town & Township
本年支出合计	**Total Expenditure**	**10372.67**	**1204.84**	**2459.38**	**5983.42**	**725.04**
一般公共服务	General Public Service	1061.53	70.92	235.66	476.58	278.36
国防	National Defense	7.87	2.08	2.98	2.80	0.02
公共安全	Public Security	488.26	64.07	180.90	241.34	1.95
教育	Education	1882.56	237.71	366.68	1249.33	28.85
科学技术	Science and Technology	254.28	28.52	92.69	112.01	21.06
文化旅游体育与传媒	Culture, Tourism, Sport and Media	140.93	18.90	49.26	65.95	6.82
社会保障和就业	Social Security and Employment	1575.03	438.14	240.27	867.85	28.77
卫生健康	Heaith	1085.39	66.50	157.64	841.66	19.58
节能环保	Energy Conservation and Environment Protection	272.63	15.54	76.54	153.56	26.99
城乡社区事务	Urban and Rural Community Affairs	1063.83	0.83	449.66	475.22	138.12
农林水事务	Agriculture, Forestry and Water Conservancy Operating	1145.40	83.73	118.88	792.22	150.56
交通运输	Transportation	437.31	52.87	177.01	204.61	2.83
资源勘探信息等事务	Affairs of Resource Exploration and Information	110.95	10.21	52.72	44.18	3.85
商业服务业等事务	Affairs of Commerce and Services	38.07	0.70	20.55	16.74	0.07
金融支出	Financial Affairs	32.38	21.04	6.89	3.36	1.10
援助其它地区支出	Other Regional Assistance	4.29	2.03	1.46	0.78	0.02
自然资源海洋气象等支出	Natural Resources, Marine Meteorology	99.43	12.42	27.09	57.21	2.72
住房保障支出	Housing Security	349.43	18.76	91.53	229.23	9.90
粮油物资储备支出	Grain and Oil Reserves Management	63.65	17.00	12.12	34.49	0.04
灾害防治及应急管理支出	Disaster Prevention and Emergency Management	42.42	6.29	11.95	23.34	0.84
债务付息支出	Interest Payment on Debts	166.50	1.46	64.96	67.32	0.14
债务发行费用支出	Issuing Debts	1.05	34.07	0.00		
其他支出	Others	49.49	1.05	21.94	23.63	2.45

8-7 各市一般公共预算收入

单位：亿元

市（县） City(County)	收入合计 Total Revenue	税收收入 Tax Revenue	增值税 Value-added Tax	企业所得税 Corporate Income Tax	个人所得税 Individual Income Tax
2010	1381.32	1016.55	155.79	136.63	40.29
2011	1721.76	1263.10	181.38	185.21	48.38
2012	2040.33	1469.57	187.78	209.13	41.41
2013	2415.45	1764.71	202.66	235.60	47.63
2014	2739.26	1951.46	256.47	261.00	58.01
2015	3016.05	2101.17	263.73	281.41	62.03
2016	3153.48	2158.45	550.61	297.31	71.75
2017	3407.22	2329.31	888.93	332.02	86.31
2018	3766.02	2656.65	1007.46	370.23	102.74
2019	4041.89	2841.34	1076.10	382.13	77.15
2020	4168.84	2764.73	980.69	362.63	82.32
省辖市 City					
郑州市 Zhengzhou	1259.21	870.07	301.57	141.19	36.75
开封市 Kaifeng	160.30	102.79	41.87	8.74	2.29
洛阳市 Luoyang	383.89	248.57	76.52	21.25	6.28
平顶山市 Pingdingshan	181.17	123.20	46.07	8.99	2.23
安阳市 Anyang	174.83	125.62	54.85	15.37	2.40
鹤壁市 Hebi	71.04	44.28	11.71	2.82	0.78
新乡市 Xinxiang	194.03	137.84	59.25	18.72	3.53
焦作市 Jiaozuo	158.53	99.33	32.06	10.58	2.23
濮阳市 Puyang	103.42	71.82	25.93	6.52	1.95
许昌市 Xuchang	181.77	117.96	45.60	9.80	3.57
漯河市 Luohe	100.59	75.70	24.53	9.09	4.26
三门峡市 Sanmenxia	135.32	84.75	28.78	4.84	1.09
南阳市 Nanyang	202.13	140.03	50.63	11.80	3.94
商丘市 Shangqiu	180.14	115.65	38.74	10.01	2.45
信阳市 Xinyang	121.35	84.01	35.27	8.89	2.31
周口市 Zhoukou	148.19	105.41	48.48	9.32	2.79
驻马店市 Zhumadian	170.06	115.45	34.19	11.38	2.50
济源市 Jiyuan	58.35	44.47	21.54	6.57	0.95
省直管县 County Directly Administrated by Province					
巩义市 Gongyi	51.60	35.73	12.23	2.33	0.42
兰考县 Lankao	26.22	16.97	8.34	1.83	0.36
汝州市 Ruzhou	35.27	25.57	6.81	1.44	0.35
滑县 Huaxian	14.68	10.84	5.18	1.12	0.36
长垣市 Changyuan	34.08	28.99	17.17	3.40	0.36
邓州市 Dengzhou	18.79	12.54	2.93	0.69	0.27
永城市 Yongcheng	47.71	28.71	8.78	2.00	0.51
固始县 Gushi	16.34	11.89	4.73	1.40	0.32
鹿邑县 Luyi	15.93	11.67	8.28	0.72	0.12
新蔡县 Xincai	13.02	9.15	2.37	0.62	0.17

General Public Budget Revenue of the Local Government by City

(100 million yuan)

城市维护建设税 City Maintenance and Construction Tax	城镇土地使用税 Urban Land Use Tax	契税 Deed Tax	其他各项税收 Other Tax	非税收入 Non-Tax Revenue	#专项收入 Special Program Receipts	#行政事业性收费收入 Charge of Administrative and Institutional Units	#国有资本经营收入 Operating Income from Goverment Capital
61.35	48.96	88.98	165.20	364.77	89.04	122.42	60.36
80.22	61.18	98.06	204.39	458.65	90.60	161.33	71.97
89.77	78.15	120.21	217.40	570.77	87.89	199.92	88.48
98.57	102.62	185.29	310.55	650.74	90.25	224.78	90.17
106.67	125.31	142.01	374.66	787.80	101.42	263.90	108.25
112.72	184.74	138.75	398.64	914.88	201.29	238.34	103.28
117.09	184.34	186.95	73.41	995.03	241.07	238.63	92.53
131.43	189.15	208.54	83.79	1077.91	283.27	250.60	77.55
152.50	175.73	246.79	105.15	1109.36	350.07	224.06	45.27
158.92	153.83	274.94	127.60	1200.54	373.49	225.41	66.91
156.69	155.12	316.86	0.37	1404.11	409.89	216.18	77.52
50.53	27.54	125.34	32.44	389.14	200.84	29.78	21.64
4.72	5.64	12.26	3.60	57.51	9.12	18.58	1.24
13.98	14.55	22.29	9.39	135.32	11.10	18.30	11.73
6.47	14.11	11.07	6.15	57.97	17.58	11.81	0.25
9.83	9.89	8.64	6.22	49.21	8.68	9.60	4.36
1.68	14.44	2.76	2.26	26.75	5.90	2.08	1.14
7.80	8.18	10.50	5.69	56.19	10.42	8.89	1.97
4.26	16.48	4.83	4.72	59.20	6.27	5.45	9.74
3.71	5.40	7.61	3.62	31.60	12.07	7.61	0.37
11.11	4.06	10.34	5.78	63.81	18.01	5.81	6.21
4.82	2.48	11.29	2.91	24.89	5.96	4.85	2.37
3.95	2.28	24.28	4.42	50.57	3.01	5.67	8.35
8.26	5.21	14.77	6.27	62.10	8.84	18.33	0.60
5.43	10.65	11.96	5.76	64.49	4.47	10.61	3.65
4.51	2.36	10.77	3.27	37.34	8.74	13.57	0.22
5.75	4.49	10.16	4.84	42.78	4.77	11.43	2.67
6.26	5.28	15.26	4.67	54.61	9.39	14.53	0.86
2.90	2.10	2.71	2.30	13.89	2.55	1.35	0.14
1.53	7.15	3.51	1.62	15.87	1.81	1.02	0.03
0.67	0.96	1.43	0.61	9.25	2.47	0.80	0.00
0.92	7.54	3.98	1.12	9.70	2.87	4.41	0.00
0.37	0.40	0.97	0.44	3.84	0.45	0.85	0.00
2.25	1.00	1.53	0.84	5.09	2.74	0.72	0.00
0.40	0.83	1.11	0.50	6.25	0.95	0.78	0.00
1.23	5.31	1.02	1.91	19.00	0.77	1.39	2.90
0.51	0.50	1.19	0.37	4.45	0.51	1.00	0.00
0.83	0.21	0.60	0.26	4.26	0.73	0.70	0.00
0.22	0.47	1.27	0.20	3.87	0.23	1.59	0.02

8-8 各市一般公共预算支出

单位：亿元

市(县)	City(County)	支出合计 Payout	#一般公共服务 General Public Service	#公共安全 Public Security	#教育 Education	#科学技术 Technology	#文化旅游体育与传媒 Culture, Tourism, Sport and Media
2010		3416.14	478.69	189.72	609.37	44.67	54.99
2011		4248.82	559.02	204.80	857.14	56.59	57.54
2012		5006.40	663.07	244.42	1106.51	69.64	69.63
2013		5582.31	733.21	261.22	1171.52	80.00	80.78
2014		6028.69	700.71	274.12	1201.38	81.25	91.16
2015		6799.35	695.32	301.12	1271.00	83.25	105.38
2016		7453.74	750.94	358.41	1343.76	96.10	97.33
2017		8215.52	850.29	417.11	1493.11	137.94	97.52
2018		9217.73	972.55	460.18	1664.67	155.67	103.04
2019		10163.93	1097.40	496.79	1810.71	211.07	127.87
2020		10372.67	1061.53	488.26	1882.56	254.28	140.93
省辖市	**City**						
郑州市	Zhengzhou	1720.18	159.05	77.64	240.68	69.07	23.59
开封市	Kaifeng	430.79	71.60	19.90	68.06	8.68	6.06
洛阳市	Luoyang	689.03	67.36	33.64	120.37	27.16	14.10
平顶山市	Pingdingshan	408.08	52.14	21.92	80.72	7.01	5.83
安阳市	Anyang	431.12	51.95	22.86	83.99	6.14	6.99
鹤壁市	Hebi	156.14	20.81	7.12	25.72	5.20	2.99
新乡市	Xinxiang	473.22	53.33	25.41	90.35	10.09	10.41
焦作市	Jiaozuo	321.23	29.21	19.69	49.03	5.33	4.43
濮阳市	Puyang	356.52	30.92	17.31	71.81	6.81	4.42
许昌市	Xuchang	364.01	56.27	19.78	71.59	8.66	5.96
漯河市	Luohe	232.98	29.01	11.36	39.29	6.53	4.77
三门峡市	Sanmenxia	271.00	48.53	12.55	45.02	4.80	2.66
南阳市	Nanyang	744.50	67.42	28.18	165.54	14.14	5.77
商丘市	Shangqiu	561.58	55.74	24.95	99.23	10.67	4.67
信阳市	Xinyang	610.91	52.95	25.80	128.83	9.20	6.37
周口市	Zhoukou	689.53	72.70	27.03	129.87	6.86	6.33
驻马店市	Zhumadian	625.70	58.61	25.13	118.91	18.20	5.36
济源市	Jiyuan	81.31	13.01	3.92	15.84	1.24	1.30
省直管县	**County Directly Administrated by Province**						
巩义市	Gongyi	91.41	9.11	4.14	14.08	3.23	1.83
兰考县	Lankao	82.48	12.19	2.31	13.15	1.57	1.38
汝州市	Ruzhou	78.02	14.40	2.45	17.08	1.98	1.59
滑县	Huaxian	74.03	5.51	2.51	15.72	0.40	0.76
长垣市	Changyuan	70.71	12.10	2.49	14.14	1.78	0.86
邓州市	Dengzhou	84.79	7.05	3.13	18.19	0.39	0.38
永城市	Yongcheng	86.89	5.76	3.53	14.33	2.02	1.05
固始县	Gushi	85.12	5.10	2.47	22.62	1.28	0.98
鹿邑县	Luyi	60.74	6.35	1.85	11.74	0.82	0.51
新蔡县	Xincai	60.15	5.26	2.10	11.55	1.31	0.29

General Public Budget Expenditure of the Local Government by City

(100 million yuan)

#社会保障和就业 Social Security and Employment	#卫生健康支出 Health	#节能保护 Energy Conservation and Environment Protection	#城乡社区事务 Urban and Rural Community Affairs	#农林水事务 Agriculture, Forestry and Water Conservancy	#交通运输 Transportation	#住房保障 Housing Security
461.22	270.21	96.38	165.30	399.19	173.84	77.25
547.96	361.48	95.60	191.30	480.48	281.21	142.64
631.61	425.99	109.45	237.97	551.73	300.43	185.65
731.41	492.48	111.92	309.12	629.85	346.19	191.11
790.87	602.95	119.95	431.74	661.94	364.86	247.57
945.83	717.74	177.77	645.21	791.63	371.01	242.04
1067.40	778.01	195.72	879.33	807.06	347.97	268.58
1160.23	836.66	241.65	1122.67	916.81	296.17	248.12
1298.45	928.95	358.70	1152.43	1001.08	283.19	359.62
1457.14	986.78	352.29	1381.48	1059.70	383.82	284.71
1575.03	1085.39	272.63	1063.83	1145.40	437.31	349.43
141.41	1720.18	53.42	471.04	80.57	73.97	72.43
60.59	430.79	13.52	37.05	53.82	9.48	14.02
83.06	689.03	22.30	98.00	77.01	26.89	18.67
54.48	408.08	6.60	21.98	51.76	16.36	18.17
51.42	431.12	14.21	37.48	46.08	19.52	19.18
18.00	156.14	4.00	14.51	15.74	5.26	9.99
64.86	473.22	15.42	30.43	54.92	26.55	14.11
44.13	321.23	12.64	39.97	26.65	17.92	16.28
42.83	356.52	10.87	23.24	53.95	14.04	22.13
45.87	364.01	13.17	32.61	33.40	14.27	5.16
27.02	232.98	6.03	27.75	22.85	8.20	8.93
29.36	271.00	7.67	19.71	34.52	11.48	8.18
114.57	744.50	19.21	33.00	115.10	32.14	19.44
79.86	561.58	12.84	44.49	80.70	18.66	20.88
80.08	610.91	13.76	35.41	110.29	30.69	19.11
97.46	689.53	13.21	50.43	92.44	35.45	22.14
92.94	625.70	14.87	40.51	103.05	20.18	19.72
8.95	81.31	3.35	5.39	8.83	3.40	2.10
10.71	91.41	6.33	11.39	6.16	2.08	4.26
8.18	82.48	2.46	4.97	17.94	3.39	4.14
8.83	78.02	0.92	3.64	8.14	2.27	3.31
10.73	74.03	2.56	5.52	11.38	3.25	1.46
8.48	70.71	1.81	6.01	9.17	2.17	1.26
14.12	84.79	1.53	4.38	12.43	3.94	1.75
10.60	86.89	1.48	9.23	13.12	2.76	3.46
12.49	85.12	0.67	2.36	17.51	2.81	1.75
9.96	60.74	0.57	5.48	8.18	1.26	1.36
9.82	60.15	1.01	1.12	13.05	0.77	1.59

主要统计指标解释

一般公共预算收入 指国家财政参与社会产品分配所取得的收入，是实现国家职能的财力保证。主要包括税收收入和非税收入。

(1) 税收收入：包括国内增值税、国内消费税、进口货物增值税和消费税、出口货物退增值税和消费税、营业税、企业所得税、个人所得税、资源税、城市维护建设税、房产税、印花税、城镇土地使用税、土地增值税、车船税、船舶吨税、车辆购置税、关税、耕地占用税、契税、烟叶税等。

(2) 非税收入：包括专项收入、行政事业性收费收入、罚没收入、国有资本经营收入、国有资源（资产）有偿使用收入和其他收入。

一般公共预算支出 指国家财政将筹集起来的资金进行分配使用，以满足经济建设和各项事业的需要。主要包括：

(1) 一般公共服务：指政府提供基本公共管理与服务的支出，包括人大事务、政协事务、政府办公厅（室）及相关机构事务、发展与改革事务、统计信息事务、财政事务、税收事务、审计事务、海关事务、人力资源事务、纪检监察事务、人口与计划生育事务、商贸事务、知识产权事务、工商行政管理事务、质量技术监督与检验检疫事务、国土资源事务、海洋管理事务、测绘事务、地震事务、气象事务、民族事务、宗教事务、港澳台侨事务、档案事务、共产党事务、民主党派及工商联事务、群众团体事务、彩票发行事务、国债事务、债券投资、其他一般公共服务支出。

(2) 国防：指政府用于国防方面的支出，包括现役部队、预备役部队、民兵、国防科研事业、专项工程、国防动员等方面的支出。

(3) 公共安全：指政府维护社会公共安全方面的支出，包括武装警察、公安、国家安全、检察、法院、司法行政、监狱、劳教、国家保密、缉私警察等。

(4) 教育：指政府教育事务支出，包括教育管理、学前教育、小学教育、初中教育、普通高中教育、普通高等教育、中专教育、技校教育、职业高中教育、高等职业教育、广播电视教育、留学生教育、特殊教育、干部继续教育、教育机关服务等。

(5) 科学技术：指用于科学技术方面的支出，包括科学技术管理事务、基础研究、应用研究、技术研究与开发、科技条件与服务、社会科学、科学技术普及、科技交流与合作等。

(6) 文化体育与传媒：指政府在文化、文物、体育、广播影视、新闻出版等方面的支出。

(7) 社会保障和就业：指政府在社会保障与就业方面的支出，包括社会保障和就业管理事务、民政管理事务、财政对社会保险基金的补助、补充全国社会保障基金、行政事业单位离退休、企业改革补助、就业补助、抚恤、退役安置、社会福利、残疾人事业、城市居民最低生活保障、其他城镇社会救济、农村社会救济、自然灾害生活救助、红十字事务等。

(8) 医疗卫生：指政府在医疗卫生方面的支出，包括医疗卫生管理事务、医疗服务、社区卫生服务、医疗保障、疾病预防控制、卫生监督、妇幼保健、农村卫生、中医药等。

(9) 节能环保：指政府节能环保的支出，包括环境保护管理事务、环境监测与监察、污染防治、自然生态保护、天然林保护工程、退耕还林、风沙荒漠治理、退牧还草、已垦草原退耕还草、能源节约利用、污染减排、可再生能源和资源综合利用等支出。

(10) 城乡社区事务：指政府城乡社区事务支出，包括城乡社区管理事务、城乡社区规划与管理、城乡社区公共设施、城乡社区住宅、城乡社区环境卫生、建设市场管理与监督等。

(11) 农林水事务：指政府农林水事务的支出，包括农业、林业、水利、扶贫、农业综合开发等。

(12) 交通运输：指政府交通运输和邮政业方面的支出，包括公路运输、水路运输、铁路运输、民用航空运输、邮政业支出等。

（13）资源勘探电力信息等事务：指政府对资源勘探电力信息等事务支出，包括资源勘探业、制造业、建筑业、电力监管、工业和信息产业监管、安全生产监管、国有资产监管、支持中小企业发展和管理支出等。

（14）商业服务业等事务：指政府对商业服务业等事务的支出，包括商业流通事务、旅游业管理与服务、涉外发展服务支出等。

（15）金融监管等事务：指政府对金融保险业监管等事务方面的支出。

（16）国土资源气象等事务：指政府用于国土资源、海洋、测绘、地震、气象等公益服务事业方面的支出。

（17）住房保障支出：指政府用于住房保障方面的支出。

（18）粮油物资储备事务：指政府用于粮油物资储备事务方面的支出。

（19）国债还本付息支出：指政府在国债还本、付息、发行等方面的支出。

Explanatory Notes on Main Statistical Indicators

General Public Budget Revenue refers to income for the government finance through participating in the distribution of social products. It is the financial guarantee to ensure government functioning. Now it includes Tax Revenue and Non-Tax Revenue:

(1) Tax Revenue: Including Value-added tax, consumption tax, business tax, enterprise income tax, enterprise income tax rebate, personal income tax, resources tax , regulatory taxes on investment in fixed assets, urban maintenance and construction taxes, property taxes, stamp duty, tax on using urban land, land value-added tax, tax on using Vehicles and Ships, tax on using licence, Ship tons of tax, vehicle purchase tax (charges), tax on Slaughtering, banquet tax, customs, agriculture (tobacco) specialty tax, land tax, contract taxes and other tax revenue.

(2) Non-Tax Revenue: Including Special revenue, the Community Chest lottery income, administrative fees income, confiscated income, the state capital operating revenue, compensation income of using state-owned resources (assets), other income.

General Public Budget Expenditure refers to the distribution and use of the funds which the government finance has raised, so as to meet the needs of economic construction and various causes. It includes the following main items:

(1) Commonly Public servings: including affairs of People's Congress, affairs of Committee of People's Political Consultative Conference, the Government Office (room) and related organizations affairs, development and reform Affairs, statistical information Affairs, financial services, revenue Affairs, audit Affairs, customs affairs, personnel affairs, the discipline inspection and supervision Affairs, population and family planning Affairs, commerce and trade Affairs, intellectual property Affairs, administration affairs of industrial and commercial, supervision and administration Affairs of food and drug, quality of technical supervision and inspection and quarantine Affairs, land and natural resources Affairs, marine management Affairs, surveying and mapping Affairs, seismic Affairs, meteorological Affairs, ethical affairs, religion Affairs, Hong Kong, Macao and Taiwan affairs, file Affairs, the Communist Party affairs, other parties and the Federation of Industry and Commerce Services Mass organizations Affairs, Lottery Affairs, Treasury Affairs, bond investment, the other general public Affairs expenditure.

(2) Defense: refers to the government for defense spending, including standing army, the reserve forces and the militia, national defense scientific research career, special engineering, national defense mobilization of expenditure.

(3) National Defense: including Active-duty troops and reserve forces of national defense, national defense mobilization, and other defense expenditure.

(4) Education: including Education and management Affairs, general education, vocational education, adult education, radio and television education, studying abroad education, special education, teacher education and continuing education of cadres, education surcharge and education fund, other educational expenses.

(5) Science and technology: including Science and technology management Affairs, basic research, applied research, technology research and development, conditions and service of science and technology, social science, science and technology popularization , Science and technology exchanges and cooperation, and other science and technology expenditure.

(6) Culture Sport and Medium: including Culture, heritage, sports, radio, television, press, publishing, sports and other cultural and media expenditure.

(7) Social Security and Obtain employment: including Social security and Obtain employment Affairs, civil administration Management Affairs, added the National Social Security Fund, retired from administrative institutions, subsidies for shutdown and bankruptcy enterprises, employment subsidies, pension, placement of retirement, social welfare, handicapped Affairs, the minimum

living guarantee for urban residents, other urban social relief, rural social relief, living relief for natural disaster, the Red Cross Affairs, other social security expenditure and employment expenditure.

(8) Medical Treatment and Public Health: including Medical and health management affairs, medical services, community health services, health ensure, disease prevention and control, sanitation surveillance, health care of female and child, rural sanitation, Chinese traditional medicine, other medical and health expenditure.

(9) Energy conservation and environmental protection: including Environmental management affairs, environmental monitoring and surveillance, pollution control, natural ecological protection, natural forests protection, returning farmland to forests, desertification and sandstorms control, returning farmland to grassland, other environmental protection expenditure.

(10) Urban and Rural Area Community Operating: Including The management of urban and rural communities affairs, planning and management of urban and rural community, public facilities in rural and urban communities, residential of rural and urban communities, sanitation of urban and rural communities, management and supervision of marketable construction, the Government Housing Fund expenditures, expenditures of using land, additional expenditures of urban public utilities, other expenses of urban and rural community affairs.

(11) Farming Forestry and Water Conservancy Operating: including Agriculture, forestry, water conservancy, moving water from north to south, poverty alleviation, agricultural development, and other expenditures of agriculture, forestry, water affairs.

(12) Traffic and Transport: including Highway and waterway transport, rail transport, air transport, and other transport expenses.

(13) Resource exploration of electric power information: Mining, manufacturing, construction, electricity, the information industry, tourism, foreign-related development, grain and oil services, commercial circulation services, material reserves, the financial industry, tobacco affairs, production safety, state-owned assets supervision, the SME affairs, other industrial business Services such as financial expenditures.

(14) Business service and other affairs: refers to the government to business service and other affairs expenses, including commercial distribution affairs, tourism management and service, foreign development service expenditure, etc.

(15) Financial supervision: refers to the government for financial insurance regulatory affairs expenses.

(16) Land and resources weather affairs: refers to the government for land and resources, ocean, surveying and mapping, earthquake, meteorology and so on public service business spending.

(17) Housing security spending: refers to the government for housing safeguard expenses.

(18) Grain and oil materials reserve affairs: refers to the government for cereals and oil materials reserve affairs expenses

(19) National debt repayment of capital and interest expenses: refers to the government in national debt repayment of principal and interest payment and issue of expenditure.

物价
Prices

9

资料整理：朱娜　拓福星　赵晨夕　朱毓瑞

简要说明

一、主要内容

本篇包括居民消费价格指数，商品零售价格指数，农业生产资料价格指数，农产品生产价格指数，工业生产者出厂价格指数，工业生产者购进价格指数，固定资产投资价格指数等资料。

二、资料来源

价格指数编制由国家统计局河南调查总队组织实施。由省、市及抽选出的市、县调查队依据国家统计局统一制定的价格统计调查制度向基层采集原始数据汇总后得到。

居民消费、商品零售、农业生产资料价格指数采用抽样调查和重点调查相结合的方法取得，即在全省选择不同经济区域和分布合理的地区，以及有代表性的商品作为样本，对其市场价格进行定期调查，以样本推断总体。由国家统计局河南调查总队消费价格调查处编辑整理。

工业生产者价格调查采用重点调查与典型调查相结合的调查方法。重点调查将全部年主营业务收入2000万元以上的企业列为调查对象，采用主观选样的方法选择调查企业；典型调查是把年主营业务收入2000万元以下的企业作为抽样对象，采用随机抽样的调查方法。由国家统计局河南调查总队生产投资价格调查处编辑整理。

Brief Introduction

I. Main Contents

Data on price indices in this chapter including mainly consumer price indices, retail price indices, price indices for means of agricultural production, producer price indices for farm products, Industrial producers ex-factory price index, industrial producers purchase price index, price indices for investment in fixed assets.

II. Sources of Data

Compilation of statistics on price indices is organized by the Department of Henan Survey organizations, NBS. The survey organizations of the provinces, cities directly under the Central Government and of the selected cities and counties collect data from the grassroots units in accordance with the scheme of price survey system, tabulate them and report them to the higher agencies.

Data for compilation of the consumer price indices, the retail price indices and the producer price indices for farm products in Henan province are collected through a combination of sample surveys and surveys of key units. Areas distributed in different economic regions are selected as the sample areas and representative commodities are selected as the sample commodities. Regular surveys are conducted to collect data on their market prices. Population parameters are inferred on the basis of the sample data. Data of this part are provided by the Department of Henan Survey organizations, NBS.

Industrial producer prices are collected through a combined use of the key units' survey and typical units' survey methods. Key units refer to enterprises which annual sale revenue above 20 million yuan, using the method of subjective selection. Typical units refer to the enterprises which annual sale revenue below 20 million yuan, using the method of sampling survey. Data of this part are provided by the Department of Henan Survey organizations, NBS.

9-1 各种物价总指数

General Price Indices

(上年=100) (preceding year=100)

年份 Year	居民消费价格总指数 General Consumer Price Index	城市 Urban Areas	农村 Rural Areas	商品零售价格总指数 General Retail Price Index	农业生产资料价格总指数 General Price Index for Means of Agricultural Production	工业生产者出厂价格指数 Producer Price Index for Industrial Products	工业生产者购进价格指数 Purchasing Price Index for Industrial Producers
1978	100.1	100.0	100.1	100.1	97.9		
1980	104.6	106.0	103.8	104.9	100.1		
1985	104.6	106.5	103.6	105.4	103.0		
1990	100.7	100.5	100.9	100.1	98.3	105.5	105.5
1991	102.3	105.1	100.0	102.0	100.1	104.3	104.4
1992	105.4	107.7	102.9	105.0	101.2	106.2	110.0
1993	110.4	110.6	110.3	108.3	109.2	118.1	133.0
1994	125.2	127.4	123.5	120.6	124.4	124.1	122.0
1995	116.5	116.9	116.3	114.9	125.8	115.0	114.1
1996	110.5	109.5	110.9	107.9	107.9	104.1	106.0
1997	103.5	102.4	103.9	100.6	99.3	100.6	100.6
1998	97.5	97.9	97.1	96.6	94.2	95.3	94.8
1999	96.9	96.6	97.1	96.2	95.7	95.4	94.3
2000	99.2	99.1	99.2	98.5	99.6	104.0	105.1
2001	100.7	100.7	100.7	99.8	99.1	100.5	101.9
2002	100.1	99.8	100.6	99.2	100.8	98.6	97.6
2003	101.6	101.7	101.4	101.3	101.9	105.0	107.8
2004	105.4	105.4	105.4	105.7	111.4	110.2	115.7
2005	102.1	102.1	102.1	101.7	107.9	106.1	108.3
2006	101.3	101.2	101.5	100.9	101.2	104.3	105.3
2007	105.4	105.4	105.5	104.4	106.1	105.2	106.4
2008	107.0	106.5	107.9	107.5	120.9	112.1	111.9
2009	99.4	98.8	100.4	99.4	98.1	94.9	97.1
2010	103.5	103.4	103.8	103.7	103.1	107.8	110.2
2011	105.6	105.4	106.1	105.7	111.1	107.2	110.1
2012	102.5	102.6	102.4	102.3	105.4	99.4	99.2
2013	102.9	102.9	102.9	101.9	101.3	98.5	99.3
2014	101.9	102.0	101.6	101.0	97.9	98.1	98.4
2015	101.3	101.3	101.2	99.8	100.3	95.4	95.4
2016	101.9	101.9	102.0	100.3	100.8	99.0	99.2
2017	101.4	101.5	101.2	101.3	99.7	106.8	107.3
2018	102.3	102.4	102.0	102.9	104.3	103.6	104.0
2019	103.0	102.9	103.1	102.4	103.8	100.2	101.2
2020	102.8	102.5	103.3	100.9	103.6	99.2	99.4

9-2 各种物价定基指数
Fixed-base Price Indices

(1978年＝100) (1978 year =100)

年 份 Year	居民消费价格总指数 General Consumer Price Index	城 市 Urban Areas	农 村 Rural Areas	商品零售价格总指数 General Retail Price Index	农业生产资料价格总指数 General Price Index of Agricultural Means of Production	工业生产者出厂价格指数 Producer Price Index for Industrial Products	工业生产者购进价格指数 Purchasing Price Index for Industrial Producers
1978	100.0	100.0	100.0	100.0	100.0		
1979	100.4	100.3	100.4	100.4	100.0		
1980	105.0	106.3	104.2	105.3	100.1		
1981	106.5	108.9	105.0	107.0	101.4		
1982	108.0	110.8	106.3	108.6	103.5		
1983	109.7	114.0	107.3	110.5	109.4		
1984	110.6	116.6	107.4	111.5	116.1		
1985	115.7	124.1	111.2	117.5	119.6		
1986	122.0	132.6	116.0	123.3	125.7		
1987	129.7	142.9	122.2	131.1	143.8		
1988	154.9	173.6	144.3	156.9	175.1	100.0	100.0
1989	183.9	199.5	176.0	186.3	204.6	119.7	130.0
1990	185.1	200.5	177.6	186.5	201.1	126.3	137.2
1991	189.4	210.7	177.6	190.2	201.3	131.7	143.2
1992	199.6	227.0	182.8	199.7	203.7	139.9	157.5
1993	220.4	251.0	201.6	216.3	222.4	165.2	209.5
1994	275.9	319.8	249.0	260.8	276.7	205.0	255.6
1995	321.4	373.8	289.5	299.7	348.1	235.8	291.6
1996	355.2	409.3	321.1	323.4	375.6	245.4	309.1
1997	367.6	419.2	333.6	325.0	373.0	246.9	310.9
1998	358.4	410.4	323.9	314.0	351.3	235.3	294.8
1999	347.3	396.4	314.6	302.0	336.2	224.5	278.0
2000	344.6	392.9	312.0	297.5	334.9	233.5	292.2
2001	347.0	395.6	314.2	296.9	331.9	234.6	297.7
2002	347.3	394.8	316.1	294.5	334.5	231.4	290.5
2003	352.9	401.5	320.5	298.4	340.9	243.0	313.0
2004	371.9	423.2	337.8	315.4	379.7	267.9	362.0
2005	379.7	432.1	344.9	320.7	409.7	284.1	392.0
2006	384.7	437.3	350.1	323.6	414.7	296.3	412.7
2007	405.5	460.9	369.4	337.8	440.0	311.8	439.2
2008	433.9	490.9	398.6	363.1	532.0	349.6	491.3
2009	431.3	485.0	400.2	360.9	521.9	331.8	477.2
2010	446.4	501.5	415.4	374.3	538.1	357.7	525.9
2011	471.4	528.6	440.7	395.6	597.8	383.4	579.1
2012	483.2	542.3	451.3	404.7	630.1	381.2	574.2
2013	497.2	558.0	464.4	412.4	638.3	375.6	570.0
2014	506.7	569.2	471.8	416.5	624.9	368.2	560.8
2015	513.3	576.8	477.7	415.5	626.9	351.1	534.9
2016	523.1	587.5	487.3	416.9	632.2	347.7	530.8
2017	530.4	596.3	493.2	422.3	630.3	371.4	569.3
2018	542.6	610.6	503.1	434.5	657.4	384.6	592.3
2019	558.9	628.6	518.8	445.1	682.3	385.2	599.4
2020	574.3	644.1	537.7	445.2	697.1	382.0	595.9

注：工业生产者出厂价格和工业生产者购进价格指数以1988年=100。
a) Producer Price Index for Industrial Products and Purchasing Prices Index for Industrial Products are Calculated as the index on 1988=100.

9-3 居民消费价格指数(2020年)

Consumer Price Indices (2020)

(上年=100) (preceding year=100)

项 目	Item	全 省 The Whole Province	城 市 Urban Indices	农 村 Rural Indices
总 指 数	**General Consumer Price Index**	**102.8**	**102.5**	**103.3**
食品烟酒	**Food、Tobacco and Liquor**	**108.5**	**107.7**	**110.1**
食品	Food	111.2	110.0	113.3
粮食	Grain	100.3	100.4	100.2
食用油	Cooking Oil	102.1	100.9	103.7
菜	Vegetables	107.8	107.3	109.0
#鲜菜	Fresh Vegetables	108.5	107.9	109.7
畜肉类	Livestock Meat	142.3	139.8	146.0
#猪肉	Pork	153.1	151.2	155.7
禽肉类	Meal and Poultry	100.1	101.8	96.9
水产品	Aquatic Products	100.8	101.1	100.2
蛋类	Eggs	86.2	86.8	85.2
奶类	Milk	100.4	100.6	100.0
干鲜瓜果类	Dried and Fresh Melons and Fruits	91.6	91.7	91.2
#鲜瓜果	Fresh Fruits	88.4	88.4	88.5
茶及饮料	Tea and Beverages	100.8	100.5	101.1
烟酒	Tobacco and Liquor	101.1	101.4	100.6
在外餐饮	Dining Out	104.3	104.2	104.5
衣着	**Clothing**	**98.8**	**98.7**	**98.8**
服装	Garments	98.6	98.5	98.8
服装材料	Clothing Material	101.9	102.0	101.6
其他衣着及配件	Other Clothing and accessories	99.7	99.2	101.2
衣着加工服务费	Tailoring and Laundering Service	101.6	101.3	102.6
鞋类	Footwear	98.9	99.2	98.4
居住	**Residence**	**99.6**	**99.6**	**99.6**
租赁房房租	Renting	98.6	98.3	100.1
住房保养维修及管理	Maintenance and Management of Housing	100.6	101.0	100.2
水电燃料	Water, Electricity and Fuels	99.5	100.1	98.8
自有住房	Private Housing	99.3	99.1	99.7
生活用品及服务	**Supplies and services**	**99.9**	**100.1**	**99.6**
家具及室内装饰品	Furniture and Decorations	99.8	99.7	99.8
家用器具	Home Appliances	98.8	98.9	98.5
家用纺织品	Home Textile	99.1	98.9	99.6
家庭日用杂品	Daily Use Household Articles	100.4	100.4	100.2
个人护理用品	Personal Article and Service	100.9	101.1	99.8
家庭服务	Household Service	102.3	102.8	100.3
交通和通信	**Transportation and Communication**	**95.8**	**95.4**	**96.6**
交通	Transportation	95.7	95.4	96.3
通信	Communication	96.1	95.5	97.0
教育文化和娱乐	**Education Culture and Recreation**	**102.0**	**102.2**	**101.6**
教育	Education	102.7	102.9	102.4
文化娱乐	Cultural and Recreational Articles	100.7	101.1	99.9
医疗保健	**Health Care**	**103.4**	**103.9**	**102.7**
药品及医疗器具	Medicines and Medical Instrument	102.2	102.2	102.0
医疗服务	Medical Service	104.2	105.1	103.1
其他用品和服务	**Other Articles and Service**	**107.6**	**107.5**	**107.9**
其他用品类	Articles	115.7	117.6	112.9
其他服务类	Service	100.8	100.6	101.3

9-4 分类商品零售价格指数

Retail Price Indices by Category

(上年=100) (preceding year=100)

项 目	Item	2010	2015	2016	2017	2018	2019	2020
商品零售价格总指数	**Retail Price Index of commodities**	**103.7**	**99.8**	**100.3**	**101.3**	**102.9**	**102.4**	**100.9**
食品类	Food	108.7	101.5	103.4	98.3	101.6	107.2	107.9
饮料、烟酒类	Beverage and Tobacco and Alcohol	101.5	101.0	100.0	101.6	102.6	101.9	101.1
服装、鞋帽类	Garments Shoes and Hats	100.9	102.3	100.6	101.1	101.0	100.8	98.8
纺织品类	Textile Product	104.0	101.0	100.1	100.9	100.8	100.3	99.6
家用电器及音像器材	Household Appliance and Audio-video Material	97.8	98.9	95.6	101.1	100.8	98.3	99.3
文化办公用品类	Office Supplies	98.7	99.0	100.7	103.2	100.5	103.2	100.9
日用品类	Articles for Everyday Use	100.1	100.4	100.2	100.7	101.2	100.9	99.9
体育娱乐用品类	Sport and Entertainment Goods	99.8	100.6	100.1	100.4	101.5	100.8	100.0
交通、通信用品类	Transportation and Communication Appliances	96.1	95.5	95.8	95.7	102.7	102.1	95.8
家具类	Furniture	99.6	100.7	100.9	100.8	102.4	101.9	99.8
化妆品类	Cosmetics	100.3	100.4	101.2	101.3	101.6	101.0	101.0
金银珠宝类	Gold and Sliver and Jewellery	111.3	93.6	106.0	103.1	98.3	107.9	118.3
中西药品及医疗保健用品类	Chinese Traditional Medicine and Western Medicine and Health Product	104.0	103.8	106.1	109.2	105.6	103.9	102.1
书报杂志及电子出版物类	Books and Newspapers and Magazines and Electronic Publications	99.4	102.1	101.8	102.0	104.1	106.4	101.1
燃料类	Fuel	110.5	87.8	96.6	111.4	112.0	96.1	91.3
建筑材料及五金电料类	Architectural and Hardware Material	104.3	99.5	100.5	103.0	102.8	100.9	99.8

9-5 农业生产资料价格指数

Price Indices for Means of Agricultural Production

(上年=100) (preceding year=100)

项 目	Item	2010	2015	2016	2017	2018	2019	2020
农业生产资料价格总指数	**Price Indices of Means of Agricultural Production**	**103.1**	**100.3**	**100.8**	**99.7**	**104.3**	**103.8**	**103.6**
农用手工工具	Farm Handtools	101.1	102.1	104.3	104.3	106.1	101.6	100.5
饲料	Forage	109.1	96.1	98.2	100.4	106.4	99.2	102.6
仔畜幼禽及产品畜	Young Poultry and Commodity Animals	101.8	112.3	151.6	84.3	83.7	161.2	142.3
半机械化农具	Semi-mechanized Farm Tools	100.9	101.6	101.1	102.1	100.8	102.6	100.7
机械化农具	Mechanized Farm Machinery	100.1	99.3	99.5	101.3	100.7	101.5	98.1
化学肥料	Chemical Fertilizer	98.5	101.7	95.7	100.7	109.4	101.1	100.0
农药及农药机械	Pesticide and Appliances	100.6	100.5	99.1	100.4	105.1	104.0	102.2
化学农药	Chemical Pesticide	99.4	100.4	99.1	100.4	105.3	104.0	102.3
农药器械	Pesticide Appliances	105.9	100.5	100.0	100.5	101.6	103.3	100.7
农用机油	Oil for Farm Machinery	113.1	83.8	95.2	114.5	115.2	94.1	84.9
其他农用生产资料	Other Means of Agricultural Production	109.5	101.4	98.3	99.7	100.3	101.4	99.8
农用种子	Farm Seed	113.6	101.8	98.0	99.2	99.4	100.9	100.2
未列明的其他农用生产资料	Other Means of Agricultural Production Non-listed	99.5	98.8	101.1	101.9	103.4	101.1	99.4
农业生产服务	Service for Agricultural Production	102.3	104.8	101.5	100.6	102.5	101.5	99.7

9-6 各市(县)居民消费价格指数(2020年)

Consumer Price Indices by City (2020)

各市(县)数据不含所辖市(县)数据(9-7表同)。

Price Indices of every city(county) exclude the data of city(county) under its administration. (the same as table 9-7).

(上年=100) (preceding year=100)

市 City	居民消费价格总指数 Consumer Price Index	食品烟酒 Food, Tobacco, Liquor	衣着 Clothing	居住 Residence	生活用品及服务 Living Supplies and Services	交通和通信 Transportation and Communication	教育文化和娱乐 Education, Culture and Entertainment	医疗保健 Health Care	其他用品和服务 Others
省辖市 City									
郑州市 Zhengzhou	102.3	107.3	99.1	99.0	100.5	93.7	102.5	105.4	108.0
开封市 Kaifeng	102.3	106.9	101.2	99.9	99.7	95.4	102.4	102.2	106.3
洛阳市 Luoyang	102.7	106.7	99.3	100.0	100.9	96.7	102.4	104.6	108.0
平顶山市 Pingdingshan	102.6	107.1	98.4	100.0	99.1	95.5	102.2	107.6	106.4
安阳市 Anyang	102.6	106.8	98.1	100.0	100.1	95.9	103.6	104.7	106.4
鹤壁市 Hebi	102.1	107.6	92.1	100.1	99.2	97.2	99.0	107.6	108.0
新乡市 Xinxiang	102.5	108.2	97.4	99.5	99.9	95.9	103.0	101.4	107.9
焦作市 Jiaozuo	102.1	107.2	95.0	100.5	99.5	96.2	101.1	102.1	109.2
濮阳市 Puyang	101.6	106.7	96.7	99.4	98.4	95.5	100.1	103.0	108.5
许昌市 Xuchang	102.6	107.8	97.7	101.2	99.6	95.7	102.4	102.2	107.8
漯河市 Luohe	102.4	108.4	99.8	99.9	100.3	96.1	99.8	100.4	105.7
三门峡市 Sanmenxia	102.8	108.3	93.9	100.8	99.3	96.1	100.7	110.0	104.9
南阳市 Nanyang	103.0	108.7	100.7	99.8	99.7	96.6	101.9	101.8	107.6
商丘市 Shangqiu	102.3	107.8	101.1	97.8	100.1	96.1	102.4	100.6	108.1
信阳市 Xinyang	102.6	108.2	97.7	99.6	99.8	97.6	103.2	100.8	104.4
周口市 Zhoukou	102.4	108.0	99.5	99.8	99.9	96.1	101.4	101.5	104.8
驻马店市 Zhumadian	102.3	107.6	99.4	100.0	98.9	95.6	101.4	100.8	107.1
济源市 Jiyuan									
省直管县 County Directly Administrated by Province									
巩义市 Gongyi									
兰考县 Lankao									
汝州市 Ruzhou									
滑县 Huaxian	103.3	110.3	99.5	98.9	99.1	96.9	99.6	105.7	106.6
长垣县 Changyuan									
邓州市 Dengzhou									
永城市 Yongcheng	102.6	109.3	98.1	99.3	98.8	96.7	100.8	101.1	108.0
固始县 Gushi	103.8	112.5	98.1	98.1	100.6	96.5	102.5	102.2	106.3
鹿邑县 Luyi									
新蔡县 Xincai									

9-7 各市商品零售价格指数(2020年)

(上年=100)

市 City	商品零售价格总指数 General Index	食品类 Food	饮料烟酒类 Beverage and Tabacco, Liquor	服装鞋帽类 Clothing, Shoes and Hats	纺织品类 Textiles	家用电器及音像器材类 Household Appliance and Audio-video Material	文化办公用品类 Cultural and Office Supplies	日用品类 Articles for Daily Use
省辖市 City								
郑州市 Zhengzhou	100.8	107.4	100.5	98.9	101.9	99.2	100.9	100.8
开封市 Kaifeng	101.4	107.5	102.1	101.2	96.6	99.1	100.9	99.7
洛阳市 Luoyang	100.8	105.7	101.2	99.4	98.5	99.3	101.2	99.8
平顶山市 Pingdingshan	100.3	107.2	100.4	98.4	98.9	99.7	99.4	100.4
安阳市 Anyang	100.8	106.7	101.6	97.7	97.4	99.5	101.3	99.8
鹤壁市 Hebi	100.3	107.8	101.2	91.6	101.0	99.3	101.3	99.0
新乡市 Xinxiang	100.5	108.1	102.9	97.1	99.8	99.1	101.0	100.8
焦作市 Jiaozuo	100.5	107.6	100.1	95.1	99.3	99.5	101.3	100.2
濮阳市 Puyang	100.3	106.6	101.3	96.5	90.9	99.3	101.2	98.9
许昌市 Xuchang	101.1	108.2	101.8	97.6	98.9	99.2	101.0	98.8
漯河市 Luohe	101.2	108.7	100.3	99.7	99.6	99.6	101.2	99.3
三门峡市 Sanmenxia	100.2	108.0	99.4	93.7	95.4	99.7	100.9	99.8
南阳市 Nanyang	101.6	108.8	101.9	100.8	99.6	99.4	100.6	99.7
商丘市 Shangqiu	101.5	107.9	100.6	100.7	99.5	99.4	102.4	99.0
信阳市 Xinyang	101.1	108.0	102.1	97.6	99.3	99.6	101.5	100.0
周口市 Zhoukou	101.0	108.3	102.5	99.3	99.9	99.8	101.0	99.7
驻马店市 Zhumadian	100.8	107.7	101.1	99.7	94.6	99.3	101.2	97.5
济源市 Jiyuan								

Retail Price Indices by City (2020)

(preceding year=100)

体育娱乐用品类 Sport and Entertainment Goods	交通、通信用品 Traffic and Communi-cation Goods	家具类 Furniture	化妆品类 Cosmetics	金银饰品 Gold、Sliver and Jewellery	中、西药品及医疗保健用品 Chinese Traditional Medicine and Western Medicine and Health Product	书报杂志及电子出出版物类 Books& Newspapers、Magazines and E-publication	燃料类 Fuels	建筑材料及五金电料类 Architectural and hardware material
101.1	95.9	99.5	101.5	120.6	101.5	100.0	91.4	100.0
103.2	95.5	99.5	101.2	119.7	104.7	106.3	90.5	99.1
98.0	96.2	103.6	102.8	121.2	103.5	102.2	90.1	100.6
99.5	95.6	98.3	97.0	110.5	102.7	103.2	90.7	97.3
100.1	95.6	99.9	103.4	116.3	107.1	100.1	91.2	96.6
100.4	95.9	97.7	100.3	122.5	103.7	99.9	92.4	99.6
98.7	95.8	97.6	100.0	120.2	98.3	100.7	91.8	98.6
101.8	95.6	101.4	99.0	119.7	102.7	102.6	91.9	99.4
98.3	95.7	97.3	103.3	117.4	105.9	100.5	91.3	97.5
98.2	95.7	97.6	101.1	120.3	104.5	100.0	91.3	100.0
99.1	95.9	101.8	102.9	113.2	100.6	100.1	91.9	100.0
98.3	96.0	94.3	98.5	114.0	102.8	99.9	91.3	99.3
97.6	95.8	100.8	100.9	117.6	101.7	100.6	90.8	100.9
100.5	95.8	99.4	101.9	122.0	103.0	100.0	92.7	101.0
99.0	95.6	96.6	101.8	115.5	99.0	100.3	91.4	106.3
100.6	95.8	100.1	100.2	112.3	99.9	101.2	92.2	99.4
100.4	95.9	100.2	100.1	113.5	100.1	99.7	91.6	99.6

9−8 各市居民消费价格指数(2020年)

Consumer Price Indices by City (2020)

本表数据为全市口径 (9−9表同)。

Price Indices of every city refers to the whole city's caliber (the same as table 9-9).

(上年=100) (preceding year=100)

市(县) City(County)	居民消费价格总指数 Consumer Price Index	食品烟酒 Food, Tobacco, Liquor	衣着 Clothing	居住 Residence	生活用品及服务 Living Supplies and Services	交通和通信 Transportation and Communication	教育文化和娱乐 Education, Culture, Entertainment	医疗保健 Health Care	其他用品和服务 Others
省辖市 City									
郑州市 Zhengzhou	102.3	107.3	99.1	99.0	100.5	93.7	102.5	105.4	108.0
开封市 Kaifeng	101.9	105.9	99.5	100.4	100.3	96.3	101.1	101.7	105.8
洛阳市 Luoyang	102.6	106.6	100.3	100.9	99.7	97.5	102.1	103.7	102.7
平顶山市 Pingdingshan									
安阳市 Anyang	102.9	107.3	99.2	100.1	100.0	97.2	103.1	104.6	106.1
鹤壁市 Hebi	102.9	106.1	100.2	100.1	100.5	98.5	105.1	103.1	105.5
新乡市 Xinxiang	102.7	107.7	98.3	99.9	99.7	97.8	101.9	103.3	107.1
焦作市 Jiaozuo	102.6	108.1	98.9	101.3	100.2	98.1	99.7	101.0	105.4
濮阳市 Puyang	102.3	106.4	96.6	100.4	99.1	97.2	101.2	106.4	106.6
许昌市 Xuchang	102.4	108.4	100.5	96.9	100.8	97.5	101.1	100.8	109.6
漯河市 Luohe	102.4	106.2	100.4	101.5	100.0	98.5	100.0	100.5	105.3
三门峡市 Sanmenxia	102.8	107.8	99.4	100.2	100.0	98.2	100.2	103.9	105.8
南阳市 Nanyang	102.4	107.3	100.2	100.1	99.5	97.2	100.3	102.6	103.9
商丘市 Shangqiu	102.5	106.7	99.7	100.4	100.1	98.6	100.8	101.8	107.0
信阳市 Xinyang	102.8	107.7	100.6	101.4	99.2	97.4	101.3	100.8	106.6
周口市 Zhoukou	102.1	106.3	99.7	100.1	99.8	97.6	101.4	101.1	104.0
驻马店市 Zhumadian	102.3	107.8	97.1	100.5	99.9	96.5	101.4	101.2	103.3
济源市 Jiyuan	101.6	106.3	94.6	100.2	98.9	97.6	99.6	101.1	107.7
省直管县 County Directly Administrated by Province									
巩义市 Gongyi	102.1	106.1	98.2	99.9	99.8	97.8	100.1	105.1	107.8
兰考县 Lankao	102.7	103.3	99.7	108.1	99.7	97.4	100.5	102.3	109.0
汝州市 Ruzhou	101.2	103.2	100.0	100.0	100.0	100.4	100.0	100.0	100.0
滑县 Huaxian	103.3	110.3	99.5	98.9	99.1	96.9	99.6	105.7	106.6
长垣市 Changyuan	102.2	110.3	91.7	94.0	94.0	109.9	96.8	102.4	101.8
邓州市 Dengzhou	102.7	107.8	96.3	102.0	100.6	99.6	100.7	101.8	104.4
永城市 Yongcheng	102.5	106.9	98.9	100.4	100.6	98.9	99.9	100.6	108.9
固始县 Gushi	103.8	112.5	98.1	98.1	100.6	96.5	102.5	102.2	106.3
鹿邑县 Luyi	103.9	108.1	100.4	103.6	99.9	98.6	104.3	100.5	106.1
新蔡县 Xincai	102.9	110.4	98.5	99.9	95.2	93.8	97.0	115.0	96.8

9-9 各市商品零售价格指数(2020年)

Retail Price Indices by City (2020)

(上年=100) (preceding year=100)

市(县) City(County)	商品零售价格总指数 General Index	食品类 Food	饮料烟酒 Beverage, Tobacco, Liquor	服装鞋帽类 Clothing, Shoes and Hats	纺织品类 Textiles	家用电器及音像器材类 Household Appliance and Audio-video Material	文化办公用品类 Cultural and Office supplies	日用品 Articles for Daily Use	体育娱乐用品类 Sport and Entertainment Goods
省辖市 City									
郑州市 Zhengzhou	100.8	107.4	100.5	98.9	101.9	99.2	100.9	100.8	101.1
开封市 Kaifeng	101.0	106.0	102.7	102.1	97.7	99.5	101.3	99.7	99.4
洛阳市 Luoyang	102.0	108.5	101.1	100.4	96.8	100.6	97.4	99.9	108.3
平顶山市 Pingdingshan									
安阳市 Anyang	101.3	107.5	101.1	98.5	98.5	99.6	101.0	99.9	100.1
鹤壁市 Hebi	101.6	107.8	98.4	100.2	101.1	99.2	100.0	100.2	100.8
新乡市 Xinxiang	101.6	108.4	101.8	98.3	99.9	98.5	100.9	100.4	99.4
焦作市 Jiaozuo	101.3	107.7	100.6	98.6	100.0	100.1	100.0	100.1	100.0
濮阳市 Puyang	100.9	105.9	99.0	96.2	97.4	95.3	99.5	101.5	100.3
许昌市 Xuchang	101.5	107.6	102.2	100.3	98.5	99.2	100.0	99.9	100.0
漯河市 Luohe	102.3	109.6	99.9	100.4	100.4	99.9	100.0	99.2	100.0
三门峡市 Sanmenxia	101.8	109.9	100.0	98.8	100.0	99.8	99.1	100.4	100.6
南阳市 Nanyang	101.3	107.7	100.7	99.4	100.1	96.7	98.5	99.4	100.0
商丘市 Shangqiu	102.0	108.5	100.0	99.3	100.0	98.6	99.8	100.0	99.8
信阳市 Xinyang	101.4	108.9	101.4	100.6	99.7	97.0	98.0	99.7	100.0
周口市 Zhoukou	100.9	106.3	102.7	100.5	100.1	99.5	100.6	100.0	100.4
驻马店市 Zhumadian	101.2	109.6	99.8	96.5	100.4	97.4	97.6	100.2	100.5
济源市 Jiyuan	100.3	105.7	100.5	94.3	102.6	93.2	95.4	101.8	97.6
省直管县 County Directly Administrated by Province									
巩义市 Gongyi	101.4	107.3	99.4	98.2	98.7	97.7	99.9	100.7	100.0
兰考县 Lankao	99.2	99.9	103.1	99.5	102.6	97.2	99.6	99.0	100.0
汝州市 Ruzhou	101.2	103.6	100.0	100.0	100.0	100.0	100.0	100.0	100.0
滑县 Huaxian	101.3	110.1	99.6	99.4	102.7	99.4	101.1	100.6	99.8
长垣市 Changyuan	97.6	109.0	110.7	93.4	91.6	79.0	79.3	99.9	100.0
邓州市 Dengzhou	103.1	108.2	100.0	97.1	99.7	99.8	100.3	100.2	108.0
永城市 Yongcheng	103.2	110.0	100.6	99.0	100.0	100.2	100.0	100.5	100.0
固始县 Gushi	102.4	111.2	104.1	98.3	100.3	98.7	101.8	100.0	100.4
鹿邑县 Luyi	102.2	109.6	100.0	100.8	100.0	99.9	99.9	99.4	103.5
新蔡县 Xincai	100.8	111.2	101.8	98.3	100.0	95.1	91.6	100.4	100.0

9–9 续表 continued

(上年=100) (preceding year=100)

市(县) City(County)	交通、通信用品 Traffic& Communication Goods	家具 Furniture	化妆品 Cosmetics	金银珠宝类 Gold、Sliver and Jewellery	中、西药品及医疗保健用品 Chinese Traditional Medicine and Western Medicine and Health Product	书报杂志及电子出版物类 Books& Newspapers、Magazines and E-publication	燃料类 Fuels	建筑材料及五金电料类 Architectural and Hardware Material
省辖市 City								
郑州市 Zhengzhou	95.9	99.5	101.5	120.6	101.5	100.0	91.4	100.0
开封市 Kaifeng	95.9	99.7	102.1	119.4	103.9	106.0	88.8	99.3
洛阳市 Luoyang	98.3	98.5	101.6	106.9	106.2	100.6	91.9	100.5
平顶山市 Pingdingshan								
安阳市 Anyang	96.5	99.9	102.6	116.1	107.7	100.0	91.4	98.1
鹤壁市 Hebi	99.3	100.7	100.8	113.7	103.8	100.3	93.4	100.7
新乡市 Xinxiang	96.6	98.6	100.0	116.0	101.5	100.3	97.9	99.3
焦作市 Jiaozuo	99.9	100.0	100.5	112.5	101.7	100.0	90.4	100.4
濮阳市 Puyang	97.1	100.3	98.3	122.0	112.2	99.7	90.2	100.0
许昌市 Xuchang	97.5	99.9	101.0	116.4	101.9	100.2	91.6	101.0
漯河市 Luohe	98.9	100.8	100.1	112.6	100.9	100.0	93.5	99.1
三门峡市 Sanmenxia	99.0	99.4	99.7	114.0	101.1	101.7	93.0	98.8
南阳市 Nanyang	96.8	101.7	100.1	112.7	103.5	100.1	90.4	101.2
商丘市 Shangqiu	98.7	99.8	102.1	118.1	107.4	101.6	91.1	100.0
信阳市 Xinyang	97.5	99.8	100.6	116.5	101.7	101.2	91.1	99.8
周口市 Zhoukou	97.4	99.1	100.0	107.7	101.2	100.8	91.2	99.6
驻马店市 Zhumadian	93.9	99.9	100.3	114.8	102.1	100.4	90.2	99.8
济源市 Jiyuan	98.1	100.0	99.7	117.0	102.5	99.5	93.4	97.5
省直管县 County Directly Administrated by Province								
巩义市 Gongyi	98.5	99.8	101.1	118.4	106.7	96.4	91.8	98.7
兰考县 Lankao	91.3	100.1	100.4	115.2	101.2	100.5	93.6	100.0
汝州市 Ruzhou	100.0	100.0	100.0	100.0	100.0	100.0	101.7	100.1
滑县 Huaxian	95.0	97.9	99.8	116.3	103.7	99.7	91.8	99.2
长垣市 Changyuan	78.2	84.8	96.1	101.2	103.6	120.3	91.6	91.1
邓州市 Dengzhou	100.0	100.3	100.2	110.1	105.2	100.7	97.8	108.5
永城市 Yongcheng	100.0	100.0	100.6	121.4	101.7	99.1	93.7	102.0
固始县 Gushi	94.7	103.5	100.5	113.3	103.8	101.0	92.5	98.6
鹿邑县 Luyi	99.6	99.7	100.0	105.6	101.4	102.3	92.6	100.0
新蔡县 Xincai	84.6	86.5	100.0	99.3	116.7	99.4	91.4	99.3

9-10 工业生产者出厂价格指数

Producer Price Index for Industrial Products

(上年=100) (preceding year=100)

类　别	Type	2010	2015	2018	2019	2020
总 指 数	**General Index**	**107.8**	**95.4**	**103.6**	**100.2**	**99.2**
按轻、重工业分	**Grouped by Light & Heavy Industry**					
轻工业	Light Industry	104.3	99.8	101.3	101.0	101.3
以农产品为原料	Using Farm Products as Raw Materials	106.0	99.6	101.7	101.5	102.4
以非农产品为原料	Using Non-Farm Products as Raw Materials	102.4	100.5	99.9	99.0	97.5
重工业	Heavy Industry	110.7	93.6	104.5	99.8	98.2
采掘工业	Mining & Quarrying Industry	116.7	82.1	106.7	103.1	98.8
原料工业	Raw Materials Industry	112.9	93.4	105.2	98.7	98.3
加工工业	Manufacturing Industry	105.0	96.9	103.9	99.8	98.1
按部类分	**Grouped by Division**					
生产资料	Means of Production	108.8	93.9	104.9	100.0	98.4
采掘工业	Mining & Quarrying Industry	116.8	82.1	106.7	103.1	98.8
原料工业	Raw Materials Industry	112.0	94.1	105.1	98.3	98.0
加工工业	Manufacturing Industry	104.6	96.7	104.6	100.2	98.5
生活资料	Consumer Goods	103.9	100.4	99.9	100.5	101.2
食品类	Food	103.7	100.4	100.6	103.8	105.8
衣着类	Clothing	105.6	100.8	99.7	99.8	99.3
一般日用品类	Articles for Daily Use	103.7	100.1	100.5	99.4	97.9
耐用消费品类	Durable Consumer Goods	103.9	100.0	97.8	93.6	93.4
按工业部门分	**Grouped by Sector**					
冶金工业	Metallurgical Industry	116.4	90.5	105.0	101.0	102.2
电力工业	Power Industry	103.6	96.9	101.4	98.4	100.1
煤炭及炼焦工业	Coal and Smelt Industry	113.1	83.1	112.0	98.1	90.3
石油工业	Petroleum Industry	127.9	77.6	113.1	96.5	83.8
化学工业	Chemical Industry	107.3	96.8	104.7	97.7	97.0
机械工业	Machine Buiding Industry	101.4	99.0	100.7	98.9	98.2
建筑材料工业	Building Materials Industry	101.1	98.9	104.7	104.2	99.1
森林工业	Timber Industry	99.9	100.7	101.7	100.5	100.2
食品工业	Food Industry	103.7	99.9	100.5	103.8	105.9
纺织工业	Textile Industry	116.4	95.9	104.2	99.2	94.3
缝纫工业	Tailoring Industry	105.3	99.5	99.9	99.0	99.4
皮革工业	Leather Industry	102.7	109.3	101.5	101.1	99.4
造纸工业	Paper Industry	103.4	98.8	107.2	93.5	96.5
文教艺术用品工业	Cultural, Educational & Handicrafts Articles	101.8	98.6	102.5	100.2	93.7
其他工业	Others	103.5	99.6	107.6	96.9	93.0

9-11 工业生产者购进价格指数

Purchasing Price Index for Industrial Producers

(上年=100) (preceding year=100)

类 别	Type	2009	2010	2011	2012	2013	2014
总 指 数	**General Index**	**97.1**	**110.2**	**110.1**	**99.2**	**99.3**	**98.4**
燃料、动力类	Fuels and Motive Power	102.5	108.9	106.6	101.6	96.7	96.8
黑色金属材料类	Ferrous Metals Materials	86.4	108.4	108.1	94.1	96.4	93.6
#钢材	Steel Products	86.7	105.9	106.1	95.5	95.9	97.9
有色金属材料和电线类	Nonferrous Metals Materials and Electric Wire	83.8	123.2	109.2	98.2	96.4	97.9
化工原料类	Chemical Raw Materials	90.9	116.8	115.0	91.5	94.6	97.1
木材及纸浆类	Logging and Paper Pulp	98.7	104.7	107.4	102.2	100.8	98.5
建筑材料及非金属矿类	Building Materials and Nonmetal Minerals	96.6	103.9	106.3	101.4	98.8	99.5
其他工业原材料及半成品类	Others Industry Materials & Semi Finished Articles	99.6	107.4	111.5	104.6	104.4	102.3
农副产品类	Farm Products	101.0	108.3	114.2	97.0	101.3	97.9
纺织原料类	Textile Raw Materials	93.4	118.1	111.7	91.6	99.7	96.2

类 别	Type	2015	2016	2017	2018	2019	2020
总 指 数	**General Index**	**95.4**	**99.2**	**107.3**	**104.0**	**101.2**	**99.4**
燃料、动力类	Fuels and Motive Power	91.0	98.1	113.1	106.1	98.2	93.0
黑色金属材料类	Ferrous Metals Materials	85.4	96.7	117.4	107.1	105.0	100.7
#钢材	Steel Products	91.9	96.2	113.1	106.1	98.9	99.6
有色金属材料和电线类	Nonferrous Metals Materials and Electric Wire	95.4	101.2	118.3	104.9	98.1	97.6
化工原料类	Chemical Raw Materials	92.7	99.1	107.2	103.9	96.6	93.3
木材及纸浆类	Logging and Paper Pulp	98.2	98.1	105.4	106.5	98.4	97.6
建筑材料及非金属矿类	Building Materials and Nonmetal Minerals	98.7	97.7	106.6	107.7	111.1	104.7
其他工业原材料及半成品类	Others Industry Materials & Semi Finished Articles	100.5	100.1	101.4	101.9	101.1	101.8
农副产品类	Farm Products	97.0	100.2	99.4	100.0	102.9	104.4
纺织原料类	Textile Raw Materials	93.4	100.0	103.9	99.9	98.3	97.4

主要统计指标解释

商品零售价格指数 是反映一定时期内城乡商品零售价格变动趋势和程度的相对数。商品零售价格的变动与国家的财政收入、市场供需的平衡、消费与积累的比例关系有关。因此，该指数可以从一个侧面对上述经济活动进行观察和分析。

居民消费价格指数 是反映一定时期内城乡居民所购买的生活消费品价格和服务项目价格变动趋势和程度的相对数，是对城市居民消费价格指数和农村居民消费价格指数进行综合汇总计算的结果。利用居民消费价格指数，可以观察和分析消费品的零售价格和服务价格变动对城乡居民实际生活费支出的影响程度。

城市居民消费价格指数 是反映一定时期内城市居民家庭所购买的生活消费品价格和服务项目价格变动趋势和程度的相对数。通过该指数可以观察和分析消费品的零售价格和服务项目价格变动对城镇居民收入和消费支出的影响。

农村居民消费价格指数 是反映一定时期内农村居民家庭所购买的生活消费品价格和服务项目价格变动趋势和程度的相对数。该指数可以观察农村消费品的零售价格和服务项目价格变动对农村居民收入和生活消费支出的影响。

农业生产资料价格指数 指反映一定时期内农业生产资料价格变动趋势和程度的相对数。其编制目的是了解农业生产中投入物质资料价格的变动状况，服务于国民经济核算。1994 年以前，农业生产资料价格指数仅仅是商品零售价格指数的一个类别，此后，从商品零售价格指数中分离出来，单独编制。

农产品生产者价格指数 是反映一定时期内，农产品生产者出售农产品价格水平变动趋势及幅度的相对数。该指数可以客观反映全国农产品生产价格水平和结构变动情况，满足农业与国民经济核算需要。其中某代表品生产价格指数是通过对全部有出售该产品行为的调查单位的个体指数进行几何平均求得的，类价格指数是通过对其所属的类（或代表品）的价格指数进行加权平均求得的。

工业生产者出厂价格指数 是反映工业企业产品第一次出售时的出厂价格总水平的变化趋势和变动幅度。

工业生产者购进价格指数 是反映工业企业作为中间投入产品的购进价格的变化趋势和变动幅度。

Explanatory Notes on Main Statistical Indicators

Retail Price Index reflect the trend and degree of change in retail prices of commodities during a given period. The change in retail prices of commodities is related to government revenue, the equilibrium of market supply and demand, and the ratio of consumption to accumulation. Therefore, the retail price indices are useful from an oblique perspective for observing and analyzing the changes of the above economic activities.

Consumer Price Index reflects the trend and degree of changes in prices of consumer goods and services purchased by urban and rural residents, and is a composite index derived from the urban consumer price index and the rural consumer price index. Consumer price index can be used to analyze the impact of consumer price change on actual expenditure for living cost of urban and rural residents.

Consumer Price Indices of Urban Household reflect the trend and degree of changes in prices of consumer goods and services purchased by urban households during a given period. It can be used to observe and analyze the impact of price changes in consumer goods and services on urban household income and consumption expenditure.

Consumer Price Indices of Rural Household reflect the trend and degree of changes in prices of consumer goods and services purchased by rural households during a given period. It can be used to observe the impact of change in retail prices of consumer goods and service prices on rural household income and consumption expenditure on living.

Price Indices of Means of Agricultural Production reflect the trend and degree of changes in the prices of the means of agricultural production during a given period. Compilation of these indices helps to understand the price changes of material input in agricultural production and facilitate the compilation of national accounts. Before 1994, price indices for means of agricultural production were a sub-category in the retail price indices for commodities, and it has been compiled separately since 1994.

Producer Prices Indices for Farm Products reflect the trend and degree of changes in producers' prices received by farmers when they sell farm products during a given period. These indices depict the change in the level and structure of producer prices for farm products of the country and meet the needs of agricultural statistics and national accounts statistics. The producer price index for a given product is calculated as the geometrical mean of individual indices for all surveyed units which sell such product, and the indices for a product category is obtained as the weighted mean of price indices for all products in the category. Method for calculating accumulative quarterly indices is the same as for calculating the individual quarterly indices.

Producer Price Indices for Industrial Products reflect the trend and degree of changes in general ex-factory prices of all manufactured goods for first sale during a given period.

Purchasing Price Indices for Industrial Producers reflect the change trend and range of the general level of ex factory price when the products of industrial enterprises are sold for the first time.

人民生活
People's Living Conditions

10

◉ 资料整理：韩超

简要说明

一、主要内容

本篇资料反映全省人民生活现状及变化情况，包括居民家庭情况、收入、消费等资料，分为全体居民生活、城镇居民生活和农村居民生活三部分。

二、资料来源

从2013年起，国家统计局开展了城乡一体化住户收支与生活状况调查，全省人民生活状况的数据来源于住户收支生活状况调查，该调查采用抽样调查的方法，国家统计局使用统一的抽样框，以省为总体，在对县级调查网点代表性进行评估的基础上，采用分层、多阶段随机抽样方法抽选调查住宅，确定调查户。采用固定样本户连续记帐的调查方式，调查网点实行样本轮换制度，每五年为一个周期，抽中调查小区五年内保持不变，抽中住宅每年轮换一半。省级数据调查网点分布在18个市、43个县的7200余住宅，2014年以后数据根据城乡一体化调查取得，2014年以前数据为老口径，农民收入为纯收入口径，由国家统计局河南调查总队编辑整理。各省辖市、省直管县数据由河南省统计局地方经济社会调查队编辑整理。

Brief Introduction

I. Main Contents

Data in this chapter show the people's living conditions in Henan province, including basic condition, revenue and expenditure of household, consisting of two parts, on the life of urban and rural households respectively.

II. Sources of Data

Since 2013, the national bureau of statistics (NBS) caries out the integration of urban and rural residents income and expenditure survey and living conditions survey. Data on the living condition of the whole province of people come from the data collected through a sample survey on the rural households conducted. The national bureau of statistics using uniform sampling frame collected the data of living condition through a combination of Regular accounting and One-time accounting .This is on the basis of evaluating representative of the county network. The NBS adopts the survey method of charging to an account continuously for fixed sample. Network survey is set through a sample rotation, which is conducted for every five years. The sample remains unchanged for five years, and the sample rotation is half the year. The provincial sample of provincial data included 7200 households from 18 cities and 43 counties 2014 data cannot do compare with the data of antecedent years. Data in this part are provided by the Department of Henan Survey organizations, NBS. Data of the provincial cities and Provincial-controlled division are provided by economic and social survey office of Henan Province Bureau of Statistics.

10-1 城乡居民家庭人均收支

Per Capita Income, Expenditure in Urban and Rural Areas

指数以上年为100，按可比价格计算。

Indices of preceding year=100, and indices are calculated at comparable prices.

单位：元 (yuan)

年份 Year	城镇居民家庭人均 Per Capita Income and Expenditure of Urban Household			农村居民家庭人均 Per Capita Income and Expenditure of Rural Household		
	可支配收入 Disposable Income	可支配收入指数 Disposable Income Index	消费支出 Consumption Expenditure	可支配收入 Disposable Income	可支配收入指数 Disposable Income Index	生活消费支出 Household Expenditure
1978	315.00		274.00	104.71		81.70
1979	361.04	114.3	302.98	133.56	127.6	
1980	365.00	108.1	335.02	160.78	120.5	135.51
1981	395.00	103.1	363.23	215.57	133.4	165.57
1982	429.00	103.9	382.47	216.74	99.7	177.90
1983	452.50	101.6	405.00	272.00	124.5	196.35
1984	497.49	108.8	431.68	301.17	110.3	219.64
1985	600.59	114.2	556.72	328.78	107.0	260.19
1986	724.21	113.2	653.83	333.64	99.7	292.48
1987	814.20	104.9	711.27	377.72	110.1	309.90
1988	946.10	87.2	896.55	401.32	98.2	346.73
1989	1111.46	102.2	963.97	457.06	102.5	390.05
1990	1267.73	113.5	1067.67	526.95	105.5	437.73
1991	1384.81	103.9	1199.95	539.29	102.3	454.68
1992	1608.03	107.8	1342.58	588.48	104.9	472.61
1993	1962.75	110.4	1609.26	695.85	109.0	564.93
1994	2618.55	104.7	2155.15	909.81	103.4	731.78
1995	3299.46	107.8	2673.95	1231.97	109.5	929.39
1996	3755.44	103.9	3009.35	1579.19	113.8	1206.43
1997	4093.62	106.4	3378.02	1733.89	107.4	1270.52
1998	4219.42	105.3	3415.65	1864.05	106.5	1240.30
1999	4532.36	111.2	3497.53	1948.36	106.4	1163.98
2000	4766.26	106.1	3830.71	1985.82	103.9	1315.83
2001	5267.42	108.8	4110.17	2097.86	104.9	1375.60
2002	6245.40	114.2	4504.68	2215.74	105.1	1451.51
2003	6926.12	109.0	4941.60	2235.68	99.6	1508.67
2004	7704.90	105.5	5294.19	2553.15	108.1	1664.09
2005	8667.97	110.2	6038.02	2870.58	107.5	1891.57
2006	9810.26	111.9	6685.18	3261.03	112.1	2229.28
2007	11477.05	111.0	7826.72	3851.60	112.2	2676.41
2008	13231.11	108.3	8837.46	4454.24	107.2	3044.21
2009	14371.56	109.9	9566.99	4806.95	107.5	3388.47
2010	15930.26	107.2	10838.49	5523.73	111.0	3682.21
2011	18194.80	108.4	12336.47	6604.03	112.7	4319.95
2012	20442.62	109.5	13732.96	7524.94	111.3	5032.14
2013	22398.03	106.6	14821.98	8475.34	109.5	5627.73
2014	24391.45	106.8	15726.12	9416.10	109.4	6438.12
2014新口径	23672.00	106.8	16184.00	9966.07	109.4	7277.21
2015	25575.61	106.7	17154.30	10852.86	107.6	7887.45
2016	27232.92	104.5	18087.79	11696.74	105.7	8586.59
2017	29557.86	106.9	19422.27	12719.18	107.5	9211.52
2018	31874.19	107.8	20989.15	13830.74	108.7	10392.01
2019	34200.97	104.3	21971.60	15163.74	106.3	11545.99
2020	34750.34	99.1	20644.91	16107.93	102.8	12201.10

注：1. 1978年-1991年城镇居民可支配收入根据当年生活费收入测算。

2. 2014年以后为实施城乡一体化调查的数据，2013年以前农村居民人均可支配收入为纯收入口径。(以下相关全省的表格相同)

a) Data on disposable income of urban household on 1978-1991 are calculated on basis of income of living to the corresponding year.

b) Data since 2014 are calculated on the basis of investigation of the integration of urban and rural areas. (the same as the following tables about provincial data)

10-2 家庭平均每人收入、支出及结构(2020年)
Per Capita Income and Expenditure and Structure in Households (2020)

项　　目	Item	绝对数 (元) Absolute number (yuan)	结　构 (%) Structure (%)
可支配收入	**Disposable Income**	**24810.10**	**100.0**
工资性收入	Laborage	12439.71	50.1
工资	Wages and Salaries	11726.68	47.3
实物福利	Physical Welfare	40.83	0.2
其他	Others	672.20	2.7
经营净收入	Net Business Income	5142.42	20.7
第一产业	Primary Industry	2052.94	8.3
第二产业	Secondary Industry	576.60	2.3
第三产业	Tertiary Industry	2512.88	10.1
财产净收入	Net Income of Properties	1563.25	6.3
转移净收入	Net Income of Transfers	5664.72	22.8
现金可支配收入(未扣除生产费用)	**Cash Disposable Income**	**23382.84**	**100.0**
工资性收入	Laborage	12398.88	53.0
工资	Wages and Salaries	11726.68	50.2
其他	Others	672.20	2.9
经营净收入	Net Business Income	5062.12	21.6
第一产业	Primary Industry	1829.78	7.8
第二产业	Secondary Industry	606.41	2.6
第三产业	Tertiary Industry	2625.93	11.2
财产净收入	Net Income of Properties	586.38	2.5
转移净收入	Net Income of Transfers	5335.47	22.8
消费支出	**Consumption Expenditure**	**16142.63**	**100.0**
食品烟酒	Food, Tobacco and Liquor	4417.90	27.4
衣着	Clothing	1221.79	7.6
居住	Residence	3807.64	23.6
生活用品及服务	Living Supplies and Services	1077.55	6.7
交通通信	Transportation and Communication	1917.25	11.9
教育文化娱乐	Education, Culture and Entertainment	1685.35	10.4
医疗保健	Health Care	1621.90	10.0
其他用品和服务	Others	393.24	2.4
现金消费支出	**Cash Consumption Expenditures**	**13288.45**	**100.0**
食品烟酒	Food, Tobacco and Liquor	4316.08	32.5
衣着	Clothing	1221.55	9.2
居住	Residence	1386.96	10.4
生活用品及服务	Living Supplies and Services	1072.07	8.1
交通通信	Transportation and Communication	1915.47	14.4
教育文化娱乐	Education, Culture and Entertainment	1685.31	12.7
医疗保健	Health Care	1302.44	9.8
其他用品和服务	Others	388.56	2.9

10-3 各市居民家庭人均收支情况(2020年)

Per Capita Income and Expenditure in Urban and Rural Areas by City (2020)

单位：元 (yuan)

市(县) City(County)	居民家庭人均 Per Capita Residents			城镇居民家庭人均 Per Capita (Urban) Residents			农村居民家庭人均 Per Capita (Rural) Residents		
	可支配收入 Disposable Income	消费支出 Consumption Expenditure	#食品 Food	可支配收入 Disposable Income	消费支出 Consumption Expenditure	#食品 Food	可支配收入 Disposable Income	消费支出 Consumption Expenditure	#食品 Food
省辖市 City									
郑州市 Zhengzhou	37275	22991	5750	42887	25450	6359	24783	17518	4394
开封市 Kaifeng	22647	16899	3979	31868	23640	5692	15370	11579	2626
洛阳市 Luoyang	28096	19016	4417	39287	25353	5698	15902	12110	3020
平顶山市 Pingdingshan	24929	15196	4424	34814	18988	5460	15550	11598	3440
安阳市 Anyang	25530	14834	3642	35344	18858	4725	16996	11335	2701
鹤壁市 Hebi	27110	15496	4017	33427	18814	4953	19573	11537	2901
新乡市 Xinxiang	25497	15878	4158	34097	20053	5259	17471	11981	3132
焦作市 Jiaozuo	28127	18886	5142	34432	22379	6236	20556	14692	3829
濮阳市 Puyang	22584	13097	3543	33643	16946	4782	14881	10417	2679
许昌市 Xuchang	26935	16296	4172	34926	20094	5233	19708	12862	3213
漯河市 Luohe	25585	16125	4712	34108	21062	6218	18043	11757	3380
三门峡市 Sanmenxia	24864	16799	4085	32789	21650	5183	16740	11826	2959
南阳市 Nanyang	23481	14862	4362	33910	19728	5777	16091	11414	3360
商丘市 Shangqiu	21117	14507	4097	32853	19376	5116	13605	11388	3445
信阳市 Xinyang	21861	14994	5194	30942	19416	6413	15018	11663	4276
周口市 Zhoukou	19143	13411	3753	28864	18375	4878	12950	10249	3036
驻马店市 Zhumadian	20520	15243	4140	30835	21451	5186	13867	11239	3465
济源市 Jiyuan	30013	13254	3361	36795	14907	3854	21450	11167	2739
省直管县 County Directly Administrated by Province									
巩义市 Gongyi	31630	12681	3794	36182	13858	4280	26605	11381	3258
兰考县 Lankao	19203	16571	2456	27749	21598	2404	13978	13497	2488
汝州市 Ruzhou	24728	14282	3152	31428	18900	3681	19648	10781	2751
滑县 Huaxian	18208	14745	3575	28685	18142	4293	14005	13383	3287
长垣市 Changyuan	26467	17220	4136	30611	20236	4502	23188	14833	3845
邓州市 Dengzhou	23121	16570	5448	31816	22043	7191	17656	13130	4353
永城市 Yongcheng	24964	16531	4786	35088	19973	5000	16912	13794	4616
固始县 Gushi	21337	14918	5142	29948	18121	6405	15981	12926	4356
鹿邑县 Luyi	21044	12820	4271	29760	16687	4651	15234	10242	4017
新蔡县 Xincai	18433	15538	4200	27552	21745	5060	14236	12681	3804

10-4 城镇居民家庭人口及居住情况

Population and Living condition of Urban Households

指　　标	Item	2019	2020
人口及就业情况(人)	**Population and Living condition (person)**		
期内住户常住人口数	Number of Resident Population During the Period	3.23	3.24
户均就业人数	Average Number of Employee per household	1.64	1.49
#雇主	Employers	0.02	0.00
公职人员	Civil Servants	0.09	0.01
事业单位人员	Staff of Public Institution	0.21	0.02
国有企业雇员	Staff of State-owned Enterprise	0.13	0.00
住房情况	**Housing condition**		
现住房总建筑面积(平方米/人)	Construction area of Present Housing (sq.m/person)	41.56	46.14
期末自有现住房面积(平方米/人)	Area of Private Housing (sq.m/person)	40.34	45.04
现住房房屋来源结构(%)	Source Structure of Present Housing (%)		
#租赁私房	Leasing Private Housing	2.0	2.14
自建住房	Self-built Housing	34.3	35.14
购买商品房	Purchasing Commercial Housing	42.8	42.85
购买房改住房	Purchasing Housing-reform House	10.3	9.83
购买保障性住房	Purchasing indemnificatory Housing	4.1	3.89
拆迁安置房	Removal Settlement Housing	3.4	3.31
本住户居住空间样式结构(%)	Structure of Residents Living Space Style (%)		
#单栋楼房	Single-span Building	25.7	25.90
单栋平房	Single-span Bungalow	10.6	11.0
四居室及以上单元房	Flat with Four and Over Bedrooms	4.4	3.7
三居室单元房	Flat with Three Bedrooms	35.1	35.0
二居室单元房	Flat with Two Bedrooms	21.3	21.6
住户主要饮用水来源情况结构(%)	Source Structure of Resident Main Drinking Water (%)		
#经过净化处理的自来水	Purificatory Tap water	90.3	90.9
受保护的井水和泉水	Wells and Springs with Protection	7.8	7.4
不受保护的井水和泉水	Wells and Springs without Protection	1.4	1.1
住户厕所类型结构(%)	Structure of Household Toilet Type (%)		
水冲式卫生厕所	Flush Sanitary Toilet	90.7	91.5
水冲式非卫生厕所	Flush Insanitary Toilet	5.9	4.6
卫生旱厕	Sanitary Dry Toilet	1.7	1.7
普通旱厕	General Dry Toilet	1.4	1.8
无厕所	No Toilet	0.2	0.4
住户洗澡设施情况结构(%)	Structure of Resident Shower Facility (%)		
#统一供热水	Unified Hot Water	4.6	4.4
家庭自装热水器	Water Heater Installed by Household	85.5	86.3
无洗澡设施	No Shower Facilities	6.4	5.9
住户主要取暖设备状况结构(%)	Structure of Main Heating Facility (%)		
由市政或小区集中供暖	Unified Heating Supplied by Municipal Administration and Community	27.8	28.3
自行供暖	Self-heating	55.4	55.3
无取暖设备	No Heating Facilities	16.7	16.4

10-5 城镇居民家庭人均收支及结构(2020年)

Per Capita Income, Expenditure and Structure in Urban Areas (2020)

指　标	Item	城镇平均 Average	低收入户 Low Income Households	中低收入户 Lower Middle Income Households
城镇家庭人均可支配收入(元)	**Per Capita Disposable Income of Urban Household (yuan)**	**34750**	**14111**	**22624**
工资性收入	Wage Income	19620	9216	15198
经营净收入	Net Income from Operations	5105	1518	1920
财产净收入	Property Net Income	3077	1287	1907
#出租房屋财产性收入	Income from Renting Room	670	75	256
房屋虚拟租金	Building Virtual Money	2093	1034	1435
转移净收入	Transfer Net Income	6947	2089	3599
城镇家庭人均可支配收入结构(%)	**Structure of Per Capita Disposable Income (%)**			
工资性收入	Wage Income	56.5	65.3	67.2
经营净收入	Net Income from Operations	14.7	10.8	8.5
财产净收入	Net Property Income	8.9	9.1	8.4
转移净收入	Net Transfer Income	20.0	14.8	15.9
家庭人均总支出(元)	**Per Capita Total Expenditure of Households (yuan)**	**26517**	**15100**	**18097**
消费支出	Consumption Expenditure	20645	11839	15158
食品烟酒	Food,Tobacco and Liquor	5584	3438	4380
衣着	Clothing	1620	885	1242
居住	Residence	4993	2833	3892
生活用品及服务	Living Supplies and Services	1414	669	980
交通通信	Transportation and Communication	2392	1280	1380
教育文化娱乐	Education, Culture and Entertainment	2142	1534	1853
医疗保健	Health Care	1899	990	1158
其他用品和服务	Others	601	211	273
生产经营费用支出	Production and Operation Costs	808	635	272
财产性支出	Property Expenditure	139	48	73
转移性支出	Transfer Expenditure	1349	672	786
部分商业保险支出	Part of Commercial Insurance	414	75	128
购置资产及非经常性转移支出	Purchase of Assets and Non Regular Payments	2219	1505	1176
购置资产支出	Purchase of Assets	743	753	245
非经常性转移支出	Non Regular Payments	1476	752	931
借贷性支出	Debit and Credit	942	325	505
家庭人均总支出结构(%)	**Structure of Per Capita Expenditure of Households (%)**			
消费支出	Consumption Expenditure	77.9	78.4	83.8
生产经营费用支出	Production and Operation Costs	3.0	4.2	1.5
财产性支出	Property Expenditure	0.5	0.3	0.4
转移性支出	Transfer Expenditure	5.1	4.5	4.3
部分商业保险支出	Part of Commercial Insurance	1.6	0.5	0.7
购置资产及非经常性转移支出	Purchase of Assets and Non Regular Payments	8.4	10.0	6.5
借贷性支出	Debit and Credit	3.6	2.2	2.8

10-5 续表 continued

指 标	Item	中等收入户 Middle Income Households	中高收入户 Upper Middle Income Households	高收入户 High Income Households
城镇家庭人均可支配收入(元)	**Per Capita Disposable Income of Urban Household (yuan)**	**30799**	**42068**	**77118**
工资性收入	Wage Income	18387	22898	39823
经营净收入	Net Income from Operations	3074	4880	16964
财产净收入	Property Net Income	2984	3730	6735
#出租房屋财产性收入	Income from Renting Room	749	679	2014
房屋虚拟租金	Building Virtual Money	2011	2868	3751
转移净收入	Transfer Net Income	6354	10560	13595
城镇家庭人均可支配收入结构(%)	**Structure of Per Capita Disposable Income (%)**			
工资性收入	Wage Income	59.7	54.4	51.6
经营净收入	Net Income from Operations	10.0	11.6	22.0
财产净收入	Net Property Income	9.7	8.9	8.7
转移净收入	Net Transfer Income	20.6	25.1	17.6
家庭人均总支出(元)	**Per Capita Total Expenditure of Households (yuan)**	**24455**	**31537**	**48522**
消费支出	Consumption Expenditure	19603	25006	35389
食品烟酒	Food,Tobacco and Liquor	5640	6952	8566
衣着	Clothing	1634	1838	2945
居住	Residence	4706	6438	8508
生活用品及服务	Living Supplies and Services	1320	1662	2859
交通通信	Transportation and Communication	2213	2844	4551
教育文化娱乐	Education Culture and Entertainment	2193	2458	2994
医疗保健	Health Care	1563	2283	3917
其他用品和服务	Others	335	532	1049
生产经营费用支出	Production and Operation Costs	408	710	2812
财产性支出	Property Expenditure	128	184	269
转移性支出	Transfer Expenditure	1209	1464	2998
部分商业保险支出	Part of commercial insurance	254	180	702
购置资产及非经常性转移支出	Purchase of Assets and Non Regular Payments	1956	3163	3936
购置资产支出	Purchase of Assets	525	1254	1160
非经常性转移支出	Non Regular Payments	1431	1909	2776
借贷性支出	Debit and Credit	897	829	2417
家庭人均总支出结构(%)	**Structure of Per Capita Expenditure of Households (%)**			
消费支出	Consumption Expenditure	80.2	79.3	72.9
生产经营费用支出	Production and Operation Costs	1.7	2.3	5.8
财产性支出	Property Expenditure	0.5	0.6	0.6
转移性支出	Transfer Expenditure	4.9	4.6	6.2
部分商业保险支出	Part of Commercial Insurance	1.0	0.6	1.4
购置资产及非经常性转移支出	Purchase of Assets and Non Regular Payments	8.0	10.0	8.1
借贷性支出	Debit and Credit	3.7	2.6	5.0

10–6 城镇居民家庭人均购买生活消费品及服务现金支出(2020年)

Per Capita Cash Expenditure of Urban Households to Purchase Living Goods and Services (2020)

单位：元 (yuan)

指 标	Index	城镇平均 Average	低收入户 Low Income Households	中 低 收入户 Lower Middle Income Households	中 等 收入户 Middle Income Households	中 高 收入户 Upper Middle Income Households	高收入户 High Income Households
购买生活消费品及服务	**Purchasing Living Goods and Services**	**16898.06**	**9803.77**	**12600.51**	**16039.55**	**20070.66**	**28586.84**
食品烟酒	**Food, Cigarettes and Wine**	**5515.59**	**3396.12**	**4339.81**	**5584.09**	**6867.51**	**8418.44**
食品	Food	3833.42	2532.06	3189.18	3996.28	4726.87	5349.61
谷物	Cereal	531.30	400.62	431.51	462.69	603.12	873.84
薯类	Tubers	72.10	58.02	68.72	78.50	81.28	78.22
豆类	Beans	62.21	49.30	54.39	63.43	75.63	74.56
食用油	Edible Oil	119.56	90.23	107.47	125.52	144.52	140.03
蔬菜和食用菌	Vegetables and Edible Fungus	457.18	307.82	388.55	497.06	568.03	582.15
肉类	Meat	931.40	568.62	761.29	1001.28	1212.83	1304.27
禽类	Poultry	205.52	145.53	173.57	225.83	254.33	257.96
水产品	Aquatic Products	138.71	71.77	103.21	146.73	190.44	212.18
蛋类	Egg	156.30	124.81	144.27	159.85	182.96	176.12
奶类	Milk	341.10	200.89	282.69	392.96	400.05	487.94
干鲜瓜果类	Dried and Fresh Melons and Fruits	460.30	255.81	379.73	468.78	583.68	689.89
糖果糕点类	Sugar and Cake	142.04	93.65	113.90	135.44	170.32	214.54
其他食品	Others	215.69	165.02	179.90	238.20	259.68	257.91
饮料	Beverages	116.42	63.47	87.98	109.79	146.99	186.64
烟	Tobacco	292.45	190.75	214.16	278.73	329.87	520.25
酒类	Liquor	244.47	98.96	151.29	221.74	308.63	498.87
饮食服务	Catering Services	1028.84	510.88	697.20	977.55	1355.15	1863.07
衣着	**Dress**	**1619.83**	**884.53**	**1241.86**	**1633.30**	**1837.74**	**2944.78**
衣类	Clothing	1284.12	680.96	963.56	1286.79	1450.72	2432.45
鞋类	Footwear	335.71	203.57	278.30	346.51	387.02	512.33
居住	**Residence**	**1715.05**	**994.60**	**1513.47**	**1472.25**	**2082.68**	**3022.50**
租赁房房租	Rental Housing Rent	124.82	102.04	84.78	93.56	112.14	270.97
住房维修及管理	Housing Maintenance and Management	642.19	257.16	638.52	456.39	797.21	1346.99
水电燃料及其他	Water, Electricity and Fuels	948.04	635.40	790.17	922.30	1173.33	1404.53
生活用品及服务	**Supplies and Services**	**1410.89**	**668.27**	**978.92**	**1316.54**	**1657.12**	**2852.95**
家具及室内装饰品	Furniture and Interior Decorations	241.97	89.21	155.53	256.54	251.73	552.46
家用器具	Home Appliances	355.64	147.67	226.94	289.32	431.00	784.74
家用纺织品	Home Textiles	126.38	53.26	105.87	127.36	146.08	204.13
家庭日用杂品	Household Articles for Daily Use	296.90	191.63	242.57	275.91	340.84	497.18
个人用品	Personal Items	327.65	167.16	222.77	326.50	408.83	623.02
家庭服务	Household Services	62.35	19.32	25.24	40.91	78.64	191.41
交通通信	**Transportation and Communication**	**2388.18**	**1279.72**	**1379.83**	**2205.10**	**2843.58**	**4538.38**
交通	Transportation	1698.00	835.36	833.18	1533.19	2032.20	3427.82
通信	Communication	690.18	444.36	546.65	671.90	811.38	1110.57
教育文化娱乐	**Recreation, Education and Cultural Serveces**	**2141.86**	**1533.70**	**1852.80**	**2193.19**	**2457.98**	**2993.78**
教育	Education	1588.32	1282.27	1507.27	1696.00	1766.95	1800.05
文化娱乐	Recreation Durable Consumer	553.53	251.42	345.53	497.19	691.03	1193.74
医疗保健	**Health Care**	**1515.12**	**846.28**	**1023.63**	**1309.50**	**1798.89**	**2784.03**
医疗器具及药品	Medical Equipment and Drugs	663.49	332.11	463.96	528.84	857.21	1060.25
医疗服务	Medical Services	851.63	514.17	559.68	780.65	941.68	1723.78
其他用品和服务	**Others**	**591.53**	**200.55**	**270.19**	**325.59**	**525.16**	**1031.98**

10-7 城镇居民家庭平均每人购买食品数量(2020年)

Food Consumption Per Person of Urban Households (2020)

单位：千克 (kg)

指 标	Indicator	城镇平均 Average	低收入户 Low Income Households	中低收入户 Lower Middle Income Households	中等收入户 Middle Income Households	中高收入户 Upper Middle Income Households	高收入户 High Income Households
面粉	Flour	19.72	18.98	19.52	20.73	20.44	19.20
大米	Rice	18.46	17.88	18.10	19.64	19.43	17.16
食用植物油	Edible Vegetable Oil	8.62	7.05	8.37	9.04	9.67	8.79
鲜菜	Vegetable	100.40	76.71	90.43	112.07	115.63	115.63
猪肉	Pork	11.96	8.57	10.46	13.34	14.23	14.94
牛肉	Beef	2.18	1.14	1.68	2.56	3.03	2.97
羊肉	Mutton	1.70	0.79	1.31	2.11	2.38	2.36
鸡	Chicken	6.65	5.35	6.13	7.97	7.37	6.91
鸭	Duck	0.55	0.55	0.45	0.52	0.59	0.67
鱼类	Fish	4.71	3.40	3.89	5.69	5.56	5.38
虾类	Shrimp	0.71	0.34	0.55	0.81	0.98	1.04
鲜蛋	Fresh Eggs	18.98	15.91	18.01	19.82	21.40	20.19
鲜奶	Fresh Milk	12.13	7.42	10.91	11.54	14.15	18.56
酸奶	Yogurt	5.41	2.97	3.63	4.40	7.09	11.03
奶粉	Milk Powder	0.64	0.41	0.54	0.93	0.81	0.62
鲜瓜果	Fresh Fruit and Melon	66.63	45.92	61.08	69.60	78.40	85.80
坚果类	Nuts	4.24	2.77	3.88	4.49	5.01	5.63
糕点	Cakes	5.19	4.13	4.23	5.32	5.77	6.77
茶叶	Tea	0.18	0.06	0.15	0.19	0.25	0.28
卷烟（盒）	Cigarette	19.84	17.01	17.15	20.91	20.89	24.37
啤酒	Beer	3.21	2.83	2.60	3.10	3.99	3.96
白酒	Liquor	1.99	1.23	1.46	1.99	2.50	3.16
果酒	Wine	0.12	0.05	0.07	0.11	0.16	0.26

10-8 城镇居民家庭平均每百户主要消费品年末拥有量(2020年)

Main Consumer Goods Owned Per 100 Urban Households in the year end (2020)

指　标	Item	城镇平均 Average	低收入户 Low Income Households	中低收入户 Lower Middle Income Households	中等收入户 Middle Income Households	中高收入户 Upper Middle Income Households	高收入户 High Income Households
家用汽车(辆)	Car (unit)	40.11	32.60	38.35	39.75	37.78	50.27
摩托车(辆)	Motorcycle (unit)	15.57	21.78	15.68	13.99	13.02	16.20
助力车(台)	Electric Bicycle (unit)	116.48	126.60	135.46	117.91	108.55	94.78
洗衣机(台)	Washing Machine (unit)	101.57	101.07	102.19	100.82	102.24	102.04
电冰箱(柜)(台)	Refrigerator (unit)	100.16	100.16	99.57	100.02	99.90	101.60
微波炉(台)	Microware Oven (unit)	44.66	28.97	40.13	41.80	50.00	60.91
彩色电视机(台)	Color TV Set (unit)	115.98	114.26	118.16	113.92	116.14	116.93
空调(台)	Air Conditioner (unit)	183.65	152.36	176.82	182.68	192.58	212.00
热水器(台)	Water Heater (unit)	97.45	90.52	96.25	97.78	99.49	103.47
洗碗机(台)	Dishwasher（unit）	1.70	2.15	1.75	1.23	1.58	1.84
排油烟机(台)	Exhaust Fan (set)	77.56	61.39	73.44	79.98	86.17	85.86
固定电话(线)(部)	Telephone (unit)	11.75	8.72	9.63	12.79	14.37	13.02
移动电话(部)	Mobile Phone (unit)	254.06	257.49	270.65	255.55	242.98	244.29
#接入互联网(部)	Internet Mobile Phones (unit)	223.74	219.52	237.59	224.86	212.58	223.63
计算机(台)	Computers (unit)	64.66	50.26	58.14	66.98	71.17	77.32
#接入互联网(台)	Internet Computers (unit)	51.61	41.00	45.76	50.50	53.91	66.83
照相机(台)	Camera (unit)	12.52	3.52	6.38	11.39	15.70	25.10
中高档乐器(架)	Medium and High-Grade Musical Instrument (unit)	7.50	3.54	4.86	7.04	6.45	15.52
健身器材(台)	Fitness Equipment (unit)	5.53	1.52	3.08	4.50	7.09	10.14
空气净化器(含新风系统)(台)	Air Cleaner (Including Fresh Air System) (unit)	7.28	1.83	3.54	5.43	9.77	14.64
吸尘器（台）	Vacuum Cleaner (unit)	7.59	2.44	4.05	6.65	9.55	14.16

10-9 各市城镇居民家庭平均每人全年可支配收入情况(2020年)

Per Capita Annual Disposable Income of Urban Households by City (2020)

单位：元 (yuan)

市(县)	City(County)	平均可支配收入 Average	低收入户 Low Income Households	中低收入户 Lower Middle Income Households	中等收入户 Middle Income Households	中高收入户 Upper Middle Income Households	高收入户 High Income Households
省辖市	**City**						
郑州市	Zhengzhou	42887	18994	29171	39993	53551	91189
开封市	Kaifeng	31868	13222	20745	29071	37859	70592
洛阳市	Luoyang	39287	14623	27623	36979	49513	87761
平顶山市	Pingdingshan	34814	12594	23512	33285	42545	75099
安阳市	Anyang	35344	11740	23361	31231	41645	73453
鹤壁市	Hebi	33427	15503	21758	30538	39344	71815
新乡市	Xinxiang	34097	13162	21124	30316	41440	67449
焦作市	Jiaozuo	34432	16372	25319	33350	44324	65983
濮阳市	Puyang	33643	10109	18167	29840	46450	85461
许昌市	Xuchang	34926	12765	19412	28133	41873	90001
漯河市	Luohe	34108	14905	23201	32198	42280	60516
三门峡市	Sanmenxia	32789	10400	19782	28658	41578	73265
南阳市	Nanyang	33910	14230	22995	29830	39761	69989
商丘市	Shangqiu	32853	12587	22075	28495	36433	74173
信阳市	Xinyang	30942	13325	21332	29239	39261	63557
周口市	Zhoukou	28864	11594	19241	26239	34552	59459
驻马店市	Zhumadian	30835	12322	20417	27021	36136	70593
济源市	Jiyuan	36795	11790	18057	23658	33896	113221
省直管县	**County Directly Administrated by Province**						
巩义市	Gongyi	36182	13433	20536	25502	40391	103847
兰考县	Lankao	27749	9866	15591	25686	37522	65925
汝州市	Ruzhou	31428	8512	19662	27507	35088	69258
滑县	Huaxian	28685	13915	19560	28657	37415	53212
长垣市	Changyuan	30611	14450	19629	27364	38150	60829
邓州市	Dengzhou	31816	17715	22986	27387	33926	65289
永城市	Yongcheng	35088	17112	26153	28627	34135	77014
固始县	Gushi	29948	12766	20389	29212	36813	54991
鹿邑县	Luyi	29760	11860	20665	26732	33700	64735
新蔡县	Xincai	27552	9601	17796	26682	36521	57778

10−10 各市城镇居民家庭消费支出情况(2020年)

Per Capita Consumption Expenditure of Urban Households by City (2020)

单位：元 (yuan)

市(县)	City(County)	消费支出 Consumption Expenditure	食品烟酒 Food, Tobacco, Liquor	衣着 Clothing	居住 Residence	生活用品及服务 Household Appliances and Service	交通、通信及服务 Transport, and Communi-cations	教育及文化娱乐 Education, Culture and Entertainment	医疗、保健及服务 Health Care and Medical Service	其他商品及服务 Other Goods and Services
省辖市	**City**									
郑州市	Zhengzhou	25450	6359	1659	8224	1477	2662	2377	2135	558
开封市	Kaifeng	23640	5692	1611	4906	1943	4383	2132	2480	492
洛阳市	Luoyang	25353	5698	1925	6251	2200	4124	2623	1747	785
平顶山市	Pingdingshan	18988	5460	1426	4042	1613	2556	1721	1745	423
安阳市	Anyang	18858	4725	1443	5042	1203	2349	1751	1971	374
鹤壁市	Hebi	18814	4953	1669	3922	1614	2117	1369	2519	651
新乡市	Xinxiang	20053	5259	1612	4528	1311	2269	2586	2089	400
焦作市	Jiaozuo	22379	6236	2128	4573	2104	2666	2434	1615	623
濮阳市	Puyang	16946	4782	1162	4284	1427	1580	1714	1579	417
许昌市	Xuchang	20094	5233	1308	4493	1054	2191	2059	3329	427
漯河市	Luohe	21062	6218	1992	3784	1717	2733	2710	1336	573
三门峡市	Sanmenxia	21650	5183	2064	4254	1262	3927	2342	2098	519
南阳市	Nanyang	19728	5777	1927	4485	1493	1890	1980	1610	567
商丘市	Shangqiu	19376	5116	1886	3887	1853	2482	2346	1253	553
信阳市	Xinyang	19416	6413	1667	4115	1283	2870	1416	1242	412
周口市	Zhoukou	18375	4878	1635	4293	1601	2231	1889	1451	396
驻马店市	Zhumadian	21451	5186	1694	4874	1753	3093	2257	2120	473
济源市	Jiyuan	14907	3854	1555	3666	1496	1502	1306	887	640
省直管县	**County Directly Administrated by Province**									
巩义市	Gongyi	13858	4280	1305	2650	969	1426	1540	1289	401
兰考县	Lankao	21598	3934	1570	4253	1570	5338	2059	2497	377
汝州市	Ruzhou	18900	3681	1167	3266	1829	4537	1517	2287	616
滑县	Huaxian	18142	4293	1858	4768	1914	1253	2326	1344	388
长垣市	Changyuan	20236	4502	3006	2750	2107	2802	2425	2181	464
邓州市	Dengzhou	22046	7191	2268	4783	1493	1671	2627	1260	752
永城市	Yongcheng	19973	5000	2250	3790	1712	2632	3202	1142	245
固始县	Gushi	18121	6405	1709	3451	1042	1781	1790	1731	213
鹿邑县	Luyi	16687	4651	1227	4834	1728	1590	1361	1126	169
新蔡县	Xincai	21745	5060	1701	6301	1129	4491	1689	937	437

10-11 各市按收入等级分的城镇居民家庭平均每人全年消费支出(2020年)

Per Capita Annual Consumption Expenditure of Urban Households by Level of Income By City (2020)

单位：元 (yuan)

市(县) City(County)	城镇平均 Average	低收入户 Low Income Households	中低收入户 Lower Middle Income Households	中等收入户 Middle Income Households	中高收入户 Upper Middle Income Households	高收入户 High Income Households
省辖市 City						
郑州市 Zhengzhou	25450	14717	21998	24770	31858	41281
开封市 Kaifeng	23640	13536	17867	20694	28676	44146
洛阳市 Luoyang	25353	11855	21089	25216	30404	48038
平顶山市 Pingdingshan	18988	10615	14896	19540	28054	27121
安阳市 Anyang	18858	11554	12796	16543	22312	32220
鹤壁市 Hebi	18814	12621	15096	16316	20971	33355
新乡市 Xinxiang	20053	11051	13279	20068	23574	31642
焦作市 Jiaozuo	22379	16495	19906	24372	23193	32158
濮阳市 Puyang	16946	8312	10213	19195	24055	34067
许昌市 Xuchang	20094	12056	12979	17187	21820	43642
漯河市 Luohe	21062	11560	15646	15575	30532	33342
三门峡市 Sanmenxia	21650	12300	14757	21331	26085	38051
南阳市 Nanyang	19728	11955	17963	17703	21652	31560
商丘市 Shangqiu	19376	9010	16381	18566	26318	29224
信阳市 Xinyang	19728	11955	17963	17703	21652	31560
周口市 Zhoukou	18375	12051	14103	19712	20463	27844
驻马店市 Zhumadian	21451	13033	17976	20054	25289	35566
济源市 Jiyuan	14907	9482	10281	11316	18125	28320
省直管县 County Directly Administrated by Province						
巩义市 Gongyi	13858	9073	11018	14028	18263	19696
兰考县 Lankao	21598	9272	14740	20688	29988	43058
汝州市 Ruzhou	18900	7734	15081	16194	20592	35343
滑县 Huaxian	18142	9540	13994	18668	19949	33255
长垣市 Changyuan	20236	16979	13425	22747	28148	22576
邓州市 Dengzhou	22043	16784	21888	18370	22097	33099
永城市 Yongcheng	19973	11051	20876	13829	21588	37446
固始县 Gushi	18121	14614	15665	21019	21061	19199
鹿邑县 Luyi	16687	12510	11694	15937	23022	21972
新蔡县 Xincai	21745	9631	19651	29643	17105	35266

10-12 各市城镇居民家庭平均每人主要食品消费量(2020年)

Per Capita Consumption of Major Food of Urban Households by City (2020)

单位：千克 (kg)

市(县) City(County)	粮食 Grain	食用油 Edible Oil	蔬菜及菜制品 Vegetables	猪牛羊肉 Pork, Beef and Mutton	家禽 Poultry	水产品 Aquatic Products	蛋类及其制品 Eggs and Related Products	奶和奶制品 Fresh Milk and Dairy products	干鲜瓜果类 Dry Fresh Fruit	糖果糕点类 Sugar	酒类 Liquor
省辖市 City											
郑州市 Zhengzhou	125.0	8.2	108.5	15.5	5.5	6.7	18.8	23.4	80.9	8.1	4.9
开封市 Kaifeng	211.0	9.7	91.5	14.2	6.6	4.7	18.7	14.0	72.1	6.5	13.7
洛阳市 Luoyang	130.9	9.9	98.9	17.4	5.9	4.6	17.3	24.7	62.6	7.7	5.3
平顶山市 Pingdingshan	222.8	10.4	135.7	22.9	10.7	6.2	23.2	17.3	84.2	9.9	6.9
安阳市 Anyang	172.5	11.1	124.8	16.5	6.5	3.4	20.6	18.6	71.6	8.5	7.0
鹤壁市 Hebi	199.3	9.7	112.1	11.1	6.4	3.2	20.6	16.8	69.9	7.2	7.1
新乡市 Xinxiang	161.2	7.0	98.7	15.3	7.2	4.7	20.8	18.0	66.9	7.6	6.0
焦作市 Jiaozuo	125.5	11.5	88.7	17.2	7.3	3.9	21.1	19.9	62.1	6.9	6.9
濮阳市 Puyang	126.3	9.5	103.8	11.3	8.0	5.2	16.6	17.5	61.7	7.7	4.7
许昌市 Xuchang	113.3	7.6	88.3	13.6	6.4	3.0	14.3	13.7	62.0	6.9	4.6
漯河市 Luohe	122.3	9.9	96.9	17.1	8.3	4.6	17.8	11.8	80.0	8.3	5.7
三门峡市 Sanmenxia	131.3	8.7	116.0	14.5	5.0	3.9	18.4	15.7	74.3	8.6	4.2
南阳市 Nanyang	179.4	10.8	118.5	25.5	9.7	4.7	26.4	21.6	52.2	8.8	9.3
商丘市 Shangqiu	150.3	8.8	92.6	19.2	11.3	7.4	23.2	17.8	84.0	6.8	5.0
信阳市 Xinyang	156.3	13.5	113.5	33.5	19.7	15.8	16.0	12.9	61.2	7.1	10.2
周口市 Zhoukou	158.2	9.0	99.0	17.3	11.5	7.9	21.6	13.8	70.3	6.5	6.5
驻马店市 Zhumadian	142.3	8.9	85.5	16.9	12.4	5.4	17.6	14.2	64.7	5.9	5.4
济源市 Jiyuan	106.1	5.1	81.3	11.2	6.6	2.2	17.2	21.9	55.8	6.5	1.3
省直管县 County Directly Administrated by Province											
巩义市 Gongyi	134.4	8.7	89.5	12.9	4.0	2.6	16.4	17.4	76.0	7.9	3.3
兰考县 Lankao	128.6	5.8	72.5	10.6	5.4	4.0	18.4	12.8	75.9	4.9	7.2
汝州市 Ruzhou	209.6	9.6	92.8	20.9	6.7	1.4	20.7	15.3	59.7	9.3	4.0
滑县 Huaxian	110.7	8.0	77.7	10.2	8.7	3.1	20.8	11.0	82.1	8.9	5.2
长垣市 Changyuan	158.7	8.6	91.9	15.6	6.3	3.0	19.6	16.6	68.0	5.5	6.9
邓州市 Dengzhou	198.7	8.1	173.4	34.5	14.0	4.2	36.0	15.8	80.3	9.7	8.8
永城市 Yongcheng	110.4	8.2	67.0	21.3	12.2	8.1	19.6	14.7	66.3	9.4	4.0
固始县 Gushi	117.6	10.0	110.3	33.6	24.7	14.8	10.2	8.0	60.4	7.0	6.1
鹿邑县 Luyi	192.9	8.1	143.9	15.7	11.1	7.1	20.9	10.1	61.4	3.8	7.7
新蔡县 Xincai	135.3	6.5	70.6	17.0	13.9	5.4	15.2	6.1	58.2	3.7	7.5

10-13 按收入分组的农民家庭人口，劳动力及居住状况(2020年)

Status of the Peasant Family Population, Labor Force and Housing Conditions by Income Level (2020)

项　目	Item	全省平均 Average	低收入户 Low Income Households	中低收入户 Lower Middle Income Households
调查户数(户)	Number of Households Surveyed (household)	3350	670	670
调查户常住人口(人)	Number of Residents Surveyed (person)			
平均每户中常住人口	Average Number of Permanent Residents Per Household	3.38	3.69	3.65
整、半劳动力	Average Number of Able-bodied and Semi-abledbodied Laborers Per Household	2.10	2.07	2.10
劳动力占常住人口比重(%)	Percentage of Laborers to Residents Surveyed (%)	61.97	56.09	57.43
平均每个劳动力负担人口	Average Number of Persons Supported by a Laborer	1.61	1.78	1.74
平均每百个常住人口中(人)	Among Per 100 Permanent Residents (person)			
5岁及以下	Age 5 and Below	5.9	7.8	6.4
6-15岁	Age 6-15	20.3	24.0	23.7
16-60岁	Age 16-60	54.9	46.1	50.2
61岁及以上	Age 61 and above	18.9	22.2	19.7
每百个就业劳动力文化程度(人)	Among Per 100 Laborers (person) (by cultur level)			
未上过学	Illiterate or Semiliterate	4.94	6.71	5.27
小学	Primary School	23.74	32.56	25.12
初中	Junior Secondary School	53.46	48.38	55.59
高中	Senior Secondary School	13.02	10.18	10.53
大学专科	Specialty	3.42	1.52	2.85
大学本科	Undergraduate College	1.31	0.58	0.57
研究生	Graduate Degrees	0.11	0.07	0.07
每百个就业劳动力从事的主要行业(人)	Among Per 100 Laborers (person)			
第一产业	Primary Industry	48.62	62.16	54.21
第二产业	Secondary Industry	22.86	16.76	22.46
第三产业	Tertiary Industry	28.51	21.08	23.33
居住情况	**Housing condition**			
期末人均住房情况	Per Capita Housing Situation			
住房面积(平方米)	Living Space (sq.m.)	52.44	43.80	46.24
住房价值(万元)	Value of Owned Houses (10 000yuan)	5.75	4.43	4.96
住房主要建筑材料构成(%)	Construction of Main Building Materials (%)			
#钢筋混凝土	Reinforced Concrete	23.2	19.7	24.5
砖混材料	Brick mixed material	63.7	64.3	60.9
砖瓦砖木	Brick tile and brick wood	12.7	15.7	14.2
住宅外道路路面构成(%)	Construction of the Road Pavement Outside Home (%)			
水泥或柏油路面	Asphalt or Cement Road	76.0	77.5	74.2
沙石或石板等硬质路面	Rigid Pavement	11.6	11.8	13.1
其他	Others	12.4	10.7	12.7
住户主要饮用水来源构成(%)	Construction of Drinking Water for Residents (%)			
#经过净化处理的自来水	After Purification Treatment of Tap Water	62.3	57.3	62.1
受保护的井水和泉水	Protected Well and Spring Water	31.2	34.8	31.6
不受保护的井水和泉水	Unprotected Wells and Springs Water	5.9	7.0	6.0
住户厕所类型构成(%)	Construction of Toilet (%)			
#水冲式卫生厕所	Flush Sanitary Dry Toilet	55.5	51.6	57.2
水冲式非卫生厕所	Flush Insanitary Dry Toilet	23.9	26.9	23.7
卫生旱厕	Sanitary Dry Toilet	8.7	10.0	9.0
普通旱厕	General Dry Toilet	11.8	11.3	10.0
主要炊用能源构成(%)	Construction of Cooking Energy (%)			
柴草	Straw	9.7	13.0	11.2
煤炭	Coal	2.0	1.8	1.5
罐装液化石油气	Canned Liquefied Petroleum Gas	45.9	46.3	45.5
电	Electricity	33.4	35.1	34.5

10-13 续表 continued

项 目	Item	中等收入户 Middle Income Households	中高收入户 Upper Middle Income Households	高收入户 High Income Households
调查户数(户)	Number of Households Surveyed (household)	670	670	670
调查户常住人口(人)	Number of Residents Surveyed (person)			
平均每户中常住人口	Average Number of Permanent Residents Per Household	3.53	3.21	2.84
整、半劳动力	Average Number of Able-bodied and Semi-abledbodied Laborers Per Household	2.17	2.07	2.08
劳动力占常住人口比重(%)	Percentage of Laborers to Residents Surveyed (%)	61.4	64.6	73.2
平均每个劳动力负担人口	Average Number of Persons Supported by a Laborer	1.63	1.55	1.37
平均每百个常住人口中(人)	Among Per 100 Permanent Residents (person)			
5岁及以下	Age 5 and Below	6.04	5.10	3.48
6-15岁	Age 6-15	21.04	17.48	13.28
16-60岁	Age 16-60	54.28	60.74	66.68
61岁及以上	Age 61 and above	18.64	16.67	16.55
每百个就业劳动力文化程度(人)	Among Per 100 Laborers (person) (by cultur level)			
未上过学	Illiterate or Semiliterate	4.75	5.12	2.87
小学	Primary School	23.21	20.61	17.24
初中	Junior Secondary School	56.06	54.32	52.80
高中	Senior Secondary School	12.40	14.05	17.96
大学专科	Specialty	2.41	4.39	5.96
大学本科	Undergraduate College	1.10	1.44	2.87
研究生	Graduate Degrees	0.07	0.07	0.29
每百个就业劳动力从事的主要行业(人)	Among Per 100 Laborers (person)			
第一产业	Primary Industry	47.00	39.17	41.20
第二产业	Secondary Industry	23.84	27.73	23.35
第三产业	Tertiary Industry	29.16	33.10	35.45
居住情况	**Housing condition**			
期末人均住房情况	Per Capita Housing Situation			
住房面积(平方米)	Living Space (sq.m.)	51.24	56.91	68.08
住房价值(万元)	Value of Owned Houses (10 000yuan)	5.80	6.36	7.75
住房主要建筑材料构成(%)	Construction of Main Building Materials (%)			
#钢筋混凝土	Reinforced Concrete	24.0	24.5	23.1
砖混材料	Brick mixed material	61.9	65.1	66.4
砖瓦砖木	Brick tile and brick wood	13.7	10.1	10.0
住宅外道路路面构成(%)	Construction of the Road Pavement Outside Home (%)			
水泥或柏油路面	Asphalt or Cement Road	73.3	77.8	77.5
沙石或石板等硬质路面	Rigid Pavement	11.9	10.6	10.6
其他	Others	14.8	11.6	11.9
住户主要饮用水来源构成(%)	Construction of Drinking Water for Residents (%)			
#经过净化处理的自来水	After Purification Treatment of Tap Water	63.3	65.1	63.6
受保护的井水和泉水	Protected Well and Spring Water	29.7	29.4	30.6
不受保护的井水和泉水	Unprotected Wells and Springs Water	6.1	4.9	5.4
住户厕所类型构成(%)	Construction of Toilet (%)			
#水冲式卫生厕所	Flush Sanitary Dry Toilet	54.2	55.5	59.0
水冲式非卫生厕所	Flush Insanitary Dry Toilet	26.3	22.7	19.9
卫生旱厕	Sanitary Dry Toilet	7.2	9.7	7.6
普通旱厕	General Dry Toilet	12.4	12.1	13.3
主要炊用能源构成(%)	Construction of Cooking Energy (%)			
柴草	Straw	10.0	8.4	6.0
煤炭	Coal	3.0	1.8	1.9
罐装液化石油气	Canned Liquefied Petroleum Gas	44.8	45.7	47.5
电	Electricity	33.3	32.4	31.9

10-14 按收入分组的农民家庭平均每人总收支及结构(2020年)

Per Capita Total Income and Expenditure in Rural Households by Level of Income (2020)

单位：元 (yuan)

项目	Item	全省平均 Average	低收入户 Low Income Households	中低收入户 Lower Middle Income Households
总收入	**Total Cash Income**	**19409**	**10226**	**13123**
工资性收入	Wage Income	6153	2653	4662
经营性收入	Income from Operations	8110	4077	4267
第一产业	Primary Industry	5789	3013	3321
第二产业	Secondary Industry	495	35	168
第三产业	Tertiary Industry	1826	1029	778
财产性收入	Property Income	253	136	127
转移性收入	Transfer Income	4893	3360	4067
家庭外出从业人员寄回带回收入	Earning from Migrant Workers	3172	2082	2904
农民家庭平均每人总收入构成(%)	**Structure of Peasant Family Per Capita Income (%)**			
总收入	Total Cash Income	100.0	100.0	100.0
工资性收入	Wage Income	31.7	25.9	35.5
经营性收入	Income from Operations	41.8	39.9	32.5
财产性收入	Property Income	1.3	1.3	1.0
转移性收入	Transfer Income	25.2	32.9	31.0
总支出	**Total Expenditure**	**18011**	**13165**	**14760**
消费支出	Consumption Expenditure	12201	9134	10729
生产经营费用支出	Expenditure of Production Business	2683	2357	1574
第一产业	Primary Industry	2215	1781	1239
第二产业	Secondary Industry	79	1	109
第三产业	Tertiary Industry	389	575	226
财产性支出	Property Expenditure	15	18	6
转移性支出	Transfer Expenditure	351	289	326
部分商业保险支出	Expenditure of Commercial Insurance	80	49	51
购置资产及非经常性转移支出	Expenditure of Purchasing Assets and Non-transfer Expenditure	2194	1017	1725
借贷性支出	Expenditure of Debit and Credit	486	301	349
农民家庭平均每人总支出构成(%)	**Structure of Per Capita Total Expenditure of Rural Households (%)**			
总支出	Total Expenditure	100.0	100.0	100.0
消费支出	Consumption Expenditure	67.7	69.4	72.7
生产经营费用支出	Expenditure of Production Business	14.9	17.9	10.7
财产性支出	Property Expenditure	0.1	0.1	0.0
转移性支出	Transfer Expenditure	2.0	2.2	2.2
部分商业保险支出	Expenditure of Commercial Insurance	0.4	0.4	0.3
购置资产及非经常性转移支出	Expenditure of Purchasing Assets and Non-transfer Expenditure	12.2	7.7	11.7
借贷性支出	Expenditure of Debit and Credit	2.7	2.3	2.4

10-14 续表 continued

单位：元 (yuan)

项　目	Item	中等收入户 Middle Income Households	中高收入户 Upper Middle Income Households	高收入户 High Income Households
总收入	**Total Cash Income**	**16422**	**21841**	**40559**
工资性收入	Wage Income	5944	8494	10791
经营性收入	Income from Operations	5332	7466	22223
第一产业	Primary Industry	4028	5703	15325
第二产业	Secondary Industry	109	158	1862
第三产业	Tertiary Industry	1196	1604	5035
财产性收入	Property Income	181	280	662
转移性收入	Transfer Income	4965	5602	6883
家庭外出从业人员寄回带回收入	Income from Migrant Workers	3583	3477	3877
农民家庭平均每人总收入构成(%)	**Structure of Peasant Family Per Capita Income (%)**			
总收入	Total Cash Income	**100.0**	**100.0**	**100.0**
工资性收入	Wage Income	36.2	38.9	26.6
经营性收入	Income from Operations	32.5	34.2	54.8
财产性收入	Property Income	1.1	1.3	1.6
转移性收入	Transfer Income	30.2	25.6	17.0
总支出	**Total Expenditure**	**15434**	**19161**	**29717**
消费支出	Consumption Expenditure	11707	13259	17731
生产经营费用支出	Expenditure of Production Business	1443	1993	6177
第一产业	Primary Industry	1193	1692	5375
第二产业	Secondary Industry	6	4	137
第三产业	Tertiary Industry	244	296	665
财产性支出	Property Expenditure	12	12	29
转移性支出	Transfer Expenditure	322	384	497
部分商业保险支出	Expenditure of Commercial Insurance	50	92	169
购置资产及非经常性转移支出	Expenditure of Purchasing Assets and Non-transfer Expenditure	1571	2667	4318
借贷性支出	Expenditure of Debit and Credit	328	754	796
农民家庭平均每人总支出构成(%)	**Structure of Per Capita Total Expenditure of Rural Households (%)**			
总支出	Total Expenditure	100.0	100.0	100.0
消费支出	Consumption Expenditure	75.9	69.2	59.7
生产经营费用支出	Expenditure of Production Business	9.4	10.4	20.8
财产性支出	Property Expenditure	0.1	0.1	0.1
转移性支出	Transfer Expenditure	2.1	2.0	1.7
部分商业保险支出	Expenditure of Commercial Insurance	0.3	0.5	0.6
购置资产及非经常性转移支出	Expenditure of Purchasing Assets and Non-transfer Expenditure	10.2	13.9	14.5
借贷性支出	Expenditure of Debit and Credit	2.1	3.9	2.7

10－15 按收入分组的农民家庭平均每人可支配收入及消费性支出(2020年)

Per Capita Disposable Income and Consumption Expenditure of Rural Households by Income Level (2020)

单位：元 (yuan)

项 目	Item	全省平均 Average	低收入户 Low Income Households	中低收入户 Lower Middle Income Households
可支配收入	**Disposable Income**	**16108**	**7385**	**11078**
工资性收入	Wages	6153	2653	4662
经营净收入	Net Business Income	5175	1543	2553
第一产业	Primary Industry	3419	1126	2002
第二产业	Secondary Industry	400	29	41
第三产业	Tertiary Industry	1355	388	510
财产净收入	Net Income of Properties	238	117	122
转移净收入	Net Income of Transfers	4542	3071	3742
家庭外出从业人员寄回带回收入	Income from Migrant Workers	3172	2082	2904
生活消费支出	**Living Consumption Expenditure**	**12201**	**9134**	**10729**
食品	Food	3397	2603	2941
衣着	Clothing	873	665	782
居住	Residence	2770	2054	2591
家庭设备、用品及服务	Household Appliances	783	572	673
交通和通讯	Transport and Communications	1502	971	1219
文化、教育、娱乐用品及服务	Culture, Education, Recreation and Service	1286	1040	1263
医疗保健	Health Care	1379	1074	1095
其他商品和服务	Other Goods and Servies	211	156	165

项 目	Item	中等收入户 Middle Income Households	中高收入户 Uper Middle Income Households	高收入户 High Income Households
可支配收入	**Disposable Income**	**14453**	**19232**	**33248**
工资性收入	Wages	5944	8494	10791
经营净收入	Net Business Income	3697	5254	15437
第一产业	Primary Industry	2719	3881	9553
第二产业	Secondary Industry	88	151	1685
第三产业	Tertiary Industry	891	1222	4199
财产净收入	Net Income of Properties	170	267	633
转移净收入	Net Income of Transfers	4642	5217	6387
家庭外出从业人员寄回带回收入	Income from Migrant Workers	3583	3477	3877
生活消费支出	**Living Consumption Expenditure**	**11707**	**13259**	**17731**
食品	Food	3203	3772	4947
衣着	Clothing	853	950	1186
居住	Residence	2682	2939	3860
家庭设备、用品及服务	Household Appliances	775	860	1130
交通和通讯	Transport and Communications	1405	1625	2494
文化、教育、娱乐用品及服务	Culture, Education, Recreation and Service	1336	1454	1438
医疗保健	Health Care	1230	1426	2374
其他商品和服务	Other Goods and Servies	222	233	301

10-16 按收入分组的农民家庭平均每人现金收入及支出(2020年)

Per Capita Cash Income and Expenditure of Rural Households by Income Level (2020)

单位：元 (yuan)

项目	Item	全省平均 Average	低收入户 Low Income Households	中低收入户 Lower Middle Income Households
现金收入(未扣除生产费用)	**Cash Income (including Product Expenditure)**	**18585**	**10354**	**12598**
现金工资性收入	Cash Income from Wages	6141	2642	4652
现金经营性收入	Cash Income from Business	7571	4348	3897
第一产业	Primary Industry	5250	3284	2951
第二产业	Secondary Industry	495	35	168
第三产业	Tertiary Industry	1826	1029	778
现金财产性收入	Cash Income of Properties	253	136	127
现金转移性收入	Cash Income of Transfers	4620	3228	3921
家庭外出从业人员寄回带回收入	Income Taken back by Employees out Home	3172	2082	2904
现金支出	**Cash Expenditure**	**15923**	**11590**	**12948**
现金消费支出	Cash Expenditure on consumption	10128	7567	8934
生产经营现金费用支出	Cash Expenditure on Business	2668	2349	1558
第一产业	Primary Industry	2200	1773	1223
第二产业	Secondary Industry	79	1	109
第三产业	Tertiary Industry	389	575	226
现金财产性支出	Cash Expenditure of Properties	15	18	6
现金转移性支出	Cash Expenditure of Transfers	351	289	326
部分商业保险支出	Expenditure of Commercial Insurance	80	49	51
购置资产及非经常性转移支出	Expenditure of Purchasing Assets and Non-transfer Expenditure	2194	1017	1725
借贷性支出	Expenditure of Debit and Credit	486	301	349

项目	Item	中等收入户 Middle Income Households	中高收入户 Upper Middle Income Households	高收入户 High Income Households
现金收入(未扣除生产费用)	**Cash Income (including Product Expenditure)**	**15591**	**20774**	**37996**
现金工资性收入	Cash Income from Wages	5937	8485	10763
现金经营性收入	Cash Income from Business	4707	6706	20397
第一产业	Primary Industry	3403	4943	13500
第二产业	Secondary Industry	109	158	1862
第三产业	Tertiary Industry	1196	1604	5035
现金财产性收入	Cash Income of Properties	181	280	662
现金转移性收入	Cash Income of Transfers	4765	5304	6174
家庭外出从业人员寄回带回收入	Income Taken back by Employees out Home	3583	3477	3877
现金支出	**Cash Expenditure**	**13454**	**16929**	**26631**
现金消费支出	Cash Expenditure on Consumption	9736	11048	14668
生产经营现金费用支出	Cash Expenditure on Business	1434	1971	6155
第一产业	Primary Industry	1184	1671	5353
第二产业	Secondary Industry	6	4	137
第三产业	Tertiary Industry	244	296	665
现金财产性支出	Cash Expenditure of Properties	12	12	29
现金转移性支出	Cash Expenditure of Transfers	322	384	497
部分商业保险支出	Expenditure of Commercial Insurance	50	92	169
购置资产及非经常性转移支出	Expenditure of Purchasing Assets and Non-transfer Expenditure	1571	2667	4318
借贷性支出	Expenditure of Debit and Credit	328	754	796

10–17 按收入分组的农民家庭主要食品消费量(2020年)

Consumption of Major Food in Rural Households by Income Level (2020)

单位：公斤/人 (kg/person)

项　目	Item	全省平均 Average	低收入户 Low Income Households	中低收入户 Lower Middle Income Households
粮食消费量	Grain Consumption	150.35	144.23	149.98
#小麦	Wheat	107.53	97.65	103.93
稻谷	Rice	28.01	26.46	26.42
玉米	Corn	10.12	4.92	4.72
油脂类消费量	Oil	9.07	7.65	8.12
蔬菜及菜制品消费量	Vegetables	81.99	72.65	73.79
肉类	Meat	12.70	9.94	11.01
禽类	Poultry	7.83	6.65	6.97
水产品	Aquatic Products	3.96	2.92	3.81
蛋类及蛋制品	Eggs and Related Productions	17.96	14.70	16.18
奶和奶制品	Milk and Dairy Products	8.36	6.72	8.33
干鲜瓜果类	Dried and Fresh Melons and Fruits	54.21	43.53	47.52
糖果糕点类	Confectionery	5.83	5.25	5.38
酒	Liquor	5.79	3.63	4.91

项　目	Item	中等收入户 Middle Income Households	中高收入户 Upper Middle Income Households	高收入户 High Income Households
粮食消费量	Grain Consumption	147.12	170.41	218.47
#小麦	Wheat	96.33	111.54	130.80
稻谷	Rice	27.90	28.91	32.64
玉米	Corn	5.06	11.68	30.64
油脂类消费量	Oil	8.73	9.37	11.96
蔬菜及菜制品消费量	Vegetables	78.13	85.88	102.86
肉类	Meat	12.37	13.35	18.16
禽类	Poultry	7.54	8.32	10.22
水产品	Aquatic Products	3.77	5.33	5.14
蛋类及蛋制品	Eggs and Related Productions	17.15	20.25	22.58
奶和奶制品	Milk and Dairy Products	7.86	8.88	11.05
干鲜瓜果类	Dried and Fresh Melons and Fruits	52.00	58.02	76.60
糖果糕点类	Confectionery	5.92	6.05	6.91
酒	Liquor	5.69	6.67	8.69

10-18 按收入分组的农民家庭平均每百户主要耐用消费品及生产性固定资产年末拥有量(2020年)

Main Durable Goods and Productive Fixed Assets Owned Per hundred Rural Households at Year-end by Income Level (2020)

项 目	Item	全省平均 Average	低收入户 Low Income Households	中低收入户 Lower Middle Income Households
耐用消费品年末拥有量	**Durable Consumer Goods**			
家用汽车(台)	Car (unit)	26.57	21.36	24.88
摩托车(台)	Motorcycle (unit)	38.64	39.47	37.72
助力车(台)	Electric Bicycle (unit)	124.13	111.88	123.39
洗衣机(台)	Washing Machine (unit)	99.11	94.54	98.11
电冰箱(台)	Refrigerator (unit)	97.07	94.29	95.37
微波炉(台)	Microwave Oven (unit)	14.37	11.29	13.04
彩色电视机(台)	Color TV Set (unit)	114.96	109.56	113.52
空调(台)	Air Conditioner (unit)	107.52	91.13	101.77
热水器(台)	Water Heater (unit)	77.57	71.55	75.75
洗碗机(台)	Dishwasher (unit)	0.71		0.94
排油烟机(台)	Exhaust Fan (unit)	24.14	19.64	21.70
固定电话(部)	Telephone (unit)	6.19	6.94	4.93
移动电话(部)	Mobile Phone (unit)	270.95	259.81	267.21
#接入互联网	Internet Mobile Phones (unit)	222.63	210.16	217.80
计算机(台)	Computer (unit)	31.74	25.66	28.49
#接入互联网	Internet Computer (unit)	22.71	16.86	21.00
照相机(架)	Camera (unit)	1.57	0.62	1.28
中高档乐器(件)	Medium and High-Grade Musical Instrument (unit)	0.61	0.36	0.79
健身器材(套)	Fitness Equipment (unit)	1.44	1.74	1.03
生产性固定资产数量	**Productive Fixed Assets**			
大中型农用拖拉机(台)	Large and Medium Tractors (unit)	2.35	1.20	1.61
小型农用拖拉机(台)	Minitype Tractors (unit)	30.26	27.22	26.07
农用排灌动力机械(台)	Drainage and Irrigation Agricultural Machinery (unit)	12.75	9.76	10.25
插秧机(台)	Transplanter (unit)	0.66	0.39	0.15
收割机(台)	Harvesters (unit)	0.96	1.03	1.15
脱粒机(台)	Thresher (unit)	7.16	6.15	7.30

10-18 续表 continued

项　目	Item	中等收入户 Middle Income Households	中高收入户 Upper Middle Income Households	高收入户 High Income Households
耐用消费品年末拥有量	**Durable Consumer Goods**			
家用汽车(台)	Car (unit)	21.36	24.88	28.63
摩托车(台)	Motorcycle (unit)	39.47	37.72	35.17
助力车(台)	Electric Bicycle (unit)	111.88	123.39	122.62
洗衣机(台)	Washing Machine (unit)	94.54	98.11	99.90
电冰箱(台)	Refrigerator (unit)	94.29	95.37	96.52
微波炉(台)	Microwave Oven (unit)	11.29	13.04	16.02
彩色电视机(台)	Color TV Set (unit)	109.56	113.52	115.67
空调(台)	Air Conditioner (unit)	91.13	101.77	108.92
热水器(台)	Water Heater (unit)	71.55	75.75	76.85
洗碗机(台)	Dishwasher (unit)		0.94	0.91
排油烟机(台)	Exhaust Fan (unit)	19.64	21.70	23.08
固定电话(部)	Telephone (unit)	6.94	4.93	6.13
移动电话(部)	Mobile Phone (unit)	259.81	267.21	280.54
#接入互联网	Internet Mobile Phones (unit)	210.16	217.80	230.87
计算机(台)	Computer (unit)	25.66	28.49	29.84
#接入互联网	Internet Computer (unit)	16.86	21.00	22.85
照相机(架)	Camera (unit)	0.62	1.28	1.55
中高档乐器(件)	Medium and High-Grade Musical Instrument (unit)	0.36	0.79	0.30
健身器材(套)	Fitness Equipment (unit)	1.74	1.03	0.96
生产性固定资产数量	**Productive Fixed Assets**			
大中型农用拖拉机(台)	Large and Medium Tractors (unit)	1.92	1.41	5.63
小型农用拖拉机(台)	Minitype Tractors (unit)	31.49	32.93	33.49
农用排灌动力机械(台)	Drainage and Irrigation Agricultural Machinery (unit)	12.94	14.72	17.69
插秧机(台)	Transplanter (unit)	0.18	1.35	1.07
收割机(台)	Harvesters (unit)	0.70		2.11
脱粒机(台)	Thresher (unit)	8.38	6.23	8.11

10-19 各市农村居民家庭平均每人全年可支配收入按收入来源分组情况(2020年)

Per Capita Annual Disposable Income of Rural Household by Source and City (2020)

单位：元 (yuan)

市(县) City(County)	合　计 Total	工资性收入 Net Income from Wages and Salaries	经营净收入 Net Income from Household Operations	财产净收入 Net Income from Properties	转移净收入 Net Income from Transfers
省　辖　市 City					
郑　州　市 Zhengzhou	24783	15503	5759	1424	2097
开　封　市 Kaifeng	15370	6886	5481	113	2890
洛　阳　市 Luoyang	15902	8319	3508	386	3689
平顶山市 Pingdingshan	15550	6910	4162	171	4308
安　阳　市 Anyang	16996	7197	3997	221	5581
鹤　壁　市 Hebi	19573	12138	5279	125	2030
新　乡　市 Xinxiang	17471	8694	5204	401	3173
焦　作　市 Jiaozuo	20556	14145	3952	340	2118
濮　阳　市 Puyang	14881	8079	2836	324	3642
许　昌　市 Xuchang	19708	9756	5733	323	3859
漯　河　市 Luohe	18043	10064	3972	166	3841
三门峡市 Sanmenxia	16740	5348	7794	239	3360
南　阳　市 Nanyang	16091	5321	6344	154	4271
商　丘　市 Shangqiu	13605	5392	4255	56	3901
信　阳　市 Xinyang	15018	5458	5102	118	4340
周　口　市 Zhoukou	12950	4006	4016	172	4757
驻马店市 Zhumadian	13867	4520	4980	135	4231
济　源　市 Jiyuan	21450	16613	3309	304	1223
省直管县 County Directly Administrated by Province					
巩　义　市 Gongyi	26605	15285	9245	58	2017
兰　考　县 Lankao	13978	3368	6204	84	4323
汝　州　市 Ruzhou	19648	7711	8836	23	3077
滑　县 Huaxian	14005	3416	4752	177	5659
长　垣　市 Changyuan	23188	8343	8759	150	5936
邓　州　市 Dengzhou	17656	3310	8024	95	6227
永　城　市 Yongcheng	16912	3684	5907	51	7271
固　始　县 Gushi	15981	4405	6189	154	5233
鹿　邑　县 Luyi	15234	6409	5474	34	3317
新　蔡　县 Xincai	14236	2959	4664	91	6522

10-20 各市农村居民家庭平均每人全年可支配收入分组情况(2020年)

Per Capita Annual Disposable Income of Rural Household by City (2020)

单位：元 (yuan)

市(县) City(County)	低收入户 Low Income Households	中低收入户 Lower Middle Income Households	中等收入户 Middle Income Households	中高收入户 Upper Middle Income Households	高收入户 High Income Households
省辖市 City					
郑州市 Zhengzhou	10745	17326	23072	31814	55374
开封市 Kaifeng	7492	10974	14631	19018	29433
洛阳市 Luoyang	6852	10697	14109	18416	33028
平顶山市 Pingdingshan	7094	9629	12673	16341	38437
安阳市 Anyang	7185	11127	15815	23094	39372
鹤壁市 Hebi	11214	15303	18558	22623	34150
新乡市 Xinxiang	7512	12028	15862	21303	37688
焦作市 Jiaozuo	10190	15567	19467	24594	39213
濮阳市 Puyang	7750	10834	13690	17556	28721
许昌市 Xuchang	8516	12947	17489	23248	43175
漯河市 Luohe	8295	11425	15546	21318	49068
三门峡市 Sanmenxia	7302	10046	13245	18280	37985
南阳市 Nanyang	5815	10941	14794	19954	35304
商丘市 Shangqiu	6398	8359	11676	15603	27532
信阳市 Xinyang	7217	10226	13468	18432	33659
周口市 Zhoukou	6567	9392	11877	15188	26683
驻马店市 Zhumadian	6463	9909	12719	16106	28494
济源市 Jiyuan	8546	13969	17465	25698	39581
省直管县 County Directly Administrated by Province					
巩义市 Gongyi	9229	14203	20151	28643	68951
兰考县 Lankao	6822	9140	12645	16598	32682
汝州市 Ruzhou	7144	8572	11079	14349	61120
滑县 Huaxian	7231	9351	11102	15001	28889
长垣市 Changyuan	10501	14642	19237	26403	44882
邓州市 Dengzhou	9346	12775	15753	23716	33924
永城市 Yongcheng	8962	12380	14539	19955	32439
固始县 Gushi	7259	11185	13973	19407	29710
鹿邑县 Luyi	7608	11077	13999	19050	28428
新蔡县 Xincai	6625	8925	11881	16536	30206

10-21 各市农村居民家庭平均每人生活消费总支出(2020年)

Per Capita Consumption Expenditure of Rural Households by City (2020)

单位：元 (yuan)

市(县)	City(County)	生活消费支出合计 Consumption Expenditure	食品烟酒 Food, Tobacco, Liquor	衣着 Clothing	居住 Residence	生活用品及服务 Household Appliances and Services	交通、通信及服务 Transport, and Communi-cations	教育及文化娱乐 Education, Culture and Entertainment	医疗、保健及服务 Health Care and Medical Services	其他商品及服务 Other Goods and Services
省辖市	**City**									
郑州市	Zhengzhou	17516	4217	1099	5016	1065	2748	1284	1664	421
开封市	Kaifeng	11579	2626	903	2517	911	1852	1178	1321	271
洛阳市	Luoyang	12110	3020	944	3044	983	1650	1171	1109	189
平顶山市	Pingdingshan	11598	3440	934	2417	708	1361	1074	1457	206
安阳市	Anyang	11335	2701	831	2966	936	1369	1189	1158	184
鹤壁市	Hebi	11537	2901	969	2320	888	1633	1198	1362	267
新乡市	Xinxiang	11981	3132	987	2520	878	1552	1305	1371	236
焦作市	Jiaozuo	14692	3829	1072	3201	1095	2268	1499	1220	508
濮阳市	Puyang	10417	2679	706	2271	1017	1621	1010	896	218
许昌市	Xuchang	12861	3213	878	2428	716	2227	1699	1464	237
漯河市	Luohe	11757	3380	826	2576	981	1178	930	1645	242
三门峡市	Sanmenxia	11826	2959	951	2164	681	2021	1263	1604	183
南阳市	Nanyang	11414	3360	794	2803	775	1254	1106	1114	207
商丘市	Shangqiu	11388	3445	793	2880	708	1342	905	1193	122
信阳市	Xinyang	11663	4276	686	2748	680	940	1268	896	169
周口市	Zhoukou	10248	3036	732	2579	759	1048	1028	959	108
驻马店市	Zhumadian	11239	3465	864	2441	846	1289	1152	991	191
济源市	Jiyuan	11167	2739	784	2250	675	2091	1124	1133	372
省直管县	**County Directly Administrated by Province**									
巩义市	Gongyi	11381	3258	992	2009	975	1678	1210	1122	136
兰考县	Lankao	13497	3339	937	3004	896	1980	1588	1505	248
汝州市	Ruzhou	10781	2751	873	2402	626	1430	849	1608	242
滑县	Huaxian	13383	3287	1009	2994	978	1919	1450	1583	163
长垣市	Changyuan	14833	3845	1289	3324	1214	1692	1913	1298	257
邓州市	Dengzhou	13130	4353	1178	2531	740	1362	1799	1023	145
永城市	Yongcheng	13794	4616	1158	2778	1019	1778	1253	998	195
固始县	Gushi	12926	4356	703	3624	749	961	1330	1044	159
鹿邑县	Luyi	10242	3175	705	2365	659	1012	1454	830	42
新蔡县	Xincai	12681	3804	665	3581	745	1439	946	1297	204

10-22 各市农村居民家庭平均每人生活消费现金支出(2020年)

Per Capita Cash Consumption Expenditure of Rural Households by City (2020)

单位：元 (yuan)

市(县) City(County)	生活消费支出合计 Consumption Expenditure	食品烟酒 Food, Tobacco, Liquor	衣着 Clothing	居住 Residence	生活用品及服务 Household Appliances and Services	交通、通信及服务 Transport, and Communi-cations	教育及文化娱乐 Education, Culture and Entertainment	医疗、保健及服务 Health Care and Medical Services	其他商品及服务 Other Goods and Services
省辖市 City									
郑州市 Zhengzhou	14071	4098	1099	1993	1064	2748	1284	1364	421
开封市 Kaifeng	10150	2600	902	1216	911	1852	1178	1221	271
洛阳市 Luoyang	10012	2791	943	1325	979	1650	1170	967	187
平顶山市 Pingdingshan	9940	3321	934	1045	705	1361	1074	1294	206
安阳市 Anyang	8956	2620	831	1033	883	1369	1189	866	165
鹤壁市 Hebi	9992	2832	969	1228	887	1633	1198	977	267
新乡市 Xinxiang	10119	3079	987	906	877	1552	1305	1177	236
焦作市 Jiaozuo	12565	3794	1072	1385	1087	2268	1499	953	507
濮阳市 Puyang	9274	2670	706	1229	1017	1621	1010	805	218
许昌市 Xuchang	11035	3070	878	1144	716	2227	1699	1066	236
漯河市 Luohe	10001	3314	826	1212	981	1178	930	1320	241
三门峡市 Sanmenxia	10026	2793	951	946	680	2021	1263	1189	182
南阳市 Nanyang	9521	3124	792	1422	773	1254	1106	845	205
商丘市 Shangqiu	9880	3349	792	1692	696	1342	905	981	122
信阳市 Xinyang	9403	3984	686	924	680	940	1268	755	168
周口市 Zhoukou	8429	2994	731	984	758	1045	1028	780	108
驻马店市 Zhumadian	9434	3307	864	913	846	1289	1152	872	191
济源市 Jiyuan	9572	2628	784	888	675	2091	1124	1013	370
省直管县 County Directly Administrated by Province									
巩义市 Gongyi	9871	3209	992	654	975	1678	1210	1016	136
兰考县 Lankao	11599	3273	937	1473	896	1980	1588	1204	248
汝州市 Ruzhou	9039	2727	873	1059	615	1430	849	1244	242
滑县 Huaxian	10081	3186	1009	866	781	1919	1450	707	163
长垣市 Changyuan	12336	3763	1289	1124	1212	1692	1913	1087	257
邓州市 Dengzhou	10881	4252	1178	793	738	1362	1799	614	145
永城市 Yongcheng	12363	4610	1158	1481	1019	1778	1253	871	195
固始县 Gushi	9736	3955	703	905	749	961	1330	975	159
鹿邑县 Luyi	8587	3143	705	858	659	1012	1426	716	42
新蔡县 Xincai	10095	3686	665	1258	745	1440	946	1151	204

10-23 各市农村居民家庭平均每人主要食品消费量(2020年)

Per Capita Consumption of Major Food of Rural Households by City (2020)

单位：千克 (kg)

市(县)	City(County)	粮食 Grain	食用油 Edible Oil	蔬菜及食用菌 Vegetables	猪牛羊肉 Pork, Beef and Mutton	家禽 Poultry	水产品 Aquatic Products	蛋类及其制品 Eggs and Related Products	奶和奶制品 Milk and Dairy products	干鲜瓜果 Dry and Fresh Fruits and Melons	糖果糕点 Sugar	酒类 Liquor
省辖市	**City**											
郑州市	Zhengzhou	138.1	8.9	83.4	9.8	3.7	5.5	16.5	13.0	65.0	6.7	4.5
开封市	Kaifeng	112.3	6.1	64.6	7.0	6.4	2.4	14.0	4.7	43.5	3.9	6.8
洛阳市	Luoyang	165.4	11.7	81.8	10.7	2.6	1.3	15.1	11.6	36.3	6.6	4.8
平顶山市	Pingdingshan	198.8	8.6	109.3	13.9	6.9	2.6	18.5	9.3	72.6	9.3	6.2
安阳市	Anyang	171.1	8.9	78.0	9.3	4.2	1.3	19.0	10.0	55.7	5.5	5.1
鹤壁市	Hebi	135.7	7.9	82.0	6.6	3.4	1.1	15.6	8.6	37.3	6.2	7.0
新乡市	Xinxiang	157.2	7.6	75.6	10.4	5.4	2.5	17.6	10.0	60.3	6.7	6.3
焦作市	Jiaozuo	125.2	11.7	58.5	12.1	4.7	1.9	17.8	16.9	51.2	6.1	6.1
濮阳市	Puyang	151.5	9.1	75.4	7.1	6.3	2.3	16.8	7.1	49.6	5.5	4.7
许昌市	Xuchang	151.2	8.9	70.6	10.3	5.8	1.7	12.3	9.4	58.0	7.2	2.9
漯河市	Luohe	148.1	8.4	81.6	12.6	6.4	3.5	15.0	4.6	58.4	5.4	4.3
三门峡市	Sanmenxia	167.5	10.6	84.1	8.9	2.1	1.3	15.0	5.7	44.4	7.2	3.4
南阳市	Nanyang	177.9	8.1	85.4	14.1	6.9	2.9	19.4	11.1	30.5	6.6	8.6
商丘市	Shangqiu	186.0	10.5	82.5	13.0	10.0	4.3	19.8	8.4	63.6	5.2	5.7
信阳市	Xinyang	232.7	11.4	101.2	24.1	17.3	12.3	14.5	6.8	43.8	5.6	12.5
周口市	Zhoukou	144.0	9.1	69.4	12.9	9.3	5.6	18.8	7.8	51.6	4.6	4.6
驻马店市	Zhumadian	156.9	8.1	84.8	13.2	10.8	4.0	16.2	5.5	48.7	5.7	7.3
济源市	Jiyuan	114.8	5.6	50.7	6.7	3.4	0.7	13.2	11.0	36.3	4.9	2.5
省直管县	**County Directly Administrated by Province**											
巩义市	Gongyi	117.7	8.0	73.0	9.7	3.2	20.4	13.2	11.9	66.5	7.4	3.1
兰考县	Lankao	154.6	7.9	87.4	7.5	26.3	2.0	20.1	5.7	78.0	4.5	8.4
汝州市	Ruzhou	157.6	8.7	75.4	15.0	4.5	1.4	13.9	7.8	61.0	7.4	4.3
滑县	Huaxian	162.9	8.0	86.3	11.0	5.1	1.8	23.6	3.7	71.9	6.1	6.9
长垣市	Changyuan	178.2	8.2	88.5	12.1	8.8	3.6	21.2	12.8	82.0	7.4	5.1
邓州市	Dengzhou	195.4	7.4	91.9	19.3	9.5	4.7	26.2	14.6	43.9	8.7	12.9
永城市	Yongcheng	206.4	15.2	79.0	20.0	17.0	7.1	19.0	9.5	65.1	5.2	8.3
固始县	Gushi	150.3	11.8	77.5	20.3	21.0	15.5	12.9	9.8	31.2	4.2	12.6
鹿邑县	Luyi	159.7	9.5	78.9	20.8	7.2	10.4	26.3	4.4	40.5	3.0	9.9
新蔡县	Xincai	177.7	4.8	89.3	14.1	8.9	5.1	16.8	3.3	51.5	7.5	6.3

10−24 各市农村居民家庭住房情况(2020年)

Housing Conditions of Rural Households by City (2020)

市(县) City(County)	实际住房按主要建筑材料分的户数占比重(%) Proportion of Real Houses by Main Building Materials (%)			
	#钢筋混凝土 Reinforced Concrete Structure	砖混材料 Brick Mixed Structure	砖瓦砖木 Brick Tile and Wood	竹草土坯 Bamboo Grass Adobe
省辖市 City				
郑州市 Zhengzhou	35.8	61.7	2.4	
开封市 Kaifeng	19.6	68.6	11.5	
洛阳市 Luoyang	14.3	81.9	3.4	0.1
平顶山市 Pingdingshan	23.4	64.9	11.3	
安阳市 Anyang	16.8	65.2	18.0	
鹤壁市 Hebi	14.1	61.5	24.1	0.4
新乡市 Xinxiang	17.8	68.1	14.1	
焦作市 Jiaozuo	20.2	68.5	11.1	0.2
濮阳市 Puyang	11.8	49.5	38.4	0.2
许昌市 Xuchang	23.1	71.8	5.1	
漯河市 Luohe	16.9	77.6	5.5	
三门峡市 Sanmenxia	11.2	73.4	12.9	1.2
南阳市 Nanyang	35.2	59.2	5.6	
商丘市 Shangqiu	12.0	65.9	21.9	
信阳市 Xinyang	51.6	34.0	14.1	0.2
周口市 Zhoukou	29.1	42.8	28.0	
驻马店市 Zhumadian	28.6	63.9	7.3	
济源市 Jiyuan		62.9	35.7	1.4
省直管县 County Directly Administrated by Province				
巩义市 Gongyi	21.3	76.3	2.4	
兰考县 Lankao	16.7	65.0	18.3	
汝州市 Ruzhou	25.6	67.8	6.6	
滑县 Huaxian	12.0	45.0	43.0	
长垣市 Changyuan	31.3	52.5	16.3	
邓州市 Dengzhou	52.2	40.0	7.8	
永城市 Yongcheng	32.2	45.8	22.0	
固始县 Gushi	48.8	35.0	15.0	
鹿邑县 Luyi	38.0	54.0	8.0	
新蔡县 Xincai	43.3	48.0	8.7	

主要统计指标解释

期内常住人口数 指居住在一个住宅内，共同分享生活开支或收入的一群人。凡计算为家庭常住人口的成员其全部收支都包括在本家庭中。

户均就业人数 指家庭人口与就业人口之比。

可支配收入 指调查户在调查期内获得的、可用于最终消费支出和储蓄的综合，即调查户可以用来自由支配的收入。可支配收入既包括现金，也包括实物收入。按照收入的来源，可支配收入包含四项，分别为：工资性收入、经营净收入、财产净收入和转移净收入。计算公式为：

可支配收入=工资性收入+经营净收入+财产净收入+转移净收入

总支出 指全部家庭支出。包括消费支出、生产经营费用支出、财产性支出、转移性支出、部分商业保险支出、购置资产及非经常性转移支出、借贷性支出。

消费性支出 指用户用于满足家庭日常生活消费需要的全部支出，包括用于消费品的支出和用于服务性消费的支出。根据用途不同，消费支出可以划分为食品烟酒、衣着、居住、生活用品及服务、交通通讯、教育文化娱乐、医疗保健、其他用品及服务八大类。根据来源不同，消费支出可以划分为现金消费支出、实物消费支出（含自产自用、来自单位、来自政务和其他社会组织）。

收入分组方法 是将所有调查户分别按照全体居民、城镇居民、农村居民，将户人均可支配收入由低到高排队，按 20%，20%，20%，20%，20%的比例依次分成：低收入户、中低收入户、中等收入户、中高收入户、高收入户等五组。

Explanatory Notes on Main Statistical Indicators

Number of Usual Population refers to members of households living and sharing living cost and income together. All the income and expenditure of all the members of such households are included in the income and expenditure of the household.

Number of Employee per Household refers to the ratio between number of persons in an urban household and the number of employed persons.

Disposal Income refers to the total income at the disposal of investigation residents which can be used for final consumption and savings in the investigation period. It includes income both in cash and in kind from four categories: income from wages and salaries, net income from household operations, net income from transfers and net income from properties. The following formula is used:

Disposal income = income from wages and salaries+ net income from household operations+ net income from transfers+ net income from properties

Total Expenditure refers to all expenditure of households. It includes consumption expenditure, production and operation expenditure, property expenditure, transfer expenditure, expenditure on commercial insurance, expenditure on purchase of assets and non regular transfer expenditure and expenditure on debit and credit.

Consumption Expenditure refers to total expenditure of households for consumption in daily life, including expenditure on consumer goods and on services. It is classified by usage into eight categories of food; clothing; housing; household appliances and services; health care and medical services; transport and communications; recreation, education and cultural services; and miscellaneous goods and services. It is classified by source of expenditure into expenditure in cash and reality consumption expenditure (including it from produce on their own, from the unit, from government and other social groups).

Methods of Income Group All households in the sample are grouped according to all the residents, urban residents and rural residents, by per capita disposal income of the household, into groups of low income, lower middle income, middle income, upper middle income and high income, each group consisting of 20%, 20%, 20%, 20% and 20% of all households respectively.

城市概况
General Survey of Cities

11

◉ 资料整理：贾梁 靳伟莉 陈琛

简要说明

一、主要内容

本篇反映河南省城市社会经济发展和城市建设的规模及综合水平的资料。城市公用事业概况主要包括：城市建设、供水、供气、供热、市政设施、公共交通、城市绿化、环境卫生等资料。

二、统计范围

包括全省所有设市城市在建成区范围内的城市规划管理、投资、建设或经营管理相关设施的单位。

三、资料来源

省辖市主要经济指标由河南省统计局地方经济社会调查队编辑整理。省辖市和县级市城市公用事业基本情况资料由省住房城乡建设厅和省交通厅提供，由河南省统计局社会与科技处和服务业统计处编辑整理。

Brief Introduction

I. Main Contents

Data in this chapter present the scale and the comprehensive level of Social economic development and urban construction of Henan provincial cities, main include supply of water, gas and heating; municipal infrastructure; public transportation; urban greenery; public transportation and environmental, sanitation.

II. Scope of Statistics

Data in this chapter cover all units under the jurisdiction of cities which are engaged in urban planning and management, investment, construction and operation of relevant facilities.

III. Sources of Data

Data on Districts are provided by economic and social survey office of Henan Province Bureau of Statistics. Data on basic conditions and overall level of urban public facilities in provincial and county city are collected by the Henan provincial bureau of Housing and Urban-Rural development. Data on this chapter are provided by Department of social and scientific and technological of Henan provincial bureau of statistics and Department of Service industry statistical of Henan provincial bureau of statistics.

11-1 城市社会经济主要指标

Major Social and Economic Indicators of Cities

本表价值量指标均按当年价格计算。
Data in value terms in this table are calculated at current prices.

指　　标	Item	2019	2020
生产总值(亿元)	Gross Domestic Product (100 million yuan)	21092.05	21991.00
第一产业	Primary Industry	547.83	699.00
第二产业	Secondary Industry	8659.77	8745.00
第三产业	Tertiary Industry	11884.45	12546.00
一般公共预算收入(亿元)	Total Revenue of Local Governments (100 million yuan)	2141.45	2196.08
一般公共预算支出(亿元)	Total Expenditures of Local Governments (100 million yuan)	3851.12	3802.37
限额以上批发零售业商品销售总额(亿元)	Total Sales of Enterprise above Designated Size in Wholesale and Retail Sale Trades (100 million yuan)	12082.05	13000.29
当年实际使用外资金额(万美元)	Amount of Foreign Capital Actually Vtilized This Year (USD 10 000)	967396	
金融机构住户存款余额(亿元)	Outstanding Amount of Savings Deposit in Urban and Rural Areas (year-end) (100 million yuan)	17450.12	19688.00
在校学生数(万人)	Student Enrollment (10 000 persons)		
普通中学	Number of Regular Secondary Schools	174.90	188.90
普通小学	Number of Primary Schools	254.54	273.45

注：11-1和11-2表为初步上报数据。
a) Tables 11-1 and 11-2 are preliminary reported data.

11−2 省辖市市区社会经济主要指标(2020年)

本表价值量指标均按当年价格计算。
Data in value terms in this table are calculated at current prices.

指 标	Item	郑 州 Zhengzhou	开 封 Kaifeng	洛 阳 Luoyang	平顶山 Pingdingshan	安 阳 Anyang
年底(末)户籍人口(万人)	Total Population (year-end) (10 000 persons)	410.70	172.40	211.27	111.27	123.87
行政区域土地面积(平方公里)	Land Area of Administrative Area (sq.km)	1010	1816	879	443	638
#建成区面积	Developed Areas	641	184		73	89
生产总值(亿元)	Gross Domestic Product (100 million yuan)	8287.00	907.00	2256.00	888.00	893.00
#第二产业	Secondary Industry	3001.00	307.00	928.00	459.00	447.00
第三产业	Tertiary Industry	5265.00	518.00	1310.00	423.00	429.00
一般公共收入(亿元)	Public Financial Revenue of Local Governments (100 million yuan)	940.98	78.01	217.47	87.73	92.89
一般公共支出(亿元)	Public Financial Expenditures of Local Governments (100 million yuan)	1202.64	186.94	325.60	137.20	175.32
当年实际使用外资金额(万元)	Amount of Foreign Capital Actually Vtilized This Year (10 000 yuan)	2252056.00	50883.00	1043970.00		189062.00
金融机构住户存款余额(亿元)	Outstanding Amount of Savings Deposit (100 million yuan)	6594	924	2123	995	797
在校学生数(万人)	Student Enrollment (10 000 persons)					
中等职业学校	Number of Vocational Secondary Schools	23.03	2.52	5.99	3.95	2.28
普通中学	Number of Regular Secondary Schools	33.44	12.33	12.67	7.09	11.45
小学	Number of Primary Schools	55.38	16.23	19.48	10.53	18.39

Major Social and Economic Indicators of Districts in Cities Directly Under the Province (2020)

鹤壁 Hebi	新乡 Xinxiang	焦作 Jiaozuo	濮阳 Puyang	许昌 Xuchang	漯河 Luohe	三门峡 Sanmenxia	南阳 Nanyang	商丘 Shangqiu	信阳 Xinyang	周口 Zhoukou	驻马店 Zhumadian
66.07	110.81	98.21	75.52	135.35	135.51	63.04	204.96	190.70	158.46	64.52	86.21
679	432	579	330	1099	1116	1927	1987	1801	3604		
65	131	117	64	130		65	162	152	104	79	
465.00	971.00	687.00	636.00	984.00	992.00	547.00	1004.00	642.00	722.00	574.00	536.00
260.00	435.00	272.00	265.00	454.00	425.00	242.00	303.00	229.00	258.00	237.00	223.00
185.00	527.00	407.00	345.00	498.00	495.00	271.00	630.00	323.00	372.00	268.00	280.00
53.42	68.14	74.62	55.87	89.74	70.81	57.42	77.55	71.82	50.45	50.56	58.60
98.11	146.05	145.31	128.97	157.09	149.79	114.95	185.10	165.92	154.56	189.83	139.00
420845.00	54314.00		24298.00	217337.00	80759.00		115614.00	94804.00	10515.00	18572.00	11338.00
334	822	657	685	753	645	413	1157	852	879	442	617
1.55	3.66	1.19	2.20	2.01	2.80	0.80	4.04	2.49	1.80	2.66	2.04
5.66	7.98	5.42	11.91	8.29	9.36	3.39	18.75	11.15	10.31	12.00	7.70
6.76	11.67	7.67	11.17	12.13	12.18	4.90	24.92	19.18	14.67	17.79	10.40

11-3 城市建设基本情况

Basic Statistics on City Construction

指　标	Item	2005	2010	2015	2019	2020
城市个数(个)	Number of Cities (unit)	38	38	38	39	39
城区面积(平方公里)	Urban Area (sq.km)		4101	4810	5364	5364
建成区面积(平方公里)	Area of Built-up Districts (sq.km)	1572	2014	2503	2944	3040
年底供水综合生产能力(万立方米/日)	General Production Capacity of Tap Water Supply (year-end) (10 000 cu.m/day)	1027	1010	1121	1281	1257
全年供水总量(万立方米)	Total Annual Volume of Water Supply (10 000 cu.m)	183436	179122	196709	221104	217730
#生活用水量	Consumption of Tap Water for Residential Use		76986	87545	123427	123450
平均每人每天生活用水量(升)	Per Capita Daily Consumption of Tap Water for Residential Use (liter)	147.1	109.1	111.0	133.9	129.0
用水普及率(%)	Percentage of Population with Access to Tap Water (%)	91.9	91.0	93.1	97.4	98.2
公共交通标准运营车辆(标台)	Standard Public Vehicles Under Operation (Standard unit)	12514	18912	27355	39149	42290
出租汽车数(辆)	Taxi (unit)			61555	62552	64696
煤气家庭用量(万立方米)	Consumption of Coal Gas for Residential Use (10 000cu.m)	12735	15420	1553	27	24
天然气家庭用量(万立方米)	Consumption of Natural Gas for Residential Use (10 000cu.m)	18649	48243	109376	216812	225626
液化石油气家庭用量(吨)	Consumption of Liquefied Petroleum Gas for Residential Use (ton)	198629	201931	179752	151749	138686
燃气普及率(%)	Percentage of Population with Access to Gas (%)		73.4	86.0	97.1	96.8
集中供热面积(万平方米)	Heated Area (10 000 sq.m)	5361	10737	22375	51600	55995
道路长度(千米)	Length of Roads (km)	7090	9413	12318	15766	16295
道路面积(万平方米)	Area of Roads (10 000sq.m)	15653	21767	29915	39506	41039
排水管道长度(千米)	Length of Sewage Pipelines (km)	10201	14733	20467	27932	29222
建成区绿化覆盖面积(公顷)	Coverage Space of Green Areas Developed (hectare)	50822	73652	94345	120799	127423
建成区绿化覆盖率(%)	Coverage Rate of Green Areas Developed (%)	32.3	36.5	37.7	41.0	41.9
公园个数(个)	Number of Parks (unit)	272	262	327	523	538
公园绿地面积(公顷)	Public Green Areas (hectare)		18361	25201	35361	38664
人均公园绿地面积(平方米)	Per Capita Public Green Area (sq.m)		8.7	10.2	13.6	14.4
生活垃圾清运量(万吨)	Collection,Transport and Disposal of Consumption Wastes (10 000 tons)	754	694	892	1134	1130
生活垃圾无害化处理率(%)	Harmless Treatment Rate of Consumption Wastes (%)	58.1	82.5	96.0	99.7	99.9
城市污水排放量(亿吨)	Volume of Consumption Waste Water in Cities (100 million tons)		14.74	19.47	20.73	19.48
城市污水处理量(亿吨)	Processing Volume of Consumption Waste Water in Cities (100 million tons)		12.91	18.22	20.25	18.93
城市污水处理厂集中处理率(%)	Concentration Treatment Rate of Consumption Waste Water in Cities (%)			93.1	97.7	98.3

11-4 城市市政公用设施水平情况(2020年)

Statistics on Level of Public Facilities by City (2020)

市 City	人口密度(人/平方公里) Population Density (person/sq.km)	人均日生活用水量(升) Daily Water Consumption Per Capita (liter)	用水普及率(%) Water Coverage Rate (%)	燃气普及率(%) Gas Coverage Rate (%)	建成区供水管道密度(公里/平方公里) Built-up Areas Density of Water Pipes (km/sq.km)	人均城市道路面积(平方米) Road Surface Area Per Capita (sq.m)	建成区排水管道密度(公里/平方公里) Density of sewers in Built District (km/sq.km)	污水处理率(%) Wastewater Treatment Rate (%)
全　　省 Total	**4994**	**128.99**	**98.2**	**96.8**	**8.90**	**15.32**	**8.90**	**98.3**
郑　州　市 Zhengzhou	9417	128.95	100.0	93.8	9.04	9.61	7.78	98.5
巩　义　市 Gongyi	10514	73.99	87.6	97.2	5.48	11.29	7.78	100.0
荥　阳　市 Xingyang	2191	163.45	98.7	98.8	8.89	19.21	8.71	97.5
新　密　市 Xinmi	2718	114.65	99.9	98.5	8.23	17.40	5.01	100.0
新　郑　市 Xinzheng	8015	168.03	93.1	97.6	10.53	16.17	7.76	96.9
登　封　市 Dengfeng	3375	132.29	97.8	98.8	5.16	19.58	5.16	98.0
开　封　市 Kaifeng	5342	161.27	96.9	99.4	15.36	21.56	8.28	96.2
洛　阳　市 Luoyang	7273	126.87	96.5	100.0	8.07	13.35	6.85	100.0
偃　师　市 Yanshi	9100	134.61	98.6	85.0	9.83	14.54	8.83	98.2
平顶山市 Pingdingshan	3553	146.27	99.0	98.4	14.83	16.85	8.82	98.5
舞　钢　市 Wugang	1818	116.82	99.2	97.6	6.52	20.21	13.52	94.2
汝　州　市 Ruzhou	3062	107.59	72.0	72.7	8.03	15.06	8.20	100.0
安　阳　市 Anyang	5035	186.00	100.0	99.6	9.85	20.40	15.59	98.1
林　州　市 Linzhou	5876	158.15	100.0	98.2	10.35	14.95	9.60	95.4
鹤　壁　市 Hebi	3798	78.96	98.9	98.9	9.39	20.98	9.37	96.1
新　乡　市 Xinxiang	5654	140.90	99.9	99.6	7.17	15.45	7.00	98.5
长　垣　市 Changyuan	7438	83.14	98.5	97.6	11.39	21.73	14.28	99.7
卫　辉　市 Weihui	3673	191.50	99.5	91.1	7.42	11.90	5.92	97.0
辉　县　市 Huixian	1964	159.16	99.9	98.0	17.48	12.78	13.01	97.1
焦　作　市 Jiaozuo	5779	124.98	99.8	98.2	8.69	18.14	9.59	99.3
沁　阳　市 Qinyang	4112	75.03	85.4	93.1	8.86	28.34	11.92	96.7
孟　州　市 Mengzhou	1362	125.98	97.2	96.5	12.65	27.36	18.82	97.1
濮　阳　市 Puyang	4040	159.22	100.0	100.0	14.67	18.16	13.46	97.1
许　昌　市 Xuchang	3141	124.04	98.6	98.9	4.89	33.57	7.27	98.1
禹　州　市 Yuzhou	8312	108.76	94.6	100.0	6.71	16.75	9.21	99.7
长　葛　市 Changge	2638	135.35	96.9	100.0	5.73	21.97	10.43	96.0
漯　河　市 Luohe	5864	152.03	100.0	100.0	10.08	18.10	14.43	100.0
三门峡市 Sanmenxia	6753	133.36	99.1	100.0	4.95	13.70	4.83	97.8
义　马　市 Yima	1515	76.19	99.6	96.8	9.48	18.44	7.38	94.6
灵　宝　市 Lingbao	6431	126.54	100.0	92.8	6.52	16.15	7.83	99.6
南　阳　市 Nanyang	2525	90.67	99.5	100.0	3.12	14.88	10.04	99.9
邓　州　市 Dengzhou	9813	101.66	95.3	93.2	18.88	17.51	15.10	97.5
商　丘　市 Shangqiu	9367	117.31	99.3	98.8	9.44	13.54	7.25	98.5
永　城　市 Yongcheng	5911	116.02	99.5	96.3	7.29	18.05	11.81	96.5
信　阳　市 Xinyang	2521	127.61	94.7	94.7	12.46	14.49	4.14	97.6
周　口　市 Zhoukou	4664	153.65	99.5	98.8	5.30	21.54	9.91	96.8
项　城　市 Xiangcheng	5118	98.20	97.3	95.1	11.01	18.26	13.88	95.0
驻马店市 Zhumadian	2967	170.38	100.0	100.0	5.99	22.11	9.62	99.9
济　源　市 Jiyuan	5064	101.82	100.0	100.0	9.41	15.67	8.92	99.0

11-4 续表 continued

市 City	人均公园绿地面积(平方米) Public Recreational Green Space Per Capita (sq.m)	建成区绿化覆盖率(%) Green Coverage Rate of Built-up District (%)	建成区绿地率(%) Green Space Rate of Built-up District (%)	生活垃圾无害化处理率(%) Consumption Wastes Harmless Treatment Rate (%)	建成区面积(平方公里) Built-up District Area (sq.km)
全 省 Total	**14.4**	**41.9**	**36.5**	**99.9**	3040
郑 州 市 Zhengzhou	14.7	41.5	34.5	100.0	641
巩 义 市 Gongyi	15.0	42.1	38.1	100.0	36
荥 阳 市 Xingyang	12.7	31.7	28.5	100.0	38
新 密 市 Xinmi	12.0	37.5	33.8	100.0	34
新 郑 市 Xinzheng	13.9	37.3	32.2	100.0	34
登 封 市 Dengfeng	13.4	43.7	39.2	100.0	30
开 封 市 Kaifeng	14.1	42.5	37.7	100.0	141
洛 阳 市 Luoyang	16.1	42.5	36.5	100.0	259
偃 师 市 Yanshi	10.6	41.0	37.9	100.0	21
平 顶 山 市 Pingdingshan	12.8	41.6	38.0	100.0	73
舞 钢 市 Wugang	12.5	41.5	36.9	100.0	17
汝 州 市 Ruzhou	14.7	42.1	36.3	100.0	42
安 阳 市 Anyang	12.5	42.0	36.7	100.0	89
林 州 市 Linzhou	11.6	40.3	35.3	100.0	26
鹤 壁 市 Hebi	17.1	45.2	39.3	100.0	65
新 乡 市 Xinxiang	12.3	41.8	38.9	100.0	127
长 垣 市 Changyuan	12.5	41.2	37.3	100.0	42
卫 辉 市 Weihui	9.4	36.2	30.6	100.0	23
辉 县 市 Huixian	9.5	37.7	33.4	100.0	23
焦 作 市 Jiaozuo	15.1	41.4	35.4	100.0	117
沁 阳 市 Qinyang	9.5	36.4	31.1	100.0	21
孟 州 市 Mengzhou	11.1	39.0	34.3	100.0	17
濮 阳 市 Puyang	14.8	40.8	36.3	100.0	64
许 昌 市 Xuchang	16.4	41.6	36.7	100.0	117
禹 州 市 Yuzhou	11.4	42.2	34.5	100.0	47
长 葛 市 Changge	15.0	40.1	34.7	100.0	28
漯 河 市 Luohe	18.0	42.3	37.5	100.0	68
三 门 峡 市 Sanmenxia	16.6	43.7	39.3	98.9	61
义 马 市 Yima	20.0	41.5	36.1	100.0	19
灵 宝 市 Lingbao	11.8	39.6	35.2	100.0	23
南 阳 市 Nanyang	15.3	42.9	38.8	100.0	162
邓 州 市 Dengzhou	10.2	40.5	38.6	100.0	38
商 丘 市 Shangqiu	14.4	47.9	42.7	98.8	69
永 城 市 Yongcheng	14.8	42.8	37.2	100.0	49
信 阳 市 Xinyang	14.2	46.5	37.9	100.0	105
周 口 市 Zhoukou	15.8	39.9	34.9	100.0	79
项 城 市 Xiangcheng	12.1	38.5	34.7	100.0	37
驻 马 店 市 Zhumadian	15.6	45.5	39.8	100.0	100
济 源 市 Jiyuan	12.2	42.2	38.0	100.0	57

11-5 城市供、排水情况(2020年)

Basic Statistics on Tap Water Supply and Drainage in Cities (2020)

市 City	综合生产能力(万立方米/日) Production Capacity of Tap Water Supply (10 000 cu.m/day)	供水管道长度(公里) Length of Water Supply Pipelines (km)	供水总量(万立方米) Total Volume of Water Supply (10 000 cu.m)	居民家庭用水 Water for use	用水人口(万人) Number of Residents with Access to Tap Water (10 000 person)	污水排放量(万立方米) Volume of Sewage Drainage (10 000 cu.m)
全　　省 Total	**1257**	**29138**	**217730**	**98437**	**2630.8**	**194771**
郑　州　市 Zhengzhou	200	5951	43142	24037	717.9	38820
巩　义　市 Gongyi	7	196	1754	831	33.2	1339
荥　阳　市 Xingyang	7	379	2252	992	20.0	2236
新　密　市 Xinmi	7	277	1450	889	21.2	1341
新　郑　市 Xinzheng	16	404	1869	1122	25.6	1694
登　封　市 Dengfeng	13	248	1346	534	19.4	941
开　封　市 Kaifeng	64	2159	10891	4206	99.5	9802
洛　阳　市 Luoyang	123	2090	17221	6904	232.5	15488
偃　师　市 Yanshi	4	208	1291	824	18.9	1156
平顶山市 Pingdingshan	54	1261	11571	4885	91.5	11443
舞　钢　市 Wugang	7	148	1406	448	12.3	985
汝　州　市 Ruzhou	19	339	2131	1089	30.1	1837
安　阳　市 Anyang	66	880	10713	4505	77.0	7908
林　州　市 Linzhou	12	287	1619	1033	22.3	1455
鹤　壁　市 Hebi	33	610	4703	1411	49.0	4198
新　乡　市 Xinxiang	33	924	8995	4068	79.1	8201
长　垣　市 Changyuan	7	483	1753	826	31.5	1560
卫　辉　市 Weihui	15	193	2227	894	16.5	1665
辉　县　市 Huixian	15	462	2316	946	22.9	1860
焦　作　市 Jiaozuo	90	1160	7944	3154	80.8	6550
沁　阳　市 Qinyang	8	191	602	267	11.9	600
孟　州　市 Mengzhou	5	238	1042	578	15.0	1016
濮　阳　市 Puyang	52	939	6939	2644	62.0	6126
许　昌　市 Xuchang	34	573	5137	2660	58.8	4607
禹　州　市 Yuzhou	14	353	2436	1594	41.1	1830
长　葛　市 Changge	16	258	1890	742	19.3	1701
漯　河　市 Luohe	42	690	7230	2423	62.6	6280
三门峡市 Sanmenxia	20	318	3665	2023	48.8	3555
义　马　市 Yima	15	193	1684	327	16.9	1483
灵　宝　市 Lingbao	11	163	2696	671	18.7	2475
南　阳　市 Nanyang	64	1433	9522	4150	161.0	9402
邓　州　市 Dengzhou	15	718	2761	1182	37.4	2209
商　丘　市 Shangqiu	41	719	7090	4019	95.8	6300
永　城　市 Yongcheng	13	360	3269	1658	47.8	3096
信　阳　市 Xinyang	36	1302	5614	2885	61.9	4821
周　口　市 Zhoukou	23	421	5723	2149	46.4	5597
项　城　市 Xiangcheng	8	447	2875	932	29.9	2320
驻马店市 Zhumadian	24	608	7430	2512	54.9	7380
济　源　市 Jiyuan	26	558	3531	1423	39.5	3495

11-6　城市天然气、石油液化气供应情况(2020年)

Basic Statistics on Supply of Natural Gas and Liquefied Gas in Cities (2020)

市 City	天然气 Natural Gas					液化气 Liquefied Gas		
	供气管道长度(公里) Length of Gas Supply Pipelines (km)	供气总量合计(万立方米) Volume of Gas Supply (10 000 cu.m)	#居民家庭 Households	用气人口(万人) Population with Access to Gas (10 000 person)	天然气汽车加气站(座) Natural Gas Station (unite)	供气总量合计(吨) Volume of Gas Supply (ton)	#居民家庭 Households	用气人口(万人) Population with Access to Gas (10 000 person)
全　　省 Total	**29996.85**	**620406**	**225626**	**2220.16**	**197**	**165378**	**138686**	**374.12**
郑　州　市 Zhengzhou	6183.28	154021	44379	601.10	14	11548	6385	72.35
巩　义　市 Gongyi	802.01	28363	3055	31.70	3	5550	2600	5.07
荥　阳　市 Xingyang	240.62	5722	3012	16.00	2	3100	2600	4.00
新　密　市 Xinmi	446.69	6726	2586	19.04	2	630	626	1.90
新　郑　市 Xinzheng	259.84	11434	3516	21.14	5	3658	1698	5.70
登　封　市 Dengfeng	454.00	7699	760	13.60	3	5005	5000	6.00
开　封　市 Kaifeng	1807.26	18114	7368	91.06	20	26890	25800	10.98
洛　阳　市 Luoyang	701.51	71885	44168	219.10	10	14805	14796	21.90
偃　师　市 Yanshi	45.90	1618	1392	12.55	1	930	926	3.70
平顶山市 Pingdingshan	567.83	11285	5932	90.91	10			
舞　钢　市 Wugang	95.98	965	685	12.07	2			
汝　州　市 Ruzhou	387.89	3610	1577	28.40		2000	1200	2.00
安　阳　市 Anyang	1971.35	45301	6827	73.36	1	5421	2298	3.36
林　州　市 Linzhou	581.19	4033	3350	20.22	1	806	803	1.71
鹤　壁　市 Hebi	566.44	8167	5700	46.54	9	1000	995	2.45
新　乡　市 Xinxiang	2185.11	23766	8984	76.81	7	1270	1175	2.03
长　垣　市 Changyuan	317.00	4493	2090	30.20	4	2130	2125	1.00
卫　辉　市 Weihui	228.67	3419	1481	14.50	4	977	976	0.56
辉　县　市 Huixian	211.95	6018	3250	21.15	3	535	340	1.27
焦　作　市 Jiaozuo	1914.64	30651	6895	79.46				
沁　阳　市 Qinyang	470.00	3886	1103	12.02	1	1000	500	1.00
孟　州　市 Mengzhou	200.00	2089	2042	14.90	1			
濮　阳　市 Puyang	473.03	9214	5929	62.04	21			
许　昌　市 Xuchang	601.17	14940	8950	56.50	12	8745	2731	2.50
禹　州　市 Yuzhou	234.45	12800	3361	23.51	2	5050	4970	19.93
长　葛　市 Changge	350.00	20457	1663	8.43	1	8000	6600	11.50
漯　河　市 Luohe	382.65	12819	6645	38.05	4	7143	7130	24.59
三门峡市 Sanmenxia	286.29	11342	1095	31.19	2	3299	3029	18.09
义　马　市 Yima	126.50	1362	454	13.20		946	934	3.22
灵　宝　市 Lingbao	297.89	3002	670	14.40		630	580	2.90
南　阳　市 Nanyang	2266.00	13910	8199	146.45	17	5069	5054	15.33
邓　州　市 Dengzhou	109.53	610	525	8.98	4	5031	4925	27.58
商　丘　市 Shangqiu	888.63	11841	3708	57.55	2	13000	12900	37.73
永　城　市 Yongcheng	294.15	3541	1597	29.34	7	4015	3955	16.92
信　阳　市 Xinyang	822.19	15548	5292	44.43	15	8290	6590	17.50
周　口　市 Zhoukou	848.19	7859	6423	32.81	3	4200	4200	13.25
项　城　市 Xiangcheng	272.55	2600	1860	20.30	1	2300	2260	8.90
驻马店市 Zhumadian	747.82	7937	4850	47.69		1985	1985	7.20
济　源　市 Jiyuan	356.65	17360	4253	39.46	3	420		

11−7 城市道路、园林和绿化情况(2020年)

Basic Statistics on Road, Botanical Garden and Green Coverage Area in Cities (2020)

市 City	道路长度(公里) Length of Road (km)	道路面积(万平方米) Road Area (10 000 sq.m)	道路照明灯盏数(盏) Number of Road Lamp (unit)	绿化覆盖面积(公顷) Green Coverage Area (hectare)	#建成区 Built-up Areas	园林绿地面积(公顷) Botanical Garden Areas (hectare)	公园绿地面积(公顷) Public Green Areas (hectare)	公园个数(个) Number of Parks (unit)
全省 Total	**16294.57**	**41039**	**1060950**	**138690**	**127423**	**122110**	**38664**	**538**
郑州市 Zhengzhou	2409.68	6902	116660	29550	26594	25665	10554	181
巩义市 Gongyi	149.66	427	17287	1601	1506	1400	568	3
荥阳市 Xingyang	171.59	389	11800	1226	1220	1095	257	4
新密市 Xinmi	136.20	370	15686	1263	1262	1144	255	5
新郑市 Xinzheng	140.45	444	9355	1278	1277	1113	382	14
登封市 Dengfeng	190.90	388	11109	1498	1320	1261	265	9
开封市 Kaifeng	786.46	2214	44034	7153	5966	6022	1451	14
洛阳市 Luoyang	977.65	3219	84907	11113	11001	10169	3886	20
偃师市 Yanshi	141.80	278	16074	863	861	804	202	5
平顶山市 Pingdingshan	433.14	1557	65898	3307	3055	2993	1186	16
舞钢市 Wugang	129.16	250	3351	740	698	656	154	2
汝州市 Ruzhou	275.20	630	9558	1795	1780	1537	615	12
安阳市 Anyang	635.89	1571	40513	3859	3752	3342	965	12
林州市 Linzhou	173.85	334	29493	1116	1044	955	258	2
鹤壁市 Hebi	469.32	1039	22525	3052	2935	2681	845	11
新乡市 Xinxiang	566.70	1223	35682	5305	5303	4937	970	17
长垣市 Changyuan	357.54	695	17149	1818	1746	1594	400	9
卫辉市 Weihui	97.93	197	8109	840	830	710	155	2
辉县市 Huixian	128.55	292	9254	866	855	767	217	10
焦作市 Jiaozuo	613.09	1468	26917	4858	4849	4153	1219	16
沁阳市 Qinyang	185.18	396	8654	781	765	668	133	5
孟州市 Mengzhou	119.00	423	12140	669	664	587	172	2
濮阳市 Puyang	466.48	1127	36335	2699	2608	2532	920	10
许昌市 Xuchang	600.63	2003	47505	5033	4868	4485	978	9
禹州市 Yuzhou	372.63	728	25340	2260	1992	1743	494	4
长葛市 Changge	201.08	438	10503	1136	1120	980	298	3
漯河市 Luohe	543.20	1134	29568	3334	2894	2798	1125	13
三门峡市 Sanmenxia	325.05	676	32250	2737	2673	2459	819	9
义马市 Yima	143.30	313	5444	806	775	692	339	4
灵宝市 Lingbao	111.33	301	6459	926	910	818	221	3
南阳市 Nanyang	1417.05	2408	39137	9307	6965	8629	2478	20
邓州市 Dengzhou	262.32	687	22368	1820	1540	1648	400	6
商丘市 Shangqiu	503.55	1306	51207	3352	3302	2967	1393	42
永城市 Yongcheng	362.38	867	15609	2256	2109	1925	713	11
信阳市 Xinyang	449.55	948	29107	6147	4861	5146	929	7
周口市 Zhoukou	317.49	1005	37624	3778	3168	3555	736	9
项城市 Xiangcheng	299.94	561	8860	1508	1429	1315	370	3
驻马店市 Zhumadian	383.25	1213	24622	4536	4524	3966	858	4
济源市 Jiyuan	246.40	619	22857	2505	2405	2196	483	10

11-8 城市市容环境卫生情况(2020年)

Basic Statistics on Urban Sanitation in Cities (2020)

市 City	排水管道长度(公里) Length of Drainage Pipelines (km)	污水处理总量(万立方米) Volume of Sewage Treatment (10 000 cu.m)	道路清扫保洁面积(万平方米) Road Area Under Cleaning Program (10 000 sq.m)	生活垃圾 Living Garbage 清运量(万吨) Volume of Disposal (10 000 tons)	无害化处理量(万吨) Volume of Harmless Treatment (10 000 tons)	公共厕所(座) Number of Public Lavatories (unit)	市容环卫专用车辆设备总数(辆) Number of Special Vehicles for Enviromental Sanitation (unit)
全　省 Total	**29222**	**191456**	**44651**	**1130.17**	**1129.50**	**10890**	**18459**
郑州市 Zhengzhou	5148	38241	7578	264.96	264.96	1903	7694
巩义市 Gongyi	279	1339	629	12.93	12.93	55	159
荥阳市 Xingyang	403	2179	510	16.26	16.26	60	134
新密市 Xinmi	172	1341	548	11.44	11.44	126	151
新郑市 Xinzheng	283	1641	665	8.08	8.08	158	219
登封市 Dengfeng	281	922	455	11.20	11.20	79	61
开封市 Kaifeng	1202	9429	1925	42.37	42.37	932	599
洛阳市 Luoyang	2400	15488	3539	71.41	71.41	934	1161
偃师市 Yanshi	185	1134	402	8.00	8.00	63	44
平顶山市 Pingdingshan	743	11268	1195	33.20	33.20	400	555
舞钢市 Wugang	227	927	198	5.37	5.37	78	58
汝州市 Ruzhou	371	1837	796	12.21	12.21	91	177
安阳市 Anyang	1394	7758	1571	32.99	32.99	468	517
林州市 Linzhou	270	1388	484	14.28	14.28	97	75
鹤壁市 Hebi	634	4033	1255	22.94	22.94	177	314
新乡市 Xinxiang	1089	8078	1741	51.98	51.98	558	709
长垣市 Changyuan	616	1554	1040	12.58	12.58	55	100
卫辉市 Weihui	143	1615	295	7.25	7.25	6	167
辉县市 Huixian	296	1806	429	29.20	29.20	54	97
焦作市 Jiaozuo	1208	6501	1671	35.66	35.66	180	299
沁阳市 Qinyang	250	580	400	6.12	6.12	43	96
孟州市 Mengzhou	359	986	480	5.75	5.75	34	36
濮阳市 Puyang	891	5948	1126	34.90	34.90	154	273
许昌市 Xuchang	1025	4520	1917	35.89	35.89	457	422
禹州市 Yuzhou	546	1825	680	13.22	13.22	80	114
长葛市 Changge	291	1633	495	7.95	7.95	57	50
漯河市 Luohe	1037	6280	1400	38.28	38.28	406	158
三门峡市 Sanmenxia	304	3477	606	17.02	16.84	212	99
义马市 Yima	138	1403	330	5.21	5.21	54	74
灵宝市 Lingbao	183	2465	448	8.90	8.90	66	70
南阳市 Nanyang	1699	9352	2308	56.29	56.29	652	855
邓州市 Dengzhou	589	2155	641	12.78	12.78	148	151
商丘市 Shangqiu	587	6203	1950	41.94	41.45	610	1393
永城市 Yongcheng	645	2988	861	17.53	17.53	136	119
信阳市 Xinyang	437	4706	895	41.17	41.17	369	252
周口市 Zhoukou	800	5419	798	21.27	21.27	267	264
项城市 Xiangcheng	592	2203	586	11.31	11.31	108	85
驻马店市 Zhumadian	957	7375	1213	31.42	31.42	427	491
济源市 Jiyuan	548	3459	589	18.91	18.91	136	167

主要统计指标解释

城区面积 包括：市本级（1）街道办事处所辖地域；（2）城市公共设施、居住设施和市政公用设施等连接到的其他镇（乡）地域；（3）常住人口在3000人以上独立的工矿区、开发区、科研单位、大专院校等特殊区域。

建成区面积 城市行政区内实际已成片开发建设、市政公用设施和公共设施基本具备的区域。对核心城市，它包括集中连片的部分以及分散的若干个已经成片建设起来，市政公用设施和公共设施基本具备的地区；对一城多镇来说，它包括由几个连片开发建设起来的，市政公用设施和公共设施基本具备的地区组成。因此建成区范围，一般是指建成区外轮廓线所能包括的地区，也就是这个城市实际建设用地所达到的范围。

供水总量 指报告期供水企业（单位）供出的全部水量。包括有效供水量和漏损水量。

有效供水量指水厂将水供出厂外后，各类用户实际使用到的水量。包括售水量和免费供水量。

城市燃气 指符合《城镇燃气设计规范》的规定，供城市生产和生活作燃料使用的天然气、人工煤气和液化石油气等气体能源的统称。

供气总量 指报告期燃气企业（单位）向用户供应的燃气数量。包括销售量和损失量

集中供热面积 指从一个或多个热源通过热网向城市的热用户供给生产和生活热能，供热企业（单位）向城市各类房屋建筑物、构筑物及其附属设施供热的全部建筑面积。

道路长度 指道路长度和与道路相通的桥梁、隧道的长度，按车行道中心线计算。

道路面积 指道路实际铺装面积和与道路相通的广场、桥梁、隧道的铺装面积（统计时，将人行道面积单独统计）。

人行道面积按道路两侧面积相加计算，包括步行街和广场，不含人车混行的道路。

排水管道长度 指所有排水总管、干管、支管、检查井及连接井进出口等长度之和。计算时应按单管计算，即在同一条街道上如有两条或两条以上并排的排水管道时，应按每条排水管道的长度相加计算。

污水排放总量 指生活污水、工业废水的排放总量，包括从排水管道和排水沟（渠）排出的污水量。

污水处理量 指污水处理厂（或污水处理装置）实际处理的污水量。包括物理处理量、生物处理量和化学处理量。

其中处理本市（县）外，指污水处理厂作为区域设施，不仅处理本市（县）的污水，还处理本市（县）以外其他市、县或乡镇等的污水。这部分污水处理量单独统计，并在计算本市（县）的污水处理率时扣除。

公园绿地面积 城市中向公众开放的、以游憩为主要功能，有一定的游憩设施和服务设施，同时兼有健全生态、美化景观、防灾减灾等综合作用的绿化用地。它是城市建设用地、城市绿地系统和城市市政公用设施的重要组成部分。

生活垃圾清运量 指报告期内收集和运送到各生活垃圾处理厂(场)和生活垃圾最终消纳点的生活垃圾数量。生活垃圾指城市日常生活或为城市日常生活提供服务的活动中产生的固体废物以及法律行政规定的视为城市生活垃圾的固体废物。包括：居民生活垃圾、商业垃圾、集市贸易市场垃圾、街道清扫垃圾、公共场所垃圾和机关、学校、厂矿等单位的生活垃圾。

生活垃圾处理量 指报告期内简易处理场和各种生活垃圾无害化处理场（厂）处理生活垃圾总量。生活垃圾简易处理量指生活垃圾简易处理场所处理的生活垃圾总量。生活垃圾无害化处理量指生活垃圾无害化处理场（厂）所处理的生活垃圾总量。

Explanatory Notes on Main Statistical Indicators

City Area include three parts:(1), area under the jurisdiction of the street agency;(2), urban public facilities, residential facilities and municipal public facilities connected to other towns area, (3) Independent industrial and mining district, development area, scientific research units, colleges and other special areas with over 3000 resident population.

Area of Built Districts refers to the Urban area that already development and construction and have public facilities. Core cities include focused even dispersion of parts, as well as several have film build up, the urban areas of basic public infrastructure and public facilities; on more than one city, town, it included several continuous development and construction, municipal and public facilities and public areas with basic facilities. Scope of the built-up area, generally refer to the built-up areas can include outer contour line, which is achieved by the actual construction of the city's range.

Volume of Water Supply refers to the total volume of water supplied by water-works (units) during the reference period, including both the effective water supply and loss during the water supply.

Available water supply refers to all kinds of users actually use water volume after water plant form water factory. Includes water sale and free water.

City gas refers to supply to urban for production and daily life, such as natural gas, manufactured gas and LPG gas energy collectively.

Volume of gas supply refers to Volume of gas supply for household by gas enterprises in reference period. Including sales and the amount of loss.

Central heating Area refers to supply to user Production and life heat energy us heat net from one or more Means from one or more sources of heat, all heat area of urban housing buildings, structures and their ancillary equipment by Heating enterprise (units).

Road length refers to the length of roads with paved surface including bridges and tunnels connected with roads. Length of the roads is measured by the central lines for vehicles for paved roads.

Road area refers to actual pavement area and with a road paving of squares, bridges, tunnels area (statistics, sidewalk area separate statistics). The sidewalk area are calculated on add of both sides area, including walking Street and square, does not contain mixed line of road vehicles and pedestrians.

Length of Urban Sewage Pipes refers to the total length of general drainage, trunks, branch and inspection wells, connection wells, inlets and outlets, etc. if there are two or more than two side-by-side in a street pipes, length of pipes should be Calculated by adding length.

Volume of waste water discharge refers to Sewage and industrial waste water, include sewer and drain (drainage) discharge of waste water.

Treatment capacity Sewage treatment plant (or sewage treatment plant) the actual amount of sewage treatment. Including physical treatment, biological treatment and chemical treatment. Which deal with the city (County), sewage treatment plants as a regional facility, not only dealing with the city (County) of sewage, also deals with the city (County), such as cities, counties or towns other than water. This portion of the amount of sewage to individual statistics and in the calculation of the city (County) when the sewage treatment rate of deduction.

Park Green Area refers to green areas open to the public for amusement and rest with the facilities of amusement, rest and services. Its function includes perfecting ecology, beautifying landscape, and preventing and reducing disaster. Park green areas include comprehensive park, community park, topic park, belt-shaped park and green area nearby street. Total areas of comprehensive park, topic park and belt-shaped is the area of park.

Consumption Wastes Transported refers to volume of consumption wastes collected and transported to disposal factories or sites. Consumption wastes are solid wastes produced from urban households or from service activities for urban households, and solid wastes regarded by laws and regulations as urban consumption wastes, including those from households, commercial activities, markets, cleaning of streets, public sites, offices, schools, factories, mining units and other sources.

Volume of consumption Wastes treatment refers to Volume of consumption Wastes Simple processing and consumption wastes treated in the reporting period.

农业
Agriculture

12

资料整理：郑宝卫 郑洁 樊福顺 李永强

简要说明

一、主要内容

本篇包括我省农业生产和农村经济的基本情况，内容主要包括耕地、农业机械拥有量、农林牧渔业增加值、农作物播种面积、主要农产品及畜禽产品产量、水利设施与除涝治水等方面的统计资料。

二、统计范围

统计范围包括农村各种经济组织和农户经营的农林牧渔业生产活动；各种专业性农、林、牧、渔场的农业生产活动；国家各级机关、团体、学校、部队进行的农业生产活动；集体所有制的乡、镇、村办农场的农业生产活动；以及工矿企业经营的农、林、牧、渔业生产活动。

根据第三次全国农业普查结果，按照国际惯例，对2007年以后农业、畜牧业及农林牧渔业总产值增加值等数据进行了修订。具体修订情况见相关表的标注。2010年以后的农业、林业增加值数据是按照国家统计局制定的新《统计用产品分类目录》进行了调整。

三、资料来源

全省粮食作物播种面积及产量由国家统计局河南调查总队农业调查处编辑整理；市级粮食作物播种面积及产量由河南省地方经济社会调查队产量处编辑整理；农村基本情况、农林牧渔业增加值、经济作物播种面积及产量等由河南省统计局农业农村处编辑整理；畜牧业生产情况由国家统计局河南调查总队农村调查处和河南省统计局农业农村处编辑整理；林业生产情况、渔业生产情况、耕地面积、灌溉、水库和除涝、治水资料，农业机械拥有情况及农机化作业情况、农村基层组织情况等由河南省统计局农业农村处根据河南省林业局、河南省农业农村厅水产局、河南省自然资源厅、河南省水利厅、河南省农业机械技术中心等部门提供的资料整理编辑。

Brief Introduction

I. Main Contents

The data in this chapter show the basic conditions of agricultural production and rural economy, including mainly cultivated number of rural employed persons, land, quantity of agricultural machinery, value-added of agriculture, forestry, animal husbandry and fishery, sown areas of farm crops, output of major products and livestock, facilities of water conservancy and efforts to eliminate water-logging and combat alkalinity, productive fixed assets owned by rural households.

II. Scope of Statistics

Statistics on agriculture cover in agriculture statistics are production activities in agriculture, forestry, animal husbandry and fishery undertaken by rural economic units of various types and by rural households; production activities of farms specializing in agriculture, forestry, animal husbandry and fishery; production activities in agriculture undertaken by government agencies, institutions, schools and military units; production activities in agriculture undertaken by collective farms run by townships and villages; and production activities in agriculture, forestry, animal husbandry and fishery undertaken by manufacturing and mining enterprises.

Data on value-added of agriculture, forestry, animal husbandry and fishery and production of agriculture and animal husbandry in 2006 have been reflected basis on the second agricultural census. Data on value-added of agriculture and forestry since 2010 are adjusted according to the new classified catalogue of statistics product which formulated by NBS.

III. Sources of Data

The sown area and yield of grain crops in the whole province are edited and sorted out by the agricultural investigation department of Henan survey team of National Bureau of statistics; the sown area and output of municipal grain crops are edited and sorted out by the production department of Henan local economic and social investigation team; the basic rural information, added value of agriculture, forestry, animal husbandry and fishery, planting area and yield of economic crops are edited and sorted out by agricultural and rural Department of Henan Provincial Bureau of statistics; animal husbandry The situation of agricultural production is compiled and arranged by the rural investigation department of Henan investigation team of National Bureau of statistics and the agricultural and rural Department of Henan Provincial Bureau of statistics; the data of forestry production, fishery production, cultivated land area, irrigation, reservoir and waterlogging control, agricultural machinery ownership and agricultural mechanization, rural grass-roots organizations, etc. are compiled and sorted out by the agricultural and rural Department of Henan Provincial Bureau of statistics according to the forestry of Henan Province Materials provided by Industry Bureau, Fishery Bureau of Henan agricultural and rural department, natural resources department of Henan Province, water resources department of Henan Province, agricultural machinery technology center of Henan Province.

12-1 农林牧渔业总产值

Gross Output Value of Agriculture, Forestry, Animal Husbandry and Fishery

本表数据为当年价。

Data in this table are calculated at current prices.

单位：亿元 (100 million yuan)

年 份 Year	农林牧渔业 Agriculture, Forestry, Animal Husbandry and Fishery	农 业 Agriculture	林 业 Forestry	牧 业 Animal Husbandry	渔 业 Fishery	农林牧渔专业及辅助性活动 Service for Agriculture, Forestry, Animal Husbandry and Fishery and Auxiliary
1978	95.38	81.74	2.58	10.87	0.19	
1980	134.62	113.17	3.88	17.28	0.29	
1985	241.54	188.79	10.29	41.19	1.27	
1990	502.01	372.19	20.77	105.17	3.88	
1995	1304.25	865.82	38.32	391.08	9.03	
2000	1981.54	1264.29	56.18	641.56	19.51	
2005	3309.70	1790.37	83.92	1251.65	35.26	148.50
2010	5619.70	3504.07	115.29	1733.07	66.30	200.96
2011	6055.54	3553.25	127.32	2088.14	66.33	220.50
2012	6473.70	3897.46	140.85	2120.56	77.59	237.23
2013	6938.24	4126.25	152.35	2313.49	82.50	263.65
2014	7244.34	4399.17	152.40	2307.23	91.07	294.47
2015	7299.58	4503.71	134.28	2229.01	105.20	327.38
2016	7405.42	4459.29	121.28	2355.99	107.27	361.59
2017	7562.53	4552.68	128.88	2368.92	107.79	404.26
2018	7757.94	4825.97	136.98	2210.88	119.28	464.83
2019	8541.77	5408.59	140.76	2316.50	118.16	557.76
2020	9956.35	6244.84	126.69	2855.83	117.63	611.36
省辖市 City						
郑州市 Zhengzhou	263.19	176.29	4.83	58.65	10.33	13.10
开封市 Kaifeng	694.24	438.37	5.82	197.57	6.21	46.26
洛阳市 Luoyang	486.18	308.18	11.06	116.00	4.31	46.62
平顶山市 Pingdingshan	393.19	200.20	8.15	158.78	4.27	21.79
安阳市 Anyang	447.55	311.68	3.74	107.99	0.90	23.25
鹤壁市 Hebi	149.74	59.15	2.10	77.17	0.87	10.44
新乡市 Xinxiang	501.82	312.68	3.65	156.53	4.95	24.01
焦作市 Jiaozuo	297.36	194.24	2.82	69.12	0.81	30.36
濮阳市 Puyang	433.14	259.94	3.17	125.05	2.34	42.64
许昌市 Xuchang	338.10	182.05	2.96	124.13	1.38	27.58
漯河市 Luohe	263.88	138.64	1.87	113.56	1.58	8.22
三门峡市 Sanmenxia	266.96	204.26	4.15	52.99	1.47	4.09
南阳市 Nanyang	1183.65	822.45	27.20	285.87	11.72	36.41
商丘市 Shangqiu	953.30	635.18	10.58	261.76	5.66	40.13
信阳市 Xinyang	1067.18	705.66	21.48	210.73	39.79	89.52
周口市 Zhoukou	1120.63	719.09	3.77	318.56	4.89	74.30
驻马店市 Zhumadian	1046.36	557.93	7.73	395.68	13.55	71.47
济源市 Jiyuan	49.89	18.84	1.58	25.68	2.60	1.19
省直管县 County Directly Administrated by Province						
巩义市 Gongyi	26.46	8.87	1.20	11.29	0.54	4.57
兰考县 Lankao	89.37	53.57	1.71	25.32	0.92	7.86
汝州市 Ruzhou	73.53	27.96	1.32	38.57	0.27	5.40
滑县 Huaxian	160.15	119.87	0.16	31.53	0.05	8.55
长垣市 Changyuan	79.99	56.44	0.83	18.72	0.47	3.54
邓州市 Dengzhou	180.63	103.46	0.53	64.64	1.00	10.99
永城市 Yongcheng	157.57	106.03	2.38	40.37	1.29	7.50
固始县 Gushi	138.28	87.01	2.15	40.96	5.27	2.89
鹿邑县 Luyi	149.62	104.55	0.53	33.60	0.82	10.12
新蔡县 Xincai	106.23	57.61	1.11	40.09	1.48	5.93

12-2 农林牧渔业总产值指数(上年=100)

Gross Output Value and Related Indices of Agriculture, Forestry, Animal Husbandry and Fishery (Preceding year=100)

本表数据按可比价格计算。
Data in this table are calculated at comparable prices.

年份 Year	农林牧渔业 Agriculture, Forestry, Animal Husbandry and Fishery	农业 Agriculture	林业 Forestry	牧业 Animal Husbandry	渔业 Fishery	农林牧渔专业及辅助性活动 Service for Agriculture, Forestry, Animal Husbandry and Fishery and Auxiliary
1978	109.6	110.2	109.7	105.3	100.7	
1980	105.0	106.4	117.9	93.7	114.0	
1985	104.3	98.8	119.3	143.6	130.5	
1990	107.8	107.0	105.0	111.9	119.8	
1995	117.6	113.3	106.1	128.5	115.3	
2000	105.4	104.2	105.6	107.2	112.1	
2005	107.5	107.7	104.7	107.6	122.5	104.0
2010	104.6	104.3	104.5	105.0	107.5	105.0
2011	103.8	104.3	107.1	102.2	107.2	105.5
2012	104.5	104.2	104.9	104.6	105.8	106.0
2013	104.4	104.1	107.0	104.1	106.5	108.9
2014	104.2	103.9	104.8	104.1	107.8	109.5
2015	104.6	105.6	101.7	102.2	110.5	109.7
2016	104.5	105.3	105.1	102.2	106.1	109.7
2017	104.5	105.0	106.3	102.5	106.4	109.9
2018	103.9	103.6	107.4	102.4	106.0	115.0
2019	103.0	105.2	105.9	94.8	109.9	111.7
2020	102.7	103.1	109.8	99.9	101.9	107.5
省辖市 City						
郑州市 Zhengzhou	101.5	102.1	103.3	97.5	103.5	109.7
开封市 Kaifeng	102.9	103.5	102.2	101.1	103.4	103.5
洛阳市 Luoyang	103.1	103.6	103.5	101.6	101.5	104.0
平顶山市 Pingdingshan	103.3	103.4	105.3	102.1	103.9	108.6
安阳市 Anyang	102.3	103.0	93.8	100.0	101.1	105.0
鹤壁市 Hebi	103.0	106.6	101.5	99.7	100.0	109.0
新乡市 Xinxiang	102.2	105.6	100.3	95.0	92.9	108.0
焦作市 Jiaozuo	101.5	103.2	101.8	95.7	100.7	103.0
濮阳市 Puyang	103.0	103.7	89.4	102.1	98.7	103.4
许昌市 Xuchang	103.0	104.4	108.0	99.1	108.2	110.7
漯河市 Luohe	102.5	105.8	112.0	98.2	116.7	101.4
三门峡市 Sanmenxia	103.2	104.0	92.4	104.4	93.4	106.1
南阳市 Nanyang	102.8	104.0	101.3	98.6	108.7	109.6
商丘市 Shangqiu	103.1	104.0	105.9	99.2	100.1	109.6
信阳市 Xinyang	102.7	102.4	103.2	101.2	102.2	109.5
周口市 Zhoukou	103.0	103.0	90.5	101.0	109.7	109.5
驻马店市 Zhumadian	103.3	103.6	105.9	101.2	103.3	109.6
济源市 Jiyuan	101.5	104.9	112.5	97.2	96.0	110.6
省直管县 County Directly Administrated by Province						
巩义市 Gongyi	101.4	98.9	102.4	100.2	103.9	109.0
兰考县 Lankao	102.8	102.7	98.9	101.9	104.6	108.5
汝州市 Ruzhou	103.2	105.1	108.4	101.0	106.1	107.2
滑县 Huaxian	101.7	101.0	63.4	104.2	110.6	103.1
长垣市 Changyuan	102.8	105.2	103.3	95.0	73.2	110.7
邓州市 Dengzhou	102.5	100.6	103.6	104.1	135.1	109.9
永城市 Yongcheng	102.7	101.9	104.0	103.4	105.0	110.5
固始县 Gushi	101.3	106.9	100.9	93.1	90.6	108.0
鹿邑县 Luyi	103.1	102.6	101.5	102.0	102.9	110.5
新蔡县 Xincai	103.4	103.0	104.0	102.9	104.5	110.6

12-3 河南省十大优势特色农业产值

Output Value of Ten Dominant Characteristic Agriculture in Henan Province

本表按当年价格计算。
Data in this table are calculated at current prices.

品种	Kind	产值（亿元） Output Value (100 million yuan)				占农林牧渔业的比重（%） Proportion (%)			
		2017	2018	2019	2020	2017	2018	2019	2020
优势特色农业	Dominant Characteristic Agriculture	3978.56	4343.37	4772.78	5627.07	52.6	56.0	55.9	56.5
小麦	Wheat	838.25	789.02	846.58	861.34	11.1	10.2	9.9	8.7
花生	Peanut	224.64	259.31	308.26	373.17	3.0	3.3	3.6	3.7
草畜	Grass Livestocks	450.42	468.88	589.05	617.57	6.0	6.0	6.9	6.2
牛的饲养	Cattles	227.50	236.53	303.53	325.65	3.0	3.0	3.6	3.3
羊的饲养	Sheep and Goats	153.34	163.30	210.83	214.83	2.0	2.1	2.5	2.2
奶产品	Milk Product	69.58	69.06	74.70	77.09	0.9	0.9	0.9	0.8
林果	Timber and Fruit	400.69	465.78	447.33	561.84	5.3	6.0	5.2	5.6
食用坚果	Edible Nuts	42.57	41.15	52.42	42.97	0.6	0.5	0.6	0.4
园林水果	Garden Fruit	358.12	424.62	394.91	518.87	4.7	5.5	4.6	5.2
蔬菜	Vegetables	1388.37	1378.21	1554.63	1933.11	18.4	17.8	18.2	19.4
花卉	Flowers and Plants	30.69	19.25	28.76	28.08	0.4	0.2	0.3	0.3
茶叶	Tea	94.01	196.62	245.41	269.91	1.2	2.5	2.9	2.7
食用菌	Edible Fungi	330.59	353.19	338.07	430.05	4.4	4.6	4.0	4.3
中草药材	Chinese Herbs	113.11	290.39	296.54	434.36	1.5	3.7	3.5	4.4
水产	Aquatic Products	107.79	122.71	118.16	117.63	1.4	1.6	1.4	1.2

12-4 农业生产条件

Conditions of Agriculture

年 份 Year	耕地面积 (千公顷) Area of Cultivated land (1 000 hectares)	农用机械总动力 (万千瓦) Total Power of Agricultural Machinery (10 000 kw)	灌溉面积 (千公顷) Irrigated Area (1 000 hectares)	化肥施用折纯量 (万吨) Consumption of Chemical Fertilizer by 100% Effective Component (10 000 tons)	农村用电量 (亿千瓦小时) Electricity Consumption in Rural Areas (100 million kwh)	农用柴油使用量 (万吨) Diesel Oil Use for Agriculture (10 000 tons)	农药使用量 (万吨) Consumption of Chemical Pesticides (10 000 tons)	农用塑料薄膜使用量 (万吨) Plastic Film Use for Agriculture (10 000 tons)	地膜覆盖面积 (千公顷) Mulch Area (1 000hectare)
1978	7157.30	974.40	3722.67	52.54	13.25				
1979	7138.70	1079.30	3636.00	60.05	14.59				
1980	7128.10	1178.00	3536.23	72.52	17.23				
1981	7121.30	1262.10	3388.00	81.90	20.85				
1982	7109.30	1356.30	3265.33	105.50	22.76				
1983	7100.70	1405.90	3210.00	130.67	23.50				
1984	7079.30	1507.00	3278.67	140.16	25.83				
1985	7033.20	1590.00	3189.97	143.58	28.33				
1986	6998.90	1737.90	3212.71	148.73	33.30				
1987	6972.60	1865.90	3250.07	135.58	37.29				
1988	6956.40	2004.20	3358.76	150.57	40.81				
1989	6944.40	2153.40	3438.00	184.25	45.20				
1990	6933.20	2264.00	3550.09	213.18	46.93		3.31	2.75	
1991	6920.00	2330.40	3676.59	239.74	52.06		3.88	3.15	
1992	6887.80	2424.40	3779.72	251.13	59.58		4.76	3.45	
1993	6871.00	2624.00	3868.33	288.21	61.10		5.44	3.84	
1994	6830.00	2780.50	3931.30	292.47	70.54		6.53	4.87	
1995	6805.80	3115.40	4044.19	322.21	85.07		7.56	5.32	
1996	6786.30	4256.40	4191.05	345.33	103.66		8.33	6.17	
1997	6773.40	4337.90	4333.06	355.31	118.27		8.49	6.95	
1998	6834.00	4764.40	4513.86	382.80	121.21		9.10	7.49	
1999	6825.90	5342.90	4648.78	399.85	122.54		9.61	7.94	
2000	6875.25	5780.60	4725.31	420.71	125.80	79.56	9.55	9.19	651.10
2001	6907.30	6078.70	4766.00	441.73	134.61	83.51	9.85	9.41	738.22
2002	7262.80	6548.20	4802.36	468.83	141.36	85.10	10.20	9.86	797.30
2003	7187.20	6953.20	4792.22	467.89	144.59	84.58	9.87	9.88	823.38
2004	7177.50	7521.10	4829.10	493.16	157.69	86.86	10.12	10.16	871.71
2005	7201.20	7934.20	4864.12	518.14	172.15	89.79	10.51	10.84	887.01
2006	7202.40	8309.10	4918.80	540.43	188.82	93.04	11.16	11.84	923.91
2007	7201.90	8718.70	4955.84	569.68	223.43	96.40	11.80	12.66	957.71
2008	7202.20	9429.30	4989.20	601.68	237.36	99.20	11.91	13.07	960.38
2009	8192.01	9817.90	5033.03	628.67	257.76	104.20	12.14	14.14	1002.25
2010	8177.45	10195.88	5080.96	655.15	269.41	107.90	12.49	14.70	1032.13
2011	8161.90	10515.79	5150.44	673.71	281.82	107.92	12.87	15.16	1028.34
2012	8156.76	10872.73	5205.63	684.43	290.03	111.07	12.83	15.52	1050.86
2013	8140.71	11149.96	4969.11	696.37	305.42	113.40	13.01	16.78	1072.89
2014	8126.06	11476.81	5101.74	705.75	313.23	116.00	12.99	16.35	1076.68
2015	8105.93	11710.08	5333.90	716.09	321.01	114.70	12.87	16.20	1032.10
2016	8111.01	9858.82	5360.30	715.03	317.23	112.40	12.71	16.31	1019.29
2017	8112.28	10038.32	5389.79	706.70	328.82	108.80	12.07	15.73	984.36
2018	8158.29	10204.46	5408.31	692.79	330.59	103.92	11.36	15.28	1005.12
2019	-	10356.97	5452.93	666.72	353.83	100.08	10.72	15.08	995.34
2020	-	10463.71	5586.93	647.98	373.17	97.37	10.24	15.17	927.56

注：1. 2008年及以前年份耕地面积为年底常用耕地面积，2009年数据为第二次全省土地调查数据，2010年以后数据已按2009年数据口径进行了调整。
2. 2013年及以前年份的数据为农田有效灌溉面积。(下表同)
3. 2016年以后数据不再包含农用运输车和三轮运输车。
4.因第三次全省土地调查，2019、2020年耕地面积数据尚未确定。

a) Data on area of cultivated land of 2008and before were cultivated land area at year-end, data in 2009 are from the second provincial land survey, and data since 2010 were adjusted by 2009's caliber.
b) The irrigated area before 2013 refer to the effective irrigation area of farmland. (The same as following tables)
c) Data on total power of agricultural machinery exclude the number of agricultural vehicles and three wheeled transport vehicles since 2016.
d) Due to the third provincial land survey, the cultivated land area data in 2019 and 2020 has not been determined.

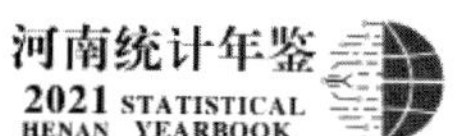

12-5 各市农业机械和农产品加工机械年末拥有量(2020年)

Number of Agricultural Machinery and Machinery for Processing Farm Products at Year-end by City (2020)

市(县)	City(County)	农业机械总动力(万千瓦) Total Power of Agricultural Machinery (10 000 kw)	农用大中型拖拉机(混合台)(台) Large and Medium-sized Tractors (unit)	大中型拖拉机配套农具(部) Number of Large and Medium-sized Tractor Towing Farm Machinery (unit)	节水灌溉机械(万套) Water-saving Irrigation Machinery (10 000 units)
	1980	1178.00	59666	74100	
	1990	2263.99	49288	65700	
	2000	5780.60	66200	118700	
	2010	10195.94	274400	642600	17.37
	2011	10515.79	310700	732000	17.98
	2012	10872.73	338500	802200	19.73
	2013	11149.96	357800	849900	20.81
	2014	11476.81	378100	896100	21.30
	2015	11710.08	402300	948300	21.56
	2016	9858.82	432700	1007400	21.83
	2017	10038.32	458549	1051961	21.91
	2018	10204.46	347150	631862	22.71
	2019	10356.97	373074	654206	23.04
	2020	10463.71	397203	663345	22.98
省辖市	**City**				
郑州市	Zhengzhou	435.53	14684	18518	1.17
开封市	Kaifeng	596.29	23960	44383	3.19
洛阳市	Luoyang	529.86	11168	13489	1.71
平顶山市	Pingdingshan	415.29	20293	26622	0.63
安阳市	Anyang	494.59	18370	27028	0.08
鹤壁市	Hebi	239.36	6219	8426	0.15
新乡市	Xinxiang	786.84	22996	47011	0.39
焦作市	Jiaozuo	256.59	16052	20969	0.05
濮阳市	Puyang	386.16	12639	24378	0.51
许昌市	Xuchang	393.24	12526	20208	0.05
漯河市	Luohe	262.41	9857	20847	0.30
三门峡市	Sanmenxia	122.00	3325	5444	0.45
南阳市	Nanyang	1448.43	58930	85878	2.31
商丘市	Shangqiu	879.08	37542	73757	2.39
信阳市	Xinyang	700.89	36407	36765	0.41
周口市	Zhoukou	1003.27	41935	53284	1.58
驻马店市	Zhumadian	1441.88	47036	133943	7.60
济源市	Jiyuan	72.01	3264	2395	0.01
省直管县	**County Directly Administrated by Province**				
巩义市	Gongyi	50.37	1348	1810	0.01
兰考县	Lankao	78.00	4033	4892	0.28
汝州市	Ruzhou	152.86	3769	8300	0.00
滑县	Huaxian	203.45	5513	11297	0.00
长垣市	Changyuan	104.53	3266	9700	0.12
邓州市	Dengzhou	211.56	13203	15921	0.29
永城市	Yongcheng	140.23	4861	12660	0.85
固始县	Gushi	141.48	6021	6922	0.01
鹿邑县	Luyi	105.98	5593	5930	0.23
新蔡县	Xincai	145.25	5611	8075	1.28

注：1. 农业机械总动力：2015年及以前数据中包含农用运输车和三轮运输车，从2016年开始，不再包含在内。
2. 从2018年开始，农用大中型拖拉机统计标准由14.7千瓦及以上提高到22.1千瓦及以上。

a) Total power of agricultural machinery : Data on 2015 and before include the power of agricultural vehicles and three wheeled transport vehicles, while since 2016, the data do not include that.

b) In the annual report from the Provincial Agricultural Machinery Bureau in 2018, the standard of medium-sized agricultural tractors has been adjusted from ≥ 14.7kw to ≥ 22.1kw.

12-5 续表 contiuned

市(县) City(County)	饲草料加工机械(台(套)) Composite Feed Processing Machinery (units)	农产品初加工动力机械 Agricultural Products Primary Processing Power Machinery (万台) (10 000 units)	(万千瓦) (10 000 kw)	农产品初加工作业机械(万台) Agricultural Products Primary Processing Machine (10 000 units)
1980	113800	32.86	223.80	
1990	99200	53.09	355.10	
2000	115300	67.76	466.80	43.18
2010	169200	80.24	582.70	50.82
2011	180700	81.63	582.91	52.14
2012	182500	82.71	594.05	54.47
2013	184400	83.19	598.77	55.72
2014	186400	84.36	605.37	56.95
2015	187100	85.57	611.00	57.59
2016	187400	85.45	609.41	57.68
2017	188383	85.54	610.06	57.86
2018	183010	85.21	608.67	56.97
2019	185829	85.48	609.58	57.12
2020	188082	85.58	616.20	57.14
省辖市 City				
郑州市 Zhengzhou	7708	4.53	41.41	2.74
开封市 Kaifeng	11700	5.36	37.32	3.01
洛阳市 Luoyang	10871	7.51	54.57	4.53
平顶山市 Pingdingshan	11239	3.79	25.07	2.67
安阳市 Anyang	5027	3.49	23.14	2.34
鹤壁市 Hebi	1467	1.03	6.52	0.61
新乡市 Xinxiang	17098	5.68	41.77	2.63
焦作市 Jiaozuo	5274	1.73	11.25	1.09
濮阳市 Puyang	5265	2.29	19.70	1.85
许昌市 Xuchang	16175	4.83	30.05	2.20
漯河市 Luohe	576	1.39	10.42	0.74
三门峡市 Sanmenxia	5238	1.88	12.52	0.94
南阳市 Nanyang	15556	10.53	75.32	5.82
商丘市 Shangqiu	22429	9.09	68.54	4.53
信阳市 Xinyang	6110	8.58	55.23	9.26
周口市 Zhoukou	17286	6.71	48.98	7.04
驻马店市 Zhumadian	26455	6.82	51.71	4.81
济源市 Jiyuan	2608	0.34	2.68	0.32
省直管县 County Directly Administrated by Province				
巩义市 Gongyi	1484	1.05	6.07	0.50
兰考县 Lankao	1216	0.90	5.97	0.32
汝州市 Ruzhou	6340	1.82	13.66	0.62
滑县 Huaxian	2391	1.03	6.59	0.54
长垣市 Changyuan	663	0.49	4.05	0.36
邓州市 Dengzhou	1803	1.35	13.47	0.54
永城市 Yongcheng	5611	1.33	9.40	0.69
固始县 Gushi	1257	0.72	7.32	0.73
鹿邑县 Luyi	1310	0.42	3.18	2.66
新蔡县 Xincai	6052	0.79	6.90	0.51

12-6 各市农田水利情况

Condition of Irrigation and Conservancy Project by City

单位：千公顷 (1 000 hectares)

市(县)	City(County)	农村用电量(亿千瓦小时) Electricity Consumption in Rural Areas (100 million kwh)	灌溉面积 Irrigated Area	#耕地灌溉面积 Irrigated Area of Cultivated Land	节水灌溉面积 Water Water Saving Irrigated Area	节水灌溉面积占灌溉面积比重(%) Proportion of Water Saving Irrigation Area to Irrigation Area (%)	农业灌溉供水量(亿立方米) Irrigated Water Supply (100million cu.m)
	2000	125.80	4785.59	4725.31	949.61	19.8	135.59
	2005	172.15	4941.21	4864.12	1309.14	26.5	103.41
	2010	269.41	5172.01	5080.96	1536.64	29.7	116.21
	2011	281.82					
	2012	290.03	5026.93	4922.72	1174.31	23.4	138.26
	2013	305.42	5088.50	4969.11	1295.84	25.5	142.62
	2014	313.23	5521.62	5101.74	1476.53	26.7	117.49
	2015	321.01	5333.90	5210.64	1672.16	31.4	110.63
	2016	317.23	5360.28	5244.49	1806.61	33.7	111.14
	2017	328.82	5389.79	5273.63	1893.27	35.1	123.58
	2018	330.59	5408.31	5288.69	1997.86	36.9	118.25
	2019	353.83	5452.93	5328.94	2190.19	40.2	107.59
	2020	373.17	5586.93	5463.07	2292.99	41.0	122.85
省辖市	**City**						
郑州市	Zhengzhou	56.93	206.33	194.15	126.30	61.2	4.07
开封市	Kaifeng	12.82	363.89	343.65	72.50	19.9	8.27
洛阳市	Luoyang	23.80	171.44	163.30	91.55	53.4	4.40
平顶山市	Pingdingshan	13.01	221.62	218.02	136.71	61.7	2.53
安阳市	Anyang	28.81	307.97	303.20	130.18	42.3	9.02
鹤壁市	Hebi	2.88	93.12	89.81	73.79	79.2	2.40
新乡市	Xinxiang	67.66	366.54	364.86	212.10	57.9	16.16
焦作市	Jiaozuo	17.67	182.48	172.20	141.86	77.7	6.94
濮阳市	Puyang	11.41	238.44	227.99	163.90	68.7	8.32
许昌市	Xuchang	11.10	247.47	247.13	192.69	77.9	3.61
漯河市	Luohe	7.21	147.67	147.67	28.55	19.3	1.83
三门峡市	Sanmenxia	3.71	63.26	58.95	29.13	46.0	1.76
南阳市	Nanyang	25.37	509.25	501.32	215.09	42.2	15.99
商丘市	Shangqiu	25.43	645.80	628.64	177.95	27.6	7.99
信阳市	Xinyang	19.62	553.62	539.50	110.66	20.0	10.95
周口市	Zhoukou	21.74	598.86	598.19	172.96	28.9	12.97
驻马店市	Zhumadian	22.08	644.00	641.78	207.63	32.2	4.42
济源市	Jiyuan	1.92	25.16	22.70	9.46	37.6	1.22
省直管县	**County Directly Administrated by Province**						
巩义市	Gongyi	32.15	18.54	16.51	7.28	39.3	0.31
兰考县	Lankao	2.92	58.47	57.77	8.15	13.9	1.22
汝州市	Ruzhou	3.06	49.90	49.90	29.20	58.5	0.73
滑县	Huaxian	6.09	113.50	110.25	48.42	42.7	2.41
长垣市	Changyuan	5.15	46.90	46.16	22.18	47.3	1.30
邓州市	Dengzhou	2.76	114.47	112.80	40.94	35.8	6.21
永城市	Yongcheng	3.57	99.50	99.50	35.45	35.6	0.84
固始县	Gushi	3.95	109.62	109.16	41.01	37.4	2.91
鹿邑县	Luyi	1.14	66.30	66.30	22.15	33.4	0.63
新蔡县	Xincai	1.66	70.29	70.17	25.79	36.7	0.48

注：2011年以后的水利建设情况数据根据第一次全国水利普查数据调整。

a) Data on the construction of water conservancy are calculated from The first national water resources census since 2011.

12-7 各市农用物资消耗情况(2020年)

Consumption of Agricultural Materials by City (2020)

单位：吨 (ton)

市(县)	City(County)	农用化肥使用折纯量 Consumption of Chemical Fertilizer by 100% Effective Component	#氮肥 Nitrogenous Fertilizer	#磷肥 Phosphate Fertilizer	#钾肥 Potash Fertilizer	农用塑料薄膜使用量 Plastic Film Use for Agriculture	农用柴油使用量 Diesel Oil Use for Agriculture	农药使用量 Consumption of Chemical Pesticides
省辖市	**City**							
郑州市	Zhengzhou	179886	45823	24241	13878	5141	36971	2675
开封市	Kaifeng	317695	109987	57194	33384	12697	48646	4259
洛阳市	Luoyang	228207	63525	30099	21766	4630	43615	3847
平顶山市	Pingdingshan	337530	90232	32748	20117	3229	55195	3270
安阳市	Anyang	401205	111078	38514	25803	19157	41220	5206
鹤壁市	Hebi	69650	22147	9568	3405	957	10326	892
新乡市	Xinxiang	511282	155809	58208	22442	3362	69312	7992
焦作市	Jiaozuo	189129	46223	20509	6092	2054	32907	3528
濮阳市	Puyang	284178	87640	34619	22700	7097	26246	3107
许昌市	Xuchang	200265	49878	22944	12971	3254	26166	3063
漯河市	Luohe	172113	32241	11187	8731	2735	24558	2197
三门峡市	Sanmenxia	82244	20786	8979	9828	3066	18355	2325
南阳市	Nanyang	743413	218519	121073	78042	24763	142265	13763
商丘市	Shangqiu	697871	137616	90277	66512	12159	65051	9393
信阳市	Xinyang	452183	209418	80079	31836	14338	69820	10258
周口市	Zhoukou	863564	271664	131133	80466	19853	154495	18726
驻马店市	Zhumadian	725374	142225	78877	61469	12725	99576	7443
济源市	Jiyuan	24042	7608	4832	2918	500	8991	457
省直管县	**County Directly Administrated by Province**							
巩义市	Gongyi	22985	6234	2377	1148	104	3653	132
兰考县	Lankao	69165	26210	12228	6334	1705	10471	576
汝州市	Ruzhou	92005	19140	11122	5440	652	15740	651
滑县	Huaxian	181461	47358	7680	11407	4815	11137	1792
长垣市	Changyuan	64265	16298	7754	5293	734	10823	966
邓州市	Dengzhou	165595	38369	25718	14560	3036	25861	2545
永城市	Yongcheng	163046	2427	27	21	1732	9543	1587
固始县	Gushi	121823	48173	15005	6378	4649	12257	3864
鹿邑县	Luyi	98497	51962	12677	8456	714	38756	983
新蔡县	Xincai	78012	16531	13533	12356	1117	7730	2379

12-8 水库、灌区和除涝治水情况

Reservoirs， Irrigation, Flood Prevention, Water and Soil Conservation

指　标	Item	2000	2010	2015	2018	2019	2020
年底水库数(座)	**Number of Reservoirs at Year-end (unit)**	**2396**	**2350**	**2653**	**2654**	**2510**	**2510**
大型水库(1亿立方米以上)	Large Reservoirs (100 million and over cu.m)	21	21	25	26	27	27
中型水库(1千万至1亿立方米)	Medium-sized Reservoirs (10 million - 100 million cu.m)	102	108	121	124	121	121
小型水库(10万至1千万立方米)	Small Reservoirs (100 thousand -10 million cu.m)	2273	2221	2507	2504	2362	2362
塘坝数量(座)	Small Reservoirs (in a hilly area, unit)		277838	160097	163655	164680	164898
窖池数量(座)	Pits (unit)			277873	274274	274406	274410
年底灌区数(处)	Number of Irrigation Areas at Year-end (unit)	171	191	664	668	668	665
规模以上灌区渠道长度(公里)	Irrigation Channel Length Above Designated Size (km)		2075	2454	2686	2686	2686
除涝面积(千公顷)	Flooded or Waterlogged Area Under Control (1 000 hectares)	1848.11	1973.30	2074.64	2136.92	2149.32	2167.10
堤防长度(公里)	Total Length of Dikes (km)	15758	16313	19531	20023	20075	20323
达标堤防长度(公里)	Standards Length of Dikes (km)		6440	10617	11071	11162	11383
堤防保护耕地面积(千公顷)	Area of Protected Land by Dikes (1 000 hectares)	3260	3388	3524	3538	3548	3585

12-9 各市水库和除涝治水情况(2020年)

Reservoirs, Flood Prevention, Water and Soil Conservation by City (2020)

市(县)	City(County)	水库数量(座) Reservoir (unit)	塘坝数量(座) Spoilage (unit)	机电井数量(眼) Motor-pumped Well (unit)	年底灌区数(处) Number of Irrigation Areas at Year-end (unit)	除涝面积(千公顷) Flooded or Waterlogged Area Under Control (1 000 hectares)
省辖市	**City**					
郑州市	Zhengzhou	134	628	52450	43	35
开封市	Kaifeng	1		134237	5	156
洛阳市	Luoyang	153	696	17978	60	7
平顶山市	Pingdingshan	163	1205	50031	31	68
安阳市	Anyang	55	1006	345249	10	67
鹤壁市	Hebi	14	220	25607	41	33
新乡市	Xinxiang	30	711	150557	26	183
焦作市	Jiaozuo	28	151	67639	17	78
濮阳市	Puyang			142443	23	89
许昌市	Xuchang	24	98	380173	11	89
漯河市	Luohe			212799	3	102
三门峡市	Sanmenxia	91	147	37323	40	
南阳市	Nanyang	508	19966	638563	78	182
商丘市	Shangqiu	15		179155	9	206
信阳市	Xinyang	1115	131194	437888	170	107
周口市	Zhoukou			168414	18	391
驻马店市	Zhumadian	160	8407	305166	73	367
济源市	Jiyuan	19	469	3845	7	8
省直管县	**County Directly Administrated by Province**					
巩义市	Gongyi	17	74	2050	4	0
兰考县	Lankao			15479	2	19
汝州市	Ruzhou	25	323	14086	14	5
滑县	Huaxian			147338		47
长垣市	Changyuan			13006	3	32
邓州市	Dengzhou	16	2715	161389	8	44
永城市	Yongcheng			28209	1	63
固始县	Gushi	97	18131	138000	21	29
鹿邑县	Luyi			20946		56
新蔡县	Xincai		275	117102	25	31

12-10 农业生产情况
Agriculture Production

年份 Year	播种面积（千公顷） Total Sown Area (1 000hectares)	#粮食 Grain	#棉花 Cotton	#油料 Oil- bearing Crops	粮食产量（万吨） Grain Output (10 000tons)	#小麦 Wheat	棉花产量（万吨） Cotton (10 000tons)	油料产量（万吨） Oil- bearing Crops (10 000tons)	园林水果产量（万吨） Garden Fruits (10 000tons)
1978	10966.70	9123.30	612.00	465.33	2097.40	868.18	22.42	24.16	47.11
1979	10917.00	9066.70	555.33	632.67	2134.50	969.00	19.84	36.87	52.37
1980	10788.20	8858.90	626.67	710.00	2148.68	890.37	40.62	46.20	43.55
1981	11013.00	9029.30	641.33	744.67	2314.50	1083.50	35.50	55.99	52.30
1982	11076.00	8923.30	754.00	709.33	2217.10	1220.10	32.04	44.16	46.63
1983	11326.70	9286.70	794.00	607.33	2904.00	1455.75	63.24	51.52	58.67
1984	11432.70	8996.70	1162.00	579.33	2893.50	1653.00	86.89	52.50	41.01
1985	11685.30	9029.30	814.30	793.70	2710.53	1528.23	54.73	96.18	53.33
1986	11819.50	9372.20	619.33	921.33	2545.67	1567.90	39.86	98.99	61.23
1987	11952.90	9365.20	717.33	977.33	2948.41	1626.00	57.00	136.57	77.84
1988	11930.20	9053.80	916.03	952.84	2663.00	1520.95	63.71	96.17	74.81
1989	11999.40	9262.00	836.15	915.43	3149.44	1695.13	52.72	118.48	76.75
1990	11889.70	9316.10	823.00	876.40	3303.66	1639.86	67.61	152.29	63.92
1991	12001.90	9040.40	1193.20	896.00	3010.30	1554.28	94.77	127.62	63.67
1992	11936.30	8804.70	1247.90	908.60	3109.61	1650.67	65.85	133.63	87.79
1993	12068.00	8969.00	974.00	1075.00	3639.21	1922.13	66.01	204.50	125.12
1994	12087.70	8810.90	966.70	1242.00	3253.80	1798.42	62.81	225.00	170.54
1995	12136.80	8810.00	1000.10	1271.50	3466.50	1754.18	77.00	298.00	211.66
1996	12257.40	8965.30	933.30	1181.10	3839.90	2026.76	73.57	278.46	247.26
1997	12276.74	8879.90	868.30	1208.50	3894.66	2372.35	79.00	276.66	269.26
1998	12567.05	9101.98	800.00	1235.90	4009.61	2073.53	72.84	312.13	312.60
1999	12659.90	9032.30	733.30	1316.10	4253.25	2291.46	70.73	349.25	349.42
2000	13136.91	9029.60	779.33	1492.54	4101.50	2235.95	70.38	392.55	364.73
2001	13127.70	8822.79	858.20	1443.97	4119.88	2299.71	82.77	362.49	399.12
2002	13359.80	8975.10	793.10	1537.00	4209.98	2248.39	76.49	420.68	427.01
2003	13684.40	8923.30	926.67	1569.90	3569.47	2292.50	37.67	309.91	430.38
2004	13805.69	8970.07	951.80	1554.96	4260.00	2480.93	66.67	408.75	507.07
2005	13922.60	9153.40	781.47	1605.80	4582.00	2577.69	67.70	449.60	555.69
2006	13995.39	9455.80	748.20	1489.10	5112.30	2936.50	81.00	460.07	591.78
2007	14381.42	9528.52	653.16	1464.65	5252.92	2958.31	69.98	478.27	663.80
2008	14473.45	9746.87	527.62	1452.62	5405.80	3036.20	56.66	493.48	714.77
2009	14322.07	9890.62	436.53	1442.27	5506.87	3092.20	42.03	514.34	756.98
2010	14320.79	10027.00	354.23	1431.68	5581.82	3121.00	33.89	515.66	797.50
2011	14373.33	10244.43	280.57	1413.60	5733.92	3144.90	27.04	501.69	835.56
2012	14386.89	10434.56	169.40	1378.05	5898.38	3223.07	16.95	530.38	872.91
2013	14586.50	10697.43	114.96	1361.87	6023.80	3266.33	11.68	542.13	891.25
2014	14731.54	10944.97	88.11	1339.01	6133.60	3385.20	8.44	531.41	899.36
2015	14879.73	11126.30	64.34	1311.84	6470.22	3526.90	6.77	538.99	919.68
2016	14902.72	11219.55	50.03	1302.35	6498.01	3618.62	4.88	549.82	927.12
2017	14732.53	10915.13	40.00	1397.49	6524.25	3705.21	4.40	586.95	931.98
2018	14769.06	10906.08	36.68	1461.40	6648.91	3602.85	3.79	631.03	907.39
2019	14676.43	10734.54	33.80	1533.93	6695.36	3741.77	2.71	645.45	950.74
2020	14741.61	10738.80	16.20	1597.53	6825.80	3753.13	1.77	672.57	1001.82

注：依据第三次全国农业普查结果，对2007-2016年农业生产数据进行了修订（以下相关表格同）。
a) According to the results of the Third National Agricultural Census, the data of production from 2007 to 2016 were revised (the same as other tables).

12-11 农作物播种面积

单位：千公顷

市(县) City(County)	播种面积总计 Total	粮食作物 Grain	夏粮 Summer Harvest	秋粮 Autumn Harvest	谷物 Cereal	#稻谷 Rice	#小麦 Wheat	#玉米 Corn	豆类 Beans	大豆 Soybean
2012	14386.89	10434.56	5494.66	4939.90	9717.68	621.77	5468.80	3564.70	487.79	448.04
2013	14586.50	10697.43	5543.70	5153.72	10014.77	610.97	5517.98	3823.60	460.80	424.01
2014	14731.54	10944.97	5606.83	5338.14	10270.37	614.65	5581.24	4009.42	413.25	381.90
2015	14879.73	11126.30	5648.60	5477.70	10498.94	616.35	5623.14	4189.91	370.35	343.56
2016	14902.72	11219.55	5730.24	5489.31	10608.13	614.09	5704.91	4210.46	366.40	341.06
2017	14732.53	10915.13	5741.31	5173.82	10412.61	615.03	5714.64	3998.94	389.85	345.17
2018	14769.06	10906.08	5770.11	5135.97	10367.18	620.41	5739.85	3918.96	424.00	385.55
2019	14676.43	10734.54	5718.65	5015.89	10193.87	616.60	5706.65	3801.33	428.00	394.67
2020	14741.61	10738.80	5676.28	5062.52	10168.26	617.07	5673.67	3818.01	406.13	375.17
省辖市 City										
郑州市 Zhengzhou	386.62	288.83	140.49	148.35	273.89	0.16	140.49	131.35	5.09	4.04
开封市 Kaifeng	870.86	526.81	303.21	223.60	497.05	6.91	303.21	186.05	13.46	12.98
洛阳市 Luoyang	663.60	497.15	234.46	262.69	437.50	1.23	234.44	185.37	29.17	22.35
平顶山市 Pingdingshan	557.50	445.27	220.55	224.73	417.47	1.26	220.36	195.74	14.85	13.72
安阳市 Anyang	721.40	560.44	289.44	271.00	546.00	0.03	289.44	250.15	4.53	4.09
鹤壁市 Hebi	197.89	170.01	89.70	80.31	168.19		89.70	77.54	0.52	0.21
新乡市 Xinxiang	880.23	718.99	384.22	334.77	700.63	13.31	384.22	302.20	11.27	11.18
焦作市 Jiaozuo	353.09	279.97	149.17	130.80	273.60	0.76	149.17	123.40	4.26	4.21
濮阳市 Puyang	518.40	427.49	229.40	198.09	398.79	17.57	229.40	151.71	23.15	23.03
许昌市 Xuchang	579.62	449.19	230.14	219.05	376.91		230.14	144.24	49.27	49.26
漯河市 Luohe	369.85	272.90	146.35	126.55	230.25		146.35	83.90	36.90	36.90
三门峡市 Sanmenxia	258.81	163.83	75.36	88.47	135.78		75.36	58.84	20.54	15.66
南阳市 Nanyang	2020.56	1301.87	727.79	574.08	1227.25	36.63	725.99	454.61	39.97	32.04
商丘市 Shangqiu	1451.97	1092.04	602.51	489.53	1030.27		602.41	426.99	51.20	50.24
信阳市 Xinyang	1202.04	830.99	310.94	520.05	814.28	482.92	310.94	20.42	7.36	5.73
周口市 Zhoukou	1842.62	1374.55	733.97	640.58	1263.04	0.16	733.79	529.05	88.39	86.47
驻马店市 Zhumadian	1816.93	1295.01	787.35	507.65	1249.73	27.57	787.15	434.45	25.03	24.26
济源市 Jiyuan	54.34	43.46	21.24	22.22	41.80	0.04	21.24	20.37	1.01	0.97
省直管县 County Directly Administrated by Province										
巩义市 Gongyi	41.14	36.66	18.86	17.80	35.29	0.16	18.85	15.88	0.46	0.29
兰考县 Lankao	131.71	100.85	59.33	41.52	96.90	0.16	59.33	37.41	1.57	1.45
汝州市 Ruzhou	111.03	94.95	48.07	46.87	92.01		48.07	43.87	1.14	1.03
滑县 Huaxian	271.40	206.61	120.73	85.88	205.30		120.73	84.49	0.50	0.47
长垣市 Changyuan	129.64	107.38	56.63	50.75	104.12	0.55	56.63	46.70	2.86	2.80
邓州市 Dengzhou	330.52	217.55	139.07	78.48	209.26	2.53	138.64	60.44	5.82	4.19
永城市 Yongcheng	254.07	210.95	112.65	98.30	171.20		112.64	58.55	38.40	38.39
固始县 Gushi	218.74	152.20	36.00	116.20	151.75	112.39	36.00	3.36	0.16	0.07
鹿邑县 Luyi	187.05	143.18	72.91	70.27	132.07		72.91	59.16	9.75	9.40
新蔡县 Xincai	201.18	152.76	86.21	66.55	147.21	0.81	86.21	60.19	1.99	1.97

Total Sown Areas of Farm Crops

(1 000 hectares)

经济作物 Cash Crops	油料 Oilbearing Crops	#花生 Peanuts	#油菜籽 Rapeseeds	棉花 Cotton	麻类 Fiber Crops	糖料 Sugar Crops	烟叶 Fluecured Tobacco	中草药材 Chinese Herbs	蔬菜及食用菌 Vegetables and Edible Fungus	瓜果 Melon and Fruit	其他 Others	花卉 Flowers and Plants
3952.33	1378.05	999.67	250.98	169.40	6.61	3.23	125.42	122.73	1676.77	308.05	162.07	106.01
3889.08	1361.87	1016.70	228.58	114.96	6.54	3.11	137.15	121.20	1682.96	309.75	151.55	105.59
3786.58	1339.01	1023.57	207.70	88.11	4.68	2.94	123.80	118.80	1654.84	297.05	157.36	115.06
3753.43	1311.84	1023.96	186.58	64.34	4.56	2.60	114.27	113.58	1671.03	292.69	178.51	71.11
3683.17	1302.35	1051.03	162.19	50.03	4.11	2.42	109.21	99.81	1682.12	312.36	120.77	86.35
3817.40	1397.49	1151.93	155.69	40.00	3.29	2.31	103.95	112.19	1736.14	318.24	103.80	147.56
3862.98	1461.40	1203.18	145.02	36.68	3.00	2.03	94.88	132.44	1721.09	307.69	103.77	92.18
3941.88	1533.93	1223.11	171.51	33.80	2.82	1.62	86.50	153.59	1732.94	308.60	88.09	123.56
4002.81	1597.53	1261.84	176.99	16.20	1.59	1.51	80.52	159.52	1753.78	301.06	91.08	119.75
97.79	32.26	26.24	4.75	0.65		0.00	0.02	0.67	56.80	6.14	1.26	2.64
344.05	109.71	107.36	1.97	5.73		0.02		0.46	176.00	49.14	2.99	1.37
166.45	42.26	26.82	9.94	2.56		0.00	18.36	26.22	67.33	7.25	2.47	8.22
112.23	44.07	31.54	10.32	0.43		0.01	10.00	2.78	48.75	5.75	0.44	0.70
160.96	53.76	47.60	4.04	1.74				1.66	89.90	13.00	0.90	0.72
27.88	14.84	13.80	0.60	0.48				0.63	11.35	0.24	0.35	1.55
161.25	80.40	76.96	3.01	0.92				6.31	66.30	4.34	2.98	2.44
73.12	25.64	24.53	0.41	0.20		0.00		10.09	34.15	3.05		0.31
90.92	21.97	21.63	0.29	0.70		0.00		3.31	57.56	6.00	1.37	0.68
130.42	19.81	12.37	6.70	0.69		0.01	9.98	13.26	41.74	2.89	42.05	42.05
96.95	16.44	13.44	2.04	0.15		0.01	4.96	0.23	64.26	10.90		1.12
94.98	13.04	4.41	4.57	0.82			15.74	28.61	32.54	3.42	0.81	0.07
718.69	388.19	314.25	27.76	0.94	0.02	0.06	14.48	27.35	250.58	24.74	12.32	14.13
359.93	81.45	73.55	6.60	1.65		0.08	0.57	6.02	222.72	47.40	0.05	1.08
371.05	179.98	68.75	72.15	0.78	1.57	0.85	0.33	6.10	141.69	23.88	15.87	33.88
468.08	108.51	80.38	5.26	2.22		0.29	1.23	17.28	263.82	72.84	1.89	1.47
521.92	364.47	317.64	16.54	0.04		0.17	4.38	7.86	123.23	19.98	1.80	7.00
10.88	0.75	0.55	0.04	0.24		0.00	0.47	0.70	5.08	0.09	3.55	0.33
4.48	2.55	1.14	1.00	0.19				0.08	1.48	0.15	0.02	0.02
30.85	16.78	16.37	0.40	0.95				0.03	9.03	2.79	1.28	0.08
16.09	6.72	4.05	2.16	0.23			1.12	0.24	7.30	0.49		0.03
64.80	25.11	24.90	0.17	0.14				0.42	32.88	6.02	0.21	0.19
22.26	9.29	8.22	1.06	0.30				0.15	10.52	2.01		0.08
112.97	63.68	56.39	2.59	0.26	0.02	0.00	1.12	1.38	41.17	4.16	1.18	0.69
43.11	2.45	1.49	0.84	0.11				3.08	30.71	6.77		0.54
66.54	24.35	8.50	9.87	0.06	1.19	0.17		0.25	35.30	2.96	2.26	1.00
43.88	5.60	3.75	1.09	0.02		0.00	0.06	5.25	31.04	1.90		0.03
48.42	28.80	22.73	2.09			0.12		0.82	13.66	5.02		0.04

12-12 主要农产品产量

单位：万吨

市(县) City(County)	粮食 Grain	夏粮 Summer Harvest	秋粮 Autumn Harvest	谷物 Cereal	#稻谷 Rice	#小麦 Wheat	#玉米 Corn	豆类 Beans	#大豆 Soybean
2012	5898.38	3231.72	2666.65	5720.95	472.80	3223.07	2011.38	78.97	74.81
2013	6023.80	3275.08	2748.72	5859.83	463.16	3266.33	2116.47	72.87	69.34
2014	6133.60	3395.20	2738.39	5989.56	500.53	3385.20	2088.89	54.00	51.52
2015	6470.22	3537.70	2932.52	6331.75	499.88	3526.90	2288.50	48.84	46.75
2016	6498.01	3628.32	2869.69	6360.41	508.29	3618.62	2216.29	49.00	46.90
2017	6524.25	3715.98	2808.27	6382.89	485.25	3705.21	2170.14	53.36	50.36
2018	6648.91	3613.70	3035.21	6483.41	501.41	3602.85	2351.38	101.70	95.57
2019	6695.36	3745.40	2949.96	6528.85	512.50	3741.77	2247.37	102.00	98.21
2020	6825.80	3753.75	3072.05	6631.76	513.71	3753.13	2342.37	97.87	93.42
省辖市 City									
郑州市 Zhengzhou	146.41	71.18	75.23	138.08	0.12	71.18	66.15	1.02	0.88
开封市 Kaifeng	313.07	194.20	118.87	301.38	5.44	194.20	101.26	2.69	2.60
洛阳市 Luoyang	251.88	121.71	130.17	228.11	0.75	121.71	98.82	6.36	5.05
平顶山市 Pingdingshan	234.46	120.73	113.72	222.71	0.75	120.70	101.23	3.86	3.67
安阳市 Anyang	383.77	207.28	176.50	376.85	0.01	207.28	168.22	1.06	1.00
鹤壁市 Hebi	126.60	67.95	58.65	125.85		67.95	57.68	0.09	0.05
新乡市 Xinxiang	485.91	279.15	206.76	477.09	8.86	279.15	188.82	3.48	3.46
焦作市 Jiaozuo	212.38	116.35	96.03	209.33	0.05	116.35	92.82	1.45	1.44
濮阳市 Puyang	297.94	169.03	128.91	286.63	13.85	169.03	103.70	7.09	7.06
许昌市 Xuchang	303.54	170.04	133.50	275.37		170.04	103.95	13.82	13.82
漯河市 Luohe	190.65	110.69	79.96	176.58		110.69	65.89	10.19	10.19
三门峡市 Sanmenxia	74.09	35.55	38.54	64.77		35.55	28.70	4.26	3.44
南阳市 Nanyang	719.71	422.84	296.87	685.28	25.63	422.39	232.58	7.47	6.12
商丘市 Shangqiu	741.91	447.38	294.53	722.33		447.35	274.32	12.24	12.02
信阳市 Xinyang	574.56	149.61	424.95	567.97	406.80	149.61	11.55	1.14	0.94
周口市 Zhoukou	934.30	548.27	386.03	900.34	0.12	548.21	351.99	19.65	19.26
驻马店市 Zhumadian	809.97	508.91	301.06	791.78	20.57	508.86	262.06	5.62	5.48
济源市 Jiyuan	24.64	12.87	11.77	24.01	0.03	12.87	11.04	0.27	0.26
省直管县 County Directly Administrated by Province									
巩义市 Gongyi	15.39	8.08	7.31	14.86	0.12	8.08	6.56	0.08	0.06
兰考县 Lankao	58.19	35.72	22.46	55.78	0.18	35.72	19.88	0.48	0.45
汝州市 Ruzhou	46.89	25.09	21.80	45.52		25.09	20.41	0.33	0.31
滑县 Huaxian	162.48	94.17	68.31	161.61		94.17	67.40	0.17	0.17
长垣市 Changyuan	79.25	44.15	35.10	78.07	0.40	44.15	33.45	0.75	0.74
邓州市 Dengzhou	125.25	83.44	41.81	122.20	1.65	83.29	33.55	1.39	1.03
永城市 Yongcheng	136.91	84.98	51.93	127.45		84.98	42.47	8.40	8.40
固始县 Gushi	112.71	16.52	96.19	112.51	94.41	16.52	1.58	0.03	0.01
鹿邑县 Luyi	98.81	54.46	44.35	94.99		54.46	40.53	2.80	2.70
新蔡县 Xincai	94.27	57.22	37.05	92.14	0.48	57.22	34.44	0.50	0.50

Output of Major Farm Products

(10 000 tons)

油料 Oil-bearing Crops	#花生 Peanuts	#油菜籽 Rapeseeds	棉花 Cotton	麻类 Fiber Crops	糖料 Sugar Crops	烟叶(未加工) Flue-cured Tobacco	中草药材 Chinese Herbs	蔬菜及食用菌 Vegetables and Edible Fungus	瓜果 Melon and Fruit
530.38	453.73	57.86	16.95	3.67	21.89	30.68		6839.94	1515.71
542.13	469.19	55.35	11.68	3.65	22.28	34.65		6745.29	1534.13
531.41	466.09	49.69	8.44	2.87	20.74	29.99		6848.11	1468.76
538.99	477.12	46.21	6.77	2.87	17.88	28.85		6970.99	1519.94
549.82	494.27	40.90	4.88	2.71	16.67	28.26	122.63	7238.18	1613.93
586.95	529.81	42.08	4.40	2.24	16.24	26.70	144.01	7530.22	1670.46
631.03	572.44	38.97	3.79	2.12	15.39	25.31	155.31	7260.67	1585.37
645.45	576.72	44.25	2.71	1.94	11.93	22.76	164.74	7368.74	1638.92
672.57	594.93	45.95	1.77	0.67	10.69	21.02	175.68	7612.39	1561.61
12.29	11.33	0.78	0.06		0.00	0.01	0.12	219.84	24.22
50.75	50.14	0.53	0.82		0.18		0.32	833.56	256.90
13.70	9.95	2.54	0.36		0.01	4.84	8.57	277.19	21.56
15.52	12.73	2.44	0.06		0.11	2.63	2.69	236.63	23.71
23.18	22.16	0.62	0.21				0.83	500.07	80.31
5.91	5.74	0.08	0.05				1.06	43.47	0.86
35.21	34.44	0.70	0.11				0.93	322.66	22.75
13.54	13.26	0.08	0.02		0.00		35.94	199.65	16.63
9.31	9.22	0.07	0.09		0.02		1.29	267.31	24.93
6.81	4.95	1.74	0.07		0.07	2.83	11.39	153.62	11.69
6.89	6.24	0.52	0.02		0.05	1.03	0.10	201.74	46.10
3.53	1.49	1.05	0.08			3.92	6.91	124.08	10.58
171.40	155.50	8.12	0.12	0.01	0.62	4.03	65.51	1153.04	135.76
41.48	39.23	1.95	0.24		0.53	0.16	3.23	1034.75	284.29
59.72	29.12	18.90	0.08	0.66	5.75	0.10	3.14	445.32	93.25
46.49	41.22	1.43	0.38		2.06	0.36	26.27	1088.08	396.27
156.58	147.99	4.39	0.01		1.29	1.02	7.06	489.05	111.50
0.26	0.22	0.01	0.03		0. 00	0.10	0.31	22.31	0.30
0.57	0.34	0.16	0.02				0.03	4.58	0.49
7.96	7.86	0.10	0.18				0.03	33.01	12.16
2.17	1.64	0.47	0.03			0.31	0.20	33.95	1.52
12.02	11.96	0.04	0.02				0.26	195.45	35.82
3.83	3.55	0.28	0.04				0.03	58.86	13.54
29.83	28.40	0.72	0.03	0.01	0.00	0.28	2.74	209.89	21.06
0.94	0.68	0.24	0.02				0.35	186.43	50.57
9.86	3.23	2.67	0.01	0.43	1.13		0.04	128.79	14.08
1.95	1.51	0.30	0.00		0.01	0.02	14.42	119.62	6.99
11.06	9.81	0.48			0.91		0.38	51.29	29.47

12-13 蔬菜瓜果播种面积

单位：千公顷

市(县)	City(County)	蔬菜及食用菌 Vegetables and Edible fungus	叶菜类 Leaf Vegetables	白菜类 Chinese Cabbage	甘蓝类 Cabbages	块根、块茎类 Root and Stem Tuber for Vegetable	瓜菜类 Melons for Vegetable
	2012	1676.77	190.67	188.28	51.70	218.62	175.49
	2013	1682.96	192.98	185.59	52.01	225.45	175.36
	2014	1654.84	192.68	185.36	48.41	226.78	175.44
	2015	1671.03	208.00	198.79	42.75	190.65	212.17
	2016	1682.12	225.90	150.10	42.17	175.49	208.66
	2017	1736.14	237.67	150.58	42.90	174.26	208.14
	2018	1721.09	239.03	157.11	41.24	184.57	200.61
	2019	1732.94	255.43	160.33	44.73	192.13	203.21
	2020	1753.78	268.82	153.57	44.62	186.77	205.05
省辖市	**City**						
郑州市	Zhengzhou	56.80	10.78	3.61	1.25	3.83	4.74
开封市	Kaifeng	176.00	17.20	14.92	5.79	25.02	12.69
洛阳市	Luoyang	67.33	13.52	6.06	1.19	8.70	6.79
平顶山市	Pingdingshan	48.75	9.42	4.99	1.23	6.02	4.73
安阳市	Anyang	89.90	11.45	8.09	1.64	5.90	10.93
鹤壁市	Hebi	11.35	2.23	1.41	0.43	0.98	1.60
新乡市	Xinxiang	66.30	12.89	11.79	0.50	4.81	8.00
焦作市	Jiaozuo	34.15	5.54	4.89	1.07	4.32	6.07
濮阳市	Puyang	57.56	7.55	5.76	0.86	3.80	8.30
许昌市	Xuchang	41.74	7.07	5.30	0.44	6.11	3.18
漯河市	Luohe	64.26	12.36	4.35	0.74	4.76	7.31
三门峡市	Sanmenxia	32.54	4.12	2.54	1.67	5.19	3.28
南阳市	Nanyang	250.58	35.11	22.29	11.40	37.21	22.31
商丘市	Shangqiu	222.72	29.53	17.38	3.66	18.13	25.60
信阳市	Xinyang	141.69	25.66	13.24	5.27	16.73	17.84
周口市	Zhoukou	263.82	43.47	16.11	4.75	19.82	42.34
驻马店市	Zhumadian	123.23	20.63	10.20	2.70	15.01	18.65
济源市	Jiyuan	5.08	0.30	0.63	0.04	0.44	0.69
省直管县	**County Directly Administrated by Province**						
巩义市	Gongyi	1.48	0.33	0.13	0.00	0.30	0.22
兰考县	Lankao	9.03	1.21	0.65	0.20	0.64	1.00
汝州市	Ruzhou	7.30	1.47	1.15	0.21	0.85	0.75
滑县	Huaxian	32.88	7.68	3.08	0.61	2.06	3.87
长垣市	Changyuan	10.52	2.13	0.89	0.03	0.79	2.04
邓州市	Dengzhou	41.17	4.67	3.31	1.74	4.68	5.95
永城市	Yongcheng	30.71	1.23	3.55	0.36	3.58	7.10
固始县	Gushi	35.30	6.17	4.01	1.23	3.12	4.22
鹿邑县	Luyi	31.04	7.70	2.83	0.93	2.09	4.24
新蔡县	Xincai	13.66	1.91	1.26	0.37	3.26	1.53

Total Sown Areas of Vegetables and Fruits

(1000 hectare)

菜用豆类 Legume for Vegetable	茄果菜类 Eggplant and Fruit for Vegetable	葱蒜类 Shallot and Garlic for Vegetable	水生菜类 Aquicolous Vegetable	其他蔬菜 Other Vegetables	瓜果类 Melon and Fruit	西 瓜 Watermelon	甜 瓜 Honey-dew Melon	草 莓 Strawberry
126.87	273.52	222.91	31.50	197.21	308.05	256.67	46.28	4.94
124.69	327.35	224.06	30.94	144.52	309.75	258.45	45.88	5.23
126.39	321.08	213.85	30.24	134.61	297.05	248.15	43.51	5.20
135.38	346.40	208.32	24.55	104.01	292.69	241.45	44.78	6.40
143.65	387.74	217.45	25.58	105.38	312.36	257.03	47.63	7.71
145.08	398.50	235.63	26.54	116.82	318.24	260.86	48.12	9.25
139.49	385.75	232.65	25.41	115.24	307.69	251.08	46.49	9.76
127.09	388.58	241.15	23.72	96.57	308.60	250.11	45.97	10.34
121.96	394.59	257.01	20.76	100.63	301.06	244.62	43.54	9.86
3.80	6.21	20.27	0.25	2.07	6.14	5.03	0.14	0.94
8.73	24.87	59.68	1.90	5.21	49.14	45.09	3.93	0.10
5.93	15.01	8.40	0.02	1.72	7.25	5.09	0.89	1.02
3.67	9.26	5.17	0.25	4.01	5.75	4.61	0.89	0.25
5.64	33.81	8.60	0.11	3.72	13.00	4.69	8.14	0.07
0.70	2.34	0.64	0.00	1.01	0.24	0.16	0.03	0.05
4.24	14.27	5.43	0.24	4.14	4.34	3.28	0.82	0.11
3.24	4.80	3.66	0.23	0.32	3.05	2.80	0.16	0.08
4.46	14.01	6.44	1.50	4.87	6.00	4.06	1.54	0.34
2.49	13.19	2.13	0.38	1.43	2.89	2.24	0.53	0.09
2.15	19.80	5.85	0.05	6.89	10.90	7.38	2.31	0.89
2.24	9.60	2.36	0.35	1.19	3.42	2.92	0.36	0.13
18.82	39.73	32.45	7.87	23.40	24.74	19.20	4.79	0.56
8.13	71.81	39.18	0.79	8.53	47.40	42.90	2.44	1.70
15.47	19.17	10.66	4.25	13.40	23.88	17.62	3.07	1.75
23.12	72.98	28.70	1.74	10.78	72.84	60.61	10.91	1.26
8.69	21.95	16.95	0.81	7.64	19.98	16.87	2.58	0.52
0.44	1.79	0.44	0.01	0.28	0.09	0.06	0.00	0.02
0.12	0.15	0.21	0.00	0.02	0.15	0.14	0.00	0.02
0.72	2.40	1.98	0.14	0.09	2.79	1.68	1.03	0.06
0.46	1.07	0.72	0.00	0.61	0.49	0.35	0.10	0.04
1.80	6.77	4.55	0.04	2.42	6.02	1.71	4.27	0.03
0.80	2.61	1.09	0.09	0.03	2.01	1.33	0.62	0.05
3.35	8.83	4.68	2.25	1.71	4.16	2.99	1.04	0.08
2.70	8.38	2.46	0.28	1.07	6.77	6.27	0.26	0.20
3.11	5.55	2.64	1.16	4.09	2.96	2.00	0.44	0.45
2.75	4.54	2.92	0.08	2.97	1.90	0.98	0.57	0.31
0.43	2.01	1.83	0.08	1.00	5.02	4.19	0.74	0.09

12-14 蔬菜及食用菌、瓜果产量

单位：万吨

市(县) City(County)	蔬菜及食用菌 Vegetables and Edible fungus	叶菜类 Leaf Vegetables	白菜类 Chinese Cabbage	甘蓝类 Cabbages	块根、块茎类 Root and Stem Tuber for Vegetable	瓜菜类 Melons for Vegetable
2012	6839.94	778.42	888.40	233.85	1019.10	824.08
2013	6745.29	782.09	932.95	241.10	1065.19	821.63
2014	6848.11	784.62	975.49	228.56	1096.56	855.04
2015	6970.99	795.78	983.75	205.66	925.79	989.86
2016	7238.18	924.53	828.76	205.96	906.71	1040.30
2017	7530.22	961.76	842.08	212.09	901.12	1059.34
2018	7260.67	944.40	812.72	198.26	900.80	996.04
2019	7368.74	971.76	833.93	211.50	907.23	1021.79
2020	7612.39	1016.34	811.24	213.76	881.08	1082.78
省辖市 City						
郑州市 Zhengzhou	219.84	39.16	20.26	6.29	18.59	23.78
开封市 Kaifeng	833.56	78.91	89.19	24.61	132.78	73.41
洛阳市 Luoyang	277.19	56.47	32.93	4.86	32.98	30.16
平顶山市 Pingdingshan	236.63	36.39	28.82	7.07	33.18	27.20
安阳市 Anyang	500.07	51.33	50.17	9.82	36.32	85.94
鹤壁市 Hebi	43.47	5.62	9.87	1.28	4.24	6.04
新乡市 Xinxiang	322.66	45.97	60.72	2.31	24.63	48.88
焦作市 Jiaozuo	199.65	26.89	30.92	6.27	26.80	43.33
濮阳市 Puyang	267.31	27.71	29.89	4.86	18.03	40.73
许昌市 Xuchang	153.62	19.74	25.51	1.98	28.39	15.87
漯河市 Luohe	201.74	38.28	22.94	2.02	23.63	28.75
三门峡市 Sanmenxia	124.08	11.53	11.20	9.25	21.23	16.05
南阳市 Nanyang	1153.04	129.24	118.21	62.66	184.19	124.81
商丘市 Shangqiu	1034.75	126.28	102.19	20.95	81.76	145.04
信阳市 Xinyang	445.32	69.27	52.07	17.53	59.81	68.67
周口市 Zhoukou	1088.08	182.08	73.85	20.62	82.11	229.59
驻马店市 Zhumadian	489.05	70.20	48.64	11.26	69.95	71.02
济源市 Jiyuan	22.31	1.30	3.85	0.13	2.47	3.51
省直管县 County Directly Administrated by Province						
巩义市 Gongyi	4.58	0.63	0.47	0.01	1.03	0.98
兰考县 Lankao	33.01	4.97	2.77	0.80	2.80	4.30
汝州市 Ruzhou	33.95	5.27	7.35	1.10	4.21	3.38
滑县 Huaxian	195.45	34.09	21.00	4.22	13.92	31.25
长垣市 Changyuan	58.86	10.17	4.89	0.13	5.02	13.79
邓州市 Dengzhou	209.89	20.41	22.98	10.77	24.01	34.03
永城市 Yongcheng	186.43	6.59	23.10	2.87	21.34	48.87
固始县 Gushi	128.79	18.38	18.86	4.31	18.58	21.77
鹿邑县 Luyi	119.62	29.89	12.98	2.47	9.18	18.39
新蔡县 Xincai	51.29	4.56	9.23	1.00	11.48	7.35

Output of Vegetables, Edible Fungis and Fruits

(10 000tons)

菜用豆类 Legume for Vegetable	茄果菜类 Eggplant and Fruit for Vegetable	葱蒜类 Shallot and Garlic for Vegetable	水生菜类 Aquicolous Vegetable	其他蔬菜 Others	食用菌 Edible Fungus	瓜果类 Melon and Fruit	西瓜 Watermelon	甜瓜 Honey-dew Melon	草莓 Strawberry
477.60	1018.63	863.76	134.91	460.53	140.66	1515.71	1328.94	172.12	14.64
468.03	1039.70	841.00	129.39	267.33	156.86	1534.13	1342.89	176.67	14.58
480.37	1063.11	810.84	123.69	263.11	166.71	1468.76	1285.42	169.34	14.00
515.61	1235.79	751.66	100.38	288.95	177.76	1519.94	1349.91	152.37	17.66
540.75	1386.27	815.87	105.96	304.27	178.79	1613.93	1402.18	191.70	20.05
560.80	1461.41	914.54	107.86	328.35	180.86	1670.46	1447.01	201.38	22.08
519.05	1406.77	888.41	103.27	325.70	165.26	1585.37	1364.32	196.99	22.68
464.67	1427.54	925.95	96.06	334.40	173.91	1638.92	1417.17	187.29	25.70
447.74	1533.74	1026.11	86.56	335.55	177.48	1561.61	1348.82	178.67	26.15
13.72	28.56	58.96	1.12	8.92	0.48	24.22	20.83	0.43	2.88
33.26	113.54	248.06	10.35	25.04	4.41	256.90	240.73	15.76	0.29
17.64	55.69	29.34	0.08	7.23	9.83	21.56	16.80	2.22	2.26
14.77	38.91	20.05	1.13	16.07	13.03	23.71	20.43	2.65	0.63
23.76	165.23	51.35	0.61	18.84	6.70	80.31	31.09	48.70	0.19
2.27	8.97	2.04	0.00	2.44	0.69	0.86	0.72	0.08	0.06
13.76	76.76	20.83	0.73	14.13	13.93	22.75	17.76	4.22	0.30
14.19	28.31	19.13	1.03	1.41	1.37	16.63	15.70	0.69	0.23
18.75	59.82	23.16	5.18	19.08	20.10	24.93	18.33	5.25	1.14
8.88	38.46	8.07	1.52	4.84	0.35	11.69	9.63	1.75	0.25
6.96	45.06	18.45	0.23	14.12	1.33	46.10	34.63	6.80	3.35
6.39	24.48	8.56	1.89	4.25	9.24	10.58	9.52	0.77	0.26
88.49	154.08	157.61	38.46	66.48	28.82	135.76	120.43	13.81	1.16
33.60	300.17	162.21	3.52	40.70	18.34	284.29	268.43	8.70	5.64
44.27	58.08	28.05	10.76	29.75	7.05	93.25	75.30	10.71	4.20
80.25	250.06	117.39	6.83	36.50	8.81	396.27	348.24	46.01	1.94
25.59	81.03	51.08	3.10	25.37	31.81	111.50	100.04	10.10	1.33
1.17	6.53	1.78	0.04	0.36	1.20	0.30	0.22	0.02	0.07
0.23	0.55	0.62	0.00	0.05	0.01	0.49	0.46	0.00	0.03
2.30	7.39	6.38	0.50	0.21	0.58	12.16	7.83	4.06	0.19
1.57	4.29	2.82	0.02	2.85	1.10	1.52	1.08	0.38	0.06
8.59	43.21	26.30	0.30	12.32	0.25	35.82	10.82	24.91	0.07
3.87	14.43	5.56	0.34	0.53	0.14	13.54	9.82	3.53	0.17
15.62	42.39	17.87	12.79	8.37	0.64	21.06	17.09	3.63	0.17
14.82	43.88	14.84	1.42	8.63	0.09	50.57	49.16	0.88	0.40
8.43	17.68	7.40	3.54	9.67	0.17	14.08	11.20	1.75	0.97
6.77	19.39	8.76	0.24	11.40	0.14	6.99	4.60	2.05	0.32
1.15	9.01	4.02	0.25	3.00	0.24	29.47	25.51	3.54	0.42

12-15 各市茶园、果园面积
Area of Tea Garden and Orchard

单位：千公顷 (1 000 hectares)

市(县) City(County)	茶园面积 Tea Garden	果园面积 Orchard	#苹果园 Apple Orchards	#梨园 Pears Orchards	#葡萄园 Grapes Orchards	#柑橘园 Orange Orchards	#猕猴桃园 Chinese Goosebeery Orchards	#桃园 Peach Orchards
2012	87.63	467.96	179.73	52.12	29.69	10.99	10.24	76.42
2013	97.69	477.19	177.67	52.48	32.50	11.54	10.30	76.57
2014	105.47	460.05	173.09	53.15	34.07	11.75	10.82	70.20
2015	114.00	457.47	171.48	54.94	36.41	11.60	10.99	74.04
2016	118.29	449.55	157.84	54.81	38.05	11.60	11.16	78.87
2017	115.76	442.67	147.39	55.49	36.94	11.74	11.34	82.42
2018	115.67	434.07	129.06	63.36	39.04	8.53	12.00	88.23
2019	114.64	432.28	119.29	65.53	41.99	4.47	13.33	90.34
2020	113.00	452.21	117.65	66.60	41.38	4.36	13.80	112.66
省辖市 City								
郑州市 Zhengzhou		18.28	1.73	0.95	2.20		0.05	2.34
开封市 Kaifeng		18.05	8.16	1.40	1.57		0.04	5.44
洛阳市 Luoyang		44.40	15.22	3.65	4.99		0.43	4.49
平顶山市 Pingdingshan	0.01	16.58	0.84	3.57	2.45	0.00	0.18	4.27
安阳市 Anyang		20.17	4.91	1.99	1.04		0.01	4.51
鹤壁市 Hebi		3.11	0.33	0.20	0.05		0.00	1.96
新乡市 Xinxiang		37.36	4.53	2.68	2.16		0.01	25.36
焦作市 Jiaozuo		6.48	1.09	0.75	0.68		0.06	2.60
濮阳市 Puyang		9.75	4.22	2.16	0.42			1.45
许昌市 Xuchang		4.77	1.13	0.39	0.69		0.02	0.92
漯河市 Luohe		3.47	0.10	0.65	1.48		0.19	0.80
三门峡市 Sanmenxia		65.46	46.97	1.77	2.76		0.14	5.14
南阳市 Nanyang	6.20	86.35	4.03	14.59	4.00	4.14	11.91	22.08
商丘市 Shangqiu		53.00	20.63	14.84	5.88		0.14	9.72
信阳市 Xinyang	103.58	20.38	0.07	4.13	5.01	0.19	0.55	7.60
周口市 Zhoukou		21.09	2.93	5.15	2.96		0.00	5.07
驻马店市 Zhumadian	3.20	21.51	0.47	7.45	2.88	0.02	0.06	8.41
济源市 Jiyuan	0.02	1.99	0.28	0.28	0.17		0.01	0.50
省直管县 County Directly Administrated by Province								
巩义市 Gongyi		1.80	0.23	0.15	0.28		0.00	0.18
兰考县 Lankao		5.33	2.86	0.61	0.43		0.04	1.14
汝州市 Ruzhou		4.36	0.41	0.27	0.38		0.01	1.05
滑县 Huaxian		4.50	1.49	0.78	0.53		0.00	1.11
长垣市 Changyuan		1.53	0.10	0.14	0.36			0.21
邓州市 Dengzhou	0.01	4.44	0.26	0.98	0.51	0.21	0.15	1.64
永城市 Yongcheng		6.69	1.07	2.82	0.86		0.00	1.51
固始县 Gushi	6.79	1.62	0.00	0.33	0.28	0.03	0.39	0.28
鹿邑县 Luyi		0.56	0.23	0.05	0.15			0.12
新蔡县 Xincai		3.20	0.47	1.57	0.36		0.01	0.77

12-16 茶叶、园林水果及食用坚果产量

Output of Tea, Garden Fruit and Edible Nuts

单位：万吨 (10 000tons)

市(县) City(County)	茶叶 Tea	园林水果 Garden Fruit	#苹果 Apple	#梨 Pear	#葡萄 Grape	#枣 Jujube	#柿 Persimmon	#桃 Peach	柑橘 Orange	食用坚果 Edible Nuts	核桃 Walnut	板栗 Chinese Chiestnut
2012	5.14	872.91	438.99	104.82	55.33	40.78	54.41	110.33	4.04	33.06	10.97	22.09
2013	5.59	891.25	445.86	108.24	55.83	41.77	54.81	109.79	4.81	37.45	8.30	12.23
2014	6.11	899.36	444.83	113.52	58.57	35.85	54.53	112.83	4.67	38.40	10.70	17.70
2015	6.49	919.68	453.19	115.53	64.00	32.63	52.19	118.89	4.94	46.50	16.59	28.36
2016	6.86	927.12	442.42	118.27	68.54	33.00	51.14	127.26	4.79	47.82	18.04	28.10
2017	6.40	931.98	434.53	121.84	70.29	29.91	50.87	133.58	4.91	49.95	19.10	29.56
2018	6.34	907.39	402.74	122.86	76.96	25.23	48.39	141.42	3.91	48.59	20.34	28.22
2019	6.53	950.74	408.79	137.43	83.22	18.30	46.39	154.60	4.63	49.49	21.51	27.88
2020	7.10	1001.82	407.57	138.16	88.10	16.28	43.73	193.01	4.71	49.58	22.53	26.95
省辖市 City												
郑州市 Zhengzhou		27.34	2.72	2.15	4.64	3.79	0.66	3.80		3.84	3.84	0.00
开封市 Kaifeng		49.36	21.97	3.80	4.10	0.42	1.40	16.25		0.12	0.12	
洛阳市 Luoyang		89.98	46.89	7.32	10.53	0.91	5.96	10.23		5.66	5.13	0.52
平顶山市 Pingdingshan	0.00	27.70	0.95	4.50	9.66	0.13	1.45	6.74	0.00	2.40	1.85	0.55
安阳市 Anyang		46.77	15.03	6.30	2.73	4.36	1.59	14.25		0.64	0.63	0.01
鹤壁市 Hebi		6.91	0.82	0.79	0.22	0.08	0.18	4.49		0.14	0.14	0.00
新乡市 Xinxiang		36.97	6.16	3.86	2.52	0.32	0.61	22.63		0.24	0.24	
焦作市 Jiaozuo		15.31	2.69	2.00	1.80	0.12	1.03	6.45		0.58	0.58	0.00
濮阳市 Puyang		29.09	14.60	6.14	1.29	0.69	0.44	4.52		0.34	0.34	
许昌市 Xuchang		7.41	1.85	1.07	1.76	0.21	0.08	1.99		0.58	0.58	
漯河市 Luohe		10.15	0.26	2.08	5.20	0.01	0.08	2.12		0.02	0.02	0.00
三门峡市 Sanmenxia		259.43	201.49	6.69	8.43	2.61	16.13	17.38		5.81	5.12	0.66
南阳市 Nanyang	0.30	116.85	1.86	15.38	3.24	0.48	3.81	23.10	4.57	6.92	2.99	3.91
商丘市 Shangqiu		184.17	81.57	55.35	19.00	0.19	2.24	19.90		0.08	0.08	
信阳市 Xinyang	6.69	16.38	0.03	3.70	3.01	0.18	0.72	7.79	0.14	15.25	0.01	15.20
周口市 Zhoukou		53.02	7.39	9.80	6.48	1.48	6.82	20.54		0.01	0.01	
驻马店市 Zhumadian	0.12	21.09	0.44	6.34	3.29	0.29	0.23	9.92	0.00	6.18	0.08	6.10
济源市 Jiyuan	0.00	3.89	0.84	0.90	0.22	0.02	0.30	0.91		0.74	0.74	
省直管县 County Directly Administrated by Province												
巩义市 Gongyi		3.20	0.36	0.59	0.69	0.01	0.14	0.26		0.37	0.37	0.00
兰考县 Lankao		13.95	6.93	1.86	1.05	0.06	0.08	3.25		0.07	0.07	
汝州市 Ruzhou		4.82	0.36	0.22	0.73	0.07	0.93	1.70		0.19	0.19	
滑县 Huaxian		15.93	5.41	3.01	1.51	0.26	0.99	4.48		0.30	0.30	
长垣市 Changyuan		1.92	0.14	0.16	0.86	0.27	0.00	0.46		0.07	0.07	
邓州市 Dengzhou	0.00	4.68	0.14	0.92	0.45	0.02	0.07	2.41	0.22	0.06	0.06	0.00
永城市 Yongcheng		31.14	4.58	12.36	3.29	0.10	0.19	6.18		0.01	0.01	
固始县 Gushi	0.35	2.01		0.35	0.49	0.05	0.17	0.60	0.01	0.37	0.00	0.37
鹿邑县 Luyi		1.29	0.49	0.13	0.26	0.01	0.01	0.39		0.01	0.01	
新蔡县 Xincai		2.18	0.44	1.03	0.28	0.01	0.01	0.41				

12-17 各市林业生产情况(2020年)

单位：千公顷

市(县) City(County)	当年造林面积 CurrentNew Forest Area	#人工造林 By Manpower	飞播造林 Afforestation by Aerial Seeding	封山育林 Closing Hillsides for Afforestation	其中：无林地和疏林地封山育林 without Forest Land and Sparse Forest Land
全　省 Total	**211.21**	**171.88**	**17.95**	**14.96**	**14.96**
省辖市 City					
郑州市 Zhengzhou	13.26	13.26			
开封市 Kaifeng	9.68	9.68			
洛阳市 Luoyang	24.35	16.25	6.92	1.18	1.18
平顶山市 Pingdingshan	7.18	7.18			
安阳市 Anyang	7.18	6.62		0.56	0.56
鹤壁市 Hebi	6.30	5.64	0.67		
新乡市 Xinxiang	7.72	5.72	2.00		
焦作市 Jiaozuo	4.07	2.60	1.33	0.14	0.14
濮阳市 Puyang	5.67	5.67			
许昌市 Xuchang	9.43	8.51	0.67	0.25	0.25
漯河市 Luohe	2.01	2.01			
三门峡市 Sanmenxia	23.06	18.44	2.67	1.95	1.95
南阳市 Nanyang	38.37	26.99	2.70	7.30	7.30
商丘市 Shangqiu	6.96	6.96			
信阳市 Xinyang	28.23	20.04		3.16	3.16
周口市 Zhoukou	5.25	5.25			
驻马店市 Zhumadian	8.06	7.63		0.43	0.43
济源市 Jiyuan	4.43	3.43	1.00		
省直管县 County Directly Administrated by Province					
巩义市 Gongyi	3.59	3.59			
兰考县 Lankao	1.02	1.02			
汝州市 Ruzhou	1.28	1.28			
滑县 Huaxian	0.91	0.91			
长垣市 Changyuan	1.33	1.33			
邓州市 Dengzhou	1.65	1.65			
永城市 Yongcheng	1.46	1.46			
固始县 Gushi	0.45	0.45			
鹿邑县 Luyi	0.92	0.92			
新蔡县 Xincai	1.20	1.20			

Conditions of Forestry Production by City (2020)

(1 000 hectares)

退化林修复 Restoration of Degraded Forest	用材林 Timber Forest	经济林 Economic Forest	防护林 Shelter Forest	森林抚育面积 Area of Tending Woods	木材产量(万立方米) Wood (10 000 Cubic metres)	大径竹产量(万根) Bamboo Wood (10 000 pieces)
6.42	**35.88**	**39.70**	**129.22**	**304.38**	**267.42**	**110.15**
	0.84	5.30	7.12	7.99	13.40	
	4.34	2.61	2.73	5.08	20.13	
		2.53	21.82	65.30	11.91	
	0.24	1.72	5.22	15.31	8.40	
	2.28	1.36	3.54	8.85	8.64	
	0.06	3.27	2.98	3.88	1.06	
	2.10	1.16	4.47	7.74	16.56	
	1.17	0.20	2.71	5.94	9.73	
	2.09	0.76	2.81	3.58	1.86	
	0.23	6.33	2.87	4.20	9.34	
	1.66	0.16	0.19	0.73	10.31	
	0.31	1.91	20.85	39.44	4.76	
1.38	10.50	5.06	21.43	83.33	22.75	
	0.94	0.87	5.15	7.70	20.90	
5.03	3.61	5.94	13.65	30.61	34.40	110.15
	3.71		1.54	2.45	22.72	
	1.82	0.49	5.75	9.51	46.00	
		0.04	4.39	2.73	4.55	
	0.01	2.20	1.39	1.76	0.27	
		0.33	0.68	0.93	3.14	
		0.33	0.95	2.44	0.94	
	0.46	0.45		0.82	0.14	
	0.94	0.30	0.09	2.27	3.13	
		0.20	1.45	1.07	2.59	
		0.58	0.88	1.00	5.66	
	0.10	0.13	0.22	0.87	6.10	18.00
	0.92			0.80	0.92	
	1.20			0.67	2.33	

12-18 牧渔业产量

Output of Animal Husbandry and Fishery

年 份 Year	肉类产量（万吨） Total Output of Meat (10 000 tons)	#猪肉 Pork	#牛肉 Beef	#羊肉 Mutton	#禽肉 Poultry	大牲畜年底头数（万头） Large Animals at Year-end (10 000 heads)	#役畜 Draught Animals	猪年底头数（万头） Hogs (10 000 heads)	禽蛋产量（万吨） Poultry Eggs (10 000 tons)	奶类产量（万吨） Output of Milk (10 000 tons)	水产品产量（万吨） Total Aquatic Products (10 000 tons)
1978	45.64	42.20				515.03	401.70	1724.90			2.47
1979	55.14	50.00				521.50	400.40	1592.30			2.30
1980	55.03	49.45	0.69	2.88	1.90	541.99	423.75	1474.24	15.86	2.20	2.91
1981	51.58	44.30	0.60	3.36		607.00	498.90	1386.50	16.31		3.00
1982	54.26	47.60	0.52	3.46		671.50	542.10	1310.70	16.75		3.25
1983	51.33	43.70	0.88	3.41		704.70	562.20	1195.70	21.41		3.78
1984	58.59	49.60	1.83	3.31		794.70	615.70	1327.00	31.38		4.89
1985	71.83	61.08	3.01	3.38	4.10	886.35	664.55	1621.74	37.15	4.50	6.37
1986	79.42	65.00	5.50	3.70		957.44	708.10	1539.41	37.32		6.61
1987	86.63	66.10	8.90	5.00		1000.82	738.44	1404.72	43.55		7.62
1988	103.75	76.87	12.24	6.48		1069.20	779.57	1586.18	50.43		9.39
1989	121.53	88.11	15.26	7.89		1111.56	794.04	1680.22	53.62		9.83
1990	134.86	97.45	18.16	8.05	9.40	1116.33	798.30	1750.32	59.58	7.40	10.48
1991	157.95	108.73	24.82	7.76		1102.10	782.25	1820.80	73.81		10.77
1992	171.66	119.23	25.67	7.96		1135.50	794.90	1959.70	79.29		11.55
1993	203.51	137.60	32.64	9.90	19.30	1211.00	843.00	2085.00	95.58	7.50	13.83
1994	253.31	165.81	44.00	12.57	25.70	1329.18	919.79	2325.17	125.28	8.90	15.84
1995	333.00	210.37	64.39	21.10	31.00	1420.45	985.76	2667.72	140.01	9.80	18.09
1996	347.72	225.63	59.45	21.72	34.10	1089.14	783.00	2229.67	154.54	9.70	20.51
1997	403.00	256.12	64.88	25.23	49.30	1420.87	857.03	2931.91	201.40	10.60	23.88
1998	461.63	297.86	76.71	28.00	50.76	1416.84	803.70	3439.66	229.34	12.30	27.02
1999	485.11	313.95	82.21	29.96	51.47	1448.42	530.60	3556.43	251.82	15.90	28.83
2000	517.00	337.88	83.00	32.00	55.00	1445.73	482.84	3787.69	270.00	20.20	32.17
2001	540.65	343.77	89.23	34.51	63.90	1435.93	479.53	3672.07	286.00	30.00	31.46
2002	570.01	366.49	89.20	37.85	66.40	1409.78	437.03	3800.00	302.00	39.00	36.22
2003	603.55	386.00	93.00	42.00	74.00	1469.45	430.00	3917.80	326.20	52.60	38.95
2004	643.00	412.37	98.33	44.06	79.55	1491.19	427.00	4152.87	347.40	78.90	42.70
2005	689.00	441.20	102.75	47.38	87.51	1508.80	412.90	4439.00	375.30	108.50	51.68
2006	584.60	391.30	82.00	23.80	76.60	1114.26	410.12	3953.30	329.50	142.26	40.98
2007	545.87	338.88	75.28	24.82	84.58	985.75	387.21	4184.00	333.14	149.82	45.68
2008	573.35	366.84	70.70	25.51	91.52	910.09	337.42	4458.81	363.82	201.86	50.58
2009	591.61	389.18	64.75	24.46	96.88	814.97	369.30	4524.05	370.74	203.56	53.77
2010	608.96	407.72	58.67	23.35	101.32	719.19	296.16	4540.55	372.29	207.04	57.86
2011	604.28	405.67	53.14	22.54	105.59	619.07	243.38	4560.84	370.13	214.85	65.47
2012	632.84	431.57	47.80	22.07	114.60	537.56	211.21	4577.45	379.00	220.85	71.72
2013	648.97	452.99	43.89	21.66	113.48	487.16	200.09	4415.68	380.58	219.07	85.01
2014	662.02	476.63	41.02	21.80	108.34	447.59	192.82	4407.38	370.81	227.28	91.76
2015	647.22	466.45	37.84	21.81	108.97	411.70	183.71	4361.95	372.30	233.66	102.37
2016	625.94	449.04	34.87	21.85	110.05	353.67	167.47	4268.82	379.56	223.30	94.76
2017	655.84	466.90	35.04	26.10	118.97	376.09	108.50	4390.00	401.18	212.87	94.67
2018	669.41	479.04	34.80	26.90	121.94	377.01	107.96	4337.15	413.61	208.90	98.38
2019	560.06	344.43	36.22	28.11	145.24	388.27	92.21	3170.46	442.42	208.55	99.08
2020	544.05	324.80	36.71	28.64	148.05	394.88	85.00	3886.98	449.42	214.72	98.05

12-19 畜禽产品年末存栏数量及产量

Number of Livestock and Output of Livestock Products at Year-end

单位：万头、万只 (10 000 heads)

指 标	Item	1980	1990	2000	2005	2010	2015	2018	2019	2020
年底存栏总头数	**Number of Livestock at Year-end**									
#大牲畜	Large Livestock	541.99	1116.33	1445.73	1508.80	719.19	411.70	377.01	388.27	394.88
#从事农事劳役	Draught Animals	423.75	798.30	482.84	412.90	296.16	183.71	107.96	92.21	85.00
牛	Cow	339.60	892.50	1340.20	1447.00	695.05	402.68	373.41	385.13	391.68
#肉牛	Cattle	177.70		282.80	514.06	346.53	181.76	231.12	257.32	270.04
#乳牛	Dairy	0.90	1.90	6.70	31.22	52.35	37.22	34.33	35.60	36.64
马	Horse	52.20	39.20	29.30	17.29	8.05	2.80	0.91	0.72	0.75
驴	Donkey	94.30	120.90	49.50	29.60	12.34	5.13	2.33	2.11	2.18
骡	Mule	55.90	63.70	26.80	14.91	3.76	1.09	0.35	0.30	0.27
猪	Pig	1474.24	1750.32	3787.69	4439.00	4540.55	4361.95	4337.15	3170.46	3886.98
羊	Sheep	1147.80	1279.50	2961.40	3988.00	1895.40	1926.00	1734.07	1898.81	1965.12
山羊	Goat	764.80	1129.50	2730.10	3509.00	1662.88	1552.77	1473.96	1896.09	1672.50
绵羊	Sheep	383.00	150.00	231.30	479.00	232.52	373.23	260.11	405.02	292.63
家禽	Poultry		19849.90	42529.00	61958.00	56708.51	57070.49	65799.73	69601.71	70436.65
猪牛羊出栏头(只)数	**Slaughtered Fattened Hogs, Cattle and Sheep**									
肉猪	Hogs	684.70	1182.40	4180.00	5568.00	5382.80	6151.36	6402.38	4502.10	4311.12
肉用牛	Cattle	9.00	167.90	578.00	702.64	390.08	251.29	231.16	238.43	241.25
肉用羊	Sheep and Goats	289.10	834.00	2903.80	4225.00	1959.16	1790.23	2208.19	2301.11	2342.65
肉用禽	Poultry					81530.72	83132.35	92767.28	108816.02	110828.12
肉类总产量(万吨)	**Total Output of Meat (10 000 tons)**	**55.03**	**134.86**	**517.00**	**689.00**	**608.96**	**647.22**	**669.41**	**560.06**	**544.05**
#猪肉	Pork	49.40	97.40	337.90	441.20	407.72	466.45	479.04	344.43	324.80
牛肉	Beef	0.70	18.20	83.00	102.75	58.67	37.84	34.80	36.22	36.71
羊肉	Mutton	2.90	8.10	32.00	47.38	23.35	21.81	26.90	28.11	28.64
禽肉	Meat of Poultry	1.90	9.40	55.00	87.51	101.32	108.97	121.94	145.24	148.05
兔肉	Rabbit	0.10	0.30	4.20	5.66	9.46	6.23	4.41	4.20	3.77
其他畜产品产量	**Others Output of Livestock Products**									
奶类总产量(万吨)	Output of Milk (10 000 tons)	**2.20**	**7.40**	**20.20**	**108.50**	**207.04**	**233.66**	**208.90**	**208.55**	**214.72**
牛奶	Cow Milk	0.80	2.70	16.10	104.00	190.06	223.57	202.65	204.07	210.05
羊奶	Sheep Milk	1.40	4.70	4.10	5.00	16.98	10.10	6.24	4.47	4.67
羊毛总产量(吨)	Output of Wool (ton)	10708	6745	10844	14335	11984	7246	6849	6447	6632
山羊粗毛	Goat Wool	771	1372	2858	2873	4297	2245	2719	2467	2864
绵羊毛	Sheep Wool	9937	5373	7986	11462	7687	5000	4130	3649	3768
羊绒产量(吨)	Cashmere (ton)	52	102	277	7135	181	311	313	331	371
蜂蜜产量(吨)	Honey (ton)	5287	11908	23105	27441	61820	27907	61393	61093	68914
禽蛋产量(万吨)	Poultry Eggs (10 000 tons)	16	60	270	375	372	372	414	442	449
蚕茧产量(吨)	Output of Silkworm Cocoons (ton)			15190	20366	16751	7715	11865	11543	11746
#桑蚕茧	Mulberry Silkworm Cocoons			12560	14803	13287	7256	6012	6006	6173
柞蚕茧	Tussore Silkworm Cocoons			2630	5563	3464	459	5852	5537	5573

12-20 各市牲畜饲养情况(2020年底)

Number of Livestock by City (End of 2020)

市(县) City(County)	牛(万头) Cattles (10 000 heads)	马(头) Horses (head)	驴(头) Donkeys (head)	骡(头) Mules (head)	猪年底头数(万头) Hogs (year-end) (10 000 heads)	羊年底只数(万只) Sheep and Goats (year-end) (10 000 heads)	家禽(万只) Poultry (10 000 heads)	兔(万只) Rabbits (10 000 heads)
省辖市 City								
郑州市 Zhengzhou	4.86	15	746	11	71.86	30.32	1274.46	19.50
开封市 Kaifeng	34.35	34	3901	1	253.23	187.55	4204.19	41.74
洛阳市 Luoyang	29.49	137	735	303	119.69	80.26	2587.14	114.31
平顶山市 Pingdingshan	18.89	1271	2059	527	210.53	132.22	2214.21	20.53
安阳市 Anyang	4.94	215	430	86	143.25	57.04	3697.78	12.06
鹤壁市 Hebi	2.05	80	78	100	86.04	34.10	2451.01	1.84
新乡市 Xinxiang	17.79	26	1033	18	233.96	67.28	3904.86	27.27
焦作市 Jiaozuo	7.16	58	63		83.22	32.06	1506.48	45.00
濮阳市 Puyang	4.63	607	3276	613	94.94	66.92	7964.26	18.66
许昌市 Xuchang	9.71	627	470	3	215.76	62.97	1946.88	27.09
漯河市 Luohe	3.05				172.65	22.47	3070.30	5.01
三门峡市 Sanmenxia	17.89				78.83	41.52	749.37	0.49
南阳市 Nanyang	81.36	445	1146	19	489.54	283.79	5712.57	28.54
商丘市 Shangqiu	37.31	154	297		270.30	291.64	9096.82	65.30
信阳市 Xinyang	14.36				235.23	79.33	5990.18	52.31
周口市 Zhoukou	28.79	1856	1749	1019	493.39	296.11	8568.65	142.57
驻马店市 Zhumadian	72.18	1996	5837		606.56	187.16	5261.49	365.08
济源市 Jiyuan	2.88				28.00	12.38	236.00	12.78
省直管县 County Directly Administrated by Province								
巩义市 Gongyi	0.39	8	298	5	17.65	3.92	100.16	1.59
兰考县 Lankao	3.33		3825		12.47	33.31	966.31	2.06
汝州市 Ruzhou	5.77	713	501	358	62.85	39.70	814.71	4.22
滑县 Huaxian	2.10	91	30		60.00	15.70	1583.86	0.57
长垣市 Changyuan	0.75		609		18.76	4.29	449.05	18.97
邓州市 Dengzhou	17.13				94.50	46.39	1052.81	5.37
永城市 Yongcheng	2.31		25		36.66	50.02	2463.01	13.01
固始县 Gushi	1.23				42.39	31.03	1927.50	
鹿邑县 Luyi	0.92				53.86	17.01	826.41	0.81
新蔡县 Xincai	4.16		1319		60.94	21.90	607.04	49.28

12−21 各市畜产品产量(2020年)

Output of Livestock Products by City (2020)

市(县) City(County)	猪牛羊出栏头(只)数 Slaughtered Fattened Hogs, Cattle, Sheep and Goats			猪肉产量 (万吨) Output of Pork	蜂蜜 (吨) Honey	禽蛋 (万吨) Poultry Eggs	绵羊毛 (吨) Sheep Wool		山羊粗毛 (吨) Goat Wool
	猪(万头) Hogs (10 000 heads)	牛(万头) Cattle (10 000 heads)	羊(万只) Sheep and Goats (10 000 units)	(10 000 tons)	(ton)	(10 000 ton)	(ton)	#细羊毛 Fine Wool	(ton)
省辖市 City									
郑州市 Zhengzhou	75.61	4.51	29.87	5.68	182.82	11.84	17.12	12.00	1.20
开封市 Kaifeng	290.50	16.43	202.83	21.75	2062.13	35.65	477.95	10.82	7.09
洛阳市 Luoyang	136.83	16.50	81.59	10.71	1872.52	16.15	325.28	132.11	355.37
平顶山市 Pingdingshan	236.23	14.08	149.98	17.78	1672.91	17.54	489.40	26.34	85.34
安阳市 Anyang	155.48	2.79	75.27	12.17	86.76	19.93	211.81	1.90	3.16
鹤壁市 Hebi	95.50	1.18	27.88	7.30	6.50	14.88	57.94	29.42	44.25
新乡市 Xinxiang	254.70	8.48	92.39	18.96	99.04	28.36	207.46	54.11	55.61
焦作市 Jiaozuo	92.40	6.38	33.47	6.97	128.69	13.21	381.36	0.48	0.00
濮阳市 Puyang	96.43	4.23	118.07	7.51	0.41	27.18	745.63	4.44	1.31
许昌市 Xuchang	232.33	7.49	83.45	17.64	1087.01	17.26	23.59		11.76
漯河市 Luohe	222.55	2.23	25.19	16.87	15.28	16.91			
三门峡市 Sanmenxia	81.92	7.44	41.88	6.22	2862.75	5.67	366.79	38.12	327.05
南阳市 Nanyang	517.94	51.03	345.37	38.72	28136.36	39.83	317.35	13.22	1071.02
商丘市 Shangqiu	328.34	23.28	363.49	24.71	230.93	55.54			
信阳市 Xinyang	246.46	9.15	85.29	18.57	6875.80	41.80			
周口市 Zhoukou	529.05	16.50	350.33	39.20	68.69	49.98	26.14	15.72	
驻马店市 Zhumadian	687.30	48.04	229.50	51.61	23459.90	34.85	116.24	102.03	523.84
济源市 Jiyuan	31.57	1.50	6.80	2.41	65.44	2.86	4.17	0.11	5.25
省直管县 County Directly Administrated by Province									
巩义市 Gongyi	18.89	0.44	3.55	1.45	86.17	1.17			0.01
兰考县 Lankao	22.59	1.79	42.37	1.52	0.31	9.63	207.75	9.40	6.38
汝州市 Ruzhou	60.48	3.77	21.61	4.60	219.00	6.12	30.00	5.00	10.00
滑县 Huaxian	32.30	0.90	23.80	2.53	0.19	5.70	187.62		
长垣市 Changyuan	24.92	0.55	7.74	1.97		3.56	16.76		231.14
邓州市 Dengzhou	88.63	10.39	65.18	6.74	911.00	7.09	1.00		10.00
永城市 Yongcheng	42.42	2.17	78.52	3.27		12.50			
固始县 Gushi	53.07	1.66	39.00	4.03		12.30			
鹿邑县 Luyi	60.37	1.02	29.96	4.60		6.17			
新蔡县 Xincai	68.00	3.95	32.32	5.18	3100.00	3.82			

主要统计指标解释

农林牧渔业总产值　指以货币表现的农、林、牧、渔业全部产品和对农林牧渔业生产活动进行的各种支持性服务活动的价值总量，它反映一定时期内农林牧渔业生产总规模和总成果。1957 年以前的农林牧渔业总产值中包括了厩肥和农民自给性手工业（如农民自制衣服、鞋、袜，自己从事粮食初步加工等）。1958 年及以后，林业中增加了村及村以下竹木采伐产值；牧业中取消了厩肥产值；副业中取消了农民自给性手工业产值，增加了村及村以下办的工业产值；渔业中增加了海洋捕捞水产品产值。1980 年及以后，在副业中增加了农民家庭兼营工业商品部分的产值。从 1984 年起村及村以下工业产值划归工业。从 1993 年起取消副业，将野生动物的捕猎划入牧业，野生植物采集和农民家庭兼营商品性工业划归农业。从 2003 年起，执行新的国民经济行业分类标准，农林牧渔业总产值中包括了农林牧渔服务业产值，2018 年以后农林牧渔服务业产值改称农林牧渔专业及辅助性活动产值。林业中增加了森林采运业产值。农业中取消了家庭兼营商品性工业产值，将野生林产品的采集划归林业。第一、二、三次农业普查以后，根据农业普查结果，对农业、畜牧业、渔业年报数据和农业、畜牧业、渔业产值进行了修订。2010 年执行《统计用产品分类目录》，对 2009 年的农业、林业产值做了相应调整。

农林牧渔业总产值的计算方法通常是按农、林、牧、渔业产品及其副产品的产量分别乘以各自单位产品价格求得；少数生产周期较长，当年没有产品或产品产量不易统计的，则采用间接方法匡算其产值；然后将四业产品产值及农林牧渔专业及辅助性活动产值相加即为农林牧渔业总产值。

粮食产量　指农业生产经营者日历年度内生产的全部粮食数量。按收获季节包括夏收粮食、早稻和秋收粮食，按作物品种包括谷物、薯类和豆类。其产量计算方法：谷物按脱粒后的原粮计算，豆类按去豆荚后的干豆计算；薯类（包括甘薯和马铃薯，不包括芋头和木薯）1963 年以前按每 4 公斤鲜薯折 1 公斤粮食计算，从 1964 年开始改为按 5 公斤鲜薯折 1 公斤粮食计算。城市郊区作为蔬菜的薯类（如马铃薯等）按鲜品计算，并且不作粮食统计。1989 年以前全国粮食产量数据主要靠全面报表取得，1989 年开始使用抽样调查数据。

棉花产量　指全社会的产量。包括春播棉和夏播棉。产量按皮棉计算。不包括木棉。

油料产量　指全部油料作物的生产量。包括花生、油菜籽、芝麻、向日葵籽、胡麻籽（亚麻籽）和其他油料。不包括大豆、木本油料和野生油料。花生以带壳干花生计算。

水产品产量　指渔业（捕捞和养殖）生产活动的最终有效成果，包括全部海水和淡水鱼类、甲壳类（虾、蟹）、贝类、头足类、藻类和其他类渔业产品的最终产量。水产品产量是通过各级水产和统计部门逐级上报取得数据。1995 年及以前，贝类中牡蛎按鲜肉计算；蚶、蛤、蛙按 5 斤鲜品折 1 斤计算。1996 年以后则统一按鲜品计算。

猪、牛、羊肉产量　指当年出栏并已屠宰、除去头蹄下水后带骨肉（即胴体重）的重量。

期初(末)畜禽存栏头(只)数　指报告期初（末）农村各种合作经济组织和国营农场、农民个人、机关、团体、学校、工矿企业、部队等单位以及城镇居民饲养的大牲畜、猪、羊、家禽等畜禽的存栏数。

常用耕地　是指耕地总资源中专门种植农作物并经常进行耕种、能够正常收获的土地。包括当年实际耕种的熟地；弃耕、休闲不满三年，随时可以复耕的地；开荒利用三年以上的地。不包括临时种植农作物的坡度在 25 度以上的陡坡地；在河套、湖畔、库区临时开发的成片或零星土地；也不包括已列为国家和省（区、市）退耕计划但临时耕种的土地。

农作物播种面积　指农业生产经营者应在日历年度内收获农作物在全部土地（耕地或非耕地）上的播种或移植面积。凡是本年内收获的农作物，无论是本年还是上年播种，都算为播种面积，但不包括本年播种，下年收获的农作物面积。

有效灌溉面积　指具有一定的水源，地块比较平整，灌溉工程或设备已经配套，在一般年景下当年能够进行正常灌溉的耕地面积。

农用化肥施用量　指本年内实际用于农业生产的化肥数量，包括氮肥、磷肥、钾肥和复合肥。化肥施用量要求按折纯量计算数量。折纯量是指把氮肥、磷肥、钾肥分别按含氮、含五氧化二磷、含氧化钾的百分之一百成份进行折算后的数量。复合肥按其所含主要成分折算。

农业机械总动力　指全部农业机械动力的额定功率之和。农业机械是指用于种植业、畜牧业、渔业、农产品初加工、农用运输和农田基本建设等活动的机械及设备。农机总动力按使用能源不同分为以下四部分：

柴油发动机动力：指全部柴油发动机额定功率之和；

汽油发动机动力：指全部汽油发动机额定功率之和；

电动机动力：指全部电动机（含潜水电泵的电动机）额定功率之和；

其他机械动力：指采用柴油、汽油、电力之外的其他能源，如水力、风力、煤炭、太阳能等动力机械功率之和。

Explanatory Notes on Main Statistical Indicators

Gross Output Value of Agriculture, Forestry, Animal Husbandry and Fishery refers to the total value of products of agriculture, forestry, animal husbandry and fishery, and total value of services in support of agriculture, forestry, animal husbandry and fishery activities. It reflects the total scale and results of agricultural production during a given period. Prior to 1957, China's gross agricultural output value included barnyard manure and handicraft products for self-consumption (clothes, shoes, stockings, and initial grain processing undertaken by peasants). Since 1958, cutting and felling of bamboo and trees by villages and other cooperative organizations under villages have been included in forestry; value of barnyard manure has been excluded from animal husbandry; self consumed handicrafts have not been included from sideline occupations, while the output value of industries run by villages and cooperative organizations under village has been included in sideline occupations; and the output value of fish catches by motor fishing boats has been added to fishery. Since 1980, the value of handicraft products made for sale by individuals in households has been added to sideline occupations. Since 1984, industries run by villages and under villages have been included in the sector of industry. Since 1993, the subdivision of sideline occupations has been cancelled, and the hunting of wild animals has been classified into animal husbandry, and the gathering of wild plants and commodity industry run by rural household have been included in farming. A new industrial classification of economic activities was introduced in 2003. Under the new classification, value of services to agriculture, forestry, animal husbandry and fishery is included in the gross output value of agriculture. In 2018, the output value of agriculture, forestry, animal husbandry and fishery services was renamed the output value of professional and auxiliary activities in support of agriculture, forestry, animal husbandry and fishery, value of wood felling and transport is included in forestry, value of industrial output by rural households is not included in agriculture. According to the result of the first, second, third Agriculture Census, efforts were made to adjust the annual reports of animal husbandry and fishery output and the output value of agriculture, animal husbandry and fishery output to make the figures from the annual reports consistent with the census data. "The Classification of Products for Statistical Purposes" implemented in 2010 made relevant revision on the output value of agriculture and forestry in 2009.

Gross output value of agriculture is obtained by multiplying the output of each product or by-product by its price, resulting in the output value of each single item. For a small number of products, annual output of which is not available or difficult to get due to the long production (growing) process involved, the output value is estimated through an indirect approach. The sum of output values of all products of agriculture, forestry, animal husbandry and fishery and professional and auxiliary activities in support of agriculture, forestry, animal husbandry and fishery is then equal to the gross output value of agriculture.

Grain Output refers to the total output of grains produced by agricultural producers within a calendar year. It includes summer grain, early rice and autumn grain if classified by harvest seasons; it covers cereal, tubers and beans if classified by type of crops. Output of cereal should be limited to husked grain only. Output of beans refers to dry beans without pods. The output of tubers (sweet potatoes and potatoes, not including taros and cassava) are converted into that of grain at the ratio 4:1, i.e. 4 kilograms of fresh tubers were equivalent to 1 kilogram of grain up to 1963. Since 1964 the ratio for conversion has been 5:1. Tubers supplied as vegetables (such as potatoes) in cities and suburbs are calculated as fresh vegetables and their output is not included in the output of grain. Data on grain production before 1989 were obtained through the Comprehensive Statistical Reporting System. Since 1989, data from sample surveys are used.

Cotton Output refers to cotton production in the whole country including cotton planted in spring and in autumn. Output is measured as the weight of ginned cotton. Ceiba is not included.

Output of Oil-bearing Crops refers to the total production of oil-bearing crops of various kinds, including peanuts (dry, in shell), rapeseeds, sesame, sunflower seeds, flax seeds, and other oil-bearing crops. Soybeans, oil-bearing woody plants, and wild oil-bearing crops are not included.

Output of Aquatic Products refers to final output actually yielded from fishing production (fishery and breeding), including all output of marine and freshwater fish, crustaceans (shrimps, crabs), shellfish, cephalopod, seaweed and other fishery products. Data on output of aquatic products are reported by aquatic product and statistical agencies level by level. Before 1995, among the shellfish, oyster was counted as fresh meat; 5 kilograms of ark shell, clams and frogs are equivalent to 1 kilogram of fresh aquatic products; they have all been counted as fresh aquatic products since 1996.

Output of Pork, Beef, and Mutton refers to the meat of slaughtered hogs, cattle, sheep and goats with head, feet, and offal taken away.

Number of Livestock or Poultry in Stock at Beginning (or End) refers to the total number of large animals, pigs, sheep, fowls, etc. raised by rural cooperative organizations, state farms, rural individuals, government agencies, schools, industrial and mining enterprises, army, and urban residents at the beginning (or end) of the reference period.

Regularly Cultivated Land refers to farmland among the total land resources which is exclusively used for farming and is under regular cultivation with harvest in normal years. Included are currently cultivated land, land that has been abandoned or put in idle for less than 3 years and could be re-used for cultivation at any time, and new-claimed land that has been put into cultivation for more than 3 years. Excluded under this category are steep slope land over 25 degrees under temporary cultivation, land (large or small plots) that is claimed along river bends, lake sides or banks of reservoirs, as well as land that has been designated under the "Green for Grain" programs of the state and provincial governments but is still temporarily under cultivation.

Sown Area of Crops refers to area of all land (cultivated or non-cultivated area) sown or transplanted with crops that are harvested within the calendar year by agricultural producers. All crops harvested within the year are counted as sown area, regardless of being sown in this year or the previous year. Crops sown this year but will be harvested in the coming year are excluded.

Irrigated Area refers to areas that are effectively irrigated, i.e. level land, which has water source and complete sets of irrigation facilities to lift and move adequate water for irrigation purpose under normal conditions.

Consumption of Chemical Fertilizers in Agriculture refers to the quantity of chemical fertilizers applied in agriculture in the year, including nitrogenous fertilizer, phosphate fertilizer, potash fertilizer, and compound fertilizer. The consumption of chemical fertilizers is required in calculation to convert the gross weight into weight containing 100% effective component (e.g. 100% nitrogen content in nitrogenous fertilizer, 100% phosphorous-pent oxide contents in phosphate fertilizer, 100% potassium oxide contents in potash fertilizer). Compound fertilizer is converted with its major component.

Total Power of Agricultural Machinery refers to the total rated capacity of all agricultural machinery. Agricultural machinery refers to the machineries and equipments which are used for activities of planting, animal husbandry, fishery, primary processing of agricultural products, agricultural transport and infrastructure construction of farmland. Total power of agricultural machinery is grouped into four parts according to the energy used:

Diesel engine power refers to the total rated capacity of all diesel engines.

Gasoline engine power refers to the total rated capacity of all gasoline engines.

Motor power refers to the total rated capacity of all motors (include submersible pump motors).

Other mechanical powers refer to the total mechanical capacity of the sources of energy besides diesel, gasoline and motor power, such as hydro power, wind power, coal and solar energy.

工业
Industry

13

资料整理：张静　刘佳　冀寒阳

简要说明

一、主要内容

本篇包括河南省规模以上工业企业单位数，工业增加值指数，工业主要产品产量和主要经济效益指标；规模以下工业单位数、工业增加值指数及从业人员情况。

二、统计范围

工业统计调查范围为河南省全部工业法人企业和个体工业单位。1997年以前，我国工业的统计范围按隶属关系划分，分为乡及乡以上独立核算工业企业和非独立核算生产单位、村办工业、城镇合作工业、农村合作工业、城镇个体工业、农村个体工业六大部分，（其中，1984年以前不包括农村的村及村以下办工业）。1998年起，年起，工业统计调查对象范围的界定由按隶属关系划分，改变为按企业规模划分，分为“规模以上工业”和“规模以下工业”。规模以上工业是指全部国有及年主营业务收入在500万元及以上非国有工业企业，规模以下工业是指年主营业务收入在500万元及以上非国有工业企业及个体工业。2006年年报起，规模以上工业统计范围由全部国有及年主营业务收入在500万元以上非国有工业企业改为年主营业务收入在500万元及以上的工业法人企业，相应改变规模以下工业的调查范围为年主营业务收入在500万元以下的工业企业及个体工业。从2011年定报起，规模以上工业统计范围调整为年主营业务收入在2000万元及以上的工业法人企业，相应改变规模以下工业的调查范围为年主营业务收入在2000万元以下的工业企业及个体工业。

三、资料来源

年主营业务收入2000万元及以上的工业法人企业实行全数调查，由河南省统计局工业处整理提供；年主营业务收入2000万元及以上的工业企业实行目录抽样调查，个体工业经营户实行整群抽样调查，省级数据由国家统计局河南调查总队整理提供，省级以下数据由河南省统计局工业处提供；能源类产品产量由河南省统计局能源统计处提供。

四、数据使用注意事项

2018年规模以上工业企业利润总额、营业收入等财务指标和工业产品产量数据与上年公布的数据存在不可比因素，其主要原因是：（一）根据统计制度，每年定期对规模以上工业企业调查范围进行调整。每年有部分企业达到规模标准纳入调查范围，也有部分企业因规模变小而退出调查范围，还有新建投产企业、破产、注（吊）销企业等变化。（二）加强统计执法，对统计执法检查中发现的不符合规模以上工业统计要求的企业进行了清理，对相关基数依规进行了修正。（三）加强数据质量管理，剔除跨地区、跨行业重复统计数据。根据国家统计局最新开展的企业组织结构调查情况，对企业集团（公司）跨地区、跨行业重复计算进行了剔重。（四）“营改增”政策实施后，服务业企业改交增值税且税率较低，工业企业逐步将内部非工业生产经营活动剥离，转向服务业，使工业企业财务数据有所减小。

Brief Introduction

I. Main Contents

Data on this chapter including number of industrial enterprises, value-added of industrial enterprises, output, beneficial indicators of industrial enterprises above designated size , unit, value-added and employed persons of industrial enterprises below designated size and individual.

II. Scope of Statistics

The scopes of industrial statistics are all corporate and individual industrial enterprises. Before 1997, the scopes of industrial statistics include six parts, as enterprises above township, Village-run enterprises, cooperative industry in cities and towns, rural cooperative industry, urban individual industrial, individual industries in rural areas. From 1998 to 2005, the scope of the industrial statistical investigation was divided into " industrial enterprises above designated size " and "below designated size ". Industrial enterprises above designated size refers to all State-owned industrial enterprises and non-State-owned industrial enterprises with revenue from principal business over 5 million yuan, and industrial enterprises above designated size refers to non-State-owned industrial enterprises with revenue from principal business below 5 million yuan and individual enterprises. From 2006 to 2010, the industrial enterprises above designated size refers to all industrial enterprises with revenue from principal business over 5 million yuan, and the industrial enterprises below designated size refers to all industrial enterprises with revenue from principal business below 5 million yuan and individual. Since 2011, the industrial enterprises above designated size refers to all industrial enterprises with revenue from principal business over 20 million yuan, and the industrial enterprises below designated size refers to all industrial enterprises with revenue from principal business below 20 million yuan and individual industry.

III. Sources of Data

Data on industrial enterprises with principal business revenue above 5 million yuan are collected through a combination of full survey, which are provided by the Department of Industrial of the Henan provincial bureau of Statistics. Data on industrial enterprises with principal business revenue below 5 million yuan are collected through a combination of sample survey directory, data on individual household are collected through a combination of cluster sample survey. Provincial data are provided by the Department of Henan Survey organizations. The following data at the provincial levelare provided by the Department of Industrial of the Henan provincial bureau of Statistics. Data on output of energy product are provided by the Department of Energy of the Henan provincial bureau of Statistics.

IV. Data Usage Notes

Data of 2018 of main indicators of industrial enterprises above designated size nationwide are not comparable with the data of previous year, the reasons are as following: (1) According to the statistical system, the investigation scope of industrial enterprises above designated size should be adjusted regularly every year. Every year, some enterprises meet the scale criteria to be included in the scope of investigation, some enterprises withdraw from the scope of investigation because of the smaller scale, and there are other changes: new enterprises, bankruptcy, annotation (cancellation) enterprises, etc. (2)Strengthening of statistical law enforcement, cleaning up enterprises found in the inspection of statistical law enforcement that do not meet the standard of industrial statistics above designated size, and amending the relevant cardinality in accordance with regulations. (3) Strengthening data quality management and eliminating duplicated statistical data across regions and across industries. According to the latest survey of organizational structure of enterprises carried out by the National Bureau of Statistics, the repeated calculation of enterprise groups (companies) across regions and industries is weighed.(4)After the implementation of the program to replace the business tax with a value-added tax, the value-added tax was paid by the service enterprises and the tax rate was lower. The industrial enterprises gradually stripped off the internal non-industrial production and operation activities and turned to the service industry, which reduced the financial data of the industrial enterprises.

13−1 各种分组的规模以上工业增加值指数

Indices of Value-added

(上年=100) (preceding year=100)

项　目	Item	2000	2005	2010	2015	2018	2019	2020
指　数	**Indices**	**111.6**	**123.3**	**119.0**	**108.6**	**107.2**	**107.8**	**100.4**
按注册类型分	**By Registration status**							
内资企业	Domestic Funded	111.6	124.0	119.8	108.5	107.2	108.1	100.0
国有	State-owned	114.6	109.5	115.5	98.6	114.8	109.9	102.5
集体	Collective-owned	106.7	128.8	115.9	105.4	83.0	80.9	72.4
股份合作	Cooperative	111.1	130.3	122.2	111.1	89.4	111.7	45.5
联营	Joint Ownership	93.6	120.7	101.9	73.5	105.7	103.8	111.5
有限责任公司	Limited Liability Corporations	108.3	119.9	120.5	110.6	107.5	103.4	105.6
股份有限公司	Share-holding Corporation Ltd	112.8	115.8	116.7	102.2	108.4	108.7	104.2
私营	Private	122.2	148.5	121.6	108.6	105.5	110.3	98.2
其他	Others	102.0	164.1	129.0	108.4	109.5	107.7	98.5
港澳台商投资	Enterprises with Funds from Hong Kong, Macao and Taiwan	113.9	110.8	117.4	116.0	106.5	109.9	113.4
外商投资	Foreign Funded	106.4	115.2	118.0	100.8	108.2	98.4	93.5
按控股类型分	**By Controlling Type**							
# 国有控股	State-holding			113.6	97.9	108.2	104.7	105.0
集体控股	Collective-holding			117.9	101.2	101.0	92.3	88.2
私人控股	Private-holding			121.5	110.9	106.4	109.1	99.4
港澳台控股	Hong Kong, Macao and Taiwan-holding			117.4	116.4	106.6	110.9	113.8
外商控股	Foreign-holding			110.7	100.5	102.2	100.3	88.1
按所有制分	**By Proprietorial System**							
公有制	Public-owned		114.0	115.3	98.6	107.6	104.2	104.3
非公有制	Non-Public-owned		137.0	121.8	111.0	107.1	109.0	99.7
按轻重工业分	**Grouped by Light & Heavy Industry**							
轻工业	Enterprises of Light Industry	106.2	128.8	120.0	108.1	106.0	107.3	99.8
重工业	Enterprises of Heavy Industry	114.2	121.0	118.8	108.9	108.5	108.1	100.7
按企业规模分	**Grouped by Size of Enterprises**							
大型企业	Large Enterprises	116.0	114.3	116.3	106.7	109.0	107.5	103.5
中型企业	Medium-sized Enterprises	103.0	112.5	118.7	108.6	106.4	101.1	97.5
小型企业	Small Enterprises	110.4	138.0	122.4	111.6	104.0	109.3	103.0
微型企业	Micro-enterprises				68.9	123.3	115.8	84.1

13-2 规模以上工业企业主要指标(2020年)

单位：亿元

行 业	Sector	单位数(个) Number of Enterprises (unit)	平均从业人员(万人) Average Employees (10 000 persons)
总 计	**Total**	**19811**	**455.04**
按轻重工业分	**Grouped by Light & Heavy Industry**		
轻工业	Enterprises of Light Industry	7475	165.91
重工业	Heavy Industry	12336	289.12
按企业规模分	**Grouped by Size of Enterprises**		
大型企业	Large Enterprises	501	183.37
中型企业	Medium-sized Enterprises	2491	137.79
小型企业	Small Enterprises	14321	130.81
微型企业	Micro-enterprises	2498	3.07
按所有制分	**By Proprietorial System**		
公有制	Public-owned	1020	99.75
非公有制	Non-Public-owned	18791	355.29
按行业分	**By Sector**		
煤炭开采和洗选业	Mining and Washing of Coal	202	25.97
石油和天然气开采业	Extraction of Petroleum and Natural Gas	3	3.05
黑色金属矿采选业	Mining of Ferrous Metal Ores	17	0.40
有色金属矿采选业	Mining of Non-ferrous Metal Ores	131	2.42
非金属矿采选业	Mining and Processing of Nonmetal Ores	182	1.79
开采辅助活动	Support Activities for Mining	7	1.41
其他采矿业	Mining of Other Ores		
农副食品加工业	Processing of Food from Agricultural Products	1423	28.97
食品制造业	Manufacture of Foods	695	20.00
酒、饮料和精制茶制造业	Manufacture of Liquor, Beverages and Refined Tea	332	7.98
烟草制品业	Manufacture of Tobacco	13	1.40
纺织业	Manufacture of Textile	708	17.81
纺织服装服饰业	Manufacture of Textile,Wearing Apparel and Accessories	610	17.40
皮革、毛皮、羽毛及其制品和制鞋业	Manufacture of Leather, Fur, Feather and Its Products, Footwear	464	11.03
木材加工及木、竹、藤、棕、草制品业	Processing of Timbers, Manufacture of Wood, Bamboo, Rattan, Palm, and Straw Products	651	6.89
家具制造业	Manufacture of Furniture	388	5.19
造纸及纸制品业	Manufacture of Paper and Paper Products	281	5.54
印刷和记录媒介的复制业	Printing, Reproduction of Recording Media	244	3.29
文教、工美、体育和娱乐用品制造业	Manufacture of Articles for Culture, Education, Arts and Crafts, Sport and Entertainment Activities	519	9.81
石油加工、炼焦及核燃料加工业	Processing of Petroleum ,Coking, Processing of Nucleus Fuel	103	3.17
化学原料及化学制品制造业	Manufacture of Raw Chemical Material and Chemical Products	1032	19.16
医药制造业	Manufacture of Medicines	471	12.18
化学纤维制造业	Manufacture of Chemical Fiber	41	1.90
橡胶和塑料制品业	Manufacture of Rubber and Plastic	607	9.74
非金属矿物制品业	Manufacture of Non-metallic Mineral Products	3656	41.03
黑色金属冶炼及压延加工业	Smelting and Pressing of Ferrous Metals	208	11.06
有色金属冶炼及压延加工业	Smelting and Pressing of Non-ferrous Metals	560	19.93
金属制品业	Manufacture of Metal Products	1006	15.45
通用设备制造业	Manufacture of General Purpose Machinery	1137	19.47
专用设备制造业	Manufacture of Special Purpose Machinery	1038	19.02
汽车制造业	Manufacture of Automobile	619	14.99
铁路、船舶、航空航天和其他运输设备制造业	Manufacture of Railway, Ship, Aerospace, and other Transport Equipments	195	6.97
电气机械及器材制造业	Manufacture of Electrical Machinery and Apparatus	860	18.03
计算机、通信和其他电子设备制造业	Manufacture of Computer , Communication and Other Electronic Equipment	309	40.92
仪器仪表制造业	Manufacture of Measuring Instrument and Machinery	222	5.07
其他制造业	Manufacture of Others	85	2.14
废弃资源综合利用业	Utilization of Waste Resources	99	1.04
金属制品、机械和设备修理业	Repair Service of Metal Products, Machinery and Equipment	22	0.62
电力、热力的生产和供应业	Production and Supply of Electric Power and Heat Power	385	17.43
燃气生产和供应业	Production and Supply of Gas	149	2.26
水的生产和供应业	Production and Supply of Water	137	3.09

Main Indicators of Industrial Enterprises above Designated Size by Sector (2020)

(100 million yuan)

增加值指数 (%) Indices (%)	资产总计 Total Assets	流动资产合计 Total Current Assets	负债合计 Total Liabilities	营业收入 Business Revenue	营业成本 Business Cost	利润总额 Total Profits
100.4	**54669.23**	**25597.97**	**30863.49**	**48606.50**	**41711.68**	**2823.18**
99.8	12572.11	5776.06	5506.56	13879.52	11392.81	1099.11
100.7	42097.12	19821.91	25356.94	34726.98	30318.87	1724.07
103.5	26387.24	13261.38	16369.24	22510.69	19574.08	1098.48
97.5	12319.97	5124.09	6684.21	10957.41	9220.60	710.49
103.0	14085.48	6491.03	6741.12	14291.73	12186.64	958.77
84.1	1876.53	721.48	1068.92	846.67	730.36	55.44
104.3	18704.33	7444.73	12498.84	11705.82	9914.40	372.91
99.7	35964.90	18153.25	18364.65	36900.67	31797.28	2450.27
106.3	3142.39	1251.70	2151.97	1424.12	1217.20	50.96
91.5	300.57	32.69	274.20	86.24	102.13	-52.93
58.1	102.88	52.43	44.66	41.66	32.77	3.71
110.3	436.10	163.69	304.93	179.85	133.67	15.18
89.0	733.47	208.54	317.70	195.13	146.32	20.20
93.5	126.52	71.04	120.18	128.96	114.90	2.29
100.0						
90.7	3098.16	1277.07	1582.61	3463.49	3048.90	254.36
104.8	1274.02	633.06	576.21	1518.24	1291.28	141.95
100.8	721.44	349.48	408.74	697.70	537.63	57.40
108.6	426.61	317.29	106.87	525.02	143.73	40.09
107.2	940.54	403.17	410.11	1198.56	1043.31	87.73
103.2	603.54	207.25	166.03	838.66	706.08	69.07
104.1	567.91	198.12	159.69	723.08	617.76	60.14
98.1	325.86	134.72	101.88	488.19	413.88	41.52
111.2	303.62	111.42	90.39	365.07	286.02	43.76
94.9	431.37	223.17	292.89	447.97	389.21	16.67
114.2	213.95	116.31	94.76	262.29	217.92	18.77
101.0	687.82	375.48	196.14	608.24	522.73	43.25
105.0	810.07	363.06	601.77	924.28	769.55	10.47
96.3	3608.40	1472.39	2235.54	2910.98	2506.19	125.91
103.2	1278.36	612.12	557.69	1104.22	780.87	121.81
100.4	330.42	125.69	200.94	199.58	183.56	3.30
87.3	694.74	300.00	259.33	701.29	585.58	56.99
102.2	4604.25	2281.55	2137.28	3999.73	3315.10	301.01
107.1	1947.39	1029.78	1257.02	2754.00	2542.03	66.65
103.5	4849.55	2171.82	2859.80	4832.34	4324.48	235.21
93.5	1285.12	632.62	506.27	1361.95	1163.03	93.62
98.6	1832.84	1012.37	852.89	1821.49	1512.68	116.28
95.0	2137.28	1245.92	1062.09	1925.35	1582.11	147.34
90.8	2005.42	1139.73	1213.60	2155.70	1844.75	140.49
94.2	595.77	383.38	255.76	444.81	349.38	44.97
90.8	2111.88	1166.01	1134.40	1961.56	1668.05	119.58
114.9	4056.40	3494.41	3011.25	4279.37	4080.35	120.71
97.6	414.33	257.51	162.97	369.30	300.45	35.57
114.1	182.57	106.47	65.41	137.48	115.64	7.36
107.5	114.71	61.87	53.28	189.33	172.22	7.70
93.8	49.62	37.02	28.44	35.30	29.74	2.00
105.3	5956.80	1069.07	4233.40	2693.12	2421.87	93.92
102.7	753.63	358.83	482.37	477.39	402.04	42.08
104.2	612.90	149.68	292.03	135.44	96.57	16.09

13-3 规模以上国有控股工业企业主要指标(2020年)

单位：亿元

行 业	Sector	单位数(个) Number of Enterprises (unit)	平均从业人员(万人) Average Employees (10 000 persons)
总 计	**Total**	**846**	**93.03**
按轻重工业分	**Grouped by Light & Heavy Industry**		
轻工业	Enterprises of Light Industry	114	9.08
重工业	Heavy Industry	732	83.94
按企业规模分	**Grouped by Size of Enterprises**		
大型企业	Large Enterprises	139	70.90
中型企业	Medium-sized Enterprises	248	16.84
小型企业	Small Enterprises	386	5.08
微型企业	Micro-enterprises	73	0.21
按行业分	**By Sector**		
煤炭开采和洗选业	Mining and Washing of Coal	61	22.91
石油和天然气开采业	Extraction of Petroleum and Natural Gas	2	3.02
黑色金属矿采选业	Mining of Ferrous Metal Ores	2	0.17
有色金属矿采选业	Mining of Non-ferrous Metal Ores	25	0.99
非金属矿采选业	Mining and Processing of Nonmetal Ores	19	0.32
开采辅助活动	Support Activities for Mining	2	1.35
其他采矿业	Mining of Other Ores		
农副食品加工业	Processing of Food from Agricultural Products	23	1.35
食品制造业	Manufacture of Foods	13	1.26
酒、饮料和精制茶制造业	Manufacture of Liquor, Beverages and Refined Tea	6	0.52
烟草制品业	Manufacture of Tobacco	12	1.38
纺织业	Manufacture of Textile	6	0.98
纺织服装服饰业	Manufacture of Textile,Wearing Apparel and Accessories	11	0.26
皮革、毛皮、羽毛及其制品和制鞋业	Manufacture of Leather, Fur, Feather and Its Products, Footwear	2	0.11
木材加工及木、竹、藤、棕、草制品业	Processing of Timbers, Manufacture of Wood, Bamboo, Rattan, Palm, and Straw Products	1	0.05
家具制造业	Manufacture of Furniture		
造纸及纸制品业	Manufacture of Paper and Paper Products	4	0.29
印刷和记录媒介的复制业	Printing, Reproduction of Recording Media	8	0.28
文教、工美、体育和娱乐用品制造业	Manufacture of Articles for Culture, Education, Arts and Crafts, Sport and Entertainment Activities	3	0.06
石油加工、炼焦及核燃料加工业	Processing of Petroleum ,Coking, Processing of Nucleus Fuel	9	0.91
化学原料及化学制品制造业	Manufacture of Raw Chemical Material and Chemical Products	52	4.07
医药制造业	Manufacture of Medicines	10	0.81
化学纤维制造业	Manufacture of Chemical Fiber	5	1.43
橡胶和塑料制品业	Manufacture of Rubber and Plastic	7	0.75
非金属矿物制品业	Manufacture of Non-metallic Mineral Products	91	3.02
黑色金属冶炼及压延加工业	Smelting and Pressing of Ferrous Metals	7	3.48
有色金属冶炼及压延加工业	Smelting and Pressing of Non-ferrous Metals	40	7.76
金属制品业	Manufacture of Metal Products	17	0.49
通用设备制造业	Manufacture of General Purpose Machinery	32	2.33
专用设备制造业	Manufacture of Special Purpose Machinery	38	4.04
汽车制造业	Manufacture of Automobile	20	1.08
铁路、船舶、航空航天和其他运输设备制造业	Manufacture of Railway, Ship, Aerospace, and other Transport Equipments	12	3.50
电气机械及器材制造业	Manufacture of Electrical Machinery and Apparatws	26	2.27
计算机、通信和其他电子设备制造业	Manufacture of Computer , Communication and Other Electronic Equipment	12	1.09
仪器仪表制造业	Manufacture of Measuring Instrument and Machinery	16	1.34
其他制造业	Manufacture of Others	2	1.02
废弃资源综合利用业	Utilization of Waste Resources	3	0.06
金属制品、机械和设备修理业	Repair Service of Metal Products, Machinery and Equipment	3	0.31
电力、热力的生产和供应业	Production and Supply of Electric Power and Heat Power	156	15.39
燃气生产和供应业	Production and Supply of Gas	26	0.45
水的生产和供应业	Production and Supply of Water	62	2.13

Main Indicators of State-holding Industrial Enterprises above Designated Size (2020)

(100 million yuan)

增加值指数 (%) Indices (%)	资产总计 Total Assets	流动资产合计 Total Current Assets	负债合计 Total Liabilities	营业收入 Business Revenue	营业成本 Business Cost	利润总额 Total Profits
105.0	**18149.58**	**7156.49**	**12185.69**	**11103.57**	**9383.09**	**336.09**
104.6	1511.24	837.31	843.69	1250.53	778.94	57.85
105.2	16638.34	6319.18	11341.99	9853.04	8604.15	278.24
104.8	12404.26	5155.86	8247.90	8175.08	6934.18	217.88
102.4	3429.72	1263.17	2490.94	1917.62	1615.52	33.06
111.5	1933.95	640.21	1209.15	977.21	812.35	79.13
104.7	381.65	97.25	237.70	33.67	21.04	6.02
110.8	2883.76	1137.65	1983.44	1203.53	1020.13	51.64
90.8	297.31	29.90	273.04	84.84	100.86	-52.96
100.6	37.62	11.05	4.42	19.63	14.80	2.54
101.7	178.90	43.98	126.45	70.20	43.31	10.24
164.0	52.59	33.60	38.81	34.01	27.99	2.28
98.6	118.78	67.26	115.74	123.00	109.89	2.32
100.0						
87.7	149.61	82.65	110.35	174.70	157.41	10.88
94.0	128.97	80.46	87.10	71.74	60.78	-1.41
92.8	144.52	65.25	148.93	31.33	29.24	-4.86
108.4	424.72	315.71	106.15	522.44	141.70	39.95
103.2	112.65	59.18	59.21	81.19	71.18	2.42
117.4	10.21	5.99	2.98	8.03	5.16	0.62
108.6	9.21	7.02	2.92	9.57	7.57	0.87
86.4	3.85	1.09	7.35	2.28	1.84	0.01
100.0						
93.4	41.24	15.00	36.57	37.27	30.71	1.38
100.4	25.80	17.03	9.64	16.73	12.90	1.38
104.2	3.47	2.04	2.40	4.49	4.15	0.05
117.3	323.03	117.25	257.93	424.49	329.54	-6.42
101.0	1381.21	541.88	1070.03	839.01	750.82	2.08
103.0	97.06	36.11	44.77	91.37	72.58	3.66
101.7	290.48	109.68	185.63	168.33	156.02	2.30
104.5	93.78	56.25	58.49	65.77	54.83	1.95
102.3	733.71	290.81	367.61	300.61	214.64	41.23
106.5	812.84	419.81	560.84	639.18	583.53	6.52
101.5	1684.90	832.11	1147.39	1673.39	1534.12	32.62
117.1	66.55	40.79	51.19	133.63	122.38	3.27
134.6	383.15	236.17	272.15	213.05	169.31	10.68
102.9	984.67	614.91	578.25	671.65	559.74	48.19
143.8	159.66	100.04	129.22	207.63	181.44	9.34
162.8	332.17	255.89	170.17	211.93	150.80	28.09
114.6	825.64	452.73	539.35	299.63	252.90	15.54
93.5	180.03	115.40	109.07	83.11	73.82	0.89
106.2	129.52	99.99	60.67	94.53	78.75	5.09
133.4	142.35	90.32	54.02	72.53	59.41	2.12
70.8	13.67	9.35	5.86	4.73	3.12	0.91
95.6	30.24	21.36	20.62	17.21	15.35	0.13
99.1	4310.41	603.15	3093.91	2243.13	2059.26	49.84
100.5	132.11	38.18	97.51	76.08	66.88	3.39
98.8	419.19	99.44	195.50	77.59	54.23	7.35

13-4 规模以上公有制工业企业主要指标(2020年)

单位：亿元

行 业	Sector	单位数(个) Number of Enterprises (unit)	平均从业人员(万人) Average Employees (10 000 persons)
总 计	**Total**	**1020**	**99.75**
按轻重工业分	**Grouped by Light & Heavy Industry**		
轻工业	Enterprises of Light Industry	174	12.07
重工业	Heavy Industry	846	87.68
按企业规模分	**Grouped by Size of Enterprises**		
大型企业	Large Enterprises	151	74.30
中型企业	Medium-sized Enterprises	285	19.04
小型企业	Small Enterprises	490	6.18
微型企业	Micro-enterprises	94	0.23
按行业分	**By Sector**		
煤炭开采和洗选业	Mining and Washing of Coal	67	23.54
石油和天然气开采业	Extraction of Petroleum and Natural Gas	2	3.02
黑色金属矿采选业	Mining of Ferrous Metal Ores	2	0.17
有色金属矿采选业	Mining of Non-ferrous Metal Ores	26	1.00
非金属矿采选业	Mining and Processing of Nonmetal Ores	20	0.34
开采辅助活动	Support Activities for Mining	2	1.35
其他采矿业	Mining of Other Ores		
农副食品加工业	Processing of Food from Agricultural Products	31	2.11
食品制造业	Manufacture of Foods	18	2.20
酒、饮料和精制茶制造业	Manufacture of Liguor, Beverages and refined tea	11	0.72
烟草制品业	Manufacture of Tobacco	13	1.40
纺织业	Manufacture of Textile	9	1.01
纺织服装服饰业	Manufacture of Textile,Wearing Apparel and Accessories	13	0.31
皮革、毛皮、羽毛及其制品和制鞋业	Manufacture of Leather, Fur, Feather and Its Products, Footwear	6	0.14
木材加工及木、竹、藤、棕、草制品业	Processing of Timbers, Manufacture of Wood, Bamboo, Rattan, Palm, and Straw Products	2	0.07
家具制造业	Manufacture of Furniture		
造纸及纸制品业	Manufacture of Paper and Paper Products	9	0.69
印刷和记录媒介的复制业	Printing, Reproduction of Recording Media	20	0.50
文教、工美、体育和娱乐用品制造业	Manufacture of Articles for Culture, Education, Arts and Crafts, Sport and Entertainment Activities	4	0.08
石油加工、炼焦及核燃料加工业	Processing of Petroleum ,Coking, Processing of Nucleus Fuel	9	0.91
化学原料及化学制品制造业	Manufacture of Raw Chemical Material and Chemical Products	69	4.35
医药制造业	Manufacture of Medicines	19	1.09
化学纤维制造业	Manufacture of Chemical Fiber	5	1.43
橡胶和塑料制品业	Manufacture of Rubber and Plastic	11	0.77
非金属矿物制品业	Manufacture of Non-metallic Mineral Products	109	3.20
黑色金属冶炼及压延加工业	Smelting and Pressing of Ferrous Metals	8	3.49
有色金属冶炼及压延加工业	Smelting and Pressing of Non-ferrous Metals	41	7.76
金属制品业	Manufacture of Metal Products	33	0.75
通用设备制造业	Manufacture of General Purpose Machinery	38	2.43
专用设备制造业	Manufacture of Special Purpose Machinery	52	4.49
汽车制造业	Manufacture of Automobile	28	1.57
铁路、船舶、航空航天和其他运输设备制造业	Manufacture of Railway, Ship, Aerospace, and other Transport Equipments	13	3.50
电气机械及器材制造业	Manufacture of Electrical Machinery and Apparatus	32	2.43
计算机、通信和其他电子设备制造业	Manufacture of Computer , Communication and Other Electronic Equipment	13	1.70
仪器仪表制造业	Manufacture of Measuring Instrument and Machinery	17	1.36
其他制造业	Manufacture of Others	2	1.02
废弃资源综合利用业	Utilization of Waste Resources	4	0.23
金属制品、机械和设备修理业	Repair Service of Metal Products, Machinery and Equipment	5	0.34
电力、热力的生产和供应业	Production and Supply of Electric Power and Heat Power	161	15.43
燃气生产和供应业	Production and Supply of Gas	28	0.45
水的生产和供应业	Production and Supply of Water	68	2.40

Main Indicators of Public-owned Industrial Enterprises above Designated Size (2020)

(100 million yuan)

增加值指数 (%) Indices (%)	资产总计 Total Assets	流动资产合计 Total Current Assets	负债合计 Total Liabilities	营业收入 Business Revenue	营业成本 Business Cost	利润总额 Total Profits
104.3	**18704.33**	**7444.73**	**12498.84**	**11705.82**	**9914.40**	**372.91**
104.0	1712.24	932.95	943.53	1465.75	959.89	76.85
104.3	16992.09	6511.78	11555.31	10240.07	8954.51	296.07
104.0	12672.78	5298.61	8415.20	8586.59	7302.78	240.88
103.0	3556.68	1321.78	2554.49	1999.90	1685.47	35.76
108.0	2059.12	711.47	1271.35	1078.84	899.24	89.91
105.0	415.75	112.87	257.80	40.49	26.92	6.38
109.9	2948.53	1170.51	2009.48	1228.62	1042.93	51.17
91.2	297.31	29.90	273.04	84.84	100.86	-52.96
100.6	37.62	11.05	4.42	19.63	14.80	2.54
101.9	179.71	44.32	126.95	70.67	43.54	10.47
127.3	53.65	34.40	39.43	38.83	31.72	2.56
98.6	118.78	67.26	115.74	123.00	109.89	2.32
100.0						
89.3	182.03	100.79	122.69	280.18	248.00	22.70
92.6	174.85	108.34	122.68	101.06	86.03	-0.64
104.3	161.63	70.08	153.47	47.68	43.02	-2.63
108.5	426.61	317.29	106.87	525.02	143.73	40.09
100.3	117.66	60.68	62.26	82.85	72.63	2.46
110.2	29.41	6.34	3.23	10.47	7.20	0.79
97.2	10.35	7.42	3.20	10.88	8.70	0.98
89.3	4.09	1.31	7.38	2.97	2.42	0.11
100.0						
95.9	61.88	23.74	55.45	59.41	49.19	3.10
109.9	40.55	27.52	16.72	33.11	25.74	2.44
104.3	3.98	2.30	2.52	4.74	4.33	0.09
117.3	323.03	117.25	257.93	424.49	329.54	-6.42
101.0	1460.71	584.56	1127.85	1033.91	936.12	4.83
101.3	119.91	47.04	52.70	104.48	82.11	4.25
101.6	290.48	109.68	185.63	168.33	156.02	2.30
80.3	112.38	66.04	67.75	67.02	55.85	2.03
102.7	745.16	296.83	372.01	316.66	228.12	42.05
106.6	813.94	420.39	560.87	641.78	585.89	6.68
101.5	1685.57	832.38	1147.65	1674.56	1535.24	32.61
105.4	78.96	50.27	59.15	146.55	133.76	3.55
132.3	388.56	239.85	275.39	217.92	173.47	10.92
102.8	1006.82	628.72	588.83	714.40	595.50	53.15
132.0	204.42	121.95	148.88	237.27	206.70	14.55
152.3	332.35	255.95	170.20	212.56	151.30	28.10
110.7	851.75	475.50	563.34	313.47	264.77	16.16
88.3	205.25	131.92	123.64	100.60	87.29	3.24
106.2	129.75	100.11	60.91	94.73	78.90	5.12
133.4	142.35	90.32	54.02	72.53	59.41	2.12
75.5	17.52	10.69	10.01	9.99	7.61	0.91
99.3	30.97	22.05	20.98	18.14	16.21	0.14
99.1	4337.68	615.41	3116.78	2251.77	2068.96	50.17
100.3	133.04	38.26	98.10	76.99	67.68	3.40
99.2	445.07	106.31	210.73	83.72	59.24	7.47

13-5 分行业规模以上私营工业企业主要指标(2020年)

单位：亿元

行业	Sector	单位数(个) Number of Enterprises (unit)	平均从业人员(万人) Average Employees (10 000 persons)
总 计	**Total**	**15706**	**231.14**
按轻重工业分	**Grouped by Light & Heavy Industry**		
轻工业	Enterprises of Light Industry	6091	106.58
重工业	Heavy Industry	9615	124.55
按企业规模分	**Grouped by Size of Enterprises**		
大型企业	Large Enterprises	190	40.43
中型企业	Medium-sized Enterprises	1630	85.55
小型企业	Small Enterprises	11771	102.87
微型企业	Micro-enterprises	2115	2.28
按行业分	**By Sector**		
煤炭开采和洗选业	Mining and Washing of Coal	101	1.08
石油和天然气开采业	Extraction of Petroleum and Natural Gas		
黑色金属矿采选业	Mining of Ferrous Metal Ores	12	0.14
有色金属矿采选业	Mining of Non-ferrous Metal Ores	77	0.96
非金属矿采选业	Mining and Processing of Nonmetal Ores	134	1.13
开采辅助活动	Support Activities for Mining	4	0.05
其他采矿业	Mining of Other Ores		
农副食品加工业	Processing of Food from Agricultural Products	1094	15.64
食品制造业	Manufacture of Foods	543	10.65
酒、饮料和精制茶制造业	Manufacture of Liquor, Beverages and refined tea	241	4.02
烟草制品业	Manufacture of Tobacco		
纺织业	Manufacture of Textile	630	14.34
纺织服装服饰业	Manufacture of Textile,Wearing Apparel and Accessories	520	12.96
皮革、毛皮、羽毛及其制品和制鞋业	Manufacture of Leather, Fur, Feather and Its Products, Footwear	406	8.32
木材加工及木、竹、藤、棕、草制品业	Processing of Timbers, Manufacture of Wood, Bamboo, Rattan, Palm, and Straw Products	613	5.96
家具制造业	Manufacture of Furniture	321	4.22
造纸及纸制品业	Manufacture of Paper and Paper Products	238	3.88
印刷和记录媒介的复制业	Printing, Reproduction of Recording Media	189	2.08
文教、工美、体育和娱乐用品制造业	Manufacture of Articles for Culture, Education, Arts and Crafts, Sport and Entertainment Activities	469	7.79
石油加工、炼焦及核燃料加工业	Processing of Petroleum ,Coking, Processing of Nucleus Fuel	71	1.41
化学原料及化学制品制造业	Manufacture of Raw Chemical Material and Chemical Products	780	9.79
医药制造业	Manufacture of Medicines	325	5.80
化学纤维制造业	Manufacture of Chemical Fiber	28	0.35
橡胶和塑料制品业	Manufacture of Rubber and Plastic	535	7.79
非金属矿物制品业	Manufacture of Non-metallic Mineral Products	3128	30.11
黑色金属冶炼及压延加工业	Smelting and Pressing of Ferrous Metals	168	4.76
有色金属冶炼及压延加工业	Smelting and Pressing of Non-ferrous Metals	440	7.22
金属制品业	Manufacture of Metal Products	863	12.15
通用设备制造业	Manufacture of General Purpose Machinery	960	14.04
专用设备制造业	Manufacture of Special Purpose Machinery	829	11.30
汽车制造业	Manufacture of Automobile	441	6.79
铁路、船舶、航空航天和其他运输设备制造业	Manufacture of Railway, Ship, Aerospace, and other Transport Equipments	145	2.50
电气机械及器材制造业	Manufacture of Electrical Machinery and Apparatws	682	9.33
计算机、通信和其他电子设备制造业	Manufacture of Computer, Communication and Other Electronic Equipment	214	8.38
仪器仪表制造业	Manufacture of Measuring Instrument and Machinery	168	2.90
其他制造业	Manufacture of Others	76	1.06
废弃资源综合利用业	Utilization of Waste Resources	77	0.60
金属制品、机械和设备修理业	Repair Service of Metal Products, Machinery and Equipment	11	0.10
电力、热力的生产和供应业	Production and Supply of Electric Power and Heat Power	84	0.71
燃气生产和供应业	Production and Supply of Gas	49	0.44
水的生产和供应业	Production and Supply of Water	40	0.37

Main Indicators of Private Industrial Enterprises above Designated Size (2020)

(100 million yuan)

增加值指数(%) Indices (%)	资产总计 Total Assets	流动资产合计 Total Current Assets	负债合计 Total Liabilities	营业收入 Business Revenue	营业成本 Business Cost	利润总额 Total Profits
98.2	**17179.21**	**8016.25**	**7221.80**	**21018.47**	**17980.95**	**1532.32**
94.1	6458.03	2675.45	2391.31	8032.58	6836.02	677.28
97.6	10721.17	5340.80	4830.48	12985.89	11144.94	855.03
93.2	3357.55	1711.93	1496.10	4191.02	3597.54	337.41
92.5	4124.28	1678.03	1612.58	5716.12	4866.57	452.92
100.7	8645.39	4156.35	3547.66	10444.23	8930.12	702.55
75.8	1051.98	469.93	565.47	667.09	586.72	39.44
98.1	100.00	52.73	69.65	150.26	134.46	-0.27
110.3						
33.4	35.35	14.68	25.43	9.40	6.37	0.74
110.3	88.44	26.76	43.87	38.93	30.83	2.96
77.8	125.55	45.36	41.75	117.32	89.84	12.66
19.7	4.97	1.81	2.91	5.45	4.66	0.01
100.0						
84.9	1293.88	508.91	637.33	1705.01	1489.14	135.27
99.1	586.40	242.28	208.74	773.02	658.51	93.12
114.4	230.90	96.85	96.25	263.18	213.37	20.07
100.0						
101.6	676.74	266.09	271.35	984.47	855.47	77.96
102.2	502.35	168.28	136.54	700.27	590.23	59.16
90.0	433.50	161.94	132.42	558.63	480.08	45.20
97.2	269.38	108.64	75.17	441.56	374.16	38.56
112.7	250.22	85.93	64.18	330.43	257.28	41.75
95.9	237.61	116.52	129.31	318.89	279.89	18.21
110.1	107.96	44.59	42.27	175.60	149.59	10.53
98.2	577.06	296.93	141.33	515.65	442.01	38.43
102.8	175.20	92.68	132.95	219.73	191.01	5.06
87.2	980.58	391.93	471.34	957.52	819.94	48.38
99.6	455.61	188.38	180.18	467.12	377.62	38.64
94.8	21.56	9.68	6.00	24.64	22.15	0.77
83.8	440.16	186.65	143.50	534.37	450.95	42.31
102.0	2625.88	1327.56	1074.08	2895.41	2464.21	194.73
108.1	616.13	365.11	408.71	1129.99	1047.84	29.41
105.1	728.94	420.13	366.63	1620.32	1412.91	138.05
91.8	947.06	455.33	333.84	1053.40	895.40	77.00
86.9	1171.33	584.56	425.98	1326.84	1114.69	85.49
88.7	830.01	429.90	326.71	895.97	730.99	67.84
92.1	570.50	285.83	265.10	699.06	602.54	49.24
86.4	122.29	53.75	42.90	146.64	127.73	9.49
77.7	667.31	364.96	257.23	862.88	735.08	58.27
122.4	441.83	279.99	183.54	451.10	380.68	39.29
93.8	171.06	93.20	56.69	225.13	189.75	21.22
111.6	38.45	15.67	10.79	62.20	53.94	4.92
118.3	52.05	29.04	28.82	124.73	118.00	3.55
106.5	9.89	7.46	3.62	8.65	6.68	0.93
177.1	390.51	111.99	270.48	117.72	95.57	13.42
104.9	121.69	63.88	84.39	70.67	59.90	4.42
101.5	80.86	20.28	29.81	36.28	27.46	5.55

13-6 规模以上工业主要产业单位数及增加值(2020年)

Main indicators of Industrial Enterprises above Designated Size (2020)

行 业	Sector	单位数 (个) Number of Enterprises (unit)	增加值占规模以上工业比重(%) Proportion of Added Value on Industry (%)	增加值指数 (上年=100) Indices of Value-Added of Industry (Preceding year=100)
五大主导产业	**High-growth industries**	**8386**	**46.8**	**99.1**
装备产业	Electronic Information Industry	3819	13.8	98.8
食品制造	Equipment Manufacturing Industry	2510	14.9	98.3
新型材料制造	Automobile and Parts Industry	1138	7.5	102.4
电子制造	Food Industry	294	6.3	114.9
汽车制造	Modern Furniture Industry	625	4.2	90.8
传统产业	**Traditional Pillar Industries**	**8469**	**46.2**	**102.5**
冶金工业	Metallurgical Industry	755	10.8	104.9
建材工业	Building Materials Industry	3312	8.7	102.8
化学工业	Chemical Industry	1266	7.4	96.1
轻纺工业	Textile Industry	2463	7.5	99.6
能源工业	Energy Industry	673	11.8	105.6
战略性新兴产业	**Strategic Emerging Industries**	**3483**	**22.4**	**102.6**
高耗能行业	**Carrying Energy Industries**	**5760**	**35.8**	**103.5**
煤炭开采和洗选业	Mining and Washing of Coal	192	4.4	106.3
化学原料及化学制品制造业	Manufacture of Chemical Raw Material and Chemical Products	1050	5.4	104.2
非金属矿物制品业	Manufacture of Non-metallic Mineral Products	3421	9.0	102.2
黑色金属冶炼及压延加工业	Manufacture and Processing of Ferrous Metals	222	4.4	107.1
有色金属冶炼及压延加工业	Manufacture and Processing of Non-ferrous Metals	533	6.5	103.5
电力、热力的生产和供应业	Production and Supply of Electric Power and Heat Power	342	6.2	105.3
高技术制造业	**High Technology Industries**	**1021**	**11.1**	**108.9**
医药制造业	Manufacture of Medicines	413	2.9	103.2
航空、航天器及设备制造业	Manufacture of Aviation, Spacecraft, and Equipment	9		107.7
电子及通信设备制造业	Manufacture of Electronic and Communication Equipment	312	6.5	113.3
计算机及办公设备制造业	Manufacture of Computer and Office Equipment	27	0.2	116.7
医疗仪器设备及仪器仪表制造业	Manufacture of Medical Equipment and Instruments	251	1.3	102.1
信息化学品制造业	Manufacture of Information Chemicals	9	0.1	127.1
能源原材料工业	**Energy and Raw Material Industries**	**6450**	**41.8**	**102.8**
消费品制造业	**Manufacture of Consumer Goods**	**6242**	**28.4**	**100.3**

13-7 规模以上能源原材料工业增加值结构

Struction of Added value on Raw Energy Material Industries Above Designated Size

行　业	Sector	2010	2015	2018	2019	2020
能源原材料工业占规模以上	**Proportion in Value-added of Industry Enterprises**					
工业增加值比重(%)	**Above Designated Size (%)**	**51.5**	**39.1**	**41.0**	**41.9**	**41.8**
煤炭开采和洗选业	Mining and Washing of Coal	9.9	3.4	4.9	5.0	4.4
石油和天然气开采业	Extraction of Petroleum and Natural Gas	1.1	0.4	0.6	0.3	0.2
黑色金属矿采选业	Mining of Ferrous Metal Ores	0.6	0.3	0.2	0.1	0.1
有色金属矿采选业	Mining of Non-ferrous Metal Ores	3.4	2.1	0.7	1.1	1.1
非金属矿采选业	Mining and Processing of Nonmetal Ores	0.9	0.8	0.5	0.5	0.5
石油加工、炼焦和核燃料加工业	Processing of Petroleum, Coking, Processing of Nucleus Fuel	2.8	1.1	2.8	2.3	1.8
化学原料和化学制品制造业	Manufacture of Raw Chemical Material and Chemical Products	5.1	4.9	5.7	5.5	5.4
橡胶制品业	Manufacture of Rubber	0.9	0.6	0.4	2.1	1.8
非金属矿物制品业	Manufacture of Non-metallic Mineral Products	12.7	13.4	8.6	9.1	9.0
黑色金属冶炼和压延加工业	Manufacture and Processing of Ferrous Metals	5.1	4.5	4.1	4.4	4.4
有色金属冶炼和压延加工业	Manufacture and Processing of Non-ferrous Metals	5.4	3.5	5.2	5.5	6.5
废弃资源综合利用业	Utilization of waste Resources	0.1	0.2	0.3	0.4	0.5
电力、热力生产和供应业	Production and Supply of Electric Power and Heat Power	3.0	3.5	6.1	5.7	6.2
燃气生产和供应业	Production and Supply of Gas	0.3	0.3	0.6	0.9	1.0
水的生产和供应业	Production and Supply of Water	0.1	0.2	0.4	0.5	0.6

13-8 各市规模以上工业企业主要财务指标(2020年)

单位：亿元

年份 市(县)	year City(County)	单位数 (个) Number of Enterprises (unit)	平均从业人员 (万人) Average Employees (10 000 persons)	资产总计 Total Assets	流动资产合计 Total Current Assets
全 省	**Total**	**19811**	**455.04**	**54669.23**	**25597.97**
省 辖 市	**City**				
郑 州 市	Zhengzhou	2295	69.39	11112.84	6983.63
开 封 市	Kaifeng	1093	21.42	1770.96	751.99
洛 阳 市	Luoyang	1785	37.56	6468.19	2785.47
平 顶 山 市	Pingdingshan	878	28.01	4023.90	1641.29
安 阳 市	Anyang	779	14.07	2287.54	1056.49
鹤 壁 市	Hebi	399	12.96	1421.73	519.70
新 乡 市	Xinxiang	1499	25.54	2840.46	1506.68
焦 作 市	Jiaozuo	848	19.82	2672.77	1180.59
濮 阳 市	Puyang	630	10.68	1381.72	530.21
许 昌 市	Xuchang	1539	31.40	4113.87	1811.47
漯 河 市	Luohe	559	14.09	1145.55	522.50
三 门 峡 市	Sanmenxia	397	9.19	1901.42	866.64
南 阳 市	Nanyang	1475	26.06	3559.79	1646.61
商 丘 市	Shangqiu	1564	39.66	2359.83	903.78
信 阳 市	Xinyang	1253	24.46	1613.58	550.73
周 口 市	Zhoukou	1424	42.49	2706.52	943.92
驻 马 店 市	Zhumadian	1164	21.06	1926.06	645.98
济 源 市	Jiyuan	230	7.16	1362.49	750.31
省 直 管 县	**County Directly Administrated by Province**				
巩 义 市	Gongyi	424	6.28	980.03	489.01
兰 考 县	Lankao	245	4.05	244.57	118.56
汝 州 市	Ruzhou	184	3.38	929.52	333.46
滑 县	Huaxian	229	1.71	146.53	50.52
长 垣 市	Changyuan	273	4.00	381.27	254.56
邓 州 市	Dengzhou	148	2.25	199.06	73.85
永 城 市	Yongcheng	301	6.73	784.96	365.38
固 始 县	Gushi	224	2.95	100.86	44.13
鹿 邑 县	Luyi	274	3.51	275.84	131.60
新 蔡 县	Xincai	137	1.65	133.10	35.47

Main Financial Indicators of Industrial Enterprises above Designated Size by City (2020)

(100 million yuan)

负债合计 Total Liabilities	营业收入 Business Revenue	营业成本 Business Cost	利润总额 Total Profits	增加值指数（上年=100） Indices of Value-Added (Preceding year=100)
30863.49	**48606.50**	**41711.68**	**2823.18**	**100.4**
7468.07	9180.14	7911.48	530.64	106.1
897.91	1516.58	1312.55	93.47	102.9
3657.19	5014.89	4202.41	268.75	103.5
2445.76	2549.35	2242.78	102.27	104.9
1677.48	1958.28	1691.10	65.83	105.0
936.32	977.82	863.04	41.50	104.4
1672.92	2510.69	2123.72	137.75	105.9
1545.99	2098.07	1774.39	115.89	57.0
1014.32	1044.73	950.27	-17.25	104.1
1519.23	4463.90	3824.61	255.55	104.2
564.32	1663.89	1444.40	91.07	99.7
1199.34	1354.78	1203.87	68.00	104.5
2110.81	2102.81	1709.48	142.92	104.3
1130.24	3232.85	2829.50	202.20	95.2
724.45	1956.41	1676.56	129.44	104.0
819.90	3591.60	3005.72	371.49	103.6
759.73	1778.17	1483.58	148.75	104.7
719.53	1611.52	1462.22	74.89	105.1
620.66	1063.34	867.05	106.00	107.2
107.15	232.34	186.13	19.52	105.3
506.32	338.70	281.51	24.78	105.6
73.07	151.36	120.56	12.17	103.7
198.87	499.91	416.30	31.08	108.3
80.68	196.67	155.31	23.75	102.1
483.20	708.67	615.53	35.11	105.7
27.71	251.48	217.20	19.85	105.3
143.97	224.21	165.68	34.19	104.2
21.50	129.40	105.65	8.18	105.2

13-9 各市规模以上国有控股工业企业主要财务指标(2020年)

单位：亿元

市(县)	City(County)	平均从业人员(万人) Average Employees (10 000 persons)	资产总计 Total Assets	流动资产合计 Total Current Assets
全省	**Total**	**93.03**	**18149.58**	**7156.49**
省辖市	**City**			
郑州市	Zhengzhou	10.15	3016.25	1245.72
开封市	Kaifeng	1.59	517.76	149.23
洛阳市	Luoyang	14.52	2792.92	1202.68
平顶山市	Pingdingshan	15.72	2410.47	989.85
安阳市	Anyang	4.61	1026.66	386.30
鹤壁市	Hebi	2.88	681.18	207.01
新乡市	Xinxiang	5.28	886.07	347.43
焦作市	Jiaozuo	5.27	954.07	339.34
濮阳市	Puyang	5.23	674.67	169.75
许昌市	Xuchang	4.30	829.15	392.97
漯河市	Luohe	1.26	154.39	43.89
三门峡市	Sanmenxia	4.45	1089.34	479.03
南阳市	Nanyang	6.33	939.14	378.40
商丘市	Shangqiu	5.50	817.67	357.41
信阳市	Xinyang	2.26	276.15	93.91
周口市	Zhoukou	0.72	92.65	11.80
驻马店市	Zhumadian	1.62	442.73	138.82
济源市	Jiyuan	1.33	548.30	222.92
省直管县	**County Directly Administrated by Province**			
巩义市	Gongyi	0.10	10.35	5.40
兰考县	Lankao	0.02	1.74	1.08
汝州市	Ruzhou	0.92	145.68	80.33
滑县	Huaxian	0.03	4.21	0.47
长垣市	Changyuan	0.07	45.46	7.61
邓州市	Dengzhou	0.22	28.19	9.40
永城市	Yongcheng	3.91	551.42	271.18
固始县	Gushi	0.07	3.55	1.22
鹿邑县	Luyi			
新蔡县	Xincai	0.03	0.48	0.11

Main Financial Indicators of State-holding Industrial Enterprises above Designated Size by City (2020)

(100 million yuan)

负债合计 Total Liabilities	营业收入 Business Revenue	营业成本 Business Cost	利润总额 Total Profits	增加值指数 (上年=100) Indices of Value-Added (Preceding year=100)
12185.69	**11103.57**	**9383.09**	**336.09**	**105.0**
1876.49	1439.04	1050.41	98.98	110.9
343.90	226.87	204.51	2.70	89.4
1804.79	2037.42	1691.45	58.76	111.0
1625.14	1504.23	1339.15	43.85	106.5
748.45	687.21	567.51	22.22	104.3
614.49	321.08	291.80	-0.88	92.3
602.02	478.13	409.43	22.20	102.1
594.73	628.40	556.36	13.52	102.3
581.62	387.29	363.36	-38.34	98.7
499.44	475.31	336.75	30.22	108.1
102.15	105.52	72.36	2.33	105.1
711.42	799.41	727.93	37.06	101.7
616.27	524.90	443.28	11.65	104.9
591.45	394.14	341.79	1.97	96.7
210.20	249.20	226.83	9.89	94.7
75.25	80.89	74.87	1.44	105.8
289.78	296.10	253.44	7.26	99.5
298.10	468.43	431.85	11.26	98.7
8.09	5.27	4.14	0.26	67.8
1.26	2.50	2.40	-0.08	130.4
123.71	74.78	59.92	5.32	113.1
2.93	1.96	1.53	0.02	103.9
33.80	17.58	14.21	1.56	88.6
17.03	10.18	7.80	-0.82	161.9
383.15	215.66	180.77	0.86	95.9
3.25	0.63	0.36	0.10	166.3
0.05	1.46	1.27	0.03	101.3

13-10 各市规模以上公有制工业企业主要财务指标(2020年)

Main Financial Indicators of Public-owned Industrial Enterprises above Designated Size by City (2020)

单位：亿元 (100 million yuan)

市(县) City(County)	平均从业人员(万人) Average Employees (10 000 persons)	资产总计 Total Assets	流动资产合计 Total Current Assets	负债合计 Total Liabilities	营业收入 Business Revenue	营业成本 Business Cost	利润总额 Total Profits	增加值指数(上年=100) Indices of Value-Added (Preceding year=100)
全　省 Total	**99.75**	**18704.33**	**7444.73**	**12498.84**	**11705.82**	**9914.40**	**372.91**	**104.3**
省 辖 市 City								
郑 州 市 Zhengzhou	10.88	3077.73	1275.79	1911.30	1525.01	1123.54	106.02	110.3
开 封 市 Kaifeng	1.78	525.51	153.36	346.30	242.81	219.13	3.62	92.3
洛 阳 市 Luoyang	14.96	2881.03	1246.02	1866.68	2232.34	1875.96	62.03	110.8
平 顶 山 市 Pingdingshan	16.18	2435.42	1001.76	1647.05	1523.61	1357.45	43.94	106.5
安 阳 市 Anyang	4.66	1028.74	387.80	750.16	690.74	570.15	22.24	104.3
鹤 壁 市 Hebi	3.72	730.24	234.80	634.89	375.85	336.74	10.06	92.5
新 乡 市 Xinxiang	5.89	925.88	365.98	627.10	513.23	438.38	24.16	99.8
焦 作 市 Jiaozuo	5.73	979.53	358.47	611.23	645.88	571.16	14.07	99.5
濮 阳 市 Puyang	5.24	682.36	173.27	587.31	390.69	366.58	-38.36	98.6
许 昌 市 Xuchang	4.49	846.58	402.70	506.43	491.74	351.74	31.49	108.8
漯 河 市 Luohe	2.42	212.21	82.96	143.66	168.68	124.81	8.24	104.1
三 门 峡 市 Sanmenxia	4.51	1096.11	482.09	715.93	804.77	732.23	37.69	102.0
南 阳 市 Nanyang	6.81	975.87	396.16	632.62	556.40	468.96	13.76	104.5
商 丘 市 Shangqiu	5.57	819.86	358.53	592.80	396.01	343.48	1.95	96.3
信 阳 市 Xinyang	2.37	279.68	95.08	211.57	255.72	232.84	10.10	93.8
周 口 市 Zhoukou	1.15	165.91	41.99	106.04	109.35	99.59	3.88	82.1
驻 马 店 市 Zhumadian	1.68	444.70	139.73	290.10	298.37	255.37	7.40	99.3
济 源 市 Jiyuan	1.69	596.98	248.25	317.66	484.62	446.31	10.62	98.0
省 直 管 县 County Directly Administrated by Province								
巩 义 市 Gongyi	0.26	15.33	6.45	12.07	7.57	5.90	0.41	69.5
兰 考 县 Lankao	0.02	1.74	1.08	1.26	2.50	2.40	-0.08	130.4
汝 州 市 Ruzhou	0.92	145.68	80.33	123.71	74.78	59.92	5.32	113.1
滑 县 Huaxian	0.04	4.25	0.51	2.94	2.21	1.71	0.03	106.1
长 垣 市 Changyuan	0.12	48.03	9.56	36.06	20.03	15.98	1.62	93.1
邓 州 市 Dengzhou	0.23	29.30	10.19	17.59	10.88	8.18	-0.75	158.4
永 城 市 Yongcheng	3.92	551.47	271.20	383.19	215.91	181.01	0.86	95.8
固 始 县 Gushi	0.08	3.73	1.28	3.27	1.25	0.86	0.12	114.3
鹿 邑 县 Luyi	0.01	0.15	0.10	0.04	0.50	0.39	0.08	97.6
新 蔡 县 Xincai	0.06	2.00	0.71	0.28	2.68	2.28	0.06	106.7

13-11 各市规模以上私营工业企业主要财务指标(2020年)

Main Financial Indicators of Private Industrial Enterprises above Designated Size by City (2020)

单位：亿元 (100 million yuan)

市(县) City(County)	平均从业人员(万人) Average Employees (10 000persons)	资产总计 Total Assets	流动资产合计 Total Current Assets	负债合计 Total Liabilities	营业收入 Business Revenue	营业成本 Business Cost	利润总额 Total Profits	增加值指数(上年=100) Indices of Value-Added (Preceding year=100)
全　省 Total	**231.14**	**17179.21**	**8016.25**	**7221.80**	**21018.47**	**17980.95**	**1532.32**	**98.2**
省辖市 City								
郑州市 Zhengzhou	16.86	1956.18	1236.05	1109.29	1861.57	1515.15	201.41	97.7
开封市 Kaifeng	14.49	745.07	312.67	252.31	923.75	792.68	71.76	105.6
洛阳市 Luoyang	16.22	1332.45	673.91	601.80	1637.87	1346.15	134.91	95.1
平顶山市 Pingdingshan	8.01	559.40	273.36	270.74	683.91	595.53	40.46	100.4
安阳市 Anyang	6.94	837.55	472.75	626.59	885.57	791.30	20.63	104.5
鹤壁市 Hebi	7.07	475.36	177.16	218.58	455.87	396.76	24.00	109.5
新乡市 Xinxiang	13.66	1221.45	706.46	696.71	1381.18	1198.08	60.99	106.1
焦作市 Jiaozuo	8.43	675.41	394.44	349.73	721.01	621.20	27.52	39.6
濮阳市 Puyang	3.33	335.46	183.71	181.77	364.19	328.18	10.02	109.0
许昌市 Xuchang	20.84	2267.56	903.01	541.68	2733.99	2380.83	179.93	102.2
漯河市 Luohe	6.23	262.77	137.75	112.07	575.33	494.55	42.92	99.2
三门峡市 Sanmenxia	2.85	252.53	115.77	126.75	238.85	211.18	9.05	111.3
南阳市 Nanyang	13.45	1189.21	597.87	605.75	955.30	786.76	69.94	104.5
商丘市 Shangqiu	28.19	1146.48	427.73	373.97	2322.71	2034.31	165.28	94.7
信阳市 Xinyang	17.25	902.81	278.57	297.54	1207.09	1041.30	88.02	101.1
周口市 Zhoukou	29.27	1775.59	602.94	479.78	2616.42	2202.46	270.44	104.8
驻马店市 Zhumadian	14.61	903.97	269.89	202.22	956.02	796.43	90.00	104.3
济源市 Jiyuan	3.43	339.97	252.21	174.54	497.83	448.10	25.05	111.2
省直管县 County Directly Administrated by Province								
巩义市 Gongyi	5.10	520.88	292.81	258.74	760.00	609.37	105.00	105.5
兰考县 Lankao	2.60	124.76	62.02	46.54	167.43	133.86	16.53	105.2
汝州市 Ruzhou	1.61	109.09	45.21	56.18	192.05	167.32	13.94	100.3
滑县 Huaxian	1.27	72.81	32.66	29.70	111.29	90.10	6.52	104.1
长垣市 Changyuan	2.90	246.13	187.04	112.60	379.87	318.47	22.11	112.4
邓州市 Dengzhou	1.51	122.46	42.37	45.17	144.73	117.53	15.73	104.2
永城市 Yongcheng	2.62	197.31	78.42	77.67	467.43	413.05	33.44	116.3
固始县 Gushi	2.52	84.86	35.63	17.64	225.66	196.86	18.18	104.9
鹿邑县 Luyi	2.59	65.71	28.61	24.07	104.61	84.35	14.15	111.9
新蔡县 Xincai	1.24	108.37	29.77	16.94	108.00	88.62	6.26	103.0

13-12 分行业规模以上工业企业主要经济效益指标(2020年)

行 业	Sector	总资产贡献率 (%) Ratio of Total Assets to Industrial Output Value (%)
总 计	**Total**	**8.6**
按轻重工业分	**Grouped by Light & Heavy Industry**	
轻工业	Light Industry	14.0
重工业	Heavy Industry	7.1
按企业规模分	**Grouped by Size of Enterprises**	
大型企业	Large Enterprises	8.1
中型企业	Medium-sized Enterprises	9.2
小型企业	Small Enterprises	9.7
微型企业	Micro-enterprises	4.4
按所有制分	**By Proprietorial System**	
公有制	Public-owned	7.2
非公有制	Non-Public-owned	9.4
按行业分	**Grouped by Sectors**	
煤炭开采和洗选业	Mining and Washing of Coal	5.5
石油和天然气开采业	Extraction of Petroleum and Natural Gas	-14.8
黑色金属矿采选业	Mining of Ferrous Metal Ores	6.5
有色金属矿采选业	Mining of Non-ferrous Metal Ores	7.6
非金属矿采选业	Mining and Processing of Nonmetal Ores	4.6
开采辅助活动	Support Activities for Mining	3.3
其他采矿业	Mining of Other Ores	
农副食品加工业	Processing of Food from Agricultural Products	9.7
食品制造业	Manufacture of Foods	14.0
酒、饮料和精制茶制造业	Manufacture of Liquor, Beverages and Refined Tea	13.0
烟草制品业	Manufacture of Tobacco	83.7
纺织业	Manufacture of Textile	11.8
纺织服装服饰业	Manufacture of Textile,Wearing Apparel and Accessories	15.1
皮革、毛皮、羽毛及其制品和制鞋业	Manufacture of Leather, Fur, Feather and Its Products, Footwear	13.2
木材加工及木、竹、藤、棕、草制品业	Processing of Timbers, Manufacture of Wood, Bamboo, Rattan, Palm, and Straw Products	16.1
家具制造业	Manufacture of Furniture	17.7
造纸及纸制品业	Manufacture of Paper and Paper Products	8.4
印刷和记录媒介的复制业	Printing, Reproduction of Recording Media	11.8
文教、工美、体育和娱乐用品制造业	Manufacture of Articles for Culture, Education, Arts and Crafts, Sport and Entertainment Activities	8.2
石油加工、炼焦及核燃料加工业	Processing of Petroleum ,Coking, Processing of Nucleus Fuel	15.6
化学原料及化学制品制造业	Manufacture of Raw Chemical Material and Chemical Products	6.5
医药制造业	Manufacture of Medicines	13.1
化学纤维制造业	Manufacture of Chemical Fiber	3.3
橡胶和塑料制品业	Manufacture of Rubber and Plastic	11.6
非金属矿物制品业	Manufacture of Non-metallic Mineral Products	9.8
黑色金属冶炼及压延加工业	Smelting and Pressing of Ferrous Metals	6.6
有色金属冶炼及压延加工业	Smelting and Pressing of Non-ferrous Metals	7.4
金属制品业	Manufacture of Metal Products	9.9
通用设备制造业	Manufacture of General Purpose Machinery	9.6
专用设备制造业	Manufacture of Special Purpose Machinery	9.6
汽车制造业	Manufacture of Automobile	9.7
铁路、船舶、航空航天和其他运输设备制造业	Manufacture of Railway, Ship, Aerospace, and other Transport Equipments	9.0
电气机械及器材制造业	Manufacture of Electrical Machinery and Apparatus	8.1
计算机、通信和其他电子设备制造业	Manufacture of Computer , Communication and Other Electronic Equipment	3.7
仪器仪表制造业	Manufacture of Measuring Instrument and Machinery	10.5
其他制造业	Manufacture of Others	5.3
废弃资源综合利用业	Utilization of Waste Resources	18.2
金属制品、机械和设备修理业	Repair Service of Metal Products, Machinery and Equipment	6.5
电力、热力的生产和供应业	Production and Supply of Electric Power and Heat Power	4.8
燃气生产和供应业	Production and Supply of Gas	6.8
水的生产和供应业	Production and Supply of Water	4.9

Main Economic Efficiency Indicators of Industrial Enterprises above Designated Size by Sector (2020)

成本费用利润率 (%) Ratio of Profits to Industrial Cost (%)	资产负债率 (%) Assets-Liability Ratio (%)	产品销售率 (%) Products Sales Rate (%)
6.2	**56.5**	**98.3**
8.8	43.8	99.2
5.3	60.2	97.8
5.2	62.0	98.5
7.0	54.3	97.9
7.2	47.9	98.3
7.0	57.0	99.1
3.4	66.8	97.2
7.2	51.1	98.6
3.7	68.5	98.6
-39.0	91.2	99.9
10.1	43.4	97.1
9.7	69.9	98.8
12.0	43.3	97.7
1.8	95.0	99.9
7.9	51.1	99.7
10.1	45.2	98.2
9.2	56.7	96.7
19.8	25.1	99.5
7.9	43.6	97.1
9.1	27.5	99.0
9.1	28.1	98.6
9.3	31.3	100.5
13.8	29.8	97.9
3.9	67.9	96.0
7.8	44.3	98.7
7.7	28.5	95.4
1.3	74.3	99.8
4.6	62.0	97.1
12.5	43.6	95.9
1.7	60.8	97.7
8.9	37.3	98.0
8.2	46.4	98.2
2.5	64.6	98.4
5.2	59.0	97.2
7.4	39.4	98.4
6.9	46.5	97.6
8.3	49.7	94.8
7.0	60.5	97.3
11.2	42.9	97.2
6.5	53.7	96.6
2.9	74.2	103.3
10.5	39.3	97.3
5.8	35.8	98.2
4.2	46.4	98.8
5.9	57.3	99.9
3.6	71.1	99.3
9.6	64.0	99.4
13.5	47.7	97.7

13-13 分行业规模以上国有控股工业企业主要经济效益指标(2020年)

Main Economic Efficiency Indicators of State-holding Industrial Enterprises above Designated Size by Sector (2020)

行业	Sector	总资产贡献率(%) Ratio of Total Assets to Industrial Output Value (%)	成本费用利润率(%) Ratio of Profits to Industrial Cost (%)	资产负债率(%) Assets-Liability Ratio (%)
总计	**Total**	**7.1**	**3.2**	**67.1**
按轻重工业分	**Grouped by Light & Heavy Industry**			
轻工业	Enterprises of Light Industry	26.5	6.4	55.8
重工业	Heavy Industry	5.4	2.9	68.2
按企业规模分	**Grouped by Size of Enterprises**			
大型企业	Large Enterprises	7.6	2.9	66.5
中型企业	Medium-sized Enterprises	5.8	1.8	72.6
小型企业	Small Enterprises	6.9	8.8	62.5
微型企业	Micro-enterprises	2.4	20.9	62.3
按行业分	**By Sector**			
煤炭开采和洗选业	Mining and Washing of Coal	5.7	4.5	68.8
石油和天然气开采业	Extraction of Petroleum and Natural Gas	-15.0	-39.4	91.8
黑色金属矿采选业	Mining of Ferrous Metal Ores	10.1	15.6	11.7
有色金属矿采选业	Mining of Non-ferrous Metal Ores	11.1	18.8	70.7
非金属矿采选业	Mining and Processing of Nonmetal Ores	7.3	7.3	73.8
开采辅助活动	Support Activities for Mining	3.3	1.9	97.4
其他采矿业	Mining of Other Ores			
农副食品加工业	Processing of Food from Agricultural Products	7.9	6.7	73.8
食品制造业	Manufacture of Foods	1.1	-2.0	67.5
酒、饮料和精制茶制造业	Manufacture of Liquor, Beverages and Refined Tea	-0.5	-13.6	103.1
烟草制品业	Manufacture of Tobacco	84.0	20.0	25.0
纺织业	Manufacture of Textile	5.2	3.1	52.6
纺织服装服饰业	Manufacture of Textile,Wearing Apparel and Accessories	11.7	8.5	29.2
皮革、毛皮、羽毛及其制品和制鞋业	Manufacture of Leather, Fur, Feather and Its Products, Footwear	11.2	10.2	31.6
木材加工及木、竹、藤、棕、草制品业	Processing of Timbers, Manufacture of Wood, Bamboo, Rattan, Palm, and Straw Products	3.2	0.2	191.1
家具制造业	Manufacture of Furniture			
造纸及纸制品业	Manufacture of Paper and Paper Products	9.3	3.8	88.7
印刷和记录媒介的复制业	Printing, Reproduction of Recording Media	8.6	9.0	37.4
文教、工美、体育和娱乐用品制造业	Manufacture of Articles for Culture, Education, Arts and Crafts, Sport and Entertainment Activities	4.0	1.0	69.2
石油加工、炼焦及核燃料加工业	Processing of Petroleum, Coking, Processing of Nucleus Fuel	28.0	-1.8	79.9
化学原料及化学制品制造业	Manufacture of Raw Chemical Material and Chemical Products	3.3	0.3	77.5
医药制造业	Manufacture of Medicines	7.0	4.2	46.1
化学纤维制造业	Manufacture of Chemical Fiber	3.1	1.4	63.9
橡胶和塑料制品业	Manufacture of Rubber and Plastic	4.0	3.1	62.4
非金属矿物制品业	Manufacture of Non-metallic Mineral Products	8.5	15.8	50.1
黑色金属冶炼及压延加工业	Smelting and Pressing of Ferrous Metals	3.5	1.0	69.0
有色金属冶炼及压延加工业	Smelting and Pressing of Non-ferrous Metals	5.5	2.0	68.1
金属制品业	Manufacture of Metal Products	8.4	2.5	76.9
通用设备制造业	Manufacture of General Purpose Machinery	6.0	5.4	71.0
专用设备制造业	Manufacture of Special Purpose Machinery	7.1	7.7	58.7
汽车制造业	Manufacture of Automobile	9.8	4.8	80.9
铁路、船舶、航空航天和其他运输设备制造业	Manufacture of Railway, Ship, Aerospace, and other Transport Equipments	9.7	15.1	51.2
电气机械及器材制造业	Manufacture of Electrical Machinery and Apparatus	3.0	5.5	65.3
计算机、通信和其他电子设备制造业	Manufacture of Computer, Communication and Other Electronic Equipment	2.0	1.1	60.6
仪器仪表制造业	Manufacture of Measuring Instrument and Machinery	4.5	5.6	46.8
其他制造业	Manufacture of Others	2.2	3.1	38.0
废弃资源综合利用业	Utilization of Waste Resources	8.8	24.7	42.9
金属制品、机械和设备修理业	Repair Service of Metal Products, Machinery and Equipment	1.9	0.7	68.2
电力、热力的生产和供应业	Production and Supply of Electric Power and Heat Power	4.8	2.3	71.8
燃气生产和供应业	Production and Supply of Gas	3.6	4.6	73.8
水的生产和供应业	Production and Supply of Water	4.1	10.5	46.6

13-14 分行业规模以上公有制工业企业主要经济效益指标(2020年)

Main Economic Efficiency Indicators of Public-owned Industrial Enterprises above Designated Size by Sector (2020)

行业	Sector	总资产贡献率(%) Ratio of Total Assets to Industrial Output Value (%)	成本费用利润率(%) Ratio of Profits to Industrial Cost (%)	资产负债率(%) Assets-Liability Ratio (%)
总计	**Total**	**7.2**	**3.4**	**66.8**
按轻重工业分	**Grouped by Light & Heavy Industry**			
轻工业	Enterprises of Light Industry	24.9	7.0	55.1
重工业	Heavy Industry	5.4	3.0	68.0
按企业规模分	**Grouped by Size of Enterprises**			
大型企业	Large Enterprises	7.7	3.0	66.4
中型企业	Medium-sized Enterprises	5.8	1.9	71.8
小型企业	Small Enterprises	7.2	9.0	61.7
微型企业	Micro-enterprises	2.3	18.1	62.0
按行业分	**By Sector**			
煤炭开采和洗选业	Mining and Washing of Coal	5.6	4.3	68.2
石油和天然气开采业	Extraction of Petroleum and Natural Gas	-15.0	-39.4	91.8
黑色金属矿采选业	Mining of Ferrous Metal Ores	10.1	15.6	11.7
有色金属矿采选业	Mining of Non-ferrous Metal Ores	11.2	19.1	70.6
非金属矿采选业	Mining and Processing of Nonmetal Ores	8.6	7.2	73.5
开采辅助活动	Support Activities for Mining	3.3	1.9	97.4
其他采矿业	Mining of Other Ores			
农副食品加工业	Processing of Food from Agricultural Products	14.2	8.9	67.4
食品制造业	Manufacture of Foods	1.9	-0.7	70.2
酒、饮料和精制茶制造业	Manufacture of Liquor, Beverages and Refined Tea	1.4	-5.3	95.0
烟草制品业	Manufacture of Tobacco	83.7	19.8	25.1
纺织业	Manufacture of Textile	5.1	3.1	52.9
纺织服装服饰业	Manufacture of Textile,Wearing Apparel and Accessories	5.0	8.3	11.0
皮革、毛皮、羽毛及其制品和制鞋业	Manufacture of Leather, Fur, Feather and Its Products, Footwear	11.2	10.1	30.9
木材加工及木、竹、藤、棕、草制品业	Processing of Timbers, Manufacture of Wood, Bamboo, Rattan, Palm, and Straw Products	5.8	3.7	180.6
家具制造业	Manufacture of Furniture			
造纸及纸制品业	Manufacture of Paper and Paper Products	10.6	5.5	89.6
印刷和记录媒介的复制业	Printing, Reproduction of Recording Media	10.0	7.9	41.2
文教、工美、体育和娱乐用品制造业	Manufacture of Articles for Culture, Education, Arts and Crafts, Sport and Entertainment Activities	4.9	2.0	63.4
石油加工、炼焦及核燃料加工业	Processing of Petroleum, Coking, Processing of Nucleus Fuel	28.0	-1.8	79.9
化学原料及化学制品制造业	Manufacture of Raw Chemical Material and Chemical Products	3.5	0.5	77.2
医药制造业	Manufacture of Medicines	6.6	4.2	44.0
化学纤维制造业	Manufacture of Chemical Fiber	3.1	1.4	63.9
橡胶和塑料制品业	Manufacture of Rubber and Plastic	3.5	3.2	60.3
非金属矿物制品业	Manufacture of Non-metallic Mineral Products	8.6	15.2	49.9
黑色金属冶炼及压延加工业	Smelting and Pressing of Ferrous Metals	3.5	1.1	68.9
有色金属冶炼及压延加工业	Smelting and Pressing of Non-ferrous Metals	5.5	2.0	68.1
金属制品业	Manufacture of Metal Products	7.9	2.5	74.9
通用设备制造业	Manufacture of General Purpose Machinery	6.0	5.4	70.9
专用设备制造业	Manufacture of Special Purpose Machinery	7.5	8.0	58.5
汽车制造业	Manufacture of Automobile	10.7	6.5	72.8
铁路、船舶、航空航天和其他运输设备制造业	Manufacture of Railway, Ship, Aerospace, and other Transport Equipments	9.7	15.0	51.2
电气机械及器材制造业	Manufacture of Electrical Machinery and Apparatus	3.0	5.4	66.1
计算机、通信和其他电子设备制造业	Manufacture of Computer, Communication and Other Electronic Equipment	3.0	3.2	60.2
仪器仪表制造业	Manufacture of Measuring Instrument and Machinery	4.5	5.7	46.9
其他制造业	Manufacture of others	2.2	3.1	38.0
废弃资源综合利用业	Utilization of Waste Resources	8.5	10.4	57.1
金属制品、机械和设备修理业	Repair Service of Metal Products, Machinery and Equipment	2.2	0.8	67.8
电力、热力的生产和供应业	Production and Supply of Electric Power and Heat Power	4.8	2.3	71.9
燃气生产和供应业	Production and Supply of Gas	3.6	4.6	73.7
水的生产和供应业	Production and Supply of Water	4.0	9.8	47.4

13-15 分行业规模以上私营工业企业主要经济效益指标(2020年)

Main Economic Efficiency Indicators of Private Industrial Enterprises above Designated Size by Sector (2020)

行 业	Sector	总资产贡献率 (%) Ratio of Total Assets to Industrial Output Value (%)	成本费用利润率 (%) Ratio of Profits to Industrial Cost (%)	资产负债率 (%) Assets-Liability Ratio (%)
总 计	**Total**	**11.9**	**7.9**	**42.0**
按轻重工业分	**Grouped by Light & Heavy Industry**			
轻工业	Enterprises of Light Industry	13.2	9.2	37.0
重工业	Heavy Industry	11.1	7.1	45.1
按企业规模分	**Grouped by Size of Enterprises**			
大型企业	Large Enterprises	12.8	8.7	44.6
中型企业	Medium-sized Enterprises	14.3	8.7	39.1
小型企业	Small Enterprises	11.2	7.3	41.0
微型企业	Micro-enterprises	5.4	6.3	53.8
按行业分	**By Sector**			
煤炭开采和洗选业	Mining and Washing of Coal	3.6	-0.2	69.7
石油和天然气开采业	Extraction of Petroleum and Natural Gas			
黑色金属矿采选业	Mining of Ferrous Metal Ores	5.0	8.9	71.9
有色金属矿采选业	Mining of Non-ferrous Metal Ores	6.0	8.6	49.6
非金属矿采选业	Mining and Processing of Nonmetal Ores	14.4	12.5	33.3
开采辅助活动	Support Activities for Mining	4.5	0.2	58.5
其他采矿业	Mining of Other Ores			
农副食品加工业	Processing of Food from Agricultural Products	12.4	8.7	49.3
食品制造业	Manufacture of Foods	18.6	13.1	35.6
酒、饮料和精制茶制造业	Manufacture of Liquor, Beverages and Refined Tea	12.0	8.3	41.7
烟草制品业	Manufacture of Tobacco			
纺织业	Manufacture of Textile	14.0	8.6	40.1
纺织服装服饰业	Manufacture of Textile,Wearing Apparel and Accessories	15.4	9.4	27.2
皮革、毛皮、羽毛及其制品和制鞋业	Manufacture of Leather, Fur, Feather and Its Products, Footwear	13.3	8.9	30.6
木材加工及木、竹、藤、棕、草制品业	Processing of Timbers, Manufacture of Wood, Bamboo, Rattan, Palm, and Straw Products	17.9	9.6	27.9
家具制造业	Manufacture of Furniture	20.3	14.6	25.7
造纸及纸制品业	Manufacture of Paper and Paper Products	11.1	6.1	54.4
印刷和记录媒介的复制业	Printing, Reproduction of Recording Media	13.2	6.5	39.2
文教、工美、体育和娱乐用品制造业	Manufacture of Articles for Culture, Education, Arts and Crafts, Sport and Entertainment Activities	8.5	8.2	24.5
石油加工、炼焦及核燃料加工业	Processing of Petroleum, Coking, Processing of Nucleus Fuel	7.1	2.4	75.9
化学原料及化学制品制造业	Manufacture of Raw Chemical Material and Chemical Products	7.6	5.4	48.1
医药制造业	Manufacture of Medicines	11.5	9.0	39.6
化学纤维制造业	Manufacture of Chemical Fiber	5.4	3.2	27.9
橡胶和塑料制品业	Manufacture of Rubber and Plastic	13.0	8.7	32.6
非金属矿物制品业	Manufacture of Non-metallic Mineral Products	10.7	7.3	40.9
黑色金属冶炼及压延加工业	Smelting and Pressing of Ferrous Metals	7.9	2.7	66.3
有色金属冶炼及压延加工业	Smelting and Pressing of Non-ferrous Metals	22.9	9.4	50.3
金属制品业	Manufacture of Metal Products	10.8	7.9	35.3
通用设备制造业	Manufacture of General Purpose Machinery	10.6	7.0	36.4
专用设备制造业	Manufacture of Special Purpose Machinery	11.5	8.3	39.4
汽车制造业	Manufacture of Automobile	11.2	7.6	46.5
铁路、船舶、航空航天和其他运输设备制造业	Manufacture of Railway, Ship, Aerospace, and other Transport Equipments	9.8	7.0	35.1
电气机械及器材制造业	Manufacture of Electrical Machinery and Apparatus	12.0	7.3	38.6
计算机、通信和其他电子设备制造业	Manufacture of Computer, Communication and Other Electronic Equipment	10.1	9.5	41.5
仪器仪表制造业	Manufacture of Measuring Instrument and Machinery	15.1	10.3	33.1
其他制造业	Manufacture of Others	15.8	8.7	28.1
废弃资源综合利用业	Utilization of Waste Resources	22.7	2.9	55.4
金属制品、机械和设备修理业	Repair Service of Metal products, Machinery and Equipment	13.7	12.1	36.6
电力、热力的生产和供应业	Production and Supply of Electric Power and Heat Power	5.8	12.7	69.3
燃气生产和供应业	Production and Supply of Gas	5.0	6.7	69.4
水的生产和供应业	Production and Supply of Water	9.5	18.3	36.9

13-16 各市规模以上工业企业主要经济效益指标(2020年)
Main Economic Efficiency Indicators of Industrial Enterprises above Designated Size by City (2020)

市(县) City(County)	总资产贡献率 (%) Ratio of Total Assets to Industrial Output Value (%)	成本费用利润率 (%) Ratio of Profits to Industrial Cost (%)	资产负债率 (%) Assets-Liability Ratio (%)	产品销售率 (%) Products Sales Rate (%)
全省 Total	**8.6**	**6.2**	**56.5**	**98.3**
省辖市 City				
郑州市 Zhengzhou	8.3	6.2	67.2	99.7
开封市 Kaifeng	7.9	6.6	50.7	97.8
洛阳市 Luoyang	8.2	5.9	56.5	96.9
平顶山市 Pingdingshan	5.6	4.2	60.8	98.2
安阳市 Anyang	7.3	3.6	73.3	99.2
鹤壁市 Hebi	5.7	4.4	65.9	98.4
新乡市 Xinxiang	8.3	5.8	58.9	98.1
焦作市 Jiaozuo	7.5	5.9	57.8	99.2
濮阳市 Puyang	1.8	-1.6	73.4	97.2
许昌市 Xuchang	10.7	6.2	36.9	97.6
漯河市 Luohe	13.5	5.9	49.3	98.5
三门峡市 Sanmenxia	6.0	5.2	63.1	96.6
南阳市 Nanyang	6.8	7.3	59.3	97.6
商丘市 Shangqiu	12.2	6.7	47.9	98.2
信阳市 Xinyang	10.8	7.1	44.9	98.7
周口市 Zhoukou	16.8	11.6	30.3	98.7
驻马店市 Zhumadian	10.7	9.2	39.4	98.6
济源市 Jiyuan	9.3	4.9	52.8	97.4
省直管县 County Directly Administrated by Province				
巩义市 Gongyi	13.5	11.5	63.3	97.0
兰考县 Lankao	9.9	9.2	43.8	97.1
汝州市 Ruzhou	5.0	7.9	54.5	97.9
滑县 Huaxian	11.2	8.8	49.9	98.5
长垣市 Changyuan	12.2	6.6	52.2	99.1
邓州市 Dengzhou	13.5	14.1	40.5	95.8
永城市 Yongcheng	9.8	5.3	61.6	98.1
固始县 Gushi	25.4	8.6	27.5	106.4
鹿邑县 Luyi	15.1	18.2	52.2	97.9
新蔡县 Xincai	7.6	6.8	16.2	97.1

13-17 各市规模以上国有控股工业企业主要经济效益指标(2020年)

Main Economic Efficiency Indicators of State-holding Industrial Enterprises above Designated Size by City (2020)

市(县)	City(County)	总资产贡献率 (%) Ratio of Total Assets to Industrial Output Value (%)	成本费用利润率 (%) Ratio of Profits to Industrial Cost (%)	资产负债率 (%) Assets-Liability Ratio (%)
全省	**Total**	**7.1**	**3.2**	**67.1**
省辖市	**City**			
郑州市	Zhengzhou	10.9	8.3	62.2
开封市	Kaifeng	3.6	1.2	66.4
洛阳市	Luoyang	8.5	3.1	64.6
平顶山市	Pingdingshan	5.4	3.0	67.4
安阳市	Anyang	8.5	3.5	72.9
鹤壁市	Hebi	4.0	-0.3	90.2
新乡市	Xinxiang	6.1	4.9	67.9
焦作市	Jiaozuo	4.7	2.2	62.3
濮阳市	Puyang	-2.8	-9.2	86.2
许昌市	Xuchang	13.6	7.8	60.2
漯河市	Luohe	18.1	2.8	66.2
三门峡市	Sanmenxia	5.6	4.7	65.3
南阳市	Nanyang	5.7	2.3	65.6
商丘市	Shangqiu	4.8	0.5	72.3
信阳市	Xinyang	6.4	4.2	76.1
周口市	Zhoukou	5.7	1.8	81.2
驻马店市	Zhumadian	7.1	2.6	65.5
济源市	Jiyuan	6.4	2.5	54.4
省直管县	**County Directly Administrated by Province**			
巩义市	Gongyi	5.4	5.5	78.1
兰考县	Lankao	-4.0	-3.3	72.1
汝州市	Ruzhou	9.0	7.8	84.9
滑县	Huaxian	1.2	1.3	69.6
长垣市	Changyuan	3.7	9.7	74.4
邓州市	Dengzhou	-0.9	-8.8	60.4
永城市	Yongcheng	5.5	0.4	69.5
固始县	Gushi	3.1	20.1	91.5
鹿邑县	Luyi			
新蔡县	Xincai	7.9	2.2	10.5

13-18 各市规模以上公有制工业企业主要经济效益指标(2020年)

Main Economic Efficiency Indicators of Public-owned Industrial Enterprises above Designated Size by City (2020)

市(县) City(County)	总资产贡献率 (%) Ratio of Total Assets to Industrial Output Value (%)	成本费用利润率 (%) Ratio of Profits to Industrial Cost (%)	资产负债率 (%) Assets-Liability Ratio (%)
全　省 Total	**7.2**	**3.4**	**66.8**
省 辖 市 City			
郑 州 市 Zhengzhou	11.0	8.3	62.1
开 封 市 Kaifeng	3.7	1.5	65.9
洛 阳 市 Luoyang	8.4	3.0	64.8
平 顶 山 市 Pingdingshan	5.3	3.0	67.6
安 阳 市 Anyang	8.5	3.5	72.9
鹤 壁 市 Hebi	5.3	2.7	86.9
新 乡 市 Xinxiang	6.2	4.9	67.7
焦 作 市 Jiaozuo	4.7	2.2	62.4
濮 阳 市 Puyang	-2.7	-9.1	86.1
许 昌 市 Xuchang	13.5	7.8	59.8
漯 河 市 Luohe	16.9	5.9	67.7
三 门 峡 市 Sanmenxia	5.6	4.8	65.3
南 阳 市 Nanyang	5.8	2.6	64.8
商 丘 市 Shangqiu	4.8	0.5	72.3
信 阳 市 Xinyang	6.4	4.1	75.7
周 口 市 Zhoukou	5.3	3.7	63.9
驻 马 店 市 Zhumadian	7.2	2.6	65.2
济 源 市 Jiyuan	6.0	2.3	53.2
省 直 管 县 County Directly Administrated by Province			
巩 义 市 Gongyi	6.2	5.9	78.8
兰 考 县 Lankao	-4.0	-3.3	72.1
汝 州 市 Ruzhou	9.0	7.8	84.9
滑 县 Huaxian	1.2	1.2	69.2
长 垣 市 Changyuan	3.8	8.8	75.1
邓 州 市 Dengzhou	-0.4	-7.5	60.0
永 城 市 Yongcheng	5.5	0.4	69.5
固 始 县 Gushi	3.6	10.6	87.7
鹿 邑 县 Luyi	57.7	19.6	25.8
新 蔡 县 Xincai	4.3	2.5	13.9

13-19 各市规模以上私营工业企业主要经济效益指标(2020年)

Main Economic Efficiency Indicators of Private Industrial Enterprises above Designated Size by City (2020)

市(县) City(County)	总资产贡献率 (%) Ratio of Total Assets to Industrial Output Value (%)	成本费用利润率 (%) Ratio of Profits to Industrial Cost (%)	资产负债率 (%) Assets-Liability Ratio (%)
全　　省 Total	**11.9**	**7.9**	**42.0**
省　辖　市 City			
郑　州　市 Zhengzhou	13.3	11.9	56.7
开　封　市 Kaifeng	12.3	8.5	33.9
洛　阳　市 Luoyang	13.4	9.2	45.2
平 顶 山 市 Pingdingshan	10.7	6.3	48.4
安　阳　市 Anyang	5.5	2.4	74.8
鹤　壁　市 Hebi	7.0	5.6	46.0
新　乡　市 Xinxiang	8.3	4.6	57.0
焦　作　市 Jiaozuo	7.7	4.0	51.8
濮　阳　市 Puyang	5.6	2.8	54.2
许　昌　市 Xuchang	10.5	7.1	23.9
漯　河　市 Luohe	21.4	8.1	42.7
三 门 峡 市 Sanmenxia	5.9	4.0	50.2
南　阳　市 Nanyang	8.4	7.9	50.9
商　丘　市 Shangqiu	18.1	7.7	32.6
信　阳　市 Xinyang	12.3	7.9	33.0
周　口　市 Zhoukou	18.4	11.6	27.0
驻 马 店 市 Zhumadian	12.1	10.5	22.4
济　源　市 Jiyuan	10.5	5.3	51.3
省 直 管 县 County Directly Administrated by Province			
巩　义　市 Gongyi	23.8	16.2	49.7
兰　考　县 Lankao	15.8	11.0	37.3
汝　州　市 Ruzhou	16.3	7.9	51.5
滑　　县 Huaxian	12.9	6.3	40.8
长　垣　市 Changyuan	14.0	6.2	45.8
邓　州　市 Dengzhou	14.7	12.3	36.9
永　城　市 Yongcheng	22.6	7.8	39.4
固　始　县 Gushi	27.3	8.8	20.8
鹿　邑　县 Luyi	23.6	15.7	36.6
新　蔡　县 Xincai	7.2	6.2	15.6

13-20 各市主要工业产品产量(2020年)

Output of Major Industrial Products by City (2020)

市(县) City(County)	化学纤维 (吨) Chemical Fiber (ton)	纱 (万吨) Yarn (10 000 tons)	布 (万米) Cloth (10 000 m)	服装 (万件) Garments (10 000 sets)	饮料酒 (千升) Alcoholic Beverages (1 000 litre)
全省 Total	**753332**	**297.54**	**128532.82**	**72046.35**	**2710390**
省辖市 City					
郑州市 Zhengzhou		0.33	2267.81	2435.30	537134
开封市 Kaifeng		54.64		3405.50	26551
洛阳市 Luoyang	272497	1.11	2827.00	93.95	250680
平顶山市 Pingdingshan	111969	14.27	2230.49	596.91	32240
安阳市 Anyang		6.44	1876.00	1622.00	21264
鹤壁市 Hebi	6752	2.93	1302.50	1905.80	415328
新乡市 Xinxiang	179950	21.86	968.36	1609.77	341096
焦作市 Jiaozuo	5998	2.47	2305.46	882.77	74670
濮阳市 Puyang	4615	0.64		1284.22	35
许昌市 Xuchang	1405	11.08	20099.93	1240.55	3142
漯河市 Luohe	1088	0.40		93.13	12896
三门峡市 Sanmenxia		0.32		123.76	24888
南阳市 Nanyang		56.78	36547.78	2501.30	133179
商丘市 Shangqiu	106167	60.02	12975.09	24969.21	388101
信阳市 Xinyang	52902	1.56	2470.55	2245.02	139039
周口市 Zhoukou	9989	56.14	42661.85	22150.01	176491
驻马店市 Zhumadian		6.56		4887.15	133654
济源市 Jiyuan					
省直管县 County Directly Administrated by Province					
巩义市 Gongyi				0.30	
兰考县 Lankao		1.95		82.80	219
汝州市 Ruzhou					
滑县 Huaxian		5.68	928.04	500.00	738
长垣市 Changyuan					
邓州市 Dengzhou		16.94	11448.00	512.14	70457
永城市 Yongcheng		0.42		3276.48	3554
固始县 Gushi					6908
鹿邑县 Luyi		0.69		1707.62	10778
新蔡县 Xincai		3.95		1428.32	899

13-20 续表 1 contiuned

市(县) City(County)	液体乳 (吨) Liquid Milk (ton)	熟肉制品 (吨) Raise Meat Products (ton)	速冻米面食品 (吨) Quick-frozen Rice and Wheat Flour foods (ton)	机制纸及纸板 (万吨) Machinema-de Paper and Paperboard (10 000 tons)	塑料制品 (万吨) Plastic Products (10 000 tons)	原煤 (万吨) Coal (10 000 tons)	焦炭 (万吨) Synthetic Detergents (10 000 tons)	十种有色金属 (万吨) Ten Kinds of Nonferrous Metals (10 000 tons)
全 省 Total	**1770781**	**2967566**	**2189940**	**355.66**	**202.89**	**10490.60**	**1847.84**	**418.62**
省 辖 市 City								
郑 州 市 Zhengzhou	323857	157380	1292148	25.70	13.74	1821.08		23.20
开 封 市 Kaifeng	1497	21381	13981	0.26	9.93			0.71
洛 阳 市 Luoyang	14652				24.81	805.91	41.51	129.34
平 顶 山 市 Pingdingshan	60644	2468		16.02	1.28	3321.80	467.63	0.07
安 阳 市 Anyang		20259	6053	1.44	4.56	248.68	862.92	13.47
鹤 壁 市 Hebi		37403	80458	12.27	0.30	472.52		0.16
新 乡 市 Xinxiang	56727	18317	75335	107.27	33.09	454.98		2.70
焦 作 市 Jiaozuo	380975	11906		42.34	8.15	236.22		37.24
濮 阳 市 Puyang		16342	7691	31.05	9.46			
许 昌 市 Xuchang				18.72	2.89	781.86	276.85	
漯 河 市 Luohe	12994	2525477	9042	30.40	12.88			
三 门 峡 市 Sanmenxia					0.74	911.75		50.26
南 阳 市 Nanyang	26516	12728	3745	22.00	8.35			0.36
商 丘 市 Shangqiu	680372	11368	573574	10.02	7.89	1338.08		
信 阳 市 Xinyang		23833		0.07	0.63		48.99	
周 口 市 Zhoukou	10996	75504	89251	6.41	57.02			0.59
驻 马 店 市 Zhumadian	83849	33200	35866	31.68	6.86	34.02		
济 源 市 Jiyuan	117703		2796		0.32	63.69	149.93	160.53
省 直 管 县 County Directly Administrated by Province								
巩 义 市 Gongyi					0.54	186.10		23.03
兰 考 县 Lankao			9625	0.26	2.37			
汝 州 市 Ruzhou					0.03	407.70	123.01	
滑 县 Huaxian		9883		1.44	1.41			
长 垣 市 Changyuan			4304		0.46			
邓 州 市 Dengzhou		10143	577	4.44	2.55			
永 城 市 Yongcheng				2.09	0.15	1338.08		
固 始 县 Gushi								
鹿 邑 县 Luyi					0.56			
新 蔡 县 Xincai								

13-20 续表 2 contiuned

市(县) City(County)	发电量(亿千瓦小时) Electricity (100 million kwh)	生铁(万吨) Pig Iron (10 000 tons)	粗钢(万吨) Steel (10 000 tons)	钢材(万吨) Steel Products (10 000 tons)	硫酸(万吨) Sulfuric Acid (10 000 tons)	烧碱(万吨) Caustic Soda (10 000 tons)	原铝(万吨) Aluminum (10 000 tons)
全省 Total	**2757.40**	**2769.49**	**3530.16**	**4233.36**	**435.60**	**170.72**	**176.48**
省辖市 City							
郑州市 Zhengzhou	373.64		70.85	168.82			23.03
开封市 Kaifeng	45.77			4.65		12.41	
洛阳市 Luoyang	429.66		31.35	29.94	30.55		116.63
平顶山市 Pingdingshan	196.45	185.21	325.61	308.66		46.31	
安阳市 Anyang	142.13	1614.40	1644.19	1810.61	12.76		
鹤壁市 Hebi	122.58			0.29	8.97		
新乡市 Xinxiang	184.79			10.94			
焦作市 Jiaozuo	227.99			53.27	58.03	63.05	36.82
濮阳市 Puyang	71.75			14.00			
许昌市 Xuchang	83.87			358.15			
漯河市 Luohe	31.18					10.32	
三门峡市 Sanmenxia	170.08				154.19		
南阳市 Nanyang	147.59	233.55	271.79	294.02			
商丘市 Shangqiu	118.89		386.77	406.88			
信阳市 Xinyang	68.64	330.08	365.17	371.45			
周口市 Zhoukou	59.53			0.05			
驻马店市 Zhumadian	69.86			2.78			
济源市 Jiyuan	213.00	406.25	434.42	398.86	171.10	38.63	
省直管县 County Directly Administrated by Province							
巩义市 Gongyi	80.90		11.86	1.31			23.03
兰考县 Lankao	8.60						
汝州市 Ruzhou	26.81						
滑县 Huaxian	12.55						
长垣市 Changyuan	47.81			0.03			
邓州市 Dengzhou	1.87						
永城市 Yongcheng	52.65		386.77	380.85			
固始县 Gushi	0.48						
鹿邑县 Luyi	2.37						
新蔡县 Xincai				0.19			

13-20 续表 3 contiuned

市(县) City(County)	合成氨 (万吨) Synthetic Ammonia (10 000 tons)	农用化肥(折纯量) (万吨) Synthetic Ammonia (10 000 tons)	化学农药(原药) (吨) Chemical Pesticide (ton)	人造板 (万立方米) Artificial Board (10 000 cu.m)	水 泥 (万吨) Cement (10 000 tons)	平板玻璃 (万重量箱) Plate Glass (10 000 weight cases)	小型拖拉机 (台) Small Tractors (unit)
全 省 Total	**506.93**	**481.30**	**82172**	**1545.94**	**11721.86**	**1899.57**	**11156**
省 辖 市 City							
郑 州 市 Zhengzhou			7169	0.86	1558.93		
开 封 市 Kaifeng	142.88	67.07	21608	201.55	43.30		2998
洛 阳 市 Luoyang	7.15	10.63		4.38	588.09	1024.50	35
平 顶 山 市 Pingdingshan				405.55	1207.79		
安 阳 市 Anyang	11.03	45.41	1307	2.30	682.46		
鹤 壁 市 Hebi			18	1.54	225.48		
新 乡 市 Xinxiang	146.17	87.93	1582	43.56	2268.17	41.24	
焦 作 市 Jiaozuo	50.81	65.97	2511	11.50	632.40		
濮 阳 市 Puyang	30.40	24.56	15993	53.32	130.48		
许 昌 市 Xuchang		3.89		186.19	1116.48		8123
漯 河 市 Luohe		24.54		122.89	56.28		
三 门 峡 市 Sanmenxia	4.40	0.14			695.25		
南 阳 市 Nanyang				18.36	1069.61		
商 丘 市 Shangqiu		11.28	2043	163.71	189.33	831.29	
信 阳 市 Xinyang				146.02	556.44		
周 口 市 Zhoukou		16.40	29942	69.29	114.72		
驻 马 店 市 Zhumadian	114.10	76.18		114.92	473.73	2.53	
济 源 市 Jiyuan		47.30			112.92		
省 直 管 县 County Directly Administrated by Province							
巩 义 市 Gongyi					167.12		
兰 考 县 Lankao				158.40			
汝 州 市 Ruzhou					482.21		
滑 县 Huaxian		39.50	88				
长 垣 市 Changyuan					22.61	41.24	
邓 州 市 Dengzhou				9.71	111.63		
永 城 市 Yongcheng					27.35		
固 始 县 Gushi				33.02	63.27		
鹿 邑 县 Luyi					13.35		
新 蔡 县 Xincai				14.55	42.70		

主要统计指标解释

工业 指从事自然资源的开采，对采掘品和农产品进行加工和再加工的物质生产部门。具体包括：(1)对自然资源的开采，如采矿、晒盐等(但不包括禽兽捕猎和水产捕捞)；(2)对农副产品的加工、再加工，如粮油加工、食品加工、缫丝、纺织、制革等；(3)对采掘品的加工、再加工，如炼铁、炼钢、化工生产、石油加工、机器制造、木材加工等，以及电力、自来水、煤气的生产和供应等；(4)对工业品的修理、翻新，如机器设备的修理、交通运输工具(如汽车)的修理等。

工业统计调查单位为工业法人单位。

工业法人单位指从事工业生产经营活动的法人单位。工业法人单位应同时具备以下条件：①依法成立，有自己的名称、组织机构和场所，能够独立承担民事责任；②独立拥有（或授权）使用资产，承担负债，有权与其他单位签订合同；③具有包括资产负债表在内的帐户，或者能够根据需要编制帐户。

国有及国有控股企业 指国有企业加上国有控股企业。国有企业(即原全民所有制工业或国营工业)指企业全部资产归国家所有，并按《中华人民共和国企业法人登记管理条例》规定登记注册的非公司制的经济组织。包括国有企业、国有独资公司和国有联营企业。1957 年以前的公私合营和私营工业，后均改造为国营工业，1992 年改为国有工业，这部分工业的资料不单独分列时，均包括在国有企业内。国有控股企业是对混合所有制经济的企业进行的“国有控股”分类。它是指这些企业的全部资产中国有资产(股份)相对其他所有者中的任何一个所有者占资(股)最多的企业。该分组反映了国有经济控股情况。

本篇涉及的其他企业登记注册类型的解释详见综合篇。

轻工业 指主要提供生活消费品和制作手工工具的工业。按其所使用的原料不同，可分为两大类：(1)以农产品为原料的轻工业，是指直接或间接以农产品为基本原料的轻工业。主要包括食品制造、饮料制造、烟草加工、纺织、缝纫、皮革和毛皮制作、造纸以及印刷等工业；(2)以非农产品为原料的轻工业，是指以工业品为原料的轻工业。主要包括文教体育用品、化学药品制造、合成纤维制造、日用化学制品、日用玻璃制品、日用金属制品、手工工具制造、医疗器械制造、文化和办公用机械制造等工业。

重工业 指为国民经济各部门提供物质技术基础的主要生产资料的工业。按其生产性质和产品用途，可以分为下列三类：(1)采掘(伐)工业，是指对自然资源的开采，包括石油开采、煤炭开采、金属矿开采、非金属矿开采等工业；(2)原材料工业，指向国民经济各部门提供基本材料、动力和燃料的工业。包括金属冶炼及加工、炼焦及焦炭、化学、化工原料、水泥、人造板以及电力、石油和煤炭加工等工业；(3)加工工业，是指对工业原材料进行再加工制造的工业。包括装备国民经济各部门的机械设备制造工业、金属结构、水泥制品等工业，以及为农业提供的生产资料如化肥、农药等工业。

根据上述划分原则，修理业中以重工业产品为修理作业对象的划为重工业，反之划为轻工业。

资产总计 指企业过去的交易或者事项形成的、由企业拥有或者控制的、预期会给企业带来经济利益的资源。资产一般按流动性分为流动资产和非流动资产。其中流动资产可分为货币资金、交易性金融资产、应收票据、应收账款、预付款项、其他应收款、存货等；非流动资产可分为长期股权投资、固定资产、无形资产及其他非流动资产等。根据会计“资产负债表”中“资产总计”项目的期末余额数填报。

流动资产合计 资产满足以下条件之一应归为流动资产：(1) 预计在一个正常营业周期中变现、出售或耗用，主要包括存货、应收账款等；(2) 主要为交易目的而持有；(3) 预计在资产负债表日起一年内（含一年）变现；(4) 自资产负债日起一年内，交换其他资产或清偿负债的能力不受限制的现金或现金等价物。包括货币资金、应收票据、应收账款、存货等项目。根据会计“资产负债表”中“流动资产合计”项目的期末余额数填报。

固定资产原价 指固定资产的成本，包括企业在购置、自行建造、安装、改建、扩建、技术改造某项固定资产时所发生的全部支出总额。根据会计“固定资产”科目的期末借方余额填报。

累计折旧 指企业在报告期末提取的历年固定资产折旧累计数。根据会计“累计折旧”科目的期末贷方余额填报。

负债合计 指企业过去的交易或者事项形成的，预期会导致经济利益流出企业的现时义务。负债一般按偿还期长短分为流动负债和非流动负债。根据会计“资产负债表”中“负债合计”项目的期末余额数填报。

流动负债合计 负债满足下列条件之一的应归为流动负债：(1) 预计在一个正常营业周期中清偿；(2) 主要为交易目的而持有；(3) 自资产负债表日起一年内到期应予清偿；(4) 企业无权自主地将清偿推迟至资产负债表日后一年以上。包括短期借款、应付票据、应付账款、应付职工薪酬、应交税费等项目。根据会计“资产负债表”中“流动负债合计”项目的期末余额数填报。

所有者权益合计 指企业资产扣除负债后由所有者享有的剩余权益。公司的所有者权益又称股东权益。包括实收资本、资本公积、盈余公积、未分配利润等。根据会计“资产负债表”中“所有者权益合计”项目的期末余额数填报。

应收账款 指企业因销售商品、提供劳务等经营活动所形成的债权，包括应向客户收取的货款、增值税款和为客户代垫的运杂费等。来源于会计“资产负债表”中“应收账款”项目的期末余额数。

存货 指企业在日常活动中持有以备出售的产成品或商品、处在生产过程中的在产品、在生产过程或提供劳务过程中耗用的材料或物料等，通常包括原材料、在产品、半成品、产成品、商品以及周转材料等。来源于会计“资产负债表”中“存货”项目的期末余额数。

产成品 指企业已经完成全部生产过程并验收入库，可以按照合同规定的条件送交订货单位，或者可以作为商品对外销售的产品。来源于会计“产成品”科目的借方余额。

营业收入 指企业经营主要业务和其他业务所确认的收入总额。营业收入包括“主营业务收入”和“其他业务收入”。来源于会计“利润表”中“营业收入”项目的本年累计数。

营业成本 指企业经营主要业务和其他业务所发生的成本总额。包括企业（单位）在报告期内从事销售商品、提供劳务等日常活动发生的各种耗费。包括“主营业务成本”和“其他业务成本”。来源于会计“利润表”中“营业成本”项目的本年累计数。

利润总额 指企业在一定会计期间的经营成果，是生产经营过程中各种收入扣除各种耗费后的盈余，反映企业在报告期内实现的盈亏总额。根据会计“利润表”中“利润总额”项目的本期金额数填报。

应交增值税 指企业按税法规定，从事货物销售或提供加工、修理修配劳务等增加货物价值的活动本期应交纳的税金。计算公式为：

应交增值税=销项税额−（进项税额−进项税额转出）−出口抵减内销产品应纳税额−减免税款+出口退税

进项税额指企业在报告期内购入货物或接受应税劳务而支付的、准予从销项税额中抵扣的增值税额。

销项税额指企业在报告期内销售货物或提供应税劳务应收取的增值税额。

总资产贡献率 反映企业全部资产的获利能力，是企业经营业绩和管理水平的集中体现，是评价和考核企业盈利能力的核心指标。计算公式为：

$$\text{总资产贡献率}(\%)=\frac{\text{利润总额}+\text{税金总额}+\text{利息支出}}{\text{平均资产总额}}\times 100\%$$

公式中：税金总额为主营业务税金及附加与应交增值税之和；平均资产总额为期初期末资产之和的算术平均值。

资产负债率 该指标既反映企业经营风险的大小，也反映企业利用债权人提供的资金从事经营活动的能力。计算公式为：

$$\text{资产负债率}(\%)=\frac{\text{负债总额}}{\text{资产总额}}\times 100\%$$

资产与负债均为报告期期末数。

产品销售率 该指标反映工业产品已实现销售的程度，是分析工业产销衔接情况，研究工业产品满足社会需求的指标。计算公式为：

$$\text{产品销售率}(\%)=\frac{\text{工业销售产值}}{\text{工业总产值}}\times 100\%$$

Explanatory Notes on Main Statistical Indicators

Industry refers to the material production sector which is engaged in the extraction of natural resources and processing and reprocessing of minerals and agricultural products, including (1) extraction of natural resources, such as mining, salt production (but not including hunting and fishing); (2) processing and reprocessing of farm and sideline produces, such as rice husking, flour milling, wine making, oil pressing, silk reeling, spinning and weaving, and leather making; (3) manufacture of industrial products, such as steel making, iron smelting, chemicals manufacturing, petroleum processing, machine building, timber processing; water and gas production and electricity generation and supply; (4)repairing of industrial products such as the repairing of machinery and means of transport (including cars).

In industrial surveys, the units of enquiry are industrial corporate units.

Industrial corporate units refer to corporate units engaging in industrial production and operation activities, which meet the following requirements: (1) They are established legally, having their own names, organizations, location, and are able to take civil liability independently; (2) They possess (or are authorized to use) assets independently, assume liabilities and are entitled to sign contracts with other units; (3) They have accounts including the balance sheets or can compile the accounts according to the need.

State-owned and State-holding Enterprises refer to state-owned enterprises plus State-holding enterprises. State-owned enterprises (originally known as State-run enterprises with ownership by the whole society) are non-corporate economic entities registered in accordance with the Regulation of the People's Republic of China on the Management of Registration of Legal Enterprises, where all assets are owned by the State. Included in this category are State-owned enterprises, State-funded corporations and State-owned joint-operation enterprises. Joint State-private industries and private industries, which existed before 1957, were transformed into state-run industries since 1957, and into State-owned industries after 1992. Statistics on those enterprises are included in the State-owned industries instead of being grouped them separately. State-holding enterprises are a sub-classification of enterprises with mixed ownership, referring to enterprises where the percentage of State assets (or shares by the State) is larger than any other single share holder of the same enterprise. This sub-classification illustrates the control of the State over a particular industry.

For explanation of enterprises of other types of registration covered in this chapter, please refer to General Survey.

Light Industry refers to the industry that produces consumer goods and hand tools. It consists of two categories, depending on the materials used:

(1) Industries using farm products as raw materials. These are the branches of light industry which directly or indirectly use farm products as basic raw materials, including the manufacture of food and beverages, tobacco processing, textile, clothing, fur and leather manufacturing, paper making, printing, etc.

(2) Industries using non-farm products as raw materials. These are the branches of light industry which use manufactured goods as raw materials, including the manufacture of cultural, educational articles and sports goods, chemicals, synthetic fibre, chemical products for daily use, glass products for daily use, metal products for daily use, hand tools, medical apparatus and instruments, and the manufacture of cultural and office machinery.

Heavy Industry refers to the industry which produces capital goods, and provides various sectors of the national economy with necessary material and technical basis for production. It consists of the following three branches according to the purpose of production or the use of products:

(1) Mining, quarrying and logging industry, which refers to the industry that extracts natural resources, including extraction of

petroleum, coal, metal and non-metal ores.

(2) Raw materials industry refers to the industry that provides various sectors of the national economy with raw materials, fuels and power. It includes smelting and processing of metals, coking and coke chemistry, chemical materials and building materials such as cement, plywood, and power, petroleum refining and coal dressing.

(3) Manufacturing industry which refers to the industry that processes raw materials. It includes machine-building industries which equip sectors of the national economy; industries producing metal structure and cement products; and industries producing means of agricultural production, such as chemical fertilizers and pesticides.

In accordance with the above principles of classification, the repairing trades, which are engaged primarily in repairing products of heavy industry, are classified as heavy industry while those which are engaged in repairing products of light industry are classified as light industry.

Total Assets refer to all resources that are owned or controlled by enterprises through previous trades or transactions with expectation of making economic profits. Classified by the degree of liquidity, total assets include current assets, and non-current assets. Current assets can be classified into monetary assets, trading financial assets, notes receivable, accounts receivable, advanced payments, other prepaid money and inventories. Non-current assets can be divided into long-term equity investment, fixed assets, intangible assets and other non-current assets. Data on this indicator can be obtained by the year-end figures of total assets in the Assets and Liability Table of accounting records of enterprises.

Total Current Assets refer to the assets that meet one of the following requirements: (1) expected to be cashed, sold or used in a normal operation cycle, mainly including inventory and accounts receivable; (2) be owned for trading purpose mainly; (3) expected to be cashed in one year (including one year) from the day of the Assets and Liability Table; (4) unlimited cash or cash equivalents that can be exchanged with other assets or being capable of settling debts during one year since the day of Assets and Liability Table. Included are monetary assets, notes receivable, accounts receivable and inventories. Data on this indicator can be obtained by the year-end figures of total current assets in the Assets and Liability Table of the accounting records of enterprises.

Original Value of Fixed Assets refers to the cost of fixed assets, or the total expenditure of an enterprise spent on certain fixed assets, through purchase, construction, installation, transformation, expansion or technical upgrading. It is reported according to the year-end debit balance of fixed assets of accounting records.

Accumulated Depreciation refers to the accumulated figure of fixed assets depreciation over the past years that are extracted by the enterprise at the end of the reference period. It is reported according to the year-end credit balance of accumulated depreciation of accounting records.

Total Liabilities refer to payable liabilities of enterprises that accumulated from previous trades or transactions with expectation of economic profits leaking out. In terms of payment, it can be divided into liquid liabilities and long-term liabilities. Data on this item is obtained from the year-end figures on total liabilities from the Assets and Liability Table of the accounting record of the enterprises.

Total Liquid Liabilities refer to the liabilities that meet one of the following requirements: (1) expected to be repaid in a normal operation cycle; (2) be owned for trading purpose mainly; (3) expected to be repaid in one year from the day of the Assets and Liability Table; (4) enterprise has no right to postpone the settlement of which over a year from the day of the Assets and Liability Table. Included are short-term loans, notes payable, accounts payable, employee compensations, taxes and expenses due. Data on this indicator can be obtained by the year-end figures of total liquid liabilities in the Assets and Liability Table of the accounting records of enterprises.

Total Equity refers to the residual ownership of enterprise investors by deducting total liabilities from the total assets, including the paid-in capital, accumulation of capital, operating surplus and non-distributed profits. Data are obtained from the year-end figures on “total equity” from the Assets and Liability Table of the accounting record of enterprise.

Accounts Receivable refers to creditor's rights formed by business activities such as selling goods, providing labor, which include payment for goods that should be charged to the customer, value-added tax and advance freight for the clients. It comes from the ending balance of accounts receivable in balance sheet.

Inventories refers to finished goods or commodities held in preparation for sale in enterprises' daily activities, goods in the production process, material or the physical materials consumed in the production process or in the process of providing labor, usually include raw materials, goods in the production process, semi-finished products, finished products, goods and materials in flow. It comes from the ending balance of inventory in balance sheet.

Finished Goods refers to the products that the enterprises have completed all of the production process and accepted and put in storage, and can be sent to the ordering units in accordance with the contract stipulations, or can be on sale. It come from the debit balance of Finished Products of accounting.

Business Revenue refers to the total revenue recognized by an enterprise in its principal business and other business operations. Business revenue includes " revenue from principal Business" and " revenue from other business". It comes from this year' s cumulative report of "business revenue" items from the "income statement".

Business Cost refers to the total cost incurred by an enterprise in its principal business and other business operations. It includes various expenditures incurred by enterprises (units) in their daily activities of selling goods and providing labour services during the reporting period. It includes "Cost of principal business" and "Cost of other business". It comes from this year' s cumulative report of "operating cost" items from the "income statement".

Total Profits refers to the operation results in a certain accounting period, and it is the balance of various incomes minus various spendings in the course of operation, reflecting the total profits and losses of enterprises in reference period. Data are obtained from the amount of "total profits" in the "profit table" of the accounting record of enterprise.

Value-added Tax Payable refers to the payable tax of enterprises which engaged in selling of goods or providing services that bring added value to the goods, such as processing, repairing, fitting and other activities should be paid according to Tax Law. The formula is as follows:

Value-added Tax Payable = tax on sales-(tax on purchase-transferred tax on purchase)-exports deduct tax payable on domestic sales-tax relief+the export tax rebate.

Tax on Purchase refers to the value-added tax payable by enterprises that purchase goods or receiving taxable services during the reference period and this part of the tax is allowed to be deducted from the tax on sales.

Tax on Sales refers to the value-added tax chargeable by enterprises that sell goods or provide taxable services during the reference period.

Ratio of Profits, Taxes and Interests to Average Assets reflects the profit-making capability of all assets of the enterprise and is a key indicator manifesting the performance and management and evaluating the profit-making potential of the enterprise. It is calculated as follows:

$$\text{Ratio of Profits, Taxes and Interests to Average Assets (\%)} = \frac{\text{total profits} + \text{total taxes} + \text{interest payment}}{\text{average assets}} \times 100\%$$

In the above formula, total taxes is the sum of tax and extra charges on the principal business and value-added tax payable; and average assets is the arithmetic mean of the sum of beginning assets and ending assets.

Ratio of Debts to Assets reflects both the operation risk and the capability of the enterprise in making use of the capital from the creditors. It is calculated as follows:

$$\text{Ratio of Debts to Assets (\%)} = \frac{\text{total debts}}{\text{total assets}} \times 100\%$$

Both assets and debts are figures at the end of the reference period.

Sales Ratio of Products is an indicator reflecting the actual sale of industrial products, analyzing the production-selling and supply-demand relations. It is calculated as:

$$\text{Sales Ratio of Products (\%)} = \frac{\text{value of industrial sales}}{\text{gross industrial output value (current prices)}} \times 100\%$$

建筑业
Construction

14

◎ 资料整理：高彦

简要说明

一、主要内容

本篇反映河南省建筑业企业的基本情况和经营情况。包括企业个数、从业人员数、建筑业总产值、房屋建筑面积、资产、利润、税金、劳动生产率等资料。

二、统计范围

从2002年起，由原具有建筑业业资质等级四级及四级以上的独立核算建筑业企业，调整为具有建筑业资质的总承包和专业承包、劳务分包建筑业企业。

三、资料来源

建筑业资料采取全面调查的方法，由河南省统计局固定资产投资处编辑整理。

Brief Introduction

I. Main Contents

Data in this chapter show the general and operation situation of the construction industry in Henan provincial. They cover the situation of production and management of the construction enterprises, including the number of enterprises; number of employed persons; gross output value of the construction industry; floor space of buildings under construction; profits and taxes ; and labour productivity etc.

II. Scope of Statistics

Starting from 2002 the scope of construction statistics has been adjusted to include all the construction enterprises of various types of ownership with qualification certificates and independent accounting systems, replacing the previous criteria that required construction enterprises of various types of ownership to have qualification certificates at or above Class 4 with independent accounting systems.

III. Sources of Data

Data on construction enterprises are collected in accordance with the Reporting Form System of Construction Statistics, which are provided by Department of investment in fixed assets of the Henan provincial Bureau of Statistics.

14-1 建筑业企业主要统计指标

Main Indicators on Construction Enterprises

年份 Year	单位数 (个) Number of Enterprise (unit)	建筑业总产值 (亿元) Gross Output Value of Construction (100 million yuan)	从业人员 (万人) Number of Employed Person (10 000persons)	房屋建筑面积(万平方米) Floor Spece of Buildings (10 000 sq.m) 施工 Under Construction	竣工 Completed	资产 (亿元) Asset (100 million yuan)	利润 (亿元) Profit (100 million yuan)	税金 (亿元) Tax (100 million yuan)	劳动生产率 (按总产值计算) (元/人.年) Overall Labor Productivity by Total Output (yuan/person.year)
1978									
1979									
1980									
1981									
1982									
1983	249	13.30		1050.00	608.40		0.90	0.26	4749
1984	264	19.53		1177.00	647.10		1.10	0.38	5762
1985	375	26.09		1287.70	607.90		1.39	0.58	7435
1986	383	29.20		1324.70	659.70		1.09	0.45	7991
1987	412	31.56		1482.90	731.30		1.16	0.68	8429
1988	442	36.81		1829.20	674.90		1.10	0.91	9720
1989	403	39.26		1355.50	594.60		0.64	0.95	10759
1990	393	41.05		1264.50	609.70		1.02	1.14	11985
1991	493	53.91		1614.72	701.61		0.98	1.67	13098
1992	511	70.33		1934.10	878.60		1.27	2.04	16060
1993	979	101.26		2476.25	1015.03	108.10	1.10	2.74	19549
1994	1332	145.52		2966.28	1322.53	147.44	1.47	3.99	24100
1995	1384	182.07		3386.46	1533.55	186.59	2.07	5.18	27121
1996	2278	271.56		5335.91	2726.45	255.43	4.02	8.32	27910
1997	1975	294.69		4984.41	2447.91	274.48	2.60	8.63	31485
1998	2027	304.96	93.79	5061.35	2418.40	305.48	2.11	9.23	35619
1999	1936	316.99	79.77	5016.55	2584.82	324.54	3.72	9.51	40279
2000	1983	357.34	79.90	5308.29	2629.33	356.53	3.09	11.76	45237
2001	1824	452.49	84.01	6295.47	3146.07	437.70	5.86	14.40	52002
2002	1926	536.73	92.65	7118.44	3630.82	562.05	7.53	16.93	57930
2003	1905	634.52	93.44	8026.07	3433.59	656.32	9.40	20.36	65943
2004	2556	817.13	107.66	9086.52	4186.89	828.57	19.05	27.65	83239
2005	2842	1066.15	125.03	10813.15	4787.12	926.11	25.55	37.01	83308
2006	2834	1530.95	141.37	14472.92	6530.01	1130.11	37.10	50.78	108464
2007	3110	2151.72	176.43	19015.67	9177.80	1484.90	57.43	74.30	123272
2008	3894	2824.06	197.86	21966.53	10289.20	1898.06	92.92	98.71	140560
2009	4146	3596.49	224.34	24596.04	11994.23	2386.99	118.67	129.09	162702
2010	4341	4400.61	235.00	28677.13	13156.03	2856.03	161.65	162.31	183639
2011	4511	5279.36	228.91	33282.01	15146.83	3562.79	200.09	185.44	224132
2012	4738	6009.08	227.12	38328.73	16397.59	4159.13	232.86	210.94	287736
2013	5149	7003.20	237.19	43408.63	18179.14	4981.35	312.47	257.48	277186
2014	5129	7911.89	240.89	48825.35	19818.32	5812.88	321.89	275.37	307264
2015	5142	8047.65	238.83	53132.48	18026.91	5759.66	322.38	273.37	287604
2016	5710	8807.99	261.06	55784.03	19425.80	7135.13	440.61	347.82	322917
2017	6358	10086.58	276.01	55694.68	20226.02	8111.68	477.13	404.68	354856
2018	6732	11360.52	292.08	63789.69	20624.12	9876.33	535.71	505.50	373130
2019	7304	12701.68	296.92	64256.07	20736.33	10238.79	589.14	484.42	403962
2020	7413	13122.55	287.67	65956.92	19412.39	11343.52	544.87	454.17	423340

注：本表不包括劳务分包企业(下同)。

a) Construction Enterprises in this table exclude work subcontractors enterprises (the same as following tables).

14-2 建筑业企业主要经济指标
Main Economic Indicators on Construction Enterprises

指 标	Item	2015	2016	2017	2018	2019	2020
企业单位数（个）	Number of Construction Enterprises (unit)	5142	5710	6358	6732	7304	7413
从业人员（万人）	Number of Employed Persons (10 000 persons)	238.83	261.06	276.01	292.08	296.92	287.67
固定资产原价（亿元）	Original Value of Fixed Assets (100 million yuan)	1031.21	1146.22	1064.87	1125.01	1241.21	1252.43
自有施工机械设备年末总台数（万台）	Total Number of Machinery and Equipment Owned (10 000 sets)	64.77	64.59	68.24	65.60	65.75	59.83
自有施工机械设备年末净值（亿元）	Net Value of Machinery and Equipment Owned (100 million yuan)	317.51	330.29	344.86	347.40	306.66	305.62
自有施工机械设备年末总功率（万千瓦）	Total Power of Machinery and Equipment Owned (10 000 kw)	1651.00	2264.27	1700.70	1695.31	1430.49	1427.47
建筑业总产值（亿元）	Gross Output Value of Construction (100 million yuan)	8047.65	8807.99	10086.58	11360.52	12700.97	13122.55
全员劳动生产率	Overall Labor Productivity						
按总产值计算（元/人）	In Terms of Gross Output Value (yuan/person)	287604	322917	354856	373130	403962	423340
房屋建筑施工面积（万平方米）	Floor Space of Buildings under Construction (10 000 sq.m)	53132	55784	55695	63790	64256	65957
房屋建筑竣工面积（万平方米）	Floor Space of Buildings Completed (10 000 sq.m)	18027	19426	20226	20624	20736	19412
技术装备率（元/期末人数）	Value of Machines per Laborer (yuan/person)	13294	12652	12494	11894	10328	10624
动力装备率（千瓦/期末人数）	Power of Machines per Laborer (kw/person)	6.91	8.67	6.16	5.80	4.82	4.96
主营业务收入（亿元）	Revenue from Principal Business (100 million yuan)	7398.20	8332.02	7989.55	10131.43	10923.33	11139.59
主营业务成本（亿元）	Costs of Principal Business (100 million yuan)	6401.10	7182.65	6873.05	7765.87	9682.63	9957.88
主营业务税金及附加（亿元）	Taxes and Extra Charges on Pincipal Business Accounts (100 million yuan)	251.89	236.68	208.64	203.22	172.10	153.32
本年固定资产折旧（亿元）	Depreciation of Fixed Assets (100 million yuan)	65.90	66.57	73.96	70.44	105.10	94.52
应付职工薪酬（亿元）	Wages Payable (100 million yuan)	849.73	1297.95	1245.68	1181.67	2080.89	2069.86
利润总额（亿元）	Total Profits (100 million yuan)	322.38	440.61	477.13	535.71	589.14	544.87
税金总额（亿元）	Total Tax (100 million yuan)	273.37	347.82	404.68	505.50	484.42	454.17
产值利润率（%）	Ratio of Profit to Gross Output Value (%)	4.0	3.9	4.3	4.1	4.6	4.2
产值利税率（%）	Ratio of Pre-tax Profit to Gross Output Value (%)	7.4	7.8	7.8	7.6	8.5	7.6

14-3 建筑业企业房屋建筑竣工面积及竣工价值(2020年)

Floor space and Value of Building completed of Construction Enterprises (2020)

指　标	Item	竣工面积 (万平方米) Floor space Completed (10 000 sq.m)	竣工价值 (亿元) Value of Floor Space Completed (10 million yuan)
竣工房屋	**Buildings Completed**	**19412.39**	**3153.60**
住宅房屋	Residential Building	13892.36	2197.11
商业及服务用房屋	Buildings for Commercial and Service	1442.99	306.24
商厦房屋(批发和零售用房)	Malls Housing	314.41	56.67
宾馆用房屋(住宿用房)	Hotel	178.46	22.47
餐饮用房屋(餐饮用房)	Dining	39.87	5.32
商务会展用房屋	Commercial Exhibition	107.15	30.50
其他商业及服务用房屋(居民服务业用房)	Others (Residents Service)	803.11	191.27
办公用房屋	Official Building	840.41	140.77
科研、教育、医疗用房屋	Buildings for Scientific Research, Education and Public Health and Medical	1064.18	180.10
科学研究用房屋	Buildings for Scientific Research	54.00	8.43
教育用房屋	Buildings for Education	800.99	132.95
医疗用房屋(卫生医疗用房)	Buildings for Public Health and Medical	209.18	38.72
文化、体育、娱乐用房屋	Buildings for Culture and Sports and Amusement	191.30	41.03
厂房及建筑物	Workshop and Buildings	1420.13	190.23
#厂房	Workshop	763.28	105.16
仓库	Buildings for Other Uses	123.54	15.30
其他未列明的房屋建筑物	Others	437.48	82.81

14-4 建筑业企业生产情况(2020年)

指 标	Item	合 计 Total	内 资 Domestic Funded	港澳台商投资 Funded from Hong Kong, Macao and Taiwan
企业个数(个)	Number of Enterprises (unit)	7413	7404	1
签订的合同额(亿元)	Contract Value Signed (100 million yuan)	25948.18	25845.69	4.25
上年结转合同额	Value from Contracts Signed in Last Year	10013.17	9957.71	4.25
本年新签合同额	Value from New Contracts Signed in this Year	15935.00	15887.98	
承包工程完成情况(亿元)	Conditions Finished of Contracted Projects (100 million yuan)			
直接从建设单位承揽	Contracted Directly from Investors			
工程完成的产值	Output Value of Finished Projects	12839.52	12828.50	0.69
自行完成施工产值	Output Value of Own-completed Buildings	12690.54	12679.56	0.69
分包出去工程的产值	Output Value of Projects Subcontracted	148.99	148.95	
从建设单位以外承揽	Contracted From Non-investors			
工程完成的产值	Output Value of Finished Projects	432.02	408.49	
建筑业总产值(亿元)	Gross Output Value of Construction (100 million yuan)	13122.55	13088.04	0.69
建筑工程	Construction	11256.49	11230.62	0.69
安装工程	Installation	1294.13	1286.33	
其他	Others	571.93	571.09	
#装配式建筑工程产值	Output Value of Prefabricated Construction Project	204.65	204.65	
#装修装饰	Building Decoration	432.31	432.12	
#在外省完成的产值	Output Value Completed in other Provinces	2864.95	2838.86	
建筑业竣工产值(亿元)	Output Value of Buildings Completed (100 million yuan)	5990.62	5982.01	
从业人员(万人)	Number of Persons Engaged (10 000 persons)	287.67	287.42	0.02
#工程技术人员	Engineering	39.42	39.38	
直接从事生产经营活动的平均人数(万人)	Annual Average people Directly Engaged in Production and Business Operation Activities (10 000 persons)	309.98	309.73	0.02
全员劳动生产率	Overall Labor Productivity			
按总产值计算(元/人)	In Terms of Gross Output Value (yuan/person)	423340	422557	380867
房屋建筑施工面积(万平方米)	Floor Space of Buildings Under Construction (10 000 sq.m)	65956.92	65956.27	
#本年新开工	Beginning Projects This Year	22979.40	22979.40	
房屋建筑竣工面积(万平方米)	Floor Space of Buildings Completed (10 000 sq.m)	19412.39	19412.39	
房屋竣工率(%)	Rate of Floor Space of Buildings Completed (%)	29.43	29.43	
自有施工机械设备年末总台数(台)	Number of Machinery and Equipment Owned (set)	598326	597988	

Main Indicators on Construction Enterprises (2020)

外商投资 Foreign Funded	#国有控股 State-holding	#集体控股 Collective-holding	#私人控股 Private-holding	房屋建筑业 Floor Space Construction	土木工程建筑业 Civil Engineering Construction	建筑安装业 Building Installation	建筑装饰和其他建筑业 Building Decoration and Others	公有制 Public-owned	非公有制 Non-public owned
8	322	167	6839	3127	2038	759	1489	489	6924
98.24	12541.30	581.13	12244.28	14978.26	8487.28	1376.49	1106.15	13122.43	12825.75
51.21	5540.18	172.68	4111.22	6214.02	3109.37	470.80	218.98	5712.85	4300.32
47.03	7001.12	408.45	8133.06	8764.24	5377.90	905.69	887.17	7409.57	8525.43
10.33	3840.58	503.73	8220.76	7207.69	4119.13	768.74	743.96	4344.31	8495.21
10.29	3833.82	498.35	8088.26	7128.26	4089.60	745.62	727.06	4332.17	8358.36
0.04	6.77	5.37	132.51	79.44	29.54	23.12	16.90	12.14	136.85
23.53	116.79	5.61	270.55	133.72	164.59	75.09	58.61	122.40	309.61
33.82	3950.61	503.97	8358.80	7261.98	4254.19	820.72	785.67	4454.57	8667.98
25.18	3473.79	383.00	7132.30	6606.76	3675.37	415.80	558.56	3856.78	7399.70
7.80	347.51	74.84	837.88	400.55	416.02	313.57	163.99	422.35	871.79
0.84	129.31	46.13	388.62	254.66	162.80	91.35	63.12	175.44	396.49
	77.74	1.43	124.97	148.60	41.69	9.30	5.06	79.16	125.49
0.19	74.48	5.41	350.93	212.60	35.68	16.46	167.57	79.89	352.43
26.08	1932.28	8.31	874.78	1225.40	1330.72	195.66	113.17	1940.59	924.35
8.61	1430.43	243.80	4217.08	3812.56	1534.09	291.93	352.04	1674.23	4316.39
0.22	54.05	10.79	217.47	178.35	74.49	16.24	18.59	64.84	222.83
0.04	7.39	1.53	29.67	23.25	10.65	2.82	2.70	8.92	30.50
0.22	60.71	11.15	232.65	189.96	82.13	17.12	20.76	71.86	238.12
1508658	650733	452091	359287	382282	517982	479259	378482	619917	364018
0.65	20885.11	2127.55	42237.02	60838.58	3086.25	1486.22	545.87	23012.65	42944.27
	4549.33	1110.78	17035.56	20575.14	1341.56	694.90	367.79	5660.11	17319.29
	2415.07	1041.93	15762.47	17525.12	1113.91	481.32	292.03	3457.00	15955.39
	11.56	48.97	37.32	28.81	36.09	32.39	53.50	15.02	37.15
338	96270	23536	472521	378658	134149	33666	51853	119806	478520

14-5 建筑业企业主要财务指标(2020年)

单位：万元

指标	Item	合计 Total	内资 Domestic Funded	港澳台商投资 Funded from Hong Kong, Macao and Taiwan	外商投资 Foreign Funded
资产总计	Total Assets	113435204	112792298	176772	466133
流动资产合计	Total Circulating Funds	89870747	89291934	175304	403509
#应收工程款	Accounts Receivable	24736078	24531458		204620
存货	Stock	14331452	14191605	52508	87339
固定资产原价	Original Value of Fixed Assets	12524330	12470326	1314	52689
累计折旧	Total Depreciation Drawn Accumulated	5339821	5329334	49	10438
#本年折旧	Draw Depreciation This Year	945175	943564	7	1604
在建工程	Under Construction Project	2177600	2167845		9755
流动负债合计	Liquid Liabilities	66814593	66375764	166846	271983
#应付账款	Accounts payable	23001191	22784752	50403	166035
非流动负债合计	Non-current liabilities	3662601	3593950	90	68561
负债合计	Total Liabilities	73772451	73264244	166936	341270
所有者权益合计	Owners, Equity	39662753	39528054	9836	124863
#实收资本	Paid-in Capitals	22791668	22766125	2188	23355
个人资本	Individual	5983152	5976234		6918
营业收入	Business Revenue	114361799	114147976	6726	207097
#主营业务收入	Revenue from Principal Business	111395858	111192129	6726	197003
营业成本	Operating costs	108192854	108030041	6740	156072
#主营业务成本	Cost of Principle Business	99578834	99420403	6740	151690
营业税金及附加	Business tax and extra	1670292	1669470	4	818
#主营业务税金及附加	Main business taxes and add	1533238	1532491	4	744
其他业务利润	Other Profit from Business	102823	102759		64
销售费用	Sales expenses	492114	490911		1203
管理费用	Management Expenses	3542399	3534596	197	7607
研发费用	R&D Expenses	957509	952387		5122
财务费用	Financial Expenses	834929	834934	-3	-2
#利息收入	Income of Interest	139184	139260	-3	-73
营业利润	Profits of Business	5430000	5392891	-212	37321
利润总额	Total Profits	5448701	5410581	-213	38334
利税总额	Total Pre-tax Profits	9990385	9947260	-11	43136
应付职工薪酬	Wages Payable	20698557	20651498	503	46556
亏损企业个数(个)	Number of Loss-Making Enterprises (unit)	947	946	1	
应交增值税	VAT Payable	3008445	3004189	198	4059

Main Financial Indicators on Construction Enterprises by Registration Status (2020)

(10 000 yuan)

#国有控股 State-holding	#集体控股 Collective-holding	#私人控股 Private-holding	房屋建筑业 Floor Space Construction	土木工程建筑业 Civil Engineering Construction	建筑安装业 Building Installation	建筑装饰和其他建筑业 Building Decoration and Others	公有制 Public-owned	非公有制 Non-public owned
43662673	3699737	62711373	57277060	41930789	7300396	6926959	47362410	66072794
33106443	2835896	51122419	45559128	32640181	5885672	5785765	35942339	53928407
7451968	932884	15625544	12139041	8772094	1845376	1979567	8384852	16351226
4263189	750549	8895243	8477765	4658430	634620	560637	5013738	9317714
4259815	731205	7142796	5265701	5722999	765769	769860	4991020	7533310
2040246	305823	2816460	1965940	2712359	346935	314588	2346069	2993752
303354	36120	567494	389176	412575	87690	55735	339474	605701
633015	484971	1043008	1247014	714598	122077	93911	1117986	1059614
29756995	2196605	32705818	33804436	25875773	3745367	3389017	31953600	34860993
11922153	1116343	9060870	11126282	9226986	1436525	1211397	13038496	9962695
2146052	247865	1149134	1582006	1904270	82257	94069	2393917	1268684
32723611	2579076	36054350	37018111	28520831	4601385	3632124	35302687	38469764
10939062	1120661	26657023	20258949	13409958	2699011	3294835	12059723	27603030
5204189	541857	16570172	11065544	7902193	1581150	2242782	5746046	17045622
49691	31374	5851968	3280648	1621815	420823	659866	81065	5902087
39062165	4648932	67309622	62325845	37784613	7188077	7063265	43711097	70650702
38698076	4563747	64919955	60829934	36992822	6833517	6739585	43261823	68134036
35962697	3964715	65312275	61734787	33755897	6450163	6252008	39927412	68265442
35513253	3827660	57407678	54655628	32879963	6094689	5948554	39340913	60237920
256972	202217	1150430	990084	515571	55891	108745	459189	1211102
242309	197767	1036840	897158	494493	44474	97113	440076	1093162
62970	4517	35817	50974	43414	3909	4526	67487	35336
67286	23553	391865	226143	176233	43076	46662	90840	401275
927028	258540	2270262	1493991	1320877	374562	352969	1185568	2356831
633599	7640	272886	461949	377256	75216	43087	641239	316269
307688	38399	474901	436897	316263	35216	46554	346087	488842
114941	1545	21102	95889	40597	4908	-2210	116486	22698
1094159	259821	3868610	2948103	1841788	276640	363470	1353980	4076020
1105981	268932	3866579	2937974	1860820	289514	360394	1374913	4073789
2000970	646200	6958032	5667048	3175137	482442	665758	2647171	7343214
7420385	970362	11865478	12946462	5608016	1209456	934623	8390747	12307810
38	20	876	341	225	115	266	58	889
652681	179502	2054613	1831916	819824	148455	208251	832182	2176263

14-6 各市建筑业企业总产值

Total Output Value of Construction by City

单位：亿元 (100 million yuan)

市(县) City(County)	2000	2005	2010	2015	2016	2017	2018	2019	2020
全　省 Total	**357.34**	**1066.15**	**4400.61**	**8047.65**	**8807.99**	**10086.58**	**11360.52**	**12700.97**	**13122.55**
省辖市 City									
郑州市 Zhengzhou	105.93	299.39	1352.33	2715.91	2891.14	3495.60	4225.26	4729.49	4953.86
开封市 Kaifeng	10.77	35.16	105.80	212.85	241.99	352.37	377.53	428.35	436.96
洛阳市 Luoyang	50.18	168.54	877.67	1255.70	1323.31	1119.41	958.06	1123.28	1220.85
平顶山市 Pingdingshan	15.48	31.18	88.66	120.66	126.99	156.80	180.89	203.96	216.33
安阳市 Anyang	28.68	71.78	319.14	678.74	771.07	895.15	991.99	1017.36	1078.34
鹤壁市 Hebi	3.65	6.34	34.25	61.08	67.67	84.77	76.22	89.70	93.58
新乡市 Xinxiang	26.84	79.44	238.71	443.91	490.11	592.95	698.78	809.08	848.55
焦作市 Jiaozuo	9.31	36.26	87.51	96.70	110.60	89.17	92.01	106.86	108.92
濮阳市 Puyang	23.45	46.84	138.98	228.38	251.82	282.19	288.79	298.51	315.87
许昌市 Xuchang	9.69	21.28	85.04	127.98	138.15	161.67	186.00	200.00	203.19
漯河市 Luohe	3.73	10.10	35.29	49.93	54.56	65.78	69.09	82.31	83.22
三门峡市 Sanmenxia	7.55	26.25	82.44	117.05	133.98	165.72	198.90	232.64	246.81
南阳市 Nanyang	21.29	75.70	197.79	328.76	376.47	421.98	470.63	530.64	504.81
商丘市 Shangqiu	9.42	43.76	170.41	362.93	424.81	530.89	610.80	658.38	628.53
信阳市 Xinyang	14.78	43.34	207.15	428.70	482.71	561.48	625.03	650.95	646.61
周口市 Zhoukou	9.73	40.60	184.06	361.95	403.14	473.90	545.92	624.77	554.49
驻马店市 Zhumadian	6.09	23.14	175.48	425.19	480.42	590.79	709.21	853.27	916.99
济源市 Jiyuan	0.78	7.08	19.88	31.23	39.04	45.97	55.42	61.42	64.63
省直管县 County Directly Administrated by Province									
巩义市 Gongyi	0.52	3.50	9.24	15.35	16.36	19.30	23.14	27.09	28.44
兰考县 Lankao	0.08	0.31	4.80	11.20	14.64	88.69	106.53	124.10	118.89
汝州市 Ruzhou	0.16	0.52	1.01	4.17	5.37	10.59	13.13	14.99	15.91
滑县 Huaxian	0.22	6.07	18.72	33.08	38.22	55.56	68.89	34.31	36.71
长垣市 Changyuan	4.24	7.78	61.53	161.07	177.06	219.42	263.69	313.48	331.68
邓州市 Dengzhou	0.58	3.81	18.69	41.05	51.47	70.58	85.55	97.81	52.68
永城市 Yongcheng	1.44	5.86	22.04	48.66	54.10	64.19	77.22	93.08	97.51
固始县 Gushi	2.72	5.10	21.69	32.71	38.50	43.56	50.15	59.48	62.21
鹿邑县 Luyi	0.82	4.87	10.66	34.69	40.94	52.54	64.89	79.12	82.76
新蔡县 Xincai	0.18	0.26	10.58	22.57	26.04	40.80	50.56	61.78	65.81

14-7 各市建筑业企业利税总额
Total Pre-Tax Profits of Construction Enterprises by City

单位：万元 (10 000 yuan)

市(县)	City(County)	2000	2005	2010	2015	2018	2019	2020
全　　省	**Total**	**148547**	**625512**	**3239587**	**5957558**	**10412100**	**10742440**	**9990385**
省 辖 市	**City**							
郑 州 市	Zhengzhou	35374	136720	981163	1801655	2450922	2412211	2421317
开 封 市	Kaifeng	3581	18134	69580	172487	355869	392610	321717
洛 阳 市	Luoyang	6407	96068	435593	582412	574803	558782	493113
平顶山市	Pingdingshan	5962	19443	60208	108088	211344	147825	147421
安 阳 市	Anyang	15184	29358	168267	417861	979025	893923	932048
鹤 壁 市	Hebi	1296	1649	20348	36227	86553	100898	82116
新 乡 市	Xinxiang	15297	56331	282720	308212	1017920	1011505	797658
焦 作 市	Jiaozuo	2673	17570	59892	74608	73435	340570	69544
濮 阳 市	Puyang	11834	24647	94763	153925	258357	244190	214681
许 昌 市	Xuchang	6812	8436	54114	161803	116407	134147	166994
漯 河 市	Luohe	2363	5093	30699	52793	52268	47888	51134
三门峡市	Sanmenxia	2626	12422	71644	144220	188239	189940	188062
南 阳 市	Nanyang	10156	45817	216463	232857	584444	556459	471843
商 丘 市	Shangqiu	8610	33083	136697	265895	818234	763358	678966
信 阳 市	Xinyang	7246	44549	197830	320301	560205	679226	682969
周 口 市	Zhoukou	9263	38970	196239	362657	762419	834410	822094
驻马店市	Zhumadian	3624	30310	149536	317404	1278032	1388709	1405821
济 源 市	Jiyuan	241	6915	13832	30530	43624	45789	42889
省直管县	**County Directly Administrated by Province**							
巩 义 市	Gongyi	420	3594	8948	25323	37399	31965	39241
兰 考 县	Lankao	106	428	2955	18270	116658	120268	90436
汝 州 市	Ruzhou	26	344	999	4450	11574	10005	9336
滑 县	Huaxian	64	4085	12871	23162	104844	36554	29055
长 垣 市	Changyuan	5342	13344	98909	165938	347521	364364	326899
邓 州 市	Dengzhou	207	1188	20956	44021	118304	120315	99356
永 城 市	Yongcheng	444	4915	18550	47592	148693	153486	145225
固 始 县	Gushi	1835	3208	11541	35168	55704	69359	69117
鹿 邑 县	Luyi	1301	8136	11652	22798	132047	137006	166065
新 蔡 县	Xincai	134	291	16246	26904	93435	93514	94313

14-8 各市建筑业企业利润总额
Total Profits of Construction Enterprises by City

单位：万元 (10 000 yuan)

市(县)	City(County)	2000	2005	2010	2015	2018	2019	2020
全　　省	**Total**	**30936**	**255460**	**1616515**	**3223825**	**5357104**	**5895409**	**5448701**
省 辖 市	**City**							
郑 州 市	Zhengzhou	3508	40921	490101	931924	1305018	1369829	1346157
开 封 市	Kaifeng	418	6952	33919	100232	212208	230664	191440
洛 阳 市	Luoyang	-8040	39499	159910	215929	265714	314445	267259
平顶山市	Pingdingshan	528	7813	29104	61959	125928	75295	83929
安 阳 市	Anyang	1411	6107	73664	215140	490526	392283	473998
鹤 壁 市	Hebi	-57	-388	8743	18128	44264	58938	50061
新 乡 市	Xinxiang	4511	23368	179761	193916	685157	684267	506175
焦 作 市	Jiaozuo	88	6175	28387	39761	29582	299643	35049
濮 阳 市	Puyang	5261	11735	46593	78639	121829	119728	112016
许 昌 市	Xuchang	4307	2563	27695	95679	61475	87032	127768
漯 河 市	Luohe	1454	2394	12734	28815	21794	25167	29395
三门峡市	Sanmenxia	710	2950	40519	89537	111635	111717	123982
南 阳 市	Nanyang	3271	20315	95397	120430	252977	262538	229402
商 丘 市	Shangqiu	5148	17363	82915	160289	372323	378472	332986
信 阳 市	Xinyang	2725	24434	101907	174082	297842	377633	387076
周 口 市	Zhoukou	4782	23148	119227	218278	405462	496431	489521
驻马店市	Zhumadian	895	15027	78544	182584	532337	588911	640069
济 源 市	Jiyuan	17	5086	7395	17015	21036	22415	22422
省直管县	**County Directly Administrated by Province**							
巩 义 市	Gongyi	222	1843	4933	17354	21517	18231	25570
兰 考 县	Lankao	88	348	1219	12967	68680	74202	53270
汝 州 市	Ruzhou	15	109	516	2877	5591	4100	4209
滑 县	Huaxian	0	1792	5772	12774	55117	15856	15081
长 垣 市	Changyuan	1591	9713	68503	118362	214018	216714	181962
邓 州 市	Dengzhou	45	209	13386	27175	48353	44696	38574
永 城 市	Yongcheng	201	3389	10576	31765	73650	80313	77683
固 始 县	Gushi	801	1348	4836	23085	28363	39111	37887
鹿 邑 县	Luyi	833	6648	7331	14607	67817	78577	105706
新 蔡 县	Xincai	70	23	13456	20525	73232	73823	75987

14-9 各市建筑业企业主要指标(2020年)

市(县) City(County)	企业个数 (个) Number of Enterprises (unit)	从业人员 (万人) Number of Empleyed Persons (10 000 person)	直接从事生产经营活动的平均人数 (万人) Annual Average People Directly Engaged in Production and Business Operation Activities(10 000 person)	签定的合同额 (亿元) Value of Signed Contract (100 million yuan)
全　省 Total	**7413**	**287.67**	**309.98**	**25948.18**
省 辖 市 City				
郑 州 市 Zhengzhou	1764	81.42	86.85	14153.31
开 封 市 Kaifeng	341	11.91	12.92	717.86
洛 阳 市 Luoyang	612	24.91	25.62	2082.78
平 顶 山 市 Pingdingshan	333	5.67	6.02	365.68
安 阳 市 Anyang	485	35.31	37.85	1686.28
鹤 壁 市 Hebi	184	2.38	2.81	173.39
新 乡 市 Xinxiang	713	21.16	23.11	1062.43
焦 作 市 Jiaozuo	234	4.03	4.13	206.03
濮 阳 市 Puyang	273	9.72	11.96	445.33
许 昌 市 Xuchang	194	3.72	4.64	352.27
漯 河 市 Luohe	96	2.17	2.49	108.66
三 门 峡 市 Sanmenxia	164	3.80	3.98	584.96
南 阳 市 Nanyang	455	14.95	15.76	681.78
商 丘 市 Shangqiu	259	13.57	14.11	938.63
信 阳 市 Xinyang	328	19.97	22.32	709.66
周 口 市 Zhoukou	387	12.87	13.24	665.34
驻 马 店 市 Zhumadian	501	18.65	20.49	933.33
济 源 市 Jiyuan	90	1.46	1.70	80.46
省 直 管 县 County Directly Administrated by Province				
巩 义 市 Gongyi	49	0.53	0.72	33.56
兰 考 县 Lankao	74	2.55	2.97	129.59
汝 州 市 Ruzhou	44	0.57	0.55	18.95
滑 县 Huaxian	124	1.84	2.07	63.67
长 垣 市 Changyuan	301	10.07	11.03	402.78
邓 州 市 Dengzhou	60	1.48	1.66	80.83
永 城 市 Yongcheng	45	2.00	2.20	105.10
固 始 县 Gushi	29	2.48	2.52	78.98
鹿 邑 县 Luyi	47	1.88	1.87	142.15
新 蔡 县 Xincai	51	1.08	1.14	54.11

Main Indicators of Construction Enterprises by City (2020)

总产值 (亿元) Gross Output Value (100 million yuan)	竣工产值 (亿元) Output Value of Buildings Completed (100 million yuan)	房屋建筑施工面积 (万平方米) Floor Space of Buildings Under Construction (10 000 sq.m)	房屋建筑竣工面积 (万平方米) Floor Space of Buildings Completed (10 000 sq.m)	自有施工机械设备年末净值 (亿元) Net Value of Machinery and Equipment Owned (100 million yuan)
13122.55	**5990.62**	**65956.92**	**19412.39**	**305.62**
4953.86	1846.02	34413.70	5800.97	91.72
436.96	271.58	2010.00	699.16	9.28
1220.85	367.66	4990.49	971.02	19.56
216.33	99.83	831.20	304.10	7.28
1078.34	601.63	5886.88	2829.88	33.16
93.58	41.45	606.64	171.34	2.43
848.55	407.16	2257.39	1235.31	28.23
108.92	60.96	605.49	224.12	3.34
315.87	200.95	588.82	244.03	12.49
203.19	72.32	968.59	294.76	2.22
83.22	46.07	480.89	197.99	2.00
246.81	181.33	962.39	220.75	15.17
504.81	286.44	2201.10	947.40	11.78
628.53	399.94	2075.91	1200.33	9.11
646.61	384.57	2538.52	1654.68	16.97
554.49	381.71	1903.32	1230.61	18.52
916.99	310.98	2419.11	1116.63	20.56
64.63	30.03	216.48	69.33	1.79
28.44	11.67	83.68	30.11	0.93
118.89	99.87	415.46	215.43	2.04
15.91	8.51	66.54	23.66	1.12
36.71	21.25	102.44	65.94	10.18
331.68	166.90	320.82	114.36	13.18
52.68	30.42	106.18	39.05	1.38
97.51	57.74	443.48	302.05	2.77
62.21	51.47	339.08	246.27	2.66
82.76	75.25	758.23	671.48	1.68
65.81	28.60	144.53	105.64	1.08

14-10 各市建筑业企业个数(2020年)

单位：个

市(县) City(County)	企业个数 Number of Enterprises	内资 Domestic Funded	港澳台商投资 Funded from Hong Kong, Macao and Taiwan	外商投资 Foreign Funded	公有制 Public-owned	非公有制 Non-public owned
全省 Total	**7413**	**7404**	**1**	**8**	**489**	**6924**
省辖市 City						
郑州市 Zhengzhou	1764	1761	1	2	110	1654
开封市 Kaifeng	341	340		1	23	318
洛阳市 Luoyang	612	612			44	568
平顶山市 Pingdingshan	333	333			28	305
安阳市 Anyang	485	484		1	19	466
鹤壁市 Hebi	184	184			8	176
新乡市 Xinxiang	713	711		2	27	686
焦作市 Jiaozuo	234	233		1	13	221
濮阳市 Puyang	273	273			13	260
许昌市 Xuchang	194	194			9	185
漯河市 Luohe	96	96			8	88
三门峡市 Sanmenxia	164	164			21	143
南阳市 Nanyang	455	455			47	408
商丘市 Shangqiu	259	258		1	27	232
信阳市 Xinyang	328	328			35	293
周口市 Zhoukou	387	387			18	369
驻马店市 Zhumadian	501	501			33	468
济源市 Jiyuan	90	90			6	84
省直管县 County Directly Administrated by Province						
巩义市 Gongyi	49	49			3	46
兰考县 Lankao	74	74				74
汝州市 Ruzhou	44	44			3	41
滑县 Huaxian	124	124			1	123
长垣市 Changyuan	301	301			3	298
邓州市 Dengzhou	60	60			7	53
永城市 Yongcheng	45	45			6	39
固始县 Gushi	29	29			2	27
鹿邑县 Luyi	47	47			1	46
新蔡县 Xincai	51	51			3	48

Number of Construction Enterprises by City (2020)

(unit)

#国有控股 State-holding	#集体控股 Collective-holding	#私人控股 Private-holding	房屋建筑业 Floor Space Construction	土木工程建筑业 Civil Engineering Construction	建筑安装业 Building Installation	建筑装饰和其他建筑业 Building Decoration and Others
322	**167**	**6839**	**3127**	**2038**	**759**	**1489**
87	23	1647	451	464	330	519
14	9	317	175	85	41	40
23	21	561	256	119	68	169
18	10	302	142	112	19	60
11	8	462	358	82	27	18
6	2	174	111	51	10	12
16	11	677	260	182	58	213
10	3	218	97	55	22	60
11	2	253	93	103	31	46
3	6	182	89	54	24	27
2	6	85	47	21	5	23
17	4	140	53	78	9	24
34	13	402	173	159	36	87
18	9	225	143	71	9	36
22	13	288	147	103	25	53
5	13	366	183	126	17	61
21	12	458	311	146	18	26
4	2	82	38	27	10	15
	3	44	25	16	3	5
		74	46	26	1	1
2	1	41	28	15		1
1		122	96	18	6	4
3		296	71	50	14	166
5	2	53	30	22	7	1
5	1	38	28	10	3	4
2		26	17	9	2	1
	1	46	29	15	1	2
3		48	41	8	1	1

14-11 各市建筑业企业总产值(2020年)

单位：亿元

市(县)	City(County)	总产值 Gross Output Value	内资 Domestic Funded	港澳台商投资 Funded from Hong Kong, Macao and Taiwan	外商投资 Foreign Funded	公有制 Public-owned	非公有制 Non-public owned
全省	**Total**	**13122.55**	**13088.04**	**0.69**	**33.82**	**4454.57**	**8667.98**
省辖市	City						
郑州市	Zhengzhou	4953.86	4928.02	0.69	25.16	2611.94	2341.93
开封市	Kaifeng	436.96	436.86		0.10	140.00	296.96
洛阳市	Luoyang	1220.85	1220.85			440.84	780.02
平顶山市	Pingdingshan	216.33	216.33			74.45	141.89
安阳市	Anyang	1078.34	1077.18		1.16	36.06	1042.28
鹤壁市	Hebi	93.58	93.58			10.30	83.28
新乡市	Xinxiang	848.55	847.15		1.40	47.74	800.81
焦作市	Jiaozuo	108.92	103.86		5.06	34.58	74.33
濮阳市	Puyang	315.87	315.87			69.78	246.09
许昌市	Xuchang	203.19	203.19			12.59	190.60
漯河市	Luohe	83.22	83.22			15.86	67.36
三门峡市	Sanmenxia	246.81	246.81			168.55	78.27
南阳市	Nanyang	504.81	504.81			146.48	358.33
商丘市	Shangqiu	628.53	627.58		0.95	169.67	458.86
信阳市	Xinyang	646.61	646.61			125.03	521.58
周口市	Zhoukou	554.49	554.49			83.40	471.09
驻马店市	Zhumadian	916.99	916.99			263.74	653.25
济源市	Jiyuan	64.63	64.63			3.57	61.06
省直管县	**County Directly Administrated by Province**						
巩义市	Gongyi	28.44	28.44			3.23	25.21
兰考县	Lankao	118.89	118.89				118.89
汝州市	Ruzhou	15.91	15.91			2.60	13.31
滑县	Huaxian	36.71	36.71			0.96	35.75
长垣市	Changyuan	331.68	331.68			0.18	331.51
邓州市	Dengzhou	52.68	52.68			18.04	34.64
永城市	Yongcheng	97.51	97.51			43.30	54.20
固始县	Gushi	62.21	62.21			3.26	58.95
鹿邑县	Luyi	82.76	82.76			5.83	76.94
新蔡县	Xincai	65.81	65.81			12.68	53.12

Total Output Value of Construction Enterprises by City (2020)

(100 million yuan)

#国有控股 State-holding	#集体控股 Collective-holding	#私人控股 Private-holding	房屋建筑业 Floor Space Construction	土木工程建筑业 Civil Engineering Construction	建筑安装业 Building Installation	建筑装饰和其他建筑业 Building Decoration and Others
3950.61	**503.97**	**8358.80**	**7261.98**	**4254.19**	**820.72**	**785.67**
2568.09	43.84	2222.86	2615.66	1754.00	379.43	204.77
110.14	29.86	296.87	290.78	56.57	12.35	77.26
401.57	39.26	777.19	489.92	521.04	187.96	21.94
63.53	10.91	136.63	136.24	71.14	5.79	3.17
30.04	6.02	1038.31	977.30	76.12	21.05	3.87
9.76	0.54	80.03	65.90	23.07	2.73	1.88
31.33	16.41	791.75	360.86	208.32	61.38	218.00
13.73	20.85	68.92	54.19	33.20	8.21	13.31
69.70	0.08	227.16	89.53	165.50	36.11	24.73
1.81	10.78	188.49	112.82	77.05	11.10	2.21
5.46	10.40	62.65	57.85	16.97	2.55	5.84
165.31	3.23	77.94	39.51	200.77	2.32	4.22
99.38	47.10	328.49	278.50	178.24	37.66	10.40
141.78	27.89	428.67	409.86	177.42	2.04	39.21
83.03	42.01	505.04	416.11	168.22	23.32	38.96
6.45	76.95	469.14	318.23	191.80	18.03	26.43
148.02	115.71	599.69	511.48	312.31	5.78	87.42
1.47	2.11	58.97	37.22	22.43	2.91	2.06
	3.23	24.66	21.57	6.17	0.28	0.43
		118.89	95.97	20.85	1.46	0.61
1.00	1.60	13.31	10.35	5.36		0.19
0.96		35.01	26.41	4.91	4.52	0.87
0.18		327.59	54.97	43.85	27.09	205.78
16.81	1.23	34.64	17.13	28.39	7.07	0.08
42.49	0.81	51.24	57.35	39.05	0.96	0.15
3.26		54.80	36.66	13.94	0.53	11.09
	5.83	76.94	50.61	26.58	1.91	3.66
12.68		53.12	48.91	15.88	0.95	0.07

14-12 各市建筑业企业资产总计(2020年)

单位：亿元

市(县) City(County)	资产合计 Total Assets	内资 Domestic Funded	港澳台商投资 Funded from Hong Kong, Macao and Taiwan	外商投资 Foreign Funded	公有制 Public-owned	非公有制 Non-public owned
全省 Total	**11343.52**	**11279.23**	**17.68**	**46.61**	**4736.24**	**6607.28**
省辖市 City						
郑州市 Zhengzhou	5079.74	5035.63	17.68	26.43	2752.06	2327.68
开封市 Kaifeng	319.58	319.20		0.38	133.67	185.91
洛阳市 Luoyang	947.66	947.66			408.96	538.69
平顶山市 Pingdingshan	312.50	312.50			171.05	141.45
安阳市 Anyang	943.52	940.55		2.97	76.44	867.08
鹤壁市 Hebi	183.66	183.66			46.86	136.80
新乡市 Xinxiang	636.07	628.30		7.77	78.60	557.47
焦作市 Jiaozuo	113.45	106.57		6.87	36.64	76.81
濮阳市 Puyang	413.04	413.04			147.75	265.29
许昌市 Xuchang	277.27	277.27			14.52	262.75
漯河市 Luohe	113.09	113.09			6.14	106.96
三门峡市 Sanmenxia	387.13	387.13			314.75	72.38
南阳市 Nanyang	401.41	401.41			100.03	301.38
商丘市 Shangqiu	443.81	441.62		2.19	304.76	139.05
信阳市 Xinyang	218.37	218.37			50.65	167.72
周口市 Zhoukou	209.69	209.69			26.24	183.46
驻马店市 Zhumadian	283.79	283.79			56.01	227.78
济源市 Jiyuan	59.75	59.75			11.12	48.63
省直管县 County Directly Administrated by Province						
巩义市 Gongyi	19.14	19.14			5.85	13.29
兰考县 Lankao	45.18	45.18				45.18
汝州市 Ruzhou	11.73	11.73			1.77	9.95
滑县 Huaxian	39.82	39.82			2.44	37.37
长垣市 Changyuan	265.92	265.92			3.82	262.09
邓州市 Dengzhou	29.45	29.45			14.10	15.35
永城市 Yongcheng	46.84	46.84			30.00	16.83
固始县 Gushi	22.02	22.02			1.31	20.72
鹿邑县 Luyi	23.14	23.14			0.04	23.11
新蔡县 Xincai	8.70	8.70			1.68	7.02

Total Assets of Construction Enterprises by City (2020)

(100 million yuan)

#国有控股 State-holding	#集体控股 Collective-holding	#私人控股 Private-holding	房屋建筑业 Floor Space Construction	土木工程建筑业 Civil Engineering Construction	建筑安装业 Building Installation	建筑装饰和其他建筑业 Building Decoration and Others
4366.27	**369.97**	**6271.14**	**5727.71**	**4193.08**	**730.04**	**692.70**
2596.86	155.19	2196.49	2730.19	1713.99	368.44	267.12
117.40	16.27	184.44	165.53	64.15	23.25	66.65
362.85	46.11	520.49	354.20	455.54	112.67	25.24
161.12	9.93	131.48	186.48	108.46	7.53	10.02
59.09	17.35	823.27	832.28	87.17	14.52	9.55
44.62	2.23	134.20	93.56	83.73	3.49	2.87
71.90	6.70	532.01	220.52	213.95	46.01	155.59
23.43	13.21	68.92	39.86	50.74	12.90	9.94
147.67	0.08	239.75	177.24	171.97	43.06	20.77
6.13	8.40	261.84	105.29	151.68	15.86	4.44
4.14	2.00	98.59	53.31	22.40	5.22	32.16
309.22	5.53	69.91	42.04	338.75	2.67	3.67
71.46	28.57	285.29	225.41	124.53	42.30	9.17
292.41	12.35	123.89	117.18	287.04	1.83	37.75
33.77	16.88	158.34	115.27	72.63	16.89	13.59
9.12	17.12	181.93	81.90	114.35	5.31	8.14
46.30	9.71	214.11	162.99	102.49	4.64	13.67
8.76	2.36	46.19	24.46	29.50	3.45	2.34
0.20	5.64	13.09	15.01	3.74	0.28	0.11
		45.18	31.79	11.01	2.32	0.05
0.95	0.82	9.95	6.79	4.26		0.67
2.44		37.32	28.99	7.05	2.76	1.01
3.82		250.37	71.95	35.77	19.31	138.88
13.06	1.04	15.35	8.74	18.24	2.31	0.16
29.88	0.12	16.15	19.56	26.90	0.18	0.20
1.31		18.85	9.46	5.49	0.73	6.34
	0.04	23.11	11.36	11.11	0.20	0.48
1.68		7.02	6.68	1.88	0.08	0.06

14–13 各市建筑业企业负债合计(2020年)

单位：亿元

市(县) City(County)	负债合计 Total Liabilities	内资 Domestic Funded	港澳台商投资 Funded from Hong Kong, Macao and Taiwan	外商投资 Foreign Funded	公有制 Public-owned	非公有制 Non-public owned
全省 Total	**7377.25**	**7326.42**	**16.69**	**34.13**	**3530.27**	**3846.98**
省辖市 City						
郑州市 Zhengzhou	3667.25	3631.49	16.69	19.06	2164.95	1502.30
开封市 Kaifeng	176.67	176.59		0.08	81.25	95.42
洛阳市 Luoyang	683.93	683.93			321.54	362.40
平顶山市 Pingdingshan	195.44	195.44			118.50	76.94
安阳市 Anyang	561.80	559.12		2.67	42.38	519.42
鹤壁市 Hebi	129.49	129.49			37.05	92.45
新乡市 Xinxiang	305.86	299.68		6.18	64.66	241.20
焦作市 Jiaozuo	57.62	52.27		5.35	20.64	36.98
濮阳市 Puyang	230.56	230.56			79.51	151.04
许昌市 Xuchang	191.56	191.56			9.07	182.48
漯河市 Luohe	76.17	76.17			3.38	72.79
三门峡市 Sanmenxia	264.59	264.59			225.79	38.79
南阳市 Nanyang	234.32	234.32			63.86	170.46
商丘市 Shangqiu	269.29	268.51		0.78	205.87	63.43
信阳市 Xinyang	102.24	102.24			33.63	68.60
周口市 Zhoukou	68.98	68.98			15.02	53.95
驻马店市 Zhumadian	128.06	128.06			36.49	91.57
济源市 Jiyuan	33.42	33.42			6.68	26.74
省直管县 County Directly Administrated by Province						
巩义市 Gongyi	9.43	9.43			4.41	5.02
兰考县 Lankao	21.01	21.01				21.01
汝州市 Ruzhou	5.94	5.94			0.85	5.09
滑县 Huaxian	15.19	15.19			1.93	13.26
长垣市 Changyuan	103.05	103.05			3.26	99.79
邓州市 Dengzhou	10.60	10.60			4.89	5.71
永城市 Yongcheng	27.87	27.87			23.94	3.93
固始县 Gushi	10.89	10.89			0.23	10.66
鹿邑县 Luyi	2.29	2.29				2.29
新蔡县 Xincai	2.15	2.15			0.27	1.87

Total Liabilities of Construction Enterprises by City (2020)

(100 million yuan)

#国有控股 State-holding	#集体控股 Collective-holding	#私人控股 Private-holding	房屋建筑业 Floor Space Construction	土木工程建筑业 Civil Engineering Construction	建筑安装业 Building Installation	建筑装饰和其他建筑业 Building Decoration and Others
3272.36	**257.91**	**3605.43**	**3701.81**	**2852.08**	**460.14**	**363.21**
2042.22	122.73	1396.61	1968.34	1299.05	240.20	159.66
71.11	10.13	94.69	81.52	32.99	17.04	45.12
289.66	31.87	350.38	254.60	333.81	81.98	13.55
110.96	7.54	69.14	112.79	74.10	4.29	4.26
32.17	10.21	488.79	506.52	39.30	9.25	6.73
37.01	0.04	90.95	61.99	65.59	1.27	0.64
60.68	3.99	222.31	120.64	119.13	18.47	47.62
12.85	7.79	30.76	20.23	28.17	6.26	2.96
79.51		134.98	96.85	100.30	25.29	8.12
4.63	4.45	182.25	67.78	113.85	8.38	1.54
2.92	0.46	67.96	28.82	14.08	2.25	31.02
222.22	3.57	37.45	27.04	234.61	1.32	1.61
44.79	19.07	159.51	135.35	69.35	26.08	3.54
199.61	6.25	54.71	57.22	187.52	1.09	23.46
21.71	11.93	63.35	51.91	33.76	11.40	5.17
3.27	11.76	53.12	24.84	39.76	2.21	2.17
31.63	4.86	83.17	73.47	47.85	1.94	4.80
5.42	1.26	25.32	11.86	18.87	1.44	1.25
0.06	4.35	4.90	7.85	1.38	0.16	0.05
		21.01	14.24	5.02	1.75	
0.84	0.01	5.09	3.24	2.53		0.17
1.93		13.22	10.77	3.03	1.07	0.32
3.26		90.42	45.33	14.33	7.78	35.61
4.78	0.10	5.71	2.72	7.39	0.42	0.07
23.91	0.04	3.68	5.89	21.81	0.13	0.03
0.23		9.10	5.25	2.11	0.09	3.44
		2.29	1.37	0.75	0.10	0.07
0.27		1.87	1.57	0.53	0.04	

14-14 各市建筑业企业主营业务收入(2020年)

单位：亿元

市(县)	City(County)	工程结算收入 Revenue of Project Settlement Accounts	内资 Domestic Funded	港澳台商投资 Funded from Hong Kong, Macao and Taiwan	外商投资 Foreign Funded	公有制 Public-owned	非公有制 Non-public owned
全省	**Total**	**11139.59**	**11119.21**	**0.67**	**19.70**	**4326.18**	**6813.40**
省辖市	**City**						
郑州市	Zhengzhou	4527.42	4515.79	0.67	10.96	2744.81	1782.61
开封市	Kaifeng	356.34	356.22		0.12	129.95	226.39
洛阳市	Luoyang	806.72	806.72			345.35	461.37
平顶山市	Pingdingshan	169.99	169.99			67.32	102.66
安阳市	Anyang	1003.19	1001.10		2.08	40.51	962.68
鹤壁市	Hebi	83.23	83.23			6.75	76.48
新乡市	Xinxiang	665.36	663.88		1.48	32.95	632.41
焦作市	Jiaozuo	89.50	84.44		5.06	22.69	66.82
濮阳市	Puyang	269.98	269.98			49.69	220.29
许昌市	Xuchang	153.75	153.75			9.99	143.76
漯河市	Luohe	62.93	62.93			9.32	53.61
三门峡市	Sanmenxia	331.96	331.96			267.31	64.65
南阳市	Nanyang	436.45	436.45			122.34	314.11
商丘市	Shangqiu	504.31	504.31			133.51	370.81
信阳市	Xinyang	475.96	475.96			106.51	369.45
周口市	Zhoukou	474.89	474.89			78.11	396.78
驻马店市	Zhumadian	677.05	677.05			154.26	522.79
济源市	Jiyuan	50.57	50.57			4.84	45.74
省直管县	**County Directly Administrated by Province**						
巩义市	Gongyi	22.76	22.76			3.29	19.47
兰考县	Lankao	84.41	84.41				84.41
汝州市	Ruzhou	7.27	7.27			2.20	5.07
滑县	Huaxian	35.32	35.32			1.37	33.95
长垣市	Changyuan	297.68	297.68			1.19	296.49
邓州市	Dengzhou	60.20	60.20			26.25	33.95
永城市	Yongcheng	75.73	75.73			27.93	47.79
固始县	Gushi	57.98	57.98			5.59	52.38
鹿邑县	Luyi	71.50	71.50			5.83	65.67
新蔡县	Xincai	43.79	43.79			7.17	36.62

Revenue from Principal Business of Construction Enterprises by City (2020)

(100 million yuan)

#国有控股 State-holding	#集体控股 Collective-holding	#私人控股 Private-holding	房屋建筑业 Floor Space Construction	土木工程建筑业 Civil Engineering Construction	建筑安装业 Building Installation	建筑装饰和其他建筑业 Building Decoration and Others
3869.81	**456.37**	**6492.00**	**6082.99**	**3699.28**	**683.35**	**673.96**
2637.63	107.18	1692.06	2420.43	1595.57	332.04	179.38
108.57	21.38	225.70	221.98	56.13	13.19	65.03
314.42	30.93	447.46	291.38	353.74	142.62	18.97
59.07	8.26	96.74	98.05	64.88	4.24	2.82
31.07	9.43	901.53	899.33	76.41	22.47	4.98
5.69	1.06	72.99	49.19	29.38	3.18	1.48
20.61	12.35	625.03	282.07	155.66	37.44	190.19
14.48	8.20	61.36	35.90	35.78	8.50	9.31
49.66	0.03	211.04	84.54	140.06	26.51	18.87
3.18	6.81	141.65	79.09	60.07	11.06	3.52
1.65	7.66	48.94	41.20	12.04	2.03	7.65
263.73	3.58	63.85	33.65	294.48	2.17	1.66
79.54	42.80	280.69	247.22	147.83	34.78	6.62
98.22	35.29	342.79	339.41	130.29	4.92	29.69
73.93	32.58	363.99	306.17	123.70	17.81	28.28
7.48	70.63	394.75	257.51	186.00	13.84	17.54
98.14	56.12	478.21	369.22	217.54	3.85	86.44
2.75	2.09	43.20	26.64	19.71	2.70	1.52
0.52	2.77	19.33	16.67	5.63	0.35	0.11
		84.41	69.19	13.72	1.49	
0.98	1.23	5.07	5.13	2.14		
1.37		33.95	24.45	5.23	4.60	1.05
1.19		294.37	54.58	47.35	12.76	182.99
25.12	1.13	33.95	22.86	31.37	5.89	0.08
27.04	0.90	44.82	50.08	24.67	0.15	0.83
5.59		48.24	36.50	14.43	0.37	6.67
	5.83	65.67	41.07	25.31	1.91	3.22
7.17		36.62	31.87	11.40	0.40	0.12

14-15 各市建筑业企业利润总额(2020年)

单位：万元

市(县)	City(County)	利润总额 Total Profits	内资 Domestic Funded	港澳台商投资 Funded from Hong Kong, Macao and Taiwan	外商投资 Foreign Funded	公有制 Public-owned	非公有制 Non-public Owned
全省	**Total**	**5448701**	**5410581**	**-213**	**38334**	**1374913**	**4073789**
省辖市	**City**						
郑州市	Zhengzhou	1346157	1321607	-213	24762	638362	707795
开封市	Kaifeng	191440	191360		80	31122	160318
洛阳市	Luoyang	267259	267259			77295	189964
平顶山市	Pingdingshan	83929	83929			16820	67109
安阳市	Anyang	473998	473592		406	13679	460318
鹤壁市	Hebi	50061	50061			-5954	56015
新乡市	Xinxiang	506175	499199		6976	40041	466135
焦作市	Jiaozuo	35049	33034		2015	7648	27401
濮阳市	Puyang	112016	112016			13599	98418
许昌市	Xuchang	127768	127768			3169	124599
漯河市	Luohe	29395	29395			2250	27144
三门峡市	Sanmenxia	123982	123982			95749	28233
南阳市	Nanyang	229402	229402			68078	161324
商丘市	Shangqiu	332986	328891		4095	127182	205804
信阳市	Xinyang	387076	387076			74271	312805
周口市	Zhoukou	489521	489521			77151	412370
驻马店市	Zhumadian	640069	640069			91328	548741
济源市	Jiyuan	22422	22422			3125	19297
省直管县	**County Directly Administrated by Province**						
巩义市	Gongyi	25570	25570			3428	22142
兰考县	Lankao	53270	53270				53270
汝州市	Ruzhou	4209	4209			452	3757
滑县	Huaxian	15081	15081			559	14522
长垣市	Changyuan	181962	181962			247	181715
邓州市	Dengzhou	38574	38574			18571	20003
永城市	Yongcheng	77683	77683			45198	32485
固始县	Gushi	37887	37887			3657	34230
鹿邑县	Luyi	105706	105706			8619	97088
新蔡县	Xincai	75987	75987			10256	65731

Total Profits of Construction Enterprises by City (2020)

(10 000 yuan)

#国有控股 State-holding	#集体控股 Collective-holding	#私人控股 Private-holding	房屋建筑业 Floor Space Construction	土木工程建筑业 Civil Engineering Construction	建筑安装业 Building Installation	建筑装饰和其他建筑业 Building Decoration and Others
1105981	**268932**	**3866579**	**2937974**	**1860820**	**289514**	**360394**
601679	36683	637707	660480	485180	135669	64828
18872	12250	161493	120118	44830	8740	17752
56956	20338	180683	120650	97371	38781	10456
15526	1294	66913	47487	31128	3640	1674
8491	5188	440563	413634	55318	3865	1180
-7458	1503	53239	40519	7518	551	1472
29431	10610	455242	200305	161924	23511	120436
3325	4323	25644	9270	10856	4811	10112
13477	122	90457	34616	54905	11513	10982
209	2960	123586	88588	31921	4044	3216
553	1697	26661	22872	442	2229	3852
88042	7707	28192	12189	109804	926	1063
54026	14052	143949	102294	103293	19078	4737
93008	34174	180516	186498	122535	4603	19351
57378	16893	305399	229716	118543	8978	29839
4223	72928	408163	288583	179361	12795	8781
66470	24859	520680	350551	236473	4308	48737
1771	1353	17494	9604	9419	1474	1926
950	2478	21638	17184	7517	762	107
		53270	40378	13452	-661	100
290	163	3757	2326	1422		461
559		14346	13102	1573	296	111
247		180746	35423	16234	11163	119141
18485	85	20003	11028	22164	5359	23
43624	1575	31311	34210	42458	-522	1537
3657		32529	23764	8509	623	4992
	8619	97088	60213	39979	2414	3101
10256		65731	55856	19719	251	161

14-16 各市建筑业企业利税总额(2020年)

单位：万元

市(县) City(County)	利税总额 Total Pre-tax Profits	内资 Domestic Funded	港澳台商投资 Funded from Hong Kong, Macao and Taiwan	外商投资 Foreign Funded	公有制 Public-owned	非公有制 Non-public owned
全省 Total	**9990385**	**9947260**	**-11**	**43136**	**2647171**	**7343214**
省辖市 City						
郑州市 Zhengzhou	2421317	2393529	-11	27799	1091764	1329553
开封市 Kaifeng	321717	321472		245	64522	257195
洛阳市 Luoyang	493113	493113			156060	337053
平顶山市 Pingdingshan	147421	147421			31882	115539
安阳市 Anyang	932048	931351		697	24134	907914
鹤壁市 Hebi	82116	82116			-2653	84769
新乡市 Xinxiang	797658	790031		7627	53281	744378
焦作市 Jiaozuo	69544	67352		2192	18048	51496
濮阳市 Puyang	214681	214681			23552	191128
许昌市 Xuchang	166994	166994			7259	159735
漯河市 Luohe	51134	51134			6055	45079
三门峡市 Sanmenxia	188062	188062			131394	56668
南阳市 Nanyang	471843	471843			167139	304704
商丘市 Shangqiu	678966	674390		4576	207284	471681
信阳市 Xinyang	682969	682969			130047	552922
周口市 Zhoukou	822094	822094			136105	685989
驻马店市 Zhumadian	1405821	1405821			396716	1009105
济源市 Jiyuan	42889	42889			4580	38310
省直管县 County Directly Administrated by Province						
巩义市 Gongyi	39241	39241			5689	33552
兰考县 Lankao	90436	90436				90436
汝州市 Ruzhou	9336	9336			3152	6183
滑县 Huaxian	29055	29055			694	28361
长垣市 Changyuan	326899	326899			585	326314
邓州市 Dengzhou	99356	99356			57512	41844
永城市 Yongcheng	145225	145225			72563	72662
固始县 Gushi	69117	69117			6395	62722
鹿邑县 Luyi	166065	166065			13722	152343
新蔡县 Xincai	94313	94313			12845	81467

Total Pre-tax Profits of Construction Enterprises by City (2020)

(10 000 yuan)

#国有控股 State-holding	#集体控股 Collective-holding	#私人控股 Private-holding	房屋建筑业 Floor Space Construction	土木工程建筑业 Civil Engineering Construction	建筑安装业 Building Installation	建筑装饰和其他建筑业 Building Decoration and Others
2000970	**646200**	**6958032**	**5667048**	**3175137**	**482442**	**665758**
1022100	69664	1205209	1331108	781543	197563	111103
46774	17748	258168	212006	67233	12122	30355
122898	33162	325191	214447	194250	67992	16425
23901	7980	114680	78790	61266	4360	3005
16932	7202	852263	840518	75952	12840	2738
-5004	2351	81486	59352	18058	2504	2202
37406	15875	729699	318422	222762	39866	216607
9234	8814	49546	24318	21433	9215	14577
23425	128	176858	73205	98491	25328	17656
1209	6050	157839	110642	45898	6977	3477
784	5271	43672	37995	3200	3153	6786
121288	10106	56369	27768	157552	1273	1469
136726	30413	262756	217912	213696	32718	7517
142722	64562	432304	436366	206150	8829	27622
86928	43120	543544	431786	185603	20919	44661
8823	127282	680762	457825	317681	27863	18725
202288	194428	952279	774792	486759	6619	137652
2536	2044	35409	19796	17610	2303	3181
1091	4598	32876	28071	9687	1004	479
		90436	71635	19299	-598	100
458	2694	6183	6606	2225		505
694		28144	23071	3126	2404	453
585		323822	55233	39692	19688	212286
56203	1308	41844	28892	62305	8127	33
70247	2317	68944	74716	69076	-413	1847
6395		59249	46298	14492	785	7543
	13722	152343	93933	61798	4129	6205
12845		81467	70148	23685	264	216

主要统计指标解释

建筑业统计单位 指从事房屋、构筑物建造和设备安装活动的法人企业。建筑业法人企业应同时具备的条件是：① 依法成立，有自己的名称、组织机构和场所，能够承担民事责任；②独立拥有和使用资产，承担负债，有权与其他单位签订合同；③独立核算盈亏，能够编制资产负债表。

建筑业总产值 是以货币形式表现的建筑业企业在一定时期内生产的建筑业产品和提供的服务的总和。建筑业总产值包括：

（1）建筑工程产值：指列入建筑工程预算内的各种工程价值。

（2）安装工程产值：指设备安装工程价值，不包括被安装设备本身的价值。

（3）其他产值：建筑业总产值中除建筑工程、安装工程以外的产值。包括房屋构筑物修理产值、非标准设备制造产值、总包企业向分包企业收取的管理费以及不能明确划分的施工活动所完成的产值。

a. 房屋构筑物修理产值：指房屋和构筑物修理所完成的产值，但不包括被修理房屋、构筑物本身价值和生产设备的修理产值。

b. 非标准设备制造产值：指加工制造没有定型的非标准生产设备的加工费和原材料价值（如化工厂、炼油厂用的各种罐、槽，矿井生产统一使用的各种漏斗、三角槽、阀门等）以及附属加工厂为本企业承建工程制作的非标准设备的价值。

房屋建筑施工面积 指在报告期内施工的全部房屋建筑面积，包括本期新开工的房屋面积、上期施工跨入本期继续施工的房屋面积、上期停缓建在本期恢复施工的房屋面积、本期竣工的房屋面积及本期施工后又停缓建的房屋面积。

房屋建筑竣工面积 指在报告期内房屋建筑按照设计要求全部完工，达到了住人和使用条件，经验收鉴定合格，正式移交使用单位的房屋建筑面积。

自有机械设备年末总台数 指归本企业所有，属于本企业固定资产的生产性机械设备年末总台数。包括施工机械、生产设备、运输设备以及其他设备。

自有机械设备年末总功率 指本企业自有施工机械、生产设备、运输设备以及其他设备等列为在册固定资产的生产性机械设备年末总功率，按设定能力或查定能力计算。包括机械本身的动力和为该机械服务的单独动力设备，如电动机等。计算单位用千瓦，动力换算可按 1 马力＝0.735 千瓦折合成千瓦数。电焊机、变压器、锅炉不计算动力。

工程结算收入 指企业承包工程实现的工程价款结算收入，以及向发包单位收取的除工程价款以外的按规定列作营业收入的各种款项，如临时设施费、劳动保险费、施工机械调迁费等以及向发包单位收取的各种索赔款。

工程结算利润 指已结算工程实现的利润，如亏损以“－”号表示。计算公式为：

工程结算利润＝工程结算收入－工程结算成本－工程结算税金及附加－经营费用

Explanatory Notes on Main Statistical Indicators

Statistical Unit in Construction refers to corporate enterprise engaged in the construction of buildings and structures and in the installation of equipment. A corporate construction enterprise should meet the following 3 requirements: ①being set up in line with relevant legal basis, having its full name, organization and location, and capable of taking civil liabilities; ②independently possessing and using its assets and assuming its liabilities, and entitled to sign contracts with other institutions; and ③ making independent accounts of its profits and losses, and capable of compiling its own balance sheet

Gross Output Value of Construction refers to total of construction products and services, expressed in money terms, produced or rendered by construction and installation enterprises during a given period of time. It includes:

(1) Output value of construction projects: the value of projects covered by the project budgets;

(2) Output value of installation projects: the value of the installation of equipment, (excluding the value of the equipment to be installed);

(3) Other output values: the output value of construction industry apart from that of construction projects and installation projects. It includes: output value of repair of buildings and structures; output value of non-standard equipment manufacturing; overhead expenses received by contracted enterprises from the sub-contracted enterprises and the completed output value of construction activities for which there is no clear definition.

a. Output value of repair of buildings and structures: the value created through the repairs of buildings or structures. It does not include the value of buildings or structures being repaired and the value of the repair of production equipment;

b. Output value of manufactured non-standard equipment: the value of non-standard production equipment, including raw materials and manufacturing cost, made for the construction project (i.e., chemical plant; kettles or tanks used by refineries; various fillers, triangle tanks, valves used by mines). It also includes the output value of equipment manufactured by subsidiary workshops.

Floor Space of Buildings Under Construction refers to floor space of buildings under construction during the reference period, including newly started buildings, buildings started earlier and continued during the reference period, and buildings suspended earlier but restarted during the reference period, buildings completed during the reference period, and buildings under construction and then suspended during the reference period.

Floor Space of Buildings Completed refers to the floor space of buildings that are completed in the reference period in accordance with the requirements of the design, up to the standard for putting them into use, and have been checked and accepted by concerned departments as qualified ones.

Total Number of Machinery and Equipment Owned by the End of Year refers to the number of machines and equipment owned by the enterprises, and listed as the fixed assets of the enterprises by the end of the year, including machinery and equipment for construction, production and transportation.

Total Power of Machinery and Equipment Owned by the End of Year refers to the total power of machinery and equipment owned by the enterprises, and listed as the fixed assets of the enterprises by the end of the year, including machinery and equipment for construction, production and transportation. The power of the machinery is calculated on basis of the designed or verified capacity, covering the power of the machinery/equipment and the separate power equipment serving the machinery/equipment (such as electric motors), but excluding welders, transformers and boilers. The unit used for the calculation of power is kilowatt, with horsepower converted to kilowatt by 1 horsepower=0.735 kilowatt.

Income from Settlement of Projects refers to the income received by the construction enterprise from the contracted project through settlement procedures, and other charges of Operating income in addition to the value of the project, such as temporary facility fee, labour insurance premium, moving cost of construction equipment, as well as various types of claims to the contract.

Profit from Settlement of Projects refers to profit realized through settled projects. It is calculated with the following formula:

Profit from Settlement of Projects＝Income from Settlement of Projects－Settled Cost－Settled Taxes and Other Cost －Operating expenses

房地产业
Real Estate

15

资料整理：贾云静

简要说明

一、本篇资料的主要内容及统计范围

本篇资料通过对一定时期内房地产开发企业开发经营活动的数量方面的描述，反映报告期内房地产开发企业土地开发和购置情况、投资总规模及完成情况、实际到位资金情况、房屋建筑面积和造价情况、房屋新开工面积情况、商品房销售情况以及资产负债和经营情况。

本篇资料的统计范围包括全部有开发经营活动的房地产开发经营业法人单位。

二、本篇的资料来源及统计调查方法

本篇统计资料是根据《房地产开发统计报表制度》进行搜集和加工整理而得，全部数据采用全面调查的统计方法。本篇资料由河南省统计局固定资产投资统计处编辑整理。

Brief Introduction

I. Main Contents and Scope

Statistics in this chapter describe activities made by real estate development companies during a given period of time, and reflect the development and purchase of land, size of investment and its progressing, funds actually available, floor space and cost of housing constructed, floor space of new housing starts, sales of commercial housing, assets and liabilities, and operation status of real estate developers during the reference period.

Data in this chapter covers all legal entities with development and operating activities engaged in real estate development.

II. Sources of Data

Data in this chapter are collected and compiled with the Statistical Reports Program on Real Estate Development, which has a full coverage of all companies.Data in this chapter are provided by the Department of investment in fixed assets of Henan provincial Bureau of Statistics.

15-1 房地产开发企业主要指标

Main Indicators of Enterprises for Real Estate Development

年份 Year	企业个数 (个) Number of Enterprises (unit)	本年完成投资额 (亿元) Investment Completed This Year (100 million yuan)	#住宅 Residential Buildings	房屋建筑面积竣工率 (%) Rate of Floor Space of Buildings Completed (%)	商品房销售面积 (万平方米) Floor Space of Commercialized Buildings Sold (10 000 sq.m)	#住宅 Residential Buildings	商品房销售额 (亿元) Total Sale of Commercialized Buildings (100 million yuan)	#住宅 Residential Buildings
1990		3.43						
1991		4.07		42.2	83.16		2.99	
1992		8.78		35.1	103.36		4.83	
1993		25.27		31.2	100.20		6.41	
1994	896	49.61	35.22	39.3	225.04	198.19	16.43	9.58
1995	880	62.56	39.38	64.0	660.29	484.53	26.14	20.86
1996	731	54.84	30.49	37.1	255.82	215.27	22.75	18.55
1997	509	51.75	27.15	35.5	220.49	201.65	20.26	17.69
1998	655	58.10	32.09	33.3	279.61	262.94	27.32	24.70
1999	677	70.41	42.94	33.2	297.10	275.28	30.37	26.41
2000	1020	77.87	50.37	36.0	509.21	438.41	64.18	50.51
2001	938	102.84	75.87	32.6	529.21	483.77	65.59	56.55
2002	1108	138.36	101.31	35.9	639.94	584.74	88.29	75.50
2003	1430	185.56	135.10	31.3	862.71	795.78	120.75	103.60
2004	1774	258.82	174.81	28.8	1055.37	948.61	165.91	136.76
2005	1906	388.52	271.62	28.0	1724.82	1539.60	322.01	255.37
2006	2100	581.95	432.64	24.0	2409.33	2190.99	484.72	403.72
2007	2586	837.11	639.08	26.4	3928.04	3569.18	885.16	742.83
2008	4146	1206.71	970.86	21.8	3191.98	2943.36	746.46	629.40
2009	3798	1553.76	1235.21	21.2	4336.90	4019.26	1156.22	1005.21
2010	4176	2114.08	1685.21	21.7	5452.23	5092.49	1658.79	1454.57
2011	4963	2626.54	2021.19	21.8	6275.16	5725.12	2196.81	1788.04
2012	5316	3035.29	2203.06	19.9	5968.49	5455.50	2286.67	1915.57
2013	5438	3843.76	2827.09	16.6	7310.21	6561.41	3074.14	2516.26
2014	5662	4375.71	3289.20	18.8	7879.67	7009.09	3440.58	2739.71
2015	6158	4818.93	3529.15	13.1	8556.34	7645.84	3945.55	3300.33
2016	6687	6179.13	4558.07	13.3	11306.27	10137.13	5612.90	4839.03
2017	7205	7090.25	5330.80	12.4	13313.89	11707.26	7129.40	5897.68
2018	7536	7015.47	5387.62	12.2	13990.50	12482.88	8055.30	6903.79
2019	7930	7464.59	6055.37	11.4	14277.55	12981.63	9009.98	8016.93
2020	8052	7782.29	6453.00	9.3	14100.66	12831.18	9364.36	8402.53

注：商品房销售面积、销售额2005年开始采用新口径，与以前不可比，新口径包括期房销售和现房销售(下同)。

a) Figures on Floor Space and Sales of selling House are Accounted in New Caliber in 2005, So they are different from former years. New Caliber Include marketable housing and futures marketable housing (the same as following tables).

15-2 房地产开发企业(单位)个数和从业人员数

Number of Employed Persons and Enterprises for Real Estate Development

指 标	Item	2010	2015	2016	2017	2018	2019	2020
企业个数（个）	**Number of Enterprises (unit)**	**4176**	**6158**	**6687**	**7205**	**7536**	**7930**	**8052**
#国有控股	State-holding	209	249	266	298	321	338	357
集体控股	Collective-holding	167	123	117	112	95	81	55
私人控股	Private-holding	3511	5125	5565	6000	6263	6737	7064
港澳台控股	Hong Kong, Macao and Taiwan-holding	63	50	50	51	54	57	43
外资控股	Foreign-holding	61	29	23	20	19	21	24
从业人数（人）	**number of Employed Persons (person)**	**100350**	**192193**	**211588**	**222085**	**249944**	**276088**	**267833**
#国有控股	State-holding	6352	8026	8679	10542	11582	11683	11727
集体控股	Collective-holding	4257	5476	4990	4759	3664	3041	1732
私人控股	Private-holding	81719	154686	171281	179848	204471	232770	234253
港澳台控股	Hong Kong, Macao and Taiwan-holding	1694	1590	1810	1988	2043	1877	1490
外资控股	Foreign-holding	2491	1300	762	636	664	671	849

15-3 各市房地产开发企业(单位)个数(2020年)

Number of Enterprises for Real Estate Development by City (2020)

单位：个 (unit)

市(县) City(County)	企业(单位)个数 Enterprises Number	一级 First Class	二级 Second Class	三级 Third Class	四级 Fourth Class	暂定 Provisional	其他 Others
全省 Total	**8052**	**113**	**603**	**881**	**544**	**4569**	**1342**
省辖市 City							
郑州市 Zhengzhou	1505	40	153	155	13	939	205
开封市 Kaifeng	288	2	17	19	7	202	41
洛阳市 Luoyang	583	14	64	130	60	289	26
平顶山市 Pingdingshan	542	10	33	66	29	275	129
安阳市 Anyang	340	3	48	42	7	208	32
鹤壁市 Hebi	148	1	2	23	17	77	28
新乡市 Xinxiang	582	2	54	69	13	325	119
焦作市 Jiaozuo	250	3	17	25	12	169	24
濮阳市 Puyang	207	4	14	12	5	141	31
许昌市 Xuchang	429	7	47	64	33	178	100
漯河市 Luohe	211	2	11	25	45	122	6
三门峡市 Sanmenxia	199	1	12	28	18	111	29
南阳市 Nanyang	525	10	52	80	82	260	41
商丘市 Shangqiu	582	2	15	27	6	324	208
信阳市 Xinyang	631	7	19	50	144	359	52
周口市 Zhoukou	402	1	13	21	3	276	88
驻马店市 Zhumadian	554	4	18	32	48	270	182
济源市 Jiyuan	74		14	13	2	44	1
省直管县 County Directly Administrated by Province							
巩义市 Gongyi	74	2	2	7	2	50	11
兰考县 Lankao	37		1			20	16
汝州市 Ruzhou	36	1	4	2		29	
滑县 Huaxian	42		7	4	1	22	8
长垣市 Changyuan	47		8	3		11	25
邓州市 Dengzhou	63		6	7	1	22	27
永城市 Yongcheng	47		2	6	1	35	3
固始县 Gushi	60	3	2	7	11	36	1
鹿邑县 Luyi	40		1	4		18	17
新蔡县 Xincai	60	1		4		26	29

15-4 各市房地产开发企业从业人员(2020年)

Number of Employed Persons in Enterprises for Real Estate Development (2020)

单位：人 (person)

市(县)	City(County)	从业人员 Number of Employed Persons	一 级 First Class	二 级 Second Class	三 级 Third Class	四 级 Fourth Class	暂 定 Provisional	其 他 Others
全 省	**Total**	**267833**	**8448**	**25469**	**24540**	**13231**	**151872**	**44273**
省 辖 市	**City**							
郑 州 市	Zhengzhou	46699	2998	6793	4133	343	27652	4780
开 封 市	Kaifeng	11673	68	1435	508	175	7615	1872
洛 阳 市	Luoyang	14809	815	2553	2614	881	7592	354
平 顶 山 市	Pingdingshan	12649	620	1170	1803	361	6450	2245
安 阳 市	Anyang	8118	168	1606	911	89	4687	657
鹤 壁 市	Hebi	3690	19	62	550	464	2060	535
新 乡 市	Xinxiang	12064	41	1789	1046	169	6752	2267
焦 作 市	Jiaozuo	6422	173	655	620	246	4131	597
濮 阳 市	Puyang	6639	325	438	396	80	4412	988
许 昌 市	Xuchang	9783	794	1494	1067	494	4059	1875
漯 河 市	Luohe	5806	214	494	792	807	3407	92
三 门 峡 市	Sanmenxia	5035	8	571	715	300	2691	750
南 阳 市	Nanyang	13933	689	2028	2192	1456	6843	725
商 丘 市	Shangqiu	50047	111	2017	2630	401	30317	14571
信 阳 市	Xinyang	19773	1092	533	1935	4779	10204	1230
周 口 市	Zhoukou	15500	60	601	731	131	10400	3577
驻 马 店 市	Zhumadian	23808	253	837	1632	2039	11893	7154
济 源 市	Jiyuan	1385		393	265	16	707	4
省 直 管 县	**County Directly Administrated by Province**							
巩 义 市	Gongyi	1574	55	52	107	30	1140	190
兰 考 县	Lankao	2185		98			1072	1015
汝 州 市	Ruzhou	1415	185	153	107		970	
滑 县	Huaxian	1356		351	123	10	602	270
长 垣 市	Changyuan	1630		483	67		325	755
邓 州 市	Dengzhou	1713		239	180	11	866	417
永 城 市	Yongcheng	2073		211	499	30	1240	93
固 始 县	Gushi	2736	907	91	181	319	1212	26
鹿 邑 县	Luyi	1146		41	101		466	538
新 蔡 县	Xincai	1363	40		95		710	518

15-5 房地产开发投资额

Completed Investment in Real Estate Development

单位：亿元　　(100 million yuan)

项　目	Item	2005	2010	2015	2016	2017	2018	2019	2020
投资总额	**Total Investment**	**388.52**	**2114.08**	**4818.93**	**6179.13**	**7090.25**	**7015.47**	**7464.59**	**7782.29**
#国有控股	State-holding		100.87	404.77	663.17	807.65	793.90	775.66	714.70
集体控股	Collective-holding		153.07	89.93	72.58	73.69	63.13	91.60	61.66
私人控股	Private-holding		1618.75	3361.14	4334.01	4957.02	4961.06	5346.82	5792.85
港澳台控股	Hong Kong, Macao and Taiwan-holding		46.97	81.75	55.97	90.88	59.95	90.48	36.61
外资控股	Foreign-holding		59.62	27.68	17.36	11.66	16.54	26.18	61.60
按构成分	**By Composition**								
建筑、安装工程	Construction and Installation	283.87	1657.06	4125.78	4974.04	5511.54	5331.81	5434.31	5734.27
设备、工器具购置	Purchase of Equipment and Instruments	2.84	25.34	117.27	170.72	158.61	185.13	104.21	58.64
其他费用	Others	101.81	431.68	575.88	1034.37	1420.10	1498.53	1926.07	1989.37
#土地购置费	Total Value of Land Purchased	74.81	293.23	362.68	681.51	951.90	1137.61	1626.67	1726.40
按工程用途分	**By Use of Projects**								
住宅	Residential Buildings	271.62	1685.21	3529.15	4558.07	5330.80	5387.62	6055.37	6453.00
#144平方米以上	Over 144 sq.m		253.23	429.98	690.76	905.69	902.09	989.10	872.04
90平方米以下	Under 90 sq.m		422.33	1272.26	1530.62	1704.78	1682.93	1538.31	1449.33
办公楼	Office Buildings	14.05	56.74	218.54	230.86	226.38	251.17	256.39	208.50
商业营业用房	Houses for Bussiness Use	67.79	192.77	694.23	789.84	882.70	781.11	658.63	639.29
其他	Others	35.06	179.36	377.00	600.36	650.38	595.58	494.20	481.49
新增固定资产	**Newly Increased Fixed Assets**	**189.47**	**861.63**	**1717.29**	**1780.82**	**1625.20**	**1689.15**	**2020.29**	**1718.23**
本年实际到位资金	**Actual Funds for Investment**	**388.52**	**2114.08**	**5076.92**	**6558.25**	**7090.57**	**7128.38**	**7918.28**	**8059.09**
国内贷款	Domestic Loans	60.75	209.37	475.69	698.56	897.12	665.70	659.20	559.78
利用外资	Foreign Investment	2.10	1.51	3.22	1.76	0.99		0.72	0.40
自筹资金	Self-raising Funds	180.91	1144.53	2956.20	3671.81	4171.17	4418.06	4635.67	4644.18
其他资金	Others	144.76	758.67	1641.82	2186.12	2021.29	2044.62	2622.69	2854.73

15-6 房地产开发企业(单位)建设房屋建筑面积和造价

Floor Space and Cost of Buildings Developed by Enterprises for Real Estate Development

市(县) City(County)	施工房屋面积(万平方米) Floor Space Under Construction (10 000 sq.m)	竣工房屋面积(万平方米) Floor Space Completed (10 000 sq.m)	房屋建筑面积竣工率(%) Rate of Floor Space of Buildings Completed (%)	竣工房屋价值(亿元) Value of Buildings Completed (100 million yuan)	竣工房屋造价(元/平方米) Cost of Buildings Completed (yuan/sq.m)
1997	1042.19	370.26	35.5	32.10	867
1998	1175.96	392.03	33.3	28.41	725
1999	1339.60	444.87	33.2	34.05	765
2000	1657.53	597.21	36.0	40.49	678
2001	1976.84	644.40	32.6	45.74	710
2002	2484.01	892.32	35.9	67.83	760
2003	3210.26	1005.52	31.3	86.33	859
2004	3940.64	1135.32	28.8	100.94	889
2005	4902.98	1370.94	28.0	144.72	1056
2006	7017.17	1681.42	24.0	184.87	1099
2007	10550.90	2785.48	26.4	326.78	1173
2008	13906.18	3026.04	21.8	403.95	1335
2009	16074.35	3400.98	21.2	434.30	1277
2010	20393.98	4426.94	21.7	630.25	1424
2011	25343.32	5527.42	21.8	923.85	1671
2012	29559.36	5870.54	19.9	1059.08	1804
2013	35979.33	5965.87	16.6	1117.83	1874
2014	38857.60	7324.34	18.8	1417.52	1935
2015	40994.40	5390.32	13.1	1079.75	2003
2016	47359.55	6299.44	13.3	1260.41	2001
2017	49942.29	6201.71	12.4	1270.17	2048
2018	54685.56	6655.23	12.2	1413.25	2124
2019	57567.10	6571.21	11.4	1583.17	2409
2020	58438.21	5412.77	9.3	1345.73	2486
省辖市 City					
郑州市 Zhengzhou	19444.77	1462.93	7.5	454.13	3104
开封市 Kaifeng	2100.43	134.35	6.4	29.33	2183
洛阳市 Luoyang	5129.11	259.42	5.1	67.01	2583
平顶山市 Pingdingshan	2601.72	174.37	6.7	49.81	2856
安阳市 Anyang	2669.25	82.88	3.1	25.94	3130
鹤壁市 Hebi	960.62	97.44	10.1	23.32	2393
新乡市 Xinxiang	2632.91	276.56	10.5	62.62	2264
焦作市 Jiaozuo	996.51	143.08	14.4	35.53	2483
濮阳市 Puyang	2056.97	273.00	13.3	77.79	2850
许昌市 Xuchang	3097.09	207.89	6.7	59.82	2878
漯河市 Luohe	1348.79	25.39	1.9	7.22	2845
三门峡市 Sanmenxia	1421.82	72.32	5.1	16.63	2300
南阳市 Nanyang	3241.19	367.09	11.3	75.90	2068
商丘市 Shangqiu	2882.00	231.59	8.0	58.52	2527
信阳市 Xinyang	2380.56	512.03	21.5	93.08	1818
周口市 Zhoukou	2006.26	599.15	29.9	107.75	1798
驻马店市 Zhumadian	3156.96	489.33	15.5	100.17	2047
济源市 Jiyuan	311.24	3.97	1.3	1.15	2889
省直管县 County Directly Administrated by Province					
巩义市 Gongyi	282.58	21.31	7.5	3.90	1828
兰考县 Lankao	360.82	30.54	8.5	4.96	1623
汝州市 Ruzhou	220.68	11.57	5.2	2.87	2481
滑县 Huaxian	447.34				
长垣市 Changyuan	213.45	22.52	10.6	3.34	1481
邓州市 Dengzhou	373.65	7.67	2.1	2.25	2932
永城市 Yongcheng	427.03	1.05	0.2	0.19	1849
固始县 Gushi	269.71	147.07	54.5	24.97	1698
鹿邑县 Luyi	211.44	2.44	1.2	0.27	1100
新蔡县 Xincai	408.25	63.93	15.7	11.37	1779

15−7 房地产开发企业开发情况
Operating Statistics of Enterprises for Real Estate Development

项目	Item	2005	2010	2015	2016	2017	2018	2019	2020
本年购置土地面积（万平方米）	Land Space Purchased This year (10 000sq.m)	2016	2864	951	1108	1015	1018	858	831
本年待开发的土地面积（万平方米）	Land Space Pending Development This year(10 000sq.m)	764	1209	1628	2476	2307	2594	2731	2390
房屋建筑面积（万平方米）	Floor Space of Building Construction (10 000 sq.m)								
施工面积	Floor Space Under Construction	4903	20394	40994	47360	49942	54686	57567	58438
#住宅	Residential Buildings	3895	16902	31211	35579	37518	41350	43971	44943
竣工面积	Floor Space Completed	1371	4427	5390	6299	6202	6655	6571	5413
#住宅	Residential Buildings	1151	3853	4238	5015	4702	5074	5163	4278
房屋竣工价值（亿元）	Value of Buildings Completed (100 million yuan)	145	630	1080	1260	1270	1413	1583	1346
房屋竣工造价（元/平方米）	Cost of Buildings Completed (yuan/sq.m)	1056	1424	2003	2001	2048	2124	2409	2486
商品房销售面积（万平方米）	Floor Space of Commercialized Buildings Sold (10 000 sq.m)	1725	5452	8556	11306	13314	13991	14278	14101
现房销售面积	Sale Space of marketable housing	791	1911	2812	3236	3468	3295	2896	2334
期房销售面积	Sale Space of futures marketable housing	934	3541	5744	8070	9846	10696	11381	11767
商品房销售额（亿元）	Total Sales of Commercialized Buildings Sold (100 million yuan)	322	1659	3946	5613	7129	8055	9010	9364
现房销售额	Sale of marketable housing	129	439	1039	1233	1371	1407	1330	1197
期房销售额	Sale of futures marketable housing	193	1220	2907	4380	5759	6648	7680	8167
商品住宅销售套数（万套）	Total Number of Flats of Residential Buildings Sold (10 000 sets)		46	69	91	104	111	113	111
现房销售套数	Sale of marketable housing		15	21	24	26	25	22	17
期房销售套数	Sale of futures marketable housing		31	48	67	78	86	91	94
商品房待售面积（万平方米）	Area of commercialized Buildings for Sale (10 000 sq.m)	307	1161	3607	3395	2847	2801	2529	2629

15–8 房地产开发企业施工、销售和待售情况(2020年)

项 目	Item	合 计 Total	住 宅 Commercially Residential Buildings
房屋施工面积(万平方米)	Floor Space of Buildings under Construction (10 000 sq.m)	58438.21	44943.22
#新开工	Started This Year	14114.24	11371.00
房屋竣工面积(万平方米)	Floor Space of Buildings Completed (10 000 sq.m)	5412.77	4278.13
#不可销售面积	Floor Space Cannot be Solded	208.97	61.05
住宅竣工套数(万套)	Total Number of Flats of Residential Buildings Completed (10 000 sets)		36.24
竣工房屋价值(亿元)	Value of Buildings Completed (100 million yuan)	1345.73	1061.16
商品房销售面积(万平方米)	Sold Area of Commercialized Buildings (10 000 sq.m)	14100.66	12831.18
现房销售	Sale of marketable housing	2333.78	1900.50
期房销售	Sale of futures marketable housing	11766.88	10930.68
商品房销售额(亿元)	Total Sale of Commercialized Buildings (100 million yuan)	9364.36	8402.53
现房销售	Sale of marketable housing	1197.15	924.20
期房销售	Sale of futures marketable housing	8167.21	7478.33
商品住宅销售套数(万套)	Total Number of Flats of Residential Buildings Sold (10 000 sets)		110.65
现房销售	Sale of marketable housing		16.96
期房销售	Sale of futures marketable housing		93.70
商品房待售面积(万平方米)	Floor Number of Space of Buildings Emptied Sold (10 000 sq.m)	2628.52	1721.68
#待售1–3年	On Sale for 1-3Years	712.11	439.47
待售3年以上	On Sale Over 3 Years	426.67	275.34

Situation of Construction, Sale and for Sale of Real Estate Enterprises (2020)

#90平方米以下 Under 90 sq.m	#144平方米以上 Over 144sq.m	办公楼 Office Buildings	商业营用房 House for Business Use	其 他 Others
7704.89	6222.12	1755.06	5549.57	6190.36
1266.53	1361.52	199.63	1051.15	1492.46
716.50	605.05	88.47	603.47	442.69
16.64	16.98	4.60	32.26	111.07
8.69	3.35			
178.05	163.97	27.74	142.34	114.48
1839.63	1594.63	163.81	853.02	252.65
360.00	204.09	32.90	301.38	99.00
1479.62	1390.54	130.90	551.64	153.65
1342.70	1305.14	181.23	636.64	143.95
170.90	116.35	35.15	191.15	46.65
1171.80	1188.79	146.09	445.49	97.30
22.93	9.79			
4.63	1.28			
18.30	8.52			
324.98	332.42	120.38	534.09	252.38
66.17	150.32	50.36	146.49	75.78
45.65	54.51	32.74	90.57	28.02

15−9 各市房地产开发投资情况(2020年)

Development and Investment Completed for Real Estate by City (2020)

市(县)	City(County)	投资总额(亿元) Total Investment (100 million yuan)	住宅 Residential Buildings	#90平方米以下 Under 90 sq.m	#144平方米以上 Over 144sq.m	办公楼 Office Buildings	商业营业用房 Houses for Business Use	其他 Other
全省	**Total**	**7782.29**	**6453.00**	**1449.33**	**872.04**	**208.50**	**639.29**	**481.49**
省辖市	**City**							
郑州市	Zhengzhou	3428.78	2700.29	1005.31	407.73	164.56	273.33	290.60
开封市	Kaifeng	309.55	268.67	44.58	39.44	2.90	28.21	9.76
洛阳市	Luoyang	447.98	353.70	54.77	54.38	9.56	43.86	40.86
平顶山市	Pingdingshan	156.66	127.38	10.48	17.27	2.65	14.14	12.49
安阳市	Anyang	201.92	168.73	3.93	30.44	3.07	12.38	17.74
鹤壁市	Hebi	86.94	76.46	5.42	2.69	0.78	7.58	2.12
新乡市	Xinxiang	359.90	328.88	35.24	46.06	5.03	12.41	13.58
焦作市	Jiaozuo	105.28	92.32	8.08	12.30	1.72	8.75	2.49
濮阳市	Puyang	280.06	242.62	15.90	33.33	1.25	21.52	14.68
许昌市	Xuchang	366.17	326.43	24.88	41.21	3.43	20.66	15.66
漯河市	Luohe	164.85	146.39	8.25	11.44	2.31	10.76	5.38
三门峡市	Sanmenxia	136.91	114.34	20.33	17.46	3.09	12.90	6.58
南阳市	Nanyang	227.08	196.11	28.42	26.98	1.77	20.71	8.49
商丘市	Shangqiu	345.94	299.99	39.45	39.32	0.63	36.03	9.28
信阳市	Xinyang	409.31	359.81	46.96	50.49	1.55	33.66	14.28
周口市	Zhoukou	339.37	285.57	60.19	18.42	2.03	45.64	6.13
驻马店市	Zhumadian	391.41	344.39	36.44	16.71	2.14	35.88	9.00
济源市	Jiyuan	24.19	20.90	0.71	6.38	0.03	0.89	2.37
省直管县	**County Directly Administrated by Province**							
巩义市	Gongyi	60.95	48.89	4.61	7.95	2.43	9.40	0.23
兰考县	Lankao	37.15	33.82	0.46	3.10	0.09	1.37	1.87
汝州市	Ruzhou	19.66	17.77	1.37	4.64	0.11	1.29	0.48
滑县	Huaxian	27.47	24.03	0.23	4.01		1.00	2.45
长垣市	Changyuan	19.58	18.29	0.19	10.13	0.24	0.59	0.46
邓州市	Dengzhou	22.77	19.05	0.06	2.18		3.01	0.70
永城市	Yongcheng	27.41	25.53	0.03	0.08		1.86	0.01
固始县	Gushi	42.13	38.67	0.02	0.12		1.15	2.31
鹿邑县	Luyi	28.83	22.29	0.29	0.77		5.67	0.87
新蔡县	Xincai	36.24	32.41	0.04	1.53		2.50	1.34

15−10 各市房地产开发企业实际到位资金(2020年)

Actual Funds in Place of Enterprises for Real Estate Development (2020)

单位：亿元 (100 million yuan)

市(县)	City(County)	合计 Total	国内贷款 Domestic Loans	利用外资 Foreign Investment	自筹资金 Self-raising Funds	其他资金来源 Others
全　　省	**Total**	**8059.09**	**559.78**	**0.40**	**4644.18**	**2854.73**
省　辖　市	**City**					
郑　州　市	Zhengzhou	3278.98	336.27		1704.26	1238.45
开　封　市	Kaifeng	310.28	11.51		254.49	44.29
洛　阳　市	Luoyang	594.68	32.31		278.74	283.62
平顶山市	Pingdingshan	185.80	11.38		69.61	104.80
安　阳　市	Anyang	294.33	4.29		124.50	165.54
鹤　壁　市	Hebi	90.87	0.87		57.86	32.14
新　乡　市	Xinxiang	370.33	8.26		246.82	115.24
焦　作　市	Jiaozuo	108.28	2.80		72.81	32.66
濮　阳　市	Puyang	320.13	2.78		173.31	144.04
许　昌　市	Xuchang	392.54	10.59		199.23	182.73
漯　河　市	Luohe	181.07	9.41		82.28	89.38
三门峡市	Sanmenxia	134.02	10.49		78.42	45.11
南　阳　市	Nanyang	250.80	5.25		148.96	96.59
商　丘　市	Shangqiu	356.93	11.76		292.39	52.77
信　阳　市	Xinyang	402.98	38.21	0.40	291.19	73.19
周　口　市	Zhoukou	346.57	21.15		289.23	36.19
驻马店市	Zhumadian	400.56	42.45		270.29	87.81
济　源　市	Jiyuan	39.95			9.77	30.19
省直管县	**County Directly Administrated by Province**					
巩　义　市	Gongyi	46.18	1.40		33.24	11.54
兰　考　县	Lankao	37.50	1.34		31.08	5.09
汝　州　市	Ruzhou	21.49	1.40		7.60	12.49
滑　　县	Huaxian	39.12			21.06	18.06
长　垣　市	Changyuan	20.08			16.14	3.95
邓　州　市	Dengzhou	25.60	0.59		16.41	8.60
永　城　市	Yongcheng	27.41			27.39	0.02
固　始　县	Gushi	46.23	2.41	0.40	29.17	14.25
鹿　邑　县	Luyi	30.94			27.17	3.77
新　蔡　县	Xincai	28.03			28.03	

15-11 各市房地产开发施工房屋面积(2020年)

Floor Space of Buildings under Construction by City (2020)

单位：万平方米 (10 000 sq.m)

市(县) City(County)	施工房屋面积 Floor Space of Buildings under Construction	住宅 Residential Buildings	#90平方米以下 Under 90 sq.m	#144平方米以上 Over 144 sq.m	办公楼 Office Buildings	商业营业用房 Houses for Business Use	其他 Others
全省 Total	**58438.21**	**44943.22**	**7704.89**	**6222.12**	**1755.06**	**5549.57**	**6190.36**
省辖市 City							
郑州市 Zhengzhou	19444.77	13201.96	4229.67	1953.62	1293.51	1721.10	3228.19
开封市 Kaifeng	2100.43	1671.91	223.33	211.79	27.55	267.32	133.66
洛阳市 Luoyang	5129.11	3798.42	562.13	558.96	109.54	507.84	713.30
平顶山市 Pingdingshan	2601.72	2024.97	354.59	261.58	32.27	297.11	247.36
安阳市 Anyang	2669.25	2195.30	42.55	319.79	60.77	147.86	265.32
鹤壁市 Hebi	960.62	813.94	86.43	31.77	9.96	96.26	40.46
新乡市 Xinxiang	2632.91	2279.83	241.49	399.73	32.59	197.35	123.14
焦作市 Jiaozuo	996.51	875.24	68.82	108.38	10.38	75.05	35.85
濮阳市 Puyang	2056.97	1776.53	65.17	240.30	9.05	139.50	131.89
许昌市 Xuchang	3097.09	2644.76	183.80	317.27	19.11	171.30	261.93
漯河市 Luohe	1348.79	1197.49	150.79	171.08	15.11	91.29	44.89
三门峡市 Sanmenxia	1421.82	1095.10	137.67	169.58	32.47	162.27	131.99
南阳市 Nanyang	3241.19	2684.58	319.10	354.60	45.87	342.67	168.07
商丘市 Shangqiu	2882.00	2460.09	344.10	397.24	1.16	343.75	77.00
信阳市 Xinyang	2380.56	1865.11	189.06	262.55	7.35	286.25	221.86
周口市 Zhoukou	2006.26	1629.83	134.27	138.95	13.35	264.29	98.80
驻马店市 Zhumadian	3156.96	2480.50	365.39	243.79	30.34	415.84	230.29
济源市 Jiyuan	311.24	247.67	6.54	81.15	4.69	22.53	36.35
省直管县 County Directly Administrated by Province							
巩义市 Gongyi	282.58	241.60	32.74	47.04	14.38	23.26	3.34
兰考县 Lankao	360.82	307.27	2.69	50.04	1.13	29.60	22.83
汝州市 Ruzhou	220.68	181.13	5.22	35.91	1.47	27.10	10.99
滑县 Huaxian	447.34	385.48	1.97	64.03		13.74	48.13
长垣市 Changyuan	213.45	185.79	3.68	120.85	4.66	7.81	15.18
邓州市 Dengzhou	373.65	315.64	5.55	10.55		38.84	19.16
永城市 Yongcheng	427.03	351.66	19.91	15.91	0.04	66.27	9.05
固始县 Gushi	269.71	216.02	0.97	3.08		14.76	38.93
鹿邑县 Luyi	211.44	145.42	2.98	4.40		45.37	20.65
新蔡县 Xincai	408.25	336.95	10.01	52.64		63.95	7.35

15-12 各市房地产开发竣工房屋面积(2020年)
Floor Space of Buildings Completed by City (2020)

单位：万平方米 (10 000 sq.m)

市(县) City(County)	竣工房屋面积 Floor Space of Buildings Completed	住宅 Residential Buildings	#90平方米以下 Under 90 sq.m	#144平方米以上 Over 144 sq.m	办公楼 Office Buildings	商业营业用房 Houses for Business Use	其他 Others
全省 Total	**5412.77**	**4278.13**	**716.50**	**605.05**	**88.47**	**603.47**	**442.69**
省辖市 City							
郑州市 Zhengzhou	1462.93	1032.04	317.75	208.33	62.63	137.11	231.15
开封市 Kaifeng	134.35	114.00	10.30	10.12	0.03	14.81	5.51
洛阳市 Luoyang	259.42	199.24	31.99	31.05	5.76	23.66	30.75
平顶山市 Pingdingshan	174.37	124.42	23.65	19.48	0.10	33.72	16.13
安阳市 Anyang	82.88	65.28	2.30	10.46	2.94	8.75	5.91
鹤壁市 Hebi	97.44	72.51	14.29	6.25	3.67	16.05	5.21
新乡市 Xinxiang	276.56	255.54	30.84	37.16	0.37	17.66	2.99
焦作市 Jiaozuo	143.08	136.53	8.56	7.77		4.10	2.45
濮阳市 Puyang	273.00	251.34	1.34	52.71		13.15	8.51
许昌市 Xuchang	207.89	166.93	15.78	18.27	6.91	14.64	19.41
漯河市 Luohe	25.39	20.71		5.08		3.53	1.15
三门峡市 Sanmenxia	72.32	65.09	0.29	4.95	1.87	4.90	0.46
南阳市 Nanyang	367.09	291.65	52.24	51.86	2.73	52.21	20.50
商丘市 Shangqiu	231.59	193.02	16.26	43.68		35.77	2.80
信阳市 Xinyang	512.03	421.30	67.05	46.23	0.15	51.14	39.44
周口市 Zhoukou	599.15	452.04	59.70	8.01	1.16	122.26	23.69
驻马店市 Zhumadian	489.33	412.54	64.18	40.28	0.14	50.03	26.62
济源市 Jiyuan	3.97	3.97		3.37			
省直管县 County Directly Administrated by Province							
巩义市 Gongyi	21.31	21.31	3.45	4.95			
兰考县 Lankao	30.54	25.59	0.18	0.44	0.03	0.32	4.61
汝州市 Ruzhou	11.57	10.33		0.32		1.24	
滑县 Huaxian							
长垣市 Changyuan	22.52	22.52	1.00	21.52			
邓州市 Dengzhou	7.67	4.69	0.19	2.50		2.51	0.47
永城市 Yongcheng	1.05	0.50		0.30		0.55	
固始县 Gushi	147.07	116.95	0.97	2.21		8.83	21.29
鹿邑县 Luyi	2.44	2.44					
新蔡县 Xincai	63.93	60.87	1.28	3.82		3.06	

15–13 各市房地产开发竣工房屋价值(2020年)

Value of Buildings Completed by City (2020)

单位：亿元 (100 million yuan)

市(县)	City(County)	竣工房屋价值 Value of Buildings Completed	住宅 Residential Buildings	#90平方米以下 Under 90 sq.m	#144平方米以上 Over 144 sq.m	办公楼 Office Buildings	商业营业用房 Houses for Business Use	其他 Others
全省	**Total**	**1345.73**	**1061.16**	**178.05**	**163.97**	**27.74**	**142.34**	**114.48**
省辖市	**City**							
郑州市	Zhengzhou	454.13	328.33	95.40	70.08	20.91	33.26	71.63
开封市	Kaifeng	29.33	24.65	2.49	2.39	0.01	3.50	1.18
洛阳市	Luoyang	67.01	51.95	7.37	8.50	1.67	5.54	7.85
平顶山市	Pingdingshan	49.81	32.47	5.48	6.88	0.03	11.75	5.56
安阳市	Anyang	25.94	20.01	0.63	2.19	1.35	2.99	1.59
鹤壁市	Hebi	23.32	17.90	3.38	1.15	0.92	4.14	0.37
新乡市	Xinxiang	62.62	57.19	7.33	6.89	0.09	4.99	0.35
焦作市	Jiaozuo	35.53	33.47	1.96	2.10		1.25	0.81
濮阳市	Puyang	77.79	72.04	0.49	14.52		3.54	2.21
许昌市	Xuchang	59.82	50.93	5.02	4.79	1.62	3.94	3.33
漯河市	Luohe	7.22	6.07		1.53		0.98	0.17
三门峡市	Sanmenxia	16.63	14.75	0.09	1.58	0.37	1.45	0.06
南阳市	Nanyang	75.90	59.64	10.10	10.69	0.51	11.85	3.90
商丘市	Shangqiu	58.52	47.90	3.41	13.12		9.97	0.65
信阳市	Xinyang	93.08	77.26	11.19	6.92	0.04	9.29	6.49
周口市	Zhoukou	107.75	80.59	11.08	1.39	0.19	23.14	3.83
驻马店市	Zhumadian	100.17	84.85	12.64	8.15	0.04	10.77	4.52
济源市	Jiyuan	1.15	1.15		1.09			
省直管县	**County Directly Administrated by Province**							
巩义市	Gongyi	3.90	3.90	0.67	0.97			
兰考县	Lankao	4.96	3.93	0.03	0.11	0.01	0.09	0.93
汝州市	Ruzhou	2.87	2.53		0.08		0.35	
滑县	Huaxian							
长垣市	Changyuan	3.34	3.34	0.29	3.05			
邓州市	Dengzhou	2.25	1.31	0.06	0.76		0.79	0.15
永城市	Yongcheng	0.19	0.07		0.07		0.12	
固始县	Gushi	24.97	20.24	0.18	0.43		1.47	3.26
鹿邑县	Luyi	0.27	0.27					
新蔡县	Xincai	11.37	10.85	0.23	0.70		0.52	

15-14 房地产开发企业房屋销售情况
Selling of Enterprises for Real Estate Development

指　标	Item	2005	2010	2015	2016	2017	2018	2019	2020
商品房销售额（亿元）	**Total Sales of Commercialized Buildings Sold (100 million yuan)**	**322.01**	**1658.79**	**3945.55**	**5612.90**	**7129.40**	**8055.30**	**9009.98**	**9364.36**
商品住宅	Commercially Residential Buildings	255.37	1454.57	3300.33	4839.03	5897.68	6903.79	8016.93	8402.53
#90平方米以下	Under 90 sq.m		400.76	850.73	1309.88	1370.75	1521.53	1511.00	1342.70
144平方米以上	Over 144 sq.m		301.59	551.39	879.32	1034.99	1211.13	1197.22	1305.14
办公楼	Office Buildings	7.60	50.31	123.18	141.16	226.34	225.26	226.77	181.23
商业营业用房	Houses for Bussiness Use	58.32	137.09	457.80	552.52	879.31	801.74	663.59	636.64
其他房屋	Others	0.72	16.82	64.24	80.20	126.06	124.51	102.69	143.95
商品房销售面积（万平方米）	**Sold Area of Commercialized Buildings Sold (10 000 sq.m)**	**1724.82**	**5452.23**	**8556.34**	**11306.27**	**13313.89**	**13990.50**	**14277.55**	**14100.66**
商品住宅	Commercially Residential Buildings	1539.60	5092.49	7645.84	10137.13	11707.26	12482.88	12981.63	12831.18
#90平方米以下	Under 90 sq.m		1106.32	1811.42	2449.92	2479.46	2665.76	2168.05	1839.63
144平方米以上	Over 144 sq.m		941.14	1084.55	1473.11	1765.99	1666.92	1533.06	1594.63
办公楼	Office Buildings	24.86	60.79	149.50	173.35	236.90	224.00	217.12	163.81
商业营业用房	Houses for Bussiness Use	154.91	246.44	639.18	816.65	1148.24	1042.89	881.89	853.02
其他房屋	Others	5.45	52.51	121.82	179.14	221.49	240.74	196.92	252.65

15-15　各市房地产开发商品房屋销售面积(2020年)

Floor Space of Commercialized Buildings Sold by City (2020)

单位：万平方米　　　　(10 000sq.m)

市(县) City(County)	商品房屋销售面积 Floor Space of Commercialized Buildings Sold	现房 Marketable Housing	期房 Futures Marketable Housing	住宅 Residential Buildings	#90平方米以下 Under 90 sq.m	#144平方米以上 Over 144sq.m	办公楼 Office Buildings	商业营业用房 Houses for Business Use	其他 Others
全　　省 Total	**14100.66**	**2333.78**	**11766.88**	**12831.18**	**1839.63**	**1594.63**	**163.81**	**853.02**	**252.65**
省　辖　市 City									
郑　州　市 Zhengzhou	3426.06	554.32	2871.74	3025.68	1058.84	394.46	118.60	225.50	56.28
开　封　市 Kaifeng	513.14	36.25	476.90	488.11	39.76	36.52	0.12	23.62	1.30
洛　阳　市 Luoyang	1034.59	53.63	980.96	941.60	78.74	158.74	15.44	51.38	26.17
平顶山市 Pingdingshan	486.47	26.93	459.54	463.07	27.49	56.22	5.92	15.17	2.31
安　阳　市 Anyang	593.76	17.51	576.25	575.01	9.31	79.13	1.27	12.46	5.02
鹤　壁　市 Hebi	227.41	30.46	196.96	202.15	6.45	7.56	3.03	18.69	3.54
新　乡　市 Xinxiang	746.05	104.29	641.76	719.78	42.18	147.28	2.70	16.11	7.47
焦　作　市 Jiaozuo	193.52	12.78	180.74	183.19	15.09	40.56	2.01	7.50	0.83
濮　阳　市 Puyang	509.63	9.21	500.42	494.33	5.82	57.26		14.38	0.92
许　昌　市 Xuchang	650.64	6.92	643.72	620.19	18.68	77.15	0.50	21.01	8.95
漯　河　市 Luohe	371.68	2.97	368.71	355.39	3.41	18.74	1.92	9.84	4.52
三门峡市 Sanmenxia	294.21	30.01	264.20	271.04	17.47	57.46	1.64	13.54	7.99
南　阳　市 Nanyang	698.61	81.79	616.82	611.78	108.75	106.30	4.13	55.44	27.26
商　丘　市 Shangqiu	1175.85	187.29	988.56	1083.86	116.20	144.30	0.38	85.55	6.06
信　阳　市 Xinyang	978.45	446.59	531.85	871.92	98.53	118.25	0.06	71.54	34.92
周　口　市 Zhoukou	854.56	449.39	405.17	725.87	83.80	23.62	3.55	116.32	8.81
驻马店市 Zhumadian	1287.25	283.46	1003.80	1140.40	108.32	58.49	2.52	94.04	50.30
济　源　市 Jiyuan	58.77		58.77	57.83	0.81	12.60		0.94	
省直管县 County Directly Administrated by Province									
巩　义　市 Gongyi	100.76	21.73	79.03	99.24	12.74	22.39	1.17	0.35	
兰　考　县 Lankao	103.26	0.36	102.91	98.13	0.67	3.11	0.12	4.32	0.69
汝　州　市 Ruzhou	65.23	3.50	61.73	62.72	3.78	12.90	0.09	2.42	
滑　　县 Huaxian	86.54		86.54	85.26	0.05	13.49		1.28	
长　垣　市 Changyuan	94.91	8.83	86.08	94.24	1.14	49.97	0.32	0.35	
邓　州　市 Dengzhou	51.42	0.70	50.72	49.25	0.09	2.03		2.09	0.08
永　城　市 Yongcheng	185.24		185.24	178.34				6.90	
固　始　县 Gushi	154.78	98.63	56.15	126.72	1.62	3.14		11.85	16.20
鹿　邑　县 Luyi	113.94	2.56	111.38	100.88	15.64	4.12		13.05	
新　蔡　县 Xincai	101.52	1.86	99.66	98.77		8.35		2.75	

15-16 各市房地产开发商品房屋销售额(2020年)

Total Sales of Commercialized Buildings Commercial Houses by City (2020)

单位：亿元 (100 million yuan)

市(县) City(County)	商品房屋销售额 Total Sales of Commercialized Buildings	现房 Marketable Housing	期房 Futures Marketable Housing	住宅 Residential Buildings	#90平方米以下 Under 90 sq.m	#144平方米以上 Over 144sq.m	办公楼 Office Buildings	商业营业用房 Houses for Business Use	其他 Others
全省 Total	**9364.36**	**1197.15**	**8167.21**	**8402.53**	**1342.70**	**1305.14**	**181.23**	**636.64**	**143.95**
省辖市 City									
郑州市 Zhengzhou	3369.17	307.83	3061.33	2978.81	921.76	588.75	149.32	188.99	52.05
开封市 Kaifeng	298.97	15.93	283.05	281.16	20.38	18.42	0.06	17.35	0.40
洛阳市 Luoyang	741.01	31.96	709.05	676.02	56.52	129.52	12.22	39.74	13.02
平顶山市 Pingdingshan	250.19	13.62	236.57	235.46	14.15	29.36	2.81	11.23	0.69
安阳市 Anyang	319.88	8.14	311.73	307.40	4.58	44.69	1.02	10.41	1.05
鹤壁市 Hebi	125.07	16.22	108.85	105.90	2.81	4.44	1.79	15.81	1.58
新乡市 Xinxiang	423.71	45.95	377.76	406.52	20.62	84.05	2.08	10.92	4.19
焦作市 Jiaozuo	102.27	6.34	95.92	96.27	7.61	21.82	1.16	4.72	0.12
濮阳市 Puyang	279.72	4.84	274.88	267.41	3.43	34.27		11.79	0.52
许昌市 Xuchang	385.31	3.44	381.87	365.38	9.61	51.47	0.38	15.45	4.09
漯河市 Luohe	209.87	1.19	208.68	198.47	2.21	8.21	1.55	8.58	1.28
三门峡市 Sanmenxia	124.54	10.29	114.25	114.10	7.76	27.79	0.81	7.13	2.50
南阳市 Nanyang	365.46	37.76	327.71	310.82	55.58	53.26	3.45	34.50	16.69
商丘市 Shangqiu	669.29	92.93	576.36	603.31	62.58	92.73	0.26	62.26	3.47
信阳市 Xinyang	541.46	227.48	313.98	475.38	52.31	62.86	0.04	49.95	16.09
周口市 Zhoukou	444.21	231.90	212.31	356.50	47.23	12.57	2.73	80.23	4.75
驻马店市 Zhumadian	674.01	141.32	532.69	584.32	53.08	31.02	1.56	66.67	21.46
济源市 Jiyuan	40.22		40.22	39.31	0.49	9.91		0.91	
省直管县 County Directly Administrated by Province									
巩义市 Gongyi	65.94	7.95	57.99	64.94	8.38	14.94	0.59	0.42	
兰考县 Lankao	46.97	0.10	46.87	43.90	0.18	1.26	0.06	2.74	0.26
汝州市 Ruzhou	30.37	1.77	28.60	29.25	1.78	6.29	0.03	1.09	
滑县 Huaxian	40.78		40.78	39.86	0.02	6.78		0.92	
长垣市 Changyuan	50.95	3.49	47.46	50.47	0.53	26.32	0.16	0.32	
邓州市 Dengzhou	28.37	0.48	27.89	26.86	0.04	1.02		1.47	0.03
永城市 Yongcheng	89.84		89.84	86.17				3.67	
固始县 Gushi	79.12	50.23	28.89	63.32	0.78	1.48		8.28	7.51
鹿邑县 Luyi	54.07	0.77	53.30	43.48	10.06	1.44		10.59	
新蔡县 Xincai	42.65	0.90	41.75	40.87		2.79		1.79	

15−17 房地产开发企业(单位)财务状况

Financial Conditions of Enterprises for Real Estate Development

单位：亿元 (100 million yuan)

年份 Year	实收资本合计 Total Capital Hold	资产总计 Total Assets	累计折旧 Total Depreciation	#本年折旧 Depriciation This Year	负债总计 Total Liabilities	所有者权益 Owners' Equity	资产负债率(%) Ratio of Liabilities to Assets (%)
1995		176.48	1.43	0.53	128.00	48.48	72.5
1996	55.18	180.77	2.65	0.76	138.80	41.97	76.8
1997	40.67	174.01	1.99	0.76	144.75	29.26	83.2
1998	50.55	228.04	3.08	0.86	191.09	36.95	83.8
1999	51.05	217.38	3.64	1.00	175.32	42.05	80.7
2000	81.78	301.88	5.67	1.22	233.80	68.08	77.4
2001	94.59	344.25	6.36	1.55	260.43	83.82	75.7
2002	115.04	459.56	8.59	1.79	348.12	111.45	75.7
2003	145.50	551.04	10.27	2.00	403.84	147.21	73.3
2004	220.20	827.69	12.96	2.92	593.83	233.87	71.7
2005	231.89	978.49	14.36	2.93	681.65	296.85	69.7
2006	301.42	1275.76	18.61	4.84	897.17	378.58	70.3
2007	443.26	1965.95	23.01	4.55	1373.29	592.66	69.9
2008	663.74	2696.43	30.45	7.32	1787.37	909.06	66.3
2009	736.45	3362.09	37.90	8.06	2281.25	1080.84	67.9
2010	850.87	4524.38	49.32	11.41	3268.56	1255.82	72.2
2011	1122.21	6516.87	58.50	13.67	4859.42	1657.45	74.6
2012	1302.10	8641.29	68.80	14.42	6634.72	2006.57	76.8
2013	1760.65	11859.78	94.61	22.85	9263.15	2596.63	78.1
2014	1817.62	14977.93	99.81	25.05	11959.99	3017.94	79.8
2015	2151.37	18262.64	113.59	31.52	14583.93	3678.71	79.9
2016	2290.02	22536.68	136.65	33.39	18440.36	4096.32	81.8
2017	2618.39	27591.98	148.39	32.04	23067.68	4524.30	83.6
2018	2995.48	33708.58	188.03	44.12	27940.46	5768.11	82.9
2019	3231.69	38590.85	202.51	43.71	32547.24	6043.61	84.3
2020	3561.70	43829.99	218.77	40.28	37750.95	6079.04	86.1
省辖市 City							
郑州市 Zhengzhou	1621.06	23082.06	79.24	11.24	20042.98	3039.08	86.8
开封市 Kaifeng	115.54	1200.16	4.66	1.21	1039.14	161.02	86.6
洛阳市 Luoyang	315.49	3636.24	21.53	3.27	3095.40	540.85	85.1
平顶山市 Pingdingshan	153.57	1374.78	9.95	1.20	1222.49	152.29	88.9
安阳市 Anyang	91.21	1424.82	5.79	0.85	1291.83	133.00	90.7
鹤壁市 Hebi	42.82	477.84	2.05	0.59	428.91	48.94	89.8
新乡市 Xinxiang	146.50	1831.81	12.05	3.14	1566.58	265.23	85.5
焦作市 Jiaozuo	52.47	669.00	2.75	0.58	584.68	84.32	87.4
濮阳市 Puyang	89.30	829.40	2.07	0.63	765.66	63.74	92.3
许昌市 Xuchang	133.85	1939.31	8.12	1.68	1761.68	177.64	90.8
漯河市 Luohe	55.28	853.71	12.72	1.41	790.41	63.30	92.6
三门峡市 Sanmenxia	44.01	514.64	1.97	0.32	473.56	41.08	92.0
南阳市 Nanyang	156.43	1422.63	7.40	1.55	1205.00	217.63	84.7
商丘市 Shangqiu	167.29	1423.87	16.15	4.99	1061.11	362.76	74.5
信阳市 Xinyang	116.21	1163.22	12.93	2.28	962.58	200.64	82.8
周口市 Zhoukou	101.55	839.61	10.46	3.12	593.00	246.61	70.6
驻马店市 Zhumadian	136.66	947.60	6.95	1.95	702.23	245.38	74.1
济源市 Jiyuan	22.47	199.29	1.98	0.28	163.73	35.56	82.2
省直管县 County Directly Administrated by Province							
巩义市 Gongyi	21.42	268.45	0.88	0.31	227.98	40.47	84.9
兰考县 Lankao	8.46	109.22	0.17	0.06	67.30	41.92	61.6
汝州市 Ruzhou	13.57	134.04	1.07	0.15	115.62	18.43	86.3
滑县 Huaxian	8.97	155.64	0.37	0.13	140.86	14.77	90.5
长垣市 Changyuan	12.41	179.67	1.69	0.69	162.54	17.13	90.5
邓州市 Dengzhou	8.81	109.21	0.36	0.12	92.46	16.75	84.7
永城市 Yongcheng	10.98	112.82	0.37	0.08	87.18	25.63	77.3
固始县 Gushi	21.12	226.60	3.03	0.56	189.35	37.25	83.6
鹿邑县 Luyi	7.71	60.97	0.29	0.13	50.50	10.47	82.8
新蔡县 Xincai	10.18	177.03	0.64	0.14	161.48	15.55	91.2

15-18 房地产开发企业(单位)经营状况

Operating Statistics on Enterprises for Real Estate Development

单位：亿元 (100 million yuan)

年份 Year	主营业务总收入 Revenue from Principal Business	土地转让收入 Land Transferred	商品房屋销售收入 Commercialized Buildings Sold	房屋出租收入 Houses Leased	其他收入 Others	税金及附加 Taxes and other Charges	利润总额 Total Profits
1995	29.62	1.21	26.14	0.66	1.60		
1996	25.52	0.55	23.39	0.30	1.28	1.16	-2.50
1997	25.37	0.52	21.96	1.50	1.39	1.08	-2.58
1998	35.13	1.32	28.10	1.24	4.47	1.50	-2.42
1999	37.21	0.54	30.50	0.88	5.29	1.38	-3.20
2000	59.00	0.51	54.02	0.20	4.28	2.52	-3.16
2001	79.53	0.97	66.74	2.85	8.96	3.80	-3.79
2002	107.69	0.59	92.27	2.31	12.51	5.50	-2.48
2003	145.62	2.18	136.83	1.81	4.80	7.65	-3.35
2004	202.09	1.51	191.81	3.86	4.90	11.50	2.62
2005	281.11	6.17	267.50	1.15	6.28	16.06	17.63
2006	397.94	2.41	388.72	2.33	4.48	25.85	27.36
2007	609.03	4.59	593.90	1.42	9.12	43.85	63.22
2008	704.66	5.36	677.21	2.92	19.16	48.18	69.41
2009	893.32	6.31	872.19	1.30	13.51	64.53	101.50
2010	1200.56	3.74	1167.64	13.74	15.44	89.55	132.89
2011	1386.52	4.57	1340.04	20.32	21.60	108.04	158.39
2012	1570.94	7.72	1513.36	21.00	28.87	137.86	181.79
2013	2625.42	17.53	2511.12	52.97	43.80	217.40	393.09
2014	2529.22	6.79	2424.74	73.68	24.02	213.37	305.63
2015	2839.59	8.37	2749.98	48.03	33.21	253.60	332.29
2016	3678.44	32.18	3546.81	37.44	62.02	253.92	348.06
2017	3894.88	22.76	3684.55	30.32	157.25	230.07	426.55
2018	5043.35	41.12	4771.26	32.73	198.23	234.86	780.57
2019	5458.19	33.13	5181.40	33.52	210.13	258.83	770.06
2020	5324.38	37.35	4972.78	44.46	269.80	213.31	610.28
省辖市 City							
郑州市 Zhengzhou	1885.73	29.16	1626.90	20.99	208.68	80.45	172.59
开封市 Kaifeng	196.53	0.42	187.25	0.92	7.94	7.77	22.35
洛阳市 Luoyang	314.62	0.03	305.20	2.67	6.72	18.40	58.36
平顶山市 Pingdingshan	103.34	0.26	95.65	0.53	6.89	3.35	-4.87
安阳市 Anyang	138.00		136.66	0.13	1.21	6.37	2.88
鹤壁市 Hebi	51.17		50.74	0.01	0.42	1.96	6.11
新乡市 Xinxiang	234.65	4.15	218.78	8.02	3.70	9.29	30.67
焦作市 Jiaozuo	81.04	0.06	79.29	0.12	1.56	4.51	0.38
濮阳市 Puyang	135.18		134.24	0.02	0.91	7.08	8.31
许昌市 Xuchang	197.45	0.00	193.12	0.53	3.80	8.97	12.30
漯河市 Luohe	116.13		114.06	0.06	2.00	5.08	11.94
三门峡市 Sanmenxia	69.24	0.10	67.85	0.30	0.98	1.82	5.33
南阳市 Nanyang	201.11	1.09	196.64	0.31	3.07	6.26	22.60
商丘市 Shangqiu	540.49	1.79	519.08	8.78	10.84	18.38	94.08
信阳市 Xinyang	266.81	0.02	260.93	0.69	5.18	11.65	43.11
周口市 Zhoukou	324.18	0.25	320.99	0.22	2.72	5.78	52.61
驻马店市 Zhumadian	442.46		439.48	0.07	2.91	15.20	71.23
济源市 Jiyuan	26.28	0.01	25.93	0.07	0.27	1.00	0.30
省直管县 County Directly Administrated by Province							
巩义市 Gongyi	71.15		70.42	0.21	0.52	2.65	18.81
兰考县 Lankao	32.77	0.07	31.68	0.00	1.02	1.48	5.86
汝州市 Ruzhou	9.52	0.01	9.35	0.05	0.11	0.72	-0.15
滑县 Huaxian	20.33		20.30	0.02	0.02	1.26	0.00
长垣市 Changyuan	27.22	0.01	26.21	0.01	0.98	1.23	3.04
邓州市 Dengzhou	22.84	0.00	21.86		0.98	1.04	2.90
永城市 Yongcheng	66.33		66.33			1.05	14.48
固始县 Gushi	37.49		37.35	0.11	0.02	1.02	4.68
鹿邑县 Luyi	38.30		36.17	0.00	2.13	0.54	7.99
新蔡县 Xincai	25.83		25.25	0.01	0.57	1.37	1.48

注：税金及附加2010年及以前为主营业务税金及附加口径，2011年以来为税金及附加口径。

a) Taxes and other charges are taxes and other charges on principal business in 2010 and before. Since 2011, the caliber were taxes and other charges.

主要统计指标解释

本年土地购置面积 指房地产开发企业本年通过各种方式获得土地使用权的土地面积。

待开发土地面积 指房地产开发企业经有关部门批准，通过各种方式获得土地使用权，但尚未开工建设的土地面积。

计划总投资 指房地产开发企业在建的建设工程按照总体设计（或按设计概算或预算）规定的内容全部建成计划需要的总投资。

自开始建设累计完成投资 指房地产开发企业在建的房屋建设工程或正在开发的土地开发工程从开始建设到本年末止累计完成的全部投资。

房地产开发投资 指房地产开发企业本年完成的全部用于房屋建设工程、土地开发工程的投资额以及公益性建筑和土地购置费等的投资。

土地购置费 指房地产开发企业通过各种方式取得土地使用权而支付的费用。土地购置费按本年实际发生额计入投资。土地购置费为分期付款的，分期计入房地产开发投资。

本年实际到位资金小计 指房地产开发企业本年实际到位，可用于房地产开发的各种货币资金。包括国内贷款、利用外资、自筹资金和其他资金。

房屋施工面积 指房地产开发企业本年施工的全部房屋建筑面积。包括本年新开工的房屋建筑面积、上年跨入本年继续施工的房屋建筑面积、上年停缓建在本年恢复施工的房屋建筑面积、本年竣工的房屋建筑面积以及本年施工后又停缓建的房屋建筑面积。多层建筑应填各层建筑面积之和。

房屋新开工面积 指房地产开发企业本年新开工建设的房屋建筑面积，以单位工程为核算对象。不包括在上年开工跨入本年继续施工的房屋建筑面积和上年停缓建而在本年恢复施工的房屋建筑面积。房屋的开工应以房屋正式开始破土刨槽（地基处理或打永久桩）的日期为准。房屋新开工面积指整栋房屋的全部建筑面积，不能分割计算。

房屋竣工面积 指房地产开发企业本年按照设计要求已全部完工，达到住人和使用条件，经验收鉴定合格或达到竣工验收标准，可正式移交使用的各栋房屋建筑面积的总和。

商品房销售面积 指房地产开发企业本年出售商品房屋的合同总面积（即双方签署的正式买卖合同中所确定的建筑面积）。

商品房销售额 指房地产开发企业本年出售商品房屋的合同总价款（即双方签署的正式买卖合同中所确定的合同总价）。该指标与商品房销售面积同口径。

Explanatory Notes on Main Statistical Indicators

Land Space Purchased in the Year refers to the area of land with its use rights already obtained in this year by real estate development companies.

Land Space Pending Development refers to the area of land with its use rights already approved by authorities and obtained by real estate development companies but the land development not yet starts.

Total Investment Planned refers to the total amount required for the completion of the activities according to the planned design or budget for the project under construction by real estate development companies.

Accumulative Investment Actually Completed Since Starting of Construction refers to all the investment accomplished by real estate development companies in the construction of building or the development of land from the beginning to the end of the year.

Investment in Real Estate Development refers to the investment made by real estate development companies in the construction of housing, development of land, nonprofit buildings and value of land purchased.

Value of Land Purchased refers to the payment made by real estate development companies for land use rights. The actual payment incurred in the year is included in the investment. The payment by installment when occurring is included in the investment.

Total Actual Funds in Place This Year refers to the total amount available for real estate development regardless of kinds of currencies. It includes domestic loans, foreign investment, self-raising funds and others.

Floor Space of Buildings under Construction refers to the total space area of the buildings under construction in the year by real estate development companies. It includes buildings started in the year, continued from the previous year, suspended in earlier years but restarted in the year, completed in the year, and started in the year but suspended in the year as well. The floor space of a multi-storied building should be the sum of floor space of all the stories.

Floor Space of Buildings Started This Year refers to the total floor space area of the buildings started in the year by real estate development companies. It excludes the buildings started in previous years and continued in the year, and the buildings suspended in previous years but restarted in the year. The start of a construction is defined by the date of ground breaking or pile driving. The floor space of the building includes that of the entire building.

Floor Space of Buildings Completed refers to the total floor space area of the buildings completed in the year by real estate development companies, which meet the requirements as designed, reach the criteria set for people to live in or use, have passed the acceptance checks, and are ready for delivery or use.

Area of Commercialized Housing Sold refers to total contracted area of commercialized housing (i.e. area of floor space as designated in the formal contracts signed by both sides) sold by real estate development companies during the reference time.

Value of Commercialized Housing Sold refers to the total contracted value (i.e. value of sales/purchase for selling/purchase of commercialized housing as designated in the contract signed by both sides) received from the sales of the buildings by real estate development companies during the reference time. This indicator has the same coverage as the area of commercialized housing sold.

批发和零售业、住宿和餐饮业

Wholesale and Retail Sale trades,Hotels and Catering Services

16

◎ 资料整理：徐慧　宋谊晴

简要说明

一、主要内容

本篇包括河南省商品市场状况和批发零售业、住宿餐饮业经营情况以及主要财务状况。

二、统计范围

辖区内批发零售业和住宿餐饮业企业（单位）、个体经营户、连锁经营企业和亿元商品交易市场。

社会消费品零售总额不包括农业生产资料、居民购买住房；不包括各种经济类型的制造业法人企业、产业活动单位和个体工业直接售给城乡居民（包括本企业职工）和社会集团的商品；不包括农民在田间地头出售的农产品。

限额以上批发和零售业、住宿和餐饮业企业统计限额标准：批发业，年主营业务收入2000万元及以上;零售业，年主营业务收入500万元及以上;住宿业，年主营业务收入200万元及以上;餐饮业，年主营业务收入200万元及以上。

三、资料来源

达到限额以上标准的批发和零售业、住宿和餐饮业企业、个体经营户和其他行业附营的产业活动单位经营性指标和财务指标以及连锁经营企业、亿元商品交易市场采用全面调查的方法取得资料；限额以下批发零售企业采用抽样调查方法取得资料，限额以下住宿和餐饮业企业采用全面调查方法取得资料；批发零售和住宿餐饮业个体经营户资料采用抽样调查方法取得。由省统计局贸易外经处编辑整理。

企业信息化及电子商务情况，由河南省统计局地方经济社会调查队编辑整理。

Brief Introduction

I. Main Contents

Data in this chapter include the conditions of commodity market and wholesale and retail trades, hotels and catering services in Henan province.

II. Scope of Statistics

Wholesale and retail , accommodation catering enterprises (units), individual, chain business enterprises and one hundred million yuan commodity trading market.

Total retail sales of consumer goods do not include means of agricultural production; purchase of housing by residents; and do not include commodities that various types of corporate enterprise, industrial activity units and individual industrial directly sale to residents and social groups; and do not include agricultural products that sold by farmers in the fields.

Criteria for wholesale and retail sale trades, hotels and catering services above designated size are as follows: wholesale trade, having main business income over 20 million yuan; retail trade, having main business income over 5 million yuan; hotels, having main business income over 2 million yuan; catering services, having main business income over 2 million yuan.

III. Sources of Data

Data on business index and financial indicators of wholesale and retail trades, hotels and catering services enterprises, individual, Industrial activity unit above designated size, Chain group, trading market above one hundred million yuan are collected through comprehensive reporting form system. Data on enterprises and individual enterprises below the designated size are collected by sample surveys. Data in this chapter are provided by the Department of Trade and External Economic Relations of the Henan provincial bureau of Statistics.

Data on enterprise informatization and e-commerce are provided by economic and social survey office of Henan Province Bureau of Statistics.

16-1 社会消费品零售总额

Total Retail Sale of Consumer Goods

单位：亿元 (100 million yuan)

年 份 Year	社会消费品零售总额 Total Retail Sales of Consumer Goods	#批发和零售业 Wholesale and Retail Trades	住宿和餐饮业 Hotels and Catering Services	城 镇 Urban	乡 村 Rural
1978	71.79				
1980	96.04				
1985	180.59				
1990	314.31	300.50	13.81	244.31	70.00
1991	368.92	352.39	16.53	290.23	78.69
1992	470.30	447.23	23.07	373.33	96.97
1993	577.52	548.95	28.57	462.82	114.70
1994	788.97	739.65	49.32	629.42	159.55
1995	955.58	884.95	70.63	755.93	199.64
1996	1191.13	1098.33	92.80	933.55	257.58
1997	1422.11	1284.41	137.71	1126.35	295.77
1998	1558.75	1418.50	140.26	1231.71	327.04
1999	1682.22	1532.29	149.93	1329.38	352.85
2000	1858.46	1687.86	170.61	1468.33	390.14
2001	2057.80	1858.34	199.47	1628.17	429.63
2002	2275.39	2036.23	239.16	1808.58	466.81
2003	2518.19	2245.95	272.24	2010.11	508.07
2004	2923.73	2621.52	302.21	2363.63	560.11
2005	3362.58	3011.77	350.80	2738.23	624.35
2006	3908.68	3467.77	440.91	3203.99	704.69
2007	4658.58	4086.67	571.90	3842.56	816.01
2008	5772.92	5050.87	722.05	4783.79	989.13
2009	6689.09	5884.81	804.28	5551.18	1137.91
2010	7922.66	6972.81	949.86	6602.68	1319.98
2011	9337.22	8223.04	1114.18	7786.36	1550.87
2012	10767.69	9484.15	1283.54	8971.78	1795.91
2013	12243.51	10806.41	1437.09	10172.35	2071.16
2014	13777.41	12172.61	1604.80	11412.70	2364.72
2015	15475.80	13670.39	1805.40	12784.75	2691.05
2016	17274.50	15261.47	2013.03	14247.07	3027.43
2017	19289.11	17040.56	2248.55	15892.34	3396.77
2018	21267.96	18778.81	2489.14	17500.93	3767.02
2019	23476.13	20699.86	2776.26	19297.91	4178.21
2020	22502.77	20203.52	2299.25	18471.41	4031.36

注：1993年以后数据已根据河南省第四次全国经济普查结果修订。

a) The data since 1993 have been revised according to the results of the fourth national economic census in Henan Province.

16−2　各市社会消费品零售总额(2020年)

Total Retail Sale of Consumer Goods by City (2020)

单位：亿元　　(100 million yuan)

市(县)	City(County)	社会消费品零售总额 Total Retail Sales of Consumer Goods	批发和零售业 Wholesale and Retail Sale Trade	住宿和餐饮业 Hotels and Catering Services	城　镇 Urban Area	乡　村 Urual Area
全　省	**Total**	**22502.77**	**20203.52**	**2299.25**	**18471.41**	**4031.36**
省辖市	**City**					
郑州市	Zhengzhou	5076.30	4199.38	876.92	4582.02	494.29
开封市	Kaifeng	999.07	870.42	128.65	794.54	204.53
洛阳市	Luoyang	2105.57	1792.06	313.51	1825.66	279.91
平顶山市	Pingdingshan	994.18	806.85	187.33	809.86	184.33
安阳市	Anyang	856.44	749.40	107.04	687.61	168.83
鹤壁市	Hebi	286.92	238.25	48.67	270.86	16.07
新乡市	Xinxiang	966.53	863.53	102.99	872.52	94.01
焦作市	Jiaozuo	813.39	681.00	132.39	670.20	143.18
濮阳市	Puyang	657.00	547.55	109.45	454.74	202.26
许昌市	Xuchang	1219.42	991.68	227.74	949.03	270.39
漯河市	Luohe	642.98	553.61	89.37	518.24	124.74
三门峡市	Sanmenxia	483.29	418.37	64.92	401.96	81.33
南阳市	Nanyang	1998.73	1664.78	333.96	1561.44	437.29
商丘市	Shangqiu	1410.18	1163.45	246.74	1020.43	389.75
信阳市	Xinyang	1160.23	814.32	345.91	940.54	219.69
周口市	Zhoukou	1650.64	1321.65	328.99	1368.40	282.24
驻马店市	Zhumadian	996.20	855.03	141.17	712.84	283.36
济源市	Jiyuan	185.69	148.78	36.91	179.28	6.41
省直管县	**County Directly Administrated by Province**					
巩义市	Gongyi	279.05	198.41	80.64	256.37	22.67
兰考县	Lankao	198.82	166.86	31.96	146.68	52.15
汝州市	Ruzhou	255.57	228.71	26.86	174.63	80.94
滑县	Huaxian	168.64	150.92	17.72	126.84	41.80
长垣市	Changyuan	180.85	157.59	23.26	171.95	8.90
邓州市	Dengzhou	194.69	154.35	40.34	151.77	42.91
永城市	Yongcheng	221.40	160.25	61.16	176.52	44.88
固始县	Gushi	202.82	155.21	47.61	168.50	34.32
鹿邑县	Luyi	234.59	174.65	59.94	209.50	25.09
新蔡县	Xincai	144.71	120.73	23.98	101.19	43.52

16-3 限额以上批发和零售业法人基本情况(2020年)

Basic Conditions of Corporation in Wholesale and Retail Trades above Designated Size (2020)

指标名称	Item	法人企业(个) Corporate Enterprises (unit)	从业人员期末人数(人) Persons Employed (person)	法人属产业活动单位数(个) Establish_ments Units (unit)	#批发和零售业 Wholesale and Retail Trades
总　计	**Total**	**12309**	**569320**	**17012**	**16792**
批发业	**Wholesale Trades**	**5247**	**200062**	**3056**	**2950**
按国民经济行业分	By Sector				
农、林、牧产品	Agriculturel, Forestry and Livestock Products	349	10966	139	121
食品、饮料及烟草制品	Food, Beverages, Tobaccos	523	44540	403	375
纺织、服装及家庭用品	Textiles, Wearing Apparel and Household Articles	262	13468	80	60
文化、体育用品及器材	Culture, Sports Supplies and Equipment	133	6301	73	73
医药及医疗器材	Medicine and the Medical Equipment	567	39292	1367	1363
矿产品、建材及化工产品	Mineral Products, Building Materials and Chemical Products	2441	54179	859	835
机械设备、五金产品及电子产品	Machinery Hardware and Electronic Products	779	24244	117	109
贸易经纪与代理	Trade Brokers and Agents	19	810		
其他	Others	174	6262	18	14
按登记注册类型分	By Registration				
内资企业	Domestic-Funded Enterprises	5228	198930	3051	2947
港澳台商投资企业	Enterprises With Investment from Hong Kong, Macao and Taiwan	9	240	2	
外商投资企业	Enterprises With Foreign Investment	10	892	3	3
按控股情况分	By Controlling Type				
国有控股	State-holding	324	47538	1716	1664
集体控股	Collective-holding	41	4337	87	86
私人控股	Private-holding	4736	137746	1065	1014
港澳台商控股	Hong Kong, Macao and Taiwan-holding	9	240	2	
外商控股	Foreign-holding	9	844	3	3
其他	Others	128	9357	183	183
按经营形式分	By Management Style				
独立门店	Independent Store	3428	126030	1849	1782
连锁总店	Head Office of Chain Store	16	2009	352	349
连锁直营店	Chain Direct-sale Store	4	378	38	38
连锁加盟店	Chain Franchisee Store	1	10		
其他	Others	1798	71635	817	781

16-3 续表 continued

指标名称	Item	法人企业（个）Corporate Enterprises (unit)	从业人员期末人数（人）Persons Employed (person)	法人属产业活动单位数（个）Establish_ments Units (unit)	#批发和零售业 Wholesale and Retail Trades
零售业	**Retail trades**	**7062**	**369258**	**13956**	**13842**
按国民经济行业分	By Sector				
综合	Comprehensive	1061	118885	1694	1678
食品、饮料及烟草制品	Food, Beverages, Tobaccos	547	19046	591	564
纺织、服装及日用品	Textiles, Wearing Apparel and Household Articles	304	18568	337	334
文化、体育用品及器材	Culture, Sports supplies and Equipment	346	18597	561	549
医药及医疗器材	Medicine and Medical Equipment	332	40943	7735	7730
汽车、摩托车、燃料及零配件	Automobile, Motorcycle, Fuel and Spare Parts	2725	98964	2139	2123
家用电器及电子产品	Household Appliances and Electronic Products	975	24775	689	678
五金、家具及室内装饰材料	Hardware, Furniture and Indoor Decoration Materials	410	10347	9	9
货摊、无店铺及其他	Non-store and Others	362	19133	201	177
按登记注册类型分	By Registration				
内资企业	Domestic-Funded Enterprises	7012	347667	13213	13102
港澳台商投资企业	Enterprises With Investment from Hong Kong, Macao and Taiwan	23	17025	248	246
外商投资企业	Enterprises With Foreign Investment	27	4566	495	494
按控股情况分	By Controlling Type				
国有控股	State-holding	246	26326	2492	2466
集体控股	Collective-holding	51	2413	30	30
私人控股	Private-holding	6555	302005	9891	9819
港澳台商控股	Hong Kong, Macao and Taiwan-holding	16	16309	246	244
外商控股	Foreign-holding	25	4151	387	386
其他	Others	169	18054	910	897
按经营形式分	By Management Style				
独立门店	Independent Store	6199	264758	5760	5685
连锁总店	Head Office of Chain Store	164	59225	6356	6339
连锁直营店	Chain Direct-sale Store	62	6017	693	679
连锁加盟店	Chain Franchisee Store	13	367	21	21
其他	Others	624	38891	1126	1118
按零售业态分	By Retail Formats				
有店铺零售	Store Retailing	6651	349232	13856	13744
无店铺零售	Non-store Retailing	411	20026	100	98

16-4 限额以上住宿和餐饮业法人基本情况(2020年)

Basic Conditions of Corporation of Hotels and Catering Services above Designated Size (2020)

指标名称	Item	法人企业 (个) Corporate Enterprises (unit)	从业人员期末人数 (人) Persons Employed (person)	法人属产业活动单位数 (个) Establish _ments Units (unit)	#住宿和餐饮业 Wholesale and Retail Trades
总　计	**Total**	**2665**	**134568**	**705**	**677**
住宿业	**Hotels**	**1481**	**80440**	**141**	**126**
按国民经济行业分	By sector				
旅游饭店	Tourist hotel	576	44790	69	62
一般旅馆	Fonda	822	32140	64	58
其他住宿业	Others	68	3081	8	6
按登记注册类型分	By Registration				
内资企业	Domestic-Funded Enterprises	1465	77887	134	120
国有企业	State-owned	64	7696	19	12
集体企业	Collective-owned	23	1561		
股份合作企业	Cooperative	1	116		
联营企业	Joint Ownership				
有限责任公司	Limited Liability Corporations	227	17496	36	34
股份有限公司	Share-holding Corporation Ltd	11	847		
私营企业	Private	1138	50136	79	74
其他企业	Other	1	35		
港澳台商投资企业	Enterprises With Investment from Hong Kong, Macao and Taiwan	11	2017	4	4
外商投资企业	Enterprises With Foreign Investment	5	536	3	2
按控股情况分	By Controlling Type				
国有控股	State-holding	105	12538	25	17
集体控股	Collective-holding	37	2356		
私人控股	Private-holding	1275	58603	101	96
港澳台商控股	Hong Kong, Macao and Taiwan-holding	6	1204		
外商控股	Foreign-holding	4	264	3	2
其他	Others	54	5475	12	11
按经营形式分	By Management Style				
独立门店	Independent Store	1321	72922	126	112
连锁总店	Head Office of Chain Store	5	177	2	2
连锁直营店	Chain Direct-sale Store	10	576		
连锁加盟店	Chain Franchisee Store	64	1716		
其他	Others	81	5049	13	12
按星级分	By Star Level				
五星	Five-star	30	6871	10	9
四星	Four-star	120	12401	19	18
三星	Three-star	189	13157	27	22
二星	Two-star	46	2540	6	5
一星	One-star	5	204		
其他	Others	1091	45267	79	72

16-4 续表 continued

指标名称	Item	法人企业(个) Corporate Enterprises (unit)	从业人员期末人数(人) Persons Employed (person)	法人属产业活动单位数(个) Establish_ments Units (unit)	#住宿和餐饮业 Wholesale and Retail Trades
餐饮业	**Catering Services**	**1184**	**54128**	**564**	**551**
按国民经济行业分	By sector				
正餐服务	Dinner	1078	45745	338	328
快餐服务	Snack	54	5829	192	190
饮料及冷饮服务	Drinks and Cold drinks	8	268	32	31
其他餐饮业	Others	17	295		
按登记注册类型分	By Registration				
内资企业	Domestic-Funded Enterprises	1179	49582	397	386
国有企业	State-owned	6	363		
集体企业	Collective-owned				
股份合作企业	Cooperative	1	38		
联营企业	Joint Ownership				
有限责任公司	Limited Liability Corporations	131	11515	94	92
股份有限公司	Share-holding Corporation Ltd	2	133	2	2
私营企业	Private	1039	37533	301	292
其他企业	Other				
港澳台商投资企业	Enterprises With Investment from Hong Kong, Macao and Taiwan	2	175	3	3
外商投资企业	Enterprises With Foreign Investment	3	4371	164	162
按控股情况分	By Controlling Type				
国有控股	State-holding	19	1714	7	7
集体控股	Collective-holding	1	47		
私人控股	Private-holding	1138	46379	383	372
港澳台商控股	Hong Kong, Macao and Taiwan-holding	2	175	3	3
外商控股	Foreign-holding	3	4371	164	162
其他	Others	21	1442	7	7
按经营形式分	By Management Style				
独立门店	Independent Store	1079	42063	209	203
连锁总店	Head Office of Chain Store	17	6266	267	265
连锁直营店	Chain Direct-sale Store	12	449	29	27
连锁加盟店	Chain Franchisee Store	5	547	15	15
其他	Others	71	4803	44	41

16−5 各市批发和零售、住宿和餐饮业法人企业单位数(2020年)

Number of Corporations in Wholesale and Retail Sale, Hotels and Catering Services by City (2020)

单位：个 (unit)

市(县)	City(County)	批发业 Wholesale Trade	#限额以上 Above Designated Size	零售业 Retail Sale	#限额以上 Above Designated Size	住宿业 Hotels	#限额以上 Above Designated Size	餐饮业 Catering Services	#限额以上 Above Designated Size
省辖市	**City**								
郑州市	Zhengzhou	94477	1676	65315	1049	2076	323	4849	225
开封市	Kaifeng	7945	197	12887	318	412	74	1032	55
洛阳市	Luoyang	11545	537	16392	498	698	139	1041	93
平顶山市	Pingdingshan	10459	126	11314	322	326	68	767	55
安阳市	Anyang	8789	143	10106	257	274	56	533	19
鹤壁市	Hebi	2752	64	4449	110	108	20	317	21
新乡市	Xinxiang	14151	296	15986	341	291	53	749	43
焦作市	Jiaozuo	5397	300	5934	256	168	37	325	16
濮阳市	Puyang	7167	102	10892	178	134	28	456	18
许昌市	Xuchang	10311	201	14444	291	290	81	842	69
漯河市	Luohe	2405	97	3359	173	101	36	309	18
三门峡市	Sanmenxia	4771	210	4788	198	201	53	312	24
南阳市	Nanyang	17360	367	33058	687	548	124	1856	131
商丘市	Shangqiu	8215	281	12080	569	307	66	744	78
信阳市	Xinyang	4628	182	10874	690	385	131	968	118
周口市	Zhoukou	7124	213	14920	586	288	90	1121	99
驻马店市	Zhumadian	7918	158	12320	506	322	94	996	100
济源市	Jiyuan	3279	97	2420	33	36	8	159	2
省直管县	**County Directly Administrated by Province**								
巩义市	Gongyi	3878	98	1396	31	43	10	75	6
兰考县	Lankao	1485	30	2439	102	56	20	188	16
汝州市	Ruzhou	2083	27	3994	85	72	6	254	2
滑县	Huaxian	2248	20	3419	52	24	6	115	6
长垣市	Changyuan	3620	75	3427	69	27	8	118	25
邓州市	Dengzhou	911	25	1981	122	34	10	243	41
永城市	Yongcheng	1110	10	1754	65	28	8	122	21
固始县	Gushi	766	39	1909	177	47	22	161	24
鹿邑县	Luyi	581	30	958	68	47	23	80	18
新蔡县	Xincai	624	30	1101	143	32	19	93	19

16-6 各市批发和零售、住宿和餐饮业法人企业从业人员(2020年)

Number of Persons Employed in Wholesale and Retail Sale, Hotels and Catering Services by City (2020)

单位：人 (person)

市(县)	City(County)	批发业 Wholesale Trade	#限额以上 Above Designated Size	零售业 Retail Sale	#限额以上 Above Designated Size	住宿业 Hotels	#限额以上 Above Designated Size	餐饮业 Catering Services	#限额以上 Above Designated Size
省辖市	**City**								
郑州市	Zhengzhou	440866	54180	329831	83542	35301	21271	49001	20987
开封市	Kaifeng	54222	5392	72629	11023	7107	3601	9241	1677
洛阳市	Luoyang	76515	13246	117080	30795	12097	6338	12155	3972
平顶山市	Pingdingshan	69731	5428	80253	11711	6141	2961	7836	1834
安阳市	Anyang	57140	4950	54114	8526	5716	2626	4130	426
鹤壁市	Hebi	18566	2036	22726	4492	1624	898	2309	289
新乡市	Xinxiang	83401	9890	88207	16108	5258	2907	7025	1552
焦作市	Jiaozuo	43579	6022	51545	11518	3658	1866	4373	588
濮阳市	Puyang	44852	3078	62007	7739	2241	1283	3807	732
许昌市	Xuchang	79581	7140	102365	17477	7092	4691	8723	1978
漯河市	Luohe	27595	3772	35414	12476	2162	1433	3647	724
三门峡市	Sanmenxia	29830	6259	28641	6151	5156	3327	2743	637
南阳市	Nanyang	143166	17551	239199	24297	10287	5927	19640	4179
商丘市	Shangqiu	98722	25873	144932	50625	6810	4235	12143	5655
信阳市	Xinyang	39839	7913	91032	28991	9566	6320	10796	3092
周口市	Zhoukou	83918	19299	127294	23933	8212	5092	13870	2661
驻马店市	Zhumadian	60488	6661	98180	18378	8040	4772	11187	3084
济源市	Jiyuan	16303	1372	12668	1476	1148	892	1207	61
省直管县	**County Directly Administrated by Province**								
巩义市	Gongyi	24954	1142	9812	1153	912	584	994	131
兰考县	Lankao	9897	836	17486	2887	989	590	1942	336
汝州市	Ruzhou	20409	632	31248	2952	1011	375	1898	37
滑县	Huaxian	18886	546	16785	1242	581	266	797	112
长垣市	Changyuan	27130	3453	19971	2238	712	435	2157	839
邓州市	Dengzhou	6796	424	13434	2084	634	222	2618	865
永城市	Yongcheng	10704	1058	19951	4657	572	343	1809	615
固始县	Gushi	5017	1236	11086	4288	1030	774	1547	413
鹿邑县	Luyi	9863	3680	9025	1725	1138	887	911	353
新蔡县	Xincai	8278	681	13111	2749	849	503	1452	423

16-7 各市批发和零售、住宿和餐饮业限额以上企业(单位)单位数(2020年)

Number of Corporation in Wholesale and Retail Sale, Hotels and Catering Services Above Designated Size by City (2020)

单位：个 (unit)

市(县) City(County)	批发业 Wholesale Trade	限额以上法人 Corporations Above Designated Size	产业活动单位、个体经营户 Establishment and Individual	零售业 Retail Sale	限额以上法人 Corporations Above Designated Size	产业活动单位、个体经营户 Establishment and Individual
省辖市 City						
郑州市 Zhengzhou	1684	1676	8	1250	1049	201
开封市 Kaifeng	207	197	10	483	318	165
洛阳市 Luoyang	547	537	10	949	498	451
平顶山市 Pingdingshan	141	126	15	978	322	656
安阳市 Anyang	149	143	6	361	257	104
鹤壁市 Hebi	67	64	3	135	110	25
新乡市 Xinxiang	301	296	5	493	341	152
焦作市 Jiaozuo	301	300	1	377	256	121
濮阳市 Puyang	103	102	1	356	178	178
许昌市 Xuchang	224	201	23	600	291	309
漯河市 Luohe	99	97	2	263	173	90
三门峡市 Sanmenxia	221	210	11	399	198	201
南阳市 Nanyang	380	367	13	896	687	209
商丘市 Shangqiu	291	281	10	800	569	231
信阳市 Xinyang	193	182	11	933	690	243
周口市 Zhoukou	217	213	4	724	586	138
驻马店市 Zhumadian	167	158	9	670	506	164
济源市 Jiyuan	97	97		40	33	7
省直管县 County Directly Administrated by Province						
巩义市 Gongyi	98	98		97	31	66
兰考县 Lankao	34	30	4	147	102	45
汝州市 Ruzhou	30	27	3	189	85	104
滑县 Huaxian	23	20	3	88	52	36
长垣市 Changyuan	75	75		84	69	15
邓州市 Dengzhou	25	25		140	122	18
永城市 Yongcheng	10	10		79	65	14
固始县 Gushi	41	39	2	204	177	27
鹿邑县 Luyi	31	30	1	75	68	7
新蔡县 Xincai	37	30	7	180	143	37

16-7 续表 continued

单位：个 (unit)

市(县) City(County)	住宿业 Hotels	限额以上法人 Corporations Above Designated Size	产业活动单位、个体经营户 Establishment, Individual	餐饮业 Catering Services	限额以上法人 Corporations Above Designated Size	产业活动单位、个体经营户 Establishment, Individual
省辖市 City						
郑州市 Zhengzhou	375	323	52	601	225	376
开封市 Kaifeng	134	74	60	319	55	264
洛阳市 Luoyang	247	139	108	772	93	679
平顶山市 Pingdingshan	121	68	53	527	55	472
安阳市 Anyang	90	56	34	141	19	122
鹤壁市 Hebi	29	20	9	72	21	51
新乡市 Xinxiang	81	53	28	171	43	128
焦作市 Jiaozuo	59	37	22	140	16	124
濮阳市 Puyang	46	28	18	156	18	138
许昌市 Xuchang	113	81	32	372	69	303
漯河市 Luohe	56	36	20	117	18	99
三门峡市 Sanmenxia	93	53	40	260	24	236
南阳市 Nanyang	164	124	40	282	131	151
商丘市 Shangqiu	93	66	27	185	78	107
信阳市 Xinyang	180	131	49	292	118	174
周口市 Zhoukou	110	90	20	160	99	61
驻马店市 Zhumadian	116	94	22	156	100	56
济源市 Jiyuan	11	8	3	26	2	24
省直管县 County Directly Administrated by Province						
巩义市 Gongyi	21	10	11	82	6	76
兰考县 Lankao	28	20	8	56	16	40
汝州市 Ruzhou	13	6	7	56	2	54
滑县 Huaxian	13	6	7	30	6	24
长垣市 Changyuan	8	8		35	25	10
邓州市 Dengzhou	12	10	2	57	41	16
永城市 Yongcheng	9	8	1	24	21	3
固始县 Gushi	31	22	9	48	24	24
鹿邑县 Luyi	24	23	1	21	18	3
新蔡县 Xincai	20	19	1	31	19	12

16−8 各市批发和零售、住宿和餐饮业限上企业(单位)从业人员(2020年)

Number of Persons Employed in Wholesale and Retail Sale, Hotels and Catering Services Above Designated Size by City (2020)

单位：人 (Person)

市(县)	City(County)	批发业 Wholesale Trade	限额以上法人 Corporations Above Designated Size	产业活动单位、个体经营户 Establishment, Individual	零售业 Retail Sale	限额以上法人 Corporations Above Designated Size	产业活动单位、个体经营户 Establishment, Individual
省辖市	**City**						
郑州市	Zhengzhou	54253	54180	73	86655	83542	3113
开封市	Kaifeng	5473	5392	81	13447	11023	2424
洛阳市	Luoyang	13421	13246	175	36866	30795	6071
平顶山市	Pingdingshan	5626	5428	198	18921	11711	7210
安阳市	Anyang	5086	4950	136	11034	8526	2508
鹤壁市	Hebi	2260	2036	224	5030	4492	538
新乡市	Xinxiang	10036	9890	146	19330	16108	3222
焦作市	Jiaozuo	6072	6022	50	13130	11518	1612
濮阳市	Puyang	3086	3078	8	9967	7739	2228
许昌市	Xuchang	7375	7140	235	22073	17477	4596
漯河市	Luohe	4431	3772	659	14178	12476	1702
三门峡市	Sanmenxia	6351	6259	92	7927	6151	1776
南阳市	Nanyang	17679	17551	128	28092	24297	3795
商丘市	Shangqiu	25981	25873	108	54124	50625	3499
信阳市	Xinyang	8485	7913	572	32468	28991	3477
周口市	Zhoukou	19333	19299	34	25634	23933	1701
驻马店市	Zhumadian	6785	6661	124	20927	18378	2549
济源市	Jiyuan	1372	1372		1557	1476	81
省直管县	**County Directly Administrated by Province**						
巩义市	Gongyi	1142	1142		2484	1153	1331
兰考县	Lankao	866	836	30	3320	2887	433
汝州市	Ruzhou	679	632	47	4371	2952	1419
滑县	Huaxian	657	546	111	2364	1242	1122
长垣市	Changyuan	3453	3453		2733	2238	495
邓州市	Dengzhou	424	424		2512	2084	428
永城市	Yongcheng	1058	1058		4880	4657	223
固始县	Gushi	1341	1236	105	4769	4288	481
鹿邑县	Luyi	3683	3680	3	1805	1725	80
新蔡县	Xincai	755	681	74	3249	2749	500

16-8 续表 continued

单位：人 (Person)

市(县) City(County)	住宿业 Hotels	限额以上法人 Corporations Above Designated Size	产业活动单位、个体经营户 Establishment, Individual	餐饮业 Catering Services	限额以上法人 Corporations Above Designated Size	产业活动单位、个体经营户 Establishment, Individual
省辖市 City						
郑州市 Zhengzhou	24071	21271	2800	29437	20987	8450
开封市 Kaifeng	4405	3601	804	5568	1677	3891
洛阳市 Luoyang	8538	6338	2200	14721	3972	10749
平顶山市 Pingdingshan	4251	2961	1290	7367	1834	5533
安阳市 Anyang	3557	2626	931	2967	426	2541
鹤壁市 Hebi	1315	898	417	1187	289	898
新乡市 Xinxiang	3310	2907	403	4023	1552	2471
焦作市 Jiaozuo	2272	1866	406	3160	588	2572
濮阳市 Puyang	1732	1283	449	2556	732	1824
许昌市 Xuchang	5380	4691	689	7935	1978	5957
漯河市 Luohe	1768	1433	335	2714	724	1990
三门峡市 Sanmenxia	4094	3327	767	3447	637	2810
南阳市 Nanyang	6572	5927	645	6876	4179	2697
商丘市 Shangqiu	4619	4235	384	7275	5655	1620
信阳市 Xinyang	7132	6320	812	5688	3092	2596
周口市 Zhoukou	5604	5092	512	3828	2661	1167
驻马店市 Zhumadian	5209	4772	437	4232	3084	1148
济源市 Jiyuan	1020	892	128	535	61	474
省直管县 County Directly Administrated by Province						
巩义市 Gongyi	752	584	168	1429	131	1298
兰考县 Lankao	704	590	114	987	336	651
汝州市 Ruzhou	472	375	97	716	37	679
滑县 Huaxian	520	266	254	639	112	527
长垣市 Changyuan	435	435		1098	839	259
邓州市 Dengzhou	260	222	38	1165	865	300
永城市 Yongcheng	358	343	15	654	615	39
固始县 Gushi	964	774	190	808	413	395
鹿邑县 Luyi	892	887	5	371	353	18
新蔡县 Xincai	509	503	6	678	423	255

16−9 限额以上批发和零售企业(单位)商品分类销售总额(2020年)

Total Sales of Enterprises above Designated Size of Wholesale and Retail Trade by Category of Main Commodities (2020)

单位：亿元 (100 million yuan)

指　标	Item	合计 Total	批发业 Wholesale Trade	零售业 Retail Trade
粮油、食品类	Food	1141.01	614.48	526.53
# 粮油类	Grain and oils	547.81	412.36	135.45
肉禽蛋类	Meat, Poultry and Eggs	135.41	56.07	79.34
水产品类	Aquatic products	20.26	2.87	17.38
蔬菜类	Vegetables	67.55	17.43	50.12
干鲜果品类	Nuts	74.18	18.56	55.62
饮料类	Beverages	156.82	34.29	122.53
烟酒类	Tobacco and Liquor	1323.93	1139.06	184.87
服装、鞋帽、针纺织品类	Clothing, Shoes, Hats and Textiles	492.56	92.14	400.42
服装类	Clothing	330.81	40.72	290.09
鞋帽类	Shoes and Hats	86.36	17.82	68.54
针纺织品类	Knitwear and Textiles	51.58	18.68	32.90
化妆品类	Cosmetics	93.72	6.34	87.39
金银珠宝类	Gold, Silver and Jewelry	98.88	28.50	70.38
日用品类	Articles for Daily Use	238.01	32.64	205.37
儿童玩具类	Children Toys			
五金、电料类	Hardware and Electrical Materials	81.67	39.70	41.97
体育、娱乐用品类	Sports and Recreation Articles	23.39	4.49	18.90
照相器材类	Photographic equipment class	2.56	0.47	2.08
书报杂志类	Newspapers and Magazines	134.21	61.07	73.14
电子出版物及音像制品类	E-journal and Video Products	4.15	0.90	3.25
家用电器和音像器材类	Household Appliances and Video Appliances	522.36	242.21	280.16
中西药品类	Traditional Chinese and Western Medicines	1622.28	1334.98	287.30
# 西药类	Western Medicines	1066.05	912.39	153.66
中草药及中成药类	Traditional Chinese Medicines	188.69	148.83	39.87
文化办公用品类	Cultural and Official Goods	165.91	66.60	99.32
计算机及其配套产品	Computer and its supporting products	76.24	16.12	60.11
家具类	Furniture	87.50	19.00	68.50
通讯器材类	Communication Appliances	451.42	372.18	79.23
煤炭及制品类	Coal and Related Products	1896.20	1881.29	14.91
木材及制品类	Wood and Wooden Products	11.41	11.36	0.05
石油及制品类	Petroleum and Related Products	1504.25	916.28	587.97
化工材料及制品类	Raw Chemical Materials	670.07	667.82	2.25
# 化肥类	Fertilizer	150.21	149.02	1.19
金属材料类	Metal Materials	2673.36	2669.95	3.41
建筑及装潢材料类	Building and Decoration Materials	548.57	504.95	43.62
机电产品及设备类	Mechanical and Electrical Products	304.42	272.59	31.84
# 农机类	Agricultural Machinery	81.28	79.96	1.33
汽车类	Automobile	2306.09	228.12	2077.97
种子饲料类	Seed and Feedstuff	44.86	44.80	0.05
棉麻类	Cotton, Hemp	69.13	69.02	0.10
其他类	Others	855.00	740.17	114.83

16-10 各市限额以上批发和零售企业(单位)商品分类批发总额(2020年)

Total Wholesale Value of Enterprises above Designated Size of Wholesales and Retail Trades by City and Sort (2020)

单位：万元 (10 000 yuan)

市(县)	City(County)	粮油食品类 Grain and Oil, Food	日用品类 Articles for Daily Use	服装、鞋帽针纺织类 Clothing,Shoes and Hats, Knitwear and Textiles	文化办公用品类 Cultural and Office Supplies	家用电器和音像器材类 Household and Video Appliances	中西药品类 Traditional Chinese and Western Medicines	书报杂志类 Newspapers and Magazines
省辖市	**City**							
郑州市	Zhengzhou	909801	124000	313099	577312	1716777	7047945	501446
开封市	Kaifeng	272933	9760	8954	14983	27444	198023	821
洛阳市	Luoyang	143589	1594	41792	3138	90883	951110	15687
平顶山市	Pingdingshan	53556	1073	70105	8	1	160633	
安阳市	Anyang	71596	1	1		23621	469243	8297
鹤壁市	Hebi	8605				4	19524	
新乡市	Xinxiang	347837		65445	14450	45792	614783	1
焦作市	Jiaozuo	34639	3996	610	1569	101398	135986	0
濮阳市	Puyang	54458	4430	719	4348	17028	204662	
许昌市	Xuchang	45849	48880	3045	2403	17	299132	430
漯河市	Luohe	697041	3585	8072	29	6676	227530	
三门峡市	Sanmenxia	47708		1546	945	661	112032	1022
南阳市	Nanyang	1702272	10365	73951	15718	219551	829057	28062
商丘市	Shangqiu	273638	62094	317191	42716	82482	639772	
信阳市	Xinyang	444589	7656	6972	1410	38336	220217	6909
周口市	Zhoukou	517907	7164	30419	26338	87908	640628	3097
驻马店市	Zhumadian	198674	20273	2072	5499	5962	394975	7739
济源市	Jiyuan	3656	2123					
省直管县	**County Directly Administrated by Province**							
巩义市	Gongyi	1000			114		2832	
兰考县	Lankao	32132	70			156		821
汝州市	Ruzhou	22258	254	46	8			
滑县	Huaxian	43270				1334	13435	8297
长垣市	Changyuan			1157			163957	
邓州市	Dengzhou	26108	2		1	78	38198	
永城市	Yongcheng	8	0	1			3530	
固始县	Gushi	23651					64023	
鹿邑县	Luyi	36099	1649	3317	6442	3916		
新蔡县	Xincai	14948	167	67	279	3511	4080	242

16－11 各市限额以上批发和零售企业(单位)商品分类零售总额(2020年)

Retail Trades Value of Enterprises above Designated Size in Wholesales and Retail Trades by City and Sort (2020)

单位：万元 (10 000 yuan)

市(县)	City(County)	粮油食品类 Grain and Oil, Food	日用品类 Articles for Daily Use	服装、鞋帽针纺织类 Clothing,Shoes and Hats, Knitwear and Textiles	文化办公用品类 Cultural and Office Supplies	家用电器和音像器材类 Household and Video Appliances	中西药品类 Traditional Chinese and Western Medicines	书报杂志类 Newspapers and Magazines
省辖市	**City**							
郑州市	Zhengzhou	1469376	884291	1493867	557583	863843	1414367	122590
开封市	Kaifeng	237044	58195	260741	26958	152761	65569	24310
洛阳市	Luoyang	656861	203796	309189	33918	292801	142428	57602
平顶山市	Pingdingshan	254484	113727	139073	32775	106923	143123	35437
安阳市	Anyang	76832	20727	39511	7746	79135	81287	33193
鹤壁市	Hebi	44611	5945	16301	1155	26742	16971	9391
新乡市	Xinxiang	240871	70927	128815	17953	104614	184122	52218
焦作市	Jiaozuo	141630	15302	58760	13825	63275	66620	25439
濮阳市	Puyang	106099	32053	73158	4872	65351	42029	35737
许昌市	Xuchang	252467	55269	170264	6693	133644	96099	42963
漯河市	Luohe	190277	39649	116551	17369	101987	76752	19536
三门峡市	Sanmenxia	114859	25152	68945	8728	36217	108216	13101
南阳市	Nanyang	300234	90053	209007	29991	148912	94292	77571
商丘市	Shangqiu	299743	101022	257855	75612	175529	159311	51512
信阳市	Xinyang	557459	167997	238839	38794	116005	151081	46882
周口市	Zhoukou	383186	81388	197422	54417	197087	150089	56059
驻马店市	Zhumadian	245249	105403	201242	17241	94283	52156	61262
济源市	Jiyuan	10489	2241	2098	2652		13081	3809
省直管县	**County Directly Administrated by Province**							
巩义市	Gongyi	20375	4838	19274	551	3413	3558	3912
兰考县	Lankao	59277	17243	37541	9146	30303	16490	4597
汝州市	Ruzhou	65740	41738	37672	10960	21730	24523	7295
滑县	Huaxian	31595	11317	22142	690	22317		392
长垣市	Changyuan	23332	8598	19015	3197	25588	10792	5896
邓州市	Dengzhou	25338	5850	11998	6312	12343	10860	10040
永城市	Yongcheng	56578	9317	48377	1395	15096	18996	8578
固始县	Gushi	46563	14269	27553	3087	9277	8153	9365
鹿邑县	Luyi	27975	3743	8948	891	11522	24792	5317
新蔡县	Xincai	41312	29136	19795	10266	13804	15007	6114

16-12 限额以上批发和零售企业(单位)商品购销存总额(2020年)

Total Purchases, Sales and Inventory above Designated Size of Wholesale and Retail Trades (2020)

单位：万元 (10 000yuan)

指　标	Iterm	商 品 购进额 Purchases	#进口 Imports	商 品 销售额 Total Sales
总　计	**Total**	**164031674**	**2124403**	**182773467**
批发业	**Wholesale Trades**	**121738013**	**1283678**	**132691336**
按国民经济行业分	By sector			
农、林、牧产品	Farming, forestry, animal husbandry products	4618496	506	4937227
食品、饮料及烟草制品	Food, drinks and tobacco products	14181640	181866	18352687
纺织、服装及家庭用品	Textile, clothing and household items	3743492	35774	3998354
文化、体育用品及器材	Cultural and sports supplies and equipment	2255902	79	2268568
医药及医疗器材	Pharmaceutical and medical equipment	14983774	192625	16666791
矿产品、建材及化工产品	Minerals, building materials and chemical products	64459021	836594	67968798
机械设备、五金产品及电子产品	Mechanical equipment, metal products and electronic products	15147976	36234	16017565
贸易经纪与代理	Trade brokers and agents	328005		322329
其他批发业	Others	2019706		2159018
按登记注册类型分	By Registration status			
内资企业	Domestic Funded Enterprises	121436115	1195601	132113872
国有企业	State-owned	10862059	59132	14452639
集体企业	Collective-owned	2219026		2304527
股份合作企业	Cooperative	2805		2832
联营企业	Joint Ownership	9048		11254
有限责任公司	Limited Liability Corporations	54192848	672758	57455597
股份有限公司	Share-holding Corporation Ltd	6790765		6282992
私营企业	Private	47320253	463711	51539417
其他企业	Other	39312		64614
港澳台商投资企业	Enterprises with Funds from Hong Kong, Macao and Taiwan	65982	3249	68124
外商投资企业	Foreign Funded	235916	84828	509340
个体经营	Individual			
按控股情况分	By Controlling Type			
#国有控股	State-ownedand State-holding	48604054	632491	52725373
零售业	**Retail Trades**	**42293661**	**840725**	**50082131**
按国民经济行业分	By sector			
综合零售	Comprehensive retail	6645001	14065	8808060
食品、饮料及烟草制品	Food, drinks and tobacco products	1459838	13258	1787722
纺织、服装及日用品	Textile, clothing and household items	1056682	1914	1321517
文化、体育用品及器材	Cultural and sports supplies and equipment	1256204	5	1414976
医药及医疗器材	Pharmaceutical and medical equipment	2097448	12140	2605067
汽车、摩托车、燃料及零配件	Automobiles, motorcycles, fuel and spare parts	24089362	763639	27722871
家用电器及电子产品	Household appliances and electronic products	3006852	1595	3315855
五金、家具及室内装饰材料	Hardware, furniture and interior decoration materials	784330	3267	934181
货摊、无店铺及其他	Booth and others	1897944	30842	2171883
按登记注册类型分	By Registration status			
内资企业	Domestic Funded Enterprises	38901394	823870	44977022
国有企业	State-owned	432127	10392	506974
集体企业	Collective-owned	39287		52687
股份合作企业	Cooperative	3361		6079
联营企业	Joint Ownership			
有限责任公司	Limited Liability Corporations	13047422	505983	15087055
股份有限公司	Share-holding Corporation Ltd	2229504	4178	3290505
私营企业	Private	23103880	303317	25989450
其他企业	Other	45813		44272
港澳台商投资企业	Enterprises with Funds from Hong Kong, Macao and Taiwan	2149197	16856	2865663
外商投资企业	Foreign Funded	1243070		2239446
个体经营	Individual			
按控股情况分	By Controlling Type			
#国有控股	State-ownedand State-holding	4067197	25145	5706769

16-12 续表 continued

单位：万元 (10 000yuan)

指 标	Iterm	批发额 Wholesale trade	#出口 Imports	零售额 Retail Trade	年末商品库存额 Inventory (year-end)
总 计	**Total**	**129258323**	**1314340**	**52439895**	**11354171**
批发业	**Wholesale Trades**	**127130215**	**1307194**	**4510269**	**7191852**
按国民经济行业分	By sector				
农、林、牧产品	Farming, forestry, animal husbandry products	4840534	90086	92547	1816789
食品、饮料及烟草制品	Food, drinks and tobacco products	17814930	53326	468335	933648
纺织、服装及家庭用品	Textile, clothing and household items	3644819	193914	149567	474147
文化、体育用品及器材	Cultural and sports supplies and equipment	2143112	27806	116842	149678
医药及医疗器材	Pharmaceutical and medical equipment	15939942	33729	708414	1138030
矿产品、建材及化工产品	Minerals, building materials and chemical products	64847264	507927	2484746	2134634
机械设备、五金产品及电子产品	Mechanical equipment, metal products and electronic products	15503050	300335	451453	487117
贸易经纪与代理	Trade brokers and agents	316550	39760	5588	11453
其他批发业	Others	2080015	60310	32778	46357
按登记注册类型分	By Registration status				
内资企业	Domestic Funded Enterprises	126731492	1284730	4331529	7144312
国有企业	State-owned	14037921		414718	1753684
集体企业	Collective-owned	2301504		105	4114
股份合作企业	Cooperative	2832			102
联营企业	Joint Ownership	11254			313
有限责任公司	Limited Liability Corporations	55728602	565265	1436183	1887710
股份有限公司	Share-holding Corporation Ltd	5549880	30162	730587	270103
私营企业	Private	49043720	689304	1741102	3227404
其他企业	Other	55780		8835	883
港澳台商投资企业	Enterprises with Funds from Hong Kong, Macao and Taiwan	67771	8104	352	508
外商投资企业	Foreign Funded	330952	14360	178389	47031
个体经营	Individual				
按控股情况分	By Controlling Type				
#国有控股	State-ownedand State-holding	50765972	290133	1795288	2810160
零售业	**Retail Trades**	**2128108**	**7147**	**47929625**	**4162319**
按国民经济行业分	By sector				
综合零售	Comprehensive retail	71917		8735424	620366
食品、饮料及烟草制品	Food, drinks and tobacco products	220288	30	1567417	281107
纺织、服装及日用品	Textile, clothing and household items	99620	756	1214656	106710
文化、体育用品及器材	Cultural and sports supplies and equipment	64700		1350261	164192
医药及医疗器材	Pharmaceutical and medical equipment	174779		2428506	281663
汽车、摩托车、燃料及零配件	Automobiles, motorcycles, fuel and spare parts	1071464		26650914	2260222
家用电器及电子产品	Household appliances and electronic products	200718		3114897	296020
五金、家具及室内装饰材料	Hardware, furniture and interior decoration materials	132104	2071	800473	67725
货摊、无店铺及其他	Booth and others	92518	4290	2067077	84315
按登记注册类型分	By Registration status				
内资企业	Domestic Funded Enterprises	1793742	7147	43158882	3907472
国有企业	State-owned	53188		453786	17078
集体企业	Collective-owned	791		51896	6703
股份合作企业	Cooperative	375		5704	181
联营企业	Joint Ownership				
有限责任公司	Limited Liability Corporations	411496	717	14663254	1244624
股份有限公司	Share-holding Corporation Ltd	344161		2946344	231007
私营企业	Private	983732	6430	24993625	2393142
其他企业	Other			44272	14737
港澳台商投资企业	Enterprises with Funds from Hong Kong, Macao and Taiwan	741		2864923	126893
外商投资企业	Foreign Funded	333625		1905821	127954
个体经营	Individual				
按控股情况分	By Controlling Type				
#国有控股	State-ownedand State-holding	623982		5082787	299651

16-13 各市限额以上批发和零售企业(单位)商品购、销、存总额(2020年)

Total Purchases, Sales and Inventory of Enterprises above Designated Size of Wholesale and Retail Trades by City (2020)

单位：亿元 (100 million yuan)

市(县)	City(County)	商品购进额 purchases	商品销售额 Total Sales	批发额 Wholesale trade	零售额 Retail Trade	年末商品库存额 Inventory (year-end)
全省	**Total**	**16403.17**	**18277.35**	**12925.83**	**5243.99**	**1135.42**
省辖市	**City**					
郑州市	Zhengzhou	7189.35	7714.64	5693.41	1979.37	472.32
开封市	Kaifeng	256.72	312.26	185.42	123.46	14.10
洛阳市	Luoyang	1412.58	1659.39	1139.60	490.68	87.70
平顶山市	Pingdingshan	734.26	794.37	637.12	156.33	22.33
安阳市	Anyang	545.81	593.65	458.69	132.23	39.26
鹤壁市	Hebi	303.39	355.99	309.71	46.04	10.27
新乡市	Xinxiang	551.41	606.40	373.43	231.74	46.45
焦作市	Jiaozuo	392.33	442.80	322.16	117.09	30.25
濮阳市	Puyang	293.35	320.76	198.64	122.02	16.94
许昌市	Xuchang	343.37	408.47	224.87	182.98	28.87
漯河市	Luohe	609.88	664.51	497.47	166.94	17.03
三门峡市	Sanmenxia	446.48	506.38	420.65	82.96	11.99
南阳市	Nanyang	832.81	919.20	631.61	287.34	67.32
商丘市	Shangqiu	921.40	1051.12	715.66	331.91	48.43
信阳市	Xinyang	361.98	455.89	186.51	269.38	27.88
周口市	Zhoukou	488.54	619.60	302.94	303.95	154.16
驻马店市	Zhumadian	325.70	420.22	223.05	194.37	33.86
济源市	Jiyuan	393.80	431.71	404.88	25.20	6.26
省直管县	**County Directly Administrated by Province**					
巩义市	Gongyi	184.48	202.50	183.03	19.00	3.73
兰考县	Lankao	23.52	32.90	12.70	20.20	1.42
汝州市	Ruzhou	122.39	134.10	109.98	23.43	2.53
滑县	Huaxian	17.72	19.64	9.90	9.73	1.37
长垣市	Changyuan	45.47	59.92	40.01	19.92	4.21
邓州市	Dengzhou	26.10	29.81	11.46	18.24	1.44
永城市	Yongcheng	306.68	335.72	306.32	29.40	2.36
固始县	Gushi	42.10	48.90	20.42	28.48	1.99
鹿邑县	Luyi	32.74	37.19	24.28	12.91	1.40
新蔡县	Xincai	20.38	25.74	5.67	19.81	1.20

16-14 限额以上住宿和餐饮业企业(单位)经营情况(2020年)

Management of Enterprises above Designated Size of Star-rated Hotels and Catering Services (2020)

单位：万元 (10 000 yuan)

指标名称	Item	营业额 Total Business Revenue	客房收入 Guest room Revenue	餐费收入 Meal Revenue	商品销售额 Total Retail Sales of Consumer Goods	其他收入 Other Revenue
总 计	**Total**	**2221543**	**701861**	**1362559**	**53922**	**103202**
住宿业	**Hotels**	**1201333**	**646212**	**444009**	**29525**	**81588**
按国民经济行业分	By sector					
旅游饭店	Tourist hotel	642899	311913	263381	13467	54138
一般旅馆	General hotel	516115	310614	165296	15084	25121
其他住宿业	Others	36504	20669	12694	904	2237
按登记注册类型分	By Registration					
内资企业	Domestic-Funded Enterprises	1160677	630297	425801	27354	77225
国有企业	State-owned	93033	34116	39030	3964	15924
集体企业	Collective-owned	18777	7912	8061	96	2707
股份合作企业	Cooperative	1177	477	599	81	21
联营企业	Joint Ownership					
有限责任公司	Limited Liability Corporations	280564	130842	114432	5022	30268
股份有限公司	Share-holding Corporation Ltd	16347	6368	8742	81	1156
私营企业	Private	750305	450204	254842	18110	27150
其他企业	Other	475	379	96		
港澳台商投资企业	Enterprises With Investment from Hong Kong, Macao and Taiwan	34286	12775	15392	1884	4235
外商投资企业	Enterprises With Foreign Investment	6371	3140	2816	287	128
个体经营	Individual					
按控股情况分	By Controlling Type					
#国有控股	State-holding	167659	64064	67649	4991	30956
按经营形式分	By Management Style					
独立门店	Independent store	1060496	559939	401531	23966	75060
连锁总店	Head office of Chain Store	6336	1935	4209	10	182
连锁直营店	Chain Direct-sale Store	8006	5310	2172	87	438
连锁加盟店	Chain Franchisee Store	29382	26472	2247	255	408
其他	Others	97113	52556	33850	5207	5500
按星级分	By Star Level					
五星	Five-star	105286	44089	46354	2965	11877
四星	Four-star	168207	73871	75824	2849	15663
三星	Three-star	171490	80447	74495	5957	10592
二星	Two-star	23366	11425	10672	326	943
一星	One-star	1539	1279	243	17	
其他	Others	731445	435100	236421	17410	42513

16-14 续表 continued

单位：万元 (10 000 yuan)

指标名称	Item	营业额 Total Business Revenue	客房收入 Guest room Revenue	餐费收入 Meal Revenue	商品销售额 Total Retail Sales of Consumer Goods	其他收入 Other Revenue
餐饮业	**Catering Services**	**1020210**	**55649**	**918550**	**24397**	**21614**
按国民经济行业分	By sector					
正餐服务	Dinner	832834	55205	744281	22001	11348
快餐服务	Snack	137594	222	127426	1634	8313
饮料及冷饮服务	Drinks and cold drinks	6821		6814		8
其他餐饮业	Others	7845		7608	204	33
按登记注册类型分	By Registration					
内资企业	Domestic-Funded Enterprises	912181	55649	818821	24338	13373
国有企业	State-owned	5950	1965	3751	53	181
集体企业	Collective-owned					
股份合作企业	Cooperative	258		258		
联营企业	Joint Ownership					
有限责任公司	Limited Liability Corporations	238631	7739	225834	2075	2983
股份有限公司	Share-holding Corporation Ltd	4402		2717	1685	
私营企业	Private	662940	45945	586261	20525	10209
其他企业	Other					
港澳台商投资企业	Enterprises With Investment from Hong Kong, Macao and Taiwan	4288		4265	23	0
外商投资企业	Enterprises With Foreign Investment	103742		95464	37	8241
个体经营	Individual					
按控股情况分	By Controlling Type					
#国有控股	State-holding	40157	4316	32601	1835	1405
按经营形式分	By Management Style					
独立门店	Independent store	748367	53267	663130	21382	10588
连锁总店	Head office of Chain Store	153850		145572	37	8241
连锁直营店	Chain Direct-sale Store	12345	407	11751	62	125
连锁加盟店	Chain Franchisee Store	9791		9608	162	21
其他	Others	95858	1975	88489	2754	2639

16-15 各市限额以上住宿和餐饮企业(单位)经营情况(2020年)

Operation Conditions of Enterprises above Designated Size of Star-rated Hotels and Catering Services by City (2020)

单位：万元 (10 000 yuan)

市(县)	City(County)	营业额 Total Business Revenue	客房收入 Guest Room Revenue	餐费收入 From Meals	商品销售额 Total Retail Sales of Consumer Goods	其他收入 Other Revenue
省辖市	**City**					
郑州市	Zhengzhou	844915	206783	559549	14758	63824
开封市	Kaifeng	85782	32119	49201	2169	2293
洛阳市	Luoyang	182241	57856	113270	5236	5880
平顶山市	Pingdingshan	58752	19843	36363	1260	1285
安阳市	Anyang	31027	15545	14161	424	897
鹤壁市	Hebi	15690	4631	10039	92	928
新乡市	Xinxiang	53530	22531	28302	723	1974
焦作市	Jiaozuo	25575	11971	12941	204	458
濮阳市	Puyang	26910	11591	14113	133	1073
许昌市	Xuchang	99389	33565	58742	2997	4087
漯河市	Luohe	37508	15093	19805	246	2363
三门峡市	Sanmenxia	52122	19083	28638	1644	2758
南阳市	Nanyang	163822	57036	97934	5388	3463
商丘市	Shangqiu	118678	40054	67768	8300	2556
信阳市	Xinyang	138794	49919	82443	1777	4655
周口市	Zhoukou	150213	56524	86136	5852	1701
驻马店市	Zhumadian	123082	40695	77066	2520	2801
济源市	Jiyuan	13515	7020	6088	199	207
省直管县	**County Directly Administrated by Province**					
巩义市	Gongyi	10946	3889	6221	269	568
兰考县	Lankao	34306	13426	18859	1605	417
汝州市	Ruzhou	4270	1984	2153	121	11
滑县	Huaxian	4473	1800	2530	32	112
长垣市	Changyuan	12538	2831	9647	54	6
邓州市	Dengzhou	20084	3126	16290	553	114
永城市	Yongcheng	9040	2926	5576	57	481
固始县	Gushi	19065	5908	12697	393	68
鹿邑县	Luyi	23797	11586	11037	993	181
新蔡县	Xincai	19883	8808	11031		44

16－16 各市限额以上住宿企业(单位)经营情况(2020年)

Operation Conditions of Star-rated Hotels above Designated Sized by City (2020)

单位：万元 (10 000 yuan)

市(县) City(County)	营业额 Total Business Revenue	客房收入 Guest Room Revenue	餐费收入 From Meals	商品销售额 Total Retail Sales of Consumer Goods	其他收入 other Revenue
省辖市 City					
郑州市 Zhengzhou	368789	195357	112667	10572	50193
开封市 Kaifeng	53696	29878	20440	1371	2008
洛阳市 Luoyang	107904	54049	46417	1614	5824
平顶山市 Pingdingshan	31809	19540	11027	561	682
安阳市 Anyang	25304	15545	8573	412	774
鹤壁市 Hebi	9330	4147	4597	92	494
新乡市 Xinxiang	37724	20896	14529	438	1861
焦作市 Jiaozuo	15917	9267	6071	127	453
濮阳市 Puyang	17612	10155	6314	115	1029
许昌市 Xuchang	62673	31575	25963	1252	3885
漯河市 Luohe	20988	12246	8145	155	442
三门峡市 Sanmenxia	37716	18070	16465	867	2313
南阳市 Nanyang	91757	47818	38580	2777	2582
商丘市 Shangqiu	60970	36040	18690	5069	1171
信阳市 Xinyang	90951	44571	41055	900	4424
周口市 Zhoukou	89048	52730	32662	2061	1596
驻马店市 Zhumadian	66251	37308	26348	944	1651
济源市 Jiyuan	12895	7020	5468	199	207
省直管县 County Directly Administrated by Province					
巩义市 Gongyi	8943	3818	4304	254	568
兰考县 Lankao	20354	11915	7297	884	259
汝州市 Ruzhou	3739	1984	1731	12	11
滑县 Huaxian	3161	1800	1330	32	
长垣市 Changyuan	3888	2625	1263		
邓州市 Dengzhou	5254	2842	2243	133	36
永城市 Yongcheng	3658	2246	875	57	480
固始县 Gushi	11722	5477	6078	104	64
鹿邑县 Luyi	13849	11284	2053	384	129
新蔡县 Xincai	10352	8413	1911		28

16-17 各市限额以上餐饮企业(单位)经营情况(2020年)

Operation Conditions of Catering Services above Designated Size by City (2020)

单位：万元 (10 000 yuan)

市(县)	City(County)	营业额 Total Business Revenue	客房收入 Guest Room Revenue	餐费收入 From Meals	商品销售额 Total Retail Sales of Consumer Goods	其他收入 other Revenue
省辖市	**City**					
郑州市	Zhengzhou	476125	11426	446882	4187	13632
开封市	Kaifeng	32086	2242	28761	798	285
洛阳市	Luoyang	74337	3807	66853	3623	55
平顶山市	Pingdingshan	26942	303	25337	699	604
安阳市	Anyang	5723		5588	12	123
鹤壁市	Hebi	6360	485	5442		434
新乡市	Xinxiang	15806	1635	13773	285	113
焦作市	Jiaozuo	9658	2705	6870	77	5
濮阳市	Puyang	9298	1436	7800	18	44
许昌市	Xuchang	36716	1990	32779	1745	202
漯河市	Luohe	16520	2847	11660	91	1922
三门峡市	Sanmenxia	14407	1013	12173	777	444
南阳市	Nanyang	72065	9219	59354	2612	881
商丘市	Shangqiu	57708	4014	49078	3231	1385
信阳市	Xinyang	47843	5348	41388	877	230
周口市	Zhoukou	61165	3794	53474	3791	105
驻马店市	Zhumadian	56831	3386	50719	1576	1150
济源市	Jiyuan	620		620		
省直管县	**County Directly Administrated by Province**					
巩义市	Gongyi	2003	71	1917	16	
兰考县	Lankao	13952	1511	11563	721	157
汝州市	Ruzhou	531		422	109	
滑县	Huaxian	1312		1200		112
长垣市	Changyuan	8650	206	8384	54	6
邓州市	Dengzhou	14830	284	14047	420	78
永城市	Yongcheng	5382	681	4701	0	0
固始县	Gushi	7343	430	6620	289	4
鹿邑县	Luyi	9948	303	8984	610	52
新蔡县	Xincai	9530	395	9120		16

16-18 限额以上批发和零售、住宿和餐饮法人企业主要财务指标(2020年)

Main Financial Indicators of Enterprises in Wholesale and Retail Trades, Hotels and Catering Services above Designated Size (2020)

单位：万元 (10 000 yuan)

指　标	Item	批发业 Wholesale	零售业 Retail Sale	住宿业 Hotels	餐饮业 Catering Services
期末资产负债	**Assets and Liability (year-end)**				
流动资产合计	Current Assets	50326127	16209861	1776613	540808
应收帐款	Accounts Receivable	12449079	1948687	170570	81864
存货	Inventory	6593645	4041814	75679	37622
固定资产原价	Original Value of Fixed Assets	4821485	5176088	2403059	547930
累计折旧	Accumulated Depreciation	1527839	1659782	936227	163169
本年折旧	Depreciation of Deducted This Year	231747	296050	92605	22277
固定资产净额	Net Fixed Assets	2204983	2162304	1065900	213647
在建工程	Project under Construction	408797	238086	128193	35438
无形资产	Intangible Assets	723238	892081	143187	20166
土地使用权	Land Use Right	266456	507875	78257	10556
资产总计	Total Assets	62236751	23471032	4329956	1227709
流动负债合计	Total Flow liabilities	40447248	14504252	2026830	563421
应付账款	Accounts Payable	8281514	931535	200813	75693
负债合计	Total Liabilities	44925658	17313809	3087136	724014
所有者权益合计	Total Creditors'Equity	17015291	6847326	1195346	484037
实收资本	Actual Capital	9745224	7936569	1140028	361543
损益及分配	**Profit and Loss Apportionment**				
营业收入	Business Income	121812409	45785183	1176984	1013860
主营业务收入	Revenue from Principle Busintss	120227052	44496499	1137654	992495
营业成本	Operating Costs	113149983	39902364	569259	567873
营业税金及附加	Sales Tax and Extra Changes	1455748	180415	19952	8761
其他业务利润	Other Profits	91457	333749	9148	6439
销售费用	Selling Expenses	2451645	2683058	266215	248253
管理费用	Management Expenses	1682462	1351218	306532	116161
研发费用	R&D Expenses	32405	13287	317	400
财务费用	Financial Expenses	508231	346870	69894	16307
利息收入	Interest Income	276726	14031	1672	1299
利息费用	Intrest Expenses	447898	131897	27022	7114
投资收益	Investment Income	173887	23284	976	2359
营业利润	Operating Profit	2483198	1223241	-55958	44823
营业外收入	Non-operating Income	152846	82311	20761	14888
营业外支出	Non-business Expenses	71500	60539	8069	4759
利润总额	Total Profit	2554491	1234079	-43517	55056
应交所得税	Payable Income Tax	539793	208276	5763	5160
人工成本及增值税	**Labor cost and value added tax**				
应付职工薪酬	Wages Payable	1479770	1560464	300764	211994
应交增值税	VAT payable	1267943	450074	14948	9044

16−19 各市限额以上批发和零售法人企业主要财务指标(2020年)

Main Financial Indicators of Enterprises in Wholesale and Retail Trades above Designated Size by City (2020)

单位：万元 (10 000 yuan)

市(县) City(County)	流动资产合计 Circulating Funds	#存货 Inventory	固定资产原价 Fixed Asset	资产总计 Original Values of Fixed Asset	所有者权益 Owners' Equity	营业收入 Business Income	营业成本 Operating Costs
省　辖　市 City							
郑　州　市 Zhengzhou	29246973	3861688	2457981	35670938	9295553	69076530	64255753
开　封　市 Kaifeng	866494	167364	364425	1372943	601968	2878082	2436024
洛　阳　市 Luoyang	6406486	911213	673692	7429849	1474796	15404635	14282376
平顶山市 Pingdingshan	2299025	225894	404710	2883150	753399	7177968	6729250
安　阳　市 Anyang	2473058	290449	370341	3092490	545547	5473165	5079081
鹤　壁　市 Hebi	554821	100046	346064	1019422	231893	3228546	3105040
新　乡　市 Xinxiang	2227410	451340	389165	2714268	779288	5594718	4979595
焦　作　市 Jiaozuo	1652315	262627	255064	2034080	384153	4031180	3661057
濮　阳　市 Puyang	1245064	185285	198199	1547781	376661	3016574	2799050
许　昌　市 Xuchang	1572994	301230	453182	2185559	809196	3728881	3173659
漯　河　市 Luohe	1128621	203626	173923	1526615	485404	6370678	5858752
三门峡市 Sanmenxia	3604257	219955	339918	5401463	711220	4935733	4608676
南　阳　市 Nanyang	4004128	726559	770837	5281284	1749920	8478685	7572954
商　丘　市 Shangqiu	2302653	431202	647552	3376931	1590058	10018688	8807450
信　阳　市 Xinyang	1497916	287937	735701	2355669	1029157	4306387	3612492
周　口　市 Zhoukou	2886426	1623515	706537	4177644	1574907	5919304	4902294
驻马店市 Zhumadian	1966984	293146	562353	2709545	1073983	3934928	3358199
济　源　市 Jiyuan	600364	92382	147931	928152	395514	4022910	3830646
省直管县 County Directly Administrated by Province							
巩　义　市 Gongyi	304794	33296	18027	400882	80804	1958185	1847816
兰　考　县 Lankao	59686	14451	58889	136240	87475	295399	220409
汝　州　市 Ruzhou	933106	28583	56331	994267	133454	1212980	1131819
滑　　县 Huaxian	60894	15084	33415	100351	59798	188075	166422
长　垣　市 Changyuan	340372	44187	28679	391709	137880	579043	463879
邓　州　市 Dengzhou	114188	20608	72115	257118	134143	274635	226053
永　城　市 Yongcheng	622789	37279	40259	691881	150799	3210129	3158230
固　始　县 Gushi	233344	21546	100703	387570	170427	456695	386146
鹿　邑　县 Luyi	152587	78501	90356	267702	164049	361774	289412
新　蔡　县 Xincai	56608	11437	55890	110437	61051	238191	170958

16-19 续表 continued

单位：万元 (10 000 yuan)

市(县) City(County)	营业税金及附加 Sales Tax and Extra Changes	销售费用 Selling Expenses	管理费用 Management Expenses	财务费用 Financial Expenses	营业利润 Operating Profits	利润总额 Total Profits	本年应缴增值税 VAT Payable
省辖市 City							
郑州市 Zhengzhou	296654	2054225	1025807	355843	1194878	1213712	435588
开封市 Kaifeng	64898	117226	79912	19505	154835	157747	35279
洛阳市 Luoyang	103890	465811	225750	64806	185222	180190	69896
平顶山市 Pingdingshan	71936	158511	107547	22802	87527	96584	61971
安阳市 Anyang	68492	120277	86121	11369	112806	112814	101923
鹤壁市 Hebi	21646	37966	29253	6966	16930	17835	8870
新乡市 Xinxiang	74054	261518	125562	24897	132693	133692	64576
焦作市 Jiaozuo	56539	176137	86523	15535	51390	54506	68030
濮阳市 Puyang	43245	82574	59840	8971	20987	23362	24905
许昌市 Xuchang	74349	170315	131029	31596	135589	130947	60901
漯河市 Luohe	47801	182252	75489	16006	183564	186004	97946
三门峡市 Sanmenxia	54576	128111	74511	32037	30960	59415	107664
南阳市 Nanyang	142324	297878	208032	49095	237223	242393	95002
商丘市 Shangqiu	147855	239796	247648	60227	482607	486778	134265
信阳市 Xinyang	106575	249647	126020	35131	164610	176044	84577
周口市 Zhoukou	141831	203785	194439	54084	335417	328536	89062
驻马店市 Zhumadian	92533	142840	115950	21675	152361	155549	133681
济源市 Jiyuan	26965	45834	34251	24556	26841	32461	43881
省直管县 County Directly Administrated by Province							
巩义市 Gongyi	1461	16572	13265	1764	61684	45388	4221
兰考县 Lankao	1198	23949	12653	5730	30292	30431	5087
汝州市 Ruzhou	3416	21257	11249	10749	29623	29741	6975
滑县 Huaxian	950	7820	6691	1348	5975	6197	827
长垣市 Changyuan	3290	75589	17488	2158	15447	16884	7424
邓州市 Dengzhou	2021	9442	8069	4500	23390	23285	2677
永城市 Yongcheng	3893	22862	13126	2389	8182	8528	13135
固始县 Gushi	4450	22533	13970	5130	25449	25344	3503
鹿邑县 Luyi	4659	14470	11401	6474	34482	34481	4233
新蔡县 Xincai	6446	19398	9109	2384	22669	22964	3573

16-20 各市限额以上住宿和餐饮法人企业主要财务指标(2020年)

Main Economic Indicators of Enterprises in Hotels and Catering Services above Designated Size by City (2020)

单位：万元 (10 000 yuan)

市(县) City(County)	流动资产合计 Circulating Funds	#存货 Inventory	固定资产原价 Original Values of Fixed Asset	资产总计 Total Assets	所有者权益 Owners' Equity	#实收资本 Paid-in Capital	营业收入 Business Income
省辖市 City							
郑州市 Zhengzhou	911891	34874	999294	1863743	331319	465009	837579
开封市 Kaifeng	127418	4037	168672	303689	148708	150902	83879
洛阳市 Luoyang	293423	9718	278162	659985	195308	147818	178206
平顶山市 Pingdingshan	73811	3856	131678	224925	139063	144403	56494
安阳市 Anyang	33593	2232	90400	120302	57834	26466	30453
鹤壁市 Hebi	12894	792	11054	23850	1533	7323	15520
新乡市 Xinxiang	77462	3099	67744	160957	20946	45235	53586
焦作市 Jiaozuo	50783	1688	44049	91438	7943	17290	24913
濮阳市 Puyang	24958	1733	67301	101796	21328	21658	29466
许昌市 Xuchang	138198	6764	155677	314310	49905	65853	95765
漯河市 Luohe	35493	1493	29858	71050	25667	12961	37175
三门峡市 Sanmenxia	32447	3912	108038	133335	3549	13440	51562
南阳市 Nanyang	125295	8896	205608	402804	167146	87300	159899
商丘市 Shangqiu	53061	4367	62885	118703	47278	28831	118903
信阳市 Xinyang	141168	9168	223034	407863	180106	81529	135440
周口市 Zhoukou	72572	5415	112287	192620	106039	67127	146091
驻马店市 Zhumadian	89749	10448	175416	307600	171540	110589	122134
济源市 Jiyuan	23207	810	19832	58696	4173	7838	13777
省直管县 County Directly Administrated by Province							
巩义市 Gongyi	7099	762	19196	32747	7265	3253	10872
兰考县 Lankao	12497	2354	23347	58302	32244	16437	33160
汝州市 Ruzhou	8269	273	5195	15110	8284	7037	4308
滑县 Huaxian	1970	305	2871	5476	2419	923	4526
长垣市 Changyuan	10513	1073	4058	20456	11534	13653	13264
邓州市 Dengzhou	6982	962	20091	38300	33639	13304	18956
永城市 Yongcheng	3946	485	4863	9992	3462	1717	8837
固始县 Gushi	9848	1513	24450	38714	27921	15094	18803
鹿邑县 Luyi	5464	1366	15151	22301	10490	4986	22333
新蔡县 Xincai	7247	1210	11407	14836	10712	4654	18892

16-20 续表 continued

单位：万元 (10 000 yuan)

市(县) City(County)	营业成本 Operating Costs	营业税金及附加 Sales Tax and Extra Changes	销售费用 Selling Expenses	管理费用 Management Expenses	财务费用 Financial Expenses	营业利润 Operating Profits	利润总额 Total Profits
省辖市 City							
郑州市 Zhengzhou	357262	6433	305478	200495	29637	-58544	-46169
开封市 Kaifeng	36651	940	14992	15720	4964	10697	12924
洛阳市 Luoyang	101613	3376	36516	31706	11217	-10547	-8712
平顶山市 Pingdingshan	33050	1067	11230	11295	1076	-1079	-485
安阳市 Anyang	17332	332	7973	11215	457	-5832	-5246
鹤壁市 Hebi	9442	229	3027	2448	121	-102	-42
新乡市 Xinxiang	26774	789	12509	11523	2623	-1087	-591
焦作市 Jiaozuo	10329	110	5665	8758	1176	-1828	-1058
濮阳市 Puyang	14526	229	8576	6989	5402	-7012	-6384
许昌市 Xuchang	54786	1963	12115	20717	7659	-2900	-2041
漯河市 Luohe	26897	313	4725	3113	513	1175	1449
三门峡市 Sanmenxia	26804	976	10695	8994	2290	-2148	-2605
南阳市 Nanyang	99256	2696	19203	18582	5804	13110	13749
商丘市 Shangqiu	71255	2241	13037	16371	3421	11998	12262
信阳市 Xinyang	78023	2289	17251	19504	3876	13953	15133
周口市 Zhoukou	92614	2670	11665	15612	2481	20200	20356
驻马店市 Zhumadian	74506	1892	17286	16139	2935	9328	9502
济源市 Jiyuan	6014	169	2526	3513	551	-518	-501
省直管县 County Directly Administrated by Province							
巩义市 Gongyi	4483	204	3013	2329	44	776	184
兰考县 Lankao	10697	138	2744	1515	569	17450	17547
汝州市 Ruzhou	2288	29	961	751	361	-64	-33
滑县 Huaxian	2838	79	953	649	110	-172	-169
长垣市 Changyuan	8289	169	2116	1523	578	171	131
邓州市 Dengzhou	12031	337	1134	1233	502	3839	3842
永城市 Yongcheng	5068	108	2512	1123	149	-144	-127
固始县 Gushi	10799	253	2791	2301	744	2108	1852
鹿邑县 Luyi	12503	135	1899	2764	815	3882	3882
新蔡县 Xincai	11940	586	1201	1103	403	3644	3644

16–21 各种分组的连锁企业单位数(2020年)

Number of Chain Enterprise By variety of Group (2020)

单位：个 (unit)

指标名称	Item	连锁总店 Head Offices of Chain Store	连锁门店数 Number of Chain Stores	直营店 Under Direct Management	加盟店 Through License Arrangement
批发和零售业	**Wholesale and Retail**	**109**	**7365**	**6644**	**721**
按登记注册类型分	By Status of Registration				
内资企业	Domestic Funded Enterprises	107	7026	6305	721
国有企业	State-owned	7	83	83	
集体企业	Collective-owned				
有限责任公司	Limited Liability Corporations	49	3924	3650	274
股份有限公司	Share-holding Corporation Ltd	20	1481	1358	123
私营企业	Private	31	1538	1214	324
私营独资企业	Proprietorship				
私营合伙企业	Partnership				
私营有限责任公司	Limited Liability Corporations	30	1474	1150	324
私营股份有限公司	Share-holding Corporation Ltd	1	64	64	
其他企业	Others				
港、澳、台商投资企业	Enterprises with Funds from Hong Kong, Macao and Taiwan	2	339	339	
外商投资企业	Foreign Funded				
按国民经济行业分	By Sector				
批发业	Wholesale Trades	12	866	866	
食品、饮料及烟草制品批发	Food, drink and tobacco products wholesale				
矿产品、建材及化工产品批发	Minerals, building materials and chemical products wholesale	11	864	864	
机械设备、五金产品及电子产品批发	Mechanical equipment, metal products and electronic products wholesale	1	2	2	
零售业	Retail Trades	97	6499	5778	721
综合零售	Comprehensive retail	35	1169	1158	11
食品、饮料及烟草制品专门零售	Food, drink and tobacco retail	2	74	74	
纺织、服装及日用品专门零售	Special retail textile, clothing and daily necessities	1	20	20	
文化、体育用品及器材专门零售	Cultural and sports supplies and equipment retail	5	27	27	
医药及医疗器材专门零售	Pharmaceutical and medical equipment	36	4337	3774	563
汽车、摩托车、燃料及零配件专门零售	Automobiles, motorcycles, fuel and spare parts	8	716	593	123
家用电器及电子产品专门零售	Household appliances and electronic products retail	10	156	132	24
按业态分	By Format				
便利店	Neighbourhood Market	2	137	137	
超市	Supermarker	18	440	430	10
大型超市	large supermarket	9	442	442	
百货店	Department Store	4	48	48	
专业店	Professional Shop	65	6031	5321	710
#加油站	Gas station	19	1580	1457	123
专卖店	Regie Shop	6	137	137	
住宿和餐饮业	**Hotels and Catering**	**14**	**288**	**287**	**1**
按登记注册类型分	By Status of Registration				
内资企业	Domestic Funded Enterprises	12	130	129	1
有限责任公司	Limited Liability Corporations	4	86	86	
私营企业	Private	8	44	43	1
私营独资企业	proprietorship	1	3	3	
私营有限责任公司	Limited Liability Corporations	7	41	40	1
港、澳、台商投资企业	Enterprises with Funds from Hong Kong, Macao and Taiwan				
外商投资企业	Foreign Funded	2	158	158	
按国民经济行业分	By Sector				
住宿业	Hotels	1	2	2	
旅游饭店	Tourist hotel				
一般旅馆	General hotel				
其他住宿业	Others	1	2	2	
餐饮业	Catering Services	13	286	285	1
正餐服务	Restaurant	9	51	50	1
快餐服务	Fast food	4	235	235	
小吃服务	Snack				

16−22 各种分组的连锁企业基本情况(2020年)

Basic Conditions of Chain Enterprise By variety of Group (2020)

指标名称	Item	营业面积(平方米) Operational Area(sq.m)	从业人数(人) Employed Persons(person)	商品销售总额(万元) Total Sale Value (10 000yuan)	零售额(万元) Retail Sale (10 000yuan)
批发和零售业	**Wholesale and Retail**	**5648311**	**67188**	**8411605**	**7243508**
按登记注册类型分	By Status of Registration				
内资企业	Domestic Funded Enterprises	4666545	57455	6805602	5637504
国有企业	State-owned	54024	982	136240	136240
集体企业	Collective-owned				
有限责任公司	Limited Liability Corporations	2017240	37776	2774667	2440441
股份有限公司	Share-holding Corporation Ltd	2198493	8644	3319889	2565077
私营企业	Private	396788	10053	574806	495746
私营独资企业	Proprietorship				
私营合伙企业	Partnership				
私营有限责任公司	Limited Liability Corporations	388987	9700	552878	473819
私营股份有限公司	Share-holding Corporation Ltd	7801	353	21928	21928
其他企业	Others				
港、澳、台商投资企业	Enterprises with Funds from Hong Kong, Macao and Taiwan	981766	9733	1606004	1606004
外商投资企业	Foreign Funded				
按国民经济行业分	By Sector				
批发业	Wholesale Trades	1571468	3818	1977097	1235409
食品、饮料及烟草制品批发	Food, drink and tobacco products wholesale				
矿产品、建材及化工产品批发	Minerals, building materials and chemical wholesale products	1569968	3756	1958978	1226698
机械设备、五金产品及电子产品批发	Mechanical equipment, metal products and electronic products wholesale	1500	62	18118	8711
零售业	Retail Trades	4076843	63370	6434509	6008099
综合零售	Comprehensive retail	2451297	37774	3464344	3336791
食品、饮料及烟草制品专门零售	Food, drink and tobacco retail	8658	403	25201	25201
纺织、服装及日用品专门零售	Special retail textile, clothing and daily necessities	5000	25	7903	7903
文化、体育用品及器材专门零售	Cultural and sports supplies and equipment retail	16519	690	34689	34689
医药及医疗器材专门零售	Pharmaceutical and medical equipment	611665	18642	845016	840019
汽车、摩托车、燃料及零配件专门零售	Automobiles, motorcycles, fuel and spare parts	628440	3452	1536971	1431247
家用电器及电子产品专门零售	Household appliances and electronic products retail	355264	2384	520384	332249
按业态分	By Format				
便利店	Neighbourhood Market	36922	787	35560	35560
超市	Supermarker	550589	8876	629431	501878
大型超市	large supermarket	1526185	23795	2549744	2549744
百货店	Department Store	324501	3761	231692	231692
专业店	Professional Shop	3107788	28477	4822354	3782137
#加油站	Gas station	2198408	7208	3495950	2657945
专卖店	Regie Shop	35844	694	57677	57677
住宿和餐饮业	**Hotels and Catering**	**91970**	**5740**		
按登记注册类型分	By Status of Registration				
内资企业	Domestic Funded Enterprises	46274	1697		
有限责任公司	Limited Liability Corporations	24474	1095		
私营企业	Private	21800	602		
私营独资企业	proprietorship	720	70		
私营有限责任公司	Limited Liability Corporations	21080	532		
港、澳、台商投资企业	Enterprises with Funds from Hong Kong, Macao and Taiwan				
外商投资企业	Foreign Funded	45696	4043		
按国民经济行业分	By Sector				
住宿业	Hotels		15		
旅游饭店	Tourist hotel				
一般旅馆	General hotel				
其他住宿业	Others		15		
餐饮业	Catering Services	91970	5725		
正餐服务	Restaurant	25800	652		
快餐服务	Fast food	66170	5073		
小吃服务	Snack				

16−23 连锁企业商品购进和配送情况(2020年)

Conditions of Purchase and Delivery of Chain Enterprise (2020)

单位：万元 (10 000 yuan)

指标名称	Item	商品购进总额 Total Purchases	统一配送商品购进额 Centralized Prchuase and	自有配送中心配送商品购进额 Self Centralized Purchase and Delivery	非自有配送中心配送商品购进额 Non-self Centralized Purchase and Delivery
批发和零售业	**Wholesale and Retail**	**6123025**	**3409506**	**1626119**	**413770**
按登记注册类型分	By Status of Registration				
内资企业	Domestic Funded Enterprises	5110631	3262447	1626119	266711
国有企业	State-owned	122039	78623	16542	187
集体企业	Collective-owned				
有限责任公司	Limited Liability Corporations	2258945	1976173	1148818	262753
股份有限公司	Share-holding Corporation Ltd	2229603	791841	347409	
私营企业	Private	500044	415810	113351	3771
私营独资企业	Proprietorship				
私营合伙企业	Partnership				
私营有限责任公司	Limited Liability Corporations	481961	397727	113351	3771
私营股份有限公司	Share-holding Corporation Ltd	18083	18083		
其他企业	Others				
港、澳、台商投资企业	Enterprises with Funds from Hong Kong, Macao and Taiwan	1012395	147059		147059
外商投资企业	Foreign Funded				
按国民经济行业分	By Sector				
批发业	Wholesale Trades	1390664	427277	253942	
食品、饮料及烟草制品批发	Food, drink and tobacco products wholesale				
矿产品、建材及化工产品批发	Minerals, building materials and chemical products wholesale	1373907	410520	253942	
机械设备、五金产品及电子产品批发	Mechanical equipment, metal products and electronic products wholesale	16758	16758		
零售业	Retail Trades	4732361	2982229	1372178	413770
综合零售	Comprehensive retail	2630243	1455818	830978	155577
食品、饮料及烟草制品专门零售	Food, drink and tobacco retail	20793	18083		
纺织、服装及日用品专门零售	Special retail textile, clothing and daily necessities	5037	5037		
文化、体育用品及器材专门零售	Cultural and sports supplies and equipment retail	28853	19687	11470	
医药及医疗器材专门零售	Pharmaceutical and medical equipment	689369	683110	130066	258192
汽车、摩托车、燃料及零配件专门零售	Automobiles, motorcycles, fuel and spare parts	837464	433566	92035	
家用电器及电子产品专门零售	Household appliances and electronic products retail	520601	366927	307630	
按业态分	By Format				
便利店	Neighbourhood Market	36512	36512	5833	
超市	Supermarker	539815	378395	7295	5351
大型超市	large supermarket	1853938	943643	725124	147246
百货店	Department Store	186423	83713	82150	
专业店	Professional Shop	3380456	1846479	739542	258192
其中：加油站	Gas station	2211371	844086	345976	
专卖店	Regie Shop	54774	49958		
住宿和餐饮业	**Hotels and Catering**	**46691**	**34160**		**11**
按登记注册类型分	By Status of Registration				
内资企业	Domestic Funded Enterprises	18267	5737		11
有限责任公司	Limited Liability Corporations	12408	137		
私营企业	Private	5859	5599		11
私营独资企业	proprietorship	135			
私营有限责任公司	Limited Liability Corporations	5724	5599		11
港、澳、台商投资企业	Enterprises with Funds from Hong Kong, Macao and Taiwan				
外商投资企业	Foreign Funded	28424	28424		
按国民经济行业分	By Sector				
住宿业	Hotels	11	11		11
旅游饭店	Tourist hotel				
一般旅馆	General hotel				
其他住宿业	Others	11	11		11
餐饮业	Catering Services	46680	34149		
正餐服务	Restaurant	6116	5725		
快餐服务	Fast food	40564	28424		
小吃服务	Snack				

16-24 各种分组的住宿餐饮业连锁企业主要指标(2020年)

Main Indicators of Chain Hotels and Catering Services Enterprise By variety of Group (2020)

指标名称	Item	客房数(间) Number of Rooms (unit)	床位数(个) Number of Beds (unit)	餐位数(位) Numbers of Seats in Restaurant (unit)	营业额(万元) Bussiness revinue (10 000 yuan)	餐费收入(万元) From Meals (10 000 yuan)
总　计	**Total**	**230**	**380**	**40312**	**132305**	**129464**
按登记注册类型分	By Status of Registration					
内资企业	Domestic Funded Enterprises	230	380	26081	46046	43205
有限责任公司	Limited Liability Corporations			20801	33286	30696
私营企业	Private	230	380	5280	12760	12510
私营独资企业	proprietorship			102	324	324
私营有限责任公司	Limited Liability Corporations	230	380	5178	12436	12185
港、澳、台商投资企业	Enterprises with Funds from Hong Kong, Macao and Taiwan					
外商投资企业	Foreign Funded			14231	86259	86259
按国民经济行业分	By Sector					
住宿业	Hotels	230	380		250	
旅游饭店	Tourist hotel					
一般旅馆	General hotel					
其他住宿业	Others	230	380		250	
餐饮业	Catering Services			40312	132055	129464
正餐服务	Restaurant			6320	13175	13175
快餐服务	Fast food			33992	118880	116289
小吃服务	Snack					

16-25 亿元以上商品交易市场情况

Statistics on Commodity Exchange Market of Turnover above 100 million yuan

类 别	Type	2019		2020	
		摊位数量（个）Number of Booths (unit)	成交额（亿元）Total Turnover (100 million yuan)	摊位数量（个）Number of Booths (unit)	成交额（亿元）Total Turnover (100 million yuan)
总 计	**Total**	**105670**	**3231.57**	**103458**	**3095.22**
粮油、食品类	Food	31607	1875.56	31079	1802.44
#粮油类	Grain, Edible Oil, Fruits, Vegetables	3588	323.02	3968	320.73
肉禽蛋类	Meat, Poultry and Eggs	2393	119.80	2791	120.73
水产品类	Aquatic Products	4522	422.46	4777	384.54
蔬菜类	Vegetables	8570	365.62	8779	436.96
干鲜果品类	Dried and Fresh Melons and Fruits	5211	376.13	5419	391.02
饮料类	Beverages	2801	107.26	2665	102.26
烟酒类	Tobacco and Liquor	1807	30.29	1410	24.50
服装、鞋帽、针纺织品类	Garments, Footwears, Hats, Kintwear and Textiles	29805	268.45	28533	266.10
服装类	Clothing	18045	166.99	17164	152.57
鞋帽类	Shoes and Hats	6701	81.12	6586	88.83
针纺织品类	Knitwear and Textiles	5059	20.33	4783	24.70
化妆品类	Cosmetics	985	11.92	848	9.07
金银珠宝类	Gold, Silver and Fewelry	335	6.55	303	5.59
日用品类	Articles for Daily Use	6651	21.97	7115	22.03
其中：可穿戴智能设备	Childern toys	556	2.23	548	2.66
五金、电料类	Hardware and Electrical Materials	5177	34.42	5050	30.20
体育、娱乐用品类	Sports & Recreation Articles	658	2.06	455	5.69
书报杂志类	Newspapers and Magazines	45	0.16	29	0.12
电子出版物及音像制品类	E-journals and Video Products	55	0.70	33	0.63
家用电器和音像器材类	Household Appliances and Video Appliances	1879	27.80	1867	12.37
中西药品类	Traditional Chinese and Western Medicines	584	27.11	518	24.16
#西药类	Western Medicines	64	0.48	62	0.42
中草药及中成药类	Traditional Chinese l Medicines	492	26.45	442	23.69
文化办公用品类	Cultural and Official Appliances	3972	39.89	2538	59.93
家具类	Furniture	1776	29.22	1770	27.63
通讯器材类	Communication Appliances	257	1.70	449	7.70
煤炭及制品类	Coal and Related Products				
木材及制品类	Wood and Wooden Products	6	0.02		
石油及制品类	Petroleum and Related Products				
化工材料及制品类	Chemical Materials and Related Products	532	2.32	580	2.22
#化肥类	Fertilizers	60	0.96	66	1.10
金属材料类	Metals Materials	2161	443.32	2199	407.81
建筑及装潢材料类	Building and Decoration Materials	8757	147.14	8446	127.78
机电产品及设备类	Mechanical & Electrical Products	1529	11.38	1511	9.49
#农机类	Agricultural Machineries	23	0.28	5	0.00
汽车类	Automobiles	690	103.29	311	91.79
种子饲料类	Seeds and Feedstuff	70	0.28	67	0.29
棉麻类	Cotton and Hemp	142	0.06	5	0.00
其他类	Others	3389	38.71	5677	55.41

16-26 各市亿元以上商品交易市场情况

Statistics on Commodity Exchange Market of Turnover above 100 million yuan by City

市(县)	City(County)	2019		2020	
		摊位数量(个) Number of Booths (unit)	成交额(亿元) Total Turnover (100 million yuan)	摊位数量(个) Number of Booths (unit)	成交额(亿元) Total Turnover (100 million yuan)
省辖市	**City**				
郑州市	Zhengzhou	32470	1288.42	34635	1250.73
开封市	Kaifeng	1561	12.47	1590	11.55
洛阳市	Luoyang	8500	313.94	7754	245.46
平顶山市	Pingdingshan	1694	26.79	1282	22.78
安阳市	Anyang	530	9.82	508	9.31
鹤壁市	Hebi	349	19.99	450	22.00
新乡市	Xinxiang	5178	66.66	5239	64.01
焦作市	Jiaozuo	1794	19.01	1709	11.23
濮阳市	Puyang				
许昌市	Xuchang	3357	323.43	2324	322.55
漯河市	Luohe	4509	28.64	4505	20.20
三门峡市	Sanmenxia	70	6.53	65	6.21
南阳市	Nanyang	11222	267.81	9408	198.49
商丘市	Shangqiu	14116	525.16	13622	534.53
信阳市	Xinyang	6416	43.87	5833	26.68
周口市	Zhoukou	4555	137.70	5871	222.44
驻马店市	Zhumadian	6437	123.41	5682	106.92
济源市	Jiyuan	2912	17.92	2981	20.12
省直管县	**County Directly Administrated by Province**				
巩义市	Gongyi				
兰考县	Lankao				
汝州市	Ruzhou	43	7.63	43	8.76
滑县	Huaxian				
长垣市	Changyuan				
邓州市	Dengzhou	2483	32.86	2103	21.21
永城市	Yongcheng	1004	10.58	1004	8.45
固始县	Gushi	4265	7.78	4285	8.29
鹿邑县	Luyi				
新蔡县	Xincai	484	5.95	484	5.64

16-27 按行业分企业信息化及电子商务情况(2020)

Informationization and E-commerce Situation by Sector (2020)

行　业	Sector	企业个数(个) Number of Enterprises (unit)	期末使用计算机数(台) Number of Computers in Use at Year-end (set)	每百人使用计算机数(台) Number of Computers in Use Per 100 People (unit)	企业拥有网站数(个) Number of Websites Owned by Enterprises (unit)
总　计	**Total**	**55912**	**1797652**	**21**	**23848**
采矿业	Mining	466	71139	21	155
制造业	Manufacturing	17296	532952	14	10705
电力、热力、燃气及水生产和供应业	Production and Supply of Electricity, Gas and Water	648	91116	40	295
建筑业	Construction	7627	230605	12	2694
批发和零售业	Wholesale and Retail Trade	11657	206539	38	3376
交通运输、仓储和邮政业	Transport, Storage and Post	2141	65678	20	564
住宿和餐饮业	Hotels and Catering Services	2513	31214	24	719
信息传输、软件和信息技术	Information Transmission, Software and Information Technology	702	187042	105	553
房地产业	Real Estate	7802	127801	35	2510
租赁和商务服务业	Leasing and Business Services	1453	38116	14	589
科学研究和技术服务业	Scientific Research and Technical Services	954	87545	72	552
水利、环境和公共设施管理业	Management of Water Conservancy, Environment and Public Facilities	432	8876	8	192
居民服务、修理和其他服务业	Services to Households, Repair and Other Services	480	3734	8	120
教育	Education	742	56527	63	327
卫生和社会工作	Health and Social Service	470	41877	52	297
文化、体育和娱乐业	Culture, Sports and Entertainment	529	16891	49	200

注：有电子商务交易活动的企业是指通过互联网开展电子商务销售或电子商务采购的企业(下表同)。

a) Enterprises with e-commerce transaction activities refer to enterprises that carry out e-commerce sales or e-commerce procurement through the Internet (the same as the table below).

16-27 续表 continued

行业	Sector	每百家企业拥有网站数(个) Number of Websites Owned Per 100 Enterprises (unit)	有电子商务交易活动 E-commerce Transactions 企业数(个) Number of Enterprises (unit)	比重(%) Proportion (%)	电子商务销售额(亿元) Sales of E-commerce (100 million yuan)	电子商务采购额(亿元) Purchase Amount of E-commerce (100 million yuan)
总计	**Total**	**43**	**4191**	**7.5**	**4254.22**	**2672.07**
采矿业	Mining	33	15	3.2	13.78	32.11
制造业	Manufacturing	62	1257	7.3	2025.63	1213.55
电力、热力、燃气及水生产和供应业	Production and Supply of Electricity, Gas and Water	46	37	5.7	1.84	7.43
建筑业	Construction	35	299	3.9	0.31	178.85
批发和零售业	Wholesale and Retail Trade	29	1149	9.9	1729.98	1040.05
交通运输、仓储和邮政业	Transport, Storage and Post	26	92	4.3	40.51	23.07
住宿和餐饮业	Hotels and Catering Services	29	634	25.2	16.36	0.42
信息传输、软件和信息技术	Information Transmission, Software and Information Technology	79	167	23.8	375.44	60.94
房地产业	Real Estate	32	184	2.4	1.07	0.75
租赁和商务服务业	Leasing and Business Services	41	91	6.3	28.57	85.19
科学研究和技术服务业	Scientific Research and Technical Services	58	86	9.0	9.03	29.23
水利、环境和公共设施管理业	Management of Water Conservancy, Environment and Public Facilities	44	50	11.6	2.72	0.12
居民服务、修理和其他服务业	Services to Households, Repair and Other Services	25	22	4.6	0.16	0.10
教育	Education	44	18	2.4	3.87	0.07
卫生和社会工作	Health and Social Service	63	17	3.6	0.05	0.09
文化、体育和娱乐业	Culture, Sports and Entertainment	38	73	13.8	4.89	0.10

注：有电子商务交易活动的企业是指通过互联网开展电子商务销售或电子商务采购的企业（下表同）。

a) Enterprises with e-commerce transaction activities refer to enterprises that carry out e-commerce sales or e-commerce procurement through the Internet (the same as the table below).

16−28 按地区分企业信息化及电子商务情况(2020)

Informationization and E-commerce Situation by Region (2020)

地区 Region	企业个数(个) Number of Enterprises (unit)	期末使用计算机数(台) Number of Computers in Use at Year-end (set)	每百人使用计算机数(台) Number of Computers in Use Per 100 People (unit)	企业拥有网站数(个) Number of Websites Owned by Enterprises (unit)	每百家企业拥有网站数(个) Number of Websites Owned Per 100 Enterprises (unit)	有电子商务交易活动 E-commerce Transactions 企业数(个) Number of Enterprises (unit)	比重(%) Proportion (%)	电子商务销售额(亿元) Sales of E-commerce (100 million yuan)	电子商务采购额(亿元) Purchase Amount of E-commerce (100 million yuan)
全　　省 Total	**55912**	**1797652**	**21**	**23848**	**43**	**4191**	**7.5**	**4254.22**	**2672.07**
省　辖　市 City									
郑　州　市 Zhengzhou	10759	690732	35	7151	66	1486	13.8	1639.22	986.86
开　封　市 Kaifeng	2464	48140	13	950	39	149	6.0	66.82	35.14
洛　阳　市 Luoyang	4548	190201	31	1931	43	292	6.4	407.72	286.57
平顶山市 Pingdingshan	2562	73644	18	809	32	138	5.4	92.45	68.65
安　阳　市 Anyang	2182	63612	14	939	43	145	6.6	86.29	38.61
鹤　壁　市 Hebi	1026	35097	21	450	44	57	5.6	91.27	51.32
新　乡　市 Xinxiang	3686	102139	21	1873	51	253	6.9	120.09	45.99
焦　作　市 Jiaozuo	2110	61347	22	805	38	147	7.0	198.47	183.23
濮　阳　市 Puyang	1546	61570	25	678	44	105	6.8	64.01	47.21
许　昌　市 Xuchang	3070	63479	15	944	31	209	6.8	70.62	44.83
漯　河　市 Luohe	1223	29374	15	485	40	89	7.3	490.95	423.06
三门峡市 Sanmenxia	1335	39633	24	398	30	115	8.6	274.63	85.78
南　阳　市 Nanyang	4194	91926	19	1500	36	240	5.7	134.49	95.47
商　丘　市 Shangqiu	3719	62785	9	1249	34	179	4.8	136.89	75.50
信　阳　市 Xinyang	3775	60384	12	1241	33	254	6.7	106.86	52.71
周　口　市 Zhoukou	3743	54681	8	1148	31	120	3.2	113.63	52.07
驻马店市 Zhumadian	3367	49264	11	1044	31	170	5.0	136.75	46.96
济　源　市 Jiyuan	603	19644	20	253	42	43	7.1	23.06	52.12
省直管县 County Directly Administrated by Province									
巩　义　市 Gongyi	767	18658	24	392	51	53	6.9	5.84	0.41
兰　考　县 Lankao	589	6684	10	231	39	59	10.0	4.01	0.44
汝　州　市 Ruzhou	486	7762	15	166	34	24	4.9	20.24	20.37
滑　　县 Huaxian	512	6640	17	200	39	23	4.5	0.57	0.05
长　垣　市 Changyuan	867	23814	19	491	57	49	5.7	1.48	0.71
邓　州　市 Dengzhou	503	5689	13	117	23	22	4.4	0.37	0.11
永　城　市 Yongcheng	567	12606	13	187	33	31	5.5	3.95	11.80
固　始　县 Gushi	680	7933	11	198	29	38	5.6	0.94	0.53
鹿　邑　县 Luyi	675	5958	8	130	19	16	2.4	0.42	0.03
新　蔡　县 Xincai	499	3281	10	135	27	10	2.0	0.22	0.00

主要统计指标解释

社会消费品零售总额 指企业（单位、个体户）通过交易直接售给个人、社会集团非生产、非经营用的实物商品金额，以及提供餐饮服务所取得的收入金额。个人包括城乡居民和入境人员，社会集团包括机关、社会团体、部队、学校、企事业单位、居委会或村委会等。

批发业 指向其他批发或零售单位（含个体经营者）及其他企事业单位、机关团体等批量销售生活用品、生产资料的活动，以及从事进出口贸易和贸易经纪与代理的活动，包括拥有货物所有权，并以本单位(公司)的名义进行交易活动,也包括不拥有货物的所有权，收取佣金的商品代理、商品代售活动；还包括各类商品批发市场中固定摊位的批发活动，以及以销售为目的的收购活动。

零售业 指百货商店、超级市场、专门零售商店、品牌专卖店、售货摊等主要面向最终消费者（如居民等）的销售活动，以互联网、邮政、电话、售货机等方式的销售活动，还包括在同一地点，后面加工生产，前面销售的店铺（如面包房）；谷物、种子、饲料、牲畜、矿产品、生产用原料、化工原料、农用化工产品、机械设备（乘用车、计算机及通信设备除外）等生产资料的销售不作为零售活动；多数零售商对其销售的货物拥有所有权，但有些则是充当委托人的代理人，进行委托销售或以收取佣金的方式进行销售。

批发和零售业商品购进、销售、库存额 指各种登记注册类型的批发和零售业企业(单位)以本企业（单位）为总体的，从国内、国外市场购进的商品总价，销售和出口的商品总价，库存的商品总价等情况。该指标可以反映商品流转过程中商品的购进、销售、库存之间的比例关系和存在的问题。

商品购进额 指从本企业以外的单位和个人购进（包括从国外直接进口）作为转卖或加工后转卖的商品金额（含增值税）。商品购进包括：（1）从工农业生产者、批发和零售业、住宿和餐饮业、出版社或报社的出版发行部门和其他服务业等企事业单位和个体经营户购进的商品；（2）从机关、社会团体购进的商品；（3）从海关、市场管理部门购进的缉私和没收的商品；（4）从居民收购的废旧商品等。不包括：（1）企业为本单位自身经营用，不是作为转卖而购进的商品，如材料物资、包装物、低值易耗品、办公用品等；（2）未通过买卖行为而收入的商品，如接受其他部门移交的商品、借入的商品、收入代其他单位保管的商品、其他单位赠送的样品、加工回收的成品等；（3）经本单位介绍，由买卖双方直接结算，本单位只收取手续费的业务；（4）销售退回和买方拒付货款的商品；（5）商品溢余；（6）期货交易商品。

商品销售额 指对本单位以外的单位和个人出售的商品金额（包括售给本单位消费用的商品，含增值税）。商品销售包括（1）售给城乡居民和社会集团消费用的商品；（2）售给农业、工业、建筑业、服务业等国民经济各行业用于生产、经营用的商品，包括售予批发和零售业作为转卖或加工后转卖的商品；（3）对国（境）外直接出口的商品。不包括：（1）未通过买卖行为付出的商品，如随机构变动移交给其他企业单位的商品、借出的商品、归还受其他单位委托代保管的商品、付出的加工原料和赠送给其他单位的样品等；（2）经本单位介绍，由买卖双方直接结算，本单位只收取手续费的业务；（3）购货退回的商品；（4）商品损耗和损失；（5）出售本单位自用的废旧物资。

商品库存额 对于批发和零售业法人单位和个体经营户，是指报告期末取得所有权的全部商品金额（含增值税）；对于批发和零售业产业活动单位，是指报告期末实际在库且归属法人具有所有权的全部商品金额（含增值税）。库存商品包括：(1)存放在本单位（如门市部、批发站、采购站、经营处）的仓库、货场、货柜和货架中的商品；(2)挑选、整理、包装中的商品；(3)已记入购进而尚未运到本单位的商品，即发货单或银行承兑凭证已到而货未到的商品；(4)寄放他处的商品，如因购货方拒绝付款而暂时存在购货方的商品；(5)委托其他单位代销（未作销售或调出）尚未售出的商品；(6)代其他单位购进尚未交付的商品。不包括：所有权不属于本单位的商品；委托外单位加工的商品；外贸企业代理其他单位从国外进口，尚未付给订货单位的商品；代国家储备部门保管的商品。

连锁总店（总部） 指负责连锁企业资源（商号、商誉、经营模式、服务标准、管理模式等等）的开发、配置、控制或使用等功能的企业核心管理机构。连锁经营是指经营同类商品或服务，使用统一商号的若干店铺，在同一总店（总部）的管理下，采取统一采购或特许经营等方式，实现规模效益的组织形式，包括直营连锁、特许连锁和自愿连锁三种形式。其中，直营连锁是指连锁店铺由连锁公司全资或控股开设，在总部的直接控制下，开展统一经营的连锁经营形式；特许连锁是指拥有注册商标、企业标志、专利、专有技术等经营资源的企业（特许人），以合同形式将其拥有的经营资源许可其他经营者（被特许人）使用，被特许人按合同约定在统一的经营模式下开展经营，并向特许人支付特许经营费用的连锁经营形式；自愿连锁是指若干个店铺或企业自愿组合起来，在不改变各自资产所有权关系的情况下，以同一个品牌形象面对消费者，以共同进货为纽带开展的连锁经营形式。

亿元以上商品交易市场　指年成交额在亿元及以上的商品交易市场。商品交易市场是指经有关部门和组织批准设立，有固定场所、设施，有经营管理部门和监管人员，若干市场经营者入内，常年或实际开业三个月以上，集中、公开、独立地进行生活消费品、生产资料等现货商品交易以及提供相关服务的交易场所，包括各类消费品市场、生产资料市场等。

住宿业　指为旅行者提供短期留宿场所的活动，有些单位只提供住宿，也有些单位提供住宿、饮食、商务、娱乐一体的服务，不包括主要按月或按年长期出租房屋住所的活动。

餐饮业　指通过即时制作加工、商业销售和服务性劳动等，向消费者提供食品和消费场所及设施的服务。

营业额　指住宿和餐饮业单位在经营活动中因提供服务或销售商品等取得的收入。包括：客房收入、餐费收入、商品销售额（含增值税）和其他收入。其中，客房收入指住宿和餐饮业单位在经营活动中因提供住宿服务取得的收入。餐费收入指本单位为顾客提供就餐服务取得的收入，包括：经烹饪、调制加工后出售的各种食品，如主食、炒菜、凉拌菜等的收入。

Explanatory Notes on Main Statistical Indicators

Total Retail Sales of Consumer Goods refer to the amount obtained by enterprises (units, self-employed individuals) through direct sales of non-production and non-business physical commodity to individuals, social institutions, and revenue from providing catering services. Individuals include rural and urban households, population from abroad, social institutions include government agencies, social organizations, military units, schools, institutions, neighbourhood (village) committees.

Wholesale Trade refers to the activities of selling wholesale commodities for daily use and capital goods to enterprises of wholesale and retail trades (including self-employed individuals) and other enterprises, institutions and government organs and organizations, and the activities of engaging in import and export and acting as a trade agent. The wholesaler may have the ownership of the commodities for wholesale and trade in the name of its own (a company), and the wholesaler can act as commission agent or commodity broker without the ownership of commodities. Also included are the wholesale activities at the fixed stalls in wholesale market and the acquisition for sales purpose.

Retail Trade refers to the activities of department store, supermarket, franchised store, brand store, retail stall and on-the-spot-making-selling store selling commodities to the final consumers (residents) by any means including internet, post, telephone, sales machine. It also includes shops with sales and production localted in the same places (such as bakeries). Retail trade excludes the activities of sales of capital goods such as grain, seed, feed, livestock, mineral products, raw material for production, industrial chemicals, chemical products for agricultural use, machine and equipment (excluding vehicles, computers and communication equipment). Most retailers have the ownership of commodities to sell, but some are acting as agents or brokers to make transactions for a commission.

Purchase, Sales and Stock of Commodities by Wholesale and Retail Trades refer to the total volume of commodities purchased, total volume of sales and exports, and the stock of commodities by wholesale and retail enterprises (establishments) of different status of registration from domestic and overseas markets. This indicator reflects the relationship among purchase, sales and stock of commodities in the circulation of goods and reveals the existing problems.

Total Purchases of Commodities refer to the total value of purchases of commodities by enterprises (establishments) from other establishments or individuals (including direct import from abroad) for the purpose of re-selling, either with or without further processing of the commodities purchased. The commodities include: (1) commodities purchased from agricultural and industrial producer, wholesaler, retailer, publishing house and other enterprises, institutions and individual operators of service business; (2) commodities purchased from institutions and government departments; (3) confiscated goods purchased from the customs authorities or market management agencies; (4) second-hand goods and wastes purchased from residents; The commodities exclude (1) commodities purchased by enterprises (establishments) for use in their own business operation, commodities obtained without buying or selling procedures such as materials, consumable goods of low value, office appliance, etc. (2) received goods without trading, such as goods handed over from others, borrowed goods, preserved goods for others, donated goods from others, processed and retrieved goods, etc. (3) goods of direct settlement between buyer and seller with handling fees introduced by others, (4) goods returned or refused to pay by the buyer, (5) excessive goods, (6) futures trading commodities.

Total Sales of Commodities refer to value of commodities sold by the establishments to other establishments and individuals (including goods sold for self consumption, including the value-added tax). The commodities include: (1) commodities sold to urban and rural residents and social groups for their consumption; (2) commodities sold to establishments in all industries for their production and operation, including agriculture, industry, construction, and catering services including commodities sold to wholesale and retail establishments for re-selling, with or without further processing; and (3) commodities for direct export to abroad. Excluded are (1) extended commodities without trading, such as goods handed over to other enterprises and institutions because of the change of organizations, lent goods, returned goods preserved for others, extended processing materials and samples donated to others, (2) goods of direct settlement between buyer and seller with handling fees introduced by others, (3) goods returned after purchase, (4) damaged and spoiled goods, (5) waste and used goods of self use,

Total Stock of Commodities For the legal entities and self-employed individuals engaged in wholesale and retail trade, it refers to total value (including VAT) of commodities possessed at the end of the reference period; and for wholesale and retail establishments, it refers to the value (including VAT) of all commodities actually in stock and owned by their legal persons at the end of reference period. The commodities in stock includes: (1) commodities located in storage, garages, counters, and shelves of operating places of wholesale and retail trades (such as sale stores, wholesale centres, procurement stations and operating offices); (2) commodities in the process of being selected, sorted, and packed; (3) commodities not arrived but recorded as purchase in the account, i.e. commodities not arrived but payment receipts for the commodities from the sellers or the banks arrived; (4) commodities deposited in other places rather than places mentioned above, for instance: commodities in the hold of purchasers temporarily due to the refusal of payment; (5) commodities entrusted to other units to sell but not sold yet; (6) commodities purchased for other units but not delivered yet. Commodities not included as stock are those not owned by the enterprises (units), commodities on commission for processing, imported commodities of agency of foreign trade enterprise but not yet delivered to ordering units and finally those put in stock on behalf of the state reserves units.

Chain Head Stores (headquarter) refer to the core leading stores responsible for development, allocation, administration and utilization of resources (name of stores, brand of stores, operation model, service standard, management way, etc.) of chain stores. Chain stores refers to the stores engaged in providing homogeneous commodities or services, with the central leadership of head store (headquarters) and guided by common policies, conduct centralized purchase and distributed selling of commodities, in order to gain better efficiency through standardized operation. The chain stores include regular chain stores, franchise chain stores and voluntary chain stores.

Regular Chain store refers to chain stores that are invested or controlled by the headquarters. They operate under direct and unified management from the headquarters.

Franchise chain store refers to the chain stores (franchisees) which are franchised with operation resources such as trade marks, names, patent and operation know-how by the franchisors in form of contract and pay the operation fees to the franchisors.

Voluntary chain store refers to the stores operate jointly on the voluntary bases while maintaining their status of independent legal entities with full ownership of their assets. They sell goods of same brand from same channel of resource to the consumers.

Large Commodity Markets with Transaction Value over 100 Million Yuan refers to the commodity markets with an annual transaction at and above 100 million. The commodity market refers to the markets approved and managed by related departments, where there are fixed sites, facilities, managers and administration offices, where there are a certain number of traders to operate for three month and above or all the year, where the commodities including the articles for daily consumption and capital goods and services are traded in a centralized, independent and open way. Such market includes markets of daily goods and market of capital goods, etc.

Hotel Services refer to the accommodation services provided to visitors. Some units may provide only accommodation while others provide a combination of accommodation, meals, business services and/or recreational facilities. It excludes activities related to the provision of long-term primary residences in facilities such as apartments typically leased on a monthly or annual basis.

Catering Services refer to the activities of providing foods, serving locations and facilities to customers through instant processing, commercial sales and service-type labor.

Business Revenue refers to revenue of hotels and catering services received from providing services or selling commodities through business activities, including income from hotels, from catering services, from selling of commodities (including VAT) and from other services. Income from hotels refers to income of hotels and catering services by providing lodging services through business activities. Income from catering services refers to income from providing catering services, including selling of cooked or prepared foods, such as staple food, cooked dishes, or cold dishes.

金融业
Financial Intermediation

17

◎ 资料整理：赵国顺

简要说明

一、主要内容

本篇包括金融机构、证券业、保险业和国债发行情况资料。

二、资料来源

金融机构和国债发行情况资料来源于中国人民银行郑州中心支行。证券业资料来源于河南证监局。保险业资料来源于河南保监局。本篇资料由河南省统计局国民经济核算处编辑整理。

Brief Introduction

I. Main Contents

Data in this chapter including four aspects: the financial activities of the financial institutions; the situations of the securities industry; the situation regarding the insurance business and the situation regarding the issuance of treasury bonds.

II. Sources of Data

Data on financial institutions and issuance of treasury bonds are calculated from The People's Bank of China and Zhengzhou Central Sub-branch. Data on securities industry are calculated from Henan provincial Securities Regulatory Commission. Data on insurance business are calculated from Henan provincial Insurance Regulatory. Data on this chapter are provided of Department of National Accounts of the Henan provincial Bureau of Statistics.

17-1 金融机构和保险业主要指标

Main Indicators of Financial Institutions and Insurance

单位：亿元 (100 million yuan)

Year	金融机构人民币存款年底余额 Total Saving Deposit Balance	金融机构人民币贷款年底余额 Total Loan Balance	#短期 Short-term	#中长期 Medium-term & Long-term	保险公司保费收入 Premium Income of Insarance Companies	保险公司赔款及给付 Claim & Payment of Insarance Companies
1978	45.71	99.99				
1979	52.00	108.14				
1980	57.77	125.01				
1981	68.45	146.42				
1982	74.08	153.73				
1983	88.10	174.83				
1984	136.84	229.88				
1985	146.42	284.91				
1986	184.66	350.21				
1987	231.71	392.32				
1988	270.67	447.99				
1989	329.01	511.90				
1990	593.96	773.04			6.57	3.18
1991	754.03	945.90			8.47	4.49
1992	936.04	1127.26			13.65	5.46
1993	1143.66	1366.98			18.48	7.55
1994	1602.95	1704.82			21.03	11.89
1995	2131.69	2170.17			25.57	11.47
1996	2707.65	2665.41			26.87	15.23
1997	3271.76	3320.89			34.84	16.02
1998	3772.51	3878.53			44.92	17.78
1999	4198.10	4179.51			47.89	15.83
2000	4753.41	4356.94	3114.58	1057.50	55.77	17.30
2001	5530.16	4885.73	3336.16	1447.99	69.57	21.85
2002	6451.59	5553.58	3673.39	1702.63	126.22	22.68
2003	7618.03	6422.66	4025.08	2138.16	162.98	27.53
2004	8631.79	7092.31	4200.53	2487.19	202.05	33.84
2005	10003.96	7434.53	4088.16	2736.63	213.55	38.16
2006	11492.55	8567.33	4731.54	3259.90	252.31	50.98
2007	12576.42	9545.48	5213.08	3800.96	323.56	100.88
2008	15255.42	10368.05	5180.84	4302.41	518.92	128.77
2009	19175.06	13437.43	6016.17	6066.05	565.39	148.23
2010	23148.83	15871.32	6995.81	7806.31	793.28	153.91
2011	26646.15	17506.24	8273.66	8690.17	839.82	171.14
2012	31970.43	20301.72	9977.52	9608.35	841.13	199.55
2013	37591.70	23511.41	11823.35	11029.60	916.52	279.75
2014	41374.91	27228.27	12801.98	13625.90	1036.08	324.03
2015	47629.91	31432.62	13763.71	16416.30	1248.76	447.71
2016	53977.62	36501.17	14253.21	20570.22	1555.15	548.03
2017	59068.66	41743.31	14528.69	25748.37	2020.07	625.86
2018	63867.63	47834.76	15267.62	30454.25	2262.85	654.75
2019	69508.66	55659.00	16672.11	36230.33	2430.84	668.59
2020	76446.19	62866.68	17689.36	42093.88	2506.00	720.11

注：各项存款、贷款年底余额1989年及以前为国家银行口径，1990年以后为金融机构口径。

a) The balance of Deposits and loans before 1998 are measured by statistics of state-owned banks, otherwise, after 1990, they are evaluated by data from financial institutions.

17－2　金融机构人民币存贷款情况

Deposits and Loans of Financial Institutions

单位：亿元　　(100 million yuan)

项　　目	Item	2019	2020
各项存款	**Deposits**	**69508.66**	**76446.19**
境内存款	Domestic Savings	69493.36	76411.54
住户存款	Household Savings	40513.55	46042.52
非金融企业存款	Non-financial Corporate Deposits	16904.34	17493.82
机关团体存款	Institutional Group Deposits	8680.03	8703.23
财政性存款	Fiscal Deposit	685.07	708.49
非银行业金融机构存款	Non-banking Financial Institutions Deposits	2710.37	3463.48
境外存款	Overseas Deposits	15.30	34.65
各项贷款	**Loans**	**55659.00**	**62866.68**
境内贷款	Domestic Loans	55654.44	62863.86
住户贷款	Households Loans	22156.90	26090.31
短期贷款	Short-term Loans	4355.19	4860.88
中长期贷款	Medium and Long-term Loans	17801.71	21229.43
企（事）业单位贷款	Enterprises (Institutions) Loans	33495.54	36769.54
非银行业金融机构贷款	Non-banking Financial Institutions Loans	2.00	4.00
境外贷款	Foreign Loans	4.56	2.82

17－3　各类银行人民币存贷款情况（2020年）

Deposits and Loans of Financial Institutions (2020)

单位：亿元　　(100 million yuan)

项目	Item	大型银行 Large Banks	中小型银行 Small and Medium Banks	区域性中小型银行 Urban Commercial Banks	农村信用社 Rural Credit Cooperatives
各项存款	**Deposits**	**36750.87**	**9792.74**	**25453.14**	**3355.33**
境内存款	Domestic Savings	36730.65	9778.81	25452.66	3355.33
个人存款	Individual Deposit	24780.95	2048.40	16237.89	2974.28
单位存款	Unit Deposit	11078.67	6642.19	7641.69	379.06
国库定期存款	Treasury deposit				
非存款类金融机构存款	Financial Institutions Deposits	871.00	1088.22	1573.07	1.99
境外存款	Overseas Deposits	20.22	13.92		
各项贷款	**Loans**	**29449.04**	**12939.96**	**17759.92**	**1972.99**
境内贷款	Domestic Loans	29448.52	12937.66	17759.92	1972.99
短期贷款	Short-term Loans	4849.51	4860.76	7406.21	645.14
#个人贷款及透支	Personal Loans and Overdrafts	1620.52	663.97	2276.44	299.64
#个人消费贷款	Personal Consumption Loans	1041.41	456.19	620.20	64.36
单位贷款及透支	Unit Loans and Overdrafts	3228.98	4196.79	4782.52	345.50
中长期贷款	Medium-term & Long-term Loans	23853.51	7471.65	9142.37	1317.90
个人贷款	Personal Loan	12325.88	3711.29	4544.78	646.34
#个人消费贷款	Personal Consumption Loans	11832.67	3218.63	2917.16	334.68
单位贷款	Unit Loans	11527.63	3760.36	4591.33	671.56
票据融资	Bill Financing	741.55	589.78	1140.51	9.95
融资租赁	Financing Lease				
各项垫款	Advance Payment	3.95	15.47	70.83	
境外贷款	Foreign Loans	0.52	2.30		

17-4 各市金融机构贷款年底余额

Loans of Financial Institutions by City

单位：亿元 (100 million yuan)

市(县) City(County)	2019	#短期 Short-term	#中长期 Medium-term & Long-term	2020	#短期 Short-term	#中长期 Medium-term & Long-term
省辖市 City						
郑州市 Zhengzhou	25364.33	5372.89	18809.25	28439.38	5744.19	21401.13
开封市 Kaifeng	1704.45	502.20	1176.77	1942.99	546.26	1342.23
洛阳市 Luoyang	4852.50	1889.10	2359.38	5489.13	1958.45	2867.68
平顶山市 Pingdingshan	2070.33	904.32	922.08	2346.45	1006.75	1096.69
安阳市 Anyang	1672.01	521.65	1021.64	1929.79	535.92	1263.73
鹤壁市 Hebi	649.48	287.78	357.97	704.43	285.68	413.43
新乡市 Xinxiang	2027.78	655.99	1321.12	2344.01	721.25	1554.78
焦作市 Jiaozuo	1515.27	511.18	900.26	1729.36	565.44	1039.40
濮阳市 Puyang	1022.43	278.58	716.22	1252.41	315.17	902.83
许昌市 Xuchang	1992.90	834.27	1111.55	2232.30	857.28	1305.74
漯河市 Luohe	908.89	362.78	519.38	1052.89	367.41	644.97
三门峡市 Sanmenxia	840.17	373.96	443.54	924.96	393.94	501.92
南阳市 Nanyang	2643.84	1104.51	1434.60	3002.34	1199.69	1671.10
商丘市 Shangqiu	1980.67	805.19	1138.75	2272.31	860.04	1369.40
信阳市 Xinyang	1908.58	696.03	1193.74	2055.32	672.98	1359.42
周口市 Zhoukou	1502.06	512.96	976.22	1754.69	517.58	1214.29
驻马店市 Zhumadian	1716.02	620.76	1090.18	2244.75	818.86	1413.23
济源市 Jiyuan	327.27	161.31	126.47	349.80	166.73	149.14
省直管县 County Directly Administrated by Province						
巩义市 Gongyi	278.94	96.27	161.87	321.09	103.30	201.66
兰考县 Lankao	210.70	54.43	151.41	244.64	66.08	174.15
汝州市 Ruzhou	261.84	118.80	141.82	283.65	118.36	164.57
滑县 Huaxian	169.59	37.32	120.92	220.53	47.32	153.50
长垣县 Changyuan	241.52	71.31	170.21	292.62	86.57	205.70
邓州市 Dengzhou	257.32	132.13	113.74	283.27	139.72	128.63
永城市 Yongcheng	339.52	212.11	122.37	365.38	220.10	142.26
固始县 Gushi	208.97	97.39	111.58	239.82	92.70	144.64
鹿邑县 Luyi	151.07	36.38	114.49	164.29	35.71	128.57
新蔡县 Xincai	157.86	83.16	74.70	179.13	93.31	85.82

17-5 个人贷款总额

Total Amount of Personal Loans

单位：亿元 (100 million yuan)

指标	Indicators	2005	2010	2015	2018	2019	2020
个人贷款总额	**Total Amount of Personal Loans**	**377.79**	**1898.14**	**5961.59**	**13582.83**	**17248.46**	**19998.85**
个人消费贷款	Personal Consumption Loan	347.30	1623.94	5961.59	13582.83	17248.46	19998.85
#个人住房贷款	Housing Mortgage Loan	269.71	1257.00	4719.70	11320.64	14192.79	16792.01
汽车消费贷款	Car Consumption Loan	41.02	68.09	71.49	65.35	46.79	32.49
个人住房贷款占个人消费贷款额比重(%)	**Percentage of Housing Mortgage Loan in Personal Consumption Loan (%)**	**77.7**	**77.4**	**79.2**	**83.3**	**82.3**	**84.0**

注：2015年以后数据不含公积金贷款。

a) Data since 2015 do not include provident fund loans.

17-6 各市证券交易额

Stock Turnover by City

单位：亿元 (100 million yuan)

市 City	2010	2015	2016	2017	2018	2019	2020
全　　省 Total	**25066**	**100578**	**51654**	**72738**	**60364**	**76910**	**107330**
郑　州　市 Zhengzhou	13929	54869	27571	41782	32768	41734	61224
开　封　市 Kaifeng	578	2296	1271	1371	1143	1399	1963
洛　阳　市 Luoyang	2387	10204	5450	7248	6599	8660	9083
平 顶 山 市 Pingdingshan	939	3637	1323	2204	1924	2405	3405
安　阳　市 Anyang	645	2272	1242	1513	1319	1820	2508
鹤　壁　市 Hebi	250	780	378	616	520	533	729
新　乡　市 Xinxiang	931	3898	2032	2987	2825	2967	4313
焦　作　市 Jiaozuo	641	2669	1522	2434	1915	2063	2734
濮　阳　市 Puyang	454	2561	1001	1105	850	1166	1625
许　昌　市 Xuchang	860	3217	979	2074	1870	2368	3595
漯　河　市 Luohe	312	1187	620	744	703	1143	1432
三 门 峡 市 Sanmenxia	438	1312	627	917	840	1063	1327
南　阳　市 Nanyang	828	3317	2007	2498	2087	3023	4252
商　丘　市 Shangqiu	290	1803	1081	1262	1214	1516	2169
信　阳　市 Xinyang	525	2537	1403	1702	1527	1967	2613
周　口　市 Zhoukou	416	1536	1013	830	827	1220	1796
驻 马 店 市 Zhumadian	488	2016	1406	1130	1134	1545	2121
济　源　市 Jiyuan	154	468	272	319	301	319	441

17-7 各市国债发行情况
Issuance of National Debt by City

单位：万元 (10 000 yuan)

市 City	2000	2005	2010	2015	2016	2017	2018	2019	2020
全 省 Total	**485000**	**460969**	**618676**	**575315**	**721789**	**589887**	**533493**	**684105**	**317024**
郑 州 市 Zhengzhou	160330	190559	140710	147775	165744	136224	139142	210419	115118
开 封 市 Kaifeng	23266	18625	31839	15767	16918	16466	15668	16348	9176
洛 阳 市 Luoyang	79250	68155	55497	70383	78712	65938	62623	84808	29355
平 顶 山 市 Pingdingshan	21000	13410	24190	16030	45033	18070	18703	19742	9251
安 阳 市 Anyang	30500	16682	13050	26826	34782	27841	22637	23738	11799
鹤 壁 市 Hebi	2880	3360	10755	4789	13230	7138	4271	4451	1651
新 乡 市 Xinxiang	30737	24089	45620	41586	38782	32377	31157	43141	22022
焦 作 市 Jiaozuo	25021	11699	31401	51015	58950	53549	40999	42739	16393
濮 阳 市 Puyang	35300	35975	45013	45038	40376	60364	43455	62184	25201
许 昌 市 Xuchang	14600	10770	10737	16112	20667	20067	14146	15971	5488
漯 河 市 Luohe	3296	6080	8191	8551	24661	6953	6304	7606	2434
三 门 峡 市 Sanmenxia	11710	9690	18821	26949	39412	29081	28630	29237	9930
南 阳 市 Nanyang	8000	17220	25086	21534	31067	28693	33448	32900	17466
商 丘 市 Shangqiu	6515	4505	22454	16529	32036	13728	10639	14184	7568
信 阳 市 Xinyang	8275	9900	37562	7666	11653	7059	4967	9717	4220
周 口 市 Zhoukou	8800	5575	28285	23988	31010	29139	24014	30301	14700
驻 马 店 市 Zhumadian	11600	9125	59963	19278	15393	21664	17280	22271	10987
济 源 市 Jiyuan	3920	5550	9502	15499	23363	15536	15410	14348	4265

17-8 证券市场情况
Basic Statistics on Securities Market

指　标	Item	2015	2016	2017	2018	2019	2020
年末河南上市公司数量(家)	Number of Listed Companies in Henan at the Year-end (unit)	101	108	116	120	124	134
年末发行股票(只)	Number of Listed Stocks at the Year-end (unit)	105	110	118	122	124	136
发行A股	A Shares	73	74	78	79	81	87
#新发行	Issued in this Year	6	1	4	1	2	7
发行境外股票	Overseas stock	32	36	40	41	43	47
#新发行	Issued in this Year	1	3	3	3	2	4
截止年末募集资金总额(亿元)	Capital Avaliable at the end year (100 million yuan)	2631.60	2984.70	3085.44	3731.95	-	4894.97
本年首次发行、再融资募集资金(亿元)	Capital Avaliable from First Issued and Refinancing (100 million yuan)	377.35	442.85	521.78	225.47	776.30	344.56
#A股	A Shares	226.71	436.73	431.73	100.80	772.80	320.36
年末A股上市公司流通股市价总值(亿元)	Total Market Value of Circulation Stock of Companies Listed in A Share Market at the Year-end (100 million yuan)	6581.30	3617.80	7307.38	5418.56	7211.21	10880.7
股票成交量(亿元)	Total Stock Turnover (100 million yuan)	100578.31	51234.66	47297.17	35604.08	51237.08	77592.81
债券成交量金额(亿元)	Bonds Turnover (100 million yuan)	590.61	594.44	830.07	377.09	475.25	2458.13
投资者开户数(万户)	Total Investors (10 000 households)	579.00	687.00	778.45	861.00	971.77	1071.54
#机构	Institutions	0.28	0.62	0.70	0.74	0.84	0.91
个人	Individuals	578.42	686.38	777.75	860.50	970.94	1070.63
证券营业部个数(个)	Number of Business Departments of Security Companies (unit)	301	287	335	409	414	407
#外省证券公司设本省营业部	Number of Local Business Departments of Security Companies from Other Provinces	234	221	268	323	325	320

17-9 河南A股股票发行情况(1993-2020年)
Issuance of A Shares (1993-2020)

股票名称 Name of Stocks	证券代码 Code of Stocks	发行(上市)日期 Issue or the Listing date	发行数量(万股) Total Issued Volume (10 000 shares)	发行价格(元/股) Issued Prices (yuan/share)	发行总市值(万元) Issued Aggregate Market Value (10 000yuan)	募集资金净额(万元) Net Capitalization Collected (10 000yuan)
中原环保	000544.SZ	1993/12/08	4500	3.50	15750	15075
神马股份	600810.SH	1994/01/06	4950	4.68	23166	23166
洛阳玻璃	600876.SH	1995/10/31	5000	5.03	25150	23900
焦作万方	000612.SZ	1996/09/26	3201	6.80	21767	21127
东方银星	600753.SH	1996/09/27	2000	5.18	10360	9760
*ST思 达	000676.SZ	1996/12/24	1250	5.20	6500	6000
大地传媒	000719.SZ	1997/03/31	1478			
许继电气	000400.SZ	1997/04/18	5000	9.24	46200	44700
银鸽投资	600069.SH	1997/04/30	4000	4.62	18480	17810
宇通客车	600066.SH	1997/05/08	3500	9.75	34125	33075
郑州煤电	600121.SH	1998/01/07	8000	5.50	44000	42520
豫能控股	001896.SZ	1998/01/22	8000	3.36	26880	25920
莲花味精	600186.SH	1998/08/25	10000	7.01	70100	68000
黄河旋风	600172.SH	1998/11/26	4000	6.40	25600	24721
双汇发展	000895.SZ	1998/12/10	5000	6.24	31200	30046
同力水泥	000885.SZ	1999/03/19	6000	7.08	42480	40980
安彩高科	600207.SH	1999/07/14	18000	7.20	129600	127623
神火股份	000933.SZ	1999/08/31	7000	7.50	52500	51170
新乡化纤	000949.SZ	1999/10/21	7500	7.80	58500	56752
太龙药业	600222.SH	1999/11/05	3500	6.52	22820	21823
羚锐制药	600285.SH	2000/10/18	4000	8.30	33200	32030
天方药业	600253.SH	2000/12/27	6000	7.75	46500	44820
平高电气	600312.SH	2001/02/21	6000	12.45	74700	72787
安阳钢铁	600569.SH	2001/08/20	27500	6.80	187000	182925
中孚实业	600595.SH	2002/06/26	5000	8.30	41500	39939
豫光金铅	600531.SH	2002/07/30	4500	7.34	33030	31502
瑞 贝 卡	600439.SH	2003/07/10	2400	10.40	24960	23956
中原高速	600020.SH	2003/08/08	28000	6.36	178080	172754
大有能源	600403.SH	2003/10/09	3000	6.67	20010	19078
风神股份	600469.SH	2003/10/21	7500	4.30	32250	30533
华兰生物	002007.SZ	2004/06/25	2200	15.74	34628	32985
轴研科技	002046.SZ	2005/05/26	2500	6.39	15975	14784
平煤股份	601666.SH	2006/11/23	37000	8.16	301920	294892
新野纺织	002087.SZ	2006/11/30	8000	5.19	41520	38821
恒星科技	002132.SZ	2007/04/27	4100	8.00	32800	30200
中航光电	002179.SZ	2007/11/01	3000	16.19	48570	46231
利达光电	002189.SZ	2007/12/03	5000	5.1	25500	23512

17-9 续表 continued

股票名称 Name of Stocks	证券代码 Code of Stocks	发行(上市)日期 Issue or the Listing date	发行数量(万股) Total Issued Volume (10 000 shares)	发行价格(元/股) Issued Prices (yuan/share)	发行总市值(万元) Issued Aggregate Market Value (10 000yuan)	募集资金净额(万元) Net Capitalization Collected (10 000yuan)
三全食品	002216.SZ	2008/02/20	2350	21.59	50737	48864
濮耐股份	002225.SZ	2008/04/25	6000	4.79	28740	27012
辉煌科技	002296.SZ	2009/09/29	1550	25.00	38750	37004
汉威电子	300007.SZ	2009/10/30	1500	27.00	40500	37364
华英农业	002321.SZ	2009/12/16	3700	16.98	62826	58884
森源电气	002358.SZ	2010/02/10	2200	26.00	57200	54715
豫金刚石	300064.SZ	2010/03/26	3800	21.32	81016	74502
远东传动	002406.SZ	2010/05/18	4700	26.60	125020	121490
多 氟 多	002407.SZ	2010/05/18	2700	39.39	106353	99085
中原特钢	002423.SZ	2010/06/03	7900	9.00	71100	67383
新大新材	300080.SZ	2010/06/25	3500	43.40	151900	148008
中原内配	002448.SZ	2010/07/16	2350	21.80	51230	47275
郑 煤 机	601717.SH	2010/08/03	14000	20.00	280000	270040
新 开 源	300109.SZ	2010/08/25	900	30.00	27000	24805
雏鹰农牧	002477.SZ	2010/09/15	3350	35.00	117250	108623
林州重机	002535.SZ	2011/01/11	5120	25.00	128000	120520
西泵股份	002536.SZ	2011/01/11	2400	36.00	86400	81749
四 方 达	300179.SZ	2011/02/15	2000	24.75	49500	46312
通达股份	002560.SZ	2011/03/03	2000	28.80	57600	53389
好 想 你	002582.SZ	2011/05/20	1860	46.00	85560	81478
佰 利 联	002601.SZ	2011/07/15	2400	55.00	132000	125818
新 开 普	300248.SZ	2011/07/29	1120	30.00	33600	29903
北玻股份	002613.SZ	2011/08/30	6700	13.50	90450	82145
新天科技	300259.SZ	2011/08/31	1900	21.90	41610	38732
隆华节能	300263.SZ	2011/09/16	2000	33.00	66000	61074
明泰铝业	601677.SH	2011/09/19	6000	20.00	120000	113549
中信重工	601608.SH	2012/07/06	68500	4.67	319895	308557
一拖股份	601038.SH	2012/08/08	15000	5.40	81000	77373
洛阳钼业	603993.SH	2012/10/09	20000	3.00	60000	55815
牧原股份	002714.SZ	2014/01/17	6050	24.07	72210	66782
清 水 源	300437.SZ	2015/04/23	1670	10.53	17585	15230
普 莱 柯	603566.SH	2015/05/18	4000	15.52	62080	55988
科迪乳业	002770.SZ	2015/06/30	6840	6.85	46854	40698
濮阳惠成	300481.SZ	2015/06/30	2000	9.13	18260	14599
光力科技	300480.SZ	2015/07/02	2300	7.28	16744	13938
思维列控	603508.SH	2015/12/24	4000	33.56	134240	127427
安图生物	603658.SH	2016/09/01	4200	14.58	61236	57453
中原证券	601375.SH	2017/01/03	70000	4.00	280000	266981
三晖电气	002857.SZ	2017/03/23	2000	10.26	20520	17647
森霸股份	300701.SZ	2017/09/15	2000	13.14	26280	23617
设 研 院	300732.SZ	2017/12/12	1800	41.42	74556	68872
建龙微纳	688357.SH	2019/12/04	1446	43.28	62583	56992
天迈科技	300807.SZ	2019/12/19	1700	17.68	30056	26069
金丹科技	300829.SZ	2020/04/22	2830	22.53	63760	54168
捷安高科	300845.SZ	2020/07/03	2309	17.63	40708	34017
新强联	300850.SZ	2020/07/13	2650	19.66	52099	44235
仕佳光子	688313.SH	2020/08/12	4600	10.82	49772	44490
开普检测	003008.SZ	2020/09/23	2000	30.42	60840	55567
仲景食品	300908.SZ	2020/11/23	2500	39.74	99350	91275
瑞丰新材	300910.SZ	2020/11/27	3750	30.26	113475	104183

注：2007年及以前为发行日期，2008年起为上市日期。

a) Data before 2007 is issue date, and Since 2008 is listing date.

17-10 保险业务情况

Main Indicators of Insurance Business

单位：亿元 (100 million yuan)

项　目	Item	2010	2015	2016	2017	2018	2019	2020
保费收入	**Premium Income**	**793.28**	**1248.76**	**1555.15**	**2020.07**	**2262.85**	**2430.84**	**2506.00**
财产保险	Property Insurance	134.72	320.16	372.95	443.59	521.08	566.55	570.56
#机动车辆险	Motor Vehicle Insurance	119.34	271.09	308.70	364.40	386.92	404.40	417.71
企业财产险	Enterprise Property Insurance	6.63	7.34	6.95	7.65	7.79	8.34	9.62
家庭财产险	Family Property Insurance	0.20	0.41	0.60	1.04	1.63	2.92	4.03
人身保险	Personal Insurance	658.56	928.60	1182.19	1576.47	1741.77	1864.29	1935.44
寿险	Life Insurance	618.34	794.72	1003.37	1297.95	1348.87	1378.85	1367.90
健康险	Health Insurance	31.03	111.44	151.10	240.54	357.68	449.95	514.58
意外伤害险	Accident Insurance	9.19	22.44	27.73	37.99	35.22	35.48	52.97
赔款及给付	**Claim and Payment**	**153.91**	**447.71**	**548.03**	**625.86**	**654.75**	**668.59**	**720.11**
财产保险	Property Insurance	70.72	156.14	184.32	217.56	272.65	309.96	329.92
#机动车辆险	Motor Vehicle Insurance	58.66	134.92	154.16	175.80	202.83	226.54	246.96
企业财产险	Enterprise Property Insurance	5.27	3.15	4.34	5.27	4.09	3.59	4.58
家庭财产险	Family Property Insurance	0.08	0.11	0.15	0.29	0.57	0.89	0.85
人身保险	Personal Insurance	83.19	291.57	363.72	408.30	382.10	358.63	390.20
寿险	Life Insurance	68.64	251.99	316.69	327.36	267.33	198.22	206.88
健康险	Health Insurance	11.58	34.97	40.70	72.94	108.82	152.95	169.69
意外伤害险	Accident Insurance	2.97	4.61	6.33	8.00	5.95	7.46	13.63

17-11 各市国内保险业务主要指标(2020年)

Main Indicators of Domestic Insurance Business by City (2020)

单位：亿元 (100 million yuan)

市 City	保费收入 Premium Income	财产保险 Property Insurance	#机动车辆险 Motor Vehicle Insurance	#企业财产险 Enterprise Property Insurance	#家庭财产险 Family Property Insurance	人身保险 Personal Insurance	寿险 Life Insurance	健康险 Health Insurance	意外伤害险 Accident Insurance
全　　省 Total	**2506.00**	**570.56**	**417.71**	**9.62**	**4.03**	**1935.44**	**1367.90**	**514.58**	**52.97**
省 辖 市 City	37.49	0.06	0.02	0.00	0.00	37.42	0.95	36.41	0.06
郑 州 市 Zhengzhou	800.30	194.98	135.66	6.12	1.13	605.32	427.96	156.91	20.45
开 封 市 Kaifeng	87.28	19.50	13.85	0.12	0.28	67.78	44.07	21.54	2.18
洛 阳 市 Luoyang	164.48	33.06	26.66	0.34	0.15	131.41	99.96	28.52	2.93
平顶山市 Pingdingshan	91.34	22.02	16.67	0.29	0.09	69.32	51.33	16.19	1.81
安 阳 市 Anyang	99.70	23.98	19.60	0.27	0.28	75.72	57.59	16.29	1.83
鹤 壁 市 Hebi	26.43	7.40	5.77	0.10	0.06	19.03	13.65	4.85	0.53
新 乡 市 Xinxiang	134.13	26.52	20.79	0.36	0.15	107.61	80.89	23.55	3.18
焦 作 市 Jiaozuo	107.22	21.80	18.13	0.22	0.08	85.42	59.34	24.25	1.84
濮 阳 市 Puyang	90.35	18.31	14.50	0.27	0.11	72.05	53.71	16.28	2.06
许 昌 市 Xuchang	94.63	19.54	16.13	0.16	0.09	75.10	56.18	16.92	1.99
漯 河 市 Luohe	56.28	10.36	7.32	0.08	0.04	45.91	33.69	11.21	1.01
三门峡市 Sanmenxia	42.43	9.25	7.02	0.08	0.03	33.17	25.18	7.16	0.84
南 阳 市 Nanyang	194.57	39.95	27.66	0.40	0.26	154.62	108.45	42.94	3.24
商 丘 市 Shangqiu	126.35	33.60	25.45	0.30	0.25	92.75	64.53	25.85	2.37
信 阳 市 Xinyang	109.19	23.21	16.79	0.10	0.09	85.98	66.84	17.26	1.88
周 口 市 Zhoukou	120.03	33.44	23.68	0.11	0.32	86.59	60.55	23.85	2.19
驻马店市 Zhumadian	106.32	28.53	18.17	0.16	0.60	77.79	55.23	20.33	2.22
济 源 市 Jiyuan	17.49	5.05	3.84	0.15	0.02	12.44	7.80	4.25	0.38

市 City	赔款及给付 Claim and Payment	财产保险 Property Insurance	#机动车辆险 Motor Vehicle Insurance	#企业财产险 Enterprise Property Insurance	#家庭财产险 Family Property Insurance	人身保险 Personal Insurance	寿险 Life Insurance	健康险 Health Insurance	意外伤害险 Accident Insurance
全　　省 Total	**720.11**	**329.92**	**246.96**	**4.58**	**0.85**	**390.20**	**206.88**	**169.69**	**13.63**
省 辖 市 City	27.27	1.01	0.84	0.01	0.02	26.25	0.02	26.20	0.03
郑 州 市 Zhengzhou	228.96	119.57	82.58	2.56	0.17	109.39	48.49	55.58	5.32
开 封 市 Kaifeng	28.62	10.89	8.16	0.11	0.03	17.73	7.81	9.47	0.45
洛 阳 市 Luoyang	44.67	17.81	14.08	0.14	0.03	26.86	19.66	6.41	0.79
平顶山市 Pingdingshan	26.70	11.97	9.60	0.14	0.02	14.74	9.37	4.97	0.39
安 阳 市 Anyang	30.90	14.05	11.34	0.12	0.07	16.85	11.90	3.93	1.02
鹤 壁 市 Hebi	8.61	4.12	3.42	0.03	0.02	4.49	3.20	1.11	0.18
新 乡 市 Xinxiang	30.61	13.18	11.41	0.20	0.03	17.44	9.69	7.04	0.70
焦 作 市 Jiaozuo	30.85	12.22	9.80	0.30	0.01	18.64	10.93	7.15	0.56
濮 阳 市 Puyang	24.86	9.56	8.21	0.16	0.01	15.30	11.19	3.60	0.50
许 昌 市 Xuchang	25.12	11.59	9.89	0.03	0.01	13.52	8.89	4.16	0.48
漯 河 市 Luohe	15.14	6.15	4.92	0.03	0.01	8.98	6.42	2.36	0.21
三门峡市 Sanmenxia	11.59	5.00	3.77	0.02	0.01	6.60	4.56	1.71	0.33
南 阳 市 Nanyang	49.96	21.58	15.55	0.20	0.03	28.38	17.03	10.56	0.79
商 丘 市 Shangqiu	37.89	18.67	14.77	0.34	0.18	19.22	7.64	10.98	0.59
信 阳 市 Xinyang	26.55	13.68	10.78	0.02	0.02	12.87	8.38	4.22	0.26
周 口 市 Zhoukou	35.27	20.02	14.92	0.05	0.04	15.26	9.96	4.89	0.40
驻马店市 Zhumadian	31.36	16.17	10.71	0.04	0.15	15.19	10.19	4.49	0.51
济 源 市 Jiyuan	5.18	2.68	2.22	0.07	0.00	2.50	1.54	0.85	0.11

主要统计指标解释

信贷资金　指金融机构以信用方式积聚和分配的货币资金。金融机构信贷资金的来源有各项存款、金融债券、对国际金融机构负债、流通中现金、其他项目等；信贷资金的运用有各项贷款、有价证券及投资、黄金占款、外汇买卖、财政借款及在国际金融机构中的资产等。

存款　指企业、机关、团体或居民把货币资金存入银行或其他信贷机构保管，可随时或按约定时间支取款项，并取得一定利息的一种信用活动形式。根据存款对象或性质的不同可划分为住户存款、非金融企业存款、政府存款、非银行业金融机构存款等科目。它是银行信贷资金的主要来源。

贷款　指银行或其他信贷机构根据资金必须归还的原则，按一定利率，为企业、个人等提供资金的一种信用活动形式。我国银行贷款分为短期贷款、中长期贷款、融资租赁、票据融资、各项垫款、境外贷款等。

保险公司　在中国境内的、经过保险监督管理部门批准设立，并依法登记注册的各类商业保险公司。

保险金额　指保险人承担赔偿或者给付保险金责任的最高限额。

证券　由债券购买者承购的或因销售产品而拥有的，可在金融市场上交易并代表一定债权的书面证明。包括政府债券、金融债券、企业债券、商业票据、股票、支付固定收入但不提供法人企业残余价值分享权的优先股等。

股票　指股票购买者及直接投资者对其投资企业净资产所拥有的权益。股票是股份公司签发的证明股东投资并按其所持股份享有权益和承担义务的权益性证券。

保费　指投保人为取得保险人在约定范围内所承担赔偿责任而支付给保险人的费用。

赔款　指保险人根据保险合同的规定，向被保险人支付的赔偿保险责任损失的金额。

给付　包括死伤医疗给付和满期给付。死伤医疗给付是指保险人根据人寿保险及长期健康保险合同的规定，因被保险人在保险期内发生保险责任范围内的保险事故支付给被保险人(或受益人)的金额。满期给付是指被保险人生存期满，保险人按人寿保险合同规定支付给被保险人的满期保险金额。

Explanatory Notes on Main Statistical Indicators

Credit Funds refer to the monetary funds accumulated and distributed in the means of credit by the financial institutions. The sources of credit funds include various deposits, financial bonds, liabilities to international financial institutions, currency in circulation, other items. The uses of credit funds include loans, securities and investment, position for bullion purchase, foreign exchange trading, advances to treasury, and assets with international financial institutions.

Deposit is a form of credit by which enterprises, institutions, organizations or households can put money into banks and other credit institutions for safekeeping and interest earning and can withdraw anytime or at appointed time.l. According to different depositors, deposits are divided into household deposits, non financial enterprise deposits, government deposits, non banking financial institutions deposits. Deposits are major sources of the credit funds of banks.

Loan is a form of credit by which banks and other credit institutions provide funds at certain interest rate to enterprises and individuals in the light of the principle of unconditional repayment. Loans from Chinese banks include short-term loan, medium-term and long-term loans, financial lease, bill financing, various money advanced, foreign loans.

Insurance Companies refer to commercial insurance companies of various forms registered by law and established in China with the approval of insurance regulatory agencies.

Amount Insured refers to the maximum that the insurant will get for the claim of the case insured.

Securities refer to written certificates representing creditors' rights, purchased by bond holders or owned by selling products, which can be transacted at the financial markets. They include government bonds, financial bonds, corporation bonds, commercial drafts, stocks, preferential stocks that provide fixed income without the right to share the residual value of corporations, etc.

Stocks refer to the rights by stockholders and direct investors on the net assets of corporations they invested in. Stocks refer to negotiable securities on creditor's rights, issued by stock companies certifying the investment by stockholders and their rights and duties depending on their stocks.

Premium is the fee paid by the insurant to the insurer to obtain the obligation of compensation from the insurance within the agreed terms.

Settled Claim is the compensation paid by the insurer to the insurant in accordance with the insurance contract.

Payment includes payment for death, injury or medical treatment and payment at maturity. Payment for death, injury or medical treatment refers to the money paid to the insurant (or the beneficiary) in accordance with the life or health insurance contract when the insurant encounters accidents within the insured period covered in the contract. Payment at maturity refers to the payment to the insurant in accordance with the life insurance contract at the end of the insured period.

其他服务业
Other Service

18

资料整理：杜晓宁

简要说明

一、主要内容

本篇主要包括河南省规模以上服务业企业单位数、从业人数、营业收入、营业利润、应付职工薪酬等主要财务指标。

二、统计范围

辖区内年营业收入2000万元及以上服务业法人单位。包括交通运输、仓储和邮政业，信息传输、软件和信息技术服务业，水利、环境和公共设施管理业三个门类和卫生行业大类。

辖区内年营业收入1000万元及以上服务业法人单位。包括租赁和商务服务业，科学研究和技术服务业，教育三个门类，以及物业管理、房地产中介服务、房地产租赁经营和其他房地产业四个行业小类。

辖区内年营业收入500万元及以上服务业法人单位。主要包括居民服务、修理和其他服务业，文化、体育和娱乐业两个门类，以及社会工作行业小类。

三、资料来源

规模以上服务业法人企业实行全数调查，由河南省统计局服务业统计处整理提供。

Brief Introduction

I. Main Contents

Data on this chapter including number of Services enterprises above designated size, employment, main financial indicators of operating income, operating profit, employee compensation and so on in Henan.

II. Scope of Statistics

The Services enterprises with revenue from principal business over 20 million yuan includes: transportation, storage and post, Information transfer, software and Information technology services, management of water conservancy, environment and public facilities, sanitation.

The Services enterprises with revenue from principal business over 10 million yuan includes:leasing and business services, scientific research and technical services, education, property management, real estate intermediary,real estate leasing operationand other real estate.

The Services enterprises with revenue from principal business over 5 million yuan includes: resident services, repairing and other services, culture, sports and entertainment, social work.

III. Sources of Data

Data on services enterprises above designated size are collected through a combination of full survey, which are provided by the Department of Services industry of the Henan provincial bureau of Statistics.

18-1 规模以上服务业企业主要财务指标(2020年)

Main indictors of Enterprises Above Designated size in Service Industry (2020)

单位：亿元 (100 million yuan)

指　标	indictor	单位数(个) Number of Enterprises (unit)	资产总计 Total Assets	所有者权益 Owner's Equity	营业收入 Revenue	营业成本 Cost of Operation
总　计	**Total**	**8909**	**31479.74**	**13794.62**	**6788.62**	**5204.91**
交通运输、仓储和邮政业	Traffic, Transport, Storage and Post	2242	15163.89	7071.31	2634.89	2234.34
信息传输、软件和信息技术服务业	Information Transfer, Software and Information Technology Services	730	1928.17	724.41	1240.94	848.88
房地产业(不含房地产开发经营)	Realty Industry	667	904.75	228.75	246.62	165.44
租赁和商务服务业	Tenancy and Business Services	1517	6502.65	2832.93	942.93	716.40
科学研究和技术服务业	Scientific Research and Technical Service	980	965.02	453.44	762.58	565.40
水利、环境和公共设施管理业	Management of Water Conservancy, Environment and Public Facilities	446	4613.43	1906.95	237.19	162.47
居民服务、修理和其他服务业	Resident Services, Repair and other Services	512	88.29	44.83	105.88	72.73
教育	Education	757	300.15	148.76	204.43	134.36
卫生和社会工作	Health and Social Work	486	448.83	145.14	258.03	204.62
文化、体育和娱乐业	Culture, Sports and Entertainment	572	564.55	238.12	155.13	100.28

指　标	indictor	营业税金及附加 Business tax and Extra Charges	营业利润 Total Profits	应付职工薪酬 Wages Payable	应交增值税 Value Added Tax Payable	从业人员平均人数(人) Average Employees (person)
总　计	**Total**	**55.71**	**661.69**	**1306.60**	**147.26**	**1496162**
交通运输、仓储和邮政业	Traffic, Transport, Storage and Post	15.97	120.32	451.13	43.30	443980
信息传输、软件和信息技术服务业	Information Transfer, Software and Information Technology Services	5.44	181.00	183.29	43.96	159195
房地产业(不含房地产开发经营)	Realty Industry	4.95	25.26	53.83	8.62	106854
租赁和商务服务业	Tenancy and Business Services	11.05	139.87	305.75	21.93	293078
科学研究和技术服务业	Scientific Research and Technical Service	5.82	72.07	124.88	18.08	119707
水利、环境和公共设施管理业	Management of Water Conservancy, Environment and Public Facilities	3.57	37.14	38.15	3.53	120170
居民服务、修理和其他服务业	Resident Services, Repair and other Services	1.56	17.59	18.98	1.90	47395
教育	Education	2.39	34.81	43.96	2.07	88415
卫生和社会工作	Health and Social Work	1.26	11.71	59.37	1.04	83191
文化、体育和娱乐业	Culture, Sports and Entertainment	3.71	21.94	27.26	2.83	34177

18-2 各市规模以上服务业企业单位数(2020年)

Number of Enterprises Above Designated size in Service Industry by Sector and City (2020)

单位：个 (unit)

市(县) City(County)	合计 Total	交通运输、仓储及邮政业 Transport, Storage and Post	信息传输、软件和信息技术服务业 Information Tansmission, Software and Information Technology Services	房地产业(不含房地产开发经营) Realty Industry	租赁和商务服务业 Leasing and Business Services
全　省 Total	**8909**	**2242**	**730**	**667**	**1517**
省辖市 City					
郑州市 Zhengzhou	2305	331	388	265	537
开封市 Kaifeng	323	76	20	22	55
洛阳市 Luoyang	583	127	37	71	91
平顶山市 Pingdingshan	412	99	14	38	61
安阳市 Anyang	180	72	11	7	25
鹤壁市 Hebi	117	38	13	7	21
新乡市 Xinxiang	312	79	18	18	71
焦作市 Jiaozuo	345	186	14	24	29
濮阳市 Puyang	196	71	9	14	36
许昌市 Xuchang	551	120	27	35	69
漯河市 Luohe	129	72	13	4	18
三门峡市 Sanmenxia	173	59	9	6	26
南阳市 Nanyang	590	188	22	45	84
商丘市 Shangqiu	599	173	57	32	144
信阳市 Xinyang	601	131	18	31	86
周口市 Zhoukou	809	190	39	22	72
驻马店市 Zhumadian	579	184	16	23	80
济源市 Jiyuan	105	46	5	3	12
省直管县 County Directly Administrated by Province					
巩义市 Gongyi	112	35	2	14	15
兰考县 Lankao	88	13	2	5	12
汝州市 Ruzhou	132	34	2	5	24
滑县 Huaxian	47	10	1	2	7
长垣市 Changyuan	70	10	2	7	9
邓州市 Dengzhou	57	17	1	5	8
永城市 Yongcheng	96	29	6	5	28
固始县 Gushi	119	51	1	9	18
鹿邑县 Luyi	188	25	4	4	17
新蔡县 Xincai	77	16		4	21

18-2 续表 continued

单位：个 (unit)

市(县) City(County)	科学研究和技术服务业 Scientific Research, and Technical Service	水利、环境和公共设施管理业 Management of Water Conservancy, Environment and Public Facilities	居民服务、修理和其他服务业 Resident Services, Repair and other services	教育 Education	卫生和社会工作 Health and Social Work	文化、体育和娱乐业 Culture, Sports and Entertainment
全 省 Total	**980**	**446**	**512**	**757**	**486**	**572**
省 辖 市 City						
郑 州 市 Zhengzhou	448	71	50	50	67	98
开 封 市 Kaifeng	28	18	36	35	7	26
洛 阳 市 Luoyang	80	28	27	21	32	69
平 顶 山 市 Pingdingshan	40	31	32	39	19	39
安 阳 市 Anyang	13	17	4	18	10	3
鹤 壁 市 Hebi	8	7	1	11	8	3
新 乡 市 Xinxiang	23	21	15	35	12	20
焦 作 市 Jiaozuo	22	20	17	17	10	6
濮 阳 市 Puyang	13	6	13	17	12	5
许 昌 市 Xuchang	73	41	40	65	31	50
漯 河 市 Luohe	6	7	3	3		3
三 门 峡 市 Sanmenxia	11	11	9	5	18	19
南 阳 市 Nanyang	38	36	56	44	41	36
商 丘 市 Shangqiu	51	18	38	34	10	42
信 阳 市 Xinyang	45	69	48	49	56	68
周 口 市 Zhoukou	53	10	60	231	91	41
驻 马 店 市 Zhumadian	25	22	56	79	57	37
济 源 市 Jiyuan	3	13	7	4	5	7
省 直 管 县 County Directly Administrated by Province						
巩 义 市 Gongyi	3	4	6	23	7	3
兰 考 县 Lankao	5	2	21	13	4	11
汝 州 市 Ruzhou	12	16	8	18	6	7
滑 县 Huaxian	2	5	3	9	8	
长 垣 市 Changyuan	5	10	3	14	3	7
邓 州 市 Dengzhou	3	1	3	10	6	3
永 城 市 Yongcheng	5	3	4	6	4	6
固 始 县 Gushi	3	7	9	10	4	7
鹿 邑 县 Luyi	11	3	11	85	17	11
新 蔡 县 Xincai	3	1	9	6	5	12

18-3 各市规模以上服务业企业营业收入(2020年)

Operating income of Everage Employed Persons of Enterprises Above Designated size in Service Industry by Sector and City (2020)

单位：亿元 (100 million yuan)

市(县) City(County)	合计 Total	交通运输、仓储及邮政业 Transport, Storage and Post	信息传输、软件和信息技术服务业 Information Transmission, Software and Information Technology Services	房地产业(不含房地产开发经营) Realty Industry	租赁和商务服务业 Leasing and Business Services
全　　省 Total	**6788.62**	**2634.89**	**1240.94**	**246.62**	**942.93**
省　辖　市 City					
郑　州　市 Zhengzhou	3383.61	1486.26	532.20	156.80	532.24
开　封　市 Kaifeng	181.32	53.17	38.32	3.70	28.75
洛　阳　市 Luoyang	449.25	67.03	119.87	16.60	26.52
平　顶　山　市 Pingdingshan	167.17	56.04	33.42	3.64	21.02
安　阳　市 Anyang	120.42	52.20	38.10	1.00	7.64
鹤　壁　市 Hebi	41.38	15.62	12.04	0.22	7.24
新　乡　市 Xinxiang	167.34	43.88	48.23	3.57	40.41
焦　作　市 Jiaozuo	138.76	80.04	24.41	1.64	11.89
濮　阳　市 Puyang	143.04	43.22	27.96	0.83	35.87
许　昌　市 Xuchang	339.13	78.09	47.95	8.54	57.33
漯　河　市 Luohe	77.52	39.52	20.59	0.73	10.27
三　门　峡　市 Sanmenxia	75.71	23.33	17.78	0.54	15.43
南　阳　市 Nanyang	240.25	107.91	58.32	5.26	15.40
商　丘　市 Shangqiu	255.05	94.62	59.52	5.82	43.14
信　阳　市 Xinyang	277.31	112.79	45.70	8.73	20.82
周　口　市 Zhoukou	444.53	159.05	65.41	23.81	32.06
驻　马　店　市 Zhumadian	240.05	90.64	46.06	3.43	33.54
济　源　市 Jiyuan	46.79	31.49	5.06	1.74	3.34
省　直　管　县 County Directly Administrated by Province					
巩　义　市 Gongyi	21.27	7.79	1.09	0.54	3.24
兰　考　县 Lankao	29.07	5.45	0.39	0.28	5.25
汝　州　市 Ruzhou	55.97	28.83	0.77	0.84	8.08
滑　县 Huaxian	11.30	2.07	0.45	0.05	0.78
长　垣　市 Changyuan	25.90	0.81	0.72	0.20	11.56
邓　州　市 Dengzhou	9.65	1.97	0.02	0.18	0.93
永　城　市 Yongcheng	26.80	13.74	0.73	0.84	4.74
固　始　县 Gushi	46.71	28.83	0.04	1.13	3.47
鹿　邑　县 Luyi	38.77	4.37	1.09	0.94	4.93
新　蔡　县 Xincai	15.96	7.48		0.48	3.09

18-3 续表 continued

单位：亿元 (100 million yuan)

市(县) City(County)	科学研究和技术服务业 Scientific Research, and Technical Service	水利、环境和公共设施管理业 Management of Water Conservancy, Environment and Public Facilities	居民服务、修理和其他服务业 Resident Services, Repair and other Services	教育 Education	卫生和社会工作 Health and Social Work	文化、体育和娱乐业 Culture, Sports and Entertainment
全　省 Total	**762.58**	**237.19**	**105.88**	**204.43**	**258.03**	**155.13**
省辖市 City						
郑州市 Zhengzhou	443.30	91.75	21.92	19.85	41.35	57.94
开封市 Kaifeng	10.99	10.19	10.85	9.73	6.04	9.59
洛阳市 Luoyang	176.44	8.38	2.77	6.99	15.15	9.48
平顶山市 Pingdingshan	12.11	18.84	3.54	7.48	5.17	5.93
安阳市 Anyang	6.05	9.09	0.26	3.46	2.42	0.19
鹤壁市 Hebi	1.27	1.25	0.05	1.56	1.89	0.25
新乡市 Xinxiang	5.20	7.76	1.53	6.82	8.83	1.10
焦作市 Jiaozuo	5.47	5.53	0.92	4.00	4.70	0.16
濮阳市 Puyang	10.35	0.85	0.97	3.68	19.12	0.18
许昌市 Xuchang	27.26	20.45	17.35	25.57	29.92	26.67
漯河市 Luohe	1.37	1.77	2.72	0.34		0.21
三门峡市 Sanmenxia	3.00	1.80	0.72	0.21	11.08	1.82
南阳市 Nanyang	9.37	8.36	5.92	7.64	16.92	5.15
商丘市 Shangqiu	11.05	10.84	7.96	9.25	6.71	6.14
信阳市 Xinyang	9.17	26.98	7.87	16.36	21.29	7.61
周口市 Zhoukou	23.31	5.49	9.89	64.12	49.31	12.08
驻马店市 Zhumadian	6.41	5.17	10.08	16.87	17.58	10.26
济源市 Jiyuan	0.47	2.70	0.56	0.51	0.53	0.38
省直管县 County Directly Administrated by Province						
巩义市 Gongyi	0.32	0.37	0.24	4.23	3.40	0.04
兰考县 Lankao	0.85	0.72	5.88	2.48	4.82	2.95
汝州市 Ruzhou	2.78	7.29	1.60	3.44	1.35	1.00
滑县 Huaxian	0.14	3.40	0.20	2.02	2.20	
长垣市 Changyuan	0.35	2.58	0.53	3.19	5.77	0.19
邓州市 Dengzhou	0.36	0.94	0.18	4.34	0.34	0.38
永城市 Yongcheng	0.71	0.56	0.49	0.55	3.55	0.90
固始县 Gushi	0.36	3.51	1.75	2.39	4.11	1.13
鹿邑县 Luyi	3.15	1.08	2.05	12.03	7.06	2.07
新蔡县 Xincai	0.44	0.18	1.02	1.09	1.00	1.17

18-4 各市规模以上服务业企业营业利润(2020年)

Profit of Enterprises Above Designated size in Service Industry by Sector and City (2020)

单位：亿元 (100 million yuan)

市(县)	City(County)	合计 Total	交通运输、仓储及邮政业 Transport, Storage and Post	信息传输、软件和信息技术服务业 Information Transmission, Software and Information Technology Services	房地产业(不含房地产开发经营) Realty Industry	租赁和商务服务业 Leasing and Business Services
全省	**Total**	**661.69**	**120.32**	**181.00**	**25.26**	**139.87**
省辖市	**City**					
郑州市	Zhengzhou	234.13	29.96	44.78	15.17	83.77
开封市	Kaifeng	35.87	10.14	8.79	0.62	4.68
洛阳市	Luoyang	19.80	-2.37	4.56	1.23	1.01
平顶山市	Pingdingshan	16.23	0.72	7.13	0.07	1.75
安阳市	Anyang	7.31	-0.21	6.73	0.01	0.27
鹤壁市	Hebi	1.67	-0.81	0.15	-0.01	0.10
新乡市	Xinxiang	13.61	-0.07	10.16	0.23	3.41
焦作市	Jiaozuo	5.32	1.39	4.54	0.16	0.18
濮阳市	Puyang	6.83	0.67	6.18	-0.01	0.44
许昌市	Xuchang	63.79	14.13	11.01	1.39	14.81
漯河市	Luohe	6.41	0.86	3.60	-0.02	1.74
三门峡市	Sanmenxia	1.19	-0.85	1.22	-0.01	0.19
南阳市	Nanyang	32.09	6.93	15.04	0.40	2.30
商丘市	Shangqiu	48.76	13.01	14.84	1.35	10.36
信阳市	Xinyang	40.15	10.39	12.28	1.21	3.27
周口市	Zhoukou	85.16	24.71	18.55	2.74	6.91
驻马店市	Zhumadian	40.88	10.40	10.94	0.84	4.41
济源市	Jiyuan	2.49	1.35	0.50	-0.11	0.25
省直管县	**County Directly Administrated by Province**					
巩义市	Gongyi	0.07	-0.16	0.24	0.07	0.11
兰考县	Lankao	7.13	1.34	0.10	0.09	1.12
汝州市	Ruzhou	4.94	0.58	0.35	0.11	0.90
滑县	Huaxian	-0.47	-0.15	-0.46	-0.03	0.00
长垣市	Changyuan	2.15	0.06	0.01	0.00	0.88
邓州市	Dengzhou	2.15	0.05	0.00	0.00	0.05
永城市	Yongcheng	3.30	1.45	0.07	0.19	0.69
固始县	Gushi	7.10	4.89	0.01	0.21	0.49
鹿邑县	Luyi	8.82	1.00	0.26	0.18	1.00
新蔡县	Xincai	3.82	1.02		0.16	1.16

18-4 续表 continued

单位：亿元 (100 million yuan)

市(县) City(County)	科学研究和技术服务业 Scientific Research, and Technical Service	水利、环境和公共设施管理业 Management of Water Conservancy, Environment and Public Facilities	居民服务、修理和其他服务业 Resident Services, Repair and other Services	教育 Education	卫生和社会工作 Health and Social Work	文化、体育和娱乐业 Culture, Sports and Entertainment
全省 Total	**72.07**	**37.14**	**17.59**	**34.81**	**11.71**	**21.94**
省辖市 City						
郑州市 Zhengzhou	35.12	16.02	1.33	0.71	0.13	7.15
开封市 Kaifeng	2.64	1.93	2.94	2.59	0.78	0.75
洛阳市 Luoyang	13.79	0.98	0.32	0.43	0.15	-0.29
平顶山市 Pingdingshan	1.59	3.10	0.45	0.58	0.21	0.63
安阳市 Anyang	0.35	0.17	0.02	0.20	-0.12	-0.10
鹤壁市 Hebi	-0.01	2.36	0.02	-0.03	-0.01	-0.09
新乡市 Xinxiang	0.05	-0.75	0.08	0.20	0.39	-0.10
焦作市 Jiaozuo	0.22	-1.81	-0.02	0.73	0.07	-0.13
濮阳市 Puyang	0.22	0.04	0.03	0.02	-0.24	-0.52
许昌市 Xuchang	6.63	3.98	3.92	4.77	-1.25	4.40
漯河市 Luohe	0.10	0.14	0.00	0.01		-0.02
三门峡市 Sanmenxia	0.31	0.07	0.09	0.00	0.02	0.16
南阳市 Nanyang	1.60	1.59	0.99	2.01	0.32	0.92
商丘市 Shangqiu	2.27	2.71	1.80	0.87	0.38	1.18
信阳市 Xinyang	1.46	4.41	1.47	2.62	1.80	1.25
周口市 Zhoukou	5.00	1.19	2.02	14.36	6.83	2.86
驻马店市 Zhumadian	0.72	0.87	2.10	4.57	2.20	3.84
济源市 Jiyuan	0.03	0.15	0.05	0.18	0.04	0.05
省直管县 County Directly Administrated by Province						
巩义市 Gongyi	0.11	-0.05	0.04	0.04	-0.32	-0.01
兰考县 Lankao	0.21	0.13	1.70	0.85	0.59	1.00
汝州市 Ruzhou	0.41	1.70	0.19	0.45	0.13	0.14
滑县 Huaxian	0.03	-0.02	0.02	0.19	-0.05	
长垣市 Changyuan	-0.12	0.52	0.03	0.28	0.46	0.04
邓州市 Dengzhou	0.13	0.18	0.04	1.56	0.03	0.11
永城市 Yongcheng	0.12	0.16	0.10	0.09	0.26	0.17
固始县 Gushi	0.05	0.46	0.39	0.26	0.17	0.16
鹿邑县 Luyi	0.57	0.52	0.30	2.93	1.66	0.39
新蔡县 Xincai	0.13	0.06	0.28	0.31	0.23	0.47

18-5 各市规模以上服务业企业应付职工薪酬(2020年)

Wages Payable of Enterprises Above Designated size in Service Industry by Sector and City (2020)

单位：亿元 (100 million yuan)

市(县) City(County)	合计 Total	交通运输、仓储及邮政业 Transport, storage and post	信息传输、软件和信息技术服务业 Information Transmission, Software and Information Technology Services	房地产业(不含房地产开发经营) Realty Industry	租赁和商务服务业 Leasing and Business Services
全　　省 Total	**1306.60**	**451.13**	**183.29**	**53.83**	**305.75**
省　辖　市 City					
郑　州　市 Zhengzhou	808.98	314.44	80.31	35.27	231.78
开　封　市 Kaifeng	17.86	4.40	2.97	0.63	2.79
洛　阳　市 Luoyang	83.90	12.16	33.33	6.80	5.94
平 顶 山 市 Pingdingshan	24.63	5.96	4.38	1.40	4.45
安　阳　市 Anyang	19.45	6.87	4.32	0.55	2.22
鹤　壁　市 Hebi	7.22	2.02	1.44	0.10	1.59
新　乡　市 Xinxiang	26.94	4.12	6.25	0.36	7.89
焦　作　市 Jiaozuo	21.59	10.23	2.73	0.71	2.03
濮　阳　市 Puyang	33.27	5.19	3.15	0.46	17.83
许　昌　市 Xuchang	39.25	7.55	7.38	1.63	3.66
漯　河　市 Luohe	9.68	3.35	2.36	0.15	2.68
三 门 峡 市 Sanmenxia	13.53	3.95	2.83	0.27	0.98
南　阳　市 Nanyang	36.75	14.33	7.35	1.42	3.85
商　丘　市 Shangqiu	40.75	15.31	6.98	1.23	6.22
信　阳　市 Xinyang	36.68	11.52	5.48	1.13	3.65
周　口　市 Zhoukou	53.35	18.55	6.63	1.12	4.05
驻 马 店 市 Zhumadian	28.10	9.12	4.81	0.57	3.46
济　源　市 Jiyuan	4.67	2.07	0.58	0.03	0.68
省 直 管 县 County Directly Administrated by Province					
巩　义　市 Gongyi	4.24	1.08	0.02	0.24	1.05
兰　考　县 Lankao	4.29	0.39	0.01	0.10	1.37
汝　州　市 Ruzhou	4.20	1.30	0.11	0.08	0.81
滑　　县 Huaxian	2.78	0.37	0.24	0.06	0.39
长　垣　市 Changyuan	4.39	0.21	0.10	0.10	0.57
邓　州　市 Dengzhou	2.66	0.75	0.01	0.06	0.16
永　城　市 Yongcheng	3.95	1.44	0.22	0.12	0.33
固　始　县 Gushi	5.34	2.09	0.03	0.47	0.52
鹿　邑　县 Luyi	4.99	0.44	0.04	0.12	0.50
新　蔡　县 Xincai	1.25	0.34		0.04	0.21

18-5 续表 continued

单位：亿元 (100 million yuan)

市(县) City(County)	科学研究和技术服务业 Scientific Research, and Technical Service	水利、环境和公共设施管理业 Management of Water Conservancy, Environment and Public Facilities	居民服务、修理和其他服务业 Resident Services, Repair and other Services	教育 Education	卫生和社会工作 Health and Social Work	文化、体育和娱乐业 Culture, Sports and Entertainment
全 省 Total	**124.88**	**38.15**	**18.98**	**43.96**	**59.37**	**27.26**
省 辖 市 City						
郑 州 市 Zhengzhou	91.43	11.77	9.83	4.74	11.99	17.41
开 封 市 Kaifeng	0.99	2.13	0.43	1.23	1.64	0.65
洛 阳 市 Luoyang	14.03	1.38	0.45	2.94	4.74	2.12
平 顶 山 市 Pingdingshan	1.86	1.86	0.59	2.24	1.25	0.64
安 阳 市 Anyang	1.30	2.30	0.04	1.30	0.50	0.05
鹤 壁 市 Hebi	0.18	0.36	0.01	0.79	0.64	0.10
新 乡 市 Xinxiang	0.94	1.26	0.29	3.15	2.39	0.28
焦 作 市 Jiaozuo	0.97	1.86	0.40	1.35	1.27	0.05
濮 阳 市 Puyang	1.57	0.49	0.25	1.35	2.85	0.12
许 昌 市 Xuchang	2.78	2.59	1.02	2.57	9.01	1.06
漯 河 市 Luohe	0.32	0.72	0.01	0.09		0.01
三 门 峡 市 Sanmenxia	1.15	0.77	0.07	0.05	3.25	0.21
南 阳 市 Nanyang	1.77	2.07	0.82	1.87	2.79	0.48
商 丘 市 Shangqiu	1.56	2.16	1.26	2.76	2.33	0.94
信 阳 市 Xinyang	1.22	3.71	1.52	2.91	4.47	1.08
周 口 市 Zhoukou	1.88	1.09	1.00	10.97	6.98	1.08
驻 马 店 市 Zhumadian	0.83	0.88	0.88	3.51	3.13	0.91
济 源 市 Jiyuan	0.10	0.74	0.11	0.12	0.15	0.07
省 直 管 县 County Directly Administrated by Province						
巩 义 市 Gongyi	0.04	0.07	0.04	0.55	1.13	0.01
兰 考 县 Lankao	0.08	0.26	0.20	0.24	1.57	0.08
汝 州 市 Ruzhou	0.28	0.52	0.25	0.57	0.20	0.07
滑 县 Huaxian	0.03	0.62	0.04	0.63	0.40	
长 垣 市 Changyuan	0.11	0.24	0.03	1.40	1.59	0.04
邓 州 市 Dengzhou	0.06	0.50	0.04	0.89	0.10	0.08
永 城 市 Yongcheng	0.04	0.06	0.05	0.15	1.44	0.11
固 始 县 Gushi	0.04	0.73	0.20	0.39	0.60	0.26
鹿 邑 县 Luyi	0.34	0.09	0.14	2.38	0.78	0.15
新 蔡 县 Xincai	0.07	0.03	0.09	0.22	0.14	0.11

18-6 各市规模以上服务业企业平均从业人员人数(2020年)

Number of Everage Employed Persons of Enterprises Above Designated size in Service Industry by Sector and City (2020)

单位：人 (person)

市(县) City(County)	合计 Total	交通运输、仓储及邮政业 Transport, Storage and Post	信息传输、软件和信息技术服务业 Information Transmission, Software and Information Technology Services	房地产业(不含房地产开发经营) Realty Industry	租赁和商务服务业 Leasing and Business Services
全省 Total	**1496162**	**443980**	**159195**	**106854**	**293078**
省辖市 City					
郑州市 Zhengzhou	636117	211800	69322	59709	143286
开封市 Kaifeng	37215	8849	3704	1362	6280
洛阳市 Luoyang	98370	18665	22109	14156	10911
平顶山市 Pingdingshan	50390	12878	2929	5381	10194
安阳市 Anyang	37283	7727	2897	1474	6476
鹤壁市 Hebi	11297	2894	1219	313	2533
新乡市 Xinxiang	44229	7266	5483	1005	14210
焦作市 Jiaozuo	46230	20099	3481	1763	6015
濮阳市 Puyang	46586	7946	2580	1432	22500
许昌市 Xuchang	69009	12971	10987	3612	6898
漯河市 Luohe	19894	5337	1690	603	7959
三门峡市 Sanmenxia	20858	6026	2383	885	2582
南阳市 Nanyang	67487	22542	4490	4811	11374
商丘市 Shangqiu	75638	28131	7465	3306	14164
信阳市 Xinyang	69992	19952	4985	2946	9297
周口市 Zhoukou	94342	25192	9108	2278	7629
驻马店市 Zhumadian	62716	22696	3925	1707	8863
济源市 Jiyuan	8509	3009	438	111	1907
省直管县 County Directly Administrated by Province					
巩义市 Gongyi	7602	2115	78	629	670
兰考县 Lankao	9199	611	39	249	2576
汝州市 Ruzhou	10255	2618	206	203	2545
滑县 Huaxian	8358	386	379	115	953
长垣市 Changyuan	7435	274	204	388	804
邓州市 Dengzhou	6503	2011	127	232	572
永城市 Yongcheng	7664	2705	615	409	869
固始县 Gushi	14270	4145	391	1179	1648
鹿邑县 Luyi	11096	1052	76	334	1201
新蔡县 Xincai	3195	746		174	609

18-6 续表 continued

单位：人 (person)

市(县) City(County)	科学研究和技术服务业 Scientific Research, and Technical Service	水利、环境和公共设施管理业 Management of Water Conservancy, Environment and Public Facilities	居民服务、修理和其他服务业 Resident Services, Repair and other Services	教育 Education	卫生和社会工作 Health and Social Work	文化、体育和娱乐业 Culture, Sports and Entertainment
全 省 Total	**119707**	**120170**	**47395**	**88415**	**83191**	**34177**
省辖市 City						
郑州市 Zhengzhou	71757	24684	22731	7008	13398	12422
开封市 Kaifeng	1695	8543	998	2477	2083	1224
洛阳市 Luoyang	13433	2770	789	4360	7076	4101
平顶山市 Pingdingshan	2955	6255	2294	4182	2059	1263
安阳市 Anyang	3564	10628	152	3020	1192	153
鹤壁市 Hebi	423	1177	20	1441	1118	159
新乡市 Xinxiang	1383	3362	1104	6690	2975	751
焦作市 Jiaozuo	1484	6313	1674	3169	2040	192
濮阳市 Puyang	1418	2461	590	2968	4401	290
许昌市 Xuchang	5737	9988	2253	5035	9526	2002
漯河市 Luohe	465	3588	34	186		32
三门峡市 Sanmenxia	1351	3438	357	204	3056	576
南阳市 Nanyang	2794	8236	1945	4232	5632	1431
商丘市 Shangqiu	3293	5735	3147	5334	3071	1992
信阳市 Xinyang	2582	10458	3923	5723	7041	3085
周口市 Zhoukou	3531	5158	3027	24085	12062	2272
驻马店市 Zhumadian	1654	5721	2072	8082	5986	2010
济源市 Jiyuan	188	1655	285	219	475	222
省直管县 County Directly Administrated by Province						
巩义市 Gongyi	164	197	93	1762	1861	33
兰考县 Lankao	203	2400	434	461	1914	312
汝州市 Ruzhou	622	1286	784	1342	477	172
滑县 Huaxian	148	3780	131	1452	1014	
长垣市 Changyuan	215	1018	84	2697	1604	147
邓州市 Dengzhou	145	1355	108	1487	271	195
永城市 Yongcheng	151	222	145	476	1769	303
固始县 Gushi	107	2964	517	1223	1287	809
鹿邑县 Luyi	637	207	345	5331	1508	405
新蔡县 Xincai	185	75	232	506	392	276

运输和邮电
Transport, Postal and Telecommunication Services

19

资料整理：陈琛

简要说明

一、主要内容

本篇反映河南省交通运输业和邮政、通信、软件业发展的基本情况。交通运输业资料主要包括：主要运输方式的线路里程、运输设备拥有量、货物运输量和旅客运输量。邮政、通信业资料主要包括：全省邮政局(所)及邮路情况，邮政设备拥有量，邮政业务完成情况，邮政通信业发展水平等资料。

二、统计范围

铁路包括国家铁路、合资铁路、地方铁路。公路里程包括全省范围内所有国道、省道、县道、乡道(含村道)、专用公路。民用车辆拥有量包括辖区内全部登记注册民用车辆。公路、水路运输量统计范围是在全省交通运输主管部门办理营运证的从事公路、水路客、货运输的营业性的车辆和船舶所完成的运输量。邮电通信包括省邮政管理局、省邮政公司、省通信管理局及所有从事邮电通信运营的企业。

三、资料来源

铁路资料由郑州铁路局、武汉铁路局、登封铁路公司提供；公路资料由省交通运输厅提供；民用车辆资料由省公安厅、省农机局和各省辖市统计局提供。民航资料由郑州新郑国际机场、南方航空公司河南分公司提供；邮政业资料由河南省邮政管理局、省邮政公司和省通信管理局提供。由河南省统计局服务业统计处编辑整理。

Brief Introduction

I. Main Contents

Data in this chapter present the development of transportation, post, telecommunication and software in Henan province. Data on traffic and transport include the length of the routes of main transportation, the possession of transport equipment, the condition of technological quality, freight traffic and passenger traffic accomplished. Data on post and telecommunication cover mainly the situation of post offices and postal routes; telephone lines, telegraph lines and the possession of post facilities; business volume of postal services achieved; and the level of development of postal services.

II. Scope of Statistics

Data on railway transportation including National railway, joint-venture and local railways. The length of highways refer to the road of the national, provincial, county, town and dedicated lanes. Data on the possession of civil motor vehicles include all registered vehicles. Data on passenger traffic and freight traffic by highways, the statistical scope encompasses all the enterprises, institutional units and individuals (including joint-households) engaged in highway freight or passenger transport business. The data on civil aviation transport cover the civil enterprises that set up base in Henan. The data on post cover the Henan provincial bureau of post, Henan provincial postal company, Henan provincial bureau of communications authority and all enterprises for post.

III. Sources of Data

Data on railway transportation are calculated from Henan provincial operation bureau of local railways, Zhengzhou Railway Administration, Wuhan Railway Administration. Data on highway transportation are calculated from Henan provincial bureau of transportation. Data on civilian vehicles are calculated from Henan provincial bureau of public safety, Henan provincial bureau of agricultural machinery and municipal Henan provincial bureau of statistics. Data on civil aviation are calculated from Xinzheng international airport and Henan Branch of China Southern airlines. Data on postal services come from the Henan provincial bureau of post, Henan provincial post company and Henan provincial communications authority. Data in this chapter are provided by the Department of Services industry of the Henan provincial bureau of Statistics.

19-1 交通运输基本情况

Basic Conditions of Transport

年份 Year	铁路营业里程(公里) Length of Railways in Operation (km)	公路里程(公里) Length of Highways (km)	#高速公路 Expressway	通航里程(公里) Length of Navigable Inland Waterways (km)	民用汽车拥有量(万辆) Possession of Civil Motor Vehicles (10 000 units)	#私人汽车 Private Vehicles
1949	1224	3909		2312	0.04	
1952	1225	5766		2916	0.11	
1957	1318	14945		3837	0.33	
1962	1690	17876		2537	1.05	
1965	1823	19907		3389	1.10	
1970	2792	22320		2072	1.71	
1975	3113	26934		2268	3.80	
1978	3212	31549		2202	6.30	
1979	3216	36155		1352	7.35	
1980	3192	36423		1361	8.51	
1981	3460	36478		1419	10.13	
1982	3401	36912		1110	11.28	
1983	3305	37196		1110	12.21	
1984	3342	37704		1110	14.10	
1985	3248	38840		1110	17.82	
1986	3344	39286		1110	18.42	3.29
1987	3409	39713		1110	21.60	3.72
1988	3358	40622		1110	24.92	5.87
1989	3546	41170		1110	28.61	6.97
1990	3536	43150		1110	30.79	7.65
1991	3384	44199		1110	33.38	8.12
1992	3486	45049		1105	34.32	8.46
1993	3456	46487		1105	38.40	7.04
1994	3350	47704	81	1104	45.23	12.45
1995	3382	49707	230	1104	46.93	12.18
1996	3426	50907	294	1104	51.41	14.98
1997	3428	55016	416	1104	60.35	19.41
1998	3461	57172	465	1104	68.09	22.01
1999	3354	60330	465	1104	76.59	29.93
2000	3354	64453	505	1104	84.73	34.93
2001	3319	69041	1077	1587	92.46	39.24
2002	3347	71741	1231	1587	105.82	50.41
2003	3410	73831	1418	1208	119.75	57.20
2004	3752	75718	1759	1381	130.97	64.10
2005	4000	79506	2678	1439	206.01	132.16
2006	3988	236351	3439	1439	252.94	169.91
2007	3989	238676	4556	1439	292.69	209.22
2008	3989	240645	4841	1439	338.44	248.77
2009	3898	242314	4861	1439	404.53	305.49
2010	4224	245089	5016	1439	484.89	377.32
2011	4203	247587	5196	1439	582.14	463.08
2012	4822	249649	5830	1439	645.92	529.67
2013	4822	249831	5859	1439	746.90	628.22
2014	5108	249857	5859	1439	896.02	774.37
2015	5205	250584	6305	1589	1342.13	866.76
2016	5466	267441	6448	1589	1481.66	1010.01
2017	5470	267805	6523	1589	1286.02	1166.82
2018	5460	268589	6600	1589	1459.24	1327.36
2019	6080	269832	6967	1675	1620.60	1480.08
2020	6134	270271	7100	1725	1759.17	1609.65

注：2006年起，公路里程包括村道(以下相关表同)。
a) Length of ways include county ways since 2006 (the same as following tables).

19-2 旅客和货物运输量
Passenger and Freight Traffic

年份 Year	客运量(万人) Passenger Traffic (10000 persons)	#铁路 Railway	#公路 Highway	#水运 Waterway	货运量(万吨) Freight Traffic (10000 tons)	#铁路 Railway	#公路 Highway	#水运 Waterway
1978	11145	4319	6781	45	18176	6722	11321	133
1979	12784	4513	8218	53	17533	6693	10728	112
1980	15092	4860	10151	81	17047	6758	10183	106
1981	17559	4752	12724	83	16403	6614	9705	84
1982	20129	4680	15373	76	19847	6934	12794	119
1983	23050	5060	17907	82	21579	7142	14308	129
1984	25985	5474	20412	97	23908	7456	16296	155
1985	36576	5723	30729	121	35642	8101	27340	201
1986	43590	5659	37822	105	36436	8420	27799	217
1987	46140	5524	40510	100	39539	8632	30670	237
1988	54667	6073	48421	168	38357	8772	29282	303
1989	52328	5476	46634	211	38245	9089	28811	345
1990	53567	4429	48977	150	38111	9038	28818	255
1991	53846	4223	49494	119	39923	9193	30486	244
1992	58096	4271	53703	106	44018	9343	34404	271
1993	61285	4602	56511	146	47347	9811	37182	354
1994	62686	4563	57996	81	50988	9974	40428	395
1995	61964	4288	57522	82	53582	10373	42692	324
1996	66490	3818	62464	129	55920	10594	44800	382
1997	69863	3843	65786	152	56113	9996	45542	433
1998	74182	4133	69917	55	58150	9416	48250	342
1999	78009	4366	73493	76	59218	9657	49208	352
2000	83912	4727	79017	91	60678	10172	50133	372
2001	85412	4980	80259	95	65191	11196	53596	398
2002	90334	5085	85078	86	68397	12148	55743	505
2003	81323	4864	76301	63	69689	12925	56100	663
2004	91013	5695	85016	84	73796	14732	58147	915
2005	98099	5842	91920	97	78827	14806	62684	1334
2006	108060	6313	101345	105	86608	15190	69898	1516
2007	122557	6585	115460	160	101410	16010	83537	1858
2008	(139290)	7476	(131291)	(167)	(116889)	16226	(98433)	(2226)
	130436	7476	122414	190	138392	16226	118198	3964
2009	144666	7724	136278	206	169643	13856	151343	4439
2010	167804	8399	158630	255	202470	14224	183291	4950
2011	193882	8952	184213	268	240965	14312	220122	6527
2012	208094	9628	197785	250	272240	12779	251772	7685
2013	(225738)	11160	(213900)	(261)	(304369)	12762	(282970)	(8632)
	137571	11160	125450	255	184669	12762	162040	9854
2014	141780	12400	128279	254	200626	11577	179680	9350
2015	(146066)	13068	(131788)	280	(211854)	9802	(191572)	10459
	126812	13068	112535	280	192715	9802	172431	10459
2016	122342	14525	106415	288	205385	9562	184255	11545
2017	116574	16178	98753	347	229458	9406	207066	12879
2018	112611	17095	93707	331	259461	10012	235183	14240
2019	111458	18278	91281	306	(281221)	10502	(253457)	17236
	111458	18278	91281	306	218647	10502	190883	17236
2020	58873	11176	46322	172	219072	10259	193631	15150

注：2008年客货运输量为公路水路运输量专项调查数据，2013年、2015年客货运输量按交通部新统计方法测算，2019年货运量按交通部道路货物运输量专项调查数据测算，括号内均为原口径数据。

a) Data on passenger and freight traffic in 2008 are calculated on basis of Highway and waterway traffic special investigation,Data on passenger and freight traffic in 2013 and 2015 are calculated on new statistical methods of the Ministry of Communications, Data on freight traffic in 2019 are calculated on basis of freight traffic special investigation of the Ministry of Communications,and data in the brackets are original data.

19−3 旅客和货物周转量

Passenger-Kilometers and Freight Ton-Kilometers

年份 Year	旅客周转量 (亿人公里) Passenger-Kilometers (100 million passenger-km)	#铁路 Railways	#公路 Highways	货物周转量 (亿吨公里) Freight Ton-Kilometers (100 million ton-km)	#铁路 Railways	#公路 Highways
1949	6.46	6.45	0.01	16.53	16.00	0.21
1952	15.62	15.26	0.36	39.12	36.56	0.88
1957	33.23	30.85	2.33	112.68	106.68	3.13
1962	90.02	82.01	7.98	131.21	125.02	4.08
1965	46.46	37.79	8.65	227.88	219.56	6.07
1970	80.54	64.74	15.66	332.55	322.03	8.74
1975	105.23	82.18	22.90	390.77	372.64	16.29
1978	123.22	92.62	30.47	508.41	484.79	21.57
1979	140.25	105.73	34.37	529.00	507.56	19.77
1980	163.98	122.40	41.35	547.65	525.31	21.01
1981	176.99	126.76	49.98	563.45	537.75	24.45
1982	195.70	135.60	59.87	617.77	578.55	37.41
1983	226.31	155.09	70.96	674.22	624.37	47.86
1984	253.11	171.10	81.71	702.70	643.53	55.88
1985	323.50	209.77	113.36	838.22	728.25	105.72
1986	358.20	228.54	129.34	881.90	777.12	99.73
1987	400.06	249.01	150.75	1020.81	880.94	133.83
1988	484.77	290.16	194.24	1079.26	932.37	139.64
1989	488.56	280.00	208.16	1157.63	1007.00	142.70
1990	423.46	229.90	193.10	1169.44	1001.79	160.66
1991	459.53	249.52	209.64	1199.31	1022.17	170.03
1992	511.40	275.46	235.56	1302.34	1085.18	209.03
1993	538.45	295.85	242.15	1337.03	1099.61	227.37
1994	566.29	305.35	260.74	1432.97	1164.43	258.41
1995	573.85	304.66	262.11	1538.82	1233.74	295.18
1996	584.25	285.72	289.65	1603.52	1263.13	326.16
1997	620.28	296.80	314.26	1547.18	1179.62	352.74
1998	640.16	310.79	320.93	1452.74	1083.35	355.48
1999	689.89	339.15	342.56	1432.08	1058.12	363.56
2000	740.98	378.80	353.78	1476.51	1101.74	363.94
2001	779.93	401.77	369.41	1573.28	1185.36	375.78
2002	820.83	421.00	390.00	1649.22	1234.77	398.87
2003	822.92	462.10	350.02	1891.73	1463.20	405.20
2004	963.09	542.00	395.40	2107.26	1650.00	422.02
2005	1000.70	535.43	437.84	2282.60	1759.77	467.00
2006	1113.77	586.88	492.72	2415.89	1810.80	538.76
2007	1264.10	620.68	601.81	2729.30	1962.93	681.85
2008	(1444.29)	667.32	(734.96)	(2969.81)	1985.84	(848.22)
	1517.33	667.32	808.32	5215.84	1985.84	2995.15
2009	1645.18	675.48	914.80	6146.09	1955.36	3927.08
2010	1840.64	747.20	1031.18	7141.82	1980.23	4860.63
2011	2033.68	766.45	1211.28	8471.07	2120.10	5949.04
2012	2144.50	779.57	1309.58	9436.42	2088.97	6863.01
2013	(2328.12)	853.38	(1417.54)	(10357.41)	2096.81	(7702.95)
	1661.89	853.38	712.39	7205.05	2096.81	4488.01
2014	1858.89	895.65	844.86	7367.09	1926.50	4822.37
2015	(1941.88)	910.24	(898.08)	(7582.38)	1666.02	(5208.16)
	1787.70	910.24	743.91	6916.89	1666.02	4542.67
2016	1857.17	938.30	760.57	7336.28	1685.89	4838.53
2017	1945.20	1029.09	736.62	8165.54	1899.81	5341.67
2018	1979.25	1061.11	711.19	8934.35	2014.91	5893.92
2019	2012.66	1091.34	699.03	(9742.43)	2079.80	(6446.46)
	2012.66	1091.34	699.03	8595.74	2079.80	5299.76
2020	1074.96	591.31	314.20	8690.52	2012.14	5572.59

注：2008年客货周转量为公路水路运输量专项调查数据，2013年、2015年客货周转量按交通部新统计方法测算，2019年货物周转量按交通部道路货物运输量专项调查数据测算,括号内均为原口径数据。

a) Data on passenger-kilometers and freight ton-kilometers in 2008 are calculated on basis of Highway and waterway traffic special investigation, and data in 2013 and 2015 are calculated on new statistical methods of the Ministry of Communications, Data on freight ton-kilometers in 2019 are calculated on basis of freight traffic special investigation of the Ministry of Communicationsand data in the brackets are original data.

19-4 铁路、公路、内河通车通航里程(年底数)

Length of Railways, Highways and Navigable Inland Waterways (Year-end)

单位：公里 (km)

指 标	Item	2000	2005	2010	2015	2017	2018	2019	2020
铁 路	**Length of Railways**	**3354**	**4000**	**4224**	**5205**	**5470**	**5460**	**6080**	**6134**
#电气化	Electrified Railways		1309	2109	2291	2301	2299	2299	2299
#高铁	High-speed Rail					1308	1308	1915	1998
中央铁路	National Railways	2043	2788	3395	4397	4663	4653	5273	5318
地方铁路	Local Railways	1311	1212	829	808	807	807	807	816
公 路	**Length of Highways**	**64453**	**79506**	**245089**	**250584**	**267805**	**268589**	**269832**	**270271**
#高级、次高级路面	Senior and Second-senior	46917	63474	165944	188020	223406	237604	243121	254004
#高速公路	Expressways	505	2678	5016	6305	6523	6600	6967	7100
内 河	**Length of Navigable Inland Waterways**	**1104**	**1439**	**1439**	**1589**	**1589**	**1589**	**1675**	**1725**

注：铁路通车里程为正线里程；铁路电气化里程为郑州铁路局全局数据。
a) Length of railways refers to trunk lines.Length of electrified railways refers to data of Zhengzhou Railway Administration.

19-5 交通运输工具拥有量(年底数)

Possession of Means of Transportation (Year-end)

指 标	Item	2000	2005	2010	2015	2017	2018	2019	2020
铁路	**Railways**								
国家铁路	National Railways								
内燃机车(台)	Diesel Locomotives (unit)	951	446	297	220	212	219	221	225
电力机车(台)	Electric Locomotives (unit)	981	570	837	1053	1043	1113	1241	1278
客车(辆)	Passenger Coaches (unit)	4981	1860	2400	2699	2868	2071	1996	1996
地方铁路	Local Railways								
内燃机车(台)	Diesel Locomotives (unit)	85	106	64	5	6	5	5	6
货车(辆)	Freight Cars (unit)	1476	1219	622	20	20	20	20	20
公路	**Highways**								
载货汽车(辆)	Trucks (unit)	363723	491669	907504	1297191	1446283	1622244	1768531	1900524
#重型	Heavy	212965	136946	307187	426097	485683	547636	577577	599280
中型	Middle			144914	69610	42177	41727	39725	29286
轻型	Light	150758	199410	443372	797052	916549	1031574	1150378	1271429
载客汽车(辆)	Buses and Cars (unit)	456068	988796	3049045	8170640	11246977	12816534	14284766	15539621
#大型	Large	32771	46187	61940	69068	75192	78307	79243	77824
中型	Middle			80896	38589	37898	37516	36459	34673
小型	Small	423297	672144	2660344	7834810	11005065	12570471	14040709	15303068
内河	**Inland Rivers**								
机动船(艘)	Motor Vessels (unit)	3314	4687	4916	5202	5302	5153	5153	4797
驳船(艘)	Barges (unit)	418	431	127	308	303	316	314	314

注：国家铁路为郑州铁路局数据。由于郑州铁路局调整，2005年以后的数据与以前年份不可比。2015年起，受地方铁路改制影响，地方铁路交通运输工具拥有量数据仅包含登封铁路公司。
a) Data on national railways are calculated by Zhengzhou Railways Administration. Because of The Change of Zhengzhou Railways Administration, data since 2005 could not be Compared with former Years. Data of Locomotives only refers to DengFeng railway company since 2015.

19−6 各市公路线路里程(2020年底)

Length of Highways by City (End of 2020)

单位：公里 (km)

市(县) City(County)	总计 Total	等级公路 Expressway and Class Ⅰ to Ⅳ Highways	高速 Expressway	一级 First Class	二级 Second Class	三级 Third Class	四级 Four Class
全 省 Total	**270271**	**254004**	**7100**	**4501**	**28602**	**21352**	**192450**
郑州市 Zhengzhou	13722	13129	631	661	1945	1572	8320
开封市 Kaifeng	9509	8527	462	101	1261	272	6430
洛阳市 Luoyang	19815	19256	575	239	2287	1953	14203
平顶山市 Pingdingshan	14783	14696	478	215	1906	1170	10927
安阳市 Anyang	12992	12015	291	335	1634	1154	8601
鹤壁市 Hebi	4639	4245	77	129	367	375	3296
新乡市 Xinxiang	13546	13192	269	238	2299	1243	9142
焦作市 Jiaozuo	8051	7827	240	237	1723	886	4741
濮阳市 Puyang	6991	6850	231	293	1095	663	4568
许昌市 Xuchang	10014	9329	281	275	1294	746	6733
漯河市 Luohe	5434	5284	126	80	556	531	3991
三门峡市 Sanmenxia	10179	9748	315	71	1110	994	7258
南阳市 Nanyang	40138	37842	792	353	3451	3328	29919
商丘市 Shangqiu	24875	21777	510	288	1863	1277	17839
信阳市 Xinyang	27119	24576	592	147	2017	2155	19665
周口市 Zhoukou	24116	23138	511	295	1716	1238	19378
驻马店市 Zhumadian	21770	20031	584	450	1530	1412	16055
济源市 Jiyuan	2578	2542	134	93	548	382	1384
省直管县 County Directly Administrated by Province							
巩义市 Gongyi	2206	2150	57	62	174	404	1453
兰考县 Lankao	1822	1765	50	23	255	102	1335
汝州市 Ruzhou	2954	2870	100	19	422	333	1997
滑县 Huaxian	3722	3230	56	65	422	92	2595
长垣市 Changyuan	2106	2020	55		437	127	1402
邓州市 Dengzhou	4519	4116	80	45	391	254	3346
永城市 Yongcheng	3558	3481	115	47	321	264	2735
固始县 Gushi	3519	3378	74	10	285	257	2752
鹿邑县 Luyi	3207	2705	46	74	143	181	2261
新蔡县 Xincai	2313	2309	71		234	89	1915

19-6 续表 continued

单位：公里 (km)

市(县) City(County)	等外公路 Highways Below Class Ⅳ	有铺装路面里程 paved Highway	沥青混凝土 Bitumen	水泥混凝土 concrete	简易铺装路面里程 Simply Paved Highway	未铺装路面里程 Unpaved Highway
全 省 Total	**16267**	**237678**	**54510**	**183168**	**12913**	**19680**
郑州市 Zhengzhou	593	12398	4755	7642	629	696
开封市 Kaifeng	983	8432	4097	4336	83	994
洛阳市 Luoyang	559	19190	3680	15510	43	583
平顶山市 Pingdingshan	87	13806	2640	11165	1	977
安阳市 Anyang	976	11304	2526	8778	273	1414
鹤壁市 Hebi	394	3773	800	2973	369	496
新乡市 Xinxiang	354	12508	3487	9022	675	363
焦作市 Jiaozuo	223	7335	2319	5016	481	234
濮阳市 Puyang	141	6815	2112	4703	35	141
许昌市 Xuchang	685	8720	2287	6433	556	738
漯河市 Luohe	151	4927	617	4310	357	151
三门峡市 Sanmenxia	431	9696	2171	7526	40	442
南阳市 Nanyang	2296	36318	7224	29094	880	2940
商丘市 Shangqiu	3099	19617	4103	15514	3005	2254
信阳市 Xinyang	2543	22245	2409	19836	445	4428
周口市 Zhoukou	978	19031	4396	14636	4105	979
驻马店市 Zhumadian	1739	19132	3908	15224	823	1814
济源市 Jiyuan	36	2431	980	1451	112	36
省直管县 County Directly Administrated by Province						
巩义市 Gongyi	55	2092	435	1657	56	58
兰考县 Lankao	57	1760	913	847	2	61
汝州市 Ruzhou	83	2343	418	1925		610
滑县 Huaxian	491	3124	555	2569	106	491
长垣市 Changyuan	85	1974	625	1349	47	85
邓州市 Dengzhou	403	4102	811	3290	15	403
永城市 Yongcheng	77	3196	438	2758	143	219
固始县 Gushi	141	3196	497	2699	182	141
鹿邑县 Luyi	502	2396	603	1793	309	502
新蔡县 Xincai	3	1838	480	1358	472	3

19−7 各种民用车辆拥有量(2020年底)

Possession of Civil Vehicles (End of 2020)

单位：辆 (unit)

指标	Item	总计 Total	营运 Commerial	非营运 Non-commerial	#进口 Imports	#私人 Private-owned	#新注册 Newly-registered	报废 Abandoned
合计	**Total**	**23144111**	**1676696**	**18034144**	**446591**	**17909027**	**1761413**	**66778**
汽车	Vehicles	17591731	1268677	16302406	437859	16096502	1597580	60002
载客汽车	Passenger Vehicles	15539621	194168	15324805	436080	14787974	1287590	37760
大型	Large	77824	60251	10243	383	436	4814	4230
中型	Medium	34673	10612	10744	670	3352	1242	1775
小型	Small	15303068	123092	15179975	431704	14663666	1279793	30295
微型	Minicar	124056	213	123843	3323	120520	1741	1460
#轿车	Saloon Cars	9508776	121010	9387765	159626	9122527	784247	18779
载货汽车	Trucks	1900524	1041240	859284	1668	1200233	294892	21030
重型	Heavy	599280	584455	14825	394	88224	117386	11359
中型	Medium	29286	22815	6471	9	17090	1723	2697
轻型	Light	1271429	433890	837539	1264	1094438	175766	6917
微型	Mini	529	80	449	1	481	17	57
其他汽车	Others	151586	33269	118317	111	108295	15098	1212
#三轮	Tricycle	42856	13872	28984		42056	4084	85
低速货车	Low-speed truck	33064	14937	18127		30709		131
电车	Buses	118	118					
摩托车	Motorcycle	1808689	78047	1730642	8695	1789552	110738	6297
普通	Standard	1801604	78042	1723562	8695	1782481	109881	6283
轻便	Light	7085	5	7080		7071	857	14
拖拉机	Tractors	3412623						
#大中型	Large and Medium	396658						
小型	Small	3015965						
挂车	Trailer	330950	329854	1096	37	22973	53095	479
其他类型车	Others							

注：1.拖拉机数据来源于农机管理局，其他数据来源于公安厅。
2.全省"营运"、"非营运"、"进口"、"私人"、"新注册"和"报废"车辆分类中不包括"拖拉机"分类数据。

a) Data of Tractor was calculated from the Administration of agricultural machinery,data of cars and other vehicles was calculated from Provincial public security department.

b) In addition to the total, other index data in Penn column does not include the tractor.

19-8 各市民用车辆拥有量(2020年底)

Possession of Civil Vehicles by City (End of 2020)

单位：辆 (unit)

市 City	民用汽车 Civil Vehicles	载客汽车 Passenger Vehicles	#大型 Large	#轿车 Sedan	载货汽车 Trucks	#重型 Heavy
全 省 Total	**17591731**	**15539621**	**77824**	**9508776**	**1900524**	**599280**
郑州市 Zhengzhou	4035926	3764602	18221	2286756	250525	84602
开封市 Kaifeng	709735	629207	2958	381777	76111	13427
洛阳市 Luoyang	1302706	1168991	6473	709648	125301	30546
平顶山市 Pingdingshan	785416	693355	3846	371152	80084	19997
安阳市 Anyang	950443	853648	3650	576407	91110	33276
鹤壁市 Hebi	306798	270679	1856	182641	31030	13310
新乡市 Xinxiang	1162111	1017349	4358	658653	137243	43678
焦作市 Jiaozuo	643568	542868	2531	359915	92887	53372
濮阳市 Puyang	760169	660034	2732	435304	95056	33354
许昌市 Xuchang	763534	678817	3107	409636	80045	20734
漯河市 Luohe	407182	353232	1832	228044	52316	20389
三门峡市 Sanmenxia	354326	315113	1737	192082	36229	11701
南阳市 Nanyang	1265247	1101658	5345	635699	153662	36249
商丘市 Shangqiu	1240358	1043339	7174	671890	183164	54961
信阳市 Xinyang	757357	653218	3607	369730	84176	13160
周口市 Zhoukou	1109324	901683	4422	504777	196629	77179
驻马店市 Zhumadian	835083	708801	2774	405802	117797	31434
济源市 Jiyuan	179571	160885	738	118183	16838	7911

市 City	其他汽车 Other	#新注册 Newly-registered	摩托车 Motors	挂车 Trailer	拖拉机 Tractors	机动车驾驶员(万人) Number of Motor Drivers (10 000 Person)	#汽车 Automobile Drivers
全 省 Total	**151586**	**1597580**	**1808689**	**330950**	**3412623**	**3146**	**3037**
郑州市 Zhengzhou	20799	310451	70578	25999	108595	475	472
开封市 Kaifeng	4417	69447	42566	7766	199908	140	139
洛阳市 Luoyang	8414	111151	151937	15150	182783	231	220
平顶山市 Pingdingshan	11977	68379	148044	12222	124419	151	145
安阳市 Anyang	5685	79192	65490	26621	136479	154	150
鹤壁市 Hebi	5089	24357	20230	8581	85155	55	54
新乡市 Xinxiang	7519	107983	87039	21547	178521	225	222
焦作市 Jiaozuo	7813	58569	77290	48604	56232	131	128
濮阳市 Puyang	5079	62126	32366	18343	68990	127	126
许昌市 Xuchang	4672	62095	33084	9256	48461	123	119
漯河市 Luohe	1634	46020	33304	11284	89217	72	71
三门峡市 Sanmenxia	2984	28590	155886	5753	45577	70	65
南阳市 Nanyang	9927	121480	270443	22188	742460	305	278
商丘市 Shangqiu	13855	124931	79963	31389	190306	248	244
信阳市 Xinyang	19963	84329	236742	3004	231367	163	149
周口市 Zhoukou	11012	130301	109420	42652	320891	269	260
驻马店市 Zhumadian	8485	94625	184256	14386	595522	179	167
济源市 Jiyuan	1848	11812	10051	6205	7740	28	27

19-9 各市私人车辆拥有量(2020年底)

Possession of Private Vehicles by City (End of 2020)

单位：辆 (unit)

市 City	民用汽车 Civil Vehicles	载客汽车 Passenger Vehicles	载货汽车 Trucks	其他汽车 Other Special Vehicles	摩托车 Motors	#普通 Bicycle Motor
全省 Total	**16096502**	**14787974**	**1200233**	**108295**	**1789552**	**1782481**
郑州市 Zhengzhou	3642081	3509221	123220	9640	67777	67528
开封市 Kaifeng	663085	604583	55860	2642	41708	41582
洛阳市 Luoyang	1197304	1107077	84368	5859	149654	146879
平顶山市 Pingdingshan	728869	663190	55449	10230	147144	146346
安阳市 Anyang	877192	819683	53925	3584	64536	64363
鹤壁市 Hebi	282627	258475	19861	4291	19940	19823
新乡市 Xinxiang	1082694	977690	99730	5274	85932	85340
焦作市 Jiaozuo	562121	518434	37418	6269	76186	75651
濮阳市 Puyang	694465	634587	57341	2537	31935	31900
许昌市 Xuchang	710050	652257	54753	3040	30177	30128
漯河市 Luohe	368181	339395	27857	929	33102	33051
三门峡市 Sanmenxia	324366	299874	22745	1747	155141	154242
南阳市 Nanyang	1170183	1062637	100730	6816	269098	268999
商丘市 Shangqiu	1146669	1010041	124416	12212	78812	78756
信阳市 Xinyang	712181	623916	70370	17895	236165	235968
周口市 Zhoukou	1002155	871442	122295	8418	108883	108795
驻马店市 Zhumadian	767815	681610	80663	5542	183555	183473
济源市 Jiyuan	164458	153856	9232	1370	9807	9657

19-10 客货运量及周转量

Passenger and Freight Traffic, Turnover Volume

指　　标	Item	2005	2010	2015	2018	2019	2020
运输量	**Traffic Volume**						
客运量	Passenger Traffic						
(万人)	(10 000 persons)	98099	167804	146066	112611	111458	58873
#铁路	Railways	5842	8399	13068	17095	18278	11176
国家铁路	National Railways	5758	8392	13068	17095	18278	11176
地方铁路	Local Railways	84	7				
公路	Highways	91920	158630	112535	93707	91281	46322
水运	Waterways	97	255	280	331	306	172
货运量	Freight Traffic						
(万吨)	(10 000 tons)	78827	202470	211854	259461	218647	219072
#铁路	Railways	14806	14224	9802	10012	10502	10259
国家铁路	National Railways	12697	13292	9482	9623	10231	10077
地方铁路	Local Railways	2109	931	321	389	270	182
公路	Highways	62684	183291	172431	235183	190883	193631
水运	Waterways	1334	4950	10459	14240	17236	15150
周转量	**Turnover Volume**						
旅客周转量	Passenger-Kilometers						
(百万人公里)	(million person-km)	100070	184064	194188	197925	201266	107496
#铁路	Railways	53543	74720	91024	106111	109134	59131
国家铁路	National Railways	53468	74715	91024	106111	109134	59131
地方铁路	Local Railways	75	5				
公路	Highways	43784	103118	74391	71119	69903	31420
水运	Waterways	53	60	54	61	66	34
货物周转量	Freight Ton-Kilometers						
(百万吨公里)	(million ton-km)	228260	714182	758238	893435	859574	869052
#铁路	Railways	175977	198023	166602	201491	207980	201214
国家铁路	National Railways	173606	197118	166447	201333	207857	201135
地方铁路	Local Railways	2371	905	156	157	123	79
公路	Highways	46700	486063	454267	589392	529976	557259
水运	Waterways	5549	30028	70529	102175	121233	110112

注：2009年3月起国家铁路运输量包含漯阜公司，地方铁路数据不包括漯阜公司；2015年起，受地方铁路改制影响，地方铁路数据仅包含登封铁路公司。

a) Data of LuoFu company was adjusted from local railways to national railways since March 2009. Data of Locomotives only refers to Dengfeng railway company since 2015.

19-11 各市公路客货运输量(2020年)

Passenger and Freight Traffic of Highway by City (2020)

市(县)	City(County)	客运量 (万人) Passenger Traffic (10 000 persons)	旅客周转量 (亿人公里) Passenger-Kilometers (100 million person-km)	货运量 (万吨) Freight Traffic (10 000 tons)	货物周转量 (亿吨公里) Freight Ton-Kilometers (100 million ton-km)
全省	**Total**	**46322**	**314.20**	**193631**	**5572.59**
省辖市	**City**				
郑州市	Zhengzhou	2851	24.08	24305	530.06
开封市	Kaifeng	1739	12.03	3409	123.05
洛阳市	Luoyang	3832	17.48	15854	364.96
平顶山市	Pingdingshan	2759	13.61	6895	197.51
安阳市	Anyang	2258	11.92	12629	521.87
鹤壁市	Hebi	434	1.89	4489	189.91
新乡市	Xinxiang	3327	19.71	13666	360.40
焦作市	Jiaozuo	668	3.37	14824	505.50
濮阳市	Puyang	1196	10.74	7710	213.71
许昌市	Xuchang	2086	8.95	7341	176.90
漯河市	Luohe	1036	5.69	5750	225.55
三门峡市	Sanmenxia	1476	8.36	4373	173.45
南阳市	Nanyang	6770	54.06	14273	532.98
商丘市	Shangqiu	3853	28.07	14657	438.46
信阳市	Xinyang	2446	19.98	9076	91.76
周口市	Zhoukou	2884	29.10	16287	623.86
驻马店市	Zhumadian	6107	40.70	13472	221.90
济源市	Jiyuan	601	4.45	4622	80.74
省直管县	**County Directly Administrated by Province**				
巩义市	Gongyi	427	1.02	3847	95.78
兰考县	Lankao	204	1.66	1373	59.39
汝州市	Ruzhou	552	4.59	1250	42.21
滑县	Huaxian	884	5.91	1055	14.79
长垣市	Changyuan	1242	8.55	919	20.75
邓州市	Dengzhou	1572	9.31	711	14.57
永城市	Yongcheng	665	4.14	1927	56.18
固始县	Gushi	328	2.59	2745	23.56
鹿邑县	Luyi	766	11.18	1082	26.53
新蔡县	Xincai	853	7.55	1676	22.00

19-12 铁路主要站客货发送量(2020年)

Number of Passengers and Volume of Freight Dispatched from Principal Railway Stations (2020)

车站名称	Name	旅客发送量 (万人) Number of Passengers Dispatched (10 000 persons)	车站名称	Name	货物发送量 (万吨) Volume of Freight Dispatched (10 000 tons)
郑　州	Zhengzhou	1798.66	郑州北	Northern zhengzhou	17.73
郑州东	Eastern zhengzhou	2612.75	新　密	Xinmi	10.04
巩　义	Gongyi	44.46	上　街	Shangjie	94.35
开　封	Kaifeng	184.90	新　郑	Xinzheng	273.08
兰　考	Lankao	83.03	开　封	Kaifeng	117.98
洛　阳	Luoyang	326.33	洛阳东	Eastern luoyang	25.26
洛阳龙门	Luoyang Longmen	451.62	巩　义	Gongyi	50.49
偃　师	Yanshi	19.02	平顶山西	Western pingdingshan	266.47
安　阳	Anyang	189.90	安　阳	Anyang	63.85
新　乡	Xinxiang	214.87	鹤壁北	Northern hebi	165.29
焦　作	Jiaozuo	173.58	新　乡	Xinxiang	68.48
许　昌	Xuchang	111.98	焦作北	Northern jiaozuo	60.33
三门峡	Sanmenxia	74.47	许　昌	Xuchang	14.74
三门峡南	Southern sanmenxia	119.25	三门峡	Sanmenxia	100.80
灵　宝	Lingbao	32.48	三门峡西	Western sanmenxia	169.75
南　阳	Nanyang	205.58	南　阳	Nanyang	6.09
商　丘	Shangqiu	601.91	商　丘	Shangqiu	29.62
商丘南	Southern shangqiu	73.76	商丘北	Northern shangqiu	13.00
民　权	Minquan	77.72	济　源	Jiyuan	206.44

注：本表为郑州铁路局辖区内主要站数据。
a) Data in this table are from Principal stations of Zhengzhou Railways Administration.

19−13 铁路分货类运输量

Freight Traffic of Railway by Category

货 类	Type of Freight	2019		2020	
		运输量(万吨) Traffic Volume (10 000 tons)	货物周转量(万吨公里) Freight Ton-Kilometers (10 000 ton-km)	运输量(万吨) Traffic Volume (10 000 tons)	货物周转量(万吨公里) Freight Ton-Kilometers (10 000 ton-km)
煤	Coal	32296	9245757	31267	8784120
石油	Petroleum	1520	320864	1542	315593
焦炭	Coke	3842	1122255	3596	1053737
金属矿石	Metal Ores	7153	1926809	7091	1913797
钢铁及有色金属	Steel and Iron,	3398	1083481	3252	1025776
非金属矿石	Nonmetal Ores	1484	400361	1631	444847
磷矿石	Phosphorus Ores	122	46796	158	59089
矿建材料	Mineral Building Materials	955	248671	719	181628
水泥	Cement	28	5458	32	4185
木材	Timber	309	92622	233	77975
粮食	Grain	3641	1026025	3527	984381
棉花	Cotton	222	97435	288	124901
化肥和农药	Chemical Fertilizers and Pesticides	2276	778825	2362	784047
盐	Salt	7	3056	6	2395
化工品	Chemical Products	1603	595389	1694	620167
工业机械	Industry Machinery	603	177875	539	161830
电子电气	Electronic and Electric	16	6436	20	8383
金属制品	Metal Products	79	24201	78	24950
农业机具	Agriculture Implements	0	8	0	5
鲜活易腐货物	Fresh, Live and Perishable Goods	29	8119	26	6551
农副土特产品	Agriculture Products	30	9199	19	5722
饮食烟草	Diet and Tobaccos	305	95465	252	83311
纺织品	Textile Products	53	23970	43	17259
文教用品	Cultural and Educational Products	143	60735	110	47353
医药品	Medicine Products	21	5049	21	5727
零担	Fragmentary Freight	1	312	0	5
集装箱	Container	5905	2058187	6889	2352651

注：铁路为郑州铁路局全局数。

a) Freight Traffic of railway refers to data of Zhengzhou Railways Administration, highway refers to data of transportation department.

19−14 铁路运输主要技术经济指标

Major Economic and Technical Indicators of Railway Transport

指　　标	Item	2010	2015	2018	2019	2020
货运机车日产量	Average Daily Ton-kilometers of Freight					
（万吨公里）	Locomotives (10 000 ton-kms)	133	115	117	114	119
内燃机车	Diesel Locomotives	125	20	23	21	20
电力机车	Electric Locomotives	135	118	119	115	122
货运机车平均牵引总重量（吨）	Average Total Tonnage of Freight Locomotives (ton)	3667	3460	3431	3398	2663
内燃机车	Diesel Locomotives	3634	1873	1850	1881	2029
电力机车	Electric Locomotives	3674	3475	3443	3408	2667
客运机车日车公里（公里）	Daily Distance per Passenger Locomotive (km)	823	814	783	805	1685
货运机车日车公里（公里）	Daily Distance per Freight Locomotive (km)	443	448	457	463	487
内燃机车万吨公里耗油	Oil Consumption of Diesel Locomotive					
（公斤）	Per 10 000 tons.km (kg)	23.0	129.9	135.1	134.1	131.1
电力机车万吨公里耗电	Electricity Consumption of Electric					
（千瓦小时）	Locomotive Per 10 000 tons.km (kwh)	107.4	107.1	105.3	105.8	127.7
旅客列车技术速度（公里/小时）	Technical Speed of Passenger Trains (km/hr)	85.6	88.4	87.8	88.6	91.0
旅客列车旅行速度（公里/小时）	Traveling Speed of Passenger Trains (km/hr)	73.9	77.1	77.0	78.5	81.5
货物列车技术速度（公里/小时）	Technical Speed of Freight Trains (km/hr)	46.5	48.9	48.7	49.4	49.9
货物列车旅行速度（公里/小时）	Running Speed of Freight Trains (km/hr)	33.6	33.7	36.0	38.1	39.4
货物列车运行正点率（%）	Punctuality Rate of Freight Trains in Running (%)	85.9	93.8	95.2	95.1	95.3
货物列车出发正点率（%）	Punctuality Rate of Freight Trains at Departure (%)	88.0	93.5	95.0	95.4	95.0
货车周转时间　（天）	Trunning Around Time of Freight Cars (day)	1.6	1.8	1.5	1.4	1.4
货车一次作业时间（小时）	Handling Time of Freight Cars (hour)	24.5	29.5	25.8	24.5	23.9
货车中转停留时间（小时）	Transfer Waiting Time Per Freight Car (hour)	4.2	4.9	4.3	4.0	4.1

注：本表数据来源于郑州铁路局。
a) Data in this chapter are from Zhengzhou Railways Administration.

19－15　民航基本情况
Main Indicators of Civil Aviation

指　标	Item	2012	2015	2018	2019	2020
航线条数(条)	Number of Civil Aviation Routes (unit)	49	61	70	77	73
#国际	International Routes	2	11	9	7	6
国内	Domestic Routes	45	47	60	69	66
地区	Regional Routes	2	3	1	1	1
航线里程(公里)	Length of Civil Aviation Routs (km)	60804	71597	91575	127636	113626
#国际	International Routes	2838	10777	13223	21991	12024
国内	Domestic Routes	54756	55781	76739	103929	99882
地区	Regional Routes	3210	5039	1613	1716	1720
飞行架次	Number of Flight	37363	41782	48144	47509	35180
#国际	International Routes	916	2786	2414	2654	308
国内	Domestic Routes	35277	37345	45046	44141	34810
地区	Regional Routes	1170	1651	684	714	62
民用机场数(个)	Number of Civil Airports (unit)	3	3	4	4	4
#可降737以上机型	Airports Serving Boeing 737 and above	3	3	3	4	4
民用飞机架数(架)	Number of Civil Aircraft (unit)	20	26	31	30	30
通航国家和地区(个)	Navigable Country and Region (unit)	4	5	5	6	5
#通航城市	Navigable City	4	10	7	7	6
客货吞吐量	Passenger and Cargo throughput					
旅客吞吐量(万人)	Passenger throughput (10 000 persons)	1268.87	1860.69	2955.74	3184.70	2405.84
货邮吞吐量(万吨)	Cargo throughput (10 000 tons)	15.31	40.58	51.73	52.42	64.10

注：民用机场数和客货吞吐量为全省数据，其他指标数据为中国南方航空河南航空有限公司数据修正后数据，2017年和2018年航线里程(国际)为修正后数据。

a) Data of Civil Airports and Passenger and Cargo throughput refer to the whole province, and other data come from China southern airlines co., LTD., henan branch.

19－16　邮政行业基本情况及邮政水平(年底数)
Basic Conditions and Level of Post Services (Year-end)

指　标	Item	2012	2015	2018	2019	2020
局所网络	Offices and Network					
邮政局所(处)	Number of Post Offices (unit)	2531	2595	2626	2625	2625
邮路总长度(公里)	Length of Postal Routes (km)	63846	74234	412682	591371	642149
#汽车邮路总长度	Length of Postal Routes and Rural	55415	70167	112308	120572	153837
铁路邮路总长度	Delivery Routes	7621	3508	3499	4301	4874
农村投递线路总长度(公里)	Rural Delivery Routes(km)	197726	194476	191463	182441	181017
邮政行业业务总量(万元)	Business Volume of Post (10 000 yuan)	691594	1637756	4367143	5904545	8296456
函件(万件)	Number of Letters (10 000 pcs)	17517	12011	10722	9533	5880
包裹(万件)	Number of Parcels (10 000 pcs)	284	198	120	111	110
快递(万件)	Pieces of Express Mail Services (10 000 pcs)	12503	51450	152632	211093	310005
报刊期发数(万份)	Issue of Newspapers and Magazines (10 000 copies)	1010	980	870	836	864
集邮业务(万枚)	Collecting Stamps (10 000 units)	7595	6766	6648	3883	3400
邮政水平	Level of Post Services					
平均每一邮电局所服务面积(平方公里)	Average Area Served by Every Post Office (sq.km)	66	64	64	64	64
平均每一邮电局所服务人口(万人)	Average People Served by Every Post Office (10 000 persons)	4.1	3.6	3.6	3.8	3.8
平均每人发函件数(件)	Average Number of Letters Mailed per Capita (piece)	1.7	1.2	1.1	1.0	0.6
平均每百人订有报刊数(份)	Average Number of Newspaper and Magazine Subscribed per 100 Persons (piece)	9.6	10.4	9.2	8.0	8.6

注：1.2010年起快递为全社会快递业务量；邮政业务总量也做同口径调整。
2.2017年起邮路总长度为全社会总长度，包含邮政公司和EMS的邮路长度，同时减去租用或无偿使用的邮路长度。

a) The caliber of Business Volume of Express Mail is the whole volume of the society since 2010, same as the Post.

b) Length of Postal Route refiers to the whole social length, incuding the length of China Post's and EMS's route, excluding the length of rented or free postal route.

19–17 邮电通信行业基本情况

年份 Year	邮电业务总量(万元) Business Volume of Postal and Telecommunications Services (10 000 yuan)	#邮政行业业务总量 Business Volume of Postal Services	函件(万件) Number of Letters (10 000 pcs)	包裹(万件) Package (10 000 pcs)	快递业务量(万件) Pieces of Express Mail Services (10 000 pcs)	订销报刊期发数(万份) Subscription and Issue of Newspapers and Magazines (10 000 pcs)
1978	(5450)7120		11629			
1979	7540		12783			
1980	8062		14230			
1981	8390		14823			
1982	8666		14726			
1983	9024		15144			
1984	9647		16974			
1985	11057		20304			
1986	11977		21055			
1987	14675		24020			
1988	19182		25368			
1989	22805		23345			
1990	(27872)48983		22032			
1991	59324		17335			
1992	80685		17795			
1993	122245		20260			
1994	188902		21963			
1995	302583		21958	648		
1996	461609		22470	648	225	
1997	643107		19164	489	173	
1998	1035556		18799	489	197	
1999	1384139		19452	509	296	
2000	(1869359)1300586	117999	21408	499	423	
2001	1740235	210508	29260	492	539	
2002	2201977	236549	29532	482	761	
2003	3035707	264200	35938	486	945	880
2004	4359263	282726	26470	433	1105	768
2005	5565060	318093	24471	415	1163	686
2006	7214687	365236	23030	405	1136	707
2007	9331635	412016	21515	367	1248	759
2008	11241309	470421	22147	315	1497	846
2009	12968686	548800	19786	271	1788	809
2010	(15077061)5359762	(897962)607027	24704	253	(1793)5765	803
2011	5958822	627996	32396	264	8378	1062
2012	6613588	691594	17516	283	12503	1010
2013	7949251	924593	17570	295	19444	951
2014	10110624	1165358	15828	264	29484	1029
2015	13172754	1637756	12011	198	51450	980
2016	(20658962)9860822	2332232	9496	160	83875	1032
2017	18160442	3327145	11865	153	107378	883
2018	43837204	4367143	10722	120	152632	870
2019	65892361	5904545	9533	111	211093	836
2020	89854663	8296456	5880	110	310005	864

注：1.邮电业务总量2017-2020年按2015年不变价计算，2010-2016年按2010年不变价计算，2000-2009年按2000年不变价格计算，1990-1999年按1990年不变价格计算，1978-1989年按1980年不变价格计算。括号内为上个时期不变价数据。
2.2007年起，局用交换机容量包含接入网设备容量。
3.2010年起快递为全社会快递业务量，括号内为原口径数据。
4.2010年起，国际互联网用户含手机上网用户。
5.2020年电话普及率是通过河南第七次全国人口普查结果计算所得。

Basic Conditions of Postal and Telecommunication Services

集 邮 业 务 (万枚) Stamps for Collection (10 000 units)	固定电话用户 (万户) Subscribers of Fixed Telephone (10 000 subscribers)	移动电话用户 (万户) Subscribers of Mobile Telephone (10 000 subscribers)	本地电话局用交换机容量 (万门) Capacity of Local Telephone Exchanges (10 000 line)	长途光缆线路长度 (公里) Length of Optical Cable Lines (km)	电话普及率 (含移动) (部/百人) Populariza-tion Rate of Telephone (sets/100 persons)	国际互联网用户 (万户) Number of Subscribers of Internet Services (10 000 subscribers)
	12.05		21.15		0.17	
	12.40		22.01		0.17	
	12.96		22.58		0.18	
	13.12		22.92		0.18	
	13.37		23.77		0.18	
	13.25		24.45		0.17	
	14.33		25.23		0.19	
	15.67		26.91		0.20	
	16.75		27.39		0.21	
	14.00		29.47		0.17	
	16.10		32.50		0.20	
	18.92		35.31		0.23	
	22.76		40.79		0.27	
	27.31		54.45		0.31	
	36.65		66.04		0.42	
	55.70		103.31		0.63	
	89.31		171.76		0.99	
	135.74		238.36		1.50	
	205.71	23.87	349.34		2.51	
2295	292.55	48.02	479.17		3.70	
1045	442.76	118.64	723.20		6.05	
13581	773.51	173.04	837.21		8.68	
13614	912.10	310.30	969.87		12.95	67.52
12352	1096.09	503.03	1049.71	18029	16.79	185.66
10441	1180.31	531.00	1095.47	20658	17.86	208.42
9159	1370.86	1072.57	1159.70	26650	25.72	245.81
10500	1625.03	1392.31	1296.62	32644	31.14	269.17
8769	1863.48	1814.81	1349.56	33093	37.90	274.28
7038	2027.50	2351.20	1376.00	33536	44.90	326.87
6883	1940.47	2914.54	2548.50	34927	49.50	403.26
7100	1562.44	3498.89	2382.21	35718	51.20	494.38
6064	1463.89	4016.84	2304.06	36127	55.10	625.49
8158	1432.00	4449.72	1996.00	36446	59.00	3043.42
7090	1340.39	5061.69	1855.45	30519	68.07	3857.20
7585	1288.90	5787.70	1804.26	30271	75.38	5098.00
6138	1224.38	7200.22	1843.36	30296	89.60	5657.14
5338	1143.04	7712.93	1298.35	31430	94.10	5672.06
6766	1009.66	7975.06	1043.95	33578	95.22	6626.93
7129	798.60	7889.01	901.07	32533	91.14	8145.49
6758	735.04	8553.36	879.63	34589	97.40	9670.83
6648	689.57	9354.14	1540.45	37905	111.27	11199.61
3883	757.84	9841.08	1212.32	35017	121.27	11016.79
3400	667.22	10051.38	1142.41	35898	109.34	11839.65

a) The Business Volume of Postal and Telecommunication Services from 2017 to 2020 are calculated at 2015 constant prices.2010~2016 are calculated at 2010 constant prices.2000~2009 are calculated at 2000 constant prices. 1990~1999 are calculated at 1990 constant prices. 1978~1989 are calculated at 1980 constant prices. Data in bracket are calculated at last period constant prices.

b) Data on capacity of local telephone exchanges include network equipment since 2007.

c) Data of pieces of express mail refer to the whole social since 2010, data in the brakfets are original data.

d) Data on Subscribers of Internet Services include Mobile Internet since 2010.

e) The popularization rate of telephone in 2020 is calculated from the results of the seventh national census in Henan.

19−18 通信行业基本情况及通信水平(年底数)

Basic Conditions and Level of Telecommunication Services (Year-end)

指　标	Item	2015	2018	2019	2020
通信网络	**Network of Telecommunication**				
电信业务总量(亿元)	Business Volume of Telecommunication Services (100 million yuan)	1153.50	3947.01	5998.78	8156.78
移动电话用户期末数(万户)	Number of Mobile Telephones Subscribers at Year-end (10 000 subscribers)	7975	9354	9841	10051
4G移动电话用户（万户）	4G Mobile Phone Users (10 000 subscribers)	2075.90	7232.20	8067.40	8282.07
5G移动电话用户（万户）	5G Mobile Phone Users (10 000 subscribers)			19.28	1958.36
固定电话用户(万户)	Number of Local Telephone Subscribers of at Year-end (10 000 subscribers)	1010	690	758	667
住宅电话用户(万户)	Number of Household Telephone Subscribers (10 000 subscribers)	556.11	334.40	204.54	379.17
国际互联网用户(万户)	Number of Subscribers of Internet Service (10 000 Subscribers)	6626.93	11199.61	11016.79	11839.65
IPTV（网络电视）用户(万户)	IPTV Users (10 000 Subscribers)	45.10	1645.68	1775.25	1868.03
物联网终端用户(万户)	Internet of Things End Users (10 000 Subscribers)	311.80	3778.50	7043.21	6655.65
电信主要通信能力	**Major Capacity of Telecommunication Services**				
局用电话交换机容量(万门)	Capacity of Office Telephone Exchanges (10 000 units)	1044	1540	1212	1142
移动电话交换机容量(万户)	Capacity of Mobile Telephone Exchanges (10 000 subscribers)	11713	12116	14005	14094
长途光缆线路长度(公里)	Length of Optical Cable Lines (km)	33578	37905	35017	35898
移动电话基站数（万个）	Number of Mobile Phone Base Stations (10 000 units)	25	34	43	49
固定互联网宽带接入端口（万个）	Fixed Internet Broadband Access Terminal (10 000 units)	2403	4781	4753	4935
通信水平	**Level of Telecommunication**				
固定电话普及率(部/百人)	Popularization Rate of Telephone (sets/100 persons)	10.7	7.2	7.9	6.7
移动电话普及率(部/百人)	Popularization Rate of Mobile Telephone (sets/100 persons)	84.5	104.1	113.4	102.6
已通固定电话的乡(镇)比重(%)	Percentage of Townships with Telephone (%)	100	100	100	100
移动电话(GSM)网络覆盖县(市)	Number of County(city) Covered by GSM (unit)	109	109	109	109
移动电话(CDMA)网络覆盖县(市)	Number of County(city) Covered by CDMA (unit)	109	109	109	109
移动电话漫游国家和地区(个)	Number of country (Territory) Roamed through Mobile Telephone (unit)	245	245	245	245
数据通信网覆盖地(市)	Number of Region(city) Covered by Data Traffic (unit)	18	18	18	18

注：2020年固定电话普及率和移动电话普及率是通过河南第七次全国人口普查结果计算所得。
a) The popularization rate of telephone and mobile telephone in 2020 are calculated from the results of the seventh national census in Henan.

19−19 各市邮政网和业务量(2020年)

Network and Business Volume of Post by City (2020)

市(县) City(County)	邮政局所 (处) Number of Post Offices (unit)	邮路总长度 (公里) Length of Postal Routes (km)	农村投递线路总长度 (公里) Rural Delivery Routes (km)	邮政行业业务总量 (亿元) Business Volume of Post (100 million yuan)	函件 (万件) Number of Letters (10 000 pcs)
全　　省 Total	**2625**	**642149**	**181017**	**829.65**	**5879.87**
郑　州　市 Zhengzhou	244	551734	13816	265.78	2806.69
开　封　市 Kaifeng	116	5093	8725	30.40	34.17
洛　阳　市 Luoyang	202	9333	11464	52.07	1005.82
平顶山市 Pingdingshan	137	2707	9048	15.40	180.48
安　阳　市 Anyang	121	4232	11419	35.88	52.89
鹤　壁　市 Hebi	31	819	2993	8.66	19.07
新　乡　市 Xinxiang	171	6154	13915	42.94	277.24
焦　作　市 Jiaozuo	115	3606	8020	49.55	67.20
濮　阳　市 Puyang	100	2217	6230	17.86	88.35
许　昌　市 Xuchang	104	2106	7815	28.19	244.76
漯　河　市 Luohe	62	2510	3647	34.16	122.58
三门峡市 Sanmenxia	84	1652	6613	10.34	140.11
南　阳　市 Nanyang	274	13379	21227	52.17	293.13
商　丘　市 Shangqiu	209	11933	12324	92.62	275.78
信　阳　市 Xinyang	227	8453	12685	19.60	24.43
周　口　市 Zhoukou	200	4522	17229	30.79	128.02
驻马店市 Zhumadian	203	10137	11358	39.54	105.93
济　源　市 Jiyuan	25	1562	2492	3.69	13.22

市(县) City(County)	包裹 (万件) Package (10 000 pcs)	快递业务量 (万件) Business Volume of Express Delivery (10 000 pcs)	快递业务收入 (亿元) Pieces of Express Mail Services (100 million yuan)	订销报刊期发数 (万份) Subscription and Issue of Newspapers and Magazines (10 000 pcs)	集邮业务 (万枚) Collecting Stamps (10 000 units)
全　　省 Total	**110.24**	**310005**	**249.05**	**864**	**3400**
郑　州　市 Zhengzhou	21.13	110047	103.07	81	780
开　封　市 Kaifeng	5.68	12041	7.72	45	118
洛　阳　市 Luoyang	14.23	19990	15.08	87	369
平顶山市 Pingdingshan	1.60	4203	4.24	39	138
安　阳　市 Anyang	3.32	11276	5.77	43	159
鹤　壁　市 Hebi	0.24	2264	3.52	16	50
新　乡　市 Xinxiang	7.30	11990	12.65	74	226
焦　作　市 Jiaozuo	3.59	21077	13.39	49	222
濮　阳　市 Puyang	6.99	5547	4.61	37	90
许　昌　市 Xuchang	4.99	10582	8.94	37	79
漯　河　市 Luohe	2.74	14416	9.66	18	297
三门峡市 Sanmenxia	0.59	3259	3.16	40	69
南　阳　市 Nanyang	4.15	18355	13.40	94	229
商　丘　市 Shangqiu	16.43	35961	18.83	42	86
信　阳　市 Xinyang	1.02	5220	5.69	51	93
周　口　市 Zhoukou	5.16	9328	8.26	55	149
驻马店市 Zhumadian	9.56	13472	10.20	47	217
济　源　市 Jiyuan	1.52	977	0.86	10	31

注：本表全省合计包括郑州邮区中心局数据。

a) Data of Total include Data of Center situation in Zhengzhou postal district. EMS only refers to postal.

19-20 各市电信网和业务量(2020年)

市 City	局用电话交换机容量(万门) Capacity of Office Telephone Exchanges (10 000 lines)	移动电话交换机容量(万户) Capacity of Mobile Telephone Exchanges (10 000 subscribers)	电信业务总量(亿元) Business Volume of Telecommunications (100 million yuan)	(固定)互联网宽带接入端口数(万个) Fixed Internet Broadband Access Terminal (10 000 units)
全省 Total	**1142**	**14094**	**8156.78**	**4935**
郑州市 Zhengzhou	218	2900	1654.14	733
开封市 Kaifeng	47	471	356.93	224
洛阳市 Luoyang	144	1334	630.29	457
平顶山市 Pingdingshan	47	603	351.56	229
安阳市 Anyang	44	611	425.53	346
鹤壁市 Hebi	13	144	134.71	90
新乡市 Xinxiang	106	948	514.66	346
焦作市 Jiaozuo	60	655	286.80	226
濮阳市 Puyang	31	377	303.07	157
许昌市 Xuchang	47	712	302.11	221
漯河市 Luohe	31	236	183.88	113
三门峡市 Sanmenxia	26	343	172.57	121
南阳市 Nanyang	69	1116	622.37	391
商丘市 Shangqiu	73	869	605.04	399
信阳市 Xinyang	54	629	441.93	267
周口市 Zhoukou	60	1261	605.43	321
驻马店市 Zhumadian	58	806	499.34	242
济源市 Jiyuan	14	79	60.24	51

Network of Telecommunications and Business Volume by City (2020)

移动电话通话时长(万分钟) Length of Calls of Mobile Telephone (10 000 minutes)	移动电话用户(万户) Number of Mobile Telephone Subscribers (10 000 subscribers)	4G电话用户(万户) Fourth Generation Telephone Subscribers (10 000 subscribers)	移动短信业务量(亿条) SMS Business (100 million piece)	固定电话用户(万户) Fixed Telephone Subscribers (10 000 subscribers)	家庭宽带接入用户(万户) Household Broadband Subscribers (10 000 subscribers)	国际互联网用户(万户) International Internet Service Subscribers (10 000 subscribers)
5326300	**10051.38**	**8282.07**	**995.61**	**667.22**	**2738.83**	**11839.65**
1095788	1697.30	1450.21	228.03	144.47	437.22	2124.42
178177	447.97	369.10	39.57	27.31	117.70	480.27
504240	742.75	627.63	89.02	64.88	221.74	1028.61
228066	484.48	401.17	53.13	25.50	128.90	543.18
231036	564.44	464.82	49.78	46.99	154.75	722.25
54403	166.74	136.71	15.09	10.19	43.96	209.89
358135	640.04	532.92	65.63	41.72	178.53	844.71
247666	369.26	315.06	40.18	25.32	111.34	561.13
142541	383.24	308.72	31.34	24.66	109.95	491.74
269047	435.51	355.49	44.29	34.69	112.04	532.93
89088	249.12	202.60	20.76	13.36	63.30	286.71
129475	223.95	184.65	28.21	16.53	66.09	316.14
421685	873.23	713.18	71.36	51.82	226.20	864.09
328439	749.00	592.36	53.99	39.29	197.31	793.02
237569	556.70	447.27	51.74	36.39	159.14	576.48
476623	736.94	596.25	55.00	24.18	214.76	714.55
304682	644.25	516.11	51.10	32.78	173.53	627.82
29696	81.45	67.83	7.41	7.16	22.38	121.72

主要统计指标解释

铁路营业里程 又称营业长度，指投入客货运输营业或临时营业的线路长度。

铁路电气化里程 指具备了电力机车牵引条件，并已交付运营的线路里程。

公路里程 指报告期末公路的实际长度。统计范围：包括城间、城乡间、乡（村）间能行驶汽车的公共道路，公路通过城镇街道的里程，公路桥梁长度、隧道长度、渡口宽度。不包括城市街道里程，断头路里程，农（林）业生产用道路里程，工（矿）企业等内部道路里程。统计原则：按已竣工验收或交付使用的实际里程计算；两条或多条公路共同经由同一路段的重复里程，只计算一次。

内河航道里程 指在一定时期内，能通航运输船舶及排筏的天然河流、湖泊水库、运河及通航渠道的长度。包括全年季节性通航累计三个月以上的航道，不包括仅供零散流放竹、木排的河道。两省以河为界的航道里程，双方均按一半计算，以免重复。该指标可以反映内河水运网的规模、水平和发展情况。

民用航空航线里程 指统计期间内全部民用航空航线的航线总长度。航线长度指民用航空航线的计费距离。计算航线里程可按重复和不重复两种方法，前者是指各航线长度相加的总和；后者则要扣除各航线之间相同航段重复计算的部分。

货（客）运量 指在一定时期内，各种运输工具实际运送的货物（旅客）数量。它是反映运输业为国民经济和人民生活服务的数量指标，也是制定和检查运输生产计划、研究运输发展规模和速度的重要指标。货运按吨计算，客运按人计算。货物不论运输距离长短、货物类别，均按实际重量统计。旅客不论行程远近或票价多少，均按一人一次客运量统计；半价票、小孩票也按一人统计。

货物（旅客）周转量 指在一定时期内，由各种运输工具运送的货物（旅客）数量与其相应运输距离的乘积之总和。它是反映运输业生产总成果的重要指标，也是编制和检查运输生产计划，计算运输效率、劳动生产率以及核算运输单位成本的主要基础资料。计算货物周转量通常按发出站与到达站之间的最短距离，也就是计费距离计算。计算公式为：

货物（旅客）周转量＝∑货物（旅客）运输量×运输距离

民用汽车拥有量 指报告期末，在公安交通管理部门按照《机动车注册登记工作规范》，已注册登记领有民用车辆牌照的全部汽车数量。汽车拥有量统计的主要分类：根据汽车结构分为载客汽车、载货汽车以及其他汽车；根据汽车所有者的不同分为个人（私人）汽车、单位汽车；根据汽车的使用性质分为营运汽车、非营运汽车和特种汽车；根据汽车大小规格不同载客汽车分为大型、中型、小型和微型，载客汽车分为重型、中型、轻型和微型。

电信 指利用有线、无线的电磁系统或者光电系统，传送、发射或者接受语音、文字、数据图像以及其他任何形式信息的活动。主要包括固定电信服务、移动电信服务和其他电信服务。

移动电话用户 指在电信运营企业营业网点办理开户登记手续，通过移动电话交换机进入移动电话网，占用移动电话号码的各类电话用户。包括各类签约用户、智能网预付费用户、无线上网卡用户。

互联网上网人数 指过去半年内使用过互联网的6周岁及以上中国居民人数。

固定电话用户 指在电信运营企业营业网点办理开户登记手续并已接入固定电话网上的全部电话用户。包括普通电话用户、公用电话用户、窄带综合业务数字网（N—ISDN）用户、智能网专用接入终端用户等。按行政区划分为城市电话用户和农村电话用户。

城市电话用户 指直辖市、省辖市、地级市、县级市的市区、市郊区及县城(包括县人民政府所在地的县城关区或行政建制相当于县人民政府所在地的镇)范围内接入局用交换机的电话用户数，包括分布在农村地区的独立工矿区、林区、驻军等接入局用交换机的电话用户数。

农村电话用户 指县城关区以下的集镇和农村接入局用交换机的电话用户数。

住宅电话用户 指私人付费或安装在居民住宅并按照私人或住宅电话用户登记注册和收费的各类电话用户。

固定长途电话交换机容量　指用于接入长途电话网的电话交换机的设备额定容量，包括国际电话交换机容量。

局用交换机容量　指安装在电信企业内用于接续本地固定电话的电话交换机容量，包括接入网设备容量（安装在电信运营企业用于连接语音用户的远端节点的设备容量）。

移动电话交换机容量　指移动电话交换机根据一定话务模型和交换机处理能力计算出来的最大同时服务用户的数量。按报告期末已割接入网正式投入使用的设备实际容量统计。

Explanatory Notes on Main Statistical Indicators

Length of Railways in Operation refers to the total length of the trunk line for passenger and freight transportation in full operation or temporary operation.

Length of Electrified Railways refers to the length of the section of railways in operation in which the power supply lines and other equipment are installed for the running of electrified locomotives. The proportion of the length of electrified railways to the total length of railways in operation is an important indicator to show the modernization of railways.

Length of Highways refers to the actual length of highways at the end of reference period. It covers public roads running vehicles among cities, city and rural areas, township (villages), highways passing through streets at small cities and towns, length of bridges and tunnels, width of ferry piers. It does not include the length of streets in cities, dead end highways, the length of streets built for agricultural (forest) production and inside factories (mines). It can only be calculated with the actual mileage having been completed, checked and accepted or put into operation. If two or more highways go the same section of the way, the length of the section is only calculated for once.

Length of Navigable Inland Waterways an indicator reflecting the size and development of inland water network, it refers to the length of the natural rivers, lakes, reservoirs, canals, and ditches open to navigation during a given period, which enables the transport by ships and rafts. It includes the channels open to navigation for over an accumulative 3 months in a year, yet this does not include the river courses which are only used to float odd logs and bamboo rafts.

Length of Civil Aviation Routes refers to the length of all routes for civil aviation flights, which is used to account the freight, during the period of statistics.. There are usually two ways to calculate the route length: duplicated calculation and non-duplicated calculateion, the former is the sum of length of all civil aviation routes, and the latter should deduct the duplication length of same route among all routes.

Freight (Passenger) Traffic refers to the volume of freight (passenger) transported with various means. Freight transport is calculated in tons and passenger traffic is calculated in the number of persons. Despite the type of freight and travelling distance, the freight transport is calculated in the actual weight of the goods: and despite the travelling distance and ticket price, the passenger traffic is calculated by the principle that one person can be counted only once in one travel. The passenger who travel with a half price ticket or a child ticket is also calculated as one person. The freight (passenger) traffic provides a quantitative measure to show how the transport industry serves the national economy and people, and is also an important indicator for planning the transport industry and for studying the development scale and speed of the transport industry.

Freight Ton-kilometers (Passenger-kilometers) refer to the sum of the products of the volume of transported cargo (passengers) multiplying by the transport distance, usually using ton-kilometer and passenger-kilometer as units for measurement. Normally, the shortest distance between the departure station and the destination station (i.e., the payable distance) is the basis to calculate the freight ton-kilometers. This is an important indicator to show the total results of the transport industry, to prepare and examine the transport plan and to measure the efficiency, the labour productivity and the unit cost of transport.

The formula is as follows:

Freight Ton-kilometers (Passenger-kilometers) =∑{Freight (Passenger) Traffic x Distance of Transportation}

Measuring unit: ton-kilometer (person-kilometer)

Possession of civil Motor Vehicles refer to the total numbers of vehicles that are registered and received vehicles' license tags according to the Work Standard for Motor Vehicles Registration formulated by transport management office under department of public security at the end of reference period. They are divided into following categories according to the structure of motor vehicles: passenger vehicles, trucks and others; and private vehicles and vehicles for units use according to ownerships; working vehicles, non-working vehicles and special motor vehicles according to kind of usage; large passenger vehicles; medium passenger vehicles and small passenger vehicles, heavy trucks, light-heavy trucks and light trucks according to sizes of vehicles.

Telecom refers to fixed telecom service, mobile telecom service and other telecommunications services.

Mobile Telephone Subscribers refer to persons who have gone through registration procedures in the operation points of enterprises engaged in telecommunications and are hence connected with the mobile telephone communication network through the mobile telephone switchboards and occupy mobile phone numbers. Included are various types of subscriber, prepaid users for intelligent network and wireless network card users.

Internet Users refer to the number of Chinese citizens aged 6 and over who use the Internet in the past six months.

Local Telephone Subscribers refer to all subscribers who have gone through registration procedures in the operation points of enterprises engaged in telecommunications and are hence connected to the local telecommunications service provider through fixed line network. Included are general subscribers, public telephones subscribers, N-ISDN subscribers and intelligent network terminal subscribers. They are also classified in terms of administrative districts as urban telephone subscribers and rural telephone subscribers according to location.

Urban Telephone Subscribers refer to the number of telephone subscribers, located at the different administrative districts of municipalities directly under the Central Government, cities under the jurisdiction of province, cities at prefecture level, downtown and suburb of city at county level town and county towns, that are connected to the public line telephone network, including rural mineral area, forest area, military area.

Rural Telephone Subscribers refer to telephone subscribers, located at the towns below the level of county town and villages, that are connected to the public line telephone network.

Household Telephone Subscribers refer to all kinds of subscribers with telephone sets paid privately or installed in the dwelling units of residents, and registered as private subscribers or residence subscribers for payment.

Capacity of Long Distance Telephone Exchanges refers to the rated capacity of telephone exchanges to connect long distance telephone network, including capacity of international telephone exchanges.

Capacity of Office Telephone Exchanges refers to the capacity (measured in gate) of telephone exchanges installed in the offices of telecommunication service providers for communication between fixed telephones. It includes the capacity of access network equipment (capacity of equipment installed in the offices of telecommunication service providers for connecting distant nodes of voice users).

Capacity of Mobile Telephone Exchanges refers to the capacity of the maximum services provided to subscribers at any one time as computed based on a certain model of calls distribution and transacting capacity of the mobile telephone exchanges. It is calculated based on the actual capacity of equipments connected to network through cutover and put into operation officially at the end of the reference period.

资源和环境

Resources and Environment

20

◉ 资料整理：秦红涛

简要说明

一、主要内容

本篇包括自然状况，自然资源，水环境，大气环境，固体废物，生态环境，自然灾害和环境污染治理投资等资料。

二、资料来源

自然状况包括土地、山脉、河流等数据资料，根据有关历史资料整理。气象资料由河南省气象局提供；矿产资源数据由河南省国土资源厅提供；环境污染与治理、污染物排放及处理、工业污染治理投资情况为省环境保护厅提供；水资源、城市生活垃圾清运及处理、耕地变动、森林资源、自然灾害等情况分别为省水利厅、省住房和城乡建设厅、省国土资源厅、省林业厅、省民政厅提供。由河南省统计局能源处编辑整理。

Brief Introduction

I. Main Contents

Data in this chapter mainly reflect administrative areas, Natural Conditions and Natural Resources. the Water Environment, Atmospheric environment, solid waste, ecological environment, natural disasters and investment in environmental pollution treatment.

II. Sources of Data

Data on environmental pollution and reatment, pollutants from consumption, investment in the Data on natural conditions cover land area, mountain ranges, rivers and so on. Data on natural conditions are compiled by the Department of Comprehensive Statistics using relevant historical data. Data on meteorological phenomena and mineral are provided respectively by Henan Provincial Bureau of Meteorological and Henan Provincial Bureau of Land and Resources. treatment of industrial pollution are provided by the Henan provincial bureau of environmental protection. Data on water resource, city life garbage removed and disposed, change of cultivated land, forest resources, natural disaster are provided from the Henan provincial bureau of Land and Resources, Henan provincial bureau of Water Resources, Henan provincial bureau of Housing and Urban-Rural Development, Henan provincial bureau of Forestry Administration and Henan provincial bureau of civil affairs. Data in this chapter are provided by department of Energy of Henan province Bureau of Statistics.

20-1 生态环境保护情况

Basic Conditions of Environmental Protection

指标名称	Item	2005	2010	2015	2018	2019	2020
森林面积(万公顷)	Forest Area (10 000 hectares)	270.30	336.59	394.50	416.50		418.67
森林覆盖率(%)	Forest-coverage Rate (%)	16.2	20.2	23.6	24.9		25.1
活立木蓄积量(万立方米)	Total Standing Stock Volume (10 000 cu.m)	13371	18051	22881	26564		
森林蓄积量(万立方米)	Stock Volume of the Forest (10 000 cu.m)	8405	12936	17095	20719		
当年造林面积(万公顷)	Area of Afforestation for This Year (10 000 hectares)	26.35	27.71	20.00	17.36	19.65	21.12
人工造林面积	Artificial afforestation	18.67	21.23	15.47	13.73	16.48	17.19
无林地和疏林地本年新封	Closure in non-stocked Land and Scattered Wood Land	7.68	5.15	3.19	1.89	1.83	1.50
湿地面积(万公顷)	Area of Wetlands (10 000 hectares)	110.87	110.87	62.79	62.79	62.79	62.79
自然保护区数(个)	Number of Nature Reserves (unit)	32	35	30	30	30	30
#国家级自然保护区	National-level Nature Reserves	10	11	12	13	13	13
自然保护区面积(万公顷)	Area of Nature Reserves (10 000 hectares)	73.77	73.48	75.90	74.32	74.32	76.93
自然保护区面积占国土面积比重(%)	Percentage of Nature Reserves in the Region (%)	4.3	4.4	4.5	4.5	4.5	4.6

20-2 主要矿产资源储量

Main Mineral Resource Reserves

资源品种	Category	截至2020年底保有资源储量 Retained Resource Reserves by the end of 2020		
		探明 Measured Resources	控制 Indicated Resources	推断 Inferred Resources
煤炭(千吨)	Coal (1000 tons)	5409005.20	10359317.36	23232777.95
铁矿(矿石)(千吨)	Iron Ore (1000 tons)	194504.12	610121.11	1465815.19
锰矿(矿石)(千吨)	Manganese Ore (1000 tons)		517.62	1802.07
钛矿(钛铁矿TiO2)(吨)	Titanium Ore (ton)		6422.86	357012.69
钛矿(金红石TiO2)(吨)	Titanium Ore (ton)		2696305.00	2624097.02
钒矿(V2O5)(吨)	Vanadium Ore (ton)		990129.33	3667395.47
铜矿(铜)(吨)	Copper Ore (ton)	60434.74	314328.62	891389.16
铅矿(铅)(吨)	Lead Ore (ton)	191133.72	1519962.34	3897323.57
锌矿(锌)(吨)	Zinc Ore (ton)	46515.48	1366915.73	3089104.56
铝土矿(矿石)(千吨)	Aluminium (1000 tons)	67198.59	274624.80	1011986.61
镍矿(镍)(吨)	Nickel Ore (ton)	72078.00	84452.00	171858.00
钨矿(WO3)(吨)	Tungsten (ton)	76363.76	215132.19	498397.16
钼矿(钼)(吨)	Molybdenum (ton)	426136.73	2814863.02	4784528.20
锑矿(锑)(吨)	Antimony Ore (ton)	792.80	26580.34	58263.99
金矿(金)(千克)	Gold Ore (kilogram)	21738.58	195775.83	584531.76
银矿(银)(吨)	Silver Ore (ton)	645.47	3963.62	14285.50
普通萤石(萤石或CaF2)(千吨)	Ordinary Fluorite (1000 tons)	488.46	2828.23	4853.05
硫铁矿(矿石)(千吨)	Pyrite (1000 tons)	20550.24	56321.44	289607.83
芒硝(矿石)(千吨)	Mirabilite (1000 tons)		72941.80	87192.60
重晶石(矿石)(千吨)	Barite (1000 tons)		852.50	2366.35
盐矿(NaCl)(千吨)	Salt Mine (1000 tons)	2708923.96	5823453.90	25749246.97
磷矿(矿石)(千吨)	Phosphate Rock (1000 tons)	3749.00	71063.40	8237.02
石墨(晶质石墨)(千吨)	Graphite (1000 tons)	96.90	5148.70	26548.43
滑石(矿石)(千吨)	Speckstone (1000 tons)		1182.14	1279.69
高岭土(矿石)(千吨)	Kaolin (1000 tons)		953.10	10785.40

注：因制度变更，本表数据和2019年及以前数据不可比。

a) Due to system changes, the data in this table are not comparable with those in 2019 and before.

20-3 水资源情况

Water Resources

指标名称	Item	2005	2010	2015	2018	2019	2020
降水量(毫米)	Precipitation(mm)	906	842	704	755	876	874
水资源总量(亿立方米)	Total Amount of Water Resources (100 million cu.m)	558.56	534.89	287.17	339.83	168.56	408.59
#地表水资源量	Surface Water Resources	435.92	415.70	186.74	241.67	105.79	294.85
地下水资源量	Ground Water Resources	219.74	214.66	173.07	187.97	119.12	185.79
地表水与地下水资源重复量	Duplicated Measurement Between Surface Water and Ground Water		95.47	72.64	89.81	56.34	72.05
用水总量(亿立方米)	Water Use (100 million cu.m)	197.81	224.61	222.83	234.63	237.85	237.15
农业用水	Agriculture	114.59	125.59	120.09	119.92	121.80	123.45
工业用水	Industry	45.71	55.57	52.51	50.38	45.19	35.59
生活用水	Consumption	37.51	36.11	41.17	40.70	41.63	43.12
生态环境补水	Ecological Protection		7.34	9.07	23.62	29.23	34.98

20-4 各市年平均气温和平均年降水量(2020年)

Annual Average Temperature and Average Annual Precipitation by City (2020)

市	City	年平均气温(摄氏度) Annual Average Temperature (degree centigrade)	平均年降水量(毫米) Average Annual Precipitation (mm)
全省	**Total**	**15.7**	**806.8**
郑州市	Zhengzhou	16.5	676.7
开封市	Kaifeng	16.2	589.3
洛阳市	Luoyang	15.4	603.4
平顶山市	Pingdingshan	15.7	788.7
安阳市	Anyang	15.1	480.9
鹤壁市	Hebi	14.9	461.7
新乡市	Xinxiang	15.8	772.3
焦作市	Jiaozuo	16.9	659.9
濮阳市	Puyang	14.9	470.8
许昌市	Xuchang	15.0	715.6
漯河市	Luohe	16.0	955.5
三门峡市	Sanmenxia	13.9	621.2
南阳市	Nanyang	15.9	1089.1
商丘市	Shangqiu	14.7	941.1
信阳市	Xinyang	16.8	1466.7
周口市	Zhoukou	17.0	866.3
驻马店市	Zhumadian	15.8	1110.4
济源市	Jiyuan	15.7	581.5

20−5 农村环境基本情况
Basic Condition of Rural Enviroment

指　　标	Item	2018	2019	2020
农村自来水普及率(%)	Popularizing rate of rural Tap water (%)	87.0	91.0	91.0
农村太阳能热水器面积(万平方米)	Area of Rural Solar water heater (10 000 cu.m)	638.92	611.99	539.33

20−6 自然灾害情况
Conditions of Natural Disasters

指标名称	Item	2018	2019	2020
地质灾害次数(次)	Number of Geological disasters (time)	7	6	14
地质灾害直接经济损失(万元)	Direct Economic Losses in Geological disasters (10 000 yuan)	894	335	123
森林火灾次数(次)	Number of Forest fires (time)	41	156	
森林火灾受害森林面积(火场总面积，公顷)	Destructed Forest area in Forest fires (ha)	126	596	
突发环境事件次数(次)	Number of Environmental Emergencies (time)	12	10	5
特别重大环境事件	Particularly Significant			
重大环境事件	Significant			
较大环境事件	Major	1		
一般环境事件	General	11	10	5

20-7 各市农村可再生能源利用情况(2020年)

Condition of Rural Renewable energy utilization by City (2020)

地区	City	户用沼气池 (万户) Household biogas digester (10 000 households)	沼气工程 (个) Biogas project (unit)	太阳能热水器 (万平方米) Solar water heater (10 000 cu.m)
全省	**Total**	**293.90**	**4833**	**539.33**
省辖市	**City**			
郑州市	Zhengzhou	16.31	242	7.59
开封市	Kaifeng	7.96	30	39.49
洛阳市	Luoyang	20.57	46	30.20
平顶山市	Pingdingshan	14.80	117	59.23
安阳市	Anyang	12.24	1150	47.62
鹤壁市	Hebi	4.60	90	10.31
新乡市	Xinxiang	34.35	667	6.75
焦作市	Jiaozuo	11.62	358	30.36
濮阳市	Puyang	6.18	119	29.96
许昌市	Xuchang	4.50	73	31.24
漯河市	Luohe	13.33	93	27.44
三门峡市	Sanmenxia	10.47	60	13.18
南阳市	Nanyang	34.24	567	81.89
商丘市	Shangqiu	47.35	64	20.63
信阳市	Xinyang	12.00	745	13.89
周口市	Zhoukou	19.23	101	49.22
驻马店市	Zhumadian	21.78	160	37.03
济源市	Jiyuan	2.37	151	3.30

20-8 2016-2020年排放源统计数据

Emission Sources

污染物	Pollutant	2016年	2017年	2018年	2019年	2020年
汇总	**Total**					
废水排放量(万吨)	Waste Water Discharge (10 000 tons)	407364.10	410210.80	420972.50	446025.00	273499.76
化学需氧量(吨)	COD Emission (ton)	313814.02	288546.49	270019.51	251854.07	1445681.80
氨氮(吨)	Ammonia Emission (ton)	27122.41	25471.03	22996.46	20591.99	46344.42
二氧化硫(吨)	Sulphur Dioxide Emission (ton)	386461.55	139810.65	122672.44	104386.73	66754.04
氮氧化物(吨)	Nitrogen Oxide Emission (ton)	820924.10	693939.90	655966.76	607683.71	545489.31
颗粒物(吨)	Particulate Emission (ton)	380623.03	256800.85	214853.54	175250.87	85764.72
其中：工业	**Industrial**					
废水排放量(万吨)	Waste Water Discharge (10 000 tons)	64509.82	51133.81	47163.82	45922.98	43231.67
化学需氧量(吨)	COD Emission (ton)	39269.47	23879.55	21004.99	18026.66	16008.85
氨氮(吨)	Ammonia Emission (ton)	1542.85	1078.65	1014.62	946.01	790.48
二氧化硫(吨)	Sulphur Dioxide Emission (ton)	370877.84	130650.39	113707.45	96567.14	56957.99
氮氧化物(吨)	Nitrogen Oxide Emission (ton)	348283.36	214377.89	171015.42	134570.13	103426.01
颗粒物(吨)	Particulate Emission (ton)	323629.22	218293.38	182920.44	149996.06	60790.67

注：1. 更新数据是以二污普数据为基准，对2016-2019年污染源统计数据进行更新。废水排放量(汇总）不含集中式废水排放量。
2. 2020年较2016-2019年（更新后）数据，废水排放量（汇总）增加了"集中式废水排放量"；污染物排放量（汇总）增加了"农村生活源""农业源"排放量数据。

a) The updated data is to update the statistical data of pollution sources from 2016 to 2019 based on the second pollution popularization data. Wastewater discharge (summary) does not include centralized wastewater discharge.

b) In 2020, compared with 2016-2019 (updated) data, wastewater discharge (summary) increased by "centralized wastewater discharge"; Pollutant emission (summary) increases the emission data of "rural living sources" and "agricultural sources".

主要统计指标解释

森林覆盖率 以行政区域为单位的森林面积占区域土地总面积的百分比。计算公式为：

森林覆盖率=森林面积/土地总面积*100%。

湿地 指天然或人工、长久或暂时性的沼泽地、泥炭地或水域地带，包括静止或流动、淡水、半咸水、咸水体，低潮时水深不超过6米的水域以及海岸地带地区的珊瑚滩和海草床、滩涂、红树林、河口、河流、淡水沼泽、沼泽森林、湖泊、盐沼及盐湖。

自然保护区 指为了保护自然环境和自然资源，促进国民经济的持续发展，将一定面积的陆地和水体划分出来，并经各级人民政府批准而进行特殊保护和管理的区域个数。根据保护对象，自然保护区分为自然生态系统类、野生生物类、自然遗迹类。风景名胜区、文物保护区不计在内。

水资源总量 指当地降水形成的地表和地下产水总量，即地表径流量与降水入渗补给量之和。

地表水资源量 指河流、湖泊以及冰川等地表水体中可以逐年更新的动态水量，即天然河川径流量。

地下水资源量 指地下饱和含水层逐年更新的动态水量，即降水和地表水入渗对地下水的补给量。

用水总量 指各类用水户取用的包括输水损失在内的毛水量。

农业用水 包括农田灌溉用水、林果地灌溉用水、草地灌溉用水、鱼塘补水和畜禽用水。

工业用水 指工矿企业在生产过程中用于制造、加工、冷却、空调、净化、洗涤等方面的用水，按新水取用量计，不包括企业内部的重复利用水量。

生活用水 包括城镇生活用水和农村生活用水。城镇生活用水由居民用水和公共用水（含第三产业及建筑业等用水）组成；农村生活用水指居民生活用水。

生态环境补水 仅包括人为措施供给的城镇环境用水和部分河湖、湿地补水，而不包括降水、径流自然满足的水量。

废水排放总量 为工业废水排放量、城镇生活污水排放量和集中式治理设施污水排放量之和。

工业废水排放量 指报告期内经过企业厂区所有排放口排到企业外部的工业废水量。包括生产废水、外排的直接冷却水、超标排放的矿井地下水和与工业废水混排的厂区生活污水，不包括外排的间接冷却水(清污不分流的间接冷却水应计算在废水排放量内)。

城镇生活污水排放量 指报告期内城镇居民排放生活污水的量。城镇生活包括“住宿业与餐饮业、居民服务和其他服务业、医院和独立燃烧设施以及城镇生活污染源”。

集中式治理设施污水排放量 指报告期内集中式治理设施的渗滤液排放量。集中式治理设施包括垃圾处理场（厂）和危险废物（医疗废物）集中处置厂。

化学需氧量（COD）排放量 为工业、农业、城镇生活和集中式治理设施排放的废水中COD排放量之和。

氨氮排放量 为工业、农业、城镇生活和集中式治理设施排放的废水中氨氮排放量之和。

二氧化硫排放量 指报告期内工业、城镇生活和集中式治理设施SO_2排放量之和。

工业SO_2排放量 指报告期内企业在燃料燃烧和生产工艺过程中排入大气的SO_2总量。

烟（粉）尘排放量 指报告期内工业、城镇生活、机动车和集中式治理设施烟（粉）尘排放量之和。

工业烟（粉）尘排放量 指报告期内企业在燃料燃烧和生产工艺过程中排入大气的烟尘及工业粉尘的总质量之和。烟尘或工业粉尘排放量可以通过除尘系统的排风量和除尘设备出口烟尘浓度相乘求得。

一般工业固体废物产生量 指未被列入《国家危险废物名录》或者根据国家规定的危险废物鉴别标准（GB5085）、固体废物浸出毒性浸出方法（GB5086）及固体废物浸出毒性测定方法（GB／T 15555）鉴别方法判定不具有危险特性的工业固体废物。计算公式是：

一般工业固体废物产生量=（一般工业固体废物综合利用量-其中：综合利用往年贮存量）+一般工业固体废物贮存量+（一般工业固体废物处置量-其中：处置往年贮存量）+一般工业固体废物倾倒丢弃量

一般工业固体废物综合利用量 指报告期内企业通过回收、加工、循环、交换等方式，从固体废物中提取或者使其转化为可以利用的资源、能源和其他原材料的固体废物量（包括当年利用的往年工业固体废物累计贮存量）。如用作农业肥料、生产建筑材料、筑路等。

一般工业固体废物综合利用率 指一般工业固体废物综合利用量占一般工业固体废物产生量与综合利用往年贮存量之和的百分率。计算公式为：

一般工业固体废物综合利用率=一般工业固体废物综合利用量/一般工业固体废物产生量+综合利用往年贮存量×100%

一般工业固体废物处置量 指报告期内企业将工业固体废物焚烧和用其他改变工业固体废物的物理、化学、生物特性的方法，达到减少或者消除其危险成分的活动，或者将工业固体废物最终置于符合环境保护规定要求的填埋场的活动中，所消纳固体废物的量。

一般工业固体废物处置率 指一般工业固体废物处置量占一般工业固体废物产生量与处置往年贮存量之和的百分率。计算公式为：

一般工业固体废物处置率=一般工业固体废物处置量/一般工业固体废物产生量+处置往年贮存量×100%

环境污染治理投资 指城市环境基础设施投资、工业企业污染防治投资和完成环保验收项目环保投资之和。

资源量 经矿产资源勘查查明并经概略研究，预期可经济开采的固体矿产资源，其数量、品位或质量是依据地质信息、地质认识及相关技术要求而估算的。

探明资源量 在系统取样工程基础上经加密工程圈定并估算的资源量；矿体空间分布、形态、产状和连续性已确定；其数量、品位或质量是基于充足的取样工程和详尽的信息数据来估算的，地质可靠程度高。

控制资源量 经系统取样工程圈定并估算的资源量；矿体空间分布、形态、产状和连续性已基本确定；其数量、品位或质量是基于较多的取样工程和信息数据来估算的，地质可靠程度较高。

推断资源量 经稀疏取样工程圈定并估算的资源量，以及控制资源量或探明资源量外推部分；矿体空间分布、形态、产状和连续性是合理推测的；其数量、品位或质量是基于有限的取样工程和信息数据来估算的，地质可靠程度较低。

Explanatory Notes on Main Statistical Indicators

Forest Coverage Rate Taking the administrative jurisdiction as the unit, the percentage of area of afforested land to the area of total land. The formula for calculating forest coverage rate is as follows:

Forest coverage rate=area of afforested land/area of total land*100%.

Wetlands refer to marshland and peat bog, whether natural or man-made, permanent or temporary; water covered areas, whether stagnant or flowing, with fresh or semi-fresh or salty water that is less than 6 meters deep at low tide; as well as coral beach, weed beach, mud beach, mangrove, river outlet, rivers, fresh-water marshland, marshland forests, lakes, salty bog and salt lakes along the coastal areas.

Natural Reserves refer to number of certain areas of land, or waters that have been set aside and put under special protection and management in order to protect natural environment and natural resources, and promote the sustainable development of national economy. They are subject to formal approval from governments of various levels. According to the protected targets, natural reserves can be divided into three categories: reserves of natural ecological system, natural reserves of wildlife species, and natural heritage of historical significance.Scenic spots and cultural preservation zones are not included.

Total Water Resources refers to total volume of surface water and groundwater and is measured as run-off for surface water and replenishment of groundwater with rainfall in local area.

Surface Water Resources refers to total volume of year by year renewable dynamic resources which exist in rivers, lakes, glaciers and other surface water and are the natural run-off of rivers.

Groundwater Resources refers to total volume of year by year renewable dynamic resources which exist in saturation acquifers of groundwater and are measured as replenishment of groundwater with rainfall and surface water.

Water Use refers to gross water used by various water users, including losses during distribution.

Water Use by Agriculture includes uses of water by irrigation of farming fields, forestry and orchards, irrigation of grassland, replenishment of fishing farms and water used by animal husbandry.

Water Use by Industry refers to new withdrawals of water, excluding reuse of water within enterprises.

Water Use by Living Consumption includes use of water for living consumption in both urban and rural areas. Urban water use by living consumption is composed of household use and public use (including tertiary industry and construction). Rural water use by living consumption includes water used by households.

Water Use by Ecological and Environmental Protection includes replenishment of rivers and lakes and use for urban environment.

Waste water discharge Resources for industrial wastewater emissions, urban sewage emissions and centralized treatment facilities of wastewater.

Waste Water Discharged by Industry refers to the volume of waste water discharged by industrial enterprises through all their outlets, including waste water from production process, directly cooled water, groundwater from mining wells which does not meet discharge standards and sewage from households mixed with waste water produced by industrial activities, but excluding indirectly cooled water discharged (It should be included if the discharge is not separated from waste water).

Urban Waste Water Discharge refers to annual discharge of non-industrial waste water by urban households. Include accommodations industry and food industry, residents service and other services, hospitals and independent combustion facilities and urban life pollution sources.

Centralized treatment facilities wastewater refers to report period of centralized treatment facilities leachate emissions. Centralized management facilities including landfill (factory) and hazardous waste (medical waste) disposal factory.

Volume of Chemical Oxygen Demand (COD) refers to volume of COD in wastewater discharge form Industry, agriculture, urban life and centralized management facilities emissions.

Volume of Ammonia nitrogen refers to volume of ammonia nitrogen in wastewater discharge form Industry, agriculture, urban life and centralized management facilities emissions.

Volume of Sulfur dioxide refers to volume of SO_2 form Industry, urban life and centralized management facilities emissions.

Volume of Industrial Sulfur Dioxide Discharged refers to the volume of sulfur dioxide discharged to the air in the process of fuel burning or in the production process.

Volume of Industrial Soot Discharged refers to the volume of solid soot in the smoke discharged in the process of fuel burning in the area of the factory.

Industrial Dust Discharged refers to the total weight of solid dust discharged by industrial enterprises in the production process, such as dust of refractory materials from iron plants, dust from coke-screening system or from sintering machines of coking plants, dust from lime kilns, cement dust from building material enterprises, etc., but excluding smoke and dust discharged by power plants.

Common Industrial Solid Wastes Produced refers to the industrial solid wastes that are not listed in the 《National Catalogue of Hazardous Wastes》, or not regarded as hazardous according to the national hazardous waste identification standards (GB5085), solid waste-Extraction procedure for leaching toxicity (GB5086) and solid waste-Extraction procedure for leaching toxicity (GB/T 15555). The calculation formula is as followed:

Common Industrial Solid Wastes Produced = (common industrial solid wastes utilized － the proportion of utilized stock of previous years) + common industrial solid waste stock + (common industrial solid wastes disposed － the proportion of disposed stock of previous years) + common industrial solid wastes discharged.

Common Industrial Solid Wastes Utilized refers to volume of solid wastes from which useful materials can be extracted or which can be converted into usable resources, energy or other materials by means of reclamation, processing, recycling and exchange (including utilizing in the year the stocks of industrial solid wastes of the previous year). Examples of such utilizations include fertilizers, building materials and road materials.

Rate of Common Utilization of Industrial Solid Wastes refers to the percentage of industrial solid wastes utilized over industrial solid wastes produced.

Rate of General Utilization of Industrial Solid Wastes= General Industrial Solid Wastes Utilized / (General Industrial Solid Wastes Produced+ Solid Wastes Utilized of ever reserves)×100%

Common Industrial Solid Waste Disposal refers to enterprises during the reporting period the industrial solid waste incineration and other changes of industrial solid waste methods of physical, chemical, biological characteristics, activities to reduce or eliminate its dangerous substances, or the final placing of industrial solid waste landfill activities comply with the environmental protection requirements, the Council is satisfied that the amount of solid waste.

Rate of Common Industrial Solid Waste Disposal refer to general industrial solid waste disposal accounted for general industrial solid waste generation and disposal of storage volume and percentage in previous years. Calculation formula is:

Rate of General industrial solid waste disposal= General industrial solid waste disposal / (General Industrial Solid Wastes Produced+ Disposal of ever reserves) ×100%

Investment in Environment Pollution Harnessing Projects refers to the proportion of investment in fixed assets in the total investment in harnessing industrial pollution and in the construction of urban environment infrastructure facilities.

Resouces Quantity refers to the quantity, grade or quality of solid mineral resources that are expected to be economically exploitable after mineral resources exploration and general research are estimated based on geological information, geological understanding and relevant technical requirements.

Measured Resources refer to the resources delineated and estimated by the encryption project based on the systematic sampling project; The spatial distribution, shape, occurrence and continuity of ore body have been determined; Its quantity, grade or quality are estimated based on sufficient sampling engineering and detailed information data, with high geological reliability.

Indicated Resources refer to the resources delineated and estimated by systematic sampling project; The spatial distribution, shape, occurrence and continuity of ore body have been basically determined; Its quantity, grade or quality are estimated based on more sampling engineering and information data, and the geological reliability is high.

Inferred Resources referer to the resources delineated and estimated by sparse sampling project, and the extrapolation part of indicated or measured resources; The spatial distribution, shape, occurrence and continuity of ore bodies are reasonably inferred; Its quantity, grade or quality are estimated based on limited sampling engineering and information data, and the geological reliability is low.

科学技术

Science and Technology

21

◎ 资料整理：郑文革 贾梁

简要说明

一、主要内容

本篇包括全社会以及大中型工业企业、政府部门属研究机构、高校的研究与试验发展（R&D)活动及规模以上工业企业的研究与试验发展（R&D)人员、经费支出情况；全省专利申请和授权情况；科研成果及科研项目，技术市场技术合同成交资料；测绘、质量监督、气象、地震等综合技术服务部门业务机构及业务活动情况。

二、统计范围

科技活动统计资料范围为全社会有研究与试验发展（R&D)活动的企事业单位，具体包括工业企业、政府部门属研究机构、普通高等学校以及研究与试验发展（R&D)活动相对密集行业（包括农、林、牧、渔业，建筑业，交通运输、仓储和邮政业，信息传输、计算机服务和软件业，金融业，租赁和商务服务业，科学研究、技术服务和地质勘查业，水利、环境和公共设施管理业，卫生、社会保障和社会福利业，文化、体育和娱乐业等）中从事研究与试验发展（R&D)活动的企事业单位。

三、资料来源

全省综合资料、企业及有关行业企事业单位的研究与试验发展（R&D)活动情况资料由省统计局调查提供；政府部门属研究机构资料由省科技厅和国防科技工业局调查提供；科学研究、技术服务和地址勘查业企事业的研究与试验发展（R&D)活动情况资料，以及科技论文资料、技术市场资料由省科技厅调查提供；高校资料由省教育厅调查提供；测绘、产品质量监督抽查、专利、气象、地震等资料，分别由省自然资源厅、省市场监督管理局、省气象局、省地震局等部门调查提供。

四、统计调查方法

研究与试验发展(R&D)活动情况采用全面调查取得；测绘、产品质量监督抽查、专利资料采用抽样等多种调查方法取得。

科技活动统计资料口径变动说明：2005年以前科技活动统计资料只包括大中型工业企业、政府部门属研究机构、普通高等学校，2005年及以后年份扩大到了全社会范围。本篇资料由河南省统计局社会与科技统计处编辑整理。

Brief Introduction

I. Main Contents

Data on this chapter include the R&D personnel, the expenditure funds of R&D activities under whole society, large and medium-sized industrial enterprise, government departments, universities and colleges, data on patents application accepted and granted; data on technological markets; data on activities of the surveying and mapping, product quality supervision., Weather and earthquake, etc.

II. Scope of Statistics

Data on research and development (R&D) activities of enterprises and institutions all over the country, mainly including industrial enterprises, scientific and technological institutions under government departments, universities and colleges and R&D-intensive enterprises of different industries (such as agriculture, forestry, animal husbandry, fisher, construction, transport, storage and post, information transmission, computer services and software, financial intermediation, leasing and business services, scientific research, technical service and geologic prospecting, management of water conservancy, environment and public facilities , health, social security and social welfare, culture, sports and entertainment).

III. Sources of Data

Data on national aggregates and R&D activities of various enterprises and institutions are from Henan provincial bureau of statistics; data on scientific and technological institutions under government departments are from Henan provincial bureau of scientific and technological and Henan provincial bureau of defense science, technology industry; data on scientific research, technical service and geologic prospecting, scientific and technological papers; technological markets and high and new-tech industrial enterprises in development zones are from Henan provincial bureau of scientific and technological; data on scientific and technological activities in universities and colleges are from Henan provincial bureau of Education; Data on the development of surveying and mapping, product quality supervision and patents, Weather and earthquake are respectively provided by the provincial natural resources department, the provincial market supervision and Administration Bureau, the Provincial Meteorological Bureau, and the Provincial Seismological Bureau.

IV. Statistical methodology

Data on R&D activities of industrial enterprises, scientific and technological institutions under government departments, universities and colleges are collected through complete surveys. Data on surveying and mapping, product quality supervision and patent applications are through sample surveys and other surveys.

Changes of the statistical coverage of data on scientific and technological activities: Data only included large and medium-sized industrial enterprises, scientific research institutions under government departments, and universities and colleges before 2005. Since 2005 (inclusive) data have covered all industries. Data on this chapter are provided by Department of social and technological of Henan provincial bureau of statistics.

21−1 研究与试验发展(R&D)主要指标
Basic Statistics on R&D Activities

年 份 Year	有(R&D)活动的单位数 (个) Number of Institutions for R&D (unit)	(R&D)人员 (人) R&D Personnel (person)	(R&D)人员折合全时当量 (人年) Full-time Equivalent of R&D Personnel (person-year)	(R&D)经费内部支出 (万元) Internal Expenditures on R&D (10 000 yuan)	(R&D)经费外部支出 (万元) External Expenditures on R&D (10 000 yuan)	(R&D)项目数 (项) R&D Projects (item)	(R&D)机构数 (个) Number of R&D Institutions (unit)
2000	1017		34629	248024	15050	7904	1331
2001	985		36138	283091	24064	8100	1122
2002	982		41492	293151	31148	8470	1151
2003	989		40742	341910	24664	9293	1173
2004	1090		38250	423560	24573	12105	1423
2005	1107		50888	556090	39913	16069	1498
2006	1109		58716	798414	47729	18904	1432
2007	1169		64888	1011302	59761	24395	1531
2008	1286		72830	1240890	55061	27349	1727
2009	1636		92571	1747599	96107	22347	1821
2010	1555	144408	101668	2113773	89253	24050	1798
2011	1585	167386	118266	2644922	109950	28422	1817
2012	1720	185116	128323	3107803	124399	30319	1870
2013	2051	216269	152541	3553486	109470	33015	2064
2014	2473	232105	161441	4000099	91021	36449	2203
2015	2850	241171	158855	4350430	92040	39956	2543
2016	3112	249876	173265	4941880	117270	41513	2953
2017	4112	266427	162504	5820538	146023	49904	3327
2018	3956	256175	166807	6715193	171764	53480	2781
2019	5393	296349	191570	7930369	229987	65835	3408
2020	6071	304602	203080	9012742	248056	75938	2923

21-2 研究与试验发展(R&D)活动概况

Basic Statistics on R&D Activities

指　标	Item	2019	2020
有研究与试验发展(R&D)活动的单位数(个)	Number of Institutions for R&D (unit)	5393	6071
研究与试验发展(R&D)人员(人)	Number of Persons for R&D (person)	296349	304602
#女性	Female	73988	77922
#研究人员	Researchers	121472	124579
#全时人员	Full-time Personnel	194829	206559
非全时人员	Part-time Personnel	101520	98043
#博士毕业	Graduated from Doctor	12985	13950
硕士毕业	Graduated from Master	35778	37857
本科毕业	Graduated from Bachelor	124731	129660
其他学历	Other Degree	122855	123136
研究与试验发展(R&D人)员折合全时当量(人年)	Full-time Equivalent of R&D Personnel (person-year)	191570	203080
#研究人员	Researchers	76108	80815
#基础研究	Basic Research	7421	7488
应用研究	Applied Research	22196	21681
试验发展	Experimental Development	161967	173914
研究与试验发展(R&D)经费内部支出(万元)	Internal Expenditures on R&D (10 000 yuan)	7930369	9012742
#基础研究	Basic Research	191391	209860
应用研究	Applied Research	722441	798947
试验发展	Experimental Development	7016537	8003934
#日常性支出	Daily spending	7397272	7916080
#人员劳务费	Labour Cost	2212465	2485831
#资产性支出	Assets spending	505937	1096662
#仪器和设备	Instruments and Equipment	417314	1039893
#政府资金	Government Funds	780117	794756
企业资金	Self-raised Funds by Enterpirses	6867595	7877309
境外资金	Foreign Funds	4884	82830
其他资金	Other Funds	277773	257847

21-2 续表 continued

指 标	Item	2019	2020
研究与试验发展(R&D)经费外部支出(万元)	External Expenditures on R&D (10 000 yuan)	229987	248056
#对境内研究机构支出	Expenses on Domestic R&D Institutions	45467	48657
对境内高等学校支出	Expenses on Domestic Colleges and Universities	30448	31948
对境内企业支出	Expenses on Domestic Enterprises	147866	162291
对境外支出	Expenses on Overseas	5976	4759
研究与试验发展(R&D)产出情况	Statistics on R&D Outputs		
专利申请数(件)	Number of Patent Applications (piece)	51033	63514
#发明专利申请数	Inventions	18008	19933
专利授权数数(件)	Number of Patents Applications Granted (piece)	11200	15439
#发明专利	Inventions	3397	4246
有效发明专利数(件)	Number of Effective Invention Patent (piece)	49042	58687
专利所有权转让及许可数(件)	Assignment and Permit of Patent Ownership (piece)	1741	2622
专利所有权转让及许可收入(万元)	Income from Assignment and Permit of Patent Ownership (10 000 yuan)	14618	11614
植物新品种权授予数(项)	Number of New Varieties of Plants Applications Granted (item)	125	137
形成国家或行业标准数(项)	Become National or Trade standards (item)	1206	1239
发表科技论文(篇)	Scientific and Technological Treatise Published (paper)	65819	71391
出版科技著作(种)	Scientific and Technological Books Publiced (type)	2857	2561
研究与试验发展(R&D)项目(课题)情况	Statistics on R&D Topics		
项目(课题)数(项)	Projects of R&D (item)	65835	75938
项目(课题)参加人员(人)	Number of R&D Personnel (person)	182064	194240
#研究人员	Researchers	60393	65924
项目(课题)经费内部支出(万元)	Internal Expenditures on R&D (10 000 yuan)	7747700	8192863
研究与试验发展(R&D)机构情况	Statistics on R&D Institutions		
机构数(个)	Number of R&D Institutions (unit)	3408	2923
从事研究与试验发展(R&D)人员(人)	Number of R&D Personnel (person)	106204	110009
#博士毕业	Graduated from Doctor	4673	5473
#硕士毕业	Graduated from Master	17465	17565
研究与试验发展(R&D)经费支出(万元)	Expenditures on R&D (10 000 yuan)	3833074	4303875
科研用仪器设备原价(万元)	Original price of Equipment for S&T (10 000yuan)	4037730	4519582
#进口	Import	505787	559633

21－3 规模以上工业企业研究与试验发展(R&D)人员活动情况(2020年)

单位：人

类 别	Item	(R&D)人员合计(人) R&D Personnel	参加项目人员 Participating in project Personnel	管理和服务人员 Management and Service Personnel
总 计	**Total**	**207609**	**193194**	**14415**
按企业规模分组	**By Size**			
大型企业	Large-sized	93507	88318	5189
中型企业	Medium-sized	50680	46831	3849
小型企业	Small-sized	60118	55054	5064
微型企业	Miniature	3304	2991	313
按工业行业大类分组	**By Sector**			
#煤炭开采和洗选业	Mining and Washing of Coal	12417	11454	963
石油和天然气开采业	Extraction of Petroleum and Natural Gas	1357	1235	122
黑色金属矿采选业	Mining of Ferrous Metal Ores	111	100	11
有色金属矿采选业	Mining of Non-ferrous Metal Ores	1188	1111	77
非金属矿采选业	Mining and Processing of Nonmetal Ores	111	105	6
农副食品加工业	Processing of Food from Agricultural Products	7533	7086	447
食品制造业	Manufacture of Foods	4889	4495	394
酒、饮料和精制茶制造业	Manufacture of Liquor,Bevevages and refined tea	1651	1519	132
烟草制品业	Manufacture of Tobacco	635	577	58
纺织业	Manufacture of Textile	4758	4462	296
纺织服装服饰业	Manufacture of Textile, Wearing Apparel and Accessories	2340	2144	196
皮革、毛皮、羽毛及其制品和制鞋业	Manufacture of Leather, Fur, Featherand Its Products, Footwear	2083	1966	117
木材加工及木、竹、藤、棕、草制品业	Processing of Timbers, Manufacture of Wood, Bamboo, Rattan, Palm, and Straw Products	933	875	58
家具制造业	Manufacture of Furniture	818	765	53
造纸及纸制品业	Manufacture of Paper and Paper Products	2082	1906	176
印刷和记录媒介的复制业	Printing,Reproduction of Recording Media	1829	1732	97
文教、工美、体育和娱乐用品制造业	Manufacture of Articles for Culture, Education, Arts and Crafts, Sport and Entertainment Activities	1685	1586	99
石油加工、炼焦及核燃料加工业	Processing of Petroleum, Coking, Processing of Nucleus Fuel	1031	935	96
化学原料及化学制品制造业	Manufacture of Raw Chemical Material and Chemical Products	11714	10721	993
医药制造业	Manufacture of Medicines	9256	8519	737
化学纤维制造业	Manufacture of Chemical Fiber	1861	1650	211
橡胶和塑料制品业	Manufacture of Rubber and Plastic Products	3247	3030	217
非金属矿物制品业	Manufacture of Non-metallic Mineral Products	17217	15873	1344
黑色金属冶炼及压延加工业	Smelting and Pressing of Ferrous Metals	6773	6396	377
有色金属冶炼及压延加工业	Smelting and Pressing of Non-ferrous Metals	9794	9070	724
金属制品业	Manufacture of Metal Products	5888	5362	526
通用设备制造业	Manufacture of General Purpose Machinery	13830	13009	821
专用设备制造业	Manufacture of Special Purpose Machinery	16620	15413	1207
汽车制造业	Manufacture of Automobile	13175	12125	1050
铁路、船舶、航空航天和其他运输设备制造业	Manufacture of Railway, ship, aerospace, and other transport equipment	5184	4797	387
电气机械及器材制造业	Manufacture of Electrical Machinery and Apparatus	14062	13132	930
计算机、通信和其他电子设备制造业	Manufacture of Computer, Communication and Other Electronic Equipment	20091	19327	764
仪器仪表制造业	Manufacture of Measuring Instruments and Machinery	5323	4958	365
其他制造业	Manufacture of others	313	267	46
废弃资源综合利用业	Utilization of waste Resources	330	299	31
金属制品、机械和设备修理业	Repairing of Metal products, machinery and equipment	616	578	38
电力、热力的生产和供应业	Production and Supply of Electric Power and Heat Power	2775	2584	191
燃气生产和供应业	Production and Supply of Gas	288	270	18
水的生产和供应业	Production and Supply of Water	315	281	34

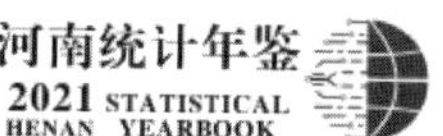

Basic Statistics on R&D Activities in Enterprises above Designated Size (2020)

(person)

#女性 Female	#研究人员 Researchers	#全时人员 Full-time Personnel	非全时人员 Part-time Personnel	(R&D)人员折合全时当量合计(人年) Full-time Equivalent of R&D Personnel (person-year)	#研究人员 Researchers	#基础研究人员 Basic Research	应用研究人员 Applied Research	试验发展人员 Experimental Development
43539	**63744**	**152734**	**54875**	**145464**	**45638**	**678**	**6030**	**138756**
17972	29582	69882	23625	68777	22405	561	3751	64465
11686	15580	34844	15836	34417	10663	17	721	33680
12998	17093	45323	14795	39545	11294	98	1271	38176
883	1489	2685	619	2725	1276	4	287	2434
430	3308	6893	5524	7098	1897	151	1270	5677
460	727	1000	357	1271	683	11	44	1217
5	14	96	15	97	12			97
143	268	749	439	769	158	63	182	524
13	28	94	17	62	17			62
1948	2228	4271	3262	5683	1663	205	66	5413
1644	1570	2797	2092	3284	1084	13	238	3033
474	562	1112	539	888	325		23	865
76	217	349	286	510	186	25		485
1904	776	3341	1417	2948	501	6	62	2880
1084	340	1481	859	1638	242			1638
669	618	1535	548	1394	430	1	48	1344
204	153	697	236	617	99		4	613
203	216	603	215	448	124		6	441
388	497	1242	840	1294	308	1	28	1266
365	403	1441	388	1185	250		3	1182
595	484	1279	406	1243	366		60	1183
208	262	615	416	686	186		23	663
2975	3835	8136	3578	8066	2720		180	7887
3624	3319	6400	2856	6053	2141	8	85	5961
442	631	1449	412	1132	393	10	126	996
852	932	2509	738	2188	658		10	2178
3493	4448	12571	4646	11117	2813	5	289	10824
856	2078	5535	1238	5101	1699		61	5040
1505	2449	6722	3072	6603	1665	19	1273	5311
1102	1611	4426	1462	4099	1125		102	3997
2418	4554	10454	3376	9804	3186	122	500	9183
3001	6517	13115	3505	11946	4706	2	241	11703
1984	4798	10119	3056	9694	3651		530	9164
1135	2360	4408	776	4438	2120		17	4421
2979	4349	11096	2966	10575	3317	32	241	10302
3995	4506	17432	2659	14832	3292		63	14768
1205	2437	4268	1055	4124	1933		101	4023
79	114	252	61	197	72			197
62	66	209	121	206	41		1	205
106	229	483	133	517	199	3	47	468
536	1028	1926	849	1855	685	4	86	1764
85	93	144	144	205	62		21	183
93	168	276	39	227	122			227

21-4 规模以上工业企业研究与试验发展(R&D)经费支出活动情况(2020年)

单位：万元

类别	Item	(R&D)经费内部支出 Internal Expenditures on R&D	#基础研究支出 Basic Research	应用研究支出 Applied Research	试验发展支出 Experimental Development
总计	**Total**	**6855770**	**18826**	**249245**	**6587699**
按企业规模分组	**By Size**				
大型企业	Large-sized	3426774	14397	161405	3250972
中型企业	Medium-sized	1742311	690	30615	1711007
小型企业	Small-sized	1585489	3540	52548	1529402
微型企业	Miniature	101196	200	4677	96319
按工业行业大类分组	**By Sector**				
#煤炭开采和洗选业	Mining and Washing of Coal	224157	834	13904	209418
石油和天然气开采业	Extraction of Petroleum and Natural Gas	28542	64	368	28110
黑色金属矿采选业	Mining of Ferrous Metal Ores	4650			4650
有色金属矿采选业	Mining of Non-ferrous Metal Ores	33047	382	3017	29648
非金属矿采选业	Mining and Processing of Nonmetal Ores	3638			3638
农副食品加工业	Processing of Food from Agricultural Products	225536	5479	2537	217519
食品制造业	Manufacture of Foods	118057	70	5464	112523
酒、饮料和精制茶制造业	Manufacture of Liquor,Beverages and refined tea	49724		671	49053
烟草制品业	Manufacture of Tobacco	23139	89		23049
纺织业	Manufacture of Textile	96753	16	3263	93474
纺织服装服饰业	Manufacture of Textile, Wearing Apparel,Accessories	38707			38707
皮革、毛皮、羽毛及其制品和制鞋业	Manufacture of Leather, Fur, Featherand Its Products, Footwear	67100	20	2041	65039
木材加工及木、竹、藤、棕、草制品业	Processing of Timbers, Manufacture of Wood, Bamboo, Rattan, Palm, and Straw Products	29099		326	28773
家具制造业	Manufacture of Furniture	19697		827	18870
造纸及纸制品业	Manufacture of Paper and Paper Products	63667	75	1854	61738
印刷和记录媒介的复制业	Printing,Reproduction of Recording Media	39476		1495	37981
文教、工美、体育和娱乐用品制造业	Manufacture of Articles for Culture, Education, Arts and Crafts, Sport and Entertainment Activities	49174		791	48383
石油加工、炼焦及核燃料加工业	Processing of Petroleum, Coking, Processing of Nucleus Fuel	57165		1045	56121
化学原料及化学制品制造业	Manufacture of Raw Chemical Material and Chemical Products	466386		9550	456837
医药制造业	Manufacture of Medicines	283454	64	5183	278207
化学纤维制造业	Manufacture of Chemical Fiber	25011	11	560	24440
橡胶和塑料制品业	Manufacture of Rubber and Plastic Products	104623		1240	103382
非金属矿物制品业	Manufacture of Non-metallic Mineral Products	619183	1522	20358	597304
黑色金属冶炼及压延加工业	Smelting and Pressing of Ferrous Metals	446514		5093	441421
有色金属冶炼及压延加工业	Smelting and Pressing of Non-ferrous Metals	583539	2921	107537	473082
金属制品业	Manufacture of Metal Products	178181		6551	171630
通用设备制造业	Manufacture of General Purpose Machinery	509097	6170	15015	487912
专用设备制造业	Manufacture of Special Purpose Machinery	513184	14	3943	509227
汽车制造业	Manufacture of Automobile	595314		21624	573690
铁路、船舶、航空航天和其他运输设备制造业	Manufacture of Railway, ship, aerospace, and other transport equipment	177691		256	177436
电气机械及器材制造业	Manufacture of Electrical Machinery and Equipment	479738	1025	3912	474801
计算机、通信和其他电子设备制造业	Manufacture of Computer, Communication, and Other Electronic Equipment	395579		2215	393364
仪器仪表制造业	Manufacture of Measuring Instrument	118021		3970	114050
其他制造业	Manufacture of others	3252			3252
废弃资源综合利用业	Utilization of waste Resourles	13735		84	13651
金属制品、机械和设备修理业	Repairing of Metal products, machinery and equipment	9040	27	236	8776
电力、热力的生产和供应业	Production and Supply of Electric Power and Heat Power	76411	41	4123	72247
燃气生产和供应业	Production and Supply of Gas	8510		194	8316
水的生产和供应业	Production and Supply of Water	29460			29460

Basic Statistics on R&D Activities in Enterprises above Designated Size (2020)

(10 000 yuan)

政府资金 Government Funds	企业资金 Self-raised Funds by Enterpirses	境外资金 Foreign Funds	其他资金 Other Funds	(R&D)经费外部支出 External Expenditures on R&D	对境内研究机构支出 Expenses on Domestic R&D Institutions	对境内高等学校支出 Expenses on Domestic Universities	对境内企业支出 Expenses on Domestic Enterpirses	对境外支出 Expenses on Overseas
90070	**6674086**	**82613**	**9000**	**181429**	**42313**	**23527**	**110948**	**4641**
36933	3343530	46130	181	114716	20869	12923	78979	1945
20563	1685676	33391	2680	29245	12162	4263	10944	1876
14705	1566032	1009	3744	33608	8517	5050	19222	820
17869	78849	2083	2395	3860	765	1292	1803	0
0	224156			9210	2127	3810	3274	
826	27586	130		3488	860	1083	1545	
	4650							
17	32788		243	483	94	18	371	
	3638							
1061	224124	313	37	1965	314	746	740	166
536	117444		77	991	460	417	114	
214	49510			537	25	221	292	
	23139			2910	849	438	1623	
304	95991		458	89		78	10	
221	37940		547	14			14	
1926	65174			55			55	
37	29062			120	68	52		
79	19618			229	37	11	181	
486	63181			162	90	53	19	
20	39368		88	85	70		15	
182	48992			9	5	4		
	57165			1861	249	849	701	62
4664	459091		2631	5864	1357	1040	3462	5
7038	276348		68	29142	21046	3178	4847	71
23	24988			362	355	7	1	
284	104318		21	301	28	165	108	
5672	582122	30708	681	5555	287	850	3602	817
244	446270			940	283	571	86	
2977	579989		574	3374	1049	284	1445	596
1469	176646		66	539	104	88	347	0
8569	488422	12092	14	9263	864	2210	6018	172
11319	501625		240	8151	2458	2741	2729	223
19397	561504	14188	226	60134	191	858	58172	914
11705	165945		41	1719	12	32	1675	
3890	451200	24404	245	16510	4141	1277	9811	1282
1750	393732		97	5116	1253	142	3710	11
4380	110530	777	2334	6166	1263	1372	3208	323
60	3192			4			4	
19	13716			358	116	79	164	
	9040							
146	75951		315	5116	2219	857	2040	
	8510							
559	28901			40	40			

21-5 规模以上工业企业研究与试验发展(R&D)活动情况(2020年)

Basic Statistics on R&D Activities in Enterprises above Designated Size (2020)

类 别	Item	新产品销售收入(万元) Sales Revenue of New Products (10 000 yuan)	专利申请数(项) Total Patent Applic-ations (item)	有效发明专利数(项) Number of Inverntions In Force (item)
总 计	**Total**	**79074956**	**38206**	**36500**
按企业规模分组	**By Size**			
大型企业	Large-sized	54451709	11049	10045
中型企业	Medium-sized	13944871	8482	9951
小型企业	Small-sized	9750518	17626	15395
微型企业	Miniature	927859	1049	1109
按工业行业大类分组	**By Sector**			
#煤炭开采和洗选业	Mining and Washing of Coal	473459	280	169
石油和天然气开采业	Extraction of Petroleum and Natural Gas		259	99
黑色金属矿采选业	Mining of Ferrous Metal Ores			
有色金属矿采选业	Mining of Non-ferrous Metal Ores	238754	122	82
非金属矿采选业	Mining and Processing of Nonmetal Ores	120	4	
农副食品加工业	Processing of Food from Agricultural Products	1916082	958	567
食品制造业	Manufacture of Foods	828045	597	613
酒、饮料和精制茶制造业	Manufacture of Liquor,Beverages and refined tea	286249	182	131
烟草制品业	Manufacture of Tobacco	102468	1037	426
纺织业	Manufacture of Textile	907317	379	304
纺织服装服饰业	Manufacture of Textile, Wearing Apparel and Accessories	289135	150	157
皮革、毛皮、羽毛及其制品和制鞋业	Manufacture of Leather, Fur, Featherand Its Products, Footwear	474119	174	158
木材加工及木、竹、藤、棕、草制品业	Processing of Timbers, Manufacture of Wood, Bamboo, Rattan, Palm, and Straw Products	113099	196	64
家具制造业	Manufacture of Furniture	69854	83	35
造纸及纸制品业	Manufacture of Paper and Paper Products	336463	265	224
印刷和记录媒介的复制业	Printing,Reproduction of Recording Media	519764	358	249
文教、工美、体育和娱乐用品制造业	Manufacture of Articles for Culture, Education, Arts and Crafts, Sport and Enterntainment Activities	243229	232	163
石油加工、炼焦及核燃料加工业	Processing of Petroleum, Coking, Processing of Nucleus Fuel	209995	170	363
化学原料及化学制品制造业	Manufacture of Raw Chemical Material and Chemical Products	4136093	2358	2341
医药制造业	Manufacture of Medicines	2334665	1329	1837
化学纤维制造业	Manufacture of Chemical Fiber	392189	72	101
橡胶和塑料制品业	Manufacture of Rubber and Plastic Products	779794	658	689
非金属矿物制品业	Manufacture of Non-metallic Mineral Products	4294332	4194	3374
黑色金属冶炼及压延加工业	Smelting and Pressing of Ferrous Metals	5675791	384	632
有色金属冶炼及压延加工业	Smelting and Pressing of Non-ferrous Metals	6121646	1105	1006
金属制品业	Manufacture of Metal Products	1295028	1379	1119
通用设备制造业	Manufacture of General Purpose Machinery	4210118	3357	2857
专用设备制造业	Manufacture of Special Purpose Machinery	5519194	5185	5614
汽车制造业	Manufacture of Automobile	5446045	2392	2448
铁路、船舶、航空航天和其他运输设备制造业	Manufacture of Railway, ship, aerospace, and other transport equipment	1063083	1133	1438
电气机械及器材制造业	Manufacture of Electrical Machinery and Equipment	6027512	3350	4715
计算机、通信和其他电子设备制造业	Manufacture of Computer, Communication and Other Electronic Equipment	23482656	1642	1287
仪器仪表制造业	Manufacture of Measuring Instrument	748817	1508	1674
其他制造业	Manufacture of others	253486	231	404
废弃资源综合利用业	Utilization of waste Resources	97264	52	11
金属制品、机械和设备修理业	Repairing of Metal products, machinery and equipment	11715	110	84
电力、热力的生产和供应业	Production and Supply of Electric Power and Heat Power	77358	2008	560
燃气生产和供应业	Production and Supply of Gas	53643	46	9
水的生产和供应业	Production and Supply of Water	43464	138	37

21－6 各市研究与试验发展(R&D)人员情况(2020年)

Basic Statistics on Personnel Engaged in R&D Activities by City (2020)

市(县)	City(County)	单位数 (个) Number of Institutions (unit)	#有(R&D)活动 Number of Institutions for R&D	(R&D)活动人员(人) Number of Persons for R&D (person)	#研究人员 Researchers	(R&D)活动人员折合全时当量(人年) Full-time Equivalent of R&D Personnel (person-year)	#研究人员 Researchers
全省	**Total**	**28142**	**6071**	**304602**	**124579**	**203080**	**80815**
省辖市	**City**						
郑州市	Zhengzhou	4979	1933	109037	49988	74978	33150
开封市	Kaifeng	1370	254	9850	4676	5956	2605
洛阳市	Luoyang	2353	741	39419	17290	27525	12685
平顶山市	Pingdingshan	1207	278	16658	5554	10916	3456
安阳市	Anyang	1016	123	9467	4299	5946	2621
鹤壁市	Hebi	509	116	4125	1136	2803	673
新乡市	Xinxiang	1936	396	22910	9324	14145	5681
焦作市	Jiaozuo	1164	269	14305	4871	8792	2894
濮阳市	Puyang	824	147	6148	2254	4578	1666
许昌市	Xuchang	1951	223	9675	3732	6941	2602
漯河市	Luohe	700	147	5434	1499	4179	1022
三门峡市	Sanmenxia	569	105	4857	1794	3422	1195
南阳市	Nanyang	1957	423	15647	5551	10681	3675
商丘市	Shangqiu	2089	225	10274	3483	5414	1658
信阳市	Xinyang	1724	185	6879	2593	3883	1300
周口市	Zhoukou	1845	151	6703	2451	4067	1441
驻马店市	Zhumadian	1625	308	8342	3176	5423	1883
济源市	Jiyuan	324	47	4872	908	3429	611
省直管县	**County Directly Administrated by Province**						
巩义市	Gongyi	487	99	3156	529	2153	362
兰考县	Lankao	294	57	985	176	634	116
汝州市	Ruzhou	275	81	1526	449	1020	294
滑县	Huaxian	256	9	446	99	332	80
长垣市	Changyuan	449	61	4034	1096	2465	647
邓州市	Dengzhou	182	25	671	201	454	133
永城市	Yongcheng	379	27	3114	1465	1639	760
固始县	Gushi	315	16	335	88	260	68
鹿邑县	Luyi	341	11	648	266	252	80
新蔡县	Xincai	193	12	220	53	95	20

21–7 各市研究与试验发展(R&D)经费支出情况(2020年)

Statistics on Appropriation Expenditure for R&D by City (2020)

单位：万元 (10 000 yuan)

市(县)	City(County)	(R&D)经费内部支出 Intramural Expenditures on R&D	政府资金 Government Funds	企业资金 Self-raised Funds by Enterpirses	境外资金 Foreign Funds	其他资金 Other Funds	(R&D)经费外部支出 External Expenditures on R&D
全省	**Total**	**9012742**	**794756**	**7877309**	**82830**	**257847**	**248056**
省辖市	**City**						
郑州市	Zhengzhou	2766726	391230	2276580	36	98880	68125
开封市	Kaifeng	279668	35805	233821		10042	37747
洛阳市	Luoyang	1434731	168274	1172026	1394	93037	44669
平顶山市	Pingdingshan	431127	9869	418468	777	2012	16943
安阳市	Anyang	344310	40768	296178		7365	5069
鹤壁市	Hebi	86099	1646	84021	313	119	14064
新乡市	Xinxiang	669128	87919	546031	2092	33085	7826
焦作市	Jiaozuo	405480	8036	394214	171	3059	5194
濮阳市	Puyang	192948	2794	190101		53	5107
许昌市	Xuchang	525536	9251	436893	77916	1475	7066
漯河市	Luohe	179254	2606	176238		411	674
三门峡市	Sanmenxia	262872	1942	260926		4	5135
南阳市	Nanyang	446102	7297	436530	130	2145	9639
商丘市	Shangqiu	268387	6341	261250		796	3585
信阳市	Xinyang	157553	5784	149351		2418	5576
周口市	Zhoukou	164681	4864	159737		80	5157
驻马店市	Zhumadian	252964	8617	241482		2865	5412
济源市	Jiyuan	145177	1712	143464		1	1067
省直管县	**County Directly Administrated by Province**						
巩义市	Gongyi	158073	615	157454		4	267
兰考县	Lankao	33352	55	33090			207
汝州市	Ruzhou	85648	624	85024			3578
滑县	Huaxian	9446	13	9433			61
长垣市	Changyuan	175965	2479	173485			951
邓州市	Dengzhou	11728	226	11405		97	6
永城市	Yongcheng	82892	130	82762			2664
固始县	Gushi	6712	148	6564			481
鹿邑县	Luyi	25616	38	25578			
新蔡县	Xincai	8681	322	8359			23

21-8 各市研究与试验发展(R&D)产出情况(2020年)

Statistics on Achievements for R&D by City (2020)

市(县) City(County)	专 利 申请数 (件) Total Patens Applications (piece)	#发明专利 申 请 数 Inventions	专 利 授权数 (件) Number of Patents Applications Granted (piece)	#发明专利 授 权 数 Number of Patent Applicatons Granted	有效发明 专 利 数 (件) Number of Inventions In Force (piece)
全　省 Total	**63514**	**19933**	**15439**	**4246**	**58687**
省 辖 市 City					
郑 州 市 Zhengzhou	27787	9073	7938	1991	20682
开 封 市 Kaifeng	1315	431	391	154	1387
洛 阳 市 Luoyang	6922	2753	1108	686	9414
平 顶 山 市 Pingdingshan	1909	702	290	106	2106
安 阳 市 Anyang	1875	525	382	104	2337
鹤 壁 市 Hebi	610	76	33	2	898
新 乡 市 Xinxiang	5424	1479	1309	453	4766
焦 作 市 Jiaozuo	3586	1130	995	277	3124
濮 阳 市 Puyang	869	282	31	3	1198
许 昌 市 Xuchang	2494	1004	398	122	3253
漯 河 市 Luohe	1217	158	353	32	715
三 门 峡 市 Sanmenxia	719	167	35		507
南 阳 市 Nanyang	3850	809	865	143	3790
商 丘 市 Shangqiu	1450	477	504	49	1545
信 阳 市 Xinyang	1041	274	381	70	919
周 口 市 Zhoukou	820	222	251	33	926
驻 马 店 市 Zhumadian	1028	276	112	19	819
济 源 市 Jiyuan	598	95	63	2	301
省 直 管 县 County Directly Administrated by Province					
巩 义 市 Gongyi	1121	101			408
兰 考 县 Lankao	80	7			100
汝 州 市 Ruzhou	73	24			109
滑 县 Huaxian	177	33			167
长 垣 市 Changyuan	1051	183			580
邓 州 市 Dengzhou	110	22			32
永 城 市 Yongcheng	191	18			185
固 始 县 Gushi	42	8			68
鹿 邑 县 Luyi	28	2			
新 蔡 县 Xincai	64	20			46

21-8 续表 continued

市(县) City(County)	专利所有权转让及许可数(件) Assignment and Permit of Patent Ownership (piece)	专利所有权转让及许可收入(万元) Income from Assignment and Permit of Patent Ownership (10 000 yuan)	植物新品种权授予数(项) Number of New Varieties of Plants Applications Granted (item)	形成国家或行业标准数(项) Become National or Trade Standards (item)	发表科技论文(篇) Scientific Papers Published (paper)	出版科技著作(种) Science and Technology Workers Published (type)
全 省 Total	**2622**	**11614**	**137**	**1239**	**71391**	**2561**
省 辖 市 City						
郑 州 市 Zhengzhou	810	5020	62	465	37494	1256
开 封 市 Kaifeng	46	222	7	38	3425	151
洛 阳 市 Luoyang	204	2219	2	142	5866	150
平 顶 山 市 Pingdingshan	33	2696	1	49	2484	88
安 阳 市 Anyang	18	9	10	35	2304	116
鹤 壁 市 Hebi	12	90	5	39	482	2
新 乡 市 Xinxiang	90	482	6	93	5027	246
焦 作 市 Jiaozuo	39	37	10	55	3197	135
濮 阳 市 Puyang	13	20	8	27	556	12
许 昌 市 Xuchang	26	106	2	48	1097	47
漯 河 市 Luohe	146	1	4	17	757	56
三 门 峡 市 Sanmenxia	13	0	1	49	601	13
南 阳 市 Nanyang	14	0		72	2040	91
商 丘 市 Shangqiu	25			7	1817	80
信 阳 市 Xinyang	135	333	11	8	2003	54
周 口 市 Zhoukou	11	28	4	7	829	16
驻 马 店 市 Zhumadian	986	322	4	9	728	36
济 源 市 Jiyuan	1	30		79	684	12
省 直 管 县 County Directly Administrated by Province						
巩 义 市 Gongyi	44			5	8	
兰 考 县 Lankao				3		
汝 州 市 Ruzhou	1	2679			7	
滑 县 Huaxian	2					
长 垣 市 Changyuan	16			28	57	
邓 州 市 Dengzhou	1				1	
永 城 市 Yongcheng				2	409	
固 始 县 Gushi	53					
鹿 邑 县 Luyi					4	
新 蔡 县 Xincai					1	

21-9 各市规模以上工业企业研究与试验发展(R&D)活动情况(2020年)

Basic Statistics on R&D Activities in Enterprises above Designated Size by City (2020)

市(县) City(County)	(R&D)人员合计(人) R&D Personnel (person)	参加项目人员 Participating in project Personnel	管理和服务人员 Management and Service Personnel	#女性 Female	#研究人员 Researchers	全时人员 Full-time Personnel	非全时人员 Part-time Personnel
全 省 Total	**207609**	**193194**	**14415**	**43539**	**63744**	**152734**	**54875**
省 辖 市 City							
郑 州 市 Zhengzhou	51535	48120	3415	10604	16021	40603	10932
开 封 市 Kaifeng	6297	5735	562	1449	2024	4433	1864
洛 阳 市 Luoyang	26952	25173	1779	5093	9496	21362	5590
平 顶 山 市 Pingdingshan	14839	13739	1100	2113	4365	10255	4584
安 阳 市 Anyang	6557	6114	443	1116	2023	4702	1855
鹤 壁 市 Hebi	3809	3551	258	1122	932	2898	911
新 乡 市 Xinxiang	17237	15965	1272	4306	5254	13574	3663
焦 作 市 Jiaozuo	12339	11412	927	2744	3334	8834	3505
濮 阳 市 Puyang	5416	4989	427	1207	1842	3958	1458
许 昌 市 Xuchang	8832	8368	464	1530	3136	6289	2543
漯 河 市 Luohe	4949	4602	347	1291	1135	2750	2199
三 门 峡 市 Sanmenxia	3427	3086	341	581	1097	2136	1291
南 阳 市 Nanyang	13928	12834	1094	3314	4353	9866	4062
商 丘 市 Shangqiu	9012	8299	713	1784	2584	5096	3916
信 阳 市 Xinyang	4786	4397	389	1277	1195	3424	1362
周 口 市 Zhoukou	6112	5762	350	1672	1987	3753	2359
驻 马 店 市 Zhumadian	6943	6514	429	1414	2188	4778	2165
济 源 市 Jiyuan	4639	4534	105	922	778	4023	616
省 直 管 县 County Directly Administrated by Province							
巩 义 市 Gongyi	3156	2980	176	498	529	1946	1210
兰 考 县 Lankao	982	931	51	181	175	699	283
汝 州 市 Ruzhou	1417	1281	136	250	395	950	467
滑 县 Huaxian	446	425	21	72	99	233	213
长 垣 市 Changyuan	3979	3727	252	1269	1088	3193	786
邓 州 市 Dengzhou	662	605	57	143	196	439	223
永 城 市 Yongcheng	2983	2833	150	242	1435	1450	1533
固 始 县 Gushi	335	314	21	54	88	185	150
鹿 邑 县 Luyi	648	581	67	126	266	507	141
新 蔡 县 Xincai	220	210	10	66	53	159	61

21-9 续表 1　　continued

市(县) City(County)	(R&D)人员折合全时当量合计(人年) Full-time Equivalent of R&D Persnnel (person-year)	#研究人员 Researchers	#基础研究人员 Basic Research	应用研究人员 Applied Research	试验发展人员 Experimental Development
全　　省 Total	**145464**	**45638**	**678**	**17823**	**138756**
省 辖 市 City					
郑 州 市 Zhengzhou	37724	12117	105	3174	36478
开 封 市 Kaifeng	4325	1411		89	4236
洛 阳 市 Luoyang	19480	7073	73	7152	18602
平顶山市 Pingdingshan	10252	3054	148	1380	8831
安 阳 市 Anyang	4448	1507	13	116	4319
鹤 壁 市 Hebi	2630	562	13	14	2603
新 乡 市 Xinxiang	11369	3482	53	1998	10786
焦 作 市 Jiaozuo	8022	2319		865	7877
濮 阳 市 Puyang	4165	1472	11	61	4093
许 昌 市 Xuchang	6493	2321	32	125	6337
漯 河 市 Luohe	3946	870	189	58	3698
三门峡市 Sanmenxia	2539	817	23	797	1719
南 阳 市 Nanyang	9971	3233		968	9922
商 丘 市 Shangqiu	4883	1311	4	358	4521
信 阳 市 Xinyang	3185	771	2	293	3090
周 口 市 Zhoukou	3825	1228	13	270	3543
驻马店市 Zhumadian	4854	1516		57	4796
济 源 市 Jiyuan	3353	576		47	3306
省直管县 County Directly Administrated by Province					
巩 义 市 Gongyi	2153	362		184	1969
兰 考 县 Lankao	632	116			632
汝 州 市 Ruzhou	925	247			925
滑 县 Huaxian	332	80		92	240
长 垣 市 Changyuan	2438	644	49	140	2248
邓 州 市 Dengzhou	448	129		287	444
永 城 市 Yongcheng	1552	740		165	1386
固 始 县 Gushi	260	68			260
鹿 邑 县 Luyi	252	80		2	251
新 蔡 县 Xincai	95	20			95

21-9 续表 2 continued

单位：万元 (10 000 yuan)

市(县) City(County)	(R&D)经费内部支出合计 Internal Expenditures on R&D	基础研究支出 Basic Research	应用研究支出 Applied Research	#试验发展支出 Experimental Development	政府资金 Government Funds	企业资金 Self-raised Funds by Enterprises	境外资金 Foreign Funds	其他资金 Other Funds
全　　省 Total	**6855770**	**18826**	**249245**	**6587699**	**90070**	**6674086**	**82613**	**9000**
省　辖　市 City								
郑　州　市 Zhengzhou	1570587	1496	41171	1527921	29354	1540553		681
开　封　市 Kaifeng	193864		4066	189798	708	190712		2443
洛　阳　市 Luoyang	969841	444	44929	924468	19520	948249	1394	678
平 顶 山 市 Pingdingshan	409349	537	13078	395734	1426	406948	777	199
安　阳　市 Anyang	277609	308	3599	273701	199	277409		
鹤　壁　市 Hebi	83707	159	345	83203	705	82651	313	37
新　乡　市 Xinxiang	546933	5040	17459	524434	20474	524376	2083	
焦　作　市 Jiaozuo	383333		8161	375172	2319	378849		2165
濮　阳　市 Puyang	180351	139	572	179641	580	179772		
许　昌　市 Xuchang	506423	1025	7015	498383	1386	426941	77916	179
漯　河　市 Luohe	176622	4444	1661	170517	647	175976		
三 门 峡 市 Sanmenxia	203953	2962	81340	119651	856	203097		
南　阳　市 Nanyang	425047		1251	423796	4034	419600	130	1282
商　丘　市 Shangqiu	253395	897	13250	239249	2195	250991		208
信　阳　市 Xinyang	144095	1306	3912	138876	971	142022		1102
周　口　市 Zhoukou	149358	70	4750	144537	852	148506		
驻 马 店 市 Zhumadian	238059		2352	235707	2972	235060		28
济　源　市 Jiyuan	143246		335	142912	871	142375		
省 直 管 县 County Directly Administrated by Province								
巩　义　市 Gongyi	158073		4734	153340	615	157454		4
兰　考　县 Lankao	25813			25813	55	25759		
汝　州　市 Ruzhou	83387			83387	124	83263		
滑　　县 Huaxian	9446		712	8734	13	9433		
长　垣　市 Changyuan	175461	4840	8055	162566	2479	172982		
邓　州　市 Dengzhou	11358		214	11144	226	11035		97
永　城　市 Yongcheng	81154		3790	77364	130	81024		
固　始　县 Gushi	6712			6712	148	6564		
鹿　邑　县 Luyi	25616		48	25568	38	25578		
新　蔡　县 Xincai	8681			8681	322	8359		

21−9 续表 3 continued

单位：万元 (10 000 yuan)

市(县) City(County)	(R&D)经费外部支出合计 External Expenditures on R&D	#对境内研究机构支出 Expenses on Domestic R&D Institutions	对境内高等学校支出 Expenses on Domestic Universities	对境内企业支出 Expenses on Domestic Expenditures	对境外支出 Expenses on Overseas
全　　省 Total	**181429**	**42313**	**23527**	**110948**	**4641**
省　辖　市 City					
郑　州　市 Zhengzhou	37553	6542	5143	23999	1868
开　封　市 Kaifeng	36964	74	167	36723	
洛　阳　市 Luoyang	12581	3202	1622	7510	247
平顶山市 Pingdingshan	16934	4710	4026	7084	1115
安　阳　市 Anyang	4999	275	879	3838	8
鹤　壁　市 Hebi	13435	421	281	12728	5
新　乡　市 Xinxiang	7268	1310	1108	4851	
焦　作　市 Jiaozuo	4739	2216	1191	1029	303
濮　阳　市 Puyang	4912	1110	1098	2704	
许　昌　市 Xuchang	6901	1780	587	4307	228
漯　河　市 Luohe	666	109	256	137	164
三门峡市 Sanmenxia	4263	3886	351	26	
南　阳　市 Nanyang	9639	3853	2157	3521	108
商　丘　市 Shangqiu	3585	1190	701	1098	596
信　阳　市 Xinyang	5400	4021	672	707	
周　口　市 Zhoukou	5152	3242	1223	687	
驻马店市 Zhumadian	5400	4227	1173		
济　源　市 Jiyuan	1039	145	894	0	
省直管县 County Directly Administrated by Province					
巩　义　市 Gongyi	267	180	77	9	
兰　考　县 Lankao	207	73	73	60	
汝　州　市 Ruzhou	3570	39	113	3416	2
滑　　县 Huaxian	61	33	23	6	
长　垣　市 Changyuan	951		300	651	
邓　州　市 Dengzhou	6			4	2
永　城　市 Yongcheng	2664	1028	691	348	596
固　始　县 Gushi	481	481			
鹿　邑　县 Luyi					
新　蔡　县 Xincai	23	22	2		

21-9 续表 4 continued

市(县)	City(County)	新产品销售收入(万元) Sales Revenue of New Products (10 000 yuan)	企业办科技机构(个) Number of Institutions of S&T in Enterprises (unit)	专利申请数(项) Total Patent Applications (item)	有效发明专利数(项) Number of Inventions In Force (item)
全省	**Total**	**79074956**	**2234**	**38206**	**36500**
省辖市	**City**				
郑州市	Zhengzhou	33566693	520	13137	9274
开封市	Kaifeng	2468442	67	727	659
洛阳市	Luoyang	8758175	260	4703	5923
平顶山市	Pingdingshan	2269550	86	1420	1786
安阳市	Anyang	2962726	50	1464	1764
鹤壁市	Hebi	831692	55	565	888
新乡市	Xinxiang	5973766	162	4170	2815
焦作市	Jiaozuo	3417100	139	2005	1857
濮阳市	Puyang	695009	54	801	1148
许昌市	Xuchang	4014598	70	1747	2565
漯河市	Luohe	1494057	66	916	667
三门峡市	Sanmenxia	378092	24	499	420
南阳市	Nanyang	4127960	168	2448	2910
商丘市	Shangqiu	1165924	83	983	1415
信阳市	Xinyang	1135128	75	557	638
周口市	Zhoukou	984146	82	664	798
驻马店市	Zhumadian	2186279	204	844	680
济源市	Jiyuan	2645620	69	556	293
省直管县	**County Directly Administrated by Province**				
巩义市	Gongyi	2292598	68	1121	408
兰考县	Lankao	85142	4	80	100
汝州市	Ruzhou	54524	26	73	100
滑县	Huaxian	89567	4	177	167
长垣市	Changyuan	2057046	22	1051	580
邓州市	Dengzhou	65992	8	105	22
永城市	Yongcheng	265721	16	183	184
固始县	Gushi	21833	6	42	68
鹿邑县	Luyi	462881	5	28	
新蔡县	Xincai	35633	5	64	46

21－10　大中型工业企业研究与试验发展(R&D)活动情况

Basic Statistics on R&D Activities in Large and Medium-Sized Industrial Enterprises

单位：亿元　　(100 million yuan)

指　标	Item	2015	2016	2017	2018	2019	2020
企业(R&D)活动人员（人）	Number of Persons for R&D (person)	159964	160343	158624	135284	148031	144187
企业办科技机构（个）	Number of R&D Institutions Operated by Enterprises (unit)	1290	1386	1387	865	903	893
企业办科技机构人员（人）	Personner of R&D Institutions Operated by Enterprises (person)	95264	95514	95870	72686	70957	73982
当年(R&D)经费内部支出	External Expenditures on R&D	326.49	358.41	401.58	405.71	463.05	516.91
新产品销售收入	Sales Revenue of New Products	5584.41	5861.62	6749.98	7005.10	5957.84	6839.66
#出口	Export	2857.05	2790.01	3159.26	3365.38	2090.54	2480.30
仪器和设备原价	Original price of Equipment for S&T	144.43	162.22	209.48	179.53	195.03	215.05
引进技术经费支出	Expenditures on Imported Technology	3.61	0.73	1.79	0.57	1.13	1.26
消化吸收经费支出	Expenditures on Digestion and Absorption	1.42	0.82	0.68	0.05	0.09	0.01
购买国内技术支出	Expenditures on Domestic Technology	1.78	1.87	4.74	13.15	7.30	6.17
技术改造经费支出	Expenditures on Technical Reform	98.21	102.19	93.87	102.69	97.46	83.97

21－11　三种专利申请受理量及授权量

Three Types of Patent Application Accepted and Granted

单位：项　　(item)

项　目	Item	2005	2010	2015	2016	2017	2018	2019	2020
申请量合计	**Total Applications Examined**	**8981**	**25149**	**74373**	**94669**	**119243**	**154381**	**144010**	**186369**
#发明	Inventions	1703	6408	21338	28582	35626	46868	30260	34412
实用新型	Utility Models	4594	13856	40778	51358	66805	89620	96203	132557
外观设计	Designs	2684	4885	12257	14729	16812	17893	17547	19400
#个人	Individuals	5955	9528	22399	27859	33092	36345	38499	52835
大专院校	Universities and Colleges	311	1387	9980	14438	16528	18543	19397	19387
科研单位	Research Institutions	166	578	1418	1668	1731	2220	2235	2687
工矿企业	Industrial and Mineral Enterprises	2534	13449	39047	48822	65182	93911	77731	104441
机关团体	Government Agencies and Organizations	15	207	1529	1882	2710	3362	6148	7019
授权量合计	**Total Applications Granted**	**3748**	**16539**	**47766**	**49145**	**55407**	**82318**	**86247**	**122809**
#发明	Inventions	356	1498	5384	6811	7914	8339	6991	9183
实用新型	Utility Models	2304	11048	32592	32197	35822	59417	65341	95894
外观设计	Designs	1088	3993	9790	10137	11671	14562	13915	17732
#个人	Individuals	2535	6395	12395	13369	15565	19667	18192	27026
大专院校	Universities and Colleges	65	630	6135	8105	8732	9205	10012	14778
科研单位	Research Institutions	60	410	571	529	636	864	1159	1419
工矿企业	Industrial and Mineral Enterprises	1076	9043	27806	26312	29606	51314	54123	74009
机关团体	Government Agencies and Organizations	12	61	859	830	868	1268	2761	5577
发明专利拥有量	**Patent ownership**		**4501**	**17571**	**22601**	**28615**	**33524**	**37311**	**43547**

21−12 规模(限额)以上企业创新活动情况

Innovative Activities in Enterprises above Designated size

单位：个 (unit)

行业	Sector	调查企业数 Number of Enterprises Surveyed	开展创新活动企业数 Number of Enterprises Engaged in Innovative Activities	实现创新企业数 Number of Enterprises Achieved Innovation
	2013-2014	31864	11983	11709
	2016	42750	13103	12615
	2017	43326	13609	12843
	2018	39615	13481	12862
	2019	40049	15150	14503
	2020	41872	15494	15114
按规模分	**by Size**			
大型	Large	970	681	664
中型	Medium	6978	3291	3239
小型	Small	26416	10193	9921
微型	Micro	7508	1329	1290
按登记注册类型分	**by Status of Registration**			
内资企业	Domestic Funded	41273	15181	14807
港、澳、台商投资企业	Funded from Hong Kong, Macao and Taiwan	272	134	130
外商投资企业	Foreign Funded	327	179	177
按行业分	**by Sector**			
采矿业	Mining	541	184	168
制造业	Manufacturing	18585	8804	8526
电力、热力、燃气及水生产和供应业	Production and Supply of Electricity, Heat, Gas and Water	670	214	203
建筑业	Construction	3923	1145	1135
批发和零售业	Wholesale and Retail Trades	12303	3276	3261
交通运输、仓储和邮政业	Transport, Storage and Post	2237	433	423
信息传输、软件和信息技术服务业	Information Transmission, Software and Information Technology	730	478	460
租赁和商务服务业	Leasing and Business Services	1497	378	374
科学研究和技术服务业	Scientific Research and Technical Services	945	453	439
水利、环境和公共设施管理业	Management of Water Conservancy, Environment and Public Facilities	441	129	125

21-12 续表 continued

行 业	Sector	实现各种创新类型的企业数 Number of Enterprises Achieved Various Types of Innovation				
		实现产品创新 Achieved Product Innovation	实现工艺创新 Achieved Technique Innovation	实现组织创新 Achieved Organization Innovation	实现营销创新 Achieved Marketing Innovation	同时实现四种创新 Achieved Four Types of Innovation
	2013-2014	4907	4360		10512	2834
	2016	4059	5156	9013	8794	2264
	2017	4007	5145	9131	9042	2122
	2018	4584	5412	9075	8399	2296
	2019	5106	6198	10285	9878	2658
	2020	6074	7480	10559	10145	3153
按规模分	**by Size**					
大型	Large	407	493	497	423	237
中型	Medium	1359	1621	2342	2191	710
小型	Small	4042	4933	6806	6691	2066
微型	Micro	266	433	914	840	140
按登记注册类型分	**by Status of Registration**					
内资企业	Domestic Funded	5908	7284	10342	9967	3072
港、澳、台商投资企业	Funded from Hong Kong, Macao and Taiwan	66	81	91	76	34
外商投资企业	Foreign Funded	100	115	126	102	47
按行业分	**by Sector**					
采矿业	Mining	22	95	120	75	6
制造业	Manufacturing	4318	5140	5720	5807	2212
电力、热力、燃气及水生产和供应业	Production and Supply of Electricity, Heat, Gas and Water	21	96	145	79	8
建筑业	Construction	301	511	933	520	161
批发和零售业	Wholesale and Retail Trades	638	826	2237	2583	377
交通运输、仓储和邮政业	Transport, Storage and Post	75	123	341	231	43
信息传输、软件和信息技术服务业	Information Transmission, Software and Information Technology	309	278	358	306	155
租赁和商务服务业	Leasing and Business Services	83	90	294	228	38
科学研究和技术服务业	Scientific Research and Technical Services	268	275	313	239	127
水利、环境和公共设施管理业	Management of Water Conservancy, Environment and Public Facilities	39	46	98	77	26

21-13 各市规模(限额)以上企业创新活动情况(2020年)

Innovative Activities in Enterprises above Designated size by City (2020)

单位：个 (unit)

地 区	City	调 查 企业数 Number of Enterprises Surveyed	开展创新活动企业数 Number of Enterprises Engaged in Innovative Activities	实现创新企 业 数 Number of Enterprises Achieved Innovation	实现各种创新类型的企业数 Number of Enterprises Achieved Various Types of Innovation				
					实现产品创新 Achieved Product Innovation	实现工艺创新 Achieved Technique Innovation	实现组织创新 Achieved Organization Innovation	实现营销创新 Achieved Marketing Innovation	同时实现四种创新 Achieved Four Types of Innovation
全 省	**Total**	**41872**	**15494**	**15114**	**6074**	**7480**	**10559**	**10145**	**3153**
省 辖 市	**City**								
郑 州 市	Zhengzhou	8196	3631	3498	1788	2117	2552	2212	943
开 封 市	Kaifeng	1945	673	664	268	325	423	437	107
洛 阳 市	Luoyang	3491	1536	1531	668	850	1041	939	339
平 顶 山 市	Pingdingshan	1692	602	556	215	301	404	368	121
安 阳 市	Anyang	1538	563	551	171	217	386	364	90
鹤 壁 市	Hebi	723	271	265	145	169	191	178	81
新 乡 市	Xinxiang	2746	953	914	408	478	645	643	231
焦 作 市	Jiaozuo	1775	557	530	230	270	362	340	109
濮 阳 市	Puyang	1209	423	416	145	203	303	283	76
许 昌 市	Xuchang	2451	942	939	308	407	668	565	129
漯 河 市	Luohe	1007	290	290	126	177	189	188	65
三 门 峡 市	Sanmenxia	975	306	287	85	144	193	165	38
南 阳 市	Nanyang	3070	1100	1064	443	519	748	733	226
商 丘 市	Shangqiu	2967	1219	1218	259	316	850	962	154
信 阳 市	Xinyang	2611	637	633	246	330	421	463	149
周 口 市	Zhoukou	2712	812	796	147	223	556	662	82
驻 马 店 市	Zhumadian	2291	830	817	357	345	542	562	185
济 源 市	Jiyuan	473	149	145	65	89	85	81	28
省 直 管 县	**County Directly Administrated by Province**								
巩 义 市	Gongyi	628	231	231	130	177	139	148	69
兰 考 县	Lankao	433	160	158	69	63	106	102	28
汝 州 市	Ruzhou	389	170	150	52	89	112	105	29
滑 县	Huaxian	344	103	103	25	40	74	71	19
长 垣 市	Changyuan	681	268	263	88	115	197	180	51
邓 州 市	Dengzhou	328	64	61	28	22	32	39	8
永 城 市	Yongcheng	460	139	139	27	46	95	107	18
固 始 县	Gushi	528	129	129	25	44	100	110	20
鹿 邑 县	Luyi	434	169	169	10	37	154	151	5
新 蔡 县	Xincai	358	107	107	36	29	59	75	11

21-14 技术市场成交合同情况(2020年)

Statistics on Transaction of Technology (2020)

指　标	Item	合同数(个) Number of Contracts (unit)	成交额(万元) Transaction Value (10 000 yuan)
总　计	**Total**	**11751**	**3844965**
按合同类别分	**Grouped by Contract Type**		
技术开发	Technological Development	3965	741815
技术转让	Technological Transfer	887	243233
技术咨询	Technological Consultation	1521	193684
技术服务	Technological Services	5378	2666233
按知识产权分	**Grouped by Intellectual Property**		
技术秘密	Technology Secret	1466	676015
专利	Patent	1165	705837
计算机软件著作权	Computer Software	808	86722
植物新品种权	New varieties of Plants	127	13139
集成电路布图设计专有权	Exclusive right of integrated circuit layout design	11	3641
生物、医药新品种权	New varieties of Biology and Medicine	54	19892
设计著作权	Design and copyright	28	11261
未涉及知识产权	Others	8092	2328459
按技术领域分	**Grouped by Technology**		
电子信息	Electronic Information Technology	3383	311116
航空航天	Aeronautic and Astronautic Technology	222	44181
先进制造	Advanced manufacturing technology	2035	838195
生物、医药和医疗器械	Biological ,Medical and Medical Device Technology	552	108315
新材料及其应用	New Materials and Their Application	631	361074
新能源与高效节能	New Energy, High Efficiency and Energy Saving	1005	277034
环境保护与资源综合利用	Environmental Protetion and Resources comprehensive utilization Technology	1107	212639
核应用	Nuclear application	9	668
农业	Agriculture Technology	715	238510
现代交通	Modern Communication	300	238644
城市建设与社会发展	City Construction and Social Development	1792	1214589
按社会经济目标分	**Grouped by Social and Economic Service Objection**		
环境保护、生态建设及污染防治	Environmental protection, ecological construction and pollution control	1087	261708
能源生产、分配和合理利用	Energy production, distribution and rational utilization	912	335465
卫生事业发展	Health	311	54322
教育事业发展	Education	280	27914
基础设施以及城市和农村规划	Infrastructure and urban and rural planning	719	316619
社会发展和社会服务	Social development and social services	4175	1752745
地球和大气层的探索与利用	Exploration and utilization of the earth and atmosphere	22	1386
民用空间探测及开发	Detection and development of Civilian space	42	1775
农林牧渔业发展	Animal husbandry fishery development	746	230907
工商业发展	Industrial and commercial development	1058	267912
非定向研究	The directional research	405	118159
其他民用目标	Others Civilian space	1790	436436
国防	National defense	204	39618

21-15 各市技术市场成交合同情况

Statistics on Transaction of Technology by City

市 City	合同数(个) Number of Contracts (unit)			成交额(万元) Transaction Value (10 000 yuan)		
	2018	2019	2020	2018	2019	2020
全 省 Total	**7298**	**9310**	**11751**	**1497380**	**2340686**	**3844965**
郑州市 Zhengzhou	4399	4953	6681	823485	1275411	2128225
开封市 Kaifeng	82	103	142	10290	15284	25560
洛阳市 Luoyang	1308	1629	1368	368234	482667	662168
平顶山市 Pingdingshan	14	54	79	4901	57093	75567
安阳市 Anyang	50	90	258	15443	20445	28920
鹤壁市 Hebi	17	48	41	1354	5250	10457
新乡市 Xinxiang	291	670	705	83162	179638	277866
焦作市 Jiaozuo	551	823	694	113696	149691	215958
濮阳市 Puyang	2	35	47	150	6526	35683
许昌市 Xuchang	28	55	190	3258	3002	24862
漯河市 Luohe	11	13	12	2214	4543	6670
三门峡市 Sanmenxia	14	5	25	2286	5771	10612
南阳市 Nanyang	284	497	537	34672	82110	130546
商丘市 Shangqiu	4	6	38	490	963	2473
信阳市 Xinyang	49	82	75	8699	11118	18006
周口市 Zhoukou	10	10	330	5774	11857	8592
驻马店市 Zhumadian	44	116	355	12099	19569	171895
济源市 Jiyuan	140	121	174	7173	9749	10905

21-16 软科学基本情况

Statistics on Soft science

项　　目	Item	2015	2016	2017	2018	2019	2020
完成软科学课题(项)	Completed soft science subject (item)	791	1054	665	500	560	414
正在进行的软科学课题(项)	Underway soft science subject (item)	1160	720	597	848	799	820
投入软科学研究经费(万元)	Investment funds (10 000 yuan)	600	600	600	600	600	600
投入软科学研究人力(人.年)	Person Engaged in Soft Science (person.year)	7200	5000	4430	5880	5590	5700
发表科学论文(篇)	Published scientific paper (paper)	960	980	602	485	505	432
#国外发表	Published abroad	24	29	6	9	16	21
获奖成果(项)	Award-winning achievements (item)	8	7	47	39	18	50

21-17 产品质量监督抽查情况(2020年)

Results of Sampling Check under State Supervision on the Quality of Products (2020)

项　　目	Item	抽查产品(种) Production Supervised (kinds)	抽查企业(家) Number of Enterprises Supervised (unit)	抽查产品(批) Production Supervised (batch-time)	不合格产品(批) Production Unqualified (batch-time)
合　计	**Total**	**171**	**5806**	**6411**	**499**
食品相关产品	Food	8	374	401	6
日用消费品	Consumer Goods	54	2181	2513	286
建筑与装饰装修材料	Building & Decoration Material	30	1322	1358	87
农业生产资料	Agricultural Means of Production	8	320	327	22
工业生产资料	Industrial Means of Production	71	1609	1812	98

21-18 国家和地方标准、计量基本情况

National and local standards, measuring basic situation

指标名称	Item	2018	2019	2020
国家情况	**National conditions**			
计量基准和社会公用计量	Standards of measurement and public standards			
标准建立项目（项）	of measurement set up projects (item)	266	286	330
计量仪器检定按类别分(台、件)	Measurement instrument calibration (set)	386804	375785	519865
长度	length	36693	40640	41234
温度	Temperature	36358	37233	33344
力学	Mechanics	230318	32817	28048
电磁	Electromagnetism	34511	92601	129657
光学	Photology	2602	1904	2128
声学	Acoustics	7188	7600	7331
化学	Chemistry	15122	14116	12937
放射性	Radioaction	2656	3638	3075
无线电	Radio	1235	935	894
时间频率	Temporal frequency	2772	2691	2430
其他	Othcrs	17349	141610	258787
地方情况	**Local conditions**			
本年末标准累计(个)	Criterion Accumulative (unit)	1268	1445	1197
本年度制、修订标准合计(个)	Total (unit)	255	197	158
制定	Formulation	243	183	153
修订	Amendment	12	14	5

21-19 测绘行业单位、人员及测绘成果提供情况

Statistics on Unit,Persons Engaged and Output in Certificated Units in Surveying and Mapping Industry

指标	Item	2015	2016	2017	2018	2019	2020
持证单位数（个）	**Number of Certificated Units (units)**	**925**	**980**	**1013**	**1043**	**1063**	**1038**
甲级	First	36	37	39	52	65	63
乙级	Second	263	302	315	326	331	337
丙级	Third	294	311	335	359	375	369
丁级	Fourth	332	330	324	306	292	269
测绘从业人员年末人数(人)	**Number of Staff and Workers (person)**	**22847**	**24163**	**24789**	**25992**	**25637**	**25572**
# 测绘专业技术人员	Number of Professional	13190	13778	14405	15479	14351	14120
# 高级	Senior	1281	1317	1361	1449	1665	1586
中级	Medium	4164	4159	4285	4648	5210	5065
初级	Jumior	5278	5442	5589	6147	6803	6805
地形图（张）	**Topographic Map (unit)**	**2956**	**1286**	**903**	**752**	**250**	**1218**
1:10000	scale	2676	1081	635	505	118	901
1:50000	scale	276	201	266	233	128	308
测绘基准成果（点）	**Surveying and Mapping Datum Product (point)**	**329**	**211**	**160**	**1789**	**2606**	**576**
航摄成果（平方千米）	**Aerial Photograph (sq.km)**	**18582**	**5078**		**122**	**20071**	
卫星影像（平方千米）	**Satellite Imagery (sq.km)**	**1477838**	**977933**	**1622706**	**2827755**	**3256051**	**5389701**

21-20 气象部门基本情况

Basic Statistics on Meteorological Department

项　目	Item	2015	2016	2017	2018	2019	2020
气象观测业务台站(个)	**Meteorological observation station (unit)**						
地面观测	Surface Observation	121	121	121	121	121	121
高空探测	Aerological Sounding	3	3	3	3	3	3
区域气象观测站	Regional Meteorological Observation Station	2431	2512	2598	2657	2541	2511
天气雷达观测	Weather Radar Observation	18	18	18	18	18	18
大气成分观测	Atmospheric Composition Observation	1	6	26	26	26	26
辐射观测	Radiation Observation	3	3	4	25	26	26
农业气象观测	Agricultural Meteorological Observation	35	35	35	35	35	35
农业气象试验站	Agrometeorological Experimental Station	4	4	4	4	4	4
中国气象局卫星数据广播系统	China Meteorological Administration of Satellite Data Broadcast System	122	122	122	122	122	122
闪电定位监测	Lightning Positioning Monitoring	19	19	32	32	32	32
紫外线观测	Ultraviolet Observations	18	18	18	18	26	26
风廓线雷达观测	Wind Profile Radar Observations	2	2	2	2	2	2
导航卫星气象观测	Navigation Satellite Meteorological Observation	39	39	39	38	37	37
酸雨观测	Acid Rain Observation	18	18	18	18	18	18
装备	**Equipment**						
高性能计算机	High Performance Computer	1	1	1	1		
服务器(套)	Server (unit)	559	306	320	410	379	410
个人计算机(含个人工作站)	Personal Computer (Including personal workstation)	3936	3843	3921	3641	3785	3880
远程会商系统设备(多点控制单元和会议终端)(套)	Remote Consultation System Equipment (Multipoint control unit and conference terminals) (unit)	19	19	19	20	20	20
人工影响天气地面作业(次)	Weather Modification Ground Operations (time)	1282	1572	814	1042	1140	1276
设备高炮(门)	Equipment Anti-aircraft Gun (unit)	271	267	271	268	260	233
火箭发射系统(部)	Rocket-firing System (unit)	401	418	379	415	396	334
全省气象部门职工总数(人)	Total Number of Employees of Provincial Meteorological (person)	2111	2080	2034	1985	1972	1984

21−21 各市地震台(网)基本情况(2020年)

Basic Statistics on Earthquake Station (Net) by City (2020)

市 City	国家地震观测台（网） National Earthquake Observation Station (Set)			市、县地震台 City、County Earthquake Observation Station		
	国家级台 National Station	省级台 Provincial Station	强震观测点 Strong Motion Observation Spots	市、县级台 City、County Station	企业台 Enterprise Station	宏观观测点 Macro-Observation Spots
总　计 Total	**3**	**10**	**20**	**91**	**17**	**1655**
郑　州　市 Zhengzhou		2	1	6	1	76
开　封　市 Kaifeng			1	4		34
洛　阳　市 Luoyang	1		4	9	8	292
平顶山市 Pingdingshan				6		6
安　阳　市 Anyang			3	6		21
鹤　壁　市 Hebi		4	2	1	1	5
新　乡　市 Xinxiang			5	10		48
焦　作　市 Jiaozuo			1	8		127
濮　阳　市 Puyang			2	5		81
许　昌　市 Xuchang				2		69
漯　河　市 Luohe						42
三门峡市 Sanmenxia		1	1	3	1	74
南　阳　市 Nanyang	1			11	6	111
商　丘　市 Shangqiu				2		17
信　阳　市 Xinyang	1	2		1		206
周　口　市 Zhoukou		1		9		161
驻马店市 Zhumadian				7		269
济　源　市 Jiyuan				1		16

主要统计指标解释

研究与试验发展(R&D) 指在科学技术领域，为增加知识总量，以及运用这些知识去创造新的应用进行的系统的创造性的活动，包括基础研究、应用研究、试验发展三类活动。国际上通常采用 R&D 活动的规模和强度指标反映一国的科技实力和核心竞争力。

基础研究 指为了获得关于现象和可观察事实的基本原理的新知识(揭示客观事物的本质、运动规律，获得新发现、新学说)而进行的实验性或理论性研究，它不以任何专门或特定的应用或使用为目的。其成果以科学论文和科学著作为主要形式。用来反映知识的原始创新能力。

应用研究 指为获得新知识而进行的创造性研究，主要针对某一特定的目的或目标。应用研究是为了确定基础研究成果可能的用途，或是为达到预定的目标探索应采取的新方法(原理性)或新途径。其成果形式以科学论文、专著、原理性模型或发明专利为主。用来反映对基础研究成果应用途径的探索。

试验发展 指利用从基础研究、应用研究和实际经验所获得的现有知识，为产生新的产品、材料和装置，建立新的工艺、系统和服务，以及对已产生和建立的上述各项作实质性的改进而进行的系统性工作。其成果形式主要是专利、专有技术、具有新产品基本特征的产品原型或具有新装置基本特征的原始样机等。在社会科学领域，试验发展是指把通过基础研究、应用研究获得的知识转变成可以实施的计划（包括为进行检验和评估实施示范项目）的过程。人文科学领域没有对应的试验发展活动。主要反映将科研成果转化为技术和产品的能力，是科技推动经济社会发展的物化成果。

R&D 人员 指参与研究与试验发展项目研究、管理和辅助工作的人员， 包括项目（课题）组人员，企业科技行政管理人员和直接为项目（课题）活动提供服务的辅助人员。反映投入从事拥有自主知识产权的研究开发活动的人力规模。

R&D 人员全时当量 指全时人员数加非全时人员按工作量折算为全时人员数的总和。例如：有两个全时人员和三个非全时人员（工作时间分别为 20%、30%和 70%），则全时当量为 2+0.2+0.3+0.7=3.2 人年。为国际上比较科技人力投入而制定的可比指标。

R&D 经费内部支出合计 指调查单位用于内部开展 R&D 活动（基础研究、应用研究和试验发展）的实际支出。包括用于 R&D 项目（课题）活动的直接支出，以及间接用于 R&D 活动的管理费、服务费、与 R&D 有关的基本建设支出以及外协加工费等。不包括生产性活动支出、归还贷款支出以及与外单位合作或委托外单位进行 R&D 活动而转拨给对方的经费支出。

R&D 经费内部支出中政府资金 指 R&D 经费内部支出中来自各级政府部门的各类资金，包括财政科学技术拨款、科学基金、教育等部门事业费以及政府部门预算外资金的实际支出。

R&D 经费内部支出中企业资金 指 R&D 经费内部支出中来自本企业的自有资金和接受其他企业委托而获得的经费，以及科研院所、高校等事业单位从企业获得的资金的实际支出。

R&D 项目（课题）数 指在当年立项并开展研究工作、以前年份立项仍继续进行研究的研发项目（课题）数，包括当年完成和年内研究工作已告失败的研发项目（课题），但不包括委托外单位进行的研发项目（课题）数。

R&D 项目（课题）经费内部支出 指调查单位内部在报告年度进行研发项目（课题）研究和试制等的实际支出。包括劳务费、其他日常支出、固定资产购建费、外协加工费等，不包括委托或与外单位合作进行项目（课题）研究而拨付给对方使用的经费。

专利 是专利权的简称，是对发明人的发明创造经审查合格后，由专利局依据专利法授予发明人和设计人对该项发明创造享有的专有权。包括发明、实用新型和外观设计。反映拥有自主知识产权的科技和设计成果情况。

Explanatory Notes on Main Statistical Indicators

Research and Development (R&D) refers to systematic and creative activities in the field of science and technology aiming at increasing the knowledge and using the knowledge for new application. R&D includes 3 categories of activities: basic research, applied research and experimentation for development. The scale and intensity of R&D are widely used internationally to reflect the strength of S&T and the core competitiveness of a country in the world.

Basic Research refers to empirical or theoretical research aiming at obtaining new knowledge on the fundamental principles regarding phenomena or observable facts to reveal the intrinsic nature and underlying laws and to acquire new discoveries or new theories. Basic research takes no specific or designated application as the aim of the research. Results of basic research are mainly released or disseminated in the form of scientific papers or monographs. This indicator reflects the innovation capacity for original knowledge.

Applied Research refers to creative research aiming at obtaining new knowledge on a specific objective or target. Purpose of the applied research is to identify the possible uses of results from basic research, or to explore new (fundamental) methods or new approaches. Results of applied research are expressed in the form of scientific papers, monographs, fundamental models or invention patents. This indicator reflects the exploration of ways to apply the results of basic research.

Experiments and Development refer to systematic activities aiming at using the knowledge from basic and applied researches or from practical experience to develop new products, materials and equipment, to establish new production process, systems and services, or to make substantial improvement on the existing products, process or services. Results of experiment and development activities are embodied in patents, exclusive technology, and monotype of new products or equipment. In social sciences, experiment and development activities refer to the process of converting the knowledge from basic or applied researches into feasible programmes (including conduct of demonstration projects for assessment and evaluation). There are no experiment and development activities in the science of humanities. This indicator reflects the capability of transferring the results of S&T into technique and products, and measures the realization of S&T in spearheading the economic and social development.

R & D Personnel refer to persons engaged in research, management and supporting activities of R & D, including persons in the project teams, persons engaged in the management of S&T activities of enterprises and supporting staff providing direct service to the research projects. This indicator reflects the size of personnel engaged in R&D activities with independent intellectual property.

Full-time Equivalent of R&D Personnel refers to the sum of the full-time persons and the full-time equivalent of part-time persons converted by workload. For instance, if there are 2 full-time persons and 3 part-time workers (20%, 30% and 70% of working hours respectively on R&D activities), the full-time equivalent are 2+0.2+0.3+0.7=3.2 person-years. This is an internationally comparable indicator of S&T manpower input.

Total Internal Expenditure of Funds on R&D refers to the real expenditure of surveyed units on their own R&D activities (basic research, application study, test and development) including direct expenditure on R&D activities, indirect expendure of management and services on R&D activities, expenditure on capital construction and material processing by others. Excluding the expenditure on production activities, return of loan, and fees transferred to cooperated and entrusted agencies on R&D activities.

Internal Expenditure of Government Funds refer to the expenditure of funds on R&D activities from government agencies at different levels, including appropriate funds on science and technology from financial departments, scientific funds, operating expenses from education departments and the real expenditure of extrabudgetary funds from government agencies.

Internal Expenditure of Funds of Enterprises refer to the expenditure of funds on R&D activities from self-raised funds of enterprises and funds from other enterprises through entrustment, and the expenditure of funds of institutions, such a institution of scientific research and universityies, from enterprises.

Number of R&D Projects (subjects) refers to the number of R&D projects (subjects) set up and implemented at the reference year, and the number of R&D projects (subjects) set up in former years and under implementation, including the projects (subjects) finished and failed at the reference year, excluding the projects (subjects) implemented by others throught entrustment.

Internal Expenditure of Funds on R&D Projects (subjects) refers to the real expenditure of internal funds of the surveyed units on research and test of R&D projects (subjects) at the reference year, including service fee, other daily expenditure, cost for captital goods, cost of external process; excluding expenditure of funds transferred to other cooperated and entrusted units of the projects.

Patent is an abbreviation for the patent right and refers to the exclusive right of ownership by the inventors or designers for the creation or inventions, given from the patent offices after due process of assessment and approval in accordance with the Patent Law. Patents are granted for inventions, utility models and designs. This indicator reflects the achievements of S&T and design with independent intellectual property.

教育
Education

22

◎ 资料整理：赵霞

简要说明

一、主要内容

本篇包括公办教育和民办教育、学历教育和非学历教育。具体有高等教育（研究生教育、普通高等教育和成人教育）、中等教育（高中阶段教育和初中阶段教育）、初等教育（小学）、学前教育、特殊教育（盲聋哑和弱智学校等）以及教育经费等资料。主要指标包括学校数、在校生数、招生数、毕业生数、教职工数和专任教师数、教育经费总投入及财政性教育经费等。

二、资料来源

教育事业统计资料由省教育厅提供；技工学校的资料由省人力资源和社会保障厅提供。由省统计局社会与科技处编辑整理。

Brief Introduction

I. Main Contents

Data on education cover the situations on education funded by government and non-government agencies, and the education with and without academic credentials including higher education (education of postgraduates, general higher education and adult education), secondary education(senior and junior high schools), elementary education (primary schools),preschool education, special education (schools for the blind, deaf-mutes and mentally retarded) and their expenditure. The main indicators include the number of schools, the number of students enrolled, the number of new students enrolled, the number of graduates, the number of stuff and workers, the number of full-time teachers, sources and outlay of education funding and education expenditure.

II. Sources of Data

Data on education undertakings are calculated from Henan Provincial bureau of Education. Data on technical training schools are calculated from Henan provincial bureau of Henan Resources and Social Security. Data in this chapter are provided by Department of social and technology of Henan provincial bureau of statistics.

22-1 各级各类学校数

Number of Schools by Level and Type

单位：所 (unit)

年份 year	小学 Primary Schools	普通中学 Regular Secondary Schools	高中 Senior Secondary Schools	初中 Junior Secondary Schools	职业中学 Vocational Secondary Schools	普通高等学校 Regular Institutions of Higher Education
1978	48772	26586	3705	22881		24
1979	34983	25826	2976	22850		24
1980	46672	12672	2431	10241	1	25
1981	45939	10304	1703	8601	6	26
1982	46542	10510	1279	9231	8	26
1983	46265	10324	1177	9147	21	32
1984	46232	9969	1102	8867	41	38
1985	41935	9459	1069	8390	390	43
1986	45250	9730	1058	8672	370	47
1987	44865	9632	1027	8605	336	47
1988	44379	9406	1003	8403	378	47
1989	43951	8961	958	8003	466	47
1990	43286	8249	920	7329	480	47
1991	42455	7369	854	6515	539	49
1992	42370	6893	789	6104	636	47
1993	42071	6644	719	5925	685	48
1994	41899	6476	661	5815	785	50
1995	41698	6367	641	5726	785	50
1996	41466	6282	635	5647	761	50
1997	41526	6142	645	5497	742	50
1998	41238	6069	643	5426	722	51
1999	41404	6120	688	5432	696	56
2000	41269	6217	761	5456	609	52
2001	39825	6384	819	5565	520	64
2002	37729	6399	854	5545	484	66
2003	36379	6363	888	5475	462	71
2004	34164	6229	909	5320	442	82
2005	33026	6207	945	5262	455	83
2006	31410	6045	955	5090	515	84
2007	30677	5864	920	4944	552	82
2008	30214	5718	908	4810	584	84
2009	29420	5571	868	4703	589	89
2010	28603	5441	825	4616	563	107
2011	27793	5388	792	4596	452	117
2012	27452	5336	785	4551	409	120
2013	26086	5326	776	4550	381	127
2014	25578	5340	774	4566	367	129
2015	24673	5335	770	4565	356	129
2016	22822	5349	792	4557	324	129
2017	20372	5328	813	4515	314	134
2018	18622	5371	852	4519	289	140
2019	18117	5492	889	4603	270	141
2020	17687	5620	925	4695	256	151

22-2 各级各类学校专任教师数

Number of Full-time Teachers by Level and Type of school

单位：万人 (10 000 persons)

年份 year	小 学 Primary Schools	普通中学 Regular Secondary Schools	高 中 Senior Secondary Schools	初 中 Junior Secondary Schools	职业中学 Vocational Secondary Schools	普通高等学校 Regular Institutions of Higher Education
1978	42.88	29.34	4.98	24.36		0.54
1979	43.66	30.01	5.09	24.92		0.62
1980	44.72	30.13	4.48	25.65	0.00	0.68
1981	47.20	26.99	3.91	23.08	0.01	0.71
1982	41.95	22.58	3.52	19.05	0.01	0.84
1983	42.52	22.17	3.46	18.71	0.04	0.91
1984	42.81	21.86	3.41	18.45	0.02	0.97
1985	43.09	22.21	3.41	18.80	0.68	1.10
1986	43.62	22.93	3.54	19.39	0.77	1.27
1987	43.52	23.69	3.73	19.96	0.81	1.33
1988	43.79	24.01	3.79	20.22	0.88	1.38
1989	43.76	23.84	3.77	20.07	1.13	1.38
1990	44.34	24.05	3.79	20.25	1.27	1.40
1991	37.93	23.54	3.83	19.71	1.34	1.42
1992	37.55	23.49	3.76	19.73	1.51	1.45
1993	38.19	23.60	3.62	19.98	1.72	1.47
1994	38.87	23.94	3.48	20.46	2.08	1.55
1995	39.23	24.68	3.45	21.23	2.28	1.55
1996	40.02	25.48	3.51	21.97	2.44	1.64
1997	41.12	26.38	3.61	22.77	2.67	1.65
1998	42.55	27.60	3.75	23.85	2.76	1.70
1999	44.66	29.09	4.09	25.00	2.67	1.88
2000	45.93	30.86	4.57	26.29	2.49	2.02
2001	47.56	32.90	5.13	27.77	2.35	2.46
2002	49.62	35.06	6.03	29.03	2.39	2.85
2003	48.85	35.88	6.72	29.16	2.21	3.33
2004	47.85	36.55	7.60	28.95	2.23	4.18
2005	47.55	37.30	8.40	28.90	2.29	4.63
2006	47.82	37.64	9.19	28.45	2.68	5.29
2007	48.30	37.88	9.79	28.09	2.76	5.88
2008	48.53	37.89	10.27	27.62	2.91	6.49
2009	48.91	38.30	10.49	27.81	3.16	7.15
2010	49.04	38.10	10.43	27.67	3.25	7.75
2011	49.58	38.65	10.43	28.22	3.20	8.20
2012	49.69	38.97	10.73	28.24	3.08	8.60
2013	49.45	38.80	10.81	27.99	2.76	9.09
2014	46.99	41.83	12.67	29.16	2.66	9.51
2015	47.21	42.87	13.01	29.86	2.66	9.80
2016	47.42	43.63	13.55	30.08	2.58	10.27
2017	48.86	46.21	14.45	31.76	2.50	10.84
2018	50.02	49.24	15.33	33.90	2.43	11.54
2019	51.03	52.04	16.30	35.74	2.37	12.40
2020	52.39	55.13	17.31	37.82	2.31	13.34

22-3 各级各类学校在校学生数

Student Enrollment by Level and Type of school

单位：万人 (10 000 persons)

年份 year	小学 Primary Schools	普通中学 Regular Secondary Schools	高中 Senior Secondary Schools	初中 Junior Secondary Schools	职业中学 Vocational Secondary Schools	普通高等学校 Regular Institutions of Higher Education
1978	1140.26	521.62	116.38	405.24		2.73
1979	1147.88	504.04	106.42	397.62		3.38
1980	1133.75	487.27	83.75	403.52	0.02	4.59
1981	1110.65	412.31	60.66	351.65	0.27	4.93
1982	1098.47	361.41	49.25	312.16	0.51	4.63
1983	1054.04	341.32	47.82	293.50	1.11	4.80
1984	1055.08	354.20	50.87	303.33	2.28	5.33
1985	1034.97	357.46	52.27	305.19	10.89	6.85
1986	1015.67	366.96	54.66	312.30	11.92	7.50
1987	997.75	373.51	54.41	319.10	11.63	7.57
1988	980.05	362.64	52.51	310.13	11.94	7.99
1989	969.82	349.05	49.54	299.51	14.50	8.01
1990	961.15	352.56	49.26	303.30	15.61	8.04
1991	944.02	357.66	48.80	308.86	17.77	8.18
1992	936.71	359.78	46.21	313.57	20.40	8.95
1993	951.50	362.96	43.52	319.44	25.86	10.44
1994	991.06	384.80	42.51	342.29	35.74	11.71
1995	1039.56	417.86	42.91	374.95	45.86	12.24
1996	1105.58	454.48	44.02	410.46	51.18	12.79
1997	1169.96	480.21	46.68	433.53	56.84	13.60
1998	1200.06	512.51	51.13	461.38	60.10	14.64
1999	1186.97	568.86	61.06	507.80	53.75	18.55
2000	1130.63	638.14	75.15	562.99	48.27	26.24
2001	1070.73	683.38	94.73	588.65	38.71	36.91
2002	1104.59	733.35	125.55	607.80	41.52	46.80
2003	1058.61	750.51	146.42	604.09	42.32	55.72
2004	1014.06	759.42	168.75	590.67	45.93	70.28
2005	986.84	758.22	188.39	569.83	49.31	85.19
2006	997.09	742.22	201.58	540.64	59.90	97.41
2007	1018.71	719.83	212.63	507.20	66.22	109.52
2008	1036.60	691.46	207.26	484.20	72.76	125.02
2009	1052.03	675.45	201.20	474.25	80.88	136.88
2010	1070.53	661.56	192.16	469.40	79.47	145.67
2011	1092.90	657.48	189.50	467.98	75.78	150.01
2012	1079.20	646.42	192.63	453.78	73.15	155.90
2013	939.98	574.28	189.23	385.05	54.92	161.83
2014	928.60	588.91	189.55	399.36	46.74	167.97
2015	937.05	599.12	194.31	404.81	39.80	176.69
2016	965.59	615.43	199.60	415.83	38.96	187.48
2017	982.06	634.65	205.49	429.16	42.50	200.47
2018	994.60	661.94	210.06	451.88	43.47	214.08
2019	1012.48	684.36	215.88	468.48	43.55	231.97
2020	1021.59	697.00	224.86	472.14	46.00	249.22

22-4 各级各类学校招生数

New Student Enrollment by Level and Type of school

单位：万人 (10 000 persons)

年份 year	小学 Primary Schools	普通中学 Regular Secondary Schools	高中 Senior Secondary Schools	初中 Junior Secondary Schools	职业中学 Vocational Secondary Schools	普通高等学校 Regular Institutions of Higher Education
1978	254.37	234.71	53.79	180.92		1.39
1979	249.91	215.50	48.55	166.95		1.07
1980	239.12	169.65	28.69	140.96	0.02	1.25
1981	226.50	146.95	24.44	122.51	0.24	1.25
1982	219.17	124.70	18.17	106.53	0.27	1.36
1983	198.48	119.04	17.04	102.00	0.88	1.65
1984	197.99	119.69	17.40	102.29	1.36	1.89
1985	174.24	118.93	17.22	101.71	5.42	2.67
1986	190.38	123.72	17.77	105.95	5.00	2.42
1987	184.06	124.03	17.84	106.19	4.56	2.64
1988	181.53	121.80	17.09	104.71	4.95	2.72
1989	179.88	118.08	16.27	101.81	6.34	2.61
1990	172.46	122.53	16.92	105.61	6.37	2.66
1991	164.72	125.47	16.49	108.98	8.28	2.76
1992	169.53	125.38	15.28	110.10	9.53	3.38
1993	190.31	130.28	14.86	115.42	12.71	4.05
1994	220.01	144.20	13.98	130.23	16.96	4.17
1995	232.52	158.34	14.58	143.76	20.75	4.32
1996	239.94	164.89	15.12	149.77	20.48	4.49
1997	239.79	171.79	16.41	155.38	23.61	4.66
1998	217.82	189.67	18.72	170.95	23.56	5.02
1999	193.65	220.12	24.42	195.70	16.95	7.88
2000	171.11	246.46	31.48	214.98	16.83	11.69
2001	163.32	246.96	37.63	209.33	14.63	14.01
2002	185.77	253.93	50.93	203.00	17.05	16.61
2003	164.35	253.19	53.77	199.42	16.85	19.02
2004	162.49	257.45	61.33	196.12	17.40	25.74
2005	169.44	259.58	69.99	189.59	20.30	27.76
2006	176.86	233.85	67.75	166.10	28.51	33.77
2007	183.22	231.49	70.57	160.92	28.83	35.52
2008	186.92	233.55	68.42	165.13	28.90	44.51
2009	184.51	225.18	64.50	160.68	33.03	45.74
2010	187.76	221.66	62.85	158.81	30.40	47.83
2011	193.44	226.25	64.63	161.62	27.18	47.14
2012	190.97	224.73	66.57	158.16	24.06	49.82
2013	181.06	203.82	66.11	137.71	18.34	50.84
2014	159.44	202.99	64.49	138.50	15.23	51.43
2015	169.30	206.21	67.98	138.23	13.49	55.92
2016	173.16	213.66	69.53	144.13	14.17	60.60
2017	172.38	220.42	70.97	149.45	17.28	63.57
2018	173.56	232.52	72.65	159.86	15.47	70.87
2019	173.76	232.85	74.98	157.87	17.16	78.89
2020	165.99	232.49	78.44	154.05	16.56	82.86

22-5 各级各类学校毕业生数

Graduates by Level and Type of school

单位：万人 (10 000 persons)

年份 year	小学 Primary Schools	普通中学 Regular Secondary Schools	高中 Senior Secondary Schools	初中 Junior Secondary Schools	职业中学 Vocational Secondary Schools	普通高等学校 Regular Institutions of Higher Education
1978	185.03	213.34	44.37	168.97		0.96
1979	179.69	204.86	50.44	154.42		0.41
1980	173.62	109.74	45.66	64.08	0.01	
1981	173.52	131.24	43.45	87.79	0.01	0.90
1982	165.80	104.44	27.36	77.08	0.02	1.65
1983	168.90	87.90	15.85	72.05	0.28	1.47
1984	166.90	86.78	14.74	72.04	0.28	1.35
1985	158.48	88.92	15.44	73.48	2.08	1.17
1986	172.97	91.60	16.70	74.90	2.52	1.75
1987	172.82	97.24	17.78	79.46	3.11	2.53
1988	167.45	99.44	18.03	81.40	3.62	2.29
1989	162.51	100.39	17.27	83.12	3.64	2.56
1990	162.60	99.36	16.70	82.66	4.17	2.61
1991	161.86	98.77	15.96	82.81	5.26	2.72
1992	162.39	99.90	15.01	84.89	4.86	2.59
1993	163.26	102.34	14.45	87.89	5.35	2.66
1994	166.48	103.90	13.98	89.92	6.16	2.93
1995	168.96	109.35	13.51	95.84	9.22	3.76
1996	165.13	115.90	13.82	102.08	12.41	3.91
1997	168.57	133.16	13.78	119.38	15.18	3.89
1998	180.67	145.88	14.93	130.95	17.23	3.96
1999	205.01	153.97	15.50	138.47	17.95	3.99
2000	225.57	162.16	17.47	144.69	18.65	4.17
2001	220.41	176.44	19.84	156.60	15.32	4.61
2002	202.55	203.04	25.78	177.26	12.57	7.12
2003	204.18	225.16	36.38	188.78	11.68	10.90
2004	203.54	240.69	42.48	198.21	11.97	13.43
2005	191.90	252.02	53.66	198.36	13.97	16.52
2006	166.71	245.24	57.36	187.88	15.40	20.21
2007	160.19	254.20	65.10	189.10	17.21	26.72
2008	168.90	258.05	74.98	183.07	17.93	30.25
2009	165.75	233.36	70.17	163.18	22.31	33.41
2010	165.35	225.35	70.43	154.92	24.93	38.25
2011	167.61	222.00	66.55	155.45	25.05	43.30
2012	170.44	213.82	64.01	149.81	24.84	43.53
2013	164.48	203.46	63.13	140.34	24.41	45.02
2014	140.81	174.94	60.28	114.66	18.93	44.53
2015	140.55	184.67	61.05	123.62	17.28	46.58
2016	144.16	192.81	63.31	129.50	13.42	48.69
2017	150.31	195.43	63.14	132.29	12.56	50.41
2018	160.70	199.71	66.08	133.63	12.04	55.99
2019	158.13	209.17	67.99	141.19	13.52	59.34
2020	154.17	217.49	69.03	148.46	12.27	63.82

22-6 各级各类学校、教职工和专任教师情况(2020年)

Basic Statistics on Schools, Teachers and Staff and Full-time Teachers (2020)

项　目	Item	学校数(所) Number of Schools (unit)	教职工数(人) Educational Personnel (person)	#女性 Female	专任教师(人) Full-time Teachers (person)	#女性 Female
高等教育	**Higher Education**	**219**	**174451**	**89495**	**134800**	**71122**
研究生培养机构	Institutions Providing Postgraduate Programs	8	266	34	266	34
普通高校	Regular Higher Education Institutions	(19)	(19624)	(6557)	(19624)	(6557)
科研机构	Research Institutions	8	266	34	266	34
普通高等学校	Regular Higher Education Institutions	151	172105	88341	133367	70414
本科院校	HEIs Offering Degree Programs	57	106183	52774	80574	41478
#独立学院	Independent Institutions	4	4023	2335	3212	1940
高职(专科)院校	Higher Vocational Colleges	94	65922	35567	52793	28936
其他机构(教学点)	Other Institutions	(1)				
成人高等学校	Adult HEIs	10	841	464	531	315
民办的其他高等教育机构	Other Non-government HEIs	50	1239	656	636	359
中等教育	**Secondary Education**	**6326**	**683022**	**424398**	**597996**	**385987**
高中阶段教育	Senior Secondary Education	1564	265987	145587	219197	130463
高中	Senior Secondary Schools	925	196853	116341	173106	105095
普通高中	Regular Senior Secondary Schools	925	196853	116341	173106	105095
完全中学	Combined Secondary Schools	132	31231	19016	27403	17144
高级中学	Regular High Schools	659	136744	76783	123489	71697
十二年一贯制学校	12-Year Schools	134	28878	20542	22214	16254
成人高中	Adult High Schools					
中等职业教育	Secondary Vocational Education	639	69134	29246	46091	25368
普通中专	Regular Specialized Secondary Schools	131	17804	9234	13896	7651
成人中专	Adult Specialized Secondary Schools	157	10816	5426	8059	4358
职业高中	Vocational High Schools	256	26347	13845	23132	12721
其他机构(不计校数)	Other Institutions	(20)	1242	741	1004	638
技工学校	Skilled Workers Schools	95	12925			
初中阶段教育	Junior Secondary Education	4762	417035	278811	378799	255524
初中	Junior Secondary Schools	4695	416251	278269	378211	255090
初级中学	Regular Junior Secondary Schools	3501	282992	180681	269266	175994
九年一贯制学校	9-Year Schools	1194	133259	97588	108945	79096
成人初中	Adult Junior Secondary Schools	67	784	542	588	434
初等教育	**Primary Education**	**18009**	**554427**	**408295**	**524283**	**392866**
普通小学	Regular Primary Schools	17687	553975	408015	523856	392594
小学	Primary Schools	17687	480882	366268	452435	351225
小学教学点	Primary Schools Teaching Point	(13307)	73093	41747	71421	41369
成人小学	Adult Primary Schools	322	452	280	427	272
#扫盲班	Literacy Courses	20	78	43	73	39
工读学校	**Correctional Work-Study Schools**	**3**	**63**	**26**	**57**	**24**
特殊教育	**Special Education Schools**	**149**	**4679**	**3385**	**4287**	**3216**
学前教育	**Pre-school Education Institutions**	**24274**	**407690**	**378599**	**234130**	**231797**
#城区公办幼儿园	City Public Kindergarten	830	34551	32238	20984	20614
镇区公办幼儿园	Town Public Kindergarten	1933	31455	29442	21404	20831
乡村公办幼儿园	Country Public Kindergarten	3283	22851	20439	14418	13947

注：括号内数据不计入总计(以下相关表格同)。
a) Data of total is not include data in the brackets (same as the following tables) .

22-7 各级各类学校专任教师分学历的人数与构成(2020年)

Number and Composition of Full-time Teachers in Schools by Educational Level (2020)

单位：人 (person)

学 历	Educational Level	专任教师 Full-time Teacher	构成(%) Composition (%)
普通高等学校教师	**Regular Higher Educational Institutions**	**133367**	**100.00**
博士研究生	Doctor	21383	16.03
硕士研究生	Master	54923	41.18
本科毕业	Undergraduate	55500	41.61
专科及以下	Specialized Courses and Below	1561	1.17
普通中等专业学校教师	**Specialized Secondary Schools**	**13896**	**100.00**
博士研究生	Doctor	13	0.09
硕士研究生	Master	1518	10.92
本科毕业	Undergraduate	11526	82.94
专科及以下	Specialized Courses and Below	839	6.04
高中教师	**Teachers of Senior Secondary School**	**148095**	**100.00**
大学本科毕业及以上	Undergraduates and over	145539	98.27
大学专科毕业	Specilized Courses	2543	1.72
高中阶段毕业及以下	Senior Secondary and below	13	0.01
初中教师	**Teachers of Junior Secondary School**	**340500**	**100.00**
大学本科毕业及以上	Undergraduates and over	282014	82.82
大学专科毕业	Specilized Courses	57382	16.85
高中阶段毕业	Senior Secondary	1103	0.32
高中阶段毕业以下	Below Senior	1	0.00
小学教师	**Teachers of Primary School**	**586578**	**100.00**
大学专科毕业及以上	Specialized secondary of Higher Education and over	571741	97.47
高中阶段毕业	Senior Secondary	14837	2.53
高中阶段毕业以下	Below Senior		
幼儿园教师	**Teachers of Kindergartens**	**234130**	**100.00**
大学专科毕业及以上	Specialized Secondary of Higher Education and Over	180260	76.99
高中阶段毕业	Senior Secondary	48655	20.78
高中阶段毕业以下	Below Senior	5215	2.23

22-8 各级各类学历教育学生情况(2020年)

Basic Statistics on Students by Level and Type of Education (2020)

单位：人 (person)

项　目	Item	招生数 Entrants	在校生数 Enrolment	#女生 Female Students	毕业生数 Graduates
高等教育	**Higher Education**	**1182848**	**3212797**	**1742147**	**875641**
研究生	Postgraduates	28228	67503	39482	16189
博　士	Doctor's Degree	1082	4017	2004	495
硕　士	Master's Degree	27146	63486	37478	15694
普通本专科	Undergraduate in Regular HEIs	828596	2492185	1303237	638155
本　科	Normal Courses	360176	1250704	693971	302728
专　科	Short-cycle Courses	468420	1241481	609266	335427
成人本专科	Undergraduate in Adult HEIs	295714	545677	347173	171093
本　科	Normal Courses	141548	284743	178680	85921
专　科	Short-cycle Courses	154166	260934	168493	85172
网络本专科生	Web-based Undergraduates	30310	107432	52255	50204
本　科	Normal Courses	30310	78829	40829	17427
专　科	Short-cycle Courses		28603	11426	32777
中等教育	**Secondary Education**	**2850489**	**8468968**	**3881718**	**2637029**
高中阶段教育	Senior Secondary Education	1309955	3713416	1722416	1110689
高中	Senior Secondary Schools	784377	2248585	1127538	690268
普通高中	Regular Senior Secondary Schools	784377	2248585	1127538	690268
完全中学	Combined Secondary Schools	90350	261856	128518	83538
高级中学	Regular High Schools	636962	1846225	934608	571587
十二年一贯制学校	12-Year Schools	50276	121450	55427	27986
附设普通高中班	Attached Ordinary High School Class	6789	19054	8985	7157
成人高中	Adult High Schools				
中等职业教育	Secondary Vocational Education	525578	1464831	594878	420421
普通中专	Regular Specialized Secondary Schools	303488	840271	379087	235500
成人中专	Adult Specialized Secondary Schools	33325	93077	33572	20794
职业高中	Vocational High Schools	72800	216337	89382	68559
技工学校	Skilled Workers Schools	115965	315146	92837	95568
初中阶段教育	Junior Secondary Education	1540534	4755552	2159302	1526340
初中	Junior Secondary Schools	1540534	4721421	2143103	1484618
初级中学	Regular Junior Secondary Schools	1151064	3579499	1661951	1150611
九年一贯制学校	9-Year Schools	285816	828525	345587	230442
十二年一贯制学校	12-Year Schools	43851	132355	55474	37972
完全中学	Combined Secondary Schools	56629	170779	75788	62801
附设普通初中班	Supporting Regular Junior Secondary Schools	3174	10263	4303	2792
成人初中	Adult Junior Secondary Schools		34131	16199	41722
初等教育	**Primary Education**	**1659936**	**10236884**	**4760096**	**1554368**
普通小学	Regular Primary Schools	1659936	10215856	4749740	1541747
小学	Primary Schools	1336119	8261352	3870367	1243260
小学教学点	Primary Schools Teaching Point	146971	675738	329782	53623
附设小学班	Attached Primary Schools Classes	3206	63303	30101	37602
九年一贯制学校	9-Year Schools	157036	1093902	470538	186411
十二年一贯制学校	12-Year Schools	16604	121561	48952	20851
成人小学	Adult Primary Schools		21028	10356	12621
#扫盲班	Literacy Courses		2856	1628	
工读学校	**Correctional Work-Study Schools**	**65**	**218**		**63**
特殊教育	**Special Education Schools**	**10078**	**62990**	**23325**	**4297**
学前教育	**Pre-school Education Institutions**	**1265795**	**4255848**	**2029820**	**1622537**

22-9 各级教育入学率及升学率情况

Enrolment Ratio and Promotion Rate by Levels

单位：% (%)

指标名称	Item	2018	2019	2020
学前教育毛入园率	Pre-school Eduacation Gross Enrollment Rate	88.1	89.5	90.3
小学学龄儿童净入学率	Net Enrollment Rate of Primary Schools	100.0	100.0	100.0
#男生	Male	100.0	100.0	100.0
女生	Female	100.0	100.0	100.0
小学升学率	Promotion Rate from Primary Schools to Junior Secondary Schools	99.5	99.8	99.9
初中阶段毛入学率	Gross Enrollment Rate of Junior Middle School Stage	109.4	108.1	107.2
#男生	Male	109.8	107.4	107.6
女生	Female	109.0	108.6	106.7
初中升学率	Promotion Rate from Junior Secondary Schools	80.6	87.5	85.8
九年义务教育巩固率	Percentage of Student Enrollment Consolidated of Nine-year Compulsory Education	94.6	95.5	96.0
#男生	Male	94.6	95.2	95.3
女生	Female	94.7	95.8	96.8
高中阶段毛入学率	The Gross Enrollment Rate of Senior Secondary School	91.2	91.6	92.0
高等教育毛入学率	The Gross Enrollment Rate of Higher Education	45.6	49.3	51.9

注：初中升学率中含技工学校所招初中应届毕业生。
a) The promotion rate of junior secondary school includes the graduates recruited by technical schools.

22-10 成人学校基本情况(2020年)

Basic Statistics on Adult Schools (2020)

单位：人 (person)

各类学校	Various Schools	学校数(所) Number of Schools (unit)	教职工数 Teachers and Staff	#专任教师 Full-time Teachers	在校学生数 Student Enrollment	招生数 New Student Enrollment	毕业生数 Graduates
成人高等学校	**Adult Institutions of Higher Eduation**	**10**	**841**	**531**	**545677**	**295714**	**171093**
广播电视大学	Radio and TV Universities	1	255	176	76	60	
职工、农民学院	Schools of Higher Eduation for Staff, Workers and Peasants	8	494	309	3847	1546	1917
教育学院	Pedagogical Colleges	1					10
其他机构	Others	(4)	92	46			
高校函授部、夜大学	Correspondence Departments or Evening Universities Run by Institutions of Higher Education	(80)			541754	294108	169166
成人中等专业学校	**Specialized Secondary Schools for Adults**	**157**	**10816**	**8059**	**137725**	**51456**	**32568**
成人中学	**Secondary Schools for Adults**	**67**	**784**	**588**	**34131**		**41722**
职工中学	Secondary Schools for Staff and Workers						
农民中学	Secondary Schools for Peasants	67	784	588	34131		41722
技术培训学校	**Techinical Training Schools**	**5199**	**13242**	**8611**	**721053**		**739138**
职工技术培训学校	Techinical Training Schools for Staff and Workers	69	2036	1757	53465		60394
农民技术培训学校	Techinical Training Schools for Peasants	4339	5942	3478	571372		591857
其他培训机构	Other Training Organizations	791	5264	3376	96216		86887
成人初等学校	**Primary Schools for Adults**	**322**	**452**	**427**	**21028**		**12621**
职工初等学校	Primary Schools for Staff and Workers						
农民初等学校	Primary Schools for peasants	322	452	427	21028		12621
#扫盲班	Literacy Courses	20	78	73	2856		

注：其他机构、高校函授部、夜大学不计入成人高等学校总校数。

a) Number of Adult Institutions of Higher Eduation excludes those of Other Institutions , Correspondence Departments or Evening Universities Run by Institutions of Higher Education.

22-11 分学科研究生情况(2020年)

Number of Postgraduate Students by Academic Field (2020)

单位：人 (person)

项 目	Item	招生数 Entrants	硕士 Master's Degree	博士 Doctor's Degree	在校学生数 Enrolment	硕士 Master's Degree	博士 Doctor's Degree	毕业生数 Graduates	硕士 Master's Degree	博士 Doctor's Degree
分学科研究生数(总计)	**Total**	**28228**	**27146**	**1082**	**67503**	**63486**	**4017**	**16189**	**15694**	**495**
#女生	Female	16479	15946	533	39482	37478	2004	9246	9020	226
学术型学位	Academic Degree	10440	9488	952	27406	23653	3753	6781	6286	495
专业学位	Professional Degree	17788	17658	130	40097	39833	264	9408	9408	
哲 学	Philosophy	105	105		275	275		82	82	
经济学	Economics	718	708	10	1516	1454	62	396	388	8
法 学	Law	1498	1446	52	3452	3273	179	908	887	21
教育学	Education	2941	2910	31	6677	6579	98	2055	2046	9
文 学	Literature	1151	1106	45	2626	2453	173	748	733	15
历史学	History	364	340	24	1010	878	132	228	210	18
理 学	Science	2299	2057	242	5756	4894	862	1347	1233	114
工 学	Engineering	8382	8019	363	19394	18092	1302	4067	3923	144
农 学	Agriculture	2104	2019	85	4866	4537	329	698	667	31
医 学	Medicine	4409	4213	196	11292	10610	682	2792	2676	116
军事学	Military Science									
管理学	Administrators	3476	3444	32	8725	8531	194	2451	2432	19
艺术学	Art	781	779	2	1914	1910	4	417	417	
分学科研究生数(普通高校)	**Regular HEIs**	**28150**	**27071**	**1079**	**67301**	**63297**	**4004**	**16122**	**15628**	**494**
#女生	Female	16459	15926	533	39431	37428	2003	9233	9007	226
学术型学位	Academic Degree	10362	9413	949	27204	23464	3740	6714	6220	494
专业学位	Professional Degree	17788	17658	130	40097	39833	264	9408	9408	
哲 学	Philosophy	105	105		275	275		82	82	
经济学	Economics	718	708	10	1516	1454	62	396	388	8
法 学	Law	1498	1446	52	3452	3273	179	908	887	21
教育学	Education	2941	2910	31	6677	6579	98	2055	2046	9
文 学	Literature	1151	1106	45	2626	2453	173	748	733	15
历史学	History	364	340	24	1010	878	132	228	210	18
理 学	Science	2298	2056	242	5753	4891	862	1346	1232	114
工 学	Engineering	8308	7948	360	19199	17910	1289	4001	3858	143
农 学	Agriculture	2104	2019	85	4866	4537	329	698	667	31
医 学	Medicine	4409	4213	196	11292	10610	682	2792	2676	116
军事学	Military Science									
管理学	Administrators	3473	3441	32	8721	8527	194	2451	2432	19
艺术学	Art	781	779	2	1914	1910	4	417	417	

22-12　分学科本科学生情况(2020年)

Number of Undergraduate Students by Academic Field (2020)

单位：人　　　　(person)

项　目　Item	普通本科 Ordinary Undergraduates			成人本科 Adult Undergraduates			网络本科 Web-based Undergraduates		
	招生数 Entrants	在校学生数 Enrolment	毕业生数 Graduates	招生数 Entrants	在校学生数 Enrolment	毕业生数 Graduates	招生数 Entrants	在校学生数 Enrolment	毕业生数 Graduates
总　计　Total	**360176**	**1250704**	**302728**	**141548**	**284743**	**85921**	**30310**	**78829**	**17427**
#女生　Female	199141	693971	174698	87848	178680	56573	15141	40829	10586
#师范　Teacher Training	44789	153407	36973	30933	54938	18519			
哲　学　Philosophy	176	527	49						
经济学　Economics	15761	62669	15668	2258	4003	1331	746	2622	731
法　学　Law	11285	42636	10643	5931	10834	3131	1714	4231	795
教育学　Education	22987	66930	14072	18720	32271	9588	2391	4904	649
文　学　Literature	29032	106810	25182	9909	18879	7198	1431	3410	774
#外语　Foreign Language	15341	57506	12944	2162	3966	1878	356	898	180
历史学　History	1650	6050	1328	165	267	85			
理　学　Science	19442	74176	17414	3189	6202	3183		69	108
工　学　Engineering	123085	425440	95915	26633	50931	17947	10688	25930	4262
农　学　Agriculture	8261	26930	6955	1344	2375	990			
医　学　Medicine	22271	85056	23752	39079	96991	24791	4678	16140	6131
管理学　Administrators	66288	221448	61846	33374	60265	17079	8662	21523	3977
艺术学　Art	36749	127090	29904	946	1725	598			
职业本科　Professional Undergraduate	3189	4942							

22-13 分学科专科学生情况(2020年)

Number of Students in Junior College by Field (2020)

单位：人 (person)

项　目	Item	普通专科 Normal College			成人专科 Adult College			网络专科 Web-based College		
		招生数 Entrants	在校学生数 Enrolment	毕业生数 Graduates	招生数 Entrants	在校学生数 Enrolment	毕业生数 Graduates	招生数 Entrants	在校学生数 Enrolment	毕业生数 Graduates
总　计	**Total**	**468420**	**1241481**	**335427**	**154166**	**260934**	**85172**		**28603**	**32777**
#女生	Female	226069	609266	169421	100551	168493	56844		11426	16189
#师范生	Teacher Training Students	48632	110616	33810	33017	56502	22873			
农林牧渔大类	Agriculture, Forestry, Husbandry and Fishing	4908	13516	3437	1376	2680	803			
资源环境与安全大类	Resources and Environment	5542	14335	2776	915	1820	458			
能源动力与材料大类	Energy and Material	2550	8263	2548	343	901	575		548	652
土木建筑大类	Civil Engineering	32337	85938	22268	13624	22114	6496		3674	3929
水利大类	Water Resources	1058	3306	974	731	1093	119			
装备制造大类	Manufacturing	47793	127364	36504	8386	14720	5729		3283	2073
生物与化工大类	Biology and Chemstry	1528	4343	1273	366	519	178			
轻工纺织大类	Light Industry and Textile	1292	3563	625			1			
食品药品与粮食大类	Medicine, Food and Grain	4694	13575	4491	422	760	176			
交通运输大类	Transportation and Communication	19385	56787	15592	807	1939	1565			
电子信息大类	Electronic Information	87200	207594	48292	11008	18046	5424		3400	3008
医药卫生大类	Medicine and Health	70781	201013	52705	12898	25943	7232		2956	4312
财经商贸大类	Finance and Business	74082	208260	62103	52214	83791	24941		10056	12645
旅游大类	Tourism	11220	35144	10722	893	1466	442		576	384
文化艺术大类	Culture and Arts	27959	75736	16992	193	365	129		88	15
新闻传播大类	Journalistic Communication	3345	9681	2530		6	4			
教育与体育大类	Education and Sport	62754	145836	44222	39854	66599	25321		1245	1565
公安与司法大类	Public Security and Law	3805	12137	5164	1293	2502	836		910	919
公共管理与服务大类	Public Adminlstration and Service	6187	15090	2209	8843	15670	4743		1867	3275

注：2020年网络专科停止招生。
a) The web-based junior colleges stop the enrollmen in 2020.

22-14 中等职业学校分学科学生情况(2020年)

Number of Students in Secondary Vocational Schools by Field (2020)

单位：人 (person)

项 目	Item	招生数 Entrants	在校学生数 Enrolment	毕业生数 Graduates	#获得职业资格证书 Recipients of Vocational Qualifications
总 计	**Total**	**409613**	**1149685**	**324853**	**202421**
#女生	Female	175218	502041	152269	90731
农林牧渔类	Agriculture, Forestry, Husbandry & Fisheries	23535	77297	18432	11481
资源环境类	Resources and Environment	955	3162	1579	1371
能源与新能源类	Energy and New Energy	1950	3109	459	312
土木水利类	Civil Engineering and Water Resources	18028	48495	12443	8705
加工制造类	Manufacturing	31665	89287	25135	15849
石油化工类	Petroleum and Chemical	334	1084	348	300
轻纺食品类	Light Industry, Textile, and Food	997	3848	1928	1047
交通运输类	Transport and Communication	42552	124686	39390	27899
信息技术类	Information Technologies	80835	222891	54943	34881
医药卫生类	Medicine and Health	26879	73757	28253	10767
休闲保健类	Leisure and Health	6453	15738	3450	2216
财经商贸类	Finance and Business	51769	142423	38116	23799
旅游服务类	Tourism Services	17702	49075	13322	9196
文化艺术类	Culture and Arts	41488	106289	28994	16243
体育与健身	Sports and Fitness	17925	38563	7426	5637
教育类	Education	44277	132857	45715	29711
司法服务类	Justice Services	1	162	308	
公共管理与服务类	Public Administration and Services	1656	15064	3827	2494
其他	Others	612	1898	785	513

注：本表数据不含技工学校有关数据。
a) Data in this table unclude data of technical school.

22-15 网络教育学生情况(2020年)

Statistics on Web-based Education Students (2020)

单位：人 (person)

类别	Types	毕业生人数本科 Graduates (normal courses)	招生人数本科 New Students Enrollment (normal courses)	在校学生人数本科 Students Enrollment (normal courses)
总计	**Total**	**17427**	**30310**	**78829**
#女	Female	10586	15141	40829
经济学	Economics	731	746	2622
法学	Law	795	1714	4231
教育学	Education	649	2391	4904
文学	Literature	774	1431	3410
理学	Science	108		69
工学	Engineering	4262	10688	25930
医学	Medicine	6131	4678	16140
管理学	Administration	3977	8662	21523

22-16 网络教育学生情况(2020年)

Statistics on Web-based Education Students (2020)

单位：人 (person)

类别	Types	毕业生人数专科 Graduates (short-cycle courses)	在校学生人数专科 Enrolment (short-cycle courses)
总计	**Total**	**32777**	**28603**
#女	Female	16189	11426
能源动力与材料大类	Energy Power and Materials	652	548
土木建筑大类	Civil Engineering	3929	3674
装备制造大类	Manufacturing	2073	3283
电子信息大类	Electronic Information	3008	3400
医药卫生大类	Medicine and Health	4312	2956
财经商贸大类	Finance and Business	12645	10056
旅游大类	Tourism	384	576
文化艺术大类	Culture and Arts	15	88
教育与体育大类	Education and Sport	1565	1245
公安与司法大类	Public Security	919	910
公共管理与服务大类	Public Adminlstration and Service	3275	1867

22-17 进城务工子女和农村留守儿童在校情况(2020年)

Statistics on Children of Migrant Workers and Rural Left-behind Children in Schools (2020)

单位：人 (person)

项 目	Item	普通小学 Regular Primary School					初 中 Junior Middle School			
		毕业生数 Graduates	招生数 Entrants	#受过学前教育 Trained in preschool education	在校生数 Enrolment	#女生 Female	毕业生数 Graduates	招生数 Entrants	在校生数 Enrolment	#女生 Female
进城务工人员随迁子女	Children Living with the Rural Migrant Workers in Cities	60248	78412	78392	478251	216559	51001	63763	196996	87870
#外省迁入	Move from Other Provinces	5202	6404	6403	40308	18304	4964	4679	14551	6316
本省外县迁入	Move from Other Counties	55046	72008	71989	437943	198255	46037	59084	182445	81554
农村留守儿童	Rural Left-behind Children	134210	177779	177748	1178659	548854	145076	177843	550844	259774

22-18 普通高等学校办学条件

Running Conditions of Regular Institutions of Higher Education

指 标	Item	2018	2019	2020
学校产权占地面积(万平方米)	Occupying Space of School Property Rights (10 000 sq.m)	11575.85	11925.44	12003.39
学校产权校舍建筑面积(万平方米)	Schoolhouse Building Space of School Property Rights (10 000 sq.m)	6162.42	6294.80	6291.67
学校产权一般图书(万册)	Common Books of School Property Rights (10 000 volumes)	17561.66	18373.46	19529.53
学校产权固定资产总值(亿元)	Fixed Assets of School Property Rights (100 million yuan)	1102.99	1099.23	1212.87
#教学、科研仪器设备值	Value of Equipment for Teaching and Scientific Research	248.07	275.92	306.29

22-19 各市普通高等学校情况(2020年)

Basic Statistics on Regular Institutions of Higher Education by City (2020)

单位：人 (person)

市 City	学校数(所) Schools (unit)	教职工数 Educational Personnel	招生数 Entrants	专科 Junior College Student	本科 Undergraduate	在校学生数 Enrolment	专科 Junior College Student	本科 Undergraduate
全　省 Total	**151**	**172105**	**828596**	**468420**	**360176**	**2492185**	**1241481**	**1250704**
郑州市 Zhengzhou	65	75672	387609	212418	175191	1160303	565349	594954
开封市 Kaifeng	7	8272	29458	15954	13504	104272	49217	55055
洛阳市 Luoyang	7	10216	44379	19906	24473	140619	51785	88834
平顶山市 Pingdingshan	7	5545	26226	15745	10481	78358	40033	38325
安阳市 Anyang	7	7213	37357	19404	17953	108343	50379	57964
鹤壁市 Hebi	3	1502	9142	9142		22918	22918	
新乡市 Xinxiang	11	13428	53838	17826	36012	181583	51611	129972
焦作市 Jiaozuo	6	7108	32244	18925	13319	106026	55105	50921
濮阳市 Puyang	3	1734	10680	10680		25162	25162	
许昌市 Xuchang	4	3762	21414	15179	6235	61211	39236	21975
漯河市 Luohe	3	6010	16340	16340		44290	44290	
三门峡市 Sanmenxia	2	1468	11671	11671		25826	25826	
南阳市 Nanyang	7	8219	40894	27188	13706	111267	63969	47298
商丘市 Shangqiu	6	8783	43523	24446	19077	123638	62057	61581
信阳市 Xinyang	6	6190	25061	9294	15767	87981	30489	57492
周口市 Zhoukou	3	3600	19206	9389	9817	56568	28328	28240
驻马店市 Zhumadian	3	2321	12680	8039	4641	36273	18180	18093
济源市 Jiyuan	1	1062	6874	6874		17547	17547	

22-19 续表 continued

单位：人 (person)

市 City	预计毕业生数 Estimated for Next Year	专科 Junior College Student	本科 Undergraduate	毕业生数 Graduates	专科 Junior College Student	本科 Undergraduate	授予学位数 Degrecs Conferred
全 省 Total	**692569**	**381167**	**311402**	**638155**	**335427**	**302728**	**300535**
郑 州 市 Zhengzhou	319881	171786	148095	295703	155069	140634	139849
开 封 市 Kaifeng	30856	16556	14300	28927	15414	13513	13483
洛 阳 市 Luoyang	38853	16164	22689	36734	14453	22281	22266
平 顶 山 市 Pingdingshan	22345	12874	9471	21357	11672	9685	9722
安 阳 市 Anyang	29296	14334	14962	28061	11533	16528	16321
鹤 壁 市 Hebi	7299	7299		6426	6426		
新 乡 市 Xinxiang	49092	16149	32943	46309	14224	32085	31626
焦 作 市 Jiaozuo	31171	18713	12458	25900	14680	11220	10994
濮 阳 市 Puyang	6851	6851		6052	6052		
许 昌 市 Xuchang	17413	11944	5469	14866	9504	5362	5348
漯 河 市 Luohe	14086	14086		12414	12414		
三 门 峡 市 Sanmenxia	6575	6575		5956	5956		
南 阳 市 Nanyang	29461	18016	11445	27651	15729	11922	11901
商 丘 市 Shangqiu	34708	19679	15029	32365	17783	14582	14495
信 阳 市 Xinyang	25641	11430	14211	24430	10175	14255	14116
周 口 市 Zhoukou	14890	8759	6131	12518	6642	5876	5776
驻 马 店 市 Zhumadian	9212	5013	4199	8388	3603	4785	4638
济 源 市 Jiyuan	4939	4939		4098	4098		

22-20 各市普通高中情况(2020年)

Statistics on Regular Senior Secondary Schools by City (2020)

单位：人 (person)

市(县)	City(county)	学校数(所) Number of Schools (unit)	教职工数 Teachers and Staff	#专任教师 Full-time Teachers	招生数 Entrants	在校学生数 Enrolment	#女生 Female	毕业生数 Graduates
全省	**Total**	**925**	**196853**	**173106**	**784377**	**2248585**	**1127538**	**690268**
省辖市	**City**							
郑州市	Zhengzhou	131	20985	18020	75624	213766	106150	64712
开封市	Kaifeng	51	8913	7732	42565	126667	62386	36908
洛阳市	Luoyang	81	14948	13352	50751	149319	79334	46006
平顶山市	Pingdingshan	44	8818	7893	40553	109311	56001	30334
安阳市	Anyang	59	10707	8920	45104	122640	62641	34661
鹤壁市	Hebi	18	3507	2740	12762	36778	17962	11267
新乡市	Xinxiang	73	14191	11792	49480	135181	68077	37581
焦作市	Jiaozuo	32	6764	6000	23895	72952	36502	25224
濮阳市	Puyang	41	8593	7218	29752	85895	43781	26876
许昌市	Xuchang	35	8253	7536	31547	87188	43531	24153
漯河市	Luohe	17	3865	3404	16839	47936	24266	15616
三门峡市	Sanmenxia	21	4866	4299	12802	39199	20905	13558
南阳市	Nanyang	105	21299	18992	94347	252217	126498	72762
商丘市	Shangqiu	40	12762	11134	56904	161615	80446	50583
信阳市	Xinyang	66	15606	14385	67981	196589	92378	60296
周口市	Zhoukou	61	18109	16385	69386	223802	112042	77763
驻马店市	Zhumadian	43	13344	12093	58674	171759	86704	56684
济源市	Jiyuan	7	1323	1211	5411	15771	7934	5284
省直管县	**County Directly Administrated by Province**							
巩义市	Gongyi	8	1392	1351	4627	14383	7516	4897
兰考县	Lankao	5	1349	1223	6384	20803	10643	6860
汝州市	Ruzhou	9	1771	1658	8744	23687	11915	6266
滑县	Huaxian	11	2393	1986	9593	26331	13629	7192
长垣市	Changyuan	9	2618	1743	7348	21519	10428	6697
邓州市	Dengzhou	12	2246	1940	13002	33659	17038	8489
永城市	Yongcheng	7	1460	1360	10434	26523	13575	7151
固始县	Gushi	12	2905	2751	14943	41772	18831	11791
鹿邑县	Luyi	6	2164	1936	7833	23745	11751	8090
新蔡县	Xincai	5	1918	1659	7247	20962	11099	7159

22-21 各市中等职业学校情况(2020年)

Statistics on Secondary Vocational Schools by City (2020)

单位：人 (person)

市(县)	City(county)	学校数(所) Number of Schools (unit)	教职工数 Teachers and Staff	#专任教师 Full-time Teachers	#双师型教师 Double-qualified teachers	招生数 Entrants	在校学生数 Enrolment	毕业生数 Graduates	#获得职业资格证书 With Professional Qualification Certificates	预计毕业生数 Estimated Graduates for Next Year
全省	**Total**	**544**	**56209**	**46091**	**11590**	**409613**	**1149685**	**324853**	**202421**	**359769**
省辖市	**City**									
郑州市	Zhengzhou	110	13926	10456	2678	120211	345065	95653	60692	107421
开封市	Kaifeng	27	2160	1694	464	14533	38395	11454	9045	12149
洛阳市	Luoyang	36	3555	3074	618	35912	97770	27844	15563	31742
平顶山市	Pingdingshan	22	2024	1636	385	18396	48749	17745	3364	15296
安阳市	Anyang	16	2401	2095	594	16666	44023	11582	4471	12736
鹤壁市	Hebi	5	859	708	306	7154	21176	5937	2463	6055
新乡市	Xinxiang	27	2939	2601	789	23271	61407	17054	13409	17657
焦作市	Jiaozuo	22	2105	1741	516	9660	28730	10508	3458	9231
濮阳市	Puyang	21	2018	1688	452	13242	41100	14111	8695	12686
许昌市	Xuchang	25	2576	2027	509	14473	37535	9197	8018	10552
漯河市	Luohe	20	1932	1692	558	12208	30820	6864	4600	7495
三门峡市	Sanmenxia	18	1260	1069	351	4527	12570	4282	1686	4120
南阳市	Nanyang	80	5330	4437	910	37203	99747	24966	11195	29411
商丘市	Shangqiu	30	3045	2594	531	19625	55357	13355	10304	18037
信阳市	Xinyang	26	3561	3062	585	21803	68661	24434	22478	21914
周口市	Zhoukou	29	3656	3132	640	17880	53383	15109	12595	18169
驻马店市	Zhumadian	27	2359	2008	568	20738	59943	13306	9325	23601
济源市	Jiyuan	3	503	377	136	2111	5254	1452	1060	1497
省直管县	**County Directly Administrated by Province**									
巩义市	Gongyi	2	288	269	94	1370	3928	1370	1162	1213
兰考县	Lankao	2	75	71	1	300	831	119	119	339
汝州市	Ruzhou	5	409	363	114	8315	22227	9645	230	8065
滑县	Huaxian	3	462	441	72	2896	8423	1611	1611	2876
长垣市	Changyuan	2	511	487	144	5101	12757	4596	4265	3690
邓州市	Dengzhou	2	395	364	62	6018	15185	3095	666	4329
永城市	Yongcheng	4	346	331	80	2726	7556	1543	1527	2256
固始县	Gushi	5	814	695	66	3479	11535	5220	5220	3496
鹿邑县	Luyi	5	289	255	46	816	1898	362	312	685
新蔡县	Xincai	4	200	160	36	1746	14363	753	45	10465

注：本表数据不含技工学校有关数据。
a) Data in this table unclude data of technical school.

22-22 各市普通初中教育情况(2020年)

Statistics on Regular Junior Secondary Schools by City (2020)

市(县) City(county)	学校数 (所) Schools (unit)	专任教师 (人) Full-time Teachers (person)	#女性 Female	#城镇 Urban	乡村 Rural Area	#学历合格高一级教师 The Degree Higher Qualified Teachers
全　　省 Total	**4695**	**378211**	**259035**	**301592**	**76619**	**9201**
省辖市 City						
郑州市 Zhengzhou	393	36370	26578	31403	4967	3971
开封市 Kaifeng	229	17221	12181	13323	3898	299
洛阳市 Luoyang	323	23954	16255	21002	2952	868
平顶山市 Pingdingshan	238	19000	13362	13915	5085	259
安阳市 Anyang	273	19595	13909	14756	4839	285
鹤壁市 Hebi	63	4982	3366	4491	491	107
新乡市 Xinxiang	335	21461	15255	15128	6333	704
焦作市 Jiaozuo	186	12401	8945	10387	2014	151
濮阳市 Puyang	158	15457	11311	12521	2936	347
许昌市 Xuchang	206	17496	12286	14227	3269	292
漯河市 Luohe	107	9203	6464	7422	1781	116
三门峡市 Sanmenxia	117	7585	4894	6196	1389	67
南阳市 Nanyang	472	45803	31707	39805	5998	404
商丘市 Shangqiu	424	29566	19043	21693	7873	280
信阳市 Xinyang	333	28410	16683	20217	8193	352
周口市 Zhoukou	486	38683	26832	30095	8588	326
驻马店市 Zhumadian	320	28661	18367	22807	5854	301
济源市 Jiyuan	32	2363	1597	2204	159	72
省直管县 County Directly Administrated by Province						
巩义市 Gongyi	27	2885	2152	2657	228	32
兰考县 Lankao	56	3038	2183	2280	758	29
汝州市 Ruzhou	59	3921	2830	2190	1731	52
滑县 Huaxian	53	3768	2782	2565	1203	22
长垣市 Changyuan	39	3218	2583	2659	559	80
邓州市 Dengzhou	67	6372	4380	5532	840	35
永城市 Yongcheng	61	4407	2768	3782	625	69
固始县 Gushi	57	4898	2587	3430	1468	21
鹿邑县 Luyi	55	4175	2805	3333	842	25
新蔡县 Xincai	48	3273	1880	2287	986	9

22-22 续表 continued

市(县) City(county)	在校学生数(人) Enrolment (person)	#女性 Female	#城镇 Urban	乡村 Rural Area	校舍建筑面积(平方米) Architectural Area of the Building (Square meters)	教学及辅助用房面积(平方米) Teaching and Auxiliary Area (Square meters)	城镇 Urban	乡村 Rural Area
全　　省 Total	**4721421**	**2143103**	**3889623**	**831798**	**62433384**	**22312373**	**17791351**	**4521022**
省 辖 市 City								
郑　州　市 Zhengzhou	448644	191925	393779	54865	6957503	2368708	2037224	331484
开　封　市 Kaifeng	220210	97600	177659	42551	2942583	1058954	836673	222281
洛　阳　市 Luoyang	284155	134849	254121	30034	4202649	1493038	1305652	187386
平顶山市 Pingdingshan	256369	118770	186940	69429	2938928	983863	708590	275272
安　阳　市 Anyang	289436	130405	225133	64303	3002466	1150762	866494	284268
鹤　壁　市 Hebi	71252	31507	66213	5039	976825	355591	310407	45184
新　乡　市 Xinxiang	304511	135387	231383	73128	3768115	1539741	1096698	443043
焦　作　市 Jiaozuo	119808	54847	105674	14134	2031767	693434	577513	115921
濮　阳　市 Puyang	204471	92158	173213	31258	2228158	864374	710996	153378
许　昌　市 Xuchang	206275	93693	168061	38214	2885641	1007101	838745	168355
漯　河　市 Luohe	102054	46453	86228	15826	1474587	500759	414235	86524
三门峡市 Sanmenxia	73824	35677	63520	10304	1404686	495284	399874	95411
南　阳　市 Nanyang	612723	285154	532749	79974	7245682	2467471	2109183	358288
商　丘　市 Shangqiu	359184	162024	282695	76489	4493088	1929416	1390874	538542
信　阳　市 Xinyang	337976	150052	257369	80607	4283598	1568989	1140776	428214
周　口　市 Zhoukou	435708	202082	355449	80259	6491593	2063457	1611633	451824
驻马店市 Zhumadian	369971	168863	305838	64133	4615572	1629108	1302361	326747
济　源　市 Jiyuan	24850	11657	23599	1251	489941	142323	133422	8901
省直管县 County Directly Administrated by Province								
巩　义　市 Gongyi	25249	11814	23103	2146	458754	135900	128968	6932
兰　考　县 Lankao	35886	16033	27764	8122	762760	279857	209825	70032
汝　州　市 Ruzhou	52762	24318	31737	21025	615164	206103	116829	89274
滑　　县 Huaxian	63643	28029	46002	17641	593800	200006	131564	68442
长　垣　市 Changyuan	46686	19658	39554	7132	756996	207759	173008	34752
邓　州　市 Dengzhou	82614	39062	71324	11290	975926	346988	304106	42882
永　城　市 Yongcheng	77699	35403	67303	10396	652182	300463	246381	54082
固　始　县 Gushi	65295	28262	51848	13447	778735	310934	210976	99958
鹿　邑　县 Luyi	40240	19177	35631	4609	691087	239836	187378	52458
新　蔡　县 Xincai	48576	24148	41110	7466	776135	232886	174811	58075

22-23 各市普通小学教育情况(2020年)

Statistics on Regular Junior Secondary Schools by City (2020)

市(县) City(county)	学校数(所) Schools (unit)	专任教师(人) Full-time Teachers (person)	#女性 Female	#城镇 Urban	乡村 Rural Area	#学历合格高一级教师 The Degree Higher Qualified Teachers
全 省 Total	**17687**	**523856**	**392594**	**296278**	**227578**	**351936**
省 辖 市 City						
郑 州 市 Zhengzhou	966	47763	39367	39279	8484	41997
开 封 市 Kaifeng	808	26361	20218	13018	13343	14710
洛 阳 市 Luoyang	764	29476	21788	20779	8697	22805
平 顶 山 市 Pingdingshan	1157	26761	20566	15184	11577	15345
安 阳 市 Anyang	1236	27826	21961	15425	12401	21434
鹤 壁 市 Hebi	302	7621	5900	5138	2483	5284
新 乡 市 Xinxiang	1271	28804	23319	16373	12431	20727
焦 作 市 Jiaozuo	514	15488	12106	10615	4873	11552
濮 阳 市 Puyang	768	22128	17305	11786	10342	15202
许 昌 市 Xuchang	813	22375	16807	11940	10435	13382
漯 河 市 Luohe	445	9756	7326	5357	4399	6972
三 门 峡 市 Sanmenxia	232	9478	6978	7178	2300	7212
南 阳 市 Nanyang	1660	58620	42280	34559	24061	36393
商 丘 市 Shangqiu	1860	46329	32733	22403	23926	24415
信 阳 市 Xinyang	1036	40065	28839	20648	19417	27781
周 口 市 Zhoukou	1833	55848	39186	24143	31705	34106
驻 马 店 市 Zhumadian	1931	46668	34071	20449	26219	30395
济 源 市 Jiyuan	91	2489	1844	2004	485	2224
省 直 管 县 County Directly Administrated by Province						
巩 义 市 Gongyi	72	3286	2622	2844	442	2891
兰 考 县 Lankao	171	4899	3905	2681	2218	3126
汝 州 市 Ruzhou	380	5035	3836	2812	2223	2857
滑 县 Huaxian	296	6779	5237	2704	4075	3943
长 垣 市 Changyuan	226	4635	4123	2549	2086	3495
邓 州 市 Dengzhou	183	7671	5274	4164	3507	3944
永 城 市 Yongcheng	326	7326	5382	4500	2826	5040
固 始 县 Gushi	180	7438	5328	4326	3112	5186
鹿 邑 县 Luyi	194	5778	3956	2650	3128	3314
新 蔡 县 Xincai	248	5715	3809	1628	4087	4148

22-23 续表 continued

市(县) City(county)	在 校 学生数 (人) Enrolment (person)	#女性 Female	#城镇 Urban	乡村 Rural Area	校舍建筑 面 积 (平方米) Architectural Area of the Building (Square meters)	教学及辅助用房面积 (平方米) Teaching and Auxiliary Area (Square meters)	城镇 Urban	乡村 Rural Area
全 省 Total	**10215856**	**4749740**	**6971196**	**3244660**	**74605947**	**40106332**	**20991760**	**19114572**
省 辖 市 City								
郑 州 市 Zhengzhou	1003648	459149	840865	162783	7240963	3088616	2435217	653399
开 封 市 Kaifeng	508456	233608	318433	190023	3280150	1822036	932338	889698
洛 阳 市 Luoyang	618865	298433	496044	122821	4820800	2386621	1497525	889096
平 顶 山 市 Pingdingshan	549253	257519	348091	201162	3579244	1894671	965416	929255
安 阳 市 Anyang	625567	287220	401752	223815	3864720	2321819	1114629	1207190
鹤 壁 市 Hebi	154501	71402	122054	32447	1201278	629032	406770	222262
新 乡 市 Xinxiang	649051	297254	427861	221190	4310383	2603378	1339802	1263575
焦 作 市 Jiaozuo	280119	132054	226981	53138	2033964	986726	673808	312918
濮 阳 市 Puyang	436653	201415	283202	153451	2886016	1718675	903346	815329
许 昌 市 Xuchang	428215	198567	290167	138048	3097076	1625908	870113	755795
漯 河 市 Luohe	210514	98330	147812	62702	1465538	716951	376166	340785
三 门 峡 市 Sanmenxia	158780	76660	130638	28142	1485883	659221	448987	210234
南 阳 市 Nanyang	1184777	548351	838144	346633	9277356	4870605	2480005	2390600
商 丘 市 Shangqiu	886580	411309	542169	344411	6194473	3990890	1987930	2002959
信 阳 市 Xinyang	679538	310364	451522	228016	5105695	2914998	1392762	1522236
周 口 市 Zhoukou	970854	459797	568186	402668	7850163	3823045	1471347	2351698
驻 马 店 市 Zhumadian	812151	380519	484016	328135	6467033	3871100	1552282	2318818
济 源 市 Jiyuan	58334	27789	53259	5075	445210	182042	143316	38726
省 直 管 县 County Directly Administrated by Province								
巩 义 市 Gongyi	55467	26174	49828	5639	492930	236881	198494	38386
兰 考 县 Lankao	91880	42494	57340	34540	647526	355729	173364	182365
汝 州 市 Ruzhou	125261	58486	70506	54755	853062	488251	229795	258456
滑 县 Huaxian	158359	72350	75367	82992	1090612	608807	191299	417508
长 垣 市 Changyuan	104478	46987	75199	29279	635740	362143	207974	154169
邓 州 市 Dengzhou	165213	77503	96877	68336	1232743	661573	288701	372872
永 城 市 Yongcheng	157037	72461	110986	46051	1084421	700706	412663	288043
固 始 县 Gushi	119956	53264	81593	38363	889414	560803	315521	245282
鹿 邑 县 Luyi	100847	48346	60959	39888	727132	368207	141591	226616
新 蔡 县 Xincai	101756	49522	50711	51045	761873	418644	124508	294136

22-24 各市特殊教育情况(2020年)

Statistics on Special Education by City (2020)

单位：人 (person)

市(县)	City(county)	学校数(所) Number of Schools (unit)	专任教师 Full-time Teachers	#女性 Female	招生数 Entrants	在校学生数 Enrolment	#女生 Female	毕业生数 Graduates
全省	**Total**	**149**	**4287**	**3216**	**10078**	**62990**	**23325**	**4297**
省辖市	**City**							
郑州市	Zhengzhou	13	453	381	736	4025	1426	392
开封市	Kaifeng	9	190	157	541	2716	1015	162
洛阳市	Luoyang	14	334	249	637	4305	1714	331
平顶山市	Pingdingshan	9	224	169	680	4163	1643	202
安阳市	Anyang	8	219	165	660	3881	1443	554
鹤壁市	Hebi	2	46	34	180	1153	410	90
新乡市	Xinxiang	8	245	194	731	4698	1795	384
焦作市	Jiaozuo	8	161	109	287	2107	824	197
濮阳市	Puyang	7	185	145	322	2562	981	121
许昌市	Xuchang	5	109	70	193	1506	532	166
漯河市	Luohe	6	134	112	368	1666	630	111
三门峡市	Sanmenxia	5	117	92	231	1416	551	120
南阳市	Nanyang	14	406	302	1034	7171	2745	329
商丘市	Shangqiu	10	374	277	702	4822	1771	289
信阳市	Xinyang	10	236	162	726	4491	1548	211
周口市	Zhoukou	10	450	303	793	5310	1887	266
驻马店市	Zhumadian	10	346	252	1131	6526	2235	299
济源市	Jiyuan	1	58	43	126	472	175	73
省直管县	**County Directly Administrated by Province**							
巩义市	Gongyi	1	22	20	78	359	141	49
兰考县	Lankao	1	21	21	134	686	273	59
汝州市	Ruzhou	1	17	13	180	1075	396	63
滑县	Huaxian	1	26	23	226	1276	494	222
长垣市	Changyuan	1	69	57	144	836	296	91
邓州市	Dengzhou	1	30	24	141	1247	475	54
永城市	Yongcheng	1	37	21	86	507	174	5
固始县	Gushi	1	22	16	188	1073	323	52
鹿邑县	Luyi	1	41	32	49	345	110	77
新蔡县	Xincai	1	24	18	157	1088	136	5

22-25 各市技工学校基本情况(2020年)

Basic Statistics on Technical Schools by City (2020)

单位：人 (person)

市 City	学校数(所) Number of Schools (unit)	在职教职工数 Teachers and Staff	在校学生数 Student Enrollment	招生数 New Student Enrollment	毕业生数 Graduates
全　　省 Total	**95**	**12925**	**315146**	**115965**	**95568**
郑　州　市 Zhengzhou	19	2896	103903	35549	34132
开　封　市 Kaifeng	8	1231	41165	15734	11980
洛　阳　市 Luoyang	9	653	19904	7390	3979
平顶山市 Pingdingshan	8	1134	26111	9688	7649
安　阳　市 Anyang	4	238	3755	1416	630
鹤　壁　市 Hebi	2	489	6821	1859	1674
新　乡　市 Xinxiang	5	999	17544	4804	7995
焦　作　市 Jiaozuo	4	660	9409	3989	2304
濮　阳　市 Puyang	4	463	7043	3614	1891
许　昌　市 Xuchang	2	665	5908	2932	1444
漯　河　市 Luohe	3	395	11033	3093	2540
三门峡市 Sanmenxia	4	523	10693	5362	5203
南　阳　市 Nanyang	11	564	7914	3872	2324
商　丘　市 Shangqiu	3	244	6460	2486	967
信　阳　市 Xinyang	2	132	1429	521	362
周　口　市 Zhoukou	2	733	12501	5915	2705
驻马店市 Zhumadian	3	660	15561	6458	6820
济　源　市 Jiyuan	2	246	7992	1283	969

22-26 各市成人高等教育基本情况(2020年)
Basic Statistics on Adult Education Schools by City (2020)

单位：人 (person)

市 City	学校数(所) Number of Schools (unit)	教职工数 Teachers and Staff	#专任教师 Full-time Teachers	在校学生数 Student Enrollment	招生数 New Student Enrollment	毕业生数 Graduates
全 省 Total	**10**	**841**	**531**	**545677**	**295714**	**171093**
郑州市 Zhengzhou	4	439	259	192323	106772	43504
开封市 Kaifeng	1			34306	15924	9517
洛阳市 Luoyang	3	143	83	42085	16798	20195
平顶山市 Pingdingshan				27674	13682	12223
安阳市 Anyang				23289	13748	6919
鹤壁市 Hebi						
新乡市 Xinxiang				86444	49261	28249
焦作市 Jiaozuo	1	259	189	25549	13379	7414
濮阳市 Puyang				60	60	5
许昌市 Xuchang				16076	9199	4730
漯河市 Luohe				4622	2347	604
三门峡市 Sanmenxia				3121	2717	113
南阳市 Nanyang				43963	25388	19512
商丘市 Shangqiu				11511	6857	3617
信阳市 Xinyang				23477	14641	7043
周口市 Zhoukou				10665	4633	5306
驻马店市 Zhumadian	1			512	308	2102
济源市 Jiyuan						40

22-27 各市学前教育情况(2020年)

Statistics on Pre-school Education by City (2020)

市(县)	City(county)	幼儿园数(所) Number of Kindergartens (unit)	专任教师数(人) Full-time Teachers (person)	#女性 Female	在园幼儿数(人) Student Enrollment (person)	#女童 Girl	#公办幼儿园 Public Kindergartens
全省	**Total**	**24274**	**234130**	**231797**	**4255848**	**2029820**	**1425806**
省辖市	**City**						
郑州市	Zhengzhou	1848	31717	31222	438680	207311	157787
开封市	Kaifeng	1290	11544	11477	205870	97571	51818
洛阳市	Luoyang	1371	15573	15490	272534	131692	87977
平顶山市	Pingdingshan	1697	13544	13414	228737	108995	70110
安阳市	Anyang	1801	11912	11840	224061	107225	61990
鹤壁市	Hebi	477	3853	3819	59487	28733	22153
新乡市	Xinxiang	2114	16395	16282	268773	127251	71046
焦作市	Jiaozuo	853	8869	8789	150949	72724	42324
濮阳市	Puyang	1079	9887	9836	175831	83187	80539
许昌市	Xuchang	1221	11688	11630	190704	92043	29126
漯河市	Luohe	582	5592	5535	98424	47482	35757
三门峡市	Sanmenxia	446	5563	5506	80512	39042	26259
南阳市	Nanyang	2301	19402	19178	403450	190136	158324
商丘市	Shangqiu	1757	19892	19728	396588	188642	136344
信阳市	Xinyang	1574	13480	13234	291983	136725	107661
周口市	Zhoukou	2463	20367	20139	415850	201933	162192
驻马店市	Zhumadian	1201	12948	12816	320362	153174	108129
济源市	Jiyuan	199	1904	1862	33053	15954	16270
省直管县	**County Directly Administrated by Province**						
巩义市	Gongyi	121	2111	2085	34985	16693	16007
兰考县	Lankao	267	1896	1894	39160	18591	10136
汝州市	Ruzhou	451	3058	3037	53958	25586	12485
滑县	Huaxian	386	2344	2336	59518	28540	19439
长垣市	Changyuan	284	2661	2655	43053	20408	12723
邓州市	Dengzhou	396	2362	2328	63081	29846	33157
永城市	Yongcheng	273	3781	3772	68901	32315	16506
固始县	Gushi	264	2406	2380	54531	25063	9520
鹿邑县	Luyi	262	1680	1603	41026	20031	21839
新蔡县	Xincai	58	871	867	40176	19674	9628

22-28 各市各级普通学校生师比(2020年)

Student-Teacher Ratio by Level of Regular Schools by City (2020)

(教师人数=1) (Number of Teachers =1)

市(县)	City(county)	普通小学 Primary School	初中 Junior Secondary School	普通高中 Regular Senior Secondary School	中等职业学校 Secondary Vocational School
全省	**Total**	**17.42**	**13.87**	**15.18**	**24.94**
省辖市	**City**				
郑州市	Zhengzhou	18.85	13.78	13.08	33.00
开封市	Kaifeng	17.53	14.16	18.72	22.67
洛阳市	Luoyang	18.20	13.01	13.65	31.81
平顶山市	Pingdingshan	18.74	15.15	14.74	29.80
安阳市	Anyang	20.49	15.91	16.11	21.01
鹤壁市	Hebi	18.93	14.30	16.71	29.91
新乡市	Xinxiang	19.66	14.87	15.81	23.61
焦作市	Jiaozuo	15.27	11.53	14.17	16.50
濮阳市	Puyang	17.78	14.04	15.13	24.35
许昌市	Xuchang	16.29	13.81	14.10	18.52
漯河市	Luohe	18.07	13.60	14.92	18.22
三门峡市	Sanmenxia	14.97	10.70	10.16	11.76
南阳市	Nanyang	17.92	14.94	15.50	22.48
商丘市	Shangqiu	17.31	13.62	17.11	21.34
信阳市	Xinyang	15.61	12.68	15.50	22.42
周口市	Zhoukou	15.18	13.48	15.30	17.04
驻马店市	Zhumadian	16.19	13.54	17.27	29.85
济源市	Jiyuan	20.45	12.43	13.02	13.94
省直管县	**County Directly Administrated by Province**				
巩义市	Gongyi	14.93	10.28	10.65	14.60
兰考县	Lankao	18.10	12.54	17.01	11.70
汝州市	Ruzhou	22.89	14.76	15.12	61.23
滑县	Huaxian	22.29	16.70	16.27	19.10
长垣市	Changyuan	19.13	15.24	20.09	26.20
邓州市	Dengzhou	19.81	14.17	18.56	41.72
永城市	Yongcheng	21.12	18.08	19.50	22.83
固始县	Gushi	15.25	12.88	19.44	16.60
鹿邑县	Luyi	14.16	12.11	16.44	7.44
新蔡县	Xincai	15.61	16.21	18.53	89.77

22-29 各市每十万人口各级学校平均在校生数(2020年)

Number of Average Students Enrollment by Level of school per 10 0000 Population by City (2020)

单位：人 (person)

市(县) City(county)	学前教育 Pre-school Education	小学 Primary School	初中阶段 Junior Secondary School	高中阶段 Senior Secondary School
全省 Total	**4283.02**	**10281.09**	**4751.57**	**3737.13**
省辖市 City				
郑州市 Zhengzhou	3481.43	7965.10	3560.50	5114.24
开封市 Kaifeng	4267.61	10540.10	4564.87	3826.54
洛阳市 Luoyang	3862.06	8769.89	4026.74	3783.54
平顶山市 Pingdingshan	4586.54	11013.39	5140.60	2772.27
安阳市 Anyang	4090.49	11420.43	5283.98	2476.70
鹤壁市 Hebi	3798.72	9866.13	4550.01	4136.41
新乡市 Xinxiang	4299.04	10381.61	4870.67	2876.81
焦作市 Jiaozuo	4287.01	7955.49	3402.59	3155.03
濮阳市 Puyang	4661.37	11575.90	5420.63	3553.42
许昌市 Xuchang	4353.97	9776.60	4709.48	2982.44
漯河市 Luohe	4157.31	8891.86	4310.64	3792.58
三门峡市 Sanmenxia	3956.61	7802.95	3627.94	3069.58
南阳市 Nanyang	4153.66	12197.71	6308.20	3202.21
商丘市 Shangqiu	5073.51	11341.94	4595.01	2422.38
信阳市 Xinyang	4683.42	10899.81	5421.15	3422.49
周口市 Zhoukou	4607.24	10756.18	4827.25	2925.36
驻马店市 Zhumadian	4571.10	11588.21	5278.94	3024.05
济源市 Jiyuan	4544.84	8021.01	3416.91	3989.88
省直管县 County Directly Administrated by Province				
巩义市 Gongyi	4455.31	7063.68	3215.44	2331.89
兰考县 Lankao	5038.09	11820.74	4616.88	2910.03
汝州市 Ruzhou	5536.76	12853.33	5414.04	5340.26
滑县 Huaxian	5091.05	13545.70	5443.89	2972.79
长垣市 Changyuan	4754.95	11538.97	5156.19	3859.47
邓州市 Dengzhou	5055.35	13240.27	6620.74	3919.76
永城市 Yongcheng	5483.96	12498.88	6184.21	2712.41
固始县 Gushi	5236.32	11518.74	6269.93	5118.79
鹿邑县 Luyi	4279.71	10520.05	4197.71	2675.00
新蔡县 Xincai	4876.74	12351.59	5896.37	4287.90

22−30 各市教育经费情况(2020年)

Basic Statistics on Educational Funds by City (2020)

单位：万元 (10 000 yuan)

市(县)	City(County)	合计 Total	国家财政性教育经费 Government Appropriation for Education	#一般公共预算教育经费 General Public Budget Expenditure on Education	民办学校中举办者投入 Funds from Runners of Private Schools	捐赠收入 Donations and Fund Raising for Running Schools	事业收入 Income from Teahing Research and other Auxiliary Activity	学费 Tuition	其他教育经费 Other Educational Funds
全省	**Total**	**28022275**	**21897805**	**18453074**	**271095**	**11219**	**5549569**	**4751256**	**292587**
省本级	Provincial Level	4706507	2764041	2339087	36670	8353	1653491	1368924	243952
郑州市	Zhengzhou	3439571	2784128	2277747	33018	282	612798	553541	9345
开封市	Kaifeng	1035982	804216	665614	4290	62	225660	194690	1754
洛阳市	Luoyang	1604458	1362866	1198010	7662	58	230717	199607	3156
平顶山市	Pingdingshan	1120144	910038	795225	33627	176	172665	154771	3637
安阳市	Anyang	1228657	1003953	812721	9781	90	212824	196561	2009
鹤壁市	Hebi	382675	316994	255138	1821	154	62899	54531	807
新乡市	Xinxiang	1375865	1059612	881811	35071	79	277844	252186	3258
焦作市	Jiaozuo	730369	562953	484522	5050	58	160007	145921	2300
濮阳市	Puyang	1014399	868868	700726	7739	686	129638	118219	7468
许昌市	Xuchang	997712	796839	715931	4219	11	196197	174520	445
漯河市	Luohe	576538	472901	384315	2865	37	98334	83633	2401
三门峡市	Sanmenxia	595110	526986	440553	10071	31	56087	48906	1935
南阳市	Nanyang	2287684	1958790	1646358	20657	452	306857	266910	928
商丘市	Shangqiu	1503223	1161479	986619	4673	103	335376	263728	1591
信阳市	Xinyang	1676519	1433133	1221251	21355	149	219284	180370	2598
周口市	Zhoukou	1877773	1498379	1300993	12330	231	365232	316196	1601
驻马店市	Zhumadian	1655358	1428613	1188694	19242	205	204047	156656	3252
济源市	Jiyuan	213730	183015	157760	953		29611	21386	151
省直管县	**County Directly Administrated by Province**								
巩义市	Gongyi	191629	172503	139245			19126	17715	
兰考县	Lankao	195697	157102	126348	15		38580	28770	1
汝州市	Ruzhou	217446	177805	169824	1343	170	38118	34909	10
滑县	Huaxian	220349	177231	153780	407	12	42664	39275	35
长垣市	Changyuan	203041	151099	136192	335		51607	45622	
邓州市	Dengzhou	252583	223337	179819	493	13	28670	25363	69
永城市	Yongcheng	207466	165806	143326	1434		40227	30660	
固始县	Gushi	305318	253677	225508	8783		42858	32811	
鹿邑县	Luyi	172298	133301	117367	123		38873	35607	
新蔡县	Xincai	160047	132694	115527	2311		25042	6381	

注：本表数据为年度初步统计数据。

a) The data in this table is the preliminary statistical results.

22−31 外国留学生情况(2020年)

Basic condition of International student (2020)

单位：人、人次 (person, person-time)

项 目	Item	招生数 Entrants	在校生数 Enrolment	毕(结)业生数 Graduates
外国留学生数	**Number of International Student**	**1739**	**5217**	**1252**
#女性	Female	571	1789	445
按层次分	**by Level**			
博士研究生	Doctor's Degree	128	416	1
硕士研究生	Master's Degree	203	641	110
本科	Undergraduate	710	3100	111
专科	College	9	111	25
培训	**Training**	**689**	**949**	**1005**
按大洲分	**by Continents**			
亚洲	Asia	1092	3862	653
非洲	Africa	480	1084	443
欧洲	Europe	108	176	97
北美洲	North America	28	42	31
南美洲	South America	29	40	28
大洋洲	Oceania	2	13	

主要统计指标解释

教育 指国家、社会、私人依照国家有关法规开办的各类教育机构的活动，以及其他与教育相关的活动。主要包括学前教育、初等教育、中等教育、高等教育和其他教育等类别。学前教育指按照国家幼儿教育规定对学龄前幼儿进行保育和教育活动；初等教育指义务教育法规定的初等教育和成人扫盲教育活动；中等教育指小学毕业到大学专科教育以前的教育；高等教育指经教育行政部门批准、由国家、地方、社会办的获取学历的高等教育活动和经教育主管部门批准举办的成人高等教育活动；其他教育主要指职业技能培训、特殊教育以及其他未列明的教育活动。

国家财政性教育经费 包括一般公共预算安排的教育经费，政府性基金预算安排的教育经费，企业办学中的企业拨款，校办产业和社会服务收入用于教育的经费，其他属于国家财政性教育经费。

财政预算内教育经费 指中央、地方各级财政或上级主管部门在年度内安排，并计划拨到教育部门和其他部门主办的各级各类学校、教育事业单位，列入国家预算支出科目的教育经费，包括教育事业拨款、科研经费拨款、基建拨款和其他经费拨款。

在园幼儿数 指在单独设立的、小学附设的学前班、幼儿班及托儿所附设的幼儿班的幼儿数。托幼混合班仅统计三至周六岁的幼儿数。不包括季节性的农忙时临时组织的幼儿园。

学前教育毛入园率 指学前教育在学人数占国家规定的年龄组人口数的比重。计算公式为：

$$学前教育毛入园率=\frac{在园儿童数}{学前教育学龄人口总数}\times 100\%$$

小学学龄儿童净入学率 指小学学龄人口中正在接受小学教育人数所占比重。计算公式为：

$$学龄儿童净入学率=\frac{小学学龄人口中已经进入小学学习的在校学生总数}{小学学龄人口数}\times 100\%$$

小学五年巩固率 指小学五年级在校学生中，能够从一年级连续学习五年的学生数占入学时本年级学生数比重。计算公式为：

$$小学五年的巩固率=\frac{在校学生数}{该年级入小学一年级时\ \ 的学生数}\times 100\%$$

初中阶段毛入学率 指初中阶段在校学生总数与12-14岁学龄组人口数的比重。计算公式为：

$$初中阶段毛入学率=\frac{初中阶段在校学生数}{12至14学龄组人口数}\times 100\%$$

初中三年巩固率 指初中三年级在校学生中，能够从一年级连续学习三年的学生占入学时本年级学生数比重。计算公式为：

$$初中三年巩固率=\frac{三年级在校学生数}{该年级入初中一年级时的学生数}\times 100\%$$

高中阶段毛入学率 指高中阶段(包括普通高中、职业高中、中等专业学校、技工学校、成人中等专业学校、成人高中)在校学生总数与15−17岁学龄组人口数的比重。计算公式为：

$$高中阶段毛入学率=\frac{高中阶段在校学生数}{15-17岁学龄组人口数}\times 100\%$$

特殊教育 指独立设置的招收盲聋哑和残疾儿童，以及其他特殊需要的儿童，青少年进行普通或职业初中，中等教育的教学。

普通高等学校 指通过国家普通高等教育招生考试，招收高中毕业生为主要培养对象，实施高等学历教育的全日制大学、独立设置的学院、独立学院和高等专科学校、高等职业学校及其他普通高教机构。

大学、独立设置的学院主要实施本科及本科层次以上的教育。独立学院主要实施本科层次的教育。高等专科学校、高等职业学校实施专科层次的教育。其他普通高教机构是指承担国家普通招生计划任务不计校数的机构，包括普通高等学校分校、大专班等。

成人高等学校 指通过国家成人高等教育招生考试，招收具有高中毕业或同等学力的人员为主要培养对象，利用函授、业余、脱产等多种形式，对其实施高等学历教育的学校。包括：职工高等学校、农民高等学校、管理干部学院、教育学院、独立函授学院、广播电视大学、其他成人高教机构等。其他成人高教机构是指承担国家成人招生计划任务不计校数的机构。

初中毕业生升学率 计算初中毕业生升学率所用分子数为高级中学招生数，包括：普通高中招生数、职业高中招生数、技工学校招生数、普通中专招收初中毕业生数、普通中专举办的成人中专招收应届初中毕业生数及成人中专招收应届初中毕业生数，分母是初中毕业生人数。

Explanatory Notes on Main Statistical Indicators

Education refers to education institutions offered activities in the state, society, private in according to the relevant regulations of the state of all kinds of, as well as other and education related activities. Mainly include preschool education, elementary mainly include education, secondary education, higher education and other education classes.

Government Appropriation for Education refers to the general public budget appropriation fund for education, educational funds budgeted by government funds, enterprise appropriation for enterprise-run schools, income from school-run enterprises and social services that are used for education purpose and other national appropriations for education.

Budgetary Fund for Education refers to education funding that is planned to be allocated to various schools and education institutions by central and local financial departments at various levels within the reference year, which is within the State budgetary expenditure, including: appropriated funds for education, for science and research, for capital construction and others.

The number of infant refers infant in all kinds of kindergarten. nursery and education establishment, enrolling children in 3-6 years old.

Pre-school education entrance rate refers proportion of number of Pre-school education persons in Pre-school education school-age population×100%.

Pre-school education entrance rate= number of Pre-school education persons/ Pre-school education school-age population.

Net Enrolment Ratio of Primary Schools refers to the proportion of school age children enrolled at schools to the total number of school age children both in and outside schools (including retarded children, but excluding blind, deaf and mute children). The formula is:

$$\text{Net Enrolment Ratio of Primary Schools} = \frac{\text{Total Primary School - age Children at Schools}}{\text{Total Primary School - age Children Whether or Not Attending School}} \times 100\%$$

Elementary school five years Consolidate rate refers to the proportion of Primary school pupils to the A primary school grade.

Elementary school five years Consolidate rate= Primary school pupils/ the A primary school grade×100%.

The junior middle school stage gross enrollment rate refers to the proportion of number of middle school students in school to 12-14 years old population.

The junior middle school stage gross enrollment rate= number of middle school students/12-14 years old population×100%

Junior school three years Consolidate rate refers to the proportion of Junior school students to the Junior school grade.

Junior school three years Consolidate rate= Junior school students / the Junior school grade×100%.

The senior middle school stage gross enrollment rate refers to the proportion of number of senior middle school students in school to 15-17 years old population.

The senior middle school stage gross enrollment rate= number of senior middle school students/15-17 years old population×100%

Higher Education gross enrollment rate refers to the proportion of number of Higher Education students in school to 18-22 years old population.

Special Education Schools refer to educational establishments set up independently, enrolling blind, deaf, dumb, amentia or other special children, and educational establishment, providing regular or vocational junior and senior secondary education for hobbledehoy.

Regular Institutions of Higher Education refer to educational establishments recruiting graduates from senior secondary schools as the main target through National Matriculation TEST. They include full-time universities, independently established colleges, colleges, and institutions of higher professional education, institutions of higher vocational education and other institutions of higher education.

Universities and independently established colleges primarily provide undergraduate and above courses; colleges mainly impart undergraduate courses, institutions of higher professional education and institutions of higher vocational education primarily provide professional trainings; and other institutions of higher education refer to educational establishments, which are responsible for enrolling higher education students under the State Plan but not enumerated in the total number of schools, including: branch schools of universities and colleges and junior colleges.

Institutions of Higher Education for Adults refer to educational establishments, enrolling personnel with senior secondary school or equivalent education through National Matriculation TEST for Adult, and providing higher education courses in forms of correspondence, spare time, or full time for adults. Institutions of higher learning for adults include schools of higher education for staff and workers, schools of higher education for peasants, colleges for management cadres, pedagogical colleges, independent correspondence colleges, radio and television universities and other educational establishments of higher education for adult. Other educational establishments of higher education for adult refer undertakings to enrol adult students but not enumerated in the number of schools under the State Plan.

Junior high school graduates entering middle schools rate refers to ordinary high school include, professional high school include, technicians schools include average technical secondary school, junior middle school graduate recruit average technical secondary school, the number of the adult technical secondary school recruit fresh held the junior middle school graduates number and adult secondary recruit fresh junior high school graduates number, the molecules is Senior middle schools recruit students, the denominator is junior high school graduates.

卫生和社会工作
Public Health and Social Work

23

资料整理：孔令惠　赵霞

简要说明

一、主要内容

本篇主要反映卫生、社会服务、残疾人事业的发展情况。

卫生统计资料主要包括医疗卫生机构、卫生人员、卫生设施、卫生经费、基层医疗卫生服务、妇幼保健、疾病控制、居民病伤死亡原因、医疗保障制度等情况。

社会服务统计资料主要包括社会服务企事业机构、社会组织、人员、床位情况，优抚和社会救济情况，社会服务机构情况，婚姻服务情况，殡葬服务情况，社会捐赠和福利彩票销售情况等。

残疾人统计资料主要包括残疾人康复、教育、就业、社会保障、扶贫和残联组织建设情况。

二、资料来源

卫生部分的资料由省卫生健康委员会提供，社会服务资料由省民政厅提供，由省统计局社会与科技处编辑整理。

Brief Introduction

I. Main Contents

Data in this chapter mainly reflect the development of public health, civil affairs, and work for person with disabilities.

Data on public health include mainly the number of medical and health institutions, health personnel, health facility, health expenses, medical and health services at grass-root level, maternal and child health, disease control, major diseases as the causes of death, and health security system.

Data on civil affairs include: institutions, social organizations, personnel and beds of social services, social welfare relief, community service facilities and marriage registration service, funeral and interment services, social donations and welfare lottery.

Data on disabled persons cover information on the rehabilitation, education, employment and poverty alleviation of disabled persons and institutions serving the needs of disabled persons.

II. Sources of Data

Data on public health are calculated from Health commission of Henan Province. Data on social services are calculated from Henan provincial civil bureau of civil affairs. Data on this chapter are provided by department of social and technology of the Henan province Bureau of Statistics.

23-1 卫生事业基本情况

Basic Statistics on Public Health

年份 Year	卫生机构数(个) Number of Health Institutions (unit)	#医院、卫生院 Hospitals & Health Centers	卫生机构床位数(万张) Number of Beds in Health Institutions (10 000 units)	#医院、卫生院 Hospitals & Health Centers	卫生技术人员数(万人) Medical Technical Personnel (10 000 persons)	#执业(助理)医师 Licensed (Assistant) Doctors	每万人口拥有 per 10 000 Population: 卫生机构床位数(张) Number of Beds in Health Institutions (unit)	每万人口拥有 per 10 000 Population: 执业(助理)医师数(人) Licensed (Assistant) Doctors (person)
1978	7356	2476	10.20	9.73	11.44	4.38	14.4	6.2
1979	7702	2501	11.23	10.63	12.89	4.79	15.6	6.7
1980	7831	2530	11.92	11.17	14.48	5.41	16.4	7.4
1981	8483	2563	12.49	11.65	16.31	6.81	16.9	9.2
1982	8513	2578	13.08	12.11	17.34	7.31	17.4	9.7
1983	8504	2611	13.77	12.74	18.38	7.82	18.0	10.2
1984	8583	2665	14.24	13.13	19.12	8.10	18.4	10.5
1985	9207	2688	14.91	13.77	19.49	8.36	19.0	10.7
1986	8933	2713	15.31	13.99	20.15	8.50	19.2	10.6
1987	8833	2730	16.90	15.42	20.44	8.49	20.7	10.4
1988	8865	2756	17.55	15.95	21.36	8.85	21.1	10.6
1989	8721	2810	17.96	16.25	21.85	9.61	21.2	11.3
1990	8676	2824	18.21	16.36	22.28	9.94	21.1	11.5
1991	8639	2834	18.49	16.56	23.03	9.93	21.1	11.3
1992	8375	2857	18.91	16.97	23.91	10.14	21.3	11.4
1993	7669	2892	18.91	17.22	24.39	10.16	21.1	11.4
1994	7656	2944	19.14	17.45	25.13	10.55	21.2	11.7
1995	7661	2965	19.23	17.54	25.50	10.57	21.1	11.6
1996	7253	2987	18.95	17.54	25.77	10.57	20.7	11.5
1997	7194	3001	18.92	17.58	26.20	10.67	20.5	11.5
1998	11774	2999	19.42	17.99	26.32	10.68	20.8	11.5
1999	11643	3014	19.71	18.26	26.66	10.89	21.0	11.6
2000	10764	3027	19.86	18.34	26.84	11.11	20.9	11.7
2001	10719	3024	19.99	18.50	27.18	11.12	20.9	11.6
2002	13291	3094	19.73	18.75	26.48	10.17	20.5	10.6
2003	13621	3149	20.37	19.28	27.87	10.64	21.1	11.0
2004	13821	3182	20.90	19.72	28.42	10.94	21.5	11.3
2005	14554	3260	21.40	20.23	28.92	11.11	21.9	11.4
2006	14629	3292	22.52	21.23	30.07	11.55	22.9	11.8
2007	11888	3281	23.95	22.61	29.79	11.59	24.3	11.7
2008	11683	3263	26.83	25.22	30.99	11.93	27.1	12.0
2009	12157	3282	30.24	28.30	34.64	13.96	30.3	14.0
2010	75741	3282	32.76	30.44	37.28	15.48	34.8	16.5
2011	76201	3304	34.92	32.49	39.52	15.58	37.2	16.6
2012	69222	3356	39.39	36.57	42.88	16.77	41.9	17.8
2013	71464	3471	42.98	40.03	46.91	18.06	45.7	19.2
2014	71157	3470	45.93	42.83	49.45	18.93	48.7	20.1
2015	71397	3585	48.96	45.65	51.96	19.86	51.6	21.0
2016	71273	3662	52.16	48.74	54.67	20.68	54.7	21.7
2017	71089	3693	55.90	52.21	58.05	22.03	58.5	23.0
2018	71352	3873	60.85	57.04	62.13	23.55	63.4	24.5
2019	70735	4023	64.00	60.05	65.39	25.14	66.4	26.1
2020	74653	4232	66.72	62.55	70.69	27.64	67.1	27.8

注：从2010年起村卫生室、2013年起计划生育技术服务机构，其机构、人员分别计入卫生机构总数、卫生人员总数(下表同)。

a) Data on Number of Health Institutions and Personnel include Village Hospital & Health Center since 2010, and include family planning fertility technical service institution since 2013 (the same as the following table).

23-2 卫生事业发展情况

Basic Statistics on Public Health Development

项 目	Item	1990	1995	2000	2005	2010	2019	2020
卫生机构数(个)	**Number of Health Institutions (unit)**	**8676**	**7661**	**10764**	**14554**	**75741**	**70735**	**74653**
#村卫生室	Village Clinics					64140	56079	57003
医院	Hospitals	789	896	966	1172	1198	1974	2205
疗养院、所	Sanatoriums	12	8	7	5	6	2	7
门诊部、所	Outpatient Department	5142	3942	196	68	86	502	908
诊所、卫生所、医务室	Clinics, Health clinic, Infirmary					6694	7408	9756
卫生院	Health Centers			2084	2084	2084	2049	2027
社区卫生服务中心(站)	Community Health Service Station			861	1017	861	1523	1653
专科防治所、站	Specialized Prevention & Treatment Centers (Stations, Institutions)	45	44	45	32	20	21	21
妇幼保健所、站	Maternity and Child Care Centers (Institutions, Stations)	138	142	135	167	167	163	164
卫生机构床位数(万张)	**Number of Beds in Health Institutions (10 000 units)**	**18.21**	**19.23**	**19.86**	**21.40**	**32.76**	**64.00**	**66.72**
#医院、卫生院	Hospital & Health Center	16.36	17.54	18.34	20.23	30.44	60.05	62.55
#医院	Hospitals	10.80	12.10	13.26	14.97	22.10	48.11	50.29
疗养院、所	Sanatoriums	0.22	0.15	0.15	0.06	0.09	0.01	0.04
门诊部	Outpatient Department	1.10	0.84	0.51	0.11	0.11	0.03	0.04
平均每千人口卫生机构床位数(张)	Beds of Health Institutions per 1 000 Population (unit)	2.11	2.11	2.09	2.19	3.48	6.64	6.71
#医院、卫生院	Hospitals & Health Centers	1.89	1.93	1.93	2.07	3.24	6.23	6.30
医院病床使用率(%)	Utilization Rate of Beds (%)	75.71	68.08	59.60	67.01	85.36	88.07	78.14
卫生机构人员数(万人)	**Number of Persons in Health Institutions (10 000 persons)**	**27.06**	**31.31**	**33.50**	**36.23**	**59.11**	**88.78**	**94.10**
#卫生技术人员	Medical Technical Personnel	22.28	25.50	26.84	28.92	37.28	65.39	70.69
#执业(助理)医师	Licensed (Assistant) Doctors	9.94	10.57	11.11	11.11	15.48	25.14	27.64
护士	Nurses	2.16	3.19	3.84	7.71	12.14	27.89	30.43

注：1.1996年及以后年度门诊部、所不含诊所、卫生保健所和医务室,与以前年度不可比(下同)。
2.1998年及以后年度卫生机构包括个体开业(下同)。
3.2002年以来医生、护士人员数为"执业医师、执业助理医师与注册护士人员数"。
4.2007年起，诊所、卫生室、医务室与社区卫生服务中心(站)分开统计。

a) The numbers of Outpatient Department since 1996 exclude cliniques, hygiene places and infirmaries. It cannot be compared with former years (the same as in following tables).

b) The number of health institutions include the number of clinics run by private since 1998 (the same as the following tables).

c) Number of doctors and nurses since 2002 is the Number of registered doctors, deputy doctors and junior nurses.

d) Number of clinics, hedth clinic, infirmary and community sanitation service station are calculated by separate statistics system since 2007.

23-3 卫生机构、床位、人员数(2020年)

Number of Health Institutions, Beds and Persons (2020)

机 构 类 别	Type of Institutions	机构数(个) Institutions (unit)	床位数(张) Beds (unit)	人员合计(人) Total of Persons (person)	#卫生技术人员 Medical Technical Personnel	#其他技术人员 Other Technical Personnel	#管理人员 Administrative Personnel	#工勤人员 Logistics Workers
总 计	**Total**	**74653**	**667185**	**940967**	**706947**	**39576**	**38621**	**65292**
医院合计	**Total Number of Hospitals**	**2205**	**502903**	**548907**	**461192**	**23864**	**26110**	**37741**
综合医院	General Hospitals	1314	348830	385770	326923	15412	17842	25593
中医医院	Hospitals Specialized in Traditional Chinese Medicine	375	80747	92986	77511	4778	3862	6835
中西医结合医院	Hospitals Combining Chinese and Western Medicine	61	5875	5710	4691	216	354	449
专科医院	Specialized Hospital	439	66481	63836	51619	3436	4004	4777
口腔医院	Hospitals for Mouth Cavity Diseases Care	20	1459	3223	2676	119	169	259
眼科医院	Hospital for Eye Care	50	4447	6033	4685	335	473	540
耳鼻喉科医院	ENT Hospital	9	549	504	420	33	32	19
肿瘤医院	Tumor Hospitals	13	7169	8363	7133	334	352	544
心血管病医院	Heart and Blood Vessel Trouble Hospital	9	3230	4659	3986	226	344	103
胸科医院	Chest Hospital	2	1298	1472	1295	74	51	52
血液病医院	Hematonosis Hospital	3	134	79	68	1	4	6
妇产(科)医院	Maternity Hospital	38	2388	3766	2849	188	218	511
儿童医院	Hospitals for Children	6	2647	4030	3426	96	283	225
精神病医院	Mental Hospital	89	20348	10066	7870	628	584	984
传染病医院	Hospitals of Infectious Diseases	11	3981	3923	3188	180	340	215
皮肤病医院	Dermatosis Hospital	8	450	418	303	25	39	51
结核病医院	Tuberculosis Hospital							
麻风病医院	Leprosy hospital							
职业病医院	Diseases hospital	2	219	481	303	79	29	70
骨科医院	Orthopaedics Hospital	56	5816	6417	5385	283	376	373
康复医院	Rehabilitation Hospital	36	6360	3572	2703	345	220	304
整形外科医院	Plastic Surgery Hospital	1	65	181	132	2	8	39
美容医院	Cosmetic Hospital	14	306	930	522	269	68	71
其他专科医院	Other Specialized Hospital	72	5615	5719	4675	219	414	411
护理院	Nursing Homes	16	970	605	448	22	48	87
基层医疗卫生机构	**Primary-level Medical and Health Care Institutions**	**71347**	**137851**	**311779**	**189986**	**8789**	**6223**	**16250**
社区卫生服务中心(站)	Community Health Service Stations	1653	14896	30925	26196	1228	1397	2104
卫生院	Heath Center	2027	122572	112050	88348	7019	3777	12906
村卫生室	Village clinic	57003		129027	38700			
门诊部（所）	Clinics	908	383	12144	10775	199	573	597
诊所、卫生室、医务室	Clics,Individual-Run Medical Units and	9756		27633	25967	343	476	643
专业公共卫生机构	**Specialized Public Health Agency**	**910**	**26056**	**74308**	**52553**	**5953**	**5550**	**10252**
疾病预防控制中心	Center for Disease Prevention and Control	180		16603	9523	1992	1454	3634
专科疾病防治院(所/站)	Specialized Prevention & Treatment Centers or Station	21	1447	1551	1065	145	112	229
健康教育中心(所)	Health Education Center	7		190	15	30	69	76
妇幼保健院(所/站)	Maternity and Child Care Center	164	24571	40390	32631	2247	1789	3723
急救中心(站)	First-aid Center	50	38	1000	611	95	125	169
采供血机构	Collectting and Supply Institutions for Blood	24		2513	1685	276	140	412
卫生监督所(中心)	Health Inspection Institution (center)	182		7755	5225	513	1003	1014
计划生育技术服务机构	Family Planning Fertility Technical Service Institution	282		4306	1798	655	858	995
其他卫生机构	**Other Health Agencies**	**191**	**375**	**5973**	**3216**	**970**	**738**	**1049**

23-4 卫生机构各类人员

Employed Persons In Health Institutions by Types of Occupation

单位：人 (person)

人员类别	Type of Personnel	1990	2000	2005	2010	2015	2018	2019	2020
各类人员总计	**Total**	**270573**	**335031**	**362263**	**591059**	**771319**	**862996**	**887784**	**940967**
卫生技术人员	Medical Technical Personnel	222771	268427	289157	372818	519638	621316	653894	706947
其他技术人员	Other Technical Personnel	2256	12428	23409	24100	35457	37712	36851	39576
管理人员	Adminlstrative Personnel	19856	23554	20060	25348	35181	36387	36045	38621
工勤人员	Logistics Workers	25690	30622	29637	40013	64531	64275	64966	65292
乡村医生和卫生员	Village Doctors & Assistants				128780	116512	103306	96032	90327
卫生技术人员	**Medical Technical Personnel**	**222771**	**268427**	**289157**	**372818**	**519638**	**621316**	**653894**	**706947**
执业(助理)医师	Practice (assistant) Physicians	99354	111113	111134	154801	198616	235474	251429	276396
注册护士	Registered Nurses	46391	63032	77132	121384	205366	263100	278898	304333
药剂人员	Pharmacists	25812	28094	22432	20488	24950	27765	28308	29595
技师(士)	Technicians	10244	13982	13987	23343	30631	36324	38827	41045
# 检验人员	Laboratory Technicians	10244	13982	13987	14445	18254	21527	22994	24502
其他	Others	40970	52206	64472	52802	60075	58653	56432	55578
平均每千人口	**Personnel per 1 000 Population**								
卫生技术人员	Medical Technical Personnel	2.58	2.82	2.96	3.96	5.48	6.47	6.78	7.11
# 执业(助理)医师	Licensed (Assistant) Doctors	1.15	1.17	1.14	1.65	2.10	2.45	2.61	2.78

23-5 卫生总费用

Total Health Expenditure

指标名称	Index	2015	2016	2017	2018	2019
卫生总费用(亿元)	Total Health Expenditure (100 million yuan)	2258.50	2472.63	2747.67	3100.17	3608.80
# 政府卫生支出	Government Health Expenditure	729.70	794.42	844.81	935.60	1021.44
社会卫生支出	Social Health Expenditure	734.65	859.06	1015.67	1170.29	1429.51
居民个人现金卫生支出	Out-of-pocket Health Expenditure	794.14	819.15	887.19	994.28	1157.86
人均卫生总费用(元)	Per Capita Health Expenditure (yuan)	2382.38	2594.03	2874.43	3215.94	3743.57
卫生总费用占GDP比重(%)	Health Expenditure as Percentage of GDP (%)	6.10	6.11	6.11	6.45	6.65
门诊病人次均医药费用(元)	Outpatient Average expenses per time (yuan)	110.7	116.6	126.1	151.3	164.4

23-6 卫生部门医院住院病人前十位疾病构成(ICD−10)(2020年)

Percentage of 10 Main Diseases of Inpatients in Hospitals of Health Sector (ICD-10) (2020)

顺序 No.	市	City	疾病构成(%) As % of Total
	十种疾病构成	**Total**	
1	消化系统疾病	Diseases of the Digestive System	9.04
2	呼吸系统疾病	Diseases of the Respiratory System	7.88
3	脑血管病	Cerebrovascular Disease	6.44
4	泌尿生殖系统疾病	Disease of the Genitourinary System	6.26
5	缺血性心脏病	Ischaemic Heart Disease	6.21
6	恶性肿瘤	Malignant Tumour	5.63
7	损伤、中毒和外因	External Causes of Injury and Poison	5.29
8	妊娠、分娩和产褥期病	Pregnancy,childbirth and the Puerperium	4.63
9	神经系统疾病	Diseases of the Nervous System	4.58
10	肌肉骨骼系统和结缔组织疾病	Diseases of Musculoskeletal System and Connective Tissue	3.43

顺序 No.	县	County	疾病构成(%) As % of Total
	十种疾病构成	**Total**	
1	呼吸系统疾病	Diseases of the Respiratory System	14.59
2	脑血管病	Cerebrovascular Disease	11.80
3	消化系统疾病	Diseases of the Digestive System	9.62
4	损伤、中毒和外因	External Causes of Injury and Poison	8.56
5	妊娠、分娩和产褥期病	Pregnancy, childbirth and the Puerperium	7.63
6	缺血性心脏病	Ischaemic Heart Disease	7.31
7	神经系统疾病	Diseases of the Nervous System	4.90
8	泌尿生殖系统疾病	Disease of the Genitourinary System	4.55
9	恶性肿瘤	Malignant Tumour	3.55
10	内分泌、营养和代谢疾病	Endocrine, Nutritional and Metabolic Diseases	3.01

23−7 部分市、县前十位主要疾病死亡率(2020年)

Death Rate of Ten Major Diseases in Partial Cities and Counties (2020)

单位：1/10万 (1/100 000)

死亡原因	Cause of Death	死亡率 Death Rate
市 县	**City and County**	
心脏病	Cerebrovascular Disease	169.85
脑血管病	Heart Diseases	162.22
恶性肿瘤	Malignant Tumour	141.35
伤害	Injury and Poison	37.74
呼吸系统疾病	Diseases of the Respiratory System	31.02
内分泌，营养和代谢疾病	Endocrine, Nutritional & Metabolic Diseases	15.68
消化系统疾病	Diseases of the Digestive System	5.09
泌尿生殖系统疾病	Disease of the Genitourinary System	4.12
传染病和寄生虫病	Infestious and Parasitic Diseases	3.84
神经系统疾病	Diseases of the Nervous System	3.15
城 市	**City**	
心脏病	Heart Diseases	172.56
脑血管病	Malignant Neoplasms	143.48
恶性肿瘤	Cerebrovascular Disease	142.15
伤害	Injury and Poison	33.33
呼吸系统疾病	Diseases of the Respiratory System	32.95
内分泌，营养和代谢疾病	Endocrine, Nutritional & Metabolic Diseases	19.40
消化系统疾病	Diseases of the Digestive System	8.79
神经系统疾病	Diseases of the Nervous System	4.40
传染病和寄生虫病	Infestious and Parasitic Diseases	4.02
泌尿生殖系统疾病	Disease of the Genitourinary System	3.80
县	**County**	
心脏病	Heart Diseases	169.20
脑血管病	Cerebrovascular Disease	167.94
恶性肿瘤	Malignant Neoplasms	141.24
伤害	Injury and Poison	39.08
呼吸系统疾病	Diseases of the Respiratory System	30.47
内分泌，营养和代谢疾病	Endocrine, Nutritional & Metabolic Diseases	14.58
泌尿生殖系统疾病	Disease of the Genitourinary System	4.22
消化系统疾病	Diseases of the Digestive System	3.99
传染病和寄生虫病	Infestious and Parasitic Diseases	3.79
神经系统疾病	Diseases of the Nervous System	2.79

23-8 甲乙类法定报告传染病发病及死亡情况(2020年)

Incidence and Death from Class A and B Infectious Diseases (2020)

病 名 Name	发病率 (1/10万) Incidence Rate (per100 000 persons)	病 名 Diseases	死亡率 (1/10万) Death Rate (1/100000)	病 名 Diseases	病死率 (%) Mortality Rate (%)
肝 炎 Hepatitis	71.8988	艾滋病 AIDS	1.3444	狂犬病 Hydrophobia	85.1852
肺结核 Pulmonary Tuberculosis	43.2706	肺结核 Pulmonary Tuberculosis	0.1079	艾滋病 AIDs	44.9220
梅 毒 Syphilis	18.1570	肝 炎 Hepatitis	0.0332	乙 脑 Encephaliois B	1.8519
痢 疾 Dysentery	7.4556	狂犬病 Hydrophobia	0.0239	新型冠状病毒肺炎 COVID-19	1.6949
布 病 Brucellosis	3.2262	新型冠状病毒肺炎 COVID-19	0.0228	出血热 Hemorrhage Fever	0.4717
淋 病 Gonorrhea	3.1619	梅 毒 Syphilis	0.0073	肺结核 Pulmonary Tuberculosis	0.2493
艾滋病 AIDs	2.9928	出血热 Hemorrhage Fever	0.0010	肝 炎 Hepatitis	0.0878
新型冠状病毒肺炎 COVID-19	1.3465	乙 脑 Encephaliois B	0.0010	梅 毒 Syphilis	0.0400
猩红热 Scarlet Fever	0.5737	痢 疾 Dysentery		淋 病 Gonorrhea	
新生儿破伤风 Newborn Tetanus	0.0038	淋 病 Gonorrhea		流 脑 Epidemic Encephalitis	
出血热 Hemorrhage Fever	0.2199	麻 疹 Measles		新生儿破伤风 Newborn Tetanus	
伤寒+副伤寒 Typhoid and Paratyphoid Fever	0.1681	百日咳 Pertussis		麻 疹 Measles	
百日咳 Pertussis	0.0861	流 脑 Epidemic Encephalitis		百日咳 Pertussis	
疟 疾 Malaria	0.0737	猩红热 Scarlet Fever		疟 疾 Malaria	
乙 脑 Encephaliois B	0.0560	布 病 Brucellosis		猩红热 Scarlet Fever	
狂犬病 Hydrophobia	0.0280	炭 疽 Anthrax		布 病 Brucellosis	
麻 疹 Measles	0.0239	新生儿破伤风 Newborn Tetanus		炭 疽 Anthrax	
流 脑 Epidemic Encephalitis	0.0104	疟 疾 Malaria		痢 疾 Dysentery	
炭 疽 Anthrax	0.0083	登革热 Dengue Fever		登革热 Dengue Fever	
登革热 Dengue Fever	0.0052	伤寒+副伤寒 Typhoid and Paratyphoid Fever		伤寒+副伤寒 Typhoid and Paratyphoid Fever	

23-9 防病工作情况

Basic Condition of Disease Prevention and Cure

指 标	Item	2017	2018	2019	2020
传染病发病总例数（甲、乙）(万例)	**Number of Incidence from infectious disease(A、B) (10 000 persons)**	**18.3**	**18.5**	**17.2**	**14.7**
发病率(1/10万)	Incidence Disease Rate (1/100 000)	192.4	193.9	178.8	152.8
传染病死亡总人数(人)	Number of Death from infectious disease (person)	1420	1568	1445	1486
死亡率(1/10万)	Death Rate (1/100 000)	1.5	1.6	1.5	1.5
结核病登记病人数(千例)	Number of register of Tuberculosis (1000 persons)	56.7	54.2	47.9	38.7
登记患病率(‰)	Register sicken Rate (‰)	0.60	0.57	0.50	0.40
结核病新发病人数(千例)	Number of New Incidence from Tuberculosis (1000 persons)	13.0	15.5	17.8	17.4
登记新发病率(1/万)	Register New Incidence Disease Rate (1/10 000)	1.36	1.62	1.85	1.80
结核病死亡人数(人)	Number of Death from Tuberculosis (person)	88	97	113	104
死亡率(1/10万)	Death Rate (1/100 000)	0.09	0.10	0.12	0.11
“五苗”接种率(%)	Five Type of bacterins inoculability Rate (%)	97.5	98.2	98.4	98.7
乙肝疫苗全程接种率(%)	Hepatitis B Bacterins Quite inoculability Rate (%)	98.3	98.4	98.4	99.0

23-10 各市医疗卫生机构情况(2020年)

Conditions of Health Institutions by City (2020)

单位：个 (unit)

地区 City (County)	合计 Total	城市 Urban Area	农村 Rural Area	#医院 Hospital	#公立医院 Public Hospitals	#基层医疗卫生机构 Health Care Institutions at Grass-root Level	#社区卫生服务中心(站) Community health sevice centers	卫生院 Health Centers	村卫生室 Village Clinics	#专业公共卫生机构 Specialized Public Health Institutions	#疾病预防控制中心 Center for Disease Control and Prevention	#妇幼保健院(所/站) Women and Children Care Agencies
全省 Total	**74653**	**8926**	**65727**	**2205**	**715**	**71347**	**1653**	**2027**	**57003**	**910**	**180**	**164**
省辖市 City												
郑州市 Zhengzhou	6258	2638	3620	282	75	5887	288	99	2691	57	15	14
开封市 Kaifeng	3410	575	2835	94	34	3243	87	92	2552	62	11	7
洛阳市 Luoyang	4787	911	3876	167	56	4495	224	153	3232	116	16	16
平顶山市 Pingdingshan	3692	454	3238	91	59	3527	129	97	2815	59	11	10
安阳市 Anyang	5860	731	5129	100	33	5702	50	91	4230	48	10	10
鹤壁市 Hebi	1454	235	1219	59	18	1372	25	25	1092	19	6	5
新乡市 Xinxiang	5358	628	4730	156	61	5135	122	146	4109	61	13	13
焦作市 Jiaozuo	2663	210	2453	94	37	2515	72	77	2024	50	12	10
濮阳市 Puyang	4114	567	3547	59	32	3996	86	76	3286	40	8	6
许昌市 Xuchang	3972	271	3701	110	21	3825	68	78	3453	34	7	6
漯河市 Luohe	1810	269	1541	64	20	1717	41	50	1355	27	6	4
三门峡市 Sanmenxia	1781	136	1645	65	22	1687	60	73	1368	23	7	5
南阳市 Nanyang	7307	370	6937	221	81	6990	22	216	6112	80	14	15
商丘市 Shangqiu	6221	135	6086	89	36	6053	53	191	5669	57	10	9
信阳市 Xinyang	4253	425	3828	118	36	4056	184	191	3242	70	11	10
周口市 Zhoukou	7335	222	7113	211	47	7069	14	179	6373	43	11	11
驻马店市 Zhumadian	3796	149	3647	216	41	3513	77	181	2928	58	11	12
济源市 Jiyuan	582		582	9	6	565	51	12	472	6	1	1
省直管县 County Directly Administrated by Province												
巩义市 Gongyi	670		670	16	2	648	26	17	502	4	1	1
兰考县 Lankao	636		636	13	3	619		16	599	3	1	1
汝州市 Ruzhou	506		506	9	6	491	5	15	459	5	1	1
滑县 Huaxian	1194		1194	18	3	1172	3	20	1113	4	1	1
长垣市 Changyuan	730		730	15	3	711	2	17	598	4	1	1
邓州市 Dengzhou	904		904	29	4	868	3	25	840	7	1	1
永城市 Yongcheng	798		798	12	6	776	2	28	726	7	1	1
固始县 Gushi	758		758	16	2	738	14	30	643	3	1	1
鹿邑县 Luyi	865		865	20	3	840		22	729	4	1	1
新蔡县 Xincai	456		456	25	5	423		23	400	6	1	1

23-11 各市医疗卫生机构床位情况(2020年)

Number of Beds in Health Institutions by City (2020)

单位：张 (unit)

地区 City(County)	合计 Total	城市 Urban Area	农村 Rural Area	#医院 Hospital	#公立医院 Public Hospitals	#基层医疗卫生机构 Health Care Institutions at Grass-root Level	#社区卫生服务中心(站) Community health sevice centers	#卫生院 Health Centers	#专业公共卫生机构 Specialized Public Health Institutions	#妇幼保健院(所、站) Women and Children Care Agencies	#专科疾病防治院(所、站) Specialized Disease Prevention & Treatment Institution
全　　省 Total	**667185**	**254912**	**412273**	**502903**	**360649**	**137851**	**14896**	**122572**	**26056**	**24571**	**1447**
省　辖　市 City											
郑　州　市 Zhengzhou	104888	73840	31048	91736	68240	9290	2936	6134	3862	3862	
开　封　市 Kaifeng	32214	13185	19029	24953	16556	5720	484	5236	1541	1433	108
洛　阳　市 Luoyang	55240	24261	30979	41901	30443	11110	1031	10046	2129	2040	60
平顶山市 Pingdingshan	31908	9963	21945	24358	21717	6148	533	5578	1357	1180	177
安　阳　市 Anyang	33572	14064	19508	23888	20336	8018	792	7202	1666	1586	80
鹤　壁　市 Hebi	10142	5077	5065	8214	6018	1645	155	1471	283	283	
新　乡　市 Xinxiang	41351	12307	29044	31109	24185	9013	1026	7973	1229	1094	130
焦　作　市 Jiaozuo	25608	11970	13638	18895	14511	5378	1766	3612	1335	1335	
濮　阳　市 Puyang	24075	7931	16144	15558	9613	7317	437	6880	970	970	
许　昌　市 Xuchang	24389	8526	15863	18758	9653	4712	508	4189	919	849	70
漯　河　市 Luohe	16410	9029	7381	11879	9149	3625	634	2991	906	906	
三门峡市 Sanmenxia	15540	5793	9747	12510	9205	2567	260	2307	463	463	
南　阳　市 Nanyang	65805	19502	46303	47096	33317	16590	1509	15081	2119	1859	260
商　丘　市 Shangqiu	42255	8889	33366	28098	23447	12053	625	11428	2104	1852	252
信　阳　市 Xinyang	38099	8768	29331	25044	17580	11139	974	10145	1916	1916	
周　口　市 Zhoukou	52919	11211	41708	38056	19948	13148	566	12581	1715	1555	160
驻马店市 Zhumadian	49430	10596	38834	38472	24583	9716	653	9063	1242	1238	
济　源　市 Jiyuan	3340		3340	2378	2148	662	7	655	300	150	150
省直管县 County Directly Administrated by Province											
巩　义　市 Gongyi	4242		4242	3314	1615	829	85	744	99	99	
兰　考　县 Lankao	6036		6036	4248	1440	1404		1404	384	384	
汝　州　市 Ruzhou	6670		6670	4828	3900	1605	183	1422	237	198	39
滑　　县 Huaxian	6501		6501	4104	2721	2139	170	1969	258	258	
长　垣　市 Changyuan	4414		4414	3399	1469	936	70	866	79	79	
邓　州　市 Dengzhou	8400		8400	5590	3407	2250	436	1814	560	300	260
永　城　市 Yongcheng	7579		7579	4869	4367	2262	130	2132	448	350	98
固　始　县 Gushi	7898		7898	4841	2200	2067	259	1808	990	990	
鹿　邑　县 Luyi	5672		5672	4339	1128	1253		1253	80	80	
新　蔡　县 Xincai	4325		4325	3111	1300	1064		1064	150	150	

23-12 各市卫生人员情况(2020年)

Employed Persons in Health Care Institutions by City (2020)

单位：人 (person)

地区 City(County)	卫生人员 Medical Personnel	#卫生技术人员 Medical Technical Personnel	#执业(助理)医师 Licensed (Assistant) Doctors	#执业医师 Licensed Doctor	#注册护士 Registered Nurse	#药师(士) Pharmacist	乡村医生和卫生员 Village Doctors and Assistants	其他技术人员 Other Technical Personnel
全 省 Total	**940967**	**706947**	**276396**	**211837**	**304333**	**29595**	**90327**	**39576**
省 辖 市 City								
郑 州 市 Zhengzhou	161305	133489	50654	45189	64649	5085	4021	6674
开 封 市 Kaifeng	47150	35390	14025	10546	15015	1479	4567	2086
洛 阳 市 Luoyang	73870	58795	23034	18423	26447	2204	4793	2643
平 顶 山 市 Pingdingshan	45286	33666	12764	9574	14204	1540	4164	2231
安 阳 市 Anyang	47149	35350	15488	11308	14450	1179	5108	1853
鹤 壁 市 Hebi	15551	11396	4592	3499	5114	434	1674	642
新 乡 市 Xinxiang	58774	43800	18006	13832	18634	1769	5445	2521
焦 作 市 Jiaozuo	33283	25117	10024	7783	10607	986	2394	1557
濮 阳 市 Puyang	34517	24746	9986	7280	10135	949	5283	1544
许 昌 市 Xuchang	37650	27598	11233	8236	11381	1123	4450	1409
漯 河 市 Luohe	22574	16740	6286	5060	6964	752	2432	1156
三 门 峡 市 Sanmenxia	21278	17176	6728	5248	7466	687	1263	909
南 阳 市 Nanyang	86302	62405	23386	17286	25948	3228	10681	3625
商 丘 市 Shangqiu	64462	45219	17050	11324	17226	2238	7694	3499
信 阳 市 Xinyang	52718	36361	14359	10510	14718	1457	7695	2126
周 口 市 Zhoukou	71149	49134	19256	12665	19672	2337	10940	2788
驻 马 店 市 Zhumadian	62101	46071	17669	12552	19872	1956	7173	2176
济 源 市 Jiyuan	5848	4494	1856	1522	1831	192	550	137
省 直 管 县 County Directly Administrated by Province								
巩 义 市 Gongyi	6972	5586	2252	1814	2410	196	526	191
兰 考 县 Lankao	8291	6156	2328	1557	2351	250	759	428
汝 州 市 Ruzhou	9227	6250	2468	1765	2424	296	906	829
滑 县 Huaxian	8570	6156	2693	1724	2485	196	1293	319
长 垣 市 Changyuan	7104	5218	2400	1654	2094	230	783	149
邓 州 市 Dengzhou	9342	6092	2298	1601	2410	319	1282	527
永 城 市 Yongcheng	9342	6790	2327	1578	2580	254	1129	453
固 始 县 Gushi	9495	6195	2319	1587	2450	226	1440	323
鹿 邑 县 Luyi	7203	4800	2046	1159	1798	220	1415	193
新 蔡 县 Xincai	6298	4318	1834	1083	1546	162	1025	279

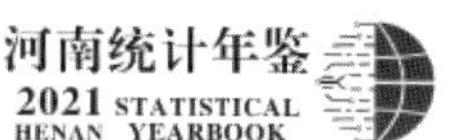

23-13 农村乡镇卫生院医疗服务情况

Situations of Medical Services in Township Health Centers

年 份 Year 市 City	诊疗人次(万次) Visits (10 000 times)	病床使用率(%) Utilization Rate of Beds (%)	出院者平均住院日(日) Average Duration of Hospitalization (day)
1990	4679.38	41.0	5.9
1995	5659.54	43.6	4.8
1996	5390.37	39.3	4.7
1997	5072.91	40.6	4.7
1998	4713.43	39.1	4.5
1999	4098.14	37.2	5.2
2000	4130.08	36.9	5.0
2001	4397.68	36.3	4.5
2002	4149.71	36.7	4.3
2003	4053.87	37.6	5.1
2004	4164.61	36.5	5.1
2005	4205.02	38.4	5.0
2006	4616.18	42.1	4.9
2007	5356.76	54.5	7.4
2008	6076.71	64.9	4.6
2009	6229.54	63.4	5.2
2010	6473.00	64.1	5.4
2011	6913.61	62.6	6.0
2012	8129.89	65.1	6.3
2013	8934.89	61.7	6.9
2014	9648.71	62.1	7.0
2015	10470.68	62.6	7.1
2016	11243.79	62.1	7.2
2017	10635.95	63.3	6.8
2018	10558.81	63.1	7.0
2019	11625.73	63.3	6.8
2020	11504.26	54.8	7.3
郑州市 Zhengzhou	687.38	58.9	7.5
开封市 Kaifeng	691.36	48.2	8.5
洛阳市 Luoyang	636.53	57.0	8.6
平顶山市 Pingdingshan	532.94	55.4	8.3
安阳市 Anyang	503.10	59.9	9.2
鹤壁市 Hebi	138.24	45.4	7.3
新乡市 Xinxiang	633.24	55.2	7.5
焦作市 Jiaozuo	317.42	52.7	7.5
濮阳市 Puyang	336.89	62.4	6.5
许昌市 Xuchang	570.52	38.7	7.9
漯河市 Luohe	238.90	57.4	8.1
三门峡市 Sanmenxia	248.76	38.3	8.8
南阳市 Nanyang	1300.44	53.8	7.1
商丘市 Shangqiu	1540.64	59.7	6.7
信阳市 Xinyang	865.13	63.5	6.7
周口市 Zhoukou	1266.05	53.1	6.5
驻马店市 Zhumadian	938.67	44.3	6.9
济源市 Jiyuan	58.05	53.7	8.1

23−14 妇女儿童卫生保健状况

Basic Statistics on Health Care of Women and Children

指　标	Item	2005	2010	2015	2018	2019	2020
婚前医学检查率(%)	Rate of Medical Examination before Marriage (%)	1.1	4.9	70.6	76.5	77.8	77.0
城市	Urban Areas	1.9	6.4	54.5	67.0	67.4	67.8
农村	Rural Areas	0.5	4.1	77.7	81.1	83.2	82.0
婴儿死亡率（‰）	Infant Mortality (‰)	10.8	7.1	4.4	3.8	3.6	3.2
城市	Urban Areas	10.0	5.5	3.5	2.1	3.0	2.0
农村	Rural Areas	11.1	8.0	4.6	4.1	3.7	3.4
5岁以下儿童死亡率(‰)	Mortality of Child under 5 Years Old (‰)	13.8	8.7	5.9	5.3	4.8	4.7
城市	Urban Areas	10.7	6.4	4.4	2.5	3.7	2.9
农村	Rural Areas	15.3	10.0	6.3	5.8	5.0	5.0
孕产妇死亡率(1/10万)	Mortality Rate of Pregnant and Lying-in Women (1/100 000)	44.8	15.2	10.5	10.9	9.7	9.3
城市	Urban Areas	33.3	20.2	11.0	11.6	5.1	8.0
农村	Rural Areas	49.3	13.2	10.2	10.0	11.7	10.2
全省住院分娩率(%)	Hospitalization Rate of Parturition in Province (%)	87.8	98.9	100.0	99.9	100.0	100.0
农村孕产妇住院分娩率(%)	Hospital Parturition Rate of Rural Pregnant Women (%)	85.0	98.7	100.0	99.8	100.0	100.0
产前检查率（%）	Medical Prenatal Examination Rate (%)	85.0	91.2	94.9	94.2	93.7	94.6
孕产妇系统管理率(%)	Systematic Management Rate of Pregnant and Lying-in Women (%)	67.2	76.4	86.0	85.3	83.8	84.9
城市	Urban Areas	67.6	80.0	86.0	85.3	85.0	86.1
农村	Rural Areas	67.0	75.0	86.0	85.4	83.1	84.1
5岁以下儿童低体重（中重度营养不良）率（%）	moderate and Serious malnutrition Rate of Children under 5 Years old (%)	3.4	2.0	1.6	1.8	1.5	1.3
城市	Urban Areas	2.4	1.5	1.6	1.7	1.4	1.2
农村	Rural Areas	4.0	2.2	1.6	1.9	1.6	1.4
7岁以下儿童健康管理率（%）	Health Care Rate of Children under 7 Years Old (%)	70.2	76.7	86.6	88.2	89.7	90.9
城市	Urban Areas		83.6	88.8	89.6	91.5	92.2
农村	Rural Areas		74.0	85.6	87.5	88.6	90.1
卡介苗疫苗接种率(%)	BCG (%)	99.4	99.8	99.6	99.3	99.6	99.9
脊髓灰质炎疫苗接种率(%)	Poliomyelitis (%)	99.2	99.3	98.3	98.8	98.6	97.8
百白破疫苗接种率(%)	DPT(%)	99.2	99.5	98.7	97.1	98.5	98.1
含麻疹成分疫苗接种率(%)	Measles (%)	98.7	99.3	98.3	98.0	98.2	98.8
乙肝疫苗接种率（%）	Inoculation Rate of Hepatitis B Vaccine (%)	99.1	99.8	98.1	98.4	98.4	99.0

23-15 社会工作机构基本情况(2020年)

Statistics on Social Service Institutions (2020)

指标名称	Item	单位数（个）Number of Institutions (unit)	职工人数（人）Number of Staff and Workers (persons)
社会工作	**Social Work**	**61013**	**304439**
提供住宿的社会工作机构	Social Work Institutions with Accommodations	3382	36758
养老机构	Pension Institutions	3244	34404
#社会福利院	Social Welfare Homes	81	1713
精神疾病服务机构	Social Welfare Institutions for Mental Diseases	3	147
儿童福利和救助保护机构	Social Welfare and Protection Institutions for Children	31	955
其他提供住宿的机构	Other Social Welfare Institutions with Accommodations	104	1252
# 生活无着人员救助管理站	Salvation Stations	97	1162
不提供住宿的社会工作机构和设施总数	Social Welfare Institutions without Accommodations	57631	267681
民政部门直属康复辅具机构	Rehabilitation Aids Institutions Directly under the Civil Affairs Department	1	75
社会救助服务机构	Social Assistance Services	51	438
福利彩票发行单位	Welfare Lottery Issuing Unit	40	450
社区服务机构和设施	Community Service Institutions and Facilities	57539	266718
其他社会服务机构	**Other Social Service Institutions**	**367**	**6812**
婚姻服务机构	Marriage Registration Institutions	59	421
殡葬服务机构	Funeral Service Institutions	308	6391
殡仪馆	Funeral Home	112	3134
公墓	Cemetery	108	2144
骨灰堂	Columbarium	1	23
殡仪服务站	Funeral Service Station	1	10
殡葬管理单位	Funeral and Interment Management Institutions	86	1080

注：民政厅组织各地民政部门对养老机构进行规范性整顿，调整了“社区服务机构和设施”和养老机构台账，数据与以前年份不可比。

a) The Department of civil affairs carry out standardized rectification of pension institutions, and adjusted the accounts of community service institutions and facilities, and the pension institutions. The data are not comparable with those of previous years.

23-16 各市孤儿和家庭收养基本情况(2020年)

Statistics on Orphans and Children Adopted by Families by City (2020)

单位：人 (Person)

市（县） City(County)	孤儿数 Number of orphans	集中供养 Centralized support	社会散居 Live scattered	家庭收养儿童数 Number of Children Adopted by Families
全 省 Total	**18068**	**3876**	**13972**	**463**
省 本 级 Privincial Level				5
郑 州 市 Zhengzhou	1185	713	413	38
开 封 市 Kaifeng	871	260	611	14
洛 阳 市 Luoyang	962	389	556	64
平 顶 山 市 Pingdingshan	1112	300	809	54
安 阳 市 Anyang	493	74	417	15
鹤 壁 市 Hebi	212	81	131	3
新 乡 市 Xinxiang	613	142	471	26
焦 作 市 Jiaozuo	434	169	253	11
濮 阳 市 Puyang	486	79	407	17
许 昌 市 Xuchang	790	150	632	13
漯 河 市 Luohe	428	136	257	13
三 门 峡 市 Sanmenxia	276	121	154	14
南 阳 市 Nanyang	3578	370	3175	50
商 丘 市 Shangqiu	1418	224	1185	35
信 阳 市 Xinyang	1027	168	858	24
周 口 市 Zhoukou	2153	145	1993	23
驻 马 店 市 Zhumadian	1956	316	1615	23
济 源 市 Jiyuan	74	39	35	21
省 直 管 县 County Directly Administrated by Province				
巩 义 市 Gongyi	71	23	48	
兰 考 县 Lankao	193	17	176	
汝 州 市 Ruzhou	209	92	117	6
滑 县 Huaxian	117		117	9
长 垣 市 Changyuan	77		77	
邓 州 市 Dengzhou	705	23	680	17
永 城 市 Yongcheng	226	72	154	1
固 始 县 Gushi	188	8	180	4
鹿 邑 县 Luyi	364		364	
新 蔡 县 Xincai	147		147	

23-17 各市社会救助情况(2020年)

Statistics on Social Relief by City (2020)

单位：人 (person)

市(县) City(County)	城市居民最低生活保障人数 Number of Urban Residents Receiving Minimum Living Allowance	农村最低生活保障人数 Number of Rural Residents Receiving Minimum Living Allowance	农村特困人员集中供养人数 Number of Rural Residents in Exceptional Poverty with Centralized Livelihood Guaranteed	农村特困人员分散供养人数 Number of Rural Residents in Exceptional Poverty with Decentralized Livelihood Guaranteed
全省 Total	**394271**	**2924552**	**82520**	**411101**
省辖市 City				
郑州市 Zhengzhou	14215	39251	2428	9400
开封市 Kaifeng	17492	137166	4786	12342
洛阳市 Luoyang	23307	168766	5039	19863
平顶山市 Pingdingshan	26834	126307	2817	23955
安阳市 Anyang	11343	92595	2121	15066
鹤壁市 Hebi	9441	27090	208	4124
新乡市 Xinxiang	16085	140912	3929	14774
焦作市 Jiaozuo	14074	63993	1656	3743
濮阳市 Puyang	8980	137287	1634	16511
许昌市 Xuchang	22788	62817	4789	15892
漯河市 Luohe	3198	44368	2757	11323
三门峡市 Sanmenxia	11644	61072	2029	5071
南阳市 Nanyang	32109	477816	15636	69106
商丘市 Shangqiu	21632	317020	5881	41910
信阳市 Xinyang	70171	350795	5435	52821
周口市 Zhoukou	30735	368682	13386	47059
驻马店市 Zhumadian	49504	308615	7434	47432
济源市 Jiyuan	10719		555	709
省直管县 County Directly Administrated by Province				
巩义市 Gongyi	645	11308	386	1731
兰考县 Lankao	2689	28072	610	2551
汝州市 Ruzhou	3380	38112	592	3482
滑县 Huaxian	1211	36865	890	6394
长垣市 Changyuan	4843	22096	2275	973
邓州市 Dengzhou	1778	54737	819	9000
永城市 Yongcheng	3364	46619	1841	6060
固始县 Gushi	13292	69601	1488	13059
鹿邑县 Luyi	1451	51746	1606	5589
新蔡县 Xincai	10650	46551	466	4536

23-18 各市医疗救助基本情况(2020年)

Basic Statistics on Medical Aid by City (2020)

市(县) City(County)	资助参加基本医疗保险人数(人) Civil Affairs Aid for Medical Insurance (persons)	门诊和住院医疗救助人数(人次) Direct Medical Aid (persons-time)	资助参加基本医疗保险资金数(万元) Civil Affairs Expenses of Medical Insurance (10 000 yuan)	门诊和住院医疗救助资金数(万元) Expenses for Direct Medical Aid (10 000 yuan)
全 省 Total	**5652592**	**3375084**	**42463**	**175424**
省 辖 市 City				
郑 州 市 Zhengzhou	95249	70717	794	5906
开 封 市 Kaifeng	279938	230661	1403	12668
洛 阳 市 Luoyang	57097	644010	1233	33407
平 顶 山 市 Pingdingshan	212595	158415	1124	3943
安 阳 市 Anyang	135458	221361	1378	7412
鹤 壁 市 Hebi	58552	18512	283	1789
新 乡 市 Xinxiang	185904	40258	3010	3354
焦 作 市 Jiaozuo	97715	55204	495	3740
濮 阳 市 Puyang	325539	316333	1196	11114
许 昌 市 Xuchang	187834	102250	5059	3877
漯 河 市 Luohe	13219	39627	322	2779
三 门 峡 市 Sanmenxia	177170	57345	635	5489
南 阳 市 Nanyang	587598	335577	4910	14311
商 丘 市 Shangqiu	374493	196853	3540	13796
信 阳 市 Xinyang	956270	324925	4803	21714
周 口 市 Zhoukou	1516848	341283	2236	17258
驻 马 店 市 Zhumadian	376130	204289	9889	12075
济 源 市 Jiyuan	14983	17464	154	793
省 直 管 县 County Directly Administrated by Province				
巩 义 市 Gongyi	11289	8066	295	524
兰 考 县 Lankao	85470	76195	656	2484
汝 州 市 Ruzhou	38672	28452	206	1181
滑 县 Huaxian	69639	123723	643	3915
长 垣 市 Changyuan	40197	8890	970	867
邓 州 市 Dengzhou	69939	31753	1010	1923
永 城 市 Yongcheng	51546	60161	723	3545
固 始 县 Gushi	209788	83175	968	4200
鹿 邑 县 Luyi	1195393	104581	458	2711
新 蔡 县 Xincai	54709	17869	645	2340

23-19 各市社区服务基本情况(2020年)

Statistics on Community Service Facilities by City (2020)

市 City	社区服务机构和设施(个) Number of Community Service Institutions and Facilities (unit)	年末职工人数(人) Number of Staffs at the End of the Year (person)	#女性 Female	床位数(张) Number of Beds (unit)	年末收养人数(人) Number of Adopted Person at the End of the Year (person)
全省 Total	**57539**	**266718**	**73942**	**89171**	**9399**
郑州市 Zhengzhou	2604	16317	7541	7086	487
开封市 Kaifeng	3158	14463	3709	2280	91
洛阳市 Luoyang	5173	28837	8119	9570	339
平顶山市 Pingdingshan	3532	20821	4974	6375	486
安阳市 Anyang	3708	17496	4155	3052	418
鹤壁市 Hebi	1197	4056	1523	4846	27
新乡市 Xinxiang	3190	15470	4574	7758	292
焦作市 Jiaozuo	2668	8719	3153	10705	63
濮阳市 Puyang	3339	15108	3933	821	68
许昌市 Xuchang	3269	11936	3930	4193	323
漯河市 Luohe	1810	6245	5329	4687	279
三门峡市 Sanmenxia	1485	5526	1656	1303	
南阳市 Nanyang	5206	25918	5418	2514	92
商丘市 Shangqiu	4865	22486	4565	2854	675
信阳市 Xinyang	2991	9175	1481	6686	906
周口市 Zhoukou	5687	26294	5837	13079	4708
驻马店市 Zhumadian	3146	16066	3384	1231	145
济源市 Jiyuan	511	1785	661	131	

注：民政厅组织各地民政部门对养老机构进行规范性整顿，调整了"社区服务机构和设施"和养老机构台账，数据与以前年份不可比。

a) The Department of civil affairs carry out standardized rectification of pension institutions, and adjusted the accounts of community service institutions and facilities, and the pension institutions. The data are not comparable with those of previous years.

23-20 各市婚姻服务基本情况(2020年)

Statistics on Marriages and Divorces by City (2020)

地区	City	结婚登记(对) Total Number of Registered Marriages (couples)	初婚(人) First Marriages (persons)	再婚(人) Re-marriages (persons)	离婚(对) Divorces (couples)	#民政 Civil Affairs
全省	**Total**	**626469**	**969324**	**283614**	**314382**	**272184**
省本级	Provincisl Level	364	594	134	38	38
郑州市	Zhengzhou	61844	77887	45801	43994	41324
开封市	Kaifeng	27843	44438	11248	14764	13086
洛阳市	Luoyang	41000	63843	18157	20973	18463
平顶山市	Pingdingshan	25563	37407	13719	15586	13581
安阳市	Anyang	32999	51278	14720	16794	14342
鹤壁市	Hebi	9009	15563	2455	4047	3425
新乡市	Xinxiang	33638	49672	17604	19421	17331
焦作市	Jiaozuo	19747	30641	8853	9782	8343
濮阳市	Puyang	25519	40386	10652	11242	9352
许昌市	Xuchang	27039	40286	13792	14801	12769
漯河市	Luohe	13026	19203	6849	7445	6414
三门峡市	Sanmenxia	12371	18640	6102	6054	4477
南阳市	Nanyang	54775	85740	23810	27215	20886
商丘市	Shangqiu	63141	101078	25204	25555	22028
信阳市	Xinyang	42062	67934	16190	20926	17861
周口市	Zhoukou	79833	136720	22946	27100	23472
驻马店市	Zhumadian	52803	82230	23376	26529	23162
济源市	Jiyuan	3893	5784	2002	2116	1830

23-21 残疾人事业基本情况(2020年)

Basic Information of Person with Disabilities (2020)

单位：人 (Person)

项　目	Item	2020
康复	**Rehabilitation**	
总体康复服务情况	**General Rehabilitation**	
得到基本康复服务的残疾人	People Receiving Basic Rehabilitation	405181
#得到辅助器具适配服务	Receiving Adaption and Services with Assistive Devices	148941
服务建档立卡贫困残疾人	Poor Disabled People in File	26892
服务因病致（返）贫残疾人	Poor Disabled People Due to Illness	10828
按残疾类别接受服务情况	**According to the Disability**	
视力残疾人	Visual Disability	32676
听力残疾人	Hearing Disability	29126
言语残疾人	Speech Disability	1306
肢体残疾人	Physical Disability	238498
智力残疾人	Intellectual Disability	28752
精神残疾人	Mental Disability	41098
多重残疾人	Multiple Disability	16822
0-17岁未持证残疾儿童	0-17 year-old Children without Certificate	16903
分年龄接受服务情况	**According to the Age**	
0-6岁残疾儿童	0-6 year-old Disabled Children	24471
7-17岁残疾儿童	7-17 year-old Disabled Children	17434
18-59岁残疾人	18-59 year-old Disabled People	170346
60岁及以上残疾人	60 years old and above	192930
接受康复服务内容情况	**According to the Rehabilitation Service Content**	
康复医疗	Medical Rehabilitation	19172
功能训练	Functional Training	53804
辅助器具	Auxiliary Appliance	148941
支持性服务	Supporting Services	191863
接受康复服务项目情况	**According to the Rehabilitation Service Category**	
视力残疾	Visual Disability	
康复医疗	Medical Rehabilitation	717
康复训练	Rehabilitation Training	3068
辅助器具	Auxiliary Appliance	13630
支持性服务	Supporting Services	17229
听力、言语残疾	Hearing, Speech Disability	
康复医疗	Medical Rehabilitation	807
康复训练	Rehabilitation Training	3749
辅助器具	Auxiliary Appliance	15448
支持性服务	Supporting Services	18264
肢体残疾	Physical Disablity	
康复医疗	Medical Rehabilitation	3933
康复训练	Rehabilitation Training	31575
辅助器具	Auxiliary Appliance	118056
支持性服务	Supporting Services	106506
智力残疾	Intellectual Disability	
康复医疗	Medical Rehabilitation	836
康复训练	Rehabilitation Training	11487
支持性服务	Supporting Services	23054
其他	Others	978
精神残疾	Mental Disability	
康复医疗	Medical Rehabilitation	12905
康复训练	Rehabilitation Training	4179
支持性服务	Supporting Services	27122
其他	Others	906
按辅助器具项目情况	**According to the Assistive Devices**	
盲杖及助视器	White Cane and Vison-aids	13630
人工耳蜗及助听器	Cochlear and Hearing-aid	15098
假肢、矫形器、轮椅等主要肢体残疾辅助器具	Prosthesis, Orthosis, Wheelchair and other Main Assistive Devices for Physical Disability	118056
其他各类辅助器具	Other Assistive Devices	2238

23-21 续表 continued

项　目	Item	2020
教育	**Education**	
学前教育阶段	Pre-school Education	
接受残疾人事业专项彩票公益金助学项目资助	Accept Aid from Welfare Lottery Funds for Disabled Persons	1325
高等教育阶段	Higher Education	
高等特殊教育机构录取残疾考生	Disabled Students at Special Higher Education Institutions	340
普通高等院校录取残疾考生	Disabled Students at Regular Higher Education Institutions	972
就业	**Employment**	
残疾人就业人数	Eemployed PWDS	512538
按比例就业	Employed on Percentage	23249
集中就业	Centralized Employment	12088
个体就业	Self-employed	87121
公益性岗位就业	Employment at Public Welfare	4051
辅助性就业	Supporting Employment	16745
农村种养加	Engaged in Planting, Breeding and Processing	261540
灵活就业	Fixable Employment	107744
盲人按摩	**Massage by Persons with Visual Disability**	
保健按摩人员培训	Massage Therapists Training	1340
医疗按摩人员培训	Medical Massage Training	1129
维权	**Rights Protection**	
执法检查	Law Enforcement Inspection	
人大执法检查或专题调研(次)	Law enforcement inspection of National People's Congress and Special investigation (time)	6
政协视察或专题调研(次)	Inspection of CPPCC and Special investigation (time)	3
法律救助	Legal Aid and Assistance	
残疾人法律救助工作站(个)	Legal aid Workstations for disabled People (unit)	157
残疾人法律救助工作站办理案件(件)	Cases of Legal aid workstations for disabled People (case)	32
无障碍设施建设	Construction of Barrier-free Facilities	
贫困残疾人家庭无障碍改造(户)	Barrier-free Reconstruction for Poor Family with Disabled People (household)	67333
无障碍环境建设检查(次)	Barrier-free Check (time)	59
无障碍培训(人次)	Barrier-free Training (person-time)	575
残疾人信访	Letters and Calls from Disabled Persons	
残疾人来信(件)	Letters from Disabled Persons (case)	534
残疾人来访(人次)	Visit from Disabled Persons (person-time)	873
残疾人来电(通)	Calls from Disabled Persons (person-time)	1536
网上投诉（件）	Online Complaints	21
残联组织建设	**Organization of the Disabled Persons' Federation**	
残疾人工作者数(人)	Disabled Worker (person)	8030

主要统计指标解释

医疗卫生机构 指从卫生（卫生计生）行政部门取得《医疗机构执业许可证》《中医诊所备案证》《计划生育技术服务许可证》，或从民政、工商行政、机构编制管理部门取得法人单位登记证书，为社会提供医疗服务、公共卫生服务或从事医学科研和医学在职培训等工作的单位。医疗卫生机构包括医院、基层医疗卫生机构、专业公共卫生机构、其他医疗卫生机构。

基层医疗卫生机构 包括社区卫生服务中心、社区卫生服务站、街道卫生院、乡镇卫生院、村卫生室、门诊部、诊所（医务室）。

专业公共卫生机构 包括疾病预防控制中心、专科疾病防治机构、妇幼保健机构（含妇幼保健计划生育服务中心）、健康教育机构、急救中心（站）、采供血机构、卫生监督机构、取得《医疗机构执业许可证》或《计划生育技术服务许可证》的计划生育技术服务机构。

其他医疗卫生机构 包括疗养院、临床检验中心、医学科研机构、医学在职教育机构、医学考试中心、农村改水中心、人才交流中心、统计信息中心等卫生事业单位。

医院 指设有固定床位，能收容病人住院并能为病人提供医疗、护理服务的医疗机构。包括综合医院、中医医院、中西医结合医院、民族医院、各类专科医院和护理院，不包括专科疾病防治院、妇幼保健院和疗养院。

卫生技术人员 包括执业医师、执业助理医师、注册护士、药师（士）、检验技师（士）、影像技师（士）、卫生监督员和见习医（药、护、技）师（士）等卫生专业人员。不包括从事管理工作的卫生技术人员（如院长、副院长、党委书记等）。

执业医师 指《医师执业证》“级别”为“执业医师”且实际从事医疗、预防保健工作的人员，不包括实际从事管理工作的执业医师。执业医师类别分为临床、中医、口腔和公共卫生四类。

执业助理医师 指《医师执业证》“级别”为“执业助理医师”且实际从事医疗、预防保健工作的人员，不包括实际从事管理工作的执业医师。执业助理医师类别分为临床、中医、口腔和公共卫生四类。

注册护士 指具有注册护士证书且实际从事护理工作的人员，不包括从事管理工作的护士。

收养性单位（提供食宿的社会福利单位） 指提供食宿的、不以盈利为目的的革命伤残人休养院、复退军人慢性病疗养院、复退军人精神病院、光荣院、社会福利院、儿童福利院、精神病人福利院、老年收养性机构（敬老院、养老院、老年公寓）等收养性的社会福利企业单位的总称。

收养性单位年末在院人数（收养人数） 指收养单位报告期末实际收养的优抚对象、社会“三无”对象和自费人员的总人数。

社会福利企业单位 指以集中安置有一定劳动能力的残疾人就业为目的（残疾职工占生产人员10%以上）、带有社会福利性质的企业总称。社会福利企业分类为：社会福利工厂、假肢厂、其他福利企业。

Explanatory Notes on Main Statistical Indicators

Medical and Health Care Institutions refer to the units which have been qualified the Certification of Health Care Institution, filing certificate of traditional Chinese medicine clinic, certification of family planning technical service by the administration of public health (family planning), or qualified the Certification of Corporate Unit by the civil affairs, administration for industry and commerce, commission office for public sector reform, and engaging in medical health care services, public health services, or medicine research and on-job training, etc., including: hospitals, health care institutions at grass-root level, specialized public health institutions, and other medical and health care institutions.

Health Care Institutions at Grass-root Level include community health service centers, community health service stations, urban health centers, township health centers, village clinics, outpatient departments and clinics (health centers).

Specialized Public Health Institutions include centers for disease control and prevention, specialized disease prevention and treatment institutions, women and children care agencies(including women and children health care family planning service center), health education institutions, first aid centers, blood gathering and supplying institutions, health supervision and inspection agencies, and family planning technical service centers that obtained the Certification of Health Care Institution or certification of family planning technical service centers.

Other Medical and Health Care Institutions include sanatoriums, clinical laboratory centers, medicinal scientific research institutions, on-job training institutions, medical examination centers, rural water improvement centers, talent exchange centers, and statistical information centers, etc.

Hospitals refer to medical institutions with permanent hospital beds, which are able to take in patients and provide them with medical and nursing services. Include general hospital, hospital of traditional Chinese medicine, hospital of combining traditional Chinese and western medicine, national hospital, all kinds of specialized subject hospital and nursing homes, not including specialized subject hospital, maternity and child care centers, and convalescent hospital.

Medical Technical Personnel include Licensed Doctors, Licensed Assistant Doctors, Pharmacists, inspection technician, image technicians, hygiene supervisors and apprentice physicians and other health professionals. Not including engaged in the management of the health technical personnel.

Licensed Doctors refer to the medical workers who have obtained the licenses of qualified doctors and are employed in medical treatment, disease prevention or healthcare institutions, excluding the licensed doctors engaged in management job. The licensed doctors are divided into 4 categories: clinician, Chinese medicine physicians, dentist and public health physicians.

Licensed Assistant Doctors refer to the medical workers who have obtained the licenses of qualified assistant doctors and are employed in medical treatment, disease prevention or healthcare institutions, excluding the licensed assistant doctors engaged in management job. The classification of licensed assistant doctors is clinician, Chinese medicine, dentist and public health.

Registered nurse refers to has registered nurse certificate and actually engaged in nursing work of the staff, not including engaged in the management of the nurse.

Social Welfare Enterprises refers to those welfare-oriented enterprises employing a significant number of handicapped people with certain labour ability (handicapped employees shall exceed 10% of the production staff), including welfare factories, artificial limb plants as well as other welfare enterprises.

文化和体育

Culture and Sports

24

◎ 资料整理：孔令惠

简要说明

一、主要内容

本篇包括文化、文物机构、档案、广播、电视、新闻出版、文化及相关产业增加值、规模以上企业等方面的活动情况。

二、资料来源

文化机构人员，艺术表演团体，艺术表演场馆，公共图书馆，博物馆，群众艺术馆，文化馆等资料由河南省文化和旅游厅提供；档案资料由省档案局（馆）提供；文物机构资料由省文物局提供；广播、电视资料由省广播电视局提供；新闻出版资料由省新闻出版局提供；体育资料由省体育局提供。由省统计局社会与科技处编辑整理。

Brief Introduction

I. Main Contents

Data in this chapter mainly reflect the situations on culture, relics institutions, archives, broadcasting, television; news and publication.

II. Sources of Data

Data on the number of the staff and workers in cultural situations, art performing groups and performance venues, public libraries, museums, art venues, cultural venues are provided by Henan Provincial Department of culture and tourism; the archives are provided by the Provincial Archives Bureau (Museum); the information of cultural relics institutions is provided by the Provincial Bureau of cultural relics; the radio and television materials are provided by the provincial radio and Television Bureau; the press and publication materials are provided by the provincial press and Publication Bureau; and the sports materials are provided by the provincial sports and Education Bureau. It is edited by the social and science and Technology Department of the Provincial Bureau of statistics.

24-1 文化及相关产业增加值

Value-Added of Cultural and Related Industry

年份	增加值(亿元) Value-Added (100 million yuan)	文化制造业 Culture Manufacturing	文化批发和零售业 Wholesaleand Retail of Culture	文化服务业 Services of Culture	构成(%) Composition (%) 文化制造业 Culture Manufacturing	文化批发和零售业 Wholesaleand Retail of Culture	文化服务业 Services of Culture	占GDP比重(%) Percentage to GDP (%)
2004	101.40							1.21
2008	249.70							1.41
2009	293.62							1.53
2010	367.13							1.62
2011	454.37							1.73
2012	670.00	363.30	34.30	271.90	54.2	5.1	40.6	2.31
2013	815.69	435.89	56.61	323.19	53.4	6.9	39.6	2.58
2014	984.66	528.16	117.83	338.67	53.6	12.0	34.4	2.85
2015	1111.87	588.47	128.71	394.70	52.9	11.6	35.5	3.00
2016	1212.80	608.62	157.23	446.95	50.2	13.0	36.9	3.01
2017	1349.23	588.26	167.30	593.66	43.6	12.4	44.0	3.01
2018	2142.51	569.58	298.96	1273.97	26.6	14.0	59.5	4.29
2019	2251.15	584.92	317.83	1348.41	26.0	14.1	59.9	4.19

注：2013年以前增加值数据为法人单位口径。
a) The data on value-added before 2013 were on the caliber of establishment.

24-2 文化及相关产业规模以上企业分类主要指标(2020年)

Main Indicators of Culture and Related Industry above Designated Size by Type (2020)

项目	Item	法人单位数(个) Number of Institutional Unit (unit)	从业人员期末人数(人) Number of Employed Persons at yearend (person)	资产总计(亿元) Total Assets (100 million yuan)	营业收入(亿元) Business Revenue (100 million yuan)	利润总额(亿元) Total Profits (100 million yuan)	税金合计(亿元) Tax and Expenses (100 million yuan)	应付职工薪酬(亿元) Wages Payable (100 million yuan)
全　省	**Total**	**2897**	**334686**	**3309.23**	**2326.32**	**153.49**	**50.98**	**239.02**
文化核心领域	**Core Area**	**1970**	**231863**	**2564.52**	**1469.17**	**106.33**	**31.74**	**173.01**
新闻信息服务	News and Information Service	76	26485	154.80	130.72	-2.11	3.56	33.29
内容创作生产	Content Authoring	635	100047	1040.90	636.86	55.90	12.32	63.96
创意设计服务	Creative Design Service	452	38706	352.29	346.14	32.28	9.15	42.31
文化传播渠道	Channels of Cultural Transmission	436	34697	308.37	246.33	7.94	2.72	18.71
文化投资运营	Cultural Investment and Operation	13	1133	69.66	16.05	0.26	0.18	0.85
文化娱乐休闲服务	Cultural Entertainment and Service	358	30795	638.48	93.08	12.06	3.81	13.88
文化相关领域	**Related Area**	**927**	**102823**	**744.71**	**857.15**	**47.16**	**19.25**	**66.01**
文化辅助生产和中介服务	Subsidiary Production and Intermediary Services	493	71190	587.26	575.46	33.88	15.09	51.18
文化装备生产	Production of Cultural Equipment	82	8423	49.48	62.21	3.80	0.94	4.68
文化消费终端生产	Terminal Production of Cultural Consumption	352	23210	107.97	219.48	9.48	3.22	10.15

24-3 文化及相关产业规模以上企业主要经济指标(2020年)

Main Economic Indicators of Culture and Related Industry Enterprises above Designated Size (2020)

单位：亿元 (100 million yuan)

指　标	Item	合计 Total	文化制造业 Cultural Manufacturing Industry	文化批零业 Cultural wholesale and Retail Industry	文化服务业 Cultural Service Industry	#内资 Domestic Funded	公有制 Public-owned	非公有制 Non-public owned
企业单位数（个）	Number of Enterprises (unit)	2897	903	610	1384	2865	343	2554
期末从业人员（人）	Employed Persons (person)	334686	167607	30058	137021	324809	76392	258294
资产总计	Total Assets	3309.23	1314.21	223.95	1771.08	3251.45	1175.78	2133.45
固定资产原价	Fixed Assets Price	1157.94	633.16	38.86	485.92	1140.31	331.22	826.72
本年折旧	Depreciation in This Year	68.40	39.81	1.65	26.94	67.03	14.07	54.33
负债合计	Total Liabilities	1568.44	550.56	121.49	896.39	1539.05	641.88	926.56
所有者权益合计	Total Owner's Equity	1725.95	751.22	101.07	873.66	1697.56	533.74	1192.21
营业收入	Business Revenue	2326.32	1195.95	383.48	746.89	2251.12	654.53	1671.79
营业成本	Operating Cost	1915.21	1020.13	332.23	562.85	1846.97	543.62	1371.60
税金及附加	Tax and Add	19.86	8.69	2.08	9.08	19.66	4.18	15.68
销售费用	Sales Expenses	82.95	26.49	19.65	36.81	81.54	27.15	55.80
管理费用	Management Fee	106.18	34.20	11.96	60.02	104.68	38.92	67.27
研发费用	R & D Expenses	31.30	13.59	0.44	17.27	30.66	13.67	17.63
财务费用	Financial Expenses	33.63	17.00	2.21	14.43	33.50	7.04	26.59
#利息收入	Income of Interest	4.71	0.55	0.29	3.87	4.63	3.87	0.84
#利息费用	Interest Expense	25.20	12.51	1.03	11.66	25.11	8.41	16.79
投资收益	Income from Investment	13.23	0.52	1.50	11.21	13.21	11.87	1.35
营业利润	Operating Profits	144.39	70.73	15.78	57.88	141.35	31.61	112.78
应付职工薪酬	Value Added Tax Payable	239.02	105.80	15.51	117.71	232.85	92.21	146.81
应交增值税	Total Profits	31.13	15.27	2.26	13.60	30.32	10.07	21.06
利润总额	Wages Payable	153.49	72.88	15.97	64.64	150.23	36.40	117.08

24-4 各市文化及相关产业规模以上企业主要指标(2020年)

Main Indicators of Enterprises in Culture and Related Industry above Designated Size by City (2020)

市(县)	City(county)	法人单位数(个) Number of Institutional Unit (unit)	从业人员期末人数(人) Number of Employed Persons at year-end (person)	资产总计(亿元) Total Assets (100 million yuan)	营业收入(亿元) Business Revenue (100 million yuan)	利润总额(亿元) Total Profits (100 million yuan)	税金合计(亿元) Tax and Expenses (100 million yuan)	应付职工薪酬(亿元) Wages Payable (100 million yuan)
总计	**Total**	**2897**	**334686**	**3309.23**	**2326.32**	**153.49**	**50.98**	**239.02**
省辖市	**City**							
郑州市	Zhengzhou	522	64678	913.18	501.40	25.78	9.21	66.53
开封市	Kaifeng	186	22220	144.20	139.42	15.50	2.91	10.26
洛阳市	Luoyang	259	36106	402.60	317.88	13.08	6.43	42.64
平顶山市	Pingdingshan	121	12042	307.49	87.95	8.68	1.01	8.33
安阳市	Anyang	33	3874	34.29	16.63	0.57	0.32	2.84
鹤壁市	Hebi	35	3124	17.50	18.53	1.00	0.36	1.05
新乡市	Xinxiang	125	13944	139.65	101.68	1.01	1.50	10.07
焦作市	Jiaozuo	55	8896	85.62	53.28	1.97	1.84	4.43
濮阳市	Puyang	29	2734	42.00	30.53	1.01	0.72	2.58
许昌市	Xuchang	337	53991	613.45	436.20	29.19	10.00	32.51
漯河市	Luohe	68	7632	109.79	74.26	-2.87	1.59	6.28
三门峡市	Sanmenxia	64	2895	38.77	21.33	0.42	0.26	1.43
南阳市	Nanyang	209	20745	157.26	140.39	11.18	4.06	11.74
商丘市	Shangqiu	262	29224	69.25	131.84	14.27	5.05	12.52
信阳市	Xinyang	215	16116	63.10	65.90	8.50	1.43	6.27
周口市	Zhoukou	205	20873	74.76	113.13	14.44	2.38	12.05
驻马店市	Zhumadian	150	14406	79.60	71.54	9.31	1.76	6.90
济源市	Jiyuan	22	1186	16.73	4.43	0.43	0.16	0.60
省直管县	**County Directly Administrated by Province**							
巩义市	Gongyi	21	2246	12.84	6.60	0.55	0.30	0.65
兰考县	Lankao	62	5306	35.11	34.02	4.75	0.85	2.74
汝州市	Ruzhou	40	4704	14.39	60.02	5.70	0.24	4.71
滑县	Huaxian	13	1888	9.18	6.40	0.80	0.16	1.11
长垣市	Changyuan	14	335	1.67	2.16	0.14	0.02	0.09
邓州市	Dengzhou	11	1277	9.28	5.18	0.58	0.12	0.44
永城市	Yongcheng	46	5468	22.27	46.07	2.39	0.78	2.34
固始县	Gushi	26	3274	4.64	7.94	0.87	0.14	1.16
鹿邑县	Luyi	95	10687	19.89	40.54	5.85	0.80	6.63
新蔡县	Xincai	36	1572	5.16	7.83	1.97	0.19	0.47

24-5 各市文化及相关产业规模以上文化制造业企业主要指标(2020年)

Main Indicators of Cultural Manufacturing Enterprises above Designated Size by City (2020)

市(县)	City(county)	法人单位数(个) Number of Institutional Unit (unit)	从业人员期末人数(人) Number of Employed Persons at year-end (person)	资产总计(亿元) Total Assets (100 million yuan)	营业收入(亿元) Business Revenue (100 million yuan)	利润总额(亿元) Total Profits (100 million yuan)	税金合计(亿元) Tax and Expenses (100 million yuan)	应付职工薪酬(亿元) Wages Payable (100 million yuan)
总计	**Total**	**903**	**167607**	**1314.21**	**1195.95**	**72.88**	**23.96**	**105.80**
省辖市	**City**							
郑州市	Zhengzhou	75	8539	53.98	50.79	3.96	1.73	6.59
开封市	Kaifeng	67	15600	64.75	85.91	8.82	1.61	7.10
洛阳市	Luoyang	60	5920	35.95	71.17	4.62	1.57	5.39
平顶山市	Pingdingshan	40	7723	25.79	64.97	5.77	0.50	6.27
安阳市	Anyang	11	1902	8.33	9.16	0.77	0.29	1.75
鹤壁市	Hebi	10	2154	10.86	15.32	1.15	0.30	0.51
新乡市	Xinxiang	56	10114	67.08	70.00	2.06	1.24	8.47
焦作市	Jiaozuo	24	6801	55.32	47.19	2.83	1.31	3.38
濮阳市	Puyang	12	1380	20.57	17.62	0.86	0.53	1.07
许昌市	Xuchang	203	48238	587.76	379.72	20.79	6.44	29.49
漯河市	Luohe	54	6888	106.80	70.92	-2.85	1.54	5.98
三门峡市	Sanmenxia	5	1217	4.99	4.62	0.03	0.10	0.57
南阳市	Nanyang	57	11905	112.86	99.22	7.09	2.97	8.31
商丘市	Shangqiu	51	8603	34.56	57.61	3.50	1.19	4.49
信阳市	Xinyang	42	7343	24.54	30.03	2.69	0.41	2.49
周口市	Zhoukou	96	14816	51.27	78.07	7.89	0.98	9.30
驻马店市	Zhumadian	37	8296	47.68	42.71	2.90	1.26	4.58
济源市	Jiyuan	3	168	1.13	0.92	0.02	0.01	0.06
省直管县	**County Directly Administrated by Province**							
巩义市	Gongyi	6	1859	3.61	4.13	0.25	0.15	0.48
兰考县	Lankao	29	4253	32.18	24.78	2.24	0.46	2.38
汝州市	Ruzhou	19	3885	11.45	55.22	4.87	0.11	4.32
滑县	Huaxian	7	1290	3.79	4.46	0.73	0.15	0.78
长垣市	Changyuan							
邓州市	Dengzhou	3	683	7.99	3.68	0.39	0.11	0.23
永城市	Yongcheng	13	2115	11.03	28.30	1.39	0.41	0.95
固始县	Gushi	7	1612	2.14	3.42	0.28	0.05	0.51
鹿邑县	Luyi	64	9387	16.24	31.98	4.15	0.31	6.02
新蔡县	Xincai	5	463	3.36	3.53	0.59	0.12	0.18

24−6 各市文化及相关产业限额以上文化批零业企业主要指标(2020年)

Main Indicators of Cultural wholesale and Retail Enterprises above Designated Size by City (2020)

市(县)	City(county)	法人单位数(个) Number of Institutional Unit (unit)	从业人员期末人数(人) Number of Employed Persons year-end (person)	资产总计(亿元) Total Assets (100 million yuan)	营业收入(亿元) Business Revenue (100 million yuan)	利润总额(亿元) Total Profits (100 million yuan)	税金合计(亿元) Tax and Expenses (100 million yuan)	应付职工薪酬(亿元) Wages Payable (100 million yuan)
总计	**Total**	**610**	**30058**	**223.95**	**383.48**	**15.97**	**4.34**	**15.51**
省辖市	**City**							
郑州市	Zhengzhou	126	4437	107.85	175.36	4.52	0.70	3.86
开封市	Kaifeng	48	2525	13.89	20.33	1.08	0.25	1.03
洛阳市	Luoyang	60	2587	18.62	22.66	1.42	0.18	1.20
平顶山市	Pingdingshan	20	890	3.85	8.83	0.05	0.12	0.53
安阳市	Anyang	14	638	2.66	5.90	0.29	0.03	0.44
鹤壁市	Hebi	11	370	1.68	2.09	0.07	0.03	0.18
新乡市	Xinxiang	32	1060	8.69	25.34	0.42	0.09	0.60
焦作市	Jiaozuo	17	560	3.65	4.42	0.14	0.04	0.38
濮阳市	Puyang	11	521	5.97	5.35	0.36	0.04	0.35
许昌市	Xuchang	30	909	5.99	12.24	0.48	0.48	0.48
漯河市	Luohe	8	365	1.44	2.19	0.06	0.02	0.18
三门峡市	Sanmenxia	25	398	2.66	3.62	0.09	0.05	0.26
南阳市	Nanyang	64	3873	13.58	26.06	1.94	0.71	1.44
商丘市	Shangqiu	60	7267	13.38	40.57	3.02	1.16	2.54
信阳市	Xinyang	34	1462	5.15	8.83	0.79	0.16	0.71
周口市	Zhoukou	26	1161	6.05	11.16	0.95	0.19	0.66
驻马店市	Zhumadian	23	974	8.35	8.05	0.27	0.09	0.62
济源市	Jiyuan	1	61	0.49	0.51	0.03	0.00	0.04
省直管县	**County Directly Administrated by Province**							
巩义市	Gongyi	1	52	0.41	0.49	0.04	0.00	0.05
兰考县	Lankao	10	338	1.64	2.29	0.24	0.05	0.14
汝州市	Ruzhou	2	37	0.22	1.07	0.04	0.02	0.01
滑县	Huaxian	4	100	0.54	1.42	0.05	0.01	0.07
长垣市	Changyuan	7	175	1.15	1.98	0.10	0.02	0.04
邓州市	Dengzhou	2	178	0.86	1.04	0.08	0.00	0.09
永城市	Yongcheng	4	2181	5.49	13.23	0.16	0.09	0.99
固始县	Gushi	2	164	0.26	0.88	0.04	0.01	0.10
鹿邑县	Luyi	5	156	0.58	2.25	0.32	0.10	0.07
新蔡县	Xincai	6	90	0.69	1.10	0.09	0.02	0.06

24-7 各市文化及相关产业规模以上文化服务业企业主要指标(2020年)

Main Indicators of Culture Service Enterprises above Designated Size by City (2020)

市(县)	City(county)	法人单位数(个) Number of Institutional Unit (unit)	从业人员期末人数(人) Number of Employed Persons year-end (person)	资产总计(亿元) Total Assets (100 million yuan)	营业收入(亿元) Business Revenue (100 million yuan)	利润总额(亿元) Total Profits (100 million yuan)	税金合计(亿元) Tax and Expenses (100 million yuan)	应付职工薪酬(亿元) wages Payable (100 million yuan)
总计	**Total**	**1384**	**137021**	**1771.08**	**746.89**	**64.64**	**22.68**	**117.71**
省辖市	**City**							
郑州市	Zhengzhou	321	51702	751.35	275.25	17.31	6.77	56.08
开封市	Kaifeng	71	4095	65.56	33.18	5.61	1.05	2.13
洛阳市	Luoyang	139	27599	348.02	224.05	7.05	4.67	36.05
平顶山市	Pingdingshan	61	3429	277.85	14.15	2.85	0.40	1.52
安阳市	Anyang	8	1334	23.30	1.57	-0.48	0.00	0.65
鹤壁市	Hebi	14	600	4.96	1.13	-0.21	0.03	0.36
新乡市	Xinxiang	37	2770	63.88	6.34	-1.47	0.18	1.01
焦作市	Jiaozuo	14	1535	26.65	1.66	-1.00	0.48	0.68
濮阳市	Puyang	6	833	15.46	7.55	-0.20	0.15	1.17
许昌市	Xuchang	104	4844	19.70	44.25	7.92	3.08	2.53
漯河市	Luohe	6	379	1.55	1.15	-0.07	0.03	0.12
三门峡市	Sanmenxia	34	1280	31.12	13.09	0.30	0.12	0.60
南阳市	Nanyang	88	4967	30.82	15.11	2.15	0.38	1.99
商丘市	Shangqiu	151	13354	21.31	33.66	7.75	2.70	5.49
信阳市	Xinyang	139	7311	33.42	27.04	5.02	0.86	3.07
周口市	Zhoukou	83	4896	17.44	23.91	5.60	1.22	2.09
驻马店市	Zhumadian	90	5136	23.57	20.78	6.14	0.41	1.69
济源市	Jiyuan	18	957	15.11	3.00	0.38	0.16	0.49
省直管县	**County Directly Administrated by Province**							
巩义市	Gongyi	14	335	8.83	1.98	0.25	0.14	0.12
兰考县	Lankao	23	715	1.28	6.95	2.27	0.34	0.22
汝州市	Ruzhou	19	782	2.72	3.73	0.78	0.11	0.37
滑县	Huaxian	2	498	4.85	0.52	0.02	0.00	0.26
长垣市	Changyuan	7	160	0.52	0.19	0.04	0.00	0.04
邓州市	Dengzhou	6	416	0.42	0.46	0.10	0.01	0.12
永城市	Yongcheng	29	1172	5.74	4.54	0.85	0.28	0.41
固始县	Gushi	17	1498	2.23	3.64	0.55	0.09	0.55
鹿邑县	Luyi	26	1144	3.08	6.31	1.38	0.39	0.54
新蔡县	Xincai	25	1019	1.11	3.20	1.29	0.05	0.23

24-8 文化文物机构和人员情况(2020年)

Number of Institutions and Employed persons in Cultural Industry (2020)

指标名称	Item	机构(个) Number of Institutions (unit)	文化部门 Culture Department	其他部门 Other Department	从业人员(人) Number of Employed Persons (person)	文化部门 Culture Department	其他部门 Other Department
总　计	**Total**	**21101**	**4041**	**17060**	**140263**	**44678**	**95585**
文化合计	**Cultural**	**20445**	**3512**	**16933**	**127862**	**33682**	**94180**
艺术表演团体	Arts Performance Troupes	2391	164	2227	56665	8049	48616
艺术表演场馆	Arts Performance Places	198	131	67	4707	2160	2547
公共图书馆	Public Libraries	166	166		2906	2906	
文化馆	Cultural Centers	205	205		3133	3133	
文化站	Cultural Stations	2478	2478		8266	8266	
艺术展览创作机构	Art Exhibition and Creative Institutions	11	11		126	126	
艺术教育业	Culture and Education	7	7		270	270	
文化科研机构	Art Research Institutions	16	16		177	177	
文化市场经营机构(不含非公有制艺术表演团体)	Institutions of Business of Culture (Excluding non-public Art Performance Troupes)	14639		14639	43017		43017
文化行政主管部门	Admisistrative Department of Culture	174	174		5666	5666	
其他文化机构	Other Cultural Institutions	160	160		2929	2929	
文物合计	**Cultural Relics**	**656**	**529**	**127**	**12401**	**10996**	**1405**
博物馆	Museums	336	211	125	7433	6041	1392
文物保护管理机构	Agencies of Cultural Relics Preservation	127	125	2	2366	2353	13
文物科研机构	Scientific and Research Agencies	17	17		914	914	
文物行政主管部门	Administrative Department for Cultural Relics	168	168		1585	1585	
其他文物机构	Other Cultural Relics Agencies	8	8		103	103	

24-9 艺术表演场馆基本情况(2020年)

Basic Statistics of Arts Performance Places (2020)

指标名称	Item	机构数（个）Number of Institutions (unit)	从业人员（人）Number of Employed Persons (person)	座席数（个）Number of Seats (unit)	演(映)出场次（万场次）Number of Performances (10 000 shows)	#艺术演出 Art Performance
总 计	**Total**	**198**	**4707**	**100496**	**1.07**	**0.84**
按登记注册类型分	By Status of Registration					
国 有	State-owned	126	2175	68581	0.29	0.21
其 他	Others	72	2532	31915	0.79	0.63
按管理部门分	By Management Department					
文化部门	Culture Department	131	2160	69035	0.19	0.10
其他部门	Others	67	2547	31461	0.88	0.74
按机构类型分	By Type					
剧场	Theatres	66	979	41091	0.65	0.57
影剧院	Music Halls and Cinemas	83	1391	39907	0.09	0.03
书场、曲艺场	Storytelling, Recitation and Ballad Places	5	139	650	0.06	0.02
杂技、马戏场	Acrobatics and Circus Places	2	35	660	0.02	0.02
音乐厅	Concert Halls	4	186	1029	0.05	0.03
综合性	General Performance Theartres	10	801	9677	0.05	0.04
其他艺术表演场馆	Others	28	1176	7482	0.15	0.13
按隶属关系分	By Jurisdiction of Management					
省	Province	3	255	4511	0.16	0.14
地、市	Prefectures, cities	28	607	6260	0.03	0.02
县、市及以下	Counties and Below	167	3845	89725	0.89	0.69

指标名称	Item	观众人次（万人次）Number of Audiences (10 000 person-times)	#艺术演出 Art Performances	收入合计（万元）Total Income (10 000 yuan)	#财政拨款 Government	#演出收入 Performance Income	支出合计（万元）Total Expenses (10 000 yuan)
总 计	**Total**	**289.22**	**153.34**	**56241**	**8704**	**17504**	**52156**
按登记注册类型分	By Status of Registration						
国 有	State-owned	137.38	57.58	13492	7328	641	14722
其 他	Others	151.84	95.76	42749	1377	16862	37434
按管理部门分	By Management Department						
文化部门	Culture Department	85.28	54.90	13079	6525	641	14208
其他部门	Others	203.94	98.44	43162	2179	16862	37948
按机构类型分	By Type						
剧场	Theatres	108.86	88.56	11993	2893	6625	12095
影剧院	Music Halls and Cinemas	33.38	18.87	4040	1149	98	4366
书场、曲艺场	Storytelling, Recitation and Ballad Places	21.43	1.44	500		335	580
杂技、马戏场	Acrobatics and Circus Places	5.30	5.30	127		127	122
音乐厅	Concert Halls	1.70	1.50	466	1	122	445
综合性	General Performance Theartres	28.46	25.33	10669	3809	1279	13019
其他艺术表演场馆	Others	90.09	12.34	28446	852	8917	21528
按隶属关系分	By Jurisdiction of Management						
省	Province	69.62	14.8	6297	3794		7240
地、市	Prefectures, cities	17.29	12.33	3025	309	529	3434
县、市及以下	Counties and Below	202.31	126.2	46919	4602	16975	41482

24-10 艺术表演团体基本情况(2020年)

Basic Statistics of Arts Performance Troupes (2020)

指标名称	Item	剧团数（个） Number of Performance Troupes (unit)	从业人员（人） Number of Employed Persons (person)	演出场次（万场次） Number of Performances (10 000 times)	#国内演出 Domestic performance	#农村 Rural Areas
总　计	**Total**	**2391**	**56665**	**30.62**	**30.57**	**12.65**
按登记注册类型分	By Registration Status					
国有	State-owned	162	7890	3.40	3.37	2.89
集体	Collective-owned	1	16	0.03	0.01	0.01
其他	Others	2228	48759	27.12	27.12	9.75
按隶属关系分	By Jurisdiction of Management					
省	Province	6	1154	0.13	0.13	0.08
地、市	Prefectures, cities	26	2138	0.74	0.71	0.41
县、市及以下	Counties and Below	2359	53373	29.68	29.67	12.15
按管理部门分	By Management Department					
文化部门	Culture Department	164	8049	3.47	3.42	2.93
其他部门	Other Department	2227	48616	27.09	27.09	9.72
按剧种分	Grouped by Type of Drama					
话剧、儿童剧、滑稽剧团	Drama, Children's Play and Comedy Troupes	18	338	0.05	0.05	0.02
歌舞、音乐类	Song and Dance, Musicals	154	3637	2.02	2.02	0.50
京剧、昆曲类	Beijing Opera and Kunqu Opera	3	132	0.01	0.01	0.01
地方戏曲类	Local Opera	1494	32760	11.58	11.58	7.87
杂技、魔术、马戏类	Acrobatics, Magic, Circus	99	2762	6.76	6.72	1.48
曲艺类	Folk Arts	232	5259	2.70	2.70	1.41
综合性艺术表演团体	Comprehensive Art Performing Troupes	391	11777	7.49	7.49	1.37

指标名称	Item	国内演出观众人次（万人次） Number of Audience (10 000 persontimes)	#农村 Rural Areas	收入合计（万元） Total Income (10 000 yuan)	支出合计（万元） Total EXpenses (10 000 yuan)	政府采购的公益演出活动 Public performance by government procurement	
						演出场次（万场次） Number of Performances (10 000 times)	观众人次（万人次） Number of Audience (10 000 persontimes)
总　计	**Total**	**12351.51**	**5830.69**	**135283**	**137739**	**2.17**	**1684.17**
按登记注册类型分	By Registration Status						
国有	State-owned	2887.19	2583.87	71047	76940	2.15	1665.97
集体	Collective-owned	16.50	7.00	18	18		9.00
其他	Others	9447.82	3239.82	64218	60781	0.02	9.20
按隶属关系分	By Jurisdiction of Management						
省	Province	94.59	70.87	21975	25473	0.09	72.61
地、市	Prefectures, cities	578.13	409.03	27499	27762	0.43	326.46
县、市及以下	Counties and Below	11678.79	5350.79	85810	84504	1.65	1285.11
按管理部门分	By Management Department						
文化部门	Culture Department	2919.69	2604.95	72392	78287	2.17	1684.17
其他部门	Other Department	9431.82	3225.74	62891	59452		
按剧种分	Grouped by Type of Drama						
话剧、儿童剧、滑稽剧团	Drama, Children's Play and Comedy Troupes	43.17	9.15	3210	4255	0.01	7.68
歌舞、音乐类	Song and Dance, Musicals	230.64	114.66	11168	10795	0.09	44.91
京剧、昆曲类	Beijing Opera and Kunqu Opera	8.84	5.84	1690	1687	0.01	5.24
地方戏曲类	Local Opera	7082.91	4428.95	71860	78297	1.88	1451.14
杂技、魔术、马戏类	Acrobatics, Magic, Circus	1548.96	223.76	7913	7225	0.05	29.60
曲艺类	Folk Arts	608.00	364.02	3159	2968	0.05	17.80
综合性艺术表演团体	Comprehensive Art Performing Troupes	2828.97	684.30	36282	32513	0.09	127.80

24-11 娱乐场所基本情况
Basic Statistics on Entertainment

指标名称	Item	2019	2020
机构数(个)	Number of Institutions (unit)	2281	2579
游艺	Carnival	388	563
歌舞	Musical	1885	1410
其他	Others	8	606
从业人员(人)	Number of Employed Persons (person)	16640	15997
资产总计(万元)	Total assets (10 000 yuan)	235484	218178
营业收入(万元)	Operating Revenue (10 000 yuan)	111016	93352
营业成本(万元)	Operating Cost (10 000 yuan)	91417	86962
养老、医疗、事业等保险费	Insurance expenses of Pension, Medical and Business	2033	1655
工资总额	Total Wages	38446	34563
税金总额	Total Taxes	3701	1905
营业利润(万元)	Operating Profit (10 000 yuan)	19598	6390

24-12 公共图书馆基本情况(2020年)

Basic Statistics on Libraries (2020)

指标名称	Item	总计 Total	#少儿图书馆 Chilren Libraries	#省级 Provincial Level	地市级 Prefecture -level	县市级 County-level	#县图书馆 county Libraries
机构数(个)	Number of Institutions (unit)	166	9	2	20	144	87
从业人员(人)	Number of Employed Persons (person)	2906	135	212	810	1884	1101
总藏量(万册)	Total Collections (10 000 volumes)	4065.30	214.54	423.51	1345.95	2295.84	933.64
#图书(万册)	Books (10 000 volumes)	3272.24	189.17	333.03	1143.59	1795.62	779.09
报刊(万份)	Newspapers and Periodicals (10 000 pieces)	389.42	17.75	36.73	141.74	210.95	90.66
当年购买的报刊种类(万种)	Newspapers and Periodicals Purchased this year (10 000 types)	3.52	0.16	0.24	1.51	1.77	0.93
实际持证读者数(万个)	Actual Number of Licensed Readers (10 000 persons)	228.55	25.12	20.89	97.03	110.63	47.21
总流通人次(万人次)	Total Circulation Person Times (10 000 person times)	2525.95	212.17	73.64	1000.34	1451.97	715.87
#书刊文献外借人次(万人次)	Persons Times of Book and Literature Lending (10 000 person times)	950.80	148.80	35.87	270.02	644.91	378.87
书刊文献外借册次(万人次)	Number of Book and Literature Lending (10 000 person times)	1602.10	231.50	87.62	477.08	1037.40	555.14
为读者服务举办各种活动	Various Activities are held to Serve Readers						
次数(次)	Times (Times)	7848	1731	150	3104	4594	2373
参加人数(万人次)	Number of Participants (10 000 person times)	851.42	61.16	579.68	182.99	88.75	51.75
组织各类讲座次数(次)	Number of Lectures Organized (Times)	4690	1501	90	2250	2350	1173
举办展览(个)	Exhibitions (unit)	1424	82	28	426	970	570
举办培训班(个)	Training Courses (unit)	1734	148	32	428	1274	630
计算机(台)	Computer (set)	10677	364	280	2893	7504	4290
#电子阅览室终端数(台)	Number of Terminals in Electronic Reading Room (set)	7027	200	128	1546	5353	3121
阅览室坐席数(万个)	Number of Seats in the Reading Room (10 000 unit)	6.54	0.56	0.21	2.27	4.06	2.10
实际使用公共用房建筑面积(万平方米)	Construction Area of Public Housing Actually Used (10 000 square meters)	79.02	3.00	3.89	32.16	42.97	22.51
#书库	Library	17.10	0.46	1.04	7.37	8.69	4.33

24-13 分地区公共图书馆基本情况(2020年)

Basic Statistics on Public Libraries by City (2020)

市(县)	City(County)	机构数（个）Number of Institutions (unit)	从业人员（人）Number of Employed Persons (person)	总藏量（万册）Total Collections (10 000 volumes)	#图书 Books	少儿文献（万册）Children's Literature (10 000 volumes)
全省	**Total**	**166**	**2906**	**4065.30**	**3272.24**	**565.29**
省本级	**Provincial Level**	**2**	**212**	**423.51**	**333.03**	**61.33**
省辖市	**City**					
郑州市	Zhengzhou	15	380	488.84	424.82	77.83
开封市	Kaifeng	8	111	146.07	119.22	26.77
洛阳市	Luoyang	17	337	498.63	447.18	118.05
平顶山市	Pingdingshan	10	125	204.16	169.94	9.35
安阳市	Anyang	7	108	191.14	147.70	47.70
鹤壁市	Hebi	6	67	79.60	71.54	16.64
新乡市	Xinxiang	11	149	170.07	128.44	13.26
焦作市	Jiaozuo	8	80	154.28	136.26	11.05
濮阳市	Puyang	7	118	119.33	110.48	24.47
许昌市	Xuchang	7	154	188.99	156.62	30.29
漯河市	Luohe	5	72	75.42	67.53	13.53
三门峡市	Sanmenxia	7	89	166.56	133.82	14.55
南阳市	Nanyang	12	171	215.73	170.59	27.23
商丘市	Shangqiu	9	187	108.26	87.61	19.07
信阳市	Xinyang	12	203	160.77	138.40	25.21
周口市	Zhoukou	11	139	108.10	94.99	19.08
驻马店市	Zhumadian	11	178	494.59	272.26	7.27
济源市	Jiyuan	1	26	71.25	61.81	2.63
省直管县	**County Directly Administrated by Province**					
巩义市	Gongyi	1	5	26.35	21.63	3.21
兰考县	Lankao	1	16	18.90	18.88	6.00
汝州市	Ruzhou	1	6	14.87	11.80	
滑县	Huaxian	1	9	17.85	11.35	2.50
长垣市	Changyuan	1	5	9.92	9.33	2.49
邓州市	Dengzhou	1	8	17.83	15.74	5.07
永城市	Yongcheng	1	21	27.62	23.10	12.85
固始县	Gushi	1	34	14.53	13.88	5.03
鹿邑县	Luyi	1	22	4.90	4.20	0.50
新蔡县	Xincai	1	10	9.17	9.10	2.00

24-14 文物业、博物馆和文物管理机构基本情况

Statistics on Cultural Relics, Museums and Agencies of cultural relics Preservation

指标名称	Item	2019	2020
文物业	**Cultural Relics**		
机构(个)	Number of Institutions (unit)	641	656
从业人员(人)	Number of Employed Persons (person)	12377	12401
本年收入合计(万元)	Total Revenue this Year (10 000 yuan)	286290	313298
本年支出合计(万元)	Total Expenditure this Year (10 000 yuan)	281955	313497
资产总计(万元)	Total Assets (10 000 yuan)	723775	597127
实际使用房屋建筑面积(万平方米)	Floor Space of Buildings Actually Used (10 000 sq.m)	153.40	161.46
藏品数(件/套)	Number of Collections (piece/set)	2102575	2119935
#一级品	Grade One	2888	2633
本年新增藏品数(件/套)	Number of Newly Increased Collections this Year (piece/set)	62035	40012
举办陈列展览(个)	Exhibition & Displays (unit)	1608	1448
参观人次(万人次)	Spectators (10 000 person-times)	7480.59	4039.67
博物馆	**Museums**		
机构数(个)	Number of Institutions (unit)	340	336
#免费开放馆数	Number of Free Museums	295	293
从业人员(人)	Number of Employed Persons (person)	7400	7433
#专业技术人员	Professional Skilled Person	2046	2112
藏品数(件/套)	Number of Collections (pieces)	1148305	1200736
#一级品	Grade One	2318	2323
陈列展览(个)	Exhibition & Displays (unit)	1574	1429
参观人次(万人次)	Spectators (10 000 person-times)	6429.16	3191.01
#未成年人	Minors	2074.90	905.86
门票销售总额(万元)	Income from Tickets (10 000 yuan)	7242	2190.3
收入合计(万元)	Total Revenue (10 000 yuan)	106389	137419.6
支出合计(万元)	Total Expenditure (10 000 yuan)	113719	142937
资产总计(万元)	Total Assets (10 000 yuan)	379324	464198
实际使用房屋建筑面积(万平方米)	Floor Space of Buildings Actually Used (10 000 sq.m)	121.42	132.45
#展览用房	Room for Exhibition	66.40	69.64
#库房	Storeroom	12.69	13.03
文物管理机构	**Agencies of Cultural Relics Preservation**		
机构数(个)	Number of Institutions (unit)	126	127
从业人员(人)	Number of Employed persons (person)	2408	2372
#专业技术人员	Professional Skilled Person	482	468
藏品数(件/套)	Number of Collections (pieces)	106353	108236
#一级品	Grade One	307	58
陈列展览(个)	Exhibition & Displays (unit)	27	12
参观人次(万人次)	Spectators (10 000 person-times)	1049.43	843.11
门票销售总额(万元)	Income from Tickets (10 000 yuan)	37416	14257
收入合计(万元)	Total Revenue (10 000 yuan)	49638	42588
支出合计(万元)	Total Expenditure (10 000 yuan)	44480	42743
资产总计(万元)	Total Assets (10 000 yuan)	226651	204426
实际使用房屋建筑面积(万平方米)	Floor Space of Buildings Actually Used (10 000 sq.m)	18.81	17.45
#展览用房	Room for Exhibition	7.16	5.66
#文物库房	Storeroom For Relics	1.65	1.73

24-15 国家综合档案馆基本情况(2020年底)

Basic Statistics on the National comprehensive Archives (End of 2020)

分 类	Item	机构数 (个) Number of Institutions (unit)	馆藏档案 (卷) Number of Archives (volume)	开放档案 (卷) Arcives open to Public (volume)
总 计	**Total**	**177**	**16831105**	**4186878**
省 级	Province Level	1	471579	255268
市 级	Prefecture Level	18	4856985	1531456
县 级	County Level	158	11502541	2400154

分 类	Item	利用档案 (卷次) Utilized Archives (volume-time)	馆藏资料 (册) Number of Material Stored (volume)	档案馆建筑面积 (平方米) Construction Area of Archives (sq.m)
总 计	**Total**	**660081**	**3082848**	**406723**
省 级	Province Level	6060	91391	13823
市 级	Prefecture Level	182546	590214	124289
县 级	County Level	471475	2401243	268611

24-16 新闻出版业主要指标

Main Indicators of Press and Publication Industry

指标名称	Item	2019	2020
机构和人员情况	**Agencies and Employed Persons**		
机构数(个)	Agencies (unit)	12002	11145
从业人员(人)	Employed Persons (penson)	118371	106912
出版情况	**Publishing**		
图书出版	Publishing of Books		
图书种数(种)	Sort of Books (sort)	8950	8735
图书总印数(万册)	Total Printed Copies of Books (10 000 volumes)	37473	41155
图书总印张(千印张)	Total Printed Sheets of Books (1 000 sheets)	2811022	2930695
图书定价总金额(万元)	Total Priced Value of Books (10 000 yuan)	429072	430059
期刊出版	Magazine		
期刊种数(种)	Sort of Magazine (sort)	240	245
期刊总印数(万册)	Total Printed Copies of Magazine (10 000 volumes)	7752	6799
期刊总印张(千印张)	Total Printed Sheets of Magazine (1 000 sheets)	365962	324980
期刊定价总金额(万元)	Total Priced Value of Magazine (10 000 yuan)	58053	51831
报纸出版	Publishing of Newspaper		
报纸种数(种)	Sort of Newspaper (sort)	77	77
报纸总印数(万份)	Total Printed Copies of Newspaper (10 000 volumes)	157481	132314
报纸总印张(千印张)	Total Printed Sheets of Newspaper (1 000 sheets)	3217861	2363517
报纸定价总金额(万元)	Total Priced Value of Newspaper (10 000 yuan)	229930	203895
音像及电子出版物出版	Audio Products and Electronic Publications		
音像及电子出版物出版种数(种)	Category of Audio Products and Electronic Publications (kind)	291	254
音像及电子出版物出版数量(万盒)	Number of Audio Products and Electronic Publications (10 000 cases)	18.27	63.73
音像及电子出版物发行数量(万盒)	Total Issuance of Audio and Electronic Publications (10 000 cases)	16	64
印刷企业单位数(个)	Number of Enterprises of Printing (unit)	2932	2858
出版物发行情况	**Issuance of Publication**		
出版物购进数量(万册(张、份、盒))	Number of Publication Bought (10 000 volumes/paper/cases)	183589	181369
出版物购进金额(万元)	Total Bought Value (10 000 yuan)	1538938	1542068
出版物销售数量(万册(张、份、盒))	Volume of Saling Printing (10 000 volumes/paper/cases)	184966	180831
出版物销售金额(万元)	Total Sales Amount of Publication (10 000 yuan)	1531478	1538863
出版物库存数量(万册(张、份、盒))	Storage of Publication (10 000 volumes/paper/cases)	16987	17535
出版物库存金额(万元)	Publication Inventory (10 000 yuan)	238854	242683

24-17 课本出版情况(2020年)

Basic Statistics of Publication of Textbook (2020)

项　　目	Item	种　数 (种) Number of Items (number)	新出版 (种) New Publication (number)	总印数 (万册) Printed Copies (10 000 volumes)	总印张 (千印张) Printed Sheets (1000 copies)	定价总金额 (万元) Total Priced Value (10 000 yuan)
总　计	**Total**	**1139**	**403**	**23525**	**1530006**	**164426**
#大专及以上课本	Textbooks for Colleges and Universities	775	324	184	30624	7573
中专、技校课本	Textbooks for Secondary Technical Schools	22	16	9	786	296
中学课本	Textbooks for Secondary Schools	121	13	11243	862381	82324
小学课本	Textbooks for Primary Schools	134	14	12077	634188	73037
教学用书	Teaching Materials	39	9	3	398	672

24-18 音像制品及电子出版物情况

Basic Statistics of Audio-video Products and Electronic Publications

指标名称	Item	2019	2020
录像制品出版品种(种)	Number of Publication of video Products	21	39
#新版	Newly Published	21	39
录像制品出版数量(万盒、万张)	Volume of Publication of Video Products (10 000 cases)	3.03	6.75
#新版	Newly Published	3.03	6.75
录像制品发行数量(万盒、万张)	Total Issuance of Video Products (10 000 cases)	2.11	6.73
录音制品出版品种(种)	Number of Publication of Andio Products	8	7
#新版	Newly Published	8	7
录音制品出版数量(万盒、万张)	Volume of Publication of Audio Products (10 000 cases)	0.95	0.43
#新版	Newly Published	0.95	0.43
录音制品发行数量(万盒、万张)	Total Issuance of Audio Products (10 000 cases)	0.45	0.41
电子出版物出版品种(种)	Electronic Publications (kind)	262	208
#新版	Newly Published	262	208
电子出版物出版数量(万张)	Number of Electronic Publications (10 000 cases)	14.29	56.55
#新版	Newly Published	14.29	56.55

24−19 各市出版物发行网点数和从业人数(2020年)

Issuing Institutions and Spots of Publication by City (2020)

市（县）	City(County)	发行机构合计（处）Issuing Institutions (unit)	#国有书店及国有发行点 State-owned Book Store and Issuing Spots	集体个体零售 Collective and Private Retail	国有书店及国有发行点从业人数（人）Employed Persons of State-owned Bookstores and Issuing Spots (person)
合计	**Total**	**9458**	**1620**	**7136**	**12204**
省直	**Directly Administated by Province**	**23**	**11**		**1053**
省辖市	**City**	**9435**	**1609**	**7136**	**11151**
郑州市	Zhengzhou	2458	214	1688	750
开封市	Kaifeng	520	115	393	692
洛阳市	Luoyang	699	163	483	718
平顶山市	Pingdingshan	328	83	245	673
安阳市	Anyang	478	49	427	460
鹤壁市	Hebi	198	33	165	152
新乡市	Xinxiang	498	94	382	697
焦作市	Jiaozuo	228	27	200	470
濮阳市	Puyang	345	20	323	452
许昌市	Xuchang	279	73	205	499
漯河市	Luohe	194	34	155	244
三门峡市	Sanmenxia	202	34	165	241
南阳市	Nanyang	842	201	636	1321
商丘市	Shangqiu	622	135	479	1057
信阳市	Xinyang	407	91	309	1063
周口市	Zhoukou	556	112	433	896
驻马店市	Zhumadian	491	127	362	705
济源市	Jiyuan	90	4	86	61
省直管县	**County Directly Administrated by Province**				
巩义市	Gongyi	117	52	65	56
兰考县	Lankao	37	10	27	76
汝州市	Ruzhou	38	4	34	109
滑县	Huaxian	98	5	93	61
长垣市	Changyuan	80	6	74	70
邓州市	Dengzhou	56	4	52	149
永城市	Yongcheng	36	11	25	143
固始县	Gushi	62	2	60	190
鹿邑县	Luyi	26	3	23	69
新蔡县	Xincai	43	13	30	48

24-20 广播电视业基本情况
Basic Statistics on Radio and Television Industry

指标名称	Index	2019	2020
广播电台情况	**Broadcasting stations**		
广播电台(座)	Number of broadcasting stations (set)	18	18
中、短波转播发射台(座)	Transmission and Relaying Stations of Medium and Short Wave Broadcast (unit)	30	30
公共广播节目套数（套）	Number of Public Radio Programs (set)	159	160
广播综合人口覆盖率(%)	Population Coverage Rate of Radio Programs (%)	99.44	99.64
公共广播节目播出时间(时：分)	Annual Broadcasting Hours of Radio Programs (hour:minute)	696540:56	727321:21
制作广播节目时间(时：分)	Annual Production Hours of Radio Programs (hour:minute)	299863:35	310878:20
被中央台采用新闻类节目(条)	Number of News Programs Adopted by CCTV (item)	3125	2773
电视台情况	**TV stations**		
电视台(座)	Number of TV stations (set)	18	18
调频、电视转播发射台(座)	Frequency Modulation, Television Transmission and Relaying Stations (set)	161	161
公共电视节目套数(套)	Number of Public Programs (set)	174	174
电视综合人口覆盖率(%)	Population Coverage Rate of TV Programs (%)	99.47	99.58
公共电视节目播出时间(时：分)	Broadcasting Hours of Public TV Programs (hour:minute)	954844:06	948205:52
制作电视节目时间(时：分)	Preduction Hours of Public TV Programs (hour:minute)	137491:44	126158:21
被中央台采用新闻类节目数(条)	Number of News Programs Adopted by CCTV (item)	2816	3007
有线广播电视覆盖用户数(万户)	Users of Cable Radios and TVs (10 000 households)	903.09	748.42
#数字电视覆盖用户数	Digital TV	784.90	696.07
有线电视入户率(%)	Popularization Rate of Cable TV (%)	27.5	22.65

24-21 广播电视业经营情况
Basic Statistics on Radio and Television Operation

单位：万元 (10 000 yuan)

指标名称	Index	2019	2020
单位数	Number of Work Units	614	616
从业人员(人)	Number of Employed Persons (person)	46761	43775
总收入	Total Income	838246	770413
行政事业单位	Income of Agencies and Institutions	461510	496901
企业单位	Revenue form Principal Business of Enterprises	376736	273512
实际创收收入	Actual Income of Institutions and Enterprises	544431	433277
#广告收入	From Advertisement	147070	114262
#网络收入	From Internet	143369	104378
#新媒体业务收入	From New Media Business Income	78712	91191
资产总额	Total Assets	2534580	2400983

24-22 分市广播电视覆盖率

Coverage Rate of Radio and TV

单位：% (%)

市(县)	City(County)	2019 广播覆盖率 Radio Coverage Rate	2019 电视覆盖率 TV Coverage Rate	2020 广播覆盖率 Radio Coverage Rate	2020 电视覆盖率 TV Coverage Rate
合计	**Total**	**99.44**	**99.47**	**99.64**	**99.58**
省辖市	**City**				
郑州市	Zhengzhou	99.60	99.85	99.70	99.85
开封市	Kaifeng	100.00	100.00	100.00	100.00
洛阳市	Luoyang	96.79	98.42	99.95	98.65
平顶山市	Pingdingshan	98.95	97.96	100.00	98.45
安阳市	Anyang	100.00	99.70	100.00	100.00
鹤壁市	Hebi	100.00	100.00	100.00	100.00
新乡市	Xinxiang	99.95	99.80	99.95	99.80
焦作市	Jiaozuo	99.92	99.49	100.00	99.49
濮阳市	Puyang	100.00	100.00	100.00	100.00
许昌市	Xuchang	100.00	100.00	100.00	100.00
漯河市	Luohe	100.00	100.00	100.00	100.00
三门峡市	Sanmenxia	100.00	100.00	100.00	100.00
南阳市	Nanyang	98.85	98.56	98.86	98.57
商丘市	Shangqiu	100.00	100.00	100.00	100.00
信阳市	Xinyang	99.68	99.78	100.00	100.00
周口市	Zhoukou	99.33	100.00	100.00	100.00
驻马店市	Zhumadian	99.51	99.01	99.62	99.51
济源市	Jiyuan	100.00	100.00	100.00	100.00
省直管县	**County Directly Administrated by Province**				
巩义市	Gongyi	97.32	100.00	98.00	100.00
兰考县	Lankao	100.00	100.00	100.00	100.00
汝州市	Ruzhou	100.00	99.83	100.00	100.00
滑县	Huaxian	100.00	100.00	100.00	100.00
长垣市	Changyuan	100.00	100.00	100.00	100.00
邓州市	Dengzhou	100.00	100.00	100.00	100.00
永城市	Yongcheng	100.00	100.00	100.00	100.00
固始县	Gushi	100.00	100.00	100.00	100.00
鹿邑县	Luyi	100.00	100.00	100.00	100.00
新蔡县	Xincai	100.00	100.00	100.00	100.00

24-23　运动员人数

Number of Athletes

单位：人　(person)

人员分类	Category of Personnel	2019	#女 Female	2020	#女 Female
等级运动员人数	**Number of Athletes in Grades**	**2618**	**915**	**1776**	**603**
运动健将	Master of Sports	72	25	30	8
一级运动员	First Grades	1320	514	481	195
二级运动员	Second Grades	1226	376	1265	400

24-24　体育彩票发行情况

Issue of Sports Lottery Ticket

单位：万元　(10 000 yuan)

项　目	Item	2015	2016	2017	2018	2019	2020
体育彩票销售点(个)	Sale Place of Sports Lottery (unit)	9153	9474	10221	10608	11209	16232
体育彩票销售收入	Sale Revenue of Sports Lottery	1020710	1199500	1336539	1828002	1624323	1309677
用于兑奖金额	Bonus	658521	761000	847096	1237079	1250417	821460

主要统计指标解释

文化 主要包括新闻出版业、广播电视电影和影像业、文化艺术业等类别。新闻业指新华通讯社、各新闻单位及派驻的记者站、境外驻我国的新闻机构、中心、办事处联络站等的活动；出版业指国家批准的出版社的活动；广播电视电影和影像业指对广播、电视、电影、录音、录像内容的制作、编导、播出、放映等活动；文化艺术业主要包括文艺创作与表演、艺术表演场馆、图书与档案馆、文物及文化保护、博物馆、烈士陵园、纪念馆、文化艺术经纪代理等活动。

体育 主要包括体育组织、体育场馆、以及其他体育活动。

娱乐业 主要包括室内娱乐活动、游乐园、休闲健身娱乐活动、以及其他娱乐活动。

艺术表演团体 指由文化部门主办或实行行业管理（经文化行政部门审批或已申报登记并领取相关许可证），专门从事表演艺术等活动的各类专业艺术表演团体，含民间职业剧团。不包括群众业余文艺表演团队。

艺术表演场馆 指由文化部门主办或实行行业管理（经文化市场行政部门审批或已申报登记并领取相关许可证）,有观众席、舞台、灯光设备，公开售票、专供文艺团体演出的文化活动场所。附属于文化部门机构内非独立核算的剧场、排演场，公开营业的也应单独统计。

文化市场经营机构 指经文化市场行政部门审批或已申报登记并领取相关许可证的、从事文化经营和文化服务活动的机构。

公共图书馆 指文化部门主办的面向社会服务的图书馆。

广播节目综合人口覆盖率 是指根据国家广电总局制定的《广播电视人口覆盖率统计技术标准和方法》，在对象区内采用无线、有线、卫星等技术手段能够收听到包括中央、省、地市、县广播节目其中任意一套的人口数与总人口的比。

电视节目综合人口覆盖率 是指根据国家广电总局制定的《广播电视人口覆盖率统计技术标准和方法》，在对象区内采用无线、有线、卫星等技术手段能够收看到包括中央、省、地市、县级电视节目中任意一套的人口数与总人口的比。

有线电视入户率 指能接收到有线广播电视台、有线广播电视站(系统内和系统外)和共享天线系统播放的有线电视节目的家庭户数与总户数的比率。计算公式：

有线电视入户率= 年末有线电视总用户数/年末总户数×100%

等级运动员 是指经考核正式批准授予技术等级的运动员，分为国际级运动健将、运动健将、一级、二级运动员。

Explanatory Notes on Main Statistical Indicators

Culture mainly includes Journalism, radio, television and film and video industry, culture art industry etc. Journalism refers to The Xinhua news agency, the press agencies and their reporter station. In our country overseas news agency, center, office activities; The publishing refers to the activities approved by the state; Radio, television and film and video refers to broadcasting, television, films, sound recording, video content production, broadcast playwright-director, showing activities; Culture and art owner to should include the creation of literature and art and performance, artistic performance venues, books and archives, cultural relics and culture protection, museums, martyr cemetery, memorial, arts and culture, as an agent and other activities.

Sports include sports organizations, sports venues, and other physical activities.

Entertainment include entertainment activities interior, amusement park, the leisure fitness entertainment activities, and other recreational activities.

Arts Performance Troupes refer to the various professional performing arts groups, which sponsored by the cultural sectors or guided by the cultural society (approved by the cultural market administration, or registered and permitted with the relative certificate), including non-governmental troupes, such as drama troupes, dialect troupes, comedy troupes, children troupes, Opera troupes, puppetry troupes, Shadowgraph troupes, etc., comprehensive professional arts performance troupes. The mass amateur arts performance troupes are not included.

Arts Performance Places refer to the various sites for cultural activities, which sponsored by the cultural sectors or guided by the cultural society (approved by the cultural market administration, or registered and permitted with the relative certificate), with the facility of auditorium, stage, and lighting, and selling tickets in public. The theaters and rehearse sites which are affiliated to the cultural sectors without independent financial accounts which are open to the public should be covered independently.

Cultural Market Operating Units refer to the units dealing in culture and cultural services, which registered and permitted with the relative certificate by cultural market administration.

Public library refers to the library service set up by the social cultural departments.

Radio Coverage of Population refers to the percentage of population, which can listen to one of central, provincial, city, prefecture, and county radio programs by wireless, cable, satellite and other technical means, in the surveying area, to national total population, according to Statistical Standard and Method on Television and Radio Coverage of Population established by the State Administration of Broadcasting, Film and Television.

Television Coverage of Population refers to the percentage of population, which can watch one of central, provincial, city, prefecture, and county television programs by wireless, cable, satellite and other technical means, in the surveying area, to national total population, according to Statistical Standard and Method on Television and Radio Coverage of Population established by the State Administration of Broadcasting, Film and Television.

Cable Television Coverage of Household refers to the percentage of households, which can watch television by cable of radio and television network, to national total household.

Class athletes refers to formally approved by the examination on the level of the athletes awarded technology, divided into international sports, master of sports, level 1, level 2 player.

公共管理、社会保障和社会组织

Public Management , Social Security and Social Organizations

25

◎ 资料整理：赵霞

简要说明

一、主要内容

本篇包括公检法司、安全生产、工会组织、劳动保障情况等。公检法司的资料主要包括公安机关的刑事案件立案情况和治安案件查处情况、交通事故情况，省应急管理厅的火灾事故情况，检察机关的办案情况，人民法院审理案件和收结案情况，以及司法部门律师、公证、调解工作等资料。

二、资料来源

公检法司统计资料分别由河南省公安厅、河南省高级人民法院、河南省人民检察院和河南省司法厅提供。劳动争议仲裁由河南省人力资源和社会保障厅提供。工会组织情况由河南省总工会提供。安全生产由河南省应急管理厅提供。参加社会保险人数、社会保险基金收支资料由省人力资源和社会保障厅提供。由省统计局社会与科技处编辑整理。

Brief Introduction

I. Main Contents

Data in this chapter include This article includes the public prosecution law department, safety production, trade union organization, labor security, etc. The information of the public prosecution and law division mainly includes the criminal case filing of public security organs, the investigation and treatment of public security cases, trafficaccidents, the fire accidents of provincial emergency management department, the handling of cases by the procuratorial organs, the trial and closing of cases by the people's court, and the lawyers, notarization and mediation of the judicial department.

II. Sources of Data

The statistics of the public prosecution and law department are provided by Henan Provincial Public Security Department, Henan Provincial High People's court, Henan people's Procuratorate and Henan Provincial Judicial Department. Labor dispute arbitration shall be provided by the Department of human resources and social security of Henan Province. The organization of trade unions shall be provided by the Henan Federation of trade unions. The safety production is provided by Henan emergency management department. The number of participants in social insurance and income and expenditure information of social insurance funds shall be provided by the Provincial Department of human resources and social security. Edited and organized by the social and scientific and Technological Department of the Provincial Bureau of statistics.

25-1 公安机关立案的刑事案件情况

Criminal Case of Register in Public Security Organs

案件类别	Category of Cases	立案(起) Number of Cases Registered (case)		构成(%) Composition (%)	
		2019	2020	2019	2020
总计	**Total**	**380261**	**344080**	**100.0**	**100.0**
杀人	Homicide	523	523	0.1	0.2
伤害	Injury	6458	6630	1.7	1.9
抢劫	Robbery	766	551	0.2	0.2
强奸	Rape	2724	2689	0.7	0.8
拐卖妇女、儿童	Abducting Women or Children	218	151	0.1	0.0
盗窃	Larceny	196958	133887	51.8	38.9
诈骗	Fraud	97138	122452	25.5	35.6
走私	Smuggling	3	5	0.0	0.0
伪造、变造货币,出售、购买、运输、持有、使用假币	Forging Currency, Selling, Buying, Transporting, Holding and Using Counterfeit Currency	74	66	0.0	0.0
其他	Others	75399	77126	19.8	22.4

25-2 公安机关受理和查处治安案件情况(2020年)

Cases of Offence Against Public Order Handled by Public Security Organs (2020)

案件类别	Category of Cases	受理(起) Number of cases Accepted to be Treated (case)	查处(起) Number of cases Investigated and Treated (case)	每万人口受理案件数(起) Number of Cases Accepted per 10 000 Population (case)
合计	**Total**	**403290**	**370386**	**40.59**
扰乱单位秩序	Disturbing Business Orders	2610	2500	0.26
扰乱公共场所秩序	Disturbing the Orders in Public Places	1131	1092	0.11
寻衅滋事	Causing Quarrels and Making Troubles	7422	7020	0.75
阻碍执行职务	Obstructing Government Workers in Performing Their Duties	1921	1837	0.19
非法携带枪支、弹药、管制刀具	Violation of Firearms Control Regulations	263	240	0.03
违反危险物质管理规定	Violation of Explosives Control Regulations	5005	4861	0.50
殴打他人	Battering Other Persons	109228	98998	10.99
故意伤害	Willfully Injuring Others	11571	10838	1.16
盗窃	Stealing Property	105032	94830	10.57
敲诈勒索	Extortion and Blackmail	1336	1220	0.13
抢夺	Robbery and Snatch	159	147	0.02
伪造、变造、倒卖有价票证、凭证	Forge/alter/scalp Valuable Coupons or Certificates	87	73	0.01
违反旅馆业管理	Violating the Hotel Management Regulations	1969	1856	0.20
违反房屋出租管理	Violating the Rent Control Regulations	1687	1614	0.17
诈骗	Swindling, Seizing and Extorting Property	19707	16915	1.98
卖淫、嫖娼	Prostitution or Soliciting Prostitutes	2733	2708	0.28
赌博或为赌博提供条件	Gambling or Providing Conditions for Gambling	10032	9841	1.01
毒品违法活动	Illegal Drug Related Action	6506	6378	0.65
其他	Others	114891	107418	11.56

25-3 交通事故情况(2020年)

Basic Statistics on Traffic Accidents (2020)

项　目	Item	发生数 (起) Number of Traffic Accidents (case)	死亡人数 (人) Number of Deaths (person)	受伤人数 (人) Number of Injuries (person)	直接财产损失 (万元) Direct Property Losses (10 000 yuan)
总　计	**Total**	**13197**	**2702**	**13706**	**7784.53**
机动车	Vehicles	10606	2424	10651	7119.01
#汽车	Motor Vehicles	8816	2016	8732	6589.17
摩托车	Motorcycles	992	238	1174	333.51
拖拉机	Tractors	48	14	52	15.25
非机动车	Non-motor-driven Vehicles	2493	242	2980	570.07
#自行车	Bicycles	1814	165	2190	426.98
行人乘车人	Pedestrians and Passengers	93	35	68	94.64
其他	Others	5	1	7	0.81

25-4 人民检察院审查逮捕、审查起诉情况(2020年)

Arrests and Prosecution Approved by People's Procuratorate (2020)

案件分类	Category of Cases	批捕、决定逮捕合计 Total of Arrests		决定起诉合计 Total of Public Prosecutions	
		(件) (case)	(人) (person)	(件) (case)	(人) (person)
合　计	**Total**	**40177**	**60712**	**82606**	**119055**
危害公共安全案	Offences Against Public Security	2843	3039	28755	29317
破坏社会主义市场经济秩序案	Offences Against Socialist Market Economic Order	3370	5543	5284	9465
侵犯公民人身、民主权利案	Offences Against Citizens' Personal and Democratic Rights	7262	8651	10001	12589
侵犯财产案	Offences Against Properties	13831	19645	19951	30462
妨害社会管理秩序案	Offences Against Social Management of Order	12743	23676	18049	36469
贪污贿赂案	Corruption and Bribery	75	86	427	539
渎职侵权案	Infingement of Rightes and Dereliction of Duty	39	47	114	151
其他	Others	14	25	25	63

25-5 人民检察院处理申诉案件情况(2020年)

Appeals Handled by People's Procuratorate (2020)

单位：件　　(case)

案件分类	Category of Cases	受　案 Cases Accepted	审查结案 Cases Settled	立案复查 Cases Registered for-Reinvestigation	复查结案 Cases Review and Settled and Settled	#改变原决定 Original Decision Changed
合　计	**Total**	**1075**	**987**	**118**	**110**	**8**
不服检察机关处理决定	Appeals Against Decision of Procuratorate's Offices	168	126	44	36	8
不服不批捕	Appeals Against Rejection of Arrest	17	15	5		
不服不起诉	Appeals Against Rejection of Prosecuting	115	83	39	31	8
不服撤案	Appeals Against Withdrawal of the Case					
不服其他诉讼终结的刑事处理决定	Appeals Against Original Exemption of Lawsuit	36	28		5	
不服法院刑事判决裁定	Appeals Against Judgment of Criminal Case	907	861	74	74	

25-6 人民检察院出庭公诉情况(2020年)

Public Prosecutions Appearing in Court by People's Procuratorate (2020)

单位：件 (case)

案件类别	Category of Cases	适用简易程序 Summary Procedure Applied	出庭公诉 Public Prosecutions Appearing in Court	一审 First Trial	二审 Second Trial	上诉案 Appeal Cases	抗诉案 Protest Cases	再审 Retrial
合　计	**Total**	**30708**	**79617**	**78677**	**926**	**598**	**328**	**14**
贪污贿赂	Corruption and Bribery	64	457	424	31	21	10	2
渎职侵权	Infingement of Rightes and Dereliction of Duty	19	126	113	13	4	9	
刑事案件	Criminal Cases	30625	79034	78140	882	573	309	12

25-7 人民检察院办理刑事抗诉案件情况(2020年)

Criminal Appeals Handled by People's Procuratorate (2020)

案件类别	Category of Cases	提出抗诉(件) Presenting Protest Appeal (case)	审判结果 合计(件) Total Result of Judgement (case)	改判 Revising Judgment (件) (case)	改判 Revising Judgment (人) (person)	维持原判(件) Affirming Original Judgment (case)	发回重审(件) Remanding for Retrial (case)
合　计	**Total**	**459**	**376**	**162**	**280**	**134**	**80**
贪污贿赂案件	Corruption and Bribery Cases	8	16	9	12	4	5
渎职侵权案件	Infingement of Rightes and Dereliction of Duty	5	9	2	3	4	3
其他刑事案件	Other Criminal Cases	446	351	151	265	126	72

25-8 人民检察院办理民事、行政抗诉案件情况(2020年)

Civil and Administrative Protest Cases Handled by People's Procuratorate (2020)

单位：件 (case)

案件类别	Category of Cases	合计 Total	民事案件 Civil Cases	行政案件 Administrative Cases
提出抗诉	Presenting Protest	296	287	9
抗诉案件再审	Retrial of Protested Cases	234	213	21
改　判	Revising Judgment	143	137	6
调　解	Mediation	6	6	
发回重审	Remanding for Retrial	28	28	
和解撤诉	Reconciliation and Withdrawal	6	6	
维持原判	Affirming Original Judgment	50	35	15
其　他	Others	1	1	
提出再审检察建议	Giving Retrial Procuratorate Suggestion	523	519	4
采纳再审检察建议再审情况	Retrial after Adopting Procuratorate Suggestion	319	319	
改　判	Revising Judgment	231	231	
调　解	Mediation	5	5	
发回重审	Remanding for Retrial	6	6	
和解撤诉	Reconciliation and Withdrawal	7	7	
维持原判	Affirming Original Judgment	46	46	
其　他	Others	24	24	

25-9 人民检察院办理公益诉讼案件情况(2020年)

Public Interest Litigation Handled by people's procuratorate (2020)

单位：件 (case)

案件类别	Category of Cases	线索 Clue	立案 Register	诉前程序 Pre Litigation Procedure	起诉 Prosecute
合　计	**Total**	6871	4865	3580	259
民事公益诉讼	Civil Public Interest Litigation	575	449	373	243
环境资源领域	Environmental Resources Field	377	290	244	170
食品药品领域	Food and Drug Field	151	126	105	56
英烈保护领域	Heroic Protection Field	5	2	2	1
其他领域	Others	42	31	22	16
行政公益诉讼	Administrative Public Interest Litigation	6296	4416	3207	16
环境资源领域	Environmental Resources Field	4362	3014	2144	8
食品药品领域	Food and Drug Field	684	536	427	1
国土出让领域	Territorial Transfer Field	223	183	123	5
国有财产保护领域	State-owned Property Field	79	50	38	
其他领域	Others	948	633	475	2

25−10 人民检察院纠正违法情况
Law-breaking Cases Rectified by People's Procuratorate

项　目	Item	2018	2019	2020
已纠正件次合计（件次）	**Total of Rectification (case-times)**	**3817**	**2608**	**3438**
立案监督小计	Sub-total of Supervision of Cases Registered	1348	1341	1821
监督立案	Supervision of Cases Filing	812	611	751
监督撤案	Supervision of Cases Withdrawed	536	730	1070
侦查监督	Supervision of Investigation	163	208	275
刑事执行活动检察	Prosecution of Criminal Execution Activities	2306	1059	1342
已纠正案件涉及人次合计(人次)	**Total of Rectified Cases (person-times)**	**11487**	**9101**	**11718**
立案监督小计	Sub-total of Supervision of Cases Registered	1791	1700	2208
监督立案	Supervision of Cases Filing	1165	796	934
监督撤案	Supervision of Cases Withdrawed	626	904	1274
侦查监督小计	Sub-total of Supervision of Investigation	3514	3216	4262
纠正漏捕	Rectified of Missed Arrests	1929	1617	2028
纠正漏诉	Rectified of Missed Appeals	1585	1599	2234
减刑、假释、暂予监外执行检察	Commutation of Sentence, Parole and Temporary Execution Outside Prison	3133	1268	1597
监外执行和社区矫正监管活动检察	Prosecution of Outside Prison Execution and Community Correction	3049	2917	3651

25-11 人民检察院检察官基本情况

Basic Statistics on Procurator

单位：人 (person)

指　标	Item	2018	2019	2020
检察长人数	Number of Chief Procurators	174	179	183
#女性	Female	23	22	26
副检察长人数	Number of Deputy Chief Procurators	546	537	547
#女性	Female	71	70	80
检察官人数	Number of Procurators	3874	4091	4105
#女性	Female	1181	1348	1297
司法辅助人员数	ancillary judicial personel	4578	3879	3875
#女性	Female	1581	1486	1412

25-12 人民法院审理刑事一审案件收结案情况

First Trial Criminal Case Accepted and Settled by People's Courts

单位：件 (case)

项　目	Item	2019		2020	
		收案 Cases Accepted	结案 Cases Settled	收案 Cases Accepted	结案 Cases Settled
合　计	**Total**	**97052**	**96128**	**82560**	**84204**
危害公共安全罪	Offences Against Public Security	38075	37982	28379	28551
破坏社会主义市场经济秩序罪	Offences Against Socialist Economic Order	5195	5032	5354	5551
侵犯公民人身权利、民主权利罪	Offences Against Citizens' Personal and Democratic Rights	11121	10949	10056	10258
侵犯财产罪	Offences Against Properties	22005	21522	20401	20903
妨害社会管理秩序罪	Offences Against Social Management of Order	19729	19671	17630	18121
危害国防利益罪	Offences Against National Defense	34	31	36	38
贪污贿赂罪	Offences on Corruption and Bribery	729	752	447	526
渎职罪	Offences on Dereliction of Duty	158	185	126	126
其他	Others	6	4	131	130

25－13 各市人民法院审理刑事案件罪犯情况(2020年)

Criminal Offenders Heard by Courts by City (2020)

市（县）	City(County)	刑事罪犯总数（人）Number of Offenders (person)	#青少年犯罪 Young Offenders	不满18岁 Less Than 18 Years	18-25岁 Between 18 and 25 Years	青少年罪犯占刑事罪犯比重(%) Proportion of Young Offenders in the Total (%)
全省	**Total**	**112172**	**19485**	**3191**	**16294**	**17.4**
省辖市	**City**					
郑州市	Zhengzhou	15867	2670	329	2341	16.8
开封市	Kaifeng	5670	1143	193	950	20.2
洛阳市	Luoyang	8854	1652	250	1402	18.7
平顶山市	Pingdingshan	5030	780	111	669	15.5
安阳市	Anyang	6317	1106	247	859	17.5
鹤壁市	Hebi	2041	501	93	408	24.5
新乡市	Xinxiang	7120	1162	175	987	16.3
焦作市	Jiaozuo	5628	1159	161	998	20.6
濮阳市	Puyang	4198	735	85	650	17.5
许昌市	Xuchang	4109	570	83	487	13.9
漯河市	Luohe	2052	211	44	167	10.3
三门峡市	Sanmenxia	2744	432	67	365	15.7
南阳市	Nanyang	13297	2007	325	1682	15.1
商丘市	Shangqiu	7068	1309	202	1107	18.5
信阳市	Xinyang	5988	999	228	771	16.7
周口市	Zhoukou	8315	1586	229	1357	19.1
驻马店市	Zhumadian	6872	1300	335	965	18.9
济源市	Jiyuan	1002	163	34	129	16.3
省直管县	**County Directly Administrated by Province**					
巩义市	Gongyi	1187	122	22	100	10.3
兰考县	Lankao	918	174	37	137	19.0
汝州市	Ruzhou	646	90	30	60	13.9
滑县	Huaxian	939	225	54	171	24.0
长垣市	Changyuan	445	89	15	74	20.0
邓州市	Dengzhou	1182	234	33	201	19.8
永城市	Yongcheng	837	128	26	102	15.3
固始县	Gushi	825	84	18	66	10.2
鹿邑县	Luyi	589	88	6	82	14.9
新蔡县	Xincai	747	117	28	89	15.7

25-14 人民法院审理婚姻家庭、继承一审案件收结案情况(2020年)

First Trial Civil Cases of Marriage, Family Affairs and Inheritance Accepted and Settled by Courts (2020)

单位：件 (case)

项 目	Item	收案 Cases Accepted	结案 Cases Settled	调解 Mediate	判决 Judgment	不予受理 Dismiss	驳回起诉 Reject	撤诉 With-drawal	其他 Other
合 计	**Total**	**129477**	**132228**	**41777**	**56406**	**112**	**3180**	**30101**	**652**
婚姻家庭纠纷	Marriage and Family Affairs	123502	126037	38736	54599	98	2919	29067	618
离婚纠纷	Divorce Disputes	99151	100925	30902	44624	58	2069	22867	405
抚养纠纷	Upbringing Disputes	8018	8153	2827	2998	13	252	2012	51
扶养纠纷	Maintenance Disputes	267	280	73	122		9	54	22
赡养纠纷	Support Disputes	2161	2200	483	938	3	64	684	28
收养关系纠纷	Adoption Relation Disputes	122	125	33	50	1	4	26	11
监护权纠纷	Guardianship Disputes	27	25	2	13		1	8	1
探望权纠纷	Vistation Disputes	491	511	176	216		9	70	40
其他	Others	13265	13818	4240	5638	23	511	3346	60
继承纠纷	Inheritance Disputes	5914	6126	3022	1784	14	256	1021	29
法定继承纠纷	Legal Inheritance	5036	5211	2916	1262	10	188	814	21
遗嘱继承纠纷	Testament Inheritance	123	134	23	69	2	4	29	7
其他	Others	755	781	83	453	2	64	178	1
其他	Others	61	65	19	23		5	13	5

25-15 人民法院审理合同纠纷一审案件收结案情况(2020年)

First Trial Cases of Contract Disputes Accepted and Settled by Courts (2020)

单位：件 (case)

项 目	Item	收案 Cases Accepted	结案 Cases Settled	判决 Judgment	不予受理 Dismiss	驳回起诉 Reject	撤诉 With-drawal	调解 Mediate	其他 Other
合 计	**Total**	**426311**	**444737**	**206579**	**1172**	**26216**	**64965**	**109148**	**36657**
借款合同	Loan Contracts	243171	253604	123216	408	15232	30440	63120	21188
买卖合同	Trade Contracts	74336	77656	31343	236	4208	14561	21283	6025
电信服务合同	Telecom Contracts	102	127	27	1	9	72	9	9
租赁合同	Lease Contracts	25853	27077	12564	103	1392	4936	5947	2135
劳动争议	Work Disputes	25191	26098	12353	89	1510	3767	6486	1893
房地产开发经营合同	Real Estate Contracts	193	196	110	1	17	27	16	25
供用动力合同	Power Supply Contracts	353	437	175		23	81	81	77
建设工程合同	Construction Contracts	24731	25891	11875	148	1713	4654	5206	2295
农村承包合同	Rural Contracts	62	62	32		7	17	1	5
承揽合同	Contracts for Work	5629	6486	2809	23	279	1212	1755	408
其他	Others	26690	27103	12075	163	1826	5198	5244	2597

25-16 人民法院审理民事一审案件收结案情况(2020年)

First Trial Civil Cases Accepted and Settled by Courts (2020)

单位：件 (case)

项 目	Item	收案 Cases Accepted	结案 Cases Settled	判决 Judgment	不予受理 Dismiss
合 计	**Total**	**888256**	**928146**	**433473**	**2260**
人格权纠纷	Personality Disputes	14444	15144	8038	29
婚姻家庭、继承纠纷	Disputes of Marriage, Family Affairs and Inheritance	129477	132228	56406	112
物权纠纷	Property Rights Disputes	21225	22472	10217	110
合同、无因管理、不当得利纠纷	Contract, Non-cause Management, Improper Profit Disputes	560158	586538	267302	1720
知识产权与竞争纠纷	Intellectual Property Right and Competition Disputes	11336	12448	3293	4
劳动争议、人事争议	Labor Disputes, Personnel Disputes	26064	26973	12692	107
海事海商纠纷	Maritime Disputes	2	2	2	
与公司、证券、保险、票据等有关的民事纠纷	Civil Disputes Relating to Companies, Securities, Insurance, Bills, etc	33234	34332	18562	75
侵权责任纠纷	Tort Liability Dispute	85075	90157	51689	85
其他	Others	7241	7852	5272	18

项 目	Item	驳回起诉 Reject	撤诉 With-drawal	调解 Mediation	其他 Other
合 计	**Total**	**45347**	**214389**	**225477**	**7200**
人格权纠纷	Personality Disputes	480	3416	3129	52
婚姻家庭、继承纠纷	Disputes of Marriage, Family Affairs and Inheritance	3180	30101	41777	652
物权纠纷	Property Rights Disputes	2638	6771	2566	170
合同、无因管理、不当得利纠纷	Contract, Non-cause Management, Improper Profit Disputes	33175	140516	139050	4775
知识产权与竞争纠纷	Intellectual Property Right and Competition Disputes	216	5642	3153	140
劳动争议、人事争议	Labor Disputes, Personnel Disputes	1575	5211	6758	630
海事海商纠纷	Maritime Disputes				
与公司、证券、保险、票据等有关的民事纠纷	Civil Disputes Relating to Companies, Securities, Insurance, Bills, etc	1186	6521	7562	426
侵权责任纠纷	Tort Liability Dispute	2173	14561	21451	198
其他	Others	724	1650	31	157

25－17　人民法院审理行政一审案件收结案情况(2020年)

First Trial Administrative Cases Accepted and Settled by Courts (2020)

单位：件　　(case)

项　目	Item	收 案 Cases Accepted	结 案 Cases Settled	判 决 Judgment	不予立案 Dismiss	驳回起诉 Reject	撤 诉 With-drawal	调 解 Mediation	其 他 Other
合　计	**Total**	**20244**	**22256**	**10820**	**407**	**4885**	**4466**	**64**	**1614**
公安	Public Security	2400	2454	1154	50	329	694	1	226
资源	Natural Resources	4145	3971	1837	158	1083	600	4	289
城乡建设	Urban and Rural Construction	7609	7070	3434	62	1675	1316	16	567
计划生育	Family Planning	6	6	1		3	1		1
工商	Industry and Commerce	270	313	119	8	114	52	4	16
商标	Trademark	4	3	1		1	1		
质量监督检验检疫	Quality Supervision, Inspection and Quarantine	111	96	47	1	16	25	1	6
卫生	Health	85	83	30	8	21	22		2
食品药品安全	Food and Drug Safety	121	128	77	4	18	22	2	5
农业	Agriculture	23	23	9	1	5	6		2
物价	Prices	4	3			2	1		
环境保护	Environment Protection	143	148	102	1	9	31		5
交通运输	Traffic and Transport	104	96	29	1	15	45	2	4
信息电讯	Information Telecommunication	11	11	4	1	5	1		
邮政	Postal Service	1	3	1		2			
专利	Patent	5	5	2			3		
新闻出版	Press and Publications								
税务	Taxes	38	31	9	1	5	16		
金融	Finance	17	16	6	2	6	2		
外汇	Foreign Exchange								
海关	Customs	2	2	1			1		
财政	Government Finance	29	33	12		11	7		3
劳动和社会保障	Labour and Social Security	781	775	489	8	77	171	2	28
审计	Audit	4	4			2	2		
经贸	Economy and Trade	3	3			3			
水利	Water Conservancy	62	77	43	1	22	8		3
旅游	Tourism	1	1			1			
烟草专卖	Tobacco Monopoly	1	2	2					
司法	Justice	39	42	20	8	11	3		
民政	Civil Administration	325	323	146	9	76	75		17
教育	Education	27	25	14	1	8	2		
文化	Culture	3	3	2	1				
广播电视电影	Broadcasting, Television and Film								
统计	Statistics								
电力	Electric Power	14	11	3		3	5		
国有资产	State Assets	8	10	2		6	2		
外资	Foreign Capital	1	1	1					
盐业	Salt Industry	57	57	26		4	25		2
体育	Sports	2	1			1			
行政监察	Administrative Supervision	43	31	6	1	14	9		1
乡政府	Townships Government	1455	1340	648	43	297	237	19	96
其他	Others	2290	5055	2543	37	1040	1081	13	341

25－18　全省法官及建立少年法庭情况

Statistics on Judges and Juvenile Courts

指　　标	Item	2018	2019	2020
法官及陪审员情况(人)	Juudges and juror (person)			
法院员额法官人数	Specified Number of Judges in court	7592	7304	7013
#女法官	Female	2261	2245	2161
高级法院员额法官人数	Specified Number of Judges in Superior Court	222	210	197
#女法官	Female	91	70	70
人民陪审员人数	Number of juror	33511	23984	20099
#女陪审员	Female	10325	7390	8637
建立少年法庭数(个)	Number of Juvenile Courts (unit)	99	99	180

25-19 律师、公证和调解工作基本情况

Basic Statistics on Lawyers, Notarization and Mediation

项 目	Item	2015	2018	2019	2020
律师工作	Lawyers				
律师事务所（个）	Number of Law Offices (unit)	1124	1334	1436	1550
律师人数（人）	Number of Lawyers (person)	14775	21760	23964	27453
#女性	Female	3852	6843	7673	9300
#专职律师	Full-time Lawyers	14233	20361	21476	23575
#女性	Female	3508	6579	6886	7890
兼职律师	Part-time Lawyers	558	703	716	749
#中共党员	Member of Communist Party of China	3815	6008	6524	9913
律师人员学历构成（人）	Education Composition of Lawer (person)				
#博士	Doctor's Degree	123	158	172	217
硕士、双学士	Master's Degree, Double Bachelor's Degree	1442	2881	3384	3818
法律专业本科	Bachelor Degree in Law	11938	16066	15826	18253
其他专业本科	Bachelor Degree In Other Specialities	1234	2655	1958	2324
担任法律顾问（家）	Number of Units with Legal Advisors (unit)	20577	26787	28070	26456
民事诉讼代理（件）	Agent of Civil Cases (case)	112421	247359	249694	284544
刑事诉讼辩护及代理（件）	Agent and Defender of Criminal Cases (case)	23389	63722	65186	71815
行政诉讼代理（件）	Agent of Administrative Action (case)	5777	11128	10848	9972
非诉讼法律事务（件）	Non-Litigious Legal Affairs (case)	33757	49443	35221	47677
咨询和代书（件）	Legal Advisory Services (case)	389347	521297	444264	443797
公证工作	Notarization				
公证处（个）	Number of Notary Offices (unit)	178	164	164	164
#涉外公证处	Foreign-related Notary offices	36	37	38	41
公证人员（人）	Notarial Personnel (person)	1221	1336	1758	1359
#公证员	Notaries	713	711	679	729
公证员助理	Assistant Notaries	508	625	655	630
办理公证文书（万件）	Number of Notarized Documents (10 000 cases)	49.5	48.7	57.2	46.6
人民调解工作	People's Mediation				
人民调解委员会（万个）	Number of People's Mediation Committees (10 000 units)	5.57	5.49	5.41	5.47
人民调解员（万人）	Number of Mediators (10 000 persons)	20.68	14.90	15.54	16.43
调解民间纠纷（万件）	Number of Civil Disputes Mediated (10 000 cases)	101.80	80.79	81.82	48.54

25-20 法律援助工作情况

Statistics on legal Aid

项 目	Item	2015	2018	2019	2020
法律援助机构（个）	Number of Institutions (unit)	211	207	252	278
工作人员（人）	Staffs (person)	1023	1054	955	999
#法律专业	Major in Law	838	757	665	630
受理案件 （件）	Case Accepted (case)	88402	112041	141509	146109
民事法律援助	Civil	67342	55280	44797	33720
刑事法律援助	Criminal	20350	56179	96316	112094
行政法律援助	Administrative	710	582	396	295
咨询（人次）	Consultation (person-time)	688791	795174	803267	806347

注：根据值班律师法律帮助工作的开展及司法部统计口径的变更，2019年起值班律师法律帮助案件纳入刑事法律援助案件中。

a) According to the development of legal aid work for duty lawyers and the change of statistical caliber of the Ministry of justice, legal aid cases of lawyers on duty will be included in criminal legal aid cases since 2019.

25−21 法律服务基本情况(2020年)

Basic Statistics on Legal Services (2020)

地 区	Region	律师人数(人) Number of Lawer (person)	#女性 Female	专职律师人数(人) Number of full-time lawyer (person)	#女性 Female	公证员(人) Notary personnel (person)	#女性 Female	获得法律援助的受援人数(人) Number of Persons Received legal aid (person)
全　　省	**Total**	**27453**	**9300**	**23575**	**7890**	**729**	**365**	**151958**
省 辖 市	**City**							
郑　州　市	Zhengzhou	12603	4041	11099	3286	143	88	27807
开　封　市	Kaifeng	683	278	620	222	30	15	8740
洛　阳　市	Luoyang	2073	730	1746	703	64	34	10327
平顶山市	Pingdingshan	936	285	661	268	35	16	6678
安　阳　市	Anyang	1383	460	929	362	38	18	9453
鹤　壁　市	Hebi	254	108	229	96	13	5	2217
新　乡　市	Xinxiang	1262	520	1104	345	36	16	9065
焦　作　市	Jiaozuo	656	223	561	226	45	24	7056
濮　阳　市	Puyang	592	237	527	218	29	15	6063
许　昌　市	Xuchang	728	241	568	249	22	9	6551
漯　河　市	Luohe	420	120	339	130	21	14	4256
三门峡市	Sanmenxia	445	160	358	146	20	15	3657
南　阳　市	Nanyang	1434	405	1321	421	72	37	15902
商　丘　市	Shangqiu	1193	456	1060	410	47	20	7119
信　阳　市	Xinyang	902	340	803	270	41	14	7887
周　口　市	Zhoukou	965	348	840	236	35	14	9113
驻马店市	Zhumadian	747	278	667	251	31	7	8647
济　源　市	Jiyuan	177	70	143	51	7	4	1420
省直管县	**County Directly Administrated by Province**							
巩　义　市	Gongyi	75	21	65	19	4	2	1738
兰　考　县	Lankao	102	32	90	31	3	2	1699
汝　州　市	Ruzhou	115	31	89	28	7	3	1163
滑　　　县	Huaxian	222	76	204	70	3		1729
长　垣　市	Changyuan	78	21	50	19	2		1988
邓　州　市	Dengzhou	62	16	49	12	4	3	2063
永　城　市	Yongcheng	121	40	109	32	9	2	864
固　始　县	Gushi	108	36	96	30	5	2	1705
鹿　邑　县	Luyi	78	28	67	22	4		657
新　蔡　县	Xincai	51	21	36	21	2		904

25-22 劳动人事仲裁委员会受理及处理案件情况(2020年)

单位：件

项　目	Item	合　计 Total
上期未结争议案件数	**Number of Cases Left Over from Last Period**	**583**
当期立案受理情况	**Cases Accepted**	
立案受理案件总数	Number of Cases	24294
#十人以上劳动(人事)争议	Number of Collective Labour Disputes	110
#劳动者申请	Number of Cases Appealed by Laborers	21857
立案受理案件涉及劳动者人数(人)	Number of Persons Involoved in Collective Disputes (person)	27312
#十人以上劳动(人事)争议	Number of Collective Labor Disputes	1969
按争议类型分	by Cause of Disputes	
劳动报酬	Labor Remuneration	9143
社会保险	Social Insurances	4775
#工伤保险	Work Injury Insurance	1953
确认劳动关系	Confirm Labor (personnel) Relations	3024
工作时间及休假	Working Hours and Holidays	950
解除、终止劳动合同	Dissolution or Termination of Labor Contracts	4559
履行聘用合同	Fulfill the Labor (Recruit) Contracts	10
解除人事关系	Remove the Labor (recruit) Contracts	16
其他	Others	1817
案件处理情况	**Cases settled**	
当期审结案件数	Number of Cases Settled	24200
涉案金额(万元)	Involving Amount (10 000 yuan)	83255
按处理方式分	by Manners of Settlement	
仲裁调解	by Mediation	13034
仲裁裁决	by Arbitration Lawsuit	9387
#终局裁决	Final Arbitration	1495
其他	Others	1779
按处理结果分	by Result of Settlement	
用人单位胜诉	Lawsuits Won by Employers	1611
劳动者胜诉	Lawsuit Won by Laborers	9922
双方部分胜诉	Lawsuit Partly Won by Both Parties	9735
其他	Others	2932
期末累计未结案数	**Number of Cases Unsettled**	**677**

Cases Accepted and Handled by Board of Labor Arbitration (2020)

(case)

劳动争议 Labor Dispute				人事争议 Personnel Disputes	
国有企业 State-owned Enterprises	集体企业 Collective-owned Enterprises	港澳台及外资企业 Foreign Funded and Hong Kong, Macao and Taiwan Funded Enterprises	私营企业 Private Enterprises	机　关 Administrative Authority	事业单位 Public Institution
52	**18**	**6**	**481**	**10**	**12**
1585	636	191	21338	135	318
7	2		99		1
1436	595	183	19121	133	299
1905	712	197	23865	140	350
114	21		1769		14
331	155	35	8540	16	46
345	137	45	4066	57	118
88	50	10	1775	13	16
306	74	18	2560	24	36
114	91	15	726	1	3
414	163	70	3757	34	76
					10
					16
75	16	8	1689	3	13
1565	646	193	21234	143	324
2908	1254	260	77379	276	907
874	347	100	11363	65	217
621	251	84	8251	73	92
109	47	12	1302	8	16
70	48	9	1620	5	15
126	23	18	1415	6	20
669	197	66	8713	105	156
641	277	102	8507	20	124
129	149	7	2599	12	24
72	**8**	**4**	**585**	**2**	**6**

25-23 工会组织情况

Statistics on Trade Unions

单位：万人 (10 000 persons)

年 份 Year	工会基层组织数（万个） Number of Grassroot Trade Unions (10 000 units)	工会组织基层单位的职工与会员人数 Membership and Staff and Workers in Grassroot Trade Unions				工会专职工作人员人数 Number of Full-time Personnel of Trade Unions
		职工人数 Staff and Workers	#女职工 Female	会员人数 Membership	#女会员 Female	
2000	3.61	672.80		611.60		2.38
2001	4.86	757.84		700.10		
2002	5.68	811.02	298.59	749.51	270.99	3.28
2003	5.23	777.38	291.23	717.47	263.68	3.55
2004	5.38	785.64	297.21	734.64	266.71	3.20
2005	6.14	841.38	303.38	803.68	281.73	3.06
2006	6.94	905.50	325.51	866.43	306.15	3.36
2007	8.15	1070.20	380.30	1016.70	360.10	4.10
2008	9.13	1164.40	404.10	1125.00	392.10	4.50
2009	10.30	1291.31	443.76	1208.81	419.37	5.09
2010	11.43	1396.41	499.99	1324.06	480.69	6.45
2011	14.89	1517.46	548.67	1441.09	526.66	10.35
2012	19.42	1698.29	625.82	1616.72	602.21	13.02
2013	20.43	1734.41	642.58	1653.14	620.27	13.52
2014	21.12	1789.89	662.51	1707.29	642.37	13.67
2015	21.44	1852.19	685.95	1780.90	667.73	13.13
2016	21.61	1905.14	701.74	1832.35	682.88	13.70
2017	21.49	1900.16	700.19	1825.72	681.25	13.72
2018	20.50	1859.45	686.55	1778.42	665.94	13.06
2019	18.44	1716.66	637.34	1634.81	615.07	11.55
2020	16.88	1639.09	614.08	1562.17	591.90	10.55

25-24 全省工会组织基本情况

Basic Statistics on Trade Unions

指标名称	Item	2018	2019	2020
工会基层组织数（万人）	Number of Grassroot Trade Unions (10 000 persons)	20.50	18.44	16.88
基层工会专职工作人员人数	Number of Full-time Personnel of Grassroot Trade Unions			
（万人）	(10 000 persons)	13.06	11.55	10.55
已建工会组织的基层单位职工人数	Staff and Workers in Grassroot Trade Unions			
（万人）	(10 000 persons)	1859.45	1716.66	1639.09
#女职工	Female Staff and Workers	686.55	637.34	614.08
#农民工	Migrant workers	837.84	759.27	719.12
#女性	Female	287.90	261.58	251.41
已建工会组织的基层单位工会	Membership in Grassroot Trade Unions			
会员人数（万人）	(10 000 persons)	1778.42	1634.81	1562.17
#女会员	Female Membership	665.94	615.07	591.90
职工代表数	Number of worker representative	105.17	97.60	76.40
#女性	Female	32.96	28.36	22.27
企业职工代表大会中女性代表比重	Proportion of Female Representatives in Enterprise			
(%)	Staff and Workers'Congress (%)	31.34	29.06	29.15

25-25 各市基层工会劳动法律监督工作情况(2020年)

Statistics on Labor Law Supervision Work of Primary Trade Union by City (2020)

单位：个、件 (units, case)

市 City	基层工会劳动法律监督组织 Labor Law Supervision Organizations of Grassroot Trade Union		基层以上工会劳动法律监督组织 Labor Law Supervision Organizations of Trade Union Above Grassroot	
	组织个数 Number of Organizations	本年度工会劳动法律监督组织受理违法、违规案件 Accepted Cases of Violation of Laws and Regulations	组织个数 Number of Organizations	本年度工会劳动法律监督组织受理案件 Number of Cases Accepted
全　省 Total	**15222**	**743**	**361**	**357**
郑州市 Zhengzhou	881	20	27	43
开封市 Kaifeng	77	2	5	
洛阳市 Luoyang	2648	18	53	13
平顶山市 Pingdingshan	237	16	6	
安阳市 Anyang	85	12	38	5
鹤壁市 Hebi	96		3	
新乡市 Xinxiang	2003	16	11	31
焦作市 Jiaozuo	1128	13	39	36
濮阳市 Puyang	982	7	20	13
许昌市 Xuchang	57		3	25
漯河市 Luohe	1257		18	19
三门峡市 Sanmenxia	652	10	12	8
南阳市 Nanyang	3298	590	69	104
商丘市 Shangqiu	198	8	2	5
信阳市 Xinyang	511	9	10	22
周口市 Zhoukou	87		6	22
驻马店市 Zhumadian	915	1	25	8
济源市 Jiyuan	110	21	14	3

25-26 参加各类保险人数

Participants of Social Insurance

单位：万人 (10 000 persons)

年 份 Year	基本养老保险 Basic Endowment Insurance	城镇职工基本养老保险 Basic Endowment Insurance for Urban Employee	失业保险 Unemployment Insurance	医疗保险 Basic Medical Insurance	工伤保险 Work Injury Insurance	生育保险 Birth Insurance
2000		662.68	671.00	287.00	198.00	172.00
2001		639.05	676.00	456.40	245.00	207.00
2002		645.53	670.00	537.28	218.79	204.54
2003		659.25	679.97	567.93	210.61	199.29
2004		688.70	681.60	590.19	324.72	200.66
2005		716.17	681.90	640.70	404.00	228.30
2006		762.60	682.80	704.00	432.90	238.40
2007		804.68	684.65	726.03	452.32	254.02
2008		948.57	689.00	840.87	501.20	313.35
2009		1019.09	694.82	1970.13	521.02	379.76
2010		1079.33	696.46	2043.75	551.74	412.87
2011	4474.29	1168.38	701.19	2122.26	655.54	460.69
2012	5990.31	1270.63	735.50	2222.20	720.56	520.29
2013	6192.74	1349.99	741.29	2297.20	773.09	569.60
2014	6275.34	1431.55	773.30	2340.03	805.71	590.17
2015	6362.64	1508.71	783.34	2344.90	856.68	609.46
2016	6643.76	1750.02	788.07	2360.75	876.97	646.80
2017	6907.80	1897.59	805.57	10410.70	900.88	692.73
2018	7089.00	2006.54	819.91	10435.74	926.26	755.35
2019	7333.04	2133.84	837.26	10289.78	966.24	765.30
2020	7504.39	2248.52	885.87	10349.51	999.98	872.07

注：1.基本养老保险参保人数为城镇职工基本养老保险参保人数与城乡居民基本养老保险参保人数之和。
2.2009年-2016年医疗保险参保人数为城镇职工基本医疗保险人数与城镇居民基本医疗保险参保人数之和。
3.2017年起医疗保险参保人数为城镇职工基本医疗保险参保人数与城乡居民基本医疗保险参保人数之和。

a) Number of persons covered of basic pension insurance refers to the number of persons covered of basic pension insurance for urban employee and number of persons covered of basic pension insurance for urban and rural residents.

b) Number of persons covered of basic medical insurance refers to the number of persons covered of basic medical insurance for urban employee and number of persons covered of basic medical insurance for urban and rural residents in 2009-2016.

c) Number of persons covered of basic medical insurance refers to the number of persons covered of basic medical insurance for urban employee and number of persons covered of basic medical insurance for urban and rural residents since 2017.

25-27 社会保险基金

Social Insurance Fund

单位：亿元 (100 million yuan)

年 份 Year	基金收入 Revenue	基金支出 Expenses	累计结余 Balance at theYear-end
2003	187.50	151.10	145.20
2004	216.10	166.90	195.80
2005	257.10	203.20	244.20
2006	298.50	239.20	303.30
2007	365.20	289.60	363.80
2008	540.61	445.51	496.21
2009	558.14	462.74	595.57
2010	609.40	484.90	664.70
2011	723.60	581.25	806.68
2012	872.46	702.51	977.21
2013	1304.45	1043.23	1505.51
2014	1440.14	1210.84	1734.19
2015	1515.98	1310.66	1828.51
2016	1738.63	1473.87	2093.26
2017	2636.55	2365.21	2586.76
2018	3181.20	2939.47	2831.89
2019	3341.76	3177.85	2976.55
2020	3275.54	3394.16	2868.44

注：1. 2015年社保基金收入、支出、累计结余数据不含机关事业单位养老保险数据。
2. 2017年起社会保险基金数据包含已整合的原新型农村合作医疗保险数据。
a) Data on 2015 exclude Agencies and institutions Endowment insurance.
b) Since 2017 the data include the data of the new rural cooperative medical insurance.

25−28 各市城镇职工参加基本养老保险人数

Participants in Basic Endowment Insurance for Urban Workers by City

单位：万人 (10 000 persons)

市(县) City(County)	2010	2011	2012	2013	2014	2015	2016	2017	2018	2019	2020
省辖市 City											
郑州市 Zhengzhou	158.14	198.28	251.76	290.69	331.98	370.70	379.61	449.94	490.98	534.76	582.96
开封市 Kaifeng	62.48	59.25	62.14	64.54	67.91	70.84	62.45	82.93	88.09	93.74	98.23
洛阳市 Luoyang	90.60	95.65	100.34	105.98	110.91	114.98	110.85	136.78	141.63	145.31	150.66
平顶山市 Pingdingshan	42.28	44.72	47.63	49.77	50.91	53.03	49.27	70.79	74.67	79.00	83.54
安阳市 Anyang	61.58	65.22	67.63	69.79	71.78	74.42	71.61	93.16	98.44	104.86	112.00
鹤壁市 Hebi	15.37	16.40	17.33	18.09	19.20	20.29	21.13	27.85	29.76	32.02	35.47
新乡市 Xinxiang	65.74	71.49	76.11	80.43	84.31	88.31	93.24	118.34	125.04	131.58	137.59
焦作市 Jiaozuo	48.20	50.70	52.70	53.97	55.70	57.16	54.00	70.58	74.49	78.24	82.80
濮阳市 Puyang	25.86	27.41	28.73	29.95	31.26	32.07	25.24	39.84	42.05	44.65	47.94
许昌市 Xuchang	38.76	40.70	42.50	45.09	48.53	52.31	51.49	70.70	74.43	79.10	82.00
漯河市 Luohe	24.33	25.72	27.69	29.82	31.36	32.39	29.90	41.47	43.88	46.08	47.98
三门峡市 Sanmenxia	26.39	27.51	28.80	29.94	30.92	31.98	30.49	42.07	43.85	46.02	47.87
南阳市 Nanyang	75.38	80.02	83.88	86.72	89.36	91.58	70.98	112.77	116.74	124.31	131.36
商丘市 Shangqiu	43.57	47.52	50.58	53.10	55.25	57.73	50.35	81.70	85.79	91.33	95.73
信阳市 Xinyang	50.60	54.10	58.48	60.49	62.88	65.40	59.24	89.04	92.60	96.71	101.79
周口市 Zhoukou	47.03	51.95	55.48	57.41	60.13	62.20	57.40	92.02	97.88	105.99	112.16
驻马店市 Zhumadian	30.74	34.94	37.22	39.12	40.69	41.83	38.77	67.53	69.74	72.87	75.55
济源市 Jiyuan	11.64	12.49	14.15	15.27	16.63	17.43	17.50	21.54	22.62	28.45	29.41
省直管县 County Directly Administrated by Province											
巩义市 Gongyi		8.95	9.95	10.47	10.61	11.13	8.65	11.20	12.08	12.91	13.58
兰考县 Lankao		3.65	4.79	4.85	5.28	5.60	3.88	7.12	8.80	10.69	11.87
汝州市 Ruzhou		4.46	4.67	4.93	5.24	5.58	4.95	7.59	8.14	8.70	9.53
滑县 Huaxian		5.31	5.49	5.69	5.90	6.11	5.55	8.72	9.39	10.09	10.96
长垣市 Changyuan		3.30	3.56	3.91	4.24	4.51	4.81	7.60	8.32	9.39	10.68
邓州市 Dengzhou		7.53	7.80	8.05	8.29	8.53	5.19	9.59	9.77	10.19	10.87
永城市 Yongcheng		7.07	7.53	7.72	7.84	8.40	7.46	11.75	12.34	13.07	13.57
固始县 Gushi		8.93	11.87	12.44	12.88	13.53	10.80	15.40	16.09	16.53	17.36
鹿邑县 Luyi		4.29	4.49	4.55	4.67	4.88	4.21	7.46	7.80	8.13	8.28
新蔡县 Xincai		1.70	2.63	2.75	2.82	3.01	2.85	5.34	5.52	5.80	6.09

注：2016年城镇职工基本养老保险参保人数为企业职工基本养老保险参保人数，不包括机关事业单位养老保险参保人数。

a) Date on 2016 only include the number of people work in enterprises, exclude the number of people work in government agencies and institutions.

25-29 各市参加基本医疗保险人数

Participants in Basic Medical Insurance by City

单位：万人 (10 000 persons)

市(县) City(County)	2010	2011	2012	2013	2014	2015	2016	2017	2018	2019	2020
省辖市 City											
郑州市 Zhengzhou	230.83	261.64	296.53	315.40	329.47	344.52	360.70	821.56	826.11	848.52	859.07
开封市 Kaifeng	89.95	92.83	99.23	101.66	104.52	105.01	97.41	503.93	504.59	469.38	475.61
洛阳市 Luoyang	189.44	195.91	202.24	197.75	210.39	214.41	215.98	668.81	688.91	694.20	692.46
平顶山市 Pingdingshan	122.88	126.62	128.22	127.54	127.85	127.98	128.35	515.53	515.62	510.29	510.05
安阳市 Anyang	119.94	121.48	122.19	121.91	124.13	124.62	124.91	575.77	576.69	570.49	570.31
鹤壁市 Hebi	38.70	38.80	39.24	39.21	39.60	41.39	41.44	147.73	148.38	148.06	150.17
新乡市 Xinxiang	135.09	141.57	142.18	142.12	143.17	144.15	144.70	582.46	585.25	579.25	582.78
焦作市 Jiaozuo	91.83	93.20	93.97	94.64	95.02	95.20	95.55	348.61	348.97	348.09	347.66
濮阳市 Puyang	79.78	80.30	80.50	69.50	64.50	60.00	60.00	375.00	375.60	375.60	379.01
许昌市 Xuchang	88.61	89.91	90.79	92.40	93.10	95.07	95.14	458.30	457.23	448.54	454.86
漯河市 Luohe	67.84	73.20	78.12	76.48	76.89	74.69	74.82	256.42	256.89	234.85	233.76
三门峡市 Sanmenxia	62.21	64.04	64.93	66.73	59.78	59.84	59.96	219.95	220.10	218.05	216.55
南阳市 Nanyang	154.10	158.33	160.50	161.92	163.14	164.02	164.35	1114.71	1115.26	1082.48	1088.53
商丘市 Shangqiu	128.11	135.34	142.24	153.82	154.96	140.30	139.11	870.08	880.23	877.41	875.29
信阳市 Xinyang	128.61	132.62	134.02	134.62	134.73	133.34	137.50	832.30	832.12	803.00	803.66
周口市 Zhoukou	121.12	129.34	137.76	140.41	140.88	140.52	141.59	1113.85	1094.78	1099.53	1108.75
驻马店市 Zhumadian	109.13	116.02	121.44	122.06	125.47	127.25	127.68	840.20	841.83	814.78	822.40
济源市 Jiyuan	19.11	19.80	20.88	23.73	24.43	24.46	25.63	70.15	70.50	69.53	70.52
省直管县 County Directly Administrated by Province											
巩义市 Gongyi		13.90	12.93	12.93	11.17	11.23	10.24	74.06	74.21	73.82	74.40
兰考县 Lankao		6.90	7.19	7.46	7.27	7.17	7.08	82.58	82.00	82.11	83.65
汝州市 Ruzhou		11.00	11.53	11.63	11.09	11.17	11.12	105.44	103.96	102.61	102.41
滑县 Huaxian		12.80	13.01	13.74	13.96	14.01	13.99	138.74	138.60	135.46	134.57
长垣市 Changyuan		8.70	8.76	8.85	9.47	10.19	10.57	87.78	87.81	86.64	83.85
邓州市 Dengzhou		16.40	16.19	16.62	16.84	16.54	15.36	168.20	167.95	163.34	164.20
永城市 Yongcheng		18.20	17.22	18.49	17.76	16.72	15.53	149.35	149.90	149.72	150.09
固始县 Gushi		14.30	14.31	14.50	14.51	10.61	12.21	159.63	158.78	158.50	158.72
鹿邑县 Luyi		10.30	10.62	10.67	10.50	8.60	8.62	120.80	120.73	119.75	123.36
新蔡县 Xincai		7.40	9.57	10.10	10.98	11.02	11.04	111.08	111.32	111.79	111.14

注：2017年以后医疗保险参保人数为职工基本医疗保险参保人数与城乡居民基本医疗保险参保人数之和。

a) The number of people participated in basic medical insurance the sum of the number of employees and urban and rural residents articipating in basic medical insurance.

25-30 各市参加失业保险人数

Participants in Unemployment Insurance by City

单位：万人 (10 000 persons)

市(县) City(County)	2010	2011	2012	2013	2014	2015	2016	2017	2018	2019	2020
省辖市 City											
郑州市 Zhengzhou	89.75	92.71	131.24	133.13	154.94	172.62	187.63	195.24	196.19	211.71	255.91
开封市 Kaifeng	34.10	33.96	34.23	34.27	34.61	35.08	23.82	25.02	25.60	27.32	27.17
洛阳市 Luoyang	59.99	60.23	60.83	61.07	63.46	63.64	63.59	63.78	64.01	64.21	68.35
平顶山市 Pingdingshan	46.98	46.98	47.44	45.93	46.41	45.56	45.79	46.48	47.15	47.73	48.06
安阳市 Anyang	40.06	40.28	40.51	40.54	41.89	41.72	41.89	42.76	42.81	42.26	42.86
鹤壁市 Hebi	15.45	15.47	15.75	14.69	14.66	14.20	14.21	14.65	14.81	14.05	14.21
新乡市 Xinxiang	44.90	44.84	45.15	44.92	45.34	44.39	44.26	46.49	46.41	46.41	46.21
焦作市 Jiaozuo	35.40	35.20	35.45	35.06	35.86	34.69	34.86	35.32	36.08	36.71	37.19
濮阳市 Puyang	30.84	31.21	31.04	29.40	30.09	29.71	30.12	31.68	31.84	31.95	31.48
许昌市 Xuchang	27.00	27.00	27.50	27.50	27.50	27.50	27.50	28.01	28.50	28.50	28.50
漯河市 Luohe	17.02	17.10	17.64	17.10	17.54	17.54	17.56	18.03	18.20	18.32	18.39
三门峡市 Sanmenxia	22.70	22.79	23.24	22.23	22.32	23.07	23.06	23.18	23.59	23.76	23.57
南阳市 Nanyang	62.66	63.19	65.01	62.15	63.15	61.45	62.07	63.53	64.92	64.75	64.38
商丘市 Shangqiu	34.91	35.03	35.25	34.20	34.76	34.33	34.42	36.95	36.80	37.14	37.26
信阳市 Xinyang	39.23	39.41	39.70	38.88	38.92	37.81	37.68	38.73	39.04	38.05	38.50
周口市 Zhoukou	38.00	38.12	39.54	38.41	38.92	38.01	38.01	39.86	40.51	40.62	40.54
驻马店市 Zhumadian	36.61	37.04	38.92	38.83	38.21	37.80	37.92	39.95	40.39	40.94	40.43
济源市 Jiyuan	6.86	6.83	7.06	9.57	11.47	11.22	11.01	11.45	11.51	11.30	11.71
省直管县 County Directly Administrated by Province											
巩义市 Gongyi		5.90	6.00	6.00	5.86	5.82	5.70	5.92	5.90	5.70	5.90
兰考县 Lankao		2.90	2.90	2.90	2.90	3.26	2.94	3.01	3.07	3.61	3.01
汝州市 Ruzhou		3.30	3.40	3.30	3.41	3.41	3.41	3.73	4.08	3.80	4.52
滑县 Huaxian		4.33	4.33	4.33	4.33	4.08	4.08	4.20	3.85	3.01	3.01
长垣市 Changyuan		2.82	2.88	2.80	3.03	2.71	3.01	4.00	3.61	3.61	3.61
邓州市 Dengzhou		5.60	5.61	5.61	5.61	5.21	5.21	5.21	5.21	4.87	4.88
永城市 Yongcheng		4.80	4.80	4.80	4.80	4.80	4.80	5.00	4.24	4.38	4.50
固始县 Gushi		5.27	5.30	5.22	5.30	5.09	5.06	5.11	5.11	4.87	4.96
鹿邑县 Luyi		3.39	3.60	3.60	3.60	3.60	3.42	3.50	3.51	3.52	3.52
新蔡县 Xincai		3.11	3.20	3.13	3.13	3.13	3.15	3.30	3.30	3.31	3.31

25-31 各市参加工伤保险人数

Participants in Work Injury Insurance by City

单位：万人 (10 000 persons)

市(县) City (County)	2010	2011	2012	2013	2014	2015	2016	2017	2018	2019	2020
省辖市 City											
郑州市 Zhengzhou	57.84	84.57	134.95	147.29	154.47	164.97	173.77	178.58	186.03	193.77	204.37
开封市 Kaifeng	27.09	32.24	33.00	33.61	34.33	34.96	24.87	28.60	29.95	33.51	36.61
洛阳市 Luoyang	49.50	55.13	60.02	61.56	64.10	66.51	68.13	69.16	72.48	77.06	78.09
平顶山市 Pingdingshan	23.72	29.00	32.13	33.20	35.05	36.83	38.45	39.20	40.35	41.43	43.43
安阳市 Anyang	34.11	40.30	42.77	43.88	45.79	48.04	49.46	50.25	51.48	53.07	54.55
鹤壁市 Hebi	7.44	9.16	11.01	11.56	12.03	12.51	12.75	13.39	13.67	14.65	15.40
新乡市 Xinxiang	48.55	50.93	51.30	52.92	55.20	57.41	58.65	59.69	61.14	63.20	54.52
焦作市 Jiaozuo	25.10	27.48	30.11	31.33	32.82	34.45	35.08	35.78	36.54	35.38	37.03
濮阳市 Puyang	19.04	21.87	22.20	22.70	23.50	24.50	25.01	22.75	22.80	24.14	25.66
许昌市 Xuchang	17.50	21.76	22.23	23.03	24.13	25.42	26.11	26.74	27.34	29.08	35.15
漯河市 Luohe	14.56	17.81	19.56	20.28	21.17	22.39	22.91	22.75	23.80	24.95	25.95
三门峡市 Sanmenxia	15.13	18.13	20.05	20.58	21.01	21.56	21.94	22.38	22.90	23.53	24.61
南阳市 Nanyang	35.65	47.07	49.22	50.46	52.41	54.64	56.33	57.92	59.75	61.75	62.67
商丘市 Shangqiu	16.60	25.71	30.40	31.01	31.64	32.13	32.43	29.23	29.73	31.14	32.47
信阳市 Xinyang	20.95	29.82	32.93	33.68	31.85	33.32	35.48	36.79	38.50	41.23	44.70
周口市 Zhoukou	18.00	28.93	36.78	40.00	41.82	43.10	47.76	48.54	48.78	51.25	53.76
驻马店市 Zhumadian	15.16	24.06	27.19	28.20	29.53	30.73	31.32	33.51	35.64	37.66	40.21
济源市 Jiyuan	5.91	7.28	7.77	8.34	9.36	11.21	11.61	11.80	11.92	12.21	12.58
省直管县 County Directly Administrated by Province											
巩义市 Gongyi		4.68	7.43	7.86	7.86	8.10	7.96	8.10	8.13	8.30	8.40
兰考县 Lankao		1.67	1.67	1.76	2.23	2.44	2.59	2.74	2.94	4.39	4.51
汝州市 Ruzhou		2.40	2.64	3.03	3.04	3.29	3.41	3.55	3.63	3.82	3.95
滑县 Huaxian		3.03	3.50	3.68	3.71	3.81	3.92	4.03	4.14	4.71	5.55
长垣市 Changyuan		3.03	3.03	3.03	3.12	3.30	3.54	3.76	4.00	4.90	6.40
邓州市 Dengzhou		4.12	4.12	4.35	4.40	4.50	4.60	4.90	4.99	5.09	5.10
永城市 Yongcheng		12.12	12.35	9.63	9.63	9.63	9.63	6.13	6.33	6.45	7.07
固始县 Gushi		3.72	4.38	4.40	1.84	2.29	2.40	2.56	3.04	4.53	5.94
鹿邑县 Luyi		1.90	2.70	3.01	3.01	3.01	3.01	3.10	3.10	3.29	4.21
新蔡县 Xincai		1.44	1.83	1.92	1.92	2.00	2.00	2.01	2.10	2.16	2.31

25-32 各市参加生育保险人数

Participants in Birth Insurance by City

单位：万人 (10 000 persons)

市(县) City(County)	2010	2011	2012	2013	2014	2015	2016	2017	2018	2019	2020
省辖市 City											
郑州市 Zhengzhou	39.95	58.57	75.84	85.04	94.73	101.45	117.77	143.71	176.32	193.26	203.08
开封市 Kaifeng	22.50	23.00	23.61	24.60	24.90	20.14	21.73	25.76	29.10	30.26	33.85
洛阳市 Luoyang	44.70	48.94	52.52	54.11	54.96	56.41	57.26	59.92	63.92	66.29	74.66
平顶山市 Pingdingshan	26.92	28.42	31.47	32.83	33.66	34.31	34.68	42.57	43.85	44.11	46.11
安阳市 Anyang	25.04	25.53	26.37	27.60	29.03	29.99	30.54	31.10	31.73	32.20	34.77
鹤壁市 Hebi	9.51	10.01	10.62	10.81	10.91	11.12	11.22	14.38	14.91	14.80	15.26
新乡市 Xinxiang	26.04	26.84	28.73	29.90	30.37	31.47	32.33	32.77	35.05	37.32	39.09
焦作市 Jiaozuo	24.24	25.59	26.97	28.18	28.49	29.18	29.59	30.54	33.55	34.34	34.28
濮阳市 Puyang	21.72	22.17	22.80	14.30	14.40	14.80	15.00	15.10	15.20	15.20	21.84
许昌市 Xuchang	18.51	19.02	19.63	20.47	20.80	21.66	22.17	22.41	23.34	23.80	29.71
漯河市 Luohe	9.51	11.06	12.43	13.06	13.30	13.89	14.32	16.79	17.49	17.65	19.19
三门峡市 Sanmenxia	11.53	12.62	13.97	14.82	14.93	15.12	15.58	20.99	22.00	20.87	31.01
南阳市 Nanyang	28.80	31.42	34.20	36.33	37.31	40.06	42.94	44.53	47.72	49.41	53.20
商丘市 Shangqiu	6.60	13.52	17.08	19.25	19.60	19.62	20.60	22.82	25.51	28.69	34.94
信阳市 Xinyang	21.87	23.73	26.05	28.46	29.59	33.55	35.97	40.83	43.83	31.79	34.03
周口市 Zhoukou	20.98	24.91	30.27	33.07	34.86	35.96	37.89	38.89	39.93	31.96	33.01
驻马店市 Zhumadian	20.02	21.52	23.36	25.15	26.49	28.51	30.10	30.35	31.25	32.24	34.09
济源市 Jiyuan	4.53	4.84	5.36	7.21	8.84	9.50	10.12	11.02	11.44	11.61	14.39
省直管县 County Directly Administrated by Province											
巩义市 Gongyi		4.50	5.19	5.19	5.25	5.07	4.74	5.12	5.31	5.24	5.28
兰考县 Lankao		0.60	0.60	0.90	0.90	0.90	1.38	1.38	2.37	2.48	3.85
汝州市 Ruzhou		2.80	3.06	3.25	3.35	3.40	3.42	3.43	3.74	3.90	4.07
滑县 Huaxian		2.60	2.69	2.91	2.96	3.13	3.15	3.21	3.33	2.71	3.91
长垣市 Changyuan		1.00	1.08	1.31	1.55	1.75	1.91	1.96	2.11	2.44	3.81
邓州市 Dengzhou		2.40	4.41	4.57	4.65	4.70	4.72	4.72	4.75	4.75	4.75
永城市 Yongcheng		2.70	2.27	2.56	2.57	2.59	2.59	4.62	6.40	6.80	10.07
固始县 Gushi		3.70	3.85	4.02	4.00	3.67	3.72	3.04	3.30	3.77	4.68
鹿邑县 Luyi		1.50	1.60	1.20	2.16	2.16	2.30	2.32	2.48	2.84	2.84
新蔡县 Xincai		1.10	1.19	1.19	1.39	1.50	2.15	2.13	2.14	2.21	2.24

25-33 安全生产基本情况

Basic Statistics on safetyin production

指　标	Indicate	2019	2020
发生伤亡事故总数(起)	Casuatlty Accidents (case)	1436	1211
农林牧渔业	Agriculture, Forestry, Animal Husbandry and Fishery	6	4
采矿业	Mining	6	7
商贸制造业	Trade Manufacturing	44	22
建筑业	Construction	49	48
交通运输仓储业	Transport and Storage	1323	1124
其它行业	Others	8	6
造成死亡总人数(人)	Death (person)	1230	1055
农林牧渔业	Agriculture, Forestry, Animal Husbandry and Fishery	6	1
采矿业	Mining	11	13
商贸制造业	Trade Manufacturing	70	40
建筑业	Construction	67	68
交通运输仓储业	Transport and Storage	1064	922
其它行业	Others	12	11
一次死亡3-9人较大事故(起)	Major Accidents with 3-9 People Dead (case)	32	27
农林牧渔业	Agriculture, Forestry, Animal Husbandry and Fishery	1	
采矿业	Mining	1	1
商贸制造业	Trade Manufacturing	4	5
建筑业	Construction	5	7
交通运输仓储业	Transport and Storage	20	12
其它行业	Others	1	2
一次死亡3-9人较大事故中死亡人数(人)	Number of People Dead in Major Accidents (person)	123	114
农林牧渔业	Agriculture, Forestry, Animal Husbandry and Fishery	4	
采矿业	Mining	5	7
商贸制造业	Trade Manufacturing	17	21
建筑业	Construction	16	22
交通运输仓储业	Transport and Storage	78	58
其它行业	Others	3	6
一次死亡10人以上重特大事故(起)	Extra Serious Accident with more than 10 People Dead (case)	1	
农林牧渔业	Agriculture, Forestry, Animal Husbandry and Fishery		
采矿业	Mining		
商贸制造业	Trade Manufacturing	1	
建筑业	Construction		
交通运输仓储业	Transport and Storage		
其它行业	Others		
一次死亡10人以上重特大事故中死亡人数(人)	Number of People Dead in Extra Serious Accidents (person)	15	
农林牧渔业	Agriculture, Forestry, Animal Husbandry and Fishery		
采矿业	Mining		
商贸制造业	Trade Manufacturing	15	
建筑业	Construction		
交通运输仓储业	Transport and Storage		
其它行业	Others		
煤矿死亡人数(人)	Death Toll from Coal Mine Accidents (person)	5	6
骨干煤矿企业	Key Coal Mine Enterprises	4	2
地方煤矿	Local Coal Mine	1	4
煤矿百万吨死亡率	Death Rate in Million tons Coal Production	0.047	0.058
骨干煤矿企业	Key Coal Mine Enterprises	0.041	0.02
地方煤矿	Local Coal Mine	0.135	0.714

注：按照应急管理部关于生产安全事故统计数据核查要求和事故统计范围的扩大、统计口径的调整，对2019、2020年度各类生产安全事故统计数据相应进行补充完善。

a) According to the requirements of the Ministry of Emergency Management on the verification of statistical data on production safety accidents, and the expansion of accident statistical scope and the adjustment of caliber, the data on 2019 and 2020 have been adjusted accordingly.

主要统计指标解释

受理劳动争议案件数 指劳动争议仲裁委员会根据国家有关规定，对劳动争议当事人的申请予以审查，符合受理条件而正式立案、准备处理的劳动争议案件数。

要案 指县、处级以上干部的犯罪案件。该指标主要反映职务犯罪案件中县、处级以上干部被人民检察院依法立案侦查的情况。

批准逮捕 指人民检察院对公安机关、国家安全机关、监狱管理机关提出逮捕的犯罪嫌疑人进行审查，根据事实，依法做出逮捕决定。该指标主要反映人民检察院对提请逮捕犯罪嫌疑人进行审查后依法做出批准逮捕决定的情况。

决定逮捕 指人民检察院对直接立案侦查的案件，认为需要逮捕犯罪嫌疑人时，依据法律做出的逮捕决定。该指标主要反映人民检察院对直接受理的案件行使决定逮捕权的情况。

提起公诉 指人民检察院对公安机关、国家安全机关、监狱管理机关和检察机关侦查部门等移送起诉的案件进行审查，根据事实，做出提起公诉的案件。该指标主要反映人民检察院对各种刑事案件向人民法院提起公诉的情况。

适用简易程序 指人民法院对依法可能判处三年以下有期徒刑、拘役、管制、单处罚金的公诉案件，事实清楚，证据充分，人民检察院建议或者同意适用简易程序的案件 ；告诉才处理的案件；被害人起诉的有证据证明的轻微刑事案件。

提出抗诉 指人民检察院对人民法院的判决、裁定认为确有错误，向人民法院提出对案件重新进行审理的诉讼活动。包括按照第二审程序提出的抗诉和按照审判监督程序（再审程序）提出的抗诉。

撤回抗诉 指上级人民检察院对下级人民检察院按照第二审程序提出的抗诉，经审查，认为抗诉不当时向同级人民法院撤回抗诉，同时通知提出抗诉的下级人民检察院。

立案监督 指人民检察院对侦查机关刑事立案活动的监督。包括对应当立案而不立案的监督和不应立案而立案的监督。

监督立案 包括侦查机关接到要求说明不立案理由后主动立案和执行通知立案两个内容。

监管活动 指人民检察院对监狱等监管改造场所的管理活动进行的监督。

青少年罪犯 指人民法院在报告期内判决发生法律效力的有罪判决中 14 周岁以上不满 25 周岁的罪犯。其中 14 周岁以上不满 18 周岁的罪犯为未成年罪犯。

行政案件 指公民、法人和其他组织不服行政机关作出的具体行政行为，向人民法院提起行政诉讼，人民法院依法审理的案件。

单独赔偿 指单独提起行政赔偿的案件。当事人对行政行为的合法性没有争议，就行政侵权造成的损害赔偿单独提起赔偿诉讼。

公证人员 指在公证处工作的人员总称，包括公证处主任、副主任、公证员、公证员助理（助理公证员）和其他从事辅助件工作的人员。

公证文书 指公证处根据当事人申请，依照事实和法律，按照法定程序制作的，具有法律效力的司法证明文书。

受理劳动争议案件数 指劳动争议仲裁委员会根据国家有关规定，对劳动争议当事人的申请予以审查，符合受理条件而正式立案、准备处理的劳动争议案件数。

城镇职工基本养老保险

1.参保职工人数 指报告期末按照国家法律、法规和有关政策规定参加基本养老保险并在社保经办机构已建立缴费记录档案的职工人数，包括中断缴费但未终止养老保险关系的职工人数，不包括只登记未建立缴费记录档案的人数。

2.（参保）离退休人员人数 指报告期末参加基本养老保险的离休、退休和退职人员的人数。

3.基金收入 指根据国家有关规定，由纳入基本养老保险范围的缴费单位和个人按国家规定的缴费基数和缴费比例缴纳的养老保险基金，以及通过其他方式取得的形成基金来源的收入。包括单位和职工个人缴纳的基本养老保险费、基本养老保险基金利息收入、上级补助收入、下级上解收入、转移收入、财政补贴和其他收入。

4.基金支出 指按照国家政策规定的开支范围和开支标准从养老保险基金中支付给参加基本养老保险的个人的养老金、丧葬抚恤补助，以及由于保险关系转移、上下级之间调剂资金等原因而发生的支出。包括离休金、退休金、退职金、各种补贴、医疗费、死亡丧葬补助费、抚恤救济费、社会保险经办机构管理费、补助下级支出、上解上级支出、转移支出、其他支出等。

5.基金累计结余 指截止报告期末基本养老保险基金收支相抵后的累计余额。

基本医疗保险

1.参保人数 指报告期末按国家有关规定参加相应基本医疗保险的人数。

2.基金收入 指由用人单位和个人按照国家规定的缴费基数、缴费比例或缴费标准缴纳的基本医疗保险基金，财政补助资金以及通过其他方式取得的形成基金来源的款项，包括：单位缴纳收入、个人缴纳收入、财政补助收入（含医疗救助补助个人收入）、财政补贴收入、利息收入和其他收入。

3.基金支出 指按照国家政策规定的开支范围和开支标准，从基本医疗保险基金中支付给参保人员的医疗保险待遇支出，以及其他支出。包括住院医疗费用支出、门急诊医疗费用支出、个人账户基金支出、其他支出。

4.基金累计结余 指截止报告期末基本医疗保险基金累计结余金额。

失业保险

1.参保人数 指报告期末按照国家法律、法规和有关政策规定参加了失业保险的城镇企业、事业单位的职工及地方政府规定参加失业保险的其他人员的人数。

2.基金收入 指报告期内筹集的失业保险基金的总额，包括失业保险费收入、利息收入、财政补贴收入、其他收入、转移收入、上级补助收入、下级上解收入。

3.基金支出 指报告期内为保障失业人员基本生活、促进其再就业等支出的基金总额，包括失业保险金支出、医疗补助金支出、丧葬补助金和抚恤金支出、职业培训和职业介绍补贴支出、农民合同制工人一次性生活补助支出、其他支出、转移支出、上级补助支出、下级上解支出。

4.基金累计结余 指截止报告期末失业保险基金收支相抵后的累计余额。

工伤保险

1.参加保险人数 指报告期末依据国家有关规定参加工伤保险的职工人数和有雇工的个体工商户的雇工数。

2.享受保险待遇人数 指年初至报告期末因工伤或职业病而享受工伤保险待遇的人数。为享受工伤医疗待遇中未评定等级的人数、享受伤残待遇人数以及享受因工死亡待遇人数之和。

3.基金收入 指根据国家有关规定，由参加工伤保险的单位按国家规定的缴费基数和缴费比例缴纳的工伤保险基金，以及通过其他形式取得的形成基金来源的款项。包括：单位缴纳的社会统筹基金收入、财政补贴收入、利息收入、其他收入。

4.基金支出 指按照国家政策规定的开支范围和开支标准从工伤保险基金中支付给参加工伤保险的人员及供养直系亲属工伤保险待遇支出及其他支出。包括工伤医疗费、伤残补助金、工亡补助金、护理费、丧葬补助费、工伤预防费用、职业康复费用和其他支出。

5.基金累计结余 指截止报告期末工伤保险基金累计结余金额。

生育保险

1.参保人数 指报告期末依据有关规定参加生育保险的人数。

2.基金收入 指根据国家有关规定，由参加生育保险的单位按照国家规定的缴费基数和缴费比例缴纳的生育保险基金，以及通过其他方式取得的形成基金来源的款项，包括：单位缴纳的基金收入、利息收入和其他收入。

3.基金支出 指按照国家政策规定的开支范围和开支标准，从生育保险基金中支付给参加生育保险的职工，因妊娠、分娩和计划生育手术而享受的待遇及其他支出。包括：生育津贴、医疗费用支出及其他支出。

4.基金累计结余 指截止报告期末生育保险基金累计结余金额。

Explanatory Notes on Main Statistical Indicators

Number of Labour Dispute Cases Accepted refers to the number of cases of labour dispute submitted that, after being reviewed by the labour dispute arbitration committees in line with the relevant state regulations, are accepted and registered for treatment.

Key Cases refer to crimes committed by county and director-level officials. This indicator reflects the situation of those county and director-level officials involved in criminal cases registered and handled by People's Procuratorate offices.

Approval for Arrest refers to the decision made by people's procuratorate office, in accordance with the law and relevant facts, to approve the arrest of the suspect (s) as proposed by the public security departments, state security departments or prisons authority. This indicator reflects approved arrests made by people's procuratorate offices that are proposed by related departments.

Decision on Arrest refers to decision made by the people's procuratorate office, in accordance with laws, to arrest the suspect(s) in the cases that are accepted and to be investigated by procurators office. This indicator mainly reflects the implementation of the decision on arrest by people's procuratorate office.

Cases by Public Prosecution refer to those ones that are instituted by People's Procuratorate offices after their examination of such cases transferred by public security organs, national security organs, jail management organs and prosecutorial organs on the bases of the facts found. This indicator reflects the situation of public prosecutions instituted to the people's courts by People's Procuratorate Offices.

Application of Summary Procedure refers to those cases of public prosecution where the suspects might be, according to law, sentenced to fixed-term imprisonment of not more than three years, criminal detention, public surveillance or punishment with fines exclusively by People's Court ;, those cases where the facts are clear and the evidence is sufficient, and for which the People's Procuratorate suggests or agrees to the application of summary procedure; those cases to be handled only upon complaints; and those minor criminal cases prosecuted by the victims with evidence.

Protests Presented refers to those protests presented by local People's Procuratorate at any level who considers that there exists some definite error in a judgment or order of first instance made by a People's Court at the same level to the People's Court at the next higher level, including the protests raised in accordance with the second instance and protests raised in accordance with procedure for trial supervision.

Withdrawal of Protests refers to the actions made by the People's Procuratorate at the next higher level when it considers the protests inappropriate by withdrawing the protests from the People's Court at the same level and notifying the People's Procuratorate at the next lower level.

Case Registration Supervision refers to the actions made by the People's Procuratorate to supervise the registration of criminal cases initiated by investigative authorities, including supervision of the cases which have wrongly not been registered and have wrongly been registered.

Supervision of Case Registration includes both the supervision of those registrations initiated by investigatory authorities and the supervision of those registrations according to notifications after hearing declined reasons for registration.

Supervisory Activities refers to the supervision of the People's Procuratorate over the management of prisons as well as other places of criminal reformation under supervision.

Juvenile Criminals refers to the offenders within the age range of 14 to 25 convicted guilty by the court during the reporting period while those between 14 and 18 are defined as minor offenders.

Administrative Cases refers to the cases filed by citizens, corporations and other organizations against the specific administrative conducts of administrative authorities and handled by the court.

Separate Compensation refers to cases that are separately filed for administrative compensation by the party who has no dispute on the legality of administrative conducts but brings proceedings separately to claim for damages caused by administrative tort.

Notary Personnel refers to people working for notary offices including: directors, deputy directors, notaries, assistant notaries and other people providing assistance.

Notary Documents refer to legally binding judicial notary documents developed at the request of the interested party based on facts and the law following certain legal proceedings.

Number of Labour Disputes Cases Accepted refers to the number of cases of labour disputes submitted that, after being reviewed by the labour dispute arbitration committees in line with the relevant national regulations, are accepted and registered for treatment.

Basic Pension Insurance

1. Number of staff and workers covered refer to staff and workers participating in the basic pension insurance programme according to national laws, regulations and related policies at the end of the reference period, who have already had payment records in social security management agencies, including those who have interrupt payment without terminating the insurance programme. Those who have registered in the programme but with no payment records are not included.

2. Number of retirees participating in the basic pension insurance programme refer to the number of retirees participating in basic pension insurance programmes by the end of the reference period.

3. Revenue of the basic pension insurance programme refers to payments made by employers and individuals participating in the pension insurance programme in accordance with the basis and proportion stipulated in State regulations, and income from other sources that become source of pension insurance fund, including the premium paid by employers and staff and workers, interest income, subsidies from higher level agencies, income as transfer from subordinate agencies, transferred income, government financial subsidies and other income.

4. Expenditure of basic pension insurance programme refer to payment made on pensions and funeral subsidies to those retired and resigned people covered in pension insurance programmes according to related national policies on scope and standard of expenditure. Also included are expenditure which arises due to shift of the insurance relationship or adjustment of funds among agencies. More specifically, included are pensions for resigned people, pensions for retired people, pension for people quitting jobs, various subsidies, medical fees, funeral subsidies, compensation payments, management fees for social security agencies, expenses on subsidies to lower subordinates, expenses as transfer to agencies at higher level, transferred expenditure and other expenditure.

5. Balance of basic pension insurance programme refers to the balance of basic pension insurance funds at the end of the reference period after deducting expenses from revenue.

Basic Medical Care Insurance

1. Number of people participating in the insurance programme refers to people participating in the basic medical care insurance programme according to related regulations at the end of the reference period.

2. Revenue of the insurance programme refers to payments made by employers and individuals participating in the medical care insurance programme in accordance with the basis and proportion stipulated in State regulations, and income from other sources that become source of medical insurance fund, including income paid by units, individual paid income, financial assistance's income (including individual income from medicaid) , financial subsidies' income, interest income and other income.

3. Expenditure of the insurance programme refers to payment made to people covered in basic medical care insurance programme within the scope and standards of expenditure according to related national policies, and medical care payment and other expenses, including medical expenses of hospital inpatients, medical expenses for outpatients and emergency patients, payment from individual accounts and other expenditure.

4. Balance of the basic medical care insurance programme refers to the balance of medical care insurance funds at the end of the reference period.

Unemployment Insurance

1. Number of people covered refers to staff and workers in urban enterprises or institutions who have participated in the unemployment insurance programme according to relevant policies and regulations, and other people who have participated according to local government regulations at the end of the reference period.

2. Revenue of the unemployment insurance programme refers to the total unemployment insurance funds raised in the reference period, including unemployment insurance premium, interest income, financial subsidies, other income, transferred income, subsidies from higher level agencies and income as transfer from subordinate agencies.

3. Expenditure of the unemployment insurance programme refers to total expenses during the reference period to guarantee the basic livelihood of unemployed people, and to encourage their re-employment. Included are unemployment relief, medical fees, funeral subsidies, compensation payments, training expenses, management fees for unemployment insurance agencies, subsidies to lower level agencies, expenses as transfer to higher level agencies, transferred expenditure and other expenditure.

4. Balance of the unemployment insurance programme refers to the balance of revenue of the programme after deducting expenses at the end of the reference period.

Work Injury Insurance

1. Number of people covered refers to staff and workers who have participated in the work injury insurance programme and number of employees in private business according to relevant national regulations at the end of the reference period.

2. Number of beneficiaries refers to number of people benefited from work injury insurance, as a result of work injury or occupational disease. It is the sum of beneficiaries from the work injury medical treatment without rating, disabilities and deaths at work places.

3. Revenue of the work injury insurance programme refers to payments made by employers participating in the work injury insurance programme in accordance with the basis and proportion stipulated in State regulations, and income from other sources that become source of work injury insurance fund, including income of social comprehensive funds paid by employers, government financial subsidies, interest income and other income.

4. Expenditure of the work injury insurance programme refers to payments made from work injury insurance funds to those who participated in the work injury insurance programme and their direct dependents within the scope and standards of expenditure according to related national policies, and other expenditure, including medical fees for work injury, injury and disability subsidies, death subsidies, nursing fees, funeral subsidies, injury prevention fees, occupational rehabilitation fees and other expenditure.

5. Balance of the work injury insurance programme refers to the balance of the work injury funds at the end of the reference period.

Maternity Insurance

1. Number of people covered refers to people who have participated in the maternity insurance programme according to relevant regulation at the end of the reference period.

2. Revenue of maternity insurance refers to payments made by employers participating in the maternity insurance programme in accordance with the basis and proportion stipulated in State regulations, and income from other sources that become source of maternity insurance fund, including income of funds paid by employers, interest income and other income.

3. Expenditure of the maternity insurance programme refers to payments made from maternity insurance funds to staff and workers who participate in the maternity insurance programme within the scope and standards of expenditure in accordance with related national policies, expenses paid for pregnancy, child delivery or surgeries related to family planning, and other expenditure, including allowance for child bearing, medical fees and other expenditure.

4. Balance of the maternity programme refers to the balance of the maternity insurance funds at the end of the reference period.

各县（市、区）主要统计指标

Main Indicators of County (City, municipal districts)

26

26-1 各县(市、区)人口及城镇单位就业人员和工资(2020年)

Population and Employed Person and Wages by County and District (2020)

县市区 County and District	年末总户数(万户) Total Households (year-end) (10 000 household)	年末户籍人口(万人) Population (year-end) (10 000 persons)	常住人口(万人) Resident Population (10 000 persons)	#城镇 Urban	城镇化率(%) Urbanization Rate (%)	城镇单位年末就业人员(人) Number of Employed Person in Urban Area (person)	城镇单位就业人员平均工资(元) Average Wage of Employed Persons in Urban Area (yuan)
郑州市 Zhengzhou							
中原区 Zhongyuan	28.29	92.53	150.88	145.75	96.60	277590	92419
二七区 Erqi	21.76	67.49	106.13	95.56	90.04	164769	84436
管城区 Guancheng	20.88	59.86	118.17	107.76	91.19	238974	86282
金水区 Jinshui	43.31	138.71	214.55	207.68	96.80	654691	88978
上街区 Shangjie	4.01	11.71	19.73	19.45	98.57	26752	75655
惠济区 Huiji	7.84	28.89	55.51	39.45	71.06	50730	80642
中牟县 Zhongmu	18.33	92.28	141.45	86.19	60.93	119867	82968
巩义市 Gongyi	21.09	85.12	80.18	52.21	65.11	62664	63289
荥阳市 Xingyang	17.76	71.86	73.01	42.40	58.08	48141	78859
新密市 Xinmi	21.01	90.40	82.60	52.92	64.07	69128	69148
新郑市 Xinzheng	19.89	86.63	146.54	97.45	66.50	362457	79371
登封市 Dengfeng	17.45	73.45	72.93	42.67	58.51	64135	57411
开封市 Kaifeng							
龙亭区 Longting	13.25	39.53	58.11	48.20	82.95	81064	62809
顺河区 Shunhe	8.42	23.36	22.74	22.23	97.74	42722	66816
鼓楼区 Gulou	5.35	14.42	13.45	12.74	94.73	32332	63124
禹王台区 Yuwangtai	4.67	12.81	12.47	9.90	79.41	11899	59895
祥符区 Xiangfu	22.33	82.30	67.03	26.54	39.60	48821	55068
杞县 Qixian	38.70	123.32	93.92	36.49	38.85	39740	54910
通许县 Tongxu	18.01	68.72	54.26	22.40	41.29	29979	53803
尉氏县 Weishi	27.22	103.88	83.85	35.69	42.57	29543	59965
兰考县 Lankao	29.58	95.48	77.64	36.40	46.88	57445	59366
洛阳市 Luoyang							
老城区 Laocheng	6.45	16.88	25.23	24.54	97.27	16969	90255
西工区 Xigong	10.78	31.48	36.93	35.73	96.75	95681	95409
瀍河区 Chanhe	6.42	17.50	22.29	21.44	96.17	20294	93967
涧西区 Jianxi	20.42	61.29	71.91	71.13	98.92	133282	79994
吉利区 Jili	2.18	6.79	6.92	6.20	89.70	20909	73303
洛龙区 Luolong	24.62	77.34	91.87	80.90	88.06	102620	90723
孟津县 Mengjin	16.30	48.67	41.70	24.03	57.63	38890	61466
新安县 Xinan	15.69	54.21	48.35	26.42	54.63	76915	58655
栾川县 Luanchuan	10.62	36.00	32.72	19.60	59.89	28189	63623
嵩县 Songxian	17.21	64.68	54.36	22.48	41.35	20938	60627
汝阳县 Ruyang	12.93	53.28	43.49	20.08	46.16	19249	62927
宜阳县 Yiyang	19.93	71.93	57.63	27.04	46.92	31599	56543
洛宁县 Luoning	13.92	51.55	38.63	15.46	40.03	20504	54466
伊川县 Yichuan	25.84	93.93	79.31	38.97	49.13	40613	55527
偃师市 Yanshi	18.43	63.73	54.58	35.28	64.63	30666	65156

26-1 续表 1 continued

县市区 County and District	年末总户数（万户）Total Households (year-end) (10 000 household)	年末户籍人口（万人）Population (year-end) (10 000 persons)	常住人口（万人）Resident population (10 000 persons)	#城镇 Urban	城镇化率（%）Urbanization Rate (%)	城镇单位年末就业人员（人）Number of Employed Person in Urban Area (person)	城镇单位就业人员平均工资（元）Average Wage of Employed Persons in Urban Area (yuan)
平顶山市 Pingdingshan							
新华区 Xinhua	12.85	41.59	46.55	44.73	96.08	152651	76564
卫东区 Weidong	11.08	36.41	33.52	32.71	97.59	57191	64057
石龙区 Shilong	1.95	6.16	3.11	2.41	77.61	4557	51615
湛河区 Zhanhe	8.37	27.12	34.84	28.13	80.75	46413	71391
宝丰县 Baofeng	16.95	55.75	50.65	23.57	46.54	25239	52148
叶县 Yexian	23.03	87.85	73.41	25.80	35.14	32414	53436
鲁山县 Lushan	24.62	98.35	79.12	25.83	32.65	31315	56846
郏县 Jiaxian	21.21	65.27	50.64	19.74	38.98	31769	52817
舞钢市 Wugang	10.38	33.87	29.49	17.32	58.73	34833	54285
汝州市 Ruzhou	31.45	118.23	97.46	46.64	47.86	61989	53813
安阳市 Anyang							
文峰区 Wenfeng	14.19	43.69	57.90	54.72	94.51	70546	83151
北关区 Beiguan	9.39	28.17	32.77	29.19	89.08	58821	59367
殷都区 Yindu	7.79	23.44	21.97	19.57	89.07	49883	69029
龙安区 Longan	9.86	28.58	27.21	15.27	56.11	11150	59892
安阳县 Anyang	30.04	104.67	82.13	33.57	40.88	19176	67792
汤阴县 Tangyin	14.82	52.32	45.50	23.43	51.50	32365	55674
滑县 Huaxian	47.54	150.29	116.87	42.52	36.38	65466	63300
内黄县 Neihuang	19.80	86.00	68.21	18.20	26.69	25358	62213
林州市 Linzhou	32.53	113.84	95.08	53.99	56.78	143537	59023
鹤壁市 Hebi							
鹤山区 Heshan	3.22	8.20	6.28	5.27	83.93	16087	65438
山城区 Shancheng	5.77	16.71	15.57	13.44	86.30	14653	58734
淇滨区 Qibin	12.38	41.16	46.15	38.48	83.39	68828	61675
浚县 Xunxian	19.69	75.26	62.57	23.18	37.05	33120	49691
淇县 Qixian	8.78	30.14	26.27	15.27	58.14	21927	49707
新乡市 Xinxiang							
红旗区 Hongqi	12.52	40.26	61.63	58.74	95.31	99379	74407
卫滨区 Weibin	7.63	22.78	24.00	24.00	100.00	23142	65084
凤泉区 Fengquan	3.93	14.66	14.83	8.23	55.51	7479	51577
牧野区 Muye	10.94	33.12	37.89	37.02	97.72	49944	76139
新乡县 Xinxiang	8.67	37.71	34.30	19.25	56.13	38732	54107
获嘉县 Huojia	11.92	45.06	39.68	20.14	50.76	17524	52725
原阳县 Yuanyang	18.99	82.56	75.18	29.96	39.85	28828	57287
延津县 Yanjin	14.72	51.06	46.08	18.00	39.07	22546	59001
封丘县 Fengqiu	24.01	89.43	71.08	28.01	39.40	32599	61724
长垣市 Changyuan	28.63	102.97	90.60	52.20	57.62	77674	58696
卫辉市 Weihui	15.89	54.28	47.93	22.83	47.63	24361	60232
辉县市 Huixian	26.68	93.28	82.32	41.77	50.74	40475	52998

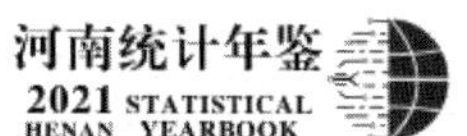

26-1 续表 2　continued

县市区 County and District	年末总户数(万户) Total Households (year-end) (10 000 household)	年末户籍人口(万人) Population (year-end) (10 000 persons)	常住人口(万人) Resident population (10 000 persons)	#城镇 Urban	城镇化率(%) Urbanization Rate (%)	城镇单位年末就业人员(人) Number of Employed Person in Urban Area (person)	城镇单位就业人员平均工资(元) Average Wage of Employed Persons in Urban Area (yuan)
焦　作　市 Jiaozuo							
解　放　区 Jiefang	9.08	30.02	34.77	34.61	99.54	45307	70575
中　站　区 Zhongzhan	3.06	11.19	10.74	8.42	78.42	23236	61375
马　村　区 Macun	3.56	13.52	12.07	7.55	62.52	7792	62983
山　阳　区 Shanyang	11.90	43.48	51.07	36.98	72.41	79988	65283
修　武　县 Xiuwu	7.03	27.31	24.88	13.32	53.55	21370	63677
博　爱　县 Boai	10.31	39.78	35.04	20.62	58.84	13580	54633
武　陟　县 Wuzhi	19.49	74.02	66.19	31.98	48.31	51365	56619
温　县 Wenxian	14.15	46.10	39.42	21.54	54.66	25634	56851
沁　阳　市 Qinyang	12.59	49.38	44.79	28.01	62.53	39846	61044
孟　州　市 Mengzhou	11.35	38.23	33.46	19.12	57.14	28469	64690
濮　阳　市 Puyang							
华　龙　区 Hualong	23.73	75.53	96.66	82.70	85.56	186355	76905
清　丰　县 Qingfeng	22.47	75.20	59.19	19.66	33.22	28687	64515
南　乐　县 Nanle	15.07	58.40	47.63	16.74	35.14	19992	64889
范　县 Fanxian	17.38	60.35	44.75	16.06	35.88	18701	68344
台　前　县 Taiqian	11.12	42.44	32.32	11.74	36.31	17592	56091
濮　阳　县 Puyang	31.64	123.26	96.80	41.78	43.16	45846	61866
许　昌　市 Xuchang							
魏　都　区 Weidu	15.05	41.41	59.86	56.88	95.02	97010	77808
建　安　区 Jianan	29.02	93.45	74.15	28.29	38.15	64543	67680
鄢　陵　县 Yanling	21.08	73.49	54.75	24.59	44.91	38354	57360
襄　城　县 Xiangcheng	28.46	91.42	67.48	28.72	42.56	54842	68273
禹　州　市 Yuzhou	42.15	134.02	110.99	56.52	50.92	72170	61754
长　葛　市 Changge	2.12	78.25	71.01	39.68	55.88	77913	58595
漯　河　市 Luohe							
源　汇　区 Yuanhui	9.83	31.61	32.29	22.41	69.40	62937	66421
郾　城　区 Yancheng	14.57	51.16	50.62	30.64	60.53	36138	73465
召　陵　区 Zhaoling	13.50	52.75	50.00	27.87	55.74	64965	66732
舞　阳　县 Wuyang	16.94	59.64	44.79	19.33	43.15	26393	50712
临　颍　县 Linying	20.34	72.51	59.48	29.82	50.14	53192	54433

26-1 续表 3 continued

县市区	County and District	年末总户数(万户) Total Households (year-end) (10 000 household)	年末户籍人口(万人) Population (year-end) (10 000 persons)	常住人口(万人) Resident population (10 000 persons)	#城镇 Urban	城镇化率(%) Urbanization Rate (%)	城镇单位年末就业人员(人) Number of Employed Person in Urban Area (person)	城镇单位就业人员平均工资(元) Average Wage of Employed Persons in Urban Area (yuan)
三门峡市	**Sanmenxia**							
湖滨区	Hubin	10.01	28.80	32.68	30.18	92.36	66511	82956
陕州区	Shanzhou	11.93	34.24	28.87	14.77	51.15	22178	76741
渑池县	Mianchi	12.67	36.00	31.02	16.66	53.70	15407	73896
卢氏县	Lushi	12.93	38.09	31.72	13.84	43.64	13032	62092
义马市	Yima	5.04	14.98	13.58	13.17	97.00	31695	55307
灵宝市	Lingbao	20.99	74.25	65.67	27.92	42.52	47775	51680
南阳市	**Nanyang**							
宛城区	Wancheng	31.21	96.53	99.20	66.48	67.02	99186	81849
卧龙区	Wolong	34.07	108.43	109.36	76.63	70.07	136169	66359
南召县	Nanzhao	22.57	69.09	54.55	22.20	40.69	27103	56546
方城县	Fangcheng	36.27	117.27	87.37	38.27	43.80	41858	59318
西峡县	Xixia	15.23	49.07	45.04	24.37	54.10	38047	54818
镇平县	Zhenping	28.61	108.55	82.98	38.07	45.88	53804	53223
内乡县	Neixiang	23.49	71.89	54.91	26.59	48.42	41277	51233
淅川县	Xichuan	21.11	72.15	53.86	28.02	52.03	46303	56970
社旗县	Sheqi	22.22	76.85	56.16	23.85	42.47	27442	45962
唐河县	Tanghe	43.49	147.61	105.44	46.04	43.66	45751	56395
新野县	Xinye	23.94	85.22	60.28	27.43	45.51	31432	46423
桐柏县	Tongbai	16.00	49.87	37.52	19.99	53.28	26099	47324
邓州市	Dengzhou	50.04	185.64	124.86	53.53	42.87	60269	55120
商丘市	**Shangqiu**							
梁园区	Liangyuan	27.85	91.46	100.33	58.41	58.22	102599	56188
睢阳区	Suiyang	30.21	99.25	89.65	47.28	52.74	62875	84251
民权县	Minquan	30.06	102.39	74.64	30.73	41.17	69426	61009
睢县	Suixian	25.34	93.57	72.38	28.14	38.88	63711	60041
宁陵县	Ningling	23.80	73.12	56.27	23.09	41.04	43035	56238
柘城县	Zhecheng	33.91	111.68	78.22	31.33	40.05	51008	55015
虞城县	Yucheng	45.80	138.10	95.15	40.30	42.35	82592	55422
夏邑县	Xiayi	45.14	135.23	89.66	38.29	42.71	85527	56016
永城市	Yongcheng	47.11	165.01	125.56	64.42	51.31	98211	60595

26-1 续表 4 continued

县市区 County and District	年末总户数(万户) Total Households (year-end) (10 000 household)	年末户籍人口(万人) Population (year-end) (10 000 persons)	常住人口(万人) Resident population (10 000 persons)	#城镇 Urban	城镇化率(%) Urbanization Rate (%)	城镇单位年末就业人员(人) Number of Employed Person in Urban Area (person)	城镇单位就业人员平均工资(元) Average Wage of Employed Persons in Urban Area (yuan)
信阳市 Xinyang							
浉河区 Shihe	21.93	67.07	64.15	44.65	69.60	76563	65819
平桥区 Pingqiao	29.53	91.39	87.79	57.08	65.02	112991	65915
罗山县 Luoshan	22.63	78.47	49.34	21.97	44.53	27584	60272
光山县 Guangshan	28.94	93.70	59.37	24.98	42.07	29254	59874
新县 Xinxian	13.01	38.17	27.87	14.42	51.75	28546	60712
商城县 Shangcheng	24.47	80.22	45.97	18.48	40.20	31692	58526
固始县 Gushi	55.41	179.01	103.86	46.47	44.74	81235	65317
潢川县 Huangchuan	28.51	89.38	63.69	36.14	56.74	49652	53600
淮滨县 Huaibin	24.66	82.64	54.98	23.46	42.67	46720	58191
息县 Xixian	32.43	112.64	66.64	25.00	37.52	44582	53261
周口市 Zhoukou							
川汇区 Chuanhui	19.76	64.52	71.05	53.21	74.89	121295	70440
淮阳区 Huaiyang	38.69	149.69	103.49	34.39	33.23	31539	46419
扶沟县 Fugou	21.28	78.54	57.50	23.16	40.27	58891	47400
西华县 Xihua	27.66	96.44	71.57	28.41	39.70	44661	57510
商水县 Shangshui	32.66	132.54	96.12	38.33	39.88	80648	51375
沈丘县 Shenqiu	34.65	139.44	95.52	38.98	40.81	61058	51078
郸城县 Dancheng	42.61	158.90	100.01	35.82	35.82	32519	54146
太康县 Taikang	43.91	165.42	114.88	46.64	40.60	72593	65247
鹿邑县 Luyi	40.72	138.44	95.58	36.76	38.46	55719	55361
项城市 Xiangcheng	37.07	134.98	96.15	48.77	50.72	65303	58571
驻马店市 Zhumadian							
驿城区 Yicheng	24.19	86.21	102.53	75.41	73.55	182242	67957
西平县 Xiping	25.74	88.35	64.71	27.04	41.78	44203	55575
上蔡县 Shangcai	40.28	160.77	100.55	34.75	34.56	45521	55414
平舆县 Pingyu	35.12	117.24	72.85	31.16	42.77	55242	60413
正阳县 Zhengyang	25.98	87.45	62.50	23.18	37.09	35459	60245
确山县 Queshan	16.94	56.03	40.29	16.31	40.47	32416	59036
泌阳县 Biyang	27.73	97.12	69.50	31.63	45.51	54579	56645
汝南县 Runan	23.19	89.84	61.24	22.51	36.75	37259	48569
遂平县 Suiping	16.33	57.71	44.12	19.45	44.08	42776	58365
新蔡县 Xincai	33.12	125.90	82.38	27.86	33.82	49252	54911

26-2 各县(市、区)生产总值和指数(2020年)

县市区	County and District	生产总值(亿元) Gross Domestic Products (100 million yuan)	第一产业 Primary Industry	第二产业 Secondary Industry	第三产业 Tertiary Industry
郑州市	**Zhengzhou**				
中原区	Zhongyuan	1224.51	0.09	484.43	739.99
二七区	Erqi	760.17	0.03	178.72	581.41
管城区	Guancheng	1711.31	0.99	844.81	865.51
金水区	Jinshui	2723.10	0.31	364.81	2357.98
上街区	Shangjie	165.48	0.04	78.67	86.77
惠济区	Huiji	291.31	4.68	103.30	183.33
中牟县	Zhongmu	1259.10	34.99	655.03	569.08
巩义市	Gongyi	826.57	12.66	479.98	333.93
荥阳市	Xingyang	546.03	28.54	267.58	249.91
新密市	Xinmi	706.29	23.61	366.80	315.87
新郑市	Xinzheng	1335.57	25.65	720.47	589.45
登封市	Dengfeng	452.77	22.58	214.81	215.38
开封市	**Kaifeng**				
龙亭区	Longting	294.45	6.03	76.29	212.13
顺河区	Shunhe	134.62	2.73	64.95	66.94
鼓楼区	Gulou	100.06	2.58	16.32	81.16
禹王台区	Yuwangtai	96.81	3.53	38.75	54.53
祥符区	Xiangfu	281.47	67.03	110.24	104.20
杞县	Qixian	370.82	101.93	119.39	149.50
通许县	Tongxu	278.54	64.03	99.20	115.32
尉氏县	Weishi	431.81	64.31	203.18	164.33
兰考县	Lankao	383.24	51.47	168.95	162.82
洛阳市	**Luoyang**				
老城区	Laocheng	199.04	1.47	124.24	73.34
西工区	Xigong	483.26	0.27	160.53	322.46
瀍河区	Chanhe	121.76	0.59	36.53	84.64
涧西区	Jianxi	631.26	2.03	271.83	357.40
吉利区	Jili	185.56	1.39	128.01	56.16
洛龙区	Luolong	635.07	12.59	207.34	415.15
孟津县	Mengjin	339.17	25.99	191.13	122.05
新安县	Xinan	524.48	24.62	289.35	210.50
栾川县	Luanchuan	273.28	15.01	140.34	117.94
嵩县	Songxian	205.84	31.03	67.77	107.05
汝阳县	Ruyang	185.30	14.78	78.77	91.75
宜阳县	Yiyang	317.56	39.13	123.17	155.26
洛宁县	Luoning	208.48	32.60	74.80	101.07
伊川县	Yichuan	427.69	30.35	192.72	204.62
偃师市	Yanshi	440.16	22.28	237.45	180.43
平顶山市	**Pingdingshan**				
新华区	Xinhua	328.33	1.61	179.73	146.99
卫东区	Weidong	299.54	1.42	167.94	130.18
石龙区	Shilong	38.88	0.55	22.35	15.98
湛河区	Zhanhe	221.29	2.51	88.51	130.27
宝丰县	Baofeng	338.42	22.87	168.95	146.59
叶县	Yexian	224.12	59.42	61.96	102.74
鲁山县	Lushan	173.03	33.99	49.93	89.11
郏县	Jiaxian	207.04	28.44	90.33	88.27
舞钢市	Wugang	140.88	13.49	73.21	54.18
汝州市	Ruzhou	485.50	40.05	204.60	240.86

Gross Domestic Product and Its indices by County and District (2020)

人均生产总值 (元) (按常住人口计算) Per Capita GDP (yuan) (calculated atresidents)	生产总值指数 (%) (上年=100) Indices of Gross Domestic Products (%) (preced-ing year=100)	第一产业 Primary Industry	第二产业 Secondary Industry	第三产业 Tertiary Industry	人均生产总值指数 (%) Indices of Per Capita GDP (%)
81964	101.6	96.6	99.8	103.0	98.5
72143	100.8	97.4	105.0	99.3	98.9
147052	103.0	93.1	104.2	101.6	100.1
128209	101.8	91.0	100.1	102.0	100.0
86166	102.6	12.0	103.4	101.8	97.5
53633	100.2	140.1	106.6	95.3	94.9
89191	104.5	98.0	106.3	102.6	102.7
103574	104.3	100.3	106.3	101.0	104.1
75638	103.1	100.7	105.1	100.7	100.2
85430	103.2	100.8	104.6	101.2	103.4
93230	105.9	100.2	109.5	101.0	101.9
62516	102.4	100.8	101.8	103.4	100.6
51653	101.3	102.2	95.7	103.8	95.9
58877	102.0	101.7	102.1	101.8	102.8
73626	102.0	101.0	98.9	102.8	103.6
76413	102.3	101.6	104.5	100.5	104.2
41917	102.2	102.7	102.7	101.3	102.6
39586	102.4	102.8	102.7	101.9	102.3
51429	102.1	102.4	102.2	101.8	102.3
51388	102.5	102.4	103.5	100.7	102.9
49600	101.6	102.3	102.6	100.0	100.4
81735	90.2	100.4	84.6	101.6	83.6
132093	103.5	100.5	106.7	101.9	103.8
55827	101.8	100.3	110.6	98.3	97.0
87965	102.9	100.5	104.7	101.4	101.3
284677	104.8	99.5	106.0	101.9	98.6
70773	103.5	102.2	103.2	103.7	100.0
80069	103.6	103.0	102.6	105.7	103.1
108102	104.1	102.9	104.4	103.9	103.3
82002	102.3	102.8	102.0	102.7	103.2
37964	103.0	102.5	103.3	102.9	102.4
43349	103.2	103.1	102.6	103.8	102.4
54733	103.4	102.6	102.8	104.1	104.6
52122	102.6	102.4	103.5	101.8	107.0
54289	102.7	103.0	103.7	101.6	101.6
80005	100.2	102.0	99.8	100.4	101.8
71858	103.0	102.7	104.6	100.7	99.2
88143	104.2	102.7	104.4	103.9	105.8
126695	103.1	101.8	104.5	100.6	102.0
63715	102.1	102.7	100.3	103.6	101.5
67232	103.8	102.9	104.5	102.9	102.5
30551	103.2	102.8	103.6	103.1	102.6
22018	103.3	102.7	107.6	100.6	101.6
40601	103.5	102.9	103.9	103.4	104.8
47908	103.5	102.7	103.8	103.3	103.2
49953	103.2	102.6	104.9	101.4	102.2

26-2 续表 1

县 市	County and city	生产总值（亿元）Gross Domestic Products (100 million yuan)	第一产业 Primary Industry	第二产业 Secondary Industry	第三产业 Tertiary Industry
安 阳 市	**Anyang**				
文 峰 区	Wenfeng	239.05	0.79	54.33	183.93
北 关 区	Beiguan	160.25	1.66	46.11	112.48
殷 都 区	Yindu	328.48	11.06	221.96	95.47
龙 安 区	Longan	166.06	3.50	124.73	37.84
安 阳 县	Anyang	98.80	15.82	26.11	56.88
汤 阴 县	Tangyin	172.87	31.57	69.50	71.81
滑 县	Huaxian	391.70	77.26	145.14	169.29
内 黄 县	Neihuang	184.22	82.32	32.40	69.51
林 州 市	Linzhou	559.90	15.30	288.27	256.32
鹤 壁 市	**Hebi**				
鹤 山 区	Heshan	79.07	3.26	58.17	17.64
山 城 区	Shancheng	130.53	5.14	84.59	40.80
淇 滨 区	Qibin	255.78	11.26	117.50	127.02
浚 县	Xunxian	273.73	34.91	141.98	96.84
淇 县	Qixian	241.87	23.45	151.64	66.79
新 乡 市	**Xinxiang**				
红 旗 区	Hongqi	560.52	2.19	261.44	296.89
卫 滨 区	Weibin	118.70	1.07	32.44	85.20
凤 泉 区	Fengquan	80.26	2.08	41.03	37.15
牧 野 区	Muye	215.06	1.88	103.85	109.33
新 乡 县	Xinxiang	217.69	11.71	126.36	79.61
获 嘉 县	Huojia	170.11	27.62	71.60	70.89
原 阳 县	Yuanyang	247.32	42.92	91.37	113.03
延 津 县	Yanjin	153.71	29.98	50.60	73.12
封 丘 县	Fengqiu	239.80	53.88	84.53	101.39
长 垣 市	Changyuan	490.17	52.01	261.65	176.51
卫 辉 市	Weihui	177.52	25.99	69.10	82.42
辉 县 市	Huixian	346.97	40.57	161.82	144.58
焦 作 市	**Jiaozuo**				
解 放 区	Jiefang	172.33	0.18	34.25	137.90
中 站 区	Zhongzhan	105.11	0.71	70.56	33.84
马 村 区	Macun	72.46	1.87	38.76	31.84
山 阳 区	Shanyang	337.11	5.55	128.05	203.51
修 武 县	Xiuwu	139.16	12.14	59.29	67.73
博 爱 县	Boai	158.09	20.88	54.18	83.03
武 陟 县	Wuzhi	336.75	39.41	139.46	157.88
温 县	Wenxian	216.79	29.40	79.01	108.38
沁 阳 市	Qinyang	296.95	20.30	129.47	147.18
孟 州 市	Mengzhou	288.87	27.32	158.62	102.92

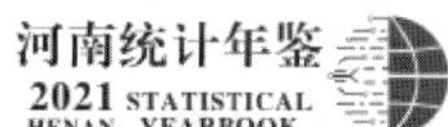

continued

人均生产总值 (元) (按常住人口计算) Per Capita GDP (yuan) (calculated atresidents)	生产总值指数 (%) (上年=100) Indices of Gross Domestic Products (%) (preced-ing year=100)	第一产业 Primary Industry	第二产业 Secondary Industry	第三产业 Tertiary Industry	人均生产总值指数 (%) Indices of Per Capita GDP (%)
42158	103.1	68.2	99.9	104.5	98.9
49258	102.7	102.2	99.2	104.2	100.8
148608	102.6	99.5	102.6	103.0	103.5
61155	102.7	101.7	102.7	103.0	102.1
12033	104.2	100.0	111.2	102.2	104.1
38076	104.7	102.0	110.0	100.6	104.0
33491	102.6	101.3	103.0	102.9	102.5
27000	102.1	103.9	98.6	102.3	102.2
59481	104.6	101.8	106.6	102.5	102.3
119708	105.8	103.5	106.7	102.1	115.5
82092	100.9	102.2	101.2	100.0	104.5
56752	105.6	103.5	107.1	104.1	100.1
43747	92.3	103.5	84.0	101.1	91.8
92248	106.5	100.9	108.7	100.5	105.6
91751	104.5	100.7	104.6	104.4	103.5
48375	93.3	101.4	79.6	101.2	95.4
54146	102.7	99.9	104.9	99.7	102.9
56767	100.3	101.2	99.3	101.7	100.3
62670	103.9	101.8	105.2	100.9	105.2
42476	105.0	101.9	108.5	101.8	106.6
32667	104.7	101.9	108.6	101.8	105.7
34093	101.4	102.4	100.5	101.7	98.7
33984	102.0	102.4	103.4	100.4	100.7
54239	104.9	102.2	106.2	103.5	104.4
37686	103.9	101.0	107.2	102.3	100.4
41758	104.7	100.7	107.7	102.1	105.7
53323	98.4	100.7	102.6	97.4	90.7
98712	89.2	101.6	85.9	98.6	88.0
55879	97.3	101.8	97.2	97.1	103.8
67996	85.6	101.5	74.6	96.1	82.7
55766	91.5	101.9	86.1	95.9	91.5
44184	54.0	101.7	31.9	97.3	55.5
51070	74.6	101.7	58.5	97.8	74.1
53795	81.6	100.9	67.3	95.6	83.2
67316	76.2	101.1	61.5	99.5	74.9
82319	81.5	101.5	74.6	97.8	85.0

26-2 续表 2

县 市	County and city	生产总值（亿元）Gross Domestic Products (100 million yuan)	第一产业 Primary Industry	第二产业 Secondary Industry	第三产业 Tertiary Industry
濮 阳 市	**Puyang**				
华 龙 区	Hualong	635.90	26.00	264.80	345.10
清 丰 县	Qingfeng	201.01	53.56	60.56	86.89
南 乐 县	Nanle	176.63	43.13	50.32	83.17
范 县	Fanxian	215.96	23.62	97.12	95.22
台 前 县	Taiqian	118.61	13.30	43.29	62.02
濮 阳 县	Puyang	279.27	55.80	68.31	155.16
许 昌 市	**Xuchang**				
魏 都 区	Weidu	421.07	0.12	153.49	267.46
建 安 区	Jianan	563.17	32.18	300.75	230.25
鄢 陵 县	Yanling	370.08	41.85	146.81	181.43
襄 城 县	Xiangcheng	463.86	42.97	195.14	225.75
禹 州 市	Yuzhou	849.59	34.85	470.14	344.60
长 葛 市	Changge	781.48	31.62	552.54	197.33
漯 河 市	**Luohe**				
源 汇 区	Yuanhui	236.69	9.82	70.75	156.13
郾 城 区	Yancheng	258.57	27.82	74.63	156.12
召 陵 区	Zhaoling	497.16	34.19	279.63	183.34
舞 阳 县	Wuyang	225.53	34.20	86.98	104.36
临 颍 县	Linying	355.91	43.94	162.07	149.90
三 门 峡 市	**Sanmenxia**				
湖 滨 区	Hubin	289.33	6.90	115.28	167.14
陕 州 区	Shanzhou	258.13	27.51	126.37	104.26
渑 池 县	Mianchi	218.02	21.57	110.67	85.78
卢 氏 县	Lushi	119.37	27.82	33.87	57.68
义 马 市	Yima	137.06	1.84	87.23	48.00
灵 宝 市	Lingbao	428.73	61.30	213.83	153.61
南 阳 市	**Nanyang**				
宛 城 区	Wancheng	435.47	38.68	139.80	256.99
卧 龙 区	Wolong	568.11	31.75	163.34	373.02
南 召 县	Nanzhao	178.59	27.53	71.23	79.83
方 城 县	Fangcheng	264.56	52.57	84.12	127.88
西 峡 县	Xixia	257.99	36.40	102.70	118.88
镇 平 县	Zhenping	267.43	42.10	81.96	143.37
内 乡 县	Neixiang	263.10	52.75	115.07	95.27
淅 川 县	Xichuan	245.39	48.73	85.95	110.70
社 旗 县	Sheqi	178.19	46.17	43.38	88.64
唐 河 县	Tanghe	379.72	96.16	100.87	182.69
新 野 县	Xinye	275.45	58.45	76.36	140.65
桐 柏 县	Tongbai	182.30	27.61	73.82	80.87
邓 州 市	Dengzhou	429.56	93.54	122.23	213.80

continued

人均生产总值(元)(按常住人口计算) Per Capita GDP (yuan) (calculated atresidents)	生产总值指数(%)(上年=100) Indices of Gross Domestic Products (%) (preced-ing year=100)	第一产业 Primary Industry	第二产业 Secondary Industry	第三产业 Tertiary Industry	人均生产总值指数(%) Indices of Per Capita GDP (%)
66832	102.4	101.5	104.0	101.1	99.2
34044	103.9	103.2	107.5	101.5	104.5
37243	104.0	103.1	107.7	102.1	104.0
48293	100.1	101.8	99.2	100.7	100.5
36806	103.3	103.9	105.6	101.4	104.3
28727	105.5	102.6	109.6	104.4	106.5
71199	101.2	64.6	101.9	100.8	97.4
76012	103.6	101.8	104.8	101.9	104.2
67725	100.5	102.6	98.4	101.6	100.6
68751	102.7	102.4	104.6	100.9	102.9
76553	103.1	102.5	103.6	102.2	103.3
110107	103.5	102.4	104.0	101.9	103.4
73545	101.6	101.8	99.3	103.3	100.8
51223	100.7	102.2	97.2	103.1	99.9
99836	101.2	102.3	100.2	103.1	100.1
49932	101.9	102.3	100.9	103.0	103.4
59342	102.0	102.4	101.2	103.3	103.6
88778	102.9	102.4	102.2	103.5	102.7
90005	102.9	102.4	103.3	102.3	102.7
70499	103.2	102.6	103.9	102.0	103.4
37751	103.3	103.0	103.6	103.1	103.2
101340	103.4	102.3	103.5	103.2	103.3
65516	103.2	102.8	103.9	102.0	103.2
44005	101.0	102.9	99.5	101.7	100.7
52015	102.9	102.5	103.9	102.3	102.7
32783	103.3	102.6	104.7	101.9	103.4
30201	102.7	102.1	103.2	102.4	103.4
57292	103.2	102.5	103.9	102.7	103.2
32234	103.0	102.3	103.5	102.8	103.4
47931	104.2	102.5	106.1	101.9	104.3
45425	103.4	102.8	104.1	103.0	105.4
31547	101.7	102.3	98.2	103.7	103.3
35771	103.2	102.6	104.4	102.6	104.9
45582	103.0	102.4	102.8	103.3	103.5
48515	102.5	102.4	103.1	101.9	102.9
34094	99.1	102.1	94.7	101.5	100.6

26-2 续表 3

县 市	County and city	生产总值（亿元）Gross Domestic Products (100 million yuan)	第一产业 Primary Industry	第二产业 Secondary Industry	第三产业 Tertiary Industry
商丘市	**Shangqiu**				
梁园区	Liangyuan	337.11	38.32	134.93	163.86
睢阳区	Suiyang	305.11	52.10	93.95	159.06
民权县	Minquan	275.47	62.00	76.98	136.48
睢县	Suixian	234.40	56.52	84.84	93.05
宁陵县	Ningling	187.89	35.50	68.07	84.32
柘城县	Zhecheng	281.80	61.13	107.93	112.74
虞城县	Yucheng	345.69	63.31	147.25	135.13
夏邑县	Xiayi	328.29	63.95	126.57	137.76
永城市	Yongcheng	637.04	82.74	273.01	281.29
信阳市	**Xinyang**				
浉河区	Shihe	329.80	40.73	94.39	194.69
平桥区	Pingqiao	396.17	48.63	168.94	178.60
罗山县	Luoshan	234.84	56.24	82.96	95.65
光山县	Guangshan	235.70	59.23	73.71	102.77
新县	Xinxian	164.06	31.50	64.81	67.75
商城县	Shangcheng	239.34	50.27	98.63	90.44
固始县	Gushi	415.51	83.83	131.56	200.12
潢川县	Huangchuan	306.95	60.43	113.41	133.11
淮滨县	Huaibin	228.34	45.55	89.93	92.86
息县	Xixian	258.99	58.08	86.11	114.80
周口市	**Zhoukou**				
川汇区	Chuanhui	291.73	9.71	119.99	162.03
淮阳区	Huaiyang	282.37	59.97	116.83	105.57
扶沟县	Fugou	237.14	51.31	99.95	85.88
西华县	Xihua	283.58	59.50	118.94	105.14
商水县	Shangshui	304.80	60.32	124.54	119.94
沈丘县	Shenqiu	341.16	58.74	137.09	145.33
郸城县	Dancheng	339.56	64.74	147.47	127.35
太康县	Taikang	382.18	76.73	144.17	161.28
鹿邑县	Luyi	420.77	71.95	167.31	181.52
项城市	Xiangcheng	383.90	49.05	166.72	168.13
驻马店市	**Zhumadian**				
驿城区	Yicheng	537.73	32.67	221.47	283.59
西平县	Xiping	255.72	65.71	85.33	104.68
上蔡县	Shangcai	269.89	51.40	108.16	110.33
平舆县	Pingyu	265.20	49.04	108.23	107.93
正阳县	Zhengyang	255.01	67.38	91.54	96.09
确山县	Queshan	196.09	47.25	70.64	78.21
泌阳县	Biyang	315.49	80.32	119.96	115.21
汝南县	Runan	254.56	62.18	103.59	88.79
遂平县	Suiping	235.36	37.60	106.46	91.31
新蔡县	Xincai	276.28	54.43	83.35	138.50

continued

人均生产总值(元)(按常住人口计算) Per Capita GDP (yuan) (calculated atresidents)	生产总值指数(%)(上年=100) Indices of Gross Domestic Products (%) (preced-ing year=100)	第一产业 Primary Industry	第二产业 Secondary Industry	第三产业 Tertiary Industry	人均生产总值指数(%) Indices of Per Capita GDP (%)
33672	100.8	102.9	98.5	102.3	100.3
34036	97.9	103.1	91.7	101.0	98.0
36879	84.4	102.6	64.1	94.7	84.5
32392	102.0	103.1	101.4	101.8	101.9
33403	101.9	103.3	100.6	102.7	101.8
36235	101.3	102.9	100.4	101.5	100.2
36337	101.3	103.2	100.8	101.0	101.2
36483	101.3	103.1	100.1	101.8	102.4
50798	104.3	102.2	107.1	101.4	103.8
51140	101.5	102.5	100.5	101.9	101.8
45766	103.1	102.3	104.9	101.3	100.6
47280	101.8	102.5	102.2	100.8	102.6
39672	102.6	102.5	103.5	101.8	103.0
58728	102.3	102.3	103.0	101.4	102.2
52116	102.4	102.4	104.3	100.0	103.6
39936	102.4	100.9	103.6	102.2	102.2
47913	101.4	102.1	101.6	100.8	101.9
41424	101.7	102.2	101.5	101.7	103.0
38459	102.0	102.3	101.7	102.2	104.6
41714	96.0	102.5	86.6	104.5	95.9
27399	102.4	102.3	103.0	101.8	101.7
40278	101.8	102.4	102.1	101.1	106.1
38714	101.6	102.4	100.7	102.4	106.4
31716	101.5	102.7	101.6	100.5	99.9
35456	101.8	102.5	101.0	102.5	103.4
33661	102.5	102.2	102.5	102.8	102.4
34134	102.5	102.5	101.6	102.6	100.0
44143	102.9	102.1	103.7	102.2	102.0
39750	102.9	102.0	103.4	102.6	105.2
51931	102.5	102.5	101.1	103.7	103.0
38469	104.3	102.8	105.6	104.2	107.6
27245	104.4	102.8	105.8	103.6	103.3
36808	104.7	103.0	105.3	104.7	104.1
40838	103.9	102.9	104.2	104.4	104.3
48631	103.8	103.0	104.0	104.1	104.4
46030	103.8	103.1	104.2	103.7	102.8
40120	103.7	102.7	103.7	104.3	107.8
53933	105.1	102.6	105.2	106.0	104.4
33349	102.1	102.7	105.3	99.3	103.1

26-3 各县(市、区)固定资产投资、建筑业及规模以上工业主要指标(2020年)

Main Indicators on Investment in Fixed Assets、Construction and Enterprises above Designated Size Industry by County and District (2020)

县市区	County and District	工业增加值增速(%) Growth Rate of Value Added of Industry (%)	营业收入(亿元) Business Revenue (100 million yuan)	利润总额(亿元) Profits (100 million yuan)	固定资产投资增速(%) Growth Rate of Investment in Fixed Assets (%)	#房地产开发 Growth Rate of Real Estate (%)	建筑业总产值(亿元) Gross Output Value of Construction (100 million yuan)
郑州市	**Zhengzhou**						
中原区	Zhongyuan	0.8	874.72	78.15	7.2	-0.7	546.15
二七区	Erqi	4.7	229.30	10.62	7.1	9.1	364.46
管城区	Guancheng	1.0	1629.86	185.00	18.5	14.3	271.42
金水区	Jinshui	-2.7	95.33	5.59	-14.5	-19.3	942.74
上街区	Shangjie	3.2	162.24	4.22	10.5	4.1	35.03
惠济区	Huiji	-1.3	157.83	4.42	2.8	-5.4	212.95
中牟县	Zhongmu	16.7	3051.78	17.83	16.0	21.3	102.82
巩义市	Gongyi	7.2	1063.34	106.00	6.3	14.0	28.44
荥阳市	Xingyang	9.9	263.20	7.97	-4.3	50.8	102.57
新密市	Xinmi	9.0	236.63	7.11	14.0	5.3	48.73
新郑市	Xinzheng	3.8	1198.29	94.70	-9.4	-7.8	55.01
登封市	Dengfeng	8.0	217.61	9.02	16.6	61.6	10.16
开封市	**Kaifeng**						
龙亭区	Longting	0.2	273.56	3.03	7.0	9.1	52.88
顺河区	Shunhe	3.4	47.86	1.38	6.8	-77.5	134.67
鼓楼区	Gulou	19.7	30.34	0.32	12.1	-27.7	8.97
禹王台区	Yuwangtai	-3.2	117.92	3.90	12.2	-68.7	41.10
祥符区	Xiangfu	3.4	159.14	9.99	11.9	-21.9	18.09
杞县	Qixian	4.6	163.20	16.89	8.2	46.4	9.36
通许县	Tongxu	-3.7	112.86	11.69	8.2	-31.3	29.13
尉氏县	Weishi	4.4	379.37	26.76	-6.7	-8.9	23.87
兰考县	Lankao	5.3	232.34	19.52	6.3	10.5	118.89
洛阳市	**Luoyang**						
老城区	Laocheng	1.6	10.08	0.33	7.0	-20.3	36.52
西工区	Xigong	5.0	269.30	11.00	7.3	31.6	96.52
瀍河区	Chanhe	5.2	252.32	1.55	4.3	0.8	1.32
涧西区	Jianxi	5.1	847.79	34.20	5.6	0.6	56.87
吉利区	Jili	5.4	504.69	-6.64	6.0	66.9	25.70
洛龙区	Luolong	-1.6	525.02	51.08	7.9	37.0	206.61
孟津县	Mengjin	4.6	505.82	35.58	4.6	86.2	13.36
新安县	Xinan	4.7	704.67	38.32	7.1	93.9	30.16
栾川县	Luanchuan	5.6	330.57	24.36	4.4	-16.3	27.40
嵩县	Songxian	4.3	55.33	5.92	6.7	146.3	6.84
汝阳县	Ruyang	4.6	60.44	5.70	6.3	19.2	7.88
宜阳县	Yiyang	3.6	151.57	17.57	6.6	86.0	9.95
洛宁县	Luoning	3.9	171.88	18.55	5.9	57.1	9.09
伊川县	Yichuan	4.6	291.67	7.07	6.2	-5.7	4.62
偃师市	Yanshi	-1.3	333.74	24.17	0.4	18.5	12.63
平顶山市	**Pingdingshan**						
新华区	Xinhua	3.8	318.71	22.58	9.6	12.6	20.08
卫东区	Weidong	6.6	392.76	-0.39	6.1	-29.6	57.31
石龙区	Shilong	3.0	76.88	4.41	10.9		10.40
湛河区	Zhanhe	0.0	182.01	4.01	15.9	53.7	58.73
宝丰县	Baofeng	7.1	313.53	15.68	8.6	45.9	5.22
叶县	Yexian	2.8	280.67	7.57	-0.4	51.2	13.76
鲁山县	Lushan	8.6	101.59	6.63	8.6	-28.5	13.66
郏县	Jiaxian	6.1	166.51	10.76	8.6	-5.1	10.92
舞钢市	Wugang	6.4	377.99	6.24	18.7	-13.3	4.42
汝州市	Ruzhou	5.6	338.70	24.78	-6.4	5.7	15.91

26-3 续表 1 continued

县市区	County and District	工业增加值增速(%) Growth Rate of Value Added of Industry (%)	营业收入(亿元) Business Revenue (100 million yuan)	利润总额(亿元) Profits (100 million yuan)	固定资产投资增速(%) Growth Rate of Investment in Fixed Assets (%)	#房地产开发 Growth Rate of Real Estate (%)	建筑业总产值(亿元) Gross Output Value of Construction (100 million yuan)
安阳市	**Anyang**						
文峰区	Wenfeng	-5.2	99.85	1.21	10.3	-3.0	26.75
北关区	Beiguan	2.8	23.78	0.51	14.4	-11.6	114.24
殷都区	Yindu	5.0	906.15	22.28	46.0	325.5	73.38
龙安区	Longan	3.1	269.04	6.55	32.5	26.9	8.76
安阳县	Anyang	25.7	18.70	1.53	8.7	147.7	53.90
汤阴县	Tangyin	16.8	202.69	14.29	-6.5	-26.2	23.95
滑县	Huaxian	3.7	151.36	12.17	5.0	31.9	36.71
内黄县	Neihuang	-6.4	48.15	3.76	0.6	50.5	8.06
林州市	Linzhou	10.8	238.55	3.52	3.4	1.0	714.16
鹤壁市	**Hebi**						
鹤山区	Heshan	5.4	169.82	4.22	6.0		3.41
山城区	Shancheng	0.3	182.82	-2.71	5.8	-64.7	6.11
淇滨区	Qibin	2.0	286.44	23.48	6.7	2.0	48.86
浚县	Xunxian	5.5	100.03	2.68	6.4	-11.7	14.73
淇县	Qixian	6.6	238.71	13.83	6.2	-17.0	3.35
新乡市	**Xinxiang**						
红旗区	Hongqi	7.1	548.93	41.14	9.5	4.0	57.20
卫滨区	Weibin	3.7	78.11	-0.06	18.8	55.2	7.57
凤泉区	Fengquan	0.8	84.45	-0.04	20.7	-45.4	14.03
牧野区	Muye	0.0	192.78	4.43	6.2	9.2	122.72
新乡县	Xinxiang	4.9	309.41	16.73	20.1	37.5	31.00
获嘉县	Huojia	5.1	75.38	2.10	20.6	38.4	29.55
原阳县	Yuanyang	13.3	177.43	6.02	11.0	13.3	13.53
延津县	Yanjin	3.8	91.59	6.22	20.9	-20.2	9.51
封丘县	Fengqiu	5.1	47.61	2.71	-56.1	-15.9	150.26
长垣市	Changyuan	8.3	499.91	31.08	6.2	-27.3	331.68
卫辉市	Weihui	4.9	131.65	6.93	20.4	4.9	19.63
辉县市	Huixian	5.1	273.43	20.51	20.1	10.5	25.08
焦作市	**Jiaozuo**						
解放区	Jiefang	-0.3	78.44	2.26	-4.8	14.3	27.60
中站区	Zhongzhan	-19.7	311.74	33.24	4.9	116.6	11.69
马村区	Macun	1.3	229.83	12.36	7.2	4.1	9.54
山阳区	Shanyang	2.0	304.76	13.29	8.7	5.4	10.72
修武县	Xiuwu	-22.6	215.79	2.64	-34.0	-16.8	3.67
博爱县	Boai	-81.8	103.58	6.54	-43.7	-9.7	3.56
武陟县	Wuzhi	-63.3	192.50	7.94	-12.9	3.8	4.47
温县	Wenxian	-50.6	104.32	9.25	-28.1	-15.0	4.71
沁阳市	Qinyang	-50.0	245.40	14.18	-3.2	-2.5	6.24
孟州市	Mengzhou	-32.4	311.71	14.22	-19.3	-20.6	3.75

26-3 续表 2 continued

县市区	County and District	工业增加值增速(%) Growth Rate of Value Added of Industry (%)	营业收入(亿元) Business Revenue (100 million yuan)	利润总额(亿元) Profits (100 million yuan)	固定资产投资增速(%) Growth Rate of Investment in Fixed Assets (%)	#房地产开发 Growth Rate of Real Estate (%)	建筑业总产值(亿元) Gross Output Value of Construction (100 million yuan)
濮阳市	**Puyang**						
华龙区	Hualong	4.6	571.34	-28.04	7.1	12.9	142.05
清丰县	Qingfeng	6.9	43.05	1.90	7.4	22.8	13.82
南乐县	Nanle	11.2	78.14	2.21	7.4	68.2	3.17
范县	Fanxian	-5.3	159.95	-3.38	7.7	14.9	4.88
台前县	Taiqian	7.1	79.99	2.38	7.9	-32.9	4.45
濮阳县	Puyang	14.0	112.26	7.67	7.7	10.8	27.32
许昌市	**Xuchang**						
魏都区	Weidu	4.2	502.63	24.40	-11.7	-6.4	81.87
建安区	Jianan	5.0	487.53	33.25	8.1	-20.0	28.74
鄢陵县	Yanling	9.0	74.75	6.81	22.7	2.4	26.22
襄城县	Xiangcheng	5.0	391.60	16.59	-5.3	0.2	16.04
禹州市	Yuzhou	3.7	1285.21	72.46	1.8	36.0	8.49
长葛市	Changge	4.0	1722.18	102.04	11.4	-28.3	9.73
漯河市	**Luohe**						
源汇区	Yuanhui	3.8	163.53	7.55	10.2	37.5	14.76
郾城区	Yancheng	0.5	93.23	2.62	-6.8	-3.9	20.62
召陵区	Zhaoling	-2.0	917.89	47.14	10.2	5.3	16.54
舞阳县	Wuyang	4.0	90.73	0.16	1.7	-4.1	4.90
临颍县	Linying	4.1	398.51	33.60	7.0	20.6	20.01
三门峡市	**Sanmenxia**						
湖滨区	Hubin	1.9	112.71	3.88	6.4	-25.2	176.39
陕州区	Shanzhou	5.1	575.16	20.23	6.9	-2.0	5.49
渑池县	Mianchi	5.0	143.11	3.96	0.4	-10.2	13.93
卢氏县	Lushi	4.4	20.12	-0.21	8.3	95.3	12.88
义马市	Yima	5.1	146.86	18.38	5.2	1.7	9.09
灵宝市	Lingbao	4.9	356.83	21.77	7.4	-6.4	13.81
南阳市	**Nanyang**						
宛城区	Wancheng	1.7	157.36	0.59	-5.7	2.2	43.11
卧龙区	Wolong	4.7	447.05	25.62	10.5	-30.1	89.47
南召县	Nanzhao	2.9	66.11	7.78	10.9	-17.3	20.37
方城县	Fangcheng	4.9	63.15	9.59	10.3	9.4	23.17
西峡县	Xixia	6.0	401.53	17.16	11.6	22.4	15.42
镇平县	Zhenping	5.5	87.51	6.68	11.5	-2.0	9.33
内乡县	Neixiang	6.4	176.85	11.69	13.0	17.8	50.77
淅川县	Xichuan	5.3	114.37	7.40	12.6	22.8	52.30
社旗县	Sheqi	5.0	36.22	5.53	11.4	-11.8	22.07
唐河县	Tanghe	3.8	144.14	14.03	5.0	12.2	40.30
新野县	Xinye	4.7	136.41	3.61	11.6	39.6	15.21
桐柏县	Tongbai	2.3	75.43	9.51	11.4	33.9	24.68
邓州市	Dengzhou	2.1	196.67	23.75	-15.8	-14.9	52.68

26-3 续表 3 continued

县市区	County and District	工业增加值增速(%) Growth Rate of Value Added of Industry (%)	营业收入(亿元) Business Revenue (100 million yuan)	利润总额(亿元) Profits (100 million yuan)	固定资产投资增速(%) Growth Rate of Investment in Fixed Assets (%)	#房地产开发 Growth Rate of Real Estate (%)	建筑业总产值(亿元) Gross Output Value of Construction (100 million yuan)
商丘市	**Shangqiu**						
梁园区	Liangyuan	5.0	317.94	11.06	6.5	10.4	223.18
睢阳区	Suiyang	-2.3	269.88	8.60	6.3	-1.9	37.11
民权县	Minquan	-43.9	283.00	14.80	1.8	-22.3	64.87
睢县	Suixian	6.1	227.58	22.66	6.4	-33.2	24.84
宁陵县	Ningling	4.2	233.89	13.68	6.4	32.9	25.06
柘城县	Zhecheng	5.2	270.57	28.39	6.3	28.8	31.09
虞城县	Yucheng	-0.4	460.30	28.97	6.6	-1.0	19.90
夏邑县	Xiayi	1.7	461.04	38.93	6.3	44.9	53.60
永城市	Yongcheng	5.7	708.67	35.11	6.3	-8.7	97.51
信阳市	**Xinyang**						
浉河区	Shihe	1.7	94.98	3.51	1.4	-1.8	83.69
平桥区	Pingqiao	5.4	624.61	18.24	9.9	-18.1	38.20
罗山县	Luoshan	3.6	154.53	16.29	9.1	8.5	75.32
光山县	Guangshan	4.9	67.57	4.78	9.1	5.0	49.41
新县	Xinxian	4.3	110.14	14.19	8.7	18.9	63.13
商城县	Shangcheng	3.2	162.89	13.38	9.0	-16.7	67.99
固始县	Gushi	5.3	251.48	19.85	3.7	6.5	62.21
潢川县	Huangchuan	2.7	202.84	15.52	0.9	12.0	66.44
淮滨县	Huaibin	2.4	240.80	18.77	9.1	10.6	57.79
息县	Xixian	2.3	46.57	4.91	9.9	16.5	45.81
周口市	**Zhoukou**						
川汇区	Chuanhui	-1.1	530.83	41.08	6.1	-7.1	104.36
淮阳区	Huaiyang	4.6	245.40	30.52	8.1	-16.5	30.83
扶沟县	Fugou	3.8	316.50	45.82	6.3	40.9	19.64
西华县	Xihua	1.9	355.81	40.08	7.6	98.1	36.93
商水县	Shangshui	3.9	286.90	27.67	7.5	27.3	48.29
沈丘县	Shenqiu	3.6	396.65	50.44	0.7	13.1	15.86
郸城县	Dancheng	4.1	316.90	27.82	7.4	34.6	54.49
太康县	Taikang	4.3	505.53	38.73	3.7	21.2	112.30
鹿邑县	Luyi	4.2	224.21	34.19	4.3	7.4	82.76
项城市	Xiangcheng	4.2	412.87	35.14	7.8	8.1	37.95
驻马店市	**Zhumadian**						
驿城区	Yicheng	3.4	568.94	20.81	6.6	1.8	257.94
西平县	Xiping	5.5	91.27	10.04	7.0	-1.0	77.76
上蔡县	Shangcai	5.2	106.72	9.92	6.7	-1.9	44.40
平舆县	Pingyu	5.5	169.38	23.67	6.9	14.6	104.18
正阳县	Zhengyang	4.4	163.42	17.41	6.2	9.5	59.79
确山县	Queshan	-2.9	98.71	17.37	6.6	1.3	163.28
泌阳县	Biyang	4.7	145.73	16.49	6.5	13.4	62.00
汝南县	Runan	4.0	170.03	14.34	6.3	-8.2	24.40
遂平县	Suiping	5.3	134.57	10.52	6.5	-2.3	48.82
新蔡县	Xincai	5.2	129.40	8.18	6.0	4.9	65.81

26-4 各县(市、区)城乡居民收入和社会消费品零售总额(2020年)

Per Capita Net Income of Rural and Urban Residents, Total Retail Sales of Consumer Goods by County and District (2020)

县市区	County and District	居民人均可支配收入(元) Per Capita Disposable Income of Residents (yuan)	城镇居民人均可支配收入(元) Per Capita Net Income of Urban Residents (yuan)	农村居民人均可支配收入(元) Disposable Income of Rural Household (yuan)	社会消费品零售总额(亿元) Total Retail Sales of Consumer Goods (100 million yuan)
郑州市	**Zhengzhou**				
中原区	Zhongyuan	42749	44666	26459	443.99
二七区	Erqi	43902	45946	27778	479.78
管城区	Guancheng	41498	43611	29880	1128.62
金水区	Jinshui	48506	50444	29720	1296.94
上街区	Shangjie	46964	49532	25296	38.11
惠济区	Huiji	34868	37208	29004	219.78
中牟县	Zhongmu	27493	33798	22332	330.58
巩义市	Gongyi	31630	36182	26605	279.05
荥阳市	Xingyang	30149	36544	23634	159.01
新密市	Xinmi	30306	36357	23623	188.08
新郑市	Xinzheng	31068	36711	24819	358.21
登封市	Dengfeng	28376	35480	21329	154.17
开封市	**Kaifeng**				
龙亭区	Longting	29184	34358	17639	151.47
顺河区	Shunhe	29881	33122	16690	63.44
鼓楼区	Gulou	33490	35397	17792	129.15
禹王台区	Yuwangtai	28139	32312	16869	53.68
祥符区	Xiangfu	19418	27622	15274	81.16
杞县	Qixian	19401	26143	16003	114.92
通许县	Tongxu	19967	27113	16506	88.20
尉氏县	Weishi	20920	29578	16458	118.23
兰考县	Lankao	19203	27749	13978	198.82
洛阳市	**Luoyang**				
老城区	Laocheng	37181	39440	17423	66.09
西工区	Xigong	43633	46304	19940	290.07
瀍河区	Chanhe	38994	40887	19749	102.25
涧西区	Jianxi	40456	41248	23518	302.93
吉利区	Jili	36328	44963	18986	17.90
洛龙区	Luolong	32679	40834	17902	281.59
孟津县	Mengjin	23931	33517	16073	94.85
新安县	Xinan	27366	38613	18648	112.40
栾川县	Luanchuan	23597	34949	14021	103.38
嵩县	Songxian	19982	32570	13965	120.75
汝阳县	Ruyang	18736	30183	13048	102.47
宜阳县	Yiyang	19735	32206	13274	138.91
洛宁县	Luoning	18795	31736	12940	76.83
伊川县	Yichuan	24146	34402	16977	149.07
偃师市	Yanshi	29069	34863	22257	146.06
平顶山市	**Pingdingshan**				
新华区	Xinhua	38350	38844	20179	132.41
卫东区	Weidong	38602	38769	21215	157.52
石龙区	Shilong	26131	29910	18068	5.09
湛河区	Zhanhe	35152	38844	21058	83.11
宝丰县	Baofeng	24864	34769	18527	78.21
叶县	Yexian	20879	33727	14427	88.13
鲁山县	Lushan	18132	32153	11153	70.64
郏县	Jiaxian	21000	32451	14064	75.05
舞钢市	Wugang	27162	35244	16997	48.46
汝州市	Ruzhou	24728	31428	19648	255.57

26-4 续表 1 continued

县市区 County and District	居民人均可支配收入(元) Per Capita Disposable Income of Residents (yuan)	城镇居民人均可支配收入(元) Per Capita Net Income of Urban Residents (yuan)	农村居民人均可支配收入(元) Disposable Income of Rural Household (yuan)	社会消费品零售总额(亿元) Total Retail Sales of Consumer Goods (100 million yuan)
安阳市 Anyang				
文峰区 Wenfeng	35846	40414	21724	148.18
北关区 Beiguan	33102	36076	22323	92.94
殷都区 Yindu	32469	39383	21674	85.17
龙安区 Longan	27507	34846	18979	45.59
安阳县 Anyang	22986	31097	18898	61.66
汤阴县 Tangyin	22717	30129	16961	41.39
滑县 Huaxian	18208	28685	14005	168.64
内黄县 Neihuang	16920	24655	14227	58.38
林州市 Linzhou	28086	33570	22679	154.49
鹤壁市 Hebi				
鹤山区 Heshan	30012	31902	18194	17.41
山城区 Shancheng	32181	33905	19336	47.61
淇滨区 Qibin	32786	38764	17760	88.19
浚县 Xunxian	22121	27546	19938	94.38
淇县 Qixian	25657	31273	20031	39.33
新乡市 Xinxiang				
红旗区 Hongqi	35362	36932	19552	161.74
卫滨区 Weibin	36639	36639		122.74
凤泉区 Fengquan	25952	32719	17701	10.98
牧野区 Muye	36470	37800	21224	68.78
新乡县 Xinxiang	27845	33717	21394	49.42
获嘉县 Huojia	20912	25851	17429	64.86
原阳县 Yuanyang	19039	27033	15276	74.83
延津县 Yanjin	21166	27591	17832	52.98
封丘县 Fengqiu	18190	27510	13455	54.57
长垣市 Changyuan	26467	30611	23188	180.85
卫辉市 Weihui	21643	27524	17603	31.95
辉县市 Huixian	25220	33908	18679	92.82
焦作市 Jiaozuo				
解放区 Jiefang	37267	37267		101.07
中站区 Zhongzhan	26509	31274	19277	28.69
马村区 Macun	26091	30925	19258	23.90
山阳区 Shanyang	37181	37181		119.88
修武县 Xiuwu	26045	33489	19582	55.33
博爱县 Boai	26373	33305	19611	76.58
武陟县 Wuzhi	25752	33504	20475	120.31
温县 Wenxian	26217	33024	20599	87.46
沁阳市 Qinyang	28743	34116	21720	112.14
孟州市 Mengzhou	27324	34046	21574	88.02

26-4 续表 2 continued

县市区	County and District	居民人均可支配收入（元）Per Capita Disposable Income of Residents (yuan)	城镇居民人均可支配收入（元）Per Capita Net Income of Urban Residents (yuan)	农村居民人均可支配收入（元）Disposable Income of Rural Household (yuan)	社会消费品零售总额（亿元）Total Retail Sales of Consumer Goods (100 million yuan)
濮阳市	**Puyang**				
华龙区	Hualong	36028	37162	18080	298.28
清丰县	Qingfeng	19372	27254	16915	62.47
南乐县	Nanle	19128	27530	15829	58.35
范县	Fanxian	15676	24565	12160	68.84
台前县	Taiqian	14879	23614	11494	45.05
濮阳县	Puyang	21273	30495	15693	124.00
许昌市	**Xuchang**				
魏都区	Weidu	37065	37065		372.85
建安区	Jianan	24820	32918	19773	126.14
鄢陵县	Yanling	24692	32481	19845	102.49
襄城县	Xiangcheng	23226	30922	18558	107.25
禹州市	Yuzhou	26967	35330	20422	309.69
长葛市	Changge	26721	33185	20118	200.99
漯河市	**Luohe**				
源汇区	Yuanhui	32020	38148	21936	173.27
郾城区	Yancheng	29087	36724	21286	164.99
召陵区	Zhaoling	27151	34617	20602	105.26
舞阳县	Wuyang	17911	25944	12259	91.88
临颍县	Linying	23366	29499	18833	107.57
三门峡市	**Sanmenxia**				
湖滨区	Hubin	32683	34124		115.88
陕州区	Shanzhou	21836	31311	15191	55.65
渑池县	Mianchi	25721	34744	18855	57.59
卢氏县	Lushi	17196	29184	11479	45.32
义马市	Yima	31976	31976		43.19
灵宝市	Lingbao	24726	33229	19302	165.67
南阳市	**Nanyang**				
宛城区	Wancheng	29602	38090	17995	245.44
卧龙区	Wolong	29792	38385	17841	484.78
南召县	Nanzhao	19175	29875	13439	90.39
方城县	Fangcheng	20564	31510	15030	149.64
西峡县	Xixia	26398	35617	18930	63.22
镇平县	Zhenping	21980	31684	16582	187.90
内乡县	Neixiang	21974	32355	16071	89.28
淅川县	Xichuan	21484	33728	14152	112.14
社旗县	Sheqi	18954	28611	13696	76.37
唐河县	Tanghe	21874	31833	16062	154.12
新野县	Xinye	23495	32545	18452	91.55
桐柏县	Tongbai	20563	30774	13606	59.20
邓州市	Dengzhou	23121	31816	17656	194.69

26-4 续表 3 continued

县市区	County and District	居民人均可支配收入（元）Per Capita Disposable Income of Residents (yuan)	城镇居民人均可支配收入（元）Per Capita Net Income of Urban Residents (yuan)	农村居民人均可支配收入（元）Disposable Income of Rural Household (yuan)	社会消费品零售总额（亿元）Total Retail Sales of Consumer Goods（100 million yuan)
商丘市	**Shangqiu**				
梁园区	Liangyuan	24311	34233	13914	355.67
睢阳区	Suiyang	22098	33492	13747	223.57
民权县	Minquan	18790	29979	13053	91.73
睢县	Suixian	18917	30419	13059	101.53
宁陵县	Ningling	17247	26594	12934	69.50
柘城县	Zhecheng	18516	28667	13403	111.95
虞城县	Yucheng	19564	30929	13609	116.79
夏邑县	Xiayi	20447	32487	13589	118.04
永城市	Yongcheng	24964	35088	16912	221.40
信阳市	**Xinyang**				
浉河区	Shihe	27948	33319	18258	198.48
平桥区	Pingqiao	25097	33078	16141	155.30
罗山县	Luoshan	20665	30039	14826	81.51
光山县	Guangshan	20489	29787	15144	99.57
新县	Xinxian	21631	29808	15097	57.16
商城县	Shangcheng	20114	29799	14589	74.60
固始县	Gushi	21337	29948	15981	202.82
潢川县	Huangchuan	22958	30403	16372	114.14
淮滨县	Huaibin	19311	29171	13770	77.91
息县	Xixian	19400	29667	13821	98.75
周口市	**Zhoukou**				
川汇区	Chuanhui	25469	30997	17293	231.28
淮阳区	Huaiyang	17850	28058	12139	156.56
扶沟县	Fugou	18214	26951	13230	88.00
西华县	Xihua	17940	27617	12465	136.27
商水县	Shangshui	17596	27700	12514	99.87
沈丘县	Shenqiu	18444	28293	12761	138.36
郸城县	Dancheng	18673	28468	13209	137.56
太康县	Taikang	18074	27250	13259	235.29
鹿邑县	Luyi	21044	29760	15234	234.59
项城市	Xiangcheng	21169	29631	14358	192.85
驻马店市	**Zhumadian**				
驿城区	Yicheng	27284	34411	14108	274.82
西平县	Xiping	19432	28118	14814	62.82
上蔡县	Shangcai	18635	29077	13509	109.37
平舆县	Pingyu	19943	29985	14091	70.59
正阳县	Zhengyang	17270	26202	13536	71.03
确山县	Queshan	19602	29057	13649	44.61
泌阳县	Biyang	19773	29712	13983	87.71
汝南县	Runan	18205	26514	13980	60.23
遂平县	Suiping	20476	29622	14555	70.33
新蔡县	Xincai	18433	27552	14236	144.71

26–5 各县(市)农业生产条件(2020年)

Agricultural Conditions by County and City (2020)

县 市	County and city	农用机械总动力(万千瓦) Total Agricultural Machinery Power (10 000 kw)	农村用电量(万千瓦时) Electricity Consumed in Rural Areas (10 000 kwh)	化肥施用折纯量(吨) Consump-tion of Chemical Fertilizers (ton)	农药使用量(吨) Consump tion of Agricultural Pesticides (ton)	农用塑料薄膜使用量(吨) Consump-tion of Plastic Film (ton)
郑州市	**Zhengzhou**					
中牟县	Zhongmu	67.61	35421.56	33305	829	2585
巩义市	Gongyi	50.37	321548.65	22985	132	104
荥阳市	Xingyang	42.11	32103.35	26817	534	555
新密市	Xinmi	94.98	48443.04	25509	258	652
新郑市	Xinzheng	64.55	43134.58	29003	379	373
登封市	Dengfeng	70.03	48745.53	23227	230	147
开封市	**Kaifeng**					
杞县	Qixian	162.01	22292.29	68425	933	3693
通许县	Tongxu	78.55	4922.51	35662	1015	2073
尉氏县	Weishi	122.74	36098.06	48682	838	2311
兰考县	Lankao	78.00	29225.55	69165	576	1705
洛阳市	**Luoyang**					
孟津县	Mengjin	45.81	22150.45	19202	369	373
新安县	Xinan	50.26	7060.55	20837	479	550
栾川县	Luanchuan	33.34	33842.17	5557	66	78
嵩县	Songxian	60.81	13455.73	21205	367	248
汝阳县	Ruyang	48.59	19464.20	15860	398	460
宜阳县	Yiyang	66.53	22889.64	43537	798	791
洛宁县	Luoning	40.50	8559.60	23278	404	548
伊川县	Yichuan	78.08	36013.36	24074	295	491
偃师市	Yanshi	92.10	32614.43	34618	377	161
平顶山市	**Pingdingshan**					
宝丰县	Baofeng	47.98	17651.06	47795	374	275
叶县	Yexian	82.55	21961.40	89476	604	1008
鲁山县	Lushan	42.00	30705.61	41707	420	360
郏县	Jiaxian	41.77	13342.13	39537	552	590
舞钢市	Wugang	29.03	5564.07	13709	533	259
汝州市	Ruzhou	152.86	30594.92	92005	651	652
安阳市	**Anyang**					
安阳县	Anyang	59.51	22190.32	38533	810	32
汤阴县	Tangyin	58.05	21819.89	40560	497	186
滑县	Huaxian	203.45	60937.24	181461	1792	4815
内黄县	Neihuang	78.17	49641.20	77530	1383	13766
林州市	Linzhou	45.16	68597.94	31596	239	50
鹤壁市	**Hebi**					
浚县	Xunxian	153.13	8573.81	43272	530	833
淇县	Qixian	34.63	7352.16	6162	211	32

26-5 续表 1 continued

县 市	County and city	农用机械总动力(万千瓦) Total Agricultural Machinery Power (10 000 kw)	农村用电量(万千瓦时) Electricity Consumed in Rural Areas (10 000 kwh)	化肥施用折纯量(吨) Consumption of Chemical Fertilizers (ton)	农药使用量(吨) Consump tion of Agricultural Pesticides (ton)	农用塑料薄膜使用量(吨) Consumption of Plastic Film (ton)
新乡市	**Xinxiang**					
新乡县	Xinxiang	52.11	192385.35	27033	510	67
获嘉县	Huojia	57.62	21065.30	34782	397	102
原阳县	Yuanyang	138.23	38409.84	38701	692	699
延津县	Yanjin	103.97	26871.31	121353	856	156
封丘县	Fengqiu	130.76	12869.43	73039	2281	240
长垣市	Changyuan	104.53	51472.38	64265	966	734
卫辉市	Weihui	73.89	25954.90	44834	679	304
辉县市	Huixian	86.84	262082.50	77901	897	358
焦作市	**Jiaozuo**					
修武县	Xiuwu	25.03	8522.78	13148	303	38
博爱县	Boai	21.89	31791.32	26645	403	608
武陟县	Wuzhi	65.06	21184.15	51443	1257	354
温县	Wenxian	41.05	31240.24	21889	374	168
沁阳市	Qinyang	40.34	33132.07	29030	667	244
孟州市	Mengzhou	36.19	35663.36	25591	403	588
濮阳市	**Puyang**					
清丰县	Qingfeng	79.86	16617.43	61630	538	376
南乐县	Nanle	72.26	35037.10	56932	619	3104
范县	Fanxian	52.05	22227.14	27900	391	441
台前县	Taiqian	29.27	10962.98	14199	136	225
濮阳县	Puyang	129.84	18946.90	82327	1135	602
许昌市	**Xuchang**					
鄢陵县	Yanling	82.38	6839.21	26786	850	954
襄城县	Xiangcheng	72.18	15228.67	39242	462	674
禹州市	Yuzhou	88.58	29637.26	43884	398	810
长葛市	Changge	59.00	30370.22	36488	569	412
漯河市	**Luohe**					
舞阳县	Wuyang	63.78	13700.60	36304	660	403
临颍县	Linying	91.91	22162.20	47346	747	1185
三门峡市	**Sanmenxia**					
渑池县	Mianchi	33.10	6179.68	17402	246	803
卢氏县	Lushi	18.20	3197.11	13111	185	871
义马市	Yima	1.29	2017.79	983	20	79
灵宝市	Lingbao	39.78	12472.74	31643	1094	695
南阳市	**Nanyang**					
南召县	Nanzhao	44.80	7541.87	12460	390	590
方城县	Fangcheng	146.11	22594.54	59871	1296	3096
西峡县	Xixia	16.63	26744.73	22323	291	1968

26-5 续表 2 continued

县市 County and city	农用机械总动力(万千瓦) Total Agricultural Machinery Power (10 000 kw)	农村用电量(万千瓦时) Electricity Consumed in Rural Areas (10 000 kwh)	化肥施用折纯量(吨) Consumption of Chemical Fertilizers (ton)	农药使用量(吨) Consumption of Agricultural Pesticides (ton)	农用塑料薄膜使用量(吨) Consumption of Plastic Film (ton)
镇平县 Zhenping	107.45	17571.81	41642	799	931
内乡县 Neixiang	82.43	25103.24	26750	421	776
淅川县 Xichuan	52.86	24270.61	40830	623	1123
社旗县 Sheqi	93.22	7265.93	64575	1318	1264
唐河县 Tanghe	249.90	32728.80	96231	2703	1769
新野县 Xinye	143.01	20277.00	84382	2070	6678
桐柏县 Tongbai	87.95	7299.31	32614	336	660
邓州市 Dengzhou	211.56	27640.29	165595	2545	3036
商丘市 Shangqiu					
民权县 Minquan	96.10	17601.60	41972	1213	2454
睢县 Suixian	94.01	8484.55	52614	739	1111
宁陵县 Ningling	65.21	22458.12	43079	1023	938
柘城县 Zhecheng	86.87	35027.34	46830	518	336
虞城县 Yucheng	115.42	46558.46	135912	1639	1840
夏邑县 Xiayi	103.06	51185.02	95572	1417	2591
永城市 Yongcheng	140.23	35693.43	163046	1587	1732
信阳市 Xinyang					
罗山县 Luoshan	83.61	10124.16	35761	633	792
光山县 Guangshan	51.23	38411.60	39600	622	429
新县 Xinxian	29.72	6075.80	10107	315	171
商城县 Shangcheng	38.55	21237.16	18651	369	358
固始县 Gushi	141.48	39517.59	121823	3864	4649
潢川县 Huangchuan	63.41	20619.01	36463	340	1512
淮滨县 Huaibin	79.90	16677.37	49995	1288	2822
息县 Xixian	122.88	19176.40	62686	1714	1138
周口市 Zhoukou					
扶沟县 Fugou	107.01	19455.43	65976	1633	3239
西华县 Xihua	110.71	21281.09	116798	3514	1061
商水县 Shangshui	96.46	21637.37	88019	1033	2214
沈丘县 Shenqiu	86.58	22862.43	101440	2582	2168
郸城县 Dancheng	115.99	33334.13	130763	2171	1702
太康县 Taikang	176.91	19578.96	116369	2928	3622
鹿邑县 Luyi	105.98	11356.44	98497	983	714
项城市 Xiangcheng	74.70	31973.67	43657	1343	1180
驻马店市 Zhumadian					
西平县 Xiping	123.65	40150.24	64400	288	1182
上蔡县 Shangcai	154.28	29434.04	99327	972	1026
平舆县 Pingyu	169.00	8710.05	53321	472	888
正阳县 Zhengyang	234.39	7141.84	119625	306	1054
确山县 Queshan	105.08	16929.67	64836	911	2423
泌阳县 Biyang	151.48	9897.44	61946	354	2281
汝南县 Runan	151.73	10204.15	81192	771	1183
遂平县 Suiping	113.33	8204.42	59348	489	481
新蔡县 Xincai	145.25	16585.58	78012	2379	1117

26-6 各县(市)主要农作物播种面积(2020年)

Sown Area of Major Farm Products by County and City (2020)

单位：千公顷 (1 000 hectares)

县市 County and city	粮食 Food	#谷物 Grain	#小麦 Wheat	#玉米 Corn	#豆类 Beans	棉花 Cotton	油料 Oil-bearing Crops
郑州市 Zhengzhou							
中牟县 Zhongmu	29.89	28.10	11.86	16.24	0.47	0.36	9.50
巩义市 Gongyi	36.66	35.29	18.85	15.88	0.46	0.19	2.55
荥阳市 Xingyang	44.33	43.14	22.82	19.52	0.31		1.87
新密市 Xinmi	56.42	52.27	26.60	25.33	1.60	0.01	2.95
新郑市 Xinzheng	43.27	41.53	21.84	19.45	0.80		5.57
登封市 Dengfeng	51.22	48.43	24.23	24.08	0.70	0.09	2.81
开封市 Kaifeng							
杞县 Qixian	121.83	113.86	65.18	48.68	4.33	2.88	20.87
通许县 Tongxu	67.11	64.67	39.49	25.18	1.72	0.31	8.91
尉氏县 Weishi	108.52	102.51	65.54	36.10	3.32	1.09	27.44
兰考县 Lankao	100.85	96.90	59.33	37.41	1.57	0.95	16.78
洛阳市 Luoyang							
孟津县 Mengjin	51.71	46.40	26.48	17.89	3.62	0.32	2.17
新安县 Xinan	46.95	42.09	21.43	19.92	2.30	0.08	3.68
栾川县 Luanchuan	9.52	8.51	1.55	6.96	0.68	0.01	0.54
嵩县 Songxian	47.60	37.31	19.72	17.37	5.62	0.29	4.56
汝阳县 Ruyang	43.41	38.54	19.85	18.04	1.55	0.21	4.45
宜阳县 Yiyang	89.13	77.50	41.73	31.17	5.63	1.05	18.13
洛宁县 Luoning	61.96	52.04	29.79	19.92	6.07	0.05	2.92
伊川县 Yichuan	78.97	70.18	38.73	25.22	2.14	0.47	3.73
偃师市 Yanshi	40.69	38.99	21.21	17.35	1.13	0.09	1.00
平顶山市 Pingdingshan							
宝丰县 Baofeng	52.15	51.68	26.68	25.00	0.17	0.01	5.16
叶县 Yexian	123.01	116.07	59.34	56.71	4.90	0.08	14.75
鲁山县 Lushan	62.67	59.96	30.55	28.94	0.83	0.00	8.23
郏县 Jiaxian	62.81	50.95	30.97	19.98	5.49	0.12	6.36
舞钢市 Wugang	32.14	30.17	16.28	13.89	1.56		1.79
汝州市 Ruzhou	94.95	92.01	48.07	43.87	1.14	0.23	6.72
安阳市 Anyang							
安阳县 Anyang	63.37	62.71	30.47	32.24	0.22	0.15	0.12
汤阴县 Tangyin	73.02	71.28	35.93	35.10	0.90	0.08	2.02
滑县 Huaxian	206.61	205.30	120.73	84.49	0.50	0.14	25.11
内黄县 Neihuang	94.94	93.23	59.75	33.48	0.44	0.12	19.27
林州市 Linzhou	56.79	49.56	16.93	29.48	1.84	0.51	3.97
鹤壁市 Hebi							
浚县 Xunxian	100.49	100.23	55.56	44.67	0.03	0.10	13.11
淇县 Qixian	41.14	40.70	20.42	20.15	0.01	0.04	0.38

26−6 续表 1　　continued

单位：千公顷　　(1 000 hectares)

县　市	County and city	粮　食 Food	#谷物 Grain	#小麦 Wheat	#玉米 Corn	#豆类 Beans	棉　花 Cotton	油　料 Oil-bearing Crops
新　乡　市	**Xinxiang**							
新　乡　县	Xinxiang	39.09	36.89	20.11	16.72	2.08	0.04	2.63
获　嘉　县	Huojia	56.57	53.30	26.98	21.73	3.23	0.03	0.08
原　阳　县	Yuanyang	108.12	107.22	53.56	47.72	0.58	0.12	9.88
延　津　县	Yanjin	81.57	79.35	55.39	23.96	0.16		32.71
封　丘　县	Fengqiu	116.02	111.95	67.27	44.64	1.12	0.38	14.06
长　垣　市	Changyuan	107.38	104.12	56.63	46.70	2.86	0.30	9.29
卫　辉　市	Weihui	66.28	65.88	31.97	33.59	0.07	0.01	3.05
辉　县　市	Huixian	93.45	91.99	46.61	45.10	0.75		7.13
焦　作　市	**Jiaozuo**							
修　武　县	Xiuwu	29.70	28.83	14.82	13.84	0.75	0.07	0.26
博　爱　县	Boai	27.66	26.74	13.50	13.19	0.70		0.57
武　陟　县	Wuzhi	72.05	70.01	38.93	30.38	1.44	0.02	9.59
温　县	Wenxian	39.92	39.31	22.15	17.16	0.12	0.04	3.81
沁　阳　市	Qinyang	45.04	43.78	22.80	20.95	1.00	0.01	1.70
孟　州　市	Mengzhou	36.59	36.23	21.41	14.75	0.09	0.07	8.62
濮　阳　市	**Puyang**							
清　丰　县	Qingfeng	83.53	80.57	49.42	31.14	0.24	0.00	10.67
南　乐　县	Nanle	68.16	66.65	35.92	30.71	0.91	0.01	2.21
范　县	Fanxian	62.25	56.31	29.27	14.56	5.77	0.11	0.63
台　前　县	Taiqian	38.26	32.22	18.83	13.39	5.87	0.07	0.55
濮　阳　县	Puyang	153.38	142.70	83.84	53.68	10.07	0.51	4.61
许　昌　市	**Xuchang**							
鄢　陵　县	Yanling	77.00	70.68	42.69	27.99	5.82	0.08	2.29
襄　城　县	Xiangcheng	90.64	62.19	45.09	16.02	13.85	0.24	3.82
禹　州　市	Yuzhou	97.82	89.65	47.86	41.32	3.22	0.08	5.02
长　葛　市	Changge	80.79	73.27	40.21	32.64	7.18		2.73
漯　河　市	**Luohe**							
舞　阳　县	Wuyang	80.75	72.53	42.16	30.37	6.83	0.05	10.34
临　颍　县	Linying	76.88	58.90	41.80	17.10	14.70	0.10	1.25
三门峡市	**Sanmenxia**							
渑　池　县	Mianchi	43.67	33.21	21.29	10.99	7.34	0.01	6.04
卢　氏　县	Lushi	31.16	25.29	13.31	11.89	4.97		0.33
义　马　市	Yima	2.51	2.16	1.02	1.13	0.10		0.20
灵　宝　市	Lingbao	54.76	47.25	24.52	22.66	5.71	0.78	3.37
南　阳　市	**Nanyang**							
南　召　县	Nanzhao	28.81	25.92	8.37	10.33	1.54		10.85
方　城　县	Fangcheng	161.32	152.17	82.52	69.62	4.84	0.06	54.01
西　峡　县	Xixia	24.86	22.42	10.88	11.53	1.16		2.88

26-6 续表 2　continued

单位：千公顷　(1 000 hectares)

县　市 County and city	粮　食 Food	#谷物 Grain	#小麦 Wheat	#玉米 Corn	#豆类 Beans	棉　花 Cotton	油　料 Oil-bearing Crops
镇平县 Zhenping	99.26	95.90	52.68	42.93	1.56		23.07
内乡县 Neixiang	73.13	70.40	34.91	35.49	0.32	0.07	19.81
淅川县 Xichuan	64.56	56.68	34.92	21.18	3.36	0.39	40.26
社旗县 Sheqi	126.04	118.05	64.25	53.79	5.22	0.15	26.47
唐河县 Tanghe	229.28	213.18	142.22	61.95	6.80	0.02	59.51
新野县 Xinye	81.33	78.09	53.57	23.60	2.25		33.01
桐柏县 Tongbai	46.45	44.34	15.80	11.45	1.47		19.79
邓州市 Dengzhou	217.55	209.26	138.64	60.44	5.82	0.26	63.68
商丘市 Shangqiu							
民权县 Minquan	108.06	105.66	68.04	37.62	1.09	0.14	20.62
睢县 Suixian	102.43	98.75	57.41	41.34	2.26	0.13	12.21
宁陵县 Ningling	76.73	73.20	48.20	25.00	1.74	0.02	23.04
柘城县 Zhecheng	118.28	116.08	66.26	49.82	1.65	0.21	2.19
虞城县 Yucheng	147.22	143.09	77.17	65.72	2.00	0.25	7.81
夏邑县 Xiayi	159.46	155.78	82.03	73.08	2.42	0.31	4.53
永城市 Yongcheng	210.95	171.20	112.64	58.55	38.40	0.11	2.45
信阳市 Xinyang							
罗山县 Luoshan	95.54	94.46	28.40	0.07	0.52	0.03	18.24
光山县 Guangshan	66.89	64.89	10.00	0.59	1.06	0.31	39.50
新县 Xinxian	14.35	13.94	1.27	0.27	0.04	0.02	14.84
商城县 Shangcheng	37.09	34.69	0.88	1.09	1.21	0.18	10.85
固始县 Gushi	152.20	151.75	36.00	3.36	0.16	0.06	24.35
潢川县 Huangchuan	98.74	98.44	37.33	0.20	0.15		11.55
淮滨县 Huaibin	101.32	98.57	56.00	2.35	0.94		18.26
息县 Xixian	175.59	171.86	105.97	10.38	1.76	0.15	15.44
周口市 Zhoukou							
扶沟县 Fugou	105.01	91.48	65.15	26.17	13.07	0.39	14.14
西华县 Xihua	134.12	122.64	74.44	48.19	10.42		8.24
商水县 Shangshui	162.08	153.19	80.09	73.05	7.12	0.00	12.72
沈丘县 Shenqiu	137.34	126.38	73.27	53.12	6.80		9.99
郸城县 Dancheng	177.83	166.24	89.20	77.04	6.64	0.19	12.31
太康县 Taikang	200.32	188.39	110.24	78.15	9.38	1.22	8.16
鹿邑县 Luyi	143.18	132.07	72.91	59.16	9.75	0.02	5.60
项城市 Xiangcheng	139.01	121.35	75.88	45.47	14.98	0.33	10.47
驻马店市 Zhumadian							
西平县 Xiping	141.77	141.17	72.30	68.88	0.48		8.98
上蔡县 Shangcai	169.24	161.18	98.69	62.32	7.07	0.03	26.82
平舆县 Pingyu	132.35	125.39	80.90	44.49	4.87		27.00
正阳县 Zhengyang	158.81	154.93	130.65	4.02	2.12		107.52
确山县 Queshan	97.68	92.72	56.52	31.60	1.82		40.68
泌阳县 Biyang	125.31	120.02	75.05	42.71	1.07		51.45
汝南县 Runan	127.86	123.20	86.82	36.38	3.31		49.54
遂平县 Suiping	102.48	100.06	54.29	45.77	1.27	0.01	12.23
新蔡县 Xincai	152.76	147.21	86.21	60.19	1.99		28.80

26−7 各县(市)主要农作物产量(2020年)

Output of Major Farm Products by County and City (2020)

县 市 County and city	粮食产量 (万吨) Output of Grain (10 000 tons)	#谷物 Cereal	#小麦 Wheat	#玉米 Corn	#豆类 Beans	棉花产量 (吨) Output of Cotton (ton)	油料产量 (吨) Output of Oil-bearing Crops (ton)	园林水果产量 (吨) Output of Fruits (ton)
郑州市 Zhengzhou								
中牟县 Zhongmu	19.24	18.01	7.62	10.39	0.13	311	47068	21218
巩义市 Gongyi	15.39	14.86	8.08	6.56	0.08	207	5662	31958
荥阳市 Xingyang	27.54	26.90	14.37	12.28	0.05		5550	87068
新密市 Xinmi	22.14	20.38	11.35	8.89	0.23	5	7837	19920
新郑市 Xinzheng	25.61	24.80	12.99	11.73	0.21		19481	74630
登封市 Dengfeng	20.24	17.89	8.38	9.46	0.13	86	6240	20416
开封市 Kaifeng								
杞县 Qixian	73.39	70.23	42.96	27.27	1.02	3910	113683	23585
通许县 Tongxu	41.55	40.88	26.28	14.60	0.19	392	41403	113864
尉氏县 Weishi	65.72	63.34	42.35	20.50	0.60	1459	126197	81697
兰考县 Lankao	58.19	55.78	35.72	19.88	0.48	1819	79623	139493
洛阳市 Luoyang								
孟津县 Mengjin	26.13	24.72	14.43	9.41	0.62	328	7933	84972
新安县 Xinan	24.51	21.87	11.17	10.47	0.57	142	9839	59031
栾川县 Luanchuan	4.51	4.21	0.68	3.53	0.15	7	1013	8906
嵩县 Songxian	19.65	16.61	8.80	7.72	0.97	365	14638	65873
汝阳县 Ruyang	20.17	18.00	8.55	9.08	0.51	226	14123	12013
宜阳县 Yiyang	43.90	39.95	19.45	18.34	1.31	1876	66794	173430
洛宁县 Luoning	29.24	24.40	13.99	9.63	1.45	75	7573	385476
伊川县 Yichuan	41.40	37.55	22.58	12.20	0.40	488	9010	11776
偃师市 Yanshi	26.16	25.54	13.70	11.71	0.30	135	3156	73822
平顶山市 Pingdingshan								
宝丰县 Baofeng	29.00	28.79	15.76	13.03	0.04	13	16286	10305
叶县 Yexian	71.78	69.23	35.68	33.53	1.31	154	62273	57935
鲁山县 Lushan	24.45	23.19	12.12	10.78	0.18	1	22059	116584
郏县 Jiaxian	36.76	31.27	18.64	12.63	1.43	147	24209	13181
舞钢市 Wugang	17.95	17.37	9.45	7.92	0.37		6146	11878
汝州市 Ruzhou	46.89	45.52	25.09	20.41	0.33	276	21656	48244
安阳市 Anyang								
安阳县 Anyang	44.61	44.21	22.61	21.60	0.08	168	578	4318
汤阴县 Tangyin	49.96	49.29	25.64	23.57	0.26	117	8195	28636
滑县 Huaxian	162.48	161.61	94.17	67.40	0.17	188	120195	159286
内黄县 Neihuang	66.14	64.94	42.57	22.37	0.12	176	90905	245392
林州市 Linzhou	24.58	21.41	7.95	12.71	0.35	644	5704	18027
鹤壁市 Hebi								
浚县 Xunxian	79.28	79.10	43.92	35.18	0.01	200	54991	52193
淇县 Qixian	30.60	30.40	15.62	14.72	0.00	61	1621	9519

26-7 续表 1 continued

县 市 County and city	粮食产量 (万吨) Output of Grain (10 000 tons)	#谷物 Cereal	#小麦 Wheat	#玉米 Corn	#豆类 Beans	棉花产量 (吨) Output of Cotton (ton)	油料产量 (吨) Output of Oil-bearing Crops (ton)	园林水果产量 (吨) Output of Fruits (ton)
新乡市 Xinxiang								
新乡县 Xinxiang	28.12	27.35	15.14	12.17	0.67	33	11492	5401
获嘉县 Huojia	39.55	38.43	19.73	15.15	1.11	26	297	13622
原阳县 Yuanyang	70.62	70.25	37.00	29.47	0.18	115	46163	28423
延津县 Yanjin	54.28	52.74	39.53	13.21	0.06		153058	24736
封丘县 Fengqiu	77.15	74.24	49.72	24.49	0.34	454	58340	34936
长垣市 Changyuan	79.25	78.07	44.15	33.45	0.75	389	38333	19184
卫辉市 Weihui	42.84	42.67	22.68	19.88	0.02	23	12618	78380
辉县市 Huixian	61.89	61.32	32.83	28.43	0.26		25827	54189
焦作市 Jiaozuo								
修武县 Xiuwu	22.25	21.89	11.39	10.41	0.25	77	953	8369
博爱县 Boai	21.05	20.74	10.73	9.99	0.24		892	12546
武陟县 Wuzhi	56.19	55.21	31.16	24.05	0.48	26	55601	41151
温县 Wenxian	32.31	31.84	18.22	13.62	0.04	45	20884	25481
沁阳市 Qinyang	34.63	34.02	18.00	16.01	0.36	13	6671	30969
孟州市 Mengzhou	28.27	28.05	17.05	10.96	0.03	86	45301	25134
濮阳市 Puyang								
清丰县 Qingfeng	61.85	59.79	38.14	21.65	0.08	2	44571	16410
南乐县 Nanle	51.57	50.75	28.71	22.02	0.33	15	11395	145407
范县 Fanxian	41.62	39.87	20.35	10.38	1.66	131	2760	5872
台前县 Taiqian	23.37	21.52	13.35	8.16	1.74	61	1455	14908
濮阳县 Puyang	104.01	100.25	59.48	36.02	3.20	726	18462	60679
许昌市 Xuchang								
鄢陵县 Yanling	56.70	54.67	33.56	21.11	1.74	80	9211	6980
襄城县 Xiangcheng	59.90	46.91	34.07	12.23	3.98	240	13151	20806
禹州市 Yuzhou	60.03	56.56	30.22	26.17	0.70	66	13373	21880
长葛市 Changge	58.56	55.95	31.53	24.14	2.36		9619	6294
漯河市 Luohe								
舞阳县 Wuyang	58.02	55.51	31.57	23.94	1.64	42	47014	19373
临颍县 Linying	52.22	45.90	32.05	13.85	4.08	106	4645	6806
三门峡市 Sanmenxia								
渑池县 Mianchi	19.86	15.91	10.18	5.45	1.72	8	18215	209708
卢氏县 Lushi	13.73	11.93	6.08	5.82	1.23		969	92111
义马市 Yima	1.16	1.03	0.48	0.55	0.02		556	926
灵宝市 Lingbao	24.96	22.97	12.09	10.87	0.86	793	8456	1694550
南阳市 Nanyang								
南召县 Nanzhao	15.38	13.56	3.60	4.24	0.38		58883	14574
方城县 Fangcheng	74.46	70.97	39.80	31.15	0.95	57	257008	122323
西峡县 Xixia	10.52	9.49	3.65	5.83	0.15		9155	632327

26-7 续表 2 continued

县 市 County and city	粮食产量（万吨） Output of Grain (10 000 tons)	#谷物 Cereal	#小麦 Wheat	#玉米 Corn	#豆类 Beans	棉花产量（吨） Output of Cotton (ton)	油料产量（吨） Output of Oil-bearing Crops (ton)	园林水果产量（吨） Output of Fruits (ton)
镇 平 县 Zhenping	53.65	52.18	28.51	23.53	0.31		84961	10872
内 乡 县 Neixiang	39.98	37.94	19.99	17.95	0.03	68	87439	89061
淅 川 县 Xichuan	29.87	24.44	16.23	7.92	0.46	592	119968	73165
社 旗 县 Sheqi	66.25	62.75	30.68	32.08	1.41	203	141762	19688
唐 河 县 Tanghe	135.75	127.95	96.75	26.84	0.91	44	245874	72048
新 野 县 Xinye	53.90	52.49	37.21	14.81	0.55		176960	26296
桐 柏 县 Tongbai	25.13	24.68	6.75	4.58	0.09		71328	18759
邓 州 市 Dengzhou	125.25	122.20	83.29	33.55	1.39	261	298314	46850
商 丘 市 Shangqiu								
民 权 县 Minquan	74.45	73.04	49.65	23.38	0.30	193	109955	186522
睢 县 Suixian	69.81	68.46	42.08	26.38	0.73	141	64286	33796
宁 陵 县 Ningling	52.92	51.17	35.45	15.72	0.53	13	115460	299797
柘 城 县 Zhecheng	82.56	81.57	49.81	31.76	0.51	339	8533	19241
虞 城 县 Yucheng	101.64	99.35	57.50	41.70	0.63	376	37946	577652
夏 邑 县 Xiayi	109.42	108.13	61.64	45.98	0.71	418	22156	310032
永 城 市 Yongcheng	136.91	127.45	84.98	42.47	8.40	205	9414	311393
信 阳 市 Xinyang								
罗 山 县 Luoshan	71.87	71.52	11.84	0.04	0.05	33	51528	7702
光 山 县 Guangshan	54.51	53.67	4.16	0.39	0.29	343	111779	49564
新 县 Xinxian	11.40	11.17	0.42	0.18	0.00	22	39796	4078
商 城 县 Shangcheng	28.96	28.24	0.35	0.56	0.11	205	31848	7797
固 始 县 Gushi	112.71	112.51	16.52	1.58	0.03	60	98647	20122
潢 川 县 Huangchuan	69.92	69.82	16.02	0.12	0.04		32839	4721
淮 滨 县 Huaibin	58.60	57.46	28.48	1.31	0.08		66312	37196
息 县 Xixian	104.83	103.23	56.59	6.15	0.38	163	50178	20598
周 口 市 Zhoukou								
扶 沟 县 Fugou	70.16	67.57	48.68	18.77	2.35	452	70505	26184
西 华 县 Xihua	89.31	86.60	55.62	30.98	2.05		43892	181503
商 水 县 Shangshui	114.00	110.91	60.12	50.77	1.73	2	29781	51617
沈 丘 县 Shenqiu	94.42	89.75	55.07	34.69	2.27		45293	132463
郸 城 县 Dancheng	120.00	115.86	66.97	48.90	1.33	258	59838	16903
太 康 县 Taikang	138.22	134.40	82.39	52.01	2.12	2366	45719	44127
鹿 邑 县 Luyi	98.81	94.99	54.46	40.53	2.80	33	19512	12851
项 城 市 Xiangcheng	91.89	87.28	56.70	30.58	2.71	603	22426	46601
驻 马 店 市 Zhumadian								
西 平 县 Xiping	98.06	97.90	50.97	46.93	0.08		51097	26970
上 蔡 县 Shangcai	111.29	109.00	69.98	38.93	1.64	40	95917	10098
平 舆 县 Pingyu	87.68	85.45	57.07	28.38	1.05		66419	6519
正 阳 县 Zhengyang	93.44	92.04	74.07	2.47	0.41		482352	16266
确 山 县 Queshan	57.30	54.55	33.59	17.61	0.42		194222	8917
泌 阳 县 Biyang	71.24	68.29	42.64	24.24	0.24		219250	58900
汝 南 县 Runan	83.96	82.28	59.94	22.34	0.72		248182	9182
遂 平 县 Suiping	65.08	63.95	37.22	26.73	0.35	13	51494	26777
新 蔡 县 Xincai	94.27	92.14	57.22	34.44	0.50		110611	21843

26-8 各县(市)畜牧业生产情况(2020年)

Statistics on Animal Husbandry by County and City (2020)

县 市 County and city	猪出栏头数(万头) Slaughtered Fattened Hogs (10 000 heads)	牛出栏头数(万头) Slaughtered Fattened Cattles (10 000 heads)	羊出栏只数(万只) Slaughtered Fattened Sheep and Goats (10 000 heads)	猪肉产量(万吨) Output of pork (10 000 ton)	禽蛋产量(万吨) Poultry Eggs (10 000 ton)	猪年末头数(万头) Hogs (year-end) (10 000 heads)	牛年末头数(万头) Cattles (year-end) (10 000 heads)	羊年末只数(万只) Sheep and Goats (year-end) (10 000 heads)
郑州市 Zhengzhou								
中牟县 Zhongmu	1.46	0.19	1.49	0.11	0.19	1.64	1.22	2.84
巩义市 Gongyi	18.89	0.44	3.55	1.45	1.17	17.65	0.39	3.92
荥阳市 Xingyang	8.53	0.86	3.98	0.64	2.40	6.40	1.20	2.87
新密市 Xinmi	14.56	0.35	5.02	1.08	2.66	12.97	0.32	4.87
新郑市 Xinzheng	12.62	0.48	5.55	0.94	2.46	14.79	0.53	4.26
登封市 Dengfeng	18.31	1.12	6.10	1.38	2.55	17.50	0.96	8.70
开封市 Kaifeng								
杞县 Qixian	85.28	5.66	37.15	6.44	10.35	76.67	7.97	40.69
通许县 Tongxu	51.20	0.72	26.24	3.86	2.73	52.23	2.36	27.84
尉氏县 Weishi	68.85	4.78	49.25	5.23	8.13	61.55	13.72	49.35
兰考县 Lankao	22.59	1.79	42.37	1.52	9.63	12.47	3.33	33.31
洛阳市 Luoyang								
孟津县 Mengjin	10.08	0.95	3.96	0.80	0.82	11.50	2.94	6.05
新安县 Xinan	15.00	1.50	10.84	1.18	1.23	14.88	1.86	9.08
栾川县 Luanchuan	3.88	0.22	0.92	0.30	0.80	4.95	0.62	1.68
嵩县 Songxian	19.98	4.43	11.07	1.55	2.03	12.28	5.92	10.86
汝阳县 Ruyang	14.43	1.86	8.81	1.13	1.81	11.98	1.95	10.25
宜阳县 Yiyang	23.07	1.31	19.39	1.77	1.44	17.45	3.46	16.75
洛宁县 Luoning	12.20	3.96	19.46	0.97	1.70	6.21	8.76	12.08
伊川县 Yichuan	22.65	1.65	5.02	1.80	3.80	21.85	2.32	8.96
偃师市 Yanshi	9.61	0.35	0.86	0.75	1.10	13.63	1.16	2.32
平顶山市 Pingdingshan								
宝丰县 Baofeng	33.98	0.72	7.85	2.51	1.03	28.40	2.42	8.36
叶县 Yexian	73.48	4.10	72.54	5.58	4.58	72.34	2.94	43.11
鲁山县 Lushan	20.98	1.71	18.27	1.55	2.92	16.39	2.55	16.05
郏县 Jiaxian	19.99	3.20	18.28	1.49	1.47	9.63	4.34	12.07
舞钢市 Wugang	21.42	0.32	8.37	1.60	1.16	16.48	0.59	10.22
汝州市 Ruzhou	60.48	3.77	21.61	4.60	6.12	62.85	5.77	39.70
安阳市 Anyang								
安阳县 Anyang	10.91	0.10	2.03	0.85	0.94	6.98	0.14	2.58
汤阴县 Tangyin	26.16	0.65	8.80	2.03	3.66	14.40	0.63	5.87
滑县 Huaxian	32.30	0.90	23.80	2.53	5.70	60.00	2.10	15.70
内黄县 Neihuang	39.88	0.64	30.53	3.25	6.79	28.46	0.85	18.79
林州市 Linzhou	27.10	0.17	5.20	2.06	1.30	20.47	0.43	6.80
鹤壁市 Hebi								
浚县 Xunxian	45.09	0.85	18.13	3.43	4.56	37.31	1.06	21.01
淇县 Qixian	34.18	0.12	2.34	2.61	3.76	33.20	0.72	5.83

26-8 续表 1 continued

县 市 County and city	猪出栏头数（万头） Slaughtered Fattened Hogs (10 000 heads)	牛出栏头数（万头） Slaughtered Fattened Cattles (10 000 heads)	羊出栏只数（万只） Slaughtered Fattened Sheep and Goats (10 000 heads)	猪肉产量（万吨） Output of pork (10 000 ton)	禽蛋产量（万吨） Poultry Eggs (10 000 ton)	猪年末头数（万头） Hogs (year-end) (10 000 heads)	牛年末头数（万头） Cattles (year-end) (10 000 heads)	羊年末只数（万只） Sheep and Goats (year-end) (10 000 heads)
新乡市 Xinxiang								
新乡县 Xinxiang	16.09	0.49	3.49	1.15	2.12	13.08	1.35	3.22
获嘉县 Huojia	21.57	0.44	5.40	1.54	1.60	20.58	0.80	4.07
原阳县 Yuanyang	34.82	1.19	12.80	2.49	5.50	33.58	3.60	10.06
延津县 Yanjin	21.40	0.69	8.77	1.53	2.01	18.07	1.65	5.53
封丘县 Fengqiu	51.16	1.61	17.70	3.90	4.45	52.16	1.88	11.56
长垣市 Changyuan	24.92	0.55	7.74	1.97	3.56	18.76	0.75	4.29
卫辉市 Weihui	32.14	0.90	11.05	2.44	4.16	29.58	1.52	7.91
辉县市 Huixian	43.02	1.83	19.91	3.26	3.68	39.59	4.16	16.68
焦作市 Jiaozuo								
修武县 Xiuwu	19.39	0.97	2.17	1.47	1.59	10.98	0.81	2.70
博爱县 Boai	8.67	0.52	2.09	0.66	1.59	7.44	1.35	2.80
武陟县 Wuzhi	25.08	1.84	11.88	1.92	4.45	19.98	1.27	7.99
温县 Wenxian	10.06	0.49	3.57	0.71	2.14	9.35	0.59	3.66
沁阳市 Qinyang	11.26	0.86	4.30	0.85	1.06	9.31	0.86	4.16
孟州市 Mengzhou	10.94	0.83	4.05	0.84	1.68	17.80	1.21	4.99
濮阳市 Puyang								
清丰县 Qingfeng	22.35	0.14	10.23	1.70	5.55	14.18	0.17	7.06
南乐县 Nanle	19.60	0.18	10.67	1.46	10.13	11.08	0.43	7.25
范县 Fanxian	18.67	0.93	25.76	1.51	3.61	16.49	1.02	11.38
台前县 Taiqian	4.89	0.69	2.85	0.37	1.64	6.39	0.88	3.49
濮阳县 Puyang	25.21	2.09	65.12	2.03	4.67	40.96	1.92	34.10
许昌市 Xuchang								
鄢陵县 Yanling	48.31	0.28	9.56	3.68	1.82	47.85	0.21	5.56
襄城县 Xiangcheng	40.03	3.16	22.51	3.04	3.55	41.96	5.69	21.64
禹州市 Yuzhou	49.94	1.77	25.74	3.79	1.28	45.11	1.26	16.77
长葛市 Changge	50.52	1.23	18.15	3.83	6.83	42.68	1.46	12.90
漯河市 Luohe								
舞阳县 Wuyang	51.56	0.57	7.33	3.91	2.40	40.08	0.64	9.10
临颍县 Linying	57.96	0.83	6.82	4.41	4.92	45.33	1.02	5.93
三门峡市 Sanmenxia								
渑池县 Mianchi	21.78	2.70	16.13	1.65	1.46	19.75	6.02	13.59
卢氏县 Lushi	6.48	1.22	4.57	0.49	1.15	4.01	3.94	5.15
义马市 Yima	6.12	0.09	0.76	0.47	0.07	5.39	0.08	0.63
灵宝市 Lingbao	23.24	1.86	10.09	1.76	1.45	26.20	3.93	13.01
南阳市 Nanyang								
南召县 Nanzhao	9.24	0.65	16.67	0.70	1.81	9.04	1.65	12.81
方城县 Fangcheng	63.51	3.64	27.60	4.58	2.93	55.16	4.59	30.55
西峡县 Xixia	10.84	1.37	25.22	0.81	1.08	7.23	2.56	15.31

26-8 续表 2 continued

县 市 County and city	猪出栏头数(万头) Slaughtered Fattened Hogs (10 000 heads)	牛出栏头数(万头) Slaughtered Fattened Cattles (10 000 heads)	羊出栏只数(万只) Slaughtered Fattened Sheep and Goats (10 000 heads)	猪肉产量(万吨) Output of pork (10 000 ton)	禽蛋产量(万吨) Poultry Eggs (10 000 ton)	猪年末头数(万头) Hogs (year-end) (10 000 heads)	牛年末头数(万头) Cattles (year-end) (10 000 heads)	羊年末只数(万只) Sheep and Goats (year-end) (10 000 heads)
镇平县 Zhenping	15.39	0.97	17.69	1.15	3.33	14.41	2.93	19.08
内乡县 Neixiang	88.94	4.53	61.13	6.77	2.41	78.83	6.47	39.68
淅川县 Xichuan	10.70	1.56	21.51	0.79	1.19	10.05	3.73	13.60
社旗县 Sheqi	49.30	5.35	18.20	3.74	2.13	49.27	7.92	22.76
唐河县 Tanghe	78.95	12.31	39.81	5.98	6.01	79.57	17.03	39.09
新野县 Xinye	19.40	6.79	23.80	1.44	3.21	16.66	10.89	19.55
桐柏县 Tongbai	12.01	1.80	13.35	0.89	1.48	6.60	3.11	10.37
邓州市 Dengzhou	88.63	10.39	65.18	6.74	7.09	94.50	17.13	46.39
商丘市 Shangqiu								
民权县 Minquan	32.81	4.80	61.82	2.47	5.10	20.82	6.09	56.26
睢县 Suixian	32.31	1.30	24.19	2.45	6.43	27.05	1.32	14.59
宁陵县 Ningling	67.51	1.17	27.66	4.97	3.09	53.05	1.99	17.11
柘城县 Zhecheng	31.55	3.89	48.61	2.40	5.18	29.25	3.98	38.93
虞城县 Yucheng	22.09	5.50	45.77	1.60	7.66	16.63	14.90	31.04
夏邑县 Xiayi	48.47	2.48	34.05	3.67	6.84	44.21	3.85	44.64
永城市 Yongcheng	42.42	2.17	78.52	3.27	12.50	36.66	2.31	50.02
信阳市 Xinyang								
罗山县 Luoshan	30.82	0.29	3.77	2.30	2.44	33.30	0.95	4.40
光山县 Guangshan	4.98	0.45	2.88	0.38	2.02	10.80	1.26	3.80
新县 Xinxian	1.70	0.94	2.55	0.13	0.88	4.50	1.34	4.34
商城县 Shangcheng	6.89	0.30	4.27	0.50	1.62	11.12	0.55	4.58
固始县 Gushi	53.07	1.66	39.00	4.03	12.30	42.39	1.23	31.03
潢川县 Huangchuan	40.90	0.88	5.21	3.10	6.99	35.08	1.33	3.73
淮滨县 Huaibin	8.96	1.28	13.31	0.66	3.88	13.73	1.90	10.23
息县 Xixian	48.36	1.76	6.86	3.66	7.85	41.29	3.41	7.80
周口市 Zhoukou								
扶沟县 Fugou	57.85	0.78	9.46	4.05	3.87	46.95	1.92	13.56
西华县 Xihua	76.08	2.16	26.84	5.76	4.21	64.38	3.55	29.10
商水县 Shangshui	63.11	1.21	35.03	4.79	6.65	70.76	1.44	18.09
沈丘县 Shenqiu	52.81	3.46	58.72	4.01	5.60	44.56	5.90	64.55
郸城县 Dancheng	46.22	1.97	32.68	3.26	6.43	39.31	3.20	32.73
太康县 Taikang	84.69	1.82	58.00	6.43	6.66	89.04	4.23	39.91
鹿邑县 Luyi	60.37	1.02	29.96	4.60	6.17	53.86	0.92	17.01
项城市 Xiangcheng	43.53	1.59	22.09	2.94	3.49	38.49	3.97	26.61
驻马店市 Zhumadian								
西平县 Xiping	84.68	1.06	20.07	6.46	5.90	79.52	1.26	15.24
上蔡县 Shangcai	70.79	2.57	19.39	5.42	4.83	74.62	3.09	15.73
平舆县 Pingyu	53.81	1.45	25.92	4.10	2.94	55.86	2.97	20.14
正阳县 Zhengyang	103.39	1.15	5.06	7.91	3.06	89.47	3.98	3.96
确山县 Queshan	60.58	5.52	39.47	4.63	2.77	49.16	9.69	36.24
泌阳县 Biyang	88.58	26.49	29.42	6.09	3.03	63.70	39.96	32.56
汝南县 Runan	65.22	3.43	38.34	4.97	3.15	57.24	4.10	24.12
遂平县 Suiping	63.21	1.59	13.57	4.83	4.58	55.45	1.72	10.58
新蔡县 Xincai	68.00	3.95	32.32	5.18	3.82	60.94	4.16	21.90

26–9 各县(市、区)财政、金融主要指标(2020年)

Main Indicators of Finance by County and Distict (2020)

单位：亿元 (100 million yuan)

县市区	County and District	一般公共预算收入 General Public Budget Revenue	一般公共预算支出 General Public Budget Expenditure	#教育 Education	#农林水事务 Farming Forestry Water Conservancy Operating	金融机构存款余额 Deposits of Financial Institutions	金融机构贷款余额 Loans of Financial Institutions
郑州市	**Zhengzhou**						
中原区	Zhongyuan	54.42	44.38	10.51	0.33		
二七区	Erqi	55.21	48.30	10.85	0.88		
管城区	Guancheng	53.96	44.29	8.49	0.42		
金水区	Jinshui	122.08	81.49	20.27	0.97		
上街区	Shangjie	15.00	22.45	3.12	0.22	183.41	120.04
惠济区	Huiji	34.71	27.75	6.06	1.30		
中牟县	Zhongmu	61.01	90.47	17.48	7.76	649.17	505.91
巩义市	Gongyi	51.60	91.41	14.08	6.16	531.94	321.09
荥阳市	Xingyang	52.68	77.98	10.98	6.40	431.66	323.58
新密市	Xinmi	38.76	72.74	13.11	8.02	515.20	286.03
新郑市	Xinzheng	82.61	123.05	18.38	10.83	737.55	649.80
登封市	Dengfeng	31.57	61.89	11.33	9.08	397.68	242.37
开封市	**Kaifeng**						
龙亭区	Longting	1.84	5.56	0.75	0.25		
顺河区	Shunhe	1.65	7.70	1.43	0.38		
鼓楼区	Gulou	2.12	6.09	0.89	0.17		
禹王台区	Yuwangtai	2.20	6.24	0.97	0.31		
祥符区	Xiangfu	11.58	48.50	8.33	8.50	221.67	139.22
杞县	Qixian	18.56	58.20	11.56	6.33	265.47	128.22
通许县	Tongxu	10.76	34.57	4.75	4.98	196.96	107.12
尉氏县	Weishi	26.74	68.60	10.77	9.87	302.85	170.35
兰考县	Lankao	26.22	82.48	13.15	17.94	307.36	244.64
洛阳市	**Luoyang**						
老城区	Laocheng	8.31	14.17	1.42	0.22		
西工区	Xigong	19.50	23.68	3.50	0.18		
瀍河区	Chanhe	7.25	13.19	2.37	0.13		
涧西区	Jianxi	30.94	36.42	6.43	0.20		
吉利区	Jili	10.34	11.28	1.27	1.25		
洛龙区	Luolong	21.87	35.16	4.90	1.29		
孟津县	Mengjin	19.52	36.69	6.59	5.34	216.61	120.97
新安县	Xinan	28.14	44.04	8.16	5.33	252.32	181.17
栾川县	Luanchuan	23.14	33.14	7.40	6.51	221.69	125.12
嵩县	Songxian	10.00	44.49	8.51	10.39	193.02	91.37
汝阳县	Ruyang	12.97	37.69	8.15	7.33	157.20	91.34
宜阳县	Yiyang	14.51	43.74	9.45	5.47	220.24	166.69
洛宁县	Luoning	13.01	35.31	6.90	7.76	158.62	77.04
伊川县	Yichuan	19.86	45.18	11.33	5.09	259.07	731.02
偃师市	Yanshi	25.27	43.16	9.83	5.32	395.72	199.12
平顶山市	**Pingdingshan**						
新华区	Xinhua	6.53	12.54	2.55	0.29		
卫东区	Weidong	4.65	11.62	1.96	0.38		
石龙区	Shilong	4.64	7.36	1.04	0.68		
湛河区	Zhanhe	7.19	13.26	2.65	1.03		
宝丰县	Baofeng	16.20	35.83	5.35	5.45	237.17	188.60
叶县	Yexian	9.25	48.41	8.69	10.72	267.53	123.17
鲁山县	Lushan	9.15	49.58	10.49	11.87	305.12	106.12
郏县	Jiaxian	10.41	32.53	5.85	5.27	203.70	114.03
舞钢市	Wugang	13.16	26.47	4.06	4.06	204.75	138.87
汝州市	Ruzhou	35.27	78.02	17.08	8.14	378.77	283.65

26-9 续表 1 continued

单位：亿元 (100 million yuan)

县市区 County and District	一般公共预算收入 General Public Budget Revenue	一般公共预算支出 General Public Budget Expenditure	#教育 Education	#农林水事务 Farming Forestry Water Conservancy Operating	金融机构存款余额 Deposits of Financial Institutions	金融机构贷款余额 Loans of Financial Institutions
安阳市 Anyang						
文峰区 Wenfeng	8.21	15.60	2.86	0.26		
北关区 Beiguan	9.14	14.24	2.85	0.46		
殷都区 Yindu	20.83	29.89	5.51	3.26		
龙安区 Longan	8.43	14.78	3.02	2.17		
安阳县 Anyang	5.77	28.53	5.50	4.15	434.17	226.43
汤阴县 Tangyin	17.33	39.76	8.23	6.78	199.82	121.18
滑县 Huaxian	14.68	74.03	15.72	11.38	466.96	220.53
内黄县 Neihuang	10.84	43.47	8.94	7.93	232.69	109.60
林州市 Linzhou	33.32	70.02	12.92	6.33	656.27	297.55
鹤壁市 Hebi						
鹤山区 Heshan	3.84	11.24	1.33	1.41		
山城区 Shancheng	8.17	20.47	2.94	1.06		
淇滨区 Qibin	12.19	22.60	3.48	2.14		
浚县 Xunxian	6.64	33.53	5.74	5.20	218.60	140.55
淇县 Qixian	10.98	24.51	3.44	3.83	124.96	136.88
新乡市 Xinxiang						
红旗区 Hongqi	10.02	15.01	3.02	0.38		
卫滨区 Weibin	3.01	7.82	1.14	0.23		
凤泉区 Fengquan	4.16	8.00	1.27	0.61		
牧野区 Muye	6.00	11.48	1.86	0.34		
新乡县 Xinxiang	10.74	22.88	4.10	2.71	227.11	147.81
获嘉县 Huojia	7.51	25.00	5.36	3.23	163.65	68.36
原阳县 Yuanyang	11.47	40.88	6.16	7.11	212.46	148.73
延津县 Yanjin	6.15	27.56	5.25	4.06	157.90	66.19
封丘县 Fengqiu	7.59	43.82	9.13	8.23	258.28	71.41
长垣市 Changyuan	34.08	70.71	14.14	9.17	634.52	292.62
卫辉市 Weihui	12.39	32.92	6.41	4.07	208.14	108.91
辉县市 Huixian	23.58	46.92	9.29	8.03	433.73	234.40
焦作市 Jiaozuo						
解放区 Jiefang	13.67	17.93	2.61	0.35		
中站区 Zhongzhan	8.86	12.40	1.78	0.48		
马村区 Macun	6.53	9.05	1.55	0.82		
山阳区 Shanyang	15.25	15.42	1.90	0.19		
修武县 Xiuwu	13.85	22.15	3.44	2.39	133.82	95.72
博爱县 Boai	10.02	25.91	3.98	2.52	174.54	103.48
武陟县 Wuzhi	15.87	38.02	6.90	4.65	265.67	165.30
温县 Wenxian	9.60	25.03	3.92	2.88	190.02	102.40
沁阳市 Qinyang	18.21	35.55	5.32	3.37	220.41	154.16
孟州市 Mengzhou	16.36	29.26	4.30	4.03	174.38	118.00

26-9 续表 2 continued

单位：亿元 (100 million yuan)

县市区	County and District	一般公共预算收入 General Public Budget Revenue	一般公共预算支出 General Public Budget Expenditure	#教育 Education	#农林水事务 Farming Forestry Water Conservancy Operating	金融机构存款余额 Deposits of Financial Institutions	金融机构贷款余额 Loans of Financial Institutions
濮阳市	**Puyang**						
华龙区	Hualong	12.24	21.03	3.12	0.86		
清丰县	Qingfeng	10.00	45.91	9.49	7.99	214.59	123.05
南乐县	Nanle	7.92	34.08	6.86	5.57	165.99	94.42
范县	Fanxian	8.92	38.91	6.76	9.75	209.00	90.88
台前县	Taiqian	5.03	36.13	7.46	11.26	154.55	70.25
濮阳县	Puyang	15.67	72.52	13.94	11.62	323.79	235.97
许昌市	**Xuchang**						
魏都区	Weidu	10.18	17.46	3.74	0.31		
建安区	Jianan	21.64	59.14	9.57	7.08		
鄢陵县	Yanling	13.04	40.66	8.36	4.87	257.41	147.39
襄城县	Xiangcheng	21.46	51.01	9.93	5.93	343.06	229.24
禹州市	Yuzhou	24.06	61.28	12.72	7.29	468.08	283.71
长葛市	Changge	33.46	53.96	11.19	4.65	404.77	273.53
漯河市	**Luohe**						
源汇区	Yuanhui	7.12	19.73	2.93	2.03		
郾城区	Yancheng	6.89	28.17	5.19	3.55		
召陵区	Zhaoling	5.88	24.15	3.53	3.01		
舞阳县	Wuyang	13.06	38.09	5.90	6.62	210.72	70.83
临颍县	Linying	16.72	45.11	9.09	5.22	234.08	134.86
三门峡市	**Sanmenxia**						
湖滨区	Hubin	10.47	15.87	3.19	0.97		
陕州区	Shanzhou	21.57	35.57	4.97	5.13		
渑池县	Mianchi	27.01	37.03	7.35	5.02	182.30	85.75
卢氏县	Lushi	8.30	41.28	6.07	13.22	175.28	97.90
义马市	Yima	17.10	24.33	3.34	0.63	136.24	85.85
灵宝市	Lingbao	25.50	53.41	8.30	5.27	380.35	204.92
南阳市	**Nanyang**						
宛城区	Wancheng	8.93	35.26	8.75	4.39		
卧龙区	Wolong	14.11	46.25	10.46	6.59		
南召县	Nanzhao	6.98	40.84	8.70	7.21	194.63	105.55
方城县	Fangcheng	10.26	53.95	12.55	10.79	301.08	152.59
西峡县	Xixia	17.52	38.52	11.24	5.31	270.15	149.12
镇平县	Zhenping	10.27	49.72	10.47	7.74	372.15	151.53
内乡县	Neixiang	12.98	44.38	10.39	7.53	327.34	185.46
淅川县	Xichuan	10.76	60.70	13.02	11.18	301.08	159.10
社旗县	Sheqi	7.10	41.98	8.89	8.20	207.99	107.88
唐河县	Tanghe	11.02	68.66	12.11	12.60	421.69	181.46
新野县	Xinye	8.59	39.66	8.23	7.42	292.54	157.73
桐柏县	Tongbai	10.31	36.20	8.21	7.87	193.03	73.37
邓州市	Dengzhou	18.79	84.79	18.19	12.43	497.17	283.27

26-9 续表 3 continued

单位：亿元 (100 million yuan)

县市区 County and District	一般公共预算收入 General Public Budget Revenue	一般公共预算支出 General Public Budget Expenditure	#教育 Education	#农林水事务 Farming Forestry Water Conservancy Operating	金融机构存款余额 Deposits of Financial Institutions	金融机构贷款余额 Loans of Financial Institutions
商丘市 Shangqiu						
梁园区 Liangyuan	11.83	38.08	5.82	3.55		
睢阳区 Suiyang	11.93	40.19	7.53	4.83		
民权县 Minquan	11.34	49.24	8.53	9.14	282.83	157.89
睢县 Suixian	10.09	46.74	8.07	7.94	258.05	116.90
宁陵县 Ningling	6.87	38.26	7.10	7.20	193.37	143.39
柘城县 Zhecheng	10.31	55.99	10.71	9.81	291.99	130.98
虞城县 Yucheng	11.27	58.65	10.68	10.21	351.05	153.85
夏邑县 Xiayi	10.72	59.90	9.92	10.47	370.36	138.98
永城市 Yongcheng	47.71	86.89	14.33	13.12	646.76	365.38
信阳市 Xinyang						
浉河区 Shihe	12.11	31.95	5.45	3.08		
平桥区 Pingqiao	9.64	39.49	11.23	6.59		
罗山县 Luoshan	7.56	44.80	8.66	9.25	310.71	89.23
光山县 Guangshan	6.88	60.21	14.48	10.17	359.90	137.88
新县 Xinxian	6.73	30.35	6.75	6.18	174.89	78.82
商城县 Shangcheng	7.61	46.32	10.72	8.71	299.93	97.52
固始县 Gushi	16.34	85.12	22.62	17.51	588.42	239.82
潢川县 Huangchuan	8.08	51.42	11.04	12.85	306.23	259.08
淮滨县 Huaibin	8.48	50.81	9.17	11.94	244.96	97.60
息县 Xixian	8.80	86.75	16.11	18.52	349.12	142.40
周口市 Zhoukou						
川汇区 Chuanhui	6.59	24.05	4.75	0.83		
淮阳区 Huaiyang	11.41	81.39	14.61	9.78		
扶沟县 Fugou	8.71	46.10	8.94	7.49	257.98	91.49
西华县 Xihua	9.00	49.55	8.32	8.16	280.22	112.19
商水县 Shangshui	8.64	68.37	12.53	11.74	349.75	107.95
沈丘县 Shenqiu	15.79	65.97	15.40	10.27	385.76	199.02
郸城县 Dancheng	12.34	73.00	14.81	11.48	369.19	112.74
太康县 Taikang	13.00	76.14	14.41	11.57	379.20	140.58
鹿邑县 Luyi	15.93	60.74	11.74	8.18	380.79	164.29
项城市 Xiangcheng	14.22	59.82	12.24	8.31	419.17	146.75
驻马店市 Zhumadian						
驿城区 Yicheng	19.64	54.96	11.13	5.37		
西平县 Xiping	14.23	50.59	8.52	7.88	321.93	157.52
上蔡县 Shangcai	10.66	74.41	14.85	15.08	433.49	141.20
平舆县 Pingyu	12.46	52.37	10.21	6.79	345.87	172.93
正阳县 Zhengyang	8.72	51.82	8.64	9.68	329.76	148.03
确山县 Queshan	13.63	41.16	8.31	9.31	271.34	122.61
泌阳县 Biyang	14.23	69.89	11.94	9.43	290.79	128.82
汝南县 Runan	10.76	47.62	9.75	8.88	294.48	121.29
遂平县 Suiping	13.75	38.70	8.08	5.45	228.75	158.99
新蔡县 Xincai	13.02	60.15	11.55	13.05	333.61	179.13

26-10 各县(市)义务教育主要指标(2020年)

Main Indicators of Compulsory Education by County and City (2020)

县市	County and City	校数（所） Nunber of Schools (unit)			在校学生数（人） Student Enrollment (person)			专任教师数（人） Full-time Teachers (person)		
		合计 Total	小学 Primary Schools	初中 Junior Secondary School	合计 Total	小学 Primary Schools	初中 Junior Secondary School	合计 Total	小学 Primary Schools	初中 Junior Secondary School
郑州市	**Zhengzhou**									
中牟县	Zhongmu	178	139	39	174447	123315	51132	8906	5235	3671
巩义市	Gongyi	99	72	27	80716	55467	25249	6171	3286	2885
荥阳市	Xingyang	83	60	23	77348	53745	23603	4918	2969	1949
新密市	Xinmi	148	113	35	102396	69922	32474	6801	4110	2691
新郑市	Xinzheng	166	126	40	176867	124041	52826	7796	4253	3543
登封市	Dengfeng	140	91	49	154277	82387	71890	8624	3157	5467
开封市	**Kaifeng**									
杞县	Qixian	190	142	48	139688	97429	42259	9747	5872	3875
通许县	Tongxu	93	64	29	82778	58991	23787	4849	2801	2048
尉氏县	Weishi	204	167	37	140169	97892	42277	7474	4307	3167
兰考县	Lankao	227	171	56	127766	91880	35886	7937	4899	3038
洛阳市	**Luoyang**									
孟津县	Mengjin	83	63	20	46833	30161	16672	3312	1648	1664
新安县	Xinan	83	59	24	58201	38385	19816	3342	1777	1565
栾川县	Luanchuan	57	40	17	45382	31200	14182	2563	1389	1174
嵩县	Songxian	102	82	20	81761	54442	27319	4465	2538	1927
汝阳县	Ruyang	83	59	24	77041	52992	24049	4461	2567	1894
宜阳县	Yiyang	99	62	37	78683	52542	26141	5183	2780	2403
洛宁县	Luoning	97	61	36	54670	36741	17929	3951	2111	1840
伊川县	Yichuan	165	119	46	127009	89009	38000	7510	4312	3198
偃师市	Yanshi	75	45	30	56136	38574	17562	4500	2345	2155
平顶山市	**Pingdingshan**									
宝丰县	Baofeng	139	118	21	83995	56619	27376	4219	2544	1675
叶县	Yexian	179	153	26	114047	80735	33312	7139	4362	2777
鲁山县	Lushan	283	237	46	153952	96902	57050	8116	4811	3305
郏县	Jiaxian	130	104	26	83797	55759	28038	5539	3044	2495
舞钢市	Wugang	54	41	13	43559	30962	12597	2325	1488	837
汝州市	Ruzhou	439	380	59	178023	125261	52762	8956	5035	3921
安阳市	**Anyang**									
安阳县	Anyang	181	156	25	65567	42270	23297	3498	2106	1392
汤阴县	Tangyin	157	132	25	76937	50466	26471	4069	2242	1827
滑县	Huaxian	349	296	53	222002	158359	63643	10547	6779	3768
内黄县	Neihuang	237	198	39	123895	82192	41703	7586	4256	3330
林州市	Linzhou	230	182	48	160291	108398	51893	7406	3739	3667
鹤壁市	**Hebi**									
浚县	Xunxian	193	169	24	91024	64090	26934	5068	3360	1708
淇县	Qixian	78	65	13	37973	26846	11127	2186	1168	1018

26-10 续表 1 continued

县 市	County and City	校数(所) Nunber of Schools (unit) 合计 Total	小学 Primary Schools	初中 Junior Secondary School	在校学生数(人) Student Enrollment (person) 合计 Total	小学 Primary Schools	初中 Junior Secondary School	专任教师数(人) Full-time Teachers (person) 合计 Total	小学 Primary Schools	初中 Junior Secondary School
新乡市	**Xinxiang**									
新乡县	Xinxiang	95	74	21	50275	33564	16711	3001	1641	1360
获嘉县	Huojia	133	106	27	57634	39431	18203	3487	1839	1648
原阳县	Yuanyang	226	178	48	111933	77975	33958	6508	4085	2423
延津县	Yanjin	153	118	35	72519	47086	25433	4282	2269	2013
封丘县	Fengqiu	230	179	51	112338	77623	34715	7452	4065	3387
长垣市	Changyuan	265	226	39	151164	104478	46686	7853	4635	3218
卫辉市	Weihui	134	105	29	81478	50825	30653	4503	2760	1743
辉县市	Huixian	186	145	41	148012	101376	46636	5664	2574	3090
焦作市	**Jiaozuo**									
修武县	Xiuwu	67	51	16	28703	19809	8894	2321	1447	874
博爱县	Boai	67	45	22	45297	32174	13123	3063	1307	1756
武陟县	Wuzhi	166	135	31	84660	61080	23580	5734	3508	2226
温县	Wenxian	101	77	24	46177	32568	13609	3143	1963	1180
沁阳市	Qinyang	114	85	29	53280	36157	17123	3428	1907	1521
孟州市	Mengzhou	64	42	22	30635	22082	8553	2350	1240	1110
濮阳市	**Puyang**									
清丰县	Qingfeng	152	131	21	85781	60831	24950	5664	3682	1982
南乐县	Nanle	152	130	22	85031	61459	23572	5658	3643	2015
范县	Fanxian	135	115	20	72650	51333	21317	4123	2701	1422
台前县	Taiqian	103	89	14	57763	41219	16544	3541	2048	1493
濮阳县	Puyang	254	222	32	146175	111417	34758	9323	6642	2681
许昌市	**Xuchang**									
鄢陵县	Yanling	164	140	24	88810	60703	28107	5701	3714	1987
襄城县	Xiangcheng	185	160	25	111522	73124	38398	7092	4546	2546
禹州市	Yuzhou	302	226	76	156670	105207	51463	10502	5048	5454
长葛市	Changge	164	129	35	99406	67828	31578	6650	3348	3302
漯河市	**Luohe**									
舞阳县	Wuyang	119	98	21	57512	39057	18455	3578	1805	1773
临颍县	Linying	199	163	36	76162	49661	26501	5233	2298	2935
三门峡市	**Sanmenxia**									
渑池县	Mianchi	66	43	23	45841	30344	15497	3118	1558	1560
卢氏县	Lushi	61	33	28	38683	23180	15503	2684	1374	1310
义马市	Yima	17	10	7	11696	8966	2730	1184	665	519
灵宝市	Lingbao	117	89	28	74973	52731	22242	5658	3324	2334
南阳市	**Nanyang**									
南召县	Nanzhao	93	59	34	98768	67082	31686	5827	3351	2476
方城县	Fangcheng	278	235	43	175045	114236	60809	9688	5446	4242
西峡县	Xixia	116	85	31	67905	43363	24542	4594	2742	1852

26-10 续表 2 continued

县 市	County and City	校 数（所） Nunber of Schools (unit) 合计 Total	小学 Primary Schools	初中 Junior Secondary School	在校学生数（人） Student Enrollment (person) 合计 Total	小学 Primary Schools	初中 Junior Secondary School	专任教师数（人） Full-time Teachers (person) 合计 Total	小学 Primary Schools	初中 Junior Secondary School
镇 平 县	Zhenping	192	154	38	140988	95480	45508	9397	5602	3795
内 乡 县	Neixiang	145	120	25	103537	64328	39209	6445	3305	3140
淅 川 县	Xichuan	139	114	25	93805	62248	31557	6922	3571	3351
社 旗 县	Sheqi	126	96	30	102099	69144	32955	6324	3647	2677
唐 河 县	Tanghe	269	223	46	193928	132953	60975	11390	6642	4748
新 野 县	Xinye	122	97	25	121445	78492	42953	7389	4470	2919
桐 柏 县	Tongbai	75	48	27	70706	43033	27673	5102	2606	2496
邓 州 市	Dengzhou	250	183	67	247827	165213	82614	14043	7671	6372
商 丘 市	**Shangqiu**									
民 权 县	Minquan	195	145	50	119933	87566	32367	7322	3998	3324
睢 县	Suixian	301	244	57	109241	77210	32031	6435	3604	2831
宁 陵 县	Ningling	162	130	32	86385	63996	22389	5682	3536	2146
柘 城 县	Zhecheng	204	142	62	121125	86618	34507	9806	5965	3841
虞 城 县	Yucheng	321	273	48	172195	122302	49893	10876	6313	4563
夏 邑 县	Xiayi	313	270	43	142156	103691	38465	9970	6512	3458
永 城 市	Yongcheng	387	326	61	234736	157037	77699	11733	7326	4407
信 阳 市	**Xinyang**									
罗 山 县	Luoshan	154	127	27	89024	56175	32849	6006	3763	2243
光 山 县	Guangshan	178	135	43	101055	66689	34366	7659	4327	3332
新 县	Xinxian	54	32	22	39555	25570	13985	3161	1524	1637
商 城 县	Shangcheng	127	96	31	75995	49672	26323	5868	3534	2334
固 始 县	Gushi	237	180	57	185251	119956	65295	12336	7438	4898
潢 川 县	Huangchuan	129	100	29	92478	65658	26820	5750	3488	2262
淮 滨 县	Huaibin	111	84	27	92382	64975	27407	6227	3937	2290
息 县	Xixian	181	141	40	127456	84158	43298	8582	4891	3691
周 口 市	**Zhoukou**									
扶 沟 县	Fugou	134	109	25	78800	53362	25438	5911	3418	2493
西 华 县	Xihua	185	153	32	96307	67439	28868	7081	4061	3020
商 水 县	Shangshui	249	192	57	140174	96246	43928	10083	5712	4371
沈 丘 县	Shenqiu	264	199	65	149007	101933	47074	11730	7022	4708
郸 城 县	Dancheng	388	333	55	194511	128770	65741	12010	7939	4071
太 康 县	Taikang	332	266	66	188828	132665	56163	11684	7028	4656
鹿 邑 县	Luyi	249	194	55	141087	100847	40240	9953	5778	4175
项 城 市	Xiangcheng	218	162	56	159560	109248	50312	10720	5697	5023
驻 马 店 市	**Zhumadian**									
西 平 县	Xiping	220	191	29	77246	55966	21280	6014	3614	2400
上 蔡 县	Shangcai	443	391	52	177805	118943	58862	11293	6992	4301
平 舆 县	Pingyu	137	108	29	137650	98764	38886	7375	4869	2506
正 阳 县	Zhengyang	239	208	31	121942	82260	39682	7536	4344	3192
确 山 县	Queshan	152	132	20	66868	42856	24012	4959	3217	1742
泌 阳 县	Biyang	182	149	33	132497	91292	41205	8250	4959	3291
汝 南 县	Runan	190	165	25	93167	66003	27164	6437	4177	2260
遂 平 县	Suiping	167	148	19	71526	50273	21253	4818	2991	1827
新 蔡 县	Xincai	296	248	48	150332	101756	48576	8988	5715	3273

26-11 各县(市)卫生主要指标(2020年)

Main Indicators of Sanitation by County and City (2020)

县 市	County and City	卫生机构床位数(张) Number of Beds in Health Institutions (unit)	卫生技术人员(人) Medical Technical Personnel (person)	执业医师(人) Medical practitioner (person)	助理医师(人) Assistant doctor of the operation (person)	注册护士(人) Registered Nurse (person)
郑州市	**Zhengzhou**					
中牟县	Zhongmu	4016	4781	1490	490	1952
巩义市	Gongyi	4242	5586	1814	438	2410
荥阳市	Xingyang	3163	4014	1199	387	1688
新密市	Xinmi	5524	5252	1557	377	2487
新郑市	Xinzheng	7365	8242	2646	532	3654
登封市	Dengfeng	5672	5049	1611	431	2174
开封市	**Kaifeng**					
杞县	Qixian	3830	4297	1084	793	1535
通许县	Tongxu	2607	3087	821	390	1346
尉氏县	Weishi	5373	4176	1170	616	1702
兰考县	Lankao	6036	6156	1557	771	2351
洛阳市	**Luoyang**					
孟津县	Mengjin	1998	2431	666	308	851
新安县	Xinan	2803	2640	688	260	1111
栾川县	Luanchuan	2051	2047	583	172	886
嵩县	Songxian	3970	3344	930	419	1445
汝阳县	Ruyang	2468	2428	675	198	1071
宜阳县	Yiyang	4636	3997	863	485	1495
洛宁县	Luoning	3485	2696	759	401	1043
伊川县	Yichuan	5480	5286	1391	781	2481
偃师市	Yanshi	3760	3817	1201	471	1591
平顶山市	**Pingdingshan**					
宝丰县	Baofeng	2580	2899	882	421	1092
叶县	Yexian	3029	3283	883	606	1035
鲁山县	Lushan	4625	3633	838	456	1416
郏县	Jiaxian	3363	3331	924	430	1300
舞钢市	Wugang	1504	1731	489	120	719
汝州市	Ruzhou	6670	6250	1765	703	2424
安阳市	**Anyang**					
安阳县	Anyang	1210	1486	545	407	335
汤阴县	Tangyin	1754	2225	697	473	590
滑县	Huaxian	6501	6156	1724	969	2485
内黄县	Neihuang	3678	3250	900	505	1091
林州市	Linzhou	5320	4383	1425	683	1394
鹤壁市	**Hebi**					
浚县	Xunxian	2563	2627	769	449	1069
淇县	Qixian	2187	2240	657	199	1034

26-11 续表 1　continued

县市 County and City	卫生机构床位数（张）Number of Beds in Health Institutions (unit)	卫生技术人员（人）Medical Technical Personnel (person)	执业医师（人）Medical practitioner (person)	助理医师（人）Assistant doctor of the operation (person)	注册护士（人）Registered Nurse (person)
新乡市 Xinxiang					
新乡县 Xinxiang	1346	1851	612	330	647
获嘉县 Huojia	2642	2222	677	226	822
原阳县 Yuanyang	3518	4315	1131	643	1668
延津县 Yanjin	3270	2436	693	279	989
封丘县 Fengqiu	4014	3135	824	430	1197
长垣市 Changyuan	4414	5218	1654	746	2094
卫辉市 Weihui	5244	4875	1496	300	2389
辉县市 Huixian	4300	3672	1122	548	1342
焦作市 Jiaozuo					
修武县 Xiuwu	1579	1570	485	284	539
博爱县 Boai	2290	2044	592	314	742
武陟县 Wuzhi	3519	3371	959	549	1302
温县 Wenxian	2283	2289	695	196	887
沁阳市 Qinyang	1767	2194	642	271	825
孟州市 Mengzhou	2121	2212	656	209	924
濮阳市 Puyang					
清丰县 Qingfeng	2927	2514	663	300	909
南乐县 Nanle	2670	2020	506	321	781
范县 Fanxian	1746	2041	490	284	722
台前县 Taiqian	2189	2234	530	320	967
濮阳县 Puyang	6346	5001	1358	1071	1681
许昌市 Xuchang					
鄢陵县 Yanling	3311	2930	793	467	1118
襄城县 Xiangcheng	3849	3573	940	480	1468
禹州市 Yuzhou	5431	6013	1788	791	2145
长葛市 Changge	2632	3863	1144	431	1522
漯河市 Luohe					
舞阳县 Wuyang	2776	2538	648	281	954
临颍县 Linying	3230	3228	841	288	1421
三门峡市 Sanmenxia					
渑池县 Mianchi	2189	2032	566	230	772
卢氏县 Lushi	2100	1991	487	280	823
义马市 Yima	1757	1485	416	70	681
灵宝市 Lingbao	3334	4136	1403	555	1548
南阳市 Nanyang					
南召县 Nanzhao	2822	3244	712	400	1270
方城县 Fangcheng	4822	3286	885	439	1196
西峡县 Xixia	3416	3110	890	359	1362

26-11 续表 2 continued

县 市 County and City	卫生机构床位数(张) Number of Beds in Health Institutions (unit)	卫生技术人员(人) Medical Technical Personnel (person)	执业医师(人) Medical practitioner (person)	助理医师(人) Assistant doctor of the operation (person)	注册护士(人) Registered Nurse (person)
镇平县 Zhenping	3721	3120	872	555	1062
内乡县 Neixiang	3711	2976	763	431	1027
淅川县 Xichuan	3015	2876	777	297	1005
社旗县 Sheqi	2596	2663	710	437	954
唐河县 Tanghe	5554	5341	1287	626	2218
新野县 Xinye	3058	2760	650	380	1039
桐柏县 Tongbai	2703	2534	574	281	1018
邓州市 Dengzhou	8400	6092	1601	697	2410
商丘市 Shangqiu					
民权县 Minquan	4140	3751	963	538	1496
睢县 Suixian	4155	4875	1157	444	1948
宁陵县 Ningling	2348	3496	753	560	980
柘城县 Zhecheng	5265	5187	1335	770	2034
虞城县 Yucheng	3872	4743	1135	1047	1353
夏邑县 Xiayi	4329	4374	1025	531	1750
永城市 Yongcheng	7579	6790	1578	749	2580
信阳市 Xinyang					
罗山县 Luoshan	2756	2399	707	213	1017
光山县 Guangshan	3413	2917	820	341	1046
新县 Xinxian	1093	1240	320	118	460
商城县 Shangcheng	2809	2495	708	337	976
固始县 Gushi	7898	6195	1587	732	2450
潢川县 Huangchuan	2940	2829	859	660	826
淮滨县 Huaibin	2827	2306	618	305	882
息县 Xixian	3341	3414	911	370	1388
周口市 Zhoukou					
扶沟县 Fugou	3513	3283	753	469	1335
西华县 Xihua	3592	3455	763	437	1236
商水县 Shangshui	4606	4380	1198	737	1672
沈丘县 Shenqiu	5070	4481	1161	855	1461
郸城县 Dancheng	5692	6042	1457	643	2534
太康县 Taikang	8441	5882	1312	930	2460
鹿邑县 Luyi	5672	4800	1159	887	1798
项城市 Xiangcheng	3644	3407	878	412	1321
驻马店市 Zhumadian					
西平县 Xiping	4641	4406	1111	620	1755
上蔡县 Shangcai	5429	4552	1266	477	1777
平舆县 Pingyu	6734	5262	1317	707	2395
正阳县 Zhengyang	4050	3420	943	420	1389
确山县 Queshan	2727	2437	593	230	1139
泌阳县 Biyang	4375	4639	1125	702	2041
汝南县 Runan	2903	3375	977	450	1345
遂平县 Suiping	3014	3008	878	295	1259
新蔡县 Xincai	4325	4318	1083	751	1546

26-12 各县(市)社会保险和低保参保人数(2020年)

Number of People Participated in Basic Insurance and Lowest Cost-of-Living by County and City (2020)

单位：人 (person)

县 市	County and city	城镇职工基本养老保险参保人数 Number of Employees Participating in Basic Endowment Insurance in Urban Area	城乡居民基本养老保险参保人数 Number of Residents Participating in Basic Endowment Insurance in Urban and Rural Area	基本医疗保险参保人数 Number of People Participating in Basic Medical Insurance	城乡居民基本医疗保险参保人数 Number of Residents Participating in Basic Medical Insurance in Urban and Rural Area	城镇居民最低生活保障人数 Number of Urban Residents with Minimum Living Security	农村居民最低生活保障人数 Number of Rural Residents with Minimum Living Security
郑州市	**Zhengzhou**						
中牟县	Zhongmu	120425	261700	545196	474674	199	2428
巩义市	Gongyi	135125	406896	744006	666012	645	11308
荥阳市	Xingyang	95488	328893	635950	559876	356	6653
新密市	Xinmi	111593	421096	775545	688867	357	5492
新郑市	Xinzheng	128329	334912	626889	544153	1458	6932
登封市	Dengfeng	84743	379404	640742	563589	133	6438
开封市	**Kaifeng**						
杞县	Qixian	18525	602046	904913	873678	1813	45069
通许县	Tongxu	28012	374833	582579	551564	2605	25305
尉氏县	Weishi	97003	591494	823220	785689	1298	20999
兰考县	Lankao	92367	525518	836477	786000	2689	28072
洛阳市	**Luoyang**						
孟津县	Mengjin	22690	276644	438197	400668	1113	7200
新安县	Xinan	75205	299275	491710	445530	4554	15853
栾川县	Luanchuan	27934	206913	331439	290464	387	8676
嵩县	Songxian	26892	340655	586766	552775	1342	22859
汝阳县	Ruyang	26397	266447	489890	458752	1803	12397
宜阳县	Yiyang	67344	376724	648301	612779	2256	37868
洛宁县	Luoning	19861	250810	452675	425996	950	13487
伊川县	Yichuan	54557	433067	808599	761329	3582	32111
偃师市	Yanshi	62928	343380	572119	526825	1119	10052
平顶山市	**Pingdingshan**						
宝丰县	Baofeng	29792	308553	505836	469985	1354	10942
叶县	Yexian	65480	487397	745152	707860	3834	25994
鲁山县	Lushan	43152	506369	884091	839183	2133	23917
郏县	Jiaxian	37127	371000	583199	556199	2990	16435
舞钢市	Wugang	73822	147285	294675	263422	993	6822
汝州市	Ruzhou	67757	657200	1024128	969911	3380	38112
安阳市	**Anyang**						
安阳县	Anyang	32566	333720	525023	497283	43	8806
汤阴县	Tangyin	46282	290623	469118	433691	1596	7010
滑县	Huaxian	108931	802204	1345682	1283616	1211	36865
内黄县	Neihuang	58529	492600	787461	755889	366	12546
林州市	Linzhou	124001	609451	1007593	944017	1242	16502
鹤壁市	**Hebi**						
浚县	Xunxian	46740	312808	648010	616454	1138	14738
淇县	Qixian	32957	108451	268382	246359	811	7646

26-12 续表 1 continued

单位：人 (person)

县 市 County and city	城镇职工基本养老保险参保人数 Number of Employees Participating in Basic Endowment Insurance in Urban Area	城乡居民基本养老保险参保人数 Number of Residents Participating in Basic Endowment Insurance in Urban and Rural Area	基本医疗保险参保人数 Number of People Participating in Basic Medical Insurance	城乡居民基本医疗保险参保人数 Number of Residents Participating in Basic Medical Insurance in Urban and Rural Area	城镇居民最低生活保障人数 Number of Urban Residents with Minimum Living Security	农村居民最低生活保障人数 Number of Rural Residents with Minimum Living Security
新乡市 Xinxiang						
新乡县 Xinxiang	72494	162985	345669	300739	223	5470
获嘉县 Huojia	34304	234061	395563	365183	533	8475
原阳县 Yuanyang	29946	347587	685670	656419	962	24117
延津县 Yanjin	57842	260738	448341	412862	1326	16765
封丘县 Fengqiu	63870	492489	730803	697800	1323	31252
长垣市 Changyuan	43078	242995	478075	410542	2110	9747
卫辉市 Weihui	93894	488284	813581	759353	421	17957
辉县市 Huixian	71924	493400	838486	791086	4843	22096
焦作市 Jiaozuo						
修武县 Xiuwu	20630	124624	231170	207057	231	3650
博爱县 Boai	30688	184960	372304	333252	1388	9511
武陟县 Wuzhi	44206	356035	644826	597738	1402	14825
温县 Wenxian	61928	248474	419796	387551	1007	7270
沁阳市 Qinyang	55640	267099	459178	416803	2117	12554
孟州市 Mengzhou	49257	220884	358409	320640	1280	10011
濮阳市 Puyang						
清丰县 Qingfeng	36807	381251	681306	649420	1061	18457
南乐县 Nanle	30130	321700	528610	505820	786	11523
范县 Fanxian	41629	314700	532512	508630	1466	20959
台前县 Taiqian	14963	185500	367100	352000	315	15014
濮阳县 Puyang	48350	651350	1085510	1036090	3224	67132
许昌市 Xuchang						
鄢陵县 Yanling	36707	422247	652425	617967	6104	8075
襄城县 Xiangcheng	53923	507290	794517	755312	426	12976
禹州市 Yuzhou	97561	715174	1163438	1063670	6460	25740
长葛市 Changge	55187	412579	697393	636466	1171	8773
漯河市 Luohe						
舞阳县 Wuyang	10351	317030	531851	498136	588	11208
临颍县 Linying	14045	349019	633857	588996	579	16935
三门峡市 Sanmenxia						
渑池县 Mianchi	68233	163779	328081	274887	894	8954
卢氏县 Lushi	34918	213318	355798	335038	983	23820
义马市 Yima	45375	28364	92780	78588	3698	
灵宝市 Lingbao	83615	429021	563198	508873	901	13575
南阳市 Nanyang						
南召县 Nanzhao	33924	335841	618770	586776	4064	42291
方城县 Fangcheng	33391	596722	1056455	1005258	2519	61918
西峡县 Xixia	70126	206000	460352	405427	951	13656

26-12 续表 2 continued

单位：人 (person)

县 市 County and city	城镇职工基本养老保险参保人数 Number of Employees Participating in Basic Endowment Insurance in Urban Area	城乡居民基本养老保险参保人数 Number of Residents Participating in Basic Endowment Insurance in Urban and Rural Area	基本医疗保险参保人数 Number of People Participating in Basic Medical Insurance	城乡居民基本医疗保险参保人数 Number of Residents Participating in Basic Medical Insurance in Urban and Rural Area	城镇居民最低生活保障人数 Number of Urban Residents with Minimum Living Security	农村居民最低生活保障人数 Number of Rural Residents with Minimum Living Security
镇平县 Zhenping	53869	597693	968767	917151	3260	59453
内乡县 Neixiang	50500	374200	668959	621184	1779	22536
淅川县 Xichuan	51780	333000	650099	608215	2167	47543
社旗县 Sheqi	66124	351247	656121	617783	2634	29222
唐河县 Tanghe	82273	706894	1202221	1144650	4298	65569
新野县 Xinye	75210	423000	718518	677592	3047	21215
桐柏县 Tongbai	34801	429127	434351	395866	1706	21929
邓州市 Dengzhou	88366	933959	1641981	1573581	1778	54737
商丘市 Shangqiu						
民权县 Minquan	73931	502477	913514	868752	664	39629
睢县 Suixian	50399	474893	816503	784137	1291	25126
宁陵县 Ningling	40812	311887	633172	608156	2004	39531
柘城县 Zhecheng	57015	500000	950643	918235	3348	42483
虞城县 Yucheng	589212	438965	1038163	1001555	951	43656
夏邑县 Xiayi	30653	780121	1151524	1110395	4030	51102
永城市 Yongcheng	134662	882173	1500872	1371809	3364	46619
信阳市 Xinyang						
罗山县 Luoshan	45837	396000	687053	652927	9998	34221
光山县 Guangshan	43857	439122	812681	772814	2126	27047
新县 Xinxian	34621	200000	339944	315184	6074	19084
商城县 Shangcheng	51094	410974	702133	669176	3495	26640
固始县 Gushi	132517	919000	1587185	1514353	13292	69601
潢川县 Huangchuan	47000	475000	798877	753153	4494	36024
淮滨县 Huaibin	37939	380404	674798	645701	4861	29448
息县 Xixian	26215	645383	986043	953678	8927	61366
周口市 Zhoukou						
扶沟县 Fugou	45370	419063	689115	649757	4122	22528
西华县 Xihua	40151	441650	876973	835616	5081	35276
商水县 Shangshui	69829	591318	1130283	1088773	4282	49630
沈丘县 Shenqiu	79534	731336	1232311	1183311	2494	32994
郸城县 Dancheng	71775	706262	1389221	1349025	3817	55154
太康县 Taikang	93073	793284	1457730	1405722	1555	50295
鹿邑县 Luyi	85775	1013251	1233628	1191735	1451	51746
项城市 Xiangcheng	102501	692736	1141626	1098587	2321	19036
驻马店市 Zhumadian						
西平县 Xiping	66409	512379	763504	722373	2986	21979
上蔡县 Shangcai	33067	776393	1247526	1204581	6076	71670
平舆县 Pingyu	29324	556579	971379	935768	11830	47740
正阳县 Zhengyang	42500	483000	764677	733718	4769	25902
确山县 Queshan	48260	302751	504068	473056	1675	15241
泌阳县 Biyang	41904	527500	783811	743957	634	29481
汝南县 Runan	59404	518654	760365	721897	2630	23426
遂平县 Suiping	22900	336400	511717	472030	1031	10702
新蔡县 Xincai	61061	570100	1111363	1076700	10650	46551

全国及各省、区、市主要统计指标

Main Indicators of the whole Nation and 31 Provinces (Municipality, Autonomous, Regions)

27

27-1 全国及各省区市人口、工资及投资(2020年)

Population, Wage and Investment by Province and Region (2020)

地区	Region	常住人口 (万人) Number of the resident population (10 000 persons)	在岗职工平均工资 (元) Average Wage of Staff and Workers (yuan)	#国有经济 State-Owned Units	#城镇集体经济 Urban Collective Owned Units	固定资产投资增速 (%) Investment in Fixed Assets (%)	#房地产 Real Estate
全　国	**National**	**141178**	**100512**	**111587**	**70439**	**2.9**	**7.0**
北　京	Beijing	2189	185026	203896	70124	2.2	2.6
天　津	Tianjin	1387	118918	149267	56409	3.0	-4.4
河　北	Hebei	7461	79964	80824	58835	3.2	5.8
山　西	Shanxi	3492	77364	76368	49633	10.6	10.5
内蒙古	Inner Mongolia	2405	87916	85118	88996	-1.5	12.9
辽　宁	Liaoning	4259	82223	86187	46830	2.6	5.1
吉　林	Jilin	2407	81050	84405	72207	8.3	11.0
黑龙江	Heilongjiang	3185	78972	77196	67097	3.6	2.6
上　海	Shanghai	2487	174678	205449	111211	10.3	11.0
江　苏	Jiangsu	8475	106034	149287	100341	0.3	9.7
浙　江	Zhejiang	6457	111722	165197	70407	5.4	6.8
安　徽	Anhui	6103	89381	111457	78212	5.1	5.6
福　建	Fujian	4154	91072	118298	71975	-0.4	6.2
江　西	Jiangxi	4519	80503	97378	57387	8.2	6.2
山　东	Shandong	10153	90661	108928	62737	3.6	9.7
河　南	**Henan**	**9937**	**71351**	**81430**	**60748**	**4.3**	**4.3**
湖　北	Hubei	5775	87782	101253	57686	-18.8	-4.4
湖　南	Hunan	6644	82356	93196	57941	7.6	9.8
广　东	Guangdong	12601	110324	152860	73806	7.2	9.2
广　西	Guangxi	5013	86111	93541	48106	4.2	0.8
海　南	Hainan	1008	89642	104469	58845	8.0	0.4
重　庆	Chongqing	3205	98380	124131	70592	3.9	-2.0
四　川	Sichuan	8367	91928	108644	58698	2.8	11.3
贵　州	Guizhou	3856	94276	100992	67611	3.2	14.3
云　南	Yunnan	4721	98287	113623	90210	7.7	8.5
西　藏	Tibet	365	126226	146671	71628	5.4	27.7
陕　西	Shaanxi	3953	87054	87693	60741	4.1	12.8
甘　肃	Gansu	2502	83392	91524	59359	7.8	7.8
青　海	Qinghai	592	104157	114316	83253	-12.2	3.7
宁　夏	Ningxia	720	101827	111007	81890	4.0	7.5
新　疆	Xinjiang	2585	88782	88460	89052	16.2	17.4
河南为全国%	**Henan as % of the Country**	**7.0**	**71.0**	**73.0**	**86.2**		
河南居全国位次	**Rank of Henan in the Country**	**3**	**31**	**28**	**19**	**14**	**23**

注：常住人口为第七次全国人口普查数据。

a) The resident population is the data of the seventh national census.

27-2 全国及各省区市生产总值(2020年)

Gross Domestic Product by Province and Region (2020)

地区	Region	生产总值 (亿元) Gross Domestic Products (100 million yuan)	第一产业 Primary Industry	第二产业 Secondary Industry	第三产业 Tertiary Industry	生产总值增速(%) Growth Rate of GDP (%)	第一产业 Primary Industry	第二产业 Secondary Industry	第三产业 Tertiary Industry
全国	**National**	**1015986**	**77754**	**384255**	**553977**	**2.3**	**3.0**	**2.6**	**2.1**
北京	Beijing	36103	108	5716	30279	1.2	-8.5	2.1	1.0
天津	Tianjin	14084	210	4804	9070	1.5	-0.6	1.6	1.4
河北	Hebei	36207	3880	13597	18730	3.9	3.2	4.8	3.3
山西	Shanxi	17652	947	7675	9030	3.6	3.6	5.5	2.1
内蒙古	Inner Mongolia	17360	2025	6868	8467	0.2	1.7	1.0	-0.9
辽宁	Liaoning	25115	2285	9401	13429	0.6	3.2	1.8	-0.7
吉林	Jilin	12311	1553	4326	6432	2.4	1.3	5.7	0.1
黑龙江	Heilongjiang	13699	3438	3484	6777	1.0	2.9	2.6	-1.0
上海	Shanghai	38701	104	10290	28308	1.7	-8.2	1.3	1.8
江苏	Jiangsu	102719	4537	44226	53956	3.7	1.7	3.7	3.8
浙江	Zhejiang	64613	2169	26413	36031	3.6	1.3	3.1	4.1
安徽	Anhui	38681	3185	15672	19824	3.9	2.2	5.2	2.8
福建	Fujian	43904	2732	20329	20843	3.3	3.1	2.5	4.1
江西	Jiangxi	25692	2242	11085	12365	3.8	2.2	4.0	4.0
山东	Shandong	73129	5364	28612	39153	3.6	2.7	3.3	3.9
河南	**Henan**	**54997**	**5354**	**22875**	**26768**	**1.3**	**2.2**	**0.7**	**1.6**
湖北	Hubei	43444	4132	17024	22288	-5.0	0.0	-7.4	-3.8
湖南	Hunan	41782	4240	15938	21603	3.8	3.7	4.7	2.9
广东	Guangdong	110761	4770	43450	62541	2.3	3.8	1.8	2.5
广西	Guangxi	22157	3556	7109	11492	3.7	5.0	2.2	4.2
海南	Hainan	5532	1136	1055	3341	3.5	2.0	-1.2	5.7
重庆	Chongqing	25003	1803	9992	13207	3.9	4.7	4.9	2.9
四川	Sichuan	48599	5557	17571	25471	3.8	5.2	3.8	3.4
贵州	Guizhou	17827	2540	6212	9075	4.5	6.3	4.3	4.1
云南	Yunnan	24522	3599	8288	12636	4.0	5.7	3.6	3.8
西藏	Tibet	1903	151	798	954	7.8	7.7	18.3	1.4
陕西	Shaanxi	26182	2268	11363	12552	2.2	3.3	1.4	2.8
甘肃	Gansu	9017	1198	2852	4967	3.9	5.4	5.9	2.2
青海	Qinghai	3006	334	1144	1528	1.5	4.5	2.7	0.1
宁夏	Ningxia	3921	338	1609	1974	3.9	3.3	4.0	3.9
新疆	Xinjiang	13798	1981	4745	7072	3.4	4.3	7.8	0.2
河南为全国%	**Henan as % of the Country**	**5.4**	**6.9**	**6.0**	**4.8**				
河南居全国位次	**Rank of Henan in the Country**	**5**	**3**	**5**	**7**	**26**	**20**	**29**	**21**

注：生产总值按当年价格计算。生产总值指数按可比价格计算。
a) GDP in this table are calculated at current prices. The indices in this table are calculated at comparable prices.

27-3 全国及各省区市物价指数(2020年)

Price Indices by Province and Region (2020)

(上年=100) (Preceding Year=100)

地 区	Region	居民消费价格总指数 General Consumer Price Index	农业生产资料价格指数 General Price Index of Agricultural Means of Production	工业生产者出厂价格指数 Producer Price Indices for Industrial Products	工业生产者购进价格指数 Purchasing Price Indices for Industrial Producers
全 国	**National**	**102.5**	**106.1**	**98.2**	**97.7**
北 京	Beijing	101.7		99.1	99.5
天 津	Tianjin	102.0		97.1	96.9
河 北	Hebei	102.1	104.3	98.5	98.4
山 西	Shanxi	102.9	108.1	96.7	97.2
内 蒙 古	Inner Mongolia	101.9	103.2	99.7	99.5
辽 宁	Liaoning	102.4	104.9	97.0	98.2
吉 林	Jilin	102.3	100.0	98.6	98.7
黑 龙 江	Heilongjiang	102.3	103.7	93.4	95.1
上 海	Shanghai	101.7		98.3	96.9
江 苏	Jiangsu	102.5	105.7	97.8	96.5
浙 江	Zhejiang	102.3	106.1	96.9	95.9
安 徽	Anhui	102.7	104.8	99.1	98.5
福 建	Fujian	102.2	103.3	98.4	98.6
江 西	Jiangxi	102.6	107.2	98.3	97.0
山 东	Shandong	102.8	105.6	98.1	97.5
河 南	**Henan**	**102.8**	**103.6**	**99.2**	**99.4**
湖 北	Hubei	102.7	106.4	99.1	98.4
湖 南	Hunan	102.3	103.5	99.0	98.9
广 东	Guangdong	102.6	108.8	99.0	97.4
广 西	Guangxi	102.8	109.7	99.4	98.5
海 南	Hainan	102.3	104.4	93.8	92.0
重 庆	Chongqing	102.3		99.1	99.9
四 川	Sichuan	103.2	120.9	98.8	98.1
贵 州	Guizhou	102.6	112.2	98.3	98.6
云 南	Yunnan	103.6	106.7	98.6	97.3
西 藏	Tibet	102.2	99.6	99.4	
陕 西	Shaanxi	102.5	104.6	95.1	97.6
甘 肃	Gansu	102.0	100.7	93.9	94.1
青 海	Qinghai	102.6	109.0	96.6	96.1
宁 夏	Ningxia	101.5	103.8	96.9	94.7
新 疆	Xinjiang	101.5	106.2	91.6	93.4
河南居全国位次	**Rank of Henan in the Country**	**4**	**21**	**4**	**4**

27-4 全国及各省区市城乡居民收支(2020年)

Income and Expenditure of Urban and Rural Residents by Province and Region (2020)

单位：元 (yuan)

地区	Region	居民人均可支配收入 Per Capita Annual Disposable Income	城镇居民 Urban Households	农村居民 Rural Households	居民人均消费支出 Per Capita Consumption Expenditures	城镇居民 Urban Households	农村居民 Rural Households
全国	**National**	**32189**	**43834**	**17131**	**21210**	**27007**	**13713**
北京	Beijing	69434	75602	30126	38903	41726	20913
天津	Tianjin	43854	47659	25691	28461	30895	16844
河北	Hebei	27136	37286	16467	18037	23167	12644
山西	Shanxi	25214	34793	13878	15733	20332	10290
内蒙古	Inner Mongolia	31497	41353	16567	19794	23888	13594
辽宁	Liaoning	32738	40376	17450	20672	24849	12311
吉林	Jilin	25751	33396	16067	17318	21623	11864
黑龙江	Heilongjiang	24902	31115	16168	17056	20397	12360
上海	Shanghai	72232	76437	34911	42536	44839	22095
江苏	Jiangsu	43390	53102	24198	26225	30882	17022
浙江	Zhejiang	52397	62699	31930	31295	36197	21555
安徽	Anhui	28103	39442	16620	18877	22683	15024
福建	Fujian	37202	47160	20880	25126	30487	16339
江西	Jiangxi	28017	38556	16981	17955	22134	13579
山东	Shandong	32886	43726	18753	20940	27291	12660
河南	**Henan**	**24810**	**34750**	**16108**	**16143**	**20645**	**12201**
湖北	Hubei	27881	36706	16306	19246	22885	14472
湖南	Hunan	29380	41698	16585	20998	26796	14974
广东	Guangdong	41029	50257	20143	28492	33511	17132
广西	Guangxi	24562	35859	14815	16357	20907	12431
海南	Hainan	27904	37097	16279	18972	23560	13169
重庆	Chongqing	30824	40006	16361	21678	26464	14140
四川	Sichuan	26522	38253	15929	19783	25133	14953
贵州	Guizhou	21795	36096	11642	14874	20587	10818
云南	Yunnan	23295	37500	12842	16792	24569	11069
西藏	Tibet	21744	41156	14598	13225	24927	8917
陕西	Shaanxi	26226	37868	13316	17418	22866	11376
甘肃	Gansu	20335	33822	10344	16175	24615	9923
青海	Qinghai	24037	35506	12342	18284	24315	12134
宁夏	Ningxia	25735	35720	13889	17506	22379	11724
新疆	Xinjiang	23845	34838	14056	16512	22952	10778
河南为全国%	**Henan as % of the Country**	**77.1**	**79.3**	**94.0**	**76.1**	**76.4**	**89.0**
河南居全国位次	**Rank of Henan in the Country**	**24**	**28**	**19**	**28**	**28**	**21**

27-5 全国及各省区市主要农产品产量(2020年)

Output of Major Farm Products by Province and Region (2020)

单位：万吨 (10 000 tons)

地区	Region	粮食 Grain	棉花 Cotton	油料 Oilbearing Crops	水果(含果用瓜) Fruits (include fruit with melon)	肉类 Meat	奶类 Milk
全国	**National**	**66949.15**	**591.05**	**3586.40**	**28692.36**	**7748.38**	**3529.56**
北京	Beijing	30.53		0.33	53.81	3.53	24.24
天津	Tianjin	228.18	1.02	0.31	56.39	29.61	50.07
河北	Hebei	3795.89	20.86	119.52	1424.36	419.17	488.28
山西	Shanxi	1424.27	0.16	14.31	909.77	102.65	117.36
内蒙古	Inner Mongolia	3664.10	0.01	217.25	238.70	267.95	617.87
辽宁	Liaoning	2338.83		99.66	851.29	378.19	137.06
吉林	Jilin	3803.17		81.41	146.55	237.36	39.31
黑龙江	Heilongjiang	7540.78		12.34	170.09	253.18	500.97
上海	Shanghai	91.44		0.72	43.94	9.26	29.09
江苏	Jiangsu	3729.06	1.06	93.01	974.17	268.21	62.95
浙江	Zhejiang	605.70	0.69	32.09	755.27	90.10	18.39
安徽	Anhui	4019.22	4.10	162.47	741.52	396.03	37.64
福建	Fujian	502.32		22.73	764.58	259.39	17.48
江西	Jiangxi	2163.88	5.29	122.70	712.82	285.18	9.13
山东	Shandong	5446.81	18.30	290.95	2938.91	728.02	241.57
河南	**Henan**	**6825.80**	**1.80**	**672.57**	**2563.43**	**544.05**	**214.72**
湖北	Hubei	2727.43	10.79	344.45	1066.83	307.44	13.39
湖南	Hunan	3015.12	7.45	260.67	1150.75	454.95	5.60
广东	Guangdong	1267.56		113.52	1882.57	400.99	15.17
广西	Guangxi	1370.02	0.11	73.88	2785.74	380.36	11.18
海南	Hainan	145.47		7.69	495.63	58.37	0.26
重庆	Chongqing	1081.42		67.07	514.82	161.20	3.21
四川	Sichuan	3527.43	0.22	392.91	1221.30	597.83	68.04
贵州	Guizhou	1057.63	0.04	103.40	548.11	207.86	5.25
云南	Yunnan	1895.86		63.09	961.58	417.41	73.10
西藏	Tibet	102.87		5.08	2.16	28.31	49.17
陕西	Shaanxi	1274.83	0.07	59.11	2070.55	107.09	161.50
甘肃	Gansu	1202.21	3.01	61.45	778.96	110.20	58.40
青海	Qinghai	107.42		30.21	2.91	37.04	36.94
宁夏	Ningxia	380.49		6.65	204.45	33.77	215.35
新疆	Xinjiang	1583.40	516.08	54.85	1660.39	173.68	206.89
河南为全国%	**Henan as % of the Country**	**10.2**	**0.3**	**18.8**	**8.9**	**7.0**	**6.1**
河南居全国位次	**Rank of Henan in the Country**	**2**	**9**	**1**	**3**	**3**	**6**

27-6 全国及各省区市规模以上工业主要统计指标(2020年)

Main Indicators of Enterprises Above Designed Size by Province and Region (2020)

地区	Region	原油(万吨) Crude Oil (10 000 tons)	发电量(亿千瓦小时) Electricity (100 million kwh)	原煤(万吨) Coal (10 000 tons)	成品钢材(万吨) Steel (10 000 tons)	水泥(万吨) Cement (10 000 tons)	农用化肥(万吨) Chemical Fertilizers (10 000 tons)	增加值增速(%) Indices of Value-Added of Industry (%)
全国	**National**	**19492**	**74170**	**384374**	**132489**	**239484**	**5496**	**2.8**
北京	Beijing		441		184	287		2.3
天津	Tianjin	3242	753		5724	552	15	1.6
河北	Hebei	544	3196	4975	31320	11860	213	4.7
山西	Shanxi		3367	106307	6181	5617	400	5.7
内蒙古	Inner Mongolia	11	5634	100091	2884	3611	424	0.7
辽宁	Liaoning	1049	2051	3092	7578	5447	36	1.8
吉林	Jilin	395	945	1002	1662	2233	22	6.9
黑龙江	Heilongjiang	3001	1084	5206	879	2410	55	3.3
上海	Shanghai	52	819		1880	399	1	1.7
江苏	Jiangsu	150	5050	1022	15005	15275	201	6.1
浙江	Zhejiang		3367		3807	13273	64	5.4
安徽	Anhui		2682	11084	3607	14189	268	6.0
福建	Fujian		2537	646	3862	9718	86	2.0
江西	Jiangxi		1318	281	3094	10031	23	4.6
山东	Shandong	2246	5514	10922	11269	15970	353	5.0
河南	**Henan**	**240**	**2749**	**10491**	**4233**	**11768**	**489**	**0.4**
湖北	Hubei	54	2907	40	3649	9827	490	-6.1
湖南	Hunan		1496	1053	2730	11043	65	4.8
广东	Guangdong	1613	5010		4866	17166	11	1.5
广西	Guangxi	48	1890	242	4731	12129	48	1.2
海南	Hainan	31	319			1839	65	-4.5
重庆	Chongqing		775	939	1310	6524	167	5.8
四川	Sichuan	8	3981	2158	3437	14518	359	4.5
贵州	Guizhou		2174	11935	741	10821	339	5.0
云南	Yunnan		3451	5266	2641	13130	224	2.4
西藏	Tibet		69			1085		9.6
陕西	Shaanxi	2694	2278	67943	2020	6810	146	1.0
甘肃	Gansu	969	1601	3848	1103	4717	25	6.5
青海	Qinghai	229	858	1092	189	1226	523	-0.2
宁夏	Ningxia		1825	8152	482	1980	68	4.3
新疆	Xinjiang	2918	4032	26587	1421	4031	315	6.9
河南为全国% Henan as % of the Country		**1.2**	**3.7**	**2.7**	**3.2**	**4.9**	**8.9**	
河南居全国位次 Rank of Henan in the Country		**11**	**12**	**8**	**9**	**10**	**3**	**28**

27－7　全国及各省区市贸易外经和财政主要指标(2020年)

Main Indicators of Internal and Foreign Trade、Government Finance by Province and Region (2020)

地 区	Region	社会消费品零售总额(亿元) Total Retail Sales of Consumer Goods (100 million yuan)	进出口贸易总额(亿元) Total Value of Import and Export Trade (100 million yuan)	#出口 Total Value of Exports	公共财政预算收入(亿元) Public Budget Revenue (100 million yuan)	公共财政预算支出(亿元) Public Budget Expenditure (100 million yuan)
全　国	**National**	**391980.60**	**321556.93**	**179326.36**	**100123.84**	**210492.46**
北　京	Beijing	13716.40	23215.91	4654.95	5483.89	7116.18
天　津	Tianjin	3582.91	7340.66	3075.12	1923.05	3150.61
河　北	Hebei	12705.02	4410.41	2521.87	3826.43	9021.74
山　西	Shanxi	6746.34	1505.82	877.01	2296.52	5110.95
内蒙古	Inner Mongolia	4760.45	1043.33	349.11	2051.26	5268.22
辽　宁	Liaoning	8960.88	6544.00	2652.20	2655.50	6001.99
吉　林	Jilin	3823.95	1280.12	290.80	1085.00	4127.17
黑龙江	Heilongjiang	5092.30	1537.01	360.86	1152.49	5449.39
上　海	Shanghai	15932.50	34828.47	13725.36	7046.30	8102.11
江　苏	Jiangsu	37086.05	44500.47	27444.25	9058.99	13682.47
浙　江	Zhejiang	26629.81	33807.99	25180.14	7248.00	10081.87
安　徽	Anhui	18333.95	5406.37	3161.28	3215.96	7470.96
福　建	Fujian	18626.45	14035.65	8474.41	3078.96	5214.62
江　西	Jiangxi	10371.77	4010.15	2920.37	2507.53	6666.10
山　东	Shandong	29248.05	22009.35	13054.79	6559.90	11231.17
河　南	**Henan**	**22502.77**	**6654.82**	**4074.95**	**4168.84**	**10372.67**
湖　北	Hubei	17984.87	4294.08	2701.94	2511.52	8439.04
湖　南	Hunan	16258.12	4874.46	3306.36	3008.66	8402.70
广　东	Guangdong	40207.85	70844.82	43497.98	12921.97	17484.67
广　西	Guangxi	7831.01	4861.34	2708.21	1716.94	6155.42
海　南	Hainan	1974.63	933.00	276.40	816.05	1973.89
重　庆	Chongqing	11787.20	6513.36	4187.48	2094.84	4893.94
四　川	Sichuan	20824.87	8081.86	4654.33	4257.98	11200.72
贵　州	Guizhou	7833.37	546.52	431.65	1786.78	5723.27
云　南	Yunnan	9792.87	2680.44	1518.84	2116.69	6974.01
西　藏	Tibet	745.78	21.33	12.94	220.98	2207.77
陕　西	Shanxi	9605.92	3772.12	1929.64	2257.23	5933.78
甘　肃	Gansu	3632.35	372.76	85.66	874.54	4154.90
青　海	Qinghai	877.34	22.81	12.28	298.03	1933.28
宁　夏	Ningxia	1301.39	123.17	86.68	419.43	1483.01
新　疆	Xinjiang	3062.55	1484.31	1098.50	1477.21	5453.75
河南为全国%	**Henan as % of the Country**	**5.7**	**2.1**	**2.3**	**4.2**	**4.9**
河南居全国位次	**Rank of Henan in the Country**	**5**	**10**	**10**	**8**	**5**

注：1. 社会消费品零售总额来源于《中国统计提要-2021》。

2. 财政收支为地方本级收支，数据来源于《中国统计提要-2021》。河南数据已根据河南省财政厅财政总决算进行调整。

a) The data of total retail sales of consumer goods are from China Statistical Abstract-2020. The data of Henan have been adjusted according to the results of the fourth economic census.

b) Government revenue and expenditures is corresponding level.Data are from China statistical abstract - 2020. The data of Henan have been adjusted according to the financial budget of finance department of Henan province.

27−8　全国及各省区市教育、卫生情况(2020年)

Main Indicator on Education and Public Health by Province and Region (2020)

地　区	Region	在校学生数(万人) Student Enrollment (10 000 persons)			卫生机构数(个) Health Institutions (unit)	卫生机构床位数(张) Number of Beds in Health Institutions (unit)	执业(助理)医师数(人) Licensed (Assistant) Doctors (person)
		普通高等学校 Institutions of Higher Education	普通中学 Regular Secondary Schools	小　学 Primary Schools			
全　国	**National**	**3285**	**7409**	**10725**	**1022922**	**9100700**	**4085689**
北　京	Beijing	61	49	100	10599	127033	107716
天　津	Tianjin	57	49	73	5838	68275	49236
河　北	Hebei	160	453	696	86939	441962	239665
山　西	Shanxi	84	177	235	41140	223650	108767
内蒙古	Inner Mongolia	49	107	138	24549	162072	80570
辽　宁	Liaoning	114	160	197	34131	314488	126188
吉　林	Jilin	73	105	119	25616	173123	85090
黑龙江	Heilongjiang	83	142	124	20461	253345	96088
上　海	Shanghai	54	63	86	5897	152191	78364
江　苏	Jiangsu	201	370	581	35747	535006	267789
浙　江	Zhejiang	115	245	373	34400	361317	217677
安　徽	Anhui	137	337	468	29391	407813	164229
福　建	Fujian	95	212	344	28105	216753	105509
江　西	Jiangxi	124	331	406	36716	285847	104866
山　东	Shandong	229	549	743	84872	646863	329174
河　南	**Henan**	**249**	**697**	**1022**	**74653**	**667185**	**276396**
湖　北	Hubei	162	260	381	35447	411351	159701
湖　南	Hunan	151	379	534	56042	519902	190058
广　东	Guangdong	240	596	1057	55900	564773	306017
广　西	Guangxi	118	341	507	33875	295562	125515
海　南	Hainan	23	56	86	6127	58474	27159
重　庆	Sichuan	92	178	202	20922	235520	88706
四　川	Chongqing	180	421	553	82793	649756	234473
贵　州	Guizhou	84	276	397	28880	276379	97537
云　南	Yunnan	96	280	389	26626	325212	122581
西　藏	Tibet	4	22	35	6939	18586	9453
陕　西	Shaanxi	121	182	289	34983	272424	113863
甘　肃	Gansu	58	139	201	26204	171866	63511
青　海	Qinghai	7	35	51	6407	41285	18303
宁　夏	Ningxia	15	45	59	4574	41261	22240
新　疆	Xinjiang	49	154	278	18158	181455	69254
河南为全国%	**Henan as % of the Country**	**7.6**	**9.4**	**9.5**	**7.3**	**7.3**	**6.8**
河南居全国位次	**Rank of Henan in the Country**	**1**	**1**	**2**	**4**	**1**	**3**

中国统计出版社有限公司最新图书简目

（仅供参考，以实际出版为准）

统计资料

中国统计年鉴　中国统计摘要　中国第三产业统计年鉴
中国第三次全国农业普查综合资料　国际统计年鉴　金砖国家联合统计手册
中国-东盟国家统计手册　中国农村统计年鉴　中国县域统计年鉴
中国农产品价格调查年鉴　中国城市统计年鉴　中国价格统计年鉴
中国贸易外经统计年鉴　中国零售和餐饮连锁企业统计年鉴　中国商品交易市场统计年鉴
大中型批发零售和住宿餐饮企业统计年鉴　中国住户调查年鉴　中国工业统计年鉴
中国环境统计年鉴　中国能源统计年鉴　中国建筑业统计年鉴
中国房地产统计年鉴　中国投资领域统计年鉴　长江经济带发展统计年鉴
中国人口和就业统计年鉴　中国劳动统计年鉴　中国社会统计年鉴
中国科技统计年鉴　中国高技术产业统计年鉴　全国企业创新调查年鉴
中国文化及相关产业统计年鉴　中国妇女儿童状况统计资料　中国青年发展状况统计年鉴
中国基本单位统计年鉴　中国教育统计年鉴　中国教育经费统计年鉴
中国民族统计年鉴　中国残疾人事业统计年鉴　中国电力统计年鉴

省级综合统计年鉴系列

北京 天津 河北 山西 内蒙古 辽宁 吉林 黑龙江 上海 江苏 浙江 安徽 福建 江西 山东 河南 湖北 湖南 广东 广西 海南 重庆 四川 贵州 云南 西藏 陕西 甘肃 青海 宁夏 新疆 新疆生产建设兵团

市(县)级综合统计年鉴系列

滨海新区 石家庄 唐山 邯郸 邢台 保定 承德 沧州 衡水 太原 大同 晋城 晋中 长治 忻州 朔州 临汾 运城 阳泉 吕梁 呼和浩特 包头 鄂尔多斯 赤峰 大连 长春 四平 延吉 延边 哈尔滨 齐齐哈尔 黑龙江垦区 浦东新区 南京 无锡 徐州 常州 苏州 南通 淮安 盐城 扬州 镇江 宿迁 江阴 丹阳 海门 张家港 通州 如东 杭州 宁波 绍兴 台州 温州 金华 嘉兴 湖州 丽水 舟山 合肥 安庆 福州 厦门 漳州 宁德 龙岩 莆田 泉州 三明 南平 思明 南昌 上饶 抚州 赣州 九江 景德镇 宁都 济南 青岛 枣庄 潍坊 聊城 郑州 洛阳 三门峡 南阳 商丘 平顶山 信阳 济源 武汉 宜昌 十堰 荆州 荆门 咸宁 黄冈 长沙 广州 东莞 惠州 深圳 汕尾 珠海 南宁 桂林 柳州 防城港 贵港 梧州 玉林 钦州 海口 三亚 儋州 成都 贵阳 毕节 黔南 昆明 文山 德宏 西安 安康 延安 汉中 渭南 商洛 榆林 银川 兰州 庆阳 乌鲁木齐

调查年鉴系列

天津 内蒙古 上海 河南 湖北 湖南 广西 重庆 四川 云南 甘肃 宁夏 南宁 桂林 贵港 昆明

统计方法应用/实用手册

Python数据分析基础（第二版）　非参数统计（第五版）　现代金融投资统计分析（第四版）
国民经济核算初级教程（第二版）　国民经济核算教程（第五版）　概率统计基础
全国统计专业技术资格考试系列考试用书：统计业务知识（第四版修订版）　统计业务知识学习指导与习题
全国统计专业技术资格考试系列考试用书：统计相关知识（第四版）　统计相关知识学习指导与习题

统计通俗读物/统计科普图书

领导干部统计知识问答（第二版）　统计公文写作及会议办理实用手册　大数据在统计工作中的应用案例汇编
中国国民经济核算知识问答（修订版）　地区生产总值核算国际比较研究　新中国统计制度方法的发展与改革

重点图书

第七次全国人口普查年鉴　第四次全国经济普查地图集　中国经济普查年鉴2018
新编英汉汉英统计大词典　中国国民经济核算体系2016　国民经济行业分类注释
挑大学选专业2020—考研择校指南　挑大学选专业2020—高考志愿填报指南　中华医学统计百科全书

发行部电话：（010）63376907　63376908　63376909　同椙行书店电话：（010）68783171　68783172
地址：北京市丰台区西三环南路甲6号　邮政编码：100073　网址：http://www.zgtjcbs.com